ORGANIZATION
THEORY & DESIGN

13th Edition

Richard L. Daft

조직이론과 설계

김광점 · 김명형 · 류한호 · 박노윤 · 배보경 · 송상호 · 이원규
이춘근 · 이호선 · 이 홍 · 전상길 · 최종인 · 최후남 · 허문구 | 옮김

한 경 사

Cengage

Australia Brazil Canada Mexico Singapore United Kingdom United States

Cengage

Organization Theory and Design,
Thirteenth Edition

Richard L. Daft

Original edition © 2021 South Western, a part of Cengage Learning.
Organization Theory and Design, 13th Edition by Richard L. Daft
ISBN: 9780357445143

ISBN: 978-89-6844-314-5

Cengage Learning Korea Ltd.
14F YTN Newsquare 76 Sangamsan-ro
Mapo-gu Seoul 03926 Korea

Printed in Korea
Print Number: 04 Print Year: 2026

저자 머리말

학생들이 흥미를 가지고 이 책을 즐길 수 있도록 아이디어와 이론을 접목하여 조직설계에 대한 문제를 설명하는 것이 13판 집필의 나의 비전이었다. 조직분야에 등장하는 가장 큰 변화는 디지털과 플랫폼을 기반으로 한 조직의 출현이며, 사회복지와 지속가능성을 중시하는 주식회사 미국에 대한 관심의 확산이다. 13판에 새롭게 추가된 장에서는 자급자족(self-sustaining)의 사회편익 달성을 위하여 영리추구와 사회복지라는 이중 목적을 지향하는 조직에 대해 학습하게 될 것이다. 우버, 에어앤비, 페이스북, 유투브 등 플랫폼 기반 디지털 조직의 흥미로운 출현과 전통 조직의 디지털 전환을 보다 잘 설명하기 위해 정보기술에 대한 장을 보완하였다. 또한, 각 절 끝에 해당 부분의 핵심 내용을 '핵심정리(Remember This)'로 제시하였다. 최신 아이디어, 새로운 사례, 각 장의 통합사례 등이 '도입질문'과 '적합성 평가' 내용과 조화될 수 있도록 수정하기도 했다. 조직이론 분야의 풍부한 연구와 통찰력 있는 이론들은 학생들과 경영자들이 조직세계를 이해하고 현장에서 직면하는 문제를 해결하는 데 큰 도움을 줄 것이다. 최신의 조직설계 관점을 제공하기 위해 급변하는 실제 조직 세계의 사례들을 조직이론 개념과 연결해야 한다는 사명감을 갖고 이 책을 집필하였다.

13판의 주요 특징들

조직이론 강좌를 수강하는 대부분의 학생들은 조직 현장에 대한 경험이 많지 않다. 특히 조직이론을 가장 필요로 하고 가장 많이 활용하는 중간관리직이나 경영층에 대한 경험은 더욱 드물다. 학생들은 도입사례와 중간사례보다 본문 내용에 치중하는 경향이 있다. 이런 상황에 처한 학생들이 조직의 실제 세계를 더 잘 이해할 수 있도록 '도입질문'을 두었다. 이러한 질문으로 조직에 대한 학생들의 선입견이 무엇인지를 알려주고자 하였다. 다음으로 장마다 '적합성 평가' 설문을 두어 학생들의 성향이 무엇인지를 스스로 알 수 있는 기회를 제공하였다. 학생들은 각 장의 개념을 사례들에 적용해봄으로써 더 쉽게 경험적 활동을 향상시킬 수 있게 하였다. 위에서 제시한 다양한 방식을 통하여 책의 내용과 가독성을 개선하였으며, 학생들이 교과 내용에 집중할 수 있도록 교육학적으로 보완하였다.

새로운 개념들

상당히 많은 내용이 13판에 새롭게 추가되었다. 새로운 장에서는 이익과 사회복지를 동시에 추구하는 이중 목적 조직에 대해 살펴볼 것이다. 이들 조직에서 나타나는 사명 표류(mission drift)와 내재된 목표 갈등에 대해 알아볼 것이다. 또한, CSR, ESG, TBL, 깨어 있는 자본주의(conscious capitalism), 소득 피라미드의 최하층(bottom of pyramid) 등 기업의 지속 가능성과 사회적 책임에 대해 살펴볼 것이다. 정보기술을 다루는 장에서는 디지털 전환 추세와 인공지능(AI)이 조직설계와 운영에 미치는 영향, 플랫폼 기반 디지털 조직설계 등에 대해 살펴볼 것이다. 또한, 이번 13판에는 IoT, 빅데이터 분석, 알고리즘 통제, 넛지 경영, 상사 없는 조직설계, 홀라크라시팀 구조, 높은 신뢰성 조직, 문화지능, 역 혁신, 글로벌화, 의사결정 편향, 고성과 문화, SWOT 분석, 시나리오 계획, 강경한 권력 대 온유한 권력 등의 새로운 개념들도 소개되었다.

교재를 집필하기 위해서는 팀 작업이 필요하다. 13판 역시 여러 사람의 아이디어와 노력의 산물이다. 참으로 감사하게 생각한다. 특히 내용을 검토해주고 좋은 피드백을 주었던 밴더빌트스 오웬 스쿨(Vanderbilt's Owen School)의 동료들에게 감사를 한다. 그리고 에릭 존슨(Eric Johnson) 학장과 살 마치(Sal March) 부학장에게도 감사를 드린다. 패트 레인(Pat Lane)과 디기 레스터(DeeGee Lester)는 많은 시간과 필요한 자원을 제공해준 분이다. 그들이 없었다면 이번 판의 개정은 매우 어려웠을 것이다. 이외 편집을 맡아 준 편집 팀에게도 감사의 뜻을 전한다. 끝으로 나의 딸들과 새로 태어난 손자의 사랑과 도움에 감사 마음을 전한다.

Richard L. Daft

역자 머리말

우리 삶의 터전은 어디인가? 이 질문에 정확하게 대답하기는 어렵다. 하지만 우리의 하루 일과가 어디에서 주로 이루어지는지를 살펴보면 근접한 답을 얻을 수 있을 것 같다. 우리는 회사든 학교든 음식점이든 또는 종교단체든, 조직과 연관된 곳에서 깨어있는 시간의 대부분을 보낸다. 조직이 우리 삶에서 큰 범주를 차지하고 있음을 느낄 수 있을 것이다. 이 책은 이런 조직과 관련된 이야기를 엮어간다. 특별히 조직의 일상과 관련된 이야기들이 핵심을 이룬다.

우리는 하루에도 수많은 조직의 생성과 쇠퇴를 목격한다. 이들 조직은 왜 자신들만의 모습으로 태어나서 존재하는가? 왜 어떤 조직은 다른 조직에 비하여 빨리 사라지는가? 조직 내부에서는 무슨 일이 벌어지는가? 이런 질문들이 대체로 이 책에서 다루어지는 내용들이며, 이런 내용들을 집약적으로 담는 학문분야가 조직이론이다. 조직이론에 대한 서적은 다양하게 존재한다. 이 책은 그 중에서 대프트(Daft)의 '조직이론과 설계(Organization Theory and Design)'의 최근 13판을 번역한 것이다. 대프트는 조직이론 분야에서 광범위한 저술활동을 하고 있는 학자로, 글을 알기 쉽게 쓴다. 이 책은 학부 수준과 대학원의 조직이론 기초 과정에 적합한 책이라고 할 수 있다.

이 책의 체제와 내용이 상당부문 바뀌었다. 대부분의 소사례들도 바뀌었다. 이중 목적 조직, 플랫폼 기반 조직설계 등 새롭게 추가된 개념들도 눈에 뜨인다. 조직설계의 최신 변화와 개념이 시의 적절하게 반영된 개정판이다.

책을 번역한다는 일이 그리 쉽지는 않다. 아무래도 다른 나라의 책은 그 나라의 실정을 담기 마련이다. 따라서 이들 나라에 대한 이해 없이는 번역이 어려운 경우가 많다. 그리고 번역된 글은 양복에 갓을 쓴 것처럼 어색해질 때가 많다. 번역을 하면서 이러한 문제에 고민을 많이 하였다. 그래서 내린 결론이 과감한 의역이었다. 이 책에서는 원래 책의 틀을 유지하되 부분적으로는 우리말의 어법에 맞게 내용과 표현을 수정한 것이 많이 있다. 때에 따라서는 과감한 생략도 하였다. 하지만 글의 전체적인 내용은 변질시키지 않으려고 노력하였다. 그런 노력에도 불구하고 번역이라는 한계를 벗어나기가 매우 어려웠다.

이 책이 나오기까지는 한경사의 이계남 사장님, 그리고 편집 직원들의 아낌없는 노력이 있었다. 처음 번역을 시작할 때부터 번역을 마칠 때까지 이들의 도움이 이 책을 번역하는 데 큰 힘이 되었다. 이 자리를 빌려 고마움을 전한다. 공을 들여 번역했지만 여러 가지 오류가 있을 것으로 생각된다. 독자 여러분의 지적을 부탁드리며 지적된 부분은 반드시 수정할 것을 약속드린다.

2020년 7월

역자 일동

CONTENTS

차례

PART 1

조직이해를 위한 입문

1장 조직과 조직설계

CHAPTER 1

조직과 조직설계

학습목표

이 장을 공부하면,

1. 최근 조직이 직면하고 있는 도전에 대해 이해할 수 있다.
2. 조직이 사회에서 차지하는 중요성에 대해 이해할 수 있다.
3. 조직구조 차원들이 조직상황에 의해 어떻게 영향받는지에 대해 이해할 수 있다.
4. 조직설계의 진화과정에 대해 이해할 수 있다.
5. 유기적 조직과 기계적 조직에 대한 비교와 이들에게 영향을 주는 상황요인에 대해 이해할 수 있다.
6. 상사(보스)없는 조직에 대한 최근의 추세에 대해 이해할 수 있다.

도입질문

이 장을 읽기 전 다음 질문에 답해보자.

1. 조직을 이해하려면 이것을 구성하고 있는 사람들을 알아야 한다.

   1) 동의함 ________________ 2) 동의하지 않음 ________________

2. 기업조직에서 경영자의 가장 중요한 역할은 효율성을 극대화하는 것이다.

   1) 동의함 ________________ 2) 동의하지 않음 ________________

3. CEO의 핵심 직무 중의 하나는 조직이 올바르게 설계되어 있는지를 확인하는 것이다.

   1) 동의함 ________________ 2) 동의하지 않음 ________________

1.1 GE 들여다보기

GE는 영광스러운 유산을 가지고 있다. 1878년 토마스 에디슨(Thomas Edison)이 전력 생산 및 공급을 위해 회사를 설립한 이후, GE는 다각화된 기업으로서 글로벌 리더가 되었다. 수십 년 동안, GE는 다른 회사들이 모방하고 싶은 매우 우수한 혁신적 기업이라는 명성을 가지게 되었다. GE의 주식은 1907년 이후 다우존스산업평균지수(Dow Jones Industrial Average)에 편입되었다.

1800년대 후반부터, GE는 다각화 사업전략을 성공적으로 수행했다. 2019년에도, GE는 고도로 다각화된 글로벌기업으로 남아 있다. 이 회사의 사업영역은 발전(가스 및 스팀발전 시스템), 재생에너지(풍력발전용 터빈), 석유와 가스개발(굴착 시스템), 항공(제트엔진), 건강(자기공명, MRI장치), 수송(철도차량) 및 금융(장비구입자금대여) 분야를 포괄한다.

그러나 2019년 GE의 기업가치는 과거의 10% 수준으로까지 떨어졌다. 왜 이런 일이 일어났을까? GE의 흥망성쇠는 이 기업의 리더가 조직구조를 어떻게 사용했는가와 관련이 있다.

1972년부터 1981년까지 GE의 CEO였던 레지날드 존스(Reginald Jones)는 이 회사의 정교한 전략시스템 구축에 기여했다. GE는 43개의 자율사업으로 구성되어 있다. 이 안에 존재하는 10개의 그룹, 46개의 부문 그리고 190개의 부서들이 GE의 전략계획수립에 참여하고 있다. 이로 인해 회사규모와 복잡성이 크게 증가하게 되었다. 여기에 필요한 엄청난 정보와 문서작업을 위해 GE는 사업전반을 지휘하면서 CEO를 보좌하는 관리조직을 별도로 두고 있다. 이로 인해 엄청난 문서작업과 관료적 통제가 증가하게 되었다.

1.1a 잭 웰치 시대: 1981~2001

1960년대 초 GE의 엔지니어로 고용되었을 당시, 잭 웰치(Jack Welch)는 회사의 관료주의로 인해 취직 6개월만에 사표를 쓰려고 했었다. 그의 상사가 그를 말렸다. GE에는 행운이었다. CEO가 된 후 그는 GE의 관료주의 혁파에 나섰다. CEO로 20년간 재직하던 마지막 해인 2001년 포춘지는 그를 세기의 경영자로 선정하였고 GE를 미국에서 가장 존경받는 기업으로 평가했다. 잭 웰치와 GE의 관리자들은 무슨 일을 한 것이었는가?

전략변화. 1970년 후반 GE의 광고문구는 "우리는 우리 삶에 좋은 일들을 불어 넣습니다"였다. 이것은 잭 웰치 시대에도 지속되었다. 하지만, 그는 새로운 목표를 추가하였다. GE의 모든 사업은 해당 산업에서 1등 아니면 2등이어야 한다는 것이다. GE의 새로운 전략은 각자의 산업 내에서 리더기업이 되는 것이었다.

조직구조 변화. 잭 웰치는 우선 GE 내의 관료계층부터 없애기 시작했다. 그 첫 작업이 레지날드 존스가 만들었던 관료적 관리조직을 들어내는 것이었다. 이를 통해 그는 기존의 9개의 관료계층을 4개로 줄였다. 여기에서 일했던 많은 부서 및 하위부서관리자들 역시 자리를 옮겨야 했다. 이런 조치가 이루어지자 CEO와 최고경영진들은 중간의 관료계층 없이 직접 개별사업단위와 접촉할 수 있었다. 뿐만 아니라, 잭 웰치는 GE의 최고경영진들이 15개 이상의 부문을 관장하도록 하면서도 이들이 자신의 권한을 하부에 적극적으로 위양하도록 하는 조치를 취했다.

조직축소. 잭 웰치는 근로자들의 수도 줄였다. 조직계층 줄이기, 불필요한 스태프조직 줄이기나 기업매각을 통한 방법이 사용되었다. 그 결과 전체 근로자 수는 1982년 40만 4,000명에서 1989년에는 29만 2,000명으로 줄었다. 이로 인해 그는 '중성자탄'이라는 별명을 얻었다. 이런 악명은 그가 14개 사업부문에서 12명의 CEO를 갈아치우면서 더 강화되었다. 이 기간 동안 그는 '미국에서 가장 잔인한 보스'라는 이미지를 가지게 되었다.

새로운 문화. 잭 웰치는 GE를 공식회의와 관료적 문서를 통해 관리자와 하위자가 만나는 것이 아닌, 이들 간 직접적인 개방적 대화가 가능한 문화를 갖는 기업으로 바꾸고 싶어 했다. 워크아웃(work-out)이라는 방법이 이것을 위해 도입되었다. 한 사업단위 내에서 최대 100명에 이르는 사람들이 모여 같이 의논(타운미팅)하는 방식이다. 사업의 리더는 무엇을 해야 하는지만 알려주고 자리를 뜬다. 구성원들은 자율적으로 몇 개의 팀으로 나누어 사업에서의 비효율과 문제점들을 논의하고 여기에 대한 혁신적인 아이디어를 도출하게 된다. 세 번째 날에는 사업부문의 리더가 합류해 각 팀의 발표를 듣게 된다. 리더는 1분 안에 제안된 안을 채택할지 말지를 결정해야 한다. 어떤 리더는 108개의 공장혁신안 중 100개를 채택하기도 했다. 만일 이 일을 사업리더가 게을리 할 경우 자신의 직위를 잃을 각오를 해야 했다. 10년에 걸쳐, GE 구성원의 200,000명이 워크아웃 프로그램에 참여했다.

글로벌화. 잭 웰치는 GE가 글로벌기업으로 확장되기를 원했다. 더 이상 미국시장은 GE에게 넓은 곳이 아니었다. 그는 GE가 글로벌 수준에서 1등 또는 2등이 되어야 한다고 독려 했다. 이런 노력을 자극하기 위해 그는 글로벌 사업을 운영할 수 있는 관리자들을 뽑았다.

성과관리, 도전적 목표, 그리고 통제. 잭 웰치와 그의 최고경영진들은 'GE 3,000 경영진 체제'를 발족시켰다. 이들은 GE의 각 사업장들을 방문하면서 '도전적 목표(stretch goals)'를 독려하였다. 도전적 목표란 불가능할지도 모르는 꿈의 목표를 설정하고 이를 달성하도록 하는 것을 말한다. 여기에 더해, 잭 웰치는 '활력곡선(vitality curve)'의 개념 위에서 관리자들을 평가하는 시스템을 구축하였다. 이 평가는 매년 이루어졌다. 상위 20%는 매우 풍족한 보상을 받았고, 중간 70%는 현 상태를 유지시켰으며, 하위 10%는 회사를 떠나야 했다.

e비즈니스. 은퇴하기 2년 전, 잭 웰치는 인터넷 비즈니스의 가능성을 보았다. 그는 GE같은 공룡기업들은 새로운 기술의 등장을 두려워해야 한다고 생각했다. 이에 따라 그는 각 사업부문에 e비즈니스 전담부서를 설치할 것을 요구했다. 기업의 디지털화가 그의 마지막 도전이었다.

요약하자면, GE의 잭 웰치 시대는 회사역사상 가장 성공적인 시기였다. 잭 웰치와 GE는 타임지로부터 "세계에서 가장 존경받는 회사"로 칭송받는 명예를 얻었다. 성공한 최고경영자의 표상이기도 했다. 잭 웰치가 GE를 이끌면서 기업가치는 180억 달러에서 5,000억 달러로 무려 27배가 뛰었다. 2000년 GE는 글로벌 수준에서 가장 높은 기업가치를 갖는 회사가 되었다.

1.1b 제프 이멜트 시대: 2001~2017

잭 웰치는 자신의 후계자로 제프 이멜트(Jeff Immelt)를 지명했다. 이멜트는 GE 내에서 GE가전, GE플라스틱, GE헬스케어 등의 사업부문에서의 경험을 가지고 있었다.

외부환경. 이멜트는 취임일 다음날인 2002년 911 사태를 경험하는 등 도전적인 환경에 직면하게 되었다. GE는 2002년 주식시장 붕괴, 오일가격 폭락사태 그리고 2008년 금융위기로 인한 월스트리트 붕괴 그 이후의 긴 경기침체기를 견뎌내야 했다.

전략변화. 이멜트는 기존의 GE의 뿌리인 산업 관련 비즈니스를 유지하면서 동시에 인터넷 시대에서 살아남기 위한 도전을 시작했다. 그는 GE에 소프트웨어 역량을 심으려고 노력했고 동시에 회사를 소프트웨어 중심기업으로 변환시키려고 노력을 했다. 여기에 더해 그는 GE를 글로벌기업으로 전환시키는 것과 집중적인 연구개발 투자를 통해 혁신적인 기업으로 변모시키려는 노력을 했다.

혁신. 이멜트의 지휘 하에 GE는 '역혁신(reverse innovation)'이라는 개념을 도입했다. GE의 기존 혁신전략은 고부가가치 제품을 미국에서 개발 후 지역적 특성을 감안 개량한 후 전 세계에 판매하는 것이었다. 역 혁신이란 저개발국가에서 저부가가치 제품을 개발하여 이들 제품을 부유한 국가에 판매하는 전략을 말한다. 예로 저렴하고 휴대가 가능한 초음파 기계를 중국에서 생산해 미국과 유럽에 판매하는 것을 들 수 있다.

지속가능성. GE에서의 지속가능성이란 기업의 전략을 사회적 요구, 즉 환경문제와 사회발전 같은 이슈에 관심을 가지며 여기에 보조를 맞추는 기업경영을 말한다. 이멜트는 GE가 모든 분야에서 지속가능성을 우선순위에 두도록 했다. 그 결과 환경친화정책(Ecomagination, 청정에너지 기계생산, 온실가스(CO_2) 줄이기, 청정수 사용량 줄이기)과 같은 기업비전에서부터 종업원들을 위한 일상적 안전환경 만들기 등에 이르기까지 모든 분야에 지속가능성을 녹여냈다. 여기에 더해 다양성의 촉진, 누구에게나 혜택을 주는 건강비즈니스에의 투자, 청정에너지에의 투자, CO_2를 줄이기 위한 계획 등도 밀어 붙였다.

대담한 결정. 이멜트는 GE캐피탈을 매각하고 프랑스 에너지 기업 알스톰(Alstom)을 인수하는 대담한 결정을 내리기도했다. GE캐피탈은 신용카드, 자동차매입 대출, 부동산매입대출, 서브프라임 모기지대출(저신용자 주택담보대출), 설비매입 리스 등의 대출업무를 하면서 상당한 고수익을 올리고 있었다. 하지만, 2008년 미국발 금융위기를 경험하면서 천문학적 손실을 보게 되었다. 그렇다고 매각결정은 쉽지 않았다. GE의 매출과 수익에서 GE캐피탈이 차지하는 비중이 거의 절반에 육박했기 때문이었다.

알스톰의 인수는 저주에 가까웠다. 130억 달러라는 천문학적 돈이 투자된 알스톰은 그야말로 비효율로 가득 찬 문제기업이었다. 여기에 알스톰의 주력 시장인 가스 기반 전력생산설비는 빠른 속도로 줄어들고 있었다. 이멜트는 즉시 12,000명의 종업원을 줄이는 작업을 하였다. 130억 달러를 들여 투자한 알스톰은 이후 200억 달러에 이르는 가치를 회계장부에서 떨어내야 했다.

글로벌화 확대. 이멜트는 잭 웰치와 유사하게 글로벌 전략을 밀어붙였다. 그가 CEO로 취임했을 때 GE의 글로벌 매출은 30%였다. 이것이 55%로 증가했다. 비행기 엔진의 90%, 가스터빈의 100% 그리고 철도차량의 50%가 글로벌 매출에서 일어났다. 그리고 글로벌화를 가속화하기 위해 그는 글로벌성장조직(Global Growth Organization)을 출발시켰다.

빅데이터 분석을 위한 디지털화. 이멜트는 프레딕스(Predix)라고 불리운 빅데이터 분석 플랫폼 구축 연구에 많은 지원을 했다. GE가 판매하는 많은 설비(제트엔진, 기관차 등)에 대한 운영데이터를 수집하여 이들의 성능을 모니터링해 유지보수에 활용하고자 했다. 이를 통해 데이터에 기반한 새로운 비즈니스를 구축하고자 했다.

요약하자면, GE의 이멜트 시대는 전진보다는 후퇴의 양상을 보였다. 그는 GE의 기업가치를 끌어 올리려고 노력하였지만, 그의 재임 17년 동안 30%의 주가하락이 일어났다. 이 기간 동안 S&P 500기업들의 주가는 124% 증가하였다. 몇몇의 전문가들은 GE라는 공룡기업을 작게 쪼개 일부는 매각하고 과도한 연구개발 비용을 줄이는 슬림화 작업이 필요했다고 주장하였다. 이들은 이멜트가 자신의 결정에 너무 낙관적이었으며 GE의 진짜 문제는 보지 못했다고 주장했다.

1.1c 2017년 이후

2017년, GE는 GE헬스케어의 수장이었던 존 플래너리(John Flannery)를 이멜트의 후임으로 선정했다고 발표했다. 그 이후 바로 GE의 주식은 45% 떨어졌다. GE는 2018년과 2019년 초 바닥까지 내려앉았다. 기업의 시장가치는 잭 웰치 시절 최고치의 1/10로 떨어졌다. 수십 년 동안 GE의 은퇴자들과 배우자들의 삶을 지탱하게 해준 주식배당은 푼돈수준으로 떨어졌다.

GE이사회는 플래너리가 GE를 이끌 역량이 되지 않는다고 판단했다. 새로운 CEO는 55세의 래리 컬프(Larry Culp)로 선정되었다. 그는 GE이사회의 수석이사였다. 사람들은 그가 GE의 문화를 변혁시켜 줄 것으로 기대하고 있다. 컬프는 GE가 효과적으로 운영되기에는 너무 방만하고 복잡하다고 판단했다. 그는 GE조직을 간소화하기 위한 작업을 시작했다. GE바이오기술을 210억 달러에 매각했다. 컬프의 취임 후 몇 개월 만인 2019년 GE의 주식가치는 긍정적으로 움직이기 시작했다. 희망과 도전이 섞여 있는 상황에서 GE의 관리자, 근로자 그리고 분석가들은 GE의 과거 영광을 되찾을 수 있기를 바라고 있다.[1]

1.2 조직설계의 실제

조직설계의 세상에 온 것을 환영한다. GE의 사례는 조직설계가 기업성과에 어떻게 영향을 주는지를 잘 말해준다. GE 경영자들은 조직설계의 세계 속에 살면서도 이에 대한 아무런 이해를 하지 못하였다. 기업의 관리자들은 기업조직이 어떻게 환경으로부터 영향받는지, 조직이 어떤 기능을 해야 하는지를 잘 알지 못하는 경우가 많다. 조직설계란 조직이 어떻게 그리고 왜 성장하고 성공하는지 그리고 왜 다른 곳은 그렇지 못한지를 설명해주는 도구다. 이것은 과거에 일어난 일뿐만 아니라 미래에 일어날 일들을 예측하게 해준다. 이것을 통해 조직을 더 효과적으로 관리할 수 있도록 도와준다. 조직에 대한 개념은 래리 컬프와 GE의 다른 경영자들이 GE가 빠르게 변화하는 환경 속에서 어떻게 지속적으로 성장할 수 있는지를 알려주는 도구다. 조직설계 이론을 통해 왜 GE가 경쟁력을 유지할 수 있었는지 그리고 왜 쇠퇴하게 되었는지를 알 수 있다. 그리고 어떻게 해야 기업을 지속적으로 경쟁력 있게 유지할 수 있는지에 대한 방법들을 알려준다.

이런 원리들은 다른 조직에도 적용할 수 있다. 한 예로 도요타 자동차를 들 수 있다. 이 회사는 오랜 기간 동안 품질에서 타의 추종을 불허하는 자동차생산시스템을 유지할 수 있었다. 하지만 최고경영진들이 글로벌 성장에서 과도한 압박을 받게 되자 이 명성에 금이 가기 시작했다. 2009년, 도요타는 품질문제로 900만대의 자동차를 리콜해야 하는 최악의 기업위기 상황에 봉착했다.[2] 파파존스(Papa John's pizza)의 설립자 존 쉬나터(John Schnatter)의 여성과 소수민족에 대한 인종차별주의적 태도는 이 기업의 매출을 반토막으로 끌어내렸다. 이 일로 그는 사임하게 되었다. 이런 문제들로 인해 기업은 조직문화와 인종문제에 대해 보다 철저히 대처하지 않으면 안 되는 상황에 직면하고 있다.[3] 한 때 필름업계를 주름 잡았던 코닥(Kodak)을 예로 들어보자. 이 회사는 세계최초로 디지털 카메라를 만들었고 또 여기에 엄청난 투자를 하였다. 하지만 이 회사의 경영진들은 디지털 카메라 사업이 필름 사업을 잠식할 것이라는 과도한 염려에 집착한 나머지 정작 디지털 카메라를 상품화하는 것에는 소극적이었다. 2012년 코닥은 도산하였고 이제는 껍데기만 남은 상태다.[4]

1.2a 주제

이 책에서 다루려는 주제들은 GE 사례를 통해 엿볼 수 있다. 또한 GE, 도요타 자동차, 코닥 그리고 파파존스의 경영자들은 다음과 같은 다양한 도전에 직면해 있다.

- 조직은 빠르게 변하는 환경 속에서 어떻게 경쟁자, 고객, 정부 및 채권자들에게 적응하고 이들을 통제할 수 있는가?
- 조직이 지속적으로 효과적이기 위해서는 전략과 조직구조에서 어떤 변화가 필요한가?
- 조직활력에 부정적 영향을 주는 관리자들의 윤리문제를 어떻게 다룰 것인가?
- 조직의 지속성장가능성을 위해 어떤 변화를 해야 하는가?
- 조직의 대규모화로 인한 관료성을 어떻게 극복할 것인가?
- 관리자들 사이의 권력과 정치에 어떻게 대처해야 하는가?
- 조직 내부부서 간의 내부 갈등과 조정은 어떻게 해결할 수 있는가?
- 어떤 유형의 조직문화가 필요한가? 관리자들은 어떻게 그런 문화를 만들 수 있는가?
- 어느 정도의 수준 그리고 어떤 종류의 혁신과 변화가 필요한가?

이런 것들이 조직설계 이론이 다루고자 하는 주제들이다. 조직설계 이론은 모든 조직에 적용된다. 예를 들면 현대자동차는 한 때 싸구려 자동차를 만들던 곳이었다. 하지만 이제는 품질과 원가통제 그리고 고객만족을 통해 세계 자동차산업의 3대기업으로 성장하였다. 구글(Google)은 한 때 중국정부의 검열과 해킹에 대처하기 위해 중국시장에서 검색엔진과 지메일(Gmail)을 철수시켰다. 하지만 그들은 맙보이(Mobvoi), 텐센트(Tencent) 또는 유사한 다른 중국기업들과의 밀착을 통해 중국시장에서 생존하는 새로운 법을 터득했다. 구글은 중국 지역기업들의 데이터센터 운영에 필요한 소프트웨어와 클라우드서비스를 제공하고 있다. 스웨덴의 거대기업 이케아(IKEA)는 소비자들의 새로운 소비행태에 대응하기 위해

역사상 최대의 변혁을 시도하고 있다.[5] 이러한 모든 기업은 조직설계의 개념을 활용하고 있다. 조직설계 이론은 비영리조직에도 적용할 수 있다.

조직설계 이론은 GE, 구글 또는 다양한 비영리 조직으로부터 얻은 교훈들을 경영자나 학생들에게 전달하기 위해 만들어진 학문 분야다. GE의 예에서 볼 수 있듯이 아무리 크고 잘 나가는 기업들도 취약점을 가지고 있다. 교훈은 저절로 얻어지는 것이 아니다. 중요한 사실은 기업은 경영자의 수준만큼 건강해진다. 많은 연구들이 새로운 기업들의 5년 생존율이 매우 낮음을 보여주고 있다. 하지만, 어떤 기업들은 50년에서 심지어 100년 동안 생존하기도 한다. 조직은 절대 정적인 유기체가 아니다. 생존하기 위해서는 끊임없이 외부환경의 변화에 적응해야 한다. 오늘날 많은 기업들은 과거와는 전혀 다른 조직이 될 것을 요구받고 있다. 새로운 환경적 도전 때문이다.

1.2b 이 장의 목적

이 장의 목표는 조직과 조직설계 이론의 특성을 살펴보는 것이다. 조직이론은 조직의 생존과 몰락에 관심을 갖는 학자들의 체계적 연구에 바탕을 두고 있다. 조직이론에서 소개되는 많은 개념들은 실제 사례를 관찰한 결과로 얻어진 것들이다. GE의 사례를 통해 알 수 있듯이 조직이론은 실제적인 조직의 문제를 다룬다. 이것을 배움으로 경영자들이 조직의 필요나 문제를 이해하고 진단하며 빠르게 대처할 수 있게 해준다.

아래에서는 오늘날 관리자들과 조직이 직면하는 다양한 도전에 대해 살펴보기로 한다. 다음으로는 개방시스템으로서의 조직에 대한 정의를 살펴보기로 한다. 그리고 조직에 대한 기본개념과 조직분석을 위한 기본 개념들 예로, 조직구조 차원과 상황적 요인 등을 배운다. 또한 효과성과 효율성의 개념을 이해하고 조직성과를 어떻게 측정할 수 있는지에 대해서도 학습한다. 이후 조직설계 이론의 역사, 기계적 조직과 유기적 조직의 차이, 그리고 조직이론이 어떻게 복잡한 조직을 관리하는 데에 도움이 되는지를 학습하게 된다.

1.2c 최근의 도전

조직설계 연구들을 살펴보면 GE와 같은 조직들을 더 효과적으로 만들 수 있는 방법들에 대한 지식을 찾아 볼 수 있다. 최근 기업들이 직면하고 있는 도전들은 과거의 것들과 판이하게 다르다. 조직설계 이론 역시 진화할 수밖에 없다. 세상은 과거보다 훨씬 빠르게 변모하고 있다. 따라서 경영자들은 자신들이 속한 기업을 빠르게 변모하는 환경에 적응시킬 책임을 가지고 있다. 최근, 경영자들과 기업들은 글로벌화, 경쟁의 심화, 지속성장가능성의 확보, 윤리적 책임, 빠른 대응력의 요구, 디지털 비즈니스 및 빅데이터 분석 등에 대응해야 하는 도전에 직면해 있다.

글로벌화. 세상이 점점 좁아지고 있다는 말은 단순히 수사적인 것만은 아니다. 시장, 기술 그리고 조직들은 놀라울 정도로 연결성을 가지게 되었다.[6] 이에 따라 글로벌 시각을 가진 경영자들이 각광을 받고 있다.

오늘날 성공한 기업들은 세계 어디를 가든 마치 자신의 국가에 있는 듯한 느낌을 가지고 있다. 기업들은 세계도처에 관련 회사조직들을 구축해 놓았다. 이런 추세 중의 하나가 글로벌 아웃소싱 또는 다른 나라의 기업들과의 계약생산이다. 나이키(Nike)가 예다. 구글은 다른 나라의 기업들과 전략적 파트너십을 맺고 있다. 따라서, 국제 간 기업인수나 다른 나라 기업들과의 비즈니스 관계 형성 등은 조직의 성공에 매우 중요한 요소가 되고 있다. 그렇다고 글로벌 비즈니스가 쉬운 것은 아니다. 2018년 EU의 개인정보보호법이 발효된 이후 프랑스 정부는 구글이 적법한 개인정보처리를 등한시 했다는 이유로 5,000만 유로(약 5,700만 달러)를 벌금으로 매긴 적이 있다.[7] 우버는 각 국의 규제를 무시하고 사업에 진출했다가 중국, 러시아, 동남아 국가로부터 쫓겨났다.[8] 아웃소싱이나 해외생산계약과 관련해서도 문제가 발생한다. 방글라데시에 공장을 둔 의류기업들에서의 공장방화사건과 공장붕괴 사고로 1,100명의 직원이 사망하는 사건 등은 국제적 이목을 주목시키기도 했다. 월마트, H&M, 타겟(Target), 애플, 아마존 등은 의류생산기지인 저임금 국가(파키스탄, 캄보디아, 인도네시아, 베트남)에서의 열악한 작업환경을 이유로 곤경에 처하기도 했다.[9]

경쟁의 심화. 글로벌화로 인한 상호연결성이 새로운 기회를 만들어주기도 하지만 기업 간 경쟁을 더욱 복잡하게 심화시키는 요인이 되기도 한다. 소비자들은 더 싼 제품과 서비스를 요구하고 있다. 저임금 국가에서의 생산 인건비는 미국에 비하여 50~60%가 저렴하다. 따라서 유사한 서비스를 제공하는 미국 내 기업들은 새로운 경쟁방법을 강구하든지 아니면 새로운 비즈니스를 개발해야 하는 도전에 직면하게 되었다.[10] 노트북 컴퓨터의 새로운 배터리를 개발한 한 기업가는 중국 선전에 자신의 공장을 차렸다. 처음에는 미국에서 사업을 하고 싶었지만 미국에는 이 기업의 가격을 맞추어 줄 만한 협력업체를 찾기 어려웠다.[11]

최근의 경제상황이 더욱 취약해지자 모든 기업들이 원가를 낮추고 가격을 낮추기 위해 골몰하고 있다. 소매상들이 대표적인 예다. 영국의 대형 슈퍼마켓인 테스코(Tesco)는 알리(Aldi)나 리들(Lidl) 그리고 온라인 유통기업과 같은 새로운 경쟁자에 대항하기 위해 가격 최저화 선언 이후 비용절감을 목적으로 수천 개의 일자리를 삭감하기도 하였다. 메이시스(Macy's), 제씨페니(J. C. Penney), 페밀리 달러(Family Dollar) 그리고 갭(Gap)과 같은 회사들은 경쟁자와 소비자들의 새로운 욕구에 대응하지 못하면서 오프라인 매장들을 2019년 대거 폐쇄했다. 다른 유통기업들에서는 전혀 다른 상황이 벌어지기도 했다. 월마트(Walmart), 타겟 및 베스트바이(Best Buy) 등은 아마존에 대응하는 새로운 방법을 찾아내고 제품과 서비스의 새로운 믹스(mix)를 시장에 내놓으면서 매출이 증가하기도 하였다.[12]

지속성장가능성, 환경보호 및 윤리. 최근 기업경영자들은 돈벌이에만 치중하지 말고 종업원, 고객, 사회 그리고 환경에 대한 관심을 가지라는 사회적 압력을 엄청나게 받고 있다.[13] 기업이 이윤과 사회적 관심 사이에서의 균형 잡기를 요구받고 있는 것이다. 이로 인해 많은 기업들이 지속가능성에 깊이 있게 몰입하기 시작했다. 지속가능성이란 현 세대의 경제적 성장뿐만 아니라 미래세대를 위한 환경에 대해서도 관심을 갖는 것을 말한다.[14] 지속가능성은 기업성장과 발전에서도 중요한 요소가 되었다.[15] GE의 예에서 살펴본 것처럼 제프 이멜트는 GE의 모든 내부 회사들이 지속가능경영에 참여할 것을 촉구하였다.

환경보호 역시 새로운 경영방식으로 주목받고 있다. 사회적 관심사의 변화, 정부의 강력한 새로운 정책, 기후변화, 세상의 정보를 매우 빠른 속도로 전파시키는 정보기술의 발달 등이 이런 움직임을 가속화시키고 있다. 인터페이스(Interface)라는 미국의 카펫 제조사는 '미션 제로'라는 프로그램을 통해 원재료의 리사이클링과 공해가 없는 순수 원재료를 생산하는 정책을 채택했다. 이것은 다음 경영자를 통해서도 계속 이어져 2018년 이 회사는 최초로 탄소제로화에 도전하는 제조기업이 되었다.[16]

최근의 경영자들은 정부나 사회로부터 높은 윤리적 표준을 요구받고 있기도 하다. 최근 터져 나오는 각종 재무비리 사건이 원인이다. 페이스북(Facebook)과 같은 기업들이 정부의 감시를 받고 있다. 2019년 영국 국회소위원회는 페이스북이 자사 이메일을 광고를 통한 돈벌이의 도구로만 사용하고 사용자들의 정보보호에는 관심이 없었다는 보고서를 내놓기도 하였다. 이 보고서는 소셜미디어 기업들이 플랫폼 내의 사이트들의 정보내용에 무책임한 태도를 보인다고 주장하면서 이에 대한 제도적 규제가 필요하다고 지적했다.[17] 전통기업들도 비슷한 의심을 받고 있다. 최근 맥킨지 컨설팅(McKinsey & Company)은 1,500만 달러의 벌금을 미 법무부로부터 부과받았다. 회사의 도산사건에 대한 컨설팅을 하면서 이에 대한 적법한 재무정보를 사회에 제공하지 않았다는 것이 이유였다.[18]

스피드와 반응성. 조직이 직면하는 네 번째 도전은 환경변화나 조직위기 및 소비자의 기대수준 변화에 빠르게 그리고 결단력 있게 대응해야 한다는 점이다. 20세기의 기업환경은 비교적 안정적이었다. 이 시기의 경영자들은 조직이 효율적으로 작동할 수 있도록 하는 것에만 신경을 쓰면 되었다. 치열해지는 경쟁이나 격변적인 환경변화 그리고 변화하는 고객의 니즈 등에 맞추기 위한 새로운 경영방법을 고안하는 것에 신경 쓸 필요가 없었다. 그러나 오늘날은 그렇지 않다. 새로운 제품, 새로운 기업 심지어 새로운 산업이 나타나고 사라지는 세상에 살고 있다.

앞에서도 지적한 것처럼 소매산업들이 매우 빠르고 극적인 변화의 속에 살고 있다. 페이리스(Payless), 시어스(Sears) 백화점, 토이즈러스(Toys "R" Us)와 같은 기업들이 최근 사라졌다. 어떤 것들은 완전히 시장에서 퇴출되었고, 어떤 것들은 매장을 닫고 있다.[19] 온라인 거인인 아마존은 지속적으로 게임의 규칙을 바꾸어 가고 있다. 이 기업은 끊임없이 새로운 사업 아이디어를 실험하면서 가능성이 없다고 생각되는 사업은 빠르게 철수하는 전략을 쓰고 있다. 아마존에서 별 4개 이상을 받은 상품만을 취급하는 사성급 매장(4-Star Stores)을 시장에 선보였고 야채와 같은 신선상품을 판매하는 매장을 도입했다. 아마존의 설립자이며 CEO인 제프 베조스(Jeff Bezos)는 비즈니스에 대한 결정은 빠를수록 좋다고 강조하면서 대략 70% 정도의 정보를 얻었다고 생각되면 즉시 결정하라고 조언하였다.[20]

다른 산업에서의 관리자들도 빠르게 생각하고 행동할 필요성이 크게 증가하고 있다. 대기업인 P&G(Procter & Gamble)는 사업부분을 10개에서 6개로 줄이면서 사업부문 경영자들에게 더욱 빠른 의사결정 권한을 부여하였다. 세상이 변화하는 속도가 너무 빨라 민첩하게 대응하지 않으면 안 된다는 CEO 데이비드 테일러(David Taylor)의 생각 때문이었다.[21] 경영환경의 격변성과 소용돌이가 높아질수록 기업과 관리자들은 일선의 조직구성원들이 더 많은 실험을 하고 결정을 할 수 있는 권한을 주지 않으면 안 된다.[22]

디지털 조직과 빅데이터 분석. 인터넷, 소셜 네트워킹, 블로그, 온라인 협업, 웹 기반 커뮤니티, 팟캐스팅, 모바일 기기, 트위터, 페이스북, 유투브, 스카이프와 같은 것들은 이전의 관리자들이 경험하지 못했던 것들이다.[23] 디지털 혁명은 모든 것을 바꾸어 놓았다. 이것은 단순히 의사소통하거나 정보를 찾고 아이디어를 공유하는 방식만을 바꾼 것이 아니다. 기업 조직의 모습을 바꾸어 놓았고 관리 방식을 변형시켰으며 비즈니스를 운영하는 방법과 종업원들이 일하는 방식도 바꾸어 놓았다.

디지털 혁명의 가장 큰 변화는 **빅데이터 분석**(big data analytics)이다. 이는 광대한 데이터를 이용해 숨겨진 정보패턴을 찾는 정보기술과 분석과정을 통칭한다.[24] GE는 생산현장의 기계장치에 센서를 부착해 여기서 나오는 데이터를 이용, 장비유지보존에 활용하는 기술을 선보였다. 페이스북은 소셜데이터를 이용해 소비자들의 온라인상의 행동을 관찰 예측하여 잠재적인 온라인 친구를 맺어주는 서비스를 개발하였다. 이 회사들은 소비자의 데이터를 이용해 이들의 잠재욕구를 반영한 팝업광고를 띄우는 방법을 고안해냈다. 넷플릭스(Netflix)는 소비자들의 데이터를 분석해 이들이 보고 싶어 하는 쇼나 영화를 추천하기도 한다.[25] 빅데이터 분석은 온라인 기업의 전유물이 아니다. 월마트는 소비자들의 소비행태를 분석할 수 있는 데이터를 매시간 2.5테라바이트(1테라바이트: 100만 기가바이트) 이상 수집하고 있다.[26]

풋라커(Foot Locker)의 예를 통해 빅데이터 분석의 이점과 도전을 살펴볼 수 있다.

핵심정리

- 조직설계는 조직을 더 성공적으로 이해하고, 설계하며, 관리할 수 있는 도구를 제공한다. 또한 변화하는 환경에 어떻게 대응해야 하는지, 커지는 기업규모와 복잡성에 어떻게 대처해야 하는지, 조직 내부의 갈등과 조정은 어떻게 관리해야 하는지, 그리고 이런 것들을 가능하게 하는 올바른 조직문화는 어떻게 구축해야 하는지도 알게 해준다.

IN PRACTICE 풋라커 사례

2018년 가을, 풋라커는 증강현실(AR, augmented-reality)을 이용해 잠재적 고객들을 놀라게 한 적이 있었다. 르브론 16 킹 코트 퍼플 스니커스 운동화(LeBron 16 King Court Purple sneakers)를 로스앤젤레스에서 선보일 때였다. 사람들은 자신들의 스마트폰이나 모바일 기기를 통해 이 회사의 증강현실에 접속해 어디서 이 한정판 신발을 찾을 수 있는지를 길거리에서 경험했다.

풋라커 경영자들은 젊고 정보기술에 민감한 스니커스 열성팬들이 미래의 새로운 신발을 찾고 있다는 것을 알고 있었다. 그런 욕구를 채워주기 위해서는 조직 내에 그런 기술을 가진 사람들이 있어야 했다. 그런데 이미 조직 내부에는 지난 3년간에 걸쳐 앱, 앱과 운영시스템 간의 인터페이스, 인공지능, 증강현실, 기계학습과 같은 기술에 능한 기술진이 30%까지 채워져 있었다. 이들을 통해 풋라커는 새로운 모바일 앱이나 소비자 대면기술(customer-facing dot-coms)과 같은 것들을 일주에 4~5개씩 선보였다. 어떤 때에는 하루에 4~5개를 선보였다. 여기에 더해 이 기업은 디지털 속의 경험을 실제 구매로 연결시키는 디지털 기술들도 적용하기 시작했다. 이 회사의 CIO인 포언 버나(Pawan Verna)는 AI나 디지털 기술을 이용하는 작업들에서 가장 힘든 점은 정보보안이라고 말을 하고 있다. "예를 들면, 신제품을 시장에 선보일 때… 소비자를 가장한 수많은 타사 정보탐색 로봇들이 우리 회사의 웹사이트와 앱을 뒤지고 있습니다. 그리고 우리 회사의 웹사이트와 앱을 무력화하는 공격을 가하고 있습니다." 도 다른 도전은 회사가 소비자, 중간상, 또는 관련자들에게 회사가 어떻게 데이터를 수집하고 있는지 그리고 그 데이터를 어떻게 사용하고 있는지를 투명하게 보여주는 것이다.[27]

REEDOMPIC/Shutterstock.com

- 경영자들은 글로벌화, 격화되는 경쟁, 환경보호와 윤리성에 기반한 지속가능성 요구에의 대응, 민첩성, 빅데이터 분석과 비즈니스의 디지털화 등의 도전에 직면해 있다.
- 나이키화(Nikefication, 가상 네트워크 조직화)와 우버화(Uberization, 디지털 플랫폼화)로 일컬어지는 새로운 조직형태가 모든 산업전반에 걸쳐 영향을 미치고 있다.

1.3 조직이란 무엇인가

조직은 손에 만져지는 실체로서 인식되기 어렵다. 우리는 빌딩이나, 컴퓨터 시스템 그리고 직원들을 보기는 하지만 조직의 실체를 정확히 알지는 못하고 있다. 조직이라고 여기는 것들은 여러 장소에 흩어져 있으며 심지어 글로벌 수준에서 흩어져 있기도 한다. 조직과 근접거리에서 호흡을 하면서 조직이 거기에 있다는 것은 안다. 따라서 우리는 조직의 존재를 그저 당연시 하고 있다. 하지만, 우리는 병원에서 태어나고 이것을 정부에 보고하고, 학교에서 교육받으며, 기업농장에서 생산된 음식으로 살아가고 있고, 전화기를 쓰며, 옷을 구매하고, 야채를 배달받으며, 건설사가 지은 집을 사고, 부동산 중개인의 도움을 받아 집을 팔며, 은행에서 돈을 빌리고, 문제가 터지면 경찰서나 소방서로 달려가며, 이삿짐 회사의 도움을 받아 이사를 하고, 여러 정부기관으로부터 서비스를 제공받고 있음에도 이를 잘 인식하지 못하고 산다.[28] 사실 우리는 대부분의 시간을 조직에서 보내고 있다.

1.3a 조직의 정의

은행이나 소비제품을 생산하는 기업, 운송회사, 기업형 농장, 사회적 네트워킹 사이트 또는 정부기관은 모두 다른 모습으로 존재하지만 그 속성을 들여다보면 공통점이 있다. **조직(organizations)**은 (1) 사회적 존재로서 (2) 목적성을 가지고 있고, (3) 어떤 특정한 의도에 의하여 행동들이 구조화되고 조정되며, (4) 외부환경과 긴밀한 연결성을 가지고 있다.

조직이 사회적 존재라는 점은 조직을 구성하는 요소가 사람이라는 것을 말한다. 조직의 구성 요소는 건물이나 일련의 정책 또는 각종 절차가 아니다. 사람이 중심으로 조직은 사람이 없으면 구성될 수 없다. 조직은 조직에 참여하는 사람들의 상호작용의 패턴에 의해 정의되기 때문이다. 조직이 사회적 존재로서의 특성을 갖는 이유다.

조직이 목적을 위한 수단이라는 점은 조직은 어떤 목적을 위해 설계된다는 것을 의미한다. 이것은 마치 특정한 일을 수행하기 위해 도구나 기계를 사용하는 것과 유사하다. 목적 자체는 변하지만, 조직의 핵심측면은 특정한 목적을 달성하기 위해 사람들과 자원을 조정하는 것이다.[29] 조직은 빌딩이나 정책 또는 절차를 의미하지 않는다. 조직은 사람들과 이들의 서로 간의 관계로 구성된다. 조직이란 사람들이 목표달성을 위한 필수기능들을 수행하기 위해 서로 상호작용할 때 존재하게 된다. 경영자들은 조직의 목적을 위한 자원들을 조직화하려고 부단히 노력하고 있다. 비록, 일들이 다양한 부서나 활동으로 분화되지만, 경영자들은 이들이 수평적으로 조정되도록 부단히 노력하고 있다. 다양한 기능영역에 속한 사람들이 하나의 프로젝트 팀으로 구성되는 것이 예다. 조직 내 부서 간 경계와 조직과 조직 간의 경계는 외부환경이 빠르게 변하고 있음에 따라 이에 대응하기 위해 점점 더 유연해지고 분산되고 있다. 이제 조직은 고객, 공급자, 경쟁자 또는 다른 환경 요소들과의 상호

도표 1.1 개방시스템으로서의 조직

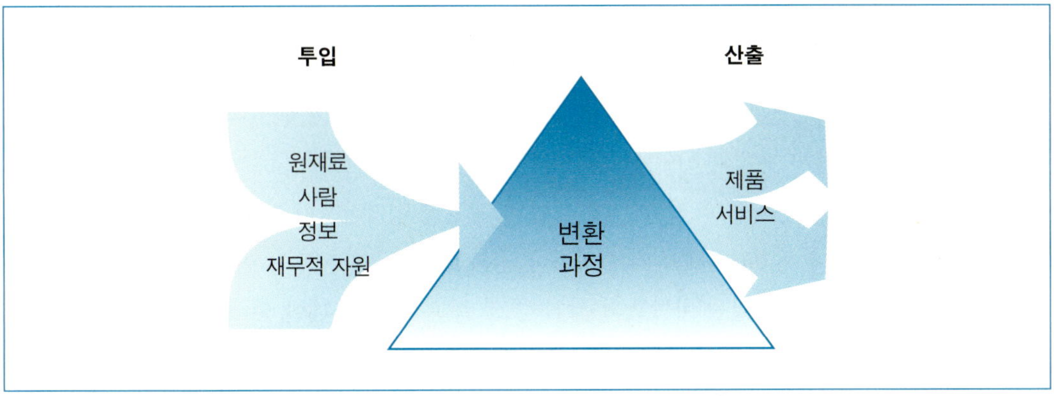

작용 없이는 생존이 어려워지고 있다. 오늘날 기업들은 상호 이익을 도모하기 위해 심지어 경쟁기업과 정보나 기술을 공유하기도 한다. 〈도표 1.1〉은 이것을 조직의 **개방시스템**(open system)으로 묘사하고 있다. 이는 외부환경으로부터 투입을 획득하여 이것을 가공변환하고 다시 그 산출물을 환경으로 돌려주는 시스템을 말한다.

1.3b 다국적 기업에서 비영리 조직까지

어떤 조직은 GE, 구글, 아메리칸 익스프레스(American Express)처럼 대규모이며 다국적 형태를 띤다. 어떤 것은 소규모이다. 가족소유의 상점도 있다. 그리고 어떤 것들은 비영리조직이거나 정부조직이다. 제트엔진이나 평면 TV 또는 스마트폰을 생산하는 제조조직도 있지만 법률, 인터넷과 통신 서비스, 정신건강 서비스 혹은 자동차정비 등을 다루는 서비스 조직도 있다. 8장에서는 제조와 서비스 기술에 대해 설명하고 10장에서는 규모와 조직수명주기 및 대기업과 중소기업 간의 차이를 설명할 것이다.

다른 중요한 구분은 영리조직과 비영리조직이다. 유나이티드 웨이(United Way) 자선기관, 자연보호단체, 해비타트(Habitat for Humanity), 아동연구병원과 같은 비영리조직에도 조직이론이 적용된다. 당연히 GE, 우버, 넷플릭스, 타코벨과 같은 영리조직에도 조직설계이론이 적용된다. 차이가 있다면 영리조직은 그 목적이 이윤추구에 있으며 비영리조직은 사회적 기여에 목적이 있다는 점이다. 이런 차이점이 비영리조직의 경영자들에게는 도전이 될 수 있다.[30]

비영리조직의 생존자금은 주로 정부나 기부금에서 나온다. 영리조직에서는 제품과 서비스를 개선하여 매출을 올리면 되지만 비영리조직에서는 비용을 지불하지 않는 고객을 다룬다. 따라서 이들 조직은 생존을 위해 지속적인 펀드를 확보하지 않으면 안 된다. 따라서 비용절감과 자원사용 효율성에 신경을 써야 한다. 더욱이, 영리조직들 간에도 외부의 기금 두고 경쟁을 하기도 한다.[31]

융합형(hybrid) 또는 이중 목적형 형태의 새로운 사회복지조직들은 외부의 펀드에 의존하지 않고 영리행위를 통해 비영리적 목적을 달성하기도 한다(영리적 목적과 사회적 목적의 균형에 대해서는 7장에서 다루기로 한다). 더욱이, 병원이나 사립대학처럼 많은 비영리조직들은 다양한 원가, 장비구비, 기술개량 등을 위해 필요한 비용을 충당하기 위해 수익창출에 신경을 쓰고 있다. 따라서 조직이 어떻게 효과적으로 일을 해야 하는지에 대한 혼란을 겪기도 한다. 돈을 기준으로 성과를 측정하는 것은 쉽다. 하지만 영리적 목적과 비영리적 목적을 동시에 갖는 조직이나 비영리적 조직의 성과를 측정하는 것은 쉽지 않다. 이런 곳에서는 '공중보건의 향상', '권리가 박탈된 사람들의 삶의 증진' 혹은 '예술에 대한 이해증진'과 같은 손에 잡히지 않는 목표를 측정해야 한다.

비영리조직의 경영자들은 또한 매우 다양한 이해관계자들을 관리해야 한다. 이들은 또한 고객들과 자원봉사자 또는 기부자들을 끌어들이기 위한 노력을 해야 한다. 이로 인해 갈등과 권력투쟁이 일어나기도 한다. 미국에서의 '소망재단(Make-A-Wish Foundation)'이 그런 예 중의 하나다. 전국조직을 가지고 있는 이곳은 어쩔 수 없이 기부금을 받기 위해 지역의 작은 자선단체와 경쟁을 해야 한다. 이들은 소망단체가 자신들의 영역을 침범하는 것을 원치 않는다. 인디언 소망펀드(Indiana Children's Wish Fund)는 "우리는 아이들과 돈을 위해 경쟁을 해서는 안 됩니다", "소망재단이 자신들이 얻고자 하는 바를 얻기 위해 갖은 횡포를 부리고 있습니다"라고 주장하고 있다.[32]

따라서 이 책에서 다루는 권력과 갈등, 목표설정과 효과성 측정, 환경의 불확실성에 대처하기, 효과적인 통제시스템 구축 및 이해관계자 만족시키기와 같은 주제들은 영리조직뿐만 아니라 비영리조직에도 매우 중요한 주제이다.

1.3c 조직의 중요성

믿기지 않겠지만 인류사적 관점에서 보면 조직은 매우 최근의 것이다. 19세기 말만 해도 일정규모를 갖거나 중요성을 가진 조직은 매우 드물었다. 노동조합, 무역 관련 조직, 거대 비즈니스 조직, 비영리조직, 정부조직 같은 것들이 존재하지 않았다. 대규모 조직의 융성은 불과 150년 사이에 이루어진 일들이다.[33]

조직은 우리 주변 어디에서나 찾아볼 수 있다. 그리고 여러 가지 방식으로 우리의 삶과 연관되어 있다. 왜 조직이 우리 생활과 사회에 중요한가? 〈도표 1.2〉가 이러한 이유를 일곱 가지로 소개하고 있다. 첫째, 조직은 목적을 위한 수단이라는 말을 상기할 필요가 있다. 조직은 자신의 목적 달성을 위해 많은 자원을 결합한다. 니미츠급 원자력 항공모함 제조업체인 노스럽 그러먼(Northrup Grumman)이 예다. 항공모함 제작은 매우 복잡한 과정을 필요로 한다. 47,000톤의 정밀 용접된 강철, 100만 개 이상의 개별 부품, 900마일 가량의 철사와 케이블, 17,800명 근로자의 7년 이상의 업무가 필요한 작업이다.[34] 이러한 많은 자원을 조직은

도표 1.2 조직의 중요성

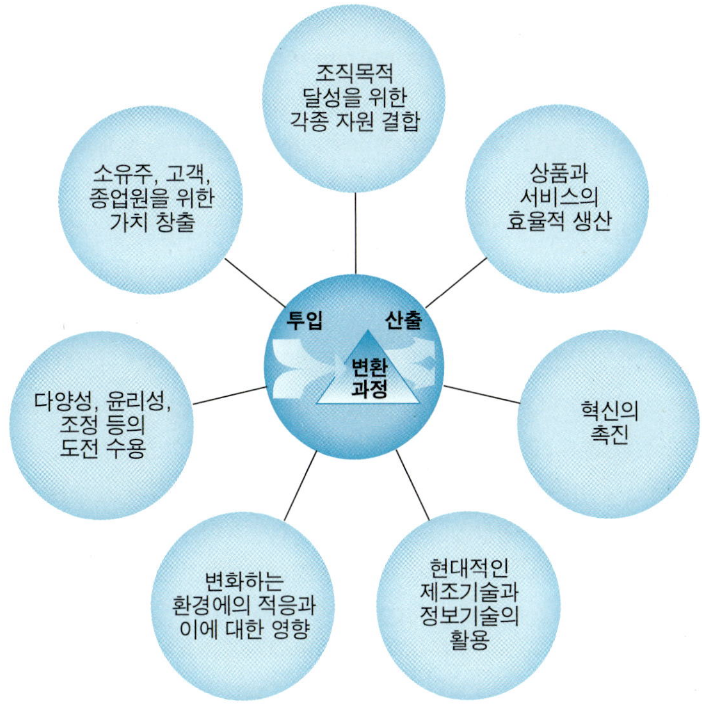

결합하고 활용한다. 조직이 없다면 매우 복잡한 항공모함의 조립은 불가능하다.

조직은 우리가 원하는 상품과 서비스를 경쟁력 있는 가격으로 생산하고 이를 효율적으로 생산한다. 기업들은 제품과 서비스의 생산을 효율적으로 하기 위해 다양한 방식의 혁신을 고안해낸다. 많은 기업들은 제품을 보다 싸게 효율적으로 생산하기 위해 제조공정을 개선하고, 인공지능이나 3D 프린팅 그리고 로봇 또는 이외의 다양한 새로운 기술들을 접목하고 있다.[35] 효율성을 높이기 위해 조직구조와 관리방법을 재설계하기도 한다.

조직은 빠르게 변화하는 환경에 적응하고 이에 영향을 주기 위해 노력한다. 오토바이를 생산하는 할리데이비드슨(Harley-Davidson)은 변화하는 환경에 적응하기 위해 수년을 노력했다. 오토바이 매출이 줄어들면서다. 할리데이비드슨의 고객들은 베이부머세대 사람들이다. 이 회사는 새로운 세대의 고객들을 붙잡기 위해 공장의 효율성을 끌어올리고 새로운 모델을 출시했음에도 아직도 어려움을 겪고 있다. 2019년 초, 이 회사는 2018년 4사분기 이익이 나지 않았음을 발표하였다.[36] 변화하는 환경에 조직이 어떻게 대응할 수 있는지를 잘 보여주는 기업이 있다. 패스트 패션업계의 자라(Zara)다.

자라와 같은 많은 조직들은 외부환경을 감시하고 이들에 영향을 미치기 위한 전담부서를 갖추고 있다.

IN PRACTICE 자라

자라는 1975년 스페인에서 의류소매유통 매장으로 설립되었다. 1980년대 자라는 '인스턴트 패션(instant fashion)'이라는 개념을 제시했다. 새로운 디자인, 생산, 유통 등에 걸리는 시간을 극단적으로 줄이는 방식이다. 이것을 위해서는 정보기술의 도움이 절대적으로 필요했다. 그리고 디자이너들이 개별적으로 일하는 것이 아닌 팀으로 일하는 것이 필요했다.

자라는 매우 빠르게 성장했다. 1980년대 이 회사는 유럽시장으로 사업을 확장했다. 1989년에는 미국시장으로 진입했다. 2014년에는 전파신호를 포착하는 칩을 사용하면서 재고를 쉽게 파악할 수 있는 시스템을 개발했다. 매장에서 어떤 제품이 언제 팔렸는지를 알 수 있게 되자 빠른 속도로 제품을 보충하는 것이 가능해졌다. 그리고 매우 빠른 생산도 가능해졌다. 새로운 디자인이 제품화되어 매장으로 가는 데에 4주면 충분했다. 다른 소매의류업체들은 6개월이 걸렸다. 자라는 한 해에 12,000개의 새로운 디자인을 만들어낸다. 제품수명주기를 짧게 해 소비자들의 변화하는 취향에 빠르게 대응할 수 있게 되었다.

자라는 고객들의 불만에도 빠르게 대응했다. 자라는 어린아이용 T셔츠를 판매하면서 고객으로부터 수용소 죄수들의 낡은 유니폼 같다는 불만을 들었다. 자라는 즉각 T셔츠를 매장에서 빼고 사과했다. 환경단체인 그린피스(Greenpeace)와는 제품에 사용된 화학물질의 독성에 대한 대화를 적극적으로 나누고 있다. 사용된 화학물질의 독성문제를 해결하기 위해 공급망과 협의를 하면서 문제를 풀어나가고 있다. 이 회사는 그린피스의 독성제거 캠페인(Detox Campaign)에 자극받아 독성물질 제로 생산체제를 갖추게 되었다.[37]

이러한 노력을 통해 조직은 소유주, 고객, 종업원들에게 새로운 가치를 제공할 수 있다. 관리자들은 조직 내 어떤 운영 프로세스가 부가가치 창출에 기여하고 있고 어떤 프로세스는 그렇지 않은지를 파악할 필요가 있다. 조직은 생성되는 되는 부가가치가 비용보다 많아야 이익을 낼 수 있다.

마지막으로, 조직은 노동력의 다양화, 지속가능성과 윤리로 인한 도전뿐만 아니라 종업원들의 동기를 고양시켜 조직목적을 달성할 수 있도록 하는 일에도 많은 노력을 기울여야 한다.

핵심정리

- 조직은 개방시스템이다. 환경으로부터 투입을 받아 변환과정을 통해 가치를 생성하고 생산된 제품과 서비스를 환경으로 다시 돌려주는 시스템이다.
- 다양한 조직들이 존재한다. 유의해야 하는 구분 중의 하나는 영리조직과 비영리조직이다. 영리조직은 돈을 버는 조직이고 비영리조직은 사회적 기여를 목적으로 운영되는 조직이다. 영리와 비영리 목적을 동시에 갖는 융합형 조직도 있다.
- 조직은 매우 중요하다. 경영자는 조직이 사회의 요구를 잘 반영하고 본래의 기능을 수행할 수 있도록 조직을 만들어갈 책임을 지고 있다.

1.4 조직설계의 차원

조직은 우리의 삶을 만들지만 이 조직을 설계하는 주체는 경영자들이다. 이들의 조직에 대한 이해가 높지 않으면 좋은 조직은 만들어질 수 없다. 조직을 이해하기 위한 첫 번째 단계는 조직의 차원을 아는 것이다. 조직의 차원은 사람의 성격이나 특성 같은 것이다.

조직설계를 위한 차원은 <도표 1.3>에서 보듯이 구조적 차원과 상황적 요인의 두 가지로 구분할 수 있다. **구조적 차원**(structural dimensions)이란 조직 내부 특성을 설명하는 속성변수를 말한다. 이들 속성변수를 통해 여러 조직을 측정하고 비교할 수 있다. **상황적 요인**(contingency factors)은 조직의 규모, 기술, 환경, 조직문화와 목적 등 조직구조에 영향을 주는 요소들로 구성된다. 조직의 구조적 차원에 영향을 미치는 조직배경이 상황적 요인이다. 상황적 요인은 조직과 환경 모두를 포함하고 있기 때문에 약간의 혼돈을 줄 수 있다. 조직을 제대로 이해하고 평가하기 위해서는 구조적 차원과 상황적 요인 모두를 살펴보아야 한다.[38] 이 두 차원은 서로 상호작용하면서 <도표 1.2>에서 제시된 조직의 목표 달성에 기여하게 된다.

1.4a 구조적 차원

핵심적인 구조적 차원은 공식화, 전문화, 권한계층, 복잡성, 집권화이다.[39]

1. 공식화(formalization)란 조직 내에서의 문서화 정도를 말한다. 문서화란 조직 내에서의 절차, 직무 내용 기술, 제도, 정책 매뉴얼 등이 문서로 표현되어 있는 정도를 말한다. 이

도표 1.3 구조적 차원과 상황적 요인 간의 상호작용

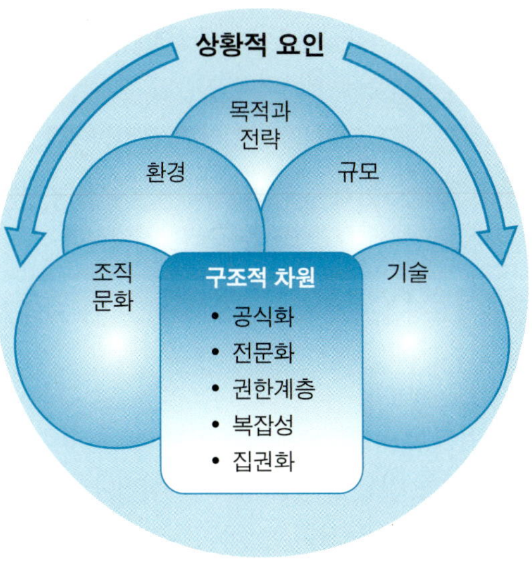

들은 조직 내에서 필요한 행동과 활동들을 정의하는 기능을 한다. 공식화는 조직 내 문서의 양과 정도로 측정할 수 있다. 예를 들어 대규모 대학은 공식화가 높다. 등록, 정정 및 추가, 동아리 활동, 기숙사 관리, 또는 재정 지원을 정의하는 다양한 문서를 구비하고 있기 때문이다. 반면 소규모의 가족 기업은 관리나 통제를 위해 문서화를 별도로 하지 않는다. 따라서 공식화 정도가 낮다고 할 수 있다.

2. 전문화(specialization)란 조직의 직무가 개별 업무로 세분화되어 있는 정도를 말한다. 전문화 정도가 높으면 구성원들은 매우 제한된 업무만을 수행하게 된다. 전문화의 정도가 낮은 경우 구성원들은 다양한 직무를 수행할 기회를 가지게 된다. 전문화는 분업화라고 부르기도 한다.
3. 권한 계층(hierarchy of authority)이란 조직에서의 보고 체계와 관리의 통제 범위를 지칭하는 말이다. 권한 계층은 〈도표 1.4〉에서 볼 수 있듯이 조직도에서 수직선으로 표시된다. 보고 체계와 관련이 있다. 권한 계층은 통제 범위(한 관리자에게 보고하는 직원의 수)와 관련이 있다. 통제 범위가 좁으면 조직 계층이 높아지고 통제범위가 넓어지면 조직은 수평적이 되며 계층은 납작해진다.
4. 복잡성(complexity)이란 조직 내에서의 부서나 활동의 개수를 말한다. 예를 들면, GE는 엄청나게 복잡하다. 복잡성을 측정하는 방식은 세 가지다. 수직적, 수평적, 공간적 복잡성으로 나누어 볼 수 있다. 수직적 복잡성이란 조직 내 위계계층의 수를 말한다. 서로 다른 계층은 서로 다른 지식과 전문성을 가지고 있다.[40] 수평적 복잡성은 부서와 같은 수평적 의미에서의 직업적 전문가의 수를 말한다. 공간적 복잡성은 조직의 부서와 사람들이 지리적으로 흩어져 있는 정도를 말한다. 〈도표 1.4〉의 경우는 5개의 계층에 의한 수직적 복잡성이 있고 계층 3의 경우는 7개의 부서로 구성된 수평적 복잡성을 가지고 있다. 공간적 복잡성은 1개로 볼 수 있다. 모든 부서가 한 장소에 있기 때문이다.
5. 집권화(centralization)란 의사결정이 어느 계층에 있는지와 관계가 있다. 의사결정을 할 수 있는 계층이 최고경영층에 제한되어 있다면 집권적인 조직구조를 갖는다고 말한다. 의사결정이 하위 계층에 위양이 되어 있다면 분권적이라고 말한다. 의사결정의 예로는 장비의 구입, 조직목표의 설정, 공급자 선정, 가격결정, 종업원 선발 그리고 마케팅 지역 결정 등을 들 수 있다. 잭 웰치는 GE를 분권화시키려고 노력했다.

조직구조 차원의 중요성을 이해하기 위해 [IN PRACTICE]의 사례를 살펴보자.

1.4b 상황요인

구조적 차원만을 이해하는 것은 조직설계를 이해하거나 조직설계를 하는 것에 도움이 되지 않는다. 동시에 상황요인들을 살펴보아야 한다. 여기에는 규모, 조직기술, 환경, 조직의 목적과 전략 및 조직문화가 있다.

IN PRACTICE 시즈가와 초등학교 대피센터와 BP-트랜스오션사 딥워터 호라이즌 석유 굴착 장치

한 신문기자가 일본은 "규정에 의해 움직이는 국가다. 규칙을 좋아하고, 직함을 가지기 좋아하며, 심지어 반드시 해야 하는 의무적인 일도 위원회를 만드는 것을 좋아 한다"라고 설명한 적이 있었다. 미나미상리쿠(Minamisanriku)라는 어촌마을이 쓰나미로 폐허가 되자 일본 특유의 성향대로 위기상황에 대응했다. 예를 들면, 시즈가와(Shizugawa) 초등학교의 대피센터가 꾸려지자 모인 사람들은 위기를 처리하기 위해 관련 규정, 절차, 권한구조를 먼저 만들어야 한다고 생각했다. 대피센터에 모인 사람들을 통제하기 위해 일단의 사람들이 6개의 담당 조를 만들었다. 이들은 조리, 세탁, 재고관리, 의료봉사로 역할이 분담되었고 각 조는 세밀한 규칙과 절차를 만들었다. 이런 규칙과 절차로 인해 대피센터의 운영이 수월해졌고 사람들이 안정을 되찾도록 하는 데 도움이 되었다.

이와는 대조적인 사례가 있다. 트랜스오션(Transocean)사가 석유기업인 BP사를 위해 멕시코만의 딥워터 호라이즌(Deepwater Horizon)에서 시추공을 시공하면서 대규모 폭발로 기름이 유출되는 사건이 발생했다. 11명이 사망했으며 환경오염이 막대했다. 사건이 일어났음에도 이것을 처리하기 위한 조직화가 제대로 이루어지지 못하면서 상황은 더욱 악화되었다. 사고처리를 위해 누가 무엇을 해야 하는지를 알지 못하고 허둥대었다. 23세였던 아드레아 플레이타스(Andrea Fleytas)가 사람들이 우왕좌왕하는 것을 보고 긴급구조요청 신호를 보냈다. 하지만 이것은 그녀가 할 수 있는 권한을 넘어서는 일이었다. 한 관리자는 자신은 그런 구조요청을 하지 못했다고 실토했다. 자신이 그런 권한을 가지고 있는지가 불분명해서라는 것이 이유였다. 또 다른 사람이 말을 했다. 자신도 도움을 요청하려고 했지만 그렇게 하라는 명령을 누군가로부터 받아야 한다는 말을 들었다고 했다. 사람들은 비상상황으로 설비를 긴급히 중단시켜야 함을 알고 있었다. 하지만 누가 그런 명령을 내려야 하는지에 대한 혼란이 있었다. "그 상황은 정말 혼돈 그 자체였다." 작업자 카를로스 라오모스(Carlos Ramos)의 말이다. "어떤 명령 계통도 없었고 아무도 책임지는 사람이 없었다."[41]

1. 규모란 조직전체의 크기를 말한다. 규모는 조직 전체 관점에서 말할 수도 있고, 공장이나 부서 등 특정 조직단위를 중심으로 말할 수도 있다. 종업원 수가 규모를 설명하는 대표적인 지표다. 조직의 총매출이나 총자산 등도 규모를 말해주는 지표로 사용되기도 한다. 하지만 이것은 종업원 수를 직접적으로 반영하지는 않는다. GE는 10만 명 이상의 종업원을 갖는 대규모 조직이다.
2. 조직기술이란 투입을 산출로 변환시키는 데 사용되는 도구, 기법, 또는 행위 등을 일컫는 말이다. 고객에게 제공되는 상품과 서비스를 실제로 어떻게 생산하는지가 조직기술과 관련된다. 유연생산체제, 디지털 정보시스템, 인터넷 등이 기술을 구성하는 예다. 자동차 조립 생산라인, 소셜미디어 플랫폼, 대학 강의실, 운송시스템 앱, 익일 배달 시스템 등도 기술에 해당하는 예들이다.
3. 환경은 조직 경계 외부에 존재하는 모든 요소를 말한다. 산업, 정부, 고객, 공급자, 금융권 등이 주요 환경 요소이다. 또한 조직에 직접적인 영향을 미치는 다른 조직들도 환경이다.

도표 1.4 조직계층 사례: 지역사회훈련원의 권한계층

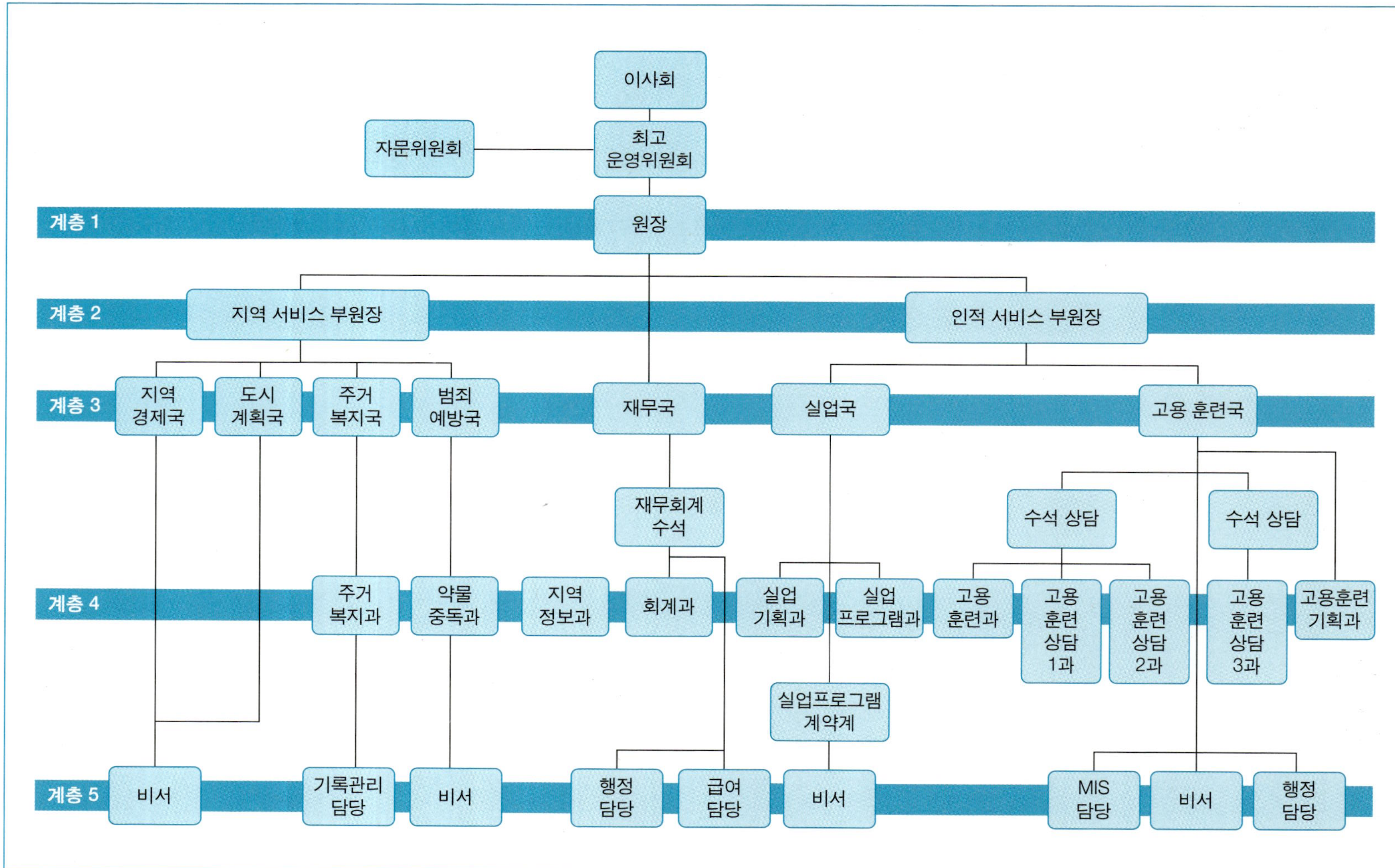

4. 조직의 목적과 전략은 다른 조직과의 차별성을 보이는 목표와 경쟁적 기술을 말한다. 목적은 회사가 의도적으로 가고자 하는 지향점이다. 전략은 이 지향점에 도달하기 위해 계획된 일련의 행동이다. 조직목적을 달성하기 위한 자원배분이나 환경에 대처하기 위한 각종 활동들이 여기에 속한다. 조직의 목적과 전략이 있음으로 해서 조직의 활동 범위나 종업원, 고객 또는 경쟁자와의 관계가 분명하게 드러나게 된다.
5. 조직문화는 종업원들이 공유하는 핵심가치, 신념, 이해, 규범을 말한다. 이것을 통해 사람들은 윤리적 행동, 종업원에 대한 몰입, 효율성, 고객 서비스에 제공에 대한 일관성을 가지게 되고 조직을 하나로 묶을 수 있게 된다.[42] GE의 잭 웰치는 조직의 개방적 문화와 구성원들 간의 직접적인 대화를 유도하기 위해 워크아웃 프로그램을 실행하였다.

앞에서 언급한 구조적 차원과 상황적 요인은 상호의존적이다. 어떤 상황요인은 전문화, 공식화에 영향을 미친다. 예를 들어 조직의 규모가 커지거나 사용하는 기술이 일상적인 경우 그리고 조직의 환경이 안정적이면 조직은 공식화, 전문화, 그리고 집권화되는 특징을 갖는다. 이들 간의 관계에 대해서는 이 책의 다른 장에서 더 자세히 다루기로 한다.

도입 질문과 답

1. 조직을 이해하려면 이것을 구성하고 있는 사람들을 알아야 한다.

답) 동의하지 않는다. 조직은 기업 내의 사람과는 관련이 없는 특성을 가지고 있다. 조직 내 사람들은 시간이 흐르면 대체되지만 조직의 특성은 안정이기 때문이다.

〈도표 1.3〉에 제시된 조직특성들은 일반적 관찰로는 알 수 없는 조직의 특성을 분석할 수 있도록 해준다. 예를 들어 밸브 소프트웨어(Valve Software)와 월마트를 비교해보자.

IN PRACTICE 밸브 소프트웨어

온라인 액션 게임인 카운터 스트라이크(Counter-Strike), 절반의 삶(Half-Life), 남은 4인의 죽음(Left 4 Dead), 포털(Poratal), 디지털 배분 플랫폼인 스팀(Steam)으로 유명한 밸브 소프트웨어(Valve Software: VS)는 1996년 회사 설립 이후 상사 없는 조직으로 운영되어 왔다. 몇 년 전 누군가 종업원에 대한 핸드북을 미디어 블리츠(media blitz)에 올려놓긴 했지만, 밸브사는 기본적으로 상사 없이 잘 움직인다. 공동창업자인 뉴웰(Newell)과 마이크로소프트 출신의 마이크 해링턴(Mike Harrington)은 직원들의 유연성을 최대한 발휘시키기 위해 회사를 수평적이고 민첩한 조직으로 운영하고 싶어 했다. 꿈의 직장처럼 보이지만 많은

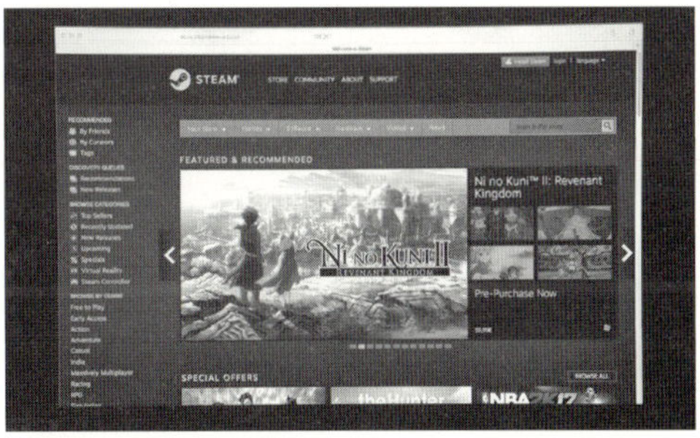

Casimiro/Alamy Stock Photo

사람들이 구조가 없는 조직에 대해 잘 적응하지 못해 회사를 떠나기도 하였다. 밸브에서는 모든 직원들이 직원 채용 등 중요 의사결정에 참여하고 있다. 또한, 승진이라는 제도는 아예 없다. 프로젝트만 있을 뿐이다. 이 때 누군가가 리더로 등장한다. 해고 사례가 많지는 않지만, 해야 한다면 팀이 공동으로 해고에 관한 의사결정을 내린다. 팀 미팅은 매우 비공식적이며 사람들은 자신의 생각이나 느낌을 표현하도록 요청받는다.

밸브와는 달리 월마트는 내부 효율성을 통해 경쟁력을 유지하는 기업이다. 모든 점포에는 진열과 상품조달을 위한 일률적인 표준이 적용된다. 월마트의 관리비용은 다른 어떤 유통기업에 비해서도 낮다. 배송시스템은 그야말로 효율성 자체다. 어느 점포든 2일 이내 배송이 가능한 시스템을 갖고 있다. 비록 점포장이 현지 상황에 필요한 의사결정을 내리기도 하지만, 의사결정의 대부분은 상부 조직의 통제 하에 이루어지고 있다. 직원들은 의사결정 과정에 발언권이 없으며, 규정을 충실히 따르는 역할을 요구받는다. 그럼에도 회사의 경영성과는 매우 높고, 직원들 또한 회사로부터 공정한 처우를 받고 있다고 인식하는 것으로 알려져 있다.[43]

도표 1.5 두 조직의 차이

기업명:	밸브소프트웨어	월마트
기술:	소프트웨어 개발	소매
규모:	360명	250,000명 이상
목적:	혁신	효율성

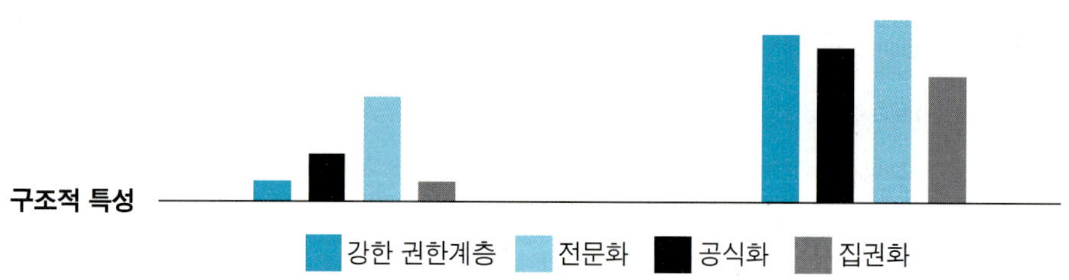

〈도표 1.5〉는 밸브 소프트웨어와 월마트의 구조와 상황적 요인 간의 차이를 보여주고 있다. 밸브는 소규모 조직으로 공식화와 집권화 수준이 낮고 전문화는 중간 정도다. 소프트웨어와 정보기술의 변화에 대응해야 하는 특성으로 수평적 협력이 중요함에 따라 수직적 계층에 대한 중요성은 상대적으로 낮다. 월마트는 공식화, 전문화, 집권화가 높고 매우 강한 수직적 계층구조를 가지고 있다. 유통업의 속성상 신상품을 개발하는 것보다는 내부 효율성이 중요하여 표준적 절차와 통제가 강하다. 규정은 최고경영자에 의해 만들어지고 의사소통은 수직적 계층을 타고 위에서 아래로 흐른다.

구조적 차원과 상황요인은 조직에 대해 그리고 조직 간 차이에 대해 많은 것을 말해준다. 이러한 조직설계 요소들은 이후의 장에서 더 자세히 다루어질 것이다.

1.4c 조직성과와 효과성

조직의 구조적 차원과 상황적 요인을 이해해야 하는 이유는 높은 조직 성과와 효과성을 달성할 수 있는 조직설계방식을 알아내기 위해서다. 관리자는 조직의 측면들을 관리하여 조직을 효율적으로 만들고 투입을 효과적으로 산출로 전환해 가치를 만들어낼 책임을 가지고 있다. **효율성**(efficiency)은 조직의 목적을 달성하기 위해 사용된 자원의 양과 관련이 있다. 목적달성(산출) 대비 사용된 자원의 양(투입)이 효율성이다. 일정 수준의 산출에 사용된 원자재, 자금 및 인력의 양을 말한다. 이 양이 많을수록 비효율적이다. 효과성은 더 포괄적인 개념이다. 조직이 달성하고자 하는 진정한 목적을 달성하였는가의 정도가 **효과성**(effectiveness)이다.

조직의 목표를 정하고 이것을 달성하기 위한 조직의 과정을 측정하는 것이 효과성을 측정하는 방법이다. 예를 들면, GE의 제프 이멜트는 지속가능성이라는 새로운 목표를 혁신과 글로벌 성장이라는 목표와 함께 설정했다. 소규모의 물건을 파는 가게는 주당 매출액을 목표로 정할 수 있다. 제조기업에서는 제품품질, 유연성(제품믹스와 생산량 측면에서), 스피드 및 배송시간 등을 목표로 정할 수 있다.[44] 조직이 효과적으로 작동하기 위해서 조직은 분명하고, 초점이 뚜렷하며, 적합한 전략을 수립할 필요가 있다. 효과성의 개념에 대해서는 2장에서 자세히 다루고자 한다.

효과성을 측정하는 대안적 방법으로 이해관계자 접근을 들 수 있다. 이들이 어떤 무엇을 요구하고 있는지 그리고 만족수준은 어느 정도인지를 파악해 여기에 맞는 조직활동들을 평가해 보는 방법이다. 이해관계자란 조직의 결과물에 발언권을 갖는 조직 밖의 임의의 집단을 말한다. 이들에 대한 예로는 다음을 들 수 있다.

- 고객: 높은 수준의 제픔과 서비스 품질의 제품과 서비스를 적확한 시간과 합리적인 가격으로 요구하는 소비자들
- 종업원: 적정수준의 임금, 편익, 작업조건, 감독을 요구하는 조직 내부의 사람들
- 주주: 자신의 투자에 대한 재무적 대가를 요구하는 사람들

경영자들은 다양한 이해관리자들의 욕구와 이해를 균형 있게 관리할 줄 알아야 한다. 각 이해관계자 집단의 만족수준은 일종의 조직성과로 볼 수 있다.[45] 이해관계자에 대한 접근은 7장에서 자세히 다루어진다.

도입 질문과 답

2. 기업조직에서 경영자의 가장 중요한 역할은 효율성을 극대화하는 것이다.

답) 동의하지 않는다. 효율성은 중요하다. 그러나 조직은 다양한 이해관계자의 요구에 대응해야 한다. 따라서 경영자는 효율성과 효과성을 동시에 추구해야 한다. 효과성은 때로 효율성보다 훨씬 중요한 이슈가 된다.

핵심정리

- 조직구조차원과 상황요인은 조직을 측정하고 분석할 수 있도록 해준다. 이 특성들은 조직마다 다르다.
- 조직구조차원은 공식화, 전문화, 권한계층, 복잡성 및 집권화로 구성된다.
- 상황요인은 조직규모, 조직기술, 환경, 목적과 전략 그리고 문화를 말한다.
- 경영자들은 효율성과 효과성이 모두 추구될 수 있도록 조직을 설계해야 한다.
- 분명한 목표와 이를 달성하는 과정에 대한 측정이 효과성을 측정하는 가장 보편적인 방법이다.

1.5 조직설계 이론의 진화

조직이론은 조직에 관한 사실만을 모아 놓은 것이 아니다. 여기에는 조직을 바라보는 시각이 담겨있다.[46] 조직이론은 조직의 설계 방식이나 조직의 행동이 보여주는 일정한 패턴과 규칙을 관찰함으로 구조화된 이론이다. 물론 이 역할은 조직이론을 연구하는 학자들이 수행한다. 그렇다고 학자들의 연구에서 만들어진 사실들만이 중요한 것은 아니다. 조직현상에서 얻어지는 통찰이나 직관도 매우 중요하다. 이를 통해 조직의 효율성이나 효과성뿐만 아니라 조직생활의 질도 결정적으로 높아지는 경우가 많다.[47] 시대적 흐름에 따라 조직을 보는 눈이나 통찰이 변해왔다.

1.5a 조직이론의 역사적 전개

현대 경영이론은 19세기 후반과 20세기 초반 고전경영학의 발전과 함께 시작되었다. 산업혁명이 활발하게 일어나던 시기다. 이 시기에 도입된 공장시스템은 과거 조직들에서는 찾아볼 수 없었던 문제, 즉 생산성과 효율이라는 문제에 부딪치게 된다. 대규모 종업원에 의한 대규모 작업이 필요해지면서 사람들은 생산성과 효율성을 극대화하기 위한 업무설계와 경영방법을 생각하기 시작하였다. 조직을 더 효율적이고 더 잘 돌아가는 기계처럼 만들고자 했던 사유체계가 탄생된 것이다. 이러한 사고를 기반으로 계층적이고 관료주의적인 조직설계 방식이 고안되었다. 이것이 현대적 경영이론의 기초가 되었다. 이 절에서는 고전적 조직이론뿐만 아니라 종업원의 욕구나 환경에 기반을 둔 시각 등 다양한 시각들에 대해서도 살펴볼 예정이다. 이런 시각들은 진화하고 있지만 아직도 조직설계에서 매우 긴요한 역할을 하고 있다. 이와 같은 시각을 일컫는 말이 준거체계(frame of reference)다. 여러분들도 조직에 대한 다른 시각을 가질 수 있는데 '적합성 평가'를 한 번 해보자. 자신의 준거체계를 발견할 수 있을 것이다.

적합성 평가

스타일의 진화

본 설문은 여러분의 준거체계 특성을 살펴보기 위한 것이다. 아래의 문항이 여러분을 가장 잘 설명하고 있다고 생각하면 4를 그 다음은 3을 이런 방식으로 1까지 기록하면 된다.

1. 나의 강점은
   _____ a. 분석력
   _____ b. 인간관계력
   _____ c. 정치력
   _____ d. 연기력
2. 나를 가장 잘 설명하고 있는 것은
   _____ a. 기술적 전문가
   _____ b. 경청가
   _____ c. 능숙한 협상가
   _____ d. 영감적 리더
3. 나를 성공적으로 이끄는 요소는
   _____ a. 좋은 의사결정하기
   _____ b. 타인에 대한 코칭과 개발해주기
   _____ c. 다른 사람들과의 연합과 권력형성 하기
   _____ d. 다른 사람에게 영감주기
4. 다른 사람들이 나에게 주목하는 이유는
   _____ a. 나의 꼼꼼함
   _____ b. 사람들에 대한 배려
   _____ c. 갈등상황을 극복해나가는 능력
   _____ d. 카리스마
5. 나의 가장 특징적인 리더십은
   _____ a. 분명하고 논리적인 생각
   _____ b. 다른 사람을 지원하고 돌보아 주는 것
   _____ c. 강인함과 공격적 성향
   _____ d. 상상력과 창의력
6. 나를 설명하는 것으로 적합한 것은
   _____ a. 분석가
   _____ b. 휴머니스트
   _____ c. 정치가
   _____ d. 비전제시자

점수계산: 다음과 같은 방식으로 여러분의 점수를 계산해보자. 가장 높은 점수를 보인 것이 여러분이 조직을 보는 시각이다. 여러분의 관리스타일과도 관련이 있다.

구조적 시각 = 1a+2a+3a+4a+5a+6a = _____
인적자원적 시각 = 1b+2b+3b+4b+5b+6b = _____
정치적 시각 = 1c+2c+3c+4c+5c+6c = _____
상징적 시각 = 1d+2d+3d+4d+5d+6d = _____

해석: 관리자들은 다양한 시각(준거체계)으로 세상을 이해하고 있다.

(1) 구조적 시각: 조직을 기계적 관점으로 생각. 효율성과 수직적 위계, 일상화되고 잘 조직화된 과업, 공식적 권한을 중시. 효율성을 중시하던 과학적 관리법이 등장할 당시의 중심사고.
(2) 인적자원적 시각: 사람중심의 시각. 지원, 권한위양, 소속감을 중시. 호손연구 이후 등장했던 사고.
(3) 정치적 시각: 조직을 희소자원을 획득하기 위한 경쟁구조의 관점에서 이해. 다른 집단과의 연합을 중시. 정보공유, 협력적 방안, 다른 부분과의 함께 일하는 것을 중요시 하는 사고.
(4) 상징적 시각: 조직을 극장처럼 보는 시각. 조직의 상징, 비전, 문화, 영감 등을 중시. 학습조직과 같은 적응성을 중시하는 사고.

여러분은 어떤 시각을 가지고 있는가? 구조적 시각과 인적자원적 시각은 조직의 중하위 수준에서의 관리자가 가져야 할 시각이다. 이 두 가지 시각이 관리자가 되기 위해 첫 번째로 학습해야 하는 것들이다. 보다 상위의 관리자로 성장함에 따라 필요한 것은 정치적이고 협력적 시각을 키우는 것이다(13장). 뿐만 아니라 조직의 문화적 가치를 형성하기 위하여 상징을 활용하는 시각도 키워야 한다(10장). 관리자들은 어느 하나의 시각에 머물러서는 안 된다. 그렇게 되면 경력성장에 지장을 받을 수 있다.

출처: Roy G. Williams and Terrence E. Deal, When Opposites Dance: Balancing the Manager and Leader Within (Palo Alto, CA: Davies-Black, 2003), 24-28. Reprinted with permission.

효율성 중심의 사고. 프레드릭 윈슬로 테일러(Frederick Winslow Taylor)에 의해 시도되었던 **과학적 관리법**(scientific management)이 대표적이다. 이 사고는 효율성과 노동생산성을 중시 여긴다. 테일러는 "더 높은 생산성을 위하여 종업원들을 기계처럼 만들 필요가 있다"라는 말을 하였다.[48] 그는 기존의 주먹구구식 경영은 정밀하고 과학적인 연구조사에 의하여 만들어진 방법으로 대체되어야 한다고 주장하였다.[49] 이것을 위해서는 정밀한 과업표준절차의 개발, 이에 적절한 근로자의 선발, 표준 절차에 따른 근로자 훈련, 과업의 신중한 계획, 생산성 향상을 위한 인센티브 제공이 이루어져야 한다.

테일러식 접근법의 전형적인 예는 1898년 베들레헴 철강공장에서 행해졌던 일련의 작업, 즉 철도차량에서 철강을 내리고 완성된 철강을 싣는 작업에서 관찰할 수 있다. 테일러는 올바른 동작, 도구, 작업배열을 통해 근로자들의 평균 하루작업량이었던 12.5톤보다 훨씬 많은 47.5톤의 과업을 수행할 수 있다고 계산하였다. 테일러는 초과달성분에 대한 인센티브를 일당 1.15달러에서 1.85달러로 상향하였다. 이러한 노력은 베들레헴 철강사의 생산성을 순식간에 향상시켰다. 테일러가 보여준 통찰력은 이 시기에 하나의 믿음을 제공하게 된다. 경영의 역할은 작업의 안정성과 효율성을 확보하는 것이며 경영자는 생각하고 근로자는 이들의 생각을 따르도록 하는 것이 중요하다는 것이다.

효율성과 생산성 우위 중심의 사고는 현대 경영에도 뿌리 깊은 영향을 주게 되었다. 하버드 비즈니스 리뷰(Harvard Business Review)는 현대경영학을 형성한 혁신적 사고 12개 중 첫 번째로 과학적 관리법을 꼽았다.[50]

조직화 중심의 사고. 고전적 관점의 또 다른 영역으로 조직화 중심의 사고를 들 수 있다. 생산현장에서 수행되는 작업, 즉 기술 핵(작업현장)에 주로 관심을 가졌던 과학적 관리법과는 달리 조직화 중심의 사고—**관리원칙**(administrative principles) 중심의 사고—는 조직 전체적 시각에서의 조직설계와 기능에 관심을 가졌다. 앙리 패욜(Henri Fayol)의 연구가 좋은 예이다. 그는 "하위자는 1명의 상사로부터만 지시를 받는다(명령일원화 원칙)", "한 조직 내 유사 활동들은 1명의 관리자 밑에서 통합관리 되어야 한다(지시일원화 원칙)" 등의 14개의 관리원칙을 수립하였다. 이러한 원칙들은 현대경영과 조직설계를 위한 근간이 되었다.

과학적 관리법과 관리원칙은 생산성을 높이고 사업을 성공시키기 위한 필수적인 아이디어로 여겨졌다. 관리원칙론은 **관료조직**(bureaucratic organizations)의 탄생에도 큰 공헌을 하게 된다. 관료조직이란 잘 정의된 권한과 책임, 공식화된 기록유지, 표준화된 규정의 예외 없는 적용 등을 강조함으로 비개인화와 합리성이 유지되도록 설계된 조직을 말한다. 관료주의라는 용어는 오늘날에는 부정적인 의미로 받아들여진다. 하지만 관료적 특성들은 산업혁명 시대의 조직 환경에는 매우 잘 부응되었던 개념이다. 이 관점은 이후 사회적 맥락과 인간을 이해하지 못하였다는 비난에 직면하게 된다.

인간 중심의 사고. 과학적 관리법의 위세에 눌려 산업심리와 인간관계에 관한 초기 연구들은 관심을 끌지 못하게 된다. 그러나 **호오손 연구**(Hawthorne Studies)로 알려진 한 시카고 전기회사에서의 일련의 실험은 이를 반전시키는 계기를 주었다. 이 연구의 결론은 간명하다. 종업원들에 대한 긍정적 처우가 이들을 동기유발시키고 궁극적으로는 생산성 향상에 매우 중요하다는 것이다. 이러한 연구 결과의 발표는 종업원 관리에 대한 하나의 혁명을 가져왔다. 종업원의 처우, 리더십, 동기유발, 인적자원관리 등의 후속 연구들을 촉발시키는 계기가 되었다. 인간관계와 종업원의 행동에 주목하였던 이들 접근법은 이후 경영과 조직 연구에 새로운 전기를 마련하게 된다.

그러나 산업혁명 시기에 싹튼 계층조직과 관료주의적 사고는 1980년대에 이르러서도 그 위세를 여전히 떨치고 있었고 기능을 잘 하였다. 이들 접근에 대한 문제가 제기되기 시작한 것은 1980년대에 이르러서다. 경쟁의 심화, 특히 국제적 경쟁심화는 경영환경을 근본적으로 변화시켰다.[51] 기업들은 새로운 환경에서 살아남기 위하여 뭔가 더 나은 방식을 찾아야 했다.

관료적 조직의 유연성 문제. 1980년대는 낭비 없는 관리조직, 유연성과 학습, 고객에의 빠른 대응성, 종업원의 작업몰입, 제품의 품질과 같은 새로운 조직문화가 강조되는 시기였다. 이 시기에 팀제조직, 위계구조의 편평화 그리고 참여경영에 대한 실험들이 시도되었다. 1983년 듀퐁(Dupont)의 한 공장에서는 관리계층을 기존의 8단계에서 4단계로 줄였다. 또한 더 효과적인 문제해결과 일상적 관리업무를 줄이기 위해 생산직에 팀제를 도입하였다. 새로운 조직설계는 품질의 향상을 가져다주었고 비용을 줄여주었으며 혁신을 일으키면서 기업경쟁력을 높여주었다.[52] 이로 인해 관리자들은 엄격한 규칙과 계층을 고수하기보다는 회사 전체와 외부환경을 보는 안목을 기를 수 있었다.

1980년대를 지나면서 조직들은 엄청난 변화를 겪어야 하였다. 더 유연한 조직설계가 대세로 자리를 잡았다. 최근에는 인터넷, 정보기술의 변화, 빅데이터 분석, 글로벌화에 따른 조직 간 상호연계성, 종업원들의 교육수준이 높아짐에 따른 삶의 질에 대한 요구 및 지식기반 사회의 도래에 따른 환경변화가 조직설계에 큰 영향을 미치고 있다.[53]

1.5b 주요 상황성

과학적 관리법과 관리원칙론을 따르게 되면 모든 조직을 설계하는 방법은 단 한 가지만 존재할 뿐이다. 하지만 이러한 가정은 많은 문제를 야기할 수 있다. 콩글로머레이트와 같은 대형기업에서는 여러 유형의 사업부문이 존재한다. 이중 소매 사업부문의 조직구조와 시스템이 제조부문의 것과 동일해야 할 이유는 없다. 인스타그램(Instagram) 같은 기업가적 인터넷 기반 기업들에 적합한 조직구조나 일하는 방식이 오스카 메이어(Oscar Mayer) 같은 거대

식품회사나 비영리조직인 유나이티드 웨이(United Way)에 그대로 적용될 수는 없다. 이유는 이러한 회사들마다 서로 다른 상황을 가지고 있기 때문이다.

상황이란 한 가지 사건이 다른 사건들에 의존되어 있는 것을 말한다. 조직의 효과성 측면에서 볼 때 조직은 자신이 처한 상황에 가장 적합한 구조를 가질 때 효과적이 된다. 상황요인은 앞의 〈도표 1.3〉에서 언급된 조직규모, 조직기술, 환경, 조직목적과 전략, 조직문화를 말한다. **상황**(contingency)이란 어떤 특성이 다른 특성에 의존한다는 의미를 담고 있다. 조직은 상황에 정합성을 높여야 효과적이 된다.[54] 하지만, 한 상황에 효과적인 방식이 다른 상황에서는 그렇지 않을 수 있다. 한 가지의 최상의 방법이란 없다는 것이다. 상황이론은 '상황에 따라 다르다'는 점을 강조한다. 예를 들면, 정부조직은 확실성이 높은 환경 속에서 일을 한다. 따라서 일상적 기술을 활용하게 되고 효율성이 중요시 된다. 이러한 상황에서는 관료주의적 통제절차, 계층구조, 공식적 의사소통을 사용하는 것이 적합하다. 하지만 환경의 불확실성이 높고, 비일상적인 기술을 활용해야 한다면 정보흐름이 빠른 유연 조직구조가 효과적이다. 조직의 상황에 따라 올바른 경영 접근법이 달라진다는 말이다. 아래에서는 두 종류의 근본적인 조직설계 방식에 대하여 설명하려고 한다.

도입 질문과 답

3. 조직을 이해하려면 이것을 구성하고 있는 사람들을 알아야 한다.

답) 동의한다. 최고경영자의 여러 책임 중 가장 중요한 것 중 하나는 조직이 올바르게 설계되어 있는지를 확인하는 것이다. 조직설계는 고객 및 이해관계자들의 요구에 대응하기 위하여 구성원들과 일을 효과적으로 배열하는 것을 말한다. 관리자들은 조직의 구조적 차원과 상황요인을 모두 고려하여 조직의 각 부분이 유기적으로 연계되도록 하는 책무를 가지고 있다.

핵심정리

- 조직설계에 대한 시각은 지속적으로 변해왔다. 관리자들은 조직설계의 역사를 이해함으로 조직설계에 대한 이해를 높일 수 있다.
- 모든 조직을 동일하게 취급하면 문제가 생긴다. 효과적인 조직설계는 여러 다양한 상황요인을 이해함으로 가능하다.
- 상황이란 한 가지 특성은 다른 특성에 의존하고 있음을 의미한다. 조직이 효과적이기 위해서는 상황에 맞춘 정합성에 유의를 해야 한다. 상황요인에는 조직규모, 조직기술, 환경, 조직목적과 전략, 그리고 문화가 있다.

1.6 유기적 조직과 기계적 조직의 비교

조직은 기계적-유기적이라는 두 개념의 연속선 위에서 구분할 수 있다. 이들 개념은 톰 번즈(Tom Burns)와 스토커(G. M. Stalker)가 영국의 공장조직들을 관찰한 후 처음으로 사용되었다.[55] **기계적 조직**(mechanistic)이란 그 말이 의미하는 바와 같이 표준화된 절차와 규칙 그리고 분명한 권한구조에 의하여 기계처럼 작동하는 조직을 말한다. 이런 조직은 매우 공식화되어 있고 의사결정 권한이 상층에 집중되어 집권화가 높다. 기계적 조직은 조직의 효율성에 높은 관심을 갖는다. **유기적 조직**(organic)은 느슨함, 정보의 자유스러운 흐름 및 적응성이라는 특성을 갖는 조직이다. 규칙이나 규정이 문서화되어 있지 않고, 문서화되어 있어도 매우 유연하게 적용된다. 사람들은 그들 자신들의 방식으로 일을 처리할 수 있다. 권한계층은 느슨하면서도 분명하지 않다. 의사결정은 분권화되어 있다. 유기적 조직은 조직의 학습과 적응에 높은 관심을 갖는다. 경영자들은 방향을 지시하기는 하지만 많은 권한이 조직 하부로 위양되어 있다. 지식과 정보는 모든 구성원들과 공유되며 현재의 상황에 대해 의구심을 품고 도전하는 것이 장려된다.[56] 두 조직 중 어느 쪽을 선택해야 조직의 효과성을 높일 수 있는가의 문제는 조직의 상황성과 관련이 있다. 〈도표 1.6〉은 이러한 차이를 다섯 가지 요인에 따라 보여주고 있다. 조직구조, 과업, 공식화, 의사소통, 계층이 이들이다. 그림은 기계적 조직과 유기적 조직의 전형적인 상황요인들도 보여주고 있다.

도표 1.6 유기적 조직과 기계적 조직의 비교

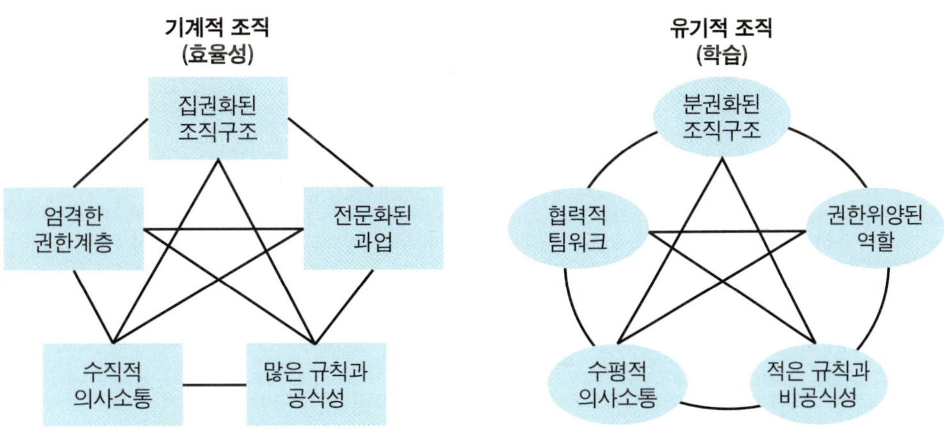

전형적 상황요인:	**전형적 상황요인:**
대규모	소규모
효율성 전략	혁신전략
안정적 환경	변화하는 환경
엄격한 조직문화	적응적 조직문화
제조기술	서비스기술

- 집권화된 조직구조 대 분권화된 조직구조: 집권화인가 분권화인가의 문제는 어느 계층에서 의사결정이 일어나도록 할 것인가와 관련이 있다. 기계적 조직에서는 집권화된 조직구조를 가지고 있고 유기적 조직에서는 분권화된 조직구조를 가지고 있다. **집권화**(centralization)란 조직계층의 상부에서 의사결정이 일어나는 것을 말한다. 지식과 통제활동이 상층부에 집중되어 있어 구성원들은 위에서 시키는 대로 움직이게 된다. **분권화**(decentralization)의 경우는 의사결정이 하위계층에서 일어난다. 지식과 통제행위가 상층부가 아닌 구성원 수준에서 일어난다. 구성원들은 자신들의 의사결정 권한을 기초로 서로 협력하면서 고객이나 관련 문제를 해결하는 것이 장려된다.
- 전문화된 과업 대 권한 위양된 역할: **과업**(task)을 좁게 정의하면 한 개인에게 부여된 일의 분담을 말한다. 기계적 조직에서는 과업을 기계의 부품처럼 잘게 분화시키고 직무기술서에 따라 업무를 수행한다. 과업과 달리 **역할**(role)은 목표달성을 위한 사회 역동성이 강조되는 개념이다. 또한 재량과 책임이 강조되는 개념이다. 유기적 조직에서는 구성원들은 부서나 팀에 소속되어 일을 하면서 역할은 상황에 맞추어 변화하게 된다.
- 공식 대 비공식 시스템: 기계적 조직에서는 많은 규칙과 규제, 표준화된 절차 등이 작동된다. 정보나 의사소통, 성과에의 이상 등을 찾아 낼 때는 반드시 공식 시스템이 관여한다. 유기적 조직에서는 반대로 규칙이나 공식적인 통제시스템이 많지 않다. 의사소통과 정보공유가 비공식적으로 이루어지는 경우가 많다.
- 수직적 대 수평적 의사소통: 기계적 조직에서는 수직적 의사소통이 강조된다. 경영자는 구성원들에게 조직목표와 전략, 업무지시와 절차 등에 대한 정보를 내려 보내고, 구성원들에게는 발생되는 문제, 성과보고, 재무정보, 제안과 각종 아이디어 등을 올려 보내라는 요구를 한다. 유기적 조직에서는 수평적인 의사소통이 강조된다. 정보는 계층적으로 뿐만 아니라 전 부서에 걸쳐 수평적으로 흐른다. 환경변화에 빠르게 대응하기 위해서다. 또한 유기적 조직에서는 고객, 공급자, 그리고 때로는 경쟁자들과도 의사소통을 열어 놓고 있다. 학습역량을 높이기 위해서다.
- 권한계층 대 협력적 팀워크: 기계적 조직에서는 수직적 계층과 공식적 명령체계가 중요하다. 주요 작업들은 기능적 계열을 따라 수직적으로 이루어지며 부서 간의 협력은 크게 강조되지 않는다. 전체 조직이 수직적 계층에 의해 통제된다. 유기적 조직에서는 이와는 달리 협력적 팀워크가 강조된다. 다양한 부서의 사람들과 조직변경에 있는 주체들이 주어진 문제를 협력적으로 해결하기 위해서다. 또한 유기적 조직에서는 내부기업가 정신(intrapreneurship)을 장려하여 구성원들이 고객의 새로운 니즈에 대응할 수 있는 창의적인 생각을 할 수 있도록 유도하고 있다.[57] 유기적 조직에서는 자기통제적 팀들이 조직의 기본단위를 이루고 있다.

핵심정리

- 조직설계는 기계적 조직과 유기적 조직의 양극단 어딘가에 존재하게 된다. 여기에는 상황요인이 영향을 미치게 된다.
- 기계적 조직은 집권화된 구조, 전문화된 작업, 공식시스템, 수직적 의사소통과 엄격한 권한계층 위에서 형성된다. 여기에는 대규모 조직, 효율성 추구전략, 안정적 환경, 제조기술 및 엄격한 문화가 작동하게 된다.
- 유기적 조직은 분권화된 구조, 권한위양, 비공식시스템, 수평적 의사소통과 협력적 팀워크 위에서 형성된다. 여기에는 소규모 조직, 학습과 혁신 추구전략, 변화하는 환경에 대응, 서비스기술 및 적응적 문화가 작동하게 된다.
- 최근의 경영환경은 조직이 유기적으로 변할 것을 요구하고 있다. 그렇다고 기계적 조직이 전혀 쓸모없는 것은 아니다. 여전히 상황에 따라서는 기계적 조직이 요구되고 있다.

1.7 상사 없는 조직의 등장

오늘날에도 여전히 계층과 공식성이 강조되는 기계적 특성을 선호하는 시각이 남아 있다. 이러한 사고는 19세기 테일러에 의하여 정립된 것이다. 그러나 최근에는 유연한 조직에 대한 요구가 증가하고 있다.[58] 최근의 추세는 극단적인 분권화조직으로의 이동을 요구하기도 한다. 지식이 경영의 화두가 되면서다. 지식 기반 조직에서의 관리자는 문제를 해결하거나 새로운 제품이나 서비스를 지속적으로 출시하는 것에 깊은 관심을 두어야 한다. 구성원들은 끊임없이 새로운 아이디어를 내야 한다. 환경과 고객의 요구에 빠르게 대응할 필요가 있으며 정보와 지식은 모든 구성원들에게 공유될 필요가 있다. 이런 요구들이 조직구조를 분권화된 방향으로 몰고 가고 있는 것이다.

많지는 않지만 몇몇 조직들이 극단적 형태의 유기적 조직구조를 지향하고 있다. 바로 '상사 없는 조직구조'다.[59] 이 구조 속에서는 직함도 없고, 연장자도 없으며, 관리자나 경영자도 없다. 사람들은 〈도표 1.7〉이 보여주는 바와 같이 평등하게 함께 일을 한다. 앞에서 언급된 밸브 소프트웨어와 같은 기업이 극단적 형태의 유기적 조직이다. 고어(W. L. Gore)나 프랑스의 파비(FAVI) 같은 곳은 수십 년 전부터 이런 조직을 구사하여 왔다. 하지만 최근 들어서는 이런 방식이 점차 트렌드를 형성하고 있다. 밸브나 넷플릭스 그리고 인적자원관리용 소프트웨어를 공급하는 피콘(Peakon) 같은 기업들이 상사 없는 조직을 실현하고 있다. 이들은 모두 정보기술산업과 관련이 있다. 하지만, GE항공, 고어, 슈퍼마켓 체인 호울푸드(Whole Foods), 다각화된 제조회사인 셈코(Semco) 역시 상사 없는 조직을 실현하고 있다. 모닝스타(Morning Star)가 이에 대한 가장 극적인 예를 보여주고 있다.

모닝스타에서처럼 상사가 없는 조직이 되면 누구도 지시하지 않고 또한 받지 않는다. 고객과 팀에 대한 책임만 있을 뿐 관리자에 대한 책임은 없다. 이런 조직은 유연성 확대, 종

도표 1.7 상사 없는 조직설계에서는 모든 사람들이 거의 동등하다

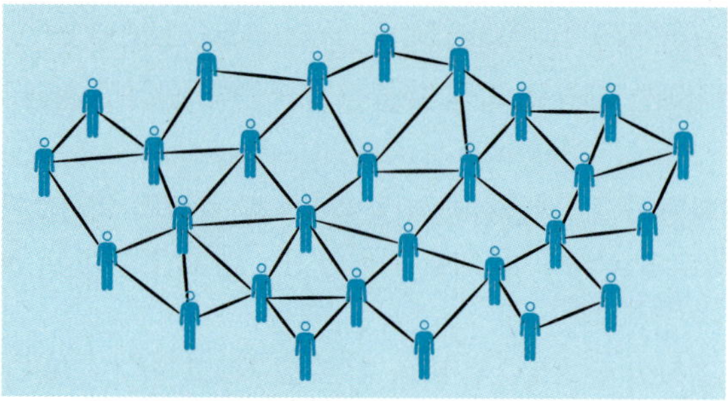

IN PRACTICE 모닝스타 사례

상사 없는 조직의 한 사례로 모닝스타를 들 수 있다. 이 회사는 세계에서 가장 큰 토마토 가공업체다. 이 회사는 승진, 계층 그리고 관리자가 없다. 동료라고 불리는 400여 명의 종업원을 가진 이 회사는 일 년에 7억 달러의 매출을 올리고 있다. 만일 한 동료가 값비싼 기계를 사야 한다고 생각하면 승인 없이 바로 살 수 있다. 만일 누군가 일할 사람이 더 필요하다고 생각하면 그 사람을 채용할 수 있다. 이 회사의 경영원칙은 자율경영이다. 다음과 같은 원칙으로 운영된다.

- 아무도 상사를 갖지 않는다.
- 구성원들은 동료들과 업무책임을 협의한다.
- 모든 사람들은 회사의 돈을 자유롭게 사용할 수 있다.
- 직책이나 승진은 없다.
- 보상은 동료가 결정한다.

하지만 이런 시스템이 작동하자 많은 사람들이 혼란을 겪었다. 특히 24명의 동료들이 400명으로 늘어나자 문제가 생겼다. 사람들이 상사도 없고 계층도 없는 조직에 대한 불안감을 느꼈다. 그래서 모닝스타의 CEO는 모닝스타 자율경영 연수기관을 설립하고 10명에서 15명 단위의 사람들을 한 그룹으로 하여 팀워크, 계획, 조직화, 업무 이끌기, 통제와 같은 기술들을 훈련시켰다. 그리고 자유와 책임에 대한 의식, 동료 간 어떻게 의사소통해야 하는가, 갈등해결은 어떻게 해야 하는가와 같은 것들도 훈련시켰다. 이곳에서는 아무도 상사가 없지만 바꾸어 말하면 누구도 상사가 될 수 있음을 의미한다.[60]

업원의 자발성과 직무몰입, 더 빠른 의사결정 등에 큰 장점을 준다.[61] 하지만 상사 없는 조직은 또 다른 도전을 준다. 상사라는 간접비가 사라짐에 따라 비용은 줄지만, 구성원들이 능숙하게 일처리를 하기 위해서는 지속적으로 이들을 훈련해야 하는 비용을 지불해야 한다. 또한 조직문화 역시 비계층화된 조직을 충분히 지원할 수 있어야 한다.

핵심정리

- 최근의 추세는 조직의 유연성과 분권화를 요구하는 방향으로 흘러가고 있다.
- 극단적 형태의 유기적 조직이 상사 없는 조직이다.
- 상사 없는 조직에서 구성원들이 능숙하게 일처리를 하기 위해서는 조직은 지속적으로 이들을 훈련해야 하는 비용을 지불해야 하고 여기에 맞는 조직문화를 만들어야 하는 숙제도 가지고 있다.

1.8 이 책의 구성

조직설계 이론은 조직행동 과목이나 다른 관리이론 과목과 어떻게 다른가? 이에 대한 대답을 위해 분석 수준이라는 개념을 알아보자.

1.8a 분석 수준

조직은 시스템의 한 형태로 하나의 시스템은 여러 계층의 하위시스템으로 구성된다. 이 하위 시스템들은 상위의 조직 시스템 속에 내재되어 있다고 생각하면 된다. 이러한 하위시스템이 **분석 수준**(level of analysis)과 관련이 있다. 〈도표 1.8〉에서 볼 수 있듯이 하나의 조직에는 보통 4개의 분석 수준이 존재한다. 조직 내 구성원이 첫 번째 분석 수준이 된다. 구성원과 조직 간의 관계는 세포와 신체와의 관계와 유사하다. 다음 단계의 분석 수준은 그룹 또는 부서다. 그룹 또는 집단에게 부여된 과업을 수행하기 위해 모인 구성원들의 집합이 이들

도표 1.8 조직에서의 분석 수준

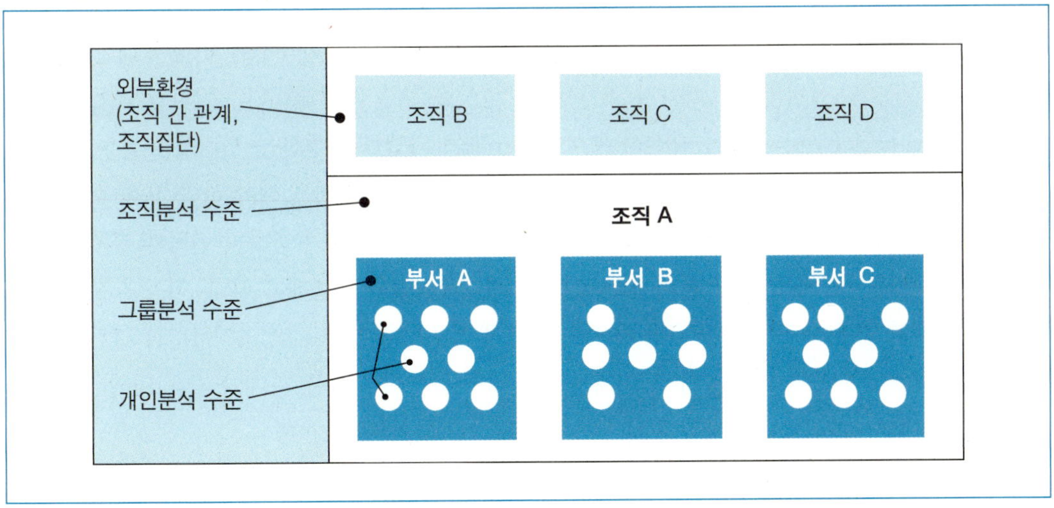

출처: Based on Andrew H. Van De Ven and Diane L. Ferry, *Measuring and Assessing Organizations* (New York: Wiley, 1980), 8; and Richard L. Daft and Richard M. Steers, *Organizations: A Micro/Macro Approach* (Glenview, IL: Scott, Foresman, 1986), 8.

이다. 다음은 조직이다. 조직은 그룹이나 부서의 집합이다.

조직들의 집단이 다음 상위 분석 수준이다. 조직 간 관계나 지역사회가 여기에 속한다. 조직 간 관계는 상호작용하는 조직들의 집합을 말한다. 지역사회는 이들이 활동하는 무대 같은 것으로 조직 환경의 중요 요소이기도 하다.

조직설계 이론은 기본적으로 조직을 분석 수준으로 한다. 하지만 때에 따라서는 그룹이나 부서단위를 분석단위로 할 경우가 있으며, 조직에 영향을 미치는 환경을 분석단위로 할 때도 있다. 조직을 설명하기 위해서는, 조직 자체의 특성뿐 아니라 환경특성과 그 조직을 구성하는 하위시스템인 부서 또는 그룹특성도 알 필요가 있다. 이 책은 이들 모두를 포괄함으로써 조직에 대한 전반적인 이해를 제공한다.

조직이론에서 개인행동의 문제는 어떻게 다루어지는가? 조직이론에서도 개인의 행동을 고려하지 않는 것은 아니다. 하지만 개인행동 자체보다는 집합적인 차원에서의 개인행동을 다룬다. 즉, 조직이론에서도 사람의 문제는 중요하게 다루어지지만 핵심 분석 단위는 아니다. 이는 조직행동론에서 다루어진다. 조직설계 이론은 조직행동론과 다음과 같은 점에서 차이가 있다.

조직행동론(organizational behavior)은 조직 내 개개인을 다루는 미시적인 접근을 취한다. 개인에 대한 동기부여, 리더십, 성격과 같은 미세한 개념이나 사람들의 인지적 또는 정서적 차이를 다룬다.

조직이론과 설계(organization theory and design)는 조직을 분석 단위로 하기 때문에 거시적 측면에서의 현상을 다룬다. 조직이론과 설계는 사람들의 집합인 부서나 조직에 관심을 가지고 있다. 관찰이 되는 현상도 조직의 구조나 조직의 행동이 된다. 따라서 조직이론과 설계는 사회학적 측면이 강한 반면 조직행동론은 심리학적 요소가 강하다.

조직설계는 최고경영층이나 중간관리자층에 특히 중요하며 부분적이지만 하부 관리자에게도 의미를 가지고 있다. 최고경영층은 조직의 목표설정, 전략수립, 환경에 대한 해석 및 조직구조의 설계에 이르기까지 조직전체에 영향을 주는 사람들이다. 중간관리자들은 마케팅이나 연구부서와 같이 자신의 부서에 요구되는 과업을 수행하는 사람들이다. 이들은 자신들의 일이 다른 부서와 어떻게 연계되는지를 알고 의사결정을 해야 한다. 또한 이들은 자신들의 부서가 어떤 기술을 사용하는지를 알고 부서를 설계해야 하며 권력과 정치문제, 그룹 간 갈등문제, 정보와 통제시스템의 관리와 같은 일을 수행해야 한다. 이들은 모두 조직설계의 범주에 드는 것들이다. 하위 관리자의 경우는 부분적으로 조직이론과 관련을 갖는다고 할 수 있다. 이들은 주로 기계운영, 서비스 창출이나 제품 판매와 같은 일에 종사하기 때문이다. 조직설계는 조직적 차원에서의 큰 그림과 관련이 있다.

1.8b 이 책의 구성

조직설계에 대한 주제들은 서로 긴밀하게 연계되어 있다. 〈도표 1.9〉가 이 책의 구성을 보여준다. 1부에서는 사회적 시스템으로서의 조직에 관한 기초와 조직설계의 핵심개념을 다룬다. 2부에서는 전략경영, 조직목적과 효과성 그리고 조직구조의 기초를 설명한다. 이곳에서는 경영자들에게 조직활동의 목적을 어떻게 설정하고, 적합한 조직구조는 어떻게 설계하는가를 알려준다. 여기에는 기능식 구조, 사업부형 구조, 매트릭스 구조, 수평구조와 같은 구조설계방식들이 포함된다. 3부에서는 외부환경, 조직 간 관계, 글로벌 환경 등 조직구조와 설계에 영향을 미치는 개방시스템 요인들에 대해 알아본다.

4부와 5부는 조직 내부의 프로세스를 다룬다. 4부에서는 조직설계가 제조와 서비스 기술, 조직규모, 조직수명주기와 같은 상황요인에 의해 어떻게 영향받는지를 알아본다. 5부

도표 1.9 이 책의 구조

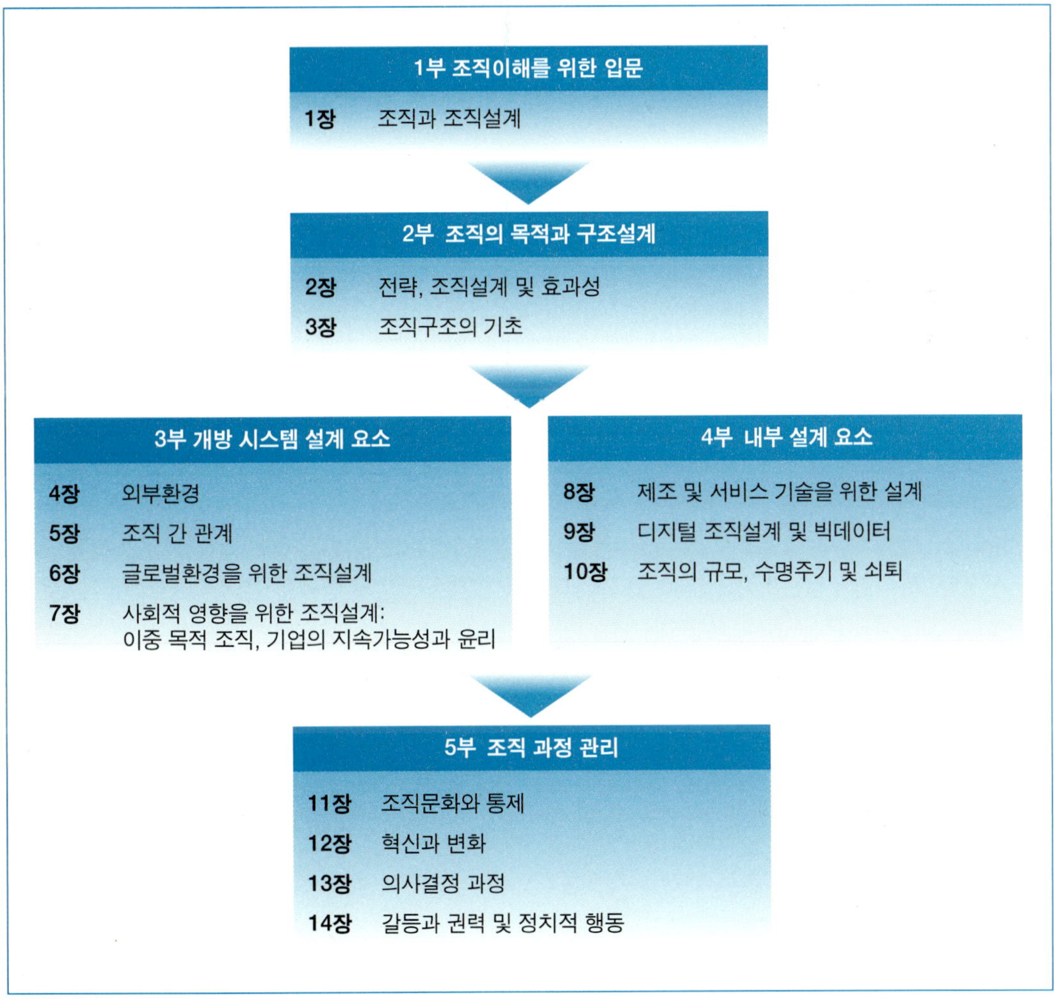

에서는 부서 내와 부서 간에 존재하는 역동적 과정을 살펴보고 또한 혁신과 변화, 조직문화와 통제, 의사결정 과정, 그룹 간 갈등해결, 그리고 권력과 정치 등의 주제를 다룬다.

1.8c 개별 장들의 구성

이 책의 개별 장들은 장을 여는 질문에서 시작된다. 또한 이론적 개념들이 소개된다. 장의 곳곳에는 개념적 이해를 돕기 위한 실제사례들을 소개하고 있다. 독자들이 이 책의 개념을 어떻게 이해하고 있는지를 돕기 위해 '도입질문과 답' 형식의 코너도 마련되어 있다. '핵심정리'라는 코너를 두어 핵심적으로 알아야 할 내용을 정리하였다.

핵심정리

- 조직이론과 설계는 조직의 거시적 측면을 살펴보는 이론이다.
- 많은 부분들의 내용이 중간관리자와 최고경영자 계층을 위한 것들이지만 운영수준에서 필요한 주제들도 포함되어 있다. 감독에 대한 주제나 동기유발에 대한 주제들이 이들이다.

토의문제

1. GE의 제프리 이멜트가 실패하게 된 이유를 조직의 상황요인 관점에서 설명해보자.
2. 사회의 디지털화가 우리가 몸담고 있거나 잘 알고 있는 조직들, 예컨대 우리 대학, 주변 상점이나 식당, 또는 자발적 봉사조직, 소규모 동아리 그리고 우리 가족에게 어떤 영향을 미칠지를 의논해보자.
3. Fortune 500에 있는 몇몇의 기업은 많지는 않지만 100년이 넘었다. 어떤 조직적 특성으로 인해 이들이 100년 동안 장수하였다고 생각하는가?
4. 조직은 효과적이지는 않지만 효율적일 수는 있는가? 비효율적인 조직이 효과적일 수 있는가?
5. 공식화와 전문화의 차이는 무엇인가? 공식화가 높으면 전문화도 높아지는가?
6. 상황이란 무엇인가? 상황이론이 관리자들에게 의미하는 바는 무엇인가?
7. 유기적 조직과 기계적 조직의 근본적 차이는 무엇인가? 어떤 조직이 관리하기 더 쉽다고 생각하는가?
8. 조직이 말하는 개방시스템은 무엇인가? 이해관계자 접근은 개방시스템과 어떤 관련이 있는가?
9. 비영리조직과 영리조직에서의 이해관계자들의 기대는 어떻게 다른가? 비영리조직의 경영자들이 영리조직의 경영자들보다 이해관계자에게 더 많은 관심을 쏟아야 한다고 생각하는가, 그렇지 않다고 생각하는가?
10. 초기 경영이론들은 조직은 논리적이며 합리적으로 운영되어야 한다고 믿었다. 조직의 모든 것은 자리가 정해져 있고 또 정해진 자리에 위치해야 한다는 것이다. 오늘날의 조직에 이러한 접근법을 적용하는 것에 대한 찬반을 논의해보자.

연습문제: 조직차원의 측정

두 사람 또는 두 그룹의 사람들에게 다음의 4점척도를 이용해 인터뷰해보자. 단, 이들은 서로 다른 조직이나 부문에 근무하고 있어야 한다. 그리고 두 사람의 점수를 비교해보자.

(1=전적으로 그렇지 않음, 2=그렇지 않음, 3=그러함, 4=전적으로 그러함)

공식화

1. 일을 할 때 많은 규정이 있음	1	2	3	4
2. 조직계층을 보여주는 조직도가 있음	1	2	3	4
3. 개개인의 직무성과를 나타내는 기록표가 있음	1	2	3	4
4. 긴급상황에서 무엇을 해야 하는지에 대한 기술이 있음	1	2	3	4
5. 어떤 일을 하든 정해진 절차가 잘 기술되어 있음	1	2	3	4

공식화 점수 ____________ (점수합계)

집권화

6. 자신의 직무와 관련된 의사결정을 온전히 스스로 할 수 없음	1	2	3	4
7. 어떤 결정을 하든지 상사의 허락을 받아야 함	1	2	3	4
8. 아무리 사소한 결정이라도 윗사람에게 보고해야 함	1	2	3	4
9. 내 직무와 관련하여 새로운 채용결정에 관여할 수 있는 권한이 없음	1	2	3	4
10. 직무와 관련하여 어떻게 해야 하는 지를 스스로 결정하는 것에 한계가 있음	1	2	3	4

공식화 점수 ____________ (점수합계)

기술(직무 다양성)

11. 직무 특성 상 매일 새로운 일들이 있음	1	2	3	4
12. 직무 상 해야 할 일이 매우 다양함	1	2	3	4
13. 직무 특성 상 해야 할 일들이 매일 달라짐	1	2	3	4
14. 일이 매우 비정형화되어 있음	1	2	3	4
15. 직무 특성 상 같은 일을 반복하는 경우가 별로 없음	1	2	3	4

기술 점수 ____________ (점수합계)

질문

1. 두 사람 대답의 주된 차이점은 무엇인가?
2. 위의 세 가지 척도 간의 차이에서 일관된 패턴을 발견할 수 있는가? 한 특성의 점수가 높으면 다른 특성의 점수가 높거나 혹은 낮아지는 상관성이 보이는가?
3. 인터뷰를 한 두 사람 또는 두 그룹 중 누가 더 일에 만족하고 있는 것처럼 보이는가? 이들의 만족도가 공식화, 집권화, 기술점수와 관련이 있다고 생각하는가?

사례연구: 크래프트 오리지날리티스

크래프트 오리지날리티스(Craft Originalities, Inc.)는 브래들리 버넷(Bradley Burnett)에 의해 알라바마주 외곽에서 창업되었다. 우여곡절 끝에 그는 1981년 나무 장난감으로 성공을 거두었다. 그는 이후 15종의 장난감을 우편으로 판매하면서 TV 광고도 하였다. 사업이 성장하면서 대리점 계약도 체결하게 되었다.

사업이 번창하면서 그는 작은 공장을 만들게 되었다. 각종 전시회에 참가하면서 매출이 1984년 15만 달러에서 1985년에는 30만 달러로, 그리고 1987년에는 50만 달러로 급성장했다. 1988년에는 100만 달러가 되면서 매년 2배 이상의 성장을 했다. 1990년에는 더 큰 공장으로 이전을 했다. 성장은 지속되어 2004년에는 매출이 7,000만 달러가 되었다.

2007년이 되면서 매출이 정체되기 시작했다. 재무건전성도 빡빡해지기 시작했다. 현재 이 회사는 800명의 종업원이 있다. 2007~2008년 사이 이 회사는 금융위기를 겪었다. 그 여파로 매출도 급락했다. 재고가 급격히 쌓이기 시작했다. 2009년에는 처음으로 정리해고를 했다. 이 순간 버넷은 외부의 도움이 필요함을 느끼기 시작했다. 나이도 한몫했다. 그의 아들 밥 버넷(Bob Burnett)에게 경영에 참여해주기를 부탁했다. 그는 처음에는 자신의 길을 가고 싶었지만 결국 경영에 참여하게 되었다.

회사는 매우 어려워지고 있었다. 3년간 적자를 경험했다. 종업원 수는 800명에서 550명으로 줄었다. 상황은 매우 어두웠다. 밥은 생산라인의 직장과 관리자들의 품질에 문제가 있다고 생각을 했다. 많은 직위들이 아버지와 어머니의 친척들로 채워져 있었다. 이들은 전문성이 없었다. 사무나 회계에서의 일하는 방식은 매우 엉성해 비즈니스를 한다는 생각이 들지 않았다. 모든 것이 표준화되어 있지 않았다. 아버지의 성격과 리더십이 반영된 결과였다. 회사 사람들은 무슨 결정만 하려고 하면 모두 아버지에게 달려갔다. 이런 방식의 경영이 수년간 지속되었던 것이다. 전에는 그래도 작동했던 방식이 이제는 전혀 작동하지 않고 있었다. <도표 1.10>이 크래프트 오리지날리티스의 조직도이다.

마케팅

크래프트 오리지날리티스는 나무 인형 업계의 빅4에 속한다. 판매는 계절적 요인이 강하며 크리스마스 시즌에 최고에 이른다. 부활절이나 추수감사절에도 많이 팔린다. 나머지 기간에는 소량이지만 꾸준한 양이 팔린다. 현재 약 800종의 장난감이 생산되고 있다. 고객이 요청하면 소량생산도 한다. 지금까지 인형 품목수를 줄여본 적은 없다. 각 아이템에 대한 정확한 매출과 이익 데이터가 없어서다. 밥이 추정하건대 250개 품목이 일 년에 1천개 정도씩 팔리는 것으로 보고 있다. 밥은 자신의 모든 역량을 외부환경의 변화에 대한 관찰과 마케팅에 집중하고 싶어 했다. 그래서 각종 전시회 등에 지속적으로 참석했다. 이를 통해 자기 회사가 세상의 변화에 매우 느리게 반응하고 있음을 알게 되었다. 이유는 외부대리점들의 정보가 빠른 속도로 회사에 전달되지 못하고 있었다. 그 역할을 판매담당 부장이 해주었어야 했다. 밥은 우선 디자인부서를 일신하기 위해 새로운 디자이너를 영입했다. 그녀는 곧 새로운 제품을 선보였고 대 성공을 이루게 되었다. 그는 마케팅담당 부장에게 새로운 광고를 위해 뉴욕 광고회사와 접촉할 것을 지시했다. 그리고 이윤에 못 미치는 품목에 대해서는 가격을 올렸다.

생산

이 회사는 16km 거리 내에 2개의 공장을 가지고 있었다. 장난감용 고급 목재들이 공장 뒷마당에 보관되고 있었다. 목재들의 길이는 나무 상태에 따라 들쭉날쭉했다. 원목을 큰 토막으로 자르는 선반공정 직장이 생산지시를 받으면 필요한 양의 토막목재를 판목재로 가공해 공장에 입고시킨다. 표면가공부서 사람들이 이것을 원하는 두께와 크기로 재가공한다. 공장장은 기계공정 직장과 함께 생산순서에 대한 결정을 한다. 지시서에는 생산완료일이 적혀 있고 이에 따라 생산공정 감독이 생산을 감시하게 된다. 만일 비상사태가 터지면 즉시 간섭을 하게 된다. 다음은 연마공정이다. 표면연마가 끝난 판재들은 임시창고에 입고된다. 다음은 조립공정이다. 조립은 필요한 부품들이 모두 모이게 되면 시작되는데, 본드, 나사, 못총, 망치, 못 등을 이용해 조립이 된다. 기술이 많이 필요하지는 않지

도표 1.10 크래프트 오리지날리티스의 조직도(2012년 기준)

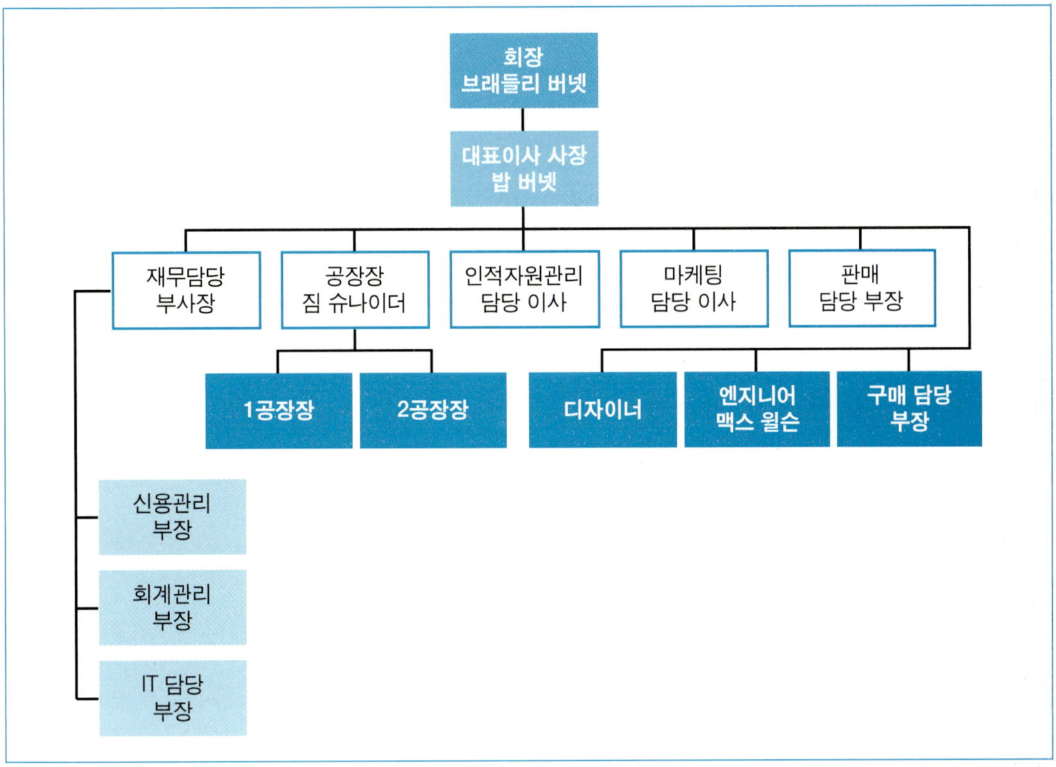

만 먼지 등 작업환경은 좋지 않다. 다음은 마무리공정이다. 스프레이, 코팅, 건조, 포장이 여기서 이루어진다. 여기에 50여 명이 투입된다. 3.2km 떨어진 창고로 최종 제품이 입고 된다. 대부분의 작업들은 고급기술을 필요로 하지 않는다. 비교적 숙련공이 필요한 선반공정과 기계공정의 경우도 약 5주정도의 훈련이면 된다. 다른 공정은 대략 1주 정도의 훈련이 필요하다. 전반적으로 작업자들의 작업속도는 매우 느리다.

생산문제

밥은 생산효율성이 매우 나쁘다고 판단했다. 기계장치류에는 큰 문제가 없었다. 경쟁자와 비교해 인건비가 상대적으로 높았다. 그는 먼저 공장의 생산속도를 높이기 위한 작업에 나섰지만 성과는 없었다. 현장감독들은 공장개선은 별 의미가 없다는 주장을 했다. 운영방식에 문제가 있다는 것이다. 이것을 개선하기 위해 밥은 생산회의를 2010년 6월부터 일주일에 한 번씩 가지기 시작했다. 이 회의를 하면서 회사의 생산성을 분석하기 시작했다. 각 공장별 총원가 대비 총부가가치를 살펴보았다. 그는 노동비 32% 절감을 목표로 세웠다. 불행히도, 필요한 데이터를 찾기 어려웠다. 새로운 개선 아이디어를 공장장과 현장감독으로부터 얻기도 어려웠다. 그래도 그는 집요하게 문제해결과 계획에 매달렸다. 이런 일은 아버지 대에서는 전혀 없었던 것이다. 안타깝게도 공장장과 현장감독은 이 일이 왜 필요한지에 대한 공감이 없었다.

2011년 3월, 밥은 2명의 대학을 졸업한 종업원을 채용했다. 슈나이더(Jim Schneider)와 윌슨(Wilson)이었다. 그들의 임무는 생산현장을 개선하는 것이었다. 밥은 2명의 신입직원에 대해 내부에서 반발이 있음을 알았다. 진전도 별로 없었다. 종업원들의 불만과 소문이 회사에 떠돌았지만 밥은 이를 무시했다. 하지만 세 달이 넘어서도 이런 불만과 소문은 가라앉지 않았다. 이들의 지시도 현장에서 먹히지 않았다. 그러다 보니 공장개선의 진도는 거의 이루어지지 않았다. 여기에 신규직원 슈나이더에 대한 불신도 매우 깊었다. 이들이 실수를 했다는 보고가 밥에게 올라왔다. 그도 슈나이더를 뽑은 것에 대해 실수를 느꼈다.

주요 경쟁자

주요 경쟁자는 세인트 크래프터(Saint Crafters, Inc.)였다. 두 회사와 모두 관계를 맺고 있는 외부 대리점 관리자가 밥에게 두 회사의 비교정보를 주었다. 경쟁자의 제품수요는 생산역량을 넘어서 모든 수요에 대처하지 못할 정도라고 했다. 이 여분의 제품수요가 크래프트 오리지날리티스로 간다는 것이었다. 경쟁사는 빚도 없고 설비도 최신형이라고 했다. 작업자들은 매우 숙련되어 있다고도 했다. 이에 비해 크래프트 오리지날리티스 작업자들의 숙련도는 경쟁사의 2/3수준이라고 했다. 경쟁사가 제품품질에서도 훨씬 좋다고 했다. 여기에 경쟁사는 매출실적이 좋은 제품을 중심으로 대량생산시스템을 구축하고 있다고 했다. 이에 비해 크래프트 오리지날리티스는 다품종 소량의 제품생산을 하고 있었다.

이 뿐만이 아니었다. 그는 크래프트 오리지날리티스는 설비의 2/3가 놀고 있다는 정보를 주었다. 생산역량과 제품믹스의 최적화가 되고 있지 않다는 증거였다. 가장 많이 팔리는 제품의 1회당 생산수량은 최대 250개 정도였다. 또한 생산현장은 비공식적 방식으로 편안하지만 허술하게 운영되고 있었고 작업속도도 매우 느리다고 지적했다. 일하는 방식이 구태의연해 한 작업자가 하나의 일밖에 못한다고도 지적했다. 예로, 통나무 보드피트(나무 부피를 계산하는 단위)를 셀 수 있는 사람은 오직 한 사람뿐이라는 거다.

작업집단

밥은 새로운 경영방식에 대해서도 관심을 가지기 시작했다. 그는 최신의 경영방식에 대한 기사나 정보를 일선 관리자들에게 소개하거나 보냈다. 그는 조직문화에도 관심을 가지기 시작했다. 협력관리시스템과 팀워크에 특히 관심을 보였다. 문제는 종업원들이 이런 제도에 준비가 되어 있지 않다는 점이었다. 이들은 협력보다는 지시받는 것에 익숙해 있었다. 그리고 대다수의 근로자들은 숙련공이나 높은 수준의 교육도 받지 못했다. 이들은 회사가 그저 퇴직 프로그램이나 더 높은 임금을 주기를 바랄뿐이라고 현장감독들은 밥에게 말해주었다. 밥은 이것이 현장감독자의 생각인지 작업자들의 생각인지에 대해서는 확실하지 않다는 생각을 했다.

경영시스템의 변화가 필요하다고 느끼지 밥은 한 교수에게 회사의 문화와 직원들의 태도에 대한 설문조사를 의뢰했다. 답변자의 80%가 소수민족이었으며 이중 40%는 여성근로자였다. 전체의 58%가 여성인력이었으며, 백인이 57%였다. 이중 39%는 45세 이상이었다. 2년 이하의 근무자와 10년 이상 근무자 수가 비슷했다. 급여는 법정 최저임금을 조금 상회하는 수준이었다. 그럼에도 이들은 회사에서 일 할 수 있음을 행운으로 생각했다. 사기의 문제는 없었다. 설문조사 결과를 요약하면 다음과 같다. 5점이 강한 긍정 1점이 강한 부정을 의미한다.

나의 급여는 일에 비할 때 공정하다	2.26
나의 동료들은 같이 일할 때 편하다	4.14
나는 내 일을 즐긴다	413
회사의 사기는 좋다	3.55
나의 윗 상사는 나에게 잘해준다	4.02
나의 불만을 경영진이 잘 들어 준다	3.22
감독자들이 일을 잘 못한다	2.35
나는 이 일을 하는 것이 행운이라고 생각한다	3.95
의사소통이 잘 안 되고 있다	2.91
나는 내일을 개선하기 위한 방법을 찾는다	4.21
회사는 잘 운영되고 있다	3.29

설문은 회사가 위기적 상황이 있다는 시그널을 주진 않았다. 하지만, 작업자들의 대답은 전반적으로 정교하지 못했다. 밥은 근로자들이 자신의 의견을 솔직히 말했는지에 대해서 자신이 없었다. 설문답변 시 다른 사람들이 곁에 있었으며 특히 현장감독들이 설문을 읽어주고 답변하도록 했기 때문이다.

밥은 설문결과가 주는 의미를 깊이 있게 생각해 보았다. 설문결과가 협력적 문화를 밀어붙일 수 있는 의미를 담고 있는지에 대해 확신을 가지지 못했다. 그는 생산효율성을 높이는 것이 우선적인 과업이라고 생각하고 있었다.

질문

1. 설문결과가 정확하다는 전제 하에, 회사에 대해 어떤 결론을 도출할 수 있는가? 그 증거는 무엇인가?
2. 만일 회사가 경쟁사와 유사한 대량생산 방식을 도입했다면 근로자들의 태도설문 결과가 어떻게 달라졌을 것이라고 생각하는가?
3. 회사가 위치한 시골지역이 회사의 현재의 낮은 공식화와 편안한 방식의 근로환경에 어떤 영향을 미쳤을 것이라고 생각하는가?

미주

1 This case is based on Christopher Bartlett and Maggie Wozny, "GE's Two-Decade Transformation: Jack Welch's Leadership," Harvard Business School, case 9-399-150, revised May 3, 2005. (Copyright 1999 President and Fellows of Harvard College); Kathryn Harrigan, "The Turnaround of General Electric," Columbia Business School, case CU205, ID #180409, April 26, 2018. (Copyright 2018 by The Trustees of Columbia University in the City of New York); Frank T. Rothaermel and Christopher K. Zahrt, "General Electric after GE Capital," McGraw Hill Education, case MH0033, revised May 19, 2015. (Copyright by F. T. Rothaermel and C. K. Zahrt, 2015); Thomas Gryta and Ted Mann, "GE Powered the American Century – Then It Burned Out," *The Wall Street Journal*, December 14, 2018, https://www.wsj.com/articles/ge-powered-the-american-centurythen-itburned-out-11544796010 (accessed April 4, 2019); Joseph L. Bower and Jay Dial, "Jack Welch: General Electric's Revolutionary," Harvard Business School, case 9-394-065, revised April 12, 1994. (Copyright 1993 by the President and Fellows of Harvard College); Laura Winig, "GE's Big Bet on Data and Analytics," *MIT Sloan Management Review*, February 16, 2016, 3–16; "Class Forward: General Electric Company," Harvard Business School, case 6062, revised March 22, 2018. (Copyright 2018 President and Fellows of Harvard College); GE Sustainability Highlights, httpdsg.files. app.content.prod.s3.amazonaws. comgesustainabilitywpcontentuploads20140501172809GE_Sustainability_Highlights_PDF_v5.pdf (accessed April 4, 2019); Thomas Gryta, "GE to Sell Its Biotech Business to Danaher for $21 Billion," *The Wall Street Journal*, February 26, 2019, https://www.wsj.com/articles/ge-to-sell-biopharma-business-todanaher-for-21-4-billion-11551096661 (accessed April 8, 2019); and Michael Sheetz, "Jeff Immelt's Refusal to Give or Take Bad News Defined His Leadership at GE," *CNBC*, February 21, 2018, https://www.cnbc.com/2018/02/21/jeff-immelts-refusal-to-give-or-take-bad-news-defined-hisleadership-at-ge.html (accessed April 8, 2019).

2 Arnaldo Camuffo and Miriam Wilhelm, "Complementarities and Organizational (Mis)fit: A Retrospective Analysis of the Toyota Recall Crisis," *Journal of Organizational Design* 5, no. 4 (December 2016).

3 Mengqi Sun, "Papa John's Looks to Improve Corporate Culture After Founder Flap," *The Wall Street Journal*, March 1, 2019, https://www.wsj.com/articles/papa-johns-looks-toimprove-corporate-culture-after-founder-flap-11551477189 (accessed March 18, 2019); and Noah Kirsch, "The Inside Story of Papa John's Toxic Culture," *Forbes*, July 29, 2018, https://www.forbes.com/sites/forbesdigitalcovers/2018/07/19/the-inside-story-of-papa-johns-toxic-culture/#1fb9ef4f3019 (accessed March 18, 2019).

4 Dana Mattioli, Joann S. Lublin, and Ellen Byron, "Kodak Struggles to Find Its Moment," *The Wall Street Journal*, August 11, 2011, http://online.wsj.com/news/articles/SB10001424053111903454504576488033424421882 (accessed September 24, 2014); and Will Cleveland, "Jim Continenza Takes Helm at Kodak"; Jeff Clarke Out as CEO, *Rochester Democrat and Chronicle*, February 20, 2019.

5 Mike Ramsey and Evan Ramstad, "Once a Global Also-Ran, Hyundai Zooms Forward," *The Wall Street Journal*, July 30, 2011, A1; Douglas MacMillan, Shan Li, and Liza Linin Shanghai, "Google Woos Partners for Potential China Expansion," *The Wall Street Journal*, August 12, 2018; Saabira Chaudhuri, "IKEA to Slash Thousands of Jobs in Restructuring," *The Wall Street Journal*, November 21, 2018.

6 Harry G. Barkema, Joel A. C. Baum, and Elizabeth A. Mannix, "Management Challenges in a New Time," *Academy of Management Journal* 45, no. 5 (2002), 916–930.

7 Adam Satariano, "Google Is Fined $57 Million Under Europe's Data Privacy Law," *The New York Times*, January 21, 2019, https://www.nytimes.com/2019/01/21/technology/google-europe-gdpr-fine.html (accessed March 18, 2019).

8 Mike Isaac, "Inside Uber's Aggressive, Unrestrained Workplace Culture," *The New York Times*, February 22, 2017; and Vindu Goel and Weiyi Lim, "Uber's Exit from Southeast Asia Upsets Regulators and Drivers," *The New York Times*, May 28, 2018.

9 Steven Greenhouse and Stephanie Clifford, "U.S. Retailers Offer Safety Plan for Bangladeshi Factories," *The New York Times*, July 10, 2013, http://www.nytimes.com/2013/07/11/business/global/us-retailers-offer-safety-plan-for-bangladeshifactories.html?pagewanted=all&_r=0 (accessed August 21, 2013); Kate O'Keeffe and Sun Narin, "H&M Clothes Made in Collapsed Cambodian Factory," *The Wall Street Journal*, May 21, 2013, http://online.wsj.com/article/SB10001424127887324787004578497091806922254.html (accessed August 21, 2013); Vanessa Fuhrmans, "Amazon Acts on German Controversy; Online Retailer Cuts Ties with Security Firm after a Television Documentary on Working Conditions," *The Wall Street Journal*, February 19, 2013, B3; and Eva Dou and Paul Mozur, "IPhone-Factory Deaths Dog Apple and Supplier," *The Wall Street Journal Online*, December 11, 2013, http://online.wsj.com/news/articles/SB10001424052702304202204579251913898555706 (accessed February 10, 2014).

10 Keith H. Hammonds, "The New Face of Global Competition," *Fast Company*, February 2003, 90–97; and Pete Engardio, Aaron Bernstein, and Manjeet Kripalani, "Is Your Job Next?" *Business-*

Week, February 3, 2003, 50–60.

11 Pete Engardio, "Can the U.S. Bring Jobs Back from China?" *BusinessWeek*, June 30, 2008, 38ff.

12 Amie Tsang, "Tesco Supermarket in Britain Will Cut Thousands of Jobs," *The New York Times*, January 28, 2019, https://www.nytimes.com/2019/01/28/business/tescosupermarket-job-cuts.html (March 18, 2019); and Stephen Grocer, "A Stark Divide in America's Retail Industry Is Coming Into Focus," *The New York Times*, March 6, 2019, https://www.nytimes.com/2019/03/06/business/dealbook/us-retail-store-industry.html (accessed March 18, 2019).

13 This quote is from Julie Battilana, Anne-Claire Pache, Metin Sengul, and Marissa Kimsey, "The Dual-Purpose Playbook, *Harvard Business Review* 97, no. 2 (March–April, 2019): 124–133.

14 This definition is based on Marc J. Epstein and Marie-Josee Roy, "Improving Sustainability Performance: Specifying, Implementing and Measuring Key Principles," *Journal of General Management* 29, no. 1, (Autumn 2003), 15–31; World Commission on Economic Development, *Our Common Future* (Oxford: Oxford University Press, 1987); and Marc Gunther, "Tree Huggers, Soy Lovers, and Profits," *Fortune*, June 23, 2003, 98–104.

15 Jay Steinmetz, Chuck Bennett, and Dorthe Døjbak Hakonsson, "A Practitioner's View of the Future of Organization Design; Future Trends and Implications for Royal Dutch Shell," *Journal of Organization Design* 1, no. 1 (2012), 7–11.

16 Aileen Kwun, "How a Carpet Maker Became an Unlikely Hero of the Environmental Movement," *Fast Company*, January 2, 2019, https://www.fastcompany.com/90235407/how-a-carpet-maker-became-an-unlikely-hero-of-theenvironmental-movement (accessed March 18, 2019).

17 Adam Satariano, "Facebook Targeted in Scathing Report by British Parliament," *The New York Times*, February 18, 2019.

18 Mary Williams Walsh, "McKinsey Will Return $15 Million in Fees Over Disclosure Failures," *The New York Times*, February 19, 2019.

19 Samuel Stebbins and Michael B. Sauter, "Subway, Rite Aid, Toys 'R' Us, Teavana: Retailers Closing the Most Stores in 2018, So Far," *USA Today*, April 2018, https://www.usatoday.com/story/money/retail/2018/04/27/retailersclosing-most-stores-2018-so-far/557275002/ (accessed March 19, 2019); and "Here's a List of 68 Bankruptcies in the Retail Apocalypse and Why They Failed," Research Briefs, *CB Insights*, March 12, 2019, https://www.cbinsights.com/research/retail-apocalypse-timeline-infographic/ (accessed March 19, 2019).

20 Esther Fung, "Amazon to Shut All U.S. Pop-Up Stores as It Rethinks Physical Retail Strategy," *The Wall Street Journal*, March 6, 2019, https://www.wsj.com/articles/amazon-toshut-all-u-s-pop-up-stores-as-it-rethinks-physical-retailstrategy-11551902178 (accessed March 19, 2019).

21 Aisha Al-Muslim, "P&G Moves to Streamline Its Structure," *The Wall Street Journal*, November 8, 2018, https://www.wsj.com/articles/p-g-moves-to-streamline-itsstructure-1541713822 (accessed March 19, 2019).

22 Aaron De Smet and Chris Gagnon, "Organizing for the Age of Urgency," *McKinsey Quarterly*, January 2018, https://www.mckinsey.com/business-functions/organization/ourinsights/organizing-for-the-age-of-urgency (accessed March 19, 2019); and Robert Safian, "Secrets of the Flux Leader," *Fast Company*, November 2012, 96–136.

23 This section is based partly on Fahri Karakas, "Welcome to World 2.0: The New Digital Ecosystem," *Journal of Business Strategy* 30, no. 4, (2009), 23–30.

24 Darrell K. Rigby, *Management Tools 2013: An Executive's Guide* (Bain & Company 2013), http://www.bain.com/Images/MANAGEMENT_TOOLS_2013_An_Executives_guide.pdf (accessed August 27, 2013); Margaret Rouse, "Big Data Analytics," TechTarget.com, January 10, 2012, http://searchbusinessanalytics.techtarget.com/definition/big-dataanalytics (accessed August 27, 2013); and David Kiron, Renee Boucher Ferguson, and Pamela Kirk Prentice, "From Value to Vision: Reimagining the Possible with Data Analytics," *MIT Sloan Management Review Special Report*, March 5, 2013, http://sloanreview.mit.edu/reports/analytics-innovation/ (accessed August 27, 2013).

25 Steve Lohr, "Sure, Big Data Is Great. But So Is Intuition," *The New York Times*, December 29, 2012; and Shalini Ramachandran and Joe Flint, "At Netflix, Who Wins When It's Hollywood vs. the Algorithm?" *The Wall Street Journal*, November 10, 2018.

26 Andrew McAfee and Erik Brynjolfsson, "Big Data: The Management Revolution," *Harvard Business Review*, October 2012, 61–68.

27 Angus Loten, "Foot Locker's Game Plan to Win Over Sneakerheads," *The Wall Street Journal*, February 24, 2019, https://www.wsj.com/articles/foot-lockers-game-plan-to-winover-sneakerheads-11551063660 (accessed March 22, 2019).

28 Based in part on Howard Aldrich, *Organizations and Environments* (Englewood Cliffs, N.J.: Prentice Hall, 1979), 3.

29 Royston Greenwood and Danny Miller, "Tackling Design Anew: Getting Back to the Heart of Organizational Theory," *Academy of Management Perspectives*, November 2010, 78–88.

30 This section is based on Peter F. Drucker, *Managing the Non-Profit Organization: Principles and Practices* (New York: HarperBusiness, 1992); Thomas Wolf, *Managing a Nonprofit Organization* (New York: Fireside/Simon & Schuster, 1990); and Jean Crawford, "Profiling the Non-Profit Leader of Tomorrow," *Ivey Business Journal*, May–June 2010.

31 Christine W. Letts, William P. Ryan, and Allen Grossman, *High Performance Nonprofit Organizations* (New York: John Wiley & Sons, Inc., 1999), 30–35; and Crawford, "Profiling the Non-Profit Leader of Tomorrow."

32 Lisa Bannon, "Dream Works: As Make-a-Wish Expands Its Turf, Local Groups Fume," *The Wall Street Journal*, July 8, 2002, A1, A8.

33 Robert N. Stern and Stephen R. Barley, "Organizations and Social Systems: Organization Theory's Neglected Mandate," *Administrative Science Quarterly* 41, (1996), 146–162.

34 Philip Siekman, "Build to Order: One Aircraft Carrier," *Fortune*, July 22, 2002, 180[B]–180[J].

35 Louis Columbus, "The Future of Manufacturing Technologies, 2018," *Forbes*, April 15, 2018, https://www.forbes.com/sites/louiscolumbus/2018/04/15/the-future-ofmanufacturing-technologies-2018/#1bc3f7f72995 (accessed March 22, 2019).

36 Matthew DeBord, "Harley-Davidson Is In an Impossible

Position in the Motorcycle Business," *Business Insider*, January 31, 2019, https://www.businessinsider.com/harleydavidson-difficult-situation-2019-1 (accessed March 22, 2019).

37 Susan Berfield and Manuel Baigorri, "Zara's Fast-Fashion Edge," Bloomberg.com, November 14, 2013, https://www.bloomberg.com/news/articles/2013-11-14/2014-outlookzaras-fashion-supply-chain-edge (accessed April 8, 2019); Greg Petro, "The Future of Fashion Retailing: The Zara Approach," *Forbes*, October 25, 2012, https://www.forbes.com/sites/gregpetro/2012/10/25/the-future-of-fashionretailing-the-zara-approach-part-2-of-3/#197d6ebe7aa4 (accessed April 8, 2019); "People! Zara Commits to Go Toxic-Free," Greenpeace International, November 29, 2012, https://www.greenpeace.org/international/story/7554/peoplezara-commits-to-go-toxic-free/ (accessed April 8, 2019); and Alexander Kaufman, "Zara Apologizes for Pajamas That Look Just Like a Concentration Camp Uniform," *The Huffington Post*, August 27, 2014, https://www.huffpost.com/entry/zara-anti-semitism_n_5722162 (accessed April 8, 2019).

38 The discussion of structural dimensions and contingency factors was heavily influenced by Richard H. Hall, *Organizations: Structures, Processes, and Outcomes* (Englewood Cliffs, N.J.: Prentice Hall, 1991); D. S. Pugh, "The Measurement of Organization Structures: Does Context Determine Form?" *Organizational Dynamics* 1 (Spring 1973), 19–34; and D. S. Pugh, D. J. Hickson, C. R. Hinings, and C. Turner, "Dimensions of Organization Structure," *Administrative Science Quarterly* 13, (1968), 65–91.

39 For a recent discussion of the dimensions of formalization, complexity, and centralization, see Xenophon Koufteros, Xiasong (David) Peng, Guanyi Lu, and Richard Peters, "The Impact of Organizational Structure on Internal and External Integration," *Journal of Organization Design* 3, no. 2 (2014), 1–17.

40 This discussion is based in part on Virpi Turkulainen and Mikko Kitokivi, "The Contingent Value of Organizational Integration," *Journal of Organization Design* 2, no. 2, (2013), 31–43.

41 Daisuke Wakabayashi and Toko Sekiguchi, "Disaster in Japan: Evacuees Set Rules to Create Sense of Normalcy," *The Wall Street Journal*, March 26, 2011, A8; Ian Urbina, "In Gulf, It Was Unclear Who Was in Charge of Oil Rig," *The New York Times*, June 6, 2010, A1; Douglas A. Blackmon, Vanessa O'Connell, Alexandra Berzon, and Ana Campoy, "There Was 'Nobody in Charge,'" *The Wall Street Journal*, May 27, 2010, http://online.wsj.com/articles/SB10001424052748704113504575264721101985024 (accessed September 29, 2014); and Campbell Robertson, "Efforts to Repel Gulf Oil Spill Are Described as Chaotic," *The New York Times*, June 14, 2010, http://www.nytimes.com/2010/06/15/science/earth/15cleanup.html?pagewanted=all (accessed September 29, 2014).

42 D. D. Warrick, "What Leaders Need to Know About Organizational Culture," *Business Horizons* 60 (2017), 395–404.

43 M. Vasudha, "Valve Corporation: Agility Pays," Case 416-0083-1, *Amity Research Centers*, Bangalore (2016), distributed by The Case Centre; Rachel Feintzeig, "Companies Manage With No CEO," *The Wall Street Journal*, December 13, 2016; Jacob Morgan, "The 5 Types of Organizational Structures: Part 3, Flat Organizations, *Forbes*, July 13, 2015, https://www.forbes.com/sites/jacobmorgan/2015/07/13/the-5-types-of-organizationalstructures-part-3-flat-organizations/#34f9a5c76caa (accessed March 23, 2019); "Our People," Valve Website, https://www.valvesoftware.com/pl/people (accessed March 22, 2019); Phanish Puranam and Døjbak Hakonsson, "Valve's Way," *Journal of Organization Design* 4, no. 2 (2015), 2–4; Alex Hern, "Valve Software: Free Marketer's Dream, or Nightmare?" *New Statesman*, August 3, 2012, www.newstatesman.com/blogs/economics/2012/08/valve-softwarefree-marketeers-dream-or-nightmare (accessed August 10, 2012); and John Huey, "Wal-Mart: Will It Take Over the World?" *Fortune*, January 30, 1989, 52–61.

44 Turkulainen and Kitokivi, "The Contingent Value of Organizational Integration."

45 T. Donaldson and L. E. Preston, "The Stakeholder Theory of the Corporation: Concepts, Evidence, and Implications," *Academy of Management Review* 20, (1995), 65–91; and Terry Connolly, Edward J. Conlon, and Stuart Jay Deutsch, "Organizational Effectiveness: A Multiple-Constituency Approach," *Academy of Management Review* 5, (1980), 211–217.

46 Greenwood and Miller, "Tackling Design Anew."

47 Greenwood and Miller, "Tackling Design Anew"; and Roger L. M. Dunbar and William H. Starbuck, "Learning to Design Organizations and Learning from Designing Them," *Organization Science* 17, no. 2, (March–April 2006), 171–178.

48 Quoted in Cynthia Crossen, "Early Industry Expert Soon Realized a Staff Has Its Own Efficiency," *The Wall Street Journal*, November 6, 2006, B1.

49 Robert Kanigel, *The One Best Way: Frederick Winslow Taylor and the Enigma of Efficiency* (New York: Viking, 1997); Alan Farnham, "The Man Who Changed Work Forever," *Fortune*, July 21, 1997, 114; and Charles D. Wrege and Ann Marie Stoka, "Cooke Creates a Classic: The Story Behind F. W. Taylor's Principles of Scientific Management," *Academy of Management Review*, October 1978, 736–749. For a discussion of the impact of scientific management on American industry, government, and nonprofit organizations, also see Mauro F. Guillen, "Scientific Management's Lost Aesthetic: Architecture, Organization, and the Taylorized Beauty of the Mechanical," *Administrative Science Quarterly* 42 (1997), 682–715.

50 Gary Hamel, "The Why, What, and How of Management Innovation," *Harvard Business Review*, February 2006, 72–84.

51 Amanda Bennett, *The Death of the Organization Man* (New York: William Morrow, 1990).

52 Ralph Sink, "My Unfashionable Legacy," *Strategy + Business* (Autumn 2007), http://www.strategy-business.com/press/enewsarticle/enews122007?pg=0 (accessed August 7, 2008).

53 Dunbar and Starbuck, "Learning to Design Organizations."

54 Johannes M. Pennings, "Structural Contingency Theory: A Reappraisal," *Research in Organizational Behavior* 14, (1992), 267–309; Turkulainen and Kitokivi, "The Contingent Value of Organizational Integration"; and Lex Donaldson and Greg Joffe, "Fit—The Key to Organizational Design," *Journal of Organization Design* 3, no. 2 (2014), 38–45.

55 Tom Burns and G. M. Stalker, *The Management of Innovation* (London: Tavistock, 1961).

56 Ho Wook Shin, Joseph C. Picken, and Gregory G. Dess, "Revisiting the Learning Organization: How to Create It,"

Organizational Dynamics 46 (2017), 46–56.

57 Li-Yun Sun and Wen Pan, "Market Orientation, Intrapreneurship Behavior, and Organizational Performance: Test of a Structural Contingency Model," *Journal of Leadership and Organizational Studies* 18, no. 2 (2011), 274–285.

58 This discussion is based in part on Michael Y. Lee and Amy C. Edmondson, "Self-Managing Organizations: Exploring the Limits of Less-Hierarchical Organizing," *Research in Organizational Behavior* 37 (2017), 35–58; and Tom Ashbrook, "The Bossless Office," *On Point with Tom Ashbrook* (June 20, 2013, at 11:00 a.m.), http://onpoint.wbur.org.

59 Morgan, "The 5 Types of Organizational Structures: Part 3, Flat Organizations."

60 Seth Stevenson, "Who's the Boss? No One," *Slate*, January 16, 2018, https://slate.com/human-interest/2018/01/the-bosslessoffice-how-well-do-workplaces-without-managers-function.html (accessed January 8, 2019); Doug Kirkpatrick, "Self-Management's Success at Morning Star," *T+D* (October 2012), 25–27; and Gary Hamel, "First, Let's Fire All the Managers," *Harvard Business Review*, (December 2011), 48–60.

61 Hamel, "First, Let's Fire All the Managers."

PART 2

조직의 목적과 구조설계

CHAPTER 2

전략, 조직설계 및 효과성

학습목표

이 장을 공부하면,

1. 조직설계에서 전략의 역할이 무엇인지 알 수 있다.
2. 포터의 전략모형과 마일즈와 스노우의 전략분류가 어떻게 비슷하고 다른지 알 수 있다.
3. 효과성을 측정하는 방법들, 즉 목표, 자원, 내부과정, 전략적 이해관계자 중심의 접근법들의 특징을 파악할 수 있다.
4. 경쟁가치모형과 조직효과성과의 관계를 설명할 수 있다.

도입질문

이 장을 읽기 전 다음 질문에 답해보자.

1. 기업의 전략적 의도나 방향은 경영자의 조직이나 외부환경에 대한 체계적인 분석이 반영된다.

   1) 동의함 ________________ 2) 동의하지 않음 ________________

2. 최고의 사업 전략은 제품이나 서비스가 시장에서 경쟁우위를 가질 수 있도록 차별적으로 만들어야 한다.

   1) 동의함 ________________ 2) 동의하지 않음 ________________

3. 가장 좋은 사업 성과 지표는 재무지표이다.

   1) 동의함 ________________ 2) 동의하지 않음 ________________

킴 카다시안은 이것을 사용한다. 도널드 트럼프, 테일러 스위프트, 미셸 오바마, 데이비드 베컴 그리고 엘리자베스 여왕도 이것을 쓴다. 2019년 3월 여왕이 처음 인스타그램에 등장했을 때 런던과학박물관 방문 사진을 올렸는데 두어 시간만에 5만 7천의 "좋아요"를 받았다. 여왕은 전 세계의 활성사용자 수가 수십억 이상으로 성장한 사진과 동영상 공유 플랫폼인 인스타그램에 뛰어들 시간이 되었다고 결정하였다. 그러한 성장속도는 경쟁상대인 스냅챗은 물론 모회사인 페이스북(Facebook)을 크게 앞지르는 것이다. 인스타그램은 2012년 페이스북에 인수된 직후에 "세상의 순간을 포착하고 공유한다"는 짧고 강렬한 강령을 만들었다. 그러나 불과 두어 해 후에 최고경영자인 케빈 시스트롬과 공동창업자인 마이크 크리거는 회사가 더 성장하고 이윤을 창출하려면 뭔가 도움이 필요하다는 사실을 깨닫게 되었다. 2016년에 마린 레빈을 최고운영책임자로 영입하였다. 마린의 재주 중 하나는 명확한 목표를 설정할 수 있도록 도와 줌으로써 혼란한 상황에서 벗어나 질서를 찾게 하는 것이었다. 예를 들면, 그녀는 인스타그램에 공식적인 예산조차도 없다는 사실을 발견하였다. 그래서 그녀가 제일 먼저 한 일 중의 하나가 예산을 수립하여 직원들이 목표 달성을 위해 일하면서 비용을 지출할 때에 지킬 기준과 기록하는 방법을 제시한 것이었다. 그녀는 관리자들과 함께 사람을 뽑을 때나 신제품을 개발할 때 달성해야 할 확실한 목표를 설정함으로써 인스타그램이 뒤죽박죽으로 운영되는 조직에서 수십억의 이익을 내는 제대로된 기업으로 성장하는데 크게 기여하였다.[1]

경영자의 중요한 책임 중 하나는 조직이 경쟁력을 유지할 수 있는 목표와 전략을 수립함으로써 조직이 성공을 지향할 수 있도록 하는 것이다. 모든 사업에서 목적을 달성하기 위한 첫번째 단계는 사명, 목표, 전략의 수립이다. 관리자들은 조직이 원하는 곳에 도달할 수 있느냐를 고민하기 전에 조직이 가려고 하는 곳이 어디인지를 확실하게 알아야 한다. 관리자가 명확한 목표를 가지고 있지 않거나 이율배반적인 목표들을 가지고 있을 때 조직은 매우 곤란한 상황에 처하게 되고 어떤 목표의 달성도 기대할 수 없게 된다. 야후의 경우를 보자. 야후는 창립 초기인 2000년대 초에는 인터넷에서 최대의 트래픽을 기록하는등 매우 성공적이었지만 CEO가 바뀌면서 조직의 명확한 방향과 목적을 설정하지 못하면서 지난 20년동안 계속 뒤처지고 있다. 야후의 임원으로 일했던 브랫 갈링하우스는 야후가 "핵심 정체성의 위기를 해결하지 않았기 때문에" 서서히 망해 가고 있다면서 "만약 당신이 모든 것이라면 사실 아무 것도 아닌 것이다"라고 말한다.[2]

이 장의 목표

최고경영자는 조직이 나아갈 방향을 설정한다. 우선 조직의 목표를 설정하고, 그러한 목표를 달성할 수 있는 계획을 개발한다. 이 장에서는 조직이 추구하는 목표의 종류를 이해하고, 목표 달성에 필요한 경쟁 전략을 살펴볼 것이다. 또한, 전략적 행동을 결정하는 두 가지

틀과 전략이 조직설계에 어떻게 영향을 미치는지 살펴보고자 한다. 마지막으로 조직효과성을 측정하는 잘 알려진 접근방법을 살펴본다. 관리자들이 조직을 잘 관리하기 위해서는 조직이 효과적으로 목표를 달성하는지 여부를 측정하는 방법이 필요하다.

2.1 조직설계에서 전략적 방향의 역할

목표나 전략의 선택은 조직이 어떻게 설계되어야 하는가에 영향을 미친다. **조직의 목표**(organizational goal)란 조직이 달성하고자 하는 바람직한 상태를 말한다.[3] 목표는 조직이 노력하는 지향점 혹은 결과를 반영한다.

최고경영진은 조직이 얻고자 하는 궁극적인 목적을 결정하고 이를 어떻게 성취할지 방향을 설정해야 한다. 이렇게 설정된 목적과 방향은 조직이 어떻게 설계되고 관리되어야 하는지를 결정하게 된다. 즉, 최고경영진은 변화하는 환경에 조직이 잘 적응할 수 있도록 목표와 전략, 그리고 조직설계를 결정하는 중요한 책임을 지고 있다.[4] 중간관리자들은 최고경영진이 제시한 가이드라인 내에서 최고경영진과 동일한 역할을 수행한다. 〈도표 2.1〉은 최고경영진이 설정한 조직의 나아갈 방향과 조직설계와의 관계를 보여주고 있다.

조직이 나아갈 방향을 설정하는 과정은 일반적으로 환경 변화의 정도, 불확실성, 자원

도표 2.1 조직설계에서 최고경영진의 역할

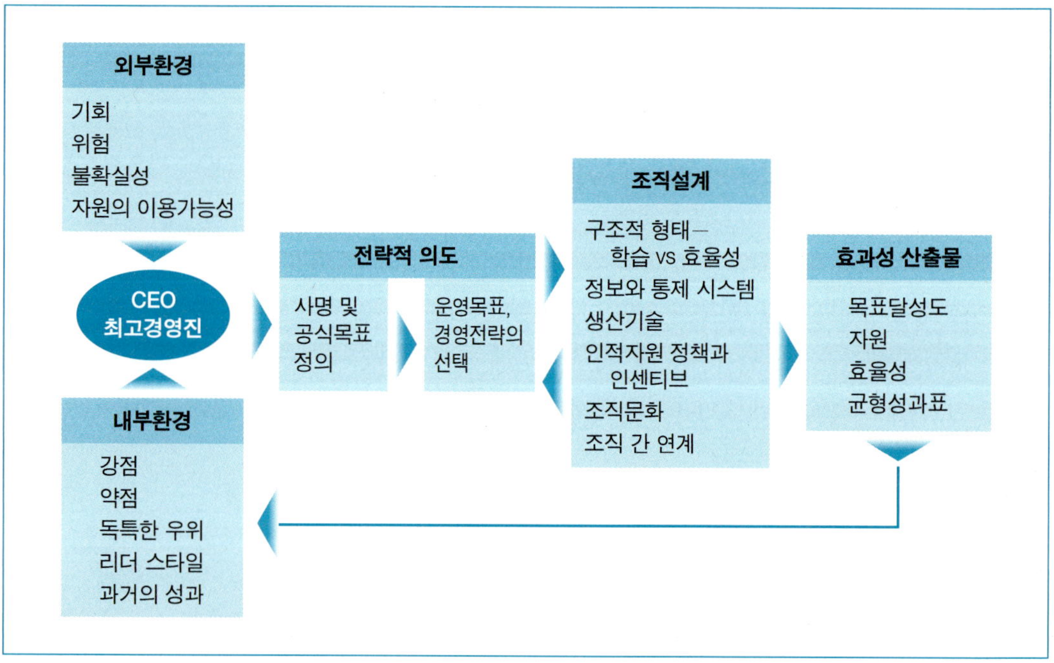

출처: Adapted from Arie Y. Lewin and Carroll U. Stephens, "CEO Attributes as Determinants of Organization Design: An Integrated Model," *Organization Studies* 15, no. 2 (1994), 183–212.

의 이용가능성 등을 포함한 외부환경의 기회와 위협에 대한 평가에서 시작된다(이에 대해서는 4장에서 상세하게 다루어진다). 외부환경에 대한 평가가 이루어지고 난 다음에는 동종 업계의 다른 기업과 비교하여 자사만의 독특한 역량을 정의하기 위해 내부의 강점과 약점을 평가한다. **SWOT 분석**(SWOT analysis)(SWOT는 strengths, weaknesses, opportunities, threats의 첫번째 글자를 딴 것이다)은 조직의 성과에 영향을 미치는 강점, 약점, 기회 및 위협에 대한 신중한 평가로 이루어진다. 조직의 내·외적 환경에 대한 경쟁분석은 전략경영의 핵심 개념 중 하나이다. 리더들은 고객, 정부 보고서, 전문간행물, 공급자, 은행가, 다른 조직의 친구들, 컨설턴트, 동업자 모임 등 다양한 정보원으로부터 외부의 기회와 위협에 대한 정보를 수집한다. 내부의 강약점에 대한 정보는 회사의 예산, 재무비율, 손익계산서, 직원의 태도 및 직무만족도 조사 및 각종 보고서로부터 획득한다. 크로거사의 중역들은 다른 식품유통사의 임원들과 마찬가지로 최근 수년동안 이 산업의 강력하고 빠른 변화에 대응하고 있다. 간략한 SWOT 분석을 통해 이러한 변화에 적응하기 위해서 회사가 취해야 할 방향에 대한 지침을 얻을 수 있다.

IN PRACTICE 크로거사

크로거사는 미국의 35개 주와 D.C.에 2,800여 개의 점포를 가지고 있는 미국 최대의 슈퍼마켓 체인이다. 최고경영자는 경쟁의 격화와 소비자 관심의 변화를 비롯한 광범위한 변화에 적응하기 위해 전략을 수정하고 운영방식을 정비하였다.

크로거사의 주요 강점 중 하나는 고객이 한 곳에서 식료품, 보석, 연료, 의약품, 가정용품 등 광범위한 상품과 서비스를 구매할 수 있다는 것이다. 크로거사는 또한 자체 브랜드가 강력하여 거의 모든 제품분야에서 자체 브랜드의 매출이 다른 일등 브랜드보다 더 빨리 성장하고 있다. 한 가지 약점은 대부분의 경쟁사들보다 부채에 대한 부담이 크다는 것이다. 또한 달걀, 우유, 정육 등의 주요 제품 가격의 하락도 다른 소매업자들과 마찬가지로 크로거사를 힘들게 하고 있다. 리더들이 확인한 기회는 식품코너에서 판매되고 있는 유기농 식품의 품목 확장 가능성과 음식물의 낭비에 대한 고객의 우려가 커지고 있는 현실에 대응하는 것이었다.그들은 고객들이 자연적인 유기농 제품의 추가에 호의적으로 반응한다는 사실과 코로거사가 호울푸드사와 같은 경쟁사에 비해 저렴한 비용으로 그러한 제품들의 대부분을 제공할 수 있다는 사 을 파악하였다. 심각한 위협요인은 월마트, 타겟, 아마존 등의 비전통적인 맞수들이 식품사업분야로 공격적인 확장을 꾀하고 있다는 것이다. 크로거의 경영진은 회사가 소비자에게 "무엇이든지, 언제, 어디서나" 제공하기로 전략적 방향을 설정하였다. 크로거사는 고객에게 직접 배송할 수 있는 기반을 마련하는데 필요한 새로운 기술에 투자하고 가정배달을 확장하고 있다. 홈셰프사와 합병함으로써 편의성, 단순성 및 신선한 식품을 제공할 수 있는 역량을 강화한다. 크로거사는 또한 자연적인 유기농 제품의 제공을 늘리고 있다.

또한 자체 브랜드를 부착한 제품을 늘리는 동시애 픽큘리아 픽스라는 브랜드를 출시하였다. 이 브랜드는 "못난이" 과일과 채소를 판다. 모양이 비뚤어지거나 비정상으로 보이는 토마토, 피망 등의 다양한 농산물인데 이것들은 그렇게 팔지 않는다면 버려질 것인데 이를 판매함으로써 고객의 비용을 절감하고 크로거가 식품 폐기물 제로를 달성하는데 큰 도움이 되고 있다.[5]

도입 질문과 답

1. 기업의 전략적 의도나 방향은 경영자의 조직이나 외부환경에 대한 체계적인 분석이 반영된다.

답) 동의한다. 가장 좋은 전략은 조직에 대한 강약점과 환경에 대한 기회와 위협을 체계적으로 분석함으로써 가능하다. 치밀한 분석과 경험을 바탕으로 경영자는 구체적인 목표나 전략을 결정할 수 있기 때문이다.

리더들이 방향설정을 위해 사용하는 두 번째 방법은 시나리오 플래닝이라고 알려진 예측기법이다.[6] **시나리오 플래닝**(scenario planning)은 최근의 추세와 단절적인 새로운 움직임 등을살펴보고 미래에 발생가능한 일들을 그려 보는 것이다. 지난 과거만을 보거나 현재까지 진행되어온 상황만을 생각하는 것이 아니라 "발생할 수도 있는" 상황에 대해서 생각한다. 회사에 가장 심각한 충격을 줄 수있는 사건은 어느 누구도 상상조차 하지 않은 일들이다. 경영자들이 미래를 예측할 수는 없지만 미래에 발생할 사건들을 처리할 수 있는 틀을 미리 그려 봄으로써 불확실성에 대비하는 역량을 강화할 수 있다.[7] 조직은 작은 사건에 의해서도 어려움에 처할 수 있다. 차터드 매니지먼트 인스티튜트와 비즈니스 콘티뉴어티 인스티튜트가 조사한 바에 의하면 경영자들이 시나리오 플랜이 필요하다고 많이 응답한 사고들은 극한의 날씨, IT시스템의 붕괴, 핵심직원의 실종, 사무실이나 공장의 폐쇄, 통신망의 마비, 공급체인의 붕괴 등이다.[8] 시나리오란 미래에 일어날 수 있는 일과 그에 대한 경영자의 대응을 생생하게 보여주는 이야기라고 할 수 있다. 전형적인 시나리오는 어떤 사건에 대해서 가장 낙관적인 경우에서부터 가장 비관적인 경우까지 2~5개가 만들어진다. 로열 더치 쉘은 오래 전부터 시나리오 플래닝 기법을 활용하여 유가가 계속 떨어지는 세계에 대비해 오고 있다. 시나리오 플래닝은 쉘이 천연가스, 재생 가능한 에너지와 같은 발전용 연료 생산을 강화하고 그 비용을 낮게 유지하는 데 집중하는 전략을 세우도록 유도하였다.[9]

방향을 설정한 후의 다음 단계는 〈도표 2.1〉에 보이는 바와 같이 조직의 전략적 의도를 정의하고 천명하는 일이다. 리더들은 외부 기회와 내부 강점이 적합하게 연계되는지를 판단하여 기업의 전체적인 사명을 달성할 수 있도록 구체적인 운영목표와 전략을 수립해야 한다. 〈도표 2.1〉은 조직설계를 통해 조직의 관심과 자원이 사명과 목표 달성에 일관되게 집중되도록 어떻게 조직 목표와 전략이 실행되는지를 보여주고 있다.

조직설계는 전략적 계획을 실행하고 관리하는 것이라 할 수 있다. 관리자는 1장에서 언급한 바와 같이 학습과 혁신을 우선할 것인지(유기적 접근방법) 혹은 효율을 우선해서 설계할 것인지(기계적 접근방법)를 포함한 조직구조 형태를 결정해야 한다. 또 다른 선택에는 정보와 통제시스템, 생산기술의 종류, 인적자원 정책, 조직문화, 다른 조직과의 연계 등이 포함된다. 조직구조, 기술, 인적자원정책, 조직문화, 조직 간 연계관계 등의 변화에 대해서는 이후의 장에서 다룰 예정이다. 〈도표 2.1〉에서 화살표가 의미하는 바와 같이 조직설계는 다시 전략적 의도에 영향을 미친다는 점이다. 일반적으로 전략은 현재의 조직구조를 기초로 수립되므로 목표나 전략을 수립하는 데 제약요인이 되기도 한다. 그러나 많은 경우 환경 요구에 따라 적절한 새로운 목표와 전략이 수립되어야 하므로 최고경영진은 이러한 목적을 달성할 수 있도록 조직구조를 재설계해야만 한다.

마지막으로, 〈도표 2.1〉은 조직의 목표 달성 정도를 의미하는 효과성을 어떻게 평가할 수 있는지를 제시하고 있다. 여기서는 성과를 측정하는 가장 일반적인 방법들을 제시하였지만 각각의 내용에 대해서는 이후의 각 장에서 구체적으로 살펴볼 것이다. 여기서 한 가지 눈여겨 볼 것은 성과측정 결과는 내부환경으로 피드백되고, 과거 성과에 대한 평가를 통해서 새로운 목표를 설정하거나 미래에 대한 전략적 방향을 결정하는 데 활용된다는 점이다.

P&G(Procter & Gamble)의 사례는 위에 언급된 아이디어들이 조직 경영에 어떻게 적용되는지를 보여준다. 최고경영자인 A. G. 래플리(A. G. Lafley)는 목표와 전략적 방향을 제시하기 위한 틀로서 〈도표 2.2〉에 묘사된 OGSM — 목적(Objectives), 목표(Goals), 전략(Strategies), 그리고 성과측정(Measures) — 방법을 사용했다. 눈에 띄는 점은 "P&G가 북미 지역 화장지 산업의 주주 총수익(total shareholder return: TSR)의 리더 및 P&G를 위한 가치 창출자가 되자"와 같은 모호한 목표가 "바운티와 샤르민 수익성을 성장시키자"와 같이 더욱 구체화된 목표와 전략으로 변경되었다는 것이다.[10] 추가적으로, 〈도표 2.2〉는 경영자들이 자신들의 노력이 얼마나 성공했는지 판단하는 데 쓰이는 측정 도구들을 보여준다. 목표를 설정하고, 목표를 달성하기 위한 전략을 명시하고, 그 노력의 효과성을 측정하는 것 등이 바로 전략경영의 본질이다.

경영자들이 조직 상황을 다르게 해석하고 이에 따라 다른 목표와 전략을 설정할 수 있기 때문에 최고경영자의 역할은 중요하다. 몇 년 전 미국 매출이 감소했을 때 월마트(Walmart)의 최고경영진은 새로운 시도를 했었다. 엄격한 운영 효율성과 매일 낮은 가격을 제시하는 목표에 매달리는 대신, 리모델링과 깔끔한 매장, 유기농 채소, 유행하는 상품 진열을 통해 부유한 고객의 환심을 사도록 시도했었다. 매일 낮은 가격을 제시하는 대신 많은 제품의 가격은 올리고 일부제품만 가격을 할인했던 것이다. 결과적으로 월마트는 소비지출이 조금 더 많은 고객들을 유치하는 데는 성공했으나, 기존 월마트의 많은 핵심 고객들은 다른 저가 판매점에서 물건을 사기로 결심하게 되었다. 이로 인해 월마트의 매출은 급격히 줄었다. 미국 지사장인 윌리엄 사이먼(William Simon)은 이에 대해서 "우리 브랜드를 너무 확대시키려고 했던 것 같다"라고 말했다.[11]

이처럼 조직의 목표, 전략, 조직설계에 대한 최고경영자의 결정은 조직효과성에 중요한 영향을 미친다. 목표와 전략은 고정되거나 당연한 것이 아니란 것을 기억해야 한다. 최고경영진과 중간관리자는 각자 자기 수준에 적절한 목표를 설정해야 하며, 이와 같은 능력이 기업의 성과를 결정하는 중요한 요인이 된다. 조직설계는 목표와 전략을 실행하기 위해 활용되어야 하고, 조직의 성공을 결정하게 된다.

도표 2.2 P&G의 전략 토론 틀

<table>
<tr><th>목적</th><th>전략</th><th>측정</th></tr>
<tr><td>고객이 선호하는 부엌 및 화장실용 휴지 제품 제공을 통해 일반 가정의 삶의 질을 높이기
북미 휴지/타월 산업에서의 가장 많은 운영 TSR을 낼 것 그리고 P&G에게 새로운 가치를 만들어 줄 것

목표
전년대비 운영 TSR> XX%
X% 연간 시장점유율 및 매출 상승
X% 연간 총수익 및 운영이익률 개선
X% 공장 시설 및 재고에의 자본투자 수익률 달성</td><td>어디로 진출할 것인가
• 북미에서의 성공
• 풍부하고 매력적인 수익을 낼 수 있는 리더십 함양
• 수퍼마켓과 대량 할인 채널에서의 승리
• 높은 성과를 낼 수 있고 감각적이며 가치있는 고객층

어떻게 달성할 것인가
1. 군살을 뺄 것
• 공장과 설비에 들어가는 자본 소비량을 매출의 XX로 할 것
• 재고를 XX% 만큼 줄일 것
2. 고객이 선택하는 기업이 되자
• 우수한 기본 제품과 적절한 가격
• 선호되는 제품 구성과 디자인
• 카테고리별 성장 관리
3. 소매상인들이 선택하는 기업이 되자
• 선반 이용가능률과 서비스를 개선할 것
• 차별화된 쇼핑 방법을 개발
• 공생</td><td>• 운영 TSR 진척도
• 시장점유율 및 매출 성장 진척도
• 이익 성장 진척도

효율성 측정
• 자본 효율성
• 재고 순환율

고객 선호도 측정
• 구매 의지
• 첫 구매와 충성도

소매상 피드백 측정
• 비즈니즈 관련 주요 요소 (분배, 매대점유율, 판촉점유율 등)
• 선호되는 판매자</td></tr>
</table>

출처: Adapted from A.G. Lafley and Roger Martin, "Instituting a Company-Wide Strategic Conversation at Procter & Gamble," *Strategy & Leadership* 41, no. 4 (2013), 4–9; Table 6.1.

핵심정리

- 사명과 목표에 대한 리더의 선택은 조직을 어떻게 설계할 것인가에 영향을 미치고 조직의 효과성에 중대한 영향을 준다.
- 조직의 방향 설정은 최고경영진이 외부환경과 조직의 내부상황을 파악하는 것으로 시작한다. 방향 설정 과정에서는 SWOT 분석과 시나리오 플래닝이라는 두 가지 방법을 사용할 수 있다.
- 그 다음 경영진은 종합적인 사명과 운영목표 및 그의 달성을 위한 전략의 결정을 아우르는 전략적 의도를 결정하고 구체화한다.
- 목적과 전략은 적합한 조직설계방식의 결정에 도움을 준다.

2.2 조직의 목적

모든 조직, 예를 들어 월마트, P&G, 인스타그램, 구글(Google), 하버드 대학교(Harvard University), 가톨릭 같은 종교단체, 미국 농무부, 세탁소, 심지어는 작은 구멍가게 등도 모두 목적을 위해 존재한다. 이러한 목적을 흔히 전체 목표 또는 사명이라고 할 수 있다. 조직의 각 부서들은, 조직의 전체 목표 혹은 사명을 달성하기 위한 세부 목표를 가지고 있다.

2.2a 전략적 의도

조직에는 다양한 종류의 목표가 있으며, 각기 다른 역할을 한다. 그러나 성공하려면 조직 목표와 전략은 전략적 의도에 초점이 맞추어져야 한다. **전략적 의도**(strategic intent)란 조직의 모든 에너지와 자원이 집중되고 통합된 강력한 전체목표를 지향하는 것을 말한다.[12] 전략적 의도를 나타내는 도전적인 목표의 예는 마이크로소프트(Microsoft)의 초기 비전인 "모든 가정에 있는 책상위에 컴퓨터를 보급한다", 고마츠(Komatsu)의 "캐터필러(Caterpillar)를 뛰어넘는다", 캐논(Canon)의 "제록스(Xerox)를 무찌른다", 코카콜라(Coca-Cola)의 "세계 모든 고객들이 팔만 뻗으면 코크(Coke)가 있어야 한다" 등에서 볼 수 있다.[13] 전략적 의도는 경영자들의 활동이 집중될 수 있도록 해준다. 전략적 의도와 관련된 세 가지 측면으로서 사명과 핵심역량, 그리고 경쟁우위가 있다.

사명. 조직의 전체 목표는 조직이 존재하는 이유를 나타내는 것으로서 흔히 **사명**(mission)이라고 말한다. 사명은 조직의 비전, 공유가치와 신념, 조직이 존재하는 정당한 이유를 나타낸다. 예를 들어 베렛-쾰러 출판사의 오래된 사명선언문은 "만인을 위해 움직이는 세상을 창조하기 위해 사람과 아이디어를 연결한다"고 되어 있다. 사명은 때로 **공식적인 목표**(official goal)로 불리며, 여기에는 조직이 달성하고자 하는 사업 범위와 결과가 공식적으로 언급되어 있다. 즉, 공식적인 목표를 통해 조직의 사업 활동, 조직이 중요시 하는 가치, 시장, 고객 등을 파악할 수 있다. 이처럼 조직의 목적과 철학을 담고 있는 공식적인 목표나 사명문은 정책매뉴얼 또는 연차보고서 등과 같은 문서를 통해서 공개적으로 표현되고 있다. 〈도표 2.3〉는 CVS 헬스(CVS Health)의 새로운 사명선언문(mission statement)이다. CVS 헬스는 사명을 다음과 같이 정의했다. "더 나은 건강을 위한 길로 사람들을 안내하자." 이 사명선언문은 회사의 핵심가치도 새로 정의해주고 있다.

사명선언문의 일차적 목적 중의 하나는 소통의 수단으로 사용되는 것이다.[14] 사명선언문은 현재와 미래의 종업원, 고객, 투자자, 공급자, 그리고 경쟁자들에게까지 이 조직이 어떤 조직이고 무엇을 달성하려고 하는지 알 수 있게 해준다. 사명선언문은 또한 내부와 외부 이해관계자들에게 조직이 존재하는 정당성을 알려준다. 대부분의 최고경영자들은 종업원,

도표 2.3 CVS 헬스의 사명선언문

CVS Health

고객, 경쟁자, 공급자, 투자자와 지역사회가 조직을 좋게 바라볼 수 있기를 바라고 있으며, 여기서 정당성이라는 개념이 중요한 역할을 한다. CVS 케어마크(CVS Caremark)는 최근에 이름을 CVS 헬스로 바꾸었고 목표도 더 넓은 범위의 의료 관리에 대한 헌신으로 재설정했으며, 회사의 비전을 "건강한 미래를 만드는 데 필요한 혁신을 만들어가자"라고 바꿨다.[15] 약국과 건강진료소를 제공하는 CVS는 2014년 10월부터 담배 및 담배 관련 성분 상품의 판매를 중단하였다. 경영자들은 보건과 건강을 홍보하는 회사로서 담배 상품을 판매하는 것은 회사의 평판에 걸맞지 않다고 말한다. 의료 관리를 제공하는 다른 약국들도 자신의 정당성을 소통하기 위해 담배 관련 제품의 판매를 중단하였다.

기업의 사명선언문을 성실히 지키는 관리자들은 더 넓은 사회적인 목적을 강조하고 있다. 예를 들어, "완전한 삶과 건강의 회복"을 강조하는 메드트로닉(Medtronic)이나, "사람들이 더 안정적이고 안전하게 살 수 있도록 돕는 것"을 강조하는 리버티 뮤추얼(Liberty Mutual) 등은 이렇게 함으로써 장기적인 관점에서 더 유능한 종업원을 유인하고, 외부 관계자들과 좋은 관계를 유지하며, 시장에서 더 나은 성과를 낼 수 있다.[16]

경쟁우위. 전략적 의도의 궁극적인 목적은 조직으로 하여금 지속적 경쟁우위를 확보할 수 있도록 하는 것이다. **경쟁우위**(competitive advantage)란 특정 조직이 다른 조직과 구별되고 시장에서 고객이나 수요자들의 요구를 해결하는 데 차별적 우위를 가져오는 것을 말한다. 전략은 환경 변화에 따라 불가피하게 변해야 하며, 훌륭한 관리자는 기업이 운영하는 방식의 변화를 가져오게 되는 추세를 민감하게 주시해야 한다. 관리자는 경쟁자나 내·외부환경을 분석하여 잠재적인 경쟁기회를 포착해야 하며, 산업의 다른 기업들에 비해 우위를 점하기 위해 필요한 새로운 역량이 무엇인지를 학습해야 한다.[17] 경쟁기회는 기업이 잠재적으로 진출할 수 있는 공간이라고 생각할 수 있다.

핵심역량. 기업의 **핵심역량**(core competence)은 경쟁자와 비교하여 특별히 잘할 수 있는 그 무엇으로 정의될 수 있다. 우월한 연구개발이나 전문기술 노하우, 프로세스 효율성, 혹은 뛰어난 고객 서비스 등은 핵심역량이 될 수 있다.[18] 미미오(Mimeo)라는 인쇄 및 복사 회사의 예를 보자. 미미오사는 탁월한 고객 서비스와 내부 효율성을 높이는 응용 기술 두 가지의 핵심역량을 가지고 있다. 이로 인해 대기업들도 처리를 못하는 급작스러운 주문도 미미오사는 가능하다. 애플(Apple)은 마케팅 기술과 우수한 디자인의 핵심역량에 집중한 전략을 선보인다.[19] 각 경우마다, 경영자들은 자신의 기업이 특징적으로 무엇에 뛰어난지 규명하고 이를 기반으로 전략을 세웠다.

2.2b 운영목표

조직의 사명과 전체적인 목표는 보다 구체적인 운영목표를 개발하는 데 기반을 제공해준다. **운영목표**(operating goals)는 실제적인 운영활동을 통하여 조직이 실제로 달성하려고 하는 최종결과물을 나타낸다.[20] 운영목표는 구체적으로 측정 가능한 형태로 설정되는 단기 목표이다. 전체 목표와 운영목표의 차이는 전체 목표가 공식적으로 표명된 목표인데 비해 운영목표는 실제로 달성하고자 하는 목표이며 일차적으로 조직이 수행해야 할 과업이라는 점이다.[21] 예를 들어보자. 기술기업에서 매우 중요한 일중 하나가 프로그램의 오류를 잡아내는 일이다. 그러나 이 일은 매우 성가시고 지루하기 때문에 대부분의 프로그래머들은 새로운 것을 개발하는 것을 기존 프로그램의 오류를 수정하는 것보다 더 좋아한다. 파이어폭스 웹브라우저를 제공하는 모질라(Mozilla)의 경영진은 직원들에게 동기를 부여하기 위하여 두 가지 목표를 부과하였다. 하나는 2017년 2월부터 파이어폭스의 다음 버전을 베타 공개하는 9월 사이에 가장 중요한 오류 40개를 수정하는 것이고 또 하나는 모질라의 성과를 브라우저 벤치마킹 서비스에서 크롬의 점수의 20% 내에 들게 하는 것이었다. 이러한 목표의 부과는 효과가 있었다. 8월 하순 모질라의 프로그래머들은 거의 400개의 오류를 수정하고 라이벌인 크롬과의 성과 격차를 좁히는 목표도 거의 달성하였다.[22]

각각의 일차적인 과업에 대한 구체적인 목표는 부서 안에서의 일상적인 의사결정과 활동 방향을 결정한다. 〈도표 2.4〉에서 보듯이 조직이 성취하고자 하는 전형적인 운영목표에는 성과목표, 자원목표, 시장목표, 인적개발목표, 생산성목표, 그리고 혁신이나 변화 목표 등이 있다.

도표 2.4 조직의 일반적인 운영목표

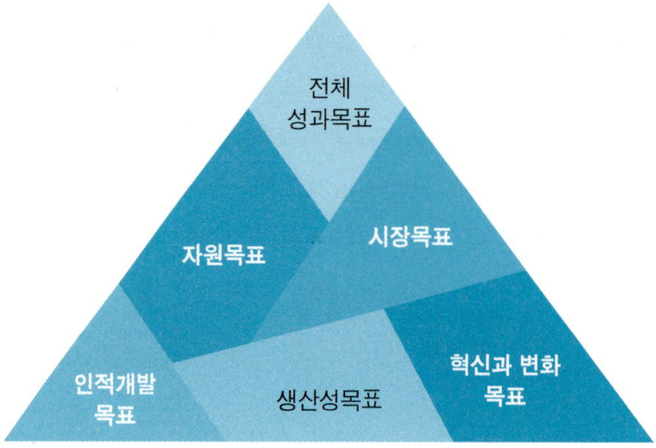

전체성과. 영리조직의 전체성과(overall performance)는 흔히 수익성으로 나타난다. 수익성은 순이익, 주당순이익, 투자수익률 등으로 평가할 수 있다. 다른 전체성과목표로는 성장과 매출규모 등이 있다. 성장은 일정기간 동안 매출액 성장률 또는 수익 성장률로 평가 가능하며, 규모는 전체 매출액, 제품 생산량과 서비스 제공 규모 등으로 평가 가능하다.

사회복지기관이나 노동조합 등과 같은 비영리조직 혹은 정부는 수익성을 목표로 하지는 않지만 한정된 비용 범위 내에서 고객과 구성원에게 서비스를 제공할 수 있는지를 기준으로 평가할 수 있을 것이다. 예를 들어, 국세청은 새로운 세법에 대한 질문의 85%에 대해 정확한 답변을 제공하는 것을 목표로 가지고 있다. 성장과 규모 목표 역시 비영리조직의 전체성과 지표가 될 수 있다. 예를 들어 사회복지기관의 경우 새로운 고객에게 서비스를 확장 제공하는 것을 일차적인 목표로 삼고 있다.

자원. 조직에 필요한 원재료와 재무자원을 획득하는 것을 자원(resource)목표라고 할 수 있다. 자원목표는 공장 건설에 필요한 재무자원을 획득하는 것, 원가가 더 싼 거래처를 찾는 것, 우수한 기술을 가진 고급인력을 고용하는 것 등을 포함한다. 최근에 스타벅스(Starbucks)는 카페에서 사용될 인도산 프리미엄 아라비카 커피 원두를 얻기 위해 인도의 타타그룹(Tata Group)과 연계했다. 그리고 이 관계로 인해 스타벅스는 인도 내의 주요 부지에 판매 지점까지 얻을 수 있게 되었고, 이 역시 가치 있는 자원으로 여겨진다.[23] 월마트의 새로운 자원목표는 불명예제대가 아닌 일반 전역을 한 참전 용사들 중에서 직장을 원하는 사람들을 고용하는 것이다.[24] 비영리단체에서는 헌신적인 봉사자들을 더 많이 모집하고 재단의 기금을 확충하는 것이 자원목표가 될 수 있다.

시장. 시장목표는 시장점유율 또는 시장(market) 내 지위 등과 연관지을 수 있다. 시장목표는 흔히 마케팅, 영업, 광고부서와 관련성이 높다. 세계에서 가장 큰 화장품 회사인 로레알(L'Oreal SA)은 현재 고객을 2배로 늘려서 2020년에는 10억 명의 고객을 확보하자는 목표를 가지고 있다. 이 목표에 도달하기 위한 한 방법으로, 관리자들은 브라질에 있는 고객 확보를 위해 마케팅과 판매 방식의 변화를 주고 있다. 브라질 여성들은 미용 상품을 많이 소비하는 고객들이지만, 로레알은 브라질 시장에 적응하는 데 어려움을 겪고 있다.[25] 시장목표는 비영리조직에도 적용될 수 있는데, 신시내티 아동병원(Cincinnati Children's Hospital Medical Center)은 지역 건강관리센터 역할에 만족하지 않고, 희귀하고 복잡한 질병에 대한 니치 서비스 역량의 개발과 끊임없이 높은 의료 수준에 집중함으로써 전국 시장에서의 점유율을 높여 왔다.[26]

인적개발. 인적개발(employee development)은 종업원에 대한 훈련, 승진, 안전, 그리고 종업원의 성장 등이다. 이러한 목표는 관리자나 종업원을 모두 대상으로 하고 있다. 인력개발을 강조하고 있는 기업들은 포춘(Fortune)이 선정하는 '일하고 싶은 100대 기업'에 자주 등장한다는 공통적인 특징을 가지고 있다. 게다가, 종업원의 학습목표는 더 높은 팀 성과와 관련있다고 알려져 있다.[27] 월스트리트(Wall Street) 은행들은 긴 근무시간을 독려하는 것으로 잘 알려져 있는데, 몇몇 사람들은 이제 그런 장시간 근무 문화에 대해 비판적인 시선을 가지기 시작했다. 예를 들면, 뱅크오브아메리카 메릴린치(Bank of America Merrill Lynch)는 직급이 낮은 직원들의 경우 한 달에 두 번 주말에 쉬어야 한다는 내부 메모를 공지했다. 추가적으로 인적개발을 확대하기 위해 직급이 낮은 직원들에게 다양한 업무를 주도록 했고, 인원 배치에서도 핵심역량 개발을 중시하는 정책을 공표했다.[28]

생산성. 생산성(productivity)목표는 투입된 자원 대비 산출량을 의미하며, 단위생산 비용, 종업원 1인당 생산량, 종업원 1인당 투입비용 등으로 나타낼 수 있다. 시장에서 크게 히트했던 한국에서 "바니버디"라는 제목으로 개봉된 영화인 "HOP"의 제작사인 일루미네이션 엔터테인먼트(Illumination Entertainment) 기획사는 대형 경쟁사들보다 절반의 비용으로 애니메이션 영화를 제작할 수 있도록 도와주는 생산성목표를 가지고 있다. 대표이사 크리스토퍼 멜라단드리(Christopher Meledandri)는 엄격한 비용관리와 성공적인 애니메이션은 상호 배타적이지 않으며 일루미네이션사의 30명 남짓 직원들은 높은 생산성을 갖고 있어야 한다고 강조하고 있다.[29]

혁신과 변화. 혁신(innovation)목표는 내부의 유연성과 불확실한 환경 변화(change)에 대한 적응 가능성 등과 관련된 목표로 흔히 새로운 제품이나 서비스, 생산 공정의 개발 등으로 정의한다. 크래프트 하인즈(Kraft Heinz)는 경영진이 연구개발에 대한 투자와 관심을 줄인 후부터 점점 경쟁자들에게 밀리고 있다. 브라질의 사모펀드 회사인 3G 캐피탈(3G Capital)이

H.J. 하인즈 앤드 크래프트 푸드(H.J. Heinz and Kraft Foods)를 인수한 후 임원들은 비용절감 목표에만 무섭게 집중하였다. 일부 긍정적인 성과도 있었지만 연구개발 목표에 대한 관심의 약화로 가공식품에서 더 신선하고 더 단순하며 더욱 자연적인 식품으로 바뀌는 추세에 적응할 수 있는 역량이 약해지고 말았다.[30]

성공적인 조직은 대부분 균형이 잘 잡힌 운영목표를 설정하고 있다. 비록 수익성이 중요하다고는 하지만 최근의 우량 기업들은 수익성 한 가지에만 집중하는 것이 바람직한 성과를 가져오는 데 적합하지 않다는 것을 인식하고 있다. 비록 단기적으로는 수익성이 떨어진다 하더라도 혁신과 변화의 중요성이 높아지고 있고, 인적개발목표 역시 종업원들이 헌신적으로 일할 수 있도록 해준다는 점에서 중요한 목표가 되고 있다.

2.2c 목표 갈등

조직은 사명을 달성하기 위해 다양한 활동을 수행하고 여러 가지 목표를 동시에 추구한다. 그러나 추구해야 할 사명과 목표는 누가 결정해야 하는가? 어떤 목표를 추구한다는 것은 다른 목표는 미뤄지거나 무시되어야 한다는 것을 의미하고, 따라서 관리자들이 목표의 우선순위에 대해 합의를 이루지 못하는 것은 흔한 일이다.[31] 인적개발의 목표는 생산성목표와 충돌할 수 있고, 혁신을 위한 목표는 수익성에 타격을 줄지도 모른다. 목표 갈등의 실제 사례를 살펴 보자. 페이스북에서는 최근 분석에서 사용자의 프라이버시와 개인정보 보호라는 목표가 성장과 광고수입의 증대라는 목표와 오래동안 갈등을 빚어 왔음이 알려졌다. 페이스북이 대외적으로는 "세상을 더욱 개방적이고 연결되게 만들어 사람들을 화합하게 한다"는 이상적인 사명을 천명하였지만 내부의 이메일과 다른 보고서들에 의하면 기업의 이익을 확대하기 위하여 사용자들을 착취하고 속이며, 경쟁자들을 음해하고, 개발협력사들에게 강압적으로 대할 뿐 아니라 여러가지 무례하고 때로는 부도덕한 사업 방식이 오래동안 고쳐지지 않고 있었음이 밝혀졌다. 페이스북이 인수합병한 화중 가장 큰 왓츠앱(WhatsApp)의 창업자들은 페이스북의 경영진과 광고수입을 올리는 방식과 데이터 프라이버시 관련하여 갈등을 빚은 끝에 회사를 떠나고 말았다.[32]

페이스북의 사례는 많은 기업들이 사회 각 분야를 대변하는 여러 종류의 가치체계와 행동양식을 동시에 지지하고 있으며 그로 인하여 조직 내에서는 여러가지 목표와 우선순위를 둘러싼 긴장과 갈등을 겪고 있음을 보여 준다.[33] 예를 들어 지역사회 지원과 같은 사회적 임무는 돈을 벌어야 한다는 사업적 목표와 갈등을 빚을 수 밖에 없다. 서로 갈등관계에 있는 목표 사이에서 관리자가 균형을 잡지 못할 경우 이러한 목표 지향의 차이는 한 진영의 다른 진영에 대한 조종, 거부, 또는 반항을 야기할 수 있다. 두 측면의 목표와 가치가 상호배타적인 경우에 경영자들은 회사가 어느 방향을 선택할지에 대해 협상하고 합의를 이끌어내야 한다. 사회적 영향을 다루기 위한 조직화에 대해서는 7장에서 자세히 살펴 볼 것이다.

2.2d 목표의 중요성

공식적인 목표와 운영목표가 모두 조직에 중요하기는 하지만 이들은 각기 다른 목적으로 활용되고 있다. 공식목표와 사명선언문은 조직의 가치시스템을 나타내주고 조직에 전체적인 목적과 비전을 부여해주는 데 비해, 운영목표는 조직이 수행하는 주요한 과업을 구체적으로 나타내주고 있다. 공식목표가 조직에 정당성을 부여해주는 반면, 운영목표는 명확하고 잘 정의되어야 한다.

운영목표는 〈도표 2.5〉에서 볼 수 있는 바와 같이 몇 가지 구체적인 목적을 가지고 있다. 첫째, 운영목표는 종업원에게 방향감각을 제공함으로써 그들이 무엇을 지향해서 일을 해야 할지 알려준다는 점이다. 이러한 방향감각은 종업원들이 목표를 달성할 수 있도록 동기를 부여하는 역할을 한다. 수많은 연구들이 분명하고 높은 수준의 목표가 직원들의 성과를 높이고 있음을 보여주고 있다.[34] 최근의 한 연구는 직원들이 목표에 헌신했을 때 부서의 성과가 높아짐을 밝혀냈다.[35] 사람들은 자신들의 활동과 노력을 위해 분명한 목표를 원한다. 페이스북에서 집단과 지역사담당 부서장을 맡고 있는 제니퍼 둘스키(Jennifer Dulski)는 그녀가 이전 조직에서 어떻게 사람들에게 동기를 부여했는지에 대해 말한다. "분기마다 우리는 세 가지 큰 목표를 추구했다. 저는 '만약 우리가 세 가지를 다 달성한다면 그건 3연승단식(Trifecta — 1, 2, 3등으로 들어오는 경주마를 모두 맞추는 내기_역자 주)에서 이기는 것과 같고 그럼 우린 다 같이 경마장에 갈 거에요'라고 말했다. 그리고 저는 모두에게 50달러씩을 주고 그 경마에 걸도록 만들었다. 교사로서 저는 모든 사람들이 마음속에 어린 아이 같은 흥미를 품고 있고, 그래서 이런 웃기고 유치한 것들을 정말 좋아한다는 것을 배웠다. 그들은 자신들이 그런 걸 좋아한다고 인정하지 않겠지만, 그건 사실이다."[36] 웰스파고(Wells Fargo)에서 벌

도표 2.5 목적의 종류와 이유

IN PRACTICE 웰스파고

iStock.com/Roman Tiraspolsky

웰스파고(Wells Fargo)는 직원들이 가짜 계좌를 만들어서 고객들이 필요로 하지도 않는 금융상품을 이용하게 만들고 있었다는 일련의 추문으로 고전하고 있다. 경영진이 알려진 연루자들을 해고하기 시작한 뒤에도 그런 행동이 계속되었다. 그들은 왜 그런 짓을 했는가? 전직 직원이 이야기하는 원인은 간단하다. 사람들은 경영진이 설정한 높은 매출목표 달성을 위해 규칙을 위반하고 비윤리적인 영업을 한다는 것이다. "그들은 (직업윤리 교육을 받을 때에) 이런 류의 행동을 하지 말라는 경고를 했고, '그런 일은 반드시 보고해야 한다'고 말했다. 그러나 실제로는 어떻게 해서든지 목표를 달성해야만 하는 가혹한 현실이었다"고 웰스파고에서 개인영업 담당으로 일했던 칼리드 타하(Khalid Taha)는 말했다.

또 다른 전직 은행원은 자신의 관리자는 직원들에게 오늘은 예금, 신용카드, 주택담보대출, 개인신용대출 등의 금융상품중 무엇을 얼마나 팔았는지 수시로 묻고 있었다고 말했다. 샤리프 켈로그(Shariff Kellogg)는 "그들은 하루에 서너 개씩을 요구했지만 나는 그 목표는 정신 나간 것이라고 생각했습니다. 그건 사람들의 일반적인 금융생활과 맞지 않습니다"라고 말했다. 단호하고 적극적인 관리자들은 매일매일 각 부서의 성과와 각 사람의 성과에 대해 하루에 네 번씩 모여서 토론했다고 한다. 이처럼 공격적인 목표는 직원들이 규칙을 포기하고 친구들이나 그 지역의 사업자들에게 나중에 없애 줄테니 추가로 계좌를 개설해 달라고 부탁하게 만들었다. 다른 직원들은 가짜 계좌를 개설하였다. 결국은 미국 소비자금융보호청에서 5,000명 이상의 일선 직원들이 불법적인 일을 저질렀다는 사실을 적발하였다. 그 당시 최고경영진은 가짜 계좌는 비윤리적인 직원들이 어리석은 짓을 한 결과라고 말했다. 그러나 켈로그는 다른 직원들에 대해서 이렇게 말했다. "(관리자들은 아마도) 뭔가 다른 방법을 써서 이 목표들이 달성가능하다고 믿을 정도로 의도적으로 무식할 수밖에 없었던 것 같습니다."[37]

어진 최근의 사태는 목표가 얼마나 강력한 동기부여 수단일 수 있는지에 대한 부정적인 실례이다.

이 예에서 보는 바와 같이 운영목표의 또 하나 중요한 점은 종업원의 행동과 의사결정에 대한 지침을 제공하는 역할을 한다. 즉, 적절한 운영목표는 종업원들은 사회나 조직이 허용하는 범위 내에서 그들의 행동과 활동을 제약하는 역할을 한다.[38]

〈도표 2.5〉에서 보는 바와 같이 목표는 조직구조, 혁신, 종업원의 복지 또는 성장 등에 대한 적절한 의사결정을 하는 데 도움을 주게 된다. 마지막으로, 운영목표는 평가를 위한 기준으로서의 역할을 한다. 즉, 조직의 성과를 평가하기 위한 방법이 수익성, 생산량, 종업원 만족, 혁신 수준, 고객 불만 등 무엇이든 간에 평가를 위한 기준이 필요하며, 이때 운영목표는 평가 기준으로서의 역할을 한다.

핵심정리

- 조직은 목표 달성을 위해 존재하며, 최고경영진은 완수해야 할 사명을 포함하는 전략적 의도를 결정할 책임이 있다. 사명 선언문 또는 공식적 목표은 조직의 목적과 방향을 명시적으로 보여 준다.
- 전략적 의도와 관련 있는 2개의 다른 요인은 경쟁우위와 핵심역량이다.
- 경쟁우위는 한 조직을 다른 조직과 구별하고 독특한 경쟁역량을 제공하는 요인을 의미한다.
- 핵심역량은 경쟁자보다 훨씬 잘할 수 있는 무엇인가를 말한다.
- 운영목표는 조직의 실제적 운영과정을 통해서 달성해야 하는 구체적 결과를 말한다. 운영목표에는 성과목표, 자원목표, 시장목표, 인적개발목표, 생산성 목표, 혁신과 변화 목표가 포함된다.
- 목표갈등은 조직에서 피할 수 없으며 관리자들은 때로는 협상을 통하여 추구해야 할 중요한 목표에 대한 합의를 도출해야만 한다.
- 공식적인 운영목표는 외부집단에 대한 합법적 정통성 확보, 직원들에게 방향감각과 동기를 부여, 의사결정의 지침 제공, 성과표준 설정이라는 필요를 충족해주므로 매우 중요한 요소이다.

2.3 전략과 조직설계 선택을 위한 2개의 틀

조직의 전략적 의도를 달성하고 조직의 사명, 비전, 그리고 운영목표에 의해 결정된 방향으로 모든 구성원들이 집중할 수 있도록 하기 위해 경영자들은 구체적인 전략과 설계 방안을 선택해야 한다. 선택된 전략과 조직설계안은 당연히 경쟁 환경 하에서 조직의 목적과 목표를 달성할 수 있어야 한다. 다음에서는 전략과 조직구조를 결정하는 몇 가지 실질적인 접근방법을 살펴보기로 한다. 이 장에 제시된 '적합성 평가'에 나와 있는 설문지는 자신의 전략경영 역량에 대해 통찰력을 제공해줄 것이다.

전략(strategy)은 조직이 목표를 달성하기 위해 경쟁적인 외부환경과 상호작용을 어떻게 할 것인가에 관한 계획이다. 일부 관리자들은 목표와 전략을 같은 개념으로 보기도 하지만 우리는 이 두 가지를 구분하여 목표는 '조직이 원하는 것'으로 정의하고, 전략은 '그것을 어떻게 달성할 것인가'로 정의하기로 한다. 예를 들어, 매출액 성장률 15%를 목표라고 한다면, 전략은 새로운 고객을 끌어들이기 위한 공격적인 광고, 고객들의 구매량을 늘릴 수 있도록 영업사원을 동기부여시키는 것, 유사제품을 생산하는 다른 기업을 인수하는 것 등이 될 수 있다. 즉, 목표를 달성하기 위한 전략에는 다양한 기법과 방법이 있지만, 전략을 결정하는 데 있어 핵심은 '경쟁자에 비해 차별화된 활동을 할 수 있는가' 혹은 '경쟁자가 수행하는 활동과 유사한 활동을 더 효율적으로 수행할 수 있는가'를 선택하는 것이다.[39]

다음에서는 전략 수립의 두 가지 모델인 포터의 경쟁 전략 모델과 마일즈(Miles)와 스노우(Snow)의 전략 유형을 살펴보고, 전략이 어떻게 조직구조 설계에 영향을 미치는지를 알아보기로 한다.

적합성 평가

전략과 성과 강점

미래의 경영자로서 전략 수립과 실행에서 당신의 강점은 무엇인가? 이 점을 알기 위해 당신 학업과 관련된 이슈들을 어떻게 관리하고 있는지 생각해보자. 다음 항목에서 당신이 하고 있는 행동이 a와 b 중 어느 것에 가까운지 O표를 해보자. 어느 것이 옳고 그른지에 대한 답은 없다. 다만 당신의 행동을 더 잘 나타내는 문장을 선택해보자.

1. 기록을 관리할 때, 나는 주로
   a. 주의 깊게 꼼꼼히 문서로 작성한다.
   b. 되는 대로 대강 문서를 작성한다.
2. 만일 내가 프로젝트 팀을 운영하면, 나는
   a. 일반적인 아이디어만 제시하고 다른 사람들로 하여금 구체적인 업무 계획을 세우도록 한다.
   b. 스스로 구체적인 목표와 일정 계획 그리고 기대하는 결과물을 모색하기 위해 노력한다.
3. 내 사고 스타일은
   a. A에서 B, 그리고 C 등으로 순차적이고 선형적인 사고를 한다.
   b. 이런 저런 아이디어가 마구 튀어 나오는 사고를 한다.
4. 내 책상이나 방에서 물건들은
   a. 여기 저기 널려져 있다.
   b. 어느 정도 잘 정리되어 있다.
5. 내가 긍지와 보람을 느낄 때는
   a. 장애물을 극복하고 문제에 대한 해결책을 내놓을 때이다.
   b. 문제의 원인이 무엇인지 찾아 새로운 가설을 세울 때이다.
6. 내가 전략에 도움이 된다면 그것은 내가
   a. 다양한 전제와 아이디어에 대해 개방적이기 때문이다.
   b. 새로운 아이디어를 실행할 때 철저하기 때문이다.
7. 내 강점 중 하나는
   a. 무언가 일이 돌아가게 하는 것이다.
   b. 미래에 대한 꿈을 꾸는 것이다.
8. 내가 가장 효과적일 때는
   a. 창의적인 해결책을 고민하는 경우이다.
   b. 실질적인 개선책을 노력하는 경우이다.

점수계산: 전략 수립가로서의 강점을 계산하기 위해 2, 4, 6, 8번 문항을 a로 응답한 경우 그리고 1, 3, 5, 7번 문항을 b로 응답한 경우 1점을 부여한다. 전략 실행가로서의 강점을 계산하기 위해서는 반대로 2, 4, 6, 8번 문항을 b로 응답한 경우 그리고 1, 3, 5, 7번 문항을 a로 응답한 경우 1점을 부여한다. 이 두 점수 중 어느 것이 더 높으며 또 얼마나 더 높은지가 여러분들의 전략 강점을 나타낸다고 할 수 있다.

해석: 전략수립가나 전략실행가 모두 경영자가 전략경영과 조직성과에 기여할 수 있는 두 가지 유형이다. 실행에 강점이 있는 경영자는 운영목표와 성과 실행을 위해 효율적이고 신뢰성 있게 일을 하는 경향이 있는 반면, 수립에 강점을 가진 경영자는 고정관념에서 탈피한 새로운 전략의 수립이나 사명 비전 그리고 혁신적인 아이디어를 생각하는 경향이 있다. 두 가지 유형 모두 전략경영과 조직성과에 필요하다. 전략수립가는 새로운 전략적 아이디어나 접근방법을 모색하는 데 적합하고, 전략실행가는 전략의 개선과 실행, 성과측정에 더 적합하다.

만일 당신이 이 두 가지 측면의 점수 차이가 2점 이내라면 전략수립과 실행측면에서 균형된 경우라고 할 수 있으며, 점수 차이가 4~5점이라면 어느 정도 한쪽 측면에 강점을 둔 경우이며, 차이가 7~8점이라면 당신의 강점은 전략수립 혹은 전력실행의 한 쪽에 치우쳐있기 때문에 가능하면 강점이 있는 곳에서 기여를 하는 것이 바람직할 것이다.

출처: Adapted from Dorothy Marcic and Joe Seltzer, *Organizational Behavior: Experiences and Cases* (South-Western, 1998), 284–287, and William Miller, *Innovation Styles* (Global Creativity Corporation, 1997).

2.3a 포터의 경쟁 전략

마이클 포터(Michael E. Porter)는 기업에 관한 많은 연구를 통해 경영자들에게 차별화 또는 저원가 전략을 통해 높은 수익성과 높은 경쟁 우위를 가질 수 있다고 제안하였다.[40] 저원가 전략은 낮은 가격으로 경쟁하는 것을 의미하고, 차별화 전략은 차별화된 제품이나 서비스를 제공함으로써 고객들에게 프리미엄을 요구할 수 있는 전략을 의미한다. 두 가지 기본적인 전략들은 〈도표 2.6〉에 요약되어 있다. 각각의 전략은 범위 측면에서 넓거나 좁을 수 있다.

차별화 전략. 차별화 전략(differentiation)은 산업 내 다른 경쟁자에 비해 독특한 제품이나 서비스를 제공하는 전략으로 광고, 차별화된 제품사양, 예외적인 서비스, 새로운 기술 등을 활용하여 차별화를 시도할 수 있다. 이 전략은 일반적으로 가격에 덜 민감한 고객들을 대상으로 하기 때문에 수익성이 상당히 높다.

차별화 전략은 고객의 브랜드에 대한 충성심이 높기 때문에 경쟁자와의 경쟁과 대체재의 위협을 줄일 수 있는 장점을 가지고 있다. 그러나 차별화 전략을 성공적으로 수행하기 위해서는 제품에 대한 연구개발, 막대한 광고비 등과 같이 많은 비용이 소요된다는 점을 기

도표 2.6 포터의 경쟁 전략

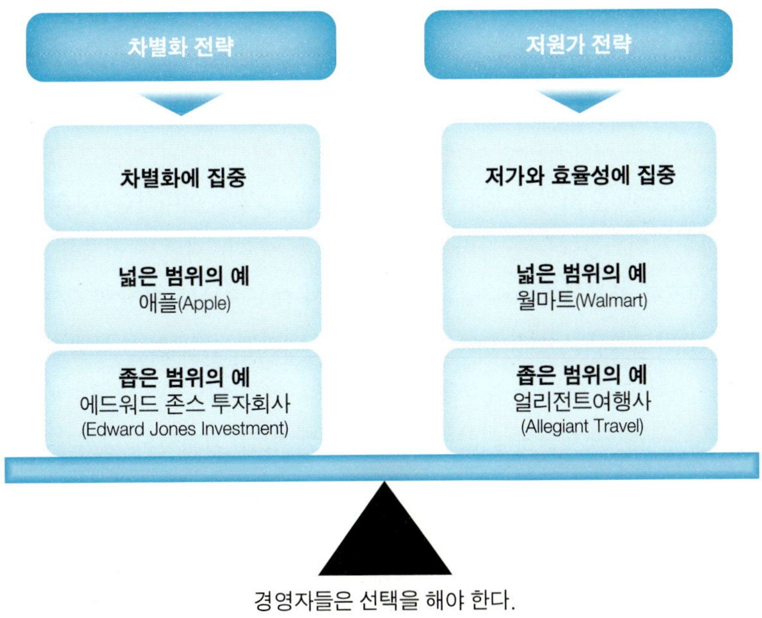

출처: Based on Michael E. Porter, Competitive Advantage: Creating and Sustaining Superior Performance (New York:The Free Press, 1988).

억해야만 한다. 조직이 차별화 전략을 추진하기 위해서는 강력한 마케팅 능력과 혁신에 소요되는 시간과 자원, 창의적인 종업원들이 있어야 한다. 차별화 전략으로 인해 크게 효과를 보고 있는 기업이 바로 애플(Apple)이다. 애플은 결코 가격을 기반으로 경쟁하지 않고 항상 '엘리트' 브랜드로 인지되기를 바란다. 이 기업은 혁신적이고 디자인이 뛰어난 제품을 통해 고급의 이미지를 창출함으로써 매우 충성스러운 고객층을 확보하고 있다.

서비스기업 역시 차별화 전략을 구사할 수 있다. TJ's(Trader Joe's)는 1967년에 평범한 편의점으로 시작했지만, 창업자인 조 콜럼비(Joe Coulombe)에 의해 빠르게 독특한 음식과 음료를 판매하는 새로운 사업으로 변경되어 캘리포니아 남부 지방에 총 17개의 지점으로 확산되었다. 현제 TJ's는 미국 전 지역에 370개 이상의 지점을 운영하고 있고, 고객들은 더 많은 지점을 원하고 있다. 하지만 경영진들은 어떻게 확산할 것인지에 대하여 매우 조심스러운 입장이다. TJ's에서는 전국적인 브랜드를 취급하지 않는 대신 혁신적이고 질이 높은, 건강한 음식과 음료를 적당한 가격에 제공하고 있다. TJ's에서 제공하고 있는 상품들 중 약 80%는 TJ's의 자가 상표이며, 회사는 이 상표의 생산자가 누구인지 밝히지 않는다. 전형적인 슈퍼마켓들은 40,000가지의 상품들을 진열하고 있는 반면에 대부분의 TJ's 매장은 오직 약 2,500개의 상품만 진열하고 있고 주기적으로 상품 선정을 바꾸고 있다. 고객들이 지속적으로 재방문하는 이유는 바로 무엇을 발견할 수 있을지 전혀 알 수 없는 새롭고 모험적인 경험과 소규모 가게에서나 받을 법한 친절한 서비스이다. 경영자들은 모든 결정을 동네 가게에서 느낄 수 있는 분위기를 유지할 수 있는지 여부를 감안하여 선택한다.[41]

저원가 전략. **저원가 전략**(low-cost leadership)은 경쟁자에 비해 가격을 낮게 책정함으로써 시장점유율을 증가시키는 전략이다. 저원가 전략을 사용하는 기업은 경쟁자에 비해 효율성이 높은 시설을 적극적으로 탐색하여 활용하고, 원가절감과 함께 효율적으로 제품을 생산하는 데 집중한다. 저원가 전략이 반드시 낮은 가격을 의미하는 것은 아니지만 많은 경우 제품이나 서비스를 더 싼 가격에 고객에게 제공한다. 저원가 전략을 사용하는 좋은 예로는 아일랜드의 라이언에어(Ryanair)이다. 이 회사 대표이사는 가장 오래되고 단순한 비즈니스 모델이야 말로 잔뜩 쌓아 놓고 싸게 파는 것"이라면서 "우리는 항공산업의 월마트가 되려고 한다. 아무도 우리보다 가격을 낮출 수 없다"라고 하였다. 라이언에어는 유럽 어느 항공사보다 낮은 원가체제를 유지하고 있기 때문에 항상 최저가의 항공요금을 책정할 수 있다. 라이언에어는 고객 서비스나 독특한 서비스로 유명한 것은 아니지만 최저가 항공사의 대명사가 되었다.[42]

저원가 전략은 혁신과 성장을 위해 새로운 기회를 찾거나 위험을 감수하기보다는 안정성을 추구하는 전략이다. 원가가 낮다는 것은 경쟁자보다 싼 값으로 동등한 품질의 제품을 공급하면서 적절한 수준의 이익을 남길 수 있다는 것을 의미한다. 라이언에어 같은 저원가 전략 기업은 고객이 값이 더 싼 다른 제품을 구매할 수 없기 때문에 경쟁자로부터 시장을 방어하는 데 효율적일 뿐만 아니라 대체재나 잠재적인 경쟁자로부터도 안정적인 시장점유율을 유지할 수 있다.

포터는 저원가 전략이나 차별화 전략을 채택하지 않은 기업들은 이 전략을 사용한 다른 기업들에 비해 평균 이하의 수익을 낸다는 것을 밝혀냈다. 많은 인터넷 기업들이 실패하는 이유는 시장에서 차별화될 수 있도록 하는 전략 개발에 소홀한 관리자들 때문이었다.[43] 반면에 구글은 다른 검색 엔진들과 구별될 수 있도록 하는 차별화 전략을 통해 성공적인 기업으로 성장할 수 있었다.

도입 질문과 답

2. 최고의 사업 전략은 제품이나 서비스가 시장에서 경쟁우위를 가질 수 있도록 차별적으로 만들어야 한다.

답) 동의하지 않는다 시장에서 제품이나 서비스를 다른 경쟁자에 비해 구별되게 하는 차별화 전략은 효과적인 전략 중 하나이다. 그러나 조직의 강점이나 산업의 경쟁 환경에 따라 저원가 전략도 똑같이 효과적이거나 경우에 따라서는 훨씬 더 효과적인 전략이 될 수 있다.

경쟁적 범위는 넓을 수도 좁을 수도 있다. 어떤 전략을 선택하든 경쟁적 행동의 범위는 넓을 수도 있고 좁을 수도 있다. 다시 말해, 조직은 다양한 시장과 여러 종류의 고객들을 상대하는 것을 선택하거나 아니면 특정 시장과 고객층에 집중하는 것을 선택할 수 있다. 예를 들어, 월마트는 원가우위전략을 통해 넓은 시장에서 경쟁하며 제품을 판매하였다. 원가우위전략을 좁은 범위에서 사용한 좋은 예는 얼리전트 항공(Allegiant Air)이다.

IN PRACTICE 얼리전트 항공

"우리는 전국에 있는 모든 소도시들의 지역 항공사로 여겨지기를 바란다." 얼리전트 항공(Allegiant Air)의 전직 회장 앤드류 레비(Andrew Levy)의 말이다. 얼리전트사는 불과 85대의 비행기로 노스다코타(North Dakoto)주의 마이놋(Minot)이나, 뉴욕(New York)주의 플래츠버그(Plattsburg) 같은 작고 서비스가 부족한 도시로부터 올란도(Orlando), 라스베이거스(Las Vegas), 호놀룰루(Honolulu) 등의 따뜻한 여행지로 가는 노선에 특화되어 있다. 이 회사가 좀더 큰 도시나 다른 목적지에도 취항하고, 2019년 5월부터는 알래스카의 앵커리지 노선에도 취항한다고 발표하였지만 여전히 사업은 소규모 지역공항에 집중하고 있다.

얼리전트사는 저비용우위전략에 집중하여 항공업계에서 가장 수익성이 높은 회사 중하나가 되었다. 관리자들은 틈새를 노려 기회를 포착할 수 있다고 굳게 믿고 있다. 예를 들어 얼리전트사는 다른 항공사들이 꺼려하고 서비스를 포기하던 러스트벨트(Rust Belt)의 도시들을 자신의 목표시장으로 삼았고 바로 국경 너머에 있는 캐나다의 승객들에게 작은 미국 공항을 이용하도록 유도하였다. 이 항공사는 현재 멕시코로 시장을 확대하였으며 사카테카스(Zacatecas)나 쿨리아칸(Culiacan) 등에 거주하는 중산층 멕시코인들을 라스베이거스와 같은 미국의 관광지로 여행할 수 있도록 노력하고 있다.

얼리전트사는 그들의 원가우위 원칙을 지키는 데 매우 극단적으로 노력한다. 그들은 홍보를 위해서 다른 여행대행사들을 이용하지 않고 단순 입소문에 의존하고 있다. 그들은 꼭 필요한 기본 운임료만 받고 있으며 수하물 운반에서부터 식수까지 나머지 추가 서비스들에 대해 추가 요금을 받고 있다. 경영자들은 "우리는 돈을 벌 수 있을 때만 운행한다"라고 말한다. 오래되고 중고인 비행기들은 연료를 엄청나게 소비한다. 때문에 이들은 비행기 좌석이 가득 찰 수 있는 성수기에만 운항을 한다. "화요일에는 우리가 마치 파산한 항공사 같이 보인다. 하지만 누가 화요일에 휴가를 떠나겠는가?" 전직 CEO의 말이다.[44]

세인트루이스 기반 중개업소인 에드워드 존스 투자회사(Edward Jones Investments)는 좁은 범위에 집중된 차별화 전략을 구사하는 사례이다. 이 회사는 미국의 작은 시골에 집중하여 사업을 펼치고 있으며 그들의 고객에게 보수적이고 장기적인 투자 조언을 해주고 있다. 경영학자이며 컨설턴트인 피터 드러커(Peter Drucker)는 이 차별화된 안전우선(safety-first) 지향성에 대해 이렇게 말했다. "에드워드 존스사가 고객들에게 제공하는 것은 월스트리트에서는 단 한 번도 판매된 적이 없는 마음의 평화이다.[45]

2.3b 마일즈와 스노우의 전략

전략에 대한 또 다른 연구로는 레이먼드 마일즈(Raymond Miles)와 찰스 스노우(Charles Snow)의 전략 유형을 들 수 있다.[46] 마일즈와 스노우의 전략 유형은 경영자는 환경에 적합한 전략을 수립한다는 생각을 근거로 하고 있다. 즉, 조직은 내부 조직구조, 전략, 외부환경과의 적절한 조화를 추구한다는 것이다. 이들은 전략을 공격형, 방어형, 분석형, 반응형 등 네 가지로 제시하였다.

공격형 전략. **공격형 전략**(prospector)은 혁신, 적극적인 위험감수, 새로운 기회에 대한 탐색과 성장을 추구하는 전략이다. 따라서 창의성이 효율성보다 더 중요시되는 동태적이고 급변하는 환경에 적합한 전략이다. 제품과 내부 프로세스에서 혁신을 추구하는 나이키(Nike)야 말로 전형적인 공격형 전략을 구사하고 있다. 예를 들어 신제품으로 출시되는 운동화들은 재활용된 원자재와 독성이 아주 적은 접착제를 사용하여 출시했다.[47] 우버, 페이스북 같은 기업들도 공격형 전략을 구사하고 있다.

공격형 전략을 구사하는 또 다른 기업은 GM의 캐딜락 사업부이다. 한 세기보다도 더 이전에 설립된 이래 캐딜락은 기술과 디자인 양면에서 맨 먼저 새로운 시대를 열어가는 선두주자였다. 1900년대 초, 캐딜락은 모델 H의 차체 위에 고정된 지붕을 얹었다. 또한 실내가 완전히 쌓여진 자동차를 만든 최초의 회사가 되었다. 그 회사는 또한 전기시동장치를 발명했고, 자동온도조절방식으로 조절하는 난방, 환기, 냉방 시스템도 자동차에 최초로 적용하였다. GPS를 최초로 자동차에 활용한 것도 캐딜락이었다. 비록 캐딜락이 과거와 같이 강력한 선두주자는 아니지만 경영진은 브랜드 지위를 강화할 수 있는 기술이나 개선을 추구하도록 직원들을 계속 독려하고 있다. "혁신은 우리가 하는 것일 뿐 아니라 우리의 DNA에 새겨져 있다." 캐딜락 홈페이지에 쓰여 있는 말이다.[48]

방어형 전략. **방어형 전략**(defender)은 공격형 전략과 반대되는 전략으로 위험을 추구하거나 새로운 기회를 탐색하기보다는 안정성을 중요시하는 전략이다. 이 전략은 현재의 고객을 유지하기 위해 노력하지만 혁신이나 새로운 성장을 추구하지는 않는다. 방어형 전략의 주요 관심사는 내부 효율성과 함께 제품에 대한 신뢰성과 품질을 확보하여 지속적으로 고객을 유지하는 것이다. 따라서 방어형 전략은 쇠퇴기에 있는 산업이나 안정적인 환경에 있는 조직에 보다 적합한 전략이다. 패러마운트 픽처스(Paramount Pictures)는 이러한 방어형 전략을 사용하고 있다.[49] 패러마운트사의 경우 초대형 작품은 거의 없지만 안정적으로 수익을 올릴 수 있는 영화들을 만들어내고 있다. 패러마운트사의 경영진들은 위험을 회피하고 비용 문제를 해결하기 위해 때로는 수익성이 있어 보이는 영화를 거절하기도 한다. 다른 영화사들의 경우 수익이 낮거나 때로는 손해를 보기도 하지만 방어형 전략을 추구하고 있는 패러마운트사는 지속적으로 높은 수익성을 달성하고 있다.

분석형 전략. **분석형 전략**(analyzer)은 사업의 안정성을 유지하되 조직 주변부에서 부분적으로 혁신을 추구한다. 공격형 전략과 방어형 전략의 중간에 있는 것으로 볼 수 있다. 즉, 안정적인 환경에 있는 제품들에 대해서는 현재의 고객을 유지하기 위한 효율성 전략을 추구하지만, 성장 가능성이 있는 제품에서 대해서는 새로운 기회와 혁신을 통한 성장을 추구하는 전략이다. 따라서 분석형 전략에서는 현행 제품에 대한 효율적인 생산과 혁신적인 신제품 개발 간의 적절한 균형을 맞추는 것이 중요하다. 분석형 전략을 사용하는 기업으로 아마존을 들 수 있다. 이 기업은 기존 핵심사업인 도서나 장난감 같은 제품을 온라인에서 판매하는 것은 방어를 하되, 디지털북, 새 책의 출판, 음악과 비디오 스트리밍, 게임 및 소비자 가전제품등의 다양한 사업분야를 만들어 가고 있다. 아마존은 또한 분석전략의 일부로 온라인이 아닌 실제 점포를 제한적으로 탐색하고 있다.[50]

반응형 전략. **반응형 전략**(reactor)은 실제로는 전략이라고 할 수 없는 것으로, 환경의 기회와 위협에 대해 그때그때 임시방편적으로 대응하는 것을 말한다. 반응형 전략의 경우 최고경영자의 장기적인 계획이나 명확한 사명 또는 목표가 없으며, 그 시점에서 환경의 요구를 충족시킬 수 있는 활동이라면 어떤 것이라도 수행을 한다. 때로는 반응형 전략이 성공할 수도 있지만, 실패하는 사례도 있다. 상당히 크고 한때 매우 성공적이었던 회사들(예를 들면 블록버스터(Blockbuster) 같은) 고객의 변화추세를 따라가는 전략의 적용에 실패하여 결국은 사라지고 말았다. 한때는 어디서나 찾을 수 있던 비디오와 게임 대여점 체인이 2019년 3월에는 딱 1개의 점포만이 남아 있었다. 블록버스터 체인 조직의 나머지 부분은 디쉬 네트워크(Diosh Network)가 소유하고 있다.

이처럼 마일즈와 스노우의 전략유형은 널리 이용되고 있으며, 많은 연구자들이 병원, 대학, 금융기관, 제조업, 생명보험 등과 같은 다양한 조직을 대상으로 그 타당성을 검증해 왔다. 그 결과 일반적으로 연구자들은 마일즈와 스노우의 전략유형이 실제 현실 상황을 다루는 데 매우 효과적이라는 결론을 내리고 있다.[51]

명확한 경쟁 전략을 개발하고 유지할 수 있는 관리자의 능력이야말로 조직의 성공을 좌우하는 요소 중 하나이지만 많은 관리자들은 이 중요한 책임을 완수하는 데 어려움을 겪고 있다.

2.3c 조직설계에 대한 전략의 영향

전략의 선택은 조직의 내부 특성에도 영향을 미친다. 즉, 조직구조는 기업의 경쟁 전략을 지원할 수 있도록 설계되어야 한다. 예를 들어, 신제품을 개발하고 성장을 추구하는 기업은 안정적인 산업에서 오랫동안 시장점유율을 유지하는 데 집중하는 기업과는 조직구조의 형태가 달라야 할 것이다. 〈도표 2.7〉은 포터 그리고 마일즈와 스노우의 전략과 연결되는 조직설계의 특징들을 요약한 것이다.

저원가 전략을 선택한 기업은 조직설계에서 효율성을 중요시하는 데 비해 차별화 전략을 추구하는 기업은 학습을 중요시한다. 이처럼 효율성을 추구하는 조직과 학습을 추구하는 조직은 내부적으로 다음과 같은 다른 특성을 가지고 있다. 1장을 기억해보면, 기계적인 조직은 효율을 중요시하는 특성을 갖고 있는 반면 유기적인 조직은 학습을 중요시하는 특성을 가지고 있다. 저원가 전략의 경우는 강력한 중앙 집권화, 철저한 원가 관리, 표준화된 작업절차, 효율적인 조달과 유통 시스템을 강조한다. 또한 조직구성원은 일반적으로 철저한 감독과 통제 하에서 일상적인 과업을 수행하며 스스로 의사결정할 수 있는 권한이 적다. 반면에 차별화 전략은 지속적인 학습과 실험이 요구된다. 조직구성원들은 유연하고 수평적이며 조정이 잘 이루어지는 조직구조 하에서 자율권을 가지고 고객과 밀착하여 직접 일을 수행하며 창의성과 위험 감수에 대해 보상을 받는다. 조직의 가치 역시 효율성이나 표준화된 작업절차에 비해 연구개발, 창의성, 혁신성을 더 중요시한다.

공격형 전략은 차별화 전략과 유사한 특성이 요구되며, 방어형 전략은 저원가 전략과 유사한 특성이 요구된다. 분석형 전략은 기존 제품에 대한 효율성과 신제품에 대한 학습의 균형이 요구되므로 〈도표 2.7〉에 제시된 바와 같이 두 가지 특성이 혼합된 형태가 요구된다. 반응형 전략의 경우에는 명확한 전략적 방향이 없고, 조직설계 역시 상황에 따라 변화하는 특징을 가지고 있다.

도표 2.7 전략과 조직설계의 관계

포터의 경쟁 전략	마일즈와 스노우의 전략 유형
전략: 차별화 전략 **조직설계:** • 학습지향; 유연하고 느슨하게 짜여진 방식, 강력한 수평적 조정 활동 • 높은 연구개발 능력 • 고객과 친밀성을 높일 수 있는 가치와 메커니즘 구축 • 창의성, 위험 감수, 혁신에 대한 보상 **전략:** 저원가 전략 **조직설계:** • 효율 지향 ; 강력한 집권화, 철저한 원가관리, 상세한 보고서 • 표준화된 작업 절차 • 효율적인 조달과 유통시스템 • 자세한 감독; 일상적인 과업; 제한된 자율권	**전략:** 공격형 전략 **조직설계:** • 학습지향; 유연성이 높고 분권화된 구조 • 높은 연구개발능력 **전략:** 방어형 전략 **조직설계:** • 효율 지향; 집권화와 철저한 원가관리 • 생산효율성에 대한 강조, 낮은 간접비 강조 • 밀접한 감독, 낮은 자율권 **전략:** 분석형 전략 **조직설계:** • 효율과 학습의 균형; 유연성과 적응성 하에서 철저한 원가 관리 • 안정적인 제품에 대한 효율적 생산; 혁신을 위한 창의성, 연구개발, 위험 감수 강조 **전략:** 반응형 전략 **조직설계:** • 명확한 방향 없음; 상황에 따라 조직구조 특성이 갑작스럽게 변화

출처: Based on Michael E. Porter, *Competitive Strategy: Techniques for Analyzing Industries and Competitors* (New York: The Free Press, 1980); Michael Treacy and Fred Wiersema, "How Market Leaders Keep Their Edge," *Fortune*, (February 6, 1995), 88–98; Michael Hitt, R. Duane Ireland, and Robert E. Hoskisson, *Strategic Management* (St.Paul, MN: West, 1995), 100–113; and Raymond E. Miles, Charles C. Snow, Alan D. Meyer, and Henry J. Coleman, Jr., "Organizational Strategy, Structure, and Process," *Academy of Management Review* 3 (1978), 546–562.

2.3d 조직설계에 영향을 미치는 기타 요인

전략은 조직설계에 영향을 미치는 중요한 요인이다. 그러나 조직설계는 전략뿐만 아니라 다양한 요인들에 의해서 영향을 받으며, 그러한 요인들에 대해서는 이 책 전체에 걸쳐 상세하게 다루어질 것이다. 조직설계에서 효율성과 통제를 중요시 할 것인지, 학습과 유연성을 중요시 할 것인지는 전략, 환경, 조직규모, 수명주기, 기술, 조직문화 등에 의해서 결정된다. 즉, 조직은 〈도표 2.8〉에 제시된 바와 같이 다양한 상황요인들이 조화를 이루도록 설계되어야 한다.

예를 들어, 안정적인 환경에 있는 조직은 수직적 통제, 효율성, 전문화, 표준화, 작업절차, 집권적 의사결정을 중요시하는 전통적인 구조를 가질 수 있다. 그러나 급변하는 환경에 있는 조직은 팀이나 다른 메커니즘을 통해 수평적 조정과 협동이 이루어지는 유연한 조직

도표 2.8 조직설계에 영향을 미치는 상황요인

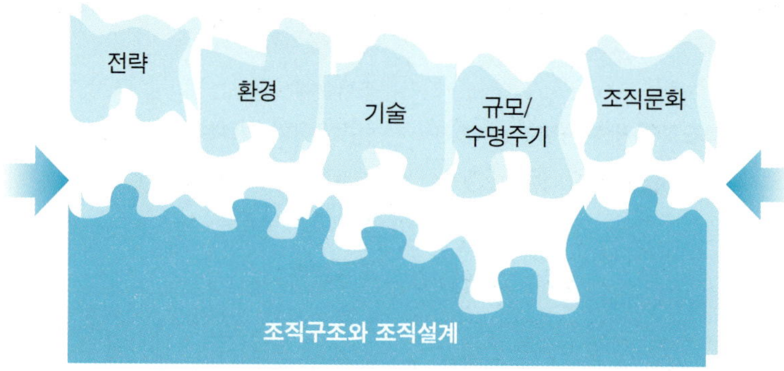

상황요인에 적합하도록 조직설계의 특성을 올바르게 결합하여 구성

구조가 요구될 것이다. 환경이 조직설계에 미치는 영향에 대해서는 4장과 5장에서 살펴 볼 것이다. 조직의 규모와 수명주기 측면에서 볼 때, 작은 신생조직은 비공식적이고, 분업화가 이루어져 있지 않으며, 규칙이나 규제가 비교적 적고, 임시적인 예산수립과 평가체계를 가지고 있다. 그런 반면에 코카콜라, 삼성, GE(General Electric) 등과 같은 대기업은 분업화가 잘 이루어져 있고, 규칙과 규제가 많으며, 예산 수립, 통제, 보상, 혁신을 위한 표준화 절차와 시스템이 마련되어 있다. 조직의 규모와 수명주기 등에 대해서는 10장에서 다루어질 것이다.

조직구조는 또한 조직이 사용하는 업무 기술에 적합하게 설계되어야 한다. 예를 들어, 자동차 조립과 같은 대량생산기술을 가진 조직은 효율성, 공식화, 전문화, 집권적 의사결정, 철저한 통제가 적절할 것이다. 그러나 e비즈니스에서는 비공식적이고 유연성이 높은 조직구조가 더 적절할 것이다. 기술이 조직설계에 미치는 영향에 대해서는 8장과 9장에서 자세히 다루어질 것이다. 조직설계에 영향을 미치는 마지막 상황요인은 조직문화이다. 팀워크, 협동, 창의성, 열린 의사소통을 중요시하는 문화를 가진 조직에서는 엄격한 규칙과 규정을 갖춘 수직적 구조가 기능을 제대로 수행하지 못할 것이다. 11장에서는 어떻게 조직문화가 조직설계에 영향을 미치는지에 대해 살펴보도록 한다.

관리자의 중요한 역할 중의 하나는 전략, 환경, 조직규모, 조직의 수명주기, 기술, 조직문화 요인들이 잘 조화를 이룰 수 있도록 조직을 설계하는 것이다. 이러한 요인들이 적절하게 조화를 이룰 경우 조직은 효과성을 얻을 수 있지만, 그렇지 못할 경우 조직은 쇠퇴하거나 사라지게 될 것이다.

핵심정리

- 전략은 설정목표 달성을 위한 몇가지 기법을 포함할 수도 있다. 전략수립을 위한 두 가지 모형은 포터의 경쟁전략과 마일즈와 스노우의 전략유형이다.
- 포터의 저비용전략은 경영자가 효율과 저비용으로 경쟁하기로 정한 것을 의미한다. 반면 차별화 전략은 더 높은 가격에 팔릴만큼 독특하거나 확실히 다른 제품을 제공할 수 있는 역량으로 경쟁하는 것을 의미한다.
- 마일즈와 스노우의 유형에는 혁신과 성장 위주의 공격형전략, 안정성을 추구하는 수비형전략, 안정된 사업과 관련분야 혁신의 균형을 추구하는 분석형전략, 경영자가 장기계획을 결정하지 못하여 조직이 즉흥적으로 환경변화에 적응하는 반응형전략이 있다.
- 조직설계는 조직의 효과성에 영향을 주는 다양한 상황요인 및 기업의 경쟁방식에 알맞어야 한다.

2.4 조직효과성 평가

조직효과성을 이해하기 위해서는 조직의 목표와 전략, 다양한 상황요인들 간의 조화에 대한 이해가 필요하다. 조직 목표는 조직이 존재하는 근거와 조직이 달성하고자 하는 결과를 나타내준다. 다음에서는 조직효과성이라는 주제와 측정방법을 살펴본다.

2.4a 조직효과성의 정의

1장에서 언급한 바와 같이 조직효과성은 '조직이 목표를 달성하는 정도'이다. 효과성이라는 개념은 상당히 폭넓은 개념으로 조직 전체와 부서 수준의 다양한 변수들을 암묵적으로 포함하고 있다. 효과성에 대한 평가는 여러 가지 목표, 즉 조직 전체의 공식적인 목표 또는 운영목표에 대한 달성 정도를 통해서 이루어질 수 있다. 효율성은 효과성에 비해 제한적인 개념으로 내부 작업과 관련된 개념이다. 조직효율성은 산출량 한 단위를 생산하기 위해 사용되는 자원의 양이다. 즉, 효율성은 '투입된 자원 대비 산출량'으로 측정될 수 있다.[52] 한 기업이 다른 기업에 비해 적은 자원으로 동일한 산출물을 얻는다면 효율성이 더 높다고 할 수 있다.[53]

효율성은 때로 효과성과 일치하기도 하지만, 효율성과 효과성이 관계가 없는 경우도 있다. 예를 들어, 어떤 조직이 제품 생산의 효율성이 매우 높다고 하더라도, 그것을 구매해 줄 소비자가 없다면 조직은 목표를 달성할 수 없다. 마찬가지로, 조직이 목표를 달성할 수는 있지만 매우 비효율적인 경우도 있을 수 있다. 효율성을 높이기 위한 노력 특히 비용의 과감한 삭감을 통한 노력은 경우에 따라 조직을 덜 효과적으로 만들 수도 있다. 지방의 한 패스트푸드 체인점에서 낭비를 없애고 비용을 줄이기 위해 주문이 들어오기 전까지는 요리를 하지 않기로 결정을 했다. 이러한 혁신 운동은 비용을 줄이긴 했지만 서비스 시간이

늘어나 고객의 불만이 높아졌고 그 결과 매출이 줄고 말았다.[54]

조직 전체의 효과성을 측정하는 것은 매우 어려운 일이다. 그 이유는 조직이 매우 크고, 다양한 여러 부분으로 나누어져 있기 때문이다. 조직은 각기 다양한 활동을 동시에 수행하고 있으며, 다양한 목적을 추구하고, 의도했든 의도하지 않았든 여러 가지 결과를 만들어낸다.[55] 경영자들은 조직효과성을 측정하기 위해 어떤 지표를 사용할 것인지 결정해야 한다.

2.4b 누가 결정하는가

최고경영자나 이사회 구성원 같이 조직을 담당하고 있는 주요 인사들은 그들 조직의 효과성을 어떻게 판단할 것인지에 대해 매우 신중한 결정을 내려야 한다. 그들은 목표를 정하는 것과 마찬가지로 성공적인 조직의 기준을 결정해야 한다. 조직효과성은 **사회적인 구성물**(social construct)이다. 다시 말해, 조직효과성은 개인이나 그룹에 의해 만들어지고 정의되는 것이지 외부 세계에서 독립적으로 존재하는 개념이 아니다.[56]

직원 입장에서는 조직이 정확하게 급료를 지급하고 약속한 복지 혜택을 제공하는 지를 통해 그들의 조직이 효과적인지를 판단한다. 고객은 낮은 가격에 좋은 제품을 제공하는지를 통해 조직이 효과적인지를 판단한다. 그리고 최고경영자는 조직의 수익성을 통해 효과적인지를 판단한다. 효과성은 이렇듯 다차원적인 특징을 가지고 있으며 평가 또한 다차원적으로 이루어진다. 경영자는 일반적으로 이익과 주식을 효과성의 지표로 삼지만 직원의 만족도, 고객 충성도, 기업 시민의식, 혁신성, 산업 내 평판 등 다른 기준치에 대해서도 관심을 기울인다.[57]

〈도표 2.9〉에서 보듯이 개방시스템으로서 조직은 환경으로부터 자원을 들여오고 이 자원들은 산출물로 변환되어 환경에 다시 제공된다. 또한 1장에 제시되어 있듯이 조직은 내·외부의 다양한 이해관계자와 상호작용을 하게 된다. 효과성 측정에 대한 네 가지 접근방법은 조직의 각기 다른 부분에 초점을 두어 각각 산출물, 투입물, 내부활동, 그리고 주요 전략적 이해관계자와 관련된 지표를 측정한다.[58] 조직효과성을 측정하기 위한 네 가지 접근방법은 다음과 같다.

- 목표 접근방법
- 자원기준 접근방법
- 내부과정 접근방법
- 전략적 이해관계자 접근방법

경영자는 효과성을 측정하는 데 앞서 말한 네 가지 접근방법(목표, 자원, 내부과정, 전략적 이해관계자) 중 하나 이상의 방법을 사용한다. 〈도표 2.9〉는 다국적이며 큰 조직의 관리자들이 효과성을 평가할 때 사용하는 15가지 지표들을 나열한 것이다. 위에서 효과성 측정을 위한

도표 2.9 조직효과성을 측정하는 네 가지 접근방법

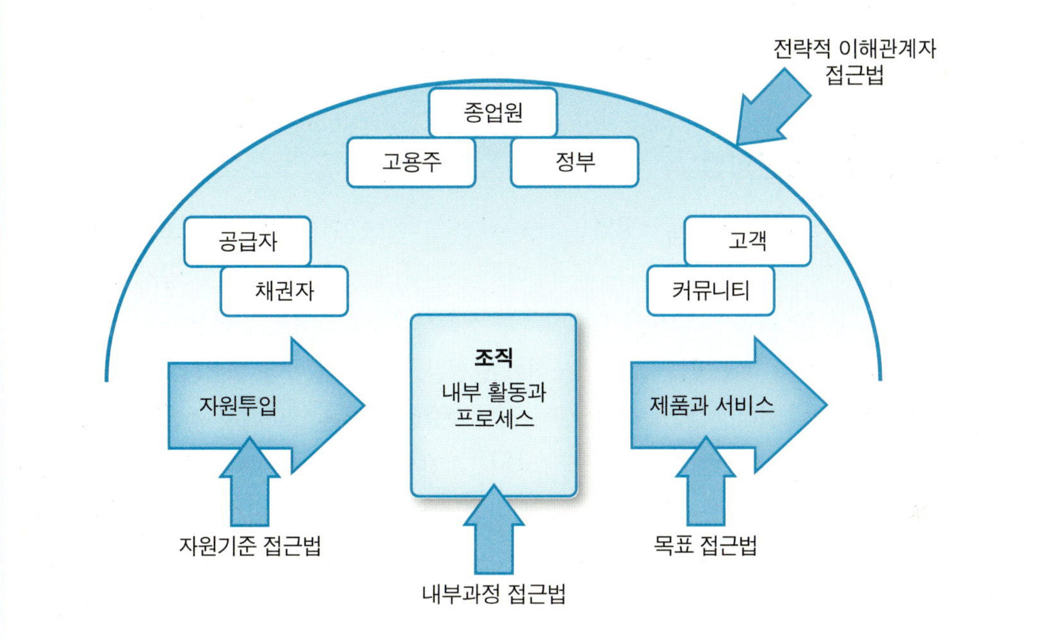

네 가지 접근방법과 마찬가지로 15개의 지표들이 어떤 접근방법 하에서 사용될지는 경영자의 몫이다.[59]

〈도표 2.10〉에서와 같이 효과성 지표는 정량적이고 정성적인 측면, 그리고 유형적이고 무형적인 측면이 모두 공존하고 있다. 매출 목표 달성이나 시장점유율과 같은 지표는 측정이 쉬운 편이지만 조직원 몰입도나 품질 혹은 고객 만족도와 같은 지표는 정확히 측정하기 어렵고 정성적인 방법으로 측정해야 하는 경우가 많다.[60] 정량적인 측정에만 매달리는

도표 2.10 다국적 조직에서 사용되는 조직효과성 지표

1. 기한 지키기와 정시 제공(on-time delivery)
2. 재료나 설비를 제때 보급
3. 제품이나 서비스의 품질
4. 고객 만족도/불만도
5. 경쟁사 대비 시장점유율
6. 조직원 훈련 및 계발(시간)
7. 예산 내 운영
8. 주주 만족도
9. 비용 절감
10. 공급망 지연 혹은 개선
11. 생산성; 결과물 한 단위당 소모되는 금액
12. 조직원 몰입도
13. 매출목표 달성
14. 제품개발 속도(사이클 시간의 축소)
15. 업무 완성까지 걸리는 시간이나 일 수

출처: Based on "Table 1; Initial Items Derived from Interviews," in Cristina B. Gibson, Mary E. Zellmer-Bruhn, and Donald P. Schwab, "Team Effectiveness in Multinational Organizations: Evaluation Across Contexts," *Group & Organizational Management* 28, no. 4 (December 2003), 444–474.

것은 경영자들에게 제한적이고 왜곡된 효과성을 보여주게 된다. 알버트 아이슈타인은 다음과 같은 문구를 그의 사무실에 걸어두었다. "의미있다고 해서 모두 셀 수 있는 것은 아니고, 셀 수 있다고 해서 모두 의미있는 것도 아니다."[61]

2.4c 목표 접근방법

조직효과성에 대한 **목표 접근방법**(goal approach)은 목표에 대한 파악과 목표를 달성하고 있는 정도를 평가하는 과정으로 이루어진다.[62] 이러한 접근방법은 조직이 일정 수준의 산출물, 이익, 고객만족을 얻기 위해 노력한다는 점에서 볼 때 상당히 논리적인 접근방법이라고 할 수 있다. 효과성에 대한 평가는 조직이 달성한 목표가 얼마나 개선되고 있는지를 통해서 이루어질 수 있다. 예를 들어 보자. 우버의 중요한 목적은 런던에서 영업할 수 있는 면허를 재취득하는 것이었다. 런던은 미국 밖에서 수익성이 가장 높은 시장이었다. 새로운 CEO인 다라 코스로우샤히(Dara kosrowshahi)의 지휘 하에 우버는 자신들의 "어떤 비용을 감수하고라도 성장"이라는 문화를 좀 약하게 다듬었다. 우버의 목표는 이제 자신들이 해당지역의 법과 규정을 준수하리라는 믿음을 그 지역의 공무원들에게 주는 것을 포함하게 되었다.[63] 감독관청에 문제를 보고하는 새로운 시스템 등의 더 엄격한 정부의 감시에 경영진이 동의한 후에 면허를 갱신해 달라는 요구가 수락되었다.

목표 지표. 효과성의 측정에서 중요한 것은 운영목표이다. 공식목표(혹은 사명)는 추상적인 경향이 많아서 측정이 곤란하기 때문이다. 운영목표는 조직이 실제로 수행하는 활동을 반영한다.[64]

목표 접근방법에서 사용되는 지표는 다음과 같다.

- 수익성 — 비용을 차감하고 난 후 투자나 사업 운영에서 얻어진 초과 이득
- 시장점유율 — 경쟁기업과 비교하여 기업이 차지할 수 있는 시장의 비율
- 성장 — 시간에 따라 기업이 매출이나 수익 혹은 고객을 늘릴 수 있는 능력
- 사회적 책임 — 조직이 자신뿐 아니라 사회의 이해관계에 잘 공헌하는 정도
- 제품 품질 — 조직이 제품이나 서비스의 높은 품질을 유지할 수 있는 능력

목표접근방법의 유용성. 산출 목표는 쉽게 측정이 가능하기 때문에 목표 접근방법은 비즈니스 조직에서 활용된다. 사회적 문제를 해결하는 데 중점을 두고 있는 일부 비영리조직들 또한 목표 접근방법을 유용하게 활용할 수 있다. 예를 들어, 'Every Child Succeeds'는 민관 합작 파트너십으로서 오하이오주 신시내티 지역의 유아 생존과 부모의 보건 향상을 위해 노력하는 유나이티드 웨이(United Way)라는 단체의 후원을 주로 받고 있다. 오하이오와 켄터키 등 7개 자치주에서는 1,000명의 신생아 중 8.3명이 1년 내에 사망하고 이

는 리투아니아나 브루나이와 같은 수준이다. 하지만 'Every Child Succeeds'에 소속되어 있는 신생아의 경우 이 수치가 2.8명에 불과하며 이는 사실상 대부분의 선진국보다 더 낮은 수치이다. 2개의 신시내티 병원과 몇몇 사회적 서비스 단체들을 포함한 15개 참여 조직의 간호사와 사회복지사들이 P&G의 정교한 성과 측정 모델을 이용하여 위험에 처한 부모들의 집을 직접 방문하여 금연을 돕고 건강한 식단과 비만 관리, 혈압 관리 등 그들의 건강 향상을 위한 다양한 도움을 주었기 때문이다. 여타 사회적 개선 프로그램들과는 달리 'Every Child Succeeds'는 7개 집중 분야에서 명확하고 세부적인 목표를 세워 측정 관리하고 있다.[65]

'Every Child Succeeds'와 같은 비영리조직뿐만 아니라 비즈니스와 같은 영리조직에서도 운영목표를 확실히 하고 효과성을 측정하는 것은 쉽지 않다. 이를 위해 반드시 해결해야 할 두 가지 문제는 여러 가지 목적으로 인한 문제와 목표 달성 지표의 주관성으로 인한 문제이다. 조직은 다양한 때로는 상충되는 목표들을 가지고 있기 때문에 효과성이 하나의 지표로 측정될 수 없다. 단일 목표에 대한 높은 성취는 다른 목표에서의 낮은 성취를 뜻하는 것일 수도 있다. 게다가 조직에서는 전체 조직들의 공통 목표뿐만 아니라 각 부서별 목표 또한 공존하고 있다. 조직효과성을 제대로 평가하기 위해서는 다양한 목표들을 모두 유념하면서 진행되어야만 한다.

목표 접근방법을 사용할 때 해결해야 할 이슈 중 하나는 어떻게 조직의 운영목표를 파악하고 성취도를 측정할 것인가이다. 비즈니스 조직의 경우 수익이나 성장률과 같은 특정 목표에 대한 객관적인 지표가 존재하는 경우가 많다. 'Every Child Succeeds' 또한 면역주사를 접종한 유아 수를 측정하거나 임신 중 금연율과 같은 목표에 대한 객관적인 지표를 사용하였다. 하지만 직원 복지나 사회 책임, 고객 만족도와 같이 주관적인 평가가 필요한 목표들도 존재한다. 때문에 최고경영자와 같은 조직 내 주요 인물들은 조직이 측정하려하는 목표에 대해 명확하게 파악해야만 한다. 목표 성취도에 대한 주관적 판단은 반드시 정량적 지표가 사용 불가능한 경우에만 사용되어야 한다. 경영자들은 이러한 목표를 판단할 때 그들의 직관뿐 아니라 고객, 경쟁자, 공급자 그리고 조직원들로부터 얻어지는 정보에 의존해야 한다.

2.4d 자원기준 접근방법

자원기준 접근방법(resource-based approach)은 〈도표 2.9〉에서 본 바와 같이 투입측면을 기준으로 효과성을 평가하는 방법으로 조직이 효과적이기 위해서는 가치 있는 자원을 효과적으로 획득하고 관리할 수 있어야 한다는 것을 전제로 하고 있다.[66] 따라서 이 접근방법은 희소하고 가치 있는 자원을 획득하고, 성공적으로 결합하며 관리할 수 있는 능력으로 조직효과성을 정의하고 있다.[67]

자원기준 지표. 크게 보아 자원 기준 효과성 평가 지표는 다음과 같은 차원을 기준으로 평가될 수 있다.[68]

- 협상지위(bargaining position) — 재무자원, 원재료, 인적자원, 브랜드, 지식, 기술 등과 같은 희소하고 가치 있는 자원을 외부로부터 획득할 수 있는 능력
- 외부환경과 공급력에 대한 실제 상황을 의사결정자가 정확하게 인지하고 해석할 수 있는 능력
- 높은 성과를 얻을 수 있도록 일상적인 조직 활동에 필요한 유형(공급자원, 인력)과 무형(지식, 기업문화)의 자원과 역량 등을 관리할 수 있는 능력
- 변화하는 자원 측면의 환경에 대응할 수 있는 조직 능력

자원기준 접근방법의 유용성. 다른 성과 지표를 사용할 수 없는 경우 자원기준 접근방법이 유용하게 사용될 수 있다. 예를 들어 많은 비영리조직과 사회복지 조직의 경우 산출물이나 내부 효율성을 측정하기 어려운 경우가 많다. SHC(The Shriners Hospitals for Children)의 경우 이 상황에 대한 좋은 예가 될 수 있다. 22개의 SHC는 기형, 화상, 척추부상, 구순열 등을 겪고 있는 수천 명의 어린이들에게 무료로 치료를 해주고 있다. SHC는 설립 이후 병원 운영에 필요한 기금을 성공적으로 기부받고 있다. 하지만 연방 정부가 저소득층 가족들을 대상으로 어린이 무료 건강 보험 프로그램을 시작하면서 SHC는 많은 환자들을 다른 병원들에게 빼앗겼다. 환자의 수가 줄어듦에 따라 자연스레 기부금 또한 줄어들었고 관리자들은 다른 병원과 경쟁하고 필요한 자원 확보를 위해 새로운 방법을 찾아내야만 했다.[69] 많은 영리조직들 또한 자원이 경쟁적 우위를 위한 매우 중요한 수단이기 때문에 자원기준 접근방법을 사용한다. 예를 들어 영국의 소매기업 마크앤스펜서(Mark & Spencer)는 효과성을 측정하기 위해 부분적으로 매장의 위치, 브랜드 파워, 직원의 능력, 그리고 공급자 관리와 같은 기업의 자원 확보, 관리 및 유지 능력을 활용하고 있다.[70]

비록 자원기준 접근방법이 효과성을 측정하기 위한 다른 측정법들의 사용이 어려울 때에 빛을 발하기는 하나 약점이 존재한다. 이 접근방법은 조직이 고객의 니즈를 얼마나 잘 파악하고 있는지 고려하지 못한다. 따라서 자원과 역량이 외부환경의 니즈와 연결될 경우에만 자원을 사용하고 확보하는 능력이 중요하게 평가받을 수 있다. 비판론자들은 이 접근방법이 시장상황의 안정성을 가정하고 있으며 경쟁적인 환경과 고객요구 변화와 같이 다양한 자원들의 가치가 변동하는 것을 제대로 파악하지 못한다고 주장한다.[71]

2.4e 내부과정 접근방법

내부과정 접근방법(internal process approach)은 조직의 내부 건전성과 효율성에 초점을 두고 효과성을 평가한다. 효과적인 조직은 원활하게 잘 돌아가는 내부 프로세스를 가지고 있으

며, 구성원들은 행복감과 만족을 느낀다. 각 부서의 활동은 다른 부서의 활동과 조화를 이루어 높은 생산성을 낼 수 있다. 이 접근방법에서는 외부환경을 고려하지 않는다. 효과성에서 가장 중요한 요소는 내부건전성이나 효율성으로 나타낼 수 있듯이, 보유하고 있는 자원을 어떻게 활용하는가이다.

내부과정 지표. 내부과정 효과성의 지표로는 경제적 효율성이 있다. 하지만 가장 잘 알려진 과정 모델은 인간관계 이론으로부터 제시되고 있다. 크리스 아지리스(Chris Argyris), 워렌 베니스(Warren G. Bennis), 렌시스 리커트(Rensis Likert), 리차드 베카드(Richard Beckhard) 등은 인적자원에 대한 방대한 연구를 해 왔고, 인적자원과 효과성의 관계를 제시하고 있다.[72] 약 200여 개 중학교를 대상으로 한 연구에서는 인적자원과 종업원 지향적인 내부 프로세스 모두 조직효과성에 중요하다는 것을 제시하고 있다.[73]

다음은 내부과정 접근방법에서 조직효과성을 측정하는 데 사용될 수 있는 지표들이다.[74]

- 강하고 적응적인 기업문화와 긍정적인 업무 분위기
- 종업원과 경영진 사이의 자신감과 신뢰
- 산출물을 얻기 위해 최소한의 자원을 이용하는 것과 같은 운영효율성
- 왜곡 없는 수평적, 수직적 의사소통
- 종업원의 성장과 개발
- 조직 전체에 도움이 되는 조직 부문 간 협력과 갈등 해결

내부과정 접근방법의 유용성. 자원의 효율적인 사용과 내부 기능들의 조화는 조직의 효과성을 측정하는 데 좋은 방법이기 때문에 내부과정 접근방법은 중요하게 여겨진다. 경제 침체 이후, 듀퐁(DuPont), 캠벨수프(Campbell Soup), UPS와 같은 기업은 기존의 기술들을 활용하여 좀 더 효율적인 조직이 되기 위한 방법을 찾으려 노력했다. 노스캐놀라이나(North Carolina)에 있는 캠벨수프의 맥스톤(Maxton) 공장은 수백 가지의 점진적인 변화와 개선을 통해 영업 효율성을 관리자들이 생각하기에 최고치인 85%나 올리는 데 성공하였다. UPS 트럭에 몇 번의 좌회전을 하는지를 계산해주는 장치를 장착한 후 이를 최소화할 수 있는 최적의 운행 경로를 제시하는 노력을 통해 UPS는 매년 530만 리터에 달하는 연료를 절감할 수 있었다.[75]

오늘날 대부분의 경영자들은 적극적으로 참여하려는 조직원들의 몰입도와 긍정적인 기업 문화가 효과성을 측정하는 중요한 내부 지표라고 믿고 있다. 내부과정 접근방법 또한 단점을 가지고 있다. 총 산출량 그리고 조직과 외부환경과의 관계는 이 접근방법을 통해서는 측정이 불가능하다. 다른 문제는 내부 건강과 기능의 평가가 매우 주관적이라는 것인데

IN PRACTICE BNSF 철도회사

BNSF 철도회사가 서로 다른 두 운영 시스템, 경영 시스템, 문화를 하나의 일관된 조직으로 합병될 때 경영자들은 조직문화가 자연스럽게 발전할 수 있도록 내버려 둘 것인지 아니면 적극적으로 개입하여 그들이 원하는 문화를 만들어 갈 것인지를 결정해야 했다. 그들은 긍정적인 내부환경 조성에 적극적인 역할을 하기로 선택했다.

BNSF 철도회사의 내부 효과성 지표는 사람들이 회사에서 일하는 것을 자랑스럽게 생각하는지 그리고 개인적 성장이나 발전을 위한 기회를 가지고 있는지 등이 활용되었다. 공유가치는 고객에게 귀를 기울이고 그들의 기대에 맞추기 위해 움직여야 한다는 것이었다. 또한 경영자들은 직원들이 지속적인 개발에 힘쓰도록 하였으며 안전한 업무환경을 제공해주었다.

경영자들은 내부과정 효과성의 측정 방법과 함께 100% 정시의 결점 없는 고객 서비스의 제공, 고객 수송에 대한 정확하고 신속한 정보, 그리고 수송비용에 대한 최고의 고객가치 제공과 같은 BNSF 철도회사의 목표들을 잘 달성하고 있는지를 측정하는 방법도 결합시켰다. 다른 목표들로서는 다른 철도회사보다 높은 주주수익률 달성과 BNSF 철도회사의 자본 비용을 초과하는 투자자본수익률 등이 포함되었다.

다른 이해관계자들도 고려되었는데, BNSF 철도회사는 지역사회에 대한 그들의 도덕적이고 법적인 책무와 함께 총체적인 효과성을 평가하는 데 있어서 자연환경보호에 신경을 쓰는 것 또한 포함시켰다.[76]

이는 내부과정에 대한 정량적 측정이 어렵기 때문이다. 관리자는 이 접근방법 하나만으로는 조직효과성의 일부만 파악할 수 있다는 것을 인지해야 한다. 벌링턴 노던 철도(Burlington Northern Railroad)와 애치슨, 토피카, 산타페 철도(Atchison, Topeka, Santa Fe Railway)의 합병 이후 BNSF 철도회사(BNSF Railway)의 관리자들은 전반적인 조직효과성을 파악할 수 있는 환경 조성에 열을 올렸고 그들은 내부과정 접근방법을 다른 접근방법들과 함께 효과성을 사용하는 데 활용하였다.

이 사례가 말해주듯, 많은 조직들은 하나 이상의 지표를 이용해 그들의 효과성을 측정하고 있는데 이는 조직이 매우 다양한 종류의 활동과 관심사를 두고 있기 때문이다.

2.4f 전략적 이해관계자 접근방법

전략적 이해관계자 접근방법은 1장에서 설명된 이해관계자 접근방법과 관련이 있다. 조직은 다양한 종류의 내·외부 이해관계자들을 가지고 있으며 자신들이 원하는 것을 얻기 위해 조직에 지속적으로 요청한다. 〈도표 2.9〉의 왼쪽 부분을 보면 몇 가지 중요한 이해관계자 그룹을 확인할 수 있다.

현실적으로 모든 이해관계자들이 모두 똑같이 만족할 수는 없다. **전략적 이해관계자 접근방법**(strategic constituents approach)은 조직의 생존 능력을 좌우하는 주요 이해관계자들의 만족도에 집중하여 효과성을 측정해낸다. 이 전략적 이해관계자들의 만족도는 조직의 성과 지표로 평가될 수 있다.[77]

전략적 이해관계자 지표. 전략적 이해관계자를 기반으로 한 효과성 측정의 초기 작업은 97개의 작은 사업체의 7개 관련 이해관계자 그룹을 대상으로 진행되었다. 각 그룹의 구성원들은 설문을 통해 각자 조직효과성에 대해 어떻게 인지하고 있는지를 결정하였다.[78] 각 이해관계자 그룹들은 효과성에 대해 서로 다른 기준을 가지고 있었다.

전략적 이해관계자	효과성의 기준
소유주	재무 수익률
종업원	급여, 좋은 상사, 직원만족도
고객	제품이나 서비스의 품질
채권자	재정신용도
지역사회	지역사회에 대한 투자
공급자	만족스러운 거래 관계
정부	법과 규제에 대한 준수

만일 조직이 몇몇 이해관계자 그룹들의 요구를 만족시키지 못한다면 조직의 효과성 목표 또한 달성하지 못하게 될 것이다. 비록 언급된 7개의 그룹이 거의 모든 조직들이 만족시켜야 할 이해관계자이긴 하나 각 조직들은 각기 다른 전략적 이해관계자들을 가지고 있을 수 있다. 예를 들어 독립된 소프트웨어 개발자들은 페이스북과 같은 기업의 성공에 매우 중요한 역할을 하게 된다. 비록 이들이 페이스북의 고객이나 공급자 혹은 소유주가 아닐지라도 말이다.

전략적 이해관계자 접근방법의 유용성. 여러 연구에 의하면 다양한 이해관계자의 평가는 조직의 적응능력과 관련된 조직효과성을 잘 반영하고 있다고 밝혀졌다.[79] 영리조직과 비영리조직 모두 명성에 대해 신경을 쓰고 성과에 대한 인식을 개선시키려는 시도를 한다.[80] 전략적 이해관계자 접근방법은 효과성에 대해 폭넓은 관점을 가지고 있다. 이 접근방법은 조직 내부뿐만 아니라 외부환경에 있는 여러 요소들까지도 함께 평가를 한다. 전략적 이해관계자 접근방법은 투입물, 산출물, 그리고 내부과정과 같은 여러 기준들을 동시에 고려하며, 효과성을 측정하는 단 하나의 방법은 없다는 것도 인정하고 있다.

전략적 이해관계자 접근방법은 효과성이 매우 복잡하고 다차원적인 개념이고 이를 측정하기 위한 유일한 측정법이 존재하지 않는다는 것을 인정하고 있다는 점에서 가장 많이 사용된다.[81] 다음 절에서는 효과성의 측정에 다차원적이고 통합적인 접근방법을 취하는 다른 접근방법에 대해서 다뤄보도록 한다.

핵심정리

- 조직효과성 평가는 하나의 연구주제로서 조직의 복잡성을 반영한다.
- 효과성은 사회적 변수이다. 즉, 외부세계에 독립적으로 존재하기보다는 사람들이 창조하고 정의한다는 것이다.
- 서로 다른 집단의 사람들은 무엇이 조직을 "효과적"으로 만드냐에 대해서 서로 다른 견해와 기준을 지니고 있다.경영자들은 조직의 효과성을 어떻게 정의하고 측정할 것인가를 결정해야 한다.
- 쉽고, 간단하며, 보장된 측정이 효과성에 대한 논란의 여지가 없는 평가결과를 제공하지는 못한다. 조직이 성공하기 위해서는 투입 자원의 획득에서 산출물의 제공까지 다양한 활동을 잘 수행해야만 한다.
- 효과성을 측정하는 네 가지 방법은 목표 접근방법, 자원기준 접근방법, 내부과정 접근방법, 전략적 이해관계자 접근방법이다. 효과성은 다차원적이므로 경영자들은 일반적으로 2개 이상의 접근방식으로부터 지표를 가져다 사용하고 양적인 측정치와 —질적인 측정치를 함께 사용한다.
- 어떤 접근방식도 모든 조직에 적합할 수는 없다. 그러나 모든 방식이 다른 방식의 모자란 점을 채워줄 좋은 점을 가지고 있다.

2.5 통합적 효과성 모형

경쟁 가치 모형(competing values model)은 조직의 한 부분에 집중하기보다 조직의 다양한 부분들을 균형 있게 다루고자 한다. 이 접근방법은 조직이 다양한 과업들을 수행하고 많은 산출물들을 생산한다는 것을 고려하고 있다.[82] 때문에 이 접근방법은 몇몇의 효과성 지표들을 하나의 틀 안에 묶어 평가한다.

이 모형은 기본적으로 무엇이 효과성을 구성하는지에 대해 여러 가지 이견이 있으며 서로 경쟁하는 관점이 있다는 가정에 기초하고 있다. 관리자들은 때때로 어느 것이 가장 중요하게 달성해야 할 목표인지에 대해서 의견이 갈린다. NASA의 사례는 관점의 충돌과 관심사의 대립이 어떤 비극을 만들어내는지를 잘 보여준다. 2003년 2월 우주선 콜롬비아호의 폭발로 7명의 우주인을 잃은 후 NASA의 조사위원회는 일정 관리자와 안전 관리자 사이의 의견교환 과정에서 비효율을 야기하는 고질적인 조직 문제가 있다는 사실을 알게 되었다.[83] 제시간에 발사를 요구하는 외부의 압력으로 인해 콜롬비아호 발사의 안전 문제가 기각되었던 것이다. 비슷하게 2010년 딥워터 호라이즌(Deepwater Horizon) 석유 굴착 장치의 폭발 및 멕시코 걸프의 기름 유출 사고에 대한 의회 조사에 따르면 BP사 엔지니어와 관리자는 주요 계약자들의 조언과 반대되는 의사결정들을 해 왔다. 그 이유는 비용 절감과 일정 관리 문제를 안전과 관련된 문제보다 더욱 신경써왔기 때문이었다.[84] BP사와 NASA의 사례는 조직이 얼마나 복잡해질 수 있는지 그리고 조직운영에서 내부적인 관점뿐만 아니라 계약자, 정부 규제 기관, 의회, 시민들의 기대와 같은 외부적인 관점 또한 영향을 미친다는 사실을 알려준다.

경쟁 가치 모형은 이러한 복잡성을 모두 고려하고 있다. 로버트 퀸(Robert Quinn)과 존 로어바우(John Rohrbaugh)에 의해 처음 개발된 이 모형은 관리자와 연구자들이 사용하는 다양한 성과 지표들을 결합하여 사용한다.[85] 여러 조직효과성 전문가들이 포괄적인 성과 지표들을 사용하여 각 지표들의 유사성을 평가한 결과 경쟁하는 경영 가치를 대표할 수 있는 효과성 지표의 근원적인 차원을 도출하였다.

통합적 효과성 지표. 첫 번째 가치 차원은 조직이 지배적인 가치를 내부에 집중하고 있는지 혹은 외부에 **집중**(focus)하고 있는지와 관련되어 있다. 내부 집중은 효율성이나 직원의 건강에 대한 관리적인 고려에 집중하는 반면 외부 집중은 외부환경에 대한 조직 자체의 건강에 집중하는 것을 말한다. 두 번째 가치 차원은 **조직구조**(structure)가 조직의 안전성을 중시하느냐 혹은 유연성을 중시하느냐와 관련이 있다. 안전성은 효율성과 하향식 통제와 같은 경영 가치를 반영하며 유연성은 학습과 변화의 가치를 반영한다.

구조와 집중에 따른 가치 차원은 〈도표 2.11〉에 나타나 있다. 이 두 차원의 조합을 통해 조직효과성에 대한 네 가지 접근방법을 나타낼 수 있는데, 네 가지 접근방법이 서로 달라 보이긴 하지만 매우 밀접하게 연관되어 있다. 실제 조직에서는 이러한 경쟁적 가치들이 때때로 함께 공존하기도 한다. 각각의 접근방법은 구조나 집중에 따라 서로 다른 관리적 주안점을 나타내준다.[86]

외부 집중과 유연성의 조합은 **개방시스템 강조**(open systems emphasis)를 이끌어낸다. 관리자의 주요 목표는 성장과 자원 확보이다. 조직은 유연성, 준비성, 긍정적인 외부평가와 같은

도표 2.11 효과성 가치에 대한 네 가지 접근방법

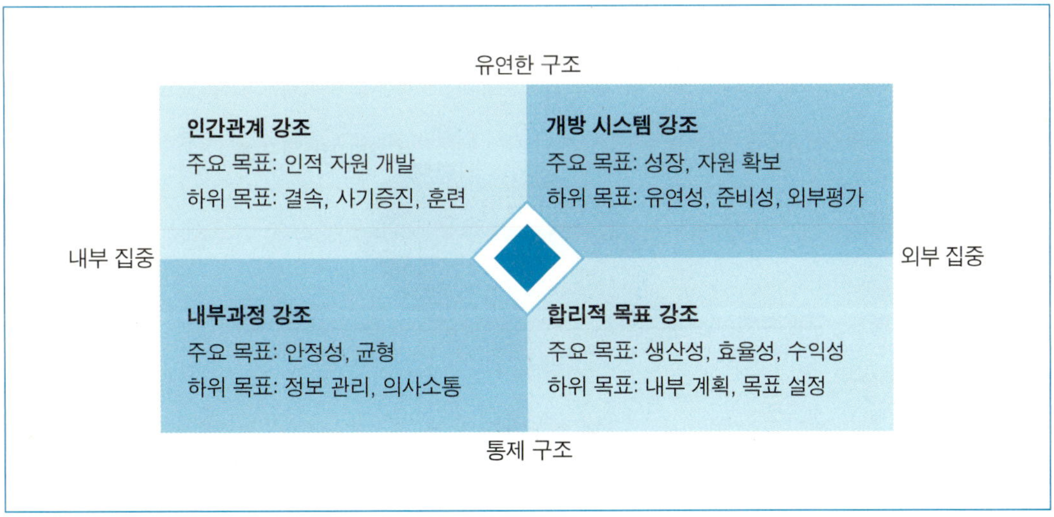

출처: Adapted from Robert E. Quinn and John Rohrbaugh, "A Spatial Model of Effectiveness Criteria: Toward a Competing Values Approach to Organizational Analysis," *Management Science* 29 (1983), 363–377; and Robert E. Quinn and Kim Cameron, "Organizational Life Cycles and Shifting Criteria of Effectiveness: Some Preliminary Evidence," *Management Science* 29 (1983), 33–51.

하위 목표들을 통해 주요 목표를 달성한다. 지배적인 가치는 물론 자원 획득과 성장을 위해 외부환경과 좋은 관계를 유지하는 것이다. 이 강조는 자원 기반 접근방법과 유사한 부분이 많다.

합리적 목표 강조(rational goal emphasis)는 구조적 통제와 외부 집중을 강조하는 관리체계를 의미한다. 주요 목표로는 생산성, 효율성, 수익성이 있다. 이 경우 조직은 통제를 통해 목표를 달성하기 원한다. 하위 목표로는 합리적 경영 도구들인 내부 계획과 목표 설정들이 있다. 합리적 목표 강조는 목표 접근방법과 유사하다.

내부과정 강조(internal process emphasis)는 〈도표 2.11〉의 왼쪽 아래에 위치한다. 이 강조는 내부 집중과 구조적 통제에 가치를 두고 있다. 이 강조를 통한 주요 목표는 질서정연한 방법을 통해 안정적인 조직 환경을 유지하는 것이다. 외부환경과 잘 융화되고 단순히 현재의 상황을 유지하길 원하는 조직들은 이 강조를 반영하고 있다. 하위 목표들은 효율적인 의사소통, 정보 관리, 의사결정과 관련되어 있는 경우가 많다. 비록 이 강조가 앞서 언급한 내부과정 접근방법과 유사한 점이 많으나 이 강조는 인적자원보다는 효율성을 위한 내부 과정에 더 집중한다는 차이가 있다.

인간관계 강조(human relations emphasis)는 내부 집중과 유연한 구조의 가치를 반영하고 있다. 여기에서는 인적자원의 개발에 주안점을 두고 있다. 직원들은 자율성과 역량 개발을 위한 기회를 부여 받게 된다. 경영자는 직원들의 결속과 사기 증진, 훈련과 같은 하위 목표에 집중한다. 이 강조를 가지고 있는 조직은 외부환경보다 조직원들에게 더 관심을 갖는다.

〈도표 2.11〉에 있는 네 가지 구역은 서로 경쟁하는 조직 가치를 보여준다. 경영자는 어떤 가치가 더 우선하는지에 대한 결정을 해야 한다. 예를 들면 관절 대체 수술에 사용하는

도표 2.12 두 조직의 효과성 가치

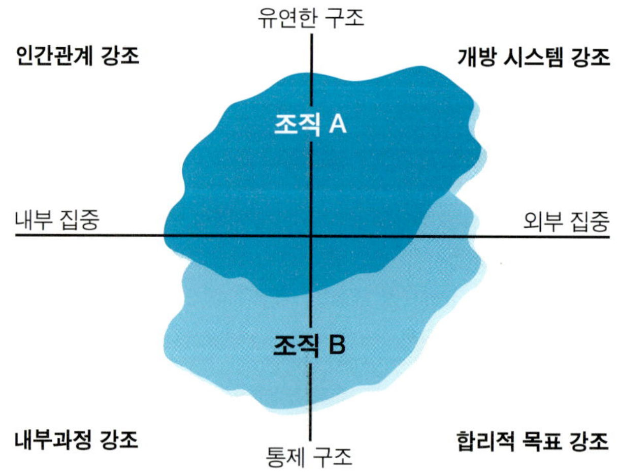

수술 도구나 임플란트를 만드는 스트라이커(Stryket Co.)사의 경영자들은 전 직원들이 매일 매일의 혁신을 추구하도록 하기 위해 개방성과 유연성의 가치를 강조한다. 그러나 조직은 또한 통제와 효율도 중시한다. 스트라이커사는 다른 의료기구 제조업체보다 상대적으로 적은 연구개발 비용을 유지하고 있다.[87] 〈도표 2.12〉를 보면 두 조직이 네 가지 접근방법에 각각 위치해 있는 것을 볼 수 있다.[88] 조직 A는 틈새 시장을 찾아 외부환경에 적응하려고 하는 신생 조직이다. 이 조직의 주요 강조점은 유연성, 혁신, 환경으로부터의 자원 확보, 외부 전략 이해관계자들의 만족도 등이 있다. 이 조직은 인간관계에 대해 중간 정도의 중요도를 두고 현재의 생산성과 수익에는 큰 관심을 두지 않는다. 개방시스템에 가치를 두는 것은 내부과정 강조가 실질적으로 존재하지 않는다는 것을 의미한다. 안정성과 균형은 별로 관심의 대상이 아니다.

반면 조직 B는 생산성과 수익에 중점을 둔 기존 기업으로 볼 수 있다. 이 조직은 계획과 목표 설정에 특화되어 있다. 조직 B는 환경에 잘 적응하고 있는 큰 규모의 대기업이고 성공적인 생산과 수익성에 중점을 두고 있다. 유연성과 인적자원은 큰 주안점이 되지 않는다. 이 조직은 안정성과 균형을 학습이나 혁신보다 더 중요하게 생각하는데 이는 그들이 이미 확보하고 있는 기존 고객의 가치를 최대화하려고 하기 때문이다.

도입 질문과 답

3. 가장 좋은 사업 성과 지표는 재무지표이다.

답) 동의하지 않는다. 만일 단 한 가지의 성과 지표만 있다면 그것은 아마도 재무지표일 것이다. 그러나 균형성과지표와 같이 성과에 대한 다양한 관점이 재무지표 단독의 경우보다 훨씬 더 효과적인 것으로 입증되고 있다. 왜냐하면 이를 통해 경영자들이 사업 성과를 가져오는 다양한 활동들을 이해하고 통제할 수 있기 때문이다. 재무 수치들만으로는 협소하고 제한된 정보만을 얻을 수 있을 뿐이다.

통합적 효과성 접근방법의 유용성. 경쟁적 가치 모형은 크게 두 가지 시사점을 가진다. 첫째, 효과성의 다양한 개념들을 하나의 관점으로 통합하였다. 이 모형은 산출물 목표, 자원 확보, 인적자원개발과 같은 요소들을 조직이 달성하기 위해 노력해야 할 하나의 목표로 통합하였다. 둘째, 이 모형은 효과성의 기준이 조직의 경영 가치에 따라 어떻게 사회적으로 구성되는지에 대해 관심을 불러 일으켰으며 경쟁하는 가치들이 동시에 어떻게 존재하는지를 밝혀냈다. 경영자들은 자신이 추구해야 할 가치와 상대적으로 중요도가 떨어지는 가치가 무엇인지를 결정해야만 한다. 네 가지 경쟁적 가치는 동시에 존재하긴 하지만 모두 동등한 우선순위를 가지고 있는 것은 아니다. 예를 들어 경쟁적인 환경에서 살아남는 데 집중하고 있는 신생 소규모 조직은 직원의 개발보다 외부환경에 대한 주의를 더 기울일 것이다.

조직이 새로운 환경의 요구나 새로운 최고경영진의 등장, 혹은 다른 변화들을 경험함에 따라, 조직 내 지배적 가치는 시간이 지나면서 종종 변화한다. 예를 들어, 삼성 그룹의

IN PRACTICE 삼성

삼성은 한 때 저가 상품을 대량으로 판매하는 전략을 주요 목표로 추구하였다. 경영자들은 안정성, 생산성, 효율성 등을 강조하였다. 그런데 삼성그룹의 이건희 회장이 1990년대 초반에 LA 판매장을 방문한 이후 상황이 달라졌다. 판매장 내 삼성의 제품 부스에는 먼지만 쌓여 있었고, 고객들은 다른 제조사들의 최첨단 제품들에 감탄하고 있었기 때문이다.

Kobby Dagan/Shutterstock.com

이 회장은 한국으로 돌아와서 5,000만 달러에 해당하는 재고 물품들을 폐기하라고 지시하였다. 그리고 제품의 품질과 혁신이 새로운 운영 지침 원리임을 천명하였다. 조직 구성원들의 임파워먼트와 교육 훈련, 창의성, 유연성, 그리고 외부환경에 대한 혁신적인 대응을 강조하는 새로운 접근방식은 매우 성공적이었다. 2006년 인터브랜드 컨설팅 기업은 삼성전자를 세계에서 가장 가치 있는 전자 기업 브랜드로 선정하였다. 2013년에 삼성전자의 스마트폰은 스타일과 혁신성에서 애플에 도전할 정도로 성장하였다.

삼성이 중점 목표를 수량에서 품질로 바꾸었을 때, 그 변화는 특히 '사람'에 있었다. "인재를 최우선으로 한다", "기업이 곧 사람이다" 등이 기업을 이끌어 가는 모토가 되었고, 새로운 세대의 리더 풀을 양성하기 위한 인재 관리가 강조되었다. 창의와 혁신을 촉진하기 위한 새로운 디지털 학습 시설들과 교류의 장이 만들어졌다.[89]

경영진이 그룹의 중점 목표를 판매량에서 제품의 품질로 바꾸었을 때, 조직 내 지배적 가치들의 변화가 요구되었다.

과거에 삼성을 이끌어왔던 효과성의 가치는 바로 내부과정과 합리적 목표 강조를 우선시하는 것이었다. 경영진은 안정성, 생산성, 효율성, 그리고 지속적인 수익성을 가치 있게 여겼다. 그러나 이건희 회장은, 변혁 없이는 수익이 지속되지 않을 것이라고 보았다. 그래서 그는 조직이 우선적으로 인적자원과 개방시스템을 강조하는 효과성을 추구하도록 변화시켰다. 모든 조직에는 경쟁하는 생각들, 목표들, 그리고 가치들이 혼합되어 존재함을 기억해보자. 강조되는 목표와 가치는 시간이 지남에 따라 새로운 요구를 충족시키기 위해 변화한다.

핵심정리

- 경쟁적 가치모형은 조직의 어느 한 부서에 집중하기보다는 다양한 부서들의 관심사의 균형을 맞추는 것이다.
- 이 접근방식은 중점을 두는 부분(내부, 외부)과 구조(유연성, 안정성)의 다양성을 인정함으로써 경영자들이 자신의 조직에서 강조할 것을 선택할 수 있도록 해 준다.

토의문제

1. 조직의 방향을 설정하는 데서 최고경영자가 차지하는 역할에 대해서 토의해보자.
2. 종업원 개발이라는 기업의 목표는 혁신과 변화라는 목표와 어떻게 연결될 수 있는가? 생산성 목표와는 어떻게 연결될 수 있는가? 이러한 종류의 목표들이 조직 내에서 서로 어떻게 충돌될 수 있는지를 설명해보자.
3. 이 책을 공부하는 수업의 목표는 무엇인가? 누가 이러한 목표를 설정했는가? 목표가 당신의 방향과 동기부여에 어떻게 영향을 미치는지에 대해서 토의해보자.
4. 이 책에서 정의된 목표와 전략의 차이점은 무엇인가? 자신이 참여하고 있는 학교 또는 단체의 목표와 전략이 무엇인지를 살펴보자.
5. 포터의 경쟁 전략과 마일즈와 스노우의 전략 유형 간에 어떤 공통점과 차이점이 있는지 토의해보자.
6. 사명선언문와 공식적인 목표가 조직의 외부환경에 대한 정당성을 정말로 부여해준다고 생각하는가? (이 장에서 논의된) CVS 같은 기업이 실제 행위와 사명선언문 사이에 불일치가 일어난다고 하여 담배 판매를 그만둔 결정이 대중들의 의견에 어떤 영향을 미치는가? 미래의 사업에는 어떠한 영향을 미치는가?
7. 중소 규모의 지역사회에서 경찰서의 효과성에 대한 평가를 당신에게 의뢰했다면 당신은 어디서부터 시작할 것인가? 그리고 어떻게 평가를 진행할 것인가? 효과성을 평가하기 위해서는 어떤 접근방법을 선택할 것인가?
8. 조직효과성을 측정하기 위해 자원 기반 접근방법과 목표기준 접근방법이 지닌 장점과 단점은 무엇인가?
9. 어느 저명한 조직이론 학자가 다음과 같이 말했다. "조직의 효과성은 최고경영자가 정의하는 그 어떤 것도 될 수 있다." 이에 대해 토의해보자.
10. 효과성을 평가하기 위해 경쟁 가치 접근방법을 사용하는 것과 전략적 이해관계자 접근방법을 사용하는 것 사이에 어떤 공통점과 차이점이 있는지 토의해보자.

연습문제: 본인의 목표 선호도 확인

본인이 중요하다고 생각하는 가치를 반영한 완벽한 조직을 만들 수 있다고 가정해보자. 그 조직에서 목표들의 우선순위는 어떻게 되는가? 다음 목표들을 1(매우 중요) ~ 10(전혀 중요하지 않음) 순으로 선정해보자.

목표	순위(1부터 10까지)
인력개발	
조직의 안정성	
시장점유율 선도자	
창의성과 혁신	
사회적 공헌	
높은 사기와 만족감	
높은 생산성	
급속한 성장과 적응성	
이익 극대화	
법 준수와 윤리적 행동	

질문

1. 효과성에 대한 <도표 2.11>과 <도표 2.12>를 참고하면서, 위의 목표들을 본인이 생각하는 해당 사분면의 각 면에 배치해보자. 어느 사분면이 가장 중요하다고 생각하는 목표들이 들어 있는가? 그리고 반대로 가정 적은 사분면은 어디인가?
2. 다른 학생들과 순위표를 비교해보고, 같은 점이나 다른 점을 찾아보자. 어떠한 관점에서 다른 학생들과 차별되는가?
3. 위에서 제공하는 목표들 외에 중요하다고 생각하는 조직의 목표가 있는가? 있다면 순위를 어떻게 결정할 것인가?

분석을 위한 사례: 애드링턴 박물관

지역 사회로부터 애정과 동시에 빈정거림의 대상이 되고 있는 '애드링턴 박물관(Addlington Museum)'은 과거에 호레이스(Horace)와 마가렛 애드링턴(Margaret Addlington)이 살던 거대한 로마네스크 대저택에 자리 잡고 있다. 100년이나 된 이 박물관은 2016년 경에 제도적, 재정적 문제로 인한 급격한 변화의 시기를 겪고 있다. 많은 예술작품을 소장하고 있는 이 박물관은 슬하에 자녀없이 1910년 자동차 사고로 숨진 재계 거물 부부가 시민들에게 기부하는 법적 유언에 의해 설립되었다.

고인들의 유언에 따라 이 박물관은 이사회에 의해 설립되고 운영되었는데, 이 이사회에는 재산을 물려받은 가족들, 애드링턴의 친구들 등이 포함되었으며, 이사 직위는 한 세대에서 다음 세대로 세습되었다. 호레이스와 마가렛은 생전에 그들이 소유한 예술 작품들을 "모든 이들이 관람할 수 있기를" 원하였기 때문에, 이 박물관은 수십 년 동안 대중들에게 무료로 개방되었다. 이 박물관 개관 초기에, 수많은 관람객들은 도시에서 가장 호화로운 이 대저택의 내부를 볼 수 있는 귀한 기회를 놓치지 않기 위해 긴 줄을 섰었다. 그러나 초기의 새로움은 퇴색되어갔고, 이 박물관은 "잘난척하는 예술적 엘리트"로서의 이미지로 자리 잡았다.

수십 년이 지난 후, 이 작품들을 유지하는 비용과 대저택을 수리하고 보존하는 비용이 증가함에 따라, 이사회는 지역 사회에 박물관을 위한 기금 모집 행사를 고려하게 되었다. 나중에는 박물관 입장료의 필요성에 대한 논의가 대두되었고, 이 입장료는 재정 상황에 약간의 기여를 할 수 있었을 것이다. 하지만 방문객 수는 여전히 정체되어 있었고, 지역 사회의 대부분 주민들은 투자하길 꺼려했다. 이 도시에 오래 살아 온 한 시민은 이렇게 말하였다. "만약 내가 벤츠(고급 차)를 타고 입장하지 않으면, 박물관 직원들은 나를 전혀 신경 쓰지 않는다. 그들은 무례할 정도로 쌀쌀했다."

박물관의 문제점들은 이미 대중들이 알고 있었다. 이사회의 변덕에 의해 채용과 해고가 반복되었고, 한 번은 아무런 사전 예고 없이 전체 직원이 해고된 적도 있었다. 박물관을 파산시키지 않기 위해 전시품의 상당 부분을 팔아야 할지에 대한 논란과 소송으로 인하여, 2010년의 100주년의 의미는 퇴색되었다.

박물관의 예술품들을 잃는 것에 대해 언론 매체들은 우려를 하였으나, 시민 대다수들의 관대한 사적 재정 지원을 가져오지는 못했다. "숭고한 애드링턴 박물관을 살리자"는 캠페인을 하는 동안, 이사회는 박물관 근처 대학의 지원을 받는 협력적 파트너십을 적극적으로 추구하여 성사시켰는데, 이는 잠재적인 기부자들에게 좋은 인상을 심어 주기 위한 것이었다.

2013년까지 개선된 재무 상황을 토대로 두 번째 세기를 향해 나아가기 위하여, '덕망있는(venerable)' 이사회는 5세대에 걸쳐 이사회 멤버를 확장하였다. 이로 인해 조직문화의 충격을 경험했을 뿐만 아니라, 새롭고 대담한 이해관계자들을 맞이하게 되었다. 이사회는 박물관의 새로운 미래상을 정의하고, 새로운 이사진을 선출해야 한다는 압력을 받았다. 그래서 이사회는 경영대학원 학생 두 사람을 고용하여, 박물관의 미래 비전과 목표, 그리고 대학과의 관계 정립 등에 대한 일대일 인터뷰를 진행하였다.

인터뷰 대상자들로부터 받은 보다 강력한 코멘트들에 대한 발췌문

새로운 주요 개인 기부자: 박물관은 호레이스와 마가렛 애드링턴의 의도와는 반대로, 엘리트주의적이고 불친절한 기관이라는 명성을 갖게 되었다. 나와 내 아내는 박물관이 모든 이들에게 예술을 선사하겠다는 비전을 실천하리라는 기대로 돈을 기부하였다. 그러기 위해서는 박물관이 교육적인 목표를 가지고 지역의 공립학교 학생들을 더 많이 초대해야 한다. 특히 예술 작품을 접하기 어려운 지역 사회 학생들이나 박물관 근처의 학생들을 위해 봉사해야 한다. 박물관의 이사회로부터 하위 직원들까지 폭넓게 퍼진 속물적이고 엘리트주의적인 분위기는 반드시 바뀌어야 한다.

이사회 멤버: 몇몇 사람들로부터 박물관을 공립학교 학생들을 위한 관람 프로그램 및 방과 후 프로그램 운영에 개방하겠다는 소문을 들었다. 물론 학생들이 예술 작품을 접하는 것이 필요하다는 것에는 공감한다. 하지만 이 박물관은 전형적인 박물관 구조물이 아니라, 거의 120년 전에 지어진 매우 소실되기 쉬운 건축물이다. 그래서 미래 세대에 전하기 위해서는 보호되고 소중하게 다루어져야만 한다. 지금의 방문객 수 정도로도 이 건물의 유지는 쉽지 않은 일이다. 그런데 만약 매년 수만 명의 학생들이 찾아오고 수많은 차들이 진입하며 커다란 소음들이 더해진다면, 박물관은 위태로워질 것이며 결국 위대한 예술 작품들을 관람할 기회는 사라질 것이다. 난 학교로 찾아가는 예술 교육 프로그램들이 만들어지는 것은 동의하지만, 수많은 학생들이 이곳으로 찾아오는 프로그램이나 방과 후 프로그램 등은 절대 안 된다고 생각한다. 난 절대 그것을 용납할 수 없다.

대학 관계자: 중요한 것은 대학교 학생들이나 지역 사회 성인들에게 그 당시의 전시품들을 생생하게 전달함으로써 현재의 사건들에 대한 새로운 통찰과 화제를 불러일으키는 일이다. 우리는 히스패닉이나 아프리카계 미국인을 위한 예술, 이슬람 예술 같이 때때로 논쟁의 여지가 있는 전시품들을 전시함으로써, 세간의 이목을 끌고 대화를 촉진시킬 수 있다. 이런 접근을 위해 외부의 주요한 박물관들로부터 순회 전시회를 개최하거나, 애드링턴 박물관의 전시품과 교환하는 방식으로 외부 전시품들을 빌려 올 필요가 있다.

예술사학과의 학과장: 핵심 사항은 박물관이 지역 사회 전체에 봉사할 예술적 자원이나 재정적 자원을 가지지 못할 것이라는 것이다. 우리는 박물관을 학과와 통합하여, 교육 기관으로 만들 수 있는 멋진 기회를 맞이하였다. 그것은 예술 교육학과와 예술사학과의 학부생과 대학원생들을 위한 중요한 자원이 될 수 있다. 예술 작품을 수업에 활용하고, 박물관 건물 자체를 강의실로 이용한다면, 우리는 공학, 건축학, 그리고 인문학 전공의 학생들과도 함께 일할 수 있다. 이것은 우리 예술사 학과의 사명을 다른 학교들과 차별화시킬 매우 특별한 기회이다.

예술사학과의 교수: 박물관과 대학과의 관계를 가장 잘 활용하는 방법은 예술사학과의 박사과정 학생들을 훈련시키고, 그들의 학문적 연구를 지원하는 데 집중하는 것이다. 나는 박물관이 대학원 교육에 초점을 맞추기를 강력히 촉구하는데, 그렇게 하면 나라 안에서 우리 대학의 위상은 높아질 것이다. 대학원생들은 그들의 연구 주제와 부합하는 전시품들을 디자인하는데 관여하게 될 것이다. 박물관을 학교, 혹은 지역 사회 내에서 유명하게 하려는 노력들은 우리의 제한된 자원을 낭비하는 일이다. 우리 학과 박사과정 학생들은 나라 전체의 다른 예술사 학과들로부터 선망의 대상이 될 것이고, 이는 또한 애드링턴 박물관의 명성을 높일 것이다.

대학의 새로운 학과인 공공 역사학과의 학과장: 박물관의 새로운 디렉터를 선정하는 데 있어서, 이사회는 현재와 미래의 전시품들을 선정하고 디자인하는 의사결정 권한을 훈련된 박물관 전문가들에게 — 예술사 전문가들이 아닌 — 넘기는 것이 무엇보다도 중요하다. 디렉터와 스태프의 전문성, 박물관 분야에서 그들이 지닌 모범사례에 대한 지식, 최신 추세와 혁신에 대한 인식 등은 궁극적으로 이 박물관의 성공과 실패를 좌우할 것이다.

당신은 박물관 디렉터 채용을 위한 면접에 초대되었다. 그래서 면접 과정에서 나올 수 있는 질문들에 대해 심사숙고해야만 한다. 당신이 박물관 디렉터가 된다면, 앞으로 박물관을 어떻게 이끌어 갈 것인가?

질문

1. 애드링턴 미술관의 목표로 가능한 것은 무엇이 있는가? 당신은 그 박물관을 위해 무엇을 선택하겠는가?
2. 누가 그 박물관의 고객인가? 또는 고객이 되어야 하는가?
3. 선택된 목표나 고객이 그 박물관의 구조 설계, 디렉터의 자격요건, 그리고 대학과의 관계에 어떤 의미를 가지는가?

분석을 위한 사례: 밀리어사[90]

라리사 해리슨(Larisa Harrison)은 그녀 회사의 최근 분기 수익 현황 보고서를 책상에 팽개치며 얼굴을 찌푸렸다. 버지니아에 있는 밀리어(Millier Machine Parts & Services)사의 판매액이 1,000만 달러에 이르렀던 몇 년 전에만 해도, 라리사는 기업이 안정적인 성장을 지속할 것이라고 확신했다. 지역의 골판지상자와 판지 산업에 정밀 기계 부품과 서비스를 제공하는 밀리어사는 현재도 여전히 우세한 시장점유율을 지니고 있다. 하지만 판매액과 이익은 명백하게 정체기라는 신호를 보내고 있다.

20여 년 전 라리사의 할아버지는 그녀가 사업을 시작할 수 있도록 돈을 빌려 주었고, 가족의 셰넌도아 밸리(Shenondoah Valley) 농장에 있던 헛간을 그녀의 첫 공장으로 사용하도록 물려주었다. 그녀의 할아버지는 동시대의 대다수 사람들과 비교하여 진보적인 생각을 지닌 사람이었다. 대다수 사람들은 여성이 기계 부품 공장을 운영한다는 생각을 조롱하였지만, 그는 27세의 영리하고 야망 있는 여성이 못할 이유가 없다고 생각했다. 라리사가 그 지역의 주요한 사업가가 되었을 때, 할아버지의 구식 친구들은 더 이상 그를 조롱할 수 없었다. 오늘날 밀리어사는 가족의 옛 헛간으로부터 몇 마일 떨어진 지역에 위치한 50,000제곱피트 규모의 공장을 운영하고 있다. 사업은 한 때 그녀가 거의 불가능하다고 생각했던 목표를 실현시켜주었다. 그녀는 긴밀하게 연결된 사람들(일종의 확장된 가족 같은)과 지역의 뿌리를 떠나지 않고도 충분한 수입을 얻고 싶었다. 그녀는 또한 대략 150명의 사람들을 고용하였다는 것에 만족감을 느끼는데, 그 사람들의 대다수는 이웃들이었다. 그들은 근면하고 충실한 직원들이었다. 그러나 그 초창기 멤버들의 대부분은 은퇴를 앞두고 있다. 라리사는 그런 숙련된 직원들을 대체하는 인력을 찾기란 매우 어렵다는 것을 경험적으로 알고 있다. 그 지역의 가장 똑똑하고 유능한 젊은이들은 그들 부모보다 더 나은 직장을 찾아 그 지역을 떠나려 하였다. 남아 있는 사람들은 라리사가 기대했던 수준의 직업 윤리를 지닌 것처럼 보이지 않았다.

또 다른 문제들이 나타나고 있었다. 한 때 70%에 육박했던 밀리어사의 시장점유율은 가파르게 떨어지고 있었다. 이는 새로운 경쟁자들의 출현뿐만 아니라, 산업의 변화로 인한 것이었다. 박스와 판지 산업은 불황에 특별히 취약하여 제조업 생산의 수요 변화에 의해 출렁거렸다. 불안정한 경제 상황은 밀리어사의 가장 큰 고객사들을 포함하여 전체 산업에 악영향을 미쳤다. 게다가 유연성있는 플라스틱 필름이나 재활용 가능 플라스틱 용기 등의 대안적 포장재들이 확산되었다. 이러한 제품들이 기존의 박스와 판지에 대한 수요에 어떤 영향을 미칠지 알 수 없었다. 심지어 더욱 걱정스러운 점은, 산업 내에서 일어난 인수합병으로 인해 한 때 밀리어사의 고객이었던 수백 개의 작은 기업들이 사라졌다는 것이다. 살아남은 기업의 대다수는 해외에 시설을 짓거나, 해외기업과 합작 회사를 차렸다. 살아남은 제조기업들마저 고장이 덜 나는 보다 좋은 품질의 독일 기계들에 투자하였고, 이로 인해 밀리어사의 부품 수요는 줄어들게 되었다.

밀리어사는 명백하게 갈림길에 놓여있었다. 그리고 경영진은 기업이 어느 방향으로 나아가야 할지 논쟁하고 있었다. 만약 밀리어사가 성장하기를 원한다면, 지금까지의 방식으로는 안 될 것이다. 그런데 그 누구도 성장할 수 있는 가장 좋은 방법에 대해 동의할 것처럼 보이지는 않는다. 마케팅 이사는 심지어 새로운 산업에 뛰어드는 것까지 포함하여, 새로운 제품과 서비스를 만들도록 압력을 가했다. 반면에 재무 이사는 고용 조정을 하더라도 공장을 효율적으로 운영하여 소비자들에게 최저가로 제품을 제공해야 한다고 믿었다. 라리사는 직원들에게 가장 좋은 것이 무언지에 대해 늘 초점을 맞추어 왔기에, 그들의 이야기는 그녀를 움츠려들게 했다. 재무이사는 효율성과 수익성이 가장 중요한 성과 지표 기준이 되어야 한다고 주장하였다. 반면에 마케팅 이사는 변화하는 산업 환경에서는 비록 위험을 감수하더라도 기업이 새로운 소비자들과 새로운 고객 만족에 초점을 맞출 때에만 비로소 효과적일 수 있다고 거세게 주장하였다. "난 우리 기업 이름에 들어 있는 'corrugated(주름진)'라는 단어의 의미를 알고 있습니다. 하지만 우리는 이미 다른 형태의 판지 제조 장비에 맞추어 제품과 서비스를 제공하도록 움직여왔습니다. 우리가 종이든, 플라스틱이든, 그 무엇으로든 용기들과 포장재를 만드는, 다방면에 걸친 기업이 되지 못할 이유가 무엇입니까?" 그건 분명 야심찬 생각이었으나, 그는 성급하게 가능한 인수 합병이나 파트너십 기회까지도 조사하였다. 이에 재무 이사는 격노하였다. "만약 누군가 인수 합병을 검토한다면, 그건 바로 나여야만 합니다. 마케팅 이사가 아니고!"라며 재무이사는 최근의 임원 회의에서 소리질렀다. 한편 제조 담당 부사장은 부품들을 해외로 수출함으로써 시장점유율을 확대할 계획을 내놓았는데, 이는 마케팅 이사와 재무 이사 모두를 자극했다. "왜 우리가 이 계획에 대해 이전에 듣지 못했습니까? 내가 그 계획에 반대하는 건 아닙니다. 하지만 소통 방식이 형편없습니다. 난 최근 재무 보고서 한 장 받아보질 못했어요"라고 마케팅 이사가 말했다. 그러자 재무 이사는 "마케팅 이사는 이익과 손실은 신경 쓰지 않는 것처럼 보였는데, 왜 그가 재무 보고서를 보아야 하는지 모르겠네요"라며 재빨리 응수했다.

가장 최근의 회의가 혼란으로 치닫는 상황을 지켜보며 라리사는 그녀가 대학원에 다니던 때를 회상하였고, 조직구조가 문제의 중요한 부분임을 깨달았다. 밀리어사는 이십년 동안 느슨하고, 심지어 무계획적인 조직구조로 운영되었다. 왜냐하면 모든 직원들이 사업을 일으키는 데 집중하였기 때문이다. 직원들은 그저 필요한 일들을 했을 뿐이지만, 기업이 위험에 빠진 적은 없었다. "우리는 아마 우리가 직면한 도전들을 적절히 다루는 데 필요한 만큼 잘 구조화되지 못한 것 같아"라고 라리사는 생각했다. 그녀가 퇴근하는 직원들을 보았을 때, 그녀는 컨설턴트인 친구가 몇 달 전에 작성한 조직 진단 보고서를 꺼냈다. 그 보고서는 다음의 사항들을 강조하였다.

- 밀리어사는 직원들의 사기가 매우 높다.
- 밀리어사는 혁신과 변화 수준이 낮다.
- 밀리어사의 문화는 생산효율성을 강조한다.
- 밀리어사의 문화는 새로운 고객확보에 집중하지 못하고 있다.
- 부서들의 개별적인 성과는 좋았지만, 부서 간의 협력은 평균 미달로 평가되었다.
- 고객층이 작아질수록 가격으로 인한 경쟁은 심화될 것이다.
- 산업은 기존 골판지 기계보다 새로 수입되는 고품질의 기계로 계속 변할 것이다.

라리사는 다음과 같이 적었다.

> 어떠한 방법으로 우리가 추구하고자 하는 전략을 선택할 것인가?
>
> 무엇을 위해 누가 권한과 책임을 가질 것인가?
>
> 어떻게 의사소통을 개선할 것인가?
>
> 어떤 기준으로 성과를 측정할 것이며, 성과책임 소재를 분명히 할 것인가?

라리사는 본인과 경영진들이 위의 의문들에 대한 답을 빨리 찾을수록, 지금보다 조금 더 편안하게 잠을 잘 수 있겠다고 생각했다.

질문

1. 경영자들이 성장이라는 큰 목표에 동의하고 있는 것 같다. 그들의 전략 중 어떤 것이 밀리어사를 성장시킬 가능성이 가장 높다고 보는가? 그 이유는 무엇인가?
2. <도표 2.9>의 네 가지 접근 방법 중 각 경영자들은 어떤 점을 강조하고 있는가?
3. 경영자들이 전략에 관한 그들의 견해 차이를 해소하기 위해 어떻게 해야 한다고 생각하는가?

미주

1 Josh Constine, "Instagram Hits 1 Billion Monthly Users, Up from 800M in September," *TechCrunch*, June 20, 2018, https://techcrunch.com/2018/06/20/instagram-1-billion-users/ (accessed March 26, 2019); Chris Morris, "Queen Elizabeth Joins Instagram," *Fortune*, March 7, 2019, http://fortune.com/2019/03/07/queen-elizabeth-joins-instagram/ (accessed March 26, 2019); and Deepa Seetharaman, "Instagram Finds Focus Under 'Efficiency Guru,'" *The Wall Street Journal*, April 13, 2017, https://www.wsj.com/articles/instagram-findsfocus-under-efficiency-guru-1492075801 (accessed March 26, 2019).

2 Jack Nicas, "What Is Yahoo? Riddle Plagued CEOs for Two Decades," *The Wall Street Journal*, July 25, 2016; and Jack Nicas, "At Google, Steady Hands Prevail," *The Wall Street Journal*, July 26, 2016.

3 Amitai Etzioni, *Modern Organizations* (Englewood Cliffs, NJ: Prentice Hall, 1964), 6.

4 John P. Kotter, "What Effective General Managers Really Do," *Harvard Business Review*, November–December 1982, 156–167; Henry Mintzberg, *The Nature of Managerial Work* (New York: Harper & Row, 1973); and Henry Mintzberg, *Managing* (San Francisco: Berrett-Kohler Publishers, 2009).

5 Iason Dalavagas, "SWOT Analysis: The Kroger Company," *Value Line*, January 12, 2017, http://valueline.com/Stocks/Highlights/SWOT_Analysis__The_Kroger_Company.aspx#.XJo8WfZFyUk (accessed March 26, 2019); Keith Nunes, "Kroger in Transition," *Food Business News*, September 14, 2018, https://www.foodbusinessnews.net/articles/12508-kroger-in-transition (accessed April 9, 2019); Clark Howard Staff, "Kroger's 2018 Comeback Strategy," *Clark.com*, https://clark.com/shopping-retail/kroger-5-big-changes-stores/ (accessed April 9, 2019) and Heather Haddon, "Kroger's New Approach to Stocking Shelves Is Boosting Earnings," *The Wall Street Journal*, June 21, 2018.

6 This discussion is based on Rafael Ramirez, Steve Churchhouse, Alejandra Palermo, and Jonas Hoffmann, "Using Scenario Planning to Reshape Strategy," *MIT Sloan Management Review* 58, no. 4 (Summer 2017), 31ff; Steven Schnaars and Paschalina Ziamou, "The Essentials of Scenario Writing," Business Horizons (July–August 2001), 25–31; Peter Cornelius, Alexander Van de Putte, and Mattia Romani, "Three Decades of Scenario Planning in Shell," California Management Review 48, no. 1 (Fall 2005), 92–109; and Stephen M. Millett, "Four Decades of Business Scenarios: What Can Experience Teach?" *Strategy & Leadership* 41, no 1 (2013), 29–33.

7 Ramirez et al., "Using Scenario Planning to Reshape Strategy."

8 Reported in Claire Churchard, "Tales of the Unexpected," *People Management* (February 2012).

9 Sarah Kent, "Shell Prepares for 'Lower Forever' Oil Prices," *The Wall Street Journal*, July 27, 2017.

10 Based on A. G. Lafley and Roger Martin, "Instituting a Company-Wide Strategic Conversation at Procter & Gamble," *Strategy & Leadership* 41, no. 4 (2013), 4–9.

11 Miguel Bustillo, "Corporate News—Boss Talk: Wal-Mart's U.S. Chief Aims for Turnaround," *The Asian Wall Street Journal*, March 22, 2011, 22; and Miguel Bustillo, "Wal-Mart Tries to Recapture Mr. Sam's Winning Formula," *The Wall Street Journal Online*, February 22, 2011, http://online.wsj.com/article/SB10001424052748703803904576152753111788930.html (accessed July 17, 2012).

12 Gary Hamel and C. K. Prahalad, "Strategic Intent," *Harvard Business Review* July–August 2005, 148–161.

13 Ibid.

14 Barbara Bartkus, Myron Glassman, and R. Bruce McAfee, "Mission Statements: Are They Smoke and Mirrors?" *Business Horizons*, November–December 2000, 23–28; and Mark Suchman, "Managing Legitimacy: Strategic and Institutional Approaches," *Academy of Management Review* 20, no. 3 (1995), 571–610.

15 CVS Health, "Our New Name," http://www.cvshealth.com/research-insights/health-topics/our-new-name (accessed December 12, 2014).

16 Bill George, "The Company's Mission Is the Message," *Strategy + Business*, Issue 33 (Winter 2003), 13–14; and Jim Collins and Jerry Porras, *Built to Last: Successful Habits of Visionary Companies* (New York: Harper Business, 1994).

17 Hamel and Prahalad, "Strategic Intent."

18 Arthur A. Thompson, Jr. and A. J. Srickland III, *Strategic Management: Concepts and Cases*, 6th ed. (Homewood, IL: Irwin, 1992); and Briance Mascarenhas, Alok Baveja, and Mamnoon Jamil, "Dynamics of Core Competencies in Leading Multinational Companies," *California Management Review* 40, no. 4 (Summer 1998), 117–132.

19 Issie Lapowsky, "Logistics; No Time to Spare; Tackling Last-Minute Jobs," *Inc.*, July–August 2011, 106, 108.

20 Charles Perrow, "The Analysis of Goals in Complex Organizations," *American Sociological Review* 26 (1961), 854–866.

21 Johannes U. Stoelwinde and Martin P. Charns, "The Task Field Model of Organization Analysis and Design," *Human Relations* 34 (1981), 743–762; and Anthony Raia, *Managing by Objectives* (Glenview, IL: Scott Foresman, 1974).

22 Lauren Weber, "The Management Fix That Made Firefox Faster," *The Wall Street Journal*, August 22, 2017.

23 Paul Beckett, Vibhuti Agarwal, and Julie Jargon, "Starbucks Brews Plan to Enter India," *The Wall Street Journal Online*, January 14, 2011, http://online.wsj.com/article/SB10001424052748703583404576079593558838756.html (accessed July 16, 2011).

24 James Dao, "Wal-Mart Plans to Hire Any Veteran Who Wants a Job," *The New York Times*, January 14, 2013, http://www.nytimes.com/2013/01/15/us/wal-mart-to-announce-extensiveplan-to-hire-veterans.html?_r=0 (accessed February 19, 2014).

25 Christina Passariello, "To L'Oreal, Brazil's Women Need Fresh Style of Shopping," *The Wall Street Journal*, January 21, 2011, B1.

26 Reed Abelson, "Managing Outcomes Helps a Children's Hospital Climb in Renown," *The New York Times*, September 15, 2007, C1.

27 Robert L. Porter and Gary P. Latham, "The Effect of Employee Learning Goals and Goal Commitment on Departmental Performance," *Journal of Leadership & Organizational Studies* 20, no. 1 (2013), 62–68.

28 William Alden and Sydney Ember, "Wall St. Shock: Take a Day Off, Even a Sunday," *The New York Times,* January 11, 2014, A1.

29 Brooks Barnes, "Animation Meets Economic Reality," *The New York Times,* April 4, 2011, B1.

30 Aaron Buck, "How Kraft Heinz Ate Its Seed Corn," *The Wall Street Journal*, March 11, 2019, https://www.wsj.com/articles/how-kraft-heinz-ate-its-seed-corn-11552303800 (accessed March 27, 2019).

31 Medhanie Gaim, Nils Wahlin, Miguel Pina e Cunha, and Stewart Clegg, "Analyzing Competing Demands in Organizations: A Systematic Comparison," *Journal of Organization Design* 7, no. 6 (2018), https://doi.org/10.1186/s41469-018-0030-9 (accessed March 27, 2019).

32 Kevin Roose, "Facebook Emails Show Its Real Mission: Making Money and Crushing Competition," *The New York Times*, December 5, 2018, https://www.nytimes.com/2018/12/05/technology/facebook-emails-privacy-data.html (accessed March 27, 2019); Will Oremus, "Facebook Never Really Cared About Connecting the World," *Slate*, December 6, 2018, https://slate.com/business/2018/12/facebook-emails-lawsuit-embarrassing-mark-zuckerberg.html (accessed March 27, 2019); Deepa Seetharaman and Kirsten Grind, "Facebook's Lax Data Policies Led to Cambridge Analytica Crisis," *The Wall Street Journal*, March 20, 2018, https://www.wsj.com/articles/facebooks-lax-datapolicies-led-to-cambridge-analytica-crisis-1521590720 (accessed March 27, 2019) and Kirsten Grind and Deepa Seetharaman, "Behind the Messy, Expensive Split Between Facebook and Whats App's Founders," *The Wall Street Journal*, June 5, 2018, https://www.wsj.com/articles/behindthe-messy-expensive-split-between-facebook-and-whatsappsfounders-1528208641 (accessed March 27, 2019).

33 Anne-Claire Pache and Filipe Santos, "Inside the Hybrid Organization: Selective Coupling as a Response to Competing Institutional Logics," *Academy of Management Journal* 56, no. 4 (2013), 972–1011.

34 See studies reported in Gary P. Latham and Edwin A. Locke, "Enhancing the Benefits and Overcoming the Pitfalls of Goal Setting," *Organizational Dynamics* 35, no. 4 (2006), 332–340.

35 Porter and Latham, "The Effect of Employee Learning Goals and Goal Commitment on Departmental Performance."

36 Adam Bryant, "Tell Me the Problem and 3 Ways to Solve It" (an interview with Jennifer Dulski, Corner Office column), *The New York Times,* December 1, 2013, BU2.

37 Emily Flitter, "Wells Fargo CEO Is Grilled on Capitol Hill," *The New York Times*, March 12, 2019, https://www.nytimes.com/2019/03/12/business/wells-fargo-ceo-sloan.html (accessed March 27, 2019); Michael Corkery and Stacy Cowley, "Wells Fargo Warned Workers Against Sham Accounts, But 'They Needed a Paycheck,'" *The New York Times*, September 15, 2016, https://www.nytimes.com/2016/09/17/business/dealbook/wells-fargo-warned-workers-against-fake-accounts-but-theyneeded-a-paycheck.html (accessed March 27, 2019); and Katherine W. Phillips, "A Primer on Organizational Culture," *Harvard Business Review,* October 10, 2018, available at https://hbr.org/product/a-primer-on-organizational-culture/CU231-PDF-ENG.

38 James D. Thompson, *Organizations in Action* (New York: McGraw Hill, 1967), 83–98.

39 Michael E. Porter, "What Is Strategy?" *Harvard Business Review,* November–December 1996, 61–78.

40 This discussion is based on Michael E. Porter, *Competitive Strategy: Techniques for Analyzing Industries and Competitors* (New York: Free Press, 1980).

41 Trader Joe's Website, https://www.traderjoes.com/our-story (accessed March 27, 2019); Scott Sloan, "Lexington's Trader Joe's Opens Friday," *Kentucky.com,* June 28, 2012, http://www.kentucky.com/2012/06/28/2241801/lexingtons-traderjoes-opens-friday.html (accessed July 17, 2012); Mark Mallinger, "The Trader Joe's Experience: The Impact of Corporate Culture on Business Strategy," *Graziadio Business Review,* Graziadio School of Business and Management, Pepperdine University, 10, no. 2 (2007), http://www.gbr.pepperdine.edu/2010/08/the-trader-joes-experienc/ (accessed July 17, 2012); Shan Li, "Can Trader Joe's Stay 'Homey' as It Grows?"; and Beth Kowitt, "Inside Trader Joe's," *Fortune* (September 6, 2010), 86ff.

42 Alan Ruddock, "Keeping Up with O'Leary," *Management Today,* September 2003, 48–55; and Jane Engle, "Flying High for Pocket Change; Regional Carriers Offer Inexpensive Travel Alternative," *South Florida Sun Sentinel,* February 13, 2005, 5.

43 Michael E. Porter, "Strategy and the Internet," *Harvard Business Review,* March 2001, 63–78; and John Magretta, "Why Business Models Matter," *Harvard Business Review,* May 2002, 86.

44 Ben Mutzabaugh, "Allegiant Announces 19 New Routes; Big Winners are Florida Panhandle and Nashville," *USA TODAY,* February 12, 2019, https://www.usatoday.com/story/travel/flights/todayinthesky/2019/02/12/allegiant-air-19-new-seasonal-routes-focus-florida-andtennessee/2842600002/ (accessed March 29, 2019); and Jack Nicas, "Allegiant Air: The Tardy, Gas-Guzzling, Most Profitable Airline in America," *The Wall Street Journal,* June 4, 2013, http://online.wsj.com/article/SB10001424127887324423904578525310460541592.html (accessed September 16, 2013).

45 Richard Teitelbaum, "The Wal-Mart of Wall Street," *Fortune,* October 13, 1997, 128–130.

46 Raymond E. Miles and Charles C. Snow, *Organizational Strategy, Structure, and Process* (New York: McGraw-Hill, 1978).

47 Nicholas Casey, "New Nike Sneaker Targets Jocks, Greens, Wall Street," *The Wall Street Journal,* February 15, 2008, B1.

48 Mike Colias, "The 10-Year Plan to Make Cadillac Cool Again," *The Wall Street Journal*, October 25, 2017; Andrew Connor, "A Brief History of Cadillac's Best Automotive Innovations," *Gear Patrol,* August 19, 2015, https://gearpatrol.com/2015/08/19/history-of-cadillac-automotiveinnovations/ (accessed March 28, 2019); Don Sherman, "If It Was a First, It Might Very Well Have Come from Cadillac," *Automotive News*, September 14, 2008, https://www.autonews.com/article/20080914/OEM06/309149967/if-it-was-a-first-it-might-very-well-have-come-from-cadillac (accessed March 28, 2019); and "Cadillac Innovation," https://www.cadillac.com/world-of-cadillac/innovation (accessed March 28, 2019).

49 Geraldine Fabrikant, "The Paramount Team Puts Profit Over Splash," *The New York Times,* June 30, 2002, Section 3, 1, 15.

50 Shalini Ramachandran, "Netflix, Amazon Take Divergent Paths to Reach Indian Audience," *The Wall Street Journal*, November 1, 2016; Esther Fung, "Amazon to Shut All U.S. Pop-Up Stores as It Rethinks Physical Retail Strategy," *The Wall Street Journal*, March

6, 2019; Greg Bensinger, "Amazon Revenue, Spending Grow Apace," *The Wall Street Journal,* April 26, 2013, B4; and Mylene Mangalindan, "Slow Slog for Amazon's Digital Media—Earnings Today May Provide Data on What Works," *The Wall Street Journal,* April 23, 2008, B1.

51 "On the Staying Power of Defenders, Analyzers, and Prospectors: Academic Commentary by Donald C. Hambrick," *Academy of Management Executive* 17, no. 4 (2003), 115–118.

52 Etzioni, *Modern Organizations,* 8; and Gary D. Sandefur, "Efficiency in Social Service Organizations," *Administration and Society* 14 (1983), 449–468.

53 Richard M. Steers, *Organizational Effectiveness: A Behavioral View* (Santa Monica, CA: Goodyear, 1977), 51.

54 Michael Hammer, "The 7 Deadly Sins of Performance Measurement (and How to Avoid Them)," *MIT Sloan Management Review* 48, no. 3 (Spring 2007), 19–28.

55 Karl E. Weick and Richard L. Daft, "The Effectiveness of Interpretation Systems," in Kim S. Cameron and David A. Whetten, eds., *Organizational Effectiveness: A Comparison of Multiple Models* (New York: Academic Press, 1982); and Gaim, et al., "Analyzing Competing Demands in Organizations."

56 This discussion is based on Robert D. Herman and David O. Renz, "Advancing Nonprofit Organizational Effectiveness Research and Theory," *Nonprofit Management and Leadership* 18, no. 4 (Summer 2008), 399–415; Eric J. Walton and Sarah Dawson, "Managers' Perceptions of Criteria of Organizational Effectiveness," *Journal of Management Studies* 38, no. 2 (March 2001), 173–199; and K. S. Cameron and D. A. Whetton, "Organizational Effectiveness: One Model or Several?" in *Organizational Effectiveness: A Comparison of Multiple Models,* K. S. Cameron and D. A. Whetton, eds., (New York: Academic Press, 1983), 1–24.

57 Graham Kenny, "From the Stakeholder Viewpoint: Designing Measurable Objectives," *Journal of Business Strategy* 33, no. 6 (2012), 40–46.

58 Kim S. Cameron, "A Study of Organizational Effectiveness and Its Predictors," *Management Science* 32 (1986), 87–112; and Joseph R. Matthews, "Assessing Organizational Effectiveness: The Role of Performance Measures," *The Library Quarterly* 81, no. 1 (2011), 83–110.

59 Most of these indicators are from Cristina B. Gibson, Mary E. Zellmer-Bruhn, and Donald P. Schwab, "Team Effectiveness in Multinational Organizations: Evaluation Across Contexts," *Group & Organizational Management* 28, no. 4 (December 2003), 444–474.

60 Herman and Renz, "Advancing Nonprofit Organizational Effectiveness Research and Theory"; Y. Baruch and N. Ramalho, "Communalities and Distinctions in the Measurement of Organizational Performance and Effectiveness Across For-Profit and Nonprofit Sectors," *Nonprofit and Voluntary Sector Quarterly* 35, no. 1 (2006), 39–65; A. M. Parhizgari and G. Ronald Gilbert, "Measures of Organizational Effectiveness: Private and Public Sector Performance," *Omega; The International Journal of Management Science* 32 (2004), 221–229; David L. Blenkhorn and Brian Gaber, "The Use of 'Warm Fuzzies' to Assess Organizational Effectiveness," *Journal of General Management,* 21, no. 2 (Winter 1995), 40–51; and Scott Leibs, "Measuring Up," *CFO* (June 2007), 63–66.

61 Reported in David H. Freedman, "What's Next: The Dashboard Dilemma," *Inc.,* November 1, 2006, http://www.inc.com/magazine/20061101/column-freedman.html (accessed July 14, 2011).

62 James L. Price, "The Study of Organizational Effectiveness," *Sociological Quarterly* 13 (1972), 3–15; and Steven Strasser, J. D. Eveland, Gaylord Cummins, O. Lynn Deniston, and John H. Romani, "Conceptualizing the Goal and Systems Models of Organizational Effectiveness—Implications for Comparative Evaluation Research," *Journal of Management Studies* 18 (1981), 321–340.

63 Adam Satariano, "Uber Regains Its License to Operate in London, a Win for Its New CEO," *The New York Times*, June 26, 2018.

64 Richard H. Hall and John P. Clark, "An Ineffective Effectiveness Study and Some Suggestions for Future Research," *Sociological Quarterly* 21 (1980), 119–134; Price, "The Study of Organizational Effectiveness"; and Perrow, "The Analysis of Goals in Complex Organizations."

65 Gautam Naik, "Poverty: The New Search for Solutions; Baby Steps: Cincinnati Applies a Corporate Model to Saving Infants," (Third in a Series), *The Wall Street Journal,* June 20, 2006, A1.

66 Jonathan A. Jensen, Job B. Cobbs, and Brian A. Turner, "Evaluating Sponsorship through the Lens of the Resource-Based View: The Potential for Sustained Competitive Advantage," *Business Horizons* 59 (2018), 163–173; and David J. Collis and Cynthia A. Montgomery, "Competing on Resources," *Harvard Business Review,* July–August 2008, 140–150.

67 The discussion of the resource-based approach is based in part on Michael V. Russo and Paul A. Fouts, "A Resource-Based Perspective on Corporate Environmental Performance and Profitability," *Academy of Management Journal* 40, no. 3 (June 1997), 534–559; and Jay B. Barney, J. L. "Larry" Stempert, Loren T. Gustafson, and Yolanda Sarason, "Organizational Identity within the Strategic Management Conversation: Contributions and Assumptions," in David A. Whetten and Paul C. Godfrey, eds., *Identity in Organizations: Building Theory through Conversations* (Thousand Oaks, CA: Sage Publications, 1998), 83–98.

68 These are based on David J. Collis and Cynthia A. Montgomery, "Competing on Resources," *Harvard Business Review,* July–August 2008, 140–150; J. Barton Cunningham, "A Systems-Resource Approach for Evaluating Organizational Effectiveness," *Human Relations* 31 (1978), 631–656; and Ephraim Yuchtman and Stanley E. Seashore, "A System Resource Approach to Organizational Effectiveness," *Administrative Science Quarterly* 12 (1967), 377–395.

69 Roger Noble, "How Shriners Hospitals for Children Found the Formula for Performance Excellence," *Global Business and Organizational Excellence,* July–August 2009, 7–15.

70 Based on Collis and Montgomery, "Competing on Resources."

71 Richard I. Priem, "Is the Resource-Based 'View' a Useful Perspective for Strategic Management Research?" *Academy of Management Review* 26, no. 1 (2001), 22–40.

72 Chris Argyris, *Integrating the Individual and the Organization*

(New York: Wiley, 1964); Warren G. Bennis, *Changing Organizations* (New York: McGraw-Hill, 1966); Rensis Likert, *The Human Organization* (New York: McGraw-Hill, 1967); and Richard Beckhard, *Organization Development Strategies and Models* (Reading, MA: Addison-Wesley, 1969).

73 Cheri Ostroff and Neal Schmitt, "Configurations of Organizational Effectiveness and Efficiency," *Academy of Management Journal* 36 (1993), 1345–1361.

74 J. Barton Cunningham, "Approaches to the Evaluation of Organizational Effectiveness," *Academy of Management Review* 2 (1977), 463–474; and Beckhard, *Organization Development.*

75 Craig Torres and Anthony Feld, "Campbell's Quest for Productivity," *Businessweek,* November 24, 2010, 15–16.

76 Jeanne Michalski, "BNSF's Leadership Engine," *Organizational Dynamics* 42 (2013), 35–45.

77 Anne S. Tusi, "A Multiple Constituency Model of Effectiveness: An Empirical Examination at the Human Resource Subunit Level," *Administrative Science Quarterly* 35 (1990), 458–483; Charles Fombrun and Mark Shanley, "What's In a Name? Reputation Building and Corporate Strategy," *Academy of Management Journal* 33 (1990), 233–258; and Terry Connolly, Edward J. Conlon, and Stuart Jay Deutsch, "Organizational Effectiveness: A Multiple Constituency Approach," *Academy of Management Review* 5 (1980), 211–217.

78 Frank Friedlander and Hal Pickle, "Components of Effectiveness in Small Organizations," *Administrative Science Quarterly* 13 (1968), 289–304.

79 Tusi, "A Multiple Constituency Model of Effectiveness."

80 Fombrun and Shanley, "What's In a Name?"

81 Kim S. Cameron, "The Effectiveness of Ineffectiveness," in Barry M. Staw and L. L. Cummings, eds., *Research in Organizational Behavior* (Greenwich, CT: JAI Press, 1984), 235–286; and Rosabeth Moss Kanter and Derick Brinkerhoff, "Organizational Performance: Recent Developments in Measurement," *Annual Review of Sociology* 7 (1981), 321–349.

82 Eric J. Walton and Sarah Dawson, "Managers' Perceptions of Criteria of Organizational Effectiveness," *Journal of Management Studies* 38, no. 2 (2001), 173–199.

83 Beth Dickey, "NASA's Next Step," *Government Executive,* April 15, 2004, http://www.govexec.com/features/0404-15/0404-15s1.htm 34 (accessed July 19, 2011).

84 Neil King Jr. and Russell Gold, "BP Crew Focused on Costs: Congress," *The Wall Street Journal Online,* June 15, 2010, http://online.wsj.com/article/SB10001424052748704324304575306800201158346.html (accessed July 19, 2011).

85 Robert E. Quinn and John Rohrbaugh, "A Spatial Model of Effectiveness Criteria: Towards a Competing Values Approach to Organizational Analysis," *Management Science* 29, no. 3 (1983), 363–377; and Walton and Dawson, "Managers' Perceptions of Criteria of Organizational Effectiveness."

86 Regina M. O'Neill and Robert E. Quinn, "Editor's Note: Applications of the Competing Values Framework," *Human Resource Management* 32 (Spring 1993), 1–7.

87 Gary Morton, "Book Highlight—Purpose-Driven Creativity at Stryker," *Global Business and Organizational Excellence* 37, no. 3 (2018), 60–66.

88 Robert E. Quinn and Kim Cameron, "Organizational Life Cycles and Shifting Criteria of Effectiveness: Some Preliminary Evidence," *Management Science* 29 (1983), 33–51.

89 Dongwook Chung, "A Management 180," *T + D*, July 2013, 56–59.

90 Based on Ron Stodghill, "Boxed Out," *FSB,* April 2005, 69–72; "SIC 2653 Corrugated and Solid Fiber Boxes," *Reference for Business, Encyclopedia of Business,* 2nd ed., http://www.referenceforbusiness.com/industries/Paper-Allied/Corrugated-Solid-Fiber-Boxes.html (accessed November 11, 2011); "Paper and Allied Products," *U.S. Trade and Industry Outlook 2000,* 10–12 to 10–15; "Smurfit-Stone Container: Market Summary," *BusinessWeek Online*, May 4, 2006; and Bernard A. Deitzer and Karl A. Shilliff, "Incident 15," *Contemporary Management Incidents* (Columbus, OH: Grid, Inc., 1977), 43–46.

CHAPTER 3

조직구조의 기초

학습목표

이 장을 공부하면,

1. 조직구조의 세 가지 핵심구성요소가 무엇인지 명확히 이해할 수 있다.
2. 수직적 정보공유와 수평적 정보공유가 갖는 차이점에 대해 토론할 수 있다.
3. 관계적 조정이 다른 수평적 조정 메커니즘과 어떻게 다른지 설명할 수 있다.
4. 다섯 가지 조직설계 방식(기능, 사업, 매트릭스, 가상, 홀라크라시)의 장·단점을 이해할 수 있다.
5. 조직구조에서 나타나는 구조적 결함의 징후가 무엇인지 설명할 수 있다.

도입질문

이 장을 읽기 전 다음 질문에 답해보자.

1. 동기부여와 열정을 갖고 일할 수 있도록 구성원이 자유롭게 부서를 선택할 수 있는 조직화 방식이 유행이다.

   1) 동의함 ________________ 2) 동의하지 않음 ________________

2. 여러 부서 사람으로 구성된 위원회와 태스크포스는 성과를 제대로 창출하지 못할 때가 많다.

   1) 동의함 ________________ 2) 동의하지 않음 ________________

3. 똑똑한 최고경영자는 다른 기업에 하청을 주기보다 핵심업무(활동)에 대한 내부 통제권을 확보하려 한다.

   1) 동의함 ________________ 2) 동의하지 않음 ________________

전 해군 장교 네이트 픽(Nate Fick)은 13명으로 구성된 미해병대의 분대 조직 편제를 "조직원의 행동이 다른 사람의 행동에 따라 결정"되는 댄스 그룹과 비교하곤 했다. 1개 분대는 리더격인 분대장과 4명의 소총병으로 이루어진 3개의 조로 편성되어 있다. 캡틴 클래스(The Captain Class: 세계에서 가장 위대한 팀을 만드는 숨겨진 군대)라는 책을 저술한 샘 워커(Sam Walker)는 지난 반세기 동안 출현했던 조직 형태 중 해병대의 분대 조직 편제가 가장 우수한 조직이라고 주장한 바 있다. 샘 워커의 주장에 크게 반대하지는 않았지만, 미해병대 사령관 로버트 넬러(Robert Neller)는 오랜 시간 동안 유지되어 왔던 분대 조직의 편성 방식을 개편하였다. 즉, 조별로 소총수를 1명씩 줄이고 분대장 보좌직과 시스템 오퍼레이터직의 2개 보직을 신설하고, 분대 규모를 총 13명 규모에서 12명 규모로 축소 개편하였다. 오늘날 군사 작전은 드론과 같은 새로운 기기로부터 얻은 전쟁 정보에 크게 의존하는 경향이 있는데, 2018년 5월 넬리 사령관은 70년 동안 이어져 오던 해병대 전투 조직의 편제를 새로운 전투 환경에 적합한 구조로 전면 개편한 것이다.[1]

회사 관리자와 동일하게 군 조직의 리더들도 변화하는 상황에 적합하도록 조직구조를 개편하곤 한다. 조직구조는 전략을 실행하고 목표를 달성하는 데 도움을 주는 핵심 요소 중 하나이다. 1장에서 설명한 바와 같이 P&G는 글로벌 환경에서 스피드와 민첩성을 높이기 위해 사업본부를 축소하고 관리 계층을 축소하였다. 스트리밍서비스 업체인 스포티파이(Spotify)는 음악 사업의 한계를 뛰어 넘기 위해 관리 구조를 바꾸고, 외부에서 CCO(chief content officer)를 영입하였다. 랄프로렌(Ralph Lauren)사의 신임 CEO는 디자인부터 현장 세일즈까지 업무가 원활하게 이루어지도록 디자인, 머천다이징, 조달 및 마케팅 간 협업구조를 재편하였다.[2] 많은 기업에서는 원활한 조정과 유연성 발휘를 위해 기능횡단팀(cross-functional team)이나 매트릭스 조직과 같은 혁신적인 조직구조를 활용하기도 한다. FBI는 테러와 전쟁에 팀을 전략적으로 활용하였는데, 이는 다른 조직처럼 FBI도 한정된 자원으로 더 많은 성과를 내기 위한 방법이었다. 또한, FBI는 혁신적인 조직 운영 방인으로 특별기동대를 만들었다. 특별기동대는 다양한 지역에서 지원한 요원과 스태프로 구성되었는데, 세계 각지에 흩어져 있는 FBI지부로부터 요청이 있을 경우 즉각적으로 행동을 개시한다.[3] 온라인 유통회사인 자포스(Zappos)는 상사 없는 조직을 통해 전통적으로 관리자 중심으로 운영되는 방식을 자율적인 팀에 의한 관리 방식으로 개편하였다.

오늘날 많은 기업은 환경의 복잡성으로 인해 과거보다 훨씬 복잡하고 비정형적인 조직구조를 채택하고 있다. 와이어스 제약회사(Wyeth Pharmaceuticals)는 액센츄어(Accenture)와 임상데이터 제휴를 위해 크리니클 데이터 엑셀런스(Clinical Data Excellence)라는 합작투자 회사를 설립하였다. 이 합작 투자 회사는 와이어스와 액센츄어의 장점을 최대한 활용하여, 임상시험의 모든 과정을 관리하기 위한 목적으로 설립되었으며, 임상시험 과정 설계부터 실험대상의 모집, 현상 모니터링 등 모든 과정을 담당한다.[4] 액센츄어는 공식적인 본부와 지점이 없으며 정해진 사무실도 없다. 이 회사의 최고 기술전문가는 독일에 있고, 인적자원관리부서의 책임자는 시카고에 있으며, 최고 재무 담당자는 실리콘밸리에, 그리고 대부분의 컨설턴트들은 항상 이동한다.[5] 와이어스와 액센츄어 사례에는 조직이 지향하고 있는 아웃소싱, 제휴, 가상 네트워킹 추세 등이 잘 반영되어 있다.

일부 기업들은 수직적 계층에 의한 조정과 통제가 이루어지는 전통적인 기능식 조직을 활용하여 여전히 성공하고 있다. 조직은 목표 달성을 위해 다양한 구조적 대안을 모색하고 있으며, 새로운 도전에 대응하기 위해 조직을 재설계한다. 새로운 전략을 반영하기 위해, 혹은 1장과 2장에서 소개된 환경, 기술, 규모, 수명주기, 문화 등의 상황요인의 변화에 대응하기 위해 조직구조 개편이 필요하다.

이 장의 목표

이 장에서는 조직구조의 기본 개념과 조직구조가 조직도에 어떻게 표현되는지 살펴볼 것이다. 먼저, 조직구조의 개념을 정의하고 조직설계에 대해 개괄적으로 설명할 것이다. 이어서 정보공유 관점에서 원활한 정보 흐름을 위해 수직적, 수평적 연결 구조를 어떻게 설계할 것인지 설명할 것이다. 다음으로 조직 활동을 집단화하는 방법으로 기능식 구조, 사업부제 구조, 매트릭스 구조, 가상 네트워크와 홀라크라시팀 구조 등을 살펴볼 것이다. 마지막으로, 조직이 처한 상황(다양한 상황요인)에 따라 기본적인 조직구조가 어떻게 활용되어야 하는지, 조직구조가 잘못되었을 때 어떠한 증상이 나타나는지 살펴볼 것이다.

3.1 조직구조

조직구조(organization structure)의 세 가지 핵심 요소는 다음과 같다.

1. 조직구조는 계층의 수, 관리감독 폭 등 공식적인 보고체계를 나타낸다.
2. 조직구조는 개인을 부서로, 부서를 전체 조직으로 집단화한다.
3. 조직구조는 부서 간 효과적인 의사소통, 조정, 통합이 이루어질 수 있도록 설계되어야 한다.[6]

위의 세 가지 요소는 수평적, 수직적 측면의 조직화에 관한 내용을 포함하고 있다. 앞의 두 가지 요소는 수직적 계층에 대한 구조적 틀을 나타내며,[7] 마지막 요소는 조직 구성원 간 수평적인 상호작용을 나타낸다. 이상적인 조직구조는 적절한 시점에 적절한 곳에서 수평적인 정보 소통과 조정이 원활하게 이루어지도록 해야 한다.

조직도를 통해서 조직구조를 알 수 있다. 조직 내부의 생산시설, 사무실, 제품 등을 직접 볼 수는 없지만 조직구조를 통해 직원들의 임무, 과업, 일하는 장소 등을 파악할 수 있

도표 3.1 조직도 사례

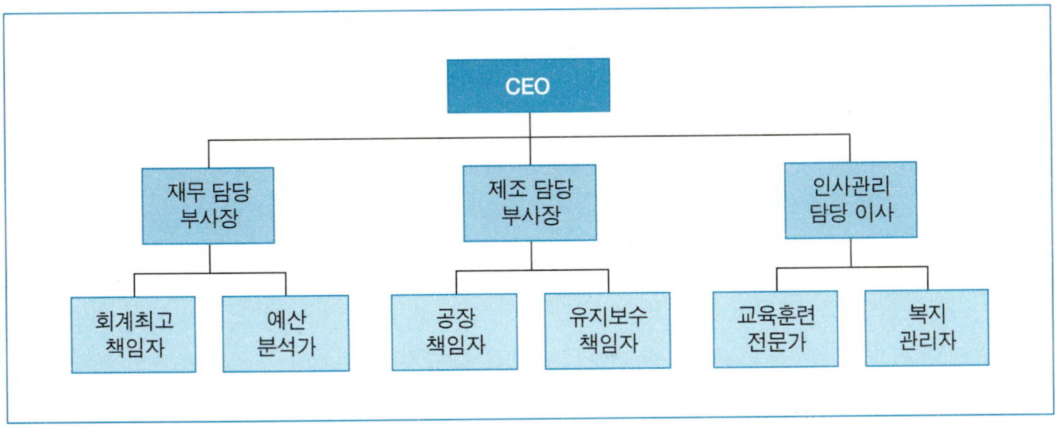

다. 조직도는 특정 조직의 전체적인 활동을 시각적으로 보여준다. 〈도표 3.1〉은 전통적인 조직도의 한 예이다. 조직도는 기업이 어떻게 작동되는지 이해하는 데 매우 유용한 자료이다. 조직도는 조직의 다양한 부문을 보여주고, 이들이 어떻게 상호작용하고, 각 직위와 부서가 어떻게 전체 조직을 구성하는지 보여준다.

어떤 직책이 있고, 어떻게 부서화되고, 누가 누구에게 보고해야 하는지를 보여주는 조직도 개념은 수백 년 전부터 존재해 왔다.[8] 교회의 계층 구조를 알 수 있는 도표가 중세 스페인 교회에서 발견되었다. 다만, 기업에서 조직도가 사용되기 시작한 것은 산업혁명 이후이다. 1장에서 언급된 바와 같이, 일이 복잡해지고 직원 규모가 확대됨에 따라 조직을 관리하고 통제하기 위한 좋은 방법의 개발이 필요하게 되었다. 철도산업의 성장 사례를 살펴 보자. 1841년 매사추세츠에서 2대의 여객 열차가 충돌한 이후 사람들은 더 나은 조직 운영 방법을 모색하기 시작했다. 그 결과 서부 철도회사(Western Railroad) 이사회는 사업화 단계별 책임과 명령 계통을 명확히 하고, 철도 관리, 유지, 운영 등에 대한 권한과 책임을 명확히 설정하였다.[9]

도표 3.2 에리에 철도의 조직도(1855)

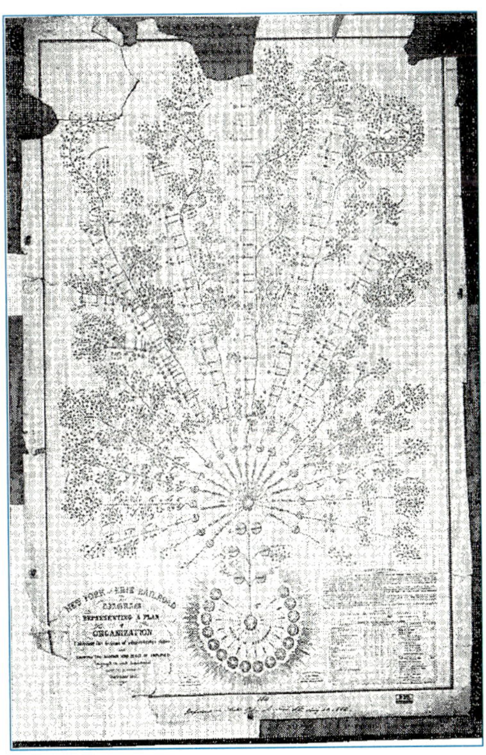

출처: Erie Railroad Organization Chart of 1855. Library of Congress, Haer, N.Y.

〈도표 3.2〉는 1855년 에리에 철도회사(Erie Railroad)를 위해 다니엘 맥칼럼(Daniel McCallum)이 만든 초창기 조직도의 재미있는 사례이다. 맥칼

럼은 자금과 생산성 문제에 직면하자 이를 해결하기 위해 투자자들에게 철도 운영에 대해 설명하고, 수백 마일의 철도 라인에 대한 감독자의 책임 영역을 보여주기 위해 조직도를 만들었다. 맥칼럼은 철도를 지리적으로 관리 가능한 부문으로 구분하였으며 각 부문을 책임지는 감독자를 배치하였다.[10]

이런 노력의 산물로 19세기 후반에서 20세기 초에 〈도표 3.1〉에서 보는 바와 같이 조직의 최상층에 CEO가 위치하고, 나머지 사람들은 각 단계별로 배치되는 조직구조 유형이 등장하였다. 의사결정은 최상층에서 이루어지고 육체적인 작업은 기능별로 조직화된 종업원들에 의해서 수행되었다. 이런 조직구조는 상당히 효과적이어서 20세기 들어 기업, 비영리조직, 군대와 같은 광범위한 분야에서 활용되어 왔다. 그러나 수직적 구조가 항상 효과적인 것은 아니다. 특히 환경이 급변하는 경우에는 문제가 초래될 수 있다. 이런 문제 해결을 위해 오랫동안 다른 조직구조를 개발했으며, 이들 중 많은 것들은 외부환경 변화에 쉽게 적응할 수 있도록 수평적인 조정과 의사소통의 활성화를 목표로 하고 있다. 21세기 기업으로 지속적인 경쟁우위를 확보하기 위해서는 새로운 조직화와 관리 방법의 활용이 매우 중요하다.

도입 질문과 답

1. 동기부여와 열정을 갖고 일할 수 있도록 구성원이 자유롭게 부서를 선택할 수 있는 조직화 방식이 유행이다.

답) 동의하지 않는다. 소수 기업만이 이러한 접근방법으로 약간의 성공을 거두고 있을 뿐, 전형적인 조직들은 작업 활동, 직위, 부서를 조정하고 구조화하고 있다. 많은 관리자들은 구성원의 동기와 열정을 유지하기 위해 구성원의 선택을 부분적으로 허용할 뿐이다.

핵심정리

- 조직구조에는 세 가지 핵심 요소인 공식적인 직위와 보고체계, 부서 내 개인의 그룹화, 전체를 묶어주는 조직 요소 간 연계와 조정 메커니즘 등이 포함되어 있다.
- 조직구조는 조직도로 표현된다.
- 조직도 개념은 수 세기 전부터 존재해 왔지만, 실제로 비즈니스에 적용된 것은 산업혁명 이후이다.

3.2 조직구조에 대한 정보공유 관점

조직의 목표 달성에 필요한 수직적, 수평적 정보가 원활하게 흐를 수 있도록 조직구조가 설계되어야 한다. 만약 조직에 필요한 정보의 흐름이 원활하게 이루어지지 않을 경우, 정보의 양이 부족하거나, 업무 수행에 필요치 않은 정보를 처리하느라 시간이 낭비되고, 결과적으로 조직의 효과성이 떨어지게 된다.[11] 조직에서 수직적 메커니즘과 수평적 메커니즘 간에는 근본적으로 상충관계가 있다. 수직적 연결은 통제가 주된 목적이지만, 수평적 연결은 통제를 완화시키는 수단이며 조정과 협력을 주요 목표로 설정하고 있다.

3.2a 집권화 vs 분권화

집권화와 분권화는 의사결정이 조직 내 어느 수준에서 이루어지는지에 관한 문제이며, 정보가 어디에서 필요한지를 결정하는 것이다. 집권화와 분권화는 의사결정이 이루어지는 계층 수준을 다룬다. **집권화**(centralization)는 의사결정 권한이 조직의 상위 계층에 있다는 것을 의미하며, **분권화**(decentralization)는 의사결정 권한이 조직의 하위 계층에 있음을 의미한다.

조직은 효율성 목적의 전통적인 조직설계를 지향할 수도 있고, 유연한 학습 조직을 지향할 수도 있다. 전통적 조직은 1장에서 살펴본 바와 같이 기계적 구조로 수직적 의사소통과 통제를 중시하지만, 학습 지향 조직은 유기적 구조로 수평적 의사소통과 조정을 강조한다. 〈도표 3.3〉은 효율성을 지향하는 조직과 학습과 적응을 지향하는 조직의 특징을 비교하고 있다. 효율성과 통제를 강조한다는 것은 전문화된 과업(specialized tasks), 권한계층, 규칙과 규제, 공식적인 보고체계, 소수의 팀 또는 태스크포스, 집권화된 의사결정 체제라는 것을 의미한다. 이에 비해 학습과 적응을 강조한다는 것은 과업을 공유하고, 계층이 낮고, 규칙이 거의 없고, 대면 의사소통이 이루어지고, 다수의 팀과 태스크포스가 존재하고, 비공식적이고 의사결정이 분권화된 체제라는 것을 의미한다.

조직은 분권화와 집권화의 적정 수준을 알아 내기 위해 실험을 해볼 수 있다. 윌리엄 오우치(William Ouchi)는 3개 광역 학군 연구에서 의사결정 권한이 집권화되어 있을 때보다, 교장 선생님에게 더 많은 자율권과 책임을 부여하고 자원에 대한 통제권을 주는 유연하고,

도표 3.3 효율성 지향 조직과 학습 지향 조직설계

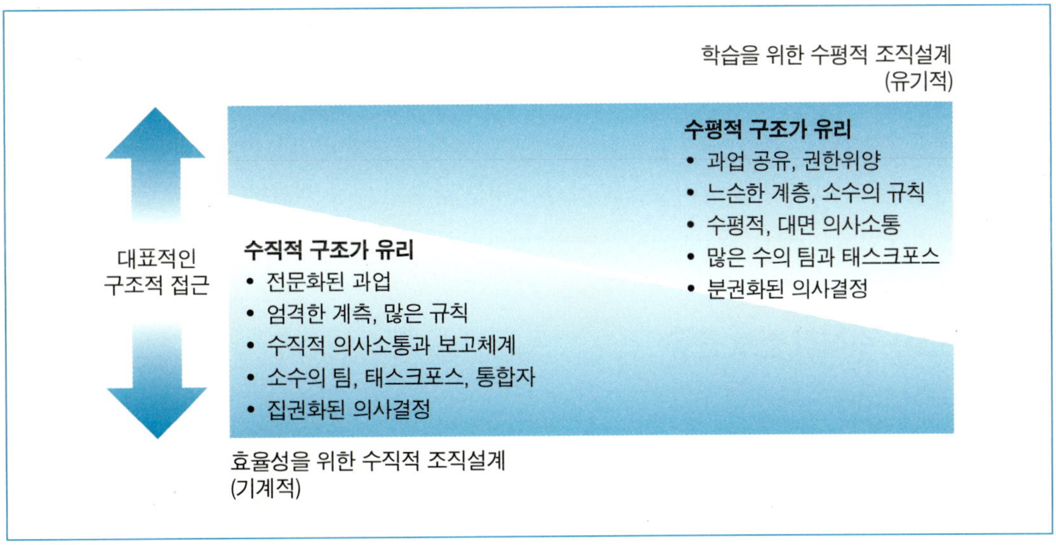

분권화된 구조가 더 효율적이고 성과가 높았다는 연구 결과를 제시한 바 있다.[12] 월마트(Walmart)는 관리자 수를 줄이고 의사결정 권한을 현장에 위임하는 등 파격적인 분권화를 시도하고 있다. 월마트는 감독자가 줄어 든 위대한 일터(Great Workplace) 개념의 다양한 시도를 하고 있다.[13] 집권화 전통이 강한 도요타(Toyota) 같은 일본기업 조차도 주인의식 강화를 위해 권력의 분권화를 시험하고 있다.

IN PRACTICE 도요타

미시간주 앤아버 근처에 있는 신형 아발론의 설계와 제조를 담당하는 도요타 기술센터의 최고 엔지니어인 랜디 스테판(Randy Stephens)은 "이제 우리는 사사건건 결재를 받기 위해 일본 본사를 방문할 필요가 없다"라고 말했다. 또한 "프로젝트의 진행 상황 점검을 위해 출장이 필요할지 모르지만, 이 차에 대해 상당한 주인의식을 갖고 있다"고 말했다.

신형 아발론은 미시간에서 설계되었으며, 켄터키에서 생산되어 미국 시장의 주력차종으로 시판될 예정이다. 일본에서 개발되지 않은 첫 번째 자동차이자 도요타가 자회사에 의사결정권한을 얼마나 잘 분권화시켰는지를 시험하는 장이다. 지난 4년 간 안전 및 리콜 위기로 도요타 경영진은 의사결정 권한을 세계 각지에 위임함으로써 강한 도요타 구축을 시도해 왔다.

안전문제와 리콜에 대한 모든 의사결정을 본부와 조정하는 것에 많은 비판을 받아왔다. 경영진은 품질 관리 프로세스에 대한 정밀 조사를 통하여 북아메리카, 유럽, 아시아 지역의 안전문제에 대해서는 지역관리자에게 의사결정 권한을 위임하게 되었다.[14]

비록 많은 의사결정이 여전히 본부 경영진에 의해 이루어지고 있지만 상당 수준의 의사결정이 현장에서 이루어져야 한다는 점을 인식하고 있다. 지역관리자들은 최고경영진에게 위험을 감수할 수 있는 재량권을 부여함으로써 문제를 보다 잘 해결할 수 있을 것이라고 믿고 있다.[15]

그러나 모든 조직이 의사결정을 분권화시켜야 하는 것은 아니다. 앞장에서 설명한 바와 같이 웰스파고(Wells Fargo) 중역진은 지나친 분권화가 윤리와 법적 문제를 초래할 수 있다고 이야기하고 있다. 많은 기업에서 '집권화와 분권화 간 주도권 전쟁'이 일어나고 있다. 최고경영층은 중복을 제거하고 의사결정의 집권화를 추구하지만, 사업 관리자들은 분권화를 오히려 선호한다.[16] 관리자들은 자신이 처한 상황에 가장 적합한 수직적 통제와 수평적 협력의 균형점, 집권화와 분권화의 균형점을 찾고자 한다.[17]

3.2b 수직적 정보 공유

조직의 전체 과업을 달성하는 데 필요한 종업원과 부서 간 의사소통을 촉진할 수 있도록 조직설계가 이루어져야 한다. 경영자는 조직 요소들 간의 의사소통과 조정을 촉진할 수 있도록 정보 연결 장치를 만들어야 한다. **수직적 연결**(vertical linkages)은 조직의 상위계층과 하위

계층 간의 활동을 조정하기 위해 사용되며, 일차적인 목적은 통제이다. 하위계층 종업원들은 최상층의 목표와 일관성 있는 활동을 수행해야 하며, 최고경영진은 종업원들의 활동과 목표 달성 수준을 알아야 한다. 조직은 수직적 연결을 위해 계층 의뢰(hierarchical referral), 규칙, 계획, 공식적인 경영정보시스템 등을 포함하여 다양한 구조적 장치들을 사용할 수 있다.[18]

계층 의뢰. 첫 번째 수직적 장치는 계층 또는 명령체계로 〈도표 3.1〉의 조직도에서 보는 바와 같이 수직선으로 표시되어 있다. 종업원이 어떻게 해결해야 할지 모르는 문제가 발생한 경우 종업원은 계층상의 상사에게 문제를 보고하고, 상사가 이 문제를 해결한 경우 그 결과가 종업원에게 내려 간다. 조직도의 연결선은 의사소통 채널 역할을 한다.

규칙과 계획. 다음으로 많이 사용되는 연결 장치는 규칙과 계획(rules and plans)이다. 반복적으로 일어나는 문제나 의사결정 사안의 경우 상사와 직접적으로 의사소통하지 않고 해결할 수 있도록 규칙이나 절차 등을 설정할 수 있다. 규칙이나 계획은 종업원이 실제로 의사소통이나 조정과정 없이 일을 수행할 수 있도록 표준화된 정보를 제공해준다. 예를 들어 멕시코에 있는 펩시(PepsiCo) 게메사(Gemesa) 쿠키사업부는 생산 담당 종업원들에게 목표, 과정, 절차에 대한 정보를 제공함으로써 종업원들이 스스로 생산 공정을 효과적으로 관리하고, 소수 관리자만으로 공장이 운영되도록 관리하고 있다.[19] 계획 또한 종업원들에게 좋은 정보를 제공한다. 가장 널리 이용되고 있는 계획은 예산이다. 구체적으로 잘 짜인 예산 계획은 종업원들로 하여금 허용된 자원 범위 안에서 실질적인 활동이 수행되도록 한다.

수직적 정보시스템. **수직적 정보시스템**(vertical information systems)은 수직적 정보 흐름의 양을 증가시키는 전략이라고 할 수 있다. 수직적 정보시스템에는 정기적인 보고서, 이메일, 문서화된 정보, 컴퓨터 기반 의사소통 등이 포함되어 있다. 정보시스템은 상향과 하향의 의사소통이 더 효율적으로 작동하는 데 기여한다.

최근 재무 스캔들이나 윤리 문제에 관심이 높아지면서, 많은 경영자들은 수직적인 정보 연결과 통제 강화 방안을 고민하고 있다. 조직구조 설계에서 또 다른 중요한 이슈는 조정과 협력을 위해 적절한 수평적 연결 장치를 마련하는 것이다.

3.2c 수평적 정보 공유와 협력

수평적 의사소통은 통일된 노력을 통해 조직 목적을 달성할 수 있도록 조정과 협력의 기회를 제공하고 부서 간 장벽을 제거한다.[20] **협력**(collaboration)은 2개 이상의 부서 사람들이 개인 혹은 한 부서만으로 달성하기 어려운 큰 공동 목표나 공유목적 달성을 위해 공동으로 노력하는 것을 의미한다.[21] 협력의 가치를 이해하기 위해 2011년 미국이 파키스탄 소재 오사마 빈 라덴의 공관 공습 사례를 살펴보자. 그 공습작전은 미국 중앙정보부(CIA)와 미군의 긴밀한 협력 없이는 성공할 수 없었다. 전통적으로 국가 정보요원과 군장교 간에는 거의 상호작용이 없었지만 테러와의 전쟁에서는 이러한 태도가 바뀌었다. 작전을 기획하는 동안 군 장교는 멀리 떨어져 있는 CIA의 보안시설에서 수개월 동안 거의 매일 CIA 팀원들과 함께 지냈다. 협력 작전에 참가한 한 장교는 "이것은 예전에 사람들이 영화에서나 가능하다고 생각했던 일로, 정부에서 이것이 가능하다고 생각한 사람은 아무도 없었던 그런 일이다"라고 말했다.[22]

수평적 연결(horizontal linkage)은 부서 간 수평적으로 일어나는 의사소통과 조정을 의미한다. 수평적 의사소통의 중요성은 1980년 리 아이아코카(Lee Iacocca)가 크라이슬러(Chrysler)를 인수하면서 언급한 내용에도 잘 나타나 있다. 아래 내용은 벌써 30년이나 지난 이야기지만 여전히 전 세계 거의 모든 조직에서 일어나고 있는 문제를 꼭 집어 설명하고 있다.

> 크라이슬러에서 내가 발견한 것은 35명의 부사장들이 각기 저마다 자신의 영역을 가지고 있다는 것이다. … 엔지니어링부서 사람들이 생산부서 담당자들과 지속적으로 접촉하지 않는다는 사실을 도저히 믿을 수가 없었다. 그렇지만 그것이 바로 현실이었다. 모든 사람들이 제각기 독립적으로 일하고 있었다. 나는 그런 시스템을 보고 거의 포기할 뻔 했다. 나는 정말로 심각한 문제에 봉착해 있음을 느꼈다. … 크라이슬러의 어느 누구도 회사 내 부서 간 상호작용을 이해하지 못한다는 사실은 정말로 심각한 문제였다. 엔지니어링부서와 생산부서 사람들은 거의 숙식을 함께 해야만 한다. 그러나 이들은 서로 시시한 농담조차도 주고받지 않았다.[23]

크라이슬러에 재직하는 동안 아이아코카는 조직 상층부의 수평적 조정을 강요했다. 특정 차를 개발하는 프로젝트에서 일하는 모든 사람들은, 디자이너, 엔지니어, 생산자뿐만 아니라 마케팅, 재무, 구매, 심지어는 외부 공급업자들까지도 모두 한 곳에서 일하게 함으로써 의사소통이 손쉽게 이루어지도록 하였다. 수평적 연결 메커니즘은 흔히 조직도 상에는 잘 나타나지 않지만 조직구조의 중요한 부분을 차지한다. 소규모 조직에서는 일반적으로 전 직원 간 상호작용이 원활하게 이루어지지만 크라이슬러, 마이크로소프트, 도요타 등과 같은 대규모 조직에서는 효과적인 협력, 지식공유, 의사결정을 위해서 수평적 정보공유가 메커니즘이 확보되어야 한다.[24] 예를 들면 도요타 자동차에서 가속페달과 브레이크 결함 관련 품질과 안전 관련 여러 문제가 발생된 것은 회사 내에서 조정과 정보공유가 제대로 이루어지지 못했기 때문이다.[25] 다음은 수평적인 의사소통과 정보흐름을 증진시킬 수 있는 구조적 대안들이다.[26] 각각의 장치는 사람들로 하여금 정보를 교환할 수 있도록 한다.

정보시스템. 오늘날 조직에서 수평적 연결을 제공하는 중요한 방법은 기능부서를 가로지르는 정보시스템(information systems)을 활용하는 것이다. 컴퓨터를 활용한 정보시스템은 조직 전체에 흩어져 있는 관리자와 현장 작업자들이 문제, 기회, 활동, 의사결정 사항 등에 대한 정보를 일상적으로 교환할 수 있도록 한다. 예를 들어, VA(Veterans Administration) 병원은 비스타(Vista)라고 불리는 정교한 시스템을 통해 모든 직원들이 조직 전체에서 환자에 대한 모든 정보에 접속하여 보다 나은 서비스를 제공할 수 있도록 하고 있다. 이 기술은 구성원들 간 긴밀한 조정과 협력을 용이하게 지원함으로써 VA 병원을 미국 내 가장 우수하고 비용대비 가장 효과적인 병원으로 변신시켰다.[27]

또한 프로젝트, 지리적인 경계 등을 뛰어넘어 지속적으로 수평적 조정을 지원하고 증진하기 위한 목적과 다른 조직과의 관계 구축을 위해 기업의 정보시스템을 활용하기도 한다. 세계에서 가장 규모가 큰 민간 국제 구호조직 중 하나인 케어 인터내셔널(CARE International)은 동일한 관심과 욕구를 가진 타인을 쉽게 찾아볼 수 있도록 인력 데이터베이스를 강화했다. 데이터베이스에는 모든 사람의 과거와 현재 담당 업무, 경험, 언어 능력, 외국에 대한 지식, 비상 상황에 대한 경험, 기술과 능력, 그 외에 다른 관심사 등이 기록되어 있다. 이 데이터베이스를 사용하여 구성원들은 경계를 뛰어넘어 서로에 대한 정보와 아이디어를 쉽게 검색하고, 공유하고, 지속적인 수평적 연결을 유지할 수 있게 되었다.[28]

연락관. 고차원적인 수평적 연결은 해당 문제와 관련이 있는 관리자와 종업원 간 이루어지는 직접 접촉 방식이다. 직접적인 접촉을 촉진하는 한 가지 방법은 전문적인 **연락관**(liaison role)을 설치하는 것이다. 연결 역할을 수행하는 사람은 특정 부서에 속해 있으면서 다른 부서와의 의사소통과 조정, 협력의 책임을 진다. 연락관은 흔히 엔지니어링부서와 생산부서 사이에 두는데, 그 이유는 엔지니어링부서는 생산시설에 맞추어 제품을 개발하고 테스트를 해야 하기 때문이다. 엔지니어링부서 하나를 생산시설이 있는 곳에 둠으로써 엔지니어는 생산 제품과 관련된 엔지니어링 문제에 대해 생산부서 책임자들과 손쉽게 토의할 수 있다. 또 연구개발부서 인력이 신제품에 대해 고객들이 어떻게 생각하고 요구하는 것이 무엇인지를 알기 위해 마케팅 회의에 참석할 수도 있다.

태스크포스. 연락관은 보통 2개 부서만을 연결한다. 따라서 2개 이상의 다른 부서들을 서로 연결시켜야 할 필요성이 있을 경우에는 복잡한 방식인 태스크포스를 활용한다. **태스크포스**(task force)는 문제와 연관성 있는 각 부서를 대표하는 사람들로 구성되는 일시적인 위원회이다.[29] 각 구성원들은 자신이 속한 부서의 이해를 대표하고, 회의에서 나온 결과를 해당 부서로 다시 전달해주는 역할을 한다.

태스크포스는 일시적인 문제를 해결하는 데 효과가 있는 수평적 연결 수단이다. 직접적인 수평적 조정에 의해 문제를 해결하고 수직적 계층의 정보 과부하를 줄일 수 있기 때문이다. 일반적으로 태스크포스는 해당 과업이 완성되고 나면 해체된다. 조직은 연례적인 회사 야유회 기획에서 많은 비용이 소요되는 제조상의 복잡한 문제해결까지 거의 모든 문제해결에 태스크포스를 활용할 수 있다. 한 가지 예를 들면, 메릴랜드의 노스베데스다(North

Bethesda)에 있는 조지타운(Georgetown) 예비학교는 독감 예방 계획을 수립하기 위해 교사, 행정직원, 코치, 지원스태프, 외부 컨설턴트로 구성된 태스크포스를 만들었다.[30] AT&T는 타임워너(Time Warner) 인수한 후, 프로그래밍부터 데이터분석에 이르기까지 여러 가지 이슈를 대응하기 위해 다양한 태스크포스를 만들어 활용했다.

IN PRACTICE AT&T 워너미디어

AT&T가 타임워너를 인수하고 워너미디어(Warner-Media) 브랜드로 재탄생하기까지 많은 변화가 있었다. 타임워너를 인수할 당시 타임워너에는 HBO, 터너, 워너브러더스 등 3개 사업부가 있었다. 2018년 인수합병 딜이 이루어지자마자 AT&T 경영진은 급변하는 미디어산업 분석과 여러 이슈 대응을 위하여 여러 사업부 출신으로 구성된 워크스트림(workstreams)이라는 위원회를 만들었다.

FOOTAGE VECTOR PHOTO/Shutterstock.com

워크스트림 중 하나는 TV 미래에 집중하면서 넷플릭스와 경쟁할 수 있는 비디오 구독 회원제 초기 사업 계획을 만들었다. 이 아이디어는 워너미디어 필름과 TV 도서관으로부터 콘텐츠 지원으로 새로운 서비스 상품으로 등장하였고, HBO가 지금까지도 독자사업부로 생존하는 원동력이 되었다. 워크스트림은 AT&T가 부서간 경계를 허물고 함께 하는 사업부를 만든 출발점이었다. 타임워너 장기 근속자 중 한사람은 "나는 3개 사업부가 함께 전략을 얼마나 만들어 보았는지 기억조차 나지 않는다." 라고 말했다. 워너미디어 CEO 존 스탠키(John Stankey)와 스탠키를 콘텐츠담당 중역(chief content officer: CCO)으로 임명한 전 NBC 엔터테인먼트 회장 출신 로버트 그린브랫(Robert Greenblatt)은 여러 부서가 협력하여 월트디즈니(Walt Disney)나 컴캐스트 NBC 유니버설(Comcast's NBC Universal)과 같은 성공적 회사를 만들고 싶어 했다. 그린브랫은 직원들에게 경쟁사가 우리의 점심을 먹어 치우고 있다고 경고하고, 이렇게 된 배경에는 타임워너 시절 사업부 간 내부 다툼 때문이라고 지적하였다. 실제, 스트리밍 서비스 개선을 위해 타임워너와 HBO 사업부 간 협조가 원활하지 못했는데, 경쟁자는 협력에 매진했다. "이 회사는 이질적인 집단의 집합체 같았다… 이들을 어떻게 스마트한 협력체계로 이끌어가야 할지 이해하는 것은 나에겐 정말 큰 고통이었다"고 그린브랫은 회고한다.[31]

도입 질문과 답

2. 여러 부서 사람으로 구성된 위원회와 태스크포스는 성과를 제대로 내지 못할 때가 많다.

답) 동의하지 않는다. 기능횡단 위원회나 태스크포스의 목적은 해당 부서들 간 정보를 공유하고 조정하는 것이다. 회의와 대화, 반대 의견 제시는 모두 위원회에서 일어나는 현상이다. 따라서 효율성 관점에서 성과를 내려고 노력해서는 안 된다.

전임통합자. 강력한 수평적 연결 장치는 오직 조정 역할을 전담 수행하는 직위나 부서를 만드는 것이다. **전임 통합자**(full-time integrator)는 흔히 제품 관리자, 프로젝트 관리자, 프로그램 관리자 또는 브랜드 관리자 등과 같은 직책을 가지고 있다. 앞에서 설명한 연결 역할을 하는 사람과 다르게 전임 통합자는 기능부서를 담당하는 관리자에게 보고할 의무는 없다. 즉, 전임 통합자는 해당 부서와 다른 별도의 직함을 갖고, 관련된 몇 개 부서를 조정하는 책임을 진다. 예를 들어 플랜터스 피넛(Planters Peanuts)의 브랜드 관리자는 해당 제품에 대한 판매, 유통, 광고 업무를 조정하는 역할을 수행 한다.

전임 통합자는 이외에도 신제품 개발, 설계, 자금조달, 마케팅뿐만 아니라 혁신이나 변화 프로젝트를 담당하는 경우도 있다. 〈도표 3.4〉에서 보는 바와 같이 신제품 개발 담당 프로젝트 관리자가 조직도에 표시되어 있다. 프로젝트 관리자는 기능부서의 옆에 표시됨으로써 다른 부서와 독립적이라는 것을 보여주고 있다. 기능부서를 횡단하는 화살표는 신제품 개발에 참여하는 프로젝트의 구성원을 의미한다. 예를 들어 신제품 A는 예산과 비용을 담당하는 재무 담당자, 엔지니어링부서의 디자인 담당자, 구매와 마케팅부서의 해당 역할 담당자 등으로 구성되어 있다. 엔지니어링부서의 디자인 담당자는 디자인에 대해 조언하고, 구매와 프로젝트 관리자 역시 자신의 담당 영역을 대표하는 역할을 한다. 프로젝트

도표 3.4 조직구조에서 프로젝트 관리자의 위치

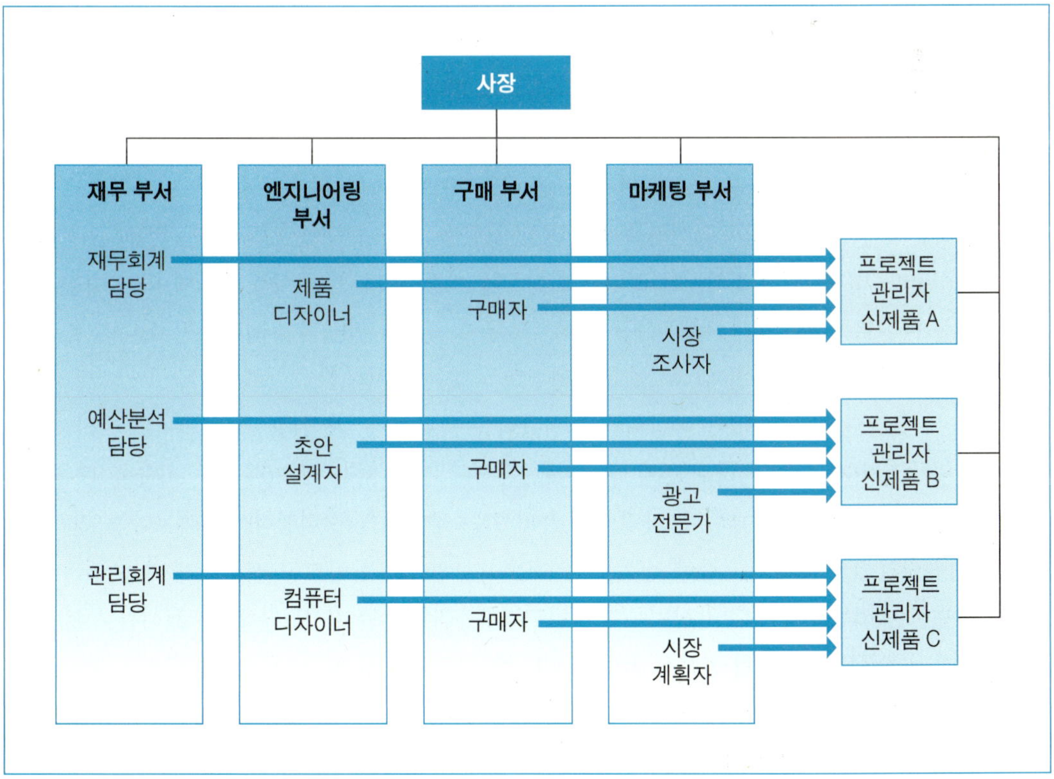

관리자인 전임통합자는 전체 프로젝트에 대한 책임을 가지고 있다. 그는 신제품이 제때에 정확하게 완성되는지, 시장에 출시되는지, 기타 프로젝트의 목표를 제대로 달성할 수 있는지 등을 관리한다. 〈도표 3.4〉에 나타나 있는 수평선은 프로젝트 관리자가 각 팀의 구성원들에 대해 공식적인 권한을 가지고 있지 않다는 것을 알려준다. 즉, 프로젝트 관리자는 각 팀의 구성원들에 대한 보상, 고용, 해고 권한을 가지고 있지 않으며, 그와 같은 공식적인 권한은 부하들을 직접적으로 지휘하는 기능부서 관리자들에게 주어져 있다.

전임 통합자에게는 뛰어난 인간관계 능력이 필요하다. 전임 통합자는 대부분의 경우 많은 책임을 가지고 있지만 권한은 거의 없다. 따라서 전임 통합자가 조정을 원활하게 수행하기 위해서는 전문지식과 설득력을 활용해야만 한다. 그는 각 부서를 돌아다니며 필요 인력을 선발하고, 이들과의 신뢰관계를 유지하고, 문제를 해결하고, 갈등과 논쟁을 해결하는 역할을 수행해야 한다.[32]

기능횡단팀. 프로젝트팀(project team)은 가장 강력한 수평적 연결 장치라고 할 수 있다. **기능횡단팀**(cross-functional team)은 여러 부서 출신으로 지속적으로 존재하는 태스크포스 팀이며 흔히 전임통합자와 함께 활용된다. 상당 기간 여러 부서 업무 간 조정과 협력이 필요할 경우 기능횡단팀이 해결책이 된다. 연구파트, 엔지니어파트, 마케팅파트, 공급파트, 재무 파트 사람들을 묶어 냄으로써 혁신의 토대가 된다. 애플, 이케아, 레고 등 기능횡단팀을 성공적으로 실행하고 있는 기업들은 혁신목표를 명확하게 설정하는 것이 성공의 지름길이라는 것을 안다.[33] 대규모 프로젝트나 조직에 중요한 혁신 또는 신제품을 개발할 경우 특수 프로젝트팀이 이용되기도 한다. 제트블루(JetBlue) 항공의 특별 프로젝트팀은 승무스케줄 담당자, 시스템 운영자, 운항관리자, 예약 담당자를 비롯하여 기상 이변과 같은 비상사태를 담당하는 직원들로 팀을 구성하였다. 항공사가 이러한 비상상황을 얼마나 효과적으로 관리하는지에 따라 성과와 고객만족에 심대한 영향을 미치며, 이를 위해서는 긴밀한 조정이 요구된다. 첫 번째 팀 회의에서 리더는 비상상황 시뮬레이션을 제시하고 이에 대한 대응 방안을 마련토록 지시했다. 팀의 목표는 제트블루 항공사가 정상적인 상황뿐만 아니라 비상 상황에서도 좋은 성과를 낼 수 있도록 해결책을 찾는 것이다.[34]

오늘날 많은 기업이 가상의 기능횡단팀을 사용한다. **가상팀**(virtual team)은 지리적으로 멀리 떨어져 있는 여러 조직의 구성원들을 첨단 정보 처리 및 의사소통 기술을 활용하여 팀으로 구성하는 형태이다. 가상팀에 속해 있는 구성원들은 직접적인 접촉보다는 인터넷이나 협업 소프트웨어를 통해 공동으로 작업한다.[35] 문화가 다르고 시간대가 다른 여러 나라 출신 멤버들로 구성된 가상팀을 운영하고 있는 대부분의 기업들은 하루 24시간 서로 접속할 수 있는 가상 작업 공간을 갖추고 있다.[36]

팀이 어떻게 강력한 수평적 조정을 제공하는지는 〈도표 3.5〉의 예를 보면 쉽게 알 수 있다. 위자드 소프트웨어(Wizard Software Company)사는 모바일 비디오게임과 소셜미디어에서

도표 3.5 위자드 소프트웨어사의 수평적 조정 팀

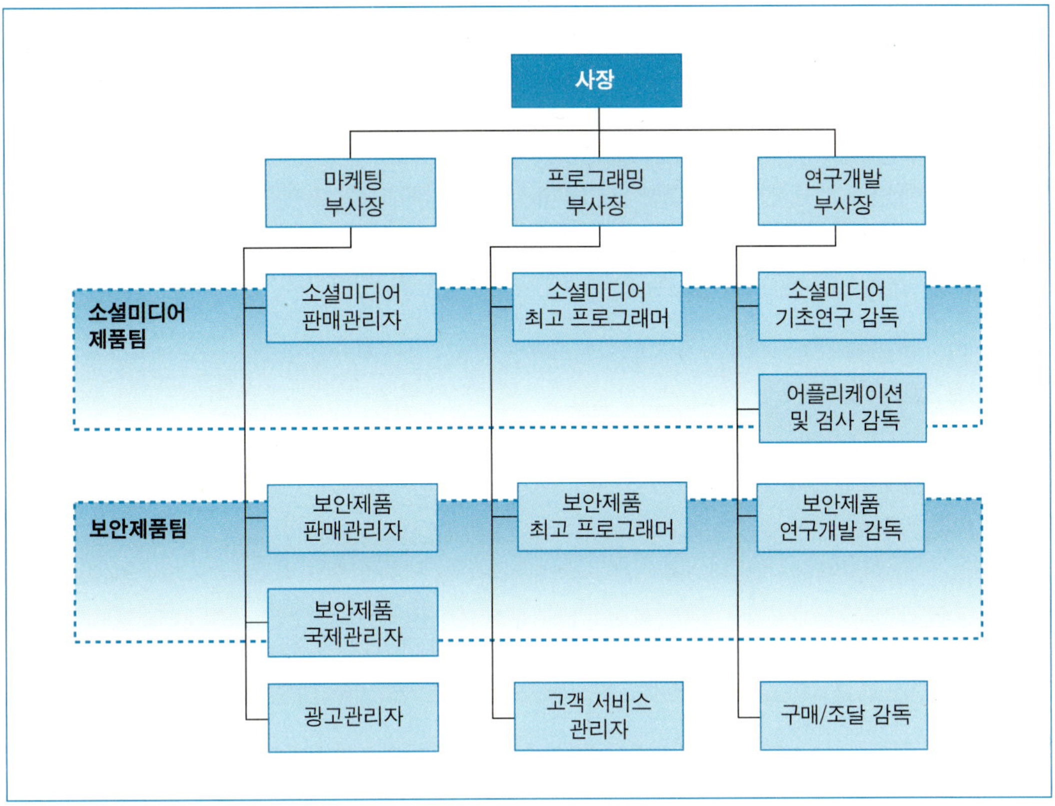

재무적인 서비스용 프로그램에 이르기까지 다양한 응용프로그램을 개발하여 판매하는 회사이다. 위자드사는 〈도표 3.5〉에서 점선과 음영 처리된 부분으로 나타난 바와 같이 각 제품라인에서 마케팅, 프로그래밍, 연구개발부서의 의견을 조정하기 위해 프로젝트 팀을 활용하고 있다. 각 팀의 구성원들은 날마다 고객의 요구사항, 프로그램의 변화, 일정 조정 및 제품라인과 관계된 다른 문제들을 해결하기 위해 제일 먼저 회의를 갖는다. 여러분은 수평적 팀워크에 적합한 사람이라고 생각하는가? 팀워크에 대한 자신의 선호도를 알아보기 위해 '적합성 평가' 설문에 답해보기 바란다.

〈도표 3.6〉은 수평적 연결을 위한 장치들을 요약한 것이다. 각각의 장치들은 조직에서 수평적인 조정과 협력을 증가시키기 위해 관리자가 선택할 수 있는 대안이라고 할 수 있다. 더 높은 수준의 장치들은 더 많은 수평적 정보능력을 제공하지만 시간과 인적자원이라는 측면에서 볼 때 더 많은 비용이 요구된다. 만일 수평적 의사소통이 원활하게 이루어지지 못한다면 각 부서는 조직 내 다른 부서와의 조화를 이루지 못하고 결국에는 조직의 전체목표 달성에 기여하지 못하게 될 것이다. 요구되는 수평적 조정의 강도가 높을수록 관리자들은 더 높은 수준에 있는 조정 장치를 선택해야 한다.

적합성 평가

팀원의 기쁨과 고통

일 또는 학업에 대한 태도는 팀원으로서 살아남을 수 있는지를 알려준다. 다음의 일에 대한 당신의 선호도에 대한 질문에 답해보자. 각 항목에 대해 자신의 생각과 비슷한 곳에 표기해보자.

	그렇다	그렇지 않다
1. 개인적인 일보다는 팀으로 일하는 것이 더 좋다.	____	____
2. 선택할 수 있다면 그룹으로 작업하기보다는 혼자서 작업하는 것을 선택할 것이다.	____	____
3. 다른 사람과 일을 할 때 인간적인 상호작용을 즐긴다.	____	____
4. 내 일은 내가 하고, 다른 사람들은 그들의 일을 하는 것이 더 좋다.	____	____
5. 개인적인 승리보다는 팀이 승리하는 것이 더 만족스럽다.	____	____
6. 팀원들이 자신의 몫을 다하지 않을 경우 팀은 아무런 가치가 없다.	____	____
7. 구성원 간 의견이 다를지라도 다른 사람과 일하는 것이 더 좋다.	____	____
8. 직무나 과제를 수행할 때 다른 사람보다 나 자신을 믿는다.	____	____

점수: 각 문항 중 홀수번호의 문항에 '그렇다'고 응답한 경우 1점, 짝수번호의 문항에 '그렇지 않다'고 응답한 경우 1점으로 계산한다. 여러분의 점수는 팀으로 일하는 것을 좋아하는지 아니면 개인적으로 일하는 것을 좋아하는지를 나타낸다. 만약 2점 이하의 점수를 얻었다면 당신은 분명 혼자서 일하는 것을 좋아한다. 만약 7점 이상의 점수를 얻었다면 팀원으로 일하는 것을 좋아한다. 3~6점은 혼자서 일하는 것과 팀에서 일하는 것 모두 편안함을 느끼는 경우이다.

해석: 팀워크는 당신의 선호에 따라 당신을 좌절시킬 수도 있고, 동기부여 시킬 수도 있다. 팀에서는 자율권이 제한될 수도 있고, 당신 보다 열정이 낮은 동료에게 의지해야 할 때도 있다. 다른 사람과 함께 일을 해야 하며, 업무 처리 절차나 결과를 통제할 수 없을 때도 있다. 그러나 팀은 개인이 혼자서 할 수 있는 것보다 더 많은 것을 달성할 수 있으며, 혼자서 일하는 것보다 여럿이 함께 일하는 것 자체가 커다란 만족의 원천이 될 수도 있다. 만약 당신이 혼자서 일하는 것을 좋아한다면 수직적 계층을 가진 기능별 구조나 개인적으로 공헌할 수 있는 역할을 찾는 것이 적합할 것이다. 만약 팀으로 일하는 것을 좋아한다면 수평적 구조나 매트릭스 구조, 혹은 수평적 연결 역할을 수행하는 것이 적합할 것이다.

출처: Based on Jason D. Shaw, Michelle K. Duffy, and Eric M. Stark, "Interdependence and Preference for Group Work: Main and Congruence Effects on the Satisfaction and Performance of Group Members," Journal of Management 26, no. 2 (2000), 259–279.

3.2d 관계적 조정

〈도표 3.6〉에서 보는 바와 같이 가장 높은 수준의 수평적 조정은 관계적 조정이다. **관계적 조정**(relational coordination)은 공유 목표와 지식, 상호 존중을 기반으로 적시에, 빈번하게 문제해결 커뮤니케이션이 이루어지는 것을 의미한다.[37] 관계적 조정은 〈도표 3.6〉에 제시된

도표 3.6 수평적 연결과 조정 메커니즘

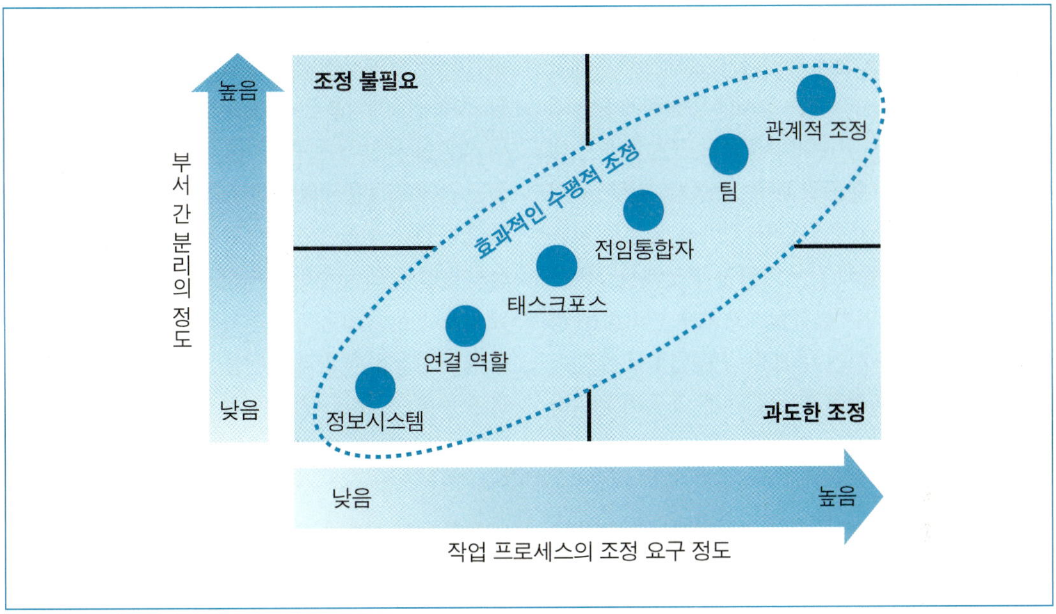

출처: Based on Exhibit 1 in Nicolay Worren, "Hitting the Sweet Spot Between Separation and Integration in Organization Design," *People & Strategy* 34, no. 1 (2011), 24–30; and Richard L. Daft, *Organization Theory and Design*, 11th ed. (Cincinnati, OH: Cengage/Southwestern), 106.

다른 요소들처럼 어떤 장치나 메커니즘이 아니라 조직의 짜임이나 문화의 일부분이라고 할 수 있다. 관계적 조정이 높은 수준에 있는 조직에서는 구성원들이 부서의 경계를 넘어 자유롭게 정보를 교환하고 지식을 공유하며 문제를 해결하기 위해 지속적으로 상호작용을 한다. 조정은 공식적인 조정역할이나 메커니즘보다는 지속적으로 이루어지는 긍정적인 관계망을 통해 이루어진다.[38] 즉 부서를 가로질러 종업원들이 서로 직접적으로 조정과 협력을 한다.

조직 내에 관계적 조정을 구축하기 위해서는 경영자의 적극적인 역할이 요구된다. 경영자는 상호작용에 필요한 기술을 갖추도록 종업원 훈련에 투자하고 기능부서 간 갈등을 해결하고 종업원에 대한 관심을 보여줌으로써 신뢰를 구축해야 하며, 개별 부서의 목표를 강조하기보다는 공유 목표에 근거해 의도적으로 관계를 권장해야만 한다. 구성원들에게는 엄격한 규칙보다는 자유를 주어 그들이 필요할 경우 어디서나 상호작용하고 공헌할 수 있는 유연성을 보장하고, 보상 역시 팀 단위의 노력과 성과에 기초하여 이루어져야 한다. 일선 감독자들의 경우 감독폭이 작기 때문에 부하들과 긴밀한 관계를 만들 수 있고, 코칭과 멘토링을 제공할 수 있다. 관리자들은 또한 경계를 넘어 조정을 촉진하는 특정한 기능횡단 역할을 만들 수도 있다. 사우스웨스트 항공(Southwest Airlines)의 [IN PRACTICE] 사례를 살펴보자.

사우스웨스트 항공의 경영진은 현장의 관계적 조정을 통하여 항공기 출발 관련 모든

IN PRACTICE 사우스웨스트 항공

항공사는 여러 도전에 직면하고 있지만 하루에도 수백 번 직면하는 이슈는 정시에 안전하게 항공기를 이착륙시키는 이슈이다. 항공기 출발 과정은 대단히 복잡하다. 항공권 매표, 조종사, 승무원, 수하물 담당자, 출입구 담당자, 정비공, 활주로 담당자, 연료공급자 등과 같은 다양한 부서에서 수많은 사람들이 참여하여 불확실하고 계속 변화하는 상황 속에 제한된 시간 내에 다양한 업무를 수행하고 있다. 만약 이러한 모든 집단 간 조정이 긴밀하게 이루어지지 않는다면 항공기가 정시에 출발하지 못할 수 있다.

사우스웨스트 항공은 항공산업에서 가장 짧은 회전율을 가지고 있는데 그 배경에는 경영진들이 최상의 정시 성과와 고객만족을 달성하도록 관계적 조정을 늘 강조해왔기 때문이다. 일반적으로 비행기 지연 책임에 대해 종업원 간에 심각한 논쟁이 발생하지만, 사우스웨스트 항공에서는 경영진이 팀 지체라는 개념을 만들어냈다. 즉 일이 잘못될 경우 책임질 사람이 누구인가를 찾기보다는 다양한 집단 간에 조정 문제를 찾아내기 위해 팀 지체 개념을 활용했다. 팀을 강조함으로써 모든 구성원들은 정시 출발, 정확한 수하물 처리, 고객만족이라는 공유 목표에 집중했다. 이처럼 지체가 팀 문제가 됨으로써 사람들은 책임과 비난을 회피하기보다 그들의 활동을 조정하고 긴밀한 협조를 위해 동기부여되었다. 감독자들은 종업원들과 긴밀하게 작업하지만 그들의 역할은 상사가 아니라, 직원들이 자신의 일을 보다 잘할 수 있도록 지원하고 학습을 촉진하는 것이다. 사우스웨스트 항공은 관리 폭을 작게 하고 있으며 — 관리자 1명이 8~9명의 직원을 담당 — 그 결과 관리자들은 직원을 내부고객으로 보고 직원들에게 코칭과 지원을 제공하고 있다.[39]

부서 간 조정이 긴밀하게 이루어지도록 하였다. 관계적 조정이 높을 경우 구성원들은 그들에게 할 일을 지시하는 상사나 공식적인 메커니즘이 없어도 스스로 정보를 공유하고 자신들의 활동을 조정한다.

국제안보지원군 공동사령부의 초대 사령관이자 아프가니스탄 미군부사령관을 지낸 데이비드 로드리게즈(David M. Rodriguez) 중장은 미군과 아프가니스탄 군의 지휘자뿐만 아니라 낮은 계급의 지휘자, 민간인 리더 및 다른 사람들과의 관계적 조정을 촉진한 것으로 유명하다. 그의 작전본부는 뉴스룸과 같은 분위기였으며, 사람들은 진심을 갖고 대화하고 서로의 지식을 공유했다. 고급 장교들로부터 나온 가이드라인은 대위와 부사관들로부터 나온 아이디어가 정제되어 위로 올라온 것들이었다. 로드리게즈는 팀의 효과성을 극대화하기 위해서는 함께 일하고 어떻게 해야 하는지를 잘 이해하고 있었다.[40]

핵심정리

- 조직을 하나로 만드는 데는 조직도뿐만 아니라 정보시스템과 커뮤니케이션 연계 장치가 필요하다.
- 조직구조는 조직의 전체 목표 달성에 필요한 정보처리과정에 기반한 수직적, 수평적 정보 연계 장치를 갖추고 있어야 한다.

- 관리자는 계층, 규칙과 계획, 공식정보시스템을 강조하는 효율성 중시의 전통적 조직(기계식 설계)을 지향할 것인지, 수평적 커뮤니케이션과 조정을 강조하는 학습과 적응 중시의 유연한 조직(유기적 설계)을 지향해야 할지 결정해야 한다.
- 조직은 기능횡단형 정보시스템, 연락관, 임시 태스크포오스, 전담 통합자, 횡단기능팀 등의 수평적 연계 장치를 갖추어야 하고, 관계적 조정이 가능한 여건을 만들어야 한다.

3.3 조직설계의 대안

전체 조직구조 설계는 요구 작업 활동(required work activities), 보고체계(reporting relationships), 부서화(departmental grouping options) 등 세 가지 요소를 중심으로 이루어진다.

3.3a 요구 작업 활동

부서는 전략적으로 중요한 과업을 수행하기 위해 만들어진다. 제조업을 예로 들면 조직이 목표를 달성하기 위해 필요한 기능 활동, 즉 인적자원 선발과 훈련을 담당하는 인사부서, 원재료와 부품을 구매하는 구매부서, 제품을 생산하는 생산부서, 제품을 판매하는 판매부서 등을 중심으로 부서화가 이루어진다. 조직이 성장하고 복잡해짐에 따라 더 많은 기능부서들이 필요하게 된다. 이 경우 조직은 목적달성에 필요한 과업들을 수행할 수 있도록 새로운 직위와 부서를 정의하고 추가한다. 스포티파이가 스트리밍 뮤직의 한계를 뛰어 넘기 위해 콘텐츠 중역 담당직(CCO)을 추가한 사례를 상기해보자. 영국의 거대 석유회사인 BP사는 심해 지역의 석유 시추를 위해 안전부서를 새로 설치한 바 있다. 아마존은 자체 선적과 물류를 담당할 물류부서를 신설하였다. 아마존의 배송 네트워크는 상품을 배송하고 타사 제품을 포장하는 분야에서 궁극적으로 UPS와 페덱스(FedEx) 사업에 도전하게 될 것이다.[41]

3.3b 보고체계

작업 활동과 이에 따른 부서화가 완료되고 나면 다음 단계는 이러한 작업 활동과 부서들을 어떻게 계층화할 것인가가 문제가 된다. 흔히 명령체계(chain of command)라고 불리는 보고체계는 조직도에서 수직선으로 표시된다. 명령체계는 조직 내 모든 구성원들이 연결되고, 누가 누구에게 보고하는지를 표시할 수 있어야 한다. GE, BP사, 아마존, 로레알(L'Oreal) 등과 같은 대기업의 수천 명이나 되는 구성원들의 보고체계를 모두 나타내기 위해서는 100장 이상의 조직도가 필요할 것이다. 부서에 대한 정의와 보고관계를 그린다는 것은 종업원들을 어떻게 부서화하는지를 보여준다.

3.3c 부서화 방법

부서화 방법은 〈도표 3.7〉에서 보는 바와 같이 기능별 부서화, 사업별 부서화, 다초점 부서화, 가상 네트워크 부서화, 홀라크라시팀 부서화 등 다양한 방법이 있다. **부서화**(departmental grouping)는 부서원들이 같은 리더의 감독을 받고, 공동으로 자원을 활용하고, 성과를 내기 위해 상호 인정하고 협력하도록 영향을 준다.[42]

기능별 부서화(functional grouping)는 과업, 업무처리 과정, 지식이나 기술의 유사성에 근거해 종업원들을 부서화하는 방법이다. 예를 들어, 마케팅과 관련된 모든 종업원들을 한 사람의 감독 아래 일하도록 마케팅부서로 배치하고, 제조부서, 인적자원관리부서 등 다른 부서들도 동일한 방식으로 부서화하는 방법이다. 인터넷 회사를 예로 들면 웹사이트를 관리하는 사람들을 모두 한 부서에 배치하는 것이다. 과학기술기업의 경우 화학자는 생물학자와는 학문분야가 다르기 때문에 서로 다른 부서로 배치한다.

사업별 부서화(divisional grouping)는 제품에 따라 구성원들을 부서화하는 방법이다. 예를 들어, 마케팅, 생산, 판매를 모두 포함하여 치약 생산과 관련된 모든 구성원들을 한 사람의 임원 아래 배치하는 방식이다. AT&T와 같은 거대 기업의 경우 제품과 서비스에 따라 모바일과 커뮤니케이션을 담당하는 AT&T 커뮤니케이션 사업부, TV와 영화를 담당하는 워너 미디어 사업부, 광고 솔루션을 담당하는 잰더(Xander) 사업부 등 독립사업 형태를 가진다.

다초점 부서화(multifocused grouping)는 조직이 두 가지 구조화 방법을 동시에 고려해 부서화하는 방법이다. 이와 같은 구조는 흔히 **매트릭스 구조**(matrix grouping)로 불린다. 이에 대해서는 뒤에서 다시 자세하게 다루겠지만, 기본적인 특징은 조직이 기능과 제품, 또는 제품과 지역을 동시에 고려해 조직을 부서화한다는 것이다.

가상 네트워크 부서화(virtual network grouping)는 각각의 독립적인 구성 요소들이 느슨하게 연결되어 있는 형태이다. 본질적으로 각 부서는 독립된 조직이지만 정보공유와 과업을 완성하기 위해 정보통신기술을 통해 연결되어 있다. 따라서 각 부서들이 특정지역에 위치하기보다는 전 세계 여러 지역에 흩어져 있을 수 있다.

홀라크라시팀 부서화(holacracy team groupings)는 부서화 방법 중 가장 최근에 등장한 부서화 방법이다. 이 방식은 전체 조직이 특정 과업이나 활동을 추진하기 위해 필요한 사람들로 구성된 자율경영팀으로 구성되도록 부서화한다.

〈도표 3.7〉에 제시된 조직구조 형태는 조직도에 나타나는 모습과 구체적인 조직구조에 대한 선택 대안을 보여주고 있다. 여기서 제시되고 있는 조직구조는 각각 장점과 단점을 가지고 있다.

도표 3.7 조직구조의 유형

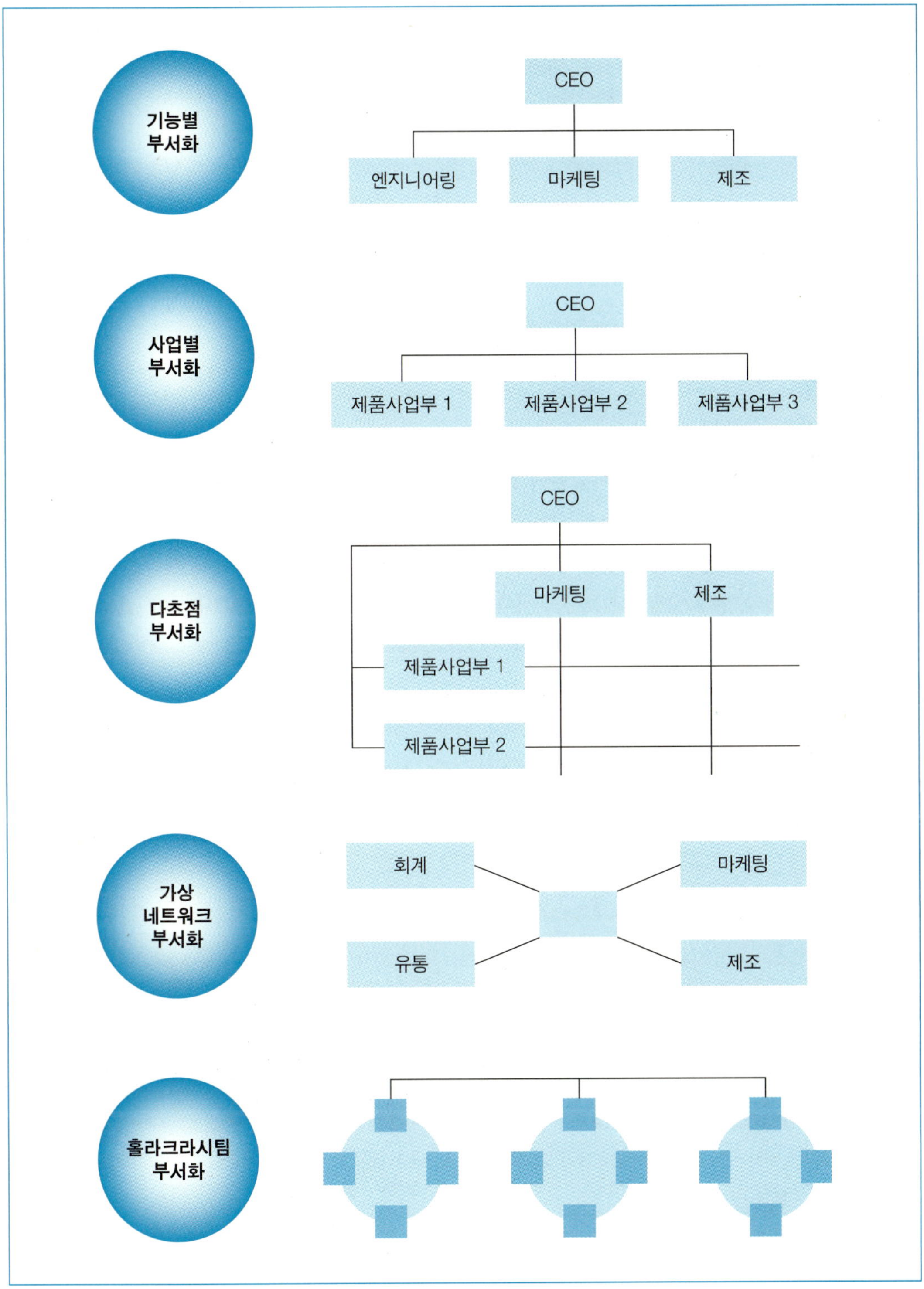

출처: Adapted from David Nadler and Michael Tushman, *Strategic Organization Design* (Glenview, IL: Scott Foresman, 1988), 68.

핵심정리

- 전체 조직구조 설계는 요구 작업 활동, 보고체계, 부서화 등 세 가지 설계 요소를 중심으로 이루어진다.
- 구성원을 그룹화하고 부서화하는 설계 대안에는 기능식 부서화, 사업별 부서화, 매트릭스 부서화, 가상네트워크 부서화 및 홀라크라시팀 부서화 등이 있다.

3.4 기능별, 사업별, 지역별 구조

기능별 구조와 사업별 구조는 가장 일반화된 조직구조 유형이다.

3.4a 기능별 구조

U-form이라고도 불리는 **기능별 구조**(functional structure)는 조직의 상위계층에서 하위계층까지 공통 기능을 중심으로 활동이 부서화되는 구조이다.[43] 모든 엔지니어들은 엔지니어링부서에 배치되고, 엔지니어링부서의 부장은 엔지니어링 활동에 대해 모든 책임을 지는 구조이다. 마케팅, 연구개발부서, 제조부서도 이와 같은 방식으로 부서화되어 있다. 기능별 구조의 대표적인 예는 앞에서 살펴본 〈도표 3.1〉과 같다.

기능별 구조의 경우 특정 활동과 관련된 모든 지식과 기술을 집중화(전문화)함으로써 조직에 수준 높은 핵심 지식을 제공하는 역할을 한다. 따라서 기능별 구조는 목표달성을 위해 특정 분야에 대한 전문지식이 중요할 경우, 수직적 계층을 따라 조직이 통제되고 조정되어 효율성이 강조될 경우 효과적이다. 수평적 조정의 필요성이 낮을 경우 기능별 구조가 적합하다. 〈도표 3.8〉은 기능별 구조의 강점과 약점을 정리한 내용이다.

기능별 구조는 해당 기능부서에서 규모의 경제효과를 얻을 수 있다는 장점이 있다. 규모의 경제효과는 구성원들이 동일 부서에 배치되고, 시설을 공유함으로써 얻어지는 결과이

도표 3.8 기능별 구조의 강점과 약점

강점	약점
1. 기능부서 내에서의 규모의 경제 효과 달성	1. 환경 변화에 대한 느린 반응
2. 특정 분야에 대한 깊이 있는 지식과 기술 개발 가능	2. 의사결정 문제가 최고경영층에 집중됨으로써 과부하 발생
3. 기능별 목표달성	3. 부서 간 수평적 조정 약함
4. 제품이 소수인 경우 적절	4. 혁신이 낮음
	5. 조직목표에 대한 제한적인 시각

출처: Based on Robert Duncan, "What Is the Right Organization Structure?" *Organizational Dynamics* (Winter 1979), 59–80.

다. 하나의 공장에서 모든 제품을 생산한다는 것은 최신 설비를 활용할 수 있다는 것을 의미하며, 제품 라인별로 공장시설을 분리하기보다는 하나의 시설로 건설함으로써 중복과 낭비를 제거할 수 있다. 기능별 구조는 또한 구성원이 전문지식과 기술을 개발하는 데 도움이 된다. 구성원들은 자신의 부서 내에서 다양한 기능과 지식을 습득할 수 있다.[44] 기능별 구조의 주요 약점은 환경 변화 대응을 위해 필요한 부서 간 조정과 반응이 느리다는 점이다. 또한, 의사결정이 최고경영진에 집중됨에 따라 신속한 환경 대응이 어렵고, 수직적 계층상의 업무 과부하 현상이 발생할 수 있으며, 조정이 느리기 때문에 혁신이 느려지고, 전체 목표에 대한 구성원들의 시각이 편협할 수 있다는 점이다.

3.4b 수평적 연결을 가진 기능별 구조

일부 기업은 기능별 구조를 효과적으로 활용하고 있으며, 기능별 조직화는 여전히 조직설계에서 널리 활용되는 접근법이다.[45] 그러나 오늘날과 같이 급변하는 환경에서 엄격한 기능별 구조를 가지고 성공하는 기업은 많지 않다. 워터쉐드 자산관리(Watershed Asset Management)사의 경우 법률, 회계, 투자 등과 같이 기능별로 조직화되어 있지만 조정과 협력을 확보하기 위해 창립자인 메리드 무어(Meridee A. Moore)는 모든 구성원이 한 방에 앉을 수 있도록 큰 방을 운영하고 있다. "정제하거나 가릴만한 것은 그렇게 많지 않다. 우리가 어떤 일을 할 경우 많은 토론이 오고 간다"라고 그는 말한다.[46] 작은 조직에서는 이러한 비공식적 조정이 쉽게 이루어지지만 조직 규모가 커지면 일반적으로 수평적 연결을 위해 보다 강력한 메커니즘을 필요로 한다.

관리자들은 정보시스템, 연결 역할, 전임통합자나 프로젝트 관리자(도표 3.4), 태스크포스 또는 팀(도표 3.5) 활용, 관계석 조정을 촉진하는 상황을 만들어 줌으로써 수평적 조정을 개선할 수 있다. 수평적 연결 장치를 활용하는 재미있는 사례는 스웨덴의 스톡홀름에 있는 카롤린스카 병원(Karolinska Hospital)에서 볼 수 있다. 이 병원은 47개의 기능부서를 가지고 있었다. 흥미로운 것은 최고경영진이 이것을 11개의 부서로 축소한 이후에도 여전히 원활한 조정이 이루어지지 않았다는 사실이다. 결국 환자진료를 중심으로 병원의 작업흐름을 재조직화하기 위한 팀이 구성되었다. 이 팀은 환자를 한 부서에서 다른 부서로 옮겨 다니게 하는 대신 접수, 엑스레이, 외과 등의 각 부서를 환자가 회복될 때까지 거쳐 가는 정비소(pit-stop)로 개념화시켰다. 이러한 접근방법에서 가장 재미있는 것은 간호조정자(nurse coordinator)라는 새로운 직위를 만든 것이다. 간호조정자는 전임통합자의 역할을 수행하며, 부서 내 또는 부서 간 환자 이송 상의 문제를 해결하고 있다. 이처럼 수평적인 조정 개선을 통해 카롤린스카 병원은 환자에 대한 보호 문제와 생산성을 획기적으로 개선하였다.[47] 카롤린스카 병원은 기능별 구조의 단점을 수평적 연결을 통해 효과적으로 극복한 사례이다.

3.4c 사업별 구조

M-form 혹은 분권화된 구조라고도 불리는 **사업별 구조**(divisional structure)는 사업부를 개별 제품, 서비스, 제품그룹, 주요 프로젝트나 프로그램, 사업 또는 이익센터 등에 따라서 조직화한다.[48] 사업별 구조는 때로 제품구조 혹은 전략사업단위 구조라고 불리기도 한다. 사업별 구조의 가장 뚜렷한 특징은 조직의 산출물을 기준으로 부서화가 이루어진다는 점이다. 예를 들어 레고(LEGO) 그룹은 기능별 구조에서 3개의 제품사업부 — DUPLO(유아들을 위한 큰 블록 제품)와 레고 조립, 조립 가능한 보석 등과 같이 레고 레고쥬얼리 재료 — 구조로 개편되었다. 각 사업부에는 장난감 라인에 필요한 기능부서가 모두 갖추어져 있다.[49] 미국에서 50대 산업기기업체에 들어가는 UTC(United Technologies Corporation)는 에어컨과 난방기 부문의 캐리어(Carrier), 엘리베이터와 에스컬레이터 부문의 오티스(Otis), 항공엔진 분야의 프랫앤휘트니(Pratt & Whitney), 헬리콥터 부문의 시코르스키(Sikorsky) 등 여러 사업부를 가지고 있다.[50] 중국의 온라인 기업인 타오바오(Taobao)는 그들이 제공하는 서비스 유형에 따라 개별 구매자와 판매자 연결, 소비자에게 물건을 판매하는 소매상인을 위한 시장, 중국의 쇼핑 웹사이트를 가로질러 탐색하는 사람들을 위한 서비스 등 3개 사업부로 분류하였다.[51]

조직이 점점 복잡해짐에 따라 기능별 구조에서 사업별 구조로 옮겨가는 경향이 있다.[52] 사업별 구조와 기능별 구조의 차이점은 〈도표 3.9〉에 나타난 바와 같다. 〈도표 3.9〉에서 위에 있는 기능별 구조는 제품에 따라서 부문을 분리하고, 각 부문에 R&D, 제조, 회계, 마케팅 등과 같은 기능부서를 포함하는 사업별 구조로 재조직화할 수 있다. 이러한 재조직화를 통해 각 제품그룹 내에서 기능부서 간 조정을 극대화시킬 수 있다. 사업별 구조는 각 부서의 크기가 훨씬 더 작기 때문에 유연성과 변화를 촉진시킬 수 있고, 환경 변화에 용이

도표 3.9 인포테크사의 재조직화

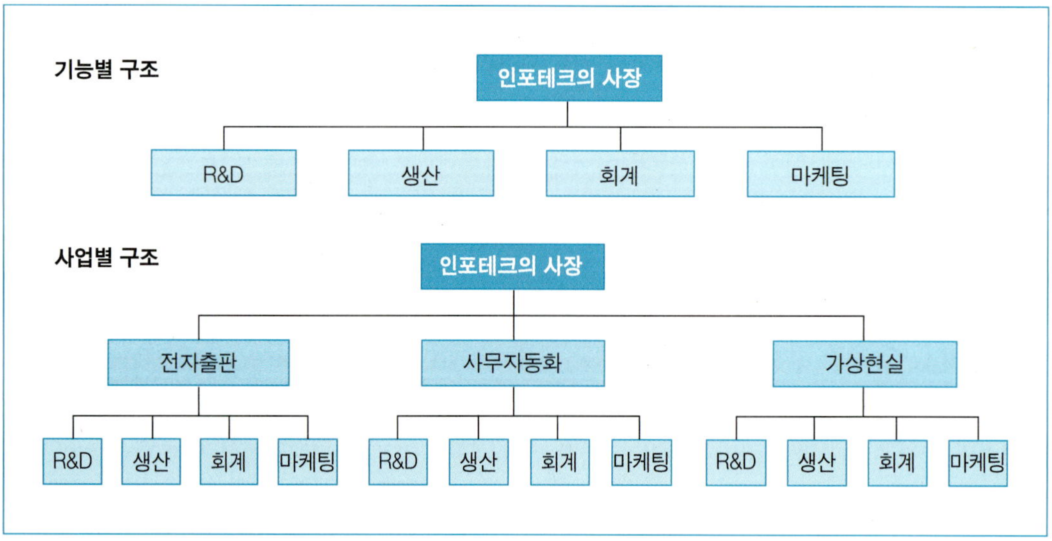

하게 적응할 수 있다. 또한 사업별 구조는 권한이 조직의 하위 계층에 가까이 있기 때문에 의사결정 권한이 분권화되어 있다. 이에 비해 기능별 구조는 모든 의사결정이 최고경영진에 집중되는 집권화된 조직구조이다.

사업별 구조의 강점과 약점은 〈도표 3.10〉과 같다. 사업별 구조는 기능부서 간 조정에 탁월하며, 전통적인 수직적 계층을 통해서는 더 이상 적절히 통제될 수 없는 경우, 조직목표가 적응과 변화를 지향할 경우, 적합한 조직구조이다. 구글(Google)이 소규모 검색엔진회사에서 바이오, 재무 등 다양한 분야의 회사로 성장하게 되자, 공동창업자 래리페이지(Larry Page)는 여러 사업 분야의 적응과 혁신 발휘를 위해 사업별 조직구조로 전환하였다.

구글의 공동창업자인 페이지와 브린은 알파벳의 CEO와 사업부장으로 재직하고 있다. 페이지는 조직구조가 진화를 거듭하고 있다고 말한다. 거의 모든 회사는 규모가 성장하면서 몇 년에 한번은 재조직화가 필요하다. GE나 존슨앤존슨과 같은 거대 조직도 보다 나은

IN PRACTICE 구글과 알파벳

구글(Google)은 인터넷 검색 기업으로 창업하여, 2015년에는 의약품에서 자율자동차에 이르기까지 광범위한 사업구조를 가지게 되었다. 이후, 창업자겸 CEO 래리 페이지(Larry Page)와 공동 창업자 세르게이 브린(Sergey Brin)은 알파벳(Alphabet)이라는 모회사를 설립하고, 각 사업부장에게 보다 많은 자율권 부여하고, 각 사업부가 효과적으로 혁신과 적응력은 발휘하는 구주루 회사를 전면적으로 개편하였다. 알파벳에서 가장 큰 사업부는 구글사업부로 검색, 광고 및 관련 사업을 추진하는 사업부였다. 또 다른 사업부로는 평생생명과학연구소 베르릴리(Verily) 사업부, 자율주행사업단 웨이모(Waymo) 사업부, 사업 후기단계 벤처펀딩을 주로 취급하는 캐피털G(CapitalG) 사업부, 다양한 실험적 제품과 서비스를 수행하는 X 개발 사업부이다. 각 사업부는 사업부 독자 목표와 예산을 갖고 필요한 거의 모든 기능을 갖추고 있으며, 독자적인 사업부장과 관리팀 체계를 운영하고 있다. 사업부마다 관리스타일과 문화가 차별화되어 있다. 예를 들어 구글 사업부는 직원들에게 수면 방석을 제공하지만 모든 사업부가 구글 방식을 따라 하지는 않는다.

Elijah Nouvelage/File Photo/Reuters

알파벳 운영의 도입 배경에는 사업부가 작게 분할되고, 독립성을 갖출 때, 급변하는 고객의 기호와 요구에 신속하고 혁신적으로 대응할 수 있다는 믿음 때문이다. "기업이 규모가 커지게 되면, 적합 고객에게 적합한 제품을 제공하기 위해선 회사 내 부분간 혼란이 발생할 수 밖에 없다"라고 구글 출신으로 현재는 벤처 캐피탈 회사 펠리스 벤처(Fellicis Ventures)의 파트너로 근무하고 있는 웨슬리 찬(Wesley Chan)은 지적하고 있다.[53]

도표 3.10 사업별 구조의 강점과 약점

강점	약점
1. 불안정한 환경에서 신속한 변화에 적합	1. 기능부서에서 규모의 경제 효과 감소
2. 제품에 대한 책임과 담당자가 명확하기 때문에 고객 만족을 높일 수 있음	2. 제품라인 간 조정이 약화될 수 있음
3. 기능부서 간 원활한 조정	3. 특정 분야에 대한 지식과 능력의 전문화가 곤란
4. 제품, 지역, 고객별 차이에 신속하게 적응 가능	4. 제품라인 간 통합과 표준화가 곤란
5. 몇 개의 제품을 가진 대규모 기업에 적합	
6. 분권화된 의사결정	

출처: Based on Robert Duncan, "What Is the Right Organization Structure?" *Organizational Dynamics* (Winter 1979).

통제와 조정을 위해 소규모의 자기완결 조직으로 분할되곤 한다. 큰 기업이나 조직에서는 이런 단위를 부문, 사업부 혹은 전략사업단위로 호칭된다. 존슨앤존슨에는 소비재 부문, 의료장비 및 진단 부문, 의약품 부문 등 3개 사업부문이 있으며, 각 사업부문은 57개국에 250개 이상의 독립적인 운영단위로 구성되어 있다.[54] 몇몇 미국 정부 조직 역시 행정서비스를 더 잘 제공하기 위해 사업별 구조를 활용한다. 한 예로 미국 국세청(Internal Revenue Service)은 고객지향적인 조직이 되기 위해 개인납세자, 중소기업, 대기업, 세금면제 조직 등으로 부문을 나누어 이들에게 납세고지, 교육, 행정서비스를 제공하는 데 초점을 맞추었다. 이를 위해 각 부문은 특정 납세자들에게 최상의 서비스를 제공하기 위해 독립적으로 예산, 인력, 정책, 기획 스태프 등을 운용하고 있다.[55]

사업별 구조는 몇 가지 장점을 가지고 있다.[56] 사업별 구조는 불안정하고 빠르게 변화하는 환경에 적합하며, 제품이나 서비스에 대한 높은 수준의 가시성을 제공한다. 각 제품라인은 독자적인 부서로 구성되기 때문에 고객들은 적절한 부서를 찾을 수 있고 만족을 얻을 수 있다. 기능부서 간 조정이 원활하게 이루어지고 있으며, 각 제품은 개별 고객이나 지역 특성에 따른 요구 사항에 쉽게 대응할 수 있다. 이와 같은 사업별 구조는 다수의 제품이나 서비스를 가지고 있고, 각각의 기능부서를 운영할 수 있는 충분한 인력을 가진 조직에 가장 적절한 구조이다. 의사결정권한이 사업부에 위양되어 있고, 각 사업부는 빠르게 변화하는 시장 상황에 신속하게 대응할 수 있을 만큼 작은 규모로 구성되어 있다. 버라이즌(Verizon)은 변화하는 소비자 니드에 효과적으로 대응하기 위해 소비자 유형에 따라 버라이즌 소비자그룹, 버라이즌 기업그룹, 버리이즌 미디어그룹의 3개 사업부문 조직으로 개편하였다.

사업별 구조의 약점은 규모의 경제효과를 얻을 수 없다는 점이다. 예를 들어 기능별 구조에서는 50명의 엔지니어가 공동으로 시설을 활용하는 데 비해, 5개의 사업부로 구성된 조직에서는 10명의 엔지니어가 각 사업부에 배치될 것이다. 이 경우 깊이 있는 연구를 위해 필요한 만큼 충분한 인력을 구성할 수 없고, 연구시설도 각 제품라인별로 설치되어야 하므로 중복투자가 발생하게 된다. 또 다른 약점은 제품라인이 독립적으로 분리되어 있기 때문에 제품라인 간 조정이 어렵다는 것이다. 존슨앤존슨의 한 임원은 "우리는 하나의 회사를 위해서 일하고 있다는 것을 의식적으로 기억해야만 한다"고 말하고 있다.[57]

많은 사업부를 가지고 있는 기업들은 부문 간 조정에 실제로 많은 어려움을 겪고 있다. 소니(Sony)의 경우 빈약한 조정으로 인해 애플(Apple)에 디지털 음악 플레이어 사업을 잃었다. 애플은 아이팟(iPod)을 출시해 미국시장의 60%를 차지하고 있는 데 비해 소니는 겨우 10%에 불과하다. 디지털 음악 사업은 끊임없는 조정이 필요하다. 소니의 워크맨(Walkman)은 회사의 소닉스테이지(SonicStage) 소프트웨어를 이용해 일련의 음악을 만들 수 있다는 것을 인식조차 못하고 있었고, 그 결과 음악 다운로드 서비스를 제공하는 부서와도 연결시키지 못했다.[58] 이처럼 수평적인 조정이 효과적으로 이루어지지 않는다면 사업별 구조는 전체성과에 해를 줄 수 있다. 소니에서 그랬던 것처럼 한 사업부에서 다른 사업부에서 판매하고 있는 제품과 호환되지 않는 제품이나 프로그램을 판매할 수도 있다. 어떤 사업부의 영업사원이 다른 부서에서 개발된 것들을 모르고 있다면 고객은 상당히 당혹스러울 것이다. 따라서 사업부 간 조정을 위해서는 태스크포스나 다른 수평적인 연결 장치가 필요하다. 사업별 구조는 또한 기술의 전문성을 활용하지 못한다는 단점을 가지고 있다. 기능 전문성보다는 제품 라인에서 종업원을 더 쉽게 파악할 수 있다. 또한 연구개발 인력은 전체 조직에 이익이 될 수 있는 기초 연구를 수행하기보다는 자신이 속해 있는 제품라인에 이익을 낼 수 있는 응용연구를 주로 수행하게 된다.

목표와 작업 활동뿐만 아니라 지리적 차이, 시차 차이, 문화적 가치와 언어차이로 조직단위 간 차별화가 발생하기 때문에 국제화 영역에서 조정과 협력의 문제가 더 심각해질 수 있다. 과연 경영자들은 국내와 글로벌 차원에서 회사에 필요한 조정과 협력을 얼마나 잘 이끌어낼 수 있는가? 조정은 정보와 협력의 결과물이다. 경영자들은 앞서 살펴본 바와 같이 수평적 조정과 협력을 촉진할 수 있도록 시스템과 조직구조를 설계할 수 있어야 한다.

3.4d 지역별 구조

조직을 구조화하는 또 다른 기준으로 사용자나 고객을 활용할 수 있다. 이와 같은 범주에서 가장 많은 조직구조는 지역에 따라서 조직을 구조화하는 방법이다. 사용자나 고객은 각 지역별로 독특한 기호나 욕구를 가지고 있을 수 있다. 각 지역별 단위 조직은 해당 지역에서 제품을 생산하고 판매하는 데 필요한 모든 기능을 가지고 있다. 미국의 걸스카우트(Girl Scouts), 해비타트(Habitat), 소망재단(Make-a-wish-Foundation — 생명의 위협을 받으며 난치병으로 투병하고 있는 3~18세까지의 아동과 청소년들의 소원을 이루어줌으로써 이들에게 병과 싸울 수 있는 힘과 용기를 주고, 희망과 기쁨을 되찾을 수 있도록 돕고 있다_역자 주), 유나이티드 웨이 오브 아메리카(United Way of America) 등과 같은 대규모 비영리조직들도 흔히 본부와 준자율적인 지부로 구성되는 지역별 구조를

도표 3.11 화장품 회사의 지역별 구조

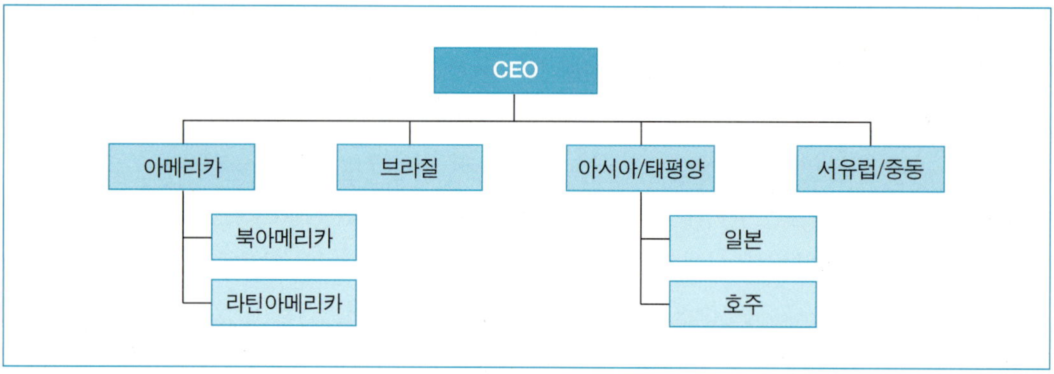

채택하고 있다. 본부 조직에서는 기금모금서비스 제공 및 공통적인 관리업무, 브랜드 인지도를 높이기 위한 노력을 수행하고 각 지역단위에서는 일상적인 업무와 의사결정을 수행하고 있다.[59] 앞서 언급한 세계은행은 나라와 나라, 지역과 지역을 조직화하는 복잡한 형태의 지역별 사업부 구조를 채택하고 있다. 지역 간 빈약한 조정과 협력 때문에 2012년부터 총재직을 맡고 있는 김용(Jim Yong Kim) 총재는 전체적인 재조직화 계획을 수립하였다. 이 계획은 세계은행의 다른 프로젝트, 기금, 지역의 경계를 가로질러 농업, 에너지, 교육을 포함하여 14개 글로벌 프랙티스를 중복시킨 구조로 더 큰 조정과 협력을 보장하는 것이 목표이다.[60]

다국적 기업의 경우에는 각 나라별로 또는 세계의 특정 지역별로 독립적인 단위를 운영하고 있다. 〈도표 3.11〉은 한 화장품 회사의 지역별 구조를 나타낸 것이다. 이 구조는 경영진과 종업원들이 특정 지역이나 판매 목표에 집중하도록 해준다. 월마트 역시 일본, 인도, 브라질, 중국, 아시아 등과 같이 지역에 따라 조직화했다. 얼마 전까지 미국 영업은 기능별로 이루어졌지만 경영진은 최근에 미국 영업을 서부, 남부, 북부 3개 지역으로 나누어 미국 조직을 보다 국제적으로 운영되는 조직처럼 만들었다. 지역별 구조를 사용함으로써 이 회사는 새로운 시장을 확장하고 자원을 보다 효율적으로 활용할 수 있다.[61]

지역별 구조의 강점과 약점은 〈도표 3.10〉에서 설명한 사업별 구조의 강점 및 약점과 유사하다. 지역별 구조는 특정 지역의 구체적인 요구사항에 효과적으로 대응할 수 있으며, 종업원들은 전체적인 목표보다는 해당 지역의 목표를 쉽게 파악할 수 있다. 지역 간 혹은 전국적인 수평적 연결보다는 특정 지역 내에서의 수평적인 조정을 강조한다.

핵심정리

- 기능식 그룹핑과 사업별(혹은 지역별) 그룹핑은 가장 흔한 조직구조 설계방식이다.
- 각 조직구조는 장점과 단점을 갖고 있다.
- 기능식 조직구조든 사업별(혹은 지역별) 조직구조든 수직적 차원의 보완과 여러 부서와 여러 계층을 하나로 통합하기 위해서는 수평적 연결 메커니즘 이용이 필요하다.

3.5 매트릭스 구조

조직구조에서 제품과 기능 또는 제품과 지역이 동시에 강조되는 다초점이 필요한 경우가 있다. 이러한 요구를 달성하기 위한 것이 **매트릭스 구조**(matrix structure)이다.[62] 매트릭스 구조는 기술적 전문성과 제품 혁신, 변화가 조직의 목표를 달성하는 데 중요한 경우에 사용될 수 있다. 매트릭스 구조는 종종 기능별, 사업별, 지역별 구조에 결합된 수평적인 연결 메커니즘이 잘 작동하지 않을 경우, 해결책으로 활용된다.

매트릭스 구조는 수평적 연결이 강한 형태의 조직구조이다. 매트릭스 구조의 독특한 특징은 〈도표 3.12〉에서 보는 바와 같이 제품부문과 기능부문(수평적, 수직적)이 동시에 구성되어 있다는 점이다. 제품 관리자와 기능 관리자는 조직 내에서 동등한 권한을 가지고 있고, 구성원들은 이러한 2명의 상사에게 보고를 해야 한다. 매트릭스 구조는 앞에서 설명한 〈도표 3.4〉의 전임통합자 또는 제품관리자와 유사하지만 매트릭스 구조의 제품관리자(수평적)는 기능별 관리자(수직적)가 가지고 있는 것과 같은 공식적인 권한을 가지고 있다는 점이다.

3.5a 매트릭스 구조의 조건

조직을 이중 보고체계로 설계하는 경우는 흔치 않지만 다음과 같은 조건에서는 매트릭스 구조가 적절한 조직구조로 활용될 수 있다.[63]

도표 3.12 매트릭스 구조의 이중 보고 체계

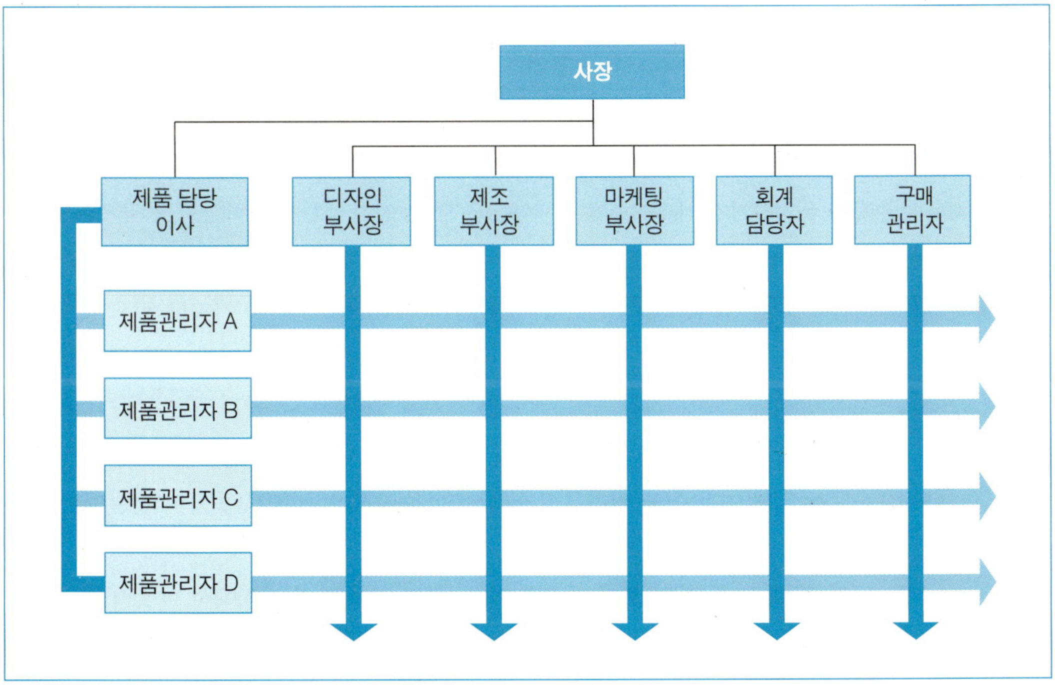

- 조건 1: 제품라인 간 희소한 자원을 공유해야 할 경우, 중간정도의 제품라인을 가지고 있는 중소기업으로 인력과 시설에 대한 유연한 공동 활용이 필요한 경우, 예를 들어, 각 제품라인에 전임 엔지니어를 배치할 만큼 조직이 크지 않아서 엔지니어들이 각 제품이나 프로젝트에 파트 타임으로 참여해야 하는 경우가 될 경우
- 조건 2: 깊이 있는 기술적 지식(기능별 구조)과 빈번한 신제품 개발(사업별 구조) 등과 같이 두 가지 이상의 중요한 산출 목표가 요구되는 경우, 이러한 이중의 압력은 기능 측면과 제품 측면의 균형이 요구된다는 것을 의미하며, 균형을 유지하기 위해서는 이중 권한 체계가 필요함
- 조건 3: 조직이 처한 환경 영역이 복잡하고, 불확실할 경우, 빈번한 외부환경 변화와 부서 간의 높은 상호의존성은 수직, 수평적인 양방향에서 많은 조정과 정보처리가 필요함

위와 같은 세 가지 조건에서는 수직적 권한과 수평적인 권한이 모두 중요하다. 따라서 이중보고체계를 가지고 있는 매트릭스 구조를 통해 각 부서 간에 힘의 균형을 유지할 수 있다.

〈도표 3.12〉가 의류제조회사의 경우라면, 제품 A는 양말, 제품 B는 외투, 제품 C는 잠옷 등과 같다. 각각의 제품라인은 각기 다른 시장과 고객을 대상으로 하고 있다. 중소기업이기 때문에 각 제품라인은 제조, 디자인, 마케팅 인력을 효과적으로 활용해야만 한다. 모든 제품라인에 별도의 디자인부서를 둘 만큼 디자이너가 충분치 않기 때문에 디자이너들은 여러 제품라인에서 일을 해야만 한다. 더욱이 생산, 디자인, 마케팅 부서 간에 긴밀한 접촉을 통해 모든 제품라인에 효율적으로 대응할 수 있도록 종업원들은 전문지식을 개발해야만 한다.

매트릭스 구조는 전통적인 수직적 계층 구조에 공식적인 수평적 팀을 결합함으로써 양자 간에 균형을 추구하고 있다. 그러나 매트릭스 구조는 다른 방식으로 변화될 수도 있다. 실제로 많은 기업들은 어느 한쪽의 권한이 더 우세하기 때문에 매트릭스 구조가 적절한 조화와 균형을 유지하기가 매우 어렵다는 사실을 알고 있다. 그 결과 매트릭스 구조는 두 가지 방향, 즉 **기능적 매트릭스**(functional matrix) 구조와 **제품 매트릭스**(product matrix) 구조로 발전하기도 한다. 기능적 매트릭스 구조는 기능 관리자가 주요 권한을 가지고 있고 프로젝트나 제품 관리자는 생산 활동을 단순히 조정하는 역할을 한다. 이에 비해 제품 매트릭스 구조는 프로젝트나 제품 관리자가 주요 권한을 가지고 있고, 기능 관리자는 단순히 프로젝트에 기술 전문가들을 배치하고 필요에 따라 전문지식에 대한 조언을 담당한다. 많은 조직들이 양자 간의 권한이 균형을 이루고 있는 순수한 매트릭스 구조보다는 이와 같이 변형된 매트릭스 구조를 더 잘 활용하고 있다.[64]

병원, 컨설팅회사, 은행, 보험회사, 정부기관 등 많은 종류의 조직에서 매트릭스 구조가 사용되고 있다.[65]

3.5b 강점과 약점

매트릭스 구조는 환경이 빠르게 변화하고, 제품과 기능의 두 가지 측면의 목표가 모두 중요할 경우에 가장 적절한 조직구조이다. 이중 보고체계는 급속한 환경 변화에 신속하게 대응할 수 있도록 의사소통과 조정을 촉진시켜주며, 제품과 기능부서의 관리자들 간에 균형을 가능하게 해준다. 또한 매트릭스 구조는 예측하지 못한 문제에 대한 토론과 대응을 용이하게 해준다. 매트릭스 구조는 소수의 제품라인을 가진 중규모 조직에 가장 적절한 구조이다. 한 가지 제품만을 생산하는 기업이나 너무 많은 종류의 제품을 생산하는 기업에서는 수평, 수직 양 방향을 조정하기에는 너무 복잡하므로 매트릭스 구조가 적절하지 않다. 〈도표 3.13〉은 매트릭스 구조를 사용하고 있는 조직으로부터 도출된 강점과 약점을 요약한 것이다.[66]

매트릭스 구조의 강점은 외부 고객이 요구하는 이중의 요구사항을 충족시킬 수 있다는 점이다. 인력과 장비 등과 같은 자원을 다양한 제품별로 유연하게 할당할 수 있고, 변화하는 외부 요구조건에 적응할 수 있다.[67] 또한 매트릭스 구조는 종업원들이 자신의 관심에 따라서 기능관리자 또는 일반관리자로서의 기술을 습득할 수 있는 기회를 제공한다.

매트릭스 구조의 약점으로는 이중으로 보고해야 하며 때로는 2명의 상사가 서로 상충되는 요구를 할 경우 종업원들은 혼란을 경험할 수 있다. 특히 최고경영진이 역할과 책임을 명확하게 정의하지 못할 경우 좌절과 혼란이 발생할 수 있다.[68] 따라서 매트릭스 구조에서 일하는 구성원들은 뛰어난 인간관계 기술, 갈등해결 기술 등과 같은 인간관계 기술에 대한 교육훈련이 필요하다. 매트릭스 구조에서는 관리자들이 회의에 많은 시간을 소비한다.[69] 매트릭스 구조에서 일하는 많은 사람들은 일주일에 이틀을 회의에 사용하며, 그 중 50%만이 자신 혹은 일과 관련이 있다고 말한다.[70] 관리자들이 만일 정보와 권력을 공유하지 못할

도표 3.13 매트릭스 구조의 강점과 약점

강점	약점
1. 이중적인 고객의 요구에 대응할 수 있도록 필요한 조정을 할 수 있음	1. 이중 보고체계로 인해 종업원들이 혼란을 느낄 수 있음
2. 여러 제품라인에 걸쳐 인적자원을 유연하게 공유하거나 활용할 수 있음	2. 다양한 인간관계 기술에 대한 교육 훈련이 필요함
3. 불안정한 환경에서 복잡한 의사결정과 빈번한 변화에 적절하게 대응할 수 있음	3. 빈번한 회의와 갈등 조정 과정으로 인해 많은 시간이 소요됨
4. 기능, 제품기술 개발에 대한 적절한 기회를 제공할 수 있음	4. 종업원들이 매트릭스 구조의 특성을 이해하지 못하거나 적응하지 못할 경우 제대로 작동하지 못함
5. 소수의 제품라인을 가지고 있는 중규모 조직에 가장 적절함	5. 권력의 균형을 유지하는 데 많은 노력이 필요함

출처: Based on Robert Duncan, "What Is the Right Organization Structure? Decision Tree Analysis Provides the Answer," *Organizational Dynamics* (Winter 1979), 429; and Meenu Bhatnagar, "Managing Multiple Bosses: A New Age or HR Conundrum?" *Amity Research Centers*, 2018, Reference No. 418-0036-1.

IN PRACTICE 잉글랜더 철강회사

과거 영국의 철강 산업은 안정적이고 확실했다. 그러나 1980년대와 1990년대에 들어 경기침체, 전기를 사용하는 소규모 용광로의 출현, 일본과 독일 철강회사와의 경쟁 등으로 유럽의 철강산업에 큰 변화가 나타났다. 20세기 말에 들어 전통적인 철강회사인 미국의 베들레헴 철강(Bethlehem Steel), LTV(LTV Corporation)사 등과 같은 회사들이 파산 위기에 직면했다. 아시아의 미탈 철강(Mittal Steel)과 유럽의 선두주자인 아르셀로(Arcelo)는 세계적인 규모의 회사가 되기 위해 여러 철강회사를 인수하기 시작했다(두 회사는 2006년에 합병해 아르셀로미탈(ArcelorMittal)이 되었다). 소기업들은 공격적으로 신속하게 고객욕구에 대응하여 전문화된 제품을 판매할 수 있었다. 급속하게 변화하는 고객들의 주문에 대응하기 위한 복잡한 처리 과정이나 조건들을 대규모 업체들이 감당하기에는 어렵기 때문이다.

잉글랜더 철강(Englander Steel)은 2,900명의 종업원이 1년에 40만 톤의 철강을 생산하고 있으며(아르셀로의 약 1%에 해당), 180년의 역사를 가지고 있다. 지난 160년 동안 기능별 구조로 잘 유지해 왔다. 환경이 복잡하고 경쟁적으로 변화함에 따라 경영자는 기능별 구조를 더 이상 유지하기 어렵다는 것을 깨달았다. 50% 이상의 주문에 대해 납기를 지키지 못했으며, 인건비, 재료비, 에너지 비용이 증가함에 따라 이익이 줄어들었고, 시장점유율은 점점 더 감소했다.

외부전문가의 자문을 통해 잉글랜더 철강의 회장은 회사가 아슬아슬한 상황에 처해 있음을 알았다. 세분화된 시장에 딱 맞는 소수의 고부가가치 제품에 집중하는 한편 규모의 경제를 유지하고, 기능부서 내에서의 세련된 기술도 유지해야만 했다. 이와 같은 이중의 압력에 대한 특별한 해결책으로 매트릭스 조직을 도입했다.

잉글랜더 철강은 오픈다이단조(open-die forging), 링제품(ring-mill product), 바퀴와 축(wheels and axles), 강판(sheet steel) 등 4개의 제품라인을 가지고 있다. 사업 관리자에게는 사업계획, 생산비용, 제품의 재고, 선적, 이익 등을 포함해 각 라인에 대한 권한과 책임을 주었다. 이들이 자기 라인의 목표와 이익을 달성하도록 권한을 부여했다. 기능별 부사장은 기술적 결정에 대한 책임을 지고 있다. 기능별 관리자는 자기 분야에서 최신의 기술을 유지해야 하며, 자기 분야의 인력들이 제품라인에 적응할 수 있도록 최신 기술을 갖추도록 훈련시켜야 한다. 2만 개 이상의 특별한 철강제조법과 매월 주문되는 수백 개의 새로운 주문에 대응하기 위해 기능부서의 인력들은 최신의 기술을 유지해야만 한다. 판매를 담당하는 2개의 기능부서는 독립적으로 일을 하기 때문에 매트릭스에 포함되지 않았다. 최종적인 조직구조는 <도표 3.14>에서 보는 바와 같이 매트릭스와 기능별 구조로 이루어진 혼합형 매트릭스 구조였다.

매트릭스 구조로 조직을 변경하는 것은 서서히 진행되었다. 중간관리자는 혼란스러웠다. 기능부서를 조정하기 위한 회의가 매일 열렸다. 외부 컨설턴트와 함께 1년간의 훈련 끝에 잉글랜더 철강은 정상궤도에 진입할 수 있었다. 이제는 90%의 주문에 대해 납기를 맞추고 있으며, 시장점유율도 회복되었다. 생산성과 수익성도 꾸준히 증가하고 있다. 관리자들은 매트릭스 구조에서 잘 움직이고 있다. 제품과 기능적 의사결정을 조정하기 위한 회의는 점점 더 많은 경험을 쌓게 했고, 중간관리자들은 미래의 관리 능력을 훈련시키기 위해 젊은 관리자들을 회의에 참석시키고 있다.[71]

도표 3.14 잉글랜더 철강의 매트릭스 구조

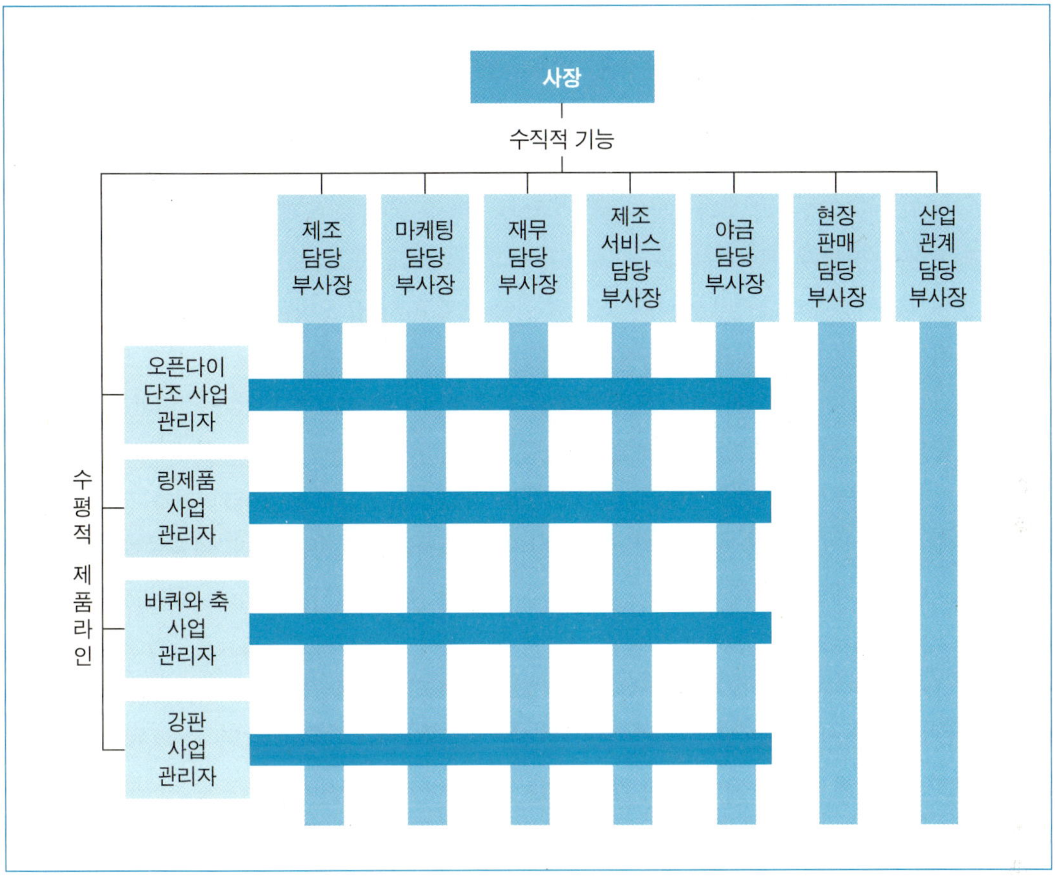

경우 매트릭스 구조는 작동하지 않기 때문에 의사결정에서 수직적 권한에 의존하기보다는 다른 부서 관리자들과 협력하는 것이 중요하다. 다음에서 매트릭스 조직을 성공적으로 운영하고 있는 영국 철강회사의 [IN PRACTICE] 사례를 살펴보자.

이 사례는 매트릭스 구조를 잘 사용하고 있는 좋은 사례이다. 규모의 경제와 4개의 제품라인을 유지해야 하는 이중의 압력은 기능과 제품 측면을 모두 동등하게 강조하도록 하였다. 조정을 위한 지속적인 회의를 통해 잉글랜더 철강은 규모의 경제와 유연성이라는 두 마리의 토끼를 잡고 있다.

핵심정리

- 매트릭스는 수평적 차원과 수직적 차원 사이의 균형을 잡기 위한 시도이다.
- 환경이 급변하고, 제품과 기능에 대한 다초점이 중요하거나, 제품과 지역이 동시에 강조되어야 하는 상황에 적합하다.
- 매트릭스 구조는 복수 리더에게 보고해야 하고, 때로는 갈등 상황을 극복해야 하는 이중보고체계의 단점을 갖고 있다.

3.6 가상 네트워크 구조와 아웃소싱

조직설계에서 최근의 발전 양상은 전통적 조직의 경계를 초월하여 수평적 조정과 협력의 개념을 확장하는 구조이다. 최근 가장 널리 유행하고 있는 조직설계 추세는 조직의 다양한 부분을 외부의 파트너들에게 아웃소싱하는 것이다.[72] **아웃소싱**(outsourcing)은 생산, 인적자원관리, 신용장관리 등과 같은 일부 업무나 기능을 계약을 통해 다른 기업에 위탁 처리하는 것을 말한다.

모든 종류의 조직들이 아웃소싱 추세에 따르고 있다. 오하이오 주립대의 경우 주차관리시스템을 아웃소싱으로 처리하고 있다. 캘리포니아 메이우드(Maywood)시는 도로 보수부터 치안에 이르기까지 거의 모든 업무를 아웃소싱으로 처리하고 있다.[73] 미군은 전투력과 국방 관련 핵심 업무를 제외하고 민간 방산 업체와 아웃소싱 계약을 확대하고 있다. 모든 업무를 내부에서 직접 수행하던 혼다 같은 기업조차도 고비용 문제와 전자 장비, 자율주행 등의 신기술 대응을 위하여 아웃소싱 업체를 적극 활용하고 있다. 자율주행 카메라 소프트웨어 개발을 위해 중국의 신생(start-up) 기업인 센스타임사(Sense Time Company)를 활용하고, 반자율 주행 기술 개발을 위해 자동차 부품회사인 독일의 보쉬(Bosch)사를 활용하고, 히다치가 주도권을 갖고 있지만 히다치와 혼다가 공동으로 설립한 합작기업을 통하여 전기모터 개발을 추진하고 있다. 혼다 설립자 소이치로 혼다(Soichiro Honda)는 1960년대에 "우리는 타인에 의해 사업이 좌우 되지 않도록 할 것이다"라고 말했지만, 경영환경은 이미 바뀌었다. 혼다 CEO는 최근 "미국 기업이든, 유럽 기업이든, 일본 기업이든 국적에 개의치 않고 최고 기술을 보유한 기업과 협력해 나갈 것이다"라고 말했다.[74]

과거에는 특정부문이 조직 내부에 속해 밀접하게 연결되어 있거나 조직 밖에 있으면서 전혀 연결되어 있지 않은 경우가 많았다.[75] 그러나 오늘날 어디까지가 조직에 속해 있고, 어디부터 조직에 속해 있지 않은지를 명확하게 구분하기 어려워지고 있다. IBM의 경우 많은 대기업들을 위해서 지원부서(back-office)를 대행하고 있지만, IBM 자신의 업무 중 일정부분을 다른 회사에 아웃소싱하고 있다.[76]

소수의 몇몇 기업은 아웃소싱을 확장하여 가상 네트워크 구조를 운영하고 있다. **가상 네트워크 구조**(virtual network structure)는 때로 모듈형 구조라고 불리며, 모듈형 구조를 가진 기업은 주요 기능과 프로세스의 대부분을 독립적인 기업과 하청계약을 하며, 이들의 활동을 조정하기 위한 별도의 작은 본사를 운영하고 있다.[77]

3.6a 가상 네트워크 구조의 운영

가상 네트워크 조직은 외부 전문가들로 둘러싸인 허브(central hub)로 볼 수 있다. 네트워크 구조는 한 지붕 또는 한 조직 내에 회계, 디자인, 생산, 마케팅, 유통 등 모든 기능을 모아

두는 것이 아니라 회계, 디자인, 생산, 마케팅, 유통 활동을 외부에서 독립적으로 수행하는 기업들을 네트워크를 통해서 중앙사무소에 연결하는 구조이다. 세계 각 지역에 있는 협력업체들은 컴퓨터 또는 인터넷을 통해 신속하고 유연하게 자료와 정보를 교환함으로써 공급자, 생산자, 유통업자가 마치 하나의 조직처럼 움직이고 행동한다. 가상 네트워크 구조는 수직적 계층을 시장원리로 대체하고 있다. 즉, 하청업체들은 변화하는 욕구의 충족 여부에 따라 자유롭게 시스템에 들어갈 수도 있고 나올 수도 있다.

어떤 기업이 네트워크 구조를 선택했다면 핵심부는 세계 수준의 능력 또는 모방하기 어려운 능력을 가지고 있는 프로세스에 대해서는 통제권을 유지하지만 그 외 활동에 대한 통제권은 다른 조직에 이전한다. 이 협력업체들은 자신의 아이디어, 자산과 도구를 활용하여 일을 수행한다.[78] 이와 같은 아이디어는 자신이 가장 잘 할 수 있는 분야에 집중하고 나머지는 특정분야에 뛰어난 능력을 가지고 있는 외부업체와 계약을 통해서 더 많은 것을 수행하는 것이라고 할 수 있다.[79] 나이키(Nike)는 가상 네트워크 구조를 선구적으로 활용한 기업이다. 나이키화(Nikefication)란 바로 네트워크 구조가 하나의 트렌드임을 보여준다. 나이키 중역들은 디자인과 마케팅은 경쟁우위 핵심 요소 판단하여 내부화하고 제조와 같은 다른 기능은 협력사에게 아웃소싱 하는 방식을 추진했다. 창업자 필 나이츠(Phil Knight)는 원가절감을 위하여 제조 부문의 아웃소싱을 결정하였다. 가상조직설계 전략을 초기에 채택한 나이키는 세계에서 가장 큰 스포츠 의류업체가 되었다.[80]

네트워크 구조를 사용하는 조직은 전통적인 용어로 "조직의 경계가 어디인가?"라는 물음에 답하기가 어렵다. 부서가 계약을 통해서 만들어지고 정보통신기술을 통해 조정되는 새로운 형태의 조직을 보여준다. 마치 블록을 조립하는 것과 같이 네트워크가 변화하는 요구를 충족시키기 위해 결합되거나 분리되기도 한다.[81] 〈도표 3.15〉은 나이키와 같은 기업의 네트워크 구조를 단순화한 것이며, 기능들이 다른 회사에 어떻게 아웃소싱되는지를 보여준다.

도표 3.15 가상 네트워크 구조

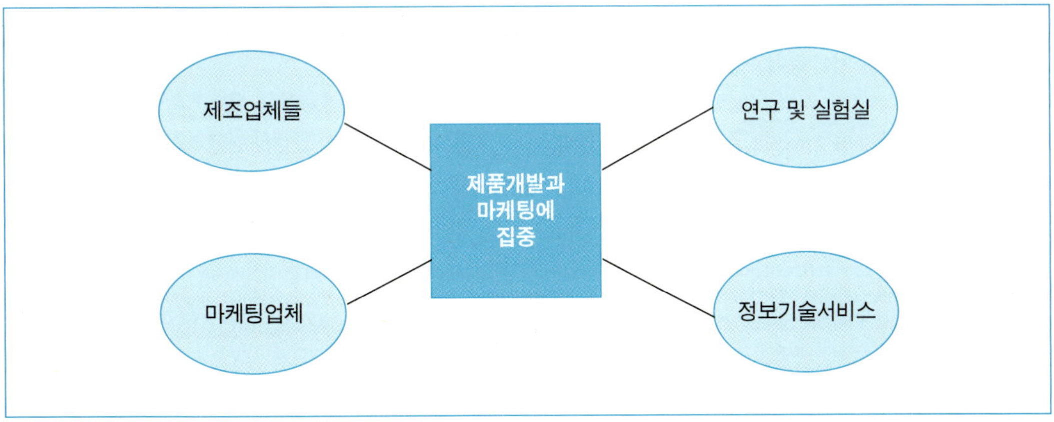

3.6b 강점과 약점

〈도표 3.16〉은 가상 네트워크 구조의 강점과 약점을 요약한 것이다.[82] 이 조직구조의 가장 큰 강점은 조직규모가 아무리 작아도 글로벌기업이 될 수 있고, 최상의 품질과 가격을 얻을 수 있도록 계약을 통해 전 세계에서 자원을 끌어올 수 있고, 제품을 판매하고, 서비스를 제공할 수 있다는 것이다. 네트워크 구조는 또한 신생 혹은 작은 기업이 공장, 장비, 창고, 물류시설 등에 막대한 투자를 하지 않고서도 제품이나 서비스를 개발해 신속하게 시장에 판매할 수 있게 해준다. 또한 변화 요구를 충족시키기 위해 자원을 배치하고 고객에게 최상의 서비스를 제공하는 능력은 네트워크 구조에 극단적인 유연성과 신속한 대응을 가능케 해준다. 전 세계 전문가 네트워크를 통해 새로운 기술을 신속하게 개발할 수도 있다. 또한 변화하는 제품 혹은 시장의 기회를 만족시키기 위해 지속적으로 자기 자신을 새롭게 정의할 수 있다. 마지막 강점으로는 많은 수의 전문 스태프나 관리지원 부문이 더 이상 필요치 않기 때문에 관리간접비용을 줄일 수 있다는 것이다. 관리, 기술적 재능은 경쟁우위를 얻을 수 있는 핵심 활동에 집중적으로 투자되며, 그 외의 활동들은 외부업체를 활용하기 때문이다.

가상 네트워크 구조 역시 약점이 있다. 가장 큰 약점은 통제가 부족하다는 점이다. 일례로 필라델피아 근교에 있는 가족소유 회사인 케이넥스(K'Nex Brands LP)사는 품질과 재료에 대한 통제권을 확보하기 위해 그 동안 중국의 하청공장에서 생산하던 플라스틱 장난감을 대부분 미국 공장에서 생산하기 시작했다.[83] 네트워크 구조는 분권화가 심화된 형태를 취하는 구조인데, 모든 활동이 관리자의 직접적인 관할 하에 이루어지는 것이 아니라 계약, 조정, 협상 등을 통해 하나로 묶는 방식으로 이루어지기 때문이다. 또한, 협력업체와 갈등 해결 및 관계 유지에 많은 시간이 소요된다는 것을 의미한다.

도표 3.16 가상 네트워크 구조의 강점과 약점

강점	약점
1. 작은 조직이라도 전 세계에서 인력과 자원 획득 가능 2. 공장, 장비, 유통 시설 등에 대한 막대한 투자 없이도 사업 가능 3. 변화하는 요구에 매우 유연하고 신속한 대응이 용이 4. 관리 간접비용 절감이 용이	1. 많은 활동과 종업원에 대해 관리자들이 직접적인 통제 곤란 2. 협력업체와의 관계 유지 및 갈등 해결에 많은 시간 소요 3. 협력업체에 문제가 발생할 경우 조직 전체 위험 4. 계약에 따라 종업원이 교체될 수 있기 때문에 종업원의 충성심과 기업문화가 약함

출처: Based on R. E. Miles and C. C. Snow, "The New Network Firm: A Spherical Structure Built on a Human Investment Philosophy," *Organizational Dynamics* (Spring 1995), 5–18; Gregory G. Dess, Abdul M. A. Rasheed, Kevin J. McLaughlin, and Richard L. Priem, "The New Corporate Architecture," *Academy of Management Executive* 9, no. 3 (1995), 7–20; N. Anand and R. L. Daft, "What Is the Right Organization Design?" *Organizational Dynamics* 36, no.4 (2007), 329–344; and H. W. Chesbrough and D. J. Teece, "Organizing for Innovation: When Is Virtual Virtuous?" *Harvard Business Review*, August 2002, 127–134.

도입 질문과 답

3. 똑똑한 최고경영자는 다른 기업에 하청을 주기보다 핵심업무(활동)에 대한 내부 통제권을 확보하려 한다.

답) 동의하지 않는다. 가상 네트워크 구조와 아웃소싱은 급속하게 변화하는 환경 속에서 많은 유연성을 제공하고 신속한 대응을 할 수 있게 해주기 때문에 점점 더 많이 사용되고 있다. 변화 상황에 따라 아웃소싱하는 부서가 추가될 수도 있고 축소될 수도 있다. 조직 내부에서 이루어지는 모든 활동을 통제하는 것이 경영자에게 더 편안하게 느껴질 수도 있겠지만 그럴 경우 유연성이 떨어지게 된다.

다른 중요한 문제점으로는 만일 협력업체가 배송에 실패하거나, 공장이 타 버리거나 사업을 접는다면 위험에 빠질 수 있다. 그럴 경우 본부 관리자들은 즉각적으로 현장에서 문제를 해결하거나 새로운 협력업체를 찾아야만 한다. 마지막으로 인적자원 관점에서 볼 때 직무에 대한 불안정성으로 인해 종업원의 회사에 대한 충성심이 낮을 수 있다는 점이다. 종업원들은 계약이 바뀔 경우 쉽게 교체될 것이라고 생각할 수 있으며, 이로 인해 응집력이 강한 조직문화를 만들기 어렵다. 조직과 종업원 간의 정서적 몰입이 낮기 때문에 이직률 역시 높다. 제품의 변화, 시장의 변화, 협력업체의 변화에 따라 조직은 언제든지 새로운 기술과 능력을 가진 종업원으로 손쉽게 교체될 필요가 있다.

핵심정리

- 가상 네트워크 구조는 조직의 경계를 뛰어 넘어 수평적 조정과 협력을 만들어낸다.
- 가상 네트워크 구조는 경쟁우위가 되는 활동은 내부화하고 다른 기능과 활동은 계약 방식으로 협력사에게 아웃소싱 하는 구조이다.
- 가상 네트워크 구조를 활용함으로써 기업은 급변하는 기술, 제품 및 시장 변화에 신속하게 대응할 수 있다.
- 가상 네트워크 구조를 처음 도입한 나이키가 모델이 되면서 가상 네트워크 구조가 광범위하게 활용되고 있다.

3.7 홀라크라시팀 구조

최근 조직설계 트렌드 중 하나는 자율경영으로 전환이다. 자율경영의 전형적 모델 중에 **홀라크라시팀 조직구조**(holacracy team structure)가 있다. 자율경영을 위한 설계 트렌드는 인간과 경영에 대한 관점의 근본적인 변화에서 출발한다. 자율경영은 최근 유행하는 임파워먼트, 수평조직, 의사결정의 분산, 관료적 형식주의(bureaucratic red tape) 제거, 하위계층 권한위임 등과 같은 아이디어를 뛰어 넘는다. 완전한 자율경영이란 앞의 모든 개념을 포함할 뿐만 아니라 그 이상을 의미한다. 계획, 조직, 충원, 통제와 같은 전통적 기능은 구성원들에게 위임되고, 관리자는 더 이상 간섭하지 않는 구조이다. 모든 구성원들은 자기 책임 하에 스스로 계획하고, 다른 사람과 조율하고, 대인 관계를 개발하고, 필요 자원을 획득하며, 필요시 적절한 활동을 취한다.[84]

모닝스타(Morning Star), 밸브(Valve), 고어(W.L. Gore), 자포스(Zappos) 같은 기업들은 자율경영 조직구조를 활용하고 있다. 모닝스타가 실천하고 있는 자율경영 철학 기반의 몇 가지 아이디어는 다음과 같다.[85]

- 사람들은 자신의 삶과 일에 대한 통제권을 가질 때 행복해진다.
- 현장에서 멀리 떨어진 사람이 의사결정 권한을 갖는 것은 의미가 없다.
- 전통적인 계층구조 모델은 천천히 고통스런 죽음에 이르게 하는 요리법(recipe)과 같다.
- 자유와 경제적 번영은 밀접하게 관련되어 있다.

가장 널리 활용되고 있는 자율경영 모델인 홀라크라시팀 구조는 이미 약 300개 조직에서 사용되고 있다. 조직설계 시 홀라크라시 개념인 써클(circle)은 가장 기본 단위인데, 개인, 부서, 부문과는 다르다. 각 써클은 공동 목표를 공유하고 목표 달성을 위해 무엇을 해야 하는지에 대한 의사결정 권한을 갖고 있다. 예를 들어, 신입직원 선발을 지원하는 써클이나 직원의 전문성과 성과 향상을 지원하는 써클이 있을 수 있다. 하위 써클들(sub-circles)은 모든 팀 구성원의 인풋을 필요로 하지는 않는다. 구성원들은 자신의 열정에 따라 써클을 옮길 수 있다. 홀라크라시팀 구조는 관리자가 없고, 유동적으로 움직이는 팀이며, 유기적 조직설계의 전형적인 예이다. 상황에 따라 써클 내에서 전문성을 가진 몇몇의 비공식 리더가 출현할 수 도 있다. 또한, 구성원들이 새로운 써클이 언제 필요하고 기존 써클이 언제 폐기되어야 할지 결정한다.[86]

개인들은 써클 목표 달성에 필요한 업무에 대해 연대하여 다른 사람과 협상하는 역할을 담당한다. 이때 개인들은 직무기술서에 따라 업무를 수행하지 않는다. 개인들은 목표달성 방법에 대한 결정권한, 자원 활용에 대한 재량권, 업무 지식에 대한 소유권, 업무결과에 대한 책임성을 갖는다. 홀라크라시팀 구조에서 개인은 다양한 역할을 맡게 되는데, 통상적으로 3~4개 역할을 동시에 담당한다. 동일한 사람이 한 팀에서는 디자인기술자 역할을, 또 다른 팀에서는 재무자문 역할을, 세 번째 팀에서는 미팅 조정자(facilitatior) 역할을 동시에 수행하기도 한다. 핵심은 자신의 역할 범위를 다른 팀원들과 협의하고, 상호 조정하면서, 각 써클 목표 달성을 위해 긴밀히 노력한다는 점이다. 갈등은 관리자 개입 없이 일대일 대면 방식으로 처리된다. 만일 갈등이 해소되지 않으면 동료위원회(peer council)에 협조(appeal)를 구하기도 한다.[87]

홀라크라시팀 구조와 같이 자동적으로 스스로 관리되는 팀 설계는 대개 문서화된 가이드라인 작성으로부터 시작된다. 써클은 개인이 스스로 영역을 규정하도록 도움을 주는 큰 조직에 둥지를 튼다. 홀라크라시에서는 개인이 써클의 탄생, 변경 및 폐지에 대한 기준을 승인(비준)하는 방식을 취한다. 기준에는 개인이 어떻게 본인의 업무를 수행해야 할지 설명되어 있지 않다. 오히려, 써클의 형성, 운영 및 관리에 필요한 개괄적인 기준을 담고 있다. 가이드라인 내용 중에는 역할을 어떻게 찾아서 할당해야 할지, 역할의 범위를 어떻게 할 것인지, 써클들이 어떻게 상호작용해야 할지에 대한 내용이 담겨 있다.[88] 모닝스타 직원들은 동료에게 자문을 제공하고, 동료 간 이해편지(colleague letter of understanding)로 불리는 공식협약서에 서명을 한다. 직원들은 무엇이 필요한지 이해하기 위해 동료들과 토론한다. 문서에는 공동의 책임과 활동, 구성원의 업무 몰입을 보여주는 성과목표가 담겨 있다.[89]

이러한 구조는 급격한 고객 욕구 변화에 대응하기 위해 지속적인 학습과 혁신이 필요한 중소규모의 조직에 주로 활용되었다. 비교적 규모가 큰 유명한 회사 중에서 홀라크라시 팀 구조를 활용하는 회사는 온라인 유통 기업인 자포스이다.

IN PRACTICE 자포스

자포스가 홀라크라시팀 구조로 개편되자 150개 부서가 계층과 직무기술서가 아니라 업무와 프로젝트 중심으로 편성되어 자율적으로 운영되는 500개 써클과 하위써클 조직으로 대체되어 사라졌다. 직책은 과거의 일이 되었고, 보스는 사라졌다. 직원들은 끊임없이 변신하는 팀에서 다양한 역할을 맡았다. 과거 관리자 한사람이 맡았던 인력관리 책임은 아래의 세 가지 역할로 세분화되었다. 특정 업무를 끌어가는 리드연결자(lead links), 직원들의 성장과 역량 개발을 지원하는 멘토(mentor), 직원들의 보상을 관장하는 보상평가자(compensation appraisers) 역할이 그것이다. 모든 역할이 어느 한사람에게 주어지지 않는다. 오히려, 서로 협의를 통하여 역할을 가장 잘 수행할 적임자에게 해당 역할이 주어진다. (시장의) 요구 변화에 적절히 대응하기 위해 이 써클, 저 써클로 옮겨 다니는 것처럼 직원들은 이 역할, 저 역할로 옮겨 다니며 다양한 역할을 수행한다.

토니 세이(Tony Hsieh) 사장은 원래 3년에 걸쳐 자포스를 홀라크라시로 바꿀 계획이었지만, 변신 과정에서 좀더 급진적인 방법이 필요하다는 것을 알았다. 그는 직원들에게 회사가 언제 홀라크라시 조직으로 개편되는지 공지했으며, 새로운 조직에서 일하기 어렵다고 생각하는 직원들에게는 3개월 분의 퇴직수당(severance pay)을 지급하겠다고 선언했다. 약 200명의 직원들이 이 제안을 받아들여 회사를 떠났으며, 2015년 이래 잔류 직원들은 새로운 조직에 적응하는 중이다.[90]

3.7a 특징

〈도표 3.17〉에 홀라크라시팀 구조가 예시되어 있으며, 다음과 같은 특징을 갖고 있다.[91]

- 개인, 과업, 부서, 기타 단위가 아니라 바로 팀(써클)이 조직설계의 기본이 되는 벽돌이다. 홀라크라시에서는 모든 사람이 팀으로 일한다.
- 개인 역할은 집단적으로 정의되고 과업 완수를 위해 필요하다면 여러 팀에 소속되기도 한다.

도표 3.17 홀라크라시팀 구조

출처: Based on Jacob Morgan, "The 5 Types of Organizational Structures: Part 5, Holacratic Organizations," *Forbes*, July 20, 2015, https://www.forbes.com/sites/jacobmorgan/2015/07/20/the-5-types-of-organizationalstructures-part-5-holacratic-organizations/#70578f1848a2 (accessed April 4, 2019).

- 상황이 변화되면 팀은 진화, 형성, 해체된다. 새로운 기회, 니드, 문제점, 목표 및 과업이 등장하면, 이를 대응하기 위해 새로운 팀이나 써클이 출현한다. 세인트루이스(St.Louis) 공공TV방송국인 KETC 사례를 보면 지역 이슈나 전국 이벤트 대응을 위해 임시팀이 구성된 것이 그 사례이다.[92]

- 팀이 설계하고 스스로 관리한다. 홀라크라시팀은 모두가 팀 구성에 관여한 큰 써클 안에서 운영되기도 한다. 모든 구성원들은 팀 운영 방법, 팀 형성 방법, 역할 발굴과 할당 방법, 다른 사람 및 팀과 상호작용 방법을 담고 있는 핵심헌장(governing constitution)을 개발하고 동의하기도 한다.
- 리더십은 분산되어 있으며, 상황에 따라 변화된다. 어느 누구도 관리자(manager) 직함을 독점하지 않는다. 요구(need)가 생길 때, 팀이 변화될 때, 새로운 역할 정의가 이루어질 때마다 리더십 책임은 끊임없이 변화하게 된다.

3.7b 장점과 단점

모든 조직구조와 마찬가지로 홀라크라시팀 구조 또한 강점과 약점을 갖고 있는데 자세한 내용은 〈도표 3.18〉에 정리되어 있다.

홀라크라시팀 구조의 가장 큰 강점은 조정 개선, 즉 유연하고 혁신적으로 고객 요구 변화에 대응하는 역량을 획기적으로 개선시킨다는 점이다. 밸브(Valve)는 거실에서도 게임이 가능한 하드웨어 제품 개발 요구를 받고 PC게임으로부터 하드웨어 제품까지 사업을 확장했다. 밸브는 아이디어를 실천할 여러 팀 구성을 통해 하드웨어 관련 신상품을 출시하였다.[93]

기능부서 간 경계가 없기 때문에 직원들은 단일 부서의 목표에 집중하기보다 넓은 시각에서 조직의 목표를 바라볼 수 있게 된다. 홀라크라시팀 구조는 팀워크와 협력을 강조함으로써 직원들이 공동의 목표 달성에 집중하도록 돕는다. 계층의 복잡한 거미줄에 엮이지 않고 일에 집중할 수 있도록 한다. 또한, 설득용 문서 작성, 느린 의사결정, 문제의 핵심을 모른 채 의사 결정을 해야 하는 상황을 피해 갈수 있도록 돕는다. 마지막으로, 홀라크라시 구조는 직원들이 책임을 공유하고, 의사결정하고, 조직에 헌신할 수 있게 함으로써 직원들의 삶의 질과 성장 기회를 개선시킨다. 직원들은 좁은 부서 업무에 안주하기보다 큰 프로젝트에 투입될 때 더 큰 열정을 갖게 된다.

도표 3.18 홀라크라시팀 구조의 강점과 약점

강점	약점
1. 팀워크와 협력을 촉진한다. 2. 고객요구에 신속하고 혁신적인 반응을 촉진한다. 3. 구성원 개개인이 넓은 시각에서 조직의 목표를 바라볼 수 있다. 4. 업무와 긴밀한 의사결정이 이루어진다. 5. 책임을 공유하고, 의사 결정을 내리고, 결과에 대한 책임을 지면서 구성원이 성장하는 것을 돕는다.	1. 개인과 팀이 책임감을 갖게 되기까지 많은 시간이 허비된다. 2. 경영철학과 문화의 큰 변화가 필요하다. 3. 전통적 관리자들은 권한과 권위를 버려야 되기 때문에 거부감을 갖는다. 4. 구성원의 상당 수준의 사회적 스킬 훈련이 필요하다. 5. 특정 기능 분야에 대한 심층적인 스킬 개발에 한계가 있다.

홀라크라시팀 구조의 약점 중 하나는 현 조직에서 홀라크라시 설계는 문화, 직무설계, 경영철학, 정보와 보상시스템 등 여러 분야에서 상당한 변화가 수반되어야 되기 때문에 때로는 복잡하고 시간 소모가 많이 발생될 수 있다는 점이다. 전통적 관리자들은 파워와 권한을 포기하고 여러 팀내 팀원으로 참여하는 것에 상당한 거부감을 가질 수 있다. 직원들은 팀 환경에서 효과적으로 업무를 수행하기 위해 사회적 스킬 훈련을 받아야 한다. 마지막으로 기능 구조에서는 쉽게 이루어지는 데, 팀 구조에서는 기술 영역의 심층적 지식 축적과 스킬 개발에 한계가 있을 수 있다는 점이다.

핵심정리

- 조직설계의 최근 동향은 자율경영으로 전환이다.
- 자율경영 모델로 가장 널리 활용되고 있는 것은 홀라크라시팀 구조이다. 약 300개 기업이 이 모델을 도입했으며, 홀라크라시 조직에서는 모든 직원들이 써클(팀) 소속되어 있으며, 보스는 없다.
- 각 써클은 공동의 목표를 공유하고, 업무 수행과 목적 달성에 필요한 의사결정 권한을 갖는다.
- 개인의 역할은 집단으로 결정되고 여러 써클에 투입될 수 있다. 또한, 써클은 상황 변화에 따라 진화, 형성 및 해체된다.
- 개인은 다양한 역할을 수행하게 되는데, 때로는 동시에 3-4개 팀에서 역할을 수행하기도 한다.
- 홀라크라시팀 구조를 활용하는 기업 중 가장 잘 알려진 기업은 자포스이다.

3.8 조직구조 설계의 응용

각각의 조직구조 유형은 각기 다른 상황에 적합하고 다른 요구 조건을 충족시킨다. 이를 설명하기 위해 환경의 안정성과 변화, 조직규모 등과 같은 조직구조 영향 요인에 대해 간략히 살펴보고자 한다. 기능별 구조, 사업별 구조, 매트릭스 구조, 네트워크 구조, 홀라크라시팀 구조 등 각각의 조직구조는 상황의 요구 조건에 따라 조직을 효과적으로 관리하는 데 유익한 도구이다.

3.8a 혼합과 일치

현업에서 실제 사용되는 조직구조는 앞서 제시한 순수한 형태의 조직구조가 아니다.[94] 오히려 대규모 조직에서는 조직 내 각 분야에 적합한 조직특성을 지닌 조직구조를 적절히 혼합(mix)하여 사용한다. 이는 기능식, 사업별, 지역별, 가상네트워크, 혹은 홀라크라시 조직의 특성을 혼합하여 사용함으로써 다양한 조직구조가 주는 강점은 살리되 약점은 줄일 수 있기 때문이다. 또한, 다양한 조직구조를 믹스하여 사용함으로써 변화하는 환경에 필요한 유연성을 더 잘 발휘할 수 있기 때문이다.

자주 이용되는 기법 중 하나는 기능식 조직과 사업부 조직의 특성을 결합하여 사용하는 방식이다. 기업이 성장하면서 다양한 제품군과 시장영역을 갖게 될 때, 자기완결형의 사업부 조직 형태를 취하는 경우가 많다. 각 사업부에 꼭 필요한 기능은 분권화되어 자기완결적인 사업부 내 조직으로 편성된다. 그러나 비교적 안정적이고 규모의 경제 효과와 심층적인 전문성이 요구되는 기능은 집권화하여 본부 소속으로 편성한다. 예를 들어 스타벅스는 다수의 지역별 사업부 조직을 운영하고 있지만, 마케팅, 법률 및 공급망 기능부서는 집권화하여 운영한다.[95] GE, 월마트, 포드자동차와 같은 거대 기업들은 전체 조직의 요구사항 충족을 위해 다양한 조직구조를 활용한다.

3.8b 구조적 정렬

궁극적으로 관리자에게 가장 중요한 결정은 조직의 필요에 따라 수직적 통제와 수평적 조정이 적절히 균형을 이룰 수 있도록 조직을 설계하는 것이다. 수직적 통제는 효율성, 안정성 목표와 연관되어 있는 반면, 수평적 조정은 학습, 혁신, 유연성과 연관 되어 있다. 〈도표 3.19〉는 각 조직구조와 수직적 통제 및 수평적 조정의 관계를 연속선 상에 표현한 것이다. 기능별 구조는 수직적 계층을 따라 조정이 필요하고 조직의 목표달성에 효율성이 중시될 때 적합한 구조이다. 기능별 구조는 한정된 자원을 효율적으로 사용하기 위해 과업 전문화와 엄격한 명령체계를 사용하고 있기 때문에 유연성과 혁신에는 효과적이지 못하다. 연속선상의 우측에 있는 수평적 구조는 조직이 혁신과 학습을 촉진하기 위해 기능 간 조정이 중요할 경우 적합한 구조이다. 수평적 구조는 차별화를 통해 변화에 신속하게 대응할 수 있게 하지만 자원을 효율적으로 활용하지는 못한다. 가상 네트워크 구조는 환경과 시장으로부터 요구되는 변화에 적응하기 위해 필요한 조각들을 붙이거나 제거할 수 있도록 함으

도표 3.19 효율성 대 학습을 위한 조직구조 관계

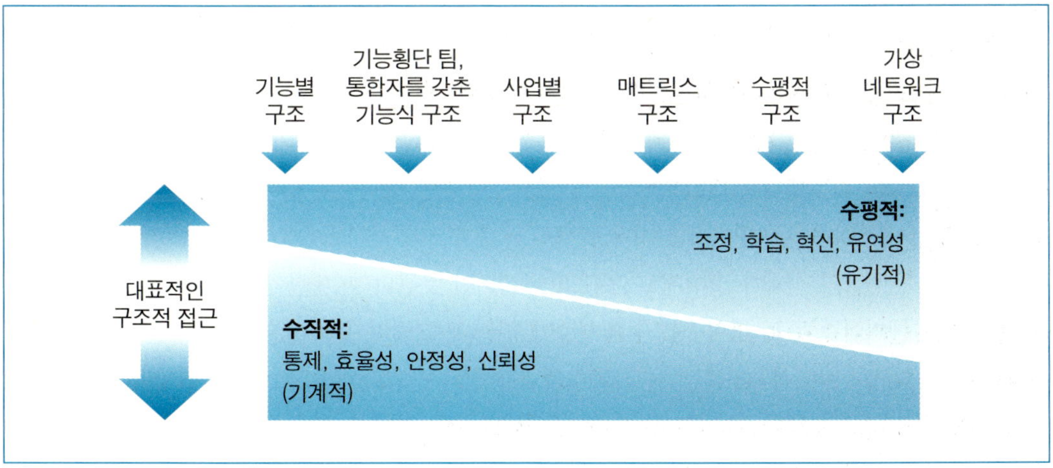

로써 더 높은 유연성을 제공하고 신속한 반응을 할 수 있게 한다. 또한, 〈도표 3.19〉는 이번 장에서 설명된 수평적 연결을 가진 기능별 구조, 사업별 구조, 매트릭스 구조, 가상 네트워크 구조가 조직의 효율성 목표와 혁신과 학습 목표에 사이에 어디쯤 위치하는지를 보여준다. 〈도표 3.19〉은 모든 조직구조 유형을 제시하고 있지는 못하지만 조직이 효율성을 위한 수직적 통제와 혁신을 위한 수평적 조정을 어떻게 균형 있게 관리할 수 있는지를 보여준다. 앞에서 언급한 바와 같이 실제로 많은 조직들은 각 구조가 갖는 특징을 결합한 혼합형 조직구조를 사용하고 있다.

3.8c 구조적 결함의 증상들

최고경영진은 조직구조가 변화하는 조직의 요구에 적합한지를 정기적으로 평가해야 한다. 경영진은 내부적인 보고 관계와 외부환경 요구 간에 최적의 적합을 달성하기 위해 노력한다. 일반적으로 조직구조가 조직의 요구사항에 맞게 정렬되지 못한 경우에는 **구조적 결함**(symptoms of structural deficiency)으로 인해 다음과 같은 증상들이 나타난다.[96]

- 부서 간 협조가 잘 이루어지지 않는다. 조직구조는 조직이 목표 달성을 위해 협력이 가능하도록 설계되어야 한다. 부서 요구와 목표 간 상충을 해소하고 조직 전체 차원에서 하나의 목표가 만들어져야 한다. 각 부서들의 목적이 서로 다르거나 조직 전체 목표 대신에 자기 부서 목표만을 달성하려고 할 경우, 종종 조직구조가 결함을 갖게 된다. 수평적 연결 메커니즘이 적절하지 못할 경우도 마찬가지이다.
- 의사결정이 지연되거나 의사결정의 질이 떨어진다. 조직 계층을 따라 처리해야 할 문제와 의사결정 요구 사항이 많다 보니 의사결정권자에게 과부하가 주어진다. 하위계층에 대한 권한위양이 충분하지 못하고, 의사결정권자에게 필요한 정보가 정확히 전달되지 못해 의사결정의 질(수준)이 떨어진다. 의사결정의 질을 보장해 줄 수 있을 만큼의 충분한 수직적, 수평적 정보 연결이 이루어지고 있지 않기 때문이다.
- 변화하는 환경에 혁신적으로 대응하지 못한다. 혁신적으로 대응하지 못하는 첫 번째 이유는 부서 간 수평적 조정이 원활하게 이루어지지 못하기 때문이다. 마케팅부서에서 파악된 고객 요구사항은 연구개발부서의 기술개발 업무와 연결되고 조율되어야 한다. 또한 외부환경에 대한 탐색과 혁신을 포함하여 조직구조 안에는 각 부서의 책임 내용이 명확하게 규정되어 있어야 한다.
- 직원들의 성과가 떨어지고 목표가 달성되지 못한다. 명확한 목표, 책임성, 조정과 협력 메커니즘 등을 조직구조가 제시해야 되는데, 그렇지 못하여 종업원의 성과가 떨어지기도 한다. 조직구조에는 시장 환경의 복잡성이 반영되어야 하고, 종업원들이 효과적으로 업무를 수행할 수 있도록 명쾌하게 설계되어야 한다.

핵심정리

- 많은 기업의 경영진은 다양한 조직구조 특성을 믹스(혼합)하여 활용한다. 혼합된 조직구조 특성을 활용함으로써 다양한 조직구조가 갖는 강점은 살리되, 약점은 회피할 수 있다.
- 궁극적으로 경영자는 수직적 통제와 수평적 조정 사이에 균형점을 정교하게 설정한다.
- 구조적 결함을 나타내는 징후들로는 협동심 부족, 의사결정의 지연, 혁신의 부족, 구성원의 낮은 성과창출 등이다.
- 마지막으로, 조직도는 한 장의 종이에 수 많은 줄과 박스가 표현되어 있는 것이다. 조직도는 구조를 제시하고, 직원들은 행동한다. 조직도가 직원들의 협업을 유도하는 가이드라인이라면, 경영은 구조를 실행하는 것이다.

토의문제

1. 조직도 상에 실제 조직구조가 얼마나 잘 나타나 있는가? 이에 대해 설명해보자.
2. 사업별 구조에 비해 기능별 구조가 더 적합한 경우는 언제인가?
3. 대기업은 조직의 분야마다 다른 구조, 즉 혼합형 구조를 사용하는 경향이 있다. 왜 그런가?
4. 효율성을 위한 전통적, 기계적 조직설계와 학습을 위한 임시적 유기적 조직설계의 주요 차이점은 무엇인가?
5. 태스크포스와 팀의 차이점은 무엇인가? 연결 역할자와 전임통합자의 차이는 무엇인가? 이들 중 어느 것이 가장 많은 수평적 조정을 제공하는가?
6. 경영자로서 당신은 높은 수준의 관계적 조정을 어떻게 만들어낼 것인가?
7. 제품 라인 간 자원 부족이 왜 매트릭스 구조 채택을 고민하게 만드는가?
8. 소비재를 생산하는 어느 기업의 경영자가 다음과 같은 말을 했다. "미래 경영진을 훈련시키기 위해 우리는 브랜드 관리자 직책을 두고 있다." 브랜드 관리자라는 직위가 좋은 훈련 기회인지에 대해 토론해보자.
9. 왜 홀라크라시팀 구조를 사용하는 기업들은 개방성, 임파워먼트, 책임성을 중시하는 조직문화를 보유하려고 하는가? 이러한 조직에서 근무하는 것에 대해 어떻게 생각하는가?
10. 가상 네트워크 구조에 대해 설명해보자. 조직 내에서 모든 활동을 처리하는 조직구조 형태와 비교하여 가상 네트워크 조직구조의 장점과 단점에 대해 설명해보자.

연습문제 — 당신과 조직구조[97]

일상생활에서 조직구조의 중요성을 더 잘 이해하기 위해 다음 과제를 수행해보자. 다음 중 어느 하나의 상황을 선택해서 조직해보자.

- 복사 혹은 인쇄소
- 여행사
- 휴양지에 있는 스포츠용품 대여점(제트스키, 스노우모빌 등)
- 베이커리

배경

조직설계는 불확실한 환경으로부터 내적 효율성과 권력(power)을 획득하는 하나의 방법이다. 환경은 조직에 원재료, 인적자원, 재무자원 등의 투입물을 제공한다. 제품을 생산하든 서비스를 제공하든 여기에는 기술이 관련된다. 산출물은 고객에게 전달된다. 환경과 기술의 복잡성에 따라 조직의 복잡성도 달라진다.

조직화 계획

1. 조직의 사명과 목적을 몇 개의 문장으로 작성해보자.
2. 조직의 사명을 달성하기 위해서는 구체적으로 어떤 일을 해야 하는가?
3. 2번의 답에 기초하여 조직도를 작성해보자. 조직도의 각 직위는 특정한 과업을 수행할 수도 있고, 어떤 결과에 대해 책임을 질 수도 있다.
4. 현재, 그 조직을 운영한지 3년이 지났고 사업은 매우 성공적이었다. 이제 몇 킬로미터 거리에 두 번째 지점을 내고자 한다. 지점을 내려면 어떤 문제가 나타날 것인가? 두 번째 지점을 포함해서 새로 조직도를 그려보자.
5. 20년 후 당신은 5개 주에 걸쳐 75개 지점을 운영하고 있다. 조직구조와 관련하여 해결해야 할 문제나 이슈는 무엇인가? 조직도를 그리고 고객만족에 대한 책임자가 누구인지, 고객요구가 충족되었는지 어떻게 알 수 있는지, 조직 내에서 정보가 어떻게 흘러가는지를 설명해보자.

분석을 위한 사례: 홀츠클라우 슈퍼마켓[98]

홀츠클라우 슈퍼마켓(Holtzclaw Supermarkets, Inc.)은 샘 홀츠클라우와 그의 동생 샘에 의하여 1977년 설립되었다. 형제는 자신의 기업을 직접 운영하고 싶어서 저축한 돈을 털어 노스캐롤라이나의 샬럿(Charlotte)에 작은 식품점을 차렸다. 식품점은 처음에는 대성공을 거두었다. 매장의 위치도 좋았고, 샘 홀츠크라우의 성품이 좋아서 종업원들은 그의 비공식적인 스타일과 '고객에 대한 봉사'의 태도를 잘 따랐다. 홀츠크라우의 상권이 커짐에 따라 더 많은 고객들이 좋은 품질의 육류와 농산물을 즐길 수 있었다.

이런 홀츠클라우는 2001년에는 200여 개의 점포를 가지게 되었고, 새로운 가게에는 표준화된 레이아웃을 적용했다. 회사 본부도 1985년 샬럿에서 애틀란타로 옮겼다. <도표 3.20>은 홀츠클라우 슈퍼마켓의 조직도이다. 애틀란타에 있는 본부에서는 전 체인점을 위해 인력, 상품화, 재무, 구매, 부동산, 법률문제 등을 처리했다. 개별 매장을 관리하기 위한 조직은 지역별로 나누어져 있었다. 남부, 남동부, 북동부 지역의 경우 각각 70여 개의 상점들이 있다. 각 지역본부는 다시 10~15개의 상점으로 구성되는 5개의 구획으로 구분되어 있다. 지역 관리자는 해당 지역 내 10~15개 상점의 활동에 대한 감독과 조정 책임을 맡고 있다.

각 지역은 기능별 전문성에 따라 4개의 라인으로 나뉘어져 있다. 각 상점의 농산물 관리자는 직접적으로 농산물 전문가에게 보고하고, 육류 관리자는 육류 전문가에게 보고하는 체계를 가지고 있다. 육류, 농산물 관리자들은 부패하기 쉬운 제품들에 대한 구매 및 판매와 관련된 활동을 책임지고 있다. 그러나 매장 관리자는 식료품라인, 매장, 매장 운영을 담당하며, 종업원의 용모, 청결성, 가격표, 서비스 점검 등에 대한 책임을 지고 있다. 식료품 관리자는 매장 관리자에게 보고하고, 재고관리, 판매된 물품을 다시 채워 넣는 일을 수행한다. 지역의 머천다이징 사무실은 판매촉진, 광고, 고객유인 등에 대한 책임을 지고 있다. 식료품 머천다이저들은 각 매장의 활동을 조정하는 역할을 수행해야 한다.

최근 몇 년 동안 홀츠클라우 체인점들은 모든 지역에서 매출 감소를 보이고 있다. 그 이유로는 경기침체의 영향도 있지만 근본적인 원인은 월마트, 타겟, 코스트코 등과 같은 대형 할인점의 등장으로 식료품 사업에서의 경쟁이 치열해졌기 때문이다. 홀츠클라우는 과거에는 대규모 슈퍼마켓 체인에 대해서도 성공적으로 대응해 왔다. 그러나 최근에는 슈퍼마켓보다 더 큰 2001년도 식료품 매출액이 1위인 월마트 같은 대형 할인점이 시장을 위협하고 있다. 홀츠크라우의 경영진은 대형 할인점과는 가격 경쟁을 할 수 없다는 것을 알고 있지만 정보기술을 활용하여 고객 서비스와 고객만족을 높임으로써 대형 할인점과의 차별화 방안을 모색하고 있다.

그러나 가장 시급한 문제는 그들이 현재 가지고 있는 자원과 매장을 가지고 어떻게 사업을 개선할 것인가라는 것이다. 매장 구조와 운영에 대한 조사를 위해 컨설팅 팀이 구성되었다. 컨설턴트들은 각 지역에

도표 3.20 홀츠클라우 슈퍼마켓의 조직구조

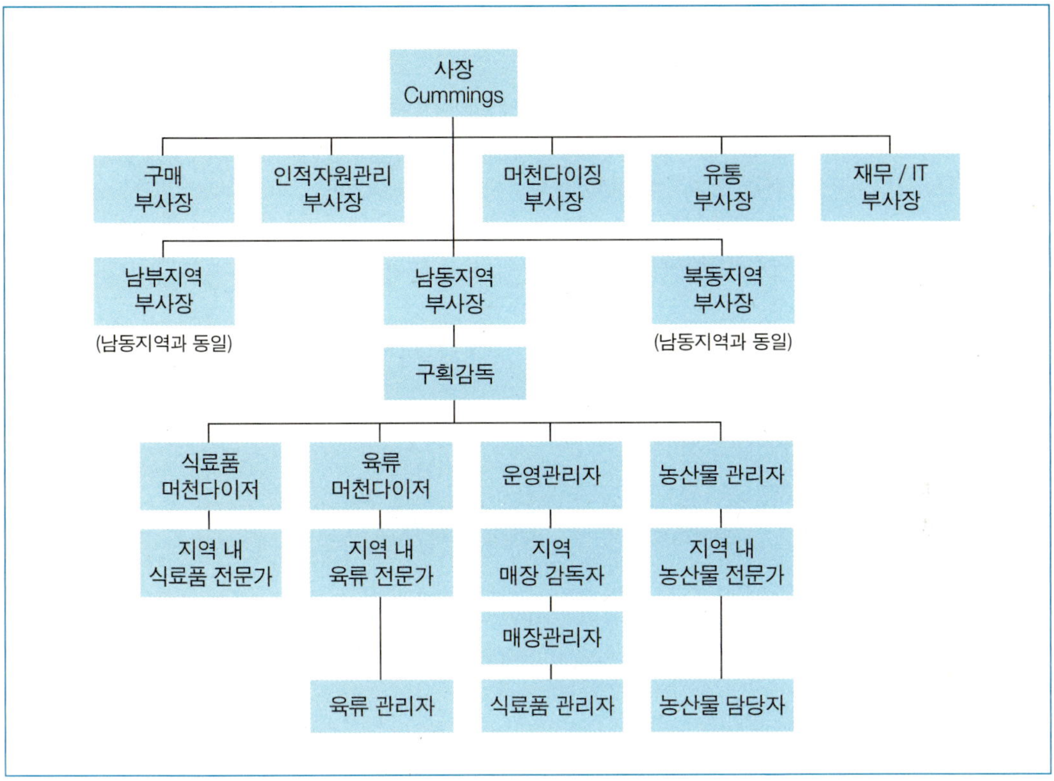

있는 몇 개의 매장을 방문하고, 50여 명의 관리자 및 종업원들과의 면담을 통해 다음과 같은 네 가지 측면에 문제점을 제시했다.

1. 변화에 적응하기에는 체인이 너무 느리다. 15년 전에 설계된 매징 레이아웃과 구조가 그대로 유지되고 있다. 소득수준이 낮은 지역에 있는 매장이나 도심 주변에 있는 매장이나 동일한 방식으로 일을 처리하고 있다. 주문과 재고 관리를 위한 공급망 관리시스템이 새로 개발된지 2년이 지났지만 일부분만 실행되고 있고, 다른 IT 개선안은 아직 개발조차 완료되지 못한 상태이다.
2. 지역 감독자와 매장 관리자의 역할이 불만족을 불러일으키고 있다. 매장 관리자는 매출 증대를 위해 재고관리, 특수 주문 관리, 특정 고객 대응을 위해 더 많은 분권화와 권한 위임을 원하고 있다. 또한, 지역 관리자 직위로의 승진기회를 얻기 위해 일반 경영관리 기술 습득을 원하고 있다. 그러나 그들의 직무는 운영활동에만 제한되어 있기 때문에 상품화, 육류, 농산물 등에 대해서는 학습할 기회가 거의 없었다. 더욱이 지역 감독자는 매장 관리자들에 대한 훈련이나 조정활동을 지원하기보다는 오히려 청결상태나 운영 기준을 제대로 지키고 있는지 감독하기 위해서 매장을 자주 방문하고 있다. 운영활동에 대한 밀접한 감독으로 인해 개발, 훈련 혹은 조정보다는 운영관리에 초점을 맞추고 있다.
3. 매장 내의 협력과 사기가 낮다. 샘 홀츠크라우에 의해서 만들어졌던 비공식적, 우호적인 분위기가 사라져버렸다. 한 예로, 루이지애나에서 콜라와 다이어트 콜라에 대한 판매촉진을 결정했을 때 식료품 머천다이저와 매장 관리자들 사이에서 일어난 사건을 예로 들 수 있다. 수천 상자의 콜라를 판매하기 위해 들여왔지만 이를 보관할 창고가 충분치 않았다. 그래서 매장 관리자들은 육류와 농산물 부문의 매장에 진열하기를 원했지만 육류와 농산물 매장 관리자들이 이러한 요구

도표 3.21 홀츠클라우 슈퍼마켓의 신규 조직구조(안)

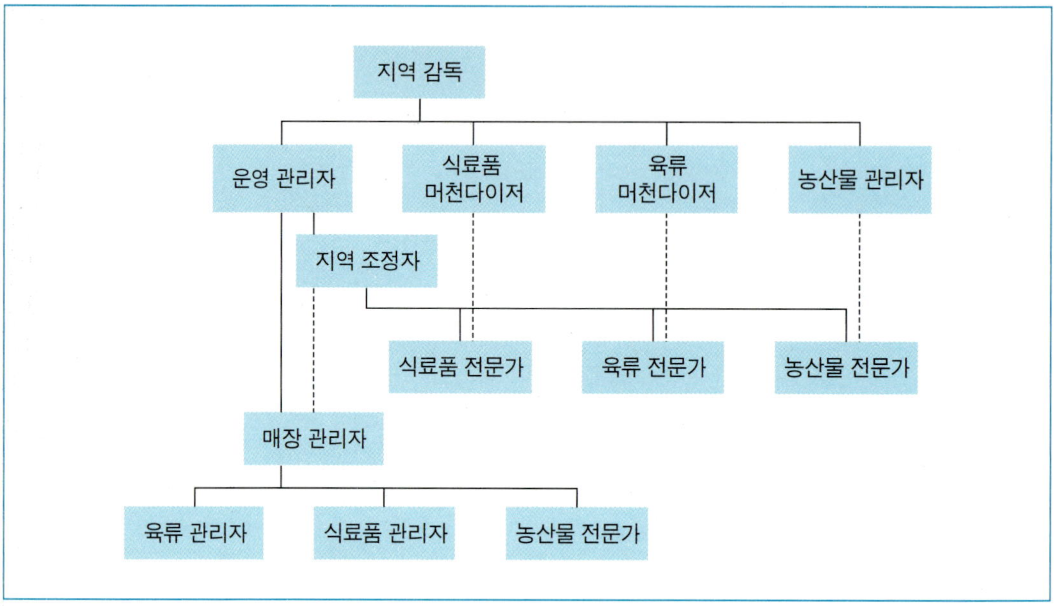

를 거절했다. 그 이유는 다이어트 콜라가 매출에 도움이 되지 않는다는 것이었다.

4. 전체 매장의 장기적인 성장과 개발을 위해서는 장기 전략에 대한 재평가가 필요하다. 전통적인 식료품 매장의 시장점유율은 대형 할인점과 대규모 슈퍼마켓 등과의 경쟁으로 점점 낮아지고 있다. 조만간 홀츠클라우는 원스톱 쇼핑을 할 수 있도록 비식료품 제품들을 도입하거나, 매장 내에 전문가나 미식가들을 위한 부문을 설치해야 할지도 모른다. 또한 페이스북이나 구글을 통해 목표시장을 겨냥한 마케팅과 판매촉진을 실시하거나, 우수한 서비스 및 편의성 제공, 구색을 갖춘 최상의 제품을 고객들이 손쉽게 이용할 수 있도록 하기 위해서는 새로운 기술을 어떻게 도입해서 다른 기업과 차별화해야 할지 조사해봐야 할 필요성이 높다.

앞의 세 가지 문제를 해결하기 위해 컨설턴트는 지역과 매장 관리 조직을 <도표 3.21>와 같이 개편할 것을 권고했다. 개편된 조직구조 하에서는 육류, 식료품, 농산물 부문의 관리자 모두가 매장 관리자에게 보고하도록 되어 있다. 매장 관리자는 매장에 대한 전적인 통제와 함께 모든 매장 활동에 대한 조정을 책임지게 되었다. 지역 관리자 역할은 과거의 감독자 역할에서 훈련과 개발로 역할이 변경되었고, 지역 관리자는 자신을 포함하여 몇 개의 육류, 농산물, 매장 관리자와 다른 종업원들에게 조언과 지원을 제공하는 상품 전문가들로 구성된 팀장 역할을 수행한다. 이 팀은 지역전문가와 매장 간 연결 역할을 수행하게 되었다.

컨설턴트는 개편된 조직구조에 대해서 상당한 자신감을 보이고 있다. 지역 운영에 대한 감독 계층을 제거함으로써 매장 관리자들이 보다 많은 자율권과 책임을 갖게 되고, 지역 연결팀은 매장 내 협력적인 팀 운영을 촉진하게 될 것이다. 매장관리 책임이 한 사람의 관리자에게 집중됨으로써 지역 상황에 대한 대응력을 높이고 매장 내 협력적 분위기를 조성이 용이하게 된다. 나아가 매장 전반 관리에 대한 책임감이 높아지게 된다.

또한, 컨설턴트는 개편된 조직구조 하에서 홀츠클라우의 미래 발전 계획에 포함되어 있는 비식료품 라인이나 전문용품 분야의 사업으로 확장이 용이할 것으로 보고 있다. 각 매장 내에 의약품, 전문용품, 또는 기타 부문들과 같은 새로운 부문 관리자가 설치될 수 있고, 지역 연결 팀 역시 이와 같은 라인의 전문가들뿐만 아니라 정보기술 조정자 등이 지역 간 매장의 연결 역할을 수행할 수 있도록 확장될 수 있다고 믿고 있다.

질문

1. 홀츠클라우 초기 조직구조가 어떻게 매장관리자의 불만족을 유발했으며, 환경 변화에 느리게 대응케 하였는가?
2. 새로운 조직구조(안)이 앞의 문제점을 어떻게 개선했는가?
3. 시간이 흐르면서 새로운 조직구조(안)은 어떤 약점을 노출시킬 수 있는가?

분석을 위한 사례: 아쿠아리우스 광고회사[99]

아쿠아리우스 광고회사(Aquarius Advertising Agency)는 고객에게 두 가지 기본 서비스를 제공하는 중소기업이다. 첫 번째는 고객 맞춤형 슬로건이나 레이아웃 등과 같은 광고 캠페인 내용에 대한 계획을 제공하는 것이며, 두 번째는 라디오, TV, 신문, 광고판, 인터넷 등과 같은 미디어에 대한 종합적인 광고 전략을 제공한다. 그 외에 제품 마케팅과 유통에 대한 부가적 서비스와 광고의 효과성을 검증하는 시장조사를 수행한다.

이 회사의 활동은 전통적인 방식으로 조직화되어 있다. 조직도는 <도표 3.22>에 보는 바와 같이 각 부서가 유사한 기능으로 조직화되어 있다.

모든 AE(account executive)들은 고객과 조직 내에서 운영 및 마케팅 부문의 다양한 전문가들 간의 연결 역할을 수행하는 AE 임원에 의해서 조정된다.

고객과 전문가, 고객과 AE, 전문가와 AE 간의 직접적인 연결과 접촉의 빈도는 <도표 3.23>에 나타나 있다. 이와 같은 소시오메트릭 데이터는 공식적, 비공

도표 3.22 아쿠아리우스 광고회사의 조직도

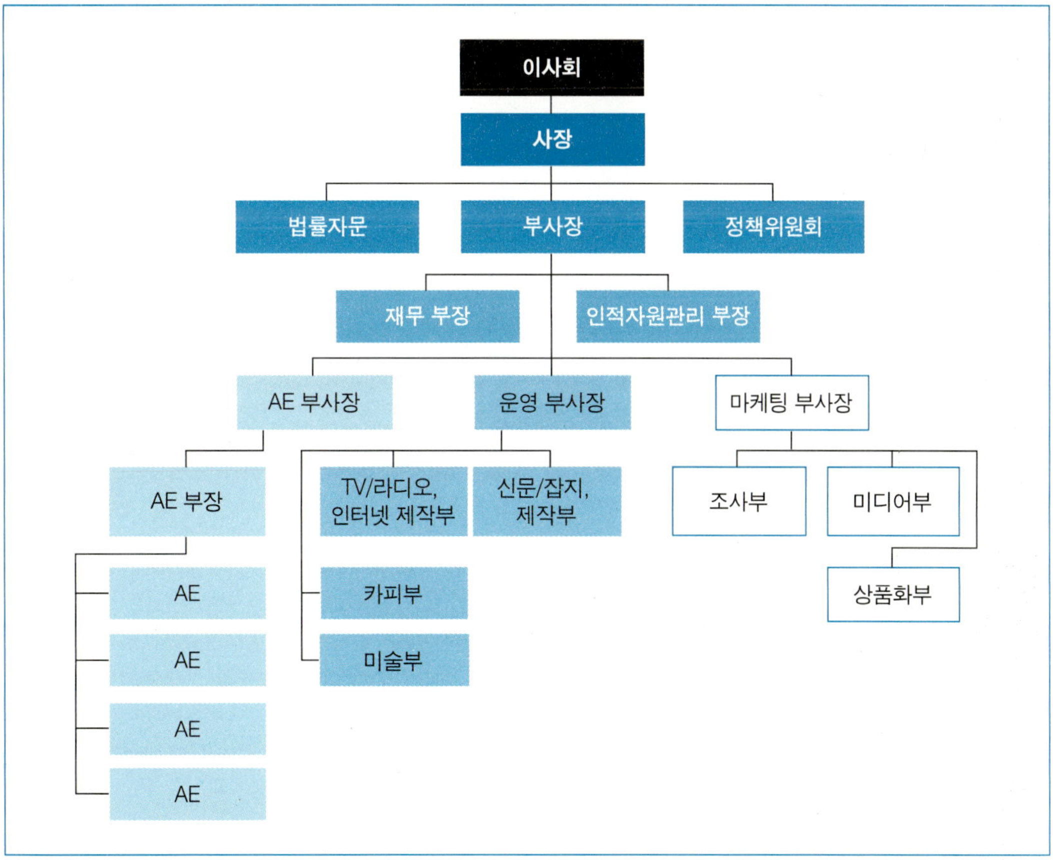

도표 3.23 아쿠아리우스사의 인력과 고객 간의 소시오메트리

	고객	AE부장	AE	TV/라디오 전문가	신문/잡지전문가	카피전문가	미술전문가	상품화전문가	미디어전문가	조사전문가
고객	X	F	F	N	N	O	O	O	O	O
AE부장		X	F	N	N	N	N	N	N	N
AE			X	F	F	F	F	F	F	F
TV/라디오 전문가				X	N	O	O	N	N	O
신문/잡지전문가					X	O	O	N	O	O
카피전문가						X	N	O	O	O
미술전문가							X	O	O	O
상품화전문가								X	F	F
미디어전문가									X	F
조사전문가										X

F: 매일 O: 프로젝트당 한두 번 N: 없음

식적 커뮤니케이션을 연구하는 컨설턴트가 수집한 것이다. 아쿠아리우스사의 전문가와 고객이 교차하는 셀은 이들 간의 직접적인 접촉의 정도를 나타낸다.

비록 AE 임원이 고객과 전문가들 간의 연결 관계를 조정하기 위해 임명되었지만 실제 의사소통은 AE 임원을 건너뛰어 고객과 전문가 간에 직접 적인 형태로 이루어지는 경우가 많다. 이러한 직접적인 접촉은 회의, 전화, 이메일 등과 같이 다양한 방법으로 이루어지고 있다. 즉, 전문가와 고객사의 담당자 간에는 직접적인 접촉이 많이 이루어지고 있는 것이다. 예를 들면, 회사 내의 특정 고객을 담당하는 어느 팀에서 근무하는 한 전문가는 고객사의 미술 전문가와 직접 접촉하고, 조사인력은 고객사의 조사인력과 직접 접촉한다. 또한 비구조화된 접촉은 흔히 프레젠테이션을 작성한 회사 내의 인력과 공식적인 회의를 갖게 하기도 하며, 회사의 정책을 해석하고 방어하거나 어떤 행동을 수행하게 하기도 한다.

이처럼 운영과 마케팅부문에서 계층시스템과 전문가시스템이 둘 다 운영되고 있는 것이다. 각 부서는 이사, 부이사, 그 밑에 몇 개의 권한을 가진 계층으로 조직화되어 있다. 전문가들 간의 커뮤니케이션이 방대하게 이루어지고 있으며 그 내용은 기술과 지식 공유, 일에 대한 기술적 평가, 관심 분야에 대한 개발 등에 대한 것들이다. 각 부서의 구성원에 대한 통제는 주로 승진과 감독을 통해 이루어진다. 그러나 많은 AE들은 더 많은 영향력을 행사하기를 원하고 있다. 한 AE는 다음과 같이 말하고 있다.

> "창의성과 예술. 여기서 들리는 말은 모두 그것이다. 여기서는 독자적으로 일을 해야 한다고 주장하는 잘나가는 6~7명의 전문가를 효과적으로 관리한다는 것이 굉장히 어렵다. 그들은 모두 자기 아이디어를 고객에게 판매하지만 나는 일주일이 지나도 무슨 일이 일어났는지 알 수가 없다. 만약 내가 폭군이라면 그들 모두가 승인을 받기 전에 먼저 나에게 검토를 받게 하고 싶다. 여기는 정말로 변화가 필요하다."

환경변화에 따라 재조직의 필요성은 점점 더 높아진다. 단기간 동안에 많은 AE들이 이직했다. 광고대행사에서는 소비자 행동에 대한 사전 경고 없이 이처럼 손쉽게 고객을 잃거나 얻는 것이 일상적인 일이었고, 라이프스타일에 대한 변화와 혁신이 일어나고 있다.

예측하기 어려운 환경에 대응하여 유연성을 증가시키기 위한 대안으로 최고경영진은 조직구조의 재조직을 제시했다. 재조직의 목표는 환경변화에 대한 회사의 대응 시간을 줄이고, 여러 부서 전문가들 간의 조정과 커뮤니케이션을 증가시키는 것이다. 최고경영진은 어떻게 재조직하는 것이 적절한지 알지 못한다. 그들은 당신으로부터 이러한 상황과 현재의 조직구조를 분석하고 새로운 조직구조에 대한 제안을 듣고 싶어 한다.

질문

1. 1장에서 설명한 다섯 가지 상황변수 관점에서 아쿠아리우스 사례를 분석해보자. 다섯 가지 상황변수 중 어느 변수가 아쿠아리우스에 가장 큰 영향을 주었다고 생각하는가?
2. <도표 3.22>의 정보흐름과 가장 중요한 상황변수를 반영하여 새로운 조직도를 설계해보자.
3. 아쿠아리우스에 매트릭스 조직구조 적용이 가능한가? 그 이유는 무엇인가?

미주

1 Sam Walker, "Why the Marine Corps Ditched the Best Offense in History," *The Wall Street Journal*, June 28, 2018, https://www.wsj.com/articles/why-the-marine-corps-ditchedthe-best-offense-in-history-1530187200 (accessed April 1, 2019).

2 Ben Sisario, "Spotify Hints at Ambitions Beyond Music as It Hires a TV and Video Executive," *The Wall Street Journal*, June 26, 2018; and Suzanne Kapner, "Struggling Ralph Lauren Tries to Fashion a Comeback," *The Wall Street Journal*, June 7, 2016, https://www.wsj.com/articles/struggling-ralph-lauren-tries-to-fashion-acomeback-1465272240 (accessed April 1, 2019).

3 Dan Carrison, "Borrowing Expertise from the FBI," *Industrial Management*, May–June 2009, 23–26.

4 Pete Engardio with Michael Arndt and Dean Foust, "The Future of Outsourcing," *BusinessWeek*, January 30, 2006, 50–58; "Working with Wyeth to Establish a High—Performance Drug Discovery Capability," Accenture website, http://www.accenture.com/SiteCollectionDocuments/PDF/wyeth (accessed July 18, 2011); and Ira Spector, "Industry Partnerships: Changing the Way R&D Is Conducted," *Applied Clinical Trials Online*, March 1, 2006, http://appliedclinicaltrialsonline.findpharma.com/appliedclinicaltrials/article/articleDetail.jsp?id=310807 (accessed July 18, 2011).

5 Carol Hymowitz, "Have Advice, Will Travel; Lacking Permanent Offices, Accenture's Executives Run 'Virtual' Company on the Fly," *The Wall Street Journal*, June 5, 2006, B1.

6 John Child, *Organization* (New York: Harper & Row, 1984).

7 Stuart Ranson, Bob Hinings, and Royston Greenwood, "The Structuring of Organizational Structures," *Administrative Science Quarterly* 25 (1980), 1–17; and Hugh Willmott, "The Structuring of Organizational Structures: A Note," *Administrative Science Quarterly* 26 (1981), 470–474.

8 This section is based on Frank Ostroff, *The Horizontal Organization: What the Organization of the Future Looks Like and How It Delivers Value to Customers* (New York: Oxford University Press, 1999).

9 Stephen Salsbury, *The State, the Investor, and the Railroad: The Boston & Albany, 1825–1867* (Cambridge: Harvard University Press, 1967), 186–187.

10 "The Cases of Daniel McCallum and Gustavus Swift," Willamette University, http://www.willamette.edu/~fthompso/MgmtCon/McCallum.htm (accessed July 29, 2011); "The Rise of the Professional Manager in America," *ManagementGuru.com*, http://www.mgmtguru.com/mgt301/301_Lecture1Page7.htm (accessed July 29, 2011); and Alfred D. Chandler, *Strategy and Structure: Chapters in the History of the American Industrial Enterprise* (Cambridge, MA: Massachusetts Institute of Technology Press, 1962).

11 David Nadler and Michael Tushman, *Strategic Organization Design* (Glenview, IL: Scott Foresman, 1988).

12 William C. Ouchi, "Power to the Principals: Decentralization in Three Large School Districts," *Organization Science* 17, no. 2 (March–April 2006), 298–307.

13 Sarah Nassauer, "Walmart to Try Thinning Store Manager Ranks," *The Wall Street Journal*, May 2, 2019, https://www.wsj.com/articles/walmart-to-try-thinning-store-managerranks-11556807421 (accessed May 2, 2019).

14 Hiroko Tabuchi and Bill Vlasic, "Battered by Expensive Crises, Toyota Declares a Rebirth," *The New York Times*, January 3, 2013, B1.

15 Ibid.

16 Andrew Campbell, Sven Kunisch, and Gunter Muller-Stewens, "To Centralize or Not to Centralize?" *McKinsey Quarterly*, June 2011, www.mckinseyquarterly.com/To_centralize_or_not_to_centralize_2815 (accessed August 14, 2012).

17 Ibid.; and "Country Managers: From Baron to Hotelier," *The Economist*, May 11, 2002, 55–56.

18 Based on Jay R. Galbraith, *Designing Complex Organizations* (Reading, MA: Addison-Wesley, 1973); and *Organization Design* (Reading, MA: Addison-Wesley, 1977), 81–127.

19 George Anders, "Overseeing More Employees—With Fewer Managers," *The Wall Street Journal*, March 24, 2008, B6.

20 Virpi Turkulainen and Mikko Ketokivi, "The Contingent Value of Organizational Integration," *Journal of Organization Design*, 2, no. 2 (2013), 31–43.

21 Thomas Kayser, "Six Ingredients for Collaborative Partnerships," *Leader to Leader*, Summer 2011, 48–54.

22 Siobhan Gorman and Julian E. Barnes, "Spy, Military Ties Aided bin Laden Raid," *The Wall Street Journal*, May 23, 2011, http://online.wsj.com/article/SB10001424052748704083904576334160172068344.html (accessed May 23, 2011).

23 Lee Iacocca with William Novak, *Iacocca: An Autobiography* (New York: Phantom Books, 1984), 152–153.

24 Ronald J. Recardo and Kleigh Heather, "Ten Best Practices for Restructuring the Organization," *Global Business and Organizational Excellence*, January–February 2013, 23–37; Kirsten Foss and Waymond Rodgers, "Enhancing Information Usefulness by Line Managers' Involvement in Cross-Unit Activities," *Organization Studies* 32, no. 5 (2011), 683–703; M. Casson, *Information and Organization* (Oxford: Oxford University Press, 1997); Justin J. P. Jansen, Michiel P. Tempelaar, Frans A. J. van den Bosch, and Henk W. Volberda, "Structural Differentiation and Ambidexterity: The Mediating Role of Integration Mechanisms," *Organization Science* 20, no. 4 (July–August 2009), 797–811; and Galbraith, *Designing Complex Organizations*.

25 "Panel Says Toyota Failed to Listen to Outsiders," *USA Today*, May 23, 2011, http://content.usatoday.com/communities/driveon/post/2011/05/toyota-panel-calls-forsingle-us-chief-paying-heed-to-criticism/1#.VDU5Q7N0x1s (accessed October 7, 2014).

26 These are based in part on Galbraith, *Designing Complex Organizations;* and Recardo and Heather, "Ten Best Practices for Restructuring the Organization."

27 David Stires, "How the VA Healed Itself," *Fortune*, May 15, 2006, 130–136.

28 Jay Galbraith, Diane Downey, and Amy Kates, "How Networks Undergird the Lateral Capability of an Organization—Where the Work Gets Done," *Journal of Organizational Excellence* (Spring 2002), 67–78.

29 Walter Kiechel III, "The Art of the Corporate Task Force," *Fortune*, January 28, 1991, 104–105; and William J. Altier, "Task Forces: An Effective Management Tool," *Management Review*, February 1987, 52–57.

30 Margaret Frazier, "Flu Prep," *The Wall Street Journal*, March 25–26, 2006, A8.

31 Joe Flint and Benjamin Mullin, "It Was Once 'Game of Thrones' Inside Time Warner. AT&T Said, Enough," *The Wall Street Journal*, March 8, 2019, https://www.wsj.com/articles/it-was-once-game-of-thrones-inside-time-warner-att-said-enough-11552069473 (accessed April 2, 2019); Joe Flint, "AT&T Breaks Up Turner, Bulks Up Warner Bros. in Major WarnerMedia Overhaul," *The Wall Street Journal*, March 4, 2019, https://www.wsj.com/articles/at-t-shakesup-warner-media-unit-11551708372 (accessed April 2, 2019); and Benjamin Mullin, "WarnerMedia Content Chief Says Competitors 'Are Eating Our Lunch,'" *The Wall Street Journal*, March 6, 2019, https://www.wsj.com/articles/warnermedia-content-chief-says-competitors-are-eating-ourlunch-11551907308 (accessed April 2, 2019).

32 Paul R. Lawrence and Jay W. Lorsch, "New Managerial Job: The Integrator," *Harvard Business Review*, November–December 1967, 142–151.

33 Sally Blount and Paul Leinwand, "Reimagining Effective Cross-Functional Teams," *Strategy + Business*, November 20, 2017, https://www.strategy-business.com/blog/Reimagining-Effective-Cross-Functional-Teams?gko=d02f2 (accessed April 1, 2019).

34 Dan Heath and Chip Heath, "Blowing the Baton Pass," *Fast Company*, July–August 2010, 46–48.

35 Anthony M. Townsend, Samuel M. DeMarie, and Anthony R. Hendrickson, "Virtual Teams: Technology and the Workplace of the Future," *Academy of Management Executive* 12, no. 3 (August 1998), 17–29.

36 Erin White, "How a Company Made Everyone a Team Player," *The Wall Street Journal*, August 13, 2007; Pete Engardio, "A Guide for Multinationals: One of the Greatest Challenges for a Multinational Is Learning How to Build a Productive Global Team," *BusinessWeek*, August 20, 2007, 48–51; and Lynda Gratton, "Working Together . . . When Apart," *The Wall Street Journal*, June 18, 2007.

37 Jody Hoffer Gittell, *The Southwest Airlines Way: Using the Power of Relationships to Achieve High Performance* (New York: McGraw-Hill, 2003).

38 This discussion is based on Jody Hoffer Gittell, "Coordinating Mechanisms in Care Provider Groups: Relational Coordination as a Mediator and Input Uncertainty as a Moderator of Performance Effects," *Management Science* 48, no. 11 (November 2002), 1408–1426; J. H. Gittell, "The Power of Relationships," *Sloan Management Review* (Winter 2004), 16–17; and J. H. Gittell, *The Southwest Airlines Way*.

39 Based on the story in Jody Hoffer Gittell, "Paradox of Coordination and Control," *California Management Review* 42, no. 3 (Spring 2000), 101–117.

40 "Transcript of Stripes Interview with Lt. Gen. David M. Rodriguez," *Stars and Stripes*, December 31, 2009, http://www.stripes.com/news/transcript-of-stripes-interview-withlt-gen-david-m-rodriguez-1.97669# (accessed July 21, 2011); and Robert D. Kaplan, "Man Versus Afghanistan," *The Atlantic*, April 2010, 60–71.

41 Greg Bensinger, "Amazon Finds Air Freight Partner," *The Wall Street Journal*, March 9, 2016, https://www.wsj.com/articles/amazon-finds-air-freight-partner-1457538676 (accessed April 2, 2019).

42 Henry Mintzberg, *The Structuring of Organizations* (Englewood Cliffs, NJ: Prentice-Hall, 1979).

43 Raymond E. Miles, Charles C. Snow, Øystein D. Fjeldstad, Grant Miles, and Christopher Lettl, "Designing Organizations to Meet 21st-Century Opportunities and Challenges," *Organizational Dynamics* 39, no. 2 (2010), 93–103.

44 Based on Robert Duncan, "What Is the Right Organization Structure?" *Organizational Dynamics*, Winter 1979, 59–80; and W. Alan Randolph and Gregory G. Dess, "The Congruence Perspective of Organization Design: A Conceptual Model and Multivariate

Research Approach," *Academy of Management Review* 9 (1984), 114–127.

45 Survey reported in Timothy Galpin, Rod Hilpirt, and Bruce Evans, "The Connected Enterprise: Beyond Division of Labor," *Journal of Business Strategy* 28, no. 2 (2007), 38–47.

46 Adam Bryant, "An Office? She'll Pass on That," (an interview with Meridee A. Moore, Corner Office column), *The Wall Street Journal*, March 7, 2010, BU2.

47 Rahul Jacob, "The Struggle to Create an Organization for the 21st Century," *Fortune*, April 3, 1995, 90–99.

48 R. E. Miles et al., "Designing Organizations to Meet 21st-Century Opportunities and Challenges."

49 David C. Robertson with Bill Breen, *Brick by Brick: How LEGO Rewrote the Rules of Innovation and Conquered the Global Toy Industry* (New York: Crown Business, 2013), 32.

50 N. Anand and Richard L. Daft, "What Is the Right Organization Design?" *Organizational Dynamics* 36, no. 4 (2007), 329–344.

51 Loretta Chao, "Alibaba Breaks Up E-Commerce Unit," *The Wall Street Journal*, June 17, 2011, B2.

52 Yue Maggie Zhou, "Designing for Complexity: Using Divisions and Hierarchy to Manage Complex Tasks," *Organization Science* 24, no. 2 (March–April 2013), 339–355.

53 Conor Dougherty, "Autonomy Seen as Goal of New Google," *The New York Times*, August 12, 2015; Conor Dougherty, "Google Mixes a New Name and Big Ideas," *The New York Times*, August 11, 2015; and Jillian D'Onfro, "Google Has Thrived Under Alphabet for the Last Three Years, But the Other Businesses Have Seen Mixed Results, *CNBC*, August 10, 2018, https://www.cnbc.com/2018/08/10/google-alphabet-restructuring-thirdanniversary.html (accessed April 3, 2019).

54 Geoff Colvin and Jessica Shambora, "J&J: Secrets of Success," *Fortune*, May 4, 2009, 117–121; and "Johnson & Johnson Company Profile," Vault.com, http://www.vault.com/company-profiles/personal-care/johnson-johnson/companyoverview.aspx (accessed April 2, 2019).

55 Eliza Newlin Carney, "Calm in the Storm," *Government Executive*, October 2003, 57–63; and Brian Friel, "Hierarchies and Networks," *Government Executive*, April 2002, 31–39.

56 Based on Duncan, "What Is the Right Organization Structure?"

57 Joseph Weber, "A Big Company That Works," *BusinessWeek*, May 4, 1992, 124.

58 Phred Dvorak and Merissa Marr, "Stung by iPod, Sony Addresses a Digital Lag," *The Wall Street Journal*, December 30, 2004, B1.

59 Maisie O'Flanagan and Lynn K. Taliento, "Nonprofits: Ensuring That Bigger Is Better," *McKinsey Quarterly*, no. 2 (2004), 112ff.

60 Lowrey, "World Bank, Rooted in Bureaucracy, Proposes a Sweeping Reorganization."

61 Mae Anderson, "Wal-Mart Reorganizes U.S. Operations to Help Spur Growth," *USA Today*, January 28, 2010, http://www.usatoday.com/money/industries/retail/2010-01-28-walmart-reorganization_N.htm (accessed July 21, 2011); and "Organizational Chart of Wal-Mart Stores," The Official Board.com, http://www.theofficialboard.com/org-chart/walmart-stores (accessed July 21, 2011).

62 Jay R. Galbraith, "The Multi-Dimensional and Reconfigurable Organization," *Organizational Dynamics* 39, no. 2 (2010), 115–125; Thomas Sy and Laura SueD'Annunzio, "Challenges and Strategies of Matrix Organizations: Top-Level and Mid-Level Managers' Perspectives," *Human Resource Planning* 28, no. 1 (2005), 39–48; and Stanley M. Davis and Paul R. Lawrence, *Matrix* (Reading, MA: Addison-Wesley, 1977), 11–24. For a current perspective on matrix management, see Kevan Hall, *Making the Matrix Work: How Matrix Managers Engage People and Cut Through Complexity* (London: Nicholas Brealey Publishing, 2013).

63 Davis and Lawrence, *Matrix*.

64 Steven H. Appelbaum, David Nadeau, and Michael Cyr, "Performance Evaluation in a Matrix Organization: A Case Study (Part One)," *Industrial and Commercial Training* 40, no. 5 (2008), 236–241; Erik W. Larson and David H. Gobeli, "Matrix Management: Contradictions and Insight," *California Management Review* 29 (Summer 1987), 126–138; and Sy and D'Annunzio, "Challenges and Strategies of Matrix Organizations."

65 Davis and Lawrence, *Matrix*, 155–180.

66 Meenu Bhatnagar, "Managing Multiple Bosses: A New Age or HR Conundrum?" Amity Research Centers, 2018, Reference No. 418-0036-1; Robert C. Ford and W. Alan Randolph, "Cross-Functional Structures: A Review and Integration of Matrix Organizations and Project Management," *Journal of Management* 18 (June 1992), 267–294; and Duncan, "What Is the Right Organization Structure?"

67 Lawton R. Burns, "Matrix Management in Hospitals: Testing Theories of Matrix Structure and Development," *Administrative Science Quarterly* 34 (1989), 349–368; and Sy and D'Annunzio, "Challenges and Strategies of Matrix Organizations."

68 Carol Hymowitz, "Managers Suddenly Have to Answer to a Crowd of Bosses" (In the Lead column), *The Wall Street Journal*, August 12, 2003, B1; and Michael Goold and Andrew Campbell, "Making Matrix Structures Work: Creating Clarity on Unit Roles and Responsibilities," *European Management Journal* 21, no. 3 (June 2003), 351–363.

69 Christopher A. Bartlett and Sumantra Ghoshal, "Matrix Management: Not a Structure, a Frame of Mind," *Harvard Business Review*, July–August 1990, 138–145.

70 Kevan Hall, "Revisiting Matrix Management," *People & Strategy* 36, no. 1 (2013), 4–5; and Richard M. Burton, Børge Obel, and Dorthe Døjbak Hakonsson, "How to Get the Matrix Organization to Work," *Journal of Organization Design* 4, no. 3 (2015), 37–45.

71 This case was inspired by John E. Fogerty, "Integrative Management at Standard Steel" (unpublished manuscript, Latrobe, Pennsylvania, 1980); Stanley Reed with Adam Aston, "Steel: The Mergers Aren't Over Yet," *BusinessWeek*, February 21, 2005, 6; Michael Arndt, "Melting Away Steel's Costs," *BusinessWeek*, November 8, 2004, 48; and "Steeling for a Fight," *The Economist*, June 4, 1994, 63.

72 See Anand and Daft, "What Is the Right Organization Design?"; Pete Engardio, "The Future of Outsourcing," *BusinessWeek*, January 30, 2006, 50–58; Jane C. Linder, "Transformational Outsourcing," *MIT Sloan Management Review*, Winter 2004, 52–

58; and Denis Chamberland, "Is It Core or Strategic? Outsourcing as a Strategic Management Tool," *Ivey Business Journal*, July–August 2003, 1–5.

73 Bob Sechler, "Colleges Shedding Non-Core Operations," *The Wall Street Journal*, April 2, 2012, A6; and David Streitfeld, "A City Outsources Everything. California's Sky Doesn't Fall," *The New York Times*, July 20, 2010, A1.

74 Sean McLain, "Honda Took Pride in Doing Everything Itself. The Cost of Technology Made That Impossible.," *The Wall Street Journal*, August 6, 2018, https://www.wsj.com/articles/honda-took-pride-in-doing-everything-itself-the-costof-technology-made-that-impossible-1533484840 (accessed April 3, 2019).

75 David Nadler, quoted in "Partners in Wealth: The Ins and Outs of Collaboration," *The Economist*, January 21–27, 2006, 16–17.

76 Ranjay Gulati, "Silo Busting: How to Execute on the Promise of Customer Focus," *Harvard Business Review*, May 2007, 98–108.

77 The discussion of virtual networks is based on Anand and Daft, "What Is the Right Organization Design?"; Melissa A. Schilling and H. Kevin Steensma, "The Use of Modular Organizational Forms: An Industry-Level Analysis," *Academy of Management Journal* 44, no. 6 (2001), 1149–1168; Raymond E. Miles and Charles C. Snow, "The New Network Firm: A Spherical Structure Built on a Human Investment Philosophy," *Organizational Dynamics*, Spring 1995, 5–18; and R. E. Miles, C. C. Snow, J. A. Matthews, G. Miles, and H. J. Coleman Jr., "Organizing in the Knowledge Age: Anticipating the Cellular Form," *Academy of Management Executive* 11, no. 4 (1997), 7–24.

78 Paul Engle, "You *Can* Outsource Strategic Processes," *Industrial Management*, January–February 2002, 13–18.

79 Don Tapscott, "Rethinking Strategy in a Networked World," *Strategy + Business* 24 (Third Quarter, 2001), 34–41.

80 Hayley Peterson, "One Stunning Stat that Shows How Nike Changed the Shoe Industry Forever, *Business Insider*, April 22, 2014, https://www.businessinsider.com/how-nike-changed-the-shoe-industry-2014-4 (accessed April 9, 2019); and George P. Huber, "Changes in the Structures of U.S. Companies: Action Implications for Executives and Researchers," *Journal of Organization Design* 5, no 8 (December 2016), https://jorgdesign.springeropen.com/articles/10.1186/s41469-016-0010-x (accessed April 4, 2019).

81 Gregory G. Dess, Abdul M. A. Rasheed, Kevin J. McLaughlin, and Richard L. Priem, "The New Corporate Architecture," *Academy of Management Executive* 9, no. 3 (1995), 7–20; and Huber, "Changes in the Structures of U.S. Companies."

82 This discussion of strengths and weaknesses is based on Miles and Snow, "The New Network Firm"; Dess et al., "The New Corporate Architecture"; Anand and Daft, "What Is the Right Organization Design?"; Henry W. Chesbrough and David J. Teece, "Organizing for Innovation: When Is Virtual Virtuous?" *Harvard Business Review*, August 2002, 127–134; Cecily A. Raiborn, Janet B. Butler, and Marc F. Massoud, "Outsourcing Support Functions: Identifying and Managing the Good, the Bad, and the Ugly," *Business Horizons* 52 (2009), 347–356; and M. Lynne Markus, Brook Manville, and Carole E. Agres, "What Makes a Virtual Organization Work?" *Sloan Management Review*, Fall 2000, 13–26; and Huber, "Changes in the Structures of U.S. Companies".

83 James R. Hagerty, "A Toy Maker Comes Home to the U.S.A.," *The Wall Street Journal*, March 11, 2013, B1.

84 "What Is Self-Management?" Morning Star Self-Management Institute, http://www.selfmanagementinstitute.org/about/what-is-self-management (accessed January 28, 2016); and Chelsea Larsson, "You Do You" The Triumphs and Traps of the Bossless Company," Posted on *Relate by Zendesk*, https://relate.zendesk.com/articles/triumphs-traps-bossless-companyholacracy/ (accessed April 10, 2019).

85 "What Is Self-Management?"

86 The discussion of holacracy team structure is based largely on Ethan Bernstein, John Bunch, Niko Canner, and Michael Lee, "Beyond the Holacracy Hype," *Harvard Business Review* (July–August 2016), 2–13.

87 Ibid.

88 Ibid.

89 Gary Hamel, "First, Let's Fire All the Managers," *Harvard Business Review* (December 2011), 48–60.

90 Based on Bernstein et al., "Beyond the Holacracy Hype; and Noah Askin, Gianpiero Petriglieri, and Joanna Lockard, "Tony Hsieh at Zappos: Structure, Culture and Change," Insead, case #416-0092-1. Distributed by The Case Centre.

91 Based on Ethan Bernstein, John Bunch, Niko Canner, and Michael Lee, "Beyond the Holacracy Hype," *Harvard Business Review* (July–August 2016), 2–13; Ostroff, *The Horizontal Organization*; and Anand and Daft, "What Is the Right Organization Design?"

92 Bernstein et al., "Beyond the Holacracy Hype."

93 Ibid.

94 Jay R. Galbraith, "The Evolution of Enterprise Organization Design," *Journal of Organization Design* 1, no. 2 (2012), 1–13.

95 "Organization Chart for Starbucks," The Official Board.com, http://www.theofficialboard.com/org-chart/starbucks (accessed July 21, 2011).

96 Based on Child, *Organization*, Ch. 1; and Jonathan D. Day, Emily Lawson, and Keith Leslie, "When Reorganization Works," *The McKinsey Quarterly*, 2003 Special Edition: The Value in Organization, 21–29.

97 Adapted by Dorothy Marcic from "Organizing," in Donald D. White and H. William Vroman, *Action in Organizations*, 2nd ed. (Boston: Allyn & Bacon, 1982), 154; and Cheryl Harvey and Kim Morouney, "Organization Structure and Design: The Club Ed Exercise," *Journal of Management Education* (June 1985), 425–429.

98 Prepared by Richard L. Daft, from Richard L. Daft and Richard Steers, *Organizations: A Micro/Macro Approach* (Glenview, IL: Scott Foresman, 1986). Reprinted with permission.

99 Adapted from John F. Veiga and John N. Yanouzas, "Aquarius Advertising Agency," *The Dynamics of Organization Theory* (St. Paul, MN: West, 1984), 212–217, with permission.

PART 3

개방시스템의 설계 요소

4장 외부환경

5장 조직 간 관계

6장 글로벌환경을 위한 조직설계

7장 사회적 영향을 위한 조직설계: 이중 목적 조직, 지속가능성과 윤리

CHAPTER

4 외부환경

학습목표

이 장을 공부하면,

1. 조직에 대한 일반 환경의 영향과 과업 환경의 영향이 어떻게 다른지 설명할 수 있다.
2. 환경 복잡성 및 환경 동태성 간 차이점을 설명할 수 있다.
3. 조직 환경 내 불확실성의 수준을 평가하는 데 복잡성과 동태성을 사용하는 방법을 설명할 수 있다.
4. 변화하는 환경에서 복잡성과 동태성에 대해 적응하기 위해 조직이 사용할 수 있는 대응방법을 설명할 수 있다.
5. 환경이 조직의 분화 및 통합에 미치는 영향을 이해할 수 있다.
6. 환경이 유기적 관리 프로세스와 기계적 관리 프로세스에 미치는 영향을 설명할 수 있다.
7. 외부환경에서 자원을 통제하기 위해 조직이 사용할 수 있는 전략을 설명할 수 있다.

도입질문

이 장을 읽기 전 다음 질문에 답해보자.

1. 조직이 복잡한 환경에 대처하는 최선의 방법은 단순한 구조보다는 복잡한 구조를 개발하는 것이다.

   1) 동의함 ________________　　2) 동의하지 않음 ________________

2. 불안정하고 급변하는 환경에서 철저한 계획수립 활동은 시간과 자원 낭비이다.

   1) 동의함 ________________　　2) 동의하지 않음 ________________

3. 기업의 경영자들은 정치적 활동을 해서는 안 된다.

   1) 동의함 ________________　　2) 동의하지 않음 ________________

애리조나주 챈들러시의 한 교차로에서 정체불명의 한 남자가 공회전하고 있는 승합차 타이어를 왜 터뜨려 놓았는지 정확히 아는 사람은 아무도 없다. "잠시만요." 챈들러시의 어떤 주민이 말한다. "그 승합차에 문제가 없었던 것이 아닐 수도 있죠." 그 승합차는 알파벳(Alphabet)의 자회사인 웨이모(Waymo)가 테스트 중인 자율주행 자동차였고, 이 테스트는 처음 하는 것도 마지막 하는 것도 아니었다. 이 타이어를 찢는 행위는 피닉스 인근 도시인 챈들러시에서 웨이모가 진행하고 있는 수십 번의 자율주행 자동차 테스트 중 하나였다. 사람들은 승합차에 대고 총을 휘둘렀고, 도로를 벗어나 달리게 했다. 승합차에 돌을 던졌으며, 차에 타고 있는 웨이모 직원들을 파이프와 다른 물건으로 위협하며 달리게 했다. 웨이모는 2017년 자사의 무인자동차 테스트를 시작했으며 대중들이 이 새로운 기술에 대해 의구심을 품고 있다는 것을 알았다. "웨이모는 자신들의 실제 사례가 필요하다고 말했어요. 그런데 저는 그들의 실제 실수가 되고 싶지 않습니다"라고 챈들러시의 그 주민이 말했다.[1]

웨이모의 경험은 극단적 사례가 될 수 있다. 왜냐하면 최신 기술이 동반되기 때문이다. 그러나 모든 조직은 외부환경에서의 일을 다루는 데 엄청난 불확실성에 직면한다. 예를 들어 제너럴 밀스(General Mills), 크래프트 하인즈(Kraft Heinz), 켈로그(Kellogg)와 같은 거대포장식품기업들은 소비자가 점차 신선식품으로 눈을 돌리고, 더욱 천연 유기농 식품을 선택하면서 자사의 시장점유율 감소를 목격하고 있다.[2] 던킨도너츠(Dunkin Donuts), 언더아머(Under Armour), 러쉬 유니버시티 메디컬 시스템(Rush University Medical System), 조지아공과대학(Georgia Institute of Technology)에서 있었던 최근 데이터유출(data breaches)과 같은 사이버범죄는 환경에서부터 모든 조직에까지 점점 위협이 되고 있다. 대부분의 조직은 어떤 시점에서 새로운 경쟁, 경제적 혼란, 소비자 관심의 변화 또는 혁신적 기술에 빠르게 적응해야 한다. 환경의 변화는 조직에서 위협과 기회를 모두 창출할 수 있다.

이 장의 목표

이 장에서는 조직이 외부환경을 분석하고 평가하는 데 사용할 수 있는 분석 틀을 제시하여 조직으로 하여금 환경의 변화에 적절히 대응할 수 있도록 하려고 한다. 우선 조직의 활동 부문과 조직에 영향을 미칠 수 있는 환경의 구성 요소가 무엇인지 살펴볼 것이며, 그 후에는 조직에 영향을 미치는 대표적인 환경 요소로서 정보와 자원에 대해서 살펴보게 될 것이다. 조직은 구조의 설계, 계획 시스템의 활용, 환경 요소에 대한 통제, 활동 영역의 변화와 같은 방법을 사용하여 환경에 대응할 수 있다.

4.1 조직환경

넓은 의미에서 환경은 무한하다. 조직의 외부환경에는 조직 외부에 존재하는 모든 것이 포함된다. 그러나 이 책에서는 조직과 직접 관련되어 있고 조직이 생존하기 위해서 반드시 대응해야 하는 환경 영역에 대해서만 다룬다. 이 장에서 **조직환경**(organizational environment)이라고 할 때는 조직 경계의 외부에 존재하면서 조직 전체 또는 일부에 영향을 미칠 잠재력이 있는 요소의 전체를 의미한다.

조직의 외부환경이 무엇인지 확인하려면 먼저 해당 조직의 활동 영역부터 정의해야 한다. 조직의 **활동 영역**(domain)은 조직이 활동하려고 스스로 선택한 한정된 영역의 환경으로서 조직의 적소이다. 조직의 활동 영역은 제품, 서비스, 시장과 같은 기준을 사용하여 정의할 수 있다. 조직의 활동 영역을 먼저 정의해야 조직이 목표달성을 위하여 상호작용하는 외부 영역의 범위를 한정할 수 있다.

조직환경은 유사한 요소들로 구성된 **세부 부문**(sectors)으로 분류된다. 조직환경은 산업 부문, 원재료 부문, 인적자원 부문, 재무자원 부문, 시장 부문, 기술 부문, 경제 상황 부문, 정부 부문, 자연 부문, 사회문화 부문, 국제 부문 등으로 구분할 수 있다. 환경의 11개 세부 부문이 〈도표 4.1〉에 제시되어 있다. 조직의 세부환경 영역은 과업환경과 일반환경으로 대별할 수 있다.

4.1a 과업환경

과업환경(task environment)은 조직의 목표달성에 직접적인 영향을 미치는 환경 영역, 즉 조직이 직접 상호작용해야 하는 부문을 말한다. 과업환경에는 일반적으로 산업 부문, 원재료 부문, 시장 부문이 포함되며, 경우에 따라 인적자원 부문과 국제 부문이 포함되기도 한다.

과업환경의 각 부문이 조직에 어떤 영향을 미칠 수 있는지는 다음의 예에서 살펴보자.

- 산업 부문: 대한민국의 소매업계는 항상 백화점이 우위를 차지해 왔지만, 지난 몇 년 동안 전국에 스마트폰의 사용이 급증하면서 회사들이 소비자에게 도달할 수 있는 새로운 방법을 알게 되었다. 대한민국은 여성 노동인구 비중이 높지 않고 TV나 인터넷으로 쇼핑을 할 수 있는 구매고객이 풍부한 편이다. 온라인 및 홈쇼핑 경쟁자들의 인기가 상승하고 있으며 지하철역의 벽에 있는 포스터를 통해 사람들이 바코드 그림을 사진으로 찍기만 하면 구매를 할 수 있다.[3]
- 원재료 부문: 타이슨 푸드(Tyson Foods)는 중국에 90개의 양계장(chicken farm)을 세우는데 수억 달러를 지출했다. 이는 패스트푸드 회사, 도매업자, 그리고 소시지 및 기타 제품에 고기를 사용하는 기타 식육 통조림업자(meatpacker)에게 가공하여 판매할 고품질의 조류의 공급을 확보하기 위한 것이었다. 타이슨 푸즈는 미국에서는 개별 농장주에게 돈

도표 4.1 환경의 영향

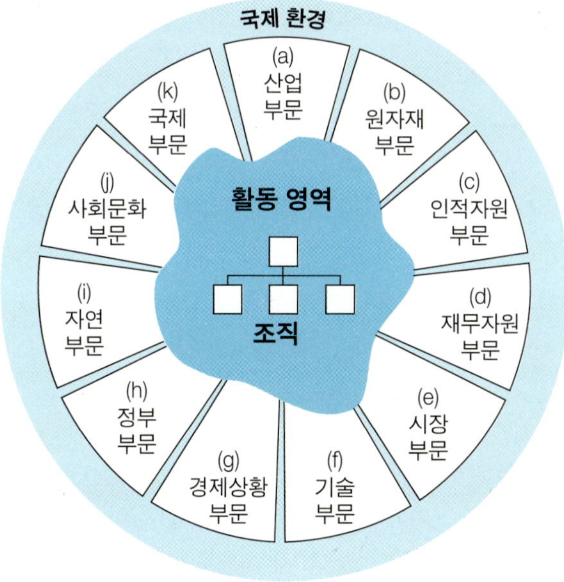

(a) 경쟁업체, 산업의 규모와 경쟁 강도, 관련 산업
(b) 공급업체, 제조업체, 부동산업체, 서비스 업체
(c) 노동 시장, 고용대행기관, 대학, 훈련기관, 타 기업의 직원, 노동조합
(d) 주식 시장, 은행, 예금 및 대출 환경, 개인 투자자
(e) 제품 및 서비스의 고객, 소비자, 잠재적 사용자
(f) 생산 기술, 과학, 컴퓨터, 정보기술, 전자상거래
(g) 불황, 실업률, 인플레이션, 투자율, 경제지표, 성장률
(h) 지방정부 및 중앙정부의 법령과 규제, 세금, 서비스, 법원, 정치 과정
(i) 녹색운동, 지속 가능성, 천연자원관리
(j) 연령, 가치관, 신념체계, 교육, 종교, 근로윤리, 소비자 운동, 환경 운동
(k) 외국 기업과의 경쟁 및 합병, 해외시장 진출, 해외 소비자, 규제, 환율

을 지불하여 닭을 키우도록 했지만, 중국에서는 제품의 품질과 안전을 거의 통제할 수 없어서 직접 농장을 운영하기로 결정했고, 안전한 제품을 통해 회사가 잘 알려지지 않은 국가에서 자신의 브랜드가 구축되기를 바라고 있다.[4]

- 시장 부문에서 유니비전 커뮤니케이션(Univision Communications Inc.)의 대표 스페인어 TV 방송국의 실무진들은 더 젊은 미국 출생의 히스패닉의 관심을 끌기 위한 프로그램을 각색하기 위해 노력하고 있다. 미국 내 히스패닉의 거의 60%는 밀레니얼 세대이거나 더 어린 세대이므로 관리자들은 시장에서 큰 부분을 차지하는 이들의 흥미를 끄는 더 짜릿하고 빠른 속도로 진행되는 프로그램을 만드는 것이 중요하다는 점을 알고 있다.[5]
- 인적자원 부문은 모든 기업에서 중대한 관심 사안이다. 경직된 노동 시장은 전 산업에 걸쳐 조직에 영향을 미치고 있다. 심지어 미 연방수사국(FBI)조차 매년 열리는 900여 개

의 특수 요원직에 적격한 후보자를 찾는 데 어려움을 겪고 있다. FBI는 2009년에 모두가 탐내는 특수요원직에 지원한 68,500개의 신청서를 받았다. 그러나 그 수는 2018년 9월 말에 11,500명으로 감소했다. 관계자에 따르면 FBI가 특수 요원직 공고를 내면 보통 약 16,000명이 지원한다고 밝혔다.[6]

- 오늘날 대부분의 기업에서 국제 부문 또한 세계화 및 치열한 경쟁 때문에 과업 환경의 일부이다. 한 예로 인도의 신 전자상거래법이 발효된 이후 2019년 초 인도의 아마존 닷컴 웹사이트에서 수천 개의 제품이 사라졌다. 새 규제법은 자국 소매업체들이 아마존과 같은 외자계 기업과 더 경쟁을 잘할 수 있도록 돕기 위한 것이다. 해당 법은 인도 내 아마존 판매량의 40%에 해당하는 판매량에 영향을 줄 수 있다.[7]

4.1b 일반환경

기업의 일상적인 활동에 직접 영향을 미치지 않고 간접적으로 영향을 미치는 환경 부문을 **일반환경**(general environment)이라고 한다. 일반환경에는 정부 부문, 사회문화 부문, 경제 상황 부문, 기술 부문, 재무자원 부문 등이 포함된다. 일반환경에 속하는 부문들은 특정한 조직뿐 아니라 모든 조직에 대해서 동일한 영향을 미친다. 다음의 예를 보자.

- 정부 부문에서 규제는 조직의 모든 측면에 영향을 끼친다. 게다가 기업들은 자주 지방 법원이나 국가 법원에서 법정 싸움을 한다. 한 예로 존슨앤드존슨(Johnson & Johnson)은 자사의 베이비파우더 안전성에 관한 수 천 건의 소송에 휘말리고 있으며, 배심원들은 이미 존슨앤드존슨에 대해 수백만 달러 규모의 판결을 내렸다.[8]
- 지구에서 자연적으로 발생하는 모든 요소 등과 같은 외부환경의 자연 부문은 소비자, 조직, 경영자들이 천연자원의 감소와 회사의 제품 및 비즈니스 과업이 환경에 미치는 영향에 점점 더 민감해지면서, 점점 더 중요해지고 있다. 많은 회사들은 지속가능성 정책을 채택했으며, 이는 현재 세대의 요구를 충족하는 동시에 미래 세대의 요구에 따라 환경을 보존하는 경제 개발을 지칭한다. 세계에서 가장 큰 게임 회사인 시저스 엔터테인먼트(Caesars Entertainment)는 회사가 에너지 소비를 줄이고, 폐기물을 재활용하고, 물 소비를 줄이고, 기타 '환경' 목표를 달성하는 것을 얼마나 잘하고 있는지 기록하는 평가표(scorecard)를 만들었다. 경영자들은 고객들이 시저스사의 지속가능성 활동에 대해 더 많은 정보를 갖게 될수록, 그들이 회사에 대해 더 좋게 생각하며, 카지노에서 머무는 것을 즐거워하며 향후에도 방문할 가능성이 높다는 것을 알게 되었다.[9] 자연환경의 보호 또한 전 세계적으로 중요한 정책 주안점으로서 등장하고 있다. 아래 도표는 한 가지 환경적 성과 지표에 대해 최고의 성과를 낸 5개국과 여러 비교 국가들을 보여준다.[10]

순위	국가	점수
1	스위스	87.42
2	프랑스	83.95
3	덴마크	81.60
4	몰타	80.90
5	스웨덴	80.51
25	캐나다	72.18

순위	국가	점수
27	미국	71.19
32	카타르	67.80
52	러시아	63.79
72	멕시코	57.69
120	중국	50.74
177	인도	30.57

- 사회문화 부문에서 한 가지 중요한 요소는 다양한 시민단체의 압력이다. 한 가지 흥미로운 사례는 나비스코와 그 모기업인 몬델리즈 인터내셔널로서, 이 회사의 관리자들은 동물권리단체 페타(PETA)의 주장을 받아들여 자사의 바넘 동물 크래커(Barnum's Animal Crackers) 상자 포장지에 서커스를 주제로 그려진 (100년이 넘게 우리 안에 갇혀 있던) 동물 그림을 바꾸기로 결정했다. 이제 이 과자 상자에는 얼룩말과 고릴라, 코끼리, 사자, 기린이 우리에 갇혀있지 않고 나란히 거니는 그림이 있다. "큰 승리는 작은 상자에서 올 수 있다." 페타는 웹사이트에 바넘 크래커 상자 디자인 변화에 대해 선언했다. "새로운 포장 상자는 우리 사회가 더 이상 서커스 쇼를 위해 외래 동물종을 우리에 가두고 사슬로 묶는 것을 용인하지 않는다는 것을 철저하게 반영한다."[11]
- 경제상황 부문은 대개 회사가 비즈니스를 해야 하는 방식에 영향을 미친다. 2008년에 시작된 전 세계의 경기 침체는 모든 산업의 회사들에게 영향을 미쳤다. 뉴욕의 작은 회사인 브리그스(Briggs Inc.)는 우수 고객들을 유치하고 직원 혹은 충성 고객에게 보상하기 위해 맞춤형 이벤트를 기획했는데 고객들을 잃기 시작하면서 일부를 변경해야 했다. 매우 유명하고 영향력 있는 회사들조차 경기 악화 시에는 사치스럽게 지출하는 것을 주저했다. 따라서 브리그스는 이벤트를 좀 더 작은 장소로 옮기고, 장식의 규모를 줄이고, 비용이 더 들지 않는 것들을 추가하는 등 고객의 자금을 절약할 수 있는 방법들을 찾기 시작했다. 이러한 전략은 브리그스에게 재정적으로 부담이 되었지만 장기적으로 회사가 고객들을 유지하는 데 도움이 되었다.[12]
- 기술 부문은 인공지능과 디지털 기술의 등장으로 인해 커다란 변화가 지속적으로 발생하고 있는 분야이다. 미국부터 캐나다, 일본까지 여러 국가의 연구에서 신기술의 채택과 관련한 사무직의 큰 감소가 나타났다. 현재 AI 소프트웨어는 의료 스캔에서 우려되는 부분을 선별하고, 주식 거래에서 1000분의 1초 안에 수익 지점을 관측하고, 법정 사건의 증거를 찾아 문서를 샅샅이 조사하며, 수백만 가정에 있는 디지털 계량기를 통해 전력 사용량을 기록한다.[13] 그러나 기술은 새로운 분야에서 일자리를 창출할 수도 있다. 몇몇 기업들은 무인 자동차를 위한 기술을 개발 중에 있다. 이 장 첫 번째 사례

에서 설명한 웨이모는 2018년 말 제한적으로 미국 최초로 자율주행 자동차를 활용한 상업 차량공유 서비스인 웨이모 원(Waymo One)을 출시했다.[14]

- 재무자원은 모든 기업이 반드시 필요로 하는 자원이다. 이 요소는 다른 무엇보다도 기업가들이 더 유념해야 할 요소이다. 대다수의 소규모 사업가들은 은행이 대출 기준을 강화하면서부터 온라인 대출 융자에 눈을 돌렸다. 예를 들어 제프 월시(Jeff Walsh)는 자신의 동전 투입식 자동 세탁기(coin laundry) 사업을 위해 프로스퍼(Prosper.com)를 통해 약 22,000달러를 대출했다. 알렉스 칼렘파(Alex Kalempa)는 오토바이의 레이싱 시프트(racing shift) 시스템을 개발하는 사업을 확장하기 위해 15,000달러가 필요했지만, 은행은 그에게 500~1,000달러의 대출한도를 제시했다. 칼렘파는 렌딩클럽(LendingClub.com)으로 가서 은행이 제시하는 것보다 더 낮은 이자율로 15,000달러를 대출했다.[15]

4.1c 국제환경

국제 부문은 많은 조직에 직접적인 영향을 미칠 수 있으며, 지난 몇 년 동안 매우 중요해졌다. 예를 들어 자동차 산업은 최근에 중국이 세계에서 가장 큰 자동차 시장으로 등장하면서 엄청난 변화를 겪었다. 이에 대응하여 자동차 제조사는 해외 본사를 중국으로 옮기는 중이며, 더 크고 리무진과 유사한 뒷좌석, 고급 엔터테인먼트 시스템, 밝은 색의 인테리어

IN PRACTICE 우버와 디디추싱

미국 내 많은 사람들은 우버가 차량호출 서비스의 왕이라고 생각할 수도 있다. 하지만 중국의 기업가 쳉 웨이는 그 칭호가 자신의 스타트업 디디추싱(전 디디콰이디)의 것이라고 주장한다. 디디는 전 세계에서 가장 큰 규모의 차량호출 어플이다.

우버는 중국의 차량공유 시장을 정복하겠다는 대단한 야심이 있었다. 관리자들은 정치적 관계를 진전시키고, 중국 내 운전자들과 폭넓은 네트워크를 형성하기 위해 자주 중국을 방문했다. 그러나 이들은 중국의 복잡성이 너무 심하여 비집고 들어갈 수 없다는 것을 알았다. GE의 전 CEO인 제프리 이멜트가 중국 시장 진출에 대해 이전에 말했듯이, '중국은 크다. 하지만 힘들다.' 우버의 관리자들은 어려운 은행 및 금융 시스템, 복잡한 정치적, 법적 시스템, 제약이 많은 규칙과 규정, 곤혹스러운 문화적 차이 등 수많은 장애물을 극복할 필요가 있었다. 중국에서 2년 간 운행을 하고, 20억 달러 이상의 손실을 본 뒤 관리자들은 우버의 중국 사업을 디디추싱에 매각하는 데 동의했다.[17]

MARKA/Alamy Stock Photo

등, 중국 시장의 마음에 드는 특성들을 설계하고 있다. 중국 시장에 고무된 이러한 트렌드는 전 세계에 판매되는 모델에 반영되었다.[16] 차량공유 서비스 우버 역시 중국의 거대 시장에 진출하기를 기대하고 있었으나, 결과적으로 중국 소유의 디디추싱에 사업을 매각했다.

모든 기업은 국제 시장에 진출 할 때, 수많은 불확실성에 직면한다. 국제적 사건은 모든 국내 환경부문에도 영향을 미칠 수 있다. 예를 들어 전 세계 카카오 원두의 약 2/3를 공급하는 서부 아프리카 내 악천후와 근로자들의 파업은 뉴욕 버펄로시의 소규모 고급 초콜릿 제조사인 초코-로고(Choco-Logo)에 원가 비용의 급격한 상승을 야기했다.[18] 전 세계 국가와 조직은 그 어느 때보다 연결되어 있으며, 세계 어느 한 부분의 경제적, 정치적, 사회문화적 변화는 결과적으로 다른 지역에 영향을 미친다.

모든 조직은 환경의 미묘한 그리고 거대한 변화에 적응해야 한다. 다음 절에서 우리는 회사가 환경 복잡성과 동태성에 어떻게 대처하고 대응할 수 있는지에 대해 좀 더 상세하게 논의하고자 한다.

핵심정리

- 조직은 개방 사회 시스템이다. 대부분의 조직은 외부환경으로 수백만 개의 요소를 동반하고 있으며, 따라서 환경은 매우 복잡해질 수 있다.
- 조직의 환경 내 변화는 위협과 기회를 모두 만들어낸다. 조직의 환경은 조직의 영역을 분석함으로써 이해할 수 있으며, 조직의 영역은 그 목적을 달성하기 위해 상호 작용하는 외부영역을 정의한다.
- 과업 환경의 영역에는 산업, 원자재, 시장, 인적 자원 및 국제 부문이 있다. 일반 환경의 영역에는 정부, 자연, 사회문화, 경제 조건, 기술 및 자원 부문이 있다.

4.2 변화하는 환경

환경이 조직에 어떻게 영향을 미치는가? 환경에서 발생하는 패턴과 사건은 세 가지 주요 차원을 통해 설명될 수 있다. 동태성(환경의 사건이 안정적인지 불안정한지 여부), 복잡성(환경이 단순한지 복잡한지 여부), 풍부성(abundance; 조직의 성장을 지원할 수 있는 자원의 양)이다.[19] 이러한 차원은 〈도표 4.2〉에 제시되어 있다. 환경이 좀 더 복잡해지면 사건이 덜 안정적이게 되며 자원이 줄어들게 되고, 불확실성의 수준이 증가한다. 환경이 조직에 영향을 미치는 방식은 두 가지로 요약된다. 첫째는 조직이 환경의 변화에 대응하기 위해서는 정보를 확보해야 한다는 것이며, 둘째는 조직이 생존을 위해서는 환경으로부터 자원을 공급받아야 한다는 것이다. 환경이 복잡하고 변화가 클수록 조직은 더 많은 정보를 수집하고 수집한 정보에 의거하여 반응해야 한다. 또한 조직은 생존에 필요한 많은 자원 중 특히 희소한 물적 및 금융 자원에 관심을 갖게 되고, 이러한 희소 자원을 확실하게 확보할 방법을 강구하게 된다.

도표 4.2 조직에 불확실성을 유발하는 요인들

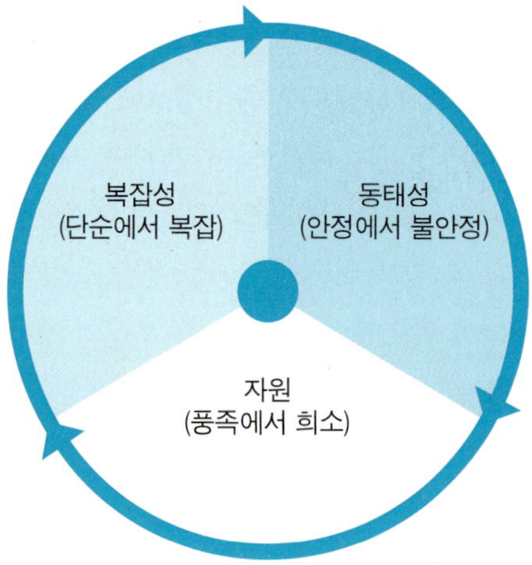

조직이 직면한 환경의 불확실성은 〈도표 4.1〉에 제시된 바와 같이 우선 일상적으로 상호작용해야 하는 환경 부문에서 고찰할 필요가 있다. 앞서 언급한 일반환경과 과업환경에 대한 논의를 되새겨본다면, 경제 상황, 사회문화적 경향, 기술 변화와 같은 일반환경의 부문이 조직에 불확실성을 제공하기는 하지만, 조직환경의 불확실성은 대부분 과업환경의 요소에 의해서 발생한다. 조직이 규칙적으로 접촉해야 하는 환경의 요소가 얼마나 많은지, 이러한 요소들이 얼마나 빠른 속도로 변화하는지가 불확실성의 수준에 가장 큰 영향을 미친다. 불확실성을 평가하기 위해 과업환경 부문을 안정성 또는 불안정성과 복잡성의 차원에 따라 분석할 수 있다.[20] 조직이 경험하는 불확실성의 전체 크기는 환경 부문 전체에서 발생한 불확실성이 누적되어 결정된다.

불확실성에 잘 대응하고 관리하는 조직이 효과적인 조직이다. **불확실성**(uncertainty)이란 의사결정자가 환경의 구성 요소에 대하여 충분한 정보를 갖고 있지 못하고, 외부의 변화를 예상하는 데 어려움을 겪는 것을 의미한다. 불확실성이 존재하기 때문에 조직이 환경에 대응하는 데 실패할 위험이 있고, 의사결정 대안별로 비용과 수익의 확률을 계산하기가 어렵다.[21] 이 절의 나머지 부분에서는 정보 관점(information perspective)에 집중할 것이다. 이는 환경의 복잡한 정도와 사건의 동태적인 정도에 따라 발생하는 불확실성과 관련되어 있다. 이 장의 후반부에서 우리는 조직에 필요한 자원을 얻기 위해 환경에 어떻게 영향을 미치는지에 대해 논의할 것이다.

4.2a 복잡성

환경의 **복잡성**(complexity)은 조직의 활동과 관련을 맺고 있는 환경 요소들의 수와 구성 요소 사이의 이질성, 즉 조직의 운영에 필요한 외부 요소들의 수와 그들 사이의 비유사성 수준을 의미한다. 조직에 규칙적으로 영향을 미치는 외부 요소의 수가 많을수록, 그리고 조직의 활동 부문 속에 다양한 조직이 많이 포함될수록 복잡성의 수준은 높아진다. 복잡한 환경은 조직이 상호작용을 하고 영향을 받는 외부 요소의 수가 많고 다양하다는 것이다. 반면에 단순한 환경은 조직이 상호작용을 하고 영향을 받는 외부 요소의 수가 적을 뿐 아니라 그들이 서로 유사하다는 것이다.

예를 들어, 교외에서 가족에 의해 운영되는 하드웨어 상점은 단순한 환경에 처해 있다. 이 상점은 복잡한 기술을 다루지 않으며, 광범위한 정부 규제와 문화적 및 사회적 변화가 거의 영향을 미치지 않는다. 상점은 가족에 의해 운영되며 파트타임의 도움을 받기 때문에 인적자원은 문제가 되지 않는다. 실제로 중요한 외부 요소들은 소수의 경쟁자, 공급자, 고객뿐이다. 한편 애벗래버러토리스(Abbott Laboratories), 머크(Merck), 화이자(Pfizer)와 같은 제약 회사들은 매우 복잡한 환경에서 운영된다. 이들은 다양하고 복잡한 기술을 사용하며, 늘 변화하는 수많은 정부 규제에 대처하며, 국제 사건에 큰 영향을 받으며, 적은 자원과 고도로 훈련된 과학자들과 경쟁하며, 수많은 공급자, 고객, 계약자, 파트너와 교류하며, 변화하는 사회적 가치에 대응하며, 여러 국가의 복잡한 법적 및 재정적 체계를 처리한다. 제약 회사의 부문에서 이러한 다수의 외부 요소는 복잡한 환경을 창출한다. 애벗사는 최근에 환경의 복잡성에 대처하기 위해 2개의 별도의 회사로 분리할 계획을 발표했다. 반면에 머크 및 셰링 플라우(Schering Plough)와 같은 다른 회사들은 불확실성에 대처하기 위해 합병했다.[22]

4.2b 동태성

동태성(dynamism)은 환경을 구성하는 요소들이 얼마나 역동적으로 변화하는지를 다룬다. 환경의 요소들이 몇 달 혹은 몇 년이 지나도록 변하지 않고 그대로 남아 있을 경우 안정적이라고 한다. 불안정한 상황에서는 환경의 요소들이 매우 빠른 속도로 변화한다. 대부분의 조직에서 환경적 요소들이 점차 불안정하게 변하고 있다. 예를 들어, 어떤 조직은 자사의 제품에 대한 수요나 공급업체가 부과하는 가격에 큰 변동을 겪을 수도 있다. 경쟁사들은 더 좋고 더 빠른 혁신을 선보일 수 있으며, 또는 해당 산업에 대한 규제 환경으로 조직은 급격한 변화를 겪을 수도 있다.[23] 갭(Gap)과 같은 패션 소매업의 역동적 환경이 어떻게 회사를 어렵게 만드는지 생각해보자.

갭의 사례가 보여주듯이 소비자 입맛이든 신기술이든 또는 경쟁사의 혁신이든 환경의 변화는 회사를 빠르게 낙오시킬 수 있다. 때로는 구체적이고 예측 불가능한 일들이 조직에 불안정한 상황을 야기한다. 한 예로 2019년 4월, 해커들이 수백 명에 달하는 FBI 요원과 첩

IN PRACTICE 갭

"갭(GAP Inc.)의 브랜드는 그렇게 멋지지 않으며, 가격은 너무 비싸다"라고 로스앤젤레스의 한 젊은 쇼핑객이 말했다. 이것이 한 때 캐주얼 패션으로 미국을 장악했던 갭의 현실이었다. 갭 관리자가 직면한 가장 큰 도전 과제 중 하나는 소비자 선호도가 급격하게 변하고 있으며, 동시에 경쟁사들은 소비자의 욕구를 충족하기 위해 빠르게 행동했다는 점이다. 갭은 시즌이 시작할 때 상품을 주문해서 매장으로 보내는 전통적인 방식을 따른다. 만일 그 옷이 팔리지 않으면, 다음 대량 주문이 있을 때까지 가격할인용 선반 위에 계속해서 보관한다.

모든 주문은 전사적 수준에서 승인되어야 한다. 한편, 경쟁사 자라(Zara)는 '패스트 패션' 방식을 추구하며, 작은 묶음 단위로 계속해서 상점에 옷을 보내 고객 반응을 살핀다. 만약 해당 상품이 잘 팔리면, 자라는 며칠 내에 선반 위에 있는 추가 제품을 확보할 수 있다. 자라의 직원들이나 관리자는 본사에 주문서를 제출해 승인을 기다리기보다는 즉각 관리자 선에서 새 재고를 승인할 수 있다.

갭의 관리자들은 역동적인 패션 환경에 더 빠르게 대응하고자 몇 가지 변화를 단행했다. 이들은 현재 근로자들이 올드 네이비(Old Navy), 바나나 리퍼블릭(Banana Republic), 애슬레타(Athleta), 인터믹스(Intermix) 등 자사의 여러 브랜드간 정보를 공유하도록 장려하여 기업이 소비자 관심도를 더 잘 파악 하도록 한다. CEO 또한 데이터 분석을 추진하여 갭이 빠르게 변하는 유행을 쫓을 수 있도록 한다. 그러나 아직까지 갭은 정확한 해법을 찾지 못했다. 갭의 옷을 입고 자랐다는 어떤 고객은 갭이 계속해서 '같은 것을 반복적으로' 보여주고 있다고 말했다. 이 고객은 "자라는 어떤 개성이든 딱 맞을 수 있는 스타일의 옷을 가지고 있다. 심지어 자라에서 보내는 이메일만으로도 자라 스토어에 가고 싶게 만든다"고 밝혔다. 2019년 초, 갭은 2년간 200개 이상의 상점 문을 닫을 것이며, 올드 네이비 브랜드를 별도의 회사로 분리할 것이라고 발표했다.[24]

Ken Wolter/Shutterstock.com

보 요원들의 개인 정보를 유출했다. 오늘날 자유분방한 블로거들, 트위터 사용자들 및 유튜버들은 많은 기업들이 불안정을 느끼는 큰 원인이다. 예를 들어 유나이티드항공이 어떤 뮤지션의 3,500달러짜리 기타를 망가뜨린 것에 대한 보상을 거부했을 때, 그 뮤지션은 유튜브에 항공사와의 오랜 협상에 관한 곡을 써서 비판적인 내용의 뮤직비디오를 게시했다. 이 소식은 인터넷을 통해 빠르게 퍼져나갔고, 유나이티드항공은 빠르게 합의를 요청했다.[25]

대부분의 조직에서 환경 영역은 점점 더 불안정해지고 있다.[26] 기업을 둘러싼 환경이 점점 더 불안정해지는 추세인 것은 분명하지만, 전통적으로 안정적인 환경에 속한 기업도 있다. 수도, 전기 등의 공공재를 공급하는 기업이 대표적이다.[27] 미국 중서부의 농촌 지역에서는 이들 서비스에 대한 수요와 공급이 매우 안정적이다. 수요가 증가할 가능성이 있지만, 이러한 변화는 매우 완만하여 미리 충분히 예상할 수 있다. 이와 대조적으로 장난감 기업은 매우 불안정한 환경 속에 있다. 어느 장난감이 아이들의 인기를 얻을 것인지 미리 아는 것은 불가능하다. 장난감은 유행을 심하게 타기 때문에 더욱 불안정하다. 인기를 끌 장난감을 예측하는 것이 매우 어려운 것에 더하여, 최근 아이들은 비디오 게임과 유선 TV, 인터넷 등에 관심을 갖게 되면서 어린 나이에 장난감에 대한 관심을 잃어버리고 있다. 더구나 장난감 제조업계는 더욱 불안정하게 변하고 있다. 대형 장난감 소매업체들이 월마트와 같은 할인점과 경쟁해야 하는 사업에서 철수하면서 소매시장이 점차 위축되고 있기 때문이다. 중국, 폴란드, 브라질, 그리고 인도 시장을 공략하는 것은 모험이라는 것이 정설이었다. 하지만 장난감 제조업체들은 미국시장의 감소를 보완하기 위해서 상기 나라의 고객들을 끌기 위해 노력하고 있다. 마텔의 피셔-프라이스(Fisher-Price)와 같은 회사들은 소비자들이 브랜드 인지도가 높지 않는 국가에서 만들어진 저가의 로컬 브랜드 장난감을 구매하고 그들 회사가 만든 고가의 대형 장난감에 대한 관심은 줄어들고 있다는 것을 알게 되었다. 한 장난감 애널리스트는 "중국 아이들은 오천년 간 피셔-프라이스사의 장난감 없이도 잘 자라왔다"고 말했다.[28]

4.2c 환경분석의 틀

단순-복잡성 차원과 안정-불안정 차원은 〈도표 4.3〉에서 보는 것처럼 환경의 불확실성을 평가하는 틀로 결합된다. 단순하고 안정적인 환경에서는 불확실성의 정도가 낮다. 상대해야 할 환경 요소의 수는 많지 않으며 요소들은 대부분 변화하지 않은 채 그대로 있다. 복잡하고 안정적인 환경에서는 어느 정도 환경의 불확실성이 존재한다. 많은 요소들을 주의해서 살피고 분석하고 적절히 대응해야 성공적인 조직으로 남을 수 있다. 그러나 환경의 요소들이 예상할 수 없을 정도로 급격하게 변화하는 경우는 거의 없다.

단순하지만 불안정한 환경에서는 불확실성의 정도가 조금 더 커진다.[29] 환경이 빠르게 변화하기 때문에 경영자는 적지 않은 불확실성을 겪게 된다. 환경 요소의 수가 적다고 해도 각 요소가 어떻게 변화할지 예상하는 것은 어려우며, 조직이 변화에 대응하는 행동을 취하였을 때 결과가 어떻게 나타날지도 예상하기 어렵다. 복잡하고 불안정한 환경에서는 가장 큰 불확실성에 직면하게 된다. 수많은 요소들이 조직에 영향을 미칠 뿐 아니라 요소들이 빠른 속도로 변화하고 조직의 대응에 대해서도 강력한 반응을 보이기 때문이다.[30]

청량음료 유통업자는 단순, 안정 환경에서 활동한다. 수요는 점진적으로만 변화한다. 유통업자는 확정된 배송 경로가 있으며, 청량 음료의 공급은 일정에 따라 이루어진다. 주립 대학, 가전기기 제조업자, 보험회사는 어느 정도 안정, 복잡 환경에 있다. 다수의 외부 요소들이 존재하지만 변화하더라도 점진적이며 예측 가능하게 변화한다.

장난감 제조사는 단순, 불안정 환경에 있다. 장난감을 설계, 제조, 판매하는 조직뿐만 아니라 전자게임을 만들거나 의류 혹은 음악 산업에 관여된 조직은 공급 및 수요의 변화에

도표 4.3 환경적 불확실성 평가 구조

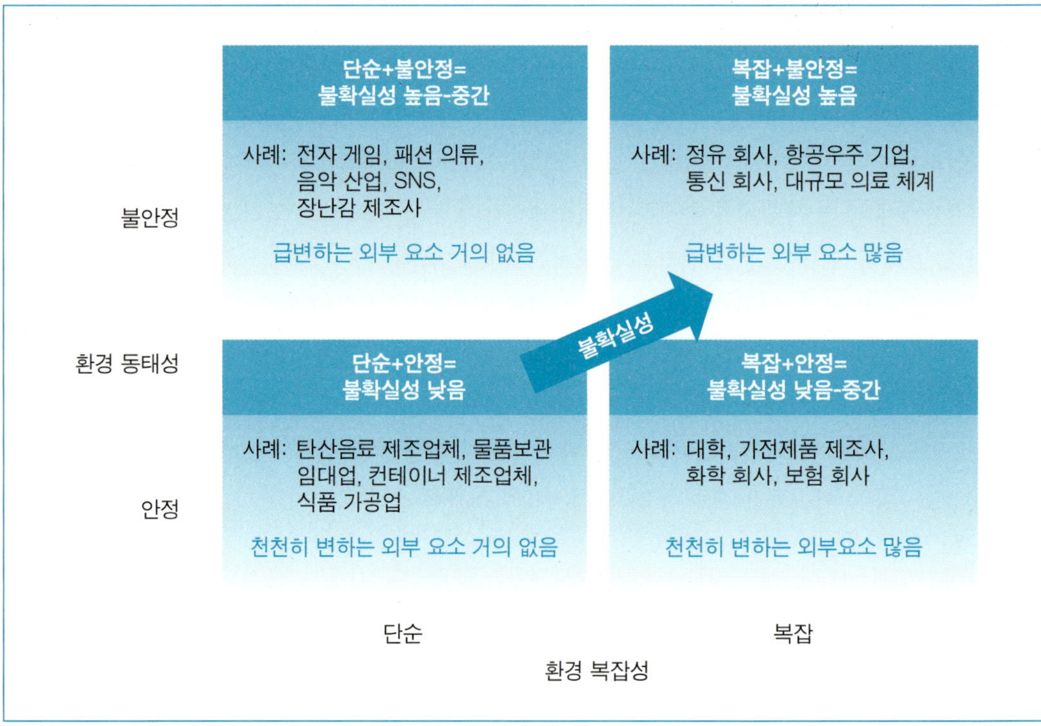

출처: Based on Robert Duncan, "Characteristics of Organizational Environments and Perceived Environmental Uncertainty," *Administrative Science Quarterly* 17 (September 1972), 313–327; Robert B. Duncan, "Multiple Decision-Making Structures in Adapting to Environmental Uncertainty: The Impact on Organizational Effectiveness," *Human Relations* 26, no. 3 (1973), 273–291; and Robert B. Duncan, "Modifications in Decision Structure in Adapting to the Environment: Some Implications for Organizational Learning," *Decision Sciences* 5, no. 4 (October 1974), 705–725.

직면한다. 예를 들어, 공급자, 고객, 경쟁자와 같이경쟁하는 요소들은 적지만 예측하기가 어렵고, 예상치 못하게 갑자기 변화한다.

전기통신 산업, 석유 산업, 항공사는 복잡, 불안정 환경에 직면한다. 많은 외부 부문들이 동시에 변화한다. 항공사의 경우, 몇 년 만에 주요 운송회사들이 항공 교통 통제관(air traffic controller)의 부족, 비행단의 노화, 노동 불안, 연료 가격의 급상승, 새로운 저가 경쟁자의 진입, 일련의 항공 교통 사고, 소비자 수요의 극적인 감소에 직면했다. 몇 년 동안 4개의 거대 항공사와 다수의 소형 항공사들이 파산했고, 항공사들은 집단적으로 170,000명의 직원을 해고했다. 2013년 후반에는 아메리칸 항공(American Airlines)이 파산하여 US 항공(US Airways)에 합병되었다.[31]

핵심정리

- 환경의 변화는 세 가지 주요 차원으로 설명할 수 있다: **동태성**(사건이 안정적인지 불안정적인지 여부), **복잡성**(환경이 단순한지 복잡한지 여부), **풍부성**(이용 가능한 자원의 양).

- 동태성(안정-불안정) 및 복잡성(단순-복잡)의 차원은 환경적 불확실성 평가 구조에서 결합될 수 있다.
- 단순하고 안정적인 환경의 조직은 불확실성이 낮다. 이런 조직에는 고객이나 공급업체 등 조직이 반드시 해결해야 하는 몇 안 되는 외부 요인이 있으며, 이 요인들은 천천히 변화한다. 복잡하고 안정적인 환경에서 기능하는 조직은 낮은 수준에서 중간 정도의 불확실성을 경험한다.
- 이 조직에는 고객, 공급업체, 정부 규제, 노동 시장, 원자재 등 조직이 반드시 해결해야 하는 많은 요인이 있다. 그러나 이 요인들은 급격하거나 예측 불가능하게 변화하지 않는다.
- 단순하고 불안정한 환경에서 운영되는 조직은 중간에서 높은 수준의 불확실성을 경험한다. 비록 이런 조직에는 해결해야 하는 외부 요인이 몇 개 없지만, 이 요인들은 예측하기 어렵고 빠르게 또는 예측 불가능하게 변화할 수 있다(예: 변화하는 사회적 유행).
- 가장 큰 불확실성은 복잡하고 불안정한 환경에서 발생한다. 이런 환경에 있는 조직은 반드시 다양한 환경 영역에 있는 수많은 외부 요인을 해결해야 하며, 이런 요인들은 자주, 때로는 예측 불가능하게 변화할 수 있다.

4.3 환경의 복잡성과 동태성에 대한 대응

이제 복잡성과 동태성 측면에서 환경을 어떻게 분류하는지 알게 되었다. 그렇다면 이제 살펴볼 문제는 '조직은 환경의 불확실성 수준에 어떻게 대응해야 하는가'이다. 환경 불확실성은 조직구조와 내부 활동에 큰 영향을 미친다. 불확실성에 직면한 조직은 수평적인 조직구조를 채택함으로써 기능 간의 의사소통과 협력을 활발하게 함으로써 환경의 변화에 잘 적응하려고 한다는 3장의 내용을 기억해보자. 여기에서는 환경이 조직에 어떠한 영향을 미치는지 조금 더 상세히 살펴보려고 한다. 불확실성이 낮은 환경 속에서 활동하는 조직과 불확실성이 높은 환경 속에서 활동하는 조직은, 조직 안의 직위와 부서의 구분, 조직의 분화와 통합, 통제 과정, 계획 및 예측 활동의 내용이 서로 다르다. 조직의 내부 구조와 외부환경은 서로 적합성을 지녀야 하는데, 이제 그 내용을 자세히 살펴보자.

4.3a 직위와 부서 설치

외부환경의 복잡성이 높을수록 조직 안에 직위와 부서의 수가 증가하고, 그에 따라서 조직 내부의 복잡성도 높아진다. 환경의 각 부문마다 그 부문을 담당할 부서 내지 사람을 두어야 하기 때문에 이런 현상이 나타난다. 인적자원부서는 기업 내부 직원들을 상대하는 업무를 담당하고, 마케팅부서는 고객 대응 관련 업무를 담당한다. 자원 조달책임이 있는 직위 담당자는 여러 공급자로부터 필요한 원자재를 조달해야 하고, 재무 담당자는 은행을 상대해야 하며, 법무부서는 법원과 정부기관을 상대하여 일을 한다. 요즈음 많은 기업들은 e-비즈니스부서를 두어서 전자상거래를 담당하도록 하고, 정보기술부서를 따로 두어 점점 복잡해지는 컴퓨터 및 통신 기술과 지식경영시스템(knowledge management system)을 담당하도록 하고 있다.

새로운 직책과 부서를 만드는 것은 조직이 증가하는 환경적 불확실성에 적응하는 보편적인 방법이다. 존슨앤드존슨, 필립스(Philips Electronics), 펩시(PepsiCo)와 같은 기업들은 소비자가 흥미로운 디자인에 더 주목하는 환경에서 제품 개발 및 마케팅을 강화하기 위해 수석 디자인 관리자 직책을 고위급으로 추가했다. 많은 기업들이 최근 몇 년간 다양성 관리자 직책을 추가하고 있다. 워너미디어(WarnerMedia)는 AT&T가 타임 워너(Time Warner)를 인수한 후 가진 질의응답 세션에서 근로자들이 여성 및 소수자 리더가 부족한 것에 의문을 제기한 이후 다양성 및 포용 수석 관리자라는 새로운 직책을 창설했다.[32]

4.3b 관계구축하기

외부환경의 불확실성에 대응하는 가장 전통적인 방법은 외부 충격을 흡수하는 완충부서를 설치하는 것이었다. **완충 역할**(buffering role)의 목적은 환경의 불확실성을 흡수하여 기술핵심부서를 보호하는 데 있다.[33] 기술핵심부서(technical core)는 조직의 핵심인 생산 활동을 수행한다. 완충부서는 기술핵심부서를 둘러싸고 원재료와 자금 및 생산품을 교환하는 역할을 수행함으로써, 기술핵심부서가 효율적으로 운영될 수 있도록 지원한다. 구매부서는 원재료의 재고를 유지하여 기술핵심부서에 대한 완충 역할을 수행하며, 인적자원부서는 생산에 필요한 인재를 발견하고 고용하며 적절한 교육훈련을 실시하여 기술핵심부서에 대한 완충 역할을 수행한다.

최근 몇몇 조직은 완충 역할을 없애고 기술핵심부서가 외부환경의 불확실성에 직접 노출되는 것을 허용하는 새로운 접근을 시도하고 있다. 이 조직들은 내부적인 효율성을 유지하는 것보다 고객 및 공급자와 잘 연계되어 활동하는 것이 훨씬 중요하다고 믿기 때문에 완충 역할을 하는 부서나 직위를 두지 않는다. 높은 불확실성의 환경은 조직이 신속하게 대응할 수 있도록 정보와 지식의 빠른 이전을 필요로 한다. 3장에서 언급한 팀들은 조직 외부의 다른 부서 및 고객들과 직접적으로 일을 한다.[34] 시카고에 있는 소규모 법률회사를 대상으로 소프트웨어와 서비스를 제공하는 토탈 어터니스(Total Attorneys)의 기능횡단팀(cross-functional team)은 개발된 제품을 직접 테스트하고 피드백을 제공해주는 고객들과 함께 일을 한다.[35] 이는 환경에 대해 조직을 개방함으로써 더욱 유연하게 적응할 수 있도록 하는 것이다.

경계 관리 과업(boundary spanning role)이란 외부환경의 핵심 요소들과 조직을 연결하고 조정하는 것을 말한다. 경계 관리 과업은 주로 정보 교환을 통하여 이루어진다. 구체적으로는 (1) 외부환경의 변화를 파악하고 필요한 정보를 수집하고, (2) 조직에 유리한 방향으로 환경에 정보를 제공하는 두 가지 방법으로 이루어진다.[36]

조직은 외부환경에서 무슨 일이 일어나고 있는지 항상 추적하고 있어야 한다. 시장의 변화 또는 다른 발전이 있을 경우에 경영자가 신속하게 대응하기 위해서이다. 첨단기술 기업을 대상으로 한 연구 결과에 의하면, 경쟁에서 실패한 97%가 시장변화에 대한 관심이 부족했거나 정확한 정보를 확보하지 못했기 때문이었다.[37] 조직활동에 중요한 정보를 파악하고 수집하기 위해서는 변경 조직의 구성원이 환경을 부지런히 탐지하는 것이 필요하다. 시장조사부서는 소비자 기호의 변화를 세밀하게 분석해야 하고, 엔지니어링이나 연구개발부서에서는 새로운 기술의 개발과 혁신, 원재료의 동향에 대해서 관찰해야 한다. 변경 조직의 구성원은 최고경영자가 환경변화에 대하여 항상 최신의 정보를 지닐 수 있도록 하여, 조직이 환경변화에 뒤처지지 않도록 해야 한다. 환경의 불확실성이 클수록 변경 조직의 활동은 더욱 중요해진다.[38] 불확실한 환경에서 운영되는 장난감 회사를 떠올려보자. 장난감 및 게임 제조사인 해즈브로(Hasbro)는 1990년대 중반에 이 산업에서 기술이 경쟁을 변화시킬 가능성이 있음을 파악하였으며 이때 경계 관리자를 효율적으로 활용했다. 그 결과 관리자들은 기술적 변화에 뒤쳐지지 않았다. 게다가 감소하는 출산율, 미국 인구 내 더 커진 민족적 다양성, 늘어난 맞벌이 가정 등 다른 패턴을 발견해 내는 것은 변화발생시 해즈브로가 경쟁력을 유지하고 성공할 수 있는 위치를 점하는 데 도움이 되었다.[39]

조직경계관리와 관련해서 가장 빠르게 성장하는 부문은 **비즈니스 인텔리전스(business intelligence)**의 활용이다. 버라이즌(Verizon)은 비즈니스 인텔리전스 활동을 적극적으로 수행하여 고객들의 상호작용을 감시하고 그 결과를 활용하여 문제를 발견하고 조기에 해결한다.[40] 이러한 활동을 자동화하는 방법은 최근 소프트웨어 개발 부문 중 가장 활발한 부문이 되었다.[41] 또 다른 흥미로운 사례는 칼리지와 대학이 입학 희망자에 대한 데이터를 추적하기 위해 소프트웨어를 활용하고 있는 방법이다.

IN PRACTICE 세턴 홀 대학교와 디킨슨 칼리지

만약 여러분이 세턴 홀 대학교(Seton Hall University), 디킨슨 칼리지(Dickinson College) 또는 다른 수많은 학교에 입학하기 위해 신청서를 제출했다면, 입학 담당자는 여러분이 학교에서 보낸 이메일을 언제 열었는지, 이메일을 읽는 데 얼마나 걸렸는지, 어떤 링크를 클릭했는지 여부를 즉시 알 것이다. 학교는 여러분의 '뚜렷한 관심'을 알아내기 위해 소프트웨어와 다른 정보를 활용한다.

테크놀루션(Technolutions Inc.)과 같은 기업의 소프트웨어는 어떤 지원자가 진짜 그 학교에 관심이 있는지, 단순히 많은 학교에 지원한 사람이 누구인지 추적하는 데 도움이 된다. 테크놀루션은 각 지원자에 관한 수천 개의 데이터를 요약하는 대시보드를 만든다. 이 회사의 CEO는 현재 800개 이상의 학교에서 자사의 제품을 사용하고 있다고 말했다. 분명한 사실은 칼리지와 대학에서 자사제품을 점점 중요하게 여긴다는 점이다. 왜냐하면 많은 곳에서 점점 많은 수의 지원자를 받고 있으며, 그 학교들은 우수학생 유치를 원하기 때문이다. 세턴 홀 대학에서 학생들은 만일 입학할 경우 등록할 가능성이 있는지 여부를 결정하는 80개 변수에 근거한 점수를 받는다.[42]

칼리지와 기업 조직은 또한 특정 사안에 대해 결정을 내리기 위해 SNS에서 데이터를 모으고 분석하는 SNS 분석을 활용하고 있다. 매리엇 인터내셔널은 최신 유행을 따라잡기 위해 직원들이 트위터 피드, 인스타그램 사진, 페이스북 포스트 및 기타 SNS를 분석하는 SNS 센터를 운영한다.[43]

비즈니스 인텔리전스는 소위 경쟁 인텔리전스(competitive intelligence: CI)로 알려진 경계관리 활동과 밀접한 관계가 있다. 경쟁 인텔리전스란 경쟁자에 대한 공개 정보를 체계적으로 수집하고 분석하여 최고경영자가 그 분석결과를 토대로 더 나은 의사결정을 내릴 수 있도록 돕는 활동을 가리킨다.[44] 인텔리전스 전문가들은 인터넷 검색에서 쓰레기통을 뒤지는 데까지 이르는 광범위한 수단을 동원하여 경쟁사의 신제품, 제조 원가, 훈련 기법 등에 대한 정보를 수집하고, 그 정보를 최고경영자에게 제공한다. 정보분석팀은 기업 CI 활동의 새로운 흐름이다. **정보분석팀**(intelligence team)은 일종의 기능횡단팀으로 대개 구체적인 사업 현안을 숙지하려고 하는 경쟁 첩보 전문가들이 팀을 이끈다. 이들은 최고경영자에게 회사의 비전과 가능성, 그리고 권고 사항들을 보고한다.[45] 정보분석팀은 긴급사태 대책과 주요 경쟁적 현안에 관한 사나리오를 제공하고 또한 경영자가 기업목표를 실행시키는 데 도움이 되는 정보를 제공한다.

환경을 향하여 조직을 대신하여 정보를 제공하는 경계 관리 과업은 다른 사람들이 조직에 대해서 지니고 있는 인식에 영향을 미치려는 활동이다. 마케팅부서의 광고 및 판매원은 조직을 대표해서 고객과 접촉한다. 구매자들은 공급자들을 불러서 구매 요구를 전달한다. 법무부서는 로비스트에게 정보를 제공하고 정치적 문제에 대해서 조직의 관점을 전달한다. 많은 기업은 웹페이지를 통해 조직에 대한 긍정적 이미지를 형성하기 위하여 노력한다.

도입 질문과 답

1. 조직이 복잡한 환경에 대처하는 최선의 방법은 단순한 구조보다는 복잡한 구조를 개발하는 것이다.

답) 동의한다. 조직의 환경이 점차 복잡해짐에 따라 조직은 환경의 모든 요소에 잘 적응할 수 있는 직무, 부서, 그리고 변경 조직을 추가해야 한다.

핵심정리

- 조직은 완충 및 경계 관리 과업을 구축하고, 불확실성을 해결하기 위해 특정부서 및 기능을 추가함으로써 복잡성과 동태성에 적응할 수 있다.
- 외부환경의 불확실성이 증가함에 따라 내부 복잡성 또한 증가한다. 많은 불확실성에 따라 관리자들은 더 많은 자원을 특정 환경 요인을 계획 및 관리하는 부서에 배정하고, 다양한 내부 활동을 통합한다.
- 조직은 핵심기술부서로 개념화될 수 있으며, 완충부서는 환경의 불확실성을 흡수한다.
- 경계 관리 과업은 환경에 관한 정보를 조직으로 가져오며, 조직에 관한 정보를 외부환경으로 보낸다.
- SNS 분석 등 기업 정보 수집 활동은 경계관리의 한 가지 방법이다.

4.3c 분화와 통합

조직은 부서의 분화 및 통합의 정도를 조절하는 방식으로 환경의 불확실성에 대응할 수 있다. 조직의 **분화**(differentiation)란 '서로 다른 기능을 수행하는 부서의 구성원 사이에 나타나는 인지적 및 감정적 성향의 차이, 그리고 이들 부서 사이에 나타나는 공식구조의 차이'를 의미한다.[46] 조직의 외부환경이 복잡하고 빠르게 변화할 경우에 조직의 각 부서는 각각 자기들이 상대하는 환경 부문의 특수한 필요에 적합한 형태를 갖추게 된다. 각 환경 부문의 특수한 필요를 충족시키기 위해서는 전문적인 지식과 행동이 수반되어야 한다. 그렇기 때문에 연구개발부서에 근무하는 연구원은 생산부서나 영업부서에 근무하는 조직구성원과 구별되는 독특한 태도와 가치관, 목표, 교육 배경을 지니게 된다.

폴 로렌스(Paul Lawrence)와 제이 로시(Jay Lorsch)는 10개 기업의 영업부서, 연구개발부서, 생산부서를 비교하는 연구를 수행하였다.[47] 연구 결과, 그들은 부서마다 서로 다른 관심 방향과 구조를 가지고 각각 전문화된 외부환경 부문의 문제를 해결하고 있다는 사실을 발견하였다. 로렌스와 로시가 발견한 세 가지 부문, 즉 시장, 과학, 생산 환경이 〈도표 4.4〉에 제시되어 있다. 각 부서는 서로 다른 외부집단과 상호작용을 하고 있다. 세 부서 사이의 차이가 〈도표 4.5〉에 요약되어 있다. 과학적 세부환경과 효과적으로 상호작용을 하기 위하여 연구개발부서는 작업의 질을 중시하는 목표와 장기적인 시간 개념(5년 이상), 비공식적 조직구조, 과업 중시 성향의 특성을 보이고 있다. 이와 대조적으로 영업부서는 고객만족을 목표로 하고, 단기적인 시간 개념(2주 이내), 매우 공식적인 조직구조, 사회성 중시 성향의 특성을 보이고 있다.

조직의 분화 정도가 높아지면 부서 간 조정이 어려워진다. 목표와 태도, 과업 성향에서 큰 차이를 보이는 부서들을 조정하려면 많은 시간과 자원을 써야 한다. **통합**(integration)이란 분화된 부서 간 협력의 질을 의미한다.[48] 높은 수준으로 분화된 부서들을 조정하기 위해서는 공식적인 통합자가 필요하다. 높은 불확실성 속에 처해 있어서 신축적으로 대응을 해야 할 필요성이 크고, 이를 위해서 분화된 부서 사이의 수평적인 조정을 긴밀하게 수행하려면 더 많은 정보의 처리가 필요하게 된다. 결국은 공식 조직 안에 통합역할을 전문적으로 수행하는 사람을 배치하게 된다. 전문적인 통합자는 연락 담당자(liaison personnel), 프로젝트 매니저, 브랜드 매니저, 조정자라는 여러 명칭으로 불린다. 높은 정도의 불확실성에 직면하고 있는 조직은 분화의 정도가 높은 조직구조를 지니는 것이 일반적이다. 〈도표 4.6〉에 나타난 것처럼 분화의 정도가 높은 구조를 지닌 조직에서는 분화된 부서들을 원활하게 통합하기 위하여 관리 직원의 22%를 통합 활동, 즉 위원회나 태스크포스, 연락역할 담당자로 활용하고 있다.[49] 반면에 단순하고 안정적인 환경에서 활동하는 조직에는 통합역할을 수행하는 관리자가 거의 존재하지 않는다. 〈도표 4.6〉을 보면 환경의 불확실성이 증가할수록 조직 내 부서의 분화 정도가 높아지고, 그에 따라서 조직은 더 많은 수의 관리자로 하여금 통합역할을 수행하도록 한다.

도표 4.4 세부환경의 요구에 대응하기 위한 조직부서의 차별화

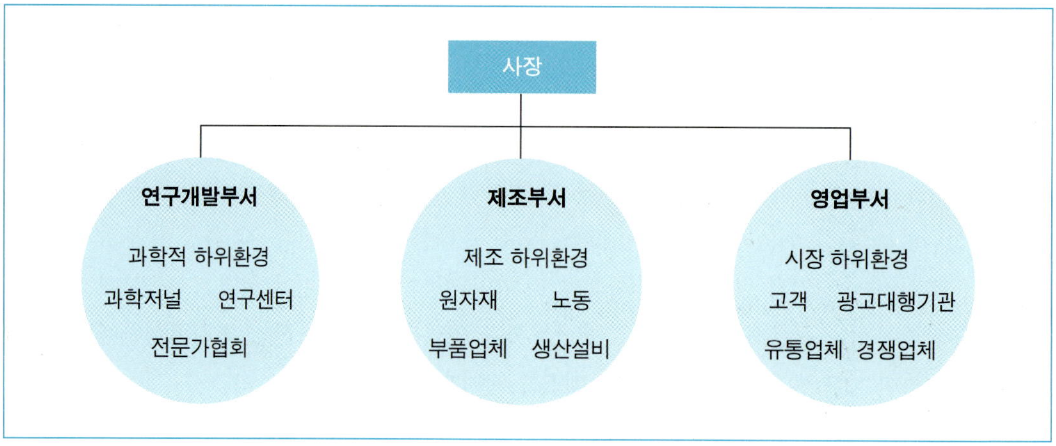

도표 4.5 부서 간 목표와 지향성의 차이

특성	연구개발부서	제조부서	영업부서
목표	신제품 개발, 품질	효율적 생산	고객만족
시간지향	장기	단기	단기
대인관계	주로 과업지향적	과업 지향	사회적
조직구조의 공식화 정도	낮음	높음	높음

출처: Based on Paul R. Lawrence and Jay W. Lorsch, Organization and Environment (Homewood, IL: Irwin, 1969), 23–29.

도표 4.6 환경 불확실성과 조직의 통합자

산업	플라스틱	식품	컨테이너
환경의 불확실성	높음	보통	낮음
부서의 분화	높음	보통	낮음
통합역할 수행자의 비율	22%	17%	0%

출처: Based on Jay W. Lorsch and Paul R. Lawrence, "Environmental Factors and Organizational Integration," *Organizational Planning: Cases and Concepts* (Homewood, IL: Irwin and Dorsey, 1972), 45.

로렌스와 로시의 연구결과가 의미하는 것은, 환경의 불확실성 정도와 조직의 분화 및 통합 정도가 적합성을 유지할 때 조직의 성과가 좋다는 것이다. 다시 말하면, 환경의 불확실성이 높을 때는 분화와 통합 정도가 높은 조직의 성과가 좋으며, 환경의 불확실성이 낮을 때는 분화와 통합 정도가 낮은 조직의 성과가 좋다는 것이다.[50]

4.3d 유기적 조직과 기계적 조직

1장에서 다뤘던 유기적 조직과 기계적 조직의 내용을 생각해보자. 외부환경의 불확실성은 조직을 유기적 또는 기계적으로 구성할 것인지에 관한 중요한 영향을 미친다. 톰 번스(Tom Burns)와 G. M. 스토커(G. M. Stalker)는 영국의 20개 기업을 관찰하여, 외부환경과 기업의 내부 관리 구조 사이에 존재하는 관련성을 발견하였다.[51] 외부환경이 안정적일 때는 규칙과 절차, 명확한 권한체계를 특징으로 하는 공식적인 내부 구조를 보이며, 조직의 최고경영자가 대부분의 의사결정을 하는 집권적인 의사결정을 한다. 번스와 스토커는 이런 특징을 보이는 조직을 **기계적**(mechanistic) 조직이라고 불렀다. 이는 1장의 〈도표 1.7〉과 같은 형태를 나타낸다.

빠르게 변화하는 환경 속에서 활동하는 조직은 훨씬 느슨하고 자유로우며 적응적인 내부 구조를 지닌다. 규칙과 규제는 문서화되어 있지 않으며 무시되는 경우가 많다. 사람들은 무엇을 어떻게 해야 하는지 스스로 결정하며, 권한체계도 명확하지 않다. 의사결정 권한은 분산되어 있다. 번스와 스토커는 이런 관리적 특성을 보이는 조직구조를 **유기적**(organic) 조직이라고 불렀다. 자신이 유기적 조직과 기계적 조직 중 어디에 더 적합한지에 관한 해답을 얻기 위해서 '적합성 평가'의 설문지를 완성해보자.

환경의 불확실성 정도가 높아질수록 조직은 더욱 유기적인 특성을 지닌다. 불확실성이 높은 환경 속에서 활동하는 조직은 의사결정 권한과 책임을 분산하여 하위계층으로 위임하고, 작업자가 스스로 판단하여 문제를 해결하도록 하며, 팀워크를 장려하고, 과업과 책임을 할당할 때에는 비공식적인 절차를 따르는 경우가 많다. 유연한 조직을 만들어서 외부환경의 변화에 계속적으로 적응할 수 있는 능력을 갖추기 위해서이다.[52] 저지방 고품질 스낵음식을 판매하는 길티리스 고메이(Guiltless Gourmet)사도 경쟁력을 갖추기 위해서 유기적인 모듈 기업으로 변신하고 있다. 길티리스 고메이사는 생산을 비롯한 다른 활동은 외부에서 아웃소싱으로 조달하고 오직 마케팅에만 전념하는 기업으로 변신을 시도하고 있다. 오스틴에 있던 18,000평방피트 규모의 공장은 문을 닫았고, 인력은 125명에서 마케팅과 판촉을 담당할 핵심인력만 남기고 10명 규모로 축소하였다. 이러한 노력을 통하여 유연한 조직으로 변신한 길티리스 고메이사는 변화하는 시장 상황에 더욱 잘 적응할 것으로 기대하고 있다.[53]

4.3e 계획과 예측

조직의 내부 통합을 높이고 유기적인 프로세스를 갖추는 주된 목적은 외부환경의 불확실성으로 인한 갑작스러운 변화에 신속하게 대응할 수 있는 능력을 제고하려는 데 있다. 환경이 끊임없이 변화하는 것이 사실이라면 계획 수립은 아무 쓸모가 없는 것인가? 그렇지 않다. 환경이 불확실해질수록 조직이 신속하고 일관성 있게 환경 변화에 반응하도록 하는 데

적합성 평가

마음과 환경

당신은 확실한 환경과 불확실한 환경 중에 어느 환경에서 더 잘 부합하는가? 이전에 당신이 학생 혹은 직장인, 공식적이거나 비공식적인 모임에서의 리더일 때 어떻게 생각하고 행동했는지를 먼저 생각해보자. 다음의 항목 '그렇다' 혹은 '그렇지 않다'에 대답해보자.

	그렇다	그렇지 않다
1. 항상 자료나 이슈의 해석에 대한 의견을 말했다.	____	____
2. 과업 압박 속에서도 타인의 특이한 견해를 기꺼이 받아들였다.	____	____
3. 무역 박람회나 회사(학교) 행사에 반드시 참여했다.	____	____
4. 다른 사람들이 반대 의견이나 주장을 할 수 있도록 행동했다.	____	____
5. 어리석은 질문에도 대답했다.	____	____
6. 마감 시간에 쫓기면서 일할 때에도 새로운 아이디어를 경청했다.	____	____
7. 상급자와 동료들에게 논쟁거리가 될 만한 의견을 제시했다.	____	____
8. 나와 다른 사람들이 일하는 방식을 개선하는 해법을 제시했다.	____	____

점수계산: 당신이 '그렇다'라고 체크한 항목에 1점을 부과해보자. 만약 점수가 5점 미만이면 당신은 불안정한 환경보다는 안정된 환경의 조직에 더 부합한다. 5점 이상의 점수가 나온다면 당신은 불확실한 환경에 있는 조직에 더 부합한다고 볼 수 있다.

해석: 매우 불확실한 환경에 놓여 있는 조직에서는 모든 것이 변화한다. 전문성을 가진 종업원 혹은 경영자가 가져야 할 중요한 덕목은 바로 배려(mindfulness)이다. 개방적인 자세와 독립적인 사고 능력 역시 배려의 일환이다. 안정된 환경에 있는 조직은 좀 더 기술적인 측면이 있고, 대부분의 과업이 전통적인 방식으로 수행되기 때문에 배려심이 없는 경영자도 과업을 달성할 수 있다. 반면에 불확실한 환경에서는 구성원 모두 새로운 생각과 아이디어, 새로운 과업 방식들을 촉진할 필요가 있다. 이 테스트에서 높은 점수가 나왔다는 것은 배려심이 깊고 불확실한 환경에서 유기적 조직에 더 잘 부합한다는 것을 의미한다.

출처: These questions are based on ideas from R. L. Daft and R. M. Lengel, *Fusion Leadership*, Chapter 4 (San Francisco, CA: Berrett Koehler, 2000); B. Bass and B. Avolio, *Multifactor Leadership Questionnaire*, 2nd ed. (Menlo Park, CA: Mind Garden, Inc); and Karl E. Weick and Kathleen M. Sutcliffe, *Managing the Unexpected: Assuring High Performance in an Age of Complexity* (San Francisco, CA: Jossey-Bass, 2001).

계획과 예측은 더욱 중요하다. 환경이 안정적일 때는 현재의 운영 문제와 일상적인 효율성 제고에 관심을 집중할 수 있다. 앞으로도 현재와 유사할 것이기 때문에 예측할 필요도 없고, 장기계획을 수립할 필요도 없다.

환경의 불확실성이 높아지면 미래를 예측하고 계획을 수립하는 것이 필요해진다.[54] 다국적 기업의 연구 조사에 따르면, 경영진들은 환경의 불확실성이 높을수록 학습이나 지속적으로 변화에 적응하는 방법, 그리고 혁신 방법에 대한 계획 활동을 더 추구한다고 밝히고 있다.[55] 예를 들면, 2001년 미국에서 9.11 테러가 발생하자 기업들은 불확실성을 다루는 방법을 익히기 위해 시나리오를 사용하고 위험 사태 대응계획을 세우는 것을 현안으로 삼았다.

시나리오 개발을 통하여 경영자들은 환경의 다양한 변화 요소에 따라서 조직이 어떠한 영향을 받는지 도상연습을 해 볼 수 있다. 시나리오란 생생하게 여러 대안들을 보여주고 경영자들이 어떻게 대응해야 할지를 판단하게 도와주는 이야기와 같다. 로열 더치 쉘 정유회사(Royal Dutch Shell Oil)는 시나리오 기법을 활용하여 다른 기업들이 제대로 대응하지 못하는 상황 속에서도 신속하게 환경변화에 대응할 수 있었다.[56]

계획수립 활동을 통해 기업들은 외부적 변화의 충격을 줄일 수 있다. 그렇기 때문에 불안정한 환경 속에서 활동하는 조직들은 계획을 수립하는 부서를 별도로 두고 있다. 예측할 수 없는 환경 속에서 계획을 수립해야 하는 사람들은, 환경의 요소들을 관찰하고 변화 방향을 분석하며 다른 조직들이 어떻게 움직일 것인지 예상한다.

도입 질문과 답

2. 불안정하고 급변하는 환경에서 철저한 계획수립 활동은 시간과 자원 낭비이다.

답) 동의하지 않는다. 콜린 파웰(Colin Powell)은 예전에 "어떤 전투 계획도 눈앞의 적에게는 무력하다"라고 말한 적이 있다.[57] 하지만 어떤 장군도 병사를 대동하지 않고서 전쟁에 참여하지는 않는다. 비록 계획이 오래 지속되지 않더라도 계획 활동을 많이 하는 것은 급변하는 환경에서 매우 중요한 일이다. 계획을 세우고 환경을 예측하는 것은 경영자들이 변화를 예상하고 변화를 준비하는 데 도움이 된다. 계획수립 활동을 활발히 하지 않는 것은 쉽게 예측할 수 있고 안정된 상황에서나 가능한 것이다.

그럼에도 불구하고 계획이 효과적인 조직경계 관리와 적절한 내부 통합과 조정과 같은 다른 활동을 대체할 수는 없다. 불확실한 환경 속에서 성공할 수 있는 조직은 조직구성원 각자가 환경과 지속적으로 접촉하여 위협과 기회를 분별하고 즉각적으로 대응할 수 있는 조직이다. 미래를 전망하고 변화 추세를 탐지할 수 있도록 조직 능력을 제고하는 것이 가장 신속히 대응할 수 있는 조직을 향한 첫걸음이 될 것이다.

4.4 환경의 불확실성과 조직의 대응전략

환경의 불확실성이 조직특성에 미치는 영향이 〈도표 4.7〉에 요약되어 있다. 환경의 변화와 복잡성 차원이 결합되어 불확실성의 네 가지 수준을 결정한다. 낮은 수준의 불확실성을 보이는 환경은 단순하고 안정적이다. 이러한 환경 속에서 활동하는 조직은 부서의 수가 적고, 기계적인 구조를 지니고 있다. 비교적 낮은 수준의 불확실성을 지닌 환경에 속한 조직은 부서의 수가 많고, 이 부서들 통합할 수 있는 통합역할 수행자의 수도 많다. 이 조직은 어느 정도의 계획 활동도 수행해야 한다. 비교적 높은 수준의 불확실성을 보이는 환경은 단순하

도표 4.7 환경 불확실성이 조직 특성에 미치는 영향

환경의 변화 \ 환경의 복잡성	단순	복잡
안정	**낮은 불확실성** 1. 기계적 구조: 공식적, 집권적 2. 부서의 수가 적음 3. 통합 수행 역할이 없음 4. 현재 수행하는 업무 중심: 낮은 반응속도	**다소 낮은 불확실성** 1. 기계적 구조: 공식적, 집권적 2. 부서의 수가 많고, 경계관리 활동 부서가 약간 있음 3. 통합 수행 역할이 약간 있음: 보통의 반응속도
불안정	**다소 높은 불확실성** 1. 유기적 구조, 팀워크: 참여적, 분권적 2. 부서의 수가 적고, 경계관리 활동부서가 많음 3. 통합 수행 역할이 약간 존재 4. 계획 활동 수행함: 빠른 반응속도	**높은 불확실성** 1. 유기적 구조, 팀워크: 참여적, 분권적 2. 분화된 부서의 수가 많고, 많은 수의 경계관리 활동부서 3. 통합 수행 역할이 많음 4. 광범위한 계획 활동, 예측활동: 매우 빠른 반응속도

(불확실성 →)

지만 불안정하다. 조직의 구조는 유기적이고 분권화되어 있다. 계획 활동은 중요하며 경영자는 필요한 내부 변화를 신속하게 수행해야 한다. 높은 수준의 불확실성을 보이는 환경은 복잡하면서 불안정하다. 경영자의 관점에서 볼 때 가장 힘든 환경이다. 조직의 규모는 크고 많은 수의 부서가 존재한다. 그러나 이들은 유기적으로 움직인다. 조정과 통합 활동을 수행하기 위해 많은 수의 관리자가 존재하며, 조직 경계의 관리, 계획, 예측 활동을 통하여 환경의 변화에 빠르게 반응할 수 있는 능력을 구비하고 있다.

핵심정리

- 환경이 더 복잡해질수록 조직 내 차별성은 더 커진다. 차별성이란 환경 부분의 불확실성을 다루는 데 특정 부서가 매우 특화되는 것을 의미한다.
- 높은 차별성과 함께 관리자들은 부서간 협동을 달성하는 데 반드시 더 많은 시간과 자원을 투자해야 한다.
- 안정적인 환경에서 운영되는 조직은 기계적 구조로 잘 기능할 수 있다. 그러나 급격히 변하는 환경에서 운영되는 조직을 잘 운영하기 위해서는 더 유기적인 구조가 필요하다.
- 불확실한 환경에서 계획 수립은 더 중요해진다.

4.5 자원 의존

지금까지 의사결정에 필요한 정보의 부족, 즉 환경의 복잡성 및 변화로 인한 불확실성에 조직이 대응할 수 있는 몇 가지 방법에 대하여 살펴보았다. 지금부터는 조직과 환경간 관계의 세 번째 특징인 자원의 풍부성 또는 희소성(abundance or scarcity of needed financial resources)에 대하여 알아보도록 하자. 대부분의 (재무적) 자원이 부족한 조직들이 택하는 우선적인 반응은 직원들을 해고하거나 투자를 축소시키는 것이다. 최근 몇 년 간, 로열 더치 쉘(Royal Dutch Shell), BP사, 셰브런(Chevron)과 같은 거대 석유 회사들은 원유 가격의 감소로 인해 매장된 석유를 탐사하고 시추하는 비용을 크게 줄였다. 미국 셰일 오일 회사들은 굴착 장치, 파이프, 기타 장비 및 서비스 공급업체에 인하율을 요구함으로써 낮은 원유 가격에 적응했으며, 해당 회사들은 40%까지 생산 비용을 줄일 수 있었다.[58]

기업은 또한 재무자원에 대한 통제를 함으로써 다른 조직에 대한 의존성을 극소화하기 위하여 노력한다.[59] 환경은 조직생존에 필수적인 자원희소성의 원천이다. 이 주제에 대한 연구는 일반적으로 자원 의존 관점(resource-dependence perspective)이라고 표현된다. **자원 의존**(resource dependence)이란 조직이 생존을 위하여 환경에 의존한다는 의미이지만 동시에 조직은 환경에 대한 의존도를 최소화하기 위하여 자원에 대한 통제력을 확보하려고 노력한다. 생존에 필수적인 자원이 다른 조직에 의해서 통제되고 있을 경우 조직의 생존이 위협받을 수 있기 때문에, 조직은 가능한 한 독립성을 유지하려고 한다. 조직이 다른 조직에 지나치게 의존하게 될 때는 성과가 저하되기 쉽다.

일반적으로 조직들은 의존도를 낮추기 위하여 노력하지만, 비용이나 위험도가 지나치게 높을 경우에는 희소 자원을 공유함으로써 비용과 위험을 낮추어 국제적 경쟁력을 높이려는 시도를 하기도 한다. 다른 조직과 공식적 관계를 맺어서 자원의 의존을 관리할 때 경영자는 딜레마를 경험한다. 다른 조직과 협력관계를 설정함으로써 자원의 확보에 대한 위험을 낮추려고 하는 동시에 조직의 자율성과 독립성도 극대화하려 하기 때문이다. 조직 간 원활한 연계를 위해서는 서로 긴밀한 조정을 해야 하는데,[60] 그렇게 하려면 자기 조직의 입장에 따라서만 의사결정을 내리는 것이 불가능하게 된다. 조직 간 관계의 설정은 자원의 확보와 자율성 사이에 상충관계를 낳는다. 이미 자율성을 유지할 수 있을 만큼 충분한 자원을 확보한 조직은 새로운 관계를 맺으려고 하지 않는다. 그러나 자원이 부족한 조직은 자원을 구하기 위하여 독립성을 유보하고 다른 조직과 관계를 맺으려 할 것이다. 예를 들면 독일 도이치포스트(Deutsche Post AG)의 빠른우편 조직인 DHL은 미국의 택배시장에서 주도권을 잡기 위해 수십억 달러의 손해를 감수하였다. 2008년까지 'DHL(노란색)은 UPS(갈색)를 대신할 것이다'라는 초기 광고 캠페인으로 흥행을 거두었던 DHL은 잠시 주춤했다. 이것은 당시 택배업계의 선두주자였던 UPS와 그 회사의 대명사였던 갈색 트럭에 대한 도전이었다. DHL은 UPS와 전략적 제휴를 맺으면서 미국에서 DHL의 소포 과업을 UPS가 다루도록 했다. 앞으로도 이 두 회사는 해외시장에서 경쟁을 지속할 것이다. 미국에서 지역 경영진을 조직하는 데 어려움을 겪고 미국 택배 시설을 유지하는 문제를 겪으면서 30억 달러의 손해를 보고 있을 때, 도이치포스트의 CEO인 프랭크 아펠(Frank Appel)은 파트너십이라는 용어를 그의 회사가 미국에서 활동을 하는 데 필요한 실용적, 현실적인 전략이라는 의미로 사용했다.[61] 자원 의존도에 대해서는 5장에서 좀 더 상세하게 다루겠다.

4.6 자원 통제를 위한 조직의 전략

자원 확보의 필요성에 직면한 조직은 다른 조직과의 연계와 독립성 사이에 균형을 유지하려고 한다. 균형 유지를 위해서 조직은 다른 조직을 조종하고 통제하려는 시도를 한다.[62] 조직의 활동 영역을 변화시키기도 한다. 외부환경에 있는 자원의 관리를 위한 전략에는 두 가지가 있다. 첫째는 환경 속에 있는 핵심조직과 우호적인 관계를 맺는 전략이고, 둘째는 환경 영역을 재구성하는 전이다.[63] 각 전략의 구체적인 활용 기법이 〈도표 4.8〉에 요약되어 있다. 필요 자원의 부족을 인식한 조직은 〈도표 4.8〉에 나타나 있는 전략을 사용한다. 이 전략이 〈도표 4.7〉에 제시된 환경의 불확실성에 대한 대응 전략과 어떤 차이가 있는지 비교해보자. 이 차이는 조직이 자원 확보의 필요성에 대한 반응과 정보의 필요성에 대한 반응 사이의 차이를 보여준다.

4.6a 환경과 우호적인 관계 수립

환경과의 관계를 수립하는 것에는 소유권 설정이나 합작회사, 전략적 제휴, 중요한 인사들과 관계를 맺고 고문 직책을 제의하는 것, 그리고 광고나 홍보 활동들이 포함된다.

소유권 설정. 다른 기업 인수 시 발생 가능한 불확실성을 감소하기 위하여 사용되는 다양한 소유권 설정 방법이 있다. 그 일례로 기업은 상대 기업의 일부를 인수하거나 기업 지

도표 4.8 조직의 환경 통제 전략

조직 간 관계의 설정	환경 부문의 통제
1. 소유 관계의 설정	1. 활동 영역의 변경
2. 계약, 합작기업	2. 정치 활동, 규제
3. 상호규제, 중역 겸임	3. 산업 조합
4. 경영자 채용	4. 비합법적 행동
5. 광고, 홍보	

배권을 확보함으로써 자사가 보유하지 못한 기술이나 제품 혹은 다른 자원을 확보하는 것이 가능해진다.

소유권 설정이나 지배를 강화하는 것은 M&A(merger & acquisition)를 통해서 가능하다. 인수(acquisition)는 한 조직이 다른 조직을 자신의 조직으로 흡수하는 것을 가리킨다. 그 사례로는 구글(Google)의 유튜브 인수, 이베이(eBay)의 페이팔(PayPal) 인수, 월마트의 영국 ASDA 그룹 인수 등이 있다. 한편 신설합병(merger)은 둘 이상의 조직이 하나의 새로운 조직으로 통합되는 것을 가리킨다.[64] 시리우스 위성 라디오(Sirius Satellite Radio)와 XM 위성 라디오(XM Satellite Radio Holding)가 합쳐져서 시리우스 XM 라디오(Sirius XM Radio)가 된 것이 그 일례이다. 위 기업들은 신설합병을 통해 자원을 결합하고 리스크를 공유해서 디지털 음반 공급자들과 다른 경쟁자들에 대해 비교우위를 갖게 되었다. 지난 몇 년간 전자 통신 분야에서 활발한 M&A가 진행되었다. 이는 이러한 기업들이 직면한 불확실성을 어떤 방법으로 극복했는지를 보여주고 있다. 퍼블리시스(Publicis)와 옴니콤(Omnicom)은 디지털 광고라는 새로운 세계에 적응하는 데 도움을 줄 수 있도록 더 작은 회사들을 인수해왔다.

IN PRACTICE 퍼블리시스와 옴니콤

마케팅 환경은 최근 몇 년간 훨씬 더 개인화되고 있으며, 기업들도 소비자의 개인 SNS와 스마트폰으로 직접 타겟 광고를 보내고 싶어 한다. 이에 따라 광고 대행사는 전에 없던 압박을 받고 있다. 몇 년 전, 거대 광고대행사인 옴니콤과 퍼블리시스는 급변하는 환경에서 경쟁력을 향상시키기 위해 '동등한 합병(a merger of equals)'을 하고자 협상을 시도했다. 이런 환경에서는 구글(Google), 마이크로소프트(Microsoft)와 같은 기업들이 타겟 광고를 하기 위해 광고대행사와 직접 협력한다. 한편, 1년이 지나지 않아 옴니콤과 퍼블리시스는 350억 달러를 제시했던 이 합병이 취소되었음을 발표했으며, 그 대신 디지털 기술 전문가들을 영입할 수 있는 더 작은 회사들을 사들이기 시작했다. 퍼블리시스의 경우, 정보 기술 컨설팅 회사인 사피엔트(Sapient)와 디지털 마케팅 전문 기업인 디지타스(Digitas Inc.) 및 레이저피시(Razorfish)를 인수했다.

그러나 이 장의 앞에서 설명한 바와 같이 디지털 기술 전문가들이 기존방식으로 광고를 하던 사람들(traditional creative types)과 함께 일하는 것은 쉽지 않았으며, 이는 더 큰 통합이 필요한 일이었다. 광고를 하는 사람은 상황을 통제하곤 하지만, 오늘 날 광고와 마케팅은 사실상 '빅데이터' 사업이다. 퍼블리시스가 이를 깨닫기 시작했을 때, 맥도널드는 막대한 양의 데이터를 분석해야 하는 새로운 광범위한 마케팅 계획을 원했다. 맥도날드는 빠르게 온라인 광고를 만들어 특정 범위의 대중들에게 특정 메시지를 보내고자 했다. 퍼블리시스가 이러한 광고 캠페인에 대해 논의하기 위해 카피라이터, 아트 디렉터, 컴퓨터 엔지니어를 모아 팀을 구성했을 당시, 팀 구성원들은 '데이터', '콘텐츠'와 같은 기본 용어의 의미에 대해서 합의조차 할 수 없었다. 심지어 한 팀원은 퍼블리시스가 경쟁사 옴니콤에게 고객을 빼앗겼다고 말했다. 옴니콤은 페이스북(Facebook), 구글(Google)과 긴밀히 협력하여 창의적 인재와 데이터 전문가를 모아 가장 적절한 팀을 구성하여 고객요구에 대응한 것이다.[65]

전략적 제휴. 사업 분야와 지역적인 위치, 보유 기술 등에서 상호 보완할 수 있는 여지가 큰 경우에 기업들은 흡수나 합병과 같은 소유권을 설정하기보다 전략적 제휴를 체결하는 방법을 사용한다.[66] 전략적 제휴는 계약이나 합작기업의 형태로 체결된다.

계약과 합작기업은 쌍방 간에 법적 구속이 가능한 관계를 맺어 불확실성을 낮추는 방법이다. 계약의 형태에는 기술 등의 특정한 자산을 일정 기간 동안 사용할 권한을 구입하는 사용권 계약(license agreements)과 기업의 생산품을 상대방에게 판매하겠다고 하는 공급계약(supplier arrangement)의 형태가 있다. 계약을 통해서 특정한 수량과 가격으로 장기적인 거래를 약속하게 되면 구매기업이나 공급 기업이 모두 장기적인 안정을 확보할 수 있다. 이탈리아의 패션업체인 베르사체(Versace)는 회사의 핵심자산인 사명을 안경 디자이너업체가 사용할 수 있도록 사용권 계약을 맺고 있다.[67]

합작기업은 모기업의 영향력 범위 안에 있지만 공식적으로는 모기업과 구분되는 새로운 조직을 설립하는 것이다.[68] 마드리드에 위치한 벤처기업인 FON은 영국의 통신업체인 BT와 합작기업을 설립함으로서 자사의 와이파이 기술을 200만의 영국 BT 고객의 모뎀에 적용하게 되었다. 또한 인도의 가장 큰 사기업에 속하는 오피스디포(Office Depot)와 릴라이언스 리테일(Reliance Retail Limited)는 인도 기업에 사무실 용품과 서비스를 제공하기 위해 합작기업을 설립하였다. 농식품 회사인 카길(Cargill Inc.)사는 전 세계에 수많은 합작기업을 보유하고 있다. 최근에는 스페인 회사인 호지브랑카(Hojiblanca) 합작기업을 설립함으로서 서로 교류하고 올리브 오일을 PL상품과 대량 저가상품으로 전 세계 고객들에게 공급하였다. 이러한 예들을 통해 기업들이 해외에서 사업을 하거나 국제적으로 사업을 진행할 때 위험을 분담할 목적으로 합작기업을 설립한다는 사실을 알 수 있다.

호선과 중역 겸임. **호선**(互選, cooptation)이란 중요한 환경 부문의 리더를 조직구성원으로 초빙하는 것이다. 영향력 있는 고객 또는 공급자를 이사회의 구성원으로 영입하는 것이 대표적인 방법인데, 제조업체가 은행의 임원을 이사회 구성원으로 영입하는 것을 예로 들 수 있다. 은행의 임원이 일단 제조업체 이사회의 구성원이 되면, 그는 자신이 이사로 재직하는 제조기업의 이익에 유리하게 행동할 것이다. 지역사회의 영향력 있는 인물을 기업의 이사로 영입하거나 조직의 다른 위원회 또는 태스크포스에 참여시키는 것도 상호연계의 예로 볼 수 있다.

중역 겸임(interlocking directorates)은 한 기업의 중역으로 있는 사람이 다른 기업의 중역을 겸직함으로써 공식적으로 두 기업 사이에 연계관계가 성립되는 것을 가리킨다. 겸직하고 있는 중역은 두 기업 사이에 의사소통의 고리가 되어 정책 및 의사결정에 영향을 미치게 된다. 한 사람이 두 기업의 중역을 동시에 맡게 될 경우를 가리켜서 **직접 겸직**(direct interlock)이라고 하며, A기업의 중역과 B기업의 중역이 함께 C기업의 중역으로 일하게 될 경우를 **간접 겸직**(indirect interlock)이라고 한다. 간접 겸직 관계에 있는 중역들은 C기업의 중역

회의에서 서로 접촉할 수 있겠지만, 상대 기업에 대해서 직접적인 영향력을 행사할 수는 없다.[69] 최근의 연구결과에 의하면, 기업의 재무 상태가 악화될 때 금융기관과의 직접 겸직이 증가하는 경향이 있고, 어떤 산업의 재무적인 불확실성이 커지면 경쟁기업 사이에 간접 겸직이 증가하는 경향이 있다.[70]

어떤 주요 사업이나 단체의 리더들이 다른 조직의 위원회나 태스크포스 팀에 임명되기도 한다. 위원회와 자문기구의 위원으로 활동하면서 그들은 그 회사의 요구를 알게 되고, 그 회사의 관심사를 의사결정에 포함시킨다. 오늘날 압력단체로부터 많은 불확실성이 유발되고 있는 조직들은 그 부문에서 활동하는 리더들을 영입하고 있다. 듀퐁(Dupont)은 환경주의자를 생명공학기술자문위원으로 임명했다.[71]

중역 채용. 중역을 파견하거나 교류하는 것도 외부 조직과 우호적인 관계를 맺는 방법이 된다. 우주항공 산업에서는 해마다 퇴역 장성이나 국방성으로부터 중역을 채용한다.70 이들은 국방성 안에 개인적인 친분을 가지고 있기 때문에, 이들을 통하여 기업은 새로운 무기체계의 도입 일정과 기술 규격, 가격에 대해서 질 높은 정보를 획득할 수 있다. 또한 국방성의 필요를 더욱 잘 알게 되어, 국방성과의 계약을 더욱 효과적으로 체결할 수도 있다. 국방성과 개인적인 친분을 갖고 있지 못한 기업은 계약을 하기가 거의 불가능할 정도이다. 중역 채용을 통하여 조직 사이에 영향력 및 의사소통의 경로를 확보하는 것은 재무적인 불확실성을 제거하고 다른 조직에 대한 의존도를 낮추는 좋은 방법이 된다.

광고와 홍보. 환경과 우호적인 관계를 설정하기 위해서 가장 자주 사용하는 방법은 광고이다. 기업들은 소비자들의 기호에 영향을 미치기 위한 광고에 엄청난 돈을 들인다. 특히 경쟁이 치열한 소비재 산업이나 수요의 변동이 심한 산업에서는 광고를 더욱 중요하게 생각한다. 한 예로, 미 식품의약국(FDA)이 미국에서 처방전이 필요한 약 광고에 대한 규제를 완화했기 때문에 주요 제약회사의 매출이 급등했다. 최근의 보고서는 처방전이 필요한 약의 소비자 직접 광고가 1997년 13억 달러에서 2016년 60억 달러로 증가했음을 보여준다.[72]

홍보는 광고와 비슷하지만 내용을 전달하는 비용이 들지 않고 여론의 형성을 목적으로 한다는 점에서 차이가 있다. 홍보는 강연이나 웹사이트, 언론 및 TV 보도가 이루어질 때 자기 조직에 대해서 우호적인 내용이 다루어지도록 하는 모든 활동을 포함한다. 즉 홍보는 소비자와 공급자, 그리고 정부 관료들이 자기 조직에 대해서 긍정적인 이미지를 갖도록 하는 활동을 전개하는 것이다. 구글(Google)은 기부나 펠로우십 프로그램(fellowship program), 그리고 공론의 장에서 구글의 입장을 거들어줄 후원조직, 연구소, 학회들과의 유대의 네트워크를 조성하게 하는 컨퍼런스를 통하여 회사의 이미지를 만드는 데 있어 탁월한 기업이다. 구글의 견화와 같은 입장을 보이는 기업들을 격려하거나 후원함으로써 어떤 기자에 따르면 '미묘한 설득활동(subtle acts of persuasion)'이라 일컬어지는 폭넓은 PR활동을 지속적으로 한다.[73] 블로그를 통한 홍보는 오늘날 많은 기업의 홍보 활동에서 중요한 부분을 차지한다.

4.6b 환경에 대한 직접적인 통제

조직은 필요한 자원을 확보하기 위하여 환경과 우호적인 관계를 설정할 뿐 아니라, 환경 자체를 변화시키려는 시도를 하는데, 주로 네 가지 방법을 사용한다.

활동 영역의 변경. 이 장의 도입 부분에서 살펴본 11개의 세부환경 영역은 고정되어 있는 것이 아니다. 조직은 어떤 사업에 참여할 것인지, 어느 시장에 진입할 것인지, 어떤 공급자 및 은행과 거래할 것인지, 어떤 종업원을 채용할 것인지, 어디에 입지할 것인지 등을 선택할 수 있으며, 한 번 선택한 후에 활동 영역을 다시 변경할 수 있다.[74] 새로운 환경과 관계를 맺으면서 기존 환경과 관계를 끊을 수도 있다. 예를 들어 월마트는 창고형 대규모 할인매장 영업에 오랫동안 치중해오다가 마침내 온라인 판매를 실시하기로 하였다. 반면에 아마존은 온라인이 아니라 나라 전체에 걸쳐서 '물리적 실체(physical presence)'를 구축하려고 애쓰고 있다.

월마트의 관리자들은 온라인판매에 지속적으로 대응하면서 아마존에 대하여 경쟁력을 확보하기 위하여 보다 치열하게 사업영역을 확대할 필요성을 느끼고 있다. 그들은 지속적으로 사업범위를 확대할 때 어느 부분이 경쟁이 약한지, 정부규제는 없는지, 공급자가 왕성한지, 소비자가 왕성한지 그리고 경쟁사들이 진입할 수 없는지, 탐색하고 정보를 취득해야 한다. 기업의 인수와 주식매각은 조직의 범위를 변화시키는데 필요한 두 가지 기술적 요소이다. 예를 들어, 구글은 유튜브를 인수했으며, 최근에 페이스북은 왓츠앱(WhatsApp)을 인

IN PRACTICE 아마존과 월마트

월마트(Walmart)는 여전히 아마존 온라인을 따라잡는 중이다. 그러나 미국 최대의 오프라인 거래기업인 월마트는 이제 온라인 사업도 번창하고 있다. 월마트는 정규 사업 외에도 최근 모드클로스(ModCloth), 슈바이(ShoeBuy), 무스조(Moosejaw) 등 월마트가 더 많은 소비자의 관심을 끄는 데 도움이 될 수 있는 소규모의 독특한 온라인 업체를 인수했다. 월마트는 이 회사들을 별도 조직으로 운영할 계획이다.

한편, 거대 전자상거래 기업인 아마존은 월마트의 영역을 위협하게 될 편의점, 창고, 물건 픽업 장소 및 식료품점까지 전국적으로 구축하고 있다. 아마존은 온라인 쇼핑뿐만 아니라 모든 쇼핑업을 장악하기로 결정했다. 월마트의 경우, 경쟁력을 유지하기 위해 IT 산업의 규칙을 처음부터 배워야 했다. 월마트는 데이터를 고속으로 처리하고 모바일 앱을 만들며 웹사이트의 속도를 향상시키기 위한 툴을 구축할 수 있는 수많은 회사들을 인수했다.[75]

수하면서 160억 달러를 지불했다. 반면에 구글은 모토로라(Motorola)의 'Smartphone Unit'을 지난 2014년도에 레노버(Lenovo)에 29억 달러에 매각하면서 휴대폰 제조산업에서 철수하였다.[76]

정치적 활동. 정치적 활동이란 정부의 입법과 규제에 영향을 미치기 위한 모든 활동을 포함한다. 정치적 전략은 신규 경쟁자를 막기 위한 규제를 요구하거나 비우호적인 입법을 방지하는 전략을 말한다. 또한 기업들은 자신들에 대해서 우호적인 인사가 정부기관에 임용되도록 하기 위해서 영향력을 행사하기도 한다. 정치적 활동의 한 예로, 가장 큰 호텔 체인 일부가 회원으로 속해있는 미국 호텔 및 숙박 협회(American Hotel and Lodging Association)는 에어비엔비(Airbnb)를 견제하기 위해 조용하지만 강력하게 지방, 주, 연방 정부 관계자들에게 로비 활동을 벌였다. 협회는 지방 주택 규정을 어긴 에어비엔비 집주인에게 높은 벌금을 부과하는 법안을 통과시킬 수 있었다. 에어비엔비는 호텔 산업에 위협적인 존재이다. 이에 따라 그 협회는 에어비엔비에 반격하기 위해 장기적으로 '다면적인 전국 캠페인(multipronged, national campaign)'을 시행했다.[77]

최고경영자들은 자신들이 직접 로비를 하는 것이 필요하다고 생각한다. 최고경영자들은 로비스트보다 훨씬 쉽게 정치인들을 만날 수 있고 정치공작을 펼칠 때 훨씬 용이하기 때문이다. 최고경영자의 정치적 활동은 매우 중요하다. 최고경영자의 숨겨진 임무 중 하나가 바로 '비공식 로비스트'의 역할이라고 일컬어질 정도이다.[78]

도입 질문과 답

3. 기업의 경영자들은 정치적 활동을 해서는 안 된다.

답) 동의하지 않는다. 현명한 경영진은 로비에 참여한다. 자신의 회사에 도움이 될 만한 법률과 규제가 통과될 수 있도록 정치적 활동을 한다. 기업들은 정부의 조치가 그들 사업에 우호적으로 진행될 수 있게 로비스트와 로비 단체에 많은 비용을 지불한다.

산업협회. 외부환경에 영향을 미치기 위한 활동은 비슷한 이해관계를 지닌 다른 조직과 연합하여 전개하는 것이 좋다. 제약 산업의 협회인 PhRMA(Pharmaceutical Research and Manufactures of America)는 낱알 포장을 둘러싼 논쟁에 적극적으로 참여하고 있다. 대부분의 제조기업은 NAM(National Association of Manufactures)의 회원인 동시에 자신들이 속한 특정 산업을 대표하는 산업협회에 속해 있다. 이러한 협회들은 입법 로비 활동, 규제에 대한 영향력 행사, 대중적 홍보 캠페인 등을 수행하기 위한 전문가를 공동으로 고용하고 있다. NTMA(National Tooling and Machining Association)은 중소기업에 영향을 미치는 조세, 의료보험, 정부규제 등에 대해서 로비를 하는 데 매년 약 25만 달러를 사용하고 있다. 이뿐 아니라 이 협회는 회원사의 국제적 경쟁력 제고를 위한 통계의 생성 및 기타 정보 제공 활동도 수행하고 있다.[79]

비합법적 활동. 비합법적인 활동은 기업이 환경을 통제하기 위하여 사용하는 최후의 수단이다. 하지만 일반적으로 이러한 활동은 역효과를 낳는 경우가 많다. 이익의 급감, 상급자의 압력, 자원 부족 등과 같은 위기 상황에 처했을 때 경영자들은 비합법적 활동을 시도한다.[80] 한 연구결과에 의하면 수요 부진, 원자재 부족, 파업 등에 직면한 기업에서 불법적인 행동을 하려는 경향이 있는 것으로 나타났는데, 이러한 결과를 볼 때 불법적인 활동은 자원의 부족에 대응하기 위한 수단으로 이용된다는 것을 알 수 있다. 어떤 비영리 법인은 회사 이미지를 돋보이고 명성을 높이기 위해 비합법적 활동과 조치를 사용한 것으로 밝혀졌다. 그 이유는 이 법인이 다른 단체와 경쟁하기에 보조금과 기부금이 부족했기 때문이다.[81]

외국 정부에 불법적인 뇌물을 제공하는 행위, 상품 판매를 위해서 경품을 제공하는 행위, 도청 행위 등이 비합법적 활동의 사례이다. 뇌물은 비합법적 활동의 대표적인 예다. 이는 특히 전 세계적으로 활동하는 기업에서 더 많이 찾아볼 수 있다. 에너지 회사들은 매우 불확실한 환경 속에서 운영을 한다. 그리고 그들은 외국 정부가 대규모의 지원을 하고 위험이 따르는 프로젝트를 승인해주기를 바란다. 나이지리아 계약 건을 성사시켜야 한다는 압박감에 KBR(당시 핼리버턴(Halliburton Company)사의 자회사)의 이사였던 알버트 잭 스탠리(Albert Jack Stanley)는 액화천연가스 공장 건설 승인을 받기 위해 나이지리아 정부에 1억 8,200만 달러의 뇌물을 제공했다. 스탠리는 유죄 선고 후 7년 간 복역을 했고 많은 액수의 벌금을 선고받았다.[82] 독일에서는 P&G, 콜게이트-파몰리브(Colgate-Palmolive), 유니레버(Unilever), 헨켈(Henkel AG)사의 이사들이 회사 감독위원회 소속 노조 대표에게 뇌물을 제공한 혐의로 기소되었다. 독일은 회사의 감독위원회 중 절반의 의석을 노조 대표들에게 제공할 것을 법으로 정하고 있다. 이사들은 회사에 필요한 계획과 전략을 실행하기 위해 위원회의 도움을 필요로 하기 때문에 뇌물을 제공하는 것이다.[83]

핵심정리

- 조직과 환경 간 관계의 세 번째 특징은 조직에 필요한 자원의 풍부성 또는 자원의 희소성이다.
- 자원 의존이란 조직이 환경에 의존하지만, 그 의존도를 최소화하기 위하여 자원에 대한 통제력을 확보하려고 노력하는 것을 의미한다.
- 리스크가 크거나 자원이 희소할 때 조직은 리스크를 최소화하고 희소한 자원의 공급을 유지하는 인수, 합작 투자 및 연합, 중역 겸임, 임원 모집 또는 광고 및 홍보를 통해 관계를 수립할 수 있다.
- 환경에 영향을 미치는 다른 기술에는 영역의 변화가 있으며, 해당 영역은 조직 운영, 정치적 활동 및 무역 연합 참여, 불법 활동까지 포함할 수 있다.

4.7 조직-환경 관계의 통합적 틀

〈도표 4.9〉는 이 장에서 논의한 조직-환경 관계에 대한 두 가지 주제를 제시하고 있다. 첫 번째 주제는 조직 활동 영역의 복잡성과 변화의 정도가 정보의 필요량, 나아가서 불확실성 정도에 영향을 미친다는 것이다. 조직은 구조적 유연성을 제고하고 부서의 분화와 통합 및 조직경계 관리부서를 활용함으로써 환경의 불확실성으로 인한 정보 부족상황에 대응할 수 있다. 불확실성의 정도가 낮을 때는 더 기계적인 관리 구조와 더 적은 수의 부서 및 경계관리자를 사용하여 대응할 수 있다. 두 번째 주제는 원자재 및 금융 자원의 희소성과 관련된 것이다. 다른 조직에 희소한 자원을 의존하는 조직은 그 조직과 우호적인 관계를 설정하거나 그 활동 영역으로 진입하는 것을 고려해야 한다. 만약 외부 자원에 대한 의존도가 낮으면 조직은 자율성을 유지할 수 있고 외부 활동 영역과 연계를 맺거나 통제를 시도할 필요가 없다.

핵심정리

- 조직과 조직의 외부환경간 관계에는 체계적인 패턴이 존재한다. 환경 동태성, 복잡성 및 자원 희소성의 요인은 조직과 조직의 대응에 대해 예측 가능한 결과를 가진다.
- 이 장에서 두 가지 주요 주제는 조직이 환경에서 배울 수 있고 적응할 수 있는 것과 반대로 조직이 환경을 변화시키고 통제할 수 있는 것이다. 이 전략은 특히 많은 자원을 이용할 수 있는 거대 조직에 알맞다. 조직은 필요시에 환경변화에 적응할 수 있으나 문제가 있는 환경영역을 상쇄하거나 바꿀 수도 있다.

도표 4.9 환경 특성과 조직 내용의 관계

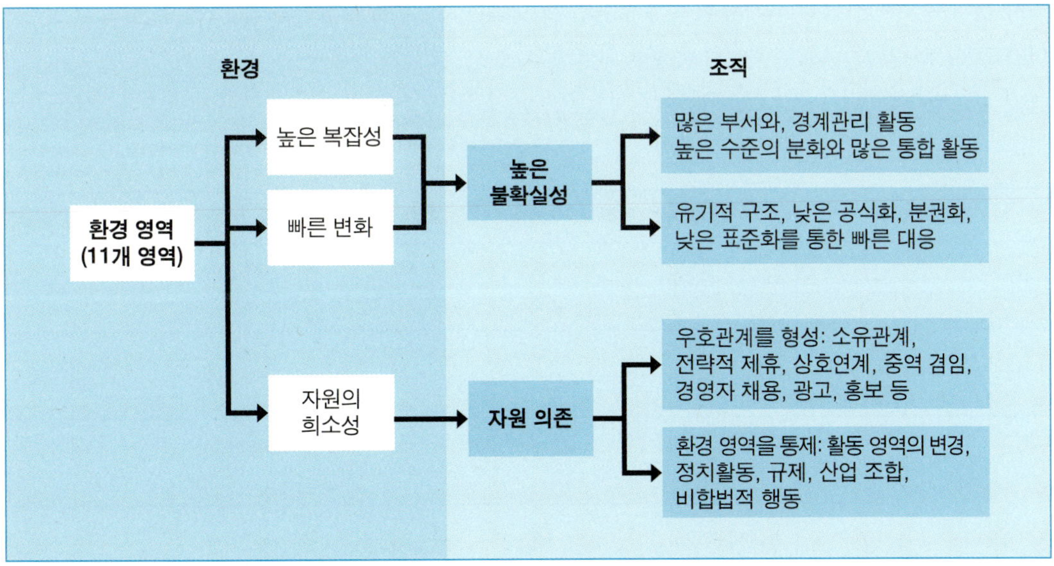

토의문제

1. 새로운 인터넷 기반 기업의 과업 환경은 거대 정부 기관의 과업 환경과 어떻게 다른지 논의해 보자.
2. 조직적 불확실성(환경 복잡성 또는 환경 동태성)에 대해 일반적으로 가장 큰 영향을 미치는 것은 무엇이며, 그 이유는 무엇인가?
3. 어떤 조직이라도 하나의 조직을 떠올려 보자. 자신이 선택한 조직의 환경적 복잡성을 일으키는 요인들이 무엇인지 말해보자. 환경의 복잡성이 조직의 복잡성을 유도하게 되는 이유는 무엇인지 설명해보자.
4. 오늘날의 조직들에서 국제환경과 국내환경의 상대적인 중요성에 대해서 논의해보자. 여러분이 살고 있는 도시 또는 지역에 국제환경은 어떤 방식으로 조직에 영향을 끼치고 있는가?
5. 분화와 통합이 무엇인지 설명해보자. 어떤 유형의 환경 불확실성에 직면한 조직에 가장 높은 수준의 분화와 통합이 필요한가? 어떤 경우에 가장 낮은 수준의 분화와 통합이 필요한가?
6. 모든 것이 빠르게 변하고, 위기가 조직생활에서 고착된 세상에서 계획 수립이 더 중요해진다고 생각하는가 혹은 덜 중요해진다고 생각하는가? 그 이유는 무엇인가?
7. 유기적 조직이란 무엇인가? 기계적 조직은 무엇인가? 환경은 기계적 구조와 유기적 구조의 선택에 어떤 방식으로 영향을 미치는가?
8. 조직이 다른 조직과 관계를 맺는 이유는 무엇인가? 이러한 관계는 조직의 의존성에 영향을 미치는가? 성과에도 영향을 미치는가?
9. 단순하고 안정적인 환경에서 활동하는 기업과 복잡하고 변화하는 환경에서 활동하고 있는 기업으로부터 각각 생산 직원에 대한 관리 직원의 적정 비율을 산출해달라는 요청을 받았다고 가정해보자. 두 기업 사이에 인원구성비는 어떤 차이를 보일 것으로 생각하는가? 그 이유는 무엇인가?
10. 조직의 활동 영역을 변경하는 전략을 사용하는 것이 위협적인 환경에 직면한 조직에 적절한가? 설명해보자. 최근에 활동 영역을 변경한 조직을 알고 있는가?

연습문제: 당신이 의존하고 있는 조직[84]

다음 표에 일상생활에 꼭 필요한 조직 4개를 나열해보자. 음식점, 의복판매점, 대학, 가족, 우체국, 통신회사, 항공사, 피자 집, 직장 등이 포함될 수 있을 것이다.

첫째 열에 조직의 이름을 나열해보자. 둘째 열에는 첫째 조직을 이용할 수 없을 경우에 대체할 수 있는 다른 조직을 기입해보자. 셋째 열에는 첫째 열에 나열한 조직에 대한 당신의 의존도를 높음, 보통, 낮음으로 구분하여 기입해보자. 마지막 넷째 열에는 그 조직이 당신의 필요를 충족시켜 주는 정도를 높음, 보통, 낮음으로 기입해보자.

조직의 이름	대체 가능 조직	의존 정도	필요 충족 정도
1.			
2.			
3.			
4.			

질문

1. 자원 의존성이 높은 조직에 대해서 적절한 대체 조직을 보유하고 있는가? 다른 대체안은 어떤 것이 있을 수 있는가?
2. 만약 자원 의존성도 높고 환경의 불확실성도 높은 상황에서 자원 의존성은 높지만 환경의 불확실성이 낮은 상태로 갑자기 변하게 되었다면 당신은 어떻게 할 것인가? 당신의 행동은 자원 의존의 개념과 어떻게 관련되어 있는가?
3. 첫째 열에 나열된 조직에 대한 당신의 의존도를 관리하기 위하여 <도표 4.8>에 있는 것과 비슷한 행동을 취한 적이 있는가?

분석을 위한 사례: 패링턴 의학 기기

벤자민과 윌리엄 패링턴은 한 대학에서 생물의학과학 교수였던 아버지 사무엘 패링턴과 소규모 제조업을 시작했다. 이들은 심장 질환을 진단하고 치료하는 데 사용되는 더 작고 더 정밀한 재사용 불가 심장 카테터 라인을 만들어서 사업을 시작했다. 이들은 심장 펌프 혈액 치료를 돕기 위해 아버지가 설계한 새로운 스타일의 대동맥내 풍선 펌프(IABP) 라인을 추가했다. 사업을 시작한 지 3년 뒤 판매량이 급격하게 증가하기 시작했을 때, 사무엘 패링턴이 사망했다. 가족은 큰 충격을 받았으나, 형제는 생물학과 공학 학위로 졸업을 했고 스스로 사업을 꾸려나가는 데 자신감을 느꼈다.

벤자민은 카테터를 맡아 별도의 생산 라인을 가졌다. 윌리엄은 풍선 펌프 라인을 맡았다. 이들은 엔지니어링, 제품 개발, 구매, 영업 및 마케팅 부분을 공유했는데, 한 가지 큰 문제가 있었다. 이들 형제는 거의 정 반대의 리더십 유형의 소유자였다. 이들은 직원들을 어떻게 대우하고, 패링턴에 최적인 (기업) 문화를 만들지에 대해 자주 갈등을 빚었다.

동생 윌리엄은 매우 사람 중심적이었다. 윌리엄은 팀에서 사람들과 함께 일하는 것을 좋아했고, 사람들이 함께 일하도록 장려했다. 그는 공동 의사결정의 필요성을 강조했다. 또, 부서별 목표와 기한을 논의하기 위한 회의를 운영했으며, 회의 중에 그리고 일상 생활에서 개별적으로 업무에 관해 자주 사람들의 의견과 생각을 물었다. 만약 누군가가 다른 사람에게 유용한 정보를 가지고 있을 경우, 윌리엄은 다른 집단과 이 정보를 공유하기 위해 회의를 소집할 것이다. 윌리엄은 필요에 따라 사람들이 정보를 교환하고 서로 돕는 것을 장려했다.

형 벤자민은 직원들에게 명확한 구조를 제시하고 효율성 여부에 더 관심이 있었다. 자신이 생각하기에 불필요한 회의는 사람들의 시간을 낭비하는 것이었다. 벤자민이 회의가 필요하다고 느낄 때, 그는 책임지고 지시를 내렸으며 직원의 참여는 제한적이었다. 벤자민은 업무를 배정하고 수행 목표 및 기한을 결정하는 데 나름 자부심이 있었다. 직원들은 의견을 제안할 기회가 거의 없었으며, 맡겨진 업무성과 목표에 도달하기 위해 압박 속에서 일했다. 벤자민은 사람들이 각자의 업무에 열중해 있고, 직원들이 서로 도와줄 필요가 없는 것을 보는 걸 좋아했다.

직원들은 패링턴의 서로 상반된 관리 방법에 혼란스러웠다. 시간이 흐르고, 형제는 서로 지속적인 갈등을 겪고 있는 것으로 보였다. 서로에 대한 불만이 높아졌으며, 각자 자신의 방법이 회사를 운영하기에 더 우월하다고 믿었다. 마침내 형제가 갈등에 질리고 아무도 서로의 방식을 받아들이지 않고 나서야 형제는 어쩔 수 없이 사업을 새로운 이름을 가진 2개의 개별 회사로 분리하기로 결정했다. 벤자민은 더 확실히 자리 잡은 심장 카테터를 새로운 지역에서 생산하기로 했으며, 케어소스 카디악(Caresource Cardiac, Inc.)이라는 새 이름을 지었다. 윌리엄은 현재 지역을 고수했으며, 대동맥 내 풍선 펌프(IABP) 사업의 이름을 퀘스트 메디컬 디바이스(Quest Medical Devices)로 지었다. 형제는 이제 경쟁을 했고, 기업 관리에 매우 다른 방법을 사용했다.

대기업이 우위를 점하기 위해 새로운 제품을 출시하고 가격을 낮추기를 자주 시도하면서 의료 장비 사업의 산업 경쟁은 더 치열했다. 패링턴 형제는 아버지의 제품 혁신 덕분에 당시의 경쟁에서는 앞서 있었다. 그러나 회사가 분리된 이후 몇 년 사이에 경쟁사들이 따라잡았고, 형제의 사업은 앞서나가기 위해 혁신이 필요했다.

벤자민은 자신과 생산 라인 직원들 간에 세 단계의 관리 구조를 구축했다. 관리자들의 직접 보고를 예의주시할 수 있었기 때문에 벤자민은 이 구조를 좋아했다. 벤자민은 업무를 수행하는 방법이나 제품 혁신 및 공정 개선을 시행함에 있어 모든 변화에 대해 하향식 방법을 선택했다. 그는 생산 및 판매 효율성을 평가하는 주별 회의에서 비용과 효율성에 집중했다. 케어소스는 또한 직무기술서 및 서면 절차와 함께 조직도를 신중하게 만들었다. 벤자민은 효율적인 성과와 높은 수익을 보장하기 위해 모두가 명확한 책임소재와 제한적으로 규정된 업무를 맡아야 한다고 믿었다.

윌리엄은 임원, 관리자, 직원 간 직위 차이를 최소화하는 소기업 문화를 유지하기를 원했다. 그는 생산 효율성보다 직원의 행복에 더 집중하는 것처럼 보였다. 모든 사람은 이름으로 불려졌다. 윌리엄의 회사에는 생산 직원과 자신 사이에 두 단계의 관리 체계가 있었다. 그는 조직도와 직무기술서를 좋아하지 않았다. 윌리엄은 모두가 조직의 일원으로 느끼기를 원했다. 공정 개선이나 제품 변화에 대한 의견은 누구든지 낼 수 있었다. 윌리엄은 운영 성과에 영향을 미치는 사안을 논의하고 해결하기 위해 매달 만났던 직원들로 구성된 우수성과위원회(performance excellence committee)를 설립했다. 이 위원회는 공급업체의 배송 지연 및 품질 문제, 생산 지연과 같은 사안을 다뤘다. 생산 직원들은 복합 대동맥 풍선 펌프를 생산하고 조립하기 위해 다른 직무에도 익숙하도록 교차 훈련을 받았다.

비록 형제가 별도 사업을 시작했지만, 각 회사는 서로가 생산한 제품의 제조를 포함하여 점차 제품라인을 확대했다. 12년 후, 두 기업은 직접적인 경쟁을 벌였다. 두 기업이 성공하면서 형제는 다시 친밀한 관계가 되었다. 그러나 여전히 서로를 경쟁자로 여겼다.

의료 장비 산업의 거대 경쟁사인 존스톤 메디컬 케어(Johnston Medical Care)는 새로운 심실 보조 장비를 자사가 보유한 시설에서 제조하기보다는 더 작은 기업에 외주를 주기로 결정했다. 케어소스와 퀘스트는 일억 달러나 되는 수익성 있는 계약을 따내기 위해 서로 경쟁했다.

이 계약은 3개월 안에 프로토타입을 생산해야 하는 긴급 주문이었다. 케어소스의 벤자민은 엔지니어링, 제품 개발, 생산 및 구매 부서에 심실 장비 설계에 대한 업무를 각 부서가 착수할 것을 지시했다. 벤자민은 중대한 시간 제약에 대해 전체 부서의 책임자와 의견을 나눴으며, 그는 모든 직원이 과거에 그랬던 것처럼 효율적으로 업무를 수행하리라 기대했다. 각 부서는 각자의 속도로 요구 제품을 개발하면서 수일동안 서로 거의 연락하지 않았다. 문제가 발생했다. 구매부서는 필요할 것으로 예상되는 재료를 제 시간에 받을 수 없을 것이라는 점을 알았다. 엔지니어링부서는 효율적인 생산 시퀀스를 조정하는 데 어려움을 겪었다. 제품개발부서는 그들의 전문 지식과는 다른 개발 계획서를 다루고 있었다. 벤자민은 엔지니어링부서와 제품개발부서가 개발 업무 일정보다 뒤쳐지고 있음을 알았다. 그는 화를 냈고, 마지막에 끼워 넣어야 하는 핵심 부품 없이 프로토타입을 조립하기로 결정했다.

퀘스트에서는 존스톤으로부터 받은 프린트가 도착했으며, 부서 책임자들은 이 프로젝트를 논의하기 위해 모였다. 엔지니어링, 제품 개발 및 제조 부서는 제품 특징을 설계하기 위해 협력했다. 퀘스트 역시 케어소스와 마찬가지로 필요한 재료를 제 시간에 공수할 수 없었고, 따라서 조립 시퀀스를 제작하기가 어려웠다. 각 부서는 의견을 교환했고, 핵심 직원들은 진전 상황을 논의하고 서로 돕기 위해 매일 회의를 열었다. 한 직원이 필요 재료의 공급원이 호주라는 것을 알았고, 그 결과 마감 일자까지 문제를 해결했다. 게다가 직원들이 프로토타입을 구축하는 동안 엔지니어링부서의 한 제도사가 존스톤에서 받은 원본 프린트 설명서에서 한 가지 오류를 발견했다. 모든 엔지니어들은 디자인 오류가 존재하는 계획서를 재차 확인한 후에 그것이 오류라는 사실에 동의했다. 이들은 밤 늦게까지 원본 설명서를 재설계했고, 다음날 아침에 수정한 부분을 마무리했다. 윌리엄은 오류를 확인한 존스톤의 책임 디자이너에게 연락해 수정한 설계로 진행할 것을 말했다. 존스톤 역시 케어소스의 벤자민에게 계획서 상 오류에 대해 알렸다.

두 회사는 존스톤의 검사를 위한 50개의 심실 보조 장비 프로토타입을 생산했다. 케어소스는 마감기한을 9일 넘겼다. 케어소스의 프로토타입 중 10개는 결함이 있었고, 퀘스트의 프로토타입은 모두 검사를 통과했다. 장비 생산을 위한 케어소스의 입찰가는 퀘스트의 입찰가보다 10% 더 낮았다. 존스톤 메디컬은 어느 기업이 새 제품을 더 효율적으로 생산했는지 확인하기 위해 그 주문을 두 기업 간에 동등하게 나누기로 결정했다.

질문

1. 케어소스와 퀘스트의 관리 절차를 서술해보자. 어느 쪽이 더 효율적이며 그 이유는 무엇인가?
2. 어느 조직설계(케이소스 또는 퀘스트)가 경쟁적이고 변화하는 기술 환경에 더 적합하다고 생각하는가?
3. 케어소스와 퀘스트 중 어느 기업이 최종 계약을 성사시켜야 했다고 생각하는지, 어느 기업이 결과적으로 심실 장비를 생산하게 될 것이라고 생각하는지 설명해보자.

미주

1 Simon Romero, "Wielding Rocks and Knives, Arizonans Attack Self-Driving Cars," *The New York Times*, December 31, 2018, https://www.nytimes.com/2018/12/31/us/waymoself-driving-cars-arizona-attacks.html (accessed April 5, 2019).

2 Annie Gasparro and Saabira Chaudhuri, "So Long, Hamburger Helper: America's Venerable Food Brands Are Struggling," *The Wall Street Journal*, July 7, 2017, https://www.wsj.com/articles/so-long-hamburger-helper-americasvenerable-food-brands-are-struggling-1499363414 (accessed April 5, 2019).

3 Evan Ramstad, "A New Look for South Korean Retail," *The Wall Street Journal*, April 16, 2013, B8.

4 Emma Thompson, "Supply Chain Problems to Slow Adidas' Sales Growth," *Reuters*, March 13, 2019, https://www.reuters.com/article/us-adidas-results/supply-chainproblems-to-slow-adidas-sales-growth-idUSKBN1QU0LH (accessed April 10, 2019); David Kesmodel, "Inside China's Supersanitary Chicken Farms; Looking to Capitalize on Food-Safety Concerns, Tyson Shifts from Using Independent Breeders," *The Wall Street Journal Online*, December 9, 2013, http://online.wsj.com/news/articles/SB10001424052702303559504579197662165181956 (accessed March 3, 2014).

5 Shalini Ramachandran and Arian Campo-Flores, "Univision, Televisa Wrestle With Changing Tastes Among Hispanic Millennials," *The Wall Street Journal*, September 5, 2016, https://www.wsj.com/articles/univision-televisa-wrestle-withchanging-tastes-among-hispanic-millennials-1473122201 (accessed April 10, 2019).

6 Aruna Viswanatha and Byron Tau, "FBI's Most Wanted: More Applicants for Special Agents," *The Wall Street Journal*, February 24, 2019, https://www.wsj.com/articles/fbis-mostwanted-more-applicants-for-special-agents-11551023975 (accessed April 10, 2019).

7 Corinne Abrams, "Products Yanked from Amazon in India to Comply with New E-Commerce Rules," *The Wall Street Journal*, February 1, 2019, https://www.wsj.com/articles/products-yanked-from-amazon-in-india-to-comply-with-newe-commerce-rules-11549046283 (accessed April 10, 2019).

8 Jen Christensen, "Johnson & Johnson Hit with $29.4 Million Verdict in Talcum Powder Case," *CNN*, March 14, 2019, https://www.cnn.com/2019/03/14/health/johnson-andjohnson-baby-powder-cancer-verdict/index.html (accessed April 10, 2019); and Charley Grant, "How Many More Tears at Johnson & Johnson?" *The Wall Street Journal*, December 15, 2018, https://www.wsj.com/articles/how-many-more-tears-at-johnson-johnson-11544878295 (accessed April 10, 2019).

9 Bruce Posner and David Kiron, "How Caesars Entertainment Is Betting on Sustainability," *MIT Sloan Management Review*, Summer 2013, 63–73.

10 *2018 Environmental Performance Index*, Yale Center for Environmental Law and Policy, Yale University, and Center for International Earth Science Information Network, Columbia University, https://epi.envirocenter.yale.edu/downloads/epi2018policymakerssummaryv01.pdf (accessed April 10, 2019). NOTE: The scores for each country are based on 24 performance indicators covering both environmental public health and ecosystem vitality.

11 Ron Dicker, "Animal Crackers Uncaged in Box Redesign After PETA Pressure," *The Huffington Post*, August 21, 2108, https://www.huffpost.com/entry/animal-crackersnabisco-uncaged_n_5b7bf9cae4b05906b41761a8 (accessed April 11, 2019).

12 Simona Covel, "Briggs Retains Clients by Helping Them Cut Costs," *The Wall Street Journal Online*, May 2, 2008, http://online.wsj.com/article/SB120943805522951855.html (accessed May 2, 2008).

13 "AP IMPACT: Middle-Class Jobs Cut In Recession Feared Gone for Good, Lost to Technology," *The Washington Post*, January 23, 2013.

14 Thaddeus Miller and Devon McAslan, "With the Launch of Self-Driving Ride-Share Service 'Waymo One,' What's Next for Cities?" *Green Biz*, February 5, 2019, https://www.greenbiz.com/article/launch-self-driving-ride-share-servicewaymo-one-whats-next-cities (accessed April 11, 2019).

15 Jane J. Kim, "Where Either a Borrower or a Lender Can Be," *The Wall Street Journal*, March 12, 2008, D1, D3.

16 Norihiko Shirouzu, "Chinese Inspire Car Makers' Designs," *The Wall Street Journal*, October 28, 2009.

17 Robert Salomon, "Why Uber Couldn't Crack," *Fortune*, August 7, 2016, http://fortune.com/2016/08/07/uber-chinadidi-chuxing/ (accessed April 12, 2019); and Karishma Vaswani, "China's Uber has Plans to Take on the Rest of the World," *BBC News*, April 13, 2018, https://www.bbc.com/news/business-43735023 (accessed April 12, 2019).

18 Alex Salkever, "Anatomy of a Business Decision; Case Study: A Chocolate Maker Is Buffeted by Global Forces Beyond His Control," *Inc.*, April 2008, 59–63.

19 For an extended discussion of environmental change and uncertainty, see Randall D. Harris, "Organizational Task Environments: An Evaluation of Convergent and Discriminant Validity," *Journal of Management Studies* 41, no. 5 (July 2004), 857–882; Allen C. Bluedorn, "Pilgrim's Progress: Trends and Convergence in Research on Organizational Size and Environment," *Journal of Management* 19 (1993), 163–191; Howard E. Aldrich, *Organizations and Environments* (Englewood Cliffs, NJ: Prentice Hall, 1979); and Fred E. Emery and Eric L. Trist, "The Casual Texture of Organizational Environments," *Human Relations* 18 (1965), 21–32.

20 Gregory G. Dess and Donald W. Beard, "Dimensions of Organizational Task Environments," *Administrative Science Quarterly* 29 (1984), 52–73; Ray Jurkovich, "A Core Typology of Organizational Environments," *Administrative Science Quarterly* 19 (1974), 380–394; and Robert B. Duncan, "Characteristics of Organizational Environments and Perceived Environmental Uncertainty," *Administrative Science Quarterly* 17 (1972), 313–327.

21 Christine S. Koberg and Gerardo R. Ungson, "The Effects of Environmental Uncertainty and Dependence on Organizational Structure and Performance: A Comparative Study," *Journal of Management* 13 (1987), 725–737; and Frances J. Milliken, "Three Types of Perceived Uncertainty About the Environment: State, Effect, and Response Uncertainty," *Academy of Management Review* 12 (1987), 133–143.

22 Jonathan D. Rockoff, "Abbott to Split Into Two Companies," *The Wall Street Journal Online*, October 20, 2011, http://online.wsj.com/news/articles/SB10001424052970204485304576640740820288766 (accessed October 20, 2011).

23 "How Turbulent Is Your Environment?" sidebar in "Sometimes, Less Innovation Is Better; Professor Aversa, Defend Your Research," *Harvard Business Review* (May–June 2017): 38–39.

24 Khadeeja Safdar, "As Gap Struggles, Its Analytical CEO Prizes Data Over Design," *The Wall Street Journal*, November 28, 2016, https://www.wsj.com/articles/as-gap-struggles-its-analytical-ceo-prizes-data-overdesign-1480282911 (accessed April 12, 2019); Andria Cheng, "Gap Can No Longer Coast on Being an Iconic American Brand," *Forbes*, August 24, 2018, https://www.forbes.com/sites/andriacheng/2018/08/24/gap-can-no-longercoast-on-being-an-iconic-american-brand/#2cca77cedfd5 (accessed April 12, 2019); and Yi-Jin Yu, "Gap Announces Plan to Close More Than 200 Stores in the Next Two Years," *Today.com*, March 1, 2019, https://www.today.com/style/gap-announces-plan-close-more-200-stores-next-twoyears-t149677 (accessed April 12, 2019).

25 Reported in Pekka Aula, "Social Media, Reputation Risk and Ambient Publicity Management," *Strategy & Leadership* 38, no. 6 (2010), 43–49.

26 See Ian P. McCarthy, Thomas B. Lawrence, Brian Wixted, and Brian R. Gordon, "A Multidimensional Conceptualization of Environmental Velocity," *Academy of Management Review* 35, no. 4 (2010), 604–626, for an overview of the numerous factors that are creating environmental instability for organizations.

27 J. A. Litterer, *The Analysis of Organizations*, 2nd ed. (New York: Wiley, 1973), 335.

28 Constance L. Hays, "More Gloom on the Island of Lost Toy Makers," *The New York Times*, February 23, 2005, C1; and Nicholas Casey, "Fisher-Price Game Plan: Pursue Toy Sales in Developing Markets," *The Wall Street Journal*, May 29, 2008, B1, B2.

29 Rosalie L. Tung, "Dimensions of Organizational Environments: An Exploratory Study of Their Impact on Organizational Structure," *Academy of Management Journal* 22 (1979), 672–693.

30 Joseph E. McCann and John Selsky, "Hyper-Turbulence and the Emergence of Type 5 Environments," *Academy of Management Review* 9 (1984), 460–470.

31 Terry Maxon, "Judge OKs American Airlines-US Airways Merger, American's Exit from Bankruptcy," *DallasNews.com*, November 27, 2013, http://aviationblog.dallasnews.com/2013/11/judge-oks-american-airlines-us-airways-mergeramericans-exit-from-bankruptcy.html/ (accessed March 4, 2014); and Susan Carey and Melanie Trottman, "Airlines Face New Reckoning as Fuel Costs Take Big Bite," *The Wall Street Journal*, March 20, 2008, A1, A15.

32 Jessica Matthews, "Designers Rise to Top Jobs as Companies Rethink How to Inspire the Consumer," *CNBC*, January 11, 2018, https://www.cnbc.com/2018/01/11/from-ford-to-intuitdesign-skills-leading-to-a-new-wave-of-success.html (accessed April 12, 2019); and Benjamin Mullin, "WarnerMedia Creates Role of Chief Diversity and Inclusion Officer," *The Wall Street Journal*, March 22, 2019, https://www.wsj.com/articles/warnermedia-creates-role-of-chief-diversity-andinclusion-officer-11553186074 (accessed April 12, 2019).

33 James D. Thompson, *Organizations in Action* (New York: McGraw-Hill, 1967), 20–21.

34 Jennifer A. Marrone, "Team Boundary Spanning: A Multilevel Review of Past Research and Proposals for the Future," *Journal of Management* 36, no. 4 (July 2010), 911–940.

35 Darren Dahl, "Strategy: Managing Fast, Flexible, and Full of Team Spirit," *Inc.*, May 2009, 95–97.

36 David B. Jemison, "The Importance of Boundary Spanning Roles in Strategic Decision-Making," *Journal of Management Studies* 21 (1984), 131–152; and Mohamed Ibrahim Ahmad At-Twaijri and John R. Montanari, "The Impact of Context and Choice on the Boundary-Spanning Process: An Empirical Extension," *Human Relations* 40 (1987), 783–798.

37 Reported in Michelle Cook, "The Intelligentsia," *Business 2.0*, July 1999, 135–136.

38 Robert C. Schwab, Gerardo R. Ungson, and Warren B. Brown, "Redefining the Boundary-Spanning Environment Relationship," *Journal of Management* 11 (1985), 75–86.

39 Vijay Govindarajan, "Planned Opportunism," *The Harvard Business Review* (May 2016): 54ff.

40 Patricia Buhler, "Business Intelligence: An Opportunity for a Competitive Advantage," *Supervision*, March 2013, 8–11; and Tom Duffy, "Spying the Holy Grail," *Microsoft Executive Circle*, Winter 2004, 38–39.

41 Reported in Julie Schlosser, "Looking for Intelligence in Ice Cream," *Fortune*, March 17, 2003, 114–120.

42 Douglas Belkin, "The Data Colleges Collect on Applicants," *The Wall Street Journal*, January 26, 2019, https://www.wsj.com/articles/the-data-colleges-collect-onapplicants-11548507602 (accessed April 13, 2019).

43 In Lee, "Social Media Analytics for Enterprises: Typology, Methods, and Processes," *Business Horizons* 61 (2018): 199–210.

44 Ken Western, "Ethical Spying," *Business Ethics*, September/October 1995, 22–23; Stan Crock, Geoffrey Smith, Joseph Weber, Richard A. Melcher, and Linda Himelstein, "They Snoop to Conquer," *BusinessWeek*, October 28, 1996, 172–176; and Kenneth A. Sawka, "Demystifying Business Intelligence," *Management Review* 85, no. 10 (October 1996), 47–51.

45 Liam Fahey and Jan Herring, "Intelligence Teams," *Strategy & Leadership* 35, no. 1 (2007), 13–20.

46 Jay W. Lorsch, "Introduction to the Structural Design of Organizations," in Gene W. Dalton, Paul R. Lawrence, and Jay W. Lorsch, eds., *Organizational Structure and Design* (Homewood, IL: Irwin and Dorsey, 1970), 5.

47 Paul R. Lawrence and Jay W. Lorsch, *Organization and Environment* (Homewood, IL: Irwin, 1969).

48 Lorsch, "Introduction to the Structural Design of Organizations," 7.

49 Jay W. Lorsch and Paul R. Lawrence, "Environmental Factors and Organizational Integration," in J. W. Lorsch and Paul R. Lawrence, eds., *Organizational Planning: Cases and Concepts* (Homewood, IL: Irwin and Dorsey, 1972), 45.

50 Virpi Turkulainen and Mikko Ketokivi, "The Contingent Value of Organizational Integration," *Journal of Organization Design* 2, no. 2 (2013), 31–43.

51 Tom Burns and G. M. Stalker, *The Management of Innovation* (London: Tavistock, 1961).

52 John A. Courtright, Gail T. Fairhurst, and L. Edna Rogers, "Interaction Patterns in Organic and Mechanistic Systems," *Academy of Management Journal* 32 (1989), 773–802.

53 Dennis K. Berman, "Crunch Time," *BusinessWeek Frontier*, April 24, 2000, F28–F38.

54 Thomas C. Powell, "Organizational Alignment as Competitive Advantage," *Strategic Management Journal* 13 (1992), 119–134; Mansour Javidan, "The Impact of Environmental Uncertainty on Long-Range Planning Practices of the U.S. Savings and Loan Industry," *Strategic Management Journal* 5 (1984), 381–392; Tung, "Dimensions of Organizational Environments"; and Thompson, *Organizations in Action*.

55 Peter Brews and Devavrat Purohit, "Strategic Planning in Unstable Environments," *Long Range Planning* 40 (2007), 64–83; and Darrell Rigby and Barbara Bilodeau, "A Growing Focus on Preparedness," *Harvard Business Review*, July–August 2007, 21–22.

56 Ian Wylie, "There Is No Alternative To. . .," *Fast Company*, July 2002, 106–110.

57 General Colin Powell, quoted in Oren Harari, "Good/Bad News About Strategy," *Management Review* 84, no. 7, July 1995, 29–31.

58 Selina Williams, "Shale Drillers Adapting to Low Oil Prices, Report Finds," *The Wall Street Journal*, July 13, 2016, https://www.wsj.com/articles/shale-drillers-adapting-tolow-oil-prices-report-finds-1468396802 (accessed April 15, 2019).

59 Jeffrey Pfeffer and Gerald Salancik, *The External Control of Organizations: A Resource Dependent Perspective* (New York: Harper & Row, 1978); David Ulrich and Jay B. Barney, "Perspectives in Organizations: Resource Dependence, Efficiency, and Population," *Academy of Management Review* 9 (1984), 471–481; and Amy J. Hillman, Michael C. Withers, and Brian J. Collins, "Resource Dependence Theory: A Review," *Journal of Management* 35, no. 6 (2009), 1404–1427.

60 Andrew H. Van de Ven and Gordon Walker, "The Dynamics of Interorganizational Coordination," *Administrative Science Quarterly* (1984), 598–621; and Huseyin Leblebici and Gerald R. Salancik, "Stability in Interorganizational Exchanges: Rulemaking Processes of the Chicago Board of Trade," *Administrative Science Quarterly* 27 (1982), 227–242.

61 Mike Esterl and Corey Dade, "DHL Sends an SOS to UPS in $1 Billion Parcel Deal," *The Wall Street Journal*, May 29, 2008, B1.

62 Judith A. Babcock, *Organizational Responses to Resource Scarcity and Munificence: Adaptation and Modification in Colleges Within a University* (Ph.D. diss., Pennsylvania State University, 1981).

63 Peter Smith Ring and Andrew H. Van de Ven, "Developmental Processes of Corporative Interorganizational Relationships," *Academy of Management Review* 19 (1994), 90–118; Jeffrey Pfeffer, "Beyond Management and the Worker: The Institutional Function of Management," *Academy of Management Review* 1 (April 1976), 36–46; and John P. Kotter, "Managing External Dependence," *Academy of Management Review* 4 (1979), 87–92.

64 Bryan Borys and David B. Jemison, "Hybrid Arrangements as Strategic Alliances: Theoretical Issues in Organizational Combinations," *Academy of Management Review* 14 (1989), 234–249.

65 Tanzina Vega, "Two Ad Giants Chasing Google in Merger Deal," *The New York Times*, July 29, 2013, A1; and Nick Kostov and David Gauthier-Villars, "Advertising's 'Mad Men' Bristle at the Digital Revolution," *The Wall Street Journal*, January 19, 2018, https://www.wsj.com/articles/datarevolution-upends-madison-avenue-1516383643 (accessed April 15, 2019).

66 Julie Cohen Mason, "Strategic Alliances: Partnering for Success," *Management Review* 82, no. 5 (May 1993), 10–15.

67 Teri Agins and Alessandra Galloni, "After Gianni; Facing a Squeeze, Versace Struggles to Trim the Fat," *The Wall Street Journal*, September 30, 2003, A1, A10.

68 Borys and Jemison, "Hybrid Arrangements as Strategic Alliances."

69 Donald Palmer, "Broken Ties: Interlocking Directorates and Intercorporate Coordination," *Administrative Science Quarterly* 28 (1983), 40–55; F. David Shoorman, Max H. Bazerman, and Robert S. Atkin, "Interlocking Directorates: A Strategy for Reducing Environmental Uncertainty," *Academy of Management Review* 6 (1981), 243–251; and Ronald S. Burt, *Toward a Structural Theory of Action* (New York: Academic Press, 1982).

70 James R. Lang and Daniel E. Lockhart, "Increased Environmental Uncertainty and Changes in Board Linkage Patterns," *Academy of Management Journal* 33 (1990), 106–128; and Mark S. Mizruchi and Linda Brewster Stearns, "A Longitudinal Study of the Formation of Interlocking Directorates," *Administrative Science Quarterly* 33 (1988), 194–210.

71 Claudia H. Deutsch, "Companies and Critics Try Collaboration," *The New York Times*, May 17, 2006, G1.

72 Katherine Ellen Foley, "Big Pharma Spent an Additional $9.8 Billion on Marketing in the Past 20 Years. It Worked," *Quartz*, January 9, 2019, https://qz.com/1517909/big-pharma-spent-an-additional-9-8-billion-on-marketing-inthe-past-20-years-it-worked/ (accessed April 15, 2019).

73 Rob Levine, "Google's Spreading Tentacles of Influence," *Bloomberg Businessweek*, October 31–November 6, 2011, 43–44.

74 Kotter, "Managing External Dependence."

75 Claire Cain Miller and Stephanie Clifford, "To Catch Up, Walmart Moves to Amazon Turf," *The New York Times*, October 20, 2013, A1; Sarah Nassauer, "With Niche Sites, Walmart Tries Selling to Hipsters," *The Wall Street Journal*, March 24, 2017; and Esther Fung and Heather Haddon, "Amazon to Launch New Grocery-Store Business," *The Wall Street Journal*, March 1, 2019, https://www.wsj.com/articles/amazon-to-launchnew-grocery-store-business-sources-say-11551461887 (accessed April 15, 2019).

76 Matt Rosoff, "Google's 15 Biggest Acquisitions and What Happened to Them," *Business Insider*, March 14, 2011, http://www.businessinsider.com/googles-15-biggest-acquisitions-and-what-happened-to-them-2011-3 (accessed July 28, 2011); and Kathy Bergen and Ameet Sachdev, "Lenovo Takes On a Fixer-Upper with Motorola Acquisition," *Seattle Times*, February 9, 2014, http://seattletimes.com/html/businesstechnology/2022861882_motorolalenovoxml.html (accessed March 6, 2014).

77 Katie Benner, "Inside the Hotel Industry's Plan to Combat Airbnb," *The New York Times*, April 16, 2017, https://www.nytimes.com/2017/04/16/technology/inside-the-hotelindustrys-plan-to-combat-airbnb.html (accessed April 15, 2019).

78 David B. Yoffie, "How an Industry Builds Political Advantage," *Harvard Business Review* (May–June 1988), 82–89; and Jeffrey H. Birnbaum, "Chief Executives Head to Washington to Ply the Lobbyist's Trade," *The Wall Street Journal*, March 19, 1990, A1, A16.

79 Leslie Scism, "Insurer Pushes to Weaken License Test," *The Wall Street Journal*, April 25, 2011, A1.

80 Anthony J. Daboub, Abdul M. A. Rasheed, Richard L. Priem, and David A. Gray, "Top Management Team Characteristics and Corporate Illegal Activity," *Academy of Management Review* 20, no. 1 (1995), 138–170.

81 Barry M. Staw and Eugene Szwajkowski, "The Scarcity-Munificence Component of Organizational Environments and the Commission of Illegal Acts," *Administrative Science Quarterly* 20 (1975), 345–354; and Kimberly D. Elsbach and Robert I. Sutton, "Acquiring Organizational Legitimacy Through Illegitimate Actions: A Marriage of Institutional and Impression Management Theories," *Academy of Management Journal* 35 (1992), 699–738.

82 "Ex-KBR Chief Gets 30 Months for Nigeria Bribery," *CBS News*, February 24, 2012, https://www.cbsnews.com/news/ex-kbr-chief-gets-30-months-for-nigeria-bribery/ (accessed April 12, 2019).

83 Max Colchester and Christina Passariello, "Dirty Secrets in Soap Prices," *The Wall Street Journal*, December 9, 2011, http://online.wsj.com/news/articles/SB10001424052970203413304577086251676539124 (accessed December 19, 2011).

84 Adapted by Dorothy Marcic from "Organizational Dependencies," in Ricky W. Griffin and Thomas C. Head, *Practicing Management*, 2nd ed. (Dallas: Houghton Mifflin), 2–3.

조직 간 관계

CHAPTER 5

학습목표

이 장을 공부하면,

1. 경영자의 새로운 역할이 조직생태시스템과 조직 간 관계를 관리하는 것임을 설명할 수 있다.
2. 자원 의존 관계의 형태, 그리고 그 관계 속에서 권력이 지니는 의미를 설명할 수 있다.
3. 협력 네트워크의 유형을 활용하여 조직 간 관계가 적대적 관계에서 동반자 관계로 변화하는 추세를 설명할 수 있다.
4. 조직군생태학 관점의 핵심 개념을 조직 형태와 적소, 변화 과정을 활용하여 설명할 수 있다.
5. 제도적 유사성을 일으키는 세 가지 메커니즘을 비교하여 제도화 이론의 주요 내용을 설명할 수 있다.

도입질문

이 장을 읽기 전 다음 질문에 답해보자.

1. 다른 조직의 장단에 맞추어 춤추는 조직이 되지 않아야 하고, 그렇게 하기 위해서 최대한 독립적 운영을 할 수 있는 자기충족성을 갖추려고 노력해야 한다.

   1) 동의함 ________________ 2) 동의하지 않음 ________________

2. 신생 기업의 성패는 혁신적 창업가가 지닌 창의력과 경영 능력에 달려 있다.

   1) 동의함 ________________ 2) 동의하지 않음 ________________

3. 경영자들은 성공적 기업들이 사용하고 있는 기법을 재빨리 모방하여 트렌드에 적응하고 조직의 효과성을 높여야 한다.

   1) 동의함 ________________ 2) 동의하지 않음 ________________

대단한 뉴스가 들렸다! 최근 미국 제조기업들이 빠르게 성장하여 매출과 이익이 늘고, 그에 따라 고용도 증가했다는 뉴스다. 그런데 곧이어 좋지 않은 소식이 들려왔다. 엔진과 전자 부품의 공급자들이 증가하는 부품 수요의 추세를 따라오지 못했고, 그 결과 부품 가격이 인상되어 높은 원가를 부담하게 된 제조업체 중 일부가 생산라인을 멈출 수밖에 없었다는 것이다. 오스코쉬(Oshkosh)사는 최근 몇 달 사이에 이동식 기중기 생산라인을 몇 번이나 멈춰야 했는데 필요한 부품을 확보할 수 없었기 때문이었다. 기계 생산업체인 캐터필러(Caterpillar)사는 제대로 납기를 맞추지 못하는 부품 공급업체에 높은 가격을 지불하면서 겨우 생산을 이어가야 했다. 지게차의 부품을 생산하는 레겟앤플라트(Legget & Platt)사의 경영자는 지금까지 초과근로를 통해서 생산량을 늘려오다가 이제야 안정적으로 증산할 방안을 모색하고 있다고 말했다. 효율적이고 낭비 없는 부품 공급망을 만들기 위해서 오랫동안 노력해온 제조업체들이 이제는 대가를 치르고 있다. '과거에 설비를 늘렸다가 심각하게 덴 경험을 한' 공급업체들이 증설을 머뭇거리고 있기 때문이라는 것이다. 자동차와 기계업체를 대상으로 공급망과 생산라인 관리 컨설팅을 하는 쉬브 쉬바라만(Shiv Shivaraman)의 진단이다.[1]

필요한 부품과 소모품의 안정적인 조달은 모든 조직의 관심 사항이다. 그렇기에 기업들은 핵심 부품을 공급하는 업체들과 친밀한 관계를 형성하여 안정적으로 부품을 공급받고자 한다. 조직들은 서로 긴밀하게 연결되어 있고 여러 형태로 서로 의존하고 있다. 그렇기에 공급망과 협력업체의 관리는 매우 중요하다. 보건의료 산업에서 벌어지고 있는 혼란을 생각해보자. 의료비와 건강보험료는 계속 상승하고 있는데, 대형 건강보험사들은 시스템 속에 내재된 비효율을 혁신적으로 해결할 수 있는 방법을 내놓지 못하고 있다. 그러자 미국에서 큰 영향력을 지닌 아마존(Amazon), 버크셔 해서웨이(Berkehire Hathaway), JP 모건 체이스(JP Morgan Chase)가 나섰다. 이들은 공동으로 3사의 종업원 120만 명을 대상으로 하는 독립적인 비영리 의료보험 회사인 헤이븐(Haven)사를 설립했다. 3사의 경영자들은 자사의 직원들이 더 우수하고 효율적인 의료서비스를 더 낮은 가격으로, 더 간편하게 누릴 수 있도록 하는 것이 헤이븐사의 설립 목적이라고 말한다.[2]

오늘날의 조직들은 4장에서 살펴본 것처럼 매우 복잡하고 불확실한 환경 속에서 복잡한 문제들을 해결해야 하는 상황을 맞이하고 있다. 그래서인지 기업들은 서로의 경계를 허물고 협력하는 동향을 보이고 있다. 심지어 경쟁업체와도 협력을 한다. 애플(Apple)과 구글(Google)은 여러 영역에서 서로 치열하게 경쟁하지만, 애플은 아이클라우드(iCloud) 저장 서비스 인프라의 일부로 구글의 클라우드 플랫폼을 사용하고 있다.[3]

다양한 산업에서 환경의 복잡성이 높아졌고, 이제는 경쟁력을 유지하는 데 필요한 전문성과 자원을 어느 한 기업이 모두 확보하는 것은 불가능하게 되었다. 왜 이런 일이 벌어지게 된 것인가? 국제적 범위의 경쟁과 기술, 커뮤니케이션, 운송 수단의 급속한 발전은 조직들에 엄청난 사업 기회를 열어주었다. 동시에 새로운 기회를 활용하는 데 드는 사업비용도 크게 증가하여 경쟁우위를 확보하는 것은 점점 더 어려워졌다. 이러한 신경제 속에서 조직의 연결망(web of organizations)이 출현한 것이다. 이제 협력과 동반자 관계 형성은 새로운 사업방식이 되었다. 조직은 독립적인 존재로서 다른 조직과 경쟁하는 대신 다른 조직과 협력하여 공동으로 가치를 창출한다.

이 장의 목적

이 장에서는 가장 최신 추세의 하나인 조직 간 연결망의 증가 현상에 대해서 살펴볼 것이다. 아무리 큰 기업이라도 생존에 필요한 모든 것을 보유하고 있을 수는 없기에, 필요한 원자재, 정보 등을 다른 조직으로부터 공급받아야 생존할 수 있다. 다른 조직에 대한 의존 관계를 경영자는 어떻게 관리해야 하는가? 지금까지 이 문제는 대기업이 중소 공급업체들을 쥐어짜는 것과 같은 문제로 다루어져 왔지만, 이제는 기업 간에 생산적이고 신뢰하는 관계를 형성하는 것이 가능하다는 시각이 대두되었다. 3장의 수평적 관계에 대한 논의와 4장의 환경의 불확실성에 대한 이해를 토대로 하여 조직 진화 단계의 다음 형태인 조직 간 수평적 협력관계에 대해서 살펴보는 것이 이 장의 내용이다. 조직 사이의 협력은 여러 형태로 나타날 수 있다. 공급업체를 지정하거나 협약을 체결하는 것, 사업 파트너가 되는 것, 합작기업, 합병 등이 모두 협력관계의 형태로 볼 수 있다.

조직 간 관계에 대한 연구는 자원 의존 관점, 협력 네트워크 관점, 조직군생태학 관점, 제도론적 관점 등에서 다양하게 이루어지고 있다. 이러한 연구결과가 경영자에게 주는 시사점은 다소 당혹스러운 것인데, 그것은 맡고 있는 하나의 조직을 잘 경영하는 것만으로는 안심할 수 없다는 것이다. 경영자들은 조직 간 관계 전체를 어떻게 관리해야 하는지 잘 이해해야 한다. 이것은 더욱 도전적이고 복잡한 과제가 될 것이다.

5.1 조직생태시스템

조직 간 관계(interorganizational relationships)란 둘 이상의 조직 사이의 자원 거래, 물류, 연결이 지속적으로 이루어지는 관계를 가리킨다.[4] 지금까지 이러한 관계는 조직의 필요 충족을 위한 필요악으로 여겨져왔다. 이러한 생각의 배후에는 조직이란 서로 앞서기 위해서 경쟁하는 독립적 존재들이라는 전제가 있었다. 이 전제를 수용한 결과 기업들은 환경의 불확실성 수준과 조직의 필요도에 따라서 조직 간 관계에 억지로 끌려 들어갈 수밖에 없다고 생각했던 것이다.

전혀 다른 새로운 주장이 최근 제임스 무어(James Moore)에 의해서 제시되었는데, 기업들이 조직생태시스템으로 진화하고 있다는 관점이다. **조직생태시스템**(organizational ecosystem)

은 조직 공동체와 환경 사이의 상호작용으로 형성된 시스템을 가리킨다. 조직생태시스템은 전통적인 산업의 경계를 초월하여 구성된다.[5] 예를 들어 무선서비스 공급자와 휴대용 기기 제조업자, 컴퓨터 칩 생산자를 비롯한 하드웨어 생산자, 운영체제와 소프트웨어 공급자, 앱 개발자들이 모두 스마트 폰을 중심으로 하나의 생태시스템을 구성한다.[6] 이와 유사한 개념이 거대공동체 접근(megacommunity approach)인데, 이것은 여러 섹터와 산업에 속한 기업과 정부 조직, 비영리조직들이 서로 연결되어 에너지 개발, 지구적 기아 문제, 사이버범죄와 같은 거대하고 긴박한, 그러면서도 서로 이해관계가 연결되어 있는 문제에 대처하기 위한 활동을 하는 것을 가리킨다.[7]

5.1a 경쟁은 끝났는가?

국제적인 경쟁과 기술 변화, 새로운 규제가 끊임없이 등장하는 오늘날 홀로 생존할 수 있는 기업은 없다. 전 세계의 기업들은 한 시장에서는 서로 협력하고 다른 시장에서는 서로 치열하게 경쟁하는, 복잡하고 혼란스러운 네트워크 관계 속으로 엮여 들어가고 있다. 미국의 소매업체인 월마트(Walmart)와 일본의 대형 전자상거래업체인 라쿠텐(Rakuten)은 아마존과 경쟁하기 위해 전략적 제휴를 맺었다. 자동차 산업에서는 포드(Ford)사와 폭스바겐(Volkswagen)이 픽업 트럭과 배달용 밴을 공동으로 생산하여 각각 자사의 브랜드로 남미와 아프리카, 유럽에서 판매하기로 했고, 전기차와 자율주행차의 개발을 위해 공동으로 연구개발하는 방안을 모색하고 있다.[8]

한 조직이 생존과 성공을 위해서 다른 조직에 의존하기도 하고 지원하기도 하는 요즘의 환경에서 독립된 하나의 기업이 다른 독립 기업과 생존과 경쟁우위를 두고 경쟁하기만 하는 전통적인 모습은 더 이상 존재하지 않는다. 그 대신 하룻밤 사이에 한 산업이 일순간에 쇠락하거나 경쟁자들의 시장점유율이 완전히 뒤바뀔 정도로 큰 변화가 발생할 수 있다는 위기감은 오히려 커지고 있다.[9] 완전히 새로운 양상의 경쟁이 치열하게 전개되기 시작한 것이다.[10]

이제 기업들은 생태시스템 안에 있는 다른 기업들과 함께 공진화함으로써 서로를 강력하게 만들어줄 필요가 있다. 이것은 늑대와 사슴의 관계와 같다. 늑대는 약한 사슴을 잡아먹는데, 그것은 사슴의 무리를 더욱 강하게 만든다. 사슴의 무리가 더욱 강해지면 늑대도 더욱 강해지지 않으면 안 된다. 공진화(coevolution)를 통해서 전체 시스템이 더욱 강력해지는 것이다. 기업들도 서로 토의하고 비전을 나누고 동맹을 맺고 복잡한 관계를 관리하는 과정에서 공진화한다.

〈도표 5.1〉은 한 첨단기업의 사업 생태시스템을 보여주고 있다. 이 그림이 그려진 후 그림 속의 기업들은 서로 합병하거나 다른 기업에 인수되었으며, 망하기도 했다. 생태시스템은 항상 변화하고 진화한다. 한 관계는 더욱 강력해지고 다른 관계는 약해지거나 종료된다.

도표 5.1 조직생태시스템

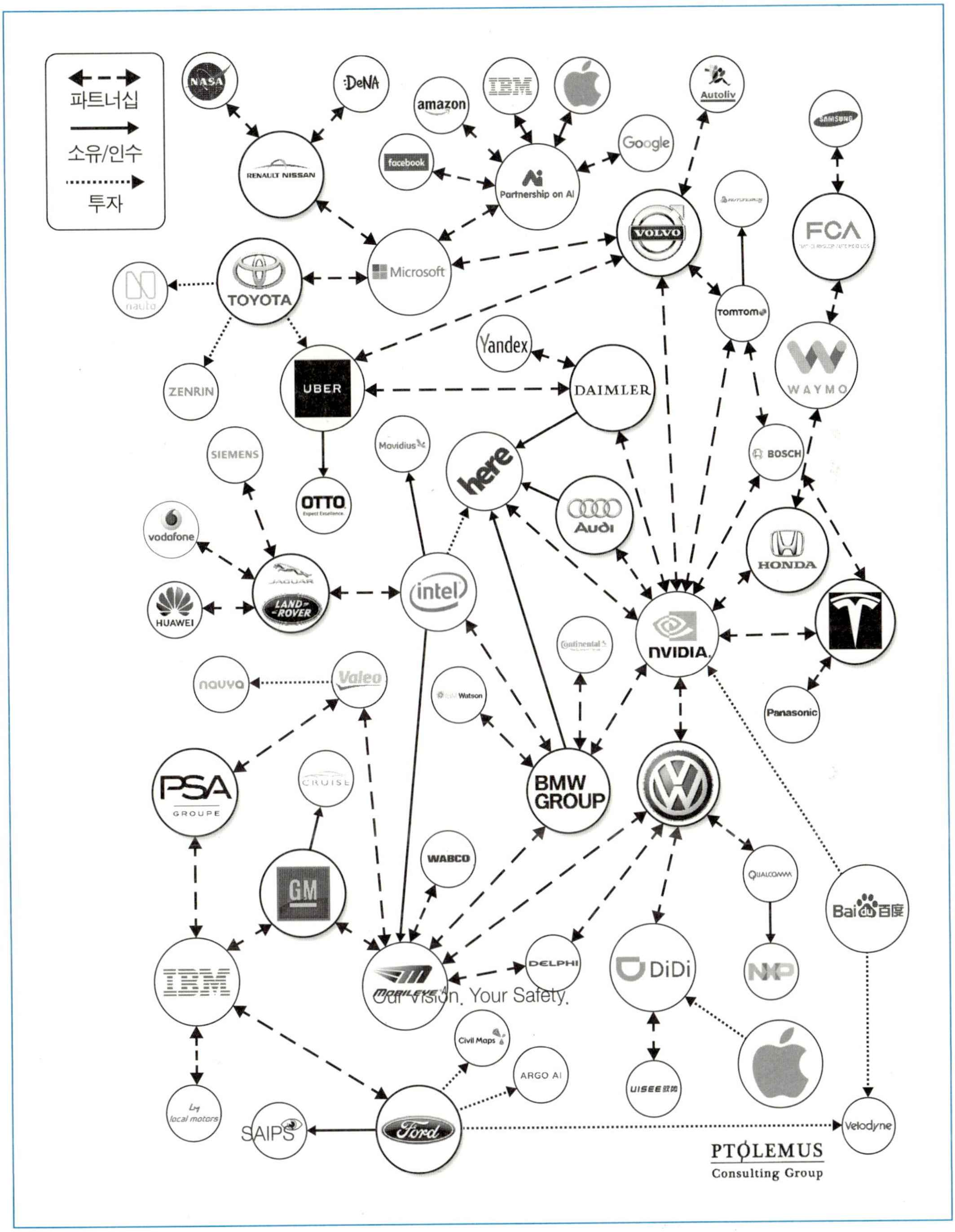

출처: Autonomous Vehicle Partnership Map, Autonomous Vehicle Global Study 2017, Ptølemus Consulting Group, https://www.ptolemus.com/autonomous-vehicle-global-study-2017/autonomous-vehicle-partnership-map/

생태시스템 안에 있는 관계의 변화와 상호작용 패턴이 시스템 전체의 건강과 생명력을 결정한다.[11]

IN PRACTICE 애플과 삼성

스마트 폰 전쟁에서 삼성은 애플의 가장 강력한 적수이다. 두 기업은 2018년 중반에 내용이 알려지지 않은 합의에 이르기까지 7년 간 스마트폰의 외양과 터치감, 그 외의 특성을 둘러싼 고소와 맞고소를 하면서 서로 다투었다. 그러나 삼성은 애플의 아이폰과 아이팟, 아이패드에 들어가는 OLED와 메모리 칩의 가장 큰 공급자이다. 한 보고에 의하면 애플의 아이폰X가 한 대 팔릴 때마다 삼성은 약 110달러를 벌어들인다.

애플이 삼성과 처음 협력을 시작할 때만 해도 두 기업은 서로 경쟁관계가 아니었다. 그러나 삼성이 스마트 폰 시장에 뛰어들면서 상황이 바뀌었다. 애플의 경영진은 삼성을 대체할 다른 공급업체를 찾으려 시도했지만 쉽지 않았다. 두 기업이 특화된 칩을 생산하기 위해서 오랫동안 공동 작업을 해 왔기 때문이다. 애플의 경영진은 삼성이 애플과 경쟁할 야망을 품고 있다는 것을 알았지만, 기술력과 함께 애플이 필요로 하는 만큼 OLED와 메모리칩을 대량으로 생산할 능력을 갖춘 대안을 찾을 수 없었다. 삼성에게도 애플이라는 수요처가 필요했다. 결국 애플은 삼성의 가장 큰 고객으로 남게 되었다.

2019년 초 애플과 삼성은 아이튠즈(iTunes)의 영화, TV 쇼, 그 외의 콘텐츠를 라이벌인 삼성의 TV 세트에 공급하는 협력을 하기로 했다고 발표했는데, 이는 두 기업을 더 긴밀하게 엮을 것이다. 하버드 경영대학원의 데이비드 요피(David Yoffie) 교수는 "지구에서 가장 큰 두 기업은 서로 긴밀하게 협력하는 동시에 직접 경쟁한다. 이것은 당신이 생각할 수 있는 어떤 관계보다 독특한 관계이다" 라고 말했다.[12]

조직 생태시스템 내부에는 갈등과 협력이 공존한다. 라이벌 관계에 있는 애플과 삼성의 관계를 살펴보자.

많은 기업이 협력이 성공에 필수적이라는 사실을 믿고 있다. 협력을 통해서 혜택을 보면서도 외부와 협력하는 데 덜 적극적인 애플과 달리, 구글에는 경쟁사에게 기술 제공하는 일을 전담하는 팀이 있다.[13] 여러 산업에서 협력하는 것이 일반적인 규칙이 되었고, 하이테크 산업에서는 더욱 그렇다. 기업 관련 출판물에는 서로 경쟁하기도 하며 협력하기도 하는 관계를 의미하는 '프레너미(frenemies — Friend(친구)와 Enemy(적)을 합성한 말_역자 주)'를 다루는 수많은 기사가 있다. 독립적 경영을 자랑하던 기업들도 이제는 생태시스템 접근을 채용하기 시작했다. 상호의존과 파트너십이 일상적인 모습이 된 것이다. 그렇다면 이제 경쟁은 끝났는가? 오늘날 기업들은 갈등과 협상에서 승리하는 능력뿐 아니라 서로 협력할 수 있는 능력까지도 갖추어야 한다.

5.1b 경영자의 역할 변화

사업 생태시스템 안에 있는 경영자들은 전통적인 역할에 속하는 기업 전략 구상과 위계구조의 설계, 시스템 통제라는 임무 범위를 넘어서는 새로운 역할을 해야 한다. 경영자들은 자기 조직의 경계 너머로 시야를 넓혀야 하고 파트너들과 협력 관계를 구축할 줄 알아야 한다. 테슬라(Tesla Motors)의 성공은 성공적인 협력관계를 구축하는 경영자들의 능력에 달려 있다. 2008년에 최초의 전기자동차인 로드스터(Roadster)를 출시할 때 테슬라는 밑바닥에서부터 평판을 쌓으면서 시장을 개척해야 했다. 테슬라는 수많은 기술적 난관과 자금 부족으로 자동차 생산에 어려움을 겪었다. 그러나 테슬라의 경영자들은 적대자들을 협력자로 바꾸면서 난관들을 극복해왔다. 테슬라는 2009년 (메르세데스를 생산하는) 다임러(Daimer)사와 제휴를 맺음으로써 최고 수준의 설계기술에 접근하고 현금 조달도 가능하게 되어 부도위기를 넘길 수 있었다. 이듬해 도요타(Toyota)와의 제휴를 통해서는 캘리포니아주에 단 하나 남아 있던 대규모의 자동차 공장을 확보하였고 자동차의 대량 생산 기술을 학습할 기회도 얻었다. 최근 테슬라는 파나소닉(Panasonic)사와 50억 달러 규모의 리튬이온 전지 공장에 공동으로 투자하는 협력 관계에도 들어갔다.[14]

만약 어느 기업의 최고경영자가 하향적으로 명령을 내리고 획일적인 수행을 요구하는 데만 익숙하다면, 그 기업은 진화하는 외부 관계 속에서 출현하는 기회를 잃어버릴 것이다.[15] 새로운 세계의 경영자들은 수직적인 구조보다 수평적인 관계를 더 중요하게 생각해야 한다. 수직적 서열이 아니라 여러 조직 사이의 수평적인 관계를 통해서 중요한 과제들이 해결되기 때문이다. 이 수평적인 관계는 단순히 공급자와 고객이 포함되는 정도가 아니라 하나의 팀 구성원으로 참여하여 긴밀하게 상호작용하는 정도를 의미한다. 이제 경영자들은 경제적인 측면의 공진화를 리드하는 방법을 배워야 한다. 생태시스템 안에 있는 다른 조직과 협력하여 풍부한 사업 기회를 창조하고 평가할 수 있어야 한다는 말이다. 공급자의 납품 가격을 깎고 고객에게 높은 가격을 제시하는 데 그쳐서는 안 되며, 공급자와 고객을 포함하는 시스템 전체가 강력해질 수 있는 방법을 이해하고 전체적인 조망을 제시하도록 노력해야 한다.

이러한 활동은 이전보다 더욱 넓은 안목의 리더십을 필요로 한다. 다른 기업과의 조정을 책임지는 경영자는 새로운 기능을 배워야 한다. BP-트랜스오션사의 딥워터 호라이즌(Deep Water Horizon) 기름 유출 사건에 대한 연방 차원의 조사결과를 보면 조직 사이의 커뮤니케이션이 원활하지 않고 경영자 사이에 협력이 제대로 이루어지지 않은 것이 사고의 주된 원인이었다. 조사 결과에 의하면 폭발 사고 당일 BP사의 관리자와 트랜스오션사의 관리자 사이에 논쟁이 있었고, 사고 해역을 효과적으로 정화시키는 방법을 둘러싸고 BP사와 연방정부의 관료 사이에 적절한 협력도 이루어지지 않았다.[16]

헤이 그룹(Hay Group)의 조사에 의하면 경영자의 운영 역할(operation roles)과 협력 역할(collaborative roles)은 서로 구별된다. 지금까지 경영자들은 수직적 권한을 활용하여 자원을 동원하여 사업성과를 달성하는 전통적 운영 역할의 수행에 익숙하다. 그러나 협력 역할은 수직적 권한이 통하지 않는 수평적 관계를 통한 성과 달성을 요구한다. 협력 역할을 수행하는 경영자들은 매우 유연하면서도 주도적이어야 한다. 필요한 정보와 자원을 적극적으로 찾고, 대인 설득에 능해야만 원하는 결과를 얻을 수 있을 것이다.[17]

주로 운영 역할에 초점이 맞추어져 있던 이전의 경영에서는 조직의 경계를 잘 지켜서 자원에 대한 직접적 통제력을 유지하는 것이 중요했다. 그러나 이제는 협력 역할이 경영자로서 성공하는 데 더 필요한 요소가 되었다. 제휴 관계가 실패한 이유를 보면 제휴를 위한 사업계획과 전략이 선명하지 못한 것이 대부분인데 그 원인을 찾아보면 참여 조직 사이에 신뢰와 협력관계가 잘 구축되지 못한 데 있었다. 반면에 성공적인 제휴 관계에서는 마치 한 기업 내부의 구성원들처럼 제휴업체 간 협력이 잘 되었다.[18] 미국의 대 테러 전쟁을 예로 들어보자. 이 장의 서두에서 살펴본 것처럼 복잡한 대형 문제를 다룰 때는 조직 간 협력이 필수적으로 요구된다. 미국 정부는 테러리즘에 맞서기 위해서 다른 나라의 정부와 협력하는 한편 많은 사기업과도 협력한다. 국방부의 국가 군사지휘본부(National Military Command Center)는 사기업의 직원들과 함께 잠재적인 위험이 있는 영역을 감시하고 최고책임자에게 정보를 제공한다. "그들 없이는 임무를 수행할 수 없다"는 것이 미국국가정보국(Office of the Director of National Intelligence)의 전임 인사 담당 책임자였던 로널드 샌더스(Ronald Sanders)의 말이다. "그들은 우리가 지니지 못한 신축성과 전문성을 가지고 우리를 지원한다. 그들이 합류하면 우리는 그들을 우리 전력의 일부인 것처럼 여기고 활용한다."[19]

5.1c 조직 간 관계의 분석 틀

거대한 조직생태시스템을 이해하는 것은 조직이론에서 가장 흥미로운 영역 중 하나이다. 조직 간 협력을 이해할 수 있는 모형과 관점이 있다면, 경영자가 자신의 역할을 수직적인 경영에서 조직 간 경계를 초월한 수평적인 경영으로 변화시키는 데 도움이 될 것이다. 조직 간 관계를 분석하는 관점들이 〈도표 5.2〉에 제시되어 있다. 조직 간 관계는 조직들이 서로 유사한가 그렇지 않은가 하는 차원과 서로 협력적인가 경쟁적인가 하는 두 차원을 기준으로 구분할 수 있다. 이 관점들을 이해한 경영자들은 환경을 평가하고 자신의 필요에 적절한 전략을 선택할 수 있을 것이다. 첫 번째 관점은 4장에서 살펴본 자원 의존 관점이다. 이 관점은 환경에 대한 의존도를 낮추고자 하는 조직이 사용할 수 있는 합리적 방법을 제시하여 준다. 두 번째 관점은 협력 네트워크 관점인데, 이 관점의 핵심은 조직이 가치와 생산성을 제고하기 위하여 다른 조직과 의존적인 관계를 의도적으로 만든다는 것이다. 세 번째 관점은 조직군 생태학 관점이다. 이 관점은 기존 조직들이 비워두고 있는 틈새를 채우기 위해서 새로운 조직 형태가 출현하고, 그 결과 조직 형태의 다양성이 높아짐으로써 사회 전체에 혜택이 발생한다는 주장이다. 마지막은 제도화 관점인데 특정한 조직 형태가 사회 속에서 정당성을 획득하게 되는 계기와 과정이 어떠한지, 그리고 특정한 구조를 서로 모방하게 되는 이유가 무엇인지 설명해준다. 이 장의 남은 부분에서는 조직 간 관계를 분석하기 위한 이 네 가지 관점을 하나씩 살펴볼 것이다.

도표 5.2 조직 간 관계의 분석 틀

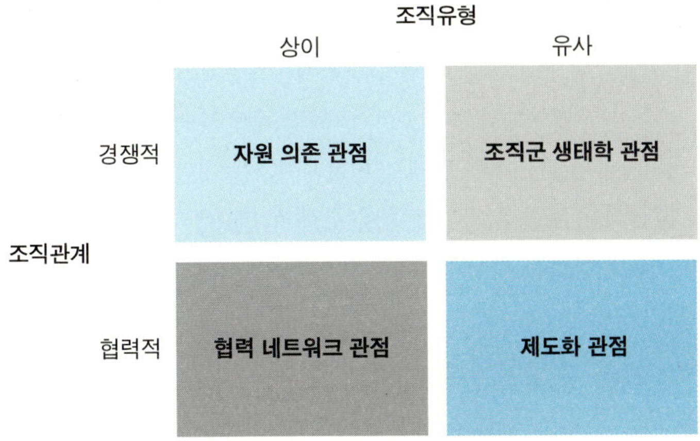

* 분석틀을 제안한 아난드 나라심한(Anand Narasimhan)에게 감사드린다.

핵심정리

- 지금까지 조직은 서로 분리되어 독립적으로 움직이면서 다른 기업들을 앞서기 위해서 노력하는 것으로 이해되어 왔다. 그러나 최근에 와서 조직들은 거대한 생태시스템의 일부로 자신을 바라보기 시작했다.
- 조직은 생태시스템의 일부로서 여러 산업에 걸쳐서 영역을 확장할 수 있고 다른 조직들과 긴밀한 관계망을 구축하고 있다. 그 결과 조직들은 위치나 관심사에 따라서 때로는 협력하고 때로는 경쟁한다.
- 기업 생태시스템 관점은 경영자 역할의 변화 필요성을 시사한다. 특히 다른 조직과 수평적인 협력관계를 발전시키는 역할이 중요하게 부상한다. 다른 조직과 협력하는 기술을 경영자가 갖추어야 할 필요가 점점 커지고 있다.
- 조직들 사이의 관계는 연결된 조직들 사이의 유사성-상이성, 경쟁-협력의 두 차원을 기준으로 하는 분석 틀로 이해할 수 있다.
- 조직 간 관계를 설명하는 네 관점은 자원 의존 관점, 협력 네트워크, 조직군 생태학, 제도화 관점이다.

5.2 자원 의존 관점

자원 의존 관점은 조직 간 관계에 대한 전통적 입장을 대표한다. 4장에서 살펴본 것처럼 **자원 의존 이론**(resource-dependence theory)은 조직이 중요한 자원을 공급받기 위하여 환경에 의존할 수밖에 없다는 사실을 강조한다. 조직은 가능한 한 환경에 대한 의존도를 최소화하고, 자율성과 독립성을 유지하기 위하여 환경에 대하여 영향력을 행사하려 한다.[20] 이 관점에 의하면 조직의 성공은 독립성과 자율성을 유지함으로써 가능하다. 따라서 외부에 대한 의존도가 높아지는 위협을 경험하는 조직은 외부자원에 대한 통제를 강화하여 의존도를 낮추고자 한다.

자원이나 공급이 부족하다고 느끼는 조직은 4장에서 살펴본 것과 같은 다양한 전략을 동원하여 자율성을 제고하려고 시도한다. 가장 우선적으로 사용하는 전략은 의존적인 관계에 적응하거나 상호의존적인 관계로 변화시키는 것이다. 이 전략은 공급업체의 소유지분 매입, 장기 공급계약 체결, 합작기업 등을 통해서 필요한 자원을 안정적으로 확보하는 형태를 취하거나, 다른 방식을 사용하여 안정적인 관계를 형성하는 형태로 나타나기도 한다.

5.2a 자원 의존 관계의 유형

자원 의존 관점의 원리를 따라서 운영하는 조직은 다른 조직에 지나치게 의존하게 되는 상황을 회피하고 자원과 산출물에 대한 통제를 유지하여, 의존성으로 인하여 발생하는 불확실성을 줄이기 위하여 필요한 모든 수단을 동원할 것이다. 〈도표 5.3〉은 자원 의존 관계에 대처하는 전략들의 위계를 보여준다. 상층부에 있는 전략들은 경영자들에게 공동의 산출물에 대해서 더 직접적인 통제를 하도록 해주어 독립성을 유지하는 데 도움이 된다. 반면에 하부에 있는 전략들을 활용해서는 직접적인 통제를 하기 어렵다.

인수/합병. 피인수기업의 모든 자원과 자산, 채무를 인수기업이 흡수하는 인수/합병(acquisition/merger)은 공동의 성과물에 대해서 가장 강력하게 통제할 수 있는 형태이다. 최근 우버(Uber)와 라이벌 라이드헤일링 기업인 리프트(Lyft)사는 자전거 대여 회사를 인수해서 혼잡한 도심에서 고객들이 더 저렴하고 신속하게 이동할 수 있는 수단으로서 자전거와 전기 스쿠터를 임대하는 기업인 버드 라이드(Bird Rides)를 출범시켰다. 마텔(Mattel)은 플라스틱 블록 조립 장난감 시장에서 레고(LEGO)와 경쟁하기 위해 캐나다의 메가 브랜드(Mega Brands Inc.)

도표 5.3 자원 의존 관계의 유형

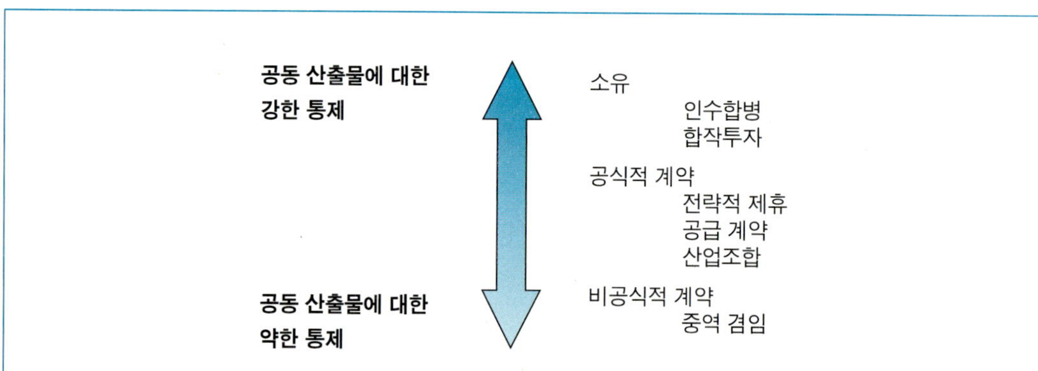

사를 인수하여 장난감의 제품군을 확대하였다. 우버, 리프트, 마텔은 인수된 회사의 모든 활동을 통제한다.[21]

합작투자. 합작투자는 완전 소유보다는 약한 수준의 통제이다. 언젠가 피터 드러커(Peter Drucker)는 이렇게 말했다. "그 동안 기업은 육성과 인수 둘 중 하나의 방식을 통하여 성장해 왔다. … 그러나 최근에는 제휴를 통해서 성장한다. 매우 다양한 종류의 위험한 제휴가 활용되고 있지만, 합작투자와 파트너십을 제대로 이해하는 사람은 거의 없다."[22] **합작투자(joint venture)**란 둘 이상의 기업이 혁신적인 제품이나 공동 기술을 개발하기 위하여 서로 협력하여 새로운 조직을 만드는 것이다. 이 장의 시작 부분에서 언급한 보험사인 헤이븐사는 아마존과 버크셔 해서웨이, JP 모건 체이스가 합작하여 설립되었다. 월풀(Whirlpool)사는 하이신-커룽(Hisense Kelon Holdings)사와 합작하여 중국에서 냉장고와 세탁기를 생산하고 있다.[23] 성공적인 비디오 스트리밍 사이트인 훌루(HULU)는 21세기 폭스사의 후신인 뉴스 코퍼레이션(News Corporation), 디즈니(Disney)사, 그리고 컴캐스트(Comcast)의 합작으로 설립된 기업이다. 2019년 디즈니사가 21세기 폭스사를 인수한 후, 훌루사는 디즈니사와 컴캐스트의 소유가 되었다. 이 세 회사는 공중파에서는 서로 경쟁하지만 비디오 스트리밍 서비스 시장에서는 개별적으로 경쟁하는 것보다 서로 협력하는 것이 경쟁력을 확보하는 데 도움이 된다는 것을 알고 있다.[24]

전략적 제휴. **전략적 제휴(strategic alliance)**는 합작기업보다 덜 공식적이고 통제력이 약한 형태이다. 이는 둘 이상의 조직이 서로 협력하기로 협약을 맺고 각각 독립성을 유지하면서 공동의 목표를 취하여 자원을 투여하는 것이다. 〈도표 5.1〉에서 볼 수 있는 것처럼 자율주행차 관련 기술영역에는 수많은 기업들이 전략적 제휴를 형성하여 참여하고 있다. 2018년 후반 기준으로 보면 적어도 46개의 기업들이 전략적 제휴와 합작투자, 파트너십 등 다양한 형태로, 때로는 이들을 중복 사용하며 자율주행차 연구개발에 참여하고 있다.[25] 포드사는 여러 중소기업과 파트너십을 형성하거나 인수하여 인공지능과 매핑(mapping) 등의 여러 기술에 참여하고 있고, 최근에는 도미노(Domino)사와 공동으로 자율주행 피자 배달차를 개발하고 있다. 독일의 고급차 라이벌인 BMW와 다임러사는 2019년 초반 자율주행 기술 개발을 위한 협력관계를 맺었다. BMW는 인텔, 모바일아이(Mobileye)사와도 제휴관계를 맺었고, 메르세데스는 보쉬(Bosch)사와 운전자 지원 기술을 위한 전략적 제휴를 체결했다. 이뿐 아니라 BMW는 라이드헤일링 사업을 하는 리프트사와 자율주행자동차를 시험주행을 하는 제휴를 맺었는데, 다임러사는 리프트의 경쟁사인 우버사와 같은 내용의 제휴를 맺었다.[26]

공급 계약. 여러 조직들은 핵심 공급자들과 계약을 맺어 내부 자원과 역량을 보충할 수 있는 자원을 확보한다. 모든 것을 독자적으로 수행하는 대신, 애플, 월마트, 델, 테스코

(Tesco) 등의 기업들은 상호 간에 유익이 되는 협력 관계를 맺으면서 필요로 하는 자원을 공급받고 있다. 한 예로 SCA(Svenska Cellulosa Aktiebolaget)사는 폐지를 원료로 활용하여 레스토랑이나 사무실, 학교 등에서 사용하는 냅킨, 화장지, 종이타월을 생산한다. 최근 전반적으로 종이 사용이 줄어 폐지의 배출이 줄어드는 데다가 중국의 경쟁기업마저 폐지를 수집하기 시작하자 SCA는 여러 재활용센터와 협력관계를 맺고 재정 지원 및 장비 개선을 지원하면서 폐지를 독점적으로 공급받고 있다.[27] 공급업체와 긍정적이고 공평한 관계를 맺는 것은 높은 수준의 고객 서비스 달성, 낮은 비용, 조직 간 신뢰의 향상과 같은 성과로 연결된다.[28] 그러나 다른 한편으로 기업들은 어느 특정한 공급자에게 지나치게 의존하게 되기를 원하지 않는다. 앞의 사례에서 보았듯이 애플은 삼성에 대한 의존도를 낮추기 위해서 공급자의 기반을 확장시키려고 노력해왔다. 또한 아이패드와 아이폰 조립을 담당하는 제조업체의 수도 늘리기 위해서 노력하고 있다. 공급 체인의 어느 한 회사에 과도하게 의존하는 데서 오는 위험을 회피하기 위해서이다.

산업 조합. **산업 조합**(trade association)은 동일 산업에 속한 조직들이 서로 만나서 정보를 교환하고 상대방의 활동을 감시하는 연합체이다. 산업 조합은 소속 조직들의 이익을 지키기 위해서 자원을 모아서 로비를 하기도 한다. 합법적인 대마초 산업의 전국 최대 산업조합인 전국 대마초 산업협회는 2019년 초반 전직 검찰총장 앤드류 클라인을 협회의 공공정책 책임자로 영입했다. 클라인은 합법적인 대마초 산업을 보호하고 발전시키기 위하여 연방 및 주정부의 공공정책에 영향력을 행사하는 역할을 수행할 것으로 보인다.[29]

중역 겸임. 1명의 중역이 여러 기업의 이사회에서 활동할 때 중역 겸임이 발생한다. 중역 겸임이 이루어지면 자연스럽게 기업 간 연계가 만들어진다. 허쉬(Hershey)사는 수십 년 동안 적어도 10여 개 이상의 기업들과 중역 겸임 관계를 유지해 왔다.[30] 이러한 관행은 실리콘 밸리에서 매우 흔하여 벤처투자자인 마크 안드레센(Marc Andreessen)은 이베이(eBay), 휴렛-팩커드(Hewlett-Packard), 페이스북(Facebook)을 비롯한 여러 기업에 이사로 참여하고 있다.[31]

5.2b 자원 의존과 권력

자원 의존 관점에 의하면, 대기업은 중소 공급업체와 협력업체에 대해서 우월적인 권력을 지닌다. 아마존(Amazon)과 같은 대기업은 중소 출판사에 대하여 우월적인 권력을 지니고 있기 때문에 배송이나 가격에 대해서 유리한 요구를 할 수 있지만, 중소출판사들은 관계를 끊는 것 이외에 다른 대안을 가질 수 없다. 월마트는 엄격한 정시 납품 기준을 충족시키지 못하는 공급업자체에게 벌금을 부과하기 시작했다. 디즈니사는 대형 영화관들에 권력을 행사하여 가장 큰 상영관에서 적어도 4주 동안 "스타워즈: 라스트 제다이"를 상영할 것을 포함하여 몇 가지 특별한 사항을 요구했다. 이미 디즈니가 미국 내 영화판매 수익의 65%를 가져가고 있음에도 불구하고, 일부라도 협약을 어기는 상영관에 대해서는 추가적으로 5%의 벌금을 부과하기로 한 것이다.[32]

자원 의존은 반대 방향으로 작용할 수도 있다. 도요타(Toyota)와 GM(General Motors)과 같은 자동차 회사들은 중국이 거의 대부분의 생산을 통제하고 있는 희토류 금속인 네오디뮴(neodymium)을 사용하지 않아도 되는 전기 자동차를 개발하기 위하여 노력하고 있다. 그러나 자동차회사들이 전기 자동차와 하이브리드 자동차를 개발하려 할수록 중국 공급업체의 권력은 더욱 커지게 되었고, 희토류의 가격은 더 크게 올랐다.[33] 여러 산업에서 권력 관계는 항상 변화하고 있다. 제약 산업에서 은행에 이르는 여러 산업의 경영자들은 아마존의 권력 증대에 대처하기 위해서 애쓰고 있다. JP 모건 체이스와 전자상거래의 거인인 아마존 사이의 관계에 대해서 살펴보자.

IN PRACTICE JP 모건 체이스와 아마존

20년 전만 해도 아마존의 수익은 JP 모건 체이스의 수익에 비할 때 난쟁이 수준에 불과했다. 그런데 지금은 상황이 완전히 바뀌었다. 2018년 아마존의 매출액이 사상 처음으로 2천억 달러를 돌파할 때, JP 모건 체이스의 수익은 1,310억 달러에 그쳤다. 소매업체의 시장가치가 금융기관의 가치보다 배 이상 커진 것이다.

아마존과 JP 모건 체이스는 오랫동안 긴밀한 관계를 유지해왔다. 아마존이 JP 모건 체이스와 신용카드 거래를 트던 2002년 당시, 아마존의 사업은 거의 대부분이 책과 CD를 온라인으로 판매하는 것이었다. 그보다 몇 해 전에 아마존의 창업자인 제프 베조스는 제이미 다이몬(Jamie Dimon)을 최고경영자로 영입하려고 했었다. 다이몬은 그렇게 급격한 변신을 하기에는 적절한 시기가 아니라고 말하면서 제안을 거절했다. 당시 결정에 대해서 다이몬은 CNBC 리포터에게 이렇게 말했다. "나는 양복을 입지 않는 꿈을 꿉니다. 하우스보트에 살면서." 2004년 JP 모건 체이스에 들어간 다이몬은 이듬 해 CEO가 되었다. 그 후 10여년 사이에 아마존의 매출액과 권력은 엄청나게 커졌다. 신용카드 협약을 갱신할 때가 되자 아마존은 훨씬 높은 수익보장과 함께 다른 조건에서도 양보를 요구했다. 다이몬은 탐탁하지 않았지만 조건을 받아들일 수밖에 없었다. 아마존과의 관계를 위험에 빠뜨리기에는 아마존이 너무 크고 강력해졌기 때문이었다.

그때부터 두 기업의 운명은 점점 크게 얽혀 돌아가게 되었다. 이 장의 앞에서 언급한 것처럼 두 기업은 버크셔 해서웨이와 공동으로 헬스케어 벤처에 합작투자를 하였고, 그 외 다른 협력관계도 만들어졌다. 다이몬과 JP 모건에게 권력관계에 큰 변화가 발생하는 계기가 될 수 있는 사항은 아마존이 직접 금융서비스를 제공하려고 나설 수 있다는 데 있다. 다이몬은 몇 해 전부터 이 문제에 대해서 생각을 해오고 있는데, 최근에는 한 팀을 구성하여 아마존이 금융서비스를 직접 제공하겠다고 할 경우 JP 모건이 어떻게 대응할 지에 대해서 다양한 대책을 마련하고 있다. 아마존의 성장이 지속되어 더욱 강력해지면 다이몬을 비롯한 JP 모건의 경영자들은 희생자가 되기보다 협력자가 될 수 있는 방안을 찾으려고 할 것이다.[34]

핵심정리

- 자원 의존 관점은 조직 간 관계를 바라보는 전통적 시각으로서 조직들은 다른 조직에 과도하게 의존하는 것을 피하고자 노력한다고 주장한다. 이 관점에 의하면, 조직들은 독립을 유지하면서 필요한 자원을 확보하기 위하여 환경을 통제하려고 한다.
- 자원 의존을 관리하기 위한 방법으로는 인수합병, 합작투자, 전략적 제휴, 자원공급계약, 산업협회, 중역겸임 등이 있다.
- 권력은 조직의 파트너십에 영향을 미친다. 조직 사이의 권력 관계는 지속적으로 변화하여, 어떤 조직의 권력이 커지면 상대 조직의 영향력은 점차 줄어든다.

5.3 협력 네트워크

협력 네트워크 관점(collaborative-network perspective)은 자원 의존 관점에 대한 대안으로 떠오르는 이론으로, 기업들이 경쟁력을 높이고 희소한 자원을 공유하기 위하여 서로 협력하는 데 관심을 갖는다. 대형 항공우주기업들은 서로 협력하는 한편, 중소기업과도 협력하여 차세대 제트기를 개발하고 있다. 대형 제약사들은 혁신적인 중소 생명공학기업과 협력 관계를 맺고, 자원과 지식을 공유하며 혁신을 촉진하고 있다. 컨설팅 기업, 투자 회사, 회계법인 등은 서로 제휴하여 고객에게 더욱 광범위한 서비스를 제공하고 있다.[35] 여러 개의 주에 걸쳐서 수백만 명의 환자를 진료하고 있는 5개의 대형 의료기업들은 환자 건강 기록을 비롯한 전자 자료를 공유하는 컨소시움을 구성했다. 가이징거 헬스 시스템(Geisinger Health System), 카이저 퍼머넌트(Kaiser Permanente), 메이요 클리닉(Mayo Clinic), 인터마운틴 헬스케어(Intermountain Healthcare), 그룹 헬스 코퍼레이티브(Group Health Cooperative)는 디지털화된 환자 기록을 사용하고 공유하면, 의료 서비스 제공자들은 다른 시스템에 속한 전문의에게 환자를 의뢰하는 등 더 나은 결정을 내리고 더 좋은 진료를 제공할 수 있게 될 것이라고 믿고 있다.[36] 기업 간 제휴의 관리를 위해서는 기업의 경계를 넘어서 개인적 네트워크를 형성하고 관리하는 데 능숙한 경영자가 필요하다. 여러분의 네트워킹 능력은 어떠한가? '적합성 평가'에 제시된 질문에 답해보자.

5.3a 왜 협력하는가?

오늘날 기업들이 조직 간 협력에 관심을 갖는 이유는 무엇인가? 많은 기업들이 독립성을 유지해야 한다는 생각에서 벗어나서 다른 기업들과 상호의존적인 관계를 형성하여 독자적으로는 달성할 수 없던 성과를 거두고 있다. 최근 30여 년 사이에 수많은 전략적 제휴가 체결되었고 기존 대기업과 신생 중소기업들도 서로 협력하여 상호이익을 누리고 있다.[37] 조직들이 협력 관계를 맺는 가장 큰 이유는 새로운 시장에 진입하는 데 따르는 위험을 낮추거

적합성 평가

개인 네트워킹

당신은 다른 사람과 개인적 관계를 편하게 맺는가? 다른 조직의 사람과 협력관계를 맺기 위해서는 여러 곳에서 정보를 입수할 수 있어야 한다. 다음 질문에 답하면서 당신의 네트워킹 능력에 대해서 알아보자. 각 문항에 대해서 그런지 그렇지 않은지 표시해보자.

	그렇다	그렇지 않다
1. 나는 조직 안에서 일어나는 변화가 무엇인지, 그리고 그 변화가 나와 내 일에 미치는 영향이 어떤지 일찍 알아챈다.	____	____
2. 나는 다른 사람들이 나의 문제 해결을 돕는 것만큼, 그들의 문제를 해결해주면서 관계를 맺는다.	____	____
3. 나는 전문가 모임과 협회에 참여하여 인맥을 맺고 지식을 습득한다.	____	____
4. 나는 다른 조직에서 나와 비슷한 업무를 수행하는 사람들을 알고 정보를 교류한다.	____	____
5. 나는 내가 속한 작업집단과 다른 작업집단을 연결하는 교량 역할을 수행하고 있다.	____	____
6. 나는 새로운 사람을 만나서 관계를 형성하기 위해 점심 식사를 함께 하곤 한다.	____	____
7. 나는 자선모임에 정기적으로 참여한다.	____	____
8. 나는 새해 축하 카드를 보내는 친구와 동료의 목록을 갖고 있다.	____	____
9. 나는 전에 다니던 직장의 사람들, 그리고 학교 동창과 정기적으로 만나고 있다.	____	____
10. 나는 부하와 동료, 상사에게 적극적으로 정보를 제공한다.	____	____

점수계산: '그렇다'에 표시한 문항마다 1점씩 부여해보자. 7점 이상이면 당신은 매우 적극적으로 네트워킹을 하는 사람이다. 만약 3점 이하이면 당신은 밖에 나가서 누군가를 만나는 것이 편하지 않은 사람이다. 많은 노력이 필요하다.

해석: 조직 간 관계가 적대적이던 세상에서는 조직 경계를 넘어서는 네트워킹이 중요하지 않았다. 그러니 조직 간 협력이 중요한 요즘에는 적극적인 네트워킹이 매우 유익하다. 다른 조직과 협력 관계를 유지하려 한다면 네트워킹은 당신의 필수적인 일이다. 네트워킹은 사회, 업무, 경력 측면에서 모두에게 유익하다. 광범위하고 활동적인 네트워크를 지닌 사람은 조직 간 협력 관계의 유지에 큰 영향을 미칠 수 있다.

나 엄청난 개발비용이 드는 새로운 프로그램에 대한 비용을 분담하고, 특정 산업 또는 기술에 대한 조직의 능력을 제고하려는 것이다. 혁신과 변화 적응, 문제해결, 성과 제고를 위해서는 조직 간 협력이 필수 요건이 되었다.[38] 또한 파트너십은 세계 시장에 진입하기 위한 가장 좋은 수단이기 때문에 대기업뿐 아니라 중소기업도 적극적으로 해외의 조직과 협력 관계를 맺고 있다. 다른 나라의 기업과 합작 기업을 설립하는 것은 미국 기업이 해외직접투

자를 하고 해외 시장에 진입하는 주된 방식으로 활용되고 있다.[39]

개인주의와 독립의 전통을 신봉하는 북미의 기업들은 독립적 운영과 상호 경쟁에 익숙함에도 불구하고, 이제는 조직 간 협력관계가 효과적이라는 사실을 국제적인 경험을 통해서 배웠다. 일본과 한국에는 서로 협력하고 지원하는 기업 집단의 전통이 오래 전부터 존재해 왔다. 북미의 사람들은 기업들이 상호의존하게 되면 경쟁을 낮춘다고 생각해서 기업 간 협력과 연결을 좋지 않은 시각으로 보아 왔다. 그러나 다른 나라의 협력 경험은 한 영역에서 협력하면서도 동시에 다른 영역에서 치열하게 경쟁하는 것이 가능하다는 사실을 보여주고 있다. 마치 한 집안의 형제자매가 각기 다른 사업에 진출해서 서로 잘 하기 위해 경쟁하면서도 여전히 서로 사랑하고 필요할 때 서로 돕는 것과 유사한 모습이다.

도입 질문과 답

1. 기업은 다른 조직의 영향을 받지 않도록 최대한 독자적인 조직이 되어야 한다.

답) 동의하지 않는다. 독립을 유지하려는 생각은 낡은 것이다. 과거에는 다른 조직에 의존하면 위기 시에 취약해질 수 있기 때문에 좋지 않다고 생각했다. 그러나 최근에는 다른 기업과 협력하는 것이 권력의 균형을 유지하고 업무를 수행하는 데 더 효과적이다.

조직 간 협력은 장기 투자와 위험 추구를 가능하게 하는 일종의 안전망과 같다. 적대적인 관계에서 동반자적인 관계로 변모하면 더욱 혁신적이고 높은 성과를 달성할 수 있기 때문이다.[40] 다음 사례를 살펴보자.

- "레고 무비"를 만들기 위해서 덴마크의 레고 A/S사는 몇 개의 기업과 협약을 맺었다. 디지털 스튜디오인 애니멀 로직(Animal Logic)사와는 애니메이션과 시각적 효과를 공동으로 개발했으며, 워너 브라더스 픽처스(Warner Brothers Pictures)사와는 자금 조달 및 배포 협력을 체결했다. 이들과 협력한 덕분에 "레고 무비"는 6천만 달러의 예산으로 제작될 수 있었고, 출시된 이후 4억 5천만 달러의 매출을 기록할 수 있었다.[41]
- 포드사는 승용차 및 트럭 시장에서 도요타와 치열한 경쟁을 벌인다. 그러나 새로 자동차 산업에 진출한 알파벳(Alphabet)사와 같은 신흥경쟁자에게 대처하기 위해서 도요타는 포드사와 팀이 되어서 포드사의 앱 플랫폼을 도요타 자동차에게 장착했다.[42]
- PwC(프라이스워터하우스쿠퍼스)의 최고경영자 조사에 의하면, 27%에 달하는 최고경영자가 경쟁자와 이미 협력하고 있거나 협력을 모색하고 있다고 답했다.[43]
- 로슈 홀딩 AG(Roche Holding AG)사와 아스트라제니카(AstraZeneca PLC)사는 초기 단계의 신약 디자인에 관한 정보를 공유하여 안전하고 효과적인 신약을 개발할 수 있는 가능성을 높이기로 합의했다. 이 정보는 메드케미카(MedChemica Ltd.)라는 제3의 회사와도 공유할 계획이다. 이 회사는 안전 문제를 일으킬 수 있는 화학적 구조를 지닌 화학적 화합물을 조사하는 데 특화된 기술을 지니고 있다. 세 기업은 다른 제약기업들도 정보 공유 파트너십에 참여하기를 바라고 있다고 말한다. 그렇게 함으로써 더 안전하고

IN PRACTICE 신약개발 촉진 파트너십

제약기업들은 알츠하이머와 같은 질병을 치료할 혁신적인 신약의 개발 경쟁에 수십억 달러를 쏟아 부어 왔다. 그러나 최근 12대 제약기업은 NIH(National Institutes of Health), FDA를 비롯한 여러 비영리조직과 협력하여 새로운 치료법을 개발하는 데 드는 시간과 비용을 절감하기로 하였다. 이들은 연구자와 조직 및 혈액 샘플, 연구 자료를 공유한다. 이러한 협력을 통해서 연구자들은 알츠하이머와 제2형 당뇨병, 루프스, 류마티스성 관절염, 파킨슨 병과 같이 어떠한 기업도 독자적으로 신약을 개발하지 못한 질병에 대해서 해결의 실마리를 찾게 되기를 희망하고 있다.

신약개발 촉진 파트너십(Accelerating Medicines Partnership)으로 불리는 이 협력에는 그 동안 치열하게 서로 경쟁하던 브리스톨-마이어스 스퀍(Bristol-Myers Squibb), 화이자(Pfizer), 글락소스미스클라인(GlaxoSmithKline), 일라이릴리(Eli Lilly), 사노피(Sanofi), 머크(Merck) 등이 참여하고 있다. 이 협약은 어떠한 기업도 이 프로젝트를 통해서 얻어진 결과물이 공개될 때까지는 그 정보를 활용하지 못하도록 금지하고 있다. NIH의 데이비드 훌리(David Wholley)는 "프로젝트의 결과가 일단 공개되면, 그때부터 신약 개발을 위한 치열한 경쟁이 시작될 것"이라고 말했다.

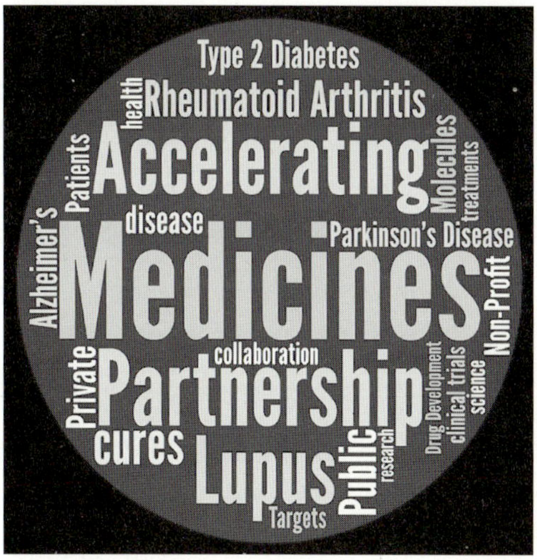

National Institutes of Health (NIH)

이 협약을 이끌어내는 것은 쉽지 않았다. 초기에 참여자들은 서로 말을 건네지도 않았다. 일라이릴리사의 연구소를 이끌고 있는 장 룬트버트(Jan Lundbert)는 서로 라이벌 관계에 있는 조직들이 협력할 수 있는 방식을 찾는 것은 "연대 역할: 우리는 연구자와 인간으로서 서로를 존중하는가?"를 규명하는 것을 통해서 가능했다고 말했다.[45]

더 효과적인 신약을 개발할 수 있다고 믿기 때문이다.[44] 얼마 전까지만 해도 제약기업들은 자신들의 연구 데이터를 보호하고자 했지만, 이제는 서로 협력하는 태도를 보이고 있다. 대표적인 사례가 최근 만들어진 신약개발 촉진 파트너십(Accelerating Medicines Partnership)이다.

5.3b 적대적 관계에서 동반자 관계로

한 때 공급자와 고객, 그리고 경쟁자 사이에서 치열한 전투가 벌어졌던 전쟁터에 신선한 꽃들이 피어나고 있다. 북미에서도 공공의 이익과 관련되어 있는 비영리적 사회 서비스 분야, 정신보건 분야에서 조직 간 협력의 사례가 나타났다. 이 분야에서는 희소한 자원을 활용하여 효과를 높이기 위하여 많은 조직들이 서로 협력해 왔다.[46] 국제적인 경쟁이 치열해지고 다른 나라들의 성공 사례를 보면서, 콧대 높은 미국의 경영자들도 협력적인 패러다임을 받아들이기 시작했다.

이러한 생각의 변화가 〈도표 5.4〉에 요약되어 있다.[47] 새로운 모형은 독립성의 유지 대신 상호의존성과 신뢰에 기반을 둔다. 협력에 대한 성과지표는 유연하게 정의되며, 발생하는 문제는 토론과 대화를 통해서 해결된다. 기업들은 서로 의심하고 경쟁하는 대신 서로 헌신하고 쌍방에게 이익이 되기 위해서 노력한다. 기업들은 자신의 이익을 위해서가 아니라 쌍방에게 모두 이익이 되도록 일한다. 새로운 모형은 쌍방 간 정보의 공유를 특징으로 한다. 자동 주문이 이루어지는 전자적인 연결뿐 아니라 피드백을 제공하고 문제를 해결하기 위한 대면 접촉을 통한 정보의 교류가 중요하다. 때로는 상대 기업의 직원이 밀접한 상호작용을 위해서 우리 조직 안에 들어와서 일하는 경우도 발생하고, 반대의 경우도 생긴다. 동반 관계의 기업들은 서로 상대방 제품의 설계와 생산에 관여하고, 장기적인 관점에서 투자를 한다. 계약에 명시되지 않은 영역에서 상대방의 사업을 돕기 위해서 일하는 것도 드문 일이 아니다.

협력 네트워크 관점에 의하면, 다른 조직에 대한 의존은 위험을 증가시키는 것이 아니라 오히려 위험을 감소시킨다. 동반자 관계의 형성은 쌍방 모두가 더 높은 가치를 달성하게 만든다. 서로 협력하는 조직시스템 속에 포함되면 모두가 모두를 돕기 때문에 기업 하나하나가 더 나아질 수 있다. 이러한 사고는 조직들이 독립적이어야 한다는 전통적 사고와 매우 큰 차이가 있는 것이다. 동반자 정신은 여러 산업에서 관찰된다. EADS, 엠브라에르(Embraer), 보잉(Boeing)은 항공용 바이오연료를 개발하기 위해 협력한다.[48] 메이요 클리닉,

도표 5.4 조직 간 관계에 대한 관점의 변화

전통적 관점: 적대적	새로운 관점: 동반자
낮은 상호의존성	**높은 상호의존성**
• 의심, 경쟁, 적대적	• 신뢰, 쌍방을 향한 가치 부가, 높은 헌신
• 세부적인 성과 기준, 세밀한 감시	• 느슨한 성과 기준, 문제 공유
• 가격, 효능, 자사의 이익	• 공평, 공정한 거래, 쌍방의 이익
• 제한된 정보와 피드백	• 전자적 연결을 통한 핵심 정보 공유, 문제 피드백, 토론
• 법적 방식을 통한 갈등 해결	• 긴밀한 조정 메커니즘, 인력의 상주
• 최소한의 관여 및 관계특유적 투자, 서로 구분된 자원	• 제품 설계와 생산에 상호 참여, 자원 공유
• 단기적 거래	• 장기적 거래
• 관계를 제약하는 계약	• 계약 범위를 초월한 협력

출처: Based on Mick Marchington and Steven Vincent, "Analysing the Influence of Institutional, Organizational, and Interpersonal Forces in Shaping Inter-Organizational Relations," *Journal of Management Studies* 41, no. 6 (September 2004), 1029–1056; Jeffrey H. Dyer, "How Chrysler Created an American Keiretsu," *Harvard Business Review*, July–August 1996, 42–56; Myron Magnet, "The New Golden Rule of Business," *Fortune*, February 21, 1994, 60–64; and Peter Grittner, "Four Elements of Successful Sourcing Strategies," *Management Review*, October 1995, 41–45.

엠디앤더슨 암센터(MD Anderson Cancer Center), 커뮤니티 헬스 시스템(Community Health Systems)과 같은 의료기관들은 수많은 의원 및 병원급 의료기관들과 협력관계를 형성하여 서비스의 제공을 확장하고 브랜드의 영향력을 높인다.[49] 자동차회사들은 자율주행 자동차 개발을 위한 비용을 낮추기 위한 여러 파트너십을 형성했다.

조직의 경계가 허물어지고, 서로 공정하게 대우하면서 상호이익을 추구하는 동반자적인 관계가 많아지면서 조직의 경계는 과연 어디인가 하는 개념이 변화하고 있다.

핵심정리

- 협력 네트워크 관점은 자원 의존이론과 대비되면서 새롭게 등장한 것으로, 조직들은 다른 조직과의 상호의존성과 협력 관계를 적극적으로 활용하여 모두에게 유익이 되도록 노력한다고 본다.
- 많은 경영자들이 조직의 독립성에 기반을 둔 적대적인 관점을 버리고 서로 협력하는 관점으로 사고의 틀을 변화시키고 있다.
- 동반자 관점은 신뢰와 공정한 거래, 그리고 협력 관계에 참여한 모든 조직의 이익 달성을 추구한다.

5.4 조직군 생태학 관점

이제 조직 간 관계에 대한 새로운 관점을 소개한다. **조직군 생태학 관점**(population-ecology perspective)은 조직 개체군 내부의 조직적 다양성과 적응의 문제에 초점을 맞춘다는 점에서 다른 관점과 다르다.[50] **조직군**(population)이란 유사한 형태의 자원을 활용하여 유사한 산출물을 생산하며 유사한 행동 양식을 보이는 조직들의 집합을 가리킨다. 동일한 조직군에 속한 조직은 유사한 자원, 유사한 고객을 두고 서로 경쟁한다. 시애틀 지역에 있으면서 서로 경쟁하는 금융기관들, 텍사스주 휴스톤에서 서로 경쟁하는 자동차 딜러들을 예로 들 수 있다.

생태학 이론가들은 사회 안에서 다수를 차지하는 조직 형태와 이들과 다른 변종 조직이 조직군 안에서 어떻게 나타나고 활동하는지에 관심을 갖는다. 조직의 다양성을 창출하는 새로운 조직형태가 지속적으로 나타나는 이유는 무엇인가? 답은 기존 조직이 내부적 관성 때문에 환경의 요구에 맞추어 적절히 변화하지 못한다는 데 있다. 조직군 안에 나타나는 혁신과 변화는 기존 조직의 개혁과 변화보다는 새로운 유형의 조직이 탄생하는 것을 통해 일어난다. 조직의 형태는 한 번 정해지면 변화되지 않으려는 관성이 있기 때문에, 전체 사회의 발전은 혁신적인 시도를 하는 새로운 형태의 조직에 의해서 이루어지는 게 일반적이다. 변화에 소극적인 기존 조직보다는 새롭게 출현하는 조직이 사회의 새로운 요구를 더욱 잘 충족시키는 것이다.[51]

이 이론이 주는 시사점은 무엇인가? 그것은 대형 기존 조직들이 도태된 공룡 신세가 되기 쉽다는 것이다. 1955년 포춘(Fortune)이 선정한 500대 기업 중에서 지금까지 남아 있는 기업은 겨우 71개에 불과하다. 여러 기업이 다른 기업에 합병되었고, 상당수의 조직은 도태되어 사라져버렸다. 대규모의 기존 조직들은 급격한 환경 변화에 적응하기가 매우 어렵다. 그래서 환경이 변화하여 새로운 적소(niche)가 생기면 그곳을 채우는 것은 새로 출현한 조직들이 되곤 한다.[52] 조직군 전체를 분석하는 조직군 생태학 관점에 의하면 어떤 조직이 번성하고 어떤 조직이 쇠퇴할 것인지는 환경의 변화에 의해서 결정된다. 기본 전제는 개별 조직 안에 존재하는 구조적 관성 때문에 오래된 조직은 환경 변화에 적응하기가 어렵다는 것이다. 그 결과 환경이 급격하게 변화하면 오래된 조직은 쇠퇴하고 새로운 환경에 적합한 새로운 조직 형태가 출현하여 빈자리를 차지한다. 예를 들어 집에서 영화를 볼 수 있게 만든 넷플릭스(Netflix)의 충격에 블록버스터사가 대응하지 못한 결과 오레곤주 벤드에만 9,000개에 달하던 비디오 대여업체들은 2019년 3월 현재 단 한 곳으로 줄어들고 만 것이다. 마지막 남은 그 업체의 운영자는 아직은 폐업할 생각이 없다고 한다.

IN PRACTICE 블록버스터

만약 당신이 오레곤주의 벤드에 거주하는 게 아니라면 블록버스터를 기억하지 못할 것이다. 넷플릭스가 처음 등장할 무렵 블록버스터는 9천 개의 점포와 6만 명의 점원을 보유하고 있었다. 점포에 걸어 들어온 고객들은 수백 또는 수천 개의 영화 타이틀 중에서 주말 동안 감상할 영화를 몇 개 골라 대여하고, 자판기에서 약간의 팝콘과 사탕을 사서 집으로 들고 가서 영화를 즐기곤 했다. 이제 그런 시대는 사라졌다. 2010년 블록버스터는 겨우 몇 개의 점포만 남긴 채 파산했고, 수많은 점포들은 문을 닫고 말았다. 이제 유일한 점포가 오레곤주 벤드에 남아 있을 뿐이다.

자신이 관리하는 점포가 지구상에 남은 최후의 블록버스터 점포가 되었다는 소식을 접한 샌디 하딩(Sandi Harding)은 페이스북에 이런 글을 남겼다. "이런 젠장, 끝내준다!" 그리고 점포에서 파티를 열어서 인근 맥주집에서 라스트 블록버스터라는 이름을 붙여 특별하게 빚은 맥주를 마셨다. 이 점포에서는 비디오 대여 이외에 인근 학교의 교사가 만든 트럭운전사 모자, 커피잔, 자석 등 블록버스터

Alexander Oganezov/Shutterstock.com

상표의 잡화들을 판매한다. 벤드에 있는 이 점포는 2000년에 블록버스터 프랜차이즈에 가입했다. 아직 리스 기간은 몇 해 더 남아 있고, 2011년 블록버스터로부터 소유권을 구입한 디쉬 네트워크(Dish Network)와 매년 사용권을 갱신하고 있다.

이 점포가 살아남게 된 이유는 벤드가 외진 지역이어서 영화 스트리밍 서비스에 필요한 초고속 인터넷 망에 접속하는 게 늦어졌기 때문이다. 상황이 변화한 후 이 점포가 얼마나 더 견딜 수 있을지는 두고 볼 일이다. 지금까지 이 점포는 약 4천 명에

달하는 대여고객을 유지하고 있는데, 최근에는 최후의 블록버스터 점포에 들르기 위해서 일부러 몇 시간씩 운전해서 관광객이 찾아오기도 한다. 이런 일에 대해서 하딩은 이렇게 말한다. "여기가 마지막 점포라고 하는 사실이 짜릿한 느낌을 줘요. 마치 명소가 된 것 같거든요."[53]

5.4a 무엇이 적응을 방해하는가?

왜 기성 기업들은 변화에 적응하는 데 그토록 큰 어려움을 겪는 것인가? 조직군 생태학 관점을 처음으로 제시한 마이클 해넌(Michael Hannan)과 존 프리먼(John Freeman)은 조직의 변화 능력에 큰 제약요인이 있기 때문이라고 설명한다. 공장과 장비에 대한 대규모의 투자, 전문화된 인력, 제한된 정보, 의사결정자의 경직된 관점, 기존 절차를 정당화하는 과거의 성공 체험, 기업문화 변혁의 어려움 등으로 인하여 변화하는 데 제약이 있다는 것이다. 이처럼 많은 저항을 뚫고 진정한 변혁을 이루어내는 일은 매우 드물고 성공 가능성도 낮다.[54] 스위스의 한 시계업체가 세상의 변화에 적응하려고 노력한 경험을 살펴보자.

IN PRACTICE 모엣 헤네시 루이뷔통(LVMH)

누군가 지금 몇 시냐고 물어본다면, 당신은 시계를 보는가 아니면 스마트폰을 보는가? 당신이 오늘을 사는 보통 사람이라면 시계를 차지 않고 다닌 지 오래되었을 것이다. 스위스 시계회사의 최고경영자인 68세의 쟝 클로드 비버(Jean-Claude Biver)는 수백 년 전통을 지닌 스위스의 시계 산업이 사라지지 않기를 바라면서 젊은 세대가 스위스 시계를 사도록 만들기 위해서 온갖 방법을 고민하고 있다.

LVMH(Moët Hennesy Louis Vitton) 의 최저가 TAG Heuer 모델은 1,000달러이지만, 스위스 시계의 럭셔리 모델들은 신차 가격을 훌쩍 뛰어넘을 정도로 고가이다. 이뿐 아니라 새로운 기술을 활용하는 회사들은 움직임을 추적하고 이메일을 보여주며 착용자의 사회생활을 계획하는 손목 가제트를 제공하고 있다. 비버는 애플에서 400달러 짜리 스마트워치를 처음 출시했을 때 위기를 인식하고는 그것을 기회로 바꾸기 위한 시도를 했다. 만약 태그호이어(TAG Heuer)가 자체 스마트폰을 개발할 수 있다면, 그것이 젊은 고객들로 하여금 기존의 기계적인 시계에도 관심을 갖게 하는 계기가 될 것이라고 예상했다. 그는 신속하게 움직여서 애플의 스마트워치가 출시된 후 불과 몇 달 지나지 않아 태그호이어의 스마트 시계를 판매하기 시작했다. 2015년 이후 태그호이어는 1,500 달러 "연결 시계"를 10만 대 이상 팔았지만, 비버가 의도했딘 목표로는 아직 연결되지 않고 있다. 고객들이 과거의 기계 방식의 시계에 관심을 보이지 않고 있기 때문이다.

스위스 시계업체들은 살아남기 위해서 새로운 브랜드로 변신한 적이 있는데, 다시 한번 그렇게 할 수 있을지 두고 보아야 알 수 있다. 27세 청년은 시계에 대해서 "나는 그 습관을 잃어버렸다"고 말했다. 다른 사람은 스위스 시계가 지나치게 비싸다고 말한다. "그 돈이 있다면 다른 데 쓰겠다. 여행을 가던지." 비버는 자신이 새로운 방식의 사고를 지닌 다른 세대와 마주치고 있다는 점을 알고 있다. "내가 어떻게 밀레니얼 세대를 이해할 수 있겠어요? 불가능하죠. 나는 68세거든요. 도저히 이해가 안 돼요. 그래도 나는 해볼 겁니다."[55]

변화 적응에 어려움을 겪는 또 하나의 예는 전통적 서점이다. 1997년 제프 베조스(Jeff Bezos)가 하버드 경영대학원에서 강의를 할 때 한 학생이 퉁명스럽게 말했다. "당신 정말로 멋진 사람으로 보인다. 그런데 지금 반스앤노블에 회사를 매각하고 철수하는 것이 맞다고 생각한다." 베조스는 "학생의 생각이 맞을 수도 있겠지만, 건물을 벗어나지 못하는 기존 기업들, 그들의 영업 관행이 새로운 유통 채널의 등장에 맞추어 변화하는 것이 얼마나 어려운지 과소평가하고 있는 것 같다. 한 번 두고 봅시다"하고 말했다. 지금 아마존은 번창하고 있지만, 반즈앤노블은 생존하기 위해서 몸부림치고 있다. 베조스는 기존 기업이 변화하는 것이 얼마나 어려운지를 본능적으로 이해하고 있었다. 코닥(Kodak)도 비슷한 경험을 했다. 사실 코닥은 디지털 사진 기술을 가장 먼저 개발한 기업이었다. 그러나 전통적인 필름 사업에 위협이 될까 싶어 이를 상용화하지 못했다. 코닥은 수십 년 동안 성공을 경험하면서 기존 방식에 너무 익숙해 있었고, 그 결과 경영자들이 변화시키고자 노력하였지만 결국은 실패하고 말았다.[56]

조직군 생태학 관점은 생물학의 자연선택 이론에서 파생된 것으로 진화(evolution)와 선택(selection)이라는 용어를 사용하여 기업 환경의 밑바닥에 흐르는 움직임을 설명한다. 생물 진화론은 새로운 종이 출현하여 번성하고 기존의 종은 사멸하는 과정을 설명한다. 그중 대표적인 이론은 환경에 가장 적합한 형태를 지닌 종이 생존하게 된다는 적자생존 모델이다. 1940년대와 1950년대의 환경 속에서는 저가 상품을 다양하게 구비한 우드워스(Woodworth)가 번창할 수 있었다. 그러나 1980년대와 1990년대 초반에 이르러는 월마트와 같은 대형 슈퍼스토어가 지배적인 위치를 차지하였다. 최근에 와서는 환경이 다시 변화하여 '대형 매장'의 시대가 종말을 맞고 있다. 점점 더 많은 사람들이 온라인으로 쇼핑을 하자 소규모 업체들이 거대한 건물 매장을 보유한 업체에 대해서 우위를 차지할 수 있는 환경이 만들어진 것이다. 그러자 월마트는 최근 700개에 달하는 소규모 월마트 익스프레스(Walmart Express) 매장을 도시에 개설하였다. 타겟도 도심에 소형 상점을 열기 시작했다. 사회 변화의 과정으로부터 영향을 받지 않는 기업은 없다. 최근 등장하는 기술들은 환경에 엄청난 변화를 일으켜서 과거의 지배적인 조직들을 진부화 시키고, 스냅챗(Snapchat), 우버, 페이스북, 에어비앤비, 트위터와 같은 새로운 기업들이 번성하게 만들었다.

5.4b 조직 형태와 적소

조직군 생태학 관점은 조직 형태에 관심을 갖는다. **조직 형태(organizational form)**란 조직이 사용하는 기술, 구조, 제품, 목표, 인력 등의 전체를 가리키며, 환경에 의해 선택되거나 도태되는 것이다. 새로운 조직은 자신이 생존할 수 있는 **적소(niche)**를 찾기 위해 노력한다. 적소란 특정한 환경 자원 및 필요가 존재하는 영역을 가리킨다. 로티스(Rothy's)사의 공동창업자인 로스 마틴(Roth Martin)과 스티븐 호오손웨이트(Steven Hawthornwaite)는 재생 플라스틱과 적절한 재료를 혼합한 소재를 사용하여 편하고 패셔너블하며 물세탁이 가능한 신발을 판매하는 니치 마켓을 발견했다.[57] 초반기에는 조직들이 서식하는 적소의 규모가 작은 것이 보통이지만, 조직이 성장하게 되면 적소의 규모도 함께 커진다. 만약에 적절한 적소를 발견하지 못하면, 그 조직은 쇠퇴하거나 도태된다.

개별 조직의 입장에서 생각하면 행운과 우연, 예상할 수 없는 우발적 사건이 조직의 생존에 영향을 미친다. 혁신적인 조직이나 대형 조직은 모두 생존을 위해서 새로운 제품과 아이디어를 지속적으로 내어놓는다. 이 중 어떤 아이디어와 조직 형태가 존속하고 사멸될 것인지는 전적으로 외부환경이 어떤 것을 지지하고 혹은 지지하지 않는가 하는 확률적 사건에 의해서 결정된다. 어떤 여성이 2019년 기준으로 가장 빠르게 성장하는 두 도시인 텍사스주의 맥키니이나 노스캐롤라이나주의 캐리에서 소규모 전기공급 사업을 시작하면 엄청나게 성공하는 행운을 잡을지도 모른다. 이 두 도시는 2014년 조사에서 가장 빠르게 성장하는 도시로 선정되었다. 그러나 그 여성이 동일한 사업을, 쇠퇴하는 다른 지역에서 시작한다면 성공 가능성은 훨씬 낮아질 것이다. 이처럼 한 조직의 성공과 실패는 조직이 사용하는 기술이나 전략뿐 아니라 환경의 특성에 의해서도 영향을 받는다.

> **2. 신생기업의 성공과 실패는 창업가의 창의력과 경영 능력에 달려 있다.**
>
> **답)** 동의하지 않는다. 행운도 명석함만큼이나 중요하다. 경영자들이 미처 보지 못하는 환경의 힘이 기업의 성공과 실패를 결정한다. 운 좋게도 적절한 장소에서 적절한 타이밍에 사업을 시작한다면 경영 능력과 관계없이 성공의 가능성이 높아질 수 있다.

도입 질문과 답

5.4c 생태적 변화의 과정

조직군 생태학 관점은 조직군 안에서 새로운 조직 형태가 계속해서 출현하는 것을 전제한다. 따라서 조직군은 항상 변화하고 있다. 조직군 내 변화의 과정은 〈도표 5.5〉가 보여주는 것처럼 변이, 선택, 보존의 3단계로 이루어진다.

- 변이: **변이**(variation)란 새롭고 다양한 조직 형태들이 조직군 안에 출현하는 것을 가리킨다. 새로운 조직 형태들은 혁신적인 조직에 의해서 시도되거나, 대기업의 벤처캐피탈을 통해서 설립되기도 하고, 새로운 서비스를 제공하고자 하는 정부의 시도에 의해서 나타나기도 한다. 외부환경 속에서 발생한 필요성을 인식한 후 그것을 충족시키기 위한 시도로서 고안되기도 한다. 메르트 이세리(Mert Iseri)는 스와이프센스(SwipeSense)를 창업했는데, 이 회사의 첫 제품은 디지털 손 위생 시스템으로서 미국에서 한 해에 약 만 명의 사망을 초래하는 병원 내 감염을 방지하기 위한 것이었다.[58] 최근 출현한 수많은 신생 기업이 스마트 폰과 소셜 네트워킹 사이트의 어플리케이션, 컴퓨터 소프트웨어를 개발하여 기존 대기업에 대해서 컨설팅 및 기타 서비스를 제공하고 있고, 인터넷 상거

도표 5.5 조직군 생태학 모델

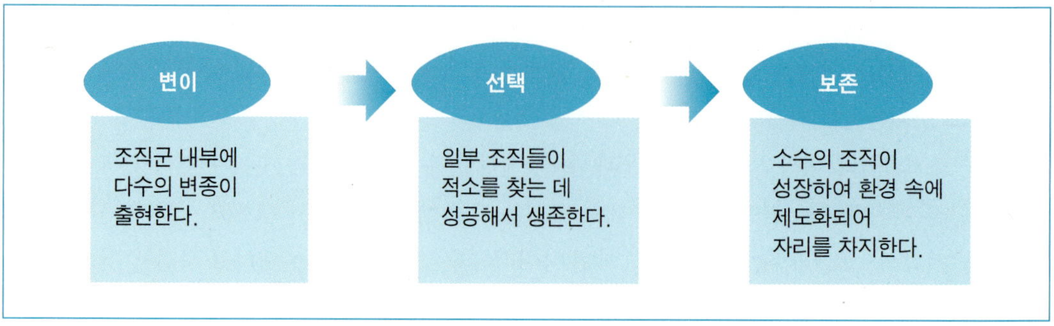

래 업체가 필요로 하는 제품과 기술을 제공했다. 또 다른 형태의 신생기업들은 전통적인 제품이나 서비스를 생산하지만, 사용하는 기술이나 사업 모델, 경영기법은 전혀 다른 것을 사용함으로써 생존능력을 강화하였다. 예를 들어 승객들이 우버나 리프트와 같은 업체를 통해서 제공받는 서비스는 전통적인 택시 회사와 동일한 것이지만, 이들의 사업 모델과 사용하는 기술은 체커 택시 또는 옐로우캡보다 훨씬 효율적이고 저렴하다. 조직 형태의 변이는 생물학에서 말하는 돌연변이와 유사한 개념으로서, 환경 속에 조직 형태의 다양성과 복잡성의 수준을 높인다.

- 선택: **선택**(selection)이란 새로 출현한 조직 형태가 환경에 적합한 것으로 받아들여져 생존하는 여부를 의미한다. 수많은 변종 중에서 환경의 선택을 받아서 생존하는 변종은 몇 종에 불과하다. 어떤 변이는 다른 변종보다 외부환경에 더 잘 적응한다. 필요성을 입증하는 변종은 적소를 찾게 되고 그 결과 생존에 필요한 자원을 환경으로부터 공급받게 되어 생존한다. 그렇지 환경의 필요를 충족시키지 못하는 변종은 사멸한다. 어떤 기업의 제품이나 서비스에 대해서 충분한 수요가 존재하지 않거나, 조직을 유지하는 데 필요한 자원을 충분하게 확보하지 못하는 조직은 '자연 도태'된다.
- 보존: 환경의 선택을 받은 조직 형태가 보호받아 제도화화는 것을 **보존**(retention)이라고 한다. 어떤 기술이나 제품, 서비스는 환경에 의해서 매우 가치 있는 것으로 여겨진다. 그 결과 보존된 조직 형태는 환경의 중요한 일부분으로 받아들여진다. 제도화된 조직의 예로는 정부, 학교, 교회, 자동차 회사 등을 들 수 있다. 패스트푸드 시장의 45%를 점유하고 청소년들에게 첫 직장 생활의 기회를 제공하는 맥도날드(McDonald's)도 미국인의 삶 속에 제도화된 것으로 볼 수 있다.

맥도날드와 같이 제도화된 조직들은 조직군 안에서 상대적으로 영속하는 특징을 지니지만, 그렇다고 해서 가만히 있어도 영속적으로 존재할 수 있다는 뜻은 아니다. 환경은 끊임없이 변화하고 있기 때문에 지배적인 조직 형태라고 해도 외부환경 변화에 적응하지 못하면 점차 쇠퇴하다가 다른 조직에 의해서 대체되고 만다.

조직군 생태학 관점에서 보면, 환경이야말로 조직의 성공과 실패에 결정적인 영향을 미치는 존재이다. 조직은 환경의 요구를 충족시켜야 생존할 수 있지, 그렇지 못할 경우에는 도태될 수밖에 없다. 변이와 선택, 보존의 원리는 조직 개체군 속에서 새로운 조직 형태가 출현하여 자리를 잡는 과정을 보여주고 있다.

5.4d 생존 전략

조직군 생태학 관점에 내재되어 있는 또 다른 원리는 **생존을 위한 투쟁**(struggle for existence), 즉 경쟁이다. 조직과 조직군은 자원을 확보하기 위한 투쟁에 참여하게 되고, 그 속에서 각 조직은 생존을 위해서 전투를 벌인다. 가장 치열한 전투는 신생 조직 사이에서 벌어지며, 새로운 조직 형태의 탄생 빈도와 생존 가능성은 이들을 둘러싼 환경의 요소에 의해서 결정된다. 역사적으로 볼 때 도심지의 규모, 이민자의 비율, 정치적인 격변, 산업 성장률, 환경의 변동성 등이 신문사, 통신 기업, 철도, 정부기관, 노동조합, 나아가 자원봉사 조직의 탄생과 생존에 영향을 미쳐왔다.[59]

조직군 생태학 관점은 생존 투쟁을 할 때 조직이 사용하는 전략을 **제너럴리스트**(generalist) 전략과 **스페셜리스트**(specialist) 전략으로 구분한다. 넓은 범위의 적소 또는 활동 영역을 지닌 조직, 즉 다양한 범위의 제품이나 서비스를 여러 시장을 대상으로 제공하는 조직을 제너럴리스트라고 하며, 좁은 범위의 제품이나 서비스를 한정된 시장에 제공하는 조직을 스페셜리스트라고 한다.

자연 환경의 생태계 사례를 보면, 하와이처럼 대륙과 2천 마일 이상 떨어진 격리된 지역에서는 스페셜리스트 품종이 진화하였다. 하와이 지역의 생태계는 외부의 영향을 비교적 덜 받은 상태로 잘 보존되어 있다. 그러나 외부의 영향을 많이 받은 코스타리카와 같은 지역의 생태계에서는 다양한 상황에 대한 적응력과 회생 능력이 뛰어난 제너럴리스트 품종이 더욱 많이 발견되고 있다. 기업계에서는 마델라인, 패딩턴 베어, 걸스카우트 프렌드십 인형, 모 빌렘스 엘리펀트와 피기 등과 같은 캐릭터 기반 장난감을 제조하는 요토이(Yottoy)사는 스페셜리스트로 볼 수 있는 반면, 전 연령대의 남자아이 또는 여자아이를 위한 여러 장난감을 판매하는 마텔(Mattel)사는 제너럴리스트로 볼 수 있다.[60]

스페셜리스트와 제너럴리스트의 활동 영역이 중첩되는 부분에서는 스페셜리스트가 더욱 강한 경쟁력을 보인다. 그러나 제너럴리스트의 넓은 활동 영역은 환경의 변화로부터 제너럴리스트를 보호해준다. 한 사업 영역에서 수요가 줄어드는 경우에도 다른 사업 영역에서 수요를 증가시킬 수 있기 때문이다. 이뿐 아니라 다양한 제품, 서비스 고객을 지니고 있는 제너럴리스트는 환경이 변화하면 그에 따라서 자원을 재배치할 수 있지만, 스페셜리스트는 그렇게 할 여지가 없다. 그러나 스페셜리스트들은 대부분 작은 조직이기 때문에 환경의 변화에 빠르고 유연하게 대응할 수 있다는 장점을 지니고 있다.[61] 요토이사의 창업자이자 최고경영자인 케이트 카처 클라크(Kate Karcher Clark)는 요토이가 성공할 수 있는 요인은 시장의 트렌드 변화와 환경의 변화에 대해서 빠르게 대응할 수 있는 능력 덕분이라고 말한다.[62] 조직 성공에 영향을 미치는 경영자의 영향은 기업이 개방된 적소(open niche)에 진입하는 전략을 선택하고 조직을 맞추어 나갈 때 분명하게 나타난다.

핵심정리

- 조직군 생태학 관점은 기존 조직들이 채우지 못하고 있는 적소를 새로운 조직이 출현하여 채우면서 조직군 내에 조직적인 다양성이 계속해서 높아지는 이유를 설명해준다.
- 이 관점에 의하면 기존의 대기업들은 환경의 변화에 적응하는 데 어려움이 있기 때문에, 새로운 필요를 충족시키기에 적절한 형태와 기술을 지닌 신생기업들이 출현하게 된다.
- 변이와 선택, 보존 과정을 통해서 어떤 조직은 생존하고 성장하는 반면, 다른 조직들은 도태된다.
- 조직군 내부에서 생존 경쟁을 하기 위해서 조직이 취할 수 있는 전략에는 제너럴리스트 전략과 스페셜리스트 전략이 있다.

5.5 제도화

제도화 관점은 조직 간 관계에 대한 또 다른 시각을 제시한다.[63] **제도화 관점**(institutional perspective)은 어떻게 하면 조직이 조직에 대해서 가진 환경의 기대에 부응함으로써 생존하고 발전할 수 있는지를 설명해준다. **제도적 환경**(institutional environment)은 고객, 투자자, 협회, 이사회, 정부, 협력 기업들을 포함하는 이해관계자들의 규범과 가치로 구성된다. 그렇기에 제도화 관점은 조직들이 외부 이해관계자를 만족시킬 수 있도록 구조와 과정을 적용하고, 나아가서 그러한 활동들이 조직 안에서 법과 같은 지위를 차지하게 된다고 본다. 즉 제도적 환경은 어떤 것이 조직을 구성하고 행동하는 올바른 방식인가에 대한 사회의 시각을 반영한다.[64]

정당성(legitimacy)이란 환경의 규범과 가치, 신념체계에 비추어볼 때 조직의 활동이 바람직하고 적절하다는 사회 전반의 인식이다.[65] 이처럼 제도화 이론에서는 눈에 보이는 요소인 기술과 구조보다 눈에 보이지 않으면서 행동에 영향을 미치는 규범과 가치 등을 더 중요하게 생각한다. 조직이나 산업체는 사회 구성원의 인지적 및 감정적인 기대에 부응해야 한다. 예를 들어 어느 은행이 일반적으로 받아들여지는 금융관리의 규범을 준수하지 않는다면 사람들은 그 은행에 예금하지 않을 것이다. 지방 정부에서 학군 내 학교에 대하여 취하고 있는 정책이나 활동에 대하여 지역주민들이 지지하지 않고 있는 상황에서, 지방 정부는 학교 재정을 위하여 재산세를 올리려 할 수 없을 것이다.

조직들은 모두 정당성에 관심을 갖는다. 그 결과는 포춘지의 기업 평판 순위 조사, 레퓨테이션 인스티튜트(Reputation Institute)가 공개적으로 조사하여 발표하는 연간 '글로벌 렙트랙(Global RepTrak) 100'에 반영된다. 기업의 성공과 평판은 같은 방향으로 움직인다. 좋은 평판을 유지하는 것이 수익성에 도움이 된다는 사실은 항공업계의 조사결과에서 밝혀진 바 있다. 좋은 평판을 유지하는 항공사의 자산대비순이익률과 순이익은 그렇지 못한 항공사에 비하여 훨씬 더 높은 것으로 나타났다.[66]

많은 기업들이 조직의 경쟁우위를 높이기 위해서 평판을 적극적으로 형성하고 관리한다. 모기지론에서 시작된 2007년 금융위기와 베어스턴스(Bear Stearns)와 리먼브라더스(Lehman Brothers) 등 굴지의 금융기관이 쇠락하는 것을 보면서, 많은 금융업체들이 정당성을 제고하기 위한 방안을 적극적으로 모색하고 있다. 시티그룹(Citigroup), 메릴린치(Merrill Lynch), 와코비아(Wachovia)는 과거의 관행을 버리고 새로운 사업방식을 추구한다는 다짐을 보여주기 위해서 모기지 문제와 관련된 경영자들을 모두 내보냈다.

정당성에 대한 논의는 제도화 이론가들이 제기하는 중요한 질문, 즉 조직 형태와 경영 관행에 그토록 많은 유사성이 존재하는 이유는 무엇인지에 대해 답을 준다. 은행과 고등학교, 병원, 정부기관의 부서, 유사한 산업에 속한 기업들은 서로 놀라울 정도로 유사하다. 인터넷 기업과 같이 새롭게 출발한 조직 영역에는 여러 다양한 조직 형태가 공존한다. 그러나 일단 산업이 안정되고 나면, 유사성을 향한 보이지 않는 힘이 작용한다. 이러한 힘을 설명하기 위하여 동형론(isomorphism)이란 용어가 사용된다.

5.5a 제도화 관점과 조직설계

제도화 이론에서는 조직에는 두 가지 차원, 즉 기술적인 차원과 제도적인 차원이 있는 것으로 이해한다. 기술적인 차원은 일상적인 업무 수행을 위한 기술과 운영의 조건을 다루는 차원이다. 제도적인 차원은 외부의 일반 대중에게 비쳐지는 조직의 이미지이다. 기술적인 차원에 대해서는 합리성과 효율성의 규범이 지배하지만, 제도적인 차원에서는 외부환경이 조직에 대해서 갖고 있는 기대 규범이 지배한다. 적절하고 정확한 방식으로 일을 해야 한다는 압력 때문에 조직의 공식적 구조는 작업 활동의 요구보다 외부환경의 기대와 가치를 더욱 크게 반영하여 설계된다. 조직들은 효율성이 저하되는 것을 감수하면서도 사회에서 중요하게 여기는 가치에 부응하기 위하여 전자상거래 사업부, 준법감시인, 소셜미디어 책임자와 같은 직책 내지 부서를 만들어 정당성과 장기적인 전망을 높이려고 하는 행동들은 모두 이런 배경에서 이루어지는 것이다. 웹 사이트를 운영하는 데 드는 비용이 그것을 통해 얻을 수 있는 유익보다 훨씬 큼에도 불구하고 중소기업조차 웹 사이트를 운영하는 것도 같은 이유로 설명할 수 있다. 오늘날에는 조직이라면 웹 사이트를 운영하는 것을 필수적으로 여기기 때문이다. 제도론 관점에서 이루어지는 조직의 공식적인 조직과 설계는 작업 흐름이나 제품 또는 서비스의 제공 측면에서 볼 때는 합리적으로 여겨지지 않을 수도 있다. 그러나 더 넓은 환경 차원에서 볼 때에는 그것이 조직의 생존을 유지할 수 있게 해주는 것이다.

조직들은 문화적 규범, 전문조직에서 제정한 규칙, 자금 제공 기관, 고객의 기대와 요구를 준수하고 있다는 신호를 외부환경에 지속적으로 보냄으로써 환경에 적응한다. 조직의 구조는 외부환경의 승인을 얻고 정당성과 지속적인 지원을 얻기 위하여 기술적인 작업과 별도로 만들어진 것이다. 따라서 조직구조는 실제적인 생산 요구와 다르게 설계될 수 있으며, 조직 내부 문제해결과는 전혀 상관이 없을 수도 있다. 제도화 관점에서 보면 조직의 공식적 구조는 기술적 요구와 분리되어 설계되는 것이다.[67]

5.5b 제도적 유사성

조직의 구조와 행동의 많은 측면이 내부의 기술적 효율성 대신 환경의 허용을 받으려는 목적을 지향한다. 그 결과 조직 간 관계는 유사한 조직군에 속한 다른 개체들과 유사하게 보이는 방향으로 움직이도록 압력을 가한다. 학술 문헌에서 제도적 동형론(institutional isomorphism)이라고도 표현하는 **제도적 유사성**(institutional similarity)은 동일한 장(field)에 속한 조직들에서 공통적으로 드러나는 구조와 관점의 유사성을 가리킨다. 즉, 동형화란 조직군 안에 있는 한 단위 개체가 유사한 환경 조건에 속해 있는 다른 개체를 닮아가는 과정을 가리킨다.[68]

그렇다면 조직 간 유사성은 어떠한 과정을 통해서 발생하는가? 서로 유사하게 만드는 힘은 어떤 모습으로 나타나는 것인가? 세 가지 제도적인 적응 메커니즘이 〈도표 5.6〉에 제시되어 있다. 세 가지 메커니즘이란 불확실성에 대한 대응의 결과로 나타나는 모방적 힘, 정치적 영향력에 의해서 나타나는 강압적 힘, 공동의 훈련과 전문성에 의해서 나타나는 규범적 힘이다.[69]

모방적 힘. 대부분의 조직, 특히 기업 조직은 엄청난 불확실성에 직면해 있다. 어떤 제품과 서비스를 생산하고, 어떤 기술을 사용해야 하는지, 그렇게 하면 원하는 결과를 과연 얻을 수 있는지 없는지, 때로는 무엇을 원하는 것인지조차 경영자들에게는 분명하지 않다. 이러한 불확실성에 직면해 있을 때 다른 조직을 모방하여 그들이 하는 대로 따라 하려는 **모방적 힘**(mimetic forces)이 작용한다. 경영자들은 한 기업에서 출현한 혁신을 성공이라고 생각하는 경향이 있기 때문에 한 기업에서 시작된 경영 관행은 모방을 통해서 다른 기업으로 빠른 속도로 확산되곤 한다. 맥도날드가 건강을 고려한 메뉴를 출시하고 새로운 형태의 음료를 추가하여 줄어들던 매출을 회복시키자 다른 패스트푸드업체들도 이를 따라 하기 시작했다. "경쟁업체로부터 배울 필요가 있어요." KFC, 타코벨(Taco Bell), 피자헛(Pizza Hut)의 모기업인 얌 브랜드(Yum Brands)의 CEO인 데이비드 노박(David Novak)의 말이다. 마찬가지로 미국의 항공사들, 즉 아메리칸 에어라인즈와 델타, 유나이티드 항공은 서로를 모방하곤

도표 5.6 제도적 적응의 메커니즘

	모방적 힘	강압적 힘	규범적 힘
조직유사성의 원인	불확실성	의존성	의무, 책임
사건	혁신, 가시성	법령, 규칙, 제재	전문가 인증, 심의
사회적 토대	문화적 지원	법적	도덕적
사례	리엔지니어링, 벤치마킹	오염 통제, 학교 규제	회계기준, 컨설턴트 훈련

출처: Adapted from W. Richard Scott, Institutions and Organizations (Thousand Oaks, CA: Sage, 1995).

한다. 유나이티드 항공이 국가 간 항로에 대해서 완전히 눕혀지는 좌석의 도입을 선언하자, 아메리칸과 델타도 바로 따라서 도입했다. 주요 허브공항에서 활주로 이동을 할 때 주요 고객에게 고급승용차 서비스를 제공하는 것을 가장 먼저 시작한 것은 델타였는데, 다른 두 항공자도 곧 뒤따라 동일한 서비스를 시작했다. 세 항공사는 비행거리 대신에 구입한 항공권의 가격을 기반으로 하는 동일한 공식의 마일리지 프로그램을 운영하고 있다.[70] 많은 대기업들이 위험한 줄 알면서도 몇몇 해외 시장에 진입하기도 했는데, 그러한 결정의 배후를 보면 경쟁자를 뒤따라서 한 경우가 많다. 경영자들은 경쟁업체에 뒤처지기를 원하지 않는다.[71]

모방은 명확한 성공의 증거가 없는 경우에도 이루어진다. 모방 과정은 기업계에 특정한 경영방식이 유행하는 이유를 설명해준다. 일단 새로운 아이디어가 출현하면, 여러 조직들이 달려들어 그것을 모방하여 받아들이고, 일정한 시간이 흐른 뒤에 그 아이디어를 적용하는 것이 매우 어렵고 때로는 문제를 해결하기보다는 도리어 새로운 문제를 야기한다는 것을 깨닫는 현상이 반복적으로 발생하고 있다. 최근 기업 차원의 건강 프로그램이 바람을 일으켜 많은 산업을 휩쓸고 간 것도 그러한 예로 볼 수 있다. 여러 기업들이 이 흐름에 달려들어 연간 총액 500억 달러에 달하는 규모로 성장하였다. 그러나 최근 조사에 의하면 종업원들의 건강은 개선되지 않았다. 여러 고용주들은 프로그램을 통하여 조직구성원들을 계몽하여 건강관리에 힘쓰도록 유도하고자 했지만, 그러한 노력이 과연 의미 있는 성과를 도출하고 있는지에 대해서는 관심이 없다.[72]

아웃소싱, 팀, 식스시그마 프로그램, 브레인스토밍, 균형성과표 등도 효율이나 효과에 대한 명확한 증거가 없이 도입되고 있다. 단 하나의 분명한 유익은 불확실성이 줄어들었다는 느낌, 우리 기업도 최신의 경영기법을 채택하고 있다는 것 때문에 기업이미지가 좋아졌다는 경영자의 느낌이다. 100개의 기업을 대상으로 한 최근의 조사 결과, 인기 있는 경영기법을 채택하고 있는 기업들이 실제로는 경영성과의 개선을 나타내지 못함에도 불구하고, 더 좋은 품질의 경영을 수행하는 것으로 평가받고 존경받는 것으로 나타났다.[73] 공식적으로 이루어지는 모방의 가장 분명한 사례는 전사적 품질관리 활동의 일부로 추진되고 있는 벤치마킹 활동이다. 벤치마킹이란 산업 안에서 가장 뛰어난 것으로 여겨지는 운영방식을 조사하여 그 기법을 복제함으로써 경영 과정을 개선하고 탁월한 성과를 올리려는 시도이다. 그러나 왜 그러한 기법이 성과를 거두고 때로는 실패하는지를 심층적으로 들여다보지 못하는 채 겉모습만을 모방하는 것으로는 기대하는 성과를 거두기 어렵다.[74]

모방이 이루어지는 이유는 높은 불확실성 속에 처한 상황에서 외부에서 어떤 종류의 혁신이 발생하여 여러 기업의 지지를 받게 되면, 그 기법을 채택하는 것은 조직에 정당성을 부여하기 때문이다. 모방의 힘은 매우 강력하기 때문에 은행이나 고등학교, 제조업체 모두에서 여러 조직들은 서로 유사한 방식으로 움직이고 있는 것을 볼 수 있다.

도입 질문과 답

3. 경영자들은 조직의 효과성을 높이고 시대의 변화에 적응하기 위하여, 다른 성공적 기업들이 사용하고 있는 기법들을 신속하게 모방하거나 도입해야 한다.

답) 동의한다. 경영자들은 흔히 최신의 기업이라는 사회적 인정을 받기 위해서 다른 성공적 기업에서 실행하는 기법들을 모방하곤 한다. 기업들이 서로를 모방하기 때문에 기업들의 구조와 프로세스, 경영시스템은 대부분 서로 유사한 모습을 지니게 된다.

강압적 힘. 모든 조직은 공식적 또는 비공식적으로 정부와 규제기관, 그리고 환경 속에 있는 다른 조직들로부터 압력을 받는다. 그 기업이 의존해야 하는 조직으로부터는 더 큰 압력을 받는다. **강압적 힘**(coercive forces)이란 어떤 조직에 대해서 다른 조직과 비슷한 조직구조와 경영기법, 경영방식을 택하도록 가해지는 외부의 압력을 가리킨다. 최근 대기업의 경영자들은 회계 법인이나 법률사와 같은 서비스 제공업체에게 여성이나 소수인종 고용을 통하여 다양성을 증대시키도록 압력을 가하기 시작했다. 페이스북은 소셜미디어 분야의 대기업으로서 법적인 문제에 대처하고자 하는 법률회사들에게 적어도 33% 인력을 여성과 소수인종 그룹으로 채울 것을 요구하기 시작했다.[75]

어떤 압력은 법령으로 만들어져서 강제적으로 적용되기도 한다. 공해방지장치나 안전장치를 설치해야 한다는 정부의 규정을 예로 들 수 있다. 2008년 월스트리트의 붕괴 이후에 모기지와 금융 산업에 대해서 정부의 감독이 강화되었다. CARD(Credit Card Accountability, Responsibility, Disclosure)법은 신용카드 회사들로 하여금 연체나 최소금액만 결제하도록 할 경우에 부담하게 될 최대 이자율을 공지하도록 강제하고 있다.

자원 의존 관점에서 살펴본 것처럼 강압적인 힘은 권력 격차가 있는 조직 사이에서 나타날 수도 있다. 대형 소매업체나 제조업체가 납품업체에 대해서 특정한 정책과 절차, 경영방식을 지키도록 강요하는 것은 매우 흔한 일이다. 지속가능경영 정책의 일환으로 월마트는 10만 개 이상의 거래업체들에게 물 사용, 이산화탄소 배출, 쓰레기 배출 등을 포함하여 제품 생산에 들어가는 '전체 환경 비용'을 계산하도록 요구하고 이를 평가하는 한편 제품의 가격 옆에 공개하도록 하고 있다. 마이크로소프트는 주요 공급자와 거래업체들에게 몸이 불편한 근로자들에 대한 유급 질병휴가 제공, 휴가 제공, 가족을 돌보기 위한 휴가 등을 제공할 것을 요구하고 있다.[76]

다른 변화와 마찬가지로 강압적 힘 때문에 생기는 변화도 조직의 효과성을 높이지 못할 수 있다. 그러나 그렇게 하는 것이 사회적으로 더 정당한 기업으로 여겨지도록 만든다는 점에서 긍정적인 효과를 지닐 수 있다. 조직이 다른 조직에 의존하고 있거나, 규칙과 법령, 제재 등이 포함된 정치적 요소가 변화하거나, 다른 종류의 계약 내지 법적인 제약이 존재할 때 강압적 힘에 의한 조직 변화가 나타난다. 외부의 제약을 받으면서 활동해야 하는 조직들은 변화를 수용할 수밖에 없는데, 그 과정에서 다른 조직과 동질성은 증가하고 이질성은 줄어드는 변화가 나타나게 된다.

규범적 힘. 제도론 관점에서 제기하는 세 번째 메커니즘은 규범적인 힘이다. **규범적 힘**(normative forces)이란 전문적인 기준을 수용하거나 전문가 단체에서 가장 효과적이고 최선의 방법이라고 규정한 방식을 수용하는 것을 말한다. 정보기술, 회계 기준, 마케팅 기법, 협력적 관계 등의 여러 영역에서 규범적 힘에 의한 변화가 나타나고 있다.

전문가들은 대학의 학위 과정과 같은 공식적 교육 과정과 컨설턴트 및 전문적 리더 사이에 이루어지는 정보 교환을 통해서 생각을 공유한다. 대학, 컨설팅 회사, 전문 훈련기관들은 전문경영자 사이에 통용되는 규범을 생성한다. 유사한 훈련과 기준에 노출된 사람들은 동일한 가치를 공유하고 그에 따라서 조직이 움직이도록 영향을 미친다. 경영대학(원)에서는 재무관리, 마케팅, 인적자원관리를 가르치면서 어떤 방식이 다른 방식보다 나은지 제시함으로써 일반적으로 받아들여지는 표준을 만들어간다. 한 라디오 방송사는 기능별 구조에서 사업별 구조로 조직구조를 변화시켰는데, 그렇게 한 이유는 사업별 구조가 '더 높은 표준'이라는 컨설턴트의 제안 때문이었다. 사업별 구조가 더 적합하다는 증거가 전혀 없음에도 불구하고 라디오 방송국은 정당성을 높이고 최신의 전문적 경영방식을 채택하고 있는 것처럼 대중에게 보이기 위해서 조직을 변화시킨 것이다.

전문 교육을 받은 경영자와 전문가들이 공유하고 있는 규범에 기초를 둔 성과 표준을 따라야 한다는 의무감 때문에 기업들은 규범적인 압력을 수용하고 있다. 조직에 대한 규범들은 전문적인 교육과 인증, 당대의 전문가들 사이에 통용되는 도덕적이고 윤리적인 표준에 의해서 전승된다. 최근 모기지 및 금융 산업에서 나타난 것처럼 정당성을 유지하던 규범이 붕괴된 경우에는 새로운 표준을 강제적으로 적용하는 외부의 강압적인 힘이 조직에 행사될 수도 있다.

제도적인 환경에 대하여 조직의 정당성을 제고하는 데 필요한 변화 요구는 모방적, 강압적, 규범적인 힘이 모두 작용한 결과일 수도 있고 어느 한 요인이 주로 작용한 결과일 수도 있다. 의존성, 불확실성, 모호한 목표, 전문적 기준에 대한 의존 등의 조건이 만들어졌을 때 기업들은 이러한 힘의 작용을 경험한다. 그 결과 환경의 요구에 대한 대응과정에서 경영자의 창의적인 시도로 인하여 출현하는 다양성에도 불구하고, 최종적으로 만들어지는 조직의 모습은 서로 유사성을 띠게 된다.

핵심정리

- 제도론 관점은 제품과 서비스의 공급필요성만큼이나 정당성을 확보하기 위한 필요에 따라서 조직 간 관계의 형태가 형성된다고 주장한다.
- 정당성을 확보해야 할 필요가 존재하기 때문에 조직은 외부 이해관계자들이 타당하고 적절하며 최신이라고 인정하는 조직구조와 활동을 채택하는 경향을 보이게 된다. 이런 과정을 통해서 기성 조직들은 서로의 기법을 모방하게 되고 결과적으로 서로 아주 비슷한 모습을 지니게 된다.
- 동일한 분야에 속한 조직들의 구조와 접근방식에서 매우 공통적인 모습이 출현하는 현상을 제도적 동형론 또는 제도적 유사성이라고 표현한다.
- 조직 사이의 유사성이 증가하는 현상을 세 가지 메커니즘으로 설명할 수 있다. 모방적인 힘은 불확실성에 대응하기 위한 방안으로서 이해할 수 있으며, 강압적 힘은 권력 격차와 정치적인 영향에 기인한다. 그리고 규범적 힘은 전문가주의와 공통의 교육 이수와 같은 형태를 통해 작용한다.

이 장에서 살펴본 네 가지 관점은 모두 타당성을 지닌다. 이 관점들은 조직 간 관계를 관찰할 수 있는 네 가지 다른 종류의 렌즈를 대표한다. 조직들은 독립성을 유지하기 위하여 서로 경쟁하고 싸우는 한편, 서로 협력적인 관계를 형성하여 번창하기도 한다. 변화에 적응하지 못해 머뭇거리다가 새로운 조직들이 번성할 수 있는 기회를 제공하기도 하고, 이익만큼이나 외부환경으로부터 받는 정당성을 중요하게 여겨 추구하기도 한다. 경영자들은 조직 간 관계의 중요성을 인식하고 성공적으로 관리를 해낼 수 있어야 한다.

토의문제

1. 기업 생태시스템 개념은 조직들이 이전보다 훨씬 더 상호의존적이라는 의미를 내포하고 있다. 개인적 경험에 비추어서 이러한 주장에 동의하는가?
2. 경영자가 되기 위해서는 조직 내부를 관리해야 하는 책임뿐 아니라 다른 조직과의 관계를 관리할 줄 알아야 한다는 전망에 대해서 어떻게 생각하는가?
3. 당신이 자원 의존 관점을 지닌 대기업에 의존하고 있는 중소기업의 경영자라고 가정하자. 생존과 번영을 위해서 어떠한 행동을 해야 할 것인지 제시해보자. 만약 당신이 대기업의 경영자라면 어떻게 하겠는가?
4. 지금까지 많은 경영자들은 다른 기업과 적대적인 관계를 유지해야 한다는 가정에 따라서 교육을 받았다. 다른 기업과 경쟁적인 관계를 상정하고 경영하는 것과 협력적인 관계를 상정하고 경영하는 것 중에서 어느 것이 쉽다고 생각하는가? 그렇게 생각하는 이유는 무엇인가?
5. 적대적 관계와 협력적 관계가 수업을 듣는 학생 사이에는 어떻게 나타나고 있는가? 여러분은 성적을 잘 받기 위해서 서로 경쟁하는가? 공동 수행 과제에서 진정한 협력관계를 형성하는 것이 가능한가?
6. 조직군생태학 관점은 새로운 종이 출현하고 오래된 종이 사멸하는 것이 사회 전체적으로 건강한 조직군을 유지할 수 있는 비결이라고 생각한다. 이 주장에 동의하는가? 유럽의 국가들이 기존의 조직들을 보호하면서 새로운 조직의 출현을 규제하는 이유는 무엇이라고 생각하는가?
7. 변이와 선택, 보존의 과정을 한 조직 안에서 발생하는 혁신에도 적용할 수 있는지 설명해보자.
8. 정당성에 대한 욕구가 월마트와 같은 대기업을 움직일 수 있다는 주장에 진심으로 동의하는가? 다른 사람에게 인정받으려는 욕구가 개인에게도 있다고 생각하는가? 설명해보자.
9. 정당성을 확보하고자 하는 욕구가 시간이 흘러가면서 조직들이 서로 유사하게 만들어가는 과정을 설명해보자.
10. 모방적 힘과 규범적 힘은 어떤 점에서 다른가? 각각의 예를 들어서 설명해보자.

연습문제: 샤마토시[77]

지시

1. 수강생을 3명씩 하나의 그룹으로 묶자. 그룹 중 절반을 교실 한 쪽으로 모이게 하고 "1"이라고 표시하고, 나머지 절반을 "2"로 표시하여 구분해보자.
2. 1은 약리학이고 2는 방사선학이다. 각자 자신의 역할에 해당하는 내용만 읽도록 해보자. 상대 그룹의 내용은 읽지 않도록 하자.
3. 협상 그룹에 속하지 않는 학생은 누구나 특정한 협상 미팅을 관찰하도록 배치할 수 있다.
4. 두 그룹은 모두 DBR 소유의 샤마토시(Shamatosi)라는 식물을 구입하고 싶다.
5. 그룹별로 모여서 협상 전략을 개발하기 위한 준비를 10분간 갖는다.
6. 하나의 약리학 그룹은 하나의 방사선학 그룹과 짝을 이루도록 한다.
7. DBR로부터 샤마토시라는 식물을 인수하고자 하는 협상을 15분간 진행하도록 한다.
8. 각 그룹은 공동으로 인수안을 마련하여 제안할 수도 있고, 인수를 위해서 경쟁할 수도 있다. 공동으로 마련하는 협약안은 식물 인수를 위해 제안할 가격, 비용의 분담, 식물을 어느 회사 소속으로 할지, 식물을 어떻게 활용할지 등을 담아야 한다.
9. 각 그룹은 협상 결과를 전체 학생 앞에서 발표한다. 관찰자들은 관찰한 내용에 대해서 신뢰의 수준, 정보의 공개여부, 협약안에 도달하기까지의 과정 등을 고려하면서 코멘트를 할 수 있다.
10. 강사는 조직 간 협약의 체결, 의사결정, 합작투자 등에 대한 토론을 유도한다.

약리학 팀의 역할

버니스 홉스(Bernice Hobbs) 박사는 대형 제약회사의 약리학 팀에 소속된 생물학 연구자로서 브라질 아마존 열대우림 지역의 보고서에 대해서 큰 관심을 갖고 있다. 세계의 기상 패턴에 대한 모든 내용들은 약물에 들어가는 4개의 합성물 중 하나를 공급하기 위해서는 세계의 열대우림지역을 보호하는 것이 매우 중요하다. 그러나 지난 10년간 과학자들과 제약회사들이 환경보호론자들과 함께 발견한 것은 열대우림 지역의 파괴가 심각하게 진행되어 식물과 동물, 곤충들의 삶이 심각한 위험에 빠져 있다는 것이었다.

이러한 상황을 돌아보던 홉스는 리오 네그로(Rio Negro) 인근에 있는 특정한 공장에서 제한된 수량을 생산하고 있다는 사실을 알게 되었다. 열대우림 나무들의 뿌리는 깊지 않은데 성장에 필요한 대부분의 영양소가 지표면 가까이에 있기 때문이다. 생물학자들은 리오 네그로 인근에 산재된 샤마토시라는 이름의 희소한 작은 나무가 있다는 사실을 발견하였다. 연구자들은 수년 동안 이 나무를 약물개발에 이용할 잠재성에 대해서 연구해 왔다.

홉스 박사는 이 나무의 잎에 대해서 연구를 한 결과 유방암 수술을 받은 후에 암의 재발을 억제하는 약물로 개발할 가능성이 있다는 사실을 발견했다. 수년 동안 이 분야에서 선도적인 약은 타목시펜(Tamoxifen)이었다. 이 합성신약은 "엄청나다"는 평가를 받았고 그 어떤 항암제보다 많은 사람의 생명을 구했다. 그러나 연구 결과 타목시펜은 자궁 내벽에 암 발생위험을 높이고 폐에 혈전을 발생시킬 수 있다는 점이 밝혀졌다. 게다가 타목시펜의 내성에 대한 우려도 높아지고 있다. 홉스 박사가 새로 개발하려는 약은 이러한 위험을 피할 수 있어서 의사와 환자에게 새로운 대안이 될 수 있다. 그러나 더 많은 연구가 필요하다. 홉스 박사는 샤마토시 식물의 잎을 가능한 한 더 많이 확보하고 싶다.

브라질의 목재회사인 DBR사는 운송 가능한 나무상자에 옮겨 심은 수천 그루의 샤마토시를 보유하고 있다. 파머칼러지(Pharmacology)사는 당신의 팀에게 이 식물을 확보하기 위해서 150만 달러까지 사용할 수 있는 권한을 주었다. 이 예산 한도를 초과할 수는 없다. 당신의 팀은 DBR로부터 샤마토시를 구입하고자 하는 방사선 팀을 만나서 이 식물을 구입하여 연구에 사용하기 위한 협약을 맺기 위한 미팅을 갖게 될 것이다.

방사선 팀의 역할

방사선 팀의 생화학자인 알베르토 도밍구에즈(Alberto Dominguez) 박사는 방사선 노출을 다루는 전문가인데 브라질의 열대우림 지역에 대한 보고서에 큰 관심을 갖고 있다. 세계의 기상 패턴에 대한 모든 내용들은 약물에 들어가는 4개의 합성물 중 하나를 공급하기 위해서는 세계의 열대우림 지역을 보호하는 것이 매우 중요하다. 그러나 지난 10년간 과학자들과 제약회사들이 환경보호론자들과 함께 발견한 것은 열대우림 지역의 파괴가 심각하게 진행되어 식물과 동물, 곤충들의 삶이 심각한 위험에 빠져 있다는 것이었다.

이러한 상황을 돌아보던 도밍구에즈 박사는 리오 네그로 인근에 있는 특정한 공장에서 제한된 수량을 생산하고 있다는 사실을 알게 되었다. 열대우림 나무들의 뿌리는 깊지 않은데 성장에 필요한 대부분의 영양소가 지표면 가까이에 있기 때문이다. 생물학자들은 리오 네그로 인근에 산재된 샤마토시라는 이름의 희소한 작은 나무가 있다는 사실을 발견하였다. 연구자들은 수년 동안 이 나무를 약물개발에 이용할 잠재성에 대해서 연구해 왔다.

도밍구에즈 박사는 샤마토시 나무의 뿌리를 이용해서 방사선 노출 사건에 대한 연구를 수행해 왔다. 세계적으로 원자력 시설이 확산됨에 따라서 1986년 체르노빌 재앙에서 볼 수 있었던 것처럼 원자력 사고는 수천 명의 어린이와 성인에 대해서 갑상선 암을 일으키는데 도밍구에즈 박사와 동료들의 연구는 가장 강력한 약물을 개발하여 신속한 대응을 할 수 있도록 해줄 잠재력을 갖고 있다. 수년 동안 요오드화칼륨(Potassium iodide: KI)이 담긴 키트가 질병통제센터에 의해서 공급되어 왔다. 그러나 KI는 신체의 전체를 보호하는 데 한계가 있어서 간과 내장 등을 보호하지 못했다. 도밍구에즈 박사는 샤마토시 식물을 사용하면 보다 철저한 보호가 가능하고, 더 대규모로 오랫동안 효과를 거둘 수 있다는 사실을 알게 되었다. 2011년 도호쿠의 지진과 쓰나미, 그리고 그로 인한 후쿠시마 원전의 방사선 노출 사고는 방사선 노출을 해결할 수 있는 새로운 약물의 필요성을 강하게 제기하였다. 도밍구에즈 박사는 가능한 한 많은 양의 식물이 필요하다.

브라질의 목재회사인 DBR사는 운송 가능한 나무상자에 옮겨 심은 수천 그루의 샤마토시를 보유하고 있다. 방사선 팀은 당신의 팀에게 이 식물을 확보하기 위해서 150만 달러까지 사용할 수 있는 권한을 주었다. 이 예산 한도를 초과할 수는 없다. 당신의 팀은 DBR로부터 샤마토시를 구입하고자 하는 약리학 팀을 만나서 이 식물을 구입하여 연구에 사용하기 위한 협약을 맺기 위한 미팅을 갖게 될 것이다.

분석을 위한 사례: 테크놀로지아사와 AUD사

비토 브라시모(Vito Brassimo)는 가정용 사운드 시스템 전문업체인 이탈리아 회사의 디자인 리더로서 6년 전 미국으로 이민을 왔다. 그는 15년 동안 겪은 경험을 바탕으로 큰 꿈을 품고 소리 전환 부품업체인 테크놀로지아(Technologia)라는 회사를 차렸다. 베이스 라디에이터, (높은 진동수를 위한) 돔 트위터, (중간 음역대를 위한) 컴포지트 콘, (사운드 전환 배송을 위한) 바인딩 포스트, (스피커를 통해 소리를 재생하기 위한) 옴스 임페단스 등의 부품을 취급하기로 했다. 품질과 서비스의 안정적인 공급을 한다는 평판을 구축하기 위해서 테크놀로지아사는 가정용 사운드 시스템 제조업자로서 마틴 라이트(Martin Right)가 경영하는 AUD사와 굳건한 협력관계를 맺으려고 했다. AUD사는 이 회사의 첫 번째 계약 파트너로서 소형 부품공급 사업의 약 50%를 차지하고 있었다. AUD사와의 초기 협약은 점차 성장하여 브라시모는 힘든 경제 환경 속에서도 안정적으로 경영할 수 있었고, 3년이 지난 지금은 직원도 늘릴 수 있게 되었다. 브라시모는 AUD사와의 신뢰할 만한 관계를 좋아했지만, 가끔씩 힘센 상대방에게 지나치게 유리한 조건으로 협력하고 있는 것은 아닌가 하는 생각을 했다.

"신생업체인 우리가 안정적인 고객을 확보하고자 하는 것을 알고 라이트가 처음부터 자신에게 유리하게 해 왔다고 생각해요. 나는 계약을 맺고 싶었고 대기업의 책임자 마음에 들고 싶었거든요. 그래서 상대방의 바람과 요구를 모두 받아들였죠." 브라시모는 계속해서 이렇게 말했다. "우리는 신생 기업이었고, 상대방은 가장 큰 고객이었어요. 그들은 자신의 필요와 자신의 이익을 우리의 거래관계에서 계속해서 챙겼어요. 그러나 이제는 우리도 클 만큼 컸으니 이제 두 회사 사이의 관계를 다시 정립해야 한다고 봐요."

라이트는 테크놀로지아사와 맺고 있는 현재의 관계에 만족한다. 그는 사업 파트너이자 멘토로서 한 동료에게 이렇게 말했다. "브라시모는 우리나라로 건너와서 새롭게 사업을 시작했어요. 나는 그에게 기회를 주고 싶었지요. 그래서 그에게 거래관계를 제공했고 지금처럼 성장할 수 있도록 도왔어요. 그리고 그것은 AUD사에도 도움이 되었습니다. 그런데 이제 와서 그는 관계를 바꾸고 싶어해요. 나는 그 사람이 무슨 생각을 하는지 모르겠어요. 그러나 그는 우리가 그를 필요로 하는 것보다 우리를 더 필요로 합니다. 나에게는 좋은 공급업체들이 있거든요. 그는 우리를 통해서 많은 사업을 하고 있지요. 나는 바꾸어 주어야 할 아무런 이유를 찾을 수가 없어요."

최고경영층에서 두 회사의 관계에 대해서 오가는 대화는 약간의 긴장을 보여주지만, 중간관리자들은 두 회사 사이의 상호의존성을 강력하게 만드는 새로운 VMI(vender management inventory) 시스템을 도입하고 정착시키기 위하여 많은 대화를 하고 있다. 구매 요구서를 보내는 대신에 VMI는 AUD사의 매출 실적 정보를 날마다 전자적으로 전달하여 테크놀로지아사가 자동적으로 재고를 보충하도록 하는 시스템이다. AUD의 중간관리자인 개리 한델(Gary Handell)과 테크놀로지아사의 중간관리자인 빅토리아 산토스(Victoria Santos)는 정기적으로 만나서 앞으로 더 긴밀하게 협력하고 정보를 교류하며 문제를 해결할 수 있도록 미팅을 갖고 있다.

"라이트가 의문을 갖고 있는 것은 분명해요. 그렇지만 두 사람은 결국 이 사업관계를 새롭게 보게 되고 상호 간에 유익이 되는 방향으로 문제를 풀 거예요. 이제는 상황이 변했어요. 테크놀로지아사가 강력해졌거든요." 산토스의 말이다.

"그렇지만 기본적으로 관계가 변한 것은 하나도 없어요. 제가 보기에는 브라시모가 AUD사에 대한 의존도를 낮출 수 있는 방도를 찾기 전에는 아무것도 변하지 않을 거예요. 결국에는 유연성, 정보공유, 효율적인 대안들을 종합적으로 고려하는 것이 필요하지요. 그러나 중요한 것은 AUD사가 두 조직 사이의 모든 문제에 대해서 결정하려고 하는 데서 시작해야 합니다." 한델도 이 점에 동의한다.

"그렇지요. 거기에는 물류 문제가 반드시 포함되어야 하구요." 산토스의 말이다.

"배송, 화물 운반대에 대한 갈등도…"

"라이트는 처음부터 모든 것을 결정했지요. AUD사에게 가장 유리한 방향으로." 산토스의 말이다. "그러나 브라시모는 오전 배송보다는 오후 배송이 낫다고 주장하고, 운송 회사를 브래들리 패키징(Bradley Packaging)사에서 이스트몬트 패키징(Eastmont Packaging)사로 바꾸고 싶어하죠. 그렇게 하면 비용을 절감할 수 있거든요. 운송거리가 줄어들어서. 게다가 이스트몬트사는 새로 개발한 운반대가 있어서 하이테크 컴포넌트의 운송에 적합하죠. 절감한 비용은 AUD사와 공유할 수 있을 거예요."

"하지만 브래들리사는 AUD와 오랫동안 거래관계를 유지해 왔어요." 한델의 지적이다.

"그래요, 결국 이 문제는 두 조직만의 문제가 아니라는 거죠. 전체 공급사슬을 고려해야 해요. 유연성이 떨어지는 데서 발생하는 비용, 정보가 공유되지 않는 데서 생기는 비용도 포함해서요. 그것은 두 조직 모두에게 부담이죠. 게다가 갑자기 AUD사가 많은 양을 주문하기라도 하면 테크놀로지아사의 생산 계획에 많은 문제가 생기고, 두 회사의 직원이 모두 큰 스트레스를 받게 되죠."

"VMI가 도입되면 양쪽 모두에게 큰 도움이 될 거예요." 한델이 말했다. "이 시스템이 도입되면 테크놀로지아는 수요의 변동을 직접 알게 되어 생산계획을 짤 수 있게 될 거예요. 장기적으로 단기적으로 모두."

"그리고 나면 가장 효율적으로 재고를 관리할 수 있는 방법을 고민하게 되겠지요." 산토스가 덧붙였다. "우리는 전체 공급체인을 살펴서 어느 부분을 변화시키면 비용을 낮추고 협력관계를 돈독하게 할 수 있는지 알게 될 거예요. 물론 혜택은 쌍방에게 공평해야 되겠지만."

"이 문제를 다루려면 양쪽 모두 유연하게 생각해야 해요. 이것은 경쟁이 아니거든요. 어느 쪽도 다 옳은 것은 아니지요." 한델이 지적했다.

"그렇지만 꼭대기에 계신 분들이 이렇게 생각하도록 만드는 게 가장 어려운 일 같아요." 산토스가 말했다. "미래지향적일 필요가 있어요. VMI는 JMI(jointly managed inventory)의 초석이 될 수 있을 거예요. 그렇게 더 협력이 잘 되면 AUD사와 테크놀로지아사의 POS 시스템이 실제로 통합될 수도 있을 거거든요. 그렇게만 된다면 적정 비용에 대한 공유도 가능해질 거고 실시간 판매 자료에 맞춘 생산계획도 가능하게 되죠. 물류도 마찬가지구요."

"그러면 우리는 무엇을 해야 하죠?" 한델이 물었다. "어떻게 하면 그렇게 될 수 있을까요?"

질문

1. 이 사례에서 자원 의존 관점과 협력 네트워크 관점은 어떻게 적용할 수 있겠는가? 당신의 논리를 따라서 설명해보자.
2. 당신은 테크놀로지아와 AUD가 성공적으로 두 기업의 POS 시스템을 통합하는 데 성공할 수 있을 것이라고 생각하는가? VMI가 있을 때와 없을 때 각각에 대하여 당신이 예상하는 결과를 제시해보자.
3. 브라시모와 라이트가 사업 간 관계의 변화 필요성에 대해서 서로 다른 시각을 갖는 이유는 무엇이라고 생각하는가?

분석을 위한 사례: 브래드포드 플라스틱 사[78]

브래드포드 플라스틱(Bradford Plastics)사는 다양한 제품에 사용되는 고품질의 플라스틱과 레진을 생산한다. 브래드포드사의 공장은 미국 남동부에 있는 주의 45,000명의 인구가 사는 비티(Beatty)시에 있다. 이 공장은 약 3,000명의 직원을 고용하고 있으며, 지역과 주의 경제에서 중요한 위치를 차지하고 있다.

2004년 초반에 비티 공장의 공장장인 샘 헨더슨(Sam Henderson)은 톰 윈첼(Tom Winchell) 주지사에게 공장을 증설한 계획이 있다는 사실을 알렸다. 소비자들의 요구를 더욱 신속하게 충족시킬 수 있도록 하는 페인트 공장과 첨단 색상 연구소를 설치할 계획를 갖고 있었던 것이다. 새로운 공장의 건설은 브래드포드사가 국제적인 경쟁력을 확보하는 데 매우 중요한 일이었다. 이 공장은 미국 환경부(Environmental Protection Agency: EPA)에서 개정한 법령을 완벽하게 준수해야 하였다.

새로운 공장의 설립 계획은 거의 마무리 단계에 있었고, 구체적인 입지를 정하는 일만 남아있었다. 색상 연구소와 페인트 공장을 짓는 데는 약 25에이커를 구입하여 공장 부지로 활용할 계획이었다. 헨더슨은 최고경영층에서 원하는 입지는 현재의 공장과 떨어져 있고, 400~500년 수령의 너도밤나무 숲을 상당히 훼손해야 한다는 점 때문에 걱정하였다.

부지 중 일부의 소유주는 비영리 기관이었는데, 부지를 판매할 의사가 있었다. 그러나 부지의 다른 한쪽의 구입은 쉽지 않을 것 같았다. 브래드포드사는 이 프로젝트를 매우 긴박한 일정에 맞추어서 추진하고 있었다. 새로운 공장이 계획대로 건설되지 못할 경우에는 EPA 규제가 실행되어 브래드포드사에서 지금까지 사용해 온 공정을 폐쇄해야 하고, 그렇게 되면 공장 전체가 문을 닫아야 하는 상황이 발생할 수도 있었다.

주지사는 브래드포드사의 결정을 크게 환영하였다. 그는 지방 및 주정부의 공무원과 이 프로젝트가 긴밀히 협력하여 일이 추진되기를 원하였다. 이 프로젝트가 여러 이해관계자들 사이의 갈등으로 인하여 지연되거나 좌초되지 않도록 조정하는 것이 그에게는 매우 중요하였다. 이 공장이 주 경제에서 차지하는 비중이 매우 크기 때문이다. 지사는 경제개발 담당 책임자인 베스 프라이드랜더(Beth Friedlander)로 하여금 헨더슨을 도와서 프로젝트를 추진하도록 하였다. 그러나 지사는 열정적인 환경론자였기 때문에 새로운 부지에 대해서는 그다지 탐탁하게 생각하지 않았다.

지사를 만나고 돌아온 헨더슨은 이 프로젝트에 대한 이해관계자 집단을 정리하고 부드럽게 일을 추진하기 위해서 누구와 협력해야 할 것인지 생각하였다. 그들은 다음과 같다.

브래드포드 플라스틱사

- 마크 토마스(Mark Thomas): 북미 운영 부사장인 토마스는 부지 구입을 총괄하고 부지 확장과 관련된 협의를 위해서라면 미시간의 본사에서 언제라도 날아올 것임.
- 샘 헨더슨: 비티 공장의 공장장으로 고등학교 졸업 후 비티 공장에 입사하여 지금까지 경력을 쌓아옴.
- 웨인 탈버트(Wayne Talbert): 지역 노동조합 대표로 노동조합은 새로운 공장이 들어서는 것이 고용 확대와 고용조건 개선에 기여할 것으로 생각하여 매우 우호적임.

주 정부

- 톰 윈첼: 주지사로 이 프로젝트를 후원하도록 지역 공무원들을 독려할 수 있음.
- 베스 프라이드랜더: 주정부 경제개발 책임자
- 마누 고틀리프(Manu Gottlieb): 주정부의 환경관리 책임자

시 정부

- 바바라 오트(Barbara Ott): 정치 신인으로서 직무를 맡은 지 1년도 채 되지 않았으며, 환경 문제를 중요하게 생각함.
- 메이저 워싱턴(Major J. Washington): 지역경제개발 위원장

일반 대중

- 메이 피네라스(May Pinelas): 비티 역사보존 위원장으로 이 지역 미래는 역사적 및 자연적 환경을 보존하여 관광 사업을 개발해야 한다는 주장을 하고 있음.
- 토미 톰킨스(Tommy Tompkins): 지방 대학과 개인들의 연합체인 지역발전위원회 의장으로 환경 문제에 오래 전부터 관여했으며, 다른 공장의 확장을 무산시킨 전례가 있음.

헨더슨은 어떻게 일을 추진해야 할 것인지 답답했다. '이처럼 다양한 이해관계자 집단 중에서 어떤 집단과 협력해야 할 것인가?' 그는 신속하게 일을 진행시켜야 한다는 브래드포드사의 필요를 이해하고 있

었다. 그러나 동시에 그는 비티 시의 아름다운 자연 환경을 훼손해서는 안 된다는 지역 주민들과도 좋은 관계를 유지하고 싶었다. 헨더슨은 항상 모두에게 이익이 되는 대안을 찾으려고 노력해 왔다. 그러나 이번에는 너무 많은 이해관계자가 관련되어 있기 때문에 어디서부터 시작해야 하는지 알 수가 없었다.

주 정부에서 임명한 브라이드랜더와 함께 일을 시작해야 하는 것은 분명했다. 그러나 이 결정으로 인하여 직접 영향을 받는 것은 지역 주민들이었다. 브래드포드사의 부사장은 이번 주말에 새로운 공장의 설립을 알리는 기자회견을 열자고 주장하는데, 헨더슨은 기사가 나가는 것이 오히려 여론을 악화시킬 우려가 있다고 느꼈다. 그는 차라리 모든 이해관계자를 모아서 공개적으로 논의를 할 수 있는 공청회를 여는 것이 낫다고 생각했다. 공청회를 할 경우 감정적인 지지를 얻을 수 있을 것 같기는 한데, 상황이 더욱 악화될 위험도 분명히 존재하고 있다.

질문

1. 당신은 헨더슨이 색상 연구소와 페인트 공장을 짓기 전에 이렇게 다양한 이해관계자 집단과 먼저 만나서 지원을 얻기 위한 노력을 할 필요가 있다고 생각하는가? 그렇게 생각하는 이유는 무엇인가?
2. 이 장에서 공부한 제도론 관점이 이 사례의 내용을 분석하는 데 도움이 되는가? 토론해보자.
3. 이해관계자 집단의 규범적 힘과 강압적 힘 중에서 어떤 힘이 색상 연구소와 페인트 공장을 건설하는 결정에 더 영향을 미칠 것이라고 생각하는가? 그렇게 생각하는 이유는 무엇인가?

미주

1 Doug Cameron and Austen Hufford, "Parts Shortages Crimp U.S. Factories," *The Wall Street Journal*, August 10, 2018, https://www.wsj.com/articles/parts-shortages-crimp-u-sfactories-1533893408 (accessed April 16, 2019).

2 Nick Wingfield and Katie Thomas, "Amazon, Berkshire Hathaway and JP Morgan Team Up to Disrupt Health Care," *The New York Times*, January 30, 2018, https://www.nytimes.com/2018/01/30/technology/amazonberkshire-hathaway-jpmorgan-health-care.html (accessed April 17, 2019); and Angelica LaVito, Christina Farr, and Hugh Son, "Amazon's Joint Health Care Venture Finally Has a Name: Haven," *CNBC*, March 6, 2019, https://www.cnbc.com/2019/03/06/amazon-jp-morgan-berkshirehathaway-health-care-venture-named-haven.html (accessed April 17, 2019).

3 Rick Whiting, "The Ten Most Important Tech Partnerships in 2018 (So Far)," *CRN*, August 3, 2018, https://www.crn.com/slide-shows/channel-programs/300107531/the-10-mostimportant-tech-partnerships-in-2018-so-far.htm (accessed April 17, 2019).

4 Christine Oliver, "Determinants of Interorganizational Relationships: Integration and Future Directions," *Academy of Management Review* 15 (1990), 241–265.

5 James Moore, *The Death of Competition: Leadership and Strategy in the Age of Business Ecosystems* (New York: HarperCollins, 1996). For an overview of the evolving research into business ecosystems, see Rahul Kapoor, "Ecosystems: Broadening the Locus of Value Creation," *Journal of Organization Design* 7:12 (October 29, 2018), https://doi.org/10.1186/s41469-018-0035-4 (accessed April 17, 2019).

6 Kapoor, "Ecosystems: Broadening the Locus of Value Creation."

7 Mark Gerencser, Reginald Van Lee, Fernando Napolitano, and Christopher Kelly, *Megacommunities: How Leaders of Government, Business, and Non-Profits Can Tackle Today's Global Challenges Together* (New York: Palgrave Macmillan, 2008).

8 "Walmart and Rakuten Announce New Strategic Alliance," Walmart press release, January 28, 2018, https://news.walmart.com/2018/01/26/walmart-and-rakuten-announcenew-strategic-alliance (accessed April 17, 2019); and Neal E. Boudette, "Ford and VW Team Up, With Talk of Driverless and Electric Cars," *The New York Times*, January 15, 2019, https://www.nytimes.com/2019/01/15/business/fordvolkswagen.html (accessed April 17, 2019).

9 Thomas Petzinger, Jr., *The New Pioneers: The Men and Women Who Are Transforming the Workplace and Marketplace* (New York: Simon & Schuster, 1999), 53–54.

10 James Moore, "The Death of Competition," *Fortune*, April 15, 1996, 142–144.

11 Brian Goodwin, *How the Leopard Changed Its Spots: The Evolution of Complexity* (New York: Touchstone, 1994), 181, quoted in Petzinger, *The New Pioneers*, 53.

12 Mark Rogowski, "Thanks to Apple, Top Rival Samsung Keeps Winning," *Forbes*, Jully 30, 2017, https://www.forbes.com/sites/markrogowsky/2017/06/30/thanks-to-apple-toprival-samsung-keeps-winning/#3ac0695923ed (accessed April 17, 2019); Jacob Kastrenakes, "Apple and Samsung Settle Seven-Year-Long Patent Fight Over Copying the iPhone," *The Verge*, June 27, 2018, https://www.theverge.com/2018/6/27/17510908/apple-samsung-settle-patentbattle-over-copying-iphone (accessed April 17, 2019); Jessica E. Lessin, Lorraine Luk, and Na Juro Osawa, "Apple Finds It Difficult to Divorce Samsung," *The Wall Street Journal*, June 29, 2013, A1; Timothy W. Martin, and Tripp Mickle, "Why Apple Rival Samsung Also Wins If iPhoneX Is a Hit," *The Wall Street Journal*, October 2, 2017, https://www.wsj.com/articles/why-apple-rival-samsung-also-wins-if-iphonex-is-a-hit-1506936602 (accessed April 17, 2019);

and "Apple and Samsung Announce Unthinkable Partnership," *Irish Times*, January 7, 2019, https://www.irishtimes.com/business/technology/apple-and-samsung-announce-unthinkablepartnership-1.3749923 (accessed April 17, 2019).

13 Greg Ferenstein, "In a Cutthroat World, Some Web Giants Thrive by Cooperating," *The Washington Post*, February 19, 2011, http://www.washingtonpost.com/business/in-a-cutthroat-world-some-web-giants-thrive-bycooperating/2011/02/19/ABmYSYQ_story.html (accessed February 19, 2011); and Jessica E. Vascellaro and Yukari Iwatani Kane, "Apple, Google Rivalry Heats Up," *The Wall Street Journal*, December 11, 2009, B1.

14 Ha Hoang and Frank T. Rothaermel, "How to Manage Alliances Strategically," *MIT Sloan Management Review*, Fall 2016, 69–74.

15 Sumantra Ghoshal and Christopher A. Bartlett, "Changing the Role of Top Management: Beyond Structure and Process," *Harvard Business Review*, January–February 1995, 86–96.

16 Ian Urbina, "In Gulf, It Was Unclear Who Was in Charge of Oil Rig," *The New York Times*, June 5, 2010, http://www.nytimes.com/2010/06/06/us/06rig.html (accessed August 5, 2011).

17 "Toward a More Perfect Match: Building Successful Leaders by Effectively Aligning People and Roles," Hay Group Working Paper (2004); and "Making Sure the Suit Fits," *Hay Group Research Brief* (2004). Available from Hay Group, The McClelland Center, 116 Huntington Avenue, Boston, MA 02116, or at http://www.haygroup.com.

18 Jonathan Hughes and Jeff Weiss, "Simple Rules for Making Alliances Work," *Harvard Business Review*, November 2007, 122–131.

19 Dana Priest and William M. Arkin, "Top Secret America, A *Washington Post* Investigation; Part II: National Security Inc.," July 20, 2010, http://projects.washingtonpost.com/top-secret-america/articles/national-security-inc/1/ (accessed November 28, 2011).

20 J. Pfeffer and G. R. Salancik, *The External Control of Organizations: A Resource Dependence Perspective* (New York: Harper & Row, 1978); and Amy J. Hillman, Michael C. Withers, and Brian J. Collins, "Resource Dependence Theory: A Review," *Journal of Management* 35, no. 6 (2009), 1404–1427.

21 Greg Bensinger, "Lyft Follows Uber by Acquiring Bike-Sharing Startup Motivate," *The Wall Street Journal*, July 2, 2018, https://www.wsj.com/articles/lyft-follows-uberby-acquiring-bike-sharing-startup-motivate-1530556271 (accessed April 17, 2019); Paul Ziobro, "Mattel Puts a Target on Lego," *The Wall Street Journal*, February 28, 2014, http://online.wsj.com/news/articles/SB10001424052702303801304579410671597945030 (accessed March 10, 2014).

22 Peter Drucker, quoted in Rajesh Kumar and Anoop Nathwani, "Business Alliances: Why Managerial Thinking and Biases Determine Success," *Journal of Business Strategy* 33, no 5 (2012), 44–50.

23 James R. Hagerty, "Whirlpool Expands in China," *The Wall Street Journal*, March 19, 2012, http://online.wsj.com/news/articles/SB10001424052702303812904577291793985890430 (accessed March 12, 2014).

24 Patrick Hull, "Joint Ventures Provide Opportunities for Entrepreneurs," *Forbes*, July 21, 2013, http://www.forbes.com/sites/patrickhull/2013/06/21/joint-ventures-provideopportunities-for-entrepreneurs/ (accessed March 10, 2014).

25 "46 Corporations Working on Autonomous Vehicles," *CB Insights*, September 4, 2018, https://www.cbinsights.com/research/autonomous-driverless-vehicles-corporations-list/ (accessed April 17, 2019).

26 Ibid.; Phil LeBeau, "Waymo, Fiat Chrysler Expand Autonomous Vehicle Plans," *CNBC*, May 31, 2018, https://www.cnbc.com/2018/05/31/waymo-fiat-chrysler-expandautonomous-vehicle-plans.html (accessed April 17, 2019); Nathan Bomey, "BMW, Mercedes-Benz Maker Join Forces to Pursue Self-Driving Cars," *USA Today*, February 28, 2019, https://www.usatoday.com/story/money/cars/2019/02/28/bmw-daimler-mercedes-benz-self-driving-cars/3014071002/ (accessed April 17, 2019); and Kate Conger, "In a Shift in Driverless Strategy, Uber Deepens Its Partnership with Toyota," *The New York Times*, August 27, 2018, https://www.nytimes.com/2018/08/27/technology/uber-toyotapartnership.html (accessed April 17, 2019).

27 Ellen Byron, "Theory & Practice: Tight Supplies, Tight Partners," *The Wall Street Journal*, January 10, 2011, B5.

28 See David M. Gligor and Carol L. Esmark, "Supply Chain Friends: The Good, The Bad, and the Ugly," *Business Horizons* 58 (2015): 517–525.

29 National Cannabis Industry Hires Andrew Kline to Lead Public Policy," *Cannabis Business Times*, April 15, 2019, https://www.cannabisbusinesstimes.com/article/nationalcannabis-industry-association-hires-andrew-kline/ (accessed April 18, 2019).

30 Brian L. Connelly and Erik J. Van Slyke, "The Power and Peril of Board Interlocks," *Business Horizons* 55 (2012), 403–408.

31 Greg Bensinger and David Benoit, "Ichan Targets Silicon Valley Directors' Club," *The Wall Street Journal Online*, February 24, 2014, http://online.wsj.com/news/articles/SB10001424052702304610404579402831365897274 (accessed March 10, 2014).

32 Jennifer Smith and Sarah Nassauer, "Walmart Toughens Delivery Demands for Suppliers" *The Wall Street Journal*, March 6, 2019, https://www.wsj.com/articles/walmarttoughens-delivery-demands-for-suppliers-11551914501 (accessed April 18, 2019); and Joe Queenan, "If the Disney Empire Really, Really Strikes Back with 'Jedi'," *The Wall Street Journal*, November 9, 2017, https://www.wsj.com/articles/if-the-disney-empire-really-really-strikes-back-withjedi-1510245137 (accessed April 18, 2019).

33 Mike Ramsey, "Toyota Tries to Break Reliance on China," *The Wall Street Journal*, January 14, 2011, B1; and Pratima Desai, "Tesla's Electric Motor Shift to Spur Demand for Rare Earth Neodymium," *Reuter's*, March 12, 2018, https://www.reuters.com/article/us-metals-autos-neodymium-analysis/teslas-electric-motor-shift-to-spur-demand-for-rare-earthneodymium-idUSKCN1GO28I (accessed April 18, 2019).

34 Emily Glazer, Laura Stevens, and AnnaMaria Andriotis, "Jeff Bezos and Jamie Dimon: Best of Frenemies," *The Wall Street Journal*, January 5, 2019, https://www.wsj.com/articles/jeff-bezos-and-jamie-dimon-best-of-frenemies-11546664451 (accessed April 19, 2019).

35 Mitchell P. Koza and Arie Y. Lewin, "The Co-Evolution of Network Alliances: A Longitudinal Analysis of an International Professional Service Network," Center for Research on New Organizational Forms, Working Paper 98–09–02; and Kathy Rebello with Richard Brandt, Peter Coy, and Mark Lewyn, "Your Digital Future," *BusinessWeek*, September 7, 1992, 56–64.

36 Steve Lohr, "Big Medical Groups Begin Patient Data-Sharing Project," *The New York Times*, April 6, 2011, http://bits.blogs.nytimes.com/2011/04/06/big-medical-groups-beginpatient-data-sharing-project/ (accessed April 6, 2011).

37 Eugene Geh, "Understanding Strategic Alliances from the Effectual Entrepreneurial Firm's Perspective—An Organization Theory Perspective," *SAM Advanced Management Journal* (Autumn 2011), 27–36.

38 Saul Berman and Peter Korsten, "Embracing Connectedness: Insights from the IBM 2012 CEO Study," *Strategy & Leadership* 41, no. 2 (2013), 46–57; Christine Oliver, "Determinants of Interorganizational Relationships: Integration and Future Directions," *Academy of Management Review*, 15 (1990), 241–265; and Ken G. Smith, Stephen J. Carroll, and Susan Ashford, "Intra- and Interorganizational Cooperation: Toward a Research Agenda," *Academy of Management Journal* 38 (1995), 7–23.

39 Paul W. Beamish and Nathaniel C. Lupton, "Managing Joint Ventures," *Academy of Management Perspectives*, May 2009, 75–94.

40 Timothy M. Stearns, Alan N. Hoffman, and Jan B. Heide, "Performance of Commercial Television Stations as an Outcome of Interorganizational Linkages and Environmental Conditions," *Academy of Management Journal* 30 (1987), 71–90; David A. Whetten and Thomas K. Kueng, "The Instrumental Value of Interorganizational Relations: Antecedents and Consequences of Linkage Formation," *Academy of Management Journal* 22 (1979), 325–344; G. Ahuja, "Collaboration Networks, Structural Holes, and Innovation: A Longitudinal Study," *Administrative Science Quarterly* 45 (2000), 425–455; and Corey C. Phelps, "A Longitudinal Study of the Influence of Alliance Network Structure and Composition on Firm Exploratory Innovation," *Academy of Management Journal* 53, no. 4 (2010), 890–913.

41 Example discussed in Hoang and Rothaermel, "How to Manage Alliances Strategically."

42 Kate Rockwood, "Collaboration is More Than a Buzzword," *Inc.*, July-August, 2016, 88–89.

43 Ibid.

44 Jeanne Whalen, "Roche, AstraZeneca Agree to Share Drug Research Data," *The Wall Street Journal*, June 26, 2013, B3.

45 "Accelerating Medicines Partnership," National Institutes of Health, https://www.nih.gov/research-training/acceleratingmedicines-partnership-amp (accessed April 18, 2019); and Monica Langley and Jonathan D. Rockoff, "Drug Companies Join NIH in Study of Alzheimer's, Diabetes, Rheumatoid Arthritis, Lupus," *The Wall Street Journal*, February 3, 2014, http://online.wsj.com/news/articles/SB10001424052702303519404579353442155924498 (accessed March 12, 2014).

46 Keith G. Provan and H. Brinton Milward, "A Preliminary Theory of Interorganizational Network Effectiveness: A Comparative Study of Four Community Mental Health Systems," *Administrative Science Quarterly* 40 (1995), 1–33.

47 This discussion is based on Peter Smith Ring and Andrew H. Van de Ven, "Developmental Processes of Corporate Interorganizational Relationships," *Academy of Management Review* 19 (1994), 90–118; Jeffrey H. Dyer, "How Chrysler Created an American *Keiretsu*," *Harvard Business Review*, July–August 1996, 42–56; Peter Grittner, "Four Elements of Successful Sourcing Strategies" *Management Review*, October 1995, 41–45; Myron Magnet, "The New Golden Rule of Business," *Fortune*, February 21, 1994, 60–64; and Mick Marchington and Steven Vincent, "Analysing the Influence of Institutional, Organizational and Interpersonal Forces in Shaping Inter-Organizational Relationships," *Journal of Management Studies* 41, no. 6 (September 2004), 1029–1056.

48 Travis Hessman, "Collaborating with the Competition," *Industry Week*, June 2013, 52, 54.

49 Anna Wilde Mathews, "Cleveland Clinic, Hospital Operator Forge Alliance," *The Wall Street Journal*, March 21, 2013, B8.

50 This section draws from Joel A. C. Baum, "Organizational Ecology," in Stewart R. Clegg, Cynthia Hardy, and Walter R. Nord, eds., *Handbook of Organization Studies* (Thousand Oaks, CA: Sage, 1996); Jitendra V. Singh, *Organizational Evolution: New Directions* (Newbury Park, CA: Sage, 1990); Howard Aldrich, Bill McKelvey, and Dave Ulrich, "Design Strategy from the Population Perspective," *Journal of Management* 10 (1984), 67–86; Howard E. Aldrich, *Organizations and Environments* (Englewood Cliffs, NJ: Prentice Hall, 1979); Michael Hannan and John Freeman, "The Population Ecology of Organizations," *American Journal of Sociology* 82 (1977), 929–964; Dave Ulrich, "The Population Perspective: Review, Critique, and Relevance," *Human Relations* 40 (1987), 137–152; Jitendra V. Singh and Charles J. Lumsden, "Theory and Research in Organizational Ecology," *Annual Review of Sociology* 16 (1990), 161–195; Howard E. Aldrich, "Understanding, Not Integration: Vital Signs from Three Perspectives on Organizations," in Michael Reed and Michael D. Hughes, eds., *Rethinking Organizations: New Directions in Organizational Theory and Analysis* (London: Sage, 1992); Jitendra V. Singh, David J. Tucker, and Robert J. House, "Organizational Legitimacy and the Liability of Newness," *Administrative Science Quarterly* 31 (1986), 171–193; and Douglas R. Wholey and Jack W. Brittain, "Organizational Ecology: Findings and Implications," *Academy of Management Review* 11 (1986), 513–533.

51 Derek S. Pugh and David J. Hickson, *Writers on Organizations* (Thousand Oaks, CA: Sage, 1996); and Lex Donaldson, *American Anti-Management Theories of Organization* (New York: Cambridge University Press, 1995).

52 Jim Collins, "The Secret of Enduring Greatness," *Fortune*, May 5, 2008, 72–76; Julie Schlosser and Ellen Florian, "In the Beginning; Fifty Years of Amazing Facts," *Fortune*, April 5, 2004, 152–159; and "The Fortune 500; 500 Largest U. S. Corporations," *Fortune*, May 23, 2011, F1–F26.

53 Tiffany Hsu, "The World's Last Blockbuster Has No Plans to Close," *The New York Times*, March 6, 2019, https://www.nytimes.com/2019/03/06/business/last-blockbuster-store.html (accessed April 19, 2019).

54 Hannan and Freeman, "The Population Ecology of Organizations."

55 Matthew Dalton, "Is Time Running Out for the Swiss Watch Industry?" *The Wall Street Journal*, March 12, 2018, https://www.wsj.com/articles/is-time-running-out-for-the-swisswatch-industry-1520867714 (accessed April 19, 2019).

56 Brad Stone, *The Everything Store*, p. 65; Jeffrey A. Trachtenberg and Tess Stynes, "Barnes & Noble Cuts Guidance as Sales Drop," *The Wall Street Journal*, September 8, 2016; https://www.wsj.com/articles/barnes-noble-cutsguidance-as-sales-drop-1473340848

(accessed April 22, 2019); and Damon Darlin, "Always Pushing Beyond the Envelope," *The New York Times*, August 8, 2010, BU5.

57 "About Us," Rothys.com, https://rothys.com/about (accessed April 19, 2019).

58 John F. Wasik, "Helping Hand for Start-Ups from Those Who've Been There Before," *The Wall Street Journal*, August 18, 2016, B2.

59 David J. Tucker, Jitendra V. Singh, and Agnes G. Meinhard, "Organizational Form, Population Dynamics, and Institutional Change: The Founding Patterns of Voluntary Organizations," *Academy of Management Journal* 33 (1990), 151–178; Glenn R. Carroll and Michael T. Hannan, "Density Delay in the Evolution of Organizational Populations: A Model and Five Empirical Tests," *Administrative Science Quarterly* 34 (1989), 411–430; Jacques Delacroix and Glenn R. Carroll, "Organizational Foundings: An Ecological Study of the Newspaper Industries of Argentina and Ireland," *Administrative Science Quarterly* 28 (1983), 274–291; Johannes M. Pennings, "Organizational Birth Frequencies: An Empirical Investigation," *Administrative Science Quarterly* 27 (1982), 120–144; David Marple, "Technological Innovation and Organizational Survival: A Population Ecology Study of Nineteenth-Century American Railroads," *Sociological Quarterly* 23 (1982), 107–116; and Thomas G. Rundall and John O. McClain, "Environmental Selection and Physician Supply," *American Journal of Sociology* 87 (1982), 1090–1112.

60 Steve Olensky, "How Toymaker Brands Are Adjusting to Life Without Toys R Us," *Forbes*, September 28, 2018, https://www.forbes.com/sites/steveolenski/2018/09/28/how-toymaker-brands-are-adjusting-to-life-without-toys-rus/#182e1bd13d8c (accessed April 19, 2019).

61 Arthur G. Bedeian and Raymond F. Zammuto, *Organizations: Theory and Design* (Orlando, FL: Dryden Press, 1991); and Richard L. Hall, *Organizations: Structure, Process and Outcomes* (Englewood Cliffs, NJ: Prentice Hall, 1991).

62 Olensky, "How Toymaker Brands Are Adjusting to Life Without Toys R Us."

63 M. Tina Dacin, Jerry Goodstein, and W. Richard Scott, "Institutional Theory and Institutional Change: Introduction to the Special Research Forum," *Academy of Management Journal* 45, no. 1 (2002), 45–47. Thanks to Tina Dacin for her material and suggestions for this section of the chapter.

64 J. Meyer and B. Rowan, "Institutionalized Organizations: Formal Structure as Myth and Ceremony," *American Journal of Sociology* 83 (1990), 340–363; and Royston Greenwood and Danny Miller, "Tackling Design Anew: Getting Back to the Heart of Organizational Theory," *Academy of Management Perspectives*, November 2010, 78–88.

65 Mark C. Suchman, "Managing Legitimacy: Strategic and Institutional Approaches," *Academy of Management Review* 20 (1995), 571–610.

66 Richard J. Martinez and Patricia M. Norman, "Whither Reputation? The Effects of Different Stakeholders," *Business Horizons* 47, no. 5 (September–October 2004), 25–32.

67 Pamela S. Tolbert and Lynne G. Zucker, "The Institutionalization of Institutional Theory," in Stewart R. Clegg, Cynthia Hardy, and Walter R. Nord, eds., *Handbook of Organization Studies* (Thousand Oaks, CA: Sage, 1996).

68 Pugh and Hickson, *Writers on Organizations*; and Paul J. DiMaggio and Walter W. Powell, "The Iron Cage Revisited: Institutional Isomorphism and Collective Rationality in Organizational Fields," *American Sociological Review* 48 (1983), 147–160.

69 This section is based largely on DiMaggio and Powell, "The Iron Cage Revisited"; Pugh and Hickson, *Writers on Organizations*; and W. Richard Scott, *Institutions and Organizations* (Thousand Oaks, CA: Sage, 1995).

70 Janet Adamy, "Yum Uses McDonald's as Guide in Bid to Heat Up Sales," *The Wall Street Journal*, December 13, 2007, A21; and Scott McCartney, "Why the Big Three Airlines Are So Much the Same," *The Wall Street Journal*, August 10, 2016, https://www.wsj.com/articles/why-the-big-threeairlines-are-so-much-the-same-1470850460 (accessed April 18, 2019).

71 Kai-Yu Hsieh and Freek Vermeulen, "Me Too or Not Me? The Influence of the Structure of Competition on Mimetic Market Entry," *Academy of Management Annual Meeting Proceedings* (2008), 1–6.

72 Julia Hobsbawm, "Why Corporate Wellness Programs Fall Short," *Strategy + Business*, September 28, 2018, https://www.strategy-business.com/blog/Why-Corporate-Wellness-Programs-Fall-Short?gko=6dda6 (accessed April 29, 2019).

73 Barry M. Staw and Lisa D. Epstein, "What Bandwagons Bring: Effects of Popular Management Techniques on Corporate Performance, Reputation, and CEO Pay," *Administrative Science Quarterly* 45, no. 3 (September 2000), 523–560.

74 Jeffrey Pfeffer and Robert I. Sutton, "The Trouble with Benchmarking," *Across the Board* 43, no. 4 (July–August 2006), 7–9.

75 Karen Donovan, "Pushed by Clients, Law Firms Step Up Diversity Efforts," *The New York Times*, July 21, 2006, C6; and Ellen Rosen, "Facebook Pushes Outside Law Firms on Diversity," *The New York Times*, April 3, 2017, B2.

76 Miguel Bustillo, "Wal-Mart to Assign New 'Green' Ratings," *The Wall Street Journal*, July 16, 2009, B1; Andrew Spicer and David Hyatt, "Walmart's Emergent Low-Cost Sustainable Product Strategy," *California Management Review* 59, no. 2 (2017): 116–141; and Lauren Weber, "Microsoft to Require Its Suppliers, Contractors to Give Paid Family Leave," *The Wall Street Journal*, https://www.wsj.com/articles/microsoftto-require-its-suppliers-contractors-to-give-paid-familyleave-1535635800 (accessed April 18, 2019).

77 Based on Donald D. Bowen, Roy J. Lewicki, Francine S. Hall, and Douglas T. Hall, "The Ugli Orange Case," *Experiences in Management and Organizational Behavior*, 4th ed. (Chicago, IL: Wiley, 1997), 134–136; "Amazon Rainforest," BluePlanetBiomes.org, http://www.blueplanetbiomes.org/amazon.htm (accessed August 24, 2011); and "Rainforest Plants," BluePlanetBiomes.org, http://www.blueplanetbiomes.org/rnfrst_plant_page.htm (accessed August 24, 2011).

78 Based in part on "Mammoth Motors' New Paint Shop," a role play originally prepared by Arnold Howitt, executive director of the A. Alfred Taubman Center for State and Local Government at the Kennedy School of Government, Harvard University, and subsequently edited by Gerald Cormick, a principal in the CSE Group and senior lecturer for the Graduate School of Public Affairs at the University of Washington.

CHAPTER 6

글로벌환경을 위한 조직설계

학습목표

이 장을 공부하면,

1. 글로벌 시장으로 진출하는 기업의 동기에 대해 토론할 수 있다.
2. 글로벌 설계의 세 가지 중요한 도전을 설명할 수 있다.
3. 글로벌 전략, 다국가전략, 글로컬전략을 정의할 수 있다.
4. 국제화 전략에 따른 서로 다른 조직구조 설계 대안을 기술할 수 있다.
5. 국제적 협력, 지식의 이전, 그리고 글로벌 동질성과 지역적 대응성 간의 긴장을 어떻게 해결하는지 이해할 수 있다.
6. 초국적 조직화 모델을 이해할 수 있다.

도입질문

이 장을 읽기 전 다음 질문에 답해보자.

1. 조직이 다른 나라에서 성공할 수 있는 유일한 방법은 그 제품과 서비스를 현지의 관행이나 가치관에 부합하도록 맞춤화하는 것이다.

   1) 동의함 ________________ 2) 동의하지 않음 ________________

2. 세계 여러 곳의 다른 사업부문에서 근무하는 동료들과 글로벌 팀을 구성하여, 서로의 활동을 조정하고 새로운 아이디어를 공유하는 것은 매우 어려운 과제이다.

   1) 동의함 ________________ 2) 동의하지 않음 ________________

3. 앞선 다국적 기업들은 수많은 나라의 자회사를 대상으로 엄격한 통제시스템을 구축해 왔다.

   1) 동의함 ________________ 2) 동의하지 않음 ________________

월마트는 세계 최대의 소매업체지만, 국제화 과정에서 여러 실패를 통해 값비싼 교훈을 얻었다. 미국에서 매출이 감소하기 시작했을 때, 월마트는 경제가 성장하고 있던 독일 시장에 진출했다. 95곳에 점포를 가지고 있던 2개의 현지 소매업체를 인수하고, 재고관리, 배송, 공급망 관리 등 미국시장에서 검증된 월마트 고유의 운영방식을 실행해나갔다. 그것이 문제의 시작이었다. 독일에는 원가 이하로 제품을 판매하는 행위를 금지하는 법이 있다. 매장 출입구에서 고객에게 열정적으로 인사하고 지근 거리에서 고객의 쇼핑을 도와주는 고객응대 관습이 독일 고객에게는 성가실 뿐이었다. 의무적인 아침 체조와 월마트! 월마트! 월마트! 하고 외치는 구호는 모두를 불편하게 만들었다. 월마트는 종업원들에게 미소를 짓도록 요구했지만, 독일 고객은 이를 희롱으로 받아들였다. 9년 동안의 시행착오 끝에 월마트는 매장을 지역 라이벌인 메트로(Metro)에 매각하고 독일에서 철수했다. 이 이야기는 세계에서 가장 성공적인 소매업체조차도 국가의 경계를 넘어서면 많은 시행착오를 겪을 수 있다는 것을 잘 나타내주는 사례이다.[1]

이것이 국제 비즈니스의 현실이다. 어떤 조직이 다른 나라에서 사업을 하기로 결정하면, 경영자들은 새로운 도전과 장애물에 직면하게 된다. 경영자들은 때때로 국내시장에서의 성공을 해외시장에 이전하기 위해서는 전혀 새로운 접근법이 필요하다는 사실을 깨닫는다. 독일의 식료품 체인 리들(Lidl)의 경영자인 클라우스 게릭(Klaus Gehrig)에게 미국시장으로의 진출 경험에 대해 물었을 때, 그는 '완전한 재앙'이었다고 회상했다.[2] 영국에서 크게 성공한 식료품 유통업체인 테스코(Tesco)도 미국시장에서 동일한 성공을 거둘 것으로 기대했지만, 5년 동안 16억 달러의 손실만 기록한 채 미국 내 모든 매장을 매각하거나 폐쇄했다.[3]

다른 산업의 많은 기업들도 해외 사업에서 고전을 면치 못하고 있다. 유통 시장에서 세계 제일의 규모와 교섭력을 가진 아마존(Amazon)도 현지 시장과 규제 환경을 훨씬 잘알고 있는 알리바바와 같은 현지의 경쟁자들과 경쟁하는 데 곤경을 겪었다. 2019년 초 아마존은 제3자 온라인 장터를 폐쇄하고 중국 웹사이트에서 판매자 서비스를 더 이상 제공하지 않겠다고 발표했다.[4] 세계에서 가장 큰 농기구 제작사인 디어앤컴퍼니(Deere & Company)사는 러시아 농기계 시장에 진입하기 위해 오랫동안 노력해왔다. 외국 농기계 업체에 자금조달을 금지하는 새로운 법안 때문에, 디어사는 모스크바 근교에 공장을 세웠는데, 여전히 러시아 사업은 많은 위험과 불확실성에 직면하고 있다.[5] 구글, 페이스북과 같은 세계적 기술기업도 전 세계 시민, 정부, 정치가들의 압력에 직면해있다. EU에서는 이들 기술기업이 공정한 경쟁을 억제하지 못하도록 노력하고 있으며, 그 일환으로 구글에 50억 달러의 벌금을 부과하였다. 또한 EU는 아마존이 자사의 플랫폼을 이용하는 판매자들의 정보를 불공정하게 활용하는지 여부를 가리는 조사에 착수했다.[6]

글로벌 규모에서 성공하는 것은 쉽지 않다. 경영자는 어떤 전략적 접근법을 택할지, 국제시장에 어떻게 진출할지, 조직을 어떻게 설계할지 등과 같은 어려운 결정을 내려야 한다. 이러한 어려움에도 불구하고, 대부분의 조직에서 경영자들은 해외시장 진출에 따른 잠재적 보상을 위험보다 크게 평가하는 경향이 있다. 미국 기업들은 저렴한 비용으로 제품이나 서비스를 제공하기 위해서, 또는 기술적 노하우를 습득하기 위해서 뿐만 아니라, 다른 나라의 소비자들이 원하는 제품이나 서비스를 제공하기 위하여 해외 사업체를 설립한다. 마찬가지로 일본, 독일, 영국, 중국 등 여러 나라의 기업들도 자국에서 그리고 해외에서 미국 기업들과 서로 경쟁한다. 오늘날 해외에서의 사업을 이해하고 고민하는 것은 그 어느 때보다 중요하다.

이 장의 목표

이 장에서는 국제환경에 대처하기 위한 조직설계는 어떻게 해야 하는가에 대하여 살펴본다. 이를 위해 먼저 국제화의 주요동기, 국제화의 발전 단계, 그리고 국제화 수단으로서의 전략적 제휴와 인수전략에 대하여 살펴보기로 한다. 또한 이 장에서는 글로벌 전략 접근에 대하여 살펴보기로 하며 글로벌 우위를 점하기 위한 다양한 조직설계에 대해서도 살펴본다. 다음으로 글로벌 조직이 직면하는 세부 도전과제와 전략적 접근방법, 글로벌시장을 위해 설계된 다양한 구조들의 적용방법, 이를 해결하기 위한 메커니즘에 대해서도 논의한다. 마지막으로, 이 장에서는 최근 제시되고 있는 초국가적 모델에 대하여 논의한다.

6.1 글로벌 무대로의 진입

불과 몇 십 년 전만 하더라도 많은 기업들은 국제환경을 무시하고도 생존할 수 있었다. 하지만 오늘날은 그렇지 않다. 세계가 급속도로 하나의 비즈니스 무대로 통합되고 있으며, 모든 기업들과 경영자들은 글로벌시대를 고려해야 한다. BRIC이라 불리는 브라질, 러시아, 인도, 중국은 다른 개발도상국들과 마찬가지로 미국, 캐나다 유럽 그리고 다른 선진국들에 수출을 함으로써 급속도로 성장하고 있으며, 이와 동시에 이러한 국가들은 북미기업들의 주요한 시장으로 떠오르고 있다.[7] 2019년 미국을 제치고 세계 최대의 소매시장으로 떠오를 것으로 예상되는 중국은 이미 자동차, 스마트폰 분야에서는 세계 최대의 소비 시장이며 소비재, 보석, 사치품 분야에서도 거대 시장으로 떠오르고 있다.[8]

다음 몇십년 동안, BRIC 국가들은 십억 명의 인구가 중산층으로 등장함에 따라 엄청난 소비시장으로 떠오를 것이다.[9] 오늘날 기업들에게 세계는 위기와 기회의 장이다.

6.1a 글로벌 확장의 동기

경제적, 기술적, 그리고 경쟁적 환경은 많은 기업들로 하여금 국내에서 해외로 진출하도록 하는 압력요인이 되었다. 또한 커뮤니케이션, 기술, 유통에서 눈에 띄는 발전은 새로운 형태의 경쟁을 불러왔다.[10]

도표 6.1 포춘 글로벌 500에 나타난 변화하는 글로벌 경제

	500대 기업의 수		
	2006	2013	2017
미국	170	132	126
중국	20	89	111
일본	70	62	52
독일	35	29	32
프랑스	38	31	28
영국	38	26	20
한국	12	2	16
네덜란드	14	11	15
스위스	12	14	14
캐나다	14	9	12

출처: Based on data from "Global 500," *Fortune* magazine's annual ranking of the world's largest corporations for 2006 and 2013, http://money.cnn.com/magazines/fortune/global500/ (accessed December 7, 2011, and March 14, 2014); and "Fortune Global 500: The List," *Fortune*, August 1, 2018, F1–F8.

오늘날 글로벌 환경의 중요성은 글로벌 경제의 변화에서 잘 나타나고 있다. 포춘(Fortune)이 세계에서 규모가 큰 500대 기업을 선정하여 '글로벌 500대 기업'을 발표할 때 경제적 영향력은 전 세계로 확대되어감을 알 수 있다. 〈도표 6.1〉은 2006년, 2013년, 2017년에 에 각국이 보유한 글로벌 500대 기업의 수를 나타낸 것이다. 북미, 서유럽의 국가들에서 그 수가 감소하고, 중국 기업의 수가 획기적으로 증가한 것을 알 수 있다. 2010년 하반기에 중국은 일본의 GDP를 추월함으로써 세계에서 미국 다음으로 두 번째로 큰 경제대국이 되었다. 2017년 수익에서 3개의 중국 기업이 세계 5위 이내에 들었다.[11] 1993년에 중국은 포춘 글로벌 500 리스트에 단지 3개의 기업만 포함되었는데, 이제는 그 숫자가 111개로 대폭 증가하였다.[12]

이처럼 국가 간 경제력의 지속적 부침에 따라, 기업들은 이제 글로벌시장에의 참여를 사업의 필수조건으로 생각하고 있다. 이제 몇몇 산업의 경우에는 글로벌시장에서의 성공 여부가 기업 성공의 전제조건이 되고 있다. 일반적으로 기업의 국제적 확장을 촉진하는 요인으로, 규모의 경제, 범위의 경제, 저렴한 생산 요소라는 세 가지를 들 수 있다.[13] 2장에서 배운 것처럼, 기업은 항상 더 큰 효과와 효율을 추구하는데, 글로벌 시장으로의 확장은 이러한 목표를 달성하기 위한 유력한 방법 중 하나다.

규모의 경제. 글로벌기업이 되면 조직 운영 규모의 확대를 통해 **규모의 경제**(economies of scale)를 달성할 수 있다. 대기업화 성향은 산업혁명에서 비롯되었다. 산업혁명이 가져다 준 새로운 기술과 생산방식을 통해 기업들은 규모의 경제를 이해하기 시작하였다. 대량생산이 가능해지면서 기업들은 단위생산비용을 최소화할 수 있었다. 하지만, 많은 기업들에게 국내 시장은 충분한 규모의 경제를 달성할만한 장소를 제공하지 못하였다. 예를 들어, 디어앤컴퍼티사와 같은 농기계 제조업체들에서 기업의 성장은 주로 해외로 확장하면서 일어난다. 농기계 시장 보고서에 따르면, "북미에서 대부분의 농기계는 상대적으로 새로운 것이다. 북미에서 성장가능성은 다소 남아 있을지 모르지만, 우리는 저점보다는 최고점에 가까이 있다"고 보고서는 전하고 있다. 디어사는 미국 이외에서 판매를 올리기 위해 BRIC 국가들을 찾고 있으며, 이를 통해 규모의 경제를 달성할 수 있을 것이다.[14]

헐리우드(Hollywood) 영화산업은 미국시장에서 티켓 판매가 감소하고 있는 반면 다른 나라에서는 티켓 판매가 증가함에 따라 국제화 노력을 가속화하고 있다. 2017년 미국 극장의 티켓 수익은 크게 감소한 반면 중국과 같은 해외 시장에서는 400억 달러에 달하는 기록적인 수익을 거두었다.[15] 한 영화산업 전문가는 "어떤 영화사도 해외사장의 관심을 받지 않는다면, 큰 돈을 들여 영화를 제작하지 않을 것이다. 미국시장 만으로는 제작비를 모두 회수할 수가 없다"라고 말한다.[16] 현재는 해외에서의 티켓 판매가 전체의 80%에 달한다.[17]

영화산업에서 미국의 국내시장은 이미 포화상태이므로 성공하기 위해서는 해외시장으로 진출할 수밖에 없다. 스타벅스는 중국, 인도, 베트남 등 급속도로 성장하는 아시아 국가들을 목표로 하여, 중국, 일본, 한국, 대만 및 여타 국가에서 8,500개의 점포를 열었다. 특히 2017년에는 세계 최대 규모의 점포를 중국 상하이에 오픈하였다.[18] 규모의 경제는 한편으로는 공급업체로부터 대량 주문에 따른 할인혜택을 얻을 수 있어 생산비용을 절감하는 효과도 있다.

범위의 경제. 두 번째 요인은 **범위의 경제**(economies of scope)이다. 범위란 한 기업이 활동하는 지역, 국가, 시장의 수와 종류뿐 아니라 한 기업이 제공하는 제품과 서비스의 수와 종류를 의미한다. 헐리우드의 드림웍스(DreamWorks SKG)사는 모든 엔터테인먼트 플랫폼에 진출하기 위해 지분의 50%를 인도의 릴라이언스 빅 엔터테인먼트(Reliance Big Entertainment)에 팔았다. 이를 통해 드림웍스사는 자신들의 영화를 극장, 위성네트워크, 대여점, 라디오방송국, 휴대폰을 통해 판매할 수 있게 되었다.[19]

여러 국가에 진출한 기업은 소수의 국가에만 진출한 기업보다 마케팅 파워와 시너지 측면에서 큰 효과를 누릴 수 있다. 예를 들어, 글로벌시장에 진출한 광고업체는 글로벌화된 대기업을 고객으로 유치하는 데 있어 우위를 갖게 된다. 맥도날드(McDonald)가 좋은 예이다. 맥도날드는 전 세계 매장에 거의 똑같은 겨자와 케첩을 공급한다. 만일 한 공급자가 맥도

IN PRACTICE 암웨이

암웨이는 고객에게 직접 판매하는 모델로 1959년 사업을 시작했다. 1980년대 후반까지 암웨이 수익의 절반 이상은 미국 이외의 지역으로부터 나왔다. 1995년 중국에 판매를 시작했을 때, 그들은 이미 세계시장에서의 경험을 가지고 있었다. 몇 년이 지나지 않아, 중국에서의 사업은 2억 달러가 되었고 빠르게 성장하고 있었다. 그런데, 중국은 일부 암웨이 판매자가 아닌 다른 판매원들의 비윤리적인 행위를 이유로 직접 판매를 금지하였다.

암웨이는 사업을 철수해야 하거나, 암웨이 중국지사를 운영하던 에바 챙의 주장처럼, 해결책을 찾기 위해 중국정부와 협력해야 했다. 이후 몇 년간의 중국 규제 변화는 암웨이에게 어려운 과제를 던졌고, 지속적으로 그들의 비즈니스 모델을 수정할 것을 요구했다. 실제로 암웨이는 중국에서 사업을 하기 위해 다섯 차례 비즈니스 모델을 변화시켰다. 우선, 암웨이는 길거리로 나오는 사람들에게 제품을 팔기 위해 매장을 설치했다. 이것은 그들이 이전에는 한 번도 해보지 않았던 것이다. 또한 미국으로부터 제품을 수입하기보다는 오히려 중국에서 물건을 제조하기 시작했다. 관리자들은 중국에서 모든 대리점의 보상시스템을 변경했다. 그들은 더 이상 직접 판매에서 활용하던 입소문 마케팅에만 의존할 수 없었기 때문에 브랜드 광고를 하기 시작했다. 암웨이는 장기적인 관점을 취했고 오늘날 중국은 그들의 가장 큰 시장이 되었다.

암웨이가 중국에서 보여준 변화들은 그 시점에서 거대한 도약이지만, 그것은 그들이 다른 시장에서 조금씩 해오고 있었기 때문에 가능했다. 게다가, 비즈니스 모델을 개선하도록 하는 것은 관리자들이 정기적으로 비즈니스 모델에 대한 의문을 제기하는 것의 중요성을 인식하게 만들어주었고, 다른 글로벌 시장에 성공적으로 적응하도록 해주었다.[20]

날드가 진출해 있는 국가에 똑같이 진출해 있다면 맥도날드는 각 국가별로 여러 공급업체와 거래할 필요 없다. 이 기업을 통해 가격, 일관성, 편리성을 누릴 수 있기 때문이다. 따라서 이 기업은 다른 기업에 비하여 경쟁우위를 가질 수 있다. 범위의 경제를 통해 다양한 지역의 고객에게 영향을 미치는 문화, 사회, 경제 등에 대한 광범위한 지식을 획득할 수도 있으며, 다양한 고객의 요구에 맞는 특화된 상품과 서비스를 제공할 수도 있기 때문에, 범위의 경제를 실현하고 있는 기업들은 경쟁사에 비해 시장에 대한 영향력을 크게 가질 수 있다. 암웨이(Amway)는 중국시장에서 살아남아 성장하기 위해서 조직의 모든 것을 바꿔야만 했다. 그 결과 확장된 범위는 암웨이가 다른 지역에서도 성공할 수 있도록 했다.

저렴한 생산 요소. 글로벌 확장의 세 번째 동기는 **생산 요소**(factors of production)와 관련이 있다. 초기 기업 해외투자의 주요 동기는 저렴한 가격으로 원자재와 기타 자원을 획득하는 것이었다. 오래 전부터 많은 기업들은 자국 내에서 희소하거나 구할 수 없는 원자재를 확보하기 위해 해외시장을 개척해 왔다. 예를 들어, 20세기 초 미국의 타이어 제조업체들은 자동차 산업의 성장에 필요한 타이어 공급을 위해 고무농장을 해외에서 개발하곤 하였다. 그 이후 기업들은 값싼 노동력을 찾아 해외시장으로 나갔다. 오늘날 와이어하우저

(Weyerhaeuser)사 또는 U.S. 페이퍼(U.S Paper)사 같은 글로벌 제지회사들은 환경문제로 자국 내 압력을 받고 있어 다른 나라의 삼림지로 눈을 돌리고 있고, 뉴질랜드와 다른 지역에서 수백만 에이커의 나무 농장을 관리하고 있다.[21]

또한, 상당수 기업들은 저렴한 노동력을 찾아서 다른 나라로 눈을 돌리고 있다. 애플(Apple)의 아이폰(iPhone)과 아이패드(iPad)는 폭스콘(Foxconn Technologies)과 페가트론(Pegatron)과 같은 해외 공급업체가 만들고 있다. 여러 비난에도 불구하고 이러한 생산시설이 미국 내로 돌아올 가능성은 낮아 보인다. 지난 2011년 2월 캘리포니아에서 열린 저녁식사 자리에서, 스티브 잡스(Steve Jobs)는 미국의 대통령인 버락 오바마에게 해외 공장의 규모, 속도, 유연성과 해외 노동자들의 기술과 성실함은 낮은 비용만큼이나 중요하다고 말했다.[22]

미국 내 섬유회사들은 생산기지를 인건비와 생산비가 매우 저렴한 아시아, 멕시코, 남미, 카리브해 지역으로 옮기고 있어 자국 내에는 생산공장이 존재하지 않는다. 가구 회사 역시 마찬가지이다. 미국 내 공장문을 닫고 중국에서 고품질의 나무 가구를 수입하는 가구회사들은 미국 내 1명의 인건비로 중국인 근로자 30명을 채용할 수 있다.[23] 한편 이런 추세가 제조업만 해당되는 것은 아니다. 예를 들면, 인도의 많은 서비스기업들은 미국의 몇몇 거대기업들이 요구하는 소프트웨어를 만들고 컨설팅을 수행하고 있다. 자료에 따르면 900개가 넘는 인도의 서비스기업은 약 575,000명의 사람을 고용하고 있다.[24]

6.1b 국제화 발전 단계

어떤 기업도 하루아침에 글로벌 거대기업이 될 수는 없다. 국내기업에서 글로벌기업으로의 전환은 〈도표 6.2〉가 보여주듯이 여러 단계를 거쳐서 일어난다.[25]

국내기업 단계. 첫 번째 단계는 **국내기업 단계**(domestic stage)이다. 기업은 국내시장에 초점

도표 6.2 국제화 발전 단계

	1. 국내기업 단계	2. 국제기업 단계	3. 다국적 기업 단계	4. 글로벌기업 단계
전략적 지향	국내중심	수출 중심의 다국가적	다국적	글로벌
발전 단계	초기 해외시장 진입	해외시장에서의 경쟁적 입지	폭발적 성장	글로벌
조직구조	국내시장 중심 구조 + 수출부서	국내시장 중심 구조 + 국제사업부	세계적이며 지역적 특성을 지닌 제품	매트릭스, 초국가적 구조
시장 잠재력	보통, 대부분 국내시장	큼, 복수 해외시장	매우 큼, 다국적	전 세계

출처: Based on Nancy J. Adler, *International Dimensions of Organizational Behavior*, 4th ed. (Cincinnati, OH: South-Western, 2002), 8–9; and Theodore T. Herbert, "Strategy and Multinational Organization Structure: An Interorganizational Relationships Perspective," *Academy of Management Review* 9 (1984), 259–271.

을 두고 있다. 그러나 글로벌 환경을 인지하고 있으며 생산규모를 확대하거나 규모의 경제를 실현하기 위해 해외시장으로의 진출을 고려하기도 한다. 시장 잠재력은 제한적이며 주로 국내시장에 초점을 둔다. 국내시장을 위한 기업구조를 가지고 있으며, 전형적으로 기능별 혹은 사업부 조직 형태를 가진다. 해외 판매는 주로 수출부서를 통해서 이루어진다. 운송, 통관, 환율관련 업무는 외부의 전문업체에 주로 의존한다.

국제기업 단계. 두 번째 단계는 **국제기업 단계**(international stage)이다. 해외수출이 늘어나면서 다국가적으로 생각하기 시작하는 시기이다. **다국가적**(multidomestic)이라는 말은 해외에 여러 개의 시장을 가지는 것을 말한다. 하지만 아직 이들 시장이 상호 연결되어 있지는 못하는 상태이다. 이 단계에 이르면 기업 내 수출부서는 국제사업부로 대체되며 판매, 서비스, 해외물류를 위한 전문가 등이 고용되기 시작한다. 복수의 국가가 독립된 하나 하나의 잠재시장으로 인식되는 단계이다. 미국 조지아주의 도라빌(Doraville)에 본사를 둔 소규모 회사인 퓨라필(Purafil)은 오염을 제거하고 공기를 깨끗하게 하는 에어필터를 60여 국가에 판매하고 있다.[26] 이 회사는 1990년대 초에 처음 수출을 시작하여, 지금 전 세계로부터 매출의 60%를 얻고 있다. 또 다른 예로 얼러트드라이빙(AlertDriving)이 있다. 이 기업은 많은 차량을 가진 기업에 온라인으로 운전교육프로그램을 제공한다. 이 기업은 수출하는 20여 개국의 요구, 운전습관, 지형의 미묘한 차이 등에 맞게 프로그램을 조정하고, 마케팅을 실시해야 한다.[27]

다국적 기업 단계. 세 번째 단계는 **다국적 기업 단계**(multinational stage)이다. 여러 해외시장에서 폭넓은 경험을 가지면서 마케팅, 제조, 연구개발이 해외 여러 국가에서 수행되는 단계이다. 해외시장에서의 판매가 대단히 큰 비중을 차지하는 시기이다. 국제적인 기업 확장이 시작되며 공급업체, 생산업체, 유통업체들이 전 세계 여러 지역에 동반진출하면서 국가별 사업단위가 형성되는 시기이다. 다국적 단계의 사례로서 독일의 지멘스(Siemens), 일본의 소니(Sony), 미국의 코카콜라(Coca-Cola) 등이 있다. 인도의 아디티야 비를라 그룹(Aditya Birla Group)는 1850년에 시작한 비를라 가문의 무역회사였다. 1970년 초, 동남아시아에서 비를라 그룹은 전 세계로 확장하였다. 이 기업은 33개국에서 섬유, 화학품, 시멘트 금속, 직물, 의류, 비료, 잉크원료 등을 생산하고 판매했다. 아디티야 비를라 그룹은 2010년 약 60%의 수익을 인도 밖에서 얻었다.[28]

글로벌기업 단계. 네 번째이자 국제화의 최종 단계는 **글로벌기업 단계**(global stage)이다. 기업이 한 국가를 초월하는 단계이다. 사업은 단순히 국내 산업들의 집합을 넘어서 전 세계의 자회사들이 서로 연계되기 시작하는 단계이다.[29] 진정한 **글로벌기업**(global companies)은 더 이상 기업이 어느 한 국가에 속하는 것이 아닌 국적없는 기업(stateless corporation)으로 진입하는 것이 특징이다.[30] 이는 1960년대와 1970년대의 다국적 기업으로부터 새롭고 극적인 발전을 하고 있다. 이 단계에서는 오너십, 지배력, 경영진이 여러 나라로 분산된다.[31] 네슬레(Nestlé SA)는 대부분의 수익을 본사가 있는 스위스가 아닌 해외에서 얻는다. 그리고 30만 8,000명의 직원들이 전 세계에 퍼져 있다. CEO인 폴 불케(Paul Bulcke)는 벨기에인이며, 피터 브라벡-레트마테(Peter Brabeck-Letmathe) 회장은 호주인이고, 회사임원의 절반 이상은 스위스인이 아니다. 네슬레는 수백 개의 브랜드를 가지고 있으며, 생산시설을 전 세계 거의 모든 국가에 보유하고 있다.[32]

글로벌기업은 말그대로 글로벌하게 운영되며, 전 세계가 이들 기업의 무대이다. 네슬레, 로열 더치 쉘(Royal Dutch Shell), 유니레버(Unilever), 마츠시타 전기는 100여 개국 이상에서 활동한다. 수천 마일 떨어진 곳에 산재하는 다양한 성격의 자회사들의 활동을 조정하고 통합하는 데 있어서, 조직구조상 커다란 문제가 수반된다. 글로벌기업을 위한 조직구조는 극히 복잡하며, 흔히 국제매트릭스 조직 또는 초국적조직으로 진화해 나간다. 이에 대해서는 이 장의 뒷부분에서 자세히 다루기로 한다.

문화지능의 필요성. 기업의 국제화에 따라 경영자와 종업원들은 **문화지능**(culural intelligence)이 필요해진다. 문화지능이란 추론과 관찰을 통해 낯선 제스처나 상황을 해석하고 적절한 행동 반응을 고안하는 능력을 말한다.[33] 문화지능은 개인이 새롭게 당면한 상황에서 상대의 의도를 이해하고 문화적으로 적합한 방식으로 대응하도록 해준다. 미국의 유리제조 공장에서 발생한 사례는 문화지능의 중요성을 잘 나타내준다. 중국의 유리제조 기업인 푸야오 유리공업(Fuyao Glass Industry Group)이 미국 오하이오주에 위치한 GM의 버려진 자동차 생산시설에 투자해서, 유리를 생산했다. 그런데 이 공장에서 작업방법을 놓고 중국 관리자와 미국 관리자 사이에 자주 마찰이 발생했다. 중국 관리자는 미국 근로자들이 중국만큼 생산성이 높지 않다고 탓하곤 했으며, 미국 근로자들은 중국 관리자가 생산목표를 무리하게 달성하기 위해 안전 문제를 도외시한다고 비난했다. 이 회사의 미국인 인사 담당자는 이 문제가 문화적인 차이에서 기인한다는 점을 인식하게 되었다. 중국인은 속도를 우선시하는 반면, 미국 사람들은 일을 여러 각도에서 생각하고 처리한다는 것이다.[34] 당신의 문화지능을 평가하기 위하여 박스로 별도로 제시한 '적합성 평가'를 해보기 바란다.

높은 문화지능을 개발하기 위해서는 새로운 아이디어나 방식에 대해 개방적이고 수용적이어야 한다. 다른 나라에서 살며 일하는 것은 자신의 안주범위에서 벗어나 폭넓고 글로벌한 시야를 개발하는 가장 좋은 방법 중의 하나다. 한 연구에 의하면 글로벌 경영방식에 쉽게 적응하는 사람은 다른 사람을 이해하고 공감하며 함께 일하는 방법을 학습한 사람이라고 한다. 영국계 캐나다인은 미국의 문화와 정치도 알아야 하며 동시에 퀘벡 지역에 살고 있는 프랑스계 캐나다인의 사고방식과 관점을 이해하는 방법도 배우고 학습한다.[35] 이러한 언어나 문화적 다양성을 경험하지 못하고 성장한 사람은 대개 글로벌하게 일하는데 어려

적합성 평가

당신의 문화지능은 어느 정도인가?

사용법: 다음의 각 문항들은 당신의 행동을 얼마나 설명하는가? 진솔하게 다음의 문항에 답해보자.

	그렇다	그렇지 않다
1. 나는 다른 문화권의 사람들을 만나기 전에 그들과 어떻게 어울릴 것인지 생각한다.	____	____
2. 나는 주요 종교를 이해하고 종교가 문화에 어떠한 영향을 미치는지 안다.	____	____
3. 나는 여러 나라의 지리적 역사와 문화적 리더를 안다.	____	____
4. 나는 자주 가족이나 친구들과 세계적인 사건에 대해 토론한다.	____	____
5. 나는 다른 문화권의 사람들과 교류를 갖기 위해 애쓴다.	____	____
6. 나는 비교적 수월하게 다른 문화권에서 생활하는 데 적응할 수 있다.	____	____
7. 나는 낯선 문화의 현지인들과도 친구가 될 자신이 있다.	____	____
8. 나는 매우 만족스러운 다문화 팀의 일을 찾는다.	____	____
9. 나는 자주 나와 다른 문화적 배경을 가진 사람과 어울린다.	____	____
10. 나는 교차문화 간 교류를 용이하게 하기 위해 얼굴 표정이나 제스쳐를 바꾼다.	____	____
11. 나는 교차문화가 그것을 요구하는 상황에서는 내가 행동하는 방식을 빠르게 바꾼다.	____	____
12. 나는 영어를 제한적으로 사용하는 사람과 이야기하는 것이 즐겁다.	____	____

점수계산과 해석: 위의 문항들은 문화적 다양성에서 발생하는 상황에 대처하는 관리자들의 능력에 대한 문화지능 성향을 측정한다. '그렇다'에 체크한 문항에 1점씩 계산해서 아래의 빈칸에 적어보자.

인지적 문화지능, 1~4번 문항. 점수 = ____
감성적 문화지능, 5~8번 문항. 점수 = ____
행동적 문화지능, 9~12번 문항. 점수 = ____

인지적 문화지능(cognitive CQ)은 머리, 감성적 문화지능(emotional CQ)은 심장, 그리고 행동적 문화지능(behavioral CQ)은 몸과 관련된다. 모든 부분에서 3~4점 정도를 획득했다면 당신은 충분한 국제적 경험을 가지고 있는 것이므로, 문화지능은 높은 수준이다. 만약 당신이 세 가지 부분에서 각각 1~2점 정도를 획득했다면, 다른 국제 문화에 대해 좀 더 배워야 한다. 해외여행을 준비하고, 여러 상황에서 다른 문화의 사람들이 어떻게 반응하는지 느껴보자. 다른 학생들과 자신의 점수를 비교해보자. 만약 당신이 다양한 사람과 문화에 매료되지 않았다면, 당신과 다른 문화를 가진 사람들에게 공감할 수 있겠는가?

출처: Based on P. Christopher Earley and Elaine Mosakowski, "Cultural Intelligence," *Harvard Business Review*, October 2004, 139–146; Soon Ang, Lynn Van Dyne, Christine Koh, K. Yee Ng, Klaus J. Templer, Cheryl Tay, and N. Anand Chandrasekar, "Cultural Intelligence: Its Measurement and Effects on Cultural Judgment and Decision Making, Cultural Adaptation, and Task Performance," *Management and Organization Review* 3 (2007), 335–371; and David C. Thomas and Kerr Inkson, *Cultural Intelligence: People Skills for Global Business* (San Francisco: Berrett-Koehler, 2004).

움을 겪는다. 국제 환경에서 근무하는 관리자들은 자신의 출신국가가 어디든 마음을 열고 다른 문화적 관점을 이해하고 존중하는 방법을 학습해야 한다.

6.1c 국제 전략적 제휴와 인수를 통한 글로벌 확장

기업이 국제적 사업에 참여하는 가장 흔한 방법 중의 하나로서 국제 전략적 제휴(international alliances)를 들 수 있다. 전 세계 다양한 국가와 정부의 규제를 일일이 이해하기는 얼마나 어려운가, 다른 문화권의 뉘앙스를 파악하고 서로 다른 사람들의 욕구를 충족하는 것은 얼마나 까다로운가. 이 때문에 많은 경영자들은 해당 지역을 잘 알고있는 현지 기업과 파트너십을 구축하는 게 해외사업을 하는 데 합리적이라는 것을 깨닫게 된다. 4장에서 논의했듯이 우버가 현지기업과 제휴하지 않고 단독으로 중국에 진출한 것은 매우 위험한 일이었다. 결국 우버는 현지의 경쟁기업인 디디(Didi Chuxing)에 사업을 매각하고 중국에서 철수하였다. 디디의 창업자인 청 웨이(Cheng Wei)는 중국시장에 만족하지 않고 전 세계 시장에서 차량공유 서비스를 주도할 계획을 갖고 있다. 디디의 글로벌 전략은 우버와는 다르다. 그는 '우리의 전략은 우리가 모든 것을 하는 것이 아니다"라고 말한다.[36] 미디어, 엔터테인먼트, 제약, 생명공학, 디지털 정보기술과 같이 급변하는 산업에 속한 기업들은 수백 개에 달하는 국제 전략적 제휴 관계를 맺고 있다.[37]

라이센싱, 합작기업, 기업인수 등이 전형적인 제휴의 형태이다.[38] 이전 장에서 논의했던 자원 의존 관점에 따른 방법에 대해 생각해보자. 이런 방법들은 또한 글로벌 확장을 위해 사용되기도 한다. 예를 들어 새로운 시장에 진입할 때, 특히 그 시장이 개발도상국일 경우, 삭스 피프스 애비뉴(Saks Fifth Avenue)나 바니스 뉴욕(Barneys New York)과 같은 소매업체들은 외국 파트너기업에 자사의 상호를 라이센스함으로써 위험을 줄인다. 삭스는 사우디아라비아의 리야드와 두바이에 라이센스를 준 점포가 있으며, 바니스는 일본에 점포가 있다. 미국 내 다른 백화점 업체와 마찬가지로 두 회사 모두 미국 내 매출 감소와 경쟁 격화에 대한 대응책으로 강력한 국제화 정책을 추진하고 있다.[39] 허쉬(Hershey Company)도 수많은 제휴 관계를 맺고 있는데, 한국의 매일유업과는 초콜렛 우유 사업을 일본의 롯데와는 아이스크림 사업을 제휴하고 있다. 허쉬의 글로벌 사업개발 및 라이센싱 담당 이사인 어네스트 사보(Ernest Savo)는 "허쉬 브랜드에 대한 인지도와 친밀성을 구축함과 동시에 새로운 시장에 진출하는 방법으로 허쉬는 항상 라이센싱을 활용하고 있다"고 말한다.[40]

이전 장에서 기술한 바와 같이, **합작기업**(joint venture)이란 2개 이상의 기업이 공동투자하여 만들어진 기업을 말한다. 합작기업은 개발과 생산 비용을 공동으로 부담하거나 새로운 시장개척 시에 사용되는 좋은 접근방식이다. 합작기업은 고객뿐만 아니라 경쟁사와도 설립할 수 있다.[41] 경쟁업체인 르노, 닛산, 미쯔비시는 원래 신흥시장을 대상으로 저원가의 자동차를 제조하기 위해 제휴관계를 형성했다. 원래의 목적을 달성하는데는 문제가 있었지만, 최근에는 다양한 분야에서 '윈-윈-윈' 관계를 구축하기로 결정했다. 각 기업의 경영자들은 "협력하지 않으면 죽는다"는 사실을 인식하고 있다.[42] 미국의 스프린트(Sprint), 도이치 텔레콤(Deutsche Telecom), 텔레콤 프랑스(Telecom France) 그리고 몇몇 소규모 기업들이 협력하여 만든 한 합작기업이 글로벌기업의 통신요구에 부응하기 위하여 65개 국가에서 활동 중이다.[43] 일리노이주에 위치한 나비스타(Navistar)는 인도의 급성장하는 장비 제조업체이자 경쟁사인 마힌드라앤마힌드라(Mahindra & Mahindra)와 수출용 트럭 및 버스를 생산하기 위한 합작기업을 설립하였다.[44]

회사들은 합작기업을 만들어 파트너의 현지시장 지식을 이용하고, 규모의 경제를 통해 생산비용을 절감하며, 상호 기술의 장점들을 공유할 뿐만 아니라 다른 나라의 유통채널을 통해 신제품과 서비스를 유통시킬 수 있다. 하지만, 기업을 인수했을 경우, 합작회사보다 더 큰 지배력을 가지기 때문에 많은 경우 기업들은 상대기업에 대한 인수를 선호한다. 월마트는 글로벌 e-커머스(e-commerce) 사업을 확대하기 위해 회사 역사상 가장 큰 인수를 단행했는데, 이는 [IN PRACTICE] 사례에 기술되어 있다.

IN PRACTICE 월마트와 플립카트

월마트(Walmart)는 생존을 위해 미국 및 해외시장에서 아마존과 경쟁하고 있다. 이것이 바로 월마트가 인도에서 가장 크지만 여전히 적자 상태인 e-커머스 기업 플립카트 그룹(Flipkart group)을 160억 달러에 인수한 이유이다.

ZUMA Press, Inc./Alamy Stock Photo

이 인수로 인해 월마트의 이익은 타격을 받았지만, 아마존이나 다른 대형 온라인 업체가 아직 진출하지 않은 대규모 성장시장에 교두보를 마련하기 위해서라면 단기적 손실은 감수할만 하다고 월마트의 경영진은 믿고 있다. 월마트 인터내셔널의 CEO는 이 인수에 대해 "규모, 성장, 거기다 훌륭한 경영진까지 얻었다"고 평가했다. "시장에 진입하기에 타이밍이 절묘한 순간이다." 아마존이 인도에 진출했을 때 55억 달러 이상이 필요했고, 플립카트는 타격을 받았다. 아마존은 엄청난 자금력을 바탕으로 저가 공세를 취해 플립카트로부터 고객을 뺏어 왔다.

미국의 4배에 달하는 젊은층을 중심으로 온라인 쇼핑이 성장을 계속함에 따라 시장의 잠재력도 커지고 있다. 인도의 이커머스 시장 규모는 2026년에 2천억 달러에 이를 것으로 예상된다. 플립카트는 자국 기업이라는 이점을 가지고 있다. 동사는 아마존보다는 법률적, 규제 장벽에 덜 노출되어 있으며, 경영층은 현지 환경과 고객의 기대를 더 잘 이해하고 있다. 그럼에도 불구하고 아마존은 현지 고객의 마음을 사로잡기 위하여 신속하게 움직이고 있다.[45]

다른 기업들도 국제 시장에서의 성장을 위해 인수를 적극 활용하고 있다. 최근 중국기업들은 볼보(Volvo), AMC 극장체인, 이탈리아의 호화 요트업체인 페레티(Ferritti), 스미스필드 식품(Smithfield Foods) 등과 같은 외국기업 인수에 적극적이다. 슈앙후이(Shuanghui)사의 47억 달러 규모의 스미스필드 식품 인수는 현재까지는 중국기업에 의한 최대 규모의 기업 인수인데, 앞으로는 더욱 큰 인수가 뒤따를 것이다. 이와 같은 기업 인수는 글로벌 비즈니스를 변모시키고 있다.[46] 많은 경우 중국기업은 인수 후에도 현지 관리자가 기업을 운영하도록 한다. 중국의 대기업인 달리안 완다 그룹(Dalian Wanda Group)은 AMC 엔터테인먼트 홀딩스(AMC Entertainment Holdings)를 인수하고, 재무팀을 미국으로 파견했지만, 미국의 경영진이 예산 사용방법을 결정하도록 했다.[47]

핵심정리

- 오늘날 거의 모든 기업이 글로벌 환경의 영향을 받으며, 많은 기업들이 글로벌 시장에 접근하기 위해 해외 사업을 개발하고 있다. 글로벌 확장을 하는 세 가지 이유로서 규모의 경제 실현, 범위의 경제 실현, 그리고 노동력, 토지, 원재료와 같은 저렴한(또는 희소한) 생산 요소에의 접근성을 들 수 있다.
- 조직은 통상 네 단계의 국제화 과정을 거친다. 국내기업 단계에서 국제기업 단계로 발전하며, 다국적기업 단계를 거쳐 전 세계를 하나의 시장으로 보는 글로벌 단계로 발전해나간다. 이에 따라 조직도 수출부서에서 시작하여 국제사업부 조직을 거쳐 궁극적으로는 범세계적 지역조직 또는 범세계적 제품 조직으로 발전해 나간다.
- 기업이 높은 수준의 국제화 단계로 나아갈수록 경영자나 종업원들은 문화지능을 갖추어야 한다.
- 해외 비즈니스를 하는 흔한 방법은 해외 기업과 전략적 제휴를 맺는 것이다. 전략적 제휴는 라이센싱, 합작투자, 기업인수를 포함한다.
- 다른 나라에서 살거나 일하는 것은 사람들이 글로벌 시각을 발전시킬수 있는 가장 효과적인 방법 중의 하나이다.

6.2 글로벌 설계에 따르는 도전

오늘날 경영자들은 규모가 점점 더 확장되고 있는 국제시장에서의 많은 기회를 어떻게 자신의 기업에 활용할 것인가라는 문제에 직면해 있다. 〈도표 6.3〉은 국제화 조직이 당면하고 있는 세 가지 문제, 즉 높은 복잡성과 차별화, 통합의 필요성, 글로벌기업의 조직 단위 간 지식이전을 제시하고 있다. 글로벌기업은 국가 간 차이로 인해 나타나는 국제시장의 높은 복잡성과 이에 따라 더 높은 차별화가 필요하다는 점을 인정해야만 한다. 예를 들어, 국가마다 고유의 역사, 문화, 법, 그리고 규제가 존재한다.[48] 이러한 환경의 복잡성과 국가마다의 차이점 때문에 더 많은 조직의 차별화가 요구된다는 점은 4장에서 이미 살펴보았다.

도표 6.3 글로벌 설계에 따르는 도전

도표 6.4 거대 다국적 기업의 수익과 몇몇 국가의 GDP 비교(2017년) (단위: 백만 달러)

회사	수익*	국가	연간 GDP†
월마트	485,873	벨기에	468,148
폭스바겐	276,264	칠레	250,008
애플	229,234	포르투갈	205,269
아마존	117,900	쿠웨이트	110,873
마이크로소프트	89,950	슬로바키아	89,806
존슨앤존슨	76,450	에티오피아	73,151
텔레포니카	62,341	룩셈부르크	58,655
렙솔	49,747	레바논	49,611
페이스북	39,300	세르비아	38,300
코카콜라	35,410	볼리비아	34,053

* 이 비교는 수익이 GDP에 상응한 가치를 가진다고 가정하고 있음.

† 국내총생산(Gross domestic product)

출처: Based on data reported in Fernando Belinchón and Ruqayyah Moynihan, "25 Giant Companies That Are Bigger Than Entire Countries," *Business Insider*, July 26, 2018, https://www.businessinsider.com/25-giantcompanies-that-earn-more-than-entire-countries-2018-7 (accessed April 24, 2019).

이와 동시에 멀리 떨어져 있는 각 부문들을 효과적으로 조정하고 협력하게 하는 방법과 지식을 개발하고 그러한 지식을 이전하는 방안을 찾아야만 한다.[49] 소규모 기업 역시 국제적인 사업에 참여하고 있기는 하지만 대부분의 국제기업은 규모가 매우 크기 때문에 조정 문제가 심각하게 대두되고 있다. 〈도표 6.4〉는 다국적 기업의 매출액과 몇몇 국가의 국민 총소득을 비교하는 표로 국제기업의 규모와 중요성을 나타내주고 있다.

6.2a 높아진 복잡성과 차별화

국제시장에 진입할 때 조직은 국내시장에서 경험하지 못한 높은 수준의 내적, 외적 복잡성을 경험한다. 따라서 경제발전, 언어, 정치시스템, 정부규제, 문화와 가치, 수송 및 커뮤니케이션 시설 등과 같은 인프라 구조가 다른 여러 나라에서 운영될 수 있는 조직구조를 설계해야만 한다. 아마존이 인도에서 직면하고 있는 도전을 생각해보자. 아마존, 이제는 월마트 소유가 된 플립카트(Flipkart) 및 많은 로컬업체들이 급성장하는 온라인 시장을 장악하기 위하여 치열하게 경쟁하고 있다. 농촌 지역에 사는 고객들을 위해 아마존은 현지의 작은 점포와 계약을 맺고 사람들이 점포에서 온라인으로 주문할 수 있도록 하고, 글을 읽지 못하는 사람들을 위해 제품에 대한 영상 소개를 덧붙이고, 아마존 앱이 저가의 스마트폰에서도 작동하도록 앱을 수정하고, 현금으로 결제를 가능하게 하는 등과 같은 많은 노력을 기울이고 있다. 가장 큰 난제는 배송인데, 2만 개 이상의 영세 상점들과 "공간이 있어요(I Have Space)" 프로그램 계약을 맺고, 이 점포들이 제품에 대한 포장과 인근 지역으로의 배송(때로는 주소도 없는 장소로 흙길을 자전거로 달려야 하는 일이 빈번하다)을 담당하도록 하여 아마존의 물류 네트워크의 일원이 되도록 하였다.[50]

국제 환경에서의 이와 같은 복잡성은 결국 조직 내부의 복잡성으로 나타난다. 이번 장에서 학습하겠지만 환경의 복잡성과 불확실성이 증가함에 따라 조직은 이에 대응할 수 있는 전문 직위, 부서나 부문을 설치함으로써 차별화 정도가 높아진다. 즉, 최고경영진은 여러 나라의 정부, 법률, 회계규정 문제를 처리할 수 있는 전문부서를 설치한다. 예를 들면, 인도에서 구글(Google), 야후(Yahoo), 그리고 페이스북(Facebook)과 같은 인터넷 회사들은 특정 기준을 적용하고 선정적인 콘텐츠를 제공하지 말아야 하지만, 이러한 규칙은 해석에 어려움이 따른다. 인도는 원칙적으로는 인쇄물뿐만 아니라 인터넷에서도 표현의 자유를 지지하지만, 종교와 민족정치에 때문에 정부는 표현의 자유에 대한 '합리적 제약'을 가할 권리가 있다. 대부분의 기업들은 이러한 법과 정서를 따르면서 동시에 그들의 재량권을 행사하고 싶어 한다. 그래서 그들은 종종 불만 사항을 모니터링 하고 어떻게 대응할지를 결정하기 위해 변호사들과 다른 전문가 팀을 구성한다.[51]

다양한 법과 규제를 다루기 위한 부서들뿐만 아니라, 외부환경을 효과적으로 감지하고 반응하기 위해 더 많은 경계 부서들이 필요하다. 글로벌기업들은 대체로 엔지니어링, 설계, 제조, 마케팅, 판매 등과 같은 기능을 전 세계에 분산하여 운영한다. 특히 많은 조직들은 국제적인 전문가들을 잘 활용하고 글로벌시장에 적합한 제품을 설계하기 위하여 글로벌 제품개발시스템을 구축하고 있다. 딜로이트 리서치(Deloitte Research)의 연구에 따르면, 북미 및 서유럽 제조업체의 48% 정도가 여러 나라에 걸쳐 엔지니어링 부문을 운영하고 있는 것으로 나타났다.[52] 또한 기업들은 국제적인 수준에서 다양한 전략을 실행하고, 여러 가지 활동을 수행하며, 수많은 제품과 서비스를 제공하고 있다.

6.2b 높아진 통합의 중요성

조직이 차별화된다는 것은 결국 다양한 제품, 부문, 부서, 직위가 여러 나라에 흩어져 있다는 것을 의미하고, 결과적으로 경영자들은 경계조직을 어떻게 통합할 것인가라는 커다란 문제에 봉착하게 된다. 문제는 국제기업이 규모의 경제, 범위의 경제, 노동 및 생산의 효율성을 얻기 위해 어떻게 조정과 협력을 달성할 것인가 하는 것이다. 4장에서 언급한 것처럼, 국내기업이라도 구성원들의 태도, 목표, 작업 성향의 다양성으로 인해 차별화 정도가 높은 부서를 조정하는 데에는 많은 시간과 자원이 필요하다. 여기에 목표와 작업 태도뿐만 아니라 지리적 거리, 시차, 문화, 언어가 다른 국제기업의 경우에는 어떻게 될 것인가 상상해보자. 기업들은 정보와 아이디어, 신제품과 기술을 공유할 수 있는 방법을 찾아야만 한다. 모든 글로벌 조직은 적시 적소에 올바른 방법으로 다양한 부문들의 협력을 이끌어내야 하는 어려운 도전과제에 직면하고 있다.

6.2c 지식과 혁신 이전의 어려움

국제기업이 당면하고 있는 세 번째 과제는 국제시장에서 학습을 통해서 글로벌 지식을 창출하고 활용하는 것이다. 다양한 국제 환경은 다양한 능력과 제품 및 서비스에서의 놀랄만한 혁신을 개발하고 학습할 수 있는 좋은 기회를 제공한다. 예를 들어, 세계 최대 규모의 교정렌즈 제조업체인 에실로르(Essilor International SA)사는 독일에서 렌즈를 설계하고, 미국에서 고도로 투명한 폴리머를 이용하여 반가공품을 만들고, 일본에서 초경박 코팅을 한다.[53]

일부 전문가들은 급진적인 혁신이 중국과 인도와 같은 개발도상국의 기업들로부터 오는 비중이 높다고 믿는다.[54] 혁신에 관한 전통적인 관점은 주로 선진국에서 덜 개발된 다른 지역으로 혁신이 이전된다는 것이지만, 트리클업(trickle-up) 혁신과 **역 혁신(reverse innovation)**에서 말하는 새로운 관점은 기업들이 국제기업들 간의 공유를 촉진하는 메커니즘에 더 많은 주의를 기울여야 한다고 주장한다. 헬스케어 산업을 고려해보자. GE헬스케어(GE Healthcare)는 중국에서 확고한 입지를 차지하고 있지만, 하이엔드 초음파 기계와 몇몇 제품들은 그렇지 못하다. 농촌마을의 형편 없는 국가지원과 낮은 기술수준을 보유한 병원에서 일하는 헬스케어 종사자들의 요구를 충족시키지 못했기 때문이다. 그들에게는 가격, 휴대성, 사용의 용이성이 중요한 기준이었다. GE헬스케어는 중국에 '지역 성장 팀'을 만들고 지역 인재들을 끌어들여 하나의 조직단위 내에 제품개발, 소싱, 제조, 마케팅을 결합했다. 그들은 하이엔드 초음파기계보다 15% 이상 저렴한 휴대용 초음파 기계를 만들어냈다. GE는 현재 그 제품을 전 세계에 판매하고 있으며, 6년 만에 2억 7,800만 달러의 글로벌 생산라인으로 성장했다.[55] GE의 CEO인 제프리 이멜트(Jeffrey Immelt)는 "만약 우리가 가난한 나라에서 혁신을 하고 그것을 글로벌화하지 않았다면, 마인드레이(Mindray), 수즐론(Suzlon), 그리고

도표 6.5 역 혁신의 예

회사	혁신과 적용
다농그룹	일반적인 다농그룹 공장에서 생산하는 요구르트의 100분의 1을 생산하는 작은 공장을 방글라데시에 세웠다. 그 공장은 그들이 다른 거대한 공장들만큼 효율적으로 운영될 수 있다는 것을 발견하였고, 다른 다농그룹 공장들이 다른 시장의 컨셉을 도입하는 자극제가 되었다.
네슬레	파키스탄과 인도 사람들을 위한 저렴한 식사로 건조면 브랜드인 매기(Maggi)를 만들고, 그것을 호주와 뉴질랜드에서 저렴한 건강식품으로 재포지셔닝했다.
GE	전력변동, 자금과 큰 장비를 수용할 공간 부족, 많은 먼지, 값비싼 장비의 부품을 교체하기 어려운 인도의 의료종사자들을 위한 저렴한 휴대용 심전도 기계를 만들었다. 현재 그것은 미국뿐만 아니라 전 세계 다른 국가들에서도 판매되고 있다.
휴렛-팩커드	인도의 한 팀에서 아시아와 아프리카의 휴대폰을 위해 만들어진 웹 인터페이스 어플리케이션을 미국과 유럽의 선진 시장에 이전할 방법을 모색하고 있다.
존디어	존디어(John Deere) 인도지사는 인도의 농부들을 위한 고품질의 저렴한 트랙터를 개발했고, 현재 경제침체로 힘들어하는 농부들 사이에서 인기를 얻어 미국 내 수요가 점점 증가하고 있으며, 존디어사가 러시아로 진출하는 데 큰 역할을 했다.

출처: These examples are from Michael Fitzgerald, "As the World Turns," *Fast Company*, March 2009, 33–34; Reena Jana, "Inspirations from Emerging Economies," *BusinessWeek*, March 23 & 30, 2009, 38–41; Jeffrey R. Immelt, Vijay Govindarajan, and Chris Trimble, "How GE Is Disrupting Itself," *Harvard Business Review*, October 2009, 3–11; and Navi Radjou, "Polycentric Innovation: A New Mandate for Multinationals," *The Wall Street Journal Online*, November 9, 2009, http://online.wsj.com/article/SB125774328035737917.html (accessed November 13, 2009).

골드윈드(Goldwind)와 같은 개발도상국의 새로운 경쟁자들이 그렇게 했을 것이다."[56] 〈도표 6.5〉는 역 혁신의 다른 예들을 제시한 것이다.

각 지역에 있는 조직들은 특정 지역의 요구를 충족시킬 수 있는 기술과 지식을 습득한다. 트리클업 혁신 트렌드에서 나타나는 것처럼, 이러한 지식들은 제품 개선, 운영 효율성 개선, 기술 발전 및 기타 다양한 능력들을 포함하고 있다. 이와 같은 지식들은 다른 지역에도 충분히 활용될 수 있기 때문에 각 지역으로 지식을 이전할 수 있는 시스템 구축이 요구된다. 지식 이전의 좋은 사례는 P&G(Procter & Gamble)를 들 수 있다. P&G의 가장 성공적인 제품의 하나로 1980년대 출시된 리퀴드 타이드(Liquid Tide)는 회사의 다양한 부문에서 개발된 혁신을 공유해서 만든 제품이다. 세탁기물 속에서 빨래가 다시 오염되는 것을 막는 기술은 미국 본사에서, 세제의 합성 공식은 일본 P&G의 기술자로부터, 경수 속에 남아 있는 광물질과 소금에 대항할 수 있는 요소는 브뤼셀에 있는 과학자로부터 창출된 지식들이 모여서 리퀴드 타이드가 만들어졌던 것이다.[57]

구성원들이 국경을 넘어 지식과 아이디어를 이전하도록 하는 것은 극히 도전적인 과제이다. 룩셈부르크에 위치한 철강업체인 아르셀로미탈(ArcelorMittal)사는 생산성과 수익성을 높이기 위해 겐트와 벨기에의 공장에서 사용하는 최신의 기기와 기술을 번스하버와 인디애나 공장에서 사용하기를 원했지만, 종업원들은 기뻐하지 않았다. 그들은 오랫동안 철광성과 코크스, 석탄, 석회석의 올바른 조합을 계산하기 위해 종이와 연필을 사용하는 데 익숙해져 있었고 컴퓨터 사용법을 배우는 강의에 참석하는 것을 거부했다. '쌍둥이(twinning)'이라고 불리는 프로세스는 비슷한 크기, 연령, 제품을 가진 두 공장이 서로를 벤치마킹하고, 상대적으로 부족한 공장은 다른 공장을 모방하도록 한다. 그래서, 아르셀로미탈사는 100명 이상의 미국 엔지니어와 관리자들을 겐트와 벨기에 공장으로 보내서 "벨기에 사람들이 하는 것처럼 하라"고 말했다. 오늘날, 번스하버의 공장은 벨기에 공장수준의 생산성을 기록하고 있다. 종업원들은 '쌍둥이' 과정이 파국을 피하고 그들의 과업이 더 좋은 방향으로 달라지게 도왔다고 말했다.[58] 많은 조직들이 국경을 건너 지식과 혁신이 이전할 수 있는 가능성의 일부만을 사용하고 있다. 전 세계 곳곳에 흩어져 있는 사람들은 때때로 신뢰할 수 있는 관계를 구축하는 데 어려움을 겪는다. 다른 이유들은 다음과 같다.[59]

- 언어 장벽, 문화적 차이, 지리적 거리 등과 같은 요인으로, 서로 상이한 국가의 사업부에 존재하는 지식과 기회를 인식하기 어렵다.
- 때때로 경영자들이 조직 간 통합을 통해 얻을 수 있는 가치를 인식하지 못하고 다른 부문과 협력하기보다는 자기 부서의 이익을 지키려 한다.
- 지역 본부가 지식을 권력으로 여기고 자체 내부에 보유함으로써 글로벌기업 내에서 영향력 발휘를 원하는 경우가 많기 때문이다.
- 'NIH(not-invented-here)' 증상으로 인해 경영자들이 다른 지역의 노하우나 전문지식을 사용하는 것을 탐탁지 않게 생각하기 때문이다.
- 지식의 많은 부분이 구성원의 정신 속에 존재하므로 쉽게 문서화되지 못하고, 다른 부서와 공유하기 어렵기 때문이다.

이러한 글로벌화에 따르는 도전에 대처하기 위해서 경영자는 지식의 개발과 공유를 독려하고 글로벌 조직 단위 전반에 결쳐 발생하는 새로운 지식인나 혁신을 공유할 수 있는 시스템을 구축해야 한다.

핵심정리

- 글로벌 규모로 성공하는 것은 어려운 일이다. 글로벌 조직을 설계하는 데는 세 가지 주요한 과제가 있는데, 조직의 복잡성과 차별화를 통해 복잡한 환경에 대응하는 일, 서로 아주 다른 조직단위 간에 조정과 통합을 수행하는 일, 지식과 혁신의 이전, 전파를 위한 시스템을 구축, 실행하는 일이 그것이다.
- 대부분의 국제기업은 규모가 아주 크다. 월마트, 폭스바겐, 애플과 같은 회사의 수익은 세계 많은 나라의 GDP보다 더 크다.
- 신흥시장에서 저비용의 혁신적인 제품이나 서비스를 개발한 후, 이를 선진국에서 판매하는 것을 의미하는 역혁신은 글로벌기업이 지식과 혁신의 전파를 통해 성공을 거두는 하나의 방식이다.

6.3 글로벌 전략에 적합한 조직구조의 설계

국제기업에서 일하는 경영자들은 그들이 당면한 상황에 적합한 전략과 조직구조를 발견하기 위해 끊임없이 노력하고 있다. 3장에서 논의한 것처럼, 조직구조는 종업원들이 특정 기능이나 제품 또는 지리적 영역에 초점을 두도록 하는 한편, 동시에 조정과 통제에 필요한 정보를 충분히 처리할 수 있도록, 조직이 처한 상황에 적합하게 설계되어야만 한다. 국제적인 조직구조를 설계하는 데도 같은 논리가 적용되지만, 특히 글로벌 환경과 현지의 전략적 기회를 함께 고려해야 하는 점이 중요하다.

6.3a 글로벌 환경과 국가별 여건에 대응하기 위한 전략 유형

시장영역을 국제적으로 확장시키는 경우에 경영자는 조직목표를 통합적으로 달성하기 위해서 세계 전역에 산재하는 사업장들 간 시너지 효과가 발생하도록 글로벌 전략을 수립해야 한다. 하지만 이때 직면하는 한 가지 딜레마는 글로벌 **표준화**(standardization)와 지역별 대응 중 무엇을 선택해야 하는가이다. 즉, 각 사업장들이 자율적으로 움직이게 할 것인지 아니면 모든 국가에 표준적인 활동지침을 제시할 것인지를 정해야 한다. 글로벌 전략과 다국가적 전략 간의 선택문제는 이러한 결정사안이 반영된 것이다.

글로벌 전략(globalization strategy)이란 제품설계와 제조 및 마케팅 전략 등을 전 세계적으로 표준화시키는 것을 뜻하며, 이를 통해 새로운 시장에 진출하기 위해 새로운 제품을 개발하는 것보다 비용을 절약할 수 있다.[60] 블랙앤데커(Black & Decker)가 전동공구라인을 표준화했을 때 더 국제적으로 경쟁력을 갖춘 기업이 되었다. 코카콜라와 같은 제품은 지역에 맞춰 광고와 마케팅만 변화시키면 되기 때문에 글로벌화하기가 쉽다. 서비스는 글로벌화에 적합성이 떨어지는데, 일반적으로 나라마다 관습과 습관이 달라 그에 맞는 다른 서비스를 제공해주어야 하기 때문이다. 예로써, 세계 20대 호텔에 속하는 스페인 최대 호텔 체인인 멜리아 호텔(Melia Hotel International)은 중국, 불가리아, 미국, 인도네시아, 그리스, 크로아티아, 브라질, 이집트, 미국 등을 포함한 35개국의 현지 기업과 합작법인 설립 등의 방법을 통해 현지의 노하우를 습득하였다.[61]

다른 기업들은 최근 엄격히 적용되는 글로벌 전략을 바꾸고 있다. 경제와 사회 변화로 소비자들은 글로벌 브랜드에 관심을 덜 갖게 되었고, 지역의 특성을 반영한 제품을 더 선호하였다.[62] 그러나 글로벌 전략을 쓰게 되면 제품설계와 제조를 표준화하고, 공급업자를 공동으로 활용하며, 전 세계적으로 신제품을 신속하게 출하하며, 가격조정이 용이하며, 중복된 설비를 줄일 수 있으므로 규모의 경제 효과를 누릴 수 있으며, 이를 통해 기업은 비용을 절감할 수 있다. 전 세계에 퍼져 있는 사업장들에 대해 기술, 설계, 부품 공급업자 및 제조과정 등을 표준화시킴으로써 포드는 시행 초기 3년 만에 50억 달러의 비용을 절감했다.[63]

마찬가지로 남성용 마하 쓰리 및 여성용 비너스 면도날을 생산하는 질레트(Gillette)에서도 생산시설에 보편화된 부품들을 사용하고, 제품 제조공정에서의 기술적인 사양을 전 세계적으로 표준화시키고 있다.[64]

1. 조직이 다른 나라에서 성공할 수 있는 유일한 방법은 그 제품과 서비스를 현지의 관행이나 가치관에 부합하도록 맞춤화하는 것이다.

답) 동의하지 않는다. 전 세계의 사람들이 때로는 그들의 요구와 기호에 맞게 수정된 제품이나 서비스를 원하기도 하며, 많은 조직들이 이러한 현지 시장수요에 적절하게 대응함으로써 큰 성공을 거두기도 한다. 그러나 전 세계 많은 나라에서 동일한 제품설계와 마케팅 전략을 사용하여 경쟁우위를 획득하는 국제기업들도 많이 있다.

도입 질문과 답

다국가적 전략(multidomestic strategy)이란 각 국가에서의 경쟁이 다른 나라에서의 경쟁과 관계없이 이루어지는 것을 말한다. 따라서 다국가적 전략은 제품설계와 조립 및 마케팅을 각 국가의 시장상황에 맞춘다. 제품에 따라서 전 세계시장을 단일시장으로 접근하는 데 문제가 있기 때문이다. 예를 들면, 국가마다 냄새제거제나 치약과 같은 개인생활용품에 대한 기대가 다르다. 멕시코의 일부 지역에서는 세탁세제를 옷이 아니라 그릇을 씻는 데 사용하고 있다. 심지어, 세계시장에서의 표준화의 대표적인 예라고 할 수 있는 미국의 패스트푸드 체인들도 지역 및 국가들 간의 차이에 반응할 필요를 느꼈다. 예를 들어, 맥도날드의 조달 및 분배시스템은 표준화되고, 중앙화되어 있지만, 전 세계적으로 제공되는 메뉴는 매우 다양하다. 한 예로 KFC가 1973년에 아시아 진출하였을 때, KFC는 글로벌화 전략을 시도하였지만, 11개의 매장이 2년 만에 폐장하였다. 이에 관리자는 다국가적 전략을 시도하여, 중국에서 맥도날드의 시장점유율인 16%에 비해 40%의 시장점유율을 확보하는 놀라운 성과를 보였다.[65] 또한 아마존이 글로벌 시장에서 비디오 스트리밍 서비스를 제공하기 위해 택하고 있는 전략을 생각해보자. 아마존 스튜디오의 책임자인 로이 프라이스(Roy Price)는 "당신이 글로벌 서비스를 제공할 수는 있다. 하지만 글로벌 고객은 존재하지 않는다. 단지 현지 고객이 있을 뿐이다"라고 말한다. 글로벌 전략을 택하고 있는 넷플릭스(Netflix)와는 달리 아마존은 국가별로 서비스를 차별화하고 있다. 예를 들어, 인도에서는 서비스를 개시하기 전에 현지 비디오팀을 만들어 인도의 영화, 스포츠 및 다른 영상물과 공급 계약을 체결하는데 2년이라는 시간이 소요되었다.[66]

따라서 글로벌시장에서의 통합의 필요성이 중요한 것인지 혹은 국가별 시장상황에 대응하는 것이 중요한 것인지에 따라 글로벌 조직구조 설계는 달라져야 할 것이다. 스페인에 진출한 국제기업들 중 100개 이상을 대상으로 한 최근의 연구에서도 국제조직의 구조와 전략적 목표 간에는 중요한 관련이 있다는 것이 밝혀지고 있다.[67] 〈도표 6.6〉은 환경의 요구에 어떤 조직설계와 국제화 전략이 적합한지를 보여준다.[68]

기업은 생산하는 제품이나 서비스가 전 세계시장에서 표준화를 통해 경쟁우위를 점할 수 있는지 여부에 의해 글로벌에 대한 가능성을 평가할 수 있다. 여러 국가에 다양한 제품이나 서비스를 공통적으로 구분 없이 판매하는 기업은 글로벌 전략을 취한다. 반면에 차별화와 개별화를 통해 각 국가별 지역 특성에 적합한 제품이나 서비스를 판매하는 기업은 다국가적 전략이 유용할 것이다.

많은 경우, 기업은 글로벌 기회와 로컬(각 국가별) 기회에 동시에 대응하는 것이 필요해진다. 글로컬라이제이션(glocalization)이란 글로벌 시장이라도 제품이나 서비스가 현지의 관습과 문화에 따라 고객화가 이루어지면 더 크게 성공할 수 있다는 생각을 말한다. 따라서 **글로컬라이제이션 전략**(glocalization strategy)은 글로벌 통합과 현지 대응성을 동시에 달성하려는 전략을 말한다.[69] 글로컬라이제이션 전략을 달성하는 것은 어려운 과제이다. 긴밀한 글로벌 통합과 동시에 지역적 유연성이라는 상충되는 요구를 동시에 달성해야 하기 때문이다. 그러나 글로벌 경쟁이 심화됨에 따라 여러 산업에 걸쳐 글로벌 효율성과 현지 국가의 요구에 대한 유연한 대응을 동시에 이루는 사례가 늘어나고 있다.[70] 맥도날드는 글로컬라이제이션 전략을 성공을 거두고 있다. 맥도날드는 매장 운영 및 훈련 프로그램은 세계적으로 표준을 따르고 있지만, 또한 현지 사정도 충분히 감안하고 있다. 현지의 기업가에게 프랜차이즈를 내주고 많은 식재료를 현지에서 조달하며 레스토랑 디자인과 메뉴 선택에서도 현지의 기호를 반영하고 있다. 예를 들면 인도네시아에서는 치킨이나 감자칩이 들어간 쌀 죽을 주문할 수 있으며, 쌀로 만든 빵을 사용하는 현지식 버거를 팔기도 한다.[71] 코카콜라는 코크, 환타, 스프라이트 같은 음료는 제조, 광고, 배송을 글로벌하게 하여 효율성을 달성하는 동시에 400개 이상의 서로 다른 음료를 각 국가별 특성에 맞게 개발, 판매하고 있다.[72]

〈도표 6.6〉에서 제시한 바와 같이 글로벌 통합과 국가별 대응에 대한 필요성이 모두 낮을 경우에는 단순하게 국내 사업부문들과 구분하여 국제사업부만 따로 둠으로써 조직을 적절하게 운영할 수 있다. 하지만 어떤 산업에서는 기술적, 사회적, 경제적 특성으로 인하여 전 세계시장에 표준화된 제품을 판매하는 것이 각 시장에 맞춘 제품을 제공하는 경우보다 비용을 절감할 수 있기 때문에 경쟁우위를 확보하는 데 유리한 상황이 되기도 한다. 이러한 경우에는 글로벌 제품사업부 구조가 적합하다. 글로벌 제품사업부 구조에서는 제품관리자가 제품별로 글로벌시장 전체를 책임지게 하며, 따라서 글로벌시장을 통합적으로 운영하는 이점을 발휘하게 한다. 이와 반대로 다양한 지역별 시장에서 개별국가의 독특한 수요에 각기 달리 대응함으로써 경쟁우위를 점하는 기업도 있다. 이런 경우에는 글로벌 지역사업부 구조가 적합하며, 각 국가시장 및 지역시장 별로 현지 특성에 적절하게 개량된 제품이나 서비스 중심의 사업부문을 두게 된다. 광고회사인 오길비앤매더(Ogilvy & Mather)에서는 전 세계적으로 소비자의 성향, 선호도, 문화적 가치 및 정부의 규제정도 등에 따라서 조직을 4개의 지역권으로 구분하고 있다.[73] 미국에서는 제품 광고에 어린이가 자주 나오지만, 프랑스에서는 광고에 어린이가 나오는 것은 법에 저촉된다. 또한 미국 텔레비전에서는 경쟁사 제품과 비교하는 것이 정기적으로 나타나지만, 독일에서는 이를 정부가 규제하고 있다.[74]

도표 6.6 국제적 경쟁우위와 조직구조 간의 적합성 모형

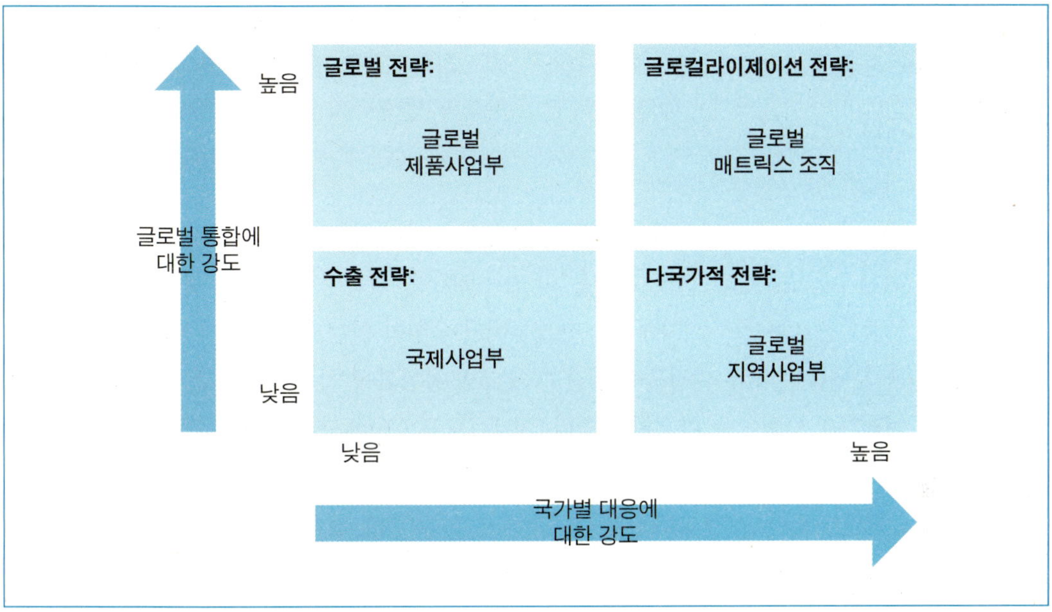

출처: Based on Christopher A. Bartlett and Sumantra Ghoshal, Text, *Cases, and Readings in Cross-Border Management*, 3rd ed. (New York: Irwin McGraw-Hill, 2000), 395; Roderick E. White and Thomas A. Poynter, "Organizing for Worldwide Advantage," *Business Quarterly*, Summer 1989, 84–89; Gunnar Hedlund, "The Hypermodern MNC—A Heterarchy?" *Human Resource Management* 25, no. 1 (Spring 1986), 9–36; and J. M. Stopford and L. T. Wells, Jr., *Managing the Multinational Enterprise* (New York: Basic Books, 1972).

많은 경우에 기업들은 글로벌 시장 환경과 현지시장 특성 모두에 동시적으로 대응하기 원하며, 이때는 글로벌 매트릭스 구조를 활용할 수 있다. 즉 제품의 일부는 전 세계적으로 표준화하면서 또한 일부는 개별 국가들의 요구에 맞추도록 하는 것이다. 실제로, 대다수의 기업들이 글로벌 표준화와 지역의 요구에 적합한 대응에 대해 갈등 상황에 처해 있다. 1장에서 살펴본 GE가 어떻게 이러한 압력에 대응하고 있는지 살펴 보자.

IN PRACTICE GE

GE의 전 최고경영자인 제프리 이멜트(Jeffrey Immelt)는 최고경영자에서 물러나기 전에 포춘지에 글로벌화에 대한 글을 기고했다. 그는 이 글에서 GE가 글로벌 통합에 초점을 둔 글로벌화에서 벗어나 글로벌 관점에 바탕을 두고 현지 역량을 강화하는 방향으로 글로벌라이제이션 전략을 바꾼 과정에 대해 기술하고 있다. 그는 "훌륭한 글로벌 리더는 현지 문화에서 사람들이 일하는 방식을 잘 이해해야 한다. 각 팀에서 하는 일이 현지 국가에 가지는 의미를 이해해야 한다"고 말한다.

GE는 전 세계에 400개 이상의 공장이 있다. 폴란드, 멕시코, 카타르 같은 나라에는 엔지니어링 및 연구 센터를 가지고 있으며, 최근에는 사우디아라비아에 비즈니스 프로세스를 처리하는 아웃소싱 센터를 개설하였는데, 3,000명의 현지 여성이 여기서 일하고 있으며, 책임자도 여성이 맡고 있다. 이제 저렴한 인건비와 낮은 자원 비용을 위해 해외로 진출하는 데서 탈피하여 새로운 시장

을 개척하기 위해 현지 국가와의 긴밀한 연계 관계를 구축하는 전략으로 글로벌 전략의 목표가 바뀌고 있다. 인도, 중국, 인도네시아 같은 나라의 경제력이 급성장함에 따라 이들 국가는 해외기업이 단지 저비용만을 찾아서 자국에 진출하는 것이 아니라 현지 근로자에게 새로운 기술을 가르치고 기술적 노하우를 공유하는 방향으로 투자하고 관계를 구축하기를 원하고 있다.[75]

다른 기업들도 현지와의 연계성을 강화하기 위해 노력하고 있다. 하니웰 인터내셔널(Honeywell International)은 현지 시장을 더 잘 이해하기 위하여 아시아에 제조 기지를 설립하고 아시아 근로자들의 머리에 더 적합한 여러 유형의 안전모를 개발하였다.[76] 글로벌하게 사업을 운영하는 많은 기업들이 점점 더 글로벌 통합과 현지 대응성을 동시에 추구하기 위k여 여러가지 방법들을 활용하고 있다. 이제 〈도표 6.6〉에서 제시하고 있는 각각의 조직구조에 대해 자세히 살펴보도록 하자.

6.3b 국제사업부 조직

기업이 국제시장에 진출하게 되는 경우에는 전형적으로 수출부서가 생긴 다음 점차적으로 수출부서가 확대되면서 **국제사업부**(international division)가 나타나게 된다. 국제사업부의 성격은 회사 내 다른 주요 사업부들과 비슷한 위상을 갖게 되는 수준이며, 그 예는 〈도표 6.7〉에서와 같다. 국내 사업부문들이 대개는 기능이나 제품별로 구분되는 것과는 달리 국제사업부는 도표에서와 같이 지리적인 기준에 의해 구분된다. 국제사업부는 독자적으로 여러 국가에서 사업(라이센싱, 합작기업)을 수행하는 데 필요한 기능부서를 갖게 되며, 국내 사업부문에서 만드는 제품이나 서비스를 판매하고, 현지 공장을 설립하거나, 기업이 국제적으로 더 특화된 분야로 진출하도록 선도해 나간다.

따라서 국내 사업부문들에서는 기능별 구조가 주로 사용되지만, 사업영역이 국제적으로 확장되는 경우에는 기능별 구조를 별로 사용하지 않는다.[77] 전 세계에서 이루어지는 활동을 기능별 구조로 설계하면 조직계층의 수가 많아진다. 그래서 제품이나 지역별 구조를 사용하여 더 작은 단위로 세분하여 해외활동을 관리한다. 따라서 대개의 기업들은 국제화 초기에는 국제부로 출발한 이후에 국제화전략에 합당한 제품별 사업부 구조나 지역별 사업부 구조로 옮아가게 된다. 어떤 연구에 따르면, 글로벌 선도기업 중 48%는 제품별 사업부를 택한 반면, 28%는 매트릭스 구조를 채택하고 있는 것으로 나타났다.[78]

6.3c 글로벌 제품사업부 구조

글로벌 제품사업부 구조(global product structure)에서는 제품사업부가 특정 제품분야의 전 세계 운영 책임을 맡는다. 이렇게 함으로써 세계 전역에 걸친 다양한 사업과 제품을 관리하

도표 6.7 국내사업부와 국제사업부의 혼합형 조직

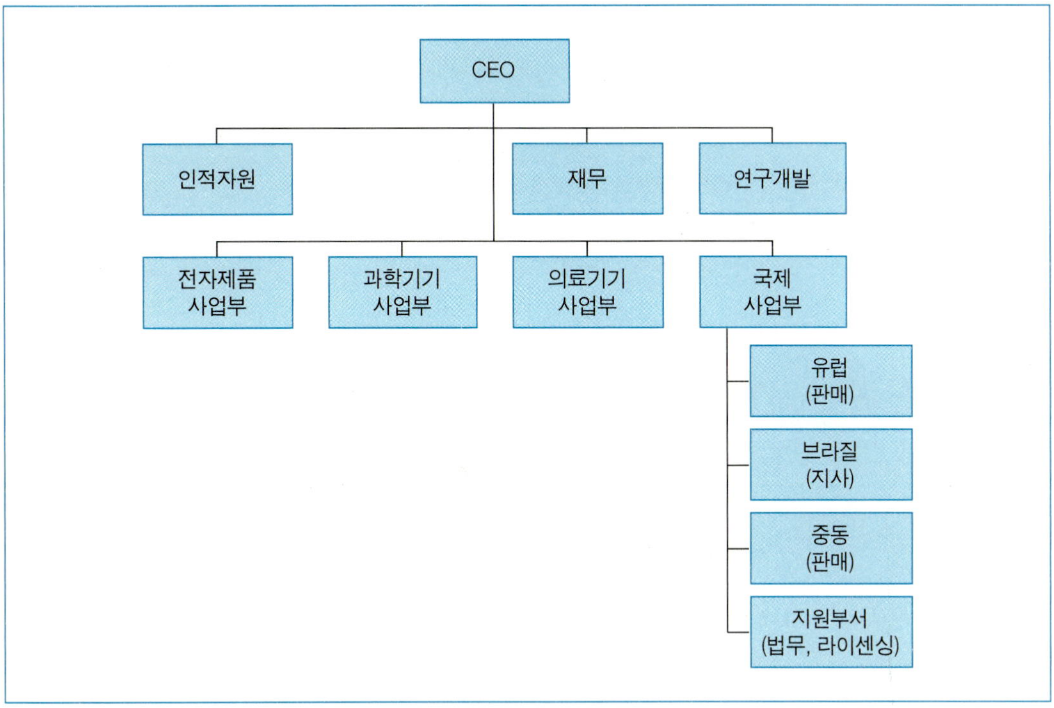

는 데 상당히 효과적이기 때문에, 이 구조는 글로벌 시장목표를 달성하기 위해 가장 흔히 사용된다. 각 제품사업부의 최고책임자들은 원하는 방식대로 사업부문 내의 조직을 설계할 수 있으며, 또한 글로벌시장에 대응하기 위해 나름대로 독특한 방법으로 직원들을 활용할 수도 있다.[79] 더구나 급변하는 글로벌시장 환경에 전사적으로 더욱 신속하게 대응할 수 있기 때문에 글로벌 제품사업부 구조는 본사의 최고경영자들이 경쟁상황을 이해하는 데 보다 폭넓은 시각을 갖도록 해준다.[80] 서비스기업 또한 사업부 구조를 채택할 수 있다. 예를 들어, 밀라노에 본사를 두고 22개 국가에 9,600개 이상의 지점을 둔 이탈리아 은행 유니크레디트(UniCredit)는 가족기업과 중소기업, 기업 및 투자금융, 프라이빗 뱅킹 및 자산관리의 세 가지 제품사업부를 가지고 있다. 또한 이 은행은 중앙유럽 및 동유럽 국가의 운영과 성장에 초점을 맞춘 지리적 기반의 사업부를 가지고 있다.

글로벌 제품사업부 구조에서는 전 세계의 모든 시장에 대해서 각 사업부의 최고책임자가 제품 또는 서비스 생산 및 배분과 관련된 모든 기능들을 계획하고 조직화하고 통제하는 권한을 갖는다. 따라서 이러한 제품 중심의 조직구조는 제품이 기술적으로 유사하고 전 세계적으로 마케팅을 표준화시킬 수 있는 경우에 가장 효과적이다. 앞의 〈도표 6.6〉에서 알 수 있듯이, 모든 시장을 위한 표준제품을 전 세계에서 생산, 판매함으로써, 규모의 경제 효과를 누리고 생산과 마케팅 및 광고 등에서 표준화가 가능한 경우에 글로벌 제품사업부 구조는 가장 효과적이다.

도표 6.8 이튼사의 부분적인 글로벌 제품사업부제 구조

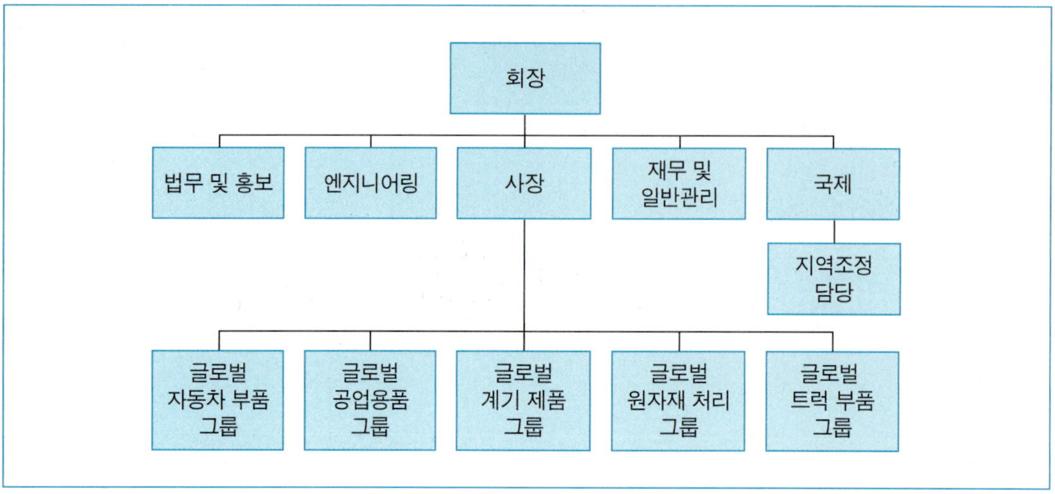

출처: Based on New Directions in Multinational Corporate Organization (New York: Business International Corp., 1981).

이튼(Eaton)사에서는 〈도표 6.8〉에서와 같이 글로벌 제품사업부 구조를 활용하고 있다. 여기서는 자동차부품 그룹, 공업용품 그룹 등의 제품사업부에서 전 세계시장에서의 제품 생산과 판매에 책임을 갖고 있다. 그리고 각 국가별 시장에 대해서는 일본, 호주, 남미 및 북유럽 등의 지역조정 담당자를 두고 있으며 국제부문의 부사장이 이를 총괄하고 있다. 조정 담당자는 자신이 맡은 지역에서는 모든 제품에 대해 설비를 공유하고 생산과 유통을 개선시키는 방안을 강구할 책임이 있다. 즉 이들 조정 담당자는 3장에서 논의했던 통합조정자와 같은 역할을 수행하는 것이라 볼 수 있다.

제품사업부 구조는 표준화된 제품을 전 세계적으로 판매하는 경우에 유리하지만 한편으로는 단점도 있다. 즉 어떤 국가에서는 제품사업부들 간에 협력하기보다는 경쟁이 심화됨으로써 조직운영이 원활하지 못하게 되는 경우가 있다. 또한 제품사업부 최고책임자가 어떤 특정 국가시장을 무시해 버리는 경우도 있다. 이러한 문제를 해결하기 위해 이튼사가 분명한 역할이 주어진 지역조정 담당자를 활용한 것은 훌륭한 방안이었다고 볼 수 있다. 하이얼은 P&L과 함께 10~30명으로 구성된 2,000개의 반자치적인 팀으로 조직을 구성하여, 여러 국가에서 특정 제품이나 프로젝트의 조정에 초점을 맞춘 급진적 제품구조를 사용했다.[81]

6.3d 글로벌 지역사업부 구조

지역 중심으로 조직을 설계하는 것은 〈도표 6.6〉에 예시된 다국가적 전략에 의해 특정 지역이나 현지국가의 시장 수요에 대처하는 것이 중요하다고 생각하는 기업에 적합하다. **글로벌 지역사업부 구조**(global geographic structure)에서는 전 세계시장을 지리적인 권역으로 나누어 최고경영자에게 직속하는 지역별 사업부를 두며, 각 지역사업부가 특정 지역 내에서 이

루어지는 모든 기능을 총괄하도록 하는 것이다. 예를 들어 스위스에 본사를 둔 네슬레는 해당 국가의 문화를 잘 아는 경영자에게 자율권을 부여하고 있다. 세계 최대 규모의 유명 식품회사인 네슬레는 단일 글로벌시장의 아이디어를 거부하고, 각국의 현지 욕구와 경쟁력에 초점을 둔 지역사업부를 채택하였다. 현지 경영자들은 제품의 맛, 포장, 개별 크기 및 타 요소들을 자신의 생각에 따라 조합할 수 있는 권한을 갖고 있다. 한 나라에만 등록된 회사의 브랜드가 무려 8천 개에 이른다.[82]

이러한 조직구조를 갖는 기업은 전형적으로 제품이 성숙기에 접어들었고 기술이 안정적인 경우가 많다. 즉 마케팅과 판매에서는 여러 국가별로 제각기 다른 욕구들을 충족시켜 주면서 아울러 개별 국가시장 내에서는 생산비용을 낮추도록 할 수 있다. 그러나 글로벌 지역사업부 구조를 활용하는 기업이 확산되고 있는 또 다른 이유로는 경영환경 및 경영방식의 변화를 들 수 있다.[83] 즉 서비스업의 성장이 몇 년 사이에 제조업의 성장을 앞지르기 시작하면서 그 비중이 커지게 되었는데, 서비스업은 그 특성상 현지 차원에서 차별적으로 사업을 수행해야 한다. 밀라노에 본사를 두고 17개국에 8,500개의 지점을 가진 이탈리아 은행인 유니크레딧은 3개의 사업부문이 있는데 서유럽담당 상업은행, 중앙 및 동유럽 담당 상업은행 및 다국적 기업고객을 대상으로 하는 기업 및 투자은행 부문으로 나누어져 있다.[84] 스타벅스는 일본, 한국, 홍콩, 태국, 말레이시아, 싱가포르, 인도네시아, 필리핀, 호주, 뉴질랜드를 포함하는 중국 및 아시아 태평양 지역 사업부 조직, 미국, 캐나다, 멕시코, 라틴 아메리카를 포함하는 아메리카 지역 사업부 조직, 유럽, 영국, 러시아, 중동, 아프리카를 포함하는 EMEA 지역 사업부 조직으로 구성된 세 가지 지역 사업부 조직구조를 가지고 있다.[85]

또한 경쟁 위협이 갈수록 고조됨에 따라 많은 제조업체들도 자사 제품을 특정 수요에 충족시키는 맞춤식 생산능력을 강화하기 시작했으며, 이러한 경향으로 말미암아 현지에서의 차별적인 지역적 대응문제를 중요시하게 되었다. 오늘날의 모든 기업들은 고객과 밀착된 관계를 형성해야 하는 경영환경 및 경쟁상황에 몰리게 되었으며, 따라서 이러한 상황에 적응하기 위해서는 제품 중심의 조직보다는 지역 중심의 조직을 선택하게 되는 것이다. 예를 들어, 인도의 신흥 제약회사인 버프함(Bupharm)은 40개국의 고객들에게 더 나은 서비스를 제공하기 위해 아시아태평양, 라틴아메리카, 유럽으로 지역 사업부를 구분하고 있다.[86]

글로벌 지역사업부 구조를 사용하는 조직에서 직면하게 되는 문제는 각 지역사업부의 자율성에 관한 것이다. 예를 들어, 각 사업부에서는 그 지역의 요구만을 충족시키려고 하기 때문에 신제품 연구개발 같은 문제를 글로벌 차원에서 계획하는 것이 어렵다. 그리고 한 국가에서 개발된 기술이나 제품이 국제적으로 이전되는 것도 어려워지는데, 그 이유는 각 사업부에서 필요한 것은 각 사업부에서 자체적으로 개발하려고 하기 때문이다. 같은 이유로 해외에서 개발된 제품을 국내시장에 신속하게 도입하는 것도 어렵게 되며, 따라서 각 지역들 간에 조직관리의 중복 문제가 발생하게 된다. 지역 사업부 구조는 각 지역의 구체적 요구에 대한 대응을 중요시하기 때문에, 비용의 통제가 큰 문제가 될 수 있다. 다음의 사례는 콜게이트 파몰리브(Colgate-Palmolive)사의 경영자가 지역별 구조가 초래하는 이러한 문제점들을 어떻게 극복하였는가를 제시하고 있다.

IN PRACTICE 콜게이트 파몰리브

여러 가지 일상용품을 생산, 판매하는 콜게이트 파몰리브(Colgate-Palmolive)사에서는 수년간 <도표 6.9>에 제시된 것처럼 글로벌 지역사업부 조직을 운영하여 왔다. 콜게이트사는 오랫동안 국제적으로 시장우위를 지켜왔으며, 특히 북아메리카, 유럽, 남아메리카, 극동지역 및 남태평양 지역에서 선도적인 역할을 하고 있다. 그리고 전사 매출액의 절반 이상을 해외에서 거두어들이고 있다.

이러한 지역 중심적인 경영방식은 개별적인 자율성, 기업가정신 및 현지 적응 능력 등을 강조하는 콜게이트사의 조직문화적인 가치가 반영된 것이다. 각 지역사업부 사장들은 COO(운영 총괄 사장)에 직속되어 있으며, 각 사업부별로 인적자원, 재무, 생산, 마케팅 등의 독자적인 지원부서와 인력을 갖고 있다. 콜게이트사에서는 회사의 장기적인 계획과 전 세계적인 제품조정을 총괄하는 국제사업개발부문을 둠으로써 지역사업부들 간의 조정문제를 해결하였다. 이 부문의 산하에 이전에 국가별 관리자를 역임하면서 상당한 경험과 지식을 갖춘 사람들을 제품 담당 관리자로 임명하여, 이들을 지역사업부문들에 대한 조정자와 조언자로서의 역할을 하도록 만들었다. 이들은 실제적인 업무 집행권한은 없지만, 문제해결에 영향력을 행사하는 데 필요한 능력을 갖추고 있으며 조직의 지원을 확보해줄 수 있다. 이와 같은 국제 사업개발 부문을 둠으로써 모든 국가시장에서 신제품 도입을 신속하게 하고 마케팅에서도 질을 높이면서 비용을 절감시키는 효과를 보게 되었다.

도표 6.9 콜게이트 파몰리브사의 글로벌 지역사업부 구조

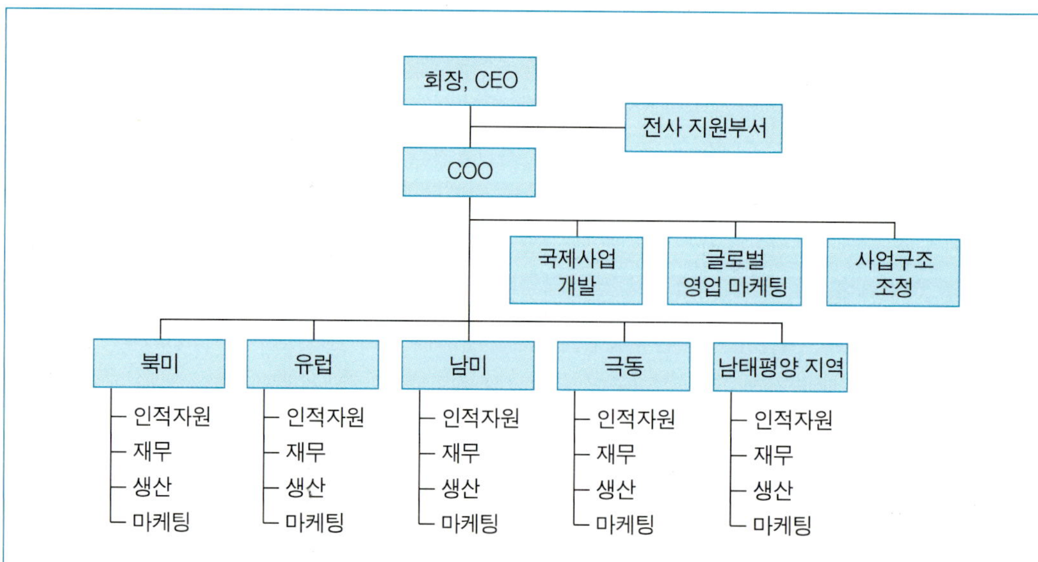

출처: Based on Robert J. Kramer, Organizing for Global Competitiveness: The Geographic Design (New York: The Conference Board, 1993), 30.

국제 사업개발부문의 활용 효과에 고무된 콜게이트사의 최고경영진에서는 조정역할을 담당하는 2개의 부서를 추가로 설정하였는데, 사업구조조정 부문에서 글로벌시장에서의 기업합병문제를 전담하게 하고, 글로벌 영업 및 마케팅부문에서는 전 지역사업부들의 판매와 마케팅 활동을 총괄 조정하도록 하였다. 전 세계 모든 지역들에 대한 조정문제를 전담하는 부서를 새로이 설치함으로써 콜게이트사는 각 지역시장에 대한 대응문제를 놓치지 않으면서도 경영 전반적인 계획수립과 신속한 제품 출하 및 영업효율성 제고 등에 대한 글로벌 조정문제를 함께 달성할 수 있게 되었다.[87]

6.3e 글로벌 매트릭스 구조

앞에서 이튼사의 사례를 통해 글로벌 제품사업부 구조를 활용하면서 전 세계시장에서 사업부문들 간의 조정문제를 해결하는 방법을 알아보았다. 반면에 콜게이트 파몰리브사의 사례에서는 글로벌 지역사업부 구조 하에서 지역부문들 간의 조정문제를 해결하는 방안도 논의하였다. 두 회사는 조직설계에서 각각 한 차원만을 고려하였다. 3장에서 설명한 매트릭스 구조를 응용하면 수직적 조정과 수평적 조정의 두 차원을 동시에 달성할 수 있을 것이다. 즉 3장에서 논의했던 매트릭스 개념과 유사한 **글로벌 매트릭스 구조**(global matrix structure)를 설정할 수 있으며, 글로벌 매트릭스 조직에서는 단지 글로벌기업의 경우에는 의사소통을 위한 조직단위들 간의 지리적 거리가 더 멀어져서 조정이 더 복잡한 양상으로 나타나게 된다는 것만이 차이가 있을 뿐이다.

매트릭스 조직구조는 〈도표 6.6〉에서 제시한 바와 같이, 제품표준화와 지역별 현지화를 조합한 전략을 사용할 때 효과적이다. 이는 글로벌기업이 글로벌 표준화와 지역 다변화 및 대응성 제고 측면 모두를 달성할 수 있게끔 한다.[88] 취리히에 본사를 두고 전기설비 제조업에서 글로벌 리더의 자리에 있는 ABB(Asea Brown Boveri)사는 오랜 기간에 걸쳐서 글로벌 매트릭스 조직체계를 운용하여 왔으며, 이를 통해 15만 명의 종업원들과 100여 개의 국가에서 조정활동을 훌륭하게 수행하고 있다.

ABB사는 거대기업으로서 이와 같은 매트릭스 구조에 의하여 제품 및 지역 중심 조직의 이점을 모두 살린 성공적인 사례가 되었다. 그러나 지난 수년간 복잡한 경쟁상황에 직면하게 되자 ABB사는 초국적 조직(transnational model)이라 지칭되는 복잡한 조직구조로 변환하게 되며, 이 장의 뒷부분에서 이를 다루고자 한다.

현실 세계에서는 ABB사, 콜게이트사, 유니크레디트, 네슬레, 이튼사와 같은 대다수의 국제기업들은 혼합형 조직구조와 같은 형태인 글로벌 혼합형 조직을 운용하고 있다. 즉 둘 이상의 다른 조직구조 혹은 조직설계요인들을 함께 활용하고 있다. 혼합형 구조는 대체로 환경의 변동성이 높은 경우에 주로 사용된다. 예로써, 유니크레디트는 자사가 운영하는 여러 국가에서 동태적인 시장상황에 대응하기 위하여 기능별, 지역별, 제품별 사업부 조직을 혼용

IN PRACTICE ## ABB사

ABB(Asea Brown Boveri Ltd.)사는 '세계 전역에서의 현지화'라는 개념에 새로운 의미를 부여하였다. 수년에 걸쳐서 ABB는 <도표 6.10>과 유사한 복잡한 글로벌 매트릭스 구조를 운영하여 전 세계적인 규모경제의 효과와 지역별 유연성을 함께 이룰 수 있었다.

최고 의사결정은 10명의 최고경영진으로 구성된 국제위원회와 CEO가 세계 전역에서 갖는 회의를 통해 이루어진다. 매트릭스 조직의 한 축은 전력제품, 전력시스템, 이산자동화 및 이동, 저전압 제품, 자동화공정의 사업부 관리자로 이루어진다. 각 사업영역별 책임자는 글로벌 차원에서 사업을 수행하며, 수출 시장별 물량의 할당, 가격과 품질에 대한 표준 설정 및 문제해결을 위한 다국적 혼합 팀의 결성 등에 대한 모든 권한을 갖고 있다. 각 사업부는 또한, 세부 부서책임자를 둔 더 작은 단위로 분할된다.

매트릭스의 다른 한 축은 지역별로 구분하고 있으며, 북유럽, 중앙 유럽, 지중해, 북미, 남미, 인도, 중동 및 아프리카, 북아시아, 남아시아의 8지역에 지역 관리자를 두고 있다. 지역 관리자 산하에는 국가별 관리자를 두고 있으며, 이들은 교차 사업영역과 지역 대차대조표, 손익계산서, 경력사다리(career ladder) 관리를 포함하는 현지기업의 운영을 책임지고 있다.

매트릭스 조직은 현지 기업 수준에서 수렴되며, 현지회사의 사장들은 두 사람의 상사, 즉 주로 해외에 있는 사업영역책임자와 현지회사를 계열사로 거느리고 있는 국가관리자로부터 감독을 받는다.

ABB사의 경영철학은 조직의 최하부에까지 권한을 분산시키는 것이지만, 이를 달성하기 위해서는 모든 경영자들이 적절한 능력을 발휘할 수 있어야만 한다. 글로벌 경영자들은 다양한 국적을 가진 구성원들로 이루어진 팀들과 함께 일해야 하기 때문에 다양한 문화를 이해할 수 있어야 한다. 또한 세계 전역에 걸친 직원들과 계열사들을 관리하기 위한 경영전략을 개발하고 성과를 평가해야 하기 때문에 관대한 성품과 인내력이 있어야 하며 여러 언어에도 능통해야 한다. 반면에 현지관리자들은 현지 계열사들을 책임지는 지역 담당 경영자로서, 사업영역 책임자들과 원활하게 협력하여 전 세계시장에서의 효율성을 증진시키면서 신제품 도입에서도 신속을 기할 수 있도록 해야 한다. 끝으로, 글로벌 사업영역 책임자와 국가관리자라는 두 상사의 지시를 따라야 하는 현지 회사의 사장들은 두 상사의 요구를 — 제품사업부 관리자와 지역 관리자 — 적절히 수용하며 조정할 수 있는 능력을 갖추어야 한다.[89]

하고 있다. 치리오스(Cjeerios), 애니 요플레(Annie's Yoplait), 하겐다즈와 같은 많은 브랜드를 보유한 대형 식품회사인 제너럴 밀즈(General Mills)는 기능별 및 제품별 사업부를 혼합해서 사용해왔는데, 최근 북미, 유럽과 호주, 아시아, 남미 지역 사업부를 추가로 도입하였다. 그 이유를 최고경영자인 켄 파웰(Ken Powell)은 "진정한 글로벌기업으로 거듭나기 위해서"라고 말했다.[90]

글로벌 시장에서 조직을 운영하는 데 있어 이상적인 구조란 없으며, 사업을 영위하는 기업들은 글로벌 환경에서 직면하게 되는 여러 문제를 극복하기 위하여 빈번히 조직구조를 변경해야 한다. 다음 절에서는 글로벌시장에서 조직이 직면하게 되는 구체적인 과제들과 이를 성공적으로 극복하기 위한 메커니즘에 대해 알아본다.

도표 6.10 글로벌 매트릭스 조직구조

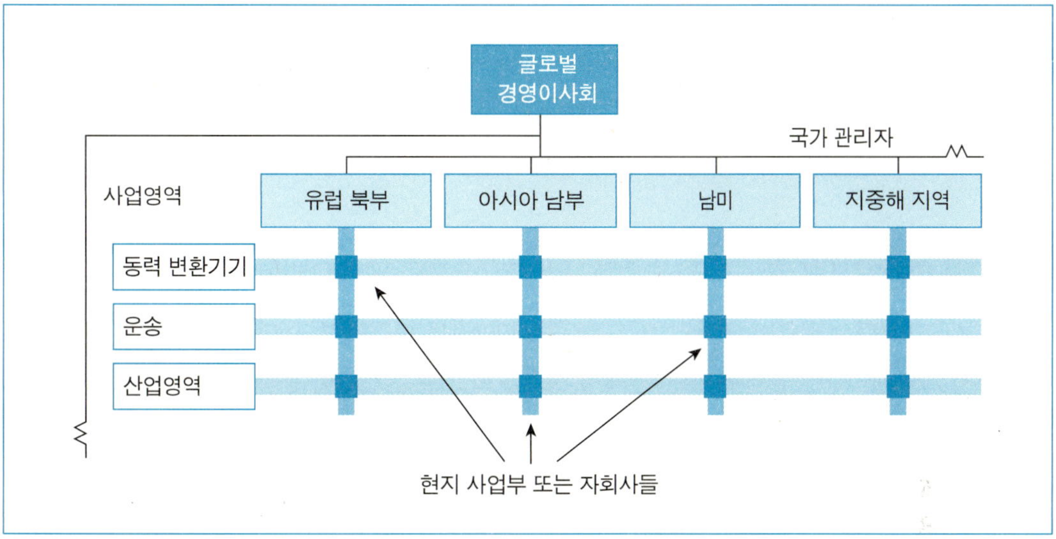

핵심정리

- 조직은 전략적 목표에 적합하도록 조직을 설계하려고 한다.
- 글로벌 제품사업부 구조는 전 세계에 걸쳐 표준화된 제품과 서비스를 판매하는 글로벌 전략에 적합하다. 그러나 오늘날 아주 엄격한 글로벌 전략으로는 세계시장에서 성공하기 어렵다.
- 지역별 구조는 제품과 서비스를 현지 문화와 고객의 기호에 맞게 수정하는 다국가전략을 사용하는 기업들에 적합한 조직구조 대안이다.
- KFC는 글로벌 전략에서 다국가 전략으로 바꾼 후에 중국시장에서 40%의 시장점유율을 달성했다.
- 대부분의 기업들이 엄격한 글로벌 전략으로부터 탈피하고 있다. 글로컬라이제이션은 글로벌 시장에서 제품과 서비스가 현지 문화에 맞도록 수정될 때 성공가능성이 더 높아진다는 인식을 반영하고 있다.
- 거대한 글로벌기업은 글로벌 통합과 현지 대응성을 동시에 달성하기 위해 매트릭스 구조를 활용하기도 한다.
- 점점 더 많은 기업들이 복잡하고 가변적인 글로벌 환경에 효과적으로 대응하기 위해 둘 이상의 서로 다른 조직형태를 활용하고 있다.

6.4 추가적인 글로벌 조정 메커니즘

많은 기업들이 본사의 성공적인 아이디어, 제품, 그리고 서비스를 글로벌 시장으로 이전하는 데 어려움을 겪고 있다. 6장의 앞에서 언급한 바와 같이, 글로벌 조직설계(global organization design)와 관련하여 높아지는 복잡성과 차별화, 조정을 위한 더 많은 노력 그리고 지식과 혁신 이전의 어려움 등이 당면 과제로 제시되었다. 게다가, 경영자들은 글로벌 효율성 및 통합(worldwide efficiency and uniformity)의 달성과 국가별 적합성 및 대응(local fit and responsiveness)의 성취 간의 갈등에 직면한다. 경영자들은 이러한 글로벌 과제를 다양한 방식으로 해결하고 있다. 대표적인 조정 메커니즘으로는 글로벌 팀, 본사의 강력한 계획과 통제, 조정 역할의 확대 등을 들 수 있다.

6.4a 글로벌 팀

글로벌 팀은 글로벌 조정(global coordination)과 지식 및 혁신의 이전을 위해 사용되는 가장 가치 있는 수단 중의 하나이다. 특히, 오늘날의 조직은 글로벌 통합과 국가별 대응 간의 갈등을 해결하기 위해 글로벌 팀을 구축한다.[91] 앞에서 제시한 것처럼 GE는 글로벌 규모와 각 국가별 요구의 균형을 맞추기 위하여 글로벌 성장조직(Global Growth Organization; GGO)이라 불리는 팀을 만들었다. 전 CEO인 제프리 이멜트는 GE 내에서 존경받는 경영자인 존 라이스(John Rice)가 이 팀을 이끌도록 하고, 회사 내 글로벌 사업 전반에 걸쳐서 유능한 리더들을 채용했다. GGO 출범 이래, 미국 외 지역의 수익 비중은 54%에서 61%로 증가하였다.[92]

GE를 포함해서 많은 기업들이 효과적 조정을 위해 작은 규모의 글로벌 팀을 활용한다. 초국적 팀(transnational teams)이라고도 불리는 **글로벌 팀(global teams)**은 국가의 경계를 초월하여 다양한 기술을 가진 다양한 국가의 구성원들로 구성된다.[93] 글로벌 팀은 일반적으로 두 가지 유형을 가지고 있다. 먼저, 이문화 팀(intercultural teams)은 각기 다른 나라의 구성원들이 면대면 접촉을 하는 팀이고, 가상 글로벌 팀(virtual global teams)은 여러 나라에 흩어져 있는 구성원들이 정보통신 네트워크를 통해서 업무를 수행하는 팀이다.[94] 예를 들어, 하이네켄(Heineken)은 여러 나라에서 차출된 13명으로 유럽 지역 생산 태스크포스 팀을 구성하였는데, 이들은 정기적으로 만나 유럽 지역의 생산시설을 최적화하기 위한 방안을 논의한다.[95] 독일 제강업체 티센크루프(ThyssenKrupp)는 3개국에 흩어져 있는 팀원들의 업무를 연결하고 조정하기 위해 정교한 컴퓨터 네트워크와 소프트웨어를 활용하는 가상 글로벌 팀을 구성하였고 이를 통해 통합적으로 제철작업을 관리한다.[96]

그러나 효과적인 글로벌 팀의 구축은 쉬운 일이 아니다. 언어와 문화의 차이로 오해가 발생할 수 있으며, 상호 불신으로 팀의 노력이 허사가 되기도 한다. 인도, 이스라엘, 캐나다, 미국, 싱가포르, 스페인, 브뤼셀, 영국 그리고 호주의 팀원들로 구성된 가상 글로벌 팀에서 어떤 일이 일어났는지 살펴보자.

> 초기에 팀원들은 낯선 동료에게 조언을 구하는 것이 무능력하게 보일까봐 도움을 요청하는 것을 꺼렸다. 게다가, 동료가 조언을 구할 때조차도 기꺼이 도움을 주지는 않았다. 어느 팀원의 고백처럼 동료와 어느 정도의 정보를 공유해야 하는지 계산했다. 가상팀의 동료를 대신하여 애를 쓰는 것이 그들에게는 보답이 보장되지 않는 시간과 에너지의 투입으로 느껴졌다.[97]

아래에서 보듯이, 흔히 '그들과 다른 우리(us against them)'라는 의식이 싹트는데, 이는 모든 조직이 글로벌 팀에게 원하는 것과 정반대의 상황이다.[98] CIO 매거진의 경영위원회가 글로벌 최고정보책임자(chief information officers)들에게 달성하기 어려운 과제의 순서를 매기도록 했을 때, 가상 글로벌 팀의 관리가 가장 어려운 과제로 선정된 것은 놀랄 일이 아니다.[99] 프랑스의 글로벌 화장품 거인 로레알(L'Oreal)은 가장 효과적으로 팀을 구성하는 기업 중의 하나이다. 그들은 팀을 활용하여 조정능력을 향상시키고 지식과 혁신을 이전하며 글로벌 통합과 국가별 대응 간의 갈등을 해결하고 '그들과 다른 우리'라는 의식을 깨뜨린다.

IN PRACTICE 로레알

글로벌 통합-국가별 대응 간의 갈등은 제품개발과정에서 성문화하기 어려운 미세하고 복잡한 지식이 요구될 때 종종 더 크게 나타난다. 소위 암묵지라고 불리는 지식은 사람들의 마음속에 존재하며 보통 행동이나 상호작용을 통해 드러나기 때문에 국경을 넘을 때 오해의 소지를 제공한다. 개인 관리 니즈(personal care needs)는 각 문화별로 독특하기 때문에, 로레알은 글로벌 통합과 국가별 대응 간 갈등의 전형적인 예가 될 수 있다. 그러나 로레알은 매우 글로벌하면서도 동시에 매우 국가별로 관리하고 있다. 로레알은 130개 국가에 사무실을 가지고 있고, 2012년에는 기업 매출액의 절반 이상이 미국과 유럽이 아닌 새로운 시장, 특히 개발도상국에서 발생하였다.

로레알의 고위경영진은 항상 본국의 문화에 강하게 뿌리를 둔다. 그렇다면 이들은 어떻게 제품을 다른 문화에 연결하는가? 제품개발은 기업의 경쟁우위이다. 그래서 로레알은 혼합된 문화적 배경을 가진 관리자에게 업무를 보고하도록 제품개발팀을 모집하고 구성한다. 일반적으로 3~4명으로 구성된 팀에서 최소한 2명은 다문화인이다. 예를 들면 프랑스-영국계 캄보디아인 혹은 인도-미국계 프로젝트 매니저와와 함께 일하는 아랍-스페인계 미국인 매니저 같은 것이다. 제품개발팀은 작업이 진행되는 1년 이상의 기간 동안 아이디어를 팀원 및 최고경영자와 공유한다. 로레알의 한 임원은 "그들의 배경은 한 번에 한 가지 이상의 생각을 담을 수 있는 일종의 마스터 클래스(master class)이다. 그들은 프랑스인, 미국인 또는 중국인처럼 그리고 한 번에 그들 모두처럼 생각한다"고 말한다.

iStock.com/Arseniy Rogov

유연한 관점은 어떻게 지식과 혁신의 이전을 이끄는가? 피부관리부서에서 일하는 프랑스-영국계 캄보아디아인 관리자는 아시아에서 많은 틴티드 페이스 크림이 리프팅 효과가 있다는 것을 알아차렸다. 그 당시에 유럽에서 대부분의 페이스 크림은 색조화장을 위한 것과 피부 리프팅을 위한 제품이 따로 출시되어 있었다. 이 관리자는 아시아 뷰티 트렌드에 대한 그의 이해를 바탕으로 틴티드 페이스크림을 프랑스 시장에 제안했고 결과는 대성공이었다.

로레알이 글로벌기업으로 성장함에 따라, 몇몇 다문화 관리자들이 고위관리직으로 진출하기 시작했다. 회사는 다문화 관리자들을 브랜드, 지역, 그리고 기능부서 간 상호작용의 중심으로 여기며 이들을 통해 본국에서 멀리 떨어진 자회사로 지식을 이전시키는 기존의 방식 대신 자회사에서 본국으로 지식이 흐를 수 있도록 유도했다.[100]

도입 질문과 답

2. 세계 여러 곳의 다른 사업부문에서 근무하는 동료들과 글로벌 팀을 구성하여, 서로의 활동을 조정하고 새로운 아이디어를 공유하는 것은 매우 어려운 과제이다.

답) 동의한다. 언어, 지리적 위치, 문화적 가치관, 경영관행 등의 차이로 인해 글로벌 팀의 운영은 매우 어렵다. 글로벌 팀의 경우, 여러 가지 장벽을 극복할 수 있는 인내심과 스킬이 있을 때, 그리고 정보와 아이디어를 효과적으로 공유할 수 있을 때, 비로소 효과적으로 가동될 수 있다. 문화를 잘 이해하고 다른 나라의 구성원들과 진심으로 의사소통하고 협력하기를 원하는 사람들로 구성된 글로벌 팀은 더욱 효과적으로 임무를 수행할 수 있다.

6.4b 본사의 계획과 통제

강력한 글로벌 조정의 두 번째 방법은 본사가 계획, 스케줄 설정에 적극적인 역할을 수행함으로써 널리 흩어져 있는 지역 조직들이 동일한 방향을 향해 함께 일할 수 있도록 강력한 통제를 하는 방법이다. 한 조사 결과에 다르면 70%의 글로벌기업들이 글로벌기업 본사의 가장 중요한 기능은 '기업 전체에 대한 리더십 제공'이라고 응답하였다.[101] 예를 들어, 앞에서 제시한 파나소닉의 사례에서 글로벌 소비자 마케팅부서는 본사의 지휘를 받는다. 본사의 고위층은 글로벌-로컬의 조정을 위해 자원배분에 대한 결정을 담당한다.[102]

강력한 리더십이 없을 경우 자율적인 지역 조직들은 글로벌기업의 한 부분이라기보다는 독립된 기업처럼 행동하게 된다. 이러한 문제에 대응하기 위해서 최고경영자는 현지 상황에 적합한 제품과 서비스 채택 등과 같은 영역에 대해서는 책임과 의사결정권한을 위양하는 한편, 집권적 관리와 정보시스템을 통한 강력한 통제를 유지함으로써 여러 나라에 흩어져 있는 각 부문들의 활동을 파악하고 조정할 수 있다.[103] 계획, 스케줄, 공식적 규칙과 절차는 본부와 각 부문 간의 커뮤니케이션을 원활하게 하고, 부문 간의 협력과 시너지를 조장함으로써 효율적으로 목표를 달성할 수 있도록 해준다. 이를 통해 최고경영자는 명확한 전략적 방향과 운영지침을 제시하고, 여러 부문의 경쟁적 요구사항을 해결할 수 있다.

6.4c 확장된 조정 역할

기업은 또한 조직구조를 통해서 강력한 조정과 협력을 달성할 수도 있다.[104] 즉, 조정을 담당하는 역할 또는 직위를 만들어 글로벌기업의 각 부문들을 통합할 수 있다. 성공적인 국제기업의 경우 최고 기능관리자는 국가의 경계를 넘어 전 세계의 전문가와 자원을 파악해서 이를 연결하고 조정하는 책임을 가지고 있다. 국제기업의 생산관리자는 세계 여러 지역에 흩어져 있는 생산부서를 파악하고 이들과의 조정을 통해 생산의 효율성을 달성하고 기술과 아이디어를 공유할 수 있도록 해야 한다. 예를 들어, 포드의 브라질 공장에서 개발된 효율적인 생산기술은 유럽과 북아메리카 공장에도 유용하게 사용될 수 있다. 이처럼 국제

기업의 생산관리자는 신제품이 어디에서 개발되고 있는지를 파악하고, 그러한 지식이 글로벌 조직에 활용될 수 있도록 하는 책임을 맡고 있다. 이와 마찬가지로 국제기업의 마케팅 관리자, 인적자원관리자와 다른 기능관리자 역시 특정 지역에서의 활동뿐만 아니라 다른 나라 여러 지역의 기능 부문과 조정을 담당해야 한다.

기능관리자가 국경을 넘어 기능 부문을 조정하는 데 비해, 국가관리자(country managers)는 특정 국가에서의 모든 활동에 대한 조정 역할을 수행한다. 즉, 국가관리자는 현지시장의 문제, 기회, 요구와 트렌드를 충족시킬 수 있도록 다양한 기능 활동을 조정함으로써 글로벌기업이 유연하고 신속하게 대응할 수 있도록 해준다. 예를 들어, 글로벌 소비재 기업인 콜게이트-파몰리브사의 베네수엘라 국가관리자는 베네수엘라의 언어, 문화, 정부, 법률적 요구에 맞도록 그 나라에서 일어나는 모든 활동, 즉 생산에서부터 인적자원관리, 마케팅까지를 조정한다. 마찬가지로 아일랜드나 캐나다에 있는 국가관리자 역시 각 나라에서 이와 똑같은 역할을 수행한다. 국가관리자는 한 나라에서 개발된 아이디어, 제품, 기술 등에 대한 이전을 통해 좋은 성과를 가져올 수도 있다. 어떤 기업에서는 사업통합자를 활용하여, 여러 국가로 구성되어 있는 지역의 조정활동을 수행한다. 사업통합자는 집단, 사업부 또는 국가 간에 발생하는 문제를 해결하고 활동을 조정하는 역할을 한다.

이 외에도 몇몇 조직의 경우 핵심고객과 관련된 정보나 활동을 조정하기 위한 공식적 네트워크 조정자를 두기도 한다. 제조기업의 이러한 조정자는 테스코, 월마트, 카르푸(Carrefour)와 같은 대형 소매업체 고객을 위해 다양한 사업, 부문, 국가에 지식을 제공하고 통합된 해결책을 제공하기도 한다. 성공적인 글로벌기업의 최고경영자는 정보가 모든 방향으로 흐를 수 있도록 비공식적 네트워크와 관계를 촉진하고 지원해주는 역할을 한다. 조직에서 일어나는 많은 정보 교환이 공식적 시스템이나 구조를 통해서 일어나기보다는 비공식적 채널과 관계를 통해서 이루어진다. 비공식 네트워크를 지원함으로써 구성원들이 서로 협조하고 관계를 개발할 수 있는 기회를 제공하고, 이를 통해 밀접한 접촉을 유지할 수 있고, 조직은 조정을 증대시킬 수 있다.[105]

6.4d 조정의 이점

오늘날 국제기업들은 여러 부문 간 상호조정과 협력 없이 경쟁력을 유지하기 어렵다. 협력을 촉진하고 지원하는 기업들은 산재된 자원과 역량들을 더욱 잘 활용함으로써, 운영의 효율과 경제적 혜택을 누릴 수 있다.[106] 부문 간 협력을 통해 얻게 된 장점을 보면 다음과 같다.

- 비용절감: 협력은 글로벌 사업부별로 베스트 프랙티스를 공유함으로써 비용절감이라는 실질적이고 측정 가능한 결과를 만들어낼 수 있다. 한 예로 BP사에서 미국 내 한 사업단위 책임자는 재고회전율을 높이고, 필요한 운영자금을 줄였는데, 이는 영국과

네덜란드의 BP사에서 개발한 베스트 프랙티스를 활용하였기 때문에 가능했다.

- 더 나은 의사결정: 사업부 간에 정보와 조언을 공유함으로써 경영자들은 전체 조직뿐만 아니라 자신의 부서를 지원할 더 나은 의사결정을 할 수 있다.
- 수익 증대: 다양한 사업부에서 전문성과 제품을 공유함으로써 조직은 수익을 향상시킨다. 다시 BP사의 예를 들면, 전 세계로부터 여러 부서에서 모인 75명은 중국으로 가서 현지공장을 건설하는 팀을 지원하였다. 그 결과 BP사는 그 프로젝트를 마무리하고, 프로젝트 기획자가 예상한 것보다 일찍 매출을 실현하였다.
- 혁신의 증대: 아이디어의 공유와 부문 간 기술혁신의 공유는 창의성과 신제품(서비스) 개발을 촉진시킨다. 맥도날드는 '틀 내에서의 자유(freedom within a framework)'라 불리는 접근법을 통해 각 지역과 국가의 관리자들이 현지에 맞는 관행과 제품을 개발할 수 있도록 허용한다. 이 회사는 국제적인 경영자들에게 아이디어를 소통하고 공유하는 데 필요한 공식적, 비공식적 권한을 부여한다. 바베큐 소스를 듬뿍 바른 엄청나게 큰 소고기 패티에 3장의 치즈를 얹은 빅테이스티(Big Tasty)는 독일의 실험 주방에서 만들어져서, 스웨덴에서 출시되었다. 그러나 입소문이 퍼지면서, 이 햄버거는 브라질, 이탈리아, 포르투갈 등에서 메뉴로 채택되어 엄청난 히트 상품이 되었다.[107]

핵심정리

- 통합과 지식이전의 문제를 해결하기 위한 추가적인 조정 메커니즘으로서 글로벌 팀, 강력한 본사의 계획과 통제, 특수한 조정 역할의 부여 등을 들 수 있다.
- 팀은 글로벌 통일성과 현지 적응성 간의 긴장을 해결하기 위한 좋은 방법이 될 수 있다.
- 국제 기업에서 조직단위 간 협력과 조정의 이점으로서 원가 절감, 더나은 의사결정, 높은 수익 실현, 혁신의 증대를 들 수 있다.

6.5 초국적 조직

국제화에 대한 전통적 접근방법은 급속한 변화와 복잡한 글로벌 환경에 대한 요구를 만족시키기에 불충분하기 때문에, 많은 대규모 국제 기업들은 초국적 조직으로 변화하고 있다. 이들은 글로벌 환경의 복잡성에 대처하기 위해 높은 수준의 조정과 학습 그리고 조직의 지식과 혁신을 이전한다. **초국적 조직**(transnational model)은 가장 진보된 국제조직의 형태이다. 이 조직은 다양한 부문을 많이 가지고 있어서 조직의 복잡성이 가장 높으며, 여러 다양한 부문들을 통합하는 메커니즘으로 인해 조직의 조정활동이 가장 잘 이루어진다. 초국적 조직은 기술적 진보, 급속한 혁신, 글로벌 학습과 지식공유뿐만 아니라, 글로벌 통합의 이점과 현지 적응의 이점을 동시에 추구하려고 하는, 세계 많은 나라에 자회사를 가진 거대 다국적 기업에 유용한 조직 모델이다. 글로벌 효율성, 국가별 대응 또는 글로벌 학습 등과 같은 세 부분 중 어느 한 영역에서의 역량 개발보다는, 세 가지 역량 모두를 동시에 달성하려는 조직 모델이다.

초국적 조직은 〈도표 6.11〉에 제시되어 있는 필립스(Philips NV)와 같은 복잡한 글로벌 조직에서 매우 필요한 형태이다. 네덜란드에 본부가 있는 필립스는 전 세계에 많은 자회사들이 있다. 유니레버, 마츠시타(Matsushita) 또는 P&G와 같은 세계 기업도 마찬가지이다.[108] GE도 초국적 구조를 지향하고 있다. 최고경영자인 제프리 이멜트는 세계 전역으로 사업체를 분산시키고 있으며, 기업의 문화와 훈련 프로그램을 글로벌 관점으로 변화시키고 있다. 대형 전문 서비스기업인 KPMG와 PwC(PricewaterhouseCoopers) 또한 초국적 구조를 사용한다.

도표 6.11 필립스의 국제 조직 단위와 상호 연결 관계

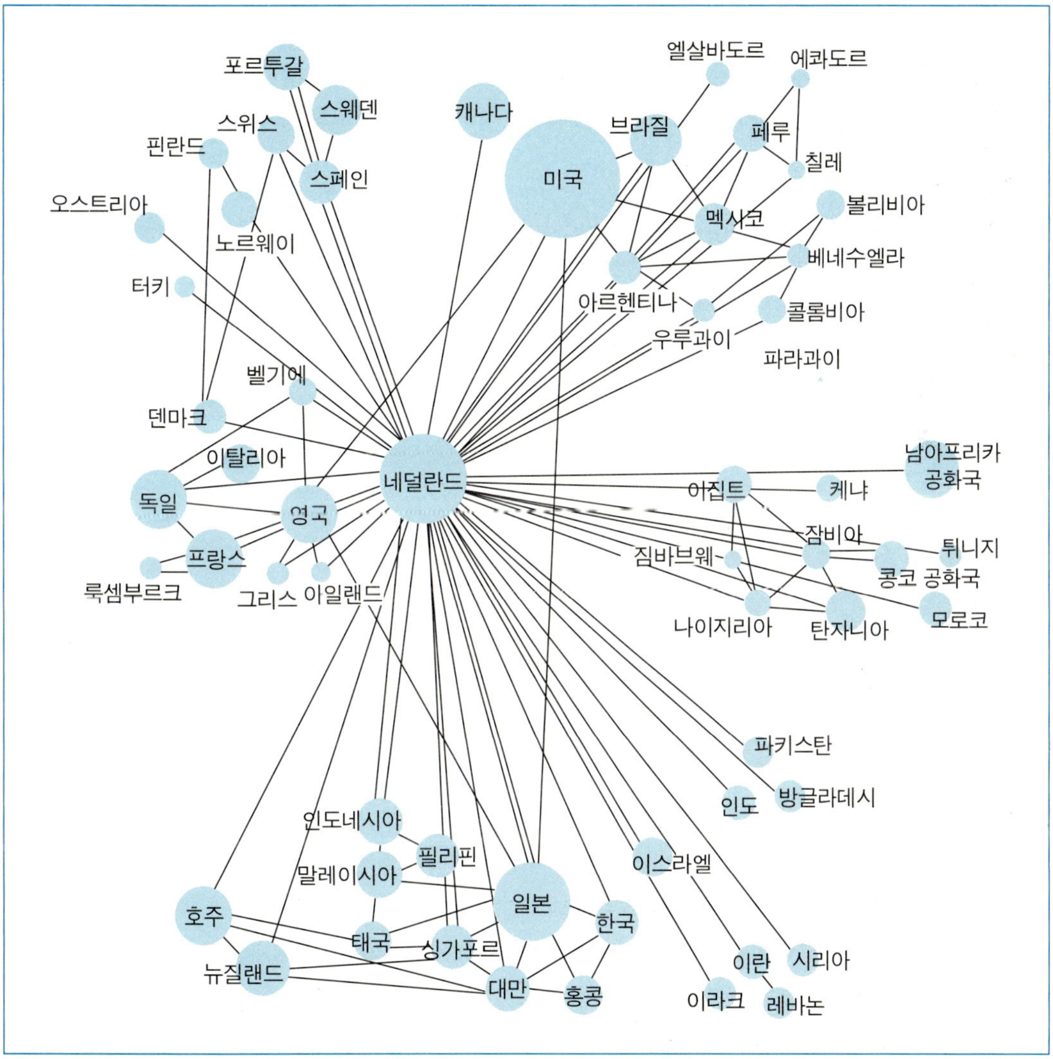

출처: Republished with permission of Academy of Management (NY), from Sumantra Ghoshal and Christopher Bartlett, "The Multinational Corporation as an Interorganizational Network," *The Academy of Management Review* 15 (1990), 603–625; permission conveyed through Copyright Clearance Center, Inc.

PwC는 151개국 757개 사무실에 16만 명 이상의 직원을 가진다. 이 기업은 상당히 다각화된 범위의 지식 기반 서비스를 제공하며 개별 고객 개개의 요구에 맞추어 서비스를 제공하므로 국가별 사무실은 재량권과 자치권을 필요로 한다. 동시에 PwC는 일관된 운영표준과 글로벌 통제시스템이 필요하다.[109]

〈도표 6.11〉에 제시된 바와 같이 초국적 조직의 자회사들은 전 세계에 널리 퍼져 있다. 자회사들 간의 조정, 그들의 참여와 몰입, 정보·지식·신기술·고객의 공유가 매우 중요하다. 예를 들면, 필립스, 유니레버, 또는 PwC와 같은 글로벌기업은 규모가 너무 커서 글로벌 활동을 조정하기가 너무 어렵다. 더구나 어떤 자회사들은 더 이상 본사가 부여한 제한된 전략적 역할만을 수행하기에는 규모가 너무 커졌다. 커다란 기업의 단위조직으로 활동하고 있는 자회사들은 스스로 독립적으로 활동할 수 있는 자율권과 다른 조직단위에 대한 영향력을 필요로 한다.

도입 질문과 답

3. 앞선 다국적 기업들은 수많은 나라의 자회사를 대상으로 엄격한 통제시스템을 구축해 왔다.

답) 동의하지 않는다. 거대한 글로벌기업의 일부로 성공하기 위해서는 개별 조직 단위는 유연성과 자율성이 필요하다. 초국적 기업에서는 대부분 공통의 문화와 가치관, 비전과 목표의 공유, 자회사 간 상호의존적인 관계 구축을 통해 활동을 조정한다. 경영자들은 국제적으로 성공하기 위해서는 전통적 의미의 통제 방법을 포기할 수 있어야 한다.

초국적 조직은 기업의 다차원적인 목표를 달성하기 위해 서로 연결되어 있는 자회사들을 네트워크로 통합함으로써 이러한 문제를 해결한다.[110] 초국적 조직은 사업부문들에게 완전한 독립성을 부여하거나 본사가 모든 의사결정권을 가지고 자회사를 통제하지 않으며, 자회사들 간의 상호의존성에 따라 각기 다른 방식으로 경영한다. 초국적 조직은 단순히 조직 형태만을 이야기하는 것이 아니다. 초국적 조직은 세계적 학습시스템을 작동시키려는 마음, 가치관, 희망을 나타내며, 그러한 시스템을 효과적으로 관리하기 위한 이상적인 구조라고 할 수 있다. 초국적 조직은 매트리스 조직과는 다른 특성을 가지고 있으며, 그 특성은 다음과 같다.

1. 자산과 자원은 상호의존관계를 형성하고 있는 매우 전문화된 사업단위들을 통해 전 세계에 널리 퍼져 있다. 자원과 능력이 광범위하게 퍼져 있어 초국적 조직은 시장요구, 기술개발 또는 세계의 다른 부분에서 나타나는 소비자 기호변화 등과 같은 환경 변화를 빠르게 인지하고 대응할 수 있다. 경영자는 다양한 제품, 기능, 또는 지역단위들끼리 상호의존관계를 형성한다. 예를 들면, 자회사횡단팀(cross-subsidiary team)과 같은 메커니즘은 사업단위들의 협력을 촉진함으로써 자신의 사업단위뿐만 아니라 조직전체의 이익에 기여한다. 각각의 사업단위들은 사업단위의 목적을 달성하기 위해 서로 협력한다.

예를 들면 PwC의 고객 관리 시스템은 다양한 사업단위, 서비스 라인 그리고 전 세계의 전문분야 안의 사람들을 연결한다. 그런 상호의존성은 오늘날 경쟁적인 세계 환경이 요구하는 정보와 자원을 함께 공유하고, 문제를 협력적으로 해결하고 실행해나가게 한다. 원자재, 인적자원, 제품, 아이디어, 자원, 정보들이 끊임없이 통합된 네트워크 속에 있는 자회사들 사이를 흘러 다닌다. 또한 경영자들은 여러 기능, 제품, 사업단위, 국가를 횡적으로 연결하는 비공식적인 정보 네트워크를 적극적으로 형성하고, 관리하고, 강화한다.

2. 구조는 유연하고 지속적으로 변한다. 초국적 조직은 유연한 집중화의 원리에 따라 움직인다. 초국적 조직에서는 특정 국가에 집중되어 있는 기능이 있는 반면에, 다양한 지역에 분산되어 있는 기능도 있다. 연구개발센터는 네덜란드에 집중시키고, 구매센터는 스웨덴에 집중시키는 반면에 재무회계 책임은 여러 국가에 분산시킬 수 있다. 홍콩에 있는 사업단위는 아시아 지역의 활동을 조정하는 책임이 있는 반면에, 나머지 모든 국가의 사업 활동은 런던에 있는 대규모 사업본부에서 조정한다. 초국적 조직의 경영자는 구조적인 문제를 이익의 관점에서 유연하게 해결해간다. 어떤 기능, 제품, 지역은 성격상 집권적인 통제를 더 많이 필요로 하고, 다른 기능, 제품, 지역은 협력을 더 많이 필요로 한다. 조정과 통제 메커니즘은 새로운 필요성이나 경쟁압력으로 인해 시간이 지나면서 변한다. 몇몇 기업들은 조직이 너무 크고 복잡해져서 한 지역에서 관리하는 것이 불가능해짐에 따라, 여러 나라에 복수의 기업본사를 세우기 시작하였다. 예를 들어 이르데토 홀딩스(Irdeto Holdings BV)사는 암스테르담과 베이징 두 곳에 본사가 있다. 그리고 CEO는 그의 가족과 함께 중국으로 이사했다. IBM은 상하이에 성장시장 본사(growth-markets headquarter)를 만들어 아시아(비일본), 라틴 아메리카, 러시아, 동유럽, 중동 및 아프리카에 대한 권한을 부여했다. 일본의 닛산(Nissan)은 고급 브랜드인 인피니티를 위해 홍콩에 글로벌 본사를 두고 있다.[111]
3. 자회사의 경영자는 전략과 혁신을 시도하며, 이것이 기업 수준의 전략을 형성한다. 전통적인 조직에서는 경영자들은 단지 자신의 사업부문과 관련된 전략적 역할만을 수행한다. 초국적 조직에서는 다양한 센터와 자회사들이 현지요구에 반응하기 위한 창의적인 대응책을 개발하여 실행하고, 그들의 혁신을 전 세계에 전파함으로써 상향적으로 기업의 전략을 형성할 수 있다. 초국적 조직은 전 세계에 있는 자회사를 조직 전체의 이익을 위해 사용할 수 있는 능력과 지식의 원천으로 인식한다. 또한 초국적 조직이 직면하는 환경의 요구와 기회는 국가마다 다르며, 조직 전체를 광범위한 환경자극에 노출시킴으로써 더 많은 학습과 혁신을 촉발한다.
4. 통합과 조정은 공식적인 구조와 시스템보다는 주로 기업문화, 공유된 비전과 가치관, 경영스타일에 의해 이루어진다. 헤이 그룹(Hay Group)의 연구에 따르면 글로벌 규모에서 성공하는 기업들의 결정적 특징의 하나는, 공식적 통제시스템에만 의존하지 않고 공통의

전략적 비전과 가치관에 따라 전 세계의 각 부문과 자회사들의 활동을 성공적으로 조정하는 능력이다.[112] 구성원들이 다양한 국가적 배경을 가지고 있고, 시간과 지역에 의해 분리되어 있고, 상이한 문화적 규범을 가지고 있는 조직에서는 공식적인 시스템보다는 상호 간의 이해를 통해 통합과 조정을 추구하는 것이 더 쉽다. 그래서 최고경영자들은 하위경영자들이 비전, 가치관, 관점을 공유하고, 이것을 그들이 관리하는 조직단위들에 전파할 수 있는 상황을 조성한다. 경영자의 선발과 훈련에서는 유연성과 개방성을 강조한다. 또한 사람들은 상이한 직무, 부문, 국가로 직무순환되어 다양한 경험을 획득하고, 기업문화에 사회화시킨다. 초국적 조직에서는 단순히 의사결정을 집권화시키거나 분권화시키기보다는 더 복잡한 방법을 통해 조정을 추구한다. 즉 초국적 조직에서는 신념, 문화, 가치관을 형성하거나 변화시켜 모든 사람이 정보공유와 학습에 참여할 수 있도록 한다.

종합하면, 이러한 특성은 세계적인 조정, 조직학습, 지식공유를 촉진한다. 초국적 조직은 조직구조로 개념화하기에는 너무 복잡하고 혼란스럽지만, 전 세계를 대상으로 활동하고 있는 거대한 글로벌기업에서 점차적으로 나타나고 있다. 조직단위들의 자율성은 소규모 단위들에 힘을 제공하며, 기업에서는 현지 국가에서 나타나는 급격한 변화와 경쟁기회에 반응하여 유연하게 행동할 수 있게 한다. 또한 상호의존성에 대한 강조는 세계적 효율과 조직학습을 가능하게 한다. 초국적 조직을 형성하는 사업단위들은 하나의 조직임을 인지하고 있으며, 또 하나로 통합되어 사업단위들끼리 상호보완적으로 활동하며, 서로를 강화시킨다.

핵심정리

- 글로벌하게 활동하는 기업은 다양한 조정방법이 필요하며, 어떤 조직은 초국적 조직모델을 지향한다.
- 초국적 모델은 상호의존성에 대한 철학에 바탕을 두고 있다. 조직은 고도로 세분화되어 있지만, 동시에 여러 다양한 조직단위 간에 매우 높은 수준의 조정, 학습, 지식이전을 촉진한다.
- 초국적모델은 조직의 복잡성과 통합이라는 측면에서 궁극적으로 지향해야 할 글로벌 조직설계를 나타낸다. 초국적 조직의 각 단위조직은 서로 긴밀하게 통합해야 한다는 점을 잘 알고 있으며, 동시에 현지 상황에 적합한 행동을 통해 서로를 보완하고 강화하는 역할을 수행한다.

토의문제

1. 오늘날 세계화전략을 통해 성공했다고 생각되는 기업을 제시하고, 그 기업을 선택한 이유를 설명해보자. 또한 세계화전략과 다국가적 전략과의 차이점은 무엇인가?
2. 글로벌 통합과 국가별 대응 간의 갈등이 과거에 비해 오늘날 더욱 커지게 된 이유는 무엇인가?
3. 많은 미국 기업들이 현지 기업과 합작투자를 통해 중국에 진출하였으나, 중국은 미국에서 주로 기업을 사들이는 전략이 성공하고 있다. 이러한 차이점을 설명할 수 있는 요인은 무엇인가?
4. 초국적 조직이 하나 이상의 본사를 가지는 것이 이치에 맞다고 생각하는가? 각기 다른 일에 책임을 지는 2개의 본사를 가지는 데 따르는 이점은 무엇인가? 그리고 어떤 단점이 있을 수 있는가?
5. 기업이 국제적으로 사업을 확장하려는 주된 이유는 무엇인가? 최근의 기사에서 해외에 새로운 설비투자를 시행한 기업의 예를 제시해보자. 기업이 해외시설에 투자한 이유가 기업의 글로벌 확장의 주된 세 가지 요인 중에서 어느 것에 의해 설명하는 것이 가장 합당한지를 논의해보자.
6. 기업에서 매트릭스 구조를 활용해야 하겠다고 생각하는 시기는 언제인가? 글로벌 매트릭스 구조가 3장에서 설명했던 국내기업의 매트릭스 구조와 다른 점은 무엇인가?
7. 국제기업에서 조직관리에 복잡성을 야기하는 요소들을 제시해보자. 조직에서 이러한 복잡성을 어떻게 표현하고 있는가? 복잡성을 야기하는 요소들이 국제적으로 성장하려고 하는 마이스페이스(MySpace)와 같은 온라인 기업에도 적용된다고 생각하는가?
8. 멕시코에서의 전통적인 가치의식은 권력 격차의 수용도가 높고, 불확실성에 대한 인내성이 낮다고 한다. 어떤 회사가 멕시코에 사업장을 개설하면서 글로벌 팀을 운영하려고 하는데, 팀의 운영방식을 팀원들 간에 권력과 권한을 균등하게 하고 공식적인 지침이나 규정은 없애는 경우에 어떤 상황이 발생할 것으로 생각하는가?
9. 글로벌기업이 글로벌 효율성 및 통합 달성, 국가별 대응 및 유연성 확보, 글로벌 학습과 지식공유 등의 목표들을 모두 동시에 달성하는 것이 가능하다고 생각하는지에 대해 논의해보자.
10. 이 장에서 논의한 초국적 조직을 1장에서 논의했던 학습조직의 구성 요소와 비교해보자. 초국적 조직구조가 거대 글로벌기업들에게 적용될 수 있을 것인지에 대해 논해보자.

연습문제: 미국산인가?

ABC 월드 뉴스(ABC World News)는 "미국산(Made in America)"이라는 스페셜 시리즈를 방송했다. 오프닝 프로그램에서 특파원 데이비드 뮤어(David Muir)와 샤린 알포시(Sharyn Alfonsi)는 텍사스주 달라스에 있는 그들의 집에서 모든 외국 생산 제품들을 치워보았다. 그리고 그들은 마지막에는 남은 것이 하나도 없다는 것을 깨달았다.

당신의 집에는 국산 제품이 몇 개나 되는가? 당신의 집에 있는 셔츠, 장난감, 그리고 신발같은 다른 종류의 제품을 세 가지 생각해보자. 이들 제품에 대하여 다음의 표에 적혀 있는 정보를 찾아보자. 웹사이트나 신문, 잡지의 기사 또는 제품에 붙어 있는 라벨 그리고 사용 설명서를 활용하면 필요한 정보를 찾는 데 도움이 된다. 필요하다면 그 회사의 사람들과 이야기를 나누어보자. 다음의 표에 의할 경우 여러분은 글로벌화된 제품이나 조직에 대하여 어떤 결론을 이끌어낼 수 있는가?

제품명	원료 생산 국가	생산 및 조립 국가	마케팅 및 광고 국가	제품이 판매되는 국가
1.				
2.				
3.				

분석을 위한 사례: RI사

데이비드 하비에르(David Javier)는 RI(Rhinebeck Industrial)사의 조직구조에 대해 컨설팅회사가 제안한 변화를 검토하고 있다. 그 보고서를 읽으면서, 하비에르는 컨설턴트가 제안한 변화가 RI사에 이익을 주기보다는 오히려 해가 되는 것은 아닐까하고 생각했다. 하비에르는 18개월 동안 RI사의 회장을 맡으면서, RI사가 해외사업에서 이익을 증가시키고 성장하기 위해서는 조직구조와 조정 문제를 개선해야 할 필요가 있음을 잘 알고 있다.

회사배경

RI사는 캐나다, 사우스온타리오에서 1950년대에 로버트 라인(Robert Rhine)에 의해 창업되었다. 그는 기업가정신을 가지고 있는 엔지니어였다. 그는 처음에 파이프를 생산하고 그 다음 산업용 유리를 생산하였으나, 사업이 어느 정도 자리 잡히자 빠르게 산업용 밀폐재, 도료, 세제와 같은 새로운 사업영역으로 진출하였으며, 심지어 공장용 소음기와 트럭부품 산업으로 사업을 확대하였다. 사업 확대의 대부분은 1960년대 캐나다와 미국에 있는 중소기업을 인수함으로써 이루어졌다. RI사는 콩글로머리트 형태의 구조를 띠고 있다. 즉 RI사의 다양한 자회사들이 북미 전역에서 활동하고 있으며, 자회사들은 온타리오 본사에 직접 보고한다. 각각의 자회사는 완전한 로컬(local) 사업으로, RI사에 이익을 제공하는 한 독립적으로 활동할 수 있다.

1970년대와 1980년대에 회사의 경영을 담당하고 있었던 클리포드 마이클스(Clifford Michaels)는 RI사의 국제화를 강력하게 추진하였다. 그의 전략은 하나로 결합된 조직체를 형성하여 생산비를 절감하고, 해외사업을 지원함으로써 시너지와 이익을 창출할 수 있는 해외의 중소기업을 인수하는 것이다. 어떤 사업은 단순히 좋은 가격 때문에 인수한 것도 있다. RI사는 기존의 사업뿐만 아니라 소비재(종이와 봉투)와 전기설비(스위치보드, 전구, 보안시스템) 사업에도 진출하였다. 이 제품들 대부분은 자회사들이 자체적으로 만든 브랜드명을 사용하며, GE나 코닝 글라스(Corning Glass)와 같은 다국적 기업에 납품한다.

1990년대에는, RI사의 새로운 회장인 션 라인(Sean Rhine: 창업주의 손자)가 회사를 경영하였는데, 그는 RI사의 사업을 3개의 사업영역 — 산업용품, 소비재, 전자제품 — 에 집중하기로 했다. 그는 이 3개 영역에 적합한 해외사업을 더 인수하였으며, 적합하지 않는 몇 개의 사업은 철수하였다. 3개의 사업영역 각각은 북미, 아시아, 유럽에 생산공장이 있으며, 마케팅과 유통시스템도 가지고 있다.

산업용품 영역은 파이프, 유리, 산업용 밀폐재(industrial sealants)와 코팅, 청소장비(cleaning equipment)와 트럭부품을 포함한다. 전자제품 영역은 특수전구, 스위치보드, 컴퓨터칩, OEM(original equipment manufacturers)을 위한 저항기와 축전기를 포함한다. 소비재영역에는 접시와 유리그릇, 종이와 봉투, 연필과 펜을 포함한다.

조직구조

2004년 데이비드 하비에르가 션 라인 후임 회장으로 부임하였다. 그는 새로운 조직구조가 RI사에 필요한지를 깊이 고민하였다. 현재의 구조는 <도표 6.12>와 같이 3개의 주요 지역 — 북미, 아시아, 유럽 — 으로 나누어져 있다. 그 지역 내에서 독립적으로 활동하는 다양한 자회사들은 그 지역 담당 부회장에게 보고한다. 한 국가에 여러 자회사들이 활동하고 있을 때, 자회사

도표 6.12 RI사의 조직도

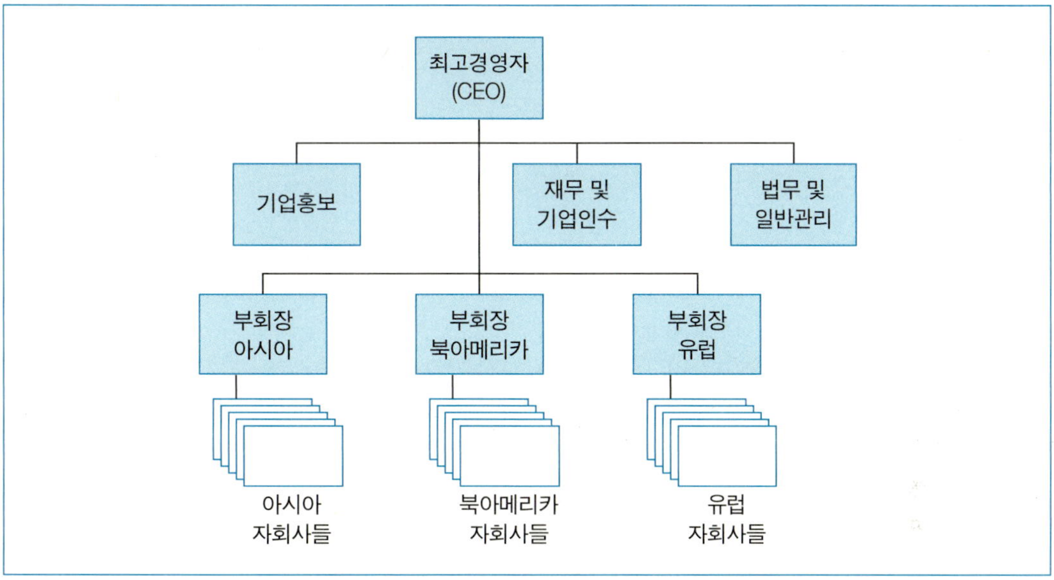

경영자들 중 한 사람이 그 국가 내에 있는 다양한 사업을 조정할 책임을 가지고 있다. 그러나 실제로는 대부분의 조정이 지역 담당 부회장을 통해 이루어진다. 사업은 대부분 독립적으로 경영하게 되어 있어 자회사 경영자들에게 유연성과 모티베이션을 제공한다.

온타리오 본사의 기능부서는 상대적으로 규모가 작다. 3개의 핵심부서 — 기업홍보부, 재무기획부, 행정법무부 — 는 전 세계에서 수행되고 있는 회사 사업을 지원한다. 인적자원관리, 신제품 개발, 마케팅, 생산과 같은 기능은 자회사마다 모두 가지고 있으며, 이러한 기능들은 지역 간 조정이 거의 이루어지지 않는다. 각각의 자회사들은 해당 국가와 지역에 적합한 제품을 직접 개발하고 생산하고 판매한다.

조직문제

하비에르가 해결해야 할 문제는 크게 세 가지로 나눌 수 있다. 이 문제는 그의 책상 위에 있는 보고서에서도 제시되어 있다. 첫째, 각 자회사는 독립적인 사업단위로 활동하고 있어 자체적인 보고체계를 사용하고 있으며, 자회사의 이익을 극대화하기 위해 행동한다. 이러한 자율성으로 인해 모든 자회사들의 재무보고서를 통합하여 정리하기 어렵고, 동일한 정보와 보고시스템을 사용할 수 없다.

두 번째, 주요한 전략적 결정이 개별적인 사업단위나 특정 국가 또는 지역의 국지적 이익을 위해 이루어진다. 현지의 프로젝트는 RI사 전체에 이익을 주는 프로젝트보다 더 많은 시간과 자원이 든다. 예를 들면, 싱가포르에 있는 전자제품 제조업체는 영국에 판매하기 위한 컴퓨터칩과 축전기의 증산을 거절했다. 왜냐하면 그것은 싱가포르의 생산라인에 피해를 주기 때문이다. 그렇지만 싱가포르의 자회사가 규모의 경제를 통해 얻게 되는 이익은 영국으로 선적하는 비용을 상쇄하고도 남으며, RI사가 값비싼 생산설비를 유럽에서 철수할 수 있어 RI사의 효율과 이익을 증가시킨다.

세 번째, RI사 내에서 기술, 새로운 제품아이디어 또는 다른 혁신이 이전되지 않는다. 예를 들면, 캐나다의 자회사가 가지고 있는 전구의 원가절감 생산기술을 아시아와 유럽의 자회사들은 무시한다. 휴대폰으로 가정보안시스템(home security systems)에 접근할 수 있는 기술혁신이 유럽의 자회사에서 개발되었는데, 북미의 자회사는 이것을 모르는 체 한다. 하비에르의 책상 위에 있는 보고서는 RI사가 중요한 혁신을 조직 전체에 전파하지 못한다는 점을 강조한다. 이렇게 무시된 혁신들은 전 세계에서 이루어지고 있는 생산과 마케팅 활동을 상당히 개선시킬 수 있다. 보고서에 의하면, "RI사의 어느 누구도 회사가 전 세계에서 생산하는 제품과 활동지역 모두를 이해하지 못하고 있기 때문에 회사의 기술과 혁신이 생산개선과 제품개발, 시장개발에 제대로 활용되지 않는다." 또한 보고서는 전 세계의 활동을 잘 통합하면, RI사의 비용을 매년 7% 절약할 수 있으며, 시장점유율을 10% 증가할 수 있을 것이라고 보고한다. 이 수치는 무시하기에는 너무 큰 것이다.

제안된 조직구조

컨설턴트의 보고서는 RI사가 조직구조를 개선하기 위해 2개의 대안 중 하나를 시도해야 한다고 제안하였다. 첫 번째 대안은 새로운 국제부서를 본사에 설치하여 기술이전과 전 세계에서 이루어지고 있는 제품생산과 마케팅을 조정할 책임을 부여해야 한다는 것이다(도표 6.13). 이 부서는 각각의 주요 제품라인별 — 산업용품, 소비재, 전자제품 — 로 제품관리자(product director)를 둔다. 제품관리자들은 전 세계의 활동과 혁신을 조정할 권한을 갖는다. 제품관리자에게는 각 지역을 방문하여 해당 제품에 대한 혁신과 개선 정보를 다른 사업부문의 자회사들에게 전달하는 팀이 있다.

두 번째 제안은 <도표 6.14>와 같이 국제제품조직으로 재조직하는 것이다. 각 제품라인과 관련된 세계의 모든 자회사는 제품라인별 사업경영자에게 보고한다. 그 사업경영자와 스태프는 사업전략을 개발하고, 그 제품의 생산효율을 추구하고 제품을 개발하기 위해 전 세계에서 이루어지고 있는 모든 활동을 조정할 책임을 진다.

이러한 국제제품조직은 RI에게는 획기적인 변화일 것이다. 하비에르의 마음속에서는 많은 의문이 제기되고 있다. 전 세계 자회사들을 억지로 통합해도, 자회사들이 계속 경쟁력을 유지하고 현지시장에 유연하게 대응할 수 있는가? 세계적인 사업경영자들이 자회사 경영자의 습관을 변화시켜 더 세계적으로 행동하게 할 수 있는가?

우선 국제적 제품관리자(international product directors)를 임명하여 자회사들의 조정자로서 활동하게 하는 것이 좋을까, 아니면 국제제품구조로 바로 변화시키는 것이 좋은가? 하비에르는 전 세계의 제품들을 통합하는 조정자를 두는 것이 바람직할 것이라는 생각을 가지고 있지만, 그는 발생할 수 있는 모든

도표 6.13 제안된 국제적 제품관리 구조

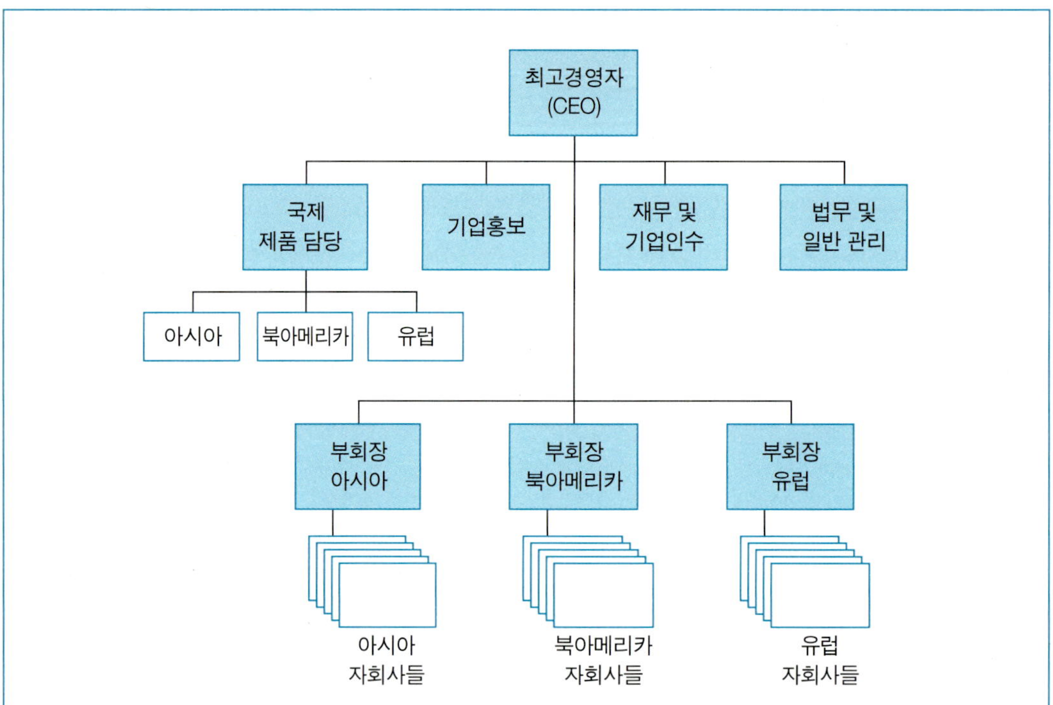

도표 6.14 제안된 국제사업관리 구조

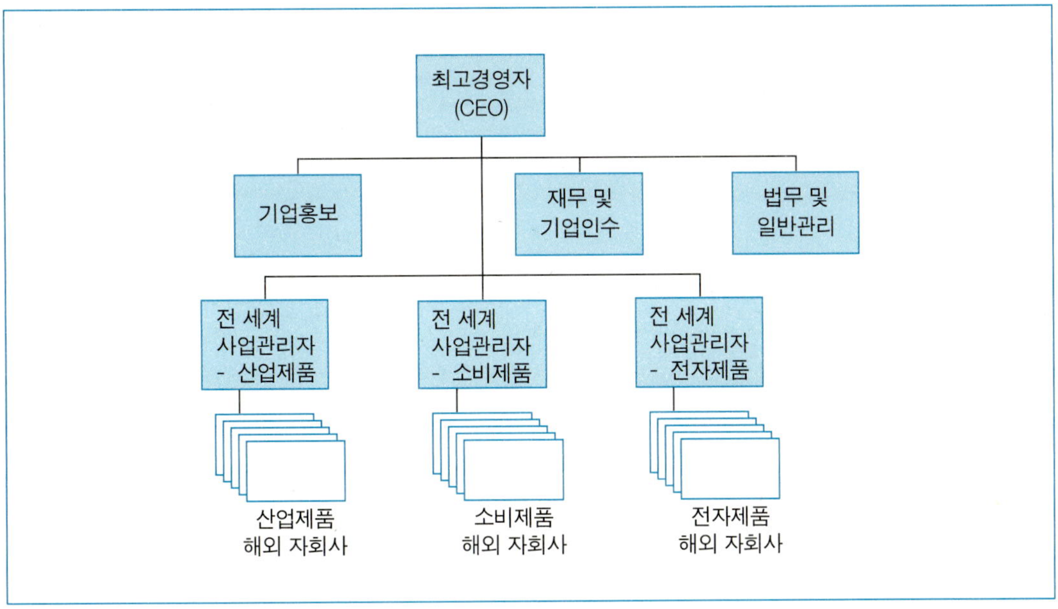

문제와 RI가 어떻게 이러한 변화를 실행할 것인가에 대해 충분히 생각해보기를 원했다.

질문

1. 위에서 제시한 세 가지 조직문제—보고체계의 분리, 사업부 이기주의, 기술이전이 안되는 문제—중 당신은 어떤 문제를 먼저 해결할 생각인가? 설명해보자.
2. 각 지역별 조직 간의 원활한 조정을 위해 기업본사에 새로 국제부서를 만드는 방안의 장점과 단점은 무엇인가?
3. 범세계적 제품구조로 조직을 개편하는 제안에 찬성하는가? 이를 실행하는 과정에서 예상되는 문제는 무엇인가? 설명해보자.

미주

1 Brian Pearson, "German Lessons: What Walmart Could Have Learned from Lidl, and Vice Versa," *Forbes*, February 5, 2018, https://www.forbes.com/sites/bryanpearson/2018/02/05/german-lessons-what-walmart-could-have-learned-from-lidland-vice-versa/#17bd1e9138c7 (accessed April 22, 2019); and "Passport Revoked: When Brands Fail Internationally," *CBC Radio*, January 18, 2017, https://www.cbc.ca/radio/undertheinfluence/passport-revoked-when-brands-failinternationally-1.3942237 (accessed April 22, 2019).

2 Reported in Pearson, "German Lessons."

3 Paul Sonne and Peter Evans, "The $1.6 Billion Grocery Flop: Tesco Poised to Quit U.S.," *The Wall Street Journal*, December 5, 2012, http://online.wsj.com/news/articles/SB100014241278873246401045781605141926951 62 (accessed December 6, 2012); and Samantha Yoder, John K. Visich, and Elzotbek Rustambekov, "Lessons Learned from International Expansion Failures and Successes," *Business Horizons* 59 (2016), 233–243.

4 Julie Wernau and Yoko Kubota, "Amazon's E-Commerce Adventure in China Proved Too Much of a Jungle," *The Wall Street Journal*, April 18, 2019, https://www.wsj.com/articles/for-amazon-chinas-e-commerce-market-proved-too-much-ofa-jungle-11555576769 (accessed April 26, 2019).

5 Bob Tita, "Deere Enhances Focus on Russia," *The Wall Street Journal*, March 24, 2011, http://online.wsj.com/article/SB10001424052748704604704576220684003808072.html (accessed August 9, 2011).

6 Christopher Mims, "The Global Tech Backlash Is Just Beginning," *The Wall Street Journal*, October 26, 2018, https://www.wsj.com/articles/the-global-tech-backlash-is-just-beginning-1540476151 (accessed April 23, 2019).

7 Michael A. Hitt and Xiaoming He, "Firm Strategies in a Changing Global Competitive Landscape," *Business Horizons* 51 (2008), 363–369.

8 Daniel Shane, "China Will Overtake the US as the World's Biggest Retail Market," *CNN*, January 23, 2019, https://www.cnn.com/2019/01/23/business/china-retail-sales-us/index.html (accessed April 23, 2019).

9 Qamar Rizvi, "Going International: A Practical, Comprehensive Template for Establishing a Footprint in Foreign Markets," *Ivey Business Journal*, May–June 2010, http://www.iveybusinessjournal.com/topics/global-business/going–international-a-practical-comprehensive-templatefor-establishing-a-footprint-in-foreign-markets (accessed August 9, 2011).

10 Michael A. Hitt and Xiaoming He, "Firm Strategies in a Changing Global Competitive Landscape," *Business Horizons* 51 (2008), 363–369.

11 D. Barboza, "China Passes Japan as Second-Largest Economy," *The New York Times*, August 14, 2010, http://www.nytimes.com/2010/08/16/business/global/16yuan.html (accessed August 12, 2011); and "Fortune Global 500: The List," *Fortune*, August 1, 2018, F1–F8.

12 Jenny Mero, "Power Shift," *Fortune*, July 21, 2008, 161; and "The Fortune Global 500," *Fortune*, http://money.cnn.com/magazines/fortune/global500/2013/ (accessed March 14, 2014).

13 This discussion is based heavily on Christopher A. Bartlett and Sumantra Ghoshal, *Transnational Management: Text, Cases, and Readings in Cross-Border Management*, 3rd ed. (Boston: Irwin McGraw-Hill, 2000), 94–96; and Anil K. Gupta and Vijay Govindarajan, "Converting Global Presence into Global Competitive Advantage," *Academy of Management Executive* 15, no. 2 (2001), 45–56.

14 Shruti Date Singh with Ganesh Nagarajan, "Small Is Beautiful," *Bloomberg Businessweek* (September 26–October 2, 2011), 33–34.

15 Brent Lang, "Global Box Office Hits Record $40.6 Billion in 2017; U.S. Attendance Lowest in 23 Years," *Variety*, April 4, 2018, https://variety.com/2018/digital/news/global-box-officehits-record-40-6-billion-in-2017-u-s-attendance-lowest-in-23-years-1202742991/ (accessed April 23, 2019).

16 Lauren A. E. Schuker, "Plot Change: Foreign Forces Transform Hollywood Films," *The Wall Street Journal*, July 31, 2010, A1.

17 Brooks Barnes, "Paramount Hopes New 'Star Trek' Is a Global Crowd-Pleaser," *The New York Times*, May 3, 2013, B1.

18 Pamela Ambler, "Kevin Johnson Accelerates Starbucks Expansion Across Asia Amid Intensifying Competition," *Forbes*, March 13, 2019, https://www.forbes.com/sites/pamelaambler/2019/03/13/starbucks-accelerates-expansionacross-asia-amid-intensifying-competition/#416b53fb2221 (accessed April 23, 2019).

19 Eric Bellman, "Indian Firm Takes a Hollywood Cue, Using DreamWorks to Expand Empire," *The Wall Street Journal*, September 22, 2009, B1.

20 Doug DeVos, "How I Did It . . . Amway's President on Reinventing the Business to Succeed in China," *Harvard Business Review*, April 2013, 41–44; and "Rebirth of a Sales Firm: Direct Selling in China," *The Economist*, August 27, 2016, 49.

21 Jim Carlton, "Branching Out; New Zealanders Now Shear Trees Instead of Sheep," *The Wall Street Journal*, May 29, 2003, A1, A10.

22 Jack Nicas, "A Tiny Screw Shows Why iPhones Won't Be 'Assembled in U.S.A.'," *The New York Times*, January 28, 2019, https://www.nytimes.com/2019/01/28/technology/iphones-apple-china-made.html (accessed April 23, 2019); and Charles Duhigg and Keith Bradsher, "How U.S. Lost Out on iPhone Work," *The New York Times*, January 22, 2012, A1.

23 Dan Morse, "Cabinet Decisions; in North Carolina, Furniture Makers Try to Stay Alive," *The Wall Street Journal*, February 20, 2004, A1.

24 Keith H. Hammonds, "Smart, Determined, Ambitious, Cheap: The New Face of Global Competition," *Fast Company*, February 2003, 91–97; and W. Michael Cox and Richard Alm, "China and India: Two Paths to Economic Power," *Economic Letter*, Federal Reserve Bank of Dallas (August 2008), http://dallasfed.org/assets/documents/research/eclett/2008/el0808.pdf (accessed October 14, 2014).

25 Based on Nancy J. Adler, *International Dimensions of Organizational Behavior*, 4th ed. (Cincinnati, OH: South-Western, 2002); Theodore T. Herbert, "Strategy and Multinational Organizational Structure: An Interorganizational Relationships Perspective," *Academy of Management Review* 9 (1984), 259–271; and Laura K. Rickey, "International Expansion—U.S. Corporations: Strategy, Stages of Development, and Structure" (unpublished manuscript, Vanderbilt University, 1991).

26 Julia Boorstin, "Exporting Cleaner Air," segment of "Small and Global," *Fortune Small Business*, June 2004, 36–48; and Purafil website, http://www.purafil.com/company/facts.aspx (accessed August 8, 2011).

27 Emily Maltby, "Expanding Abroad? Avoid Cultural Gaffes," *The Wall Street Journal*, January 19, 2010.

28 Vikas Sehgal, Ganesh Panneer, and Ann Graham, "A Family-Owned Business Goes Global," *Strategy + Business* (September 13, 2010), http://www.strategy-business.com/article/00045?gko=aba49 (accessed August 9, 2011); and "About Us," Aditya Birla Group Website, https://www.adityabirla.com/about-us (accessed April 23, 2019).

29 Michael E. Porter, "Changing Patterns of International Competition," *California Management Review* 28 (Winter 1986), 9–40.

30 William J. Holstein, "The Stateless Corporation," *BusinessWeek*, May 14, 1990, 98–115.

31 Nancy J. Adler, *International Dimensions of Organizational Behavior*, 4th ed. (Cincinnati, OH: South-Western, 2002), 8–9; and William Holstein, Stanley Reed, Jonathan Kapstein, Todd Vogel, and Joseph Weber, "The Stateless Corporation," *BusinessWeek*, May 14, 1990, 98–105.

32 Deborah Ball, "Boss Talk: Nestle Focuses on Long Term," *The Wall Street Journal*, November 2, 2009; Transnationale website, http://www.transnationale.org/companies/nestle.php (accessed March 17, 2010); Company-Analytics website, http://www.company-analytics.org/company/nestle.php (accessed March 17, 2010); and Nestle website, http://www.nestle.com (accessed April 23, 2019).

33 This discussion is based on P. Christopher Earley and Elaine Mosakowski, "Cultural Intelligence," *Harvard Business Review* (October 2004), 139–146; Ilan Alon and James M. Higgins, "Global

Leadership Success Through Emotional and Cultural Intelligence," *Business Horizons* 48 (2005), 501–512; P. C. Earley and Soon Ang, *Cultural Intelligence: Individual Action across Cultures* (Stanford, CA: Stanford Business Books, 2003); and David C. Thomas and Kerr Inkson, *Cultural Intelligence: People Skills for Global Business* (San Francisco: Berrett-Koehler, 2004).

34 Norm Scheiber and Keith Bradsher, "Culture Clash at a Chinese-Owned Plant in Ohio," *The New York Times*, June 11, 2017, BU1.

35 Karl Moore, "Great Global Managers," *Across the Board* (May–June 2003), 40–43.

36 Robert Salomon, "Why Uber Couldn't Crack China," *Fortune*, August 7, 2016, http://fortune.com/2016/08/07/uberchina-didi-chuxing/ (accessed April 12, 2019); and Karishma Vaswani, "China's Uber Has Plans to Take on the Rest of the World," *BBC News*, April 13, 2018, https://www.bbc.com/news/business-43735023 (accessed April 12, 2019).

37 Debra Sparks, "Partners," *BusinessWeek*, Special Report: Corporate Finance, October 25, 1999, 106–112.

38 David Lei and John W. Slocum, Jr., "Global Strategic Alliances: Payoffs and Pitfalls," *Organizational Dynamics* 19, no. 3 (Winter 1991), 17–29.

39 Vanessa O'Connell, "Department Stores: Tough Sell Abroad," *The Wall Street Journal*, May 22, 2008, B1.

40 Amanda Cioletti, "Hershey's: Spreading Goodness," *License Global*, December 1, 2018, https://www.licenseglobal.com/corporate-brands/hersheys-spreading-goodness (accessed April 24, 2019).

41 Paul W. Beamish and Nathaniel C. Lupton, "Managing Joint Ventures," *Academy of Management Perspectives* 23, no. 2 (May 2009), 75–94; Stratford Sherman, "Are Strategic Alliances Working?" *Fortune*, September 21, 1992, 77–78; and David Lei, "Strategies for Global Competition," *Long-Range Planning* 22 (1989), 102–109.

42 Ben Dooley and Liz Alderman, "Nissan-Renault Bonds Tested Without Ghosn," *The New York Times*, April 16, 2019, B1.

43 Cyrus F. Freidheim, Jr., *The Trillion-Dollar Enterprise: How the Alliance Revolution Will Transform Global Business* (New York: Perseus Books, 1998).

44 Pete Engardio, "Emerging Giants," *BusinessWeek*, July 31, 2006, 40–49.

45 Sarah Nassauer, Corinne Abrams, and Mayumi Negishi, "Walmart Agrees to Buy 77% Stake in Flipkart for $16 Billion," *The Wall Street Journal*, May 9, 2018, https://www.wsj.com/articles/walmart-agrees-to-buy-77-stake-inflipkart-for-16-billion-1525864334 (accessed April 24, 2019); Vindu Goel, "Walmart Takes Control of India's Flipkart in E-Commerce Gamble," *The New York Times*, May 9, 2018, https://www.nytimes.com/2018/05/09/business/walmartflipkart-india-amazon.html (accessed April 24, 2019); and "Amazon vs. Flipkart: The Race to Dominate Indian E-Commerce," November 8, 2018, *Elementum*, https://www.elementum.com/chain-reaction/amazon-vs-flipkart-the-raceto-dominate-indian-e-commerce (accessed April 24, 2019).

46 Laurie Burkitt, "USA Inc., a Division of China Corp.," *The Wall Street Journal*, May 31, 2013, B1; and Joel Backaler, "What the Shuanghui-Smithfield Acquisition Means for Chinese Overseas Investment," *Forbes*, November 5, 2013, http://www.forbes.com/sites/joelbackaler/2013/11/05/whatthe-shuanghui-smithfield-acquisition-means-for-chineseoverseas-investment/ (accessed March 18, 2014).

47 Burkitt, "USA Inc., A Division of China Corp."

48 C. K. Prahalad and Hrishi Bhattacharyya, "Twenty Hubs and No HQ," *Strategy + Business* (February 26, 2008), http://www.strategy-business.com/article/08102?gko=8c379 (accessed July 25, 2009).

49 The discussion of these challenges is based on Bartlett and Ghoshal, *Transnational Management*.

50 Rahul Dhankani, "Amazon, to Win in Booming Rural India, Reinvents Itself," *The Wall Street Journal*, December 31, 2018, https://www.wsj.com/articles/amazon-to-win-inbooming-rural-india-reinvents-itself-11546196176 (accessed April 26, 2019).

51 Amol Sharma and Jessica E. Vascellaro, "Google and India Test the Limits of Liberty," *The Wall Street Journal*, January 4, 2010, A16.

52 Peter Koudal and Gary C. Coleman, "Coordinating Operations to Enhance Innovation in the Global Corporation," *Strategy & Leadership* 33, no. 4 (2005), 20–32; and Steven D. Eppinger and Anil R. Chitkara, "The New Practice of Global Product Development," *MIT Sloan Management Review* 47, no. 4 (Summer 2006), 22–30.

53 Yves Doz and Keeley Wilson, "Leading Ideas: Overcoming the Global Innovation Trade-Off," *Strategy + Business* 69 (Winter 2012), http://www.strategy-business.com/article/00145?pg=all (accessed March 18, 2014).

54 David W. Norton and B. Joseph Pine II, "Unique Experiences: Disruptive Innovations Offer Customers More 'Time Well Spent,'" *Strategy & Leadership* 37, no. 6 (2009), 4; and "The Power to Disrupt," *The Economist*, April 17, 2010, 16.

55 Jeffrey R. Immelt, Vijay Govindarajan, and Chris Trimble, "How GE Is Disrupting Itself," *Harvard Business Review*, October 2009, 3–11; C. K. Prahalad and Hrishi Bhattacharyya, "How to Be a Truly Global Company," *Strategy + Business* 64 (Autumn 2011), http://www.strategy-business.com/article/11308?pg=all (accessed March 19, 2014); Daniel McGinn, "Cheap, Cheap, Cheap," *Newsweek.com*, January 21, 2010, http://www.newsweek.com/2010/01/20/cheap-cheap-cheap.html (accessed September 3, 2010); and Reena Jana, "Inspiration from Emerging Economies," *BusinessWeek*, March 23 & 30, 2009, 38–41.

56 Jeffrey Immelt, quoted in Vijay Govindarajan and Chris Trimble, "Reverse Innovation: Is It in Your Strategic Plan?" *Leadership Excellence*, May 2012, 7.

57 P. Ingrassia, "Industry Is Shopping Abroad for Good Ideas to Apply to Products," *The Wall Street Journal*, April 29, 1985, A1.

58 John W. Miller, "Indiana Steel Mill Revived with Lessons from Abroad," *The Wall Street Journal*, May 21, 2012, A1.

59 Based on Gupta and Govindarajan, "Converting Global Presence into Global Competitive Advantage"; Yves Doz and Keeley Wilson, "Leading Ideas: Overcoming the Global Innovation Trade-Off," *Strategy + Business* 69 (Winter 2012), http://www.strategy-business.com/article/00145?pg=all (accessed March 18, 2014); Giancarlo Ghislanzoni, Risto Penttinen, and David Turnbull,

"The Multilocal Challenge: Managing Cross-Border Functions," *The McKinsey Quarterly*, March 2008, http://www.mckinseyquarterly.com/The_multilocal_challenge_Managing_cross-border_functions_2116 (accessed August 11, 2011); and Bert Spector, Henry W. Lane, and Dennis Shaughnessy, "Developing Innovation Transfer Capacity in a Cross-National Firm," *The Journal of Applied Behavioral Science* 45, no. 2 (June 2009), 261–279.

60 Kenichi Ohmae, "Managing in a Borderless World," *Harvard Business Review*, May–June 1989, 152–161.

61 Paloma Almodovar Martinez and Jose Emilio Navas Lopez, "Making Foreign Market Entry Decisions," *Global Business and Organizational Excellence*, January–February 2009, 52–59; and "About Melia," Melia Hotels International Website, https://www.meliahotelsinternational.com/en/ourcompany/about-us/about-melia (accessed April 24, 2019).

62 Conrad de Aenlle, "Famous Brands Can Bring Benefit, or a Backlash," *The New York Times*, October 19, 2003, Section 3, 7.

63 Cesare R. Mainardi, Martin Salva, and Muir Sanderson, "Label of Origin: Made on Earth," *Strategy + Business* 15 (Second Quarter 1999), 42–53; and Joann S. Lublin, "Place vs. Product: It's Tough to Choose a Management Model," *The Wall Street Journal*, June 27, 2001, A1, A4.

64 Mainardi, Salva, and Sanderson, "Label of Origin."

65 William Mellor, "Local Menu, Managers Are KFC's Secret in China," *The Washington Post*, February 12, 2011, http://www.washingtonpost.com/wp-dyn/content/article/2011/02/12/AR2011021202412.html (accessed February 13, 2011); and Julie Jargon and Laurie Burkitt, "KFC's Crisis in China Tests Ingenuity of Man Who Built Brand," *The Wall Street Journal*, January 12, 2014, http://online.wsj.com/news/articles/SB10001424052702303754404579312681624114274 (accessed March 19, 2014).

66 Shalini Ramachandran, "Netflix, Amazon Take Divergent Paths to Reach Indian Audience," *The Wall Street Journal*, November 1, 2016, https://www.wsj.com/articles/netflix-amazon-take-divergent-paths-to-reach-indianaudience-1477954726 (accessed April 25, 2019).

67 Jose Pla-Barber, "From Stopford and Wells's Model to Bartlett and Ghoshal's Typology: New Empirical Evidence," *Management International Review* 42, no. 2 (2002), 141–156.

68 Sumantra Ghoshal and Nitin Nohria, "Horses for Courses: Organizational Forms for Multinational Corporations," *Sloan Management Review* 34, no. 2 (Winter 1993), 23–35; and Roderick E. White and Thomas A. Poynter, "Organizing for Worldwide Advantage," *Business Quarterly*, Summer 1989, 84–89.

69 Based on Alice Crawford, Sarah A. Humphries, and Margaret M. Geddy, "McDonald's: A Case Study in Glocalization," *The Journal of Global Business Issues* 9, no. 1 (Spring–Summer 2015), 11–18; Michael R. Czinkota and Ilkka A. Ronkainen, "Achieving 'Glocal' Success," *Marketing News* (April 2014), 18–19; and Michael A. Hitt, R. Duane Ireland, and Robert E. Hoskisson, *Strategic Management: Competitiveness and Globalization* (St. Paul, MN: West, 1995), p. 238.

70 Anil K. Gupta and Vijay Govindarajan, "Converting Global Presence into Global Competitive Advantage," *Academy of Management Executive* 15, no. 2 (2001), 45–56; Gili S. Drori, Markus A. Hollerer, and Peter Walgenbach, eds., *Global Themes and Local Variations in Organization and Management: Perspectives on Glocalization* (New York: Routledge, 2014); and Czinkota and Ronkainen, "Achieving 'Glocal' Success."

71 Crawford, Humphries, and Geddy, "McDonald's: A Case Study in Glocalization."

72 Betsy McKay, "Coke Bets on Russia for Sales Even as Economy Falls Flat," *The Wall Street Journal*, January 28, 2009.

73 Robert J. Kramer, *Organizing for Global Competitiveness: The Country Subsidiary Design* (New York: The Conference Board, 1997), 12.

74 Laura B. Pincus and James A. Belohlav, "Legal Issues in Multinational Business: To Play the Game, You Have to Know the Rules," *Academy of Management Executive* 10, no. 3 (1996), 52–61.

75 Ted Mann and Brian Spegele, "GE, The Ultimate Global Player, Is Turning Local," *The Wall Street Journal*, June 29, 2017, https://www.wsj.com/articles/ge-the-ultimateglobal-player-is-turning-local-1498748430 (accessed April 25, 2019); and Jeff Immelt, "After Brexit, Global Is Local," *Fortune*, August 1, 2016, 71–72.

76 Mann and Spegele, "GE, The Ultimate Global Player, Is Turning Local."

77 John D. Daniels, Robert A. Pitts, and Marietta J. Tretter, "Strategy and Structure of U.S. Multinationals: An Exploratory Study," *Academy of Management Journal* 27 (1984), 292–307.

78 Hay Group Study, reported in Mark A. Royal and Melvyn J. Stark, "Why Some Companies Excel at Conducting Business Globally," *Journal of Organizational Excellence*, Autumn 2006, 3–10.

79 Robert J. Kramer, *Organizing for Global Competitiveness: The Product Design* (New York: The Conference Board, 1994).

80 Robert J. Kramer, *Organizing for Global Competitiveness: The Business Unit Design* (New York: The Conference Board, 1995), 18–19.

81 John Jullens, "How Emerging Giants Can Take on the World," *Harvard Business Review*, December 2013, 121–125.

82 Carol Matlack, "Nestle Is Starting to Slim Down at Last; But Can the World's No. 1 Food Colossus Fatten Up Its Profits As It Slashes Costs?" *BusinessWeek*, October 27, 2003, 56.

83 Robert J. Kramer, *Organizing for Global Competitiveness: The Geographic Design* (New York: The Conference Board, 1993).

84 Tina C. Ambos, Bodo B. Schlegelmilch, Bjorn Ambos, and Barbara Brenner, "Evolution of Organisational Structure and Capabilities in Internationalising Banks," *Long Range Planning* 42 (2009), 633–653; and "Organizational Structure," UniCredit website, https://www.unicreditgroup.eu/en/unicredit-at-a-glance/organizational-structure.html (accessed April 24, 2019).

85 Starbucks Corporation 2012 Annual Report, http://www.google.com/url?sa=t&rct=j&q=starbucks%20company%20structure%20 2012&source=web&cd=7&ved=0CDUQFjAG&url=http%3A%2F%2Fphx.corporate-ir.net%2FExternal.File%3Fitem%3DUGFyZW50SUQ9NDkxNTE3fENoaWxkSUQ9NTI4OTE2fFR5cGU9MQ%3D%3D%26t%3D1&ei=zvYpU9GmLeWwygH3nYGACg&usg=AFQjCNE7nmyBSaYAZPruBGBP-Gn6u797Lw (accessed March 19, 2013).

86 Rakesh Sharma and Jyotsna Bhatnagar, "Talent Management—Competency Development: Key to Global Leadership," *Industrial and Commercial Training* 41, no. 3 (2009), 118–132.

87 Kramer, *Organizing for Global Competitiveness: The Geographic Design*, 29–31.

88 Jane X. J. Qiu and Lex Donaldson, "Stopford and Wells Were Right! MNC Matrix Structures *Do* Fit a 'High-High' Strategy," *Management International Review* 52 (2012), 671–689.

89 "Group Structure," ABB website, http://new.abb.com/about/abb-in-brief/group-structure (accessed March 10, 2014); William Taylor, "The Logic of Global Business: An Interview with ABB's Percy Barnevik," *Harvard Business Review*, March–April 1991, 91–105; Carla Rappaport, "A Tough Swede Invades the U.S.," *Fortune*, January 29, 1992, 76–79; Raymond E. Miles and Charles C. Snow, "The New Network Firm: A Spherical Structure Built on a Human Investment Philosophy," *Organizational Dynamics* 23, no. 4 (Spring 1995), 5–18; and Manfred F. R. Kets de Vries, "Making a Giant Dance," *Across the Board*, October 1994, 27–32.

90 Ambos et al., "Evolution of Organisational Structure and Capabilities in Internationalising Banks"; "Organizational Structure Map," UniCredit website, http://www.-nicreditgroup.eu/ucg-static/downloads/-Organizational_structure_map.pdf (accessed August 10, 2011); and "General Mills Announces New Organizational Structure to Maximize Global Scale," *General Mills Press Release*, December 5, 2016.

91 Hae-Jung Hong and Yves Doz, "L'Oreal Masters Multiculturalism," *Harvard Business Review*, June 2013, 114–199; and Prahalad and Bhattacharyya, "How to Be a Truly Global Company."

92 Ranjay Gulati, "GE's Global Growth Experiment: The Company Pushed Cross-Business Collaboration," *Harvard Business Review* 95, no. 5 (September–October 2017), 52–53.

93 Vijay Govindarajan and Anil K. Gupta, "Building an Effective Global Business Team," *MIT Sloan Management Review* 42, no. 4 (Summer 2001), 63–71.

94 Charlene Marmer Solomon, "Building Teams Across Borders," *Global Workforce*, November 1998), 12–17.

95 Charles C. Snow, Scott A. Snell, Sue Canney Davison, and Donald C. Hambrick, "Use Transnational Teams to Globalize Your Company," *Organizational Dynamics* 24, no. 4 (Spring 1996), 50–67.

96 Robert Guy Matthews, "Business Technology: Thyssen's High-Tech Relay—Steelmaker Uses Computer Networks to Coordinate Operations on Three Continents," *The Wall Street Journal*, December 14, 2010, B9.

97 Benson Rosen, Stacie Furst, and Richard Blackburn, "Overcoming Barriers to Knowledge Sharing in Virtual Teams," *Organizational Dynamics* 36, no. 3 (2007), 259–273.

98 Gupta and Govindarajan, "Converting Global Presence into Global Competitive Advantage"; and Nadine Heintz, "In Spanish, It's *Un Equipo*; in English, It's a Team; Either Way, It's Tough to Build," *Inc.*, April 2008, 41–42.

99 Richard Pastore, "Global Team Management: It's a Small World After All," *CIO*, January 23, 2008, http://www.cio.com/article/174750/Global_Team_Management_It_s_a_Small_World_After_All (accessed May 20, 2008).

100 Hong and Doz, "L'Oreal Masters Multiculturalism"; and "L'Oreal in Figures," *L'Oréal 2018 Annual Report*, https://www.loreal-finance.com/en/annual-report-2018/keyfigures-2-2/ (accessed April 24, 2019).

101 Robert J. Kramer, *Organizing for Global Competitiveness: The Corporate Headquarters Design* (New York: The Conference Board, 1999).

102 Toshiro Wakayama, Junjiro Shintaku, and Tomofumi Amano, "What Panasonic Learned in China," *Harvard Business Review*, December 2012, 109–113.

103 Ghislanzoni et al., "The Multilocal Challenge."

104 Based on Christopher A. Bartlett and Sumantra Ghoshal, *Managing Across Borders: The Transnational Solution*, 2nd ed. (Boston: Harvard Business School Press, 1998), Chapter 11, 231–249.

105 See Jay Galbraith, "Building Organizations Around the Global Customer," *Ivey Business Journal*, September–October 2001, 17–24, for a discussion of both formal and informal lateral networks in multinational companies.

106 This section and the BP examples are based on Morten T. Hansen and Nitin Nohria, "How to Build Collaborative Advantage," *MIT Sloan Management Review* 46, no. 1 (Fall 2004), 22ff.

107 Peter Gumbel, "Big Mac's Local Flavor," *Fortune*, May 5, 2008, 114–121.

108 Sumantra Ghoshal and Christopher Bartlett, "The Multinational Corporation as an Interorganizational Network," *Academy of Management Review* 15 (1990), 603–625.

109 Royston Greenwood, Samantha Fairclough, Tim Morris, and Mehdi Boussebaa, "The Organizational Design of Transnational Professional Service Firms," *Organizational Dynamics* 39, no. 2 (2010), 173–183.

110 The description of the transnational organization is based on Bartlett and Ghoshal, *Transnational Management* and *Managing Across Borders*.

111 Bettina Wassener, "Living in Asia Appeals to More Company Leaders," *The New York Times*, June 21, 2012, B3; Nirmalya Kumar and Phanish Puranam, "Have You Restructured for Global Success?" *Harvard Business Review*, October 2011, 123–128; and Dvorak, "Why Multiple Headquarters Multiply."

112 Royal and Stark, "Why Some Companies Excel at Conducting Business Globally."

113 Based on Timo O. A. Lehtinen, Mika V. Mantyla, and Jari Vanhanen, "Development and Evaluation of a Lightweight Root Cause Analysis Method (ARCA Method): Field Studies at Four Software Companies," *Information and Software Technology* 53 (2011), 1045–1061; and Walter Kuemmerle, "Go Global—Or No?" *Harvard Business Review*, June 2001, 37–49.

CHAPTER

7 사회적 영향을 위한 조직설계: 이중 목적 조직, 지속가능성과 윤리

학습목표

이 장을 공부하면,

1. 전형적인 영리 조직 또는 비영리 조직과 혼합 조직이 어떻게 다른지를 설명할 수 있다.
2. 조직이 어떻게 해서 기업의 사회적 책임을 실행하는지를 설명할 수 있다.
3. 조직의 이해관계자를 규명하고, 다양한 이해관계자를 균형 있게 관리하는 방안에 대해 논의할 수 있다.
4. 윤리 규약이 조직구조와 시스템을 통해 유지될 수 있는 방안에 대해 논의할 수 있다.
5. 지속가능성을 위한 조직의 다양한 접근법에 대해 논의할 수 있다.

도입질문

이 장을 읽기 전 다음 질문에 답해보자.

1. 기업이 사회적 문제를 처리하는 최선의 방법은 비즈니스에서 성공하면서 동시에 자선 회사가 되는 것이다.

   1) 동의함 ________　　2) 동의하지 않음 ________

2. 기업의 가장 중요한 이해관계자는 주주이다.

   1) 동의함 ________　　2) 동의하지 않음 ________

3. 기업이 굳건한 윤리적 토양에 머무르게 하는 최선의 방법은 강력한 윤리 규약을 만들고, 모든 구성원들이 그 지침을 숙지하도록 하는 것이다.

   1) 동의함 ________　　2) 동의하지 않음 ________

도대체 어떤 회사가 사람들이 자사 제품을 사지 않기를 원하는가? 그런 특이한 회사가 있다. 파타고니아(Patagonia)라는 아웃도어 전문 의류 회사는 미국 최대 쇼핑 기간인 연말 "블랙 프라이데이(Black Friday)" 기간에 원 웨어 캠페인(Worn Wear campaign)의 일환으로, 사람들이 새 옷을 사지 않도록 권장하는 광고를 냈다. 이 회사는 환경 보호를 위하여 사람들이 새 옷을 사기보다는 기존 옷을 수선해 입도록 권장하는 무료 의류 수선 서비스를 제공하였다. 이 아웃도어 의류 기업은 블랙 프라이데이에 매출이 42% 증가했다. 파타고니아는 "비즈니스를 활용하여 환경 위기의 해결책을 찾고 실천하기(using business to inspire and implement solutions to environmental crisis)"라는 회사의 사명(mission statement)에 충실하고 있다. 파타고니아는 세전 이익의 10% 또는 매출액의 1%를 환경 보호 관련 단체에 기부한다. 또한 파타고니아는 1990년대 초반부터 환경 보호 제조 기술과 노하우 개발을 위한 R&D를 경쟁사까지 포함한 다양한 외부 관계자들과 공유하기 시작하였다.

파타고니아는 왜 이렇게 환경에 관심을 두고 있는가? 창업자 이본 쉬나드(Yvon Chouinard)는 일생 동안 암벽 등산 모험에 심취했다. 그의 가치관과 철학은 파타고니아 기업 문화에 내재화되어 있다. 그는 초창기에 등산용 장비를 차에 싣고 다니면서 파는 사업을 시작하였는데, 이것이 나중에 10억 달러 규모의 사업으로 번창하였다. 쉬나드는 늘 사업보다는 자연에 대한 관심이 더 많았다. 그는 아르헨티나 남부의 험준한 산악 지역의 이름을 따서 회사명을 파타고니아라고 하였다.

환경에 대한 지속적인 관심을 두기 위하여, 파타고니아는 "자선 인증 기업(certified benefit corporation)"으로 공인을 받았다. 자선 인증 기업은 "비콥(B corp.)"이라고도 한다. 이 제도는 사업적 목적뿐만 아니라 사회적 목적도 같이 추구하는 영리 기업들을 위한 것이다. 비콥은 법적으로 주주 이익 배분보다는 오히려 사회적 사명에 이익을 우선 배분할 수 있다.[1]

거의 모든 기업들은 지속가능성의 필요성을 인지하고 여러 지속가능성 프로그램들을 가지고 있다. 탄소 배출 감소, 환경 친화적 제품 개발, 재활용 정책 등이 여기에 해당한다. 많은 기업들이 파타고니아 만큼은 아니지만, 자선 기업으로 인증받음으로써 재무적 이익에 치중한 마인드에서 벗어나는 변화를 하고 있다. 점점 더 많은 회사들이 구성원(직원), 고객, 지역사회, 그리고 환경에 미치는 영향에 대해서 관심을 기울이고 있다.

쓰레기 매립지에 넘쳐나고 바다 생물을 위협하는 플라스틱 병과 포장 용기들의 모습은 일회용 플라스틱이 자연 환경에 가하는 피해가 얼마나 심각한지를 깨닫게 한다. 생수 업체들은 플라스틱에 대한 소비자들의 반발에 대응하여 대책을 찾기 위하여 노력하고 있다. 많은 사무실, 동물원, 백화점, 기타 공공 장소에서 플라스틱 병에 든 생수 판매를 중단시켰다. 어떤 도시에서는 플라스틱 스트로우와 식기 사용을 금지하였다. 스타벅스(Starbucks)는 음료수 뚜껑을 재설계하여 플라스틱 스트로우가 필요 없게 만들었다.[2]

다른 조직들도 지속가능성 이슈에 주의를 기울이고 있다. 미국에서는 티파니(Tiffany)와 월마트(Walmart) 등 여러 회사들이 지속가능성 목표를 수립하고 있다. 티파니앤드컴퍼니

(Tiffany & Company)의 CEO였던 프레드릭 큐머날(Frederic Cumenal)이 말했듯이, "식품의 원산지에 대한 젊은 사람들의 관심이 커지고 있다. 앞으로 젊은 사람들이 다이아몬드의 원산지에 대해서도 관심을 가질 것으로 생각한다." 티파니는 25년전에 지속가능성을 향한 전진을 시작하였다. 티파니는 정치적 갈등과 인권 탄압이 있는 나라에서 생산된 소위 "갈등 다이아몬드(conflict diamonds)" 원석은 구매하지 않는다. 티파니는 보석으로 산호 사용을 중단한 선도 기업의 하나이다.[3] 유럽에서는 유니레버(Unilever), 아시아에서는 시암 시멘트 그룹(Siam Cement Group)이 지속가능성 활동을 주도하는 모델 기업이다. 대부분의 이익 추구형 기성 조직들은 지속가능성을 위한 전술들을 새롭게 늘려나가고 있다. 파타고니아 같이 회사의 지속 생존을 위한 이익을 창출하면서 동시에 환경 보호라는 이중 목적을 가진 기업들이 점점 더 많아지고 있다.

이 장의 목표

이 장은 이익극대화라는 재무적 압력을 받으면서도 강한 지속가능성 목표를 유지하는 양면형 조직을 설계하는 방법에 대해 알아본다. 우선 혼합 조직이 무엇인지를 정의하고, 상업적 목적과 사회적 목적이라는 두 가지 목적을 달성하는 조직을 구축하기 위한 다양한 접근법에 대해서 기술할 것이다. 그리고 이들 조직에서 생길 수 있는 '사명 표류' 문제와 갈등이 일어날 수 있는 상반적 로직(two opposing logics)에 대해서 논의 할 것이다. 또한 지속가능성과 녹색 운동, TBL, 깨어있는 자본주의, 이해관계자 접근법에 대한 논의를 포함하여, 점점 더 중요해지는 기업의 사회적 책임(corporate social responsibility)에 대해서 살펴볼 것이다. 더하여 대기업이 세계의 극빈층, 연소득 3천달러 미만의 저소득층(bottom of the pyramid)을 지원하는 방법도 같이 살펴본다. 이어서 지속가능성 프로그램을 위한 조직설계 방법, 기업의 사회적 책임과 재무성과 간의 관계, 기업의 윤리와 사회적 책임에 영향을 미치는 조직구조와 시스템 실행 방법에 대해서 생각해 본다. 마지막으로 글로벌 환경에서 경영자들이 직면하는 복잡한 윤리적 이슈들에 대해서 간략히 살펴 볼 것이다.

7.1 이중 목적의 조직설계하기

사회적 기업은 사회적 문제 해결과 함께, 사회적 사명 달성에 필요한 재원 조달을 위한 사업의 성공이라는 두 가지 목적을 동시에 추구한다. **혼합 조직**(hybrid organization)이라는 것은, 하나의 조직 내에서 이익적 사명과 사회적 사명 두 가지 목적을 같이 추구함을 의미한다.[4] 혼합 조직은 재정적 자급자족(self-sufficient)을 추구하고, 동시에 창출한 이익을 사회적 또는 환경적 문제 해결에 사용한다. 이 두 가지 상충되는 목적은 조직설계에서 상당한 어려움을 야기한다. 이익 중심의 영리조직을 추구하거나 아니면 사회적 선을 추구하는 비영리 조직이 되거나 둘 중 하나가 되는 것이 훨씬 더 쉽다. 사업적 이익과 사회적 이익은 서로 상충되는 것이기 때문에 둘다 추구하는 것은 자칫 기업의 몰락을 가져올 수 있는 어려운 도전이다.

비록 혼합형 사회적 기업들은 사회적 성과와 더불어 상업적 성과 창출을 위하여 설립되었지만, 매출이나 수익 창출에 우선하고 사회적 사명을 소홀히 하는 **'사명 표류**(mission drift)'의 위험에 직면할 수 있다. 혼합 조직에서 직원들이 회사의 유료 고객을 위한 가치 창조에 더 많은 관심을 쏟고, 무료의 사회적 수혜자(저소득층 자녀, 장기실업자 등)에 대한 가치 제공에 손상을 입히게 될 때 '사명 표류'가 발생한다. 혼합 조직에서 사명 표류가 일어날 위험성은 높다. 경영자와 직원들은 회사 운영과 그들의 일자리 유지에 도움이 되는 상업적 수익 창출에 경도되기 쉽다. 점차적으로 생존을 의미하는 상업적 활동을 우선하고, 사회적 자선 활동이 위축되는 현상이 자연스럽게 일어날 수 있다. 사회적 기업에서 사명 표류의 결과는 심각하다. 회사의 존재 이유를 위협하기 때문이다. 혼합 조직이 사회적 사명 의식을 잃으면, 사회 문제나 환경 문제를 해결하는 사회적 가치 제공에 실패할 것이다. 혼합 조직의 경영자들은 사회적 활동과 상업적 활동을 둘다 균형 있게 추구하는 법을 배워야 한다. 사회적 목적 의식을 잃지 않으면서 충분한 수익을 창출하는 방법을 습득해야 한다.[5]

한때, 사업 조직들은 사회적 문제를 다루는 비영리적, 박애주의적 조직과 완전히 독립적인 별개의 것으로 인식되었다. 비영리 조직들은 모금 활동을 통해 자원을 조달하고, 사업 조직은 주주를 위해 이익을 창출한다. 최근 들어, 많은 비영리 조직들이 외부의 기부자들에게 의존하기보다는 스스로 자급자족하기를 원하고 있다. 반면, 기업 조직들은 사회를 위하여 더 많은 것을 해줄 필요성을 느끼고 있다. 이렇게 재무적 자생력과 사회적 책임을 둘다 갖도록 하는 양면적 압력으로 인하여, 영리 기업 및 비영리 조직 모두가 사회적 가치와 재무적 가치를 균형 있게 창출하는 혼합 영역(hybrid zone)으로 이동하게 되었다.

사회 복지를 위한 회사 설립은 두 가지 방식으로 이루어질 수 있다. 하나는 자선 기업을 법적으로 인정하는 지역(주)에서 직접 설립하는 방법이고, 또 하나는 대외 사회적 영향력 감사(social impact auditing) 활동에 특화된 비영리 조직, 즉 비랩(B Lab)에 의한 인증을 통하여 설립하는 것이다. 더하여, 어떤 회사가 재무적 목적과 사회적 기여라는 두 가지 목적을 추구하는 데는 특정의 법적 지위가 필요한 것은 아니다. 유니레버 CEO는 "나는 비콥(B Corp) 인증이 되어야 자선 기업처럼 행동한다고 믿지 않는다."[6] 혼합 조직을 향한 움직임은, 〈도표 7.1〉에서 보듯이 이중 목적(dual-purpose), 공유 가치(shared value), 깨어 있는 자본주의(conscious capitalism), 사회적 기업가정신(social entrepreneurship), 자선기업(benefit corporation), 비콥 인증제(B corporation certification) 등과 같이 다양한 형태로 나타난다. 이들 각 유형은 구체적인 면에서 다르지만, 이들의 조직 형태와 철학에는 재무적 가치와 사회적 가치를 동시에 추구하는 그 무언가를 창조하고자 하는 의도가 공통적으로 깔려 있다.

도표 7.1 사회적 복리를 위한 조직적 접근법

제도	개념 설명
자선 기업 (benefit corporation)	이익 추구 목표와 더불어 긍정적인 사회적 또는 환경적 목표에 대한 법적 책임을 경영현장에 담고 있는 영리법인
B콥 (B Corporation)	사회적, 환경적 성과에 대한 책임성과 투명성을 80개 항목으로 평가하고, 이에 근거하여 비랩(B Lab)이 발급한 사설 인증서를 받은 조직. 자선기업으로서 정부의 법적 인가 제도가 없는 지역에서 이따금 사용됨
저영리유한책임회사(low profit limited liability company: L3C)	사회적 이익을 위하여 영리활동을 하는 기업에 투자를 허락하는 법적 제도로 몇몇 소수의 주에서 허용됨
공유가치 접근 (shared value approach)	회사의 경쟁력을 높이는 동시에 경제적, 사회적으로 지역 사회 발전에 기여하는 비즈니스 활동
저소득층지원벤처 (bottom of the pyramid ventures)	저소득층을 지원하는 제품이나 서비스를 개발하여 사업을 확장하는 기업 접근법
깨어 있는 자본주의 (conscious capitalism)	지역 및 글로벌 차원에서 사회적, 환경적 이슈들에 관심을 가지고, 제품이나 서비스가 사람과 환경에 미치는 영향을 고려한 비즈니스 전개
사회적 기업가정신 (social entrepreneurship)	사업의 지속성을 위한 충분한 이익 확보와 함께 특정의 사회적 문제 해결을 목적으로 하는 영리형 신규 벤처 사업 창업
사회적 기업(social enterprise)	사회적 문제 해결과 이익 창출이라는 이중 목적을 가진 평판 좋은 혼합 기업

출처: Based on Solange Hai and Richard L. Daft, "When Missions Collide: Lessons from Hybrid Organizations for Sustaining a Strong Social Mission," *Organization Dynamics* 45 (2016), 283–290.

7.1a 혼합조직의 당면과제

운동화 전문 회사 AND1은 수익 창출과 함께 사람과 지구 보호라는 이중 목적을 가지고 창업되었다. 자선활동과 지속가능성은 AND1 비즈니스에서 절대적인 핵심 요인이다. 동사는 육아휴가, 농구장, 요가 교실 등을 포함한 다양한 직원 복지를 제공하였다. 이익의 5%(약 200만 달러)를 도시교육(urban education)과 청소년 리더십(youth leadership) 개발에 초점을 둔 지역 자선활동에 기부해왔다. 회사의 경영자들은 해외 공급자들과 협력하여, 수준 높은 건강 안전 기준과 적정 임금(fair wage)을 보장해 주었다. AND1은 2000년대 초반 농구화 시장에서 2인자로 성장하였다. 그러나 소매 운동화 산업에서 경쟁이 격화되면서, 직원 해고(layoff)를 해야 하는 상황에 직면했다. 결국 다른 회사에 흡수합병되었고, 새로운 인수자는 AND1의 사회적 목적을 수용하지 않았다. 많은 사회적, 환경적 프로그램들이 폐지되었고, 회사는 거의 오로지 이익 중심의 목표와 활동에만 치중하기 시작하였다.[7]

AND1 사례는 이익추구형 비즈니스에서 사회적 사명이라는 것이 얼마나 깨지기 쉬운 것인지를 잘 보여준다. 이익적 사명은 사회적 사명을 흔적도 없이 지워버릴 수 있다. 왜 이 두 가지 사명은 이따금 회사 내부의 불협화음과 갈등을 유발하는가? 회사의 두 가지 미션들의 겉표면 밑에는 직원들의 개인적 믿음, 가치관, 기호 등 소위 **로직**(logic)이라는 것이 존재한다. 여기서 '로직'이란 어떤 조직의 행동을 특정한 방향으로 인도하는 개인의 근본 가정, 가치관, 믿음 등을 의미한다. 이러한 가치관과 믿음은 사람들의 일상 생활에 의미를 부여한다. 더하여, 사람들은 통상적으로 그들의 로직이 옳다고 믿으며, 다른 로직에 우선시한다. 사람들의 로직에는 그들이 업무 관행과 조직 목적 속에서 내재된 믿음과 가치가 반영되어 있다. 이러한 로직은 이따금 조직 구성원들로 하여금 사회적 성과와 이익 성과의 사이에서 어느 한쪽을 양자택일 하도록 하여 조직 내 갈등을 유발한다. 로직은 단순히 관한 직무만족에 관한 것이 아니라, 더 심오하고 개인의 인생관의 일부로서 작용한다.

혼합 조직에서는 2개의 로직이 작용한다. 즉 상업적 로직과 사회적 복지 로직이다. 이 두 가지 로직은 〈도표 7.2〉에서 보듯이 서로 다른 가정을 가진다. 상업적 로직은 경제적 이득이나 이익을 위하여 제품과 서비스를 판매하는 것에 초점을 둔다. 이러한 관점에서는 분명한 일차적 목적은 이익이며, 사회적 사명은 단순히 이익 창출을 위한 부차적 수단에 불과하다. 통제 방식은 수직적 위계 구조이며, 업무 목적과 운영에 관한 주요 의사결정은 주주 가치 제고를 지향해 이루어진다. 상업적 로직에서는, 회사가 존재하는 정당성(legitimacy)의 기반이 경쟁에서 승리하는 기술적 관리적 전문성에 있다. 상업적 로직은 경영대학원(비즈니스 스쿨)에서 가르치며, 비즈니스 세계에서 강하게 나타난다. 상업적 로직의 생생한 사례는 고가 정책으로 비난을 받는 미국 내 제약회사들에게서 볼 수 있다. 한 제약회사의 대변인은 이렇게 말한다. "우리의 의무는 우리의 주주에게 있고, 우리가 파는 제품의 가치를 극대화하는 것이다."

반면, 사회적 복지 로직(social welfare logic)은 회사의 제품과 서비스 판매를 오직 사회적 욕구에 대응한 메커니즘으로서 인식한다. 제품, 서비스, 그리고 이익은 1차적인 것이 아니다. 이들은 목표가 아니며, 더 높은 사회적 목표를 달성하기 위한 수단이다. 사회적 복지 로직은 주주들이 조직 내·외부로 폭 넓게 참여하는 것을 포함한다. 사회적 복지 로직에서 통제 방식은 민주적이다. 조직의 정당성은 사회적 사명에의 기여와 몰입을 통해 확보된다. 사회적 복지 로직은 부분적으로 홀 푸드(Whole Foods)사의 존 맥키(John Mackey)에 의해서 만들어졌다. 그는 "사람들이 먹지 않고는 살 수 없듯이, 비즈니스도 이익 없이 생존할 수 없다. 그러나 대부분의 사람들은 먹기 위해 살지 않는다. 마찬가지로 비즈니스도 단지 이익 창출만을 위해 존재해서는 안 된다."

동일 조직 내에서 이러한 상반된 로직을 균형 있게 다루는 것은 어려운 일이다. 상업적 로직과 사회적 로직은 일상에서 서로 충돌할 수 있다. 각 로직의 직원들은 각자의 가정과 원칙을 가지고, 한쪽의 직원들은 자신들의 사명이 다른 쪽의 사명에 비해 우선 순위를 가진다고 믿는다. 그럼에도 불구하고 서로 공존할 필요성을 느낀다. 최근 한 천연식품 조합의 약 2,000명의 구성원들이 조직이 추구하는 가치의 이중성을 어떻게 관리하는지에 대한 연구가 이루어졌다. 여기서 두 가지 가치는 (1) 사회적 정의와 윤리적 제품에 초점을 둔 이상

도표 7.2 혼합 조직에 내재된 2개의 상반된 로직

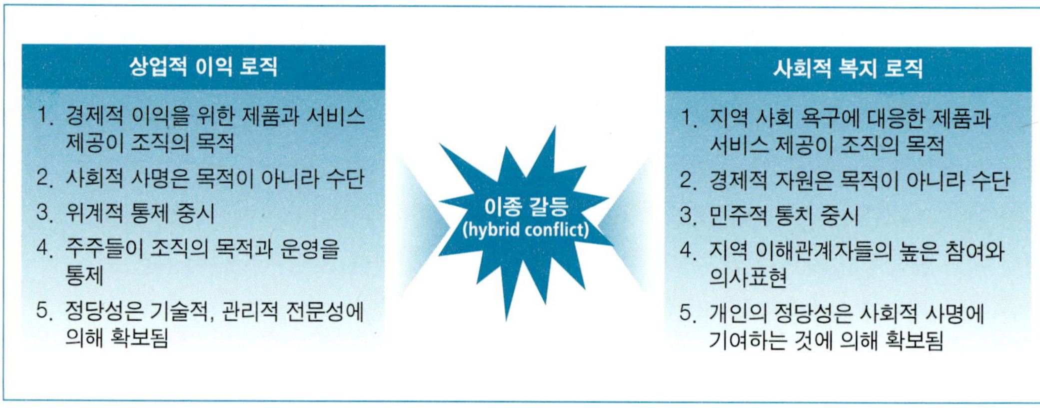

출처: Based on Solange Hai and Richard L. Daft, "When Missions Collide: Lessons from Hybrid Organizations for Sustaining a Strong Social Mission," *Organization Dynamics* 45 (2016), 283–290.

적 가치(idealistic values), (2) 성장, 제품 수요, 이익에 초점을 둔 실용적 가치(pragmatic values)를 말한다. 2개의 추구 가치에 따라 2개의 파벌 집단이 형성되었다. 한 집단의 구성원들은 경제적 효율성에, 다른 구성원들은 사람을 위한 품질(quality for people)에 뜻을 같이 하였다. 양 집단이 타협점을 찾기는 어려웠다. 왜냐하면 그것은 어느 한쪽이 자신의 가치관이나 신념을 굽히는 것을 의미하기 때문이다. 각각의 가치는 깊게 내재되어 있어서, 서로가 타협하는 것은 거의 자신의 삶의 목적과 가치관를 부정하는 것과 다름이 없다.[8]

7.1b 상업적 목표와 사회복지 목표 동시 달성을 위한 조직설계

혼합 조직들은 오랜 사회적 문제를 해결하려는 진정성 있는 가치관을 갖고 있다. 예를 들면 미소금융기관(micro-finance institution)들은 9,100만 명의 빈민들로 하여금 소액 대출을 받을 수 있도록 810억 달러를 대여하였다. 개발도상국의 중소기업에 혜택을 주는 공정무역기구(fair trade organizations)는 전 세계적으로 연간 50억 달러 이상의 매출을 발생시켰다. 이를 통하여 140만 중소기업들의 재정 상태를 개선시켰다. 프랑스에서는 장기 실업자들을 도와주는 기업들이 15,000명의 장기 실업자들에게 일자리를 제공하였다. 사회적 자선은 훌륭한 것이긴 하지만, 조직 내 긴장과 사명 표류 현상이 생겨 재무적 지속가능성과 사회 복지의 병행이 어려워질 수 있다.[9]

조직 목표에 대하여 상반된 사고방식과 가치관을 가진 사람들을 조직화하기 위해서는, 부서 분할, 신중한 직원 선발, 강력한 리더십 등의 다양한 구조와 기법들이 활용될 수 있다.

부서 분할을 하는 경우. 사회적 혼합 조직의 목표를 달성하기 위한 조직화 방법에는 두 가지 선택지가 있다. 첫째, 모든 구성원들을 하나의 부서로 묶는 통합구조(integrated structure)

를 택할 수 있다. 둘째, 업무흐름(workflow)과 고객의 속성에 따라 2개의 부서로 분할하는 방법이다. 서로 가치관 로직(value logic)이 다를 경우에는, 가치관을 기준으로 부서를 분할하는 것이 좀 더 효과적이다. 반면 단일의 산출물을 만들어내는 연속성 있는 과업일 경우에는 하나의 부서로 직원들은 통합하는 것이 더 효율적, 효과적이다. 다음의 사례가 이러한 개념을 잘 보여준다.[10]

어떤 한 프랑스 회사는 장기 실업자들을 재교육하고 이들을 취업시키는 경영 목표를 가지고 있었다. 이러한 목표 달성 과정에서는, 첫째 중고 가전제품을 수집하고 수리하여 중고가게에서 재판매하도록 사람들은 훈련시키기, 둘째 일자리 탐색, 이력서 작성, 면접 등 구직 활동을 지원하기라는 활동을 전개하였다. 중고 가전제품의 수리와 재판매는 이익 창출을 통한 경제적 가치를 높이는 기술적 활동을 내포한다. 장기 실업자의 취업 능력을 높이기 위한 사회적 지원 활동은 사회적 가치를 창출하였다. 이는 사실상 비용을 높이고, 회사의 이익을 감소시키는 요인이었다. 회사 경영진은 모든 직원을 하나의 부서로 묶어 두 가지 직무(지술적 지원과 사회적 지원)를 같이 수행하도록 하였으나, 이를 잘 수행할 수 있는 사회적 전문성과 기술적 전문성을 둘다 갖춘 감독자나 직원들을 찾기가 어려웠다. 직원들은 과거의 경험과 개인적 가치관에 따라 어느 한쪽으로 기우는 경향이 있었다. 이에 대응하여 경영진은 조직을 2개의 부서로 분할하였다. 하나는 기술전문가들에 의해 운영되는 가전제품 수리부서이고, 다른 하나는 사회복지사가 후원하는 사회 복지 제공부서이다. 이렇게 가치관 로직과 전문성에 입각해 사람들을 독립된 부서로 분할하면서, 효과적인 조직이 되었다. 이를 통해서 이 회사는 2개의 상반된 활동(이익, 사회 복지)은 별도 조직으로 분할하여 수행하는 것이 조직 효과성(effectiveness)을 높이는 핵심임을 알게 되었다.[11]

한편, 레볼루션 푸드(Revolution Foods)는 구성원들을 단일 부서로 묶어 일하게 하는 방식이 적합한 방법이라고 생각하였다. 레벌루션 푸드는 미국 내 저소득층 학생들에게 영양가 있는 점심 제공을 목적으로 설립되었다. 회사의 주목적은 예산이 부족한 학교의 어린이들에게 질 좋은 음식을 제공하는 것이었다. 어린이들에게 좋은 음식을 공급하는 하나의 활동으로, 어린이 복지와 회사 이익이라는 두 마리 토끼를 다 잡을 수 있다. 이 경우에는 전체 구성원들을 하나의 부서로 묶고, 1명의 관리자들 두어 운영 효율성(operational efficiency)을 추구하고 어린이 복지를 총괄 책임지게 하였다. 직원들은 식료품을 만들고 판매하는 일을 하면서, 학생들로 하여금 영양 관련 교육을 받게 하고 새로운 음식 메뉴 개발, 음식 맛에 대한 반응 조사 등을 같이 수행할 수 있었다.[12]

균형적 사고방식을 가진 직원 고용하기. 혼합 조직은 상대적으로 새로운 현상이기 때문에, 조직이 이익 추구와 사회 복지 간의 균형을 유지하도록 도움을 줄 수 있는 충분한 경험을 가진 직원들이 부족하였다. 최근 볼리비아의 반코솔(BancoSol)이라는 미소금융기관(micro-finance)의 대출담당 직원 채용 실태에 대한 연구가 있었다. 미소금융은 중소기업 자금 대출이나 기타 금융지원 혜택을 받기가 어려운 실업자나 저소득층에게 제공되는 금융서비스 형태이다. 사회복지담당 직원 채용의 경우, 이익 마인드도 갖춘 균형된 시각의 사람을 찾기가 쉽지 않았다. 대출담당 직원들은 잠재 대출자들의 대출 상환 능력을 평가하고, 대출 금액을 결정하며, 대출금을 회수하는 등 상업적 금융 활동에 필요한 능력을 갖추어야 한다. 다른 한편으로 대출 담당 직원들은 소외계층 사람들과 상호작용하고, 마을 공동체를 정기적으로 방문하고, 지역 방언을 말할 수 있는 등 사회 복지 관점의 활동도 할 수 있어야 한다. 반코솔은 초창기에 이미 사회복지사, 사회학자, 교역자 등 사회적 사명감을 가진 사람들을 어느 정도 확보하고 있었다. 이후 반코솔을 전통적인 재무 경제 관점의 배경을 가진 사람들을 고용하여 사회 복지적 관점이 강한 기존 조직에 균형을 추구하였다. 이익과 사회 복지라는 두 가지 요인의 균형을 유지하는 것은 쉽지 않은 커다한 도전이었다. 상업적 로직과 사회적 로직은 일상적으로 서로 충돌하였다. 양쪽 각각의 관점에 직원들은 자신의 가치관과 원칙을 고수 하였다. 반코솔은 원래 의도했던 것만큼 효율적이지 않았고 지역사회에 미치는 영향력도 크지 않았다. 이의 주요 원인은, 마을의 대출 고객들이 관점이 다른 직원들 때문에 곤란을 겪었기 때문이었다.[13]

볼리비아의 또 다른 소액대출 은행인 로스 안데스(Los Andes)는 대출담당 직원들을 고용할 때 다른 방식으로 접근하였다. 사회적 경험 또는 상업적 금융 업무 경험을 가진 사람을 채용하기보다는 사전 업무 경험이 거의 없는 사람들을 채용하여, 마을 대출 고객들에게 최선의 금융 서비스를 제공하는 고객 마인드를 갖도록 훈련시키는 방법을 취하였다. 회사는 새로운 직원을 채용하면서, 그들의 기술적 전문성과 사회적 전문성 함양을 위한 OJT(on-the-job training) 훈련을 우선 실시하였고, 균형된 훈련 프로그램에 많은 자원을 투입하였다. 이 은행의 경영진은 오직 장기적인 관점의 접근만이 조직에 필요한 사회적 로직과 상업적 로직의 통합 능력을 확보할 수 있다고 믿었다. 이렇게 넓은 거시적 관점으로, 대출담당 직원들 사이에 조직 공통의 균형된 정체성을 형성시키고, 재무적, 사회적 두 측면에서 마을 사람들과 좋은 관계를 구축하여 소액 대출업무를 성공적으로 수행하게 되었다.[14]

명확한 목표 설정과 효과성 측정. 2장에서 기술하였듯이, 명확한 목표 설정과 효과성 평가는 중요한 조직설계 요소이다. 목표는 구성원들에게 무엇이 중요한지를 의사소통하고, 평가는 지금 무엇을 하고 있고, 무엇을 하지 않는지를 나타내 준다. 잘못된 목표 설정과 부적절한 성과 평가는 조직을 잘 못된 방향으로 이끈다. 더욱이 재무적 성과평가와 사회적 성과 평가간의 적절한 균형을 맞추는 일은 매우 까다로운 것일 수 있다. 조직의 재무적인 측면을 평가하는 것은 상대적으로 쉽다. 매출, 수익 증가, 자산수익률(ROA)와 같은 재무적 요인은 측정하기 쉽고, 널리 알려진 지표이다. 그러나 사회적 지표를 측정하는 것은 쉽지 않다. 목표를 정교하게 설정하기가 쉽지 않고, 정량적 자료의 확보는 더욱 어렵다. 사회적 목표 설정과 그것의 달성 성과를 측정하기 위해서 아직은 더 많은 연구가 필요하다.[15]

혼합 조직에서 관리자들은 가장 효과적인 목표 설정 및 성과 측정 과정을 찾기 위한 연구와 실험을 해야 한다. 그라민 베올리아 워터(Grameen Veolia Water)의 경영자들은 혼합 조직에서 목표 설정과 성과 측정 과정 과정에서 자신들이 경험한 어려움을 다음과 같이 기술하였다.

IN PRACTICE 그라민 베올리아 워터

그라민 베올리아 워터(Grameen Veolia Water)는 방글라데시의 시골 마을 빈민층에게 안전한 먹을 물을 충분히 제공하고자 하는 사명을 가지고 설립되었다. 또한 정부의 지원에만 의존하기보다는 생수 판매로 나오는 이익으로 회사를 운영하자는 목표도 같이 설정하였다. 이 두 가지 목표는 중요했다. 왜냐하면, 시골 마을 주민들에게 매우 저렴한 가격으로 물을 판매함으로써 비용을 상쇄하는 충분한 수익을 얻지 못했기 때문이었다. 그래서 회사는 이익을 목적으로 근처 지역의 학교와 기업들에게도 물을 판매하기 시작하였다. 그라민이 생수 판매로부터 이익이 나면서부터, 사회적 미션과 사업적 미션이 서로 충돌이 일어나기 시작했다. 관리자들은 이익 성과 중심으로 가고픈 유혹을 강하게 느꼈다. 그러나 최고경영진은 구성원들에게 회사가 설정한 사회적 목표를 강조하면서 그 이익 목적의 도시 지역 판매는 어디까지나 사회적 목적의 저가 판매를 보조하려는 것임을 주지시켰다.

그라민 베올리아 워터의 관리자들은 명확하고 구체적인 목표와 평가 지표의 설정이, 이익 목표와 사회적 목표 간 균형을 유지하는 데 도움이 됨을 깨닫고, 이익 목표와 사회적 목표를 설정하고 평가 지표 개발에 힘을 기울였다. 시골 마을 주민들과 함께 전문가들의 자문을 받아서, 다음과 같은 네 가지 핵심 성과 지표(key performance indicators: KPI)를 설정하였다. 이는 (1) 회사 자원 대비 시골 지역을 위한 물 투자 비율, (2) 시골 지역에 진입 비율, (3) 시골 지역의 생수 소비율, (4) 회사의 물 서비스를 활용한 마을 주민의 수 등이다. 이러한 우수한 목표와 성과 지표들은 사회적 목표와 이익 목표 두 가지 모두를 강화하는 효과가 있었다.[16]

생각이 비슷한 회사와 협력하기. 5장에서 기술하였듯이 조직 간 협력 연구 중 흥미로운 결과가 있다. 조직들은 동일한 조직군(organizational population) 또는 가치 사슬(value chain)에 속해 있는 그들의 주요 파트너들과 "제도적 유사성(institutional similarity)"을 갖는 경향이 있다는 것이다. 비록 혼합 조직의 수가 늘어나고 있으나, 이중 목적을 추구하는 많은 회사들이 시장점유를 높이는 노력을 하는 쪽에 머물고 있다. 그들은 사업을 같이 하는 회사들의 시스템과 가치관을 흉내내는 미묘한 압력에 직면하고 있다. 혼합 조직의 리더들은 고객, 공급자, 구성원들을 포함하여 그들이 함께 일할 이해관계자들에 대해 명확한 초점을 가질 필요가 있다.

좋은 예로, 벤앤제리스(Ben & Jerry's)를 들 수 있다. 동사의 창업자들은 항상 회사의 환경적 가치에 대해 신경을 써 왔다. 그들은 새로운 비즈니스를 벤앤제리스의 사회적 사명을 공유할 고객이나 공급자들과 밀착하여 일할 수 있는 기회로 여겼다. 창업자 중 한 사람은 이렇게 말했다. "우리는 우리가 결코 100% 시장점유율을 이루지 못할 것임을 알았다. 그래서 우리는 공유 가치를 기반으로 여러 관계자들과 강한 연대를 구축하는 것이 더 좋다고 생각했다." 그들이 공유 가치를 실천하는 한 가지 방법은, 그들의 공급자들이 사회적, 환경적 의제와 사명에 대해 투명하도록 촉구하는 것이었다. 비슷한 생각을 가진 공급자의 선택은, 벤앤제리스의 가치 중심 접근을 유지하는 데 도움이 되었다.

이 장의 도입 부문에서 언급했듯이, 파타고니아의 관리자들은 비슷한 생각을 가진 조직들과 함께 일하고 싶어 했다. 그리고 파타고니아는 다른 조직들이 환경적으로 더 많은 책임감을 갖도록 영향력을 발휘하고 있다. 한 동안, 월스트리트 지역의 회사와 금융사 직원들 사이에 "파우어 베스트(Power Vest)"라는 불리는 파타고니아와 공동 브랜드의 맞춤형 후리스 조끼를 입는 것이 대유행이었다. 투자 은행 로버트 베어드앤컴퍼니(Robert W. Baird & Company)의 마켓 전략가인 마이클 안토넬리(Michael Antonelli)는 "나는 그 옷을 입고 언덕에서 죽을 것이다"라고 말하면서, 그 조끼에 대한 강한 애착을 표현하였다. 그러나 2019년 봄에 파타고니아는 하나의 규칙을 공표하였다. 그것은 앞으로는 파타고니아와 공동 브랜드의 조끼는 "지구를 중요시하는 사명이 이끄는 회사(mission-driven companies that prioritize the planet)"에 한정하여 주문을 받는다는 것이었다. 이는 유행하는 조끼를 주문하고자 하는 회사들은 파타고니아에 그들이 어떤 식으로든 지구 환경을 보존하는 데 도움이 된다는 믿음을 주어야 한다는 것을 의미한다.[17]

사회적 사명이 직원들 마음 속에 살아있도록 하라. 조직의 리더들이 사회적 사명을 구성원들 마음 속에 살아 있도록 한다면, 서로 다른 가치관 로직을 가진 구성원들 사이에 갈등을 최소화할 수 있다. 많은 직원들, 특히 젊은 직원들은 단순히 돈벌이를 넘어서 의미가 있다고 느껴지는 직무를 하고 싶어 한다. 웹사이트 Change.org는 사람들이 의미 있는 일, 전문가로 성장할 수 있는 직장, 배울 수 있는 사람들이 많은 곳을 원한다는 것을 깨달았다. Change.org의 리더들은 혼합 조직이 비금전적 혜택을 직원들에게 제공할 수 있다고 믿는다. 동정심이 많은 사람을 채용하고, 그리고 직원들에게 근무의 유연성, 일과 삶의 균형 지원(헬스클럽 멤버십, 극장 스폰서십)과 같은 '라이프 스타일' 지원 형태의 인센티브를 제공함으로써, 사회적 사명에 대한 직원들의 지지를 얻는다.[18]

컨테이너 스토어(Container Store)는 다른 사례를 보여 준다. 이 회사의 CEO 킵 틴달(Kip Tindal)과 경영진은 회사 직원들과 부를 공유하는 것이 '돈을 버는 최고의 방법(best way to make money)'이라고 생각한다. CEO 틴달은 구성원들에게 보상을 잘 해주고, 구성원들을 존중함으로써 사회적 가치를 위한 구성원들의 지지를 얻어낸다. 컨테이너 스토어는 회사의 비즈니스 모델을 "상쇄적 선택관계(trade-offs)가 없는 비즈니스"라고 불렀다. 동사의 직원들은 그러한 회사의 기본 원칙에 대해서 교육을 받고 나서, 회사와 강하게 연결됨을 느끼게 된다. 틴달은 항상 사회적 가치를 생각하면서, 발렌타인 데이를 "우리 직원을 사랑하는 날(We

Love our Employees Day)"이라로 바꾸어 불렀고, 그날에는 관리자들이 직원들에게 그 사랑을 표현하는 선물들을 주었다. 틴달은 직원을 위한 복지가 기업 가치를 창출하는 최선의 방법이며, 그것이 고객과 공급자들을 위한 가치를 어떻게 창출하는지를 보여주면서 이렇게 말한다. "나는 나 자신과 내 주변 사람들을 위해 돈을 버는 것을 즐긴다. 나는 이것이 돈을 버는 유일한 방법이라고는 말하지 않는다. 나는 이것이 최선의 방법이라는 것을 말하고 있다."[19]

올바른 법적 틀을 선택하라. 미국 내 회사들은 사회 환경적 사명을 재무적 목표와 동등하게 추구하는 조직으로서 법적인 인증을 받을 수 있다. 이러한 법적 인증을 받은 조직을 **자선 기업**(benefit corporation)이라 하며, 이는 최소 21개 주와 콜럼비아 특별행정구역(District of Columbia)에서 공식 허용되어 있다. 자선기업은 법적으로 명시된 이익 목적뿐만 아니라 사회 환경에 대한 긍정적 기여도 같이 표방하는 이익 추구 기업이다. 자선기업의 목적은 사회와 환경에 대한 공익(public benefit)을 창출하는 것이다. 예를 들면, 베렛-쾰러 출판사(Berret-Koehler Publishers)는 자선 기업으로 등록한 최초의 출판사였다. 그 회사 리더들은 "법적 효력보다 베렛-쾰러의 오랜 사회적 사명을 향한 가치관, 관행, 그리고 목적을 우선시" 하고 싶어 했다.[20] 자선 기업으로 인증받으면, 주주에 의한 법적 소송 위험이 없이 주주의 이익보다 사회적 또는 환경적 목표를 우선시 할 수 있다. 자선 기업이 되기 위해서는 회사의 경영 헌장(charter) 속에 회사가 사회에 기여하기 위하여 무엇을 하고 있는지를 구체적으로 표기하고 있어야 한다. 또한 자선 기업 인증은 회사로 하여금 다음 세대를 위한 법적 장치를 마련할 수 있게 한다. 앞서 기술한 AND1 제화사의 경우, 비재무적 목표를 보호하는 법적 규정을 마련했더라면 합병된 이후에도 계속해서 합병되기 이전의 사회적 프로그램들을 유지할 수 있었을 것이다. 다른 대안은 몇몇 소수의 주에서 볼 수 있는 것으로, 기업이 사회적 목적과 낮은 이익을 중시할 수 있도록 하는 저수익유한회사(low profit limited liability company: L3C) 제도이다.

벤처 창업 기업을 위한 크라우딩 펀딩 플랫폼 회사인 킥스타터(Kickstarter)는 자선 기업으로 인증받았다. 이 회사의 공동 창업자들은 이익 로직이 회사의 사회적 사명을 소홀히 하게 하는 일이 없도록 확실히 기반을 다지고 싶어 했다. 이에 더하여, 이익의 5%를 예술과 사회 평등 운동 조직(equality causes)에 기부하였다. 또한 회사 합병이나 주식시장 상장을 하지 않는다는 방침을 분명히 하였다. 이는 회사가 사회적 목적보다 이익만을 추구하는 쪽으로 편중될 가능성이 있기 때문이었다.

사회적 기업들은 이따금 사회적 목적과 재무적 목적이라는 두 가지 목적의 달성에 적합한 구조를 찾기 위한 실험을 해야 한다. 드문 경우에 혼합 조직은 이러한 이중 목적 달성을 위하여 비영리 부문과 영리 부문을 분리하여 운영하는 구조를 취하기도 한다. 예를 들면, 천연 음료 제조 회사인 루나(Runa)는 영리목적으로 구아유사(Guayusa) 음료를 생산하고,

비영리 사회적 목적으로 에콰도르 농부들을 지원하는 혼합 조직구조를 가지고 있다. 에콰도르 농부들은 에콰도르 아마존 열대우림에 서식하는 카페인이 함유된 구아유사 나무 잎에서 추출한 음료를 오랫동안 생산해 왔다. 그러나 에콰도르 농부을 지원하는 개발 프로젝트들은 비효과적이었고 삼림 벌채를 심화시키는 결과를 가져왔다. 루나의 CEO는 사회적 사명 달성을 지원하는 비영리 부문과 영리부문을 분리하는 방향으로 조직을 재편하였다. 영리 부문은 구아유사 음료수의 제조와 판매를 위한 공급망(supply chain)을 구축하는 데 집중한다. 반면, 비영리 부문은 사회경제적 연구와 프로그램 개발, 삼림 재건, 그리고 농부들과 연계한 농산업 연구에 초점을 둔다. 그리고 영리 부문은 비영리 부문의 사회적 사명 달성을 지원한다.[21]

핵심정리

- 혼합 조직은 단일 조직 내에서 영리적 사명과 사회적 사명을 모두 추구하는 조직이다.
- 사람들이 갖는 조직의 행동방식에 대한 가정, 가치, 믿음, 즉 로직은 다양하다.
- 상업적 로직은 제품과 서비스의 주목적을 경제적 이득으로 생각한다.
- 사회적 복지 로직은 제품과 서비스 그리고 이익을 목적이 아니라 사회적 목적을 달성하기 위한 수단으로 본다.
- 이러한 두 목적은 서로 충돌할 수 있다. 두 가지 목적을 균형 있게 유지하는 것은 커다란 도전이다.
- 조직의 목적에 대하여 서로 상충되는 마인드셋과 가치관을 가진 사람들을 조직화하기 위한 조직구조와 기법으로는 영리와 비영리 부문의 조직 분할, 신중한 직원 채용, 강력한 리더십 역할 등이 있다.
- 미국 내 회사들은 사회 환경적 사명을 재무적 목표와 동등하게 추구하는 조직으로 법적인 인증을 받을 수 있다. 이 인증 조직을 '자선기업'이라 불리며, 이 제도는 최소 21개 주와 콜럼비아 특별행정구역에서 공식 허용되고 있다.

7.2 기업의 사회적 책임

기업의 사회적 책임(corporate social responsibility: CSR)은 경영자 윤리가 확장된 개념이며 구성원, 고객, 주주, 공동체, 지역사회와 같은 모든 이해관계자의 복지와 이익에 기여할 수 있도록 의사결정을 하고 행동을 해야 하는 경영자의 노력을 말한다.[22] 기업의 사회적 책임(CSR)에 대한 기업들의 관심은 지난 십수 년간 전 세계적으로 확산되었다. 예를 들어, 가족이 운영하는 패션회사인 스리랑카의 MAS 홀딩스는 경제 발전에 기여하면서 동시에 구성원, 그들의 가족, 지역사회의 삶을 개선하기 위해 노력하여 왔다. 의류회사들이 윤리적 문제, 노사관계 또는 안전규칙 위반 등으로 매주 뉴스거리가 되고 있는 시대에, 기업은 구성원과 지역사회의 삶에 긍정적인 변화를 만들 수 있는 힘을 가지고 있다는 MAS홀딩스 소유주의 신념 때문에 매스컴의 관심을 받고 있다. 서남 아시아 최대의 란제리 제조업체인 MAS홀딩스는 28개 공장에서 일하는 45,000명의 직원에게 교통편 제공, 무료 식사, 의료보험을 제공한다. 이 회사 근로자의 90% 이상이 여성이다. 그래서 MAS는 여성들이 집과 가족 가까이에서 일할 수 있도록 접근성이 좋은 지역에 공장을 세운다.[23]

기업의 사회적 책임은 파타고니아, 더바디샵(The Body Shop)과 같이 작고, 특별한 기업에만 해당하는 일로 여긴 적이 있었다. 하지만 최근에는 기업의 사고와 행동의 주류로 자리잡고 있다. IBM의 기업봉사단(Corporate Service Corps.)은 자원한 직원들로 구성된 팀을 한 달 동안 해외로 파견하여 케냐의 우편시스템 개혁이나 인도의 온라인 교육프로그램 설계와 같은 프로젝트를 수행하게 한다. 캠벨 수프(Campbell Soup)는 뉴저지주 캠든(Camden)에 있는 지역 푸드뱅크와 함께 살사 소스를 만들어 10만 달러를 모았다.[24] 월풀(Wirlpool)은 북미 사랑의 집짓기 운동에 의해 세워진 모든 가정에 냉장고와 레인지를 기부하였다. 펩시(PepsiCo)는 학교에서 고칼로리 가당음료를 자발적으로 없애기 위해 노력하였다. 전 세계에 있는 1,000개 이상의 회사들이 구성원, 환경, 지역사회에 대한 관심과 지원을 천명하는 보고서를 발간하였다.[25]

이제 기업들은 환경(environment), 사회(social), 지배구조(governance)라는 ESG 차원에서 성과를 평가받을 수 있다. 투자자들은 ESG 성과에 근거하여 기업에 투자할 수 있다. 정교한 체크리스트와 평가표가 거의 모든 분야와 산업에서 적용될 수 있다. ESG 평가점수는 다음과 같은 항목들에 대하여 0~100점 범위에서 나올 수 있다.

- 환경(예: 물 사용, 연료 관리)
- 사회적 자본(예: 고객 개인정보, 지역사회 개발)
- 인적 자본(예: 다양성 기회, 보상과 복리후생)
- 비즈니스 혁신(예: 제품의 사회적 가치, 품질과 안정성)
- 리더십과 지배구조(예: 기업 윤리, 임원 보상)

ESG 성과 요인에서 이따금 간과되는 이슈 하나가 있다. 그것은 기업의 재무 성과와 ESG 차원의 성과 간에 존재하는 상쇄적 선택관계이다. 어느 한쪽의 개선은 다른 한쪽에 비용이 된다. 예를 들면 고가의 태양 에너지 설비를 설치하면 환경에는 좋으나, 수익은 나빠질 수 있다. 이러한 상쇄적 선택관계로 인해 혼합 조직에서는 사회적 목표와 재무적 목표를 균형성 있게 추구할 필요가 있다. 그러나 기업은 이익 추구를 주요 목적으로 하여 인가된 조직이다. 그래서 기업의 리더들은 ESG 목적 달성을 위해서는 이익 창출과 직접적인 관련이 없는 것에도 자원을 배분하는 법을 배워야 할 것이다.[26] ESG 방식 외에도 기업의 사회적 책임을 촉진할 수 있는 다양한 접근법과 모델들이 있다. 여기에는 녹색 운동(green movement), TBL(triple bottom line), 깨어있는 자본주의, 이해관계자 맵핑(stakeholder mapping) 등이 있다.

도입 질문과 답

1. 조직이 사회적 문제를 긍정적으로 처리하면서 동시에 사업에서도 성공하는 방법은 자선 기업으로 인정받는 것이다.

답) 동의하지 않는다 자선 기업으로 인증받으면 법적 소송 위험 없이 주주 이익보다 사회적 목표 또는 환경적 목표를 우선시 할 수 있다. 그러나 이러한 법적 조직 형태는 모든 주에서 유효한 것이 아니다. 기업은 여러 가지 방법으로 사회에 기여할 수 있다. 예를 들면, 기업의 사회적 책임(CSR) 실천, 그리고 환경, 사회, 지배구조(ESG) 차원의 성과 평가와 같은 것이다.

7.2a 녹색 운동

대부분의 기업들은 지속가능성 또는 지속가능한 발전(sustainable development)이라는 개념을 수용하고 있다. **지속가능성(sustainability)**이란 환경에 대한 사회적 책임을 지키면서 부를 창출하는 능력을 말한다. 이는 미래 세대의 욕구 충족을 위하여 환경과 사회를 보존하면서, 동시에 주주들의 욕구도 충족시키는 것을 의미한다.[27] 지속가능성이라는 경영 철학을 가지고, 경영자들은 기업의 사회적 책임을 다하면서 재무적 목표가 달성될 수 있도록 사회 환경적 요인을 감안하여 전략적 의사결정을 한다.

GE의 CEO였던 제프 이멜트(Jeff Immelt)는 2004년에 처음으로 35명의 GE 최고경영진에게 “그린” 비즈니스를 위한 계획을 발표하였다. 당시 GE의 최고경영진들은 부결시켰으나, 이멜트는 이를 뒤집고 과감하게 실행에 옮겼고 이렇게 탄생한 것이 바로 에코메지네이션(Ecomagination)이다. 오늘날 GE의 에코메지네이션은 세계에서 가장 널리 알려진 지속가능성 프로그램이다. 이는 GE의 온실가스 배출량을 30% 이상 감소시켰을 뿐만 아니라, 연간 수십억불의 수익을 창출하는 혁신 제품들을 탄생시켰다.[28]

이멜트의 결정 이후 약 15년이 지나서, 중소기업에서 대기업에 이르기까지 많은 다른 기업들에서도 환경 친화적 경영의 움직임이 일어나고 있다. 이는 변화하는 사회 풍조와 회사의 부정적 뉴스를 빠르게 전파할 수 있는 소셜미디어와 인터넷의 영향으로 촉진되었다. 한 조사에 따르면 미국인들의 90%가 중대한 환경 문제가 있다고 느끼며, 미국인들의 82%는 기업들이 친환경적 경영을 실천해야 한다고 생각하는 것으로 나타났다.[29] 2009년 이후, 뉴스위크(Newsweek)는 미국 내 500대 상장 기업들의 친환경 성과를 평가한 순위를 발표하여 왔다. 뉴스위크의 2018 미국 그린 리스트와 글로벌 그린 리스트에 나타난 상위 5개 기업들은 다음에 제시되어 있다. 이 리스트는 친환경 철학을 가진 기업들의 다양성을 보여주고 있다.[30]

미국	글로벌
Cisco Systems	L'Oreal SA (프랑스)
Ecolab, Inc.	Centrica PLC (영국)
Hasbro, Inc.	Enbridge, Inc. (캐나다)
PG&E Corp.	Siemens AG (독일)
Sealed Air Corp	Cisco Systems Inc. (미국)

7.2b 3차원 성과 평가(TBL)

지속가능성을 수용하는 기업들은 그들의 성공을 세 가지 관점에서 평가한다. 〈도표 7.3〉에서 보듯이, TBL(triple bottom line)은 기업의 사회적 성과, 환경적 성과, 재무적 성과라는 세 가지 측면의 성과를 평가하는 것을 말한다. 이는 '3P'라고도 하며 사람(people), 지구(planet), 이익(profit)을 의미한다.[31]

3P 중 '사람' 측면은 기업이 얼마나 사회적 책임감이 있느냐를 보는 것으로, 공정한 노동관행, 다양성, 공급자 관계, 직원 처우, 지역사회 기여 등의 관점에서 평가한다. '지구' 측면은 기업이 환경적 지속가능성에 기여한 정도를 평가한다. 세 번째 요인 '이익'은 문자 그대로 기업의 수익성을 평가하는 것이다. 3P 관점의 성과 측정은 관리자들로 하여금 사회와 자연환경에 주는 피해에 대한 고려 없이 맹목적 이익 추구 행위를 지양하고, 사회적, 환경적 요인을 고려한 경영 활동을 촉진한다. 한 회사는 모든 직원들의 연봉 인상을 통하여 '사람' 측면의 중요성을 강조하고 있다.

도표 7.3 3차원 성과 평가(TBL)

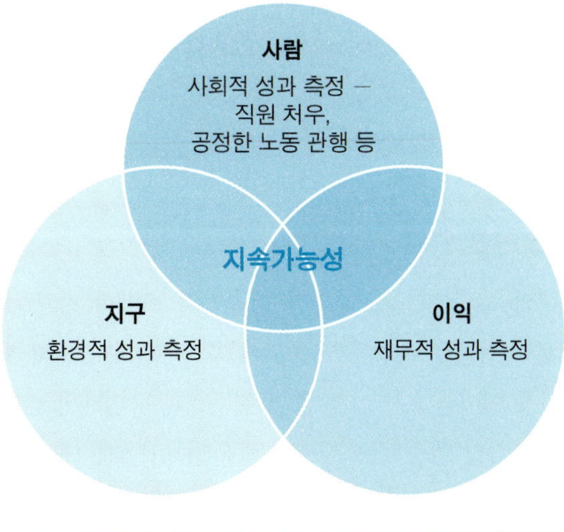

IN PRACTICE 그래버티 페이먼츠

시애틀에 위치한 신용카드 결제처리 회사 그래버티 페이먼츠(Gravity Payments)는 전 직원의 최저 연봉을 7만 달러 수준으로 인상하면서, 3차원 성과 평가의 '사람' 영역에 전력을 다하고 있다. 수년 전, 이 회사의 최고경영자 댄 프라이스(Dan Price)가 회사에서 근무하는 200명의 모든 직원들(최저 연봉의 사무직 또는 사무보조원까지 포함)에게 매년 최소 7만 달러를 지급하겠다고 발표하여 사람들을 깜짝 놀라게 하였다. 그 인건비를 커버하기 위하여 프라이스는 자신의 연봉을 110만 달러에서 직원들과 같은 수준인 7만 달러로 삭감하였다.

AP Images/Ted S. Warren

최저 연봉을 7만 달러로 정한 이유는 뭘까. 프라이스는 인터뷰에서, "우리의 고객을 위해 그들의 피와 땀, 그리고 눈물을 쏟는 직원들이 정상적인 삶을 살고, 공과금을 낼 수 있도록 하기 위한 것"이라고 말했다. 그는 그 약속을 지켰다. 그 이후 직원들은 좀 더 평안하고 스트레스가 적어진 생활을 하게 되었고, 이로 인해 업무에 더 집중하게 되었다고 한다. 홀 어머니를 둔 한 직원은 이렇게 말한다. "마음을 편하게 하는 작은 것들을 할 수 있는 여유를 갖게 되었어요. 그것은 정말로 저의 마음을 맑게 해주었습니다."

직원들이 행복해지고 업무에 집중을 하게 되면서, 회사가 성장하였다. 2018년 회사의 매출이 100.2억 달러로, 연봉 인상 발표 이전 시점인 2014년의 30.8억 달러 대비 2배 이상 늘어났다. 그래버티의 신규 고객과 이익은 계속해서 증가하고 있다. 회사의 직원 수도 200명으로 증가하였다. 그들중 어떤 직원들은 이익에 초점을 두지 않는 회사의 일원이 되고 싶어서 입사하였고 한다. 다른 회사에서 매년 승진을 하면서 100만 달러의 연봉을 받고 있었던 태미 크롤은 그래버티의 직원 연봉 인상 소식을 듣고 그래버티로 옮겨왔다. 노동자 계층의 가정에서 자랐던 태미 크롤은 "학생 시절, 저의 목표는 오로지 많은 돈을 버는 것이었다"고 한다. 그러나 "돈이 너를 행복하게 하지는 않고, 너를 더 나은 사람으로 만드는 것이 아니다"라는 사실을 깨달았다고 한다. 테미 크롤은 약 80%의 연봉 삭감을 감수하면서, 그래버티로 옮겨왔다. 현재 그래버티의 최고운영책임자(chief operation officer: COO)인 크롤은 가치(values)를 가장 중요시 하는 회사에서 일하게 되어 기쁘다고 말한다.[32]

7.2c 깨어 있는 자본주의

깨어 있는 자본주의(conscious capitalism)란 공유가치 기반의 접근(shared value approach)라고도 하며, 기업의 경제적 성공을 촉진하고 동시에 지역사회의 경제적 사회적 여건도 발전시키는 조직 정책과 관행을 의미한다.[33] 예를 들면 힌두스탄 유니레버(Hindustan Unilever)는 지방에서 위생용품을 가정에 직접 배송하는 시스템을 운영하고 있는데, 이 시스템을 통하여 2,000명 이하의 마을에 사는 저소득층 여성들은 소규모 창업에 필요한 소액 대출과 교육을 제공받는다. 이 시스템은 저소득층 여성들에게 가계 소득을 늘리는 기술과 기회를 제공하고, 또한 외딴 지역에 위생용품을 공급하여 전염병 확산을 방지함으로써 지역사회에 기여한다. 이는 시장 확대와 외딴 지역에서 브랜드를 구축함으로써 회사 이익에도 공헌한다. 힌두스탄 유니레버가 인도에서 거둔 매출의 5%는 이 프로젝트를 통해서 이루어지고 있다.[34]

깨어 있는 자본주의란 주주뿐만 아니라 구성원, 고객, 공급자, 지역사회에 균형 있는 관심을 가짐으로써 돈벌이 이상의 더 높은 차원의 목적을 가지고, 사람들에게 최선의 것을 가져다 주며, 신뢰와 존경을 불러일으키는 것을 의미한다. 깨어 있는 자본주의 철학을 가진 기업들로는 홀 푸드 마켓(Whole Foods Market), 코스트코(Costco), 페디그리(Pedigree), 메드트로닉(Medtronic), 그리고 트레이드조스(Trader Joe's) 등이 있다.

7.2d 조직 이해관계자 관리

재무적 이익을 넘어서 기업 성과 개념을 넓게 확장하는 또 다른 접근법은, 사람과 조직에 따라 기업에 원하는 것이 다르다는 점을 고려하는 것이다. 고객들의 주요 관심은 적시에 합리적인 가격으로 제공되는 고품질의 제품과 서비스에 있다. 반면, 구성원들은 주로 적정한 임금, 좋은 근무환경, 그리고 직무만족에 관심이 있다. 관리자들은 이해관계자들의 다양한 욕구와 관심을 균형 있게 고려하여, 업무 목표를 설정하고 효과적으로 실행해 나간다. 이를 두고, 조직의 주요 이해관계자의 욕구를 파악하여 다양한 조직활동들과 통합하는 **이해관계자 관점의 접근**(stakeholder approach)이라고 한다. **이해관계자**(stakeholder)는 조직의 성과에 이해 관계가 있는 조직 내부 또는 외부의 어떤 집단을 의미한다. 각 집단의 만족 수준은 조직의 전반적 성과와 효과성 지수로 평가될 수 있다.[35]

예를 들면, 게으른 관리자들로 관료적 비효율성의 상징으로 인식되는 정부 사무국들과는 대조적으로, 맨하탄 남부에 있는 허드슨 스트리트 여권 사무국은 구글, 옐프(Yelp), 기타 온라인 사이트 평가에서 호평을 받고 있다. 허드슨 스트리트 여권 사무소의 감독관인 마이클 호프만은 고객들에게 그들이 원하는 것을 정확하게 제공한다는 목표를 가지고 있다. 그는 어느 정도의 전문화와 표준화된 업무를 처리하지만, 직원들을 관리하고 사무소를 운영하는 방식에서 일정의 재량권을 가지고 있다. 호프만은 사람과 업무의 흐름이 매끄럽게 진행될 수 있도록 사무 업무와 작업장소를 조직화하였다. 또한 그는 직원들을 코치하고 지원하며, 관리자의 승인 없이 직무를 처리할 수 있는 자원과 재량권을 직원들에게 부여한다.[36]

〈도표 7.4〉는 다양한 이해관계들과 각 그룹이 조직으로부터 원하는 것을 나타나내 주고 있다. 대부분의 조직은 이와 비슷한 정도의 다양한 이해관계자 집단에 의해 영향을 받는다.

투자자, 주주, 공급자의 관심은 경영 효율성 즉, 이익을 창출하는 자원의 사용에 의하여 영향을 받는다. 투자자와 주주, 구성원, 고객, 공급자들은 조직이 그들 없이는 생존할 수

도표 7.4 주요 이해관계자 집단과 기대 사항

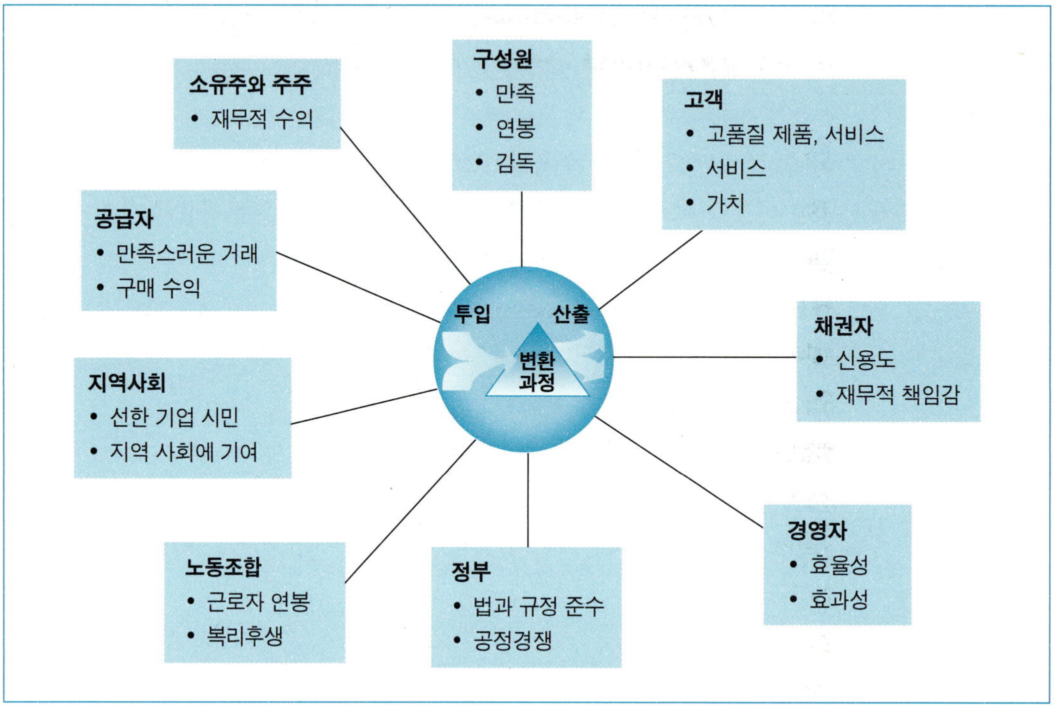

없는 주요 이해관계자로 여겨진다. 구성원들은 직무만족, 보수, 그리고 선한 감독자를 기대한다. 고객들은 제품과 서비스의 품질, 안전, 유용성에 관련된 의사결정에 관심을 둔다. 이러한 주요 이해관계자 집단들 중 어느 하나가 심각하게 불만족한다면, 회사의 생존가능성이 위협을 받을 수 있다.[37] 다른 중요한 이해관계자들은 정부와 지역사회이다. 이들은 최근 들어 더욱 중요해지고 있다. 예를 들어 기업들은 안전 법규, 환경보호 규제, 반독점규제, 뇌물방지 규제, 기타 정부의 법률과 규제에 의해 제약을 받는다. 지역사회의 경우, 지방정부, 자연 환경, 지역주민의 삶의 질에 관련되어 있다. 또한 많은 기업들에게 노동조합, 인권단체들이 중요한 이해관계자이다. 그리고 무역협회, 정치운동단체, 전문직협회, 소비자보호단체 등의 특수한 이해관계자 집단도 있다.

도입 질문과 답

2. 기업에 가장 중요한 이해관계자는 주주이다.

답) 동의하지 않는다. 주주들이 중요하긴 하지만, 기업은 다양한 이해관계자들에게 관심을 두어야 한다. 투자자와 주주, 구성원, 고객, 공급자들은 기업의 생존을 위한 중요 이해관계자로 여겨진다. 그러나 정부와 지역사회와 같은 다른 이해관계자들도 최근 들어 더욱 중요해지고 있다.

이해관계자들의 관심은 이따금 서로 충돌하는데, 기업이 모든 이해관계자 집단의 욕구를 동시에 만족시키기는 어렵다. 예를 들어 고객만족이 높은 기업은 채권자 또는 공급자와의 관계에서 어려움을 겪을 수 있다. 월마트를 보자. 고객들은 낮은 가격과 효율성을 사랑하지만, 월마트의 저가 정책은 공급자들과 마찰을 일으켜 왔다.

어떤 사회운동집단은 월마트의 정책이 비윤리적이라고 주장한다. 왜냐하면 저가 정책으로 인해, 공급자(납품업체)들이 직원을 해고하고, 공장을 폐쇄하며, 저임금 국가의 제조업자로부터 아웃소싱할 수 밖에 없기 때문이라고 한다. 한 의류 공급자에 따르면, 월마트에서 옷이 너무 싸게 팔기 때문에, 많은 미국 회사들은 직원들에게 월급을 한푼도 주지 않는다 하더라도 경쟁력이 없다고 한다. 과거 성차별 소송, 저임금 및 빈약한 복지에 대한 직원들의 불만 제기 사건에서 보여진 것처럼, 월마트는 내부 직원들과 다른 이해관계자 집단들과 관계에서 갈등을 겪고 있다.[38] 이후에 월마트는 직원들의 임금을 인상하고, 근무 환경을 개선하였다. 이러한 월마트의 사례는 기업이 다양한 이해관계자들은 만족시키는 것이 얼마나 어려운 일인지를 보여주고 있다. 모든 조직에서 경영자들은 이해관계자들의 관심이 무엇인지를 파악하고, 주요한 이해관계자 집단을 최소한이라도 만족시켜 줄 수 있도록 해야 한다.

최근들어 관심이 증가하고 있는 **이해관계자 맵핑**(stakeholder mapping)이라는 기법이 있다. 이는 다양한 이해관계자들의 변화하는 기대, 욕구, 중요성, 그리고 상대적 힘을 규명하는 체계적 접근법이다.[39] 이해관계자 맵핑은 특정의 이슈나 프로젝트와 관련된 핵심 이해관계자가 누구인지 파악하거나 또는 그들 간 우선 순위를 정하는 데 도움을 주는 기법이다. 예를 들면, 갭(Gap Inc.)과 다른 미국 기업들에게 의류를 납품하는 아프리카 레소토(Lesotho)에 있는 한 납품업자가 독성 물질을 지방 쓰레기 매립지에, 화학물질을 칼레돈 강에 버린다는 보도가 있었다. 이를 알게 된 갭은 즉각 조치를 취했다. 이해관계자 맵핑 기법을 활용하여, 핵심 이해관계자들을 파악하고, 노동단체, 인권단체, 노동조합, NGO, 기타 관계자들과 신중하게 대화하여 열린 관계를 구축하였나. 과거에는 관리자들이 책임 회피, 하청업체에 책임을 떠넘기기 방식으로 접근하였다. 그러나 레소토 사건에 대해서는, 갭의 최고경영진이 전면에 나서서 깨끗하고 안전한 환경에 대한 회사의 책무를 선언하고, 이 납품업체들에 대한 필요한 조치를 취했다. 갭은 많은 이해관계자 집단들과 좋은 관계를 구축함으로써, 회사에 호의적인 노동단체와 인권단체의 지지를 얻었다.[40]

글로벌 공급 사슬은 경영자들에게는 끊임없는 도전적 과제의 하나이다. 전 윤리사무국(Ethical Trading Initiative: ETI) 관리임자였던, 댄 리스(Dan Rees)는 이렇게 말했다. "당신의 공급사슬 속에서 어린이 노동을 발견하는 것은 죄가 아니다. 중요한 것은 당신이 그 사실을 알았을 때 무엇을 했느냐이다."[41] 많은 기업들이 비윤리적이고 위험한 행위를 한 업체들과 맺은 주문을 철회하고, 거래를 중단한다. 최근에 몇몇 기업들은 해외 공장들과 긴밀하게 협력하여 작업 조건을 개선하기 위한 노력을 전개한다.[42] 이해관계자 맵핑 기법 활용, 핵심 이해관계자들과 신뢰 기반의 관계 구축을 통하여, 갭과 같은 기업들은 관리자가 '옳은 일(right thing)'을 신속하게 할 수 있도록 하고, 때로는 위기(cirsis)가 기회(opportunity)로 바뀌는 결과를 얻기도 한다.

7.2e 소득 피라미드의 최하층 지원

사업 활동과 사회적 책임을 연결하는 또 다른 접근법은 **소득 피라미드의 최하층**(bottom of pyramid: BOP)을 지원하는 것이다. 이는 다국적 거대기업이 세계의 최빈민들에게 판매를 통하여 이익을 얻을 뿐만 아니라 빈곤과 다른 사회악을 줄이자는 개념이다. '소득 피라미드의 최하층'은 1인당 국민소득을 기준으로 세계 경제 '피라미드'의 최하층을 구성하는 40억 이상의 사람들을 일컫는 말이다.[43] 〈도표 7.5〉는 세계 경제 피라미드를 보여주는 것이다. 피라미드의 최상층(1단계)은 선진국의 소득 중산층과 상위층의 사람들이다. 피라미드의 중간(2와 3단계)은 선진국의 빈민층과 저개발국의 신흥 중산층의 사람들이다. 4단계는 피라미드의 맨 밑바닥에 있는 40억 명의 사람들을 의미한다. 이들은 연간 소득이 1,500달러 미만이다. 이중 지구 인구의 6분의 1 수준인 10억 명 이상은 1인당 하루 1달러 이하의 소득으로 살아간다.

전통적으로 전 세계 최빈민층 사람들은 제품과 서비스가 너무 비싸고, 접근하기 어렵고, 그들의 욕구에 부합되지 않기 때문에 대기업에 의한 혜택을 받지 못해왔다. 그래서 결과적으로 많은 국가에서 가난한 사람들은 어떤 기본적 욕구 충족을 위해 그들보다 부유한 사람들에 비해 훨씬 더 많은 대가를 지불하게 되었다. 많은 기업들이 세계의 최빈민층 소비자들에게 적합한 BOP 비즈니스 모델을 적용하여 이를 변화시키고 있다. 인도의 고드레지 앤보이스(GodreJ & Boyce)의 사례를 살펴보자.

다른 회사들도 BOP 활동을 전개하고 있다. 예를 들면, 네덜란드의 식량 과학 회사인 디에스엠 푸드 스페셜티(DSM Food Specialties)는 매년 아프리카와 중동지역의 3,100만 명의 사람들에게 혜택을 줄 세계 식량 계획(World food program)의 일환으로 건강영양제(Nutrition

도표 7.5 세계 경제 피라미드

1인당 연간 국민소득*	단계	인구(단위: 백만 명)
20,000달러 이상	1	75~100
15,000~20,000달러	2 & 3	1,500~1,750
1,500달러 미만	4	4,000

* 미국 달러 기반 구매력 평가지수 기준

출처: United Nations Development Reports, accessed at "Bottom of the Pyramid Report," Institute of Developing Economies Japan External Trade Organization, https://www.ide.go.jp/English/Data/Africa_file/Manualreport/bop03.html (accessed May 11, 2019).

IN PRACTICE 고드레지앤보이스

한 추정치에 의하면, 인도에서는 음식의 3분의 1이 부패되어 버려진다고 한다. 그러나 2007년에 냉장고는 단지 시장의 18%에게만 보급되었다. 당시 고드레지앤보이스 경영진은 이러한 현상 타개를 위해 뭔가를 해야 할 때라고 판단하였다. 회사의 연구개발 부사장인 선더라맨(G. Sunderraman)은 "냉장고를 50년 이상 만들어온 회사로서, 우리는 스스로에게 왜 냉장고 보급률이 18%밖에 안되는지를 반문해봐야 한다"고 하면서 근본적 의문을 제기하였다. 처음에는 사람들이 냉장고를 살 경제적 여유가 없을뿐더러, 작은 집에 큰 공간을 차지하고 전기사용이 많은 대형 냉장고가 불필요하기 때문이라고 생각했다. 인도 사람들에게 필요한 것은 기능이 간단하고 저렴한 냉장고였고, 이에 따라 2010년에 고드레지는 초투쿨(chotuKool)이라는 혁신적인 미니 냉장고를 출시하였다. "리틀 쿨(The Little Cool)"이라는 의미의 초투쿨은 5~6병의 물과 소량의 음식을 저장할 수 있게 설계되었다. 배터리로 작동하며, 시장에서 가장 값싼 기존 냉장고보다 약 35%나 저렴한 3,250루피(69달러)로 팔렸다.

The India Today Group/Getty Images

이 신제품을 판매하기 위하여, 고드레지는 시골 마을 주민들을 세일즈맨으로 교육시켰다. 마을 사람들은 미니 냉장고 판매 시 1대당 3달러의 수수료를 받았으며, 이러한 시스템을 통하여 고드레지도 물류 비용을 절감할 수 있었다. 현재 고드레지 관리자들은 소비자들과 직접 만나 협업하는 데 많은 시간을 들이고, 시골 지역 시장을 겨냥한 또 다른 저가 제품 아이디어를 테스트하고 있다.[44]

Products)를 개발하였다. 영국의 립프로그 투자(Leapfrog Investments)는 아시아와 아프리카의 신흥 시장을 겨냥한 13,500만 달러의 사회적 투자 기금을 조성하였다. 그 기금은 1억 1,100만 명 이상의 저소득층 사람들에게 재무와 건강관리 서비스를 제공할 17개의 기업들에게 투자되었다. 존슨앤존슨은 비영리 조직들과 협력하여 인도에서 '모바일 프랜드(mobile friend)'라는 무료 휴대폰 서비스를 개설하였다. 이는 임신한 여성과 아이 엄마들에게 건강 증진 관련 음성 메시지와 육아 관련 정보를 제공하는 서비스이다.[45] P&G의 연구원들은 소득 파라미드의 최하단에 있는 소비자들을 위한 신제품과 서비스를 개발하기 위하여, 중국, 브라질, 인도, 기타 개발도상국의 가정을 방문하고 있다. 그러나 P&G는 저소득층 소비자 시장에 진입이 늦었다. 예를 들어 경쟁사인 유니레버는 인도에서 벌써 100년 전에, 먼지와 질병의 천적이라고 광고한 라이프보이(Lifebuoy) 비누를 출시하였다.[46] 네덜란드 사람으로 P&G를 잘 아는 유니레버의 CEO 폴 폴만(Paul Polman)은 "P&G는 여전히 매우 미국 중심적이다"라고 하며, "신흥시장은 우리 회사의 DNA 속에 들어 있다"라고 하였다. 1990년에 유니레버의 신흥시장 매출은 전체 매출의 20% 수준이었으나, 현재는 회사 매출의 약 58%를 신흥시장에서 올리고 있다.[47]

BOP의 찬성자들은 이익 동기(profit motive)와 인류에 기여하고자 하는 욕구가 함께 할 때 다국적 기업들이 긍정적이고 지속적인 변화에 기여할 수 있다고 믿는다. 기업은 가난하고 소외된 사람들에게 도움을 주는 제품을 창조함으로써 이익 동기를 활용하여 많은 사회 문제를 해결할 수 있다.

핵심정리

- 기업의 사회적 책임(CSR)은 기업이 구성원, 고객, 주주, 공동체, 지역사회와 같은 모든 이해관계자들의 복지와 이익에 기여할 수 있도록 선택과 행동을 해야 하는 조직관리자들의 의무를 말한다.
- 관리자들은 ESG 차원, 즉 환경, 사회, 지배구조라는 세 가지 관점에서 성과를 평가하고 측정할 수 있다.
- 많은 기업들이 지속가능성의 개념을 수용하면서 녹색 환경을 추구하고 있다. 이는 사회적 책무나 자연환경에 대한 책임의 손상이 없이 부를 창조하는 능력을 의미한다.
- 지속가능성과 CSR에 높은 가치를 두는 기업들은 회사의 성공을 사회적 성과, 환경적 성과, 재무적 성과라는 세 가지 성과 관점에서 평가한다.
- 이해관계자라는 말은 조직의 성과에 투자를 하거나 관심이 있는 조직 내부 또는 외부의 어떤 집단이나 사람을 의미한다. 이해관계자에 따라 기업에 기대하는 관심이 다르며, 기업의 사회적 책임에 대한 기준도 다르다.
- 주주, 구성원, 고객, 공급자는 기업의 주요 이해관계자로 간주되며, 그들 없이는 기업이 존재할 수 없다.
- 관리자들은 아따금 이해관계자 맵핑 기법을 활용하여 다양한 이해관계자들의 기대, 욕구, 중요성, 그리고 상대적 권력을 확인한다.
- 몇몇 대기업들은 소득 피라미드의 최하층 지원이라는 BOP 접근법을 통하여, 전 세계의 극빈층을 위한 제품과 서비스를 개발함으로써 비즈니스와 사회적 책임을 결합하고 있다.
- 고드레지와보이스는 인도의 농촌 시장을 위하여 초투쿨이라는 배터리로 작동되는 미니냉장고를 개발하였다.

7.3 선한 행위의 결과

기업윤리와 사회적 책임이 조직 성과와 어떤 관계를 가지고 있는지는 경영자와 학자들 모두의 관심사이다.[48] 사회적 책임의 강화가 기업의 재무성과를 증가시키는지, 아니면 감소시키는지를 판단하기 위해 많은 연구가 수행되었다.[49] 연구 결과는 다양하지만, 일반적으로 기업의 사회적 책임 행동과 재무 성과 간에는 긍정적인 관계가 있는 것으로 나타났다. 예를 들면, 지속가능성(sustainability)을 위해 노력한 세계 100대 기업을 조사한 최근 연구에 따르면, 최소한 몇몇 사업 분야에서는 이들 기업의 매출성장률, 자산수익률(ROA), 이익, 현금흐름이 훨씬 더 좋아진 것으로 나타났다.[50] '최고의 기업 시민(best corporate citizens)'으로 알려져 있는 미국 대기업들의 재무 성과를 조사한 한 연구에 의하면, 이 회사들이 좋은 평판과 우수한 재무성과를 모두 가지고 있는 것으로 밝혀졌다.[51] 클레어몬트 대학원(Claremont Graduate University)의 드러커 연구소(The Drucker Institute)의 조사에 의하면, 높은 사회적 가치를 추구하는 기업들의 주식 가치가 S&P 500 대비 1개월, 1년, 3년, 5년에 걸쳐서 지속적으로 높은 것으로 나타났다. 드럭커연구소 기업 효과성 지수(The Drucker Institute Corporate Effectiveness Index)는 사회적 지수를 재무적 지수의 2배로 가중치를 두어 주식 가치를 평가한다. 여기서 사회적 요인들은 고객 만족, 구성원 참여(employee engagement), 사회적 책임을 포함한다. 구성원 만족이 높은 기업들이 시장 평균 대비 훨씬 더 높은 성과를 거둔다는 사실이 여러 연구들에서 제시되었듯이, 기업 문화가 높은 주식 가치 형성에 가장 중요한 기여 요인일 수 있다.[52] 비록, 이러한 연구들로부터 도출된 결과가 확실한 증거는 아닐지라도, 이는 사회적 책임을 위해 자원을 쓰는 것이 기업에 해가 되지는 않는다는 점을 시사하고 있다.[53]

기업은 또한 가치를 창출하는 비재무적 요인을 측정하기 위해 노력하고 있다. 연구 결과에 의하면, 사람들은 높은 수준의 윤리와 사회적 책임을 수행하는 기업에서 일하고 싶어 한다고 한다. 따라서 사회적 책임에 충실한 기업들은 우수한 인재를 유치하고 유지할 수 있다.[54] 사라 안토넷(Sarah Antonette)은 PNC파이낸셜서비스(PNC Financial Services)의 우수한 직원 자원봉사 프로그램 때문에 다른 회사를 포기하고 PNC에 입사했다고 한다.[55] 팀버랜드(Timberland)의 어떤 부사장은 다른 회사로부터 괜찮은 이직 제안을 받았지만, 사회적 책임을 수익 창출보다 중요하게 생각하는 회사에서 일하고 싶어 제안을 거절했다고 한다.[56] 13~25세를 대상으로 한 조사에 의하면 79%의 응답자가 사회에 어떻게 기여할 것인지에 관심을 갖는 기업에서 일하고 싶다고 말하였다.[57] 고객들도 기업의 사회적 책임에 관심을 갖는다. 워커리서치(Walker Research)의 조사에 의하면, 가격과 품질이 동일하다면, 고객들의 3분의 2는 윤리적이고 사회적 책임을 지는 회사의 제품을 살 것이라고 한다.[58]

핵심정리

- 여러 연구에 따르면, 사회적으로 책임 있는 행동과 기업의 재무 성과 간에는 일반적으로 긍정적인 관계가 있는 것으로 나타난다.
- 드러커 연구소의 조사에 의하면, 높은 사회적 가치를 추구하는 기업들의 주식 가치가 S&P 500 대비 1개월, 1년, 3년, 5년에 걸쳐서 지속적으로 높게 나타났다.
- 경영자들은 가치를 창조하는 비재무적 요인도 고려한다. 사회적 책임에 충실한 기업들은 우수한 인재를 채용하고 유지할 수 있다.
- 한 조사에 의하면, 고객의 3분의 2는 윤리적이고 사회적으로 책임감 있는 기업의 제품으로 바꾸어 거래하는 것으로 나타났다.

7.4 지속가능성 프로그램 실행을 위한 조직구조 설계

지속가능성이나 CSR 프로그램의 성공적인 실행은, 구성원 참여, 외부 이해관계자 참여, 성과와 보상을 포함한 책임경영시스템 구축이라는 세 가지 요인에 의해 좌우된다.

7.4a 부서를 분할할 것인가? 아니면 통합할 것인가?

연구결과에 의하면, 모든 구성원들이 지속가능성 활동에 동참하는 것이 별도의 부서가 책임을 전담하는 방식보다 효과적인 전략이라고 한다. 유니레버의 마케팅책임자(chief marketing officer: CMO)는 "구석에 자그마한 부서를 만들지 말자. 모든 국가, 모든 브랜드, 모든 사업 부문에 지속가능성이 주류가 되도록 하자"라고 하였다. 유니레버에서는 R&D와 마케팅부서의 직원들이 협력하여 사업과 사회라는 두 마리 토끼를 잡을 수 있는 제품을 개발하고 판매한다. 예를 하나들면, 물 안 쓰는 비누(waterless soap)의 개발이다. 이 제품은 해로운 박테리아의 전염을 막아 생명을 구하고, 매우 중요하지만 부족한 자원인 물을 절약할 수 있는 것이다. 전체 직원들이 마음 속에 지속가능성을 염두에 두고 의사결정을 하기 때문에, 이러한 혁신적인 제품이 뿌리를 내릴 수 있었다.[59]

성공적인 지속가능성 추진을 위해서는 조직의 리더들은 구성원들에게 영감을 불러일으키고 그들의 매일 매일의 일상 업무 속에 지속가능성 사고가 자리를 잡도록 다양한 방안들을 강구해야 한다. 이와 관련해서는 잉거솔랜드의 그린 팀(Ingersoll Rand's Green Team)이 적절한 사례이다. 그린 팀은 회사 직원들의 글로벌 네트워크(global employee network)로, 지역사회 집단과 같은 외부 파트너들과 협력하여 일하는 곳이다. 미국 노스캐롤라이나주에서 중국에 이르기까지 전 세계 직원들이 합심하여, 자동차 대신 자전거로 출근하기, 불필요한 소비 대신 재활용하기와 같은 아이디어 실천에 협조한다. 최근 일년 동안 직원들의 주도적 활동으로 47억 BTU(약 138만KW)의 에너지를 절약했다.[60]

지속가능성이 모든 직원의 일상 업무 속에 자리를 잡으면 개개인에게 지속가능성 사고가 침투하기 때문에 실질적인 보상이 뒤따르게 된다. 한 연구에 의하면, 강한 지속가능성 프로그램을 가진 회사에서 직원들의 사기가 55% 더 높고, 조직 충성도(loyalty)는 38% 더 강하게 나타났다. 환경적 기준을 가진 기업들이 지속가능성 활동을 하지 않은 기업들에 비하여 생산성이 16% 높았다. 또한, CSR 성과가 높은 기업들에서 이직율이 25%~50% 정도 낮다는 연구 결과도 있다.[61]

지속가능성 전쟁에서 승리한 기업들은 직원들이 지속가능성을 자기 것으로 '소유(own)' 하도록 하는 여건을 조성해왔다. 심리적 주인의식(psychological ownership)이란 사람들이 어떤 흥미로운 대상이나 아이디어에 대하여 느끼는 소유와 연결의 감정을 말한다. 구성원의 주인의식은 직무만족, 참여, 생산성과 이익 등을 높인다. 지속가능성 프로그램은 기업과 사회의 지속적인 부의 창출에 기여할 수 있다. "우리는 세상을 바꿀 수 있다"와 같이 머리보다는 가슴에 호소하는 것이 더 고차원적인 목표를 향한 직원들의 열정을 불러일으킬 수 있다. 기업의 지속가능성 워크숍에서 참석한 어떤 금융 회사의 직원은 "우리는 우리의 일상 업무를 통하여 우리가 어떻게 우리의 삶을 바꿀 수 있는지를 눈으로 보고 있다"라고 말했다.[62]

기업의 환경적 영향을 개선하는 최고의 아이디어는 일상 운영 업무 활동에 가장 가까이 있는 현장 실무진으로부터 나온다. 킴벌리 클라크(Kimberly-Clark)의 CEO는 지속가능성 시발점을 다음과 같이 설명하였다. "우리의 목표를 충족시키는 방법에 대한 최고 아이디어들은 작업 현장에 있는 직원들에게서 나왔습니다. 우리는 이탈리아 시장에 저에너지 종이제품을 출시하여, 소매점의 매장 공간 절약과 엄마들의 집안 벽장 공간 절약에 도움을 주었습니다. 브라질인으로 구성된 한 팀은 브라질에서 그 제품이 얼마나 잘 활용되고 판매되는지를 관찰하였습니다. 그 결과 그 제품은 브라질에서 커다란 성공를 거둔 것으로 판명되었습니다."[63] 그러나 지속가능성에 영향을 미치는 위치에 있는 구성원들은 그들이 어떻게 기여할 수 있는지를 알지 못하는 경우가 너무나 많다. 구성원들이 그들의 역할을 잘 알고, 권한이 있다고 느낄 때, 회사는 지속가능성 목표를 달성할 수 있다. 예를 들면, 잉거솔랜드의 아일랜드 소재 써모킹(Thermo King) 공장은 쓰레기 매립지로 가는 폐기물이 없는 최초의 시설이 되었다. 그 과정에서는 공장의 현장 직원들이 폐기물 흐름을 파악하고 폐기물을 재활용하는 다양한 방안들을 제안하여 폐기물 혁신에 결정적인 역할을 하였다.[64] 어떤 회사들은 지속가능성 전담부서를 별도로 두어 관리하도록 한다. 그러나 별도 전담부서를 두더라도 회사의 모든 관리자들은 지속가능성 프로젝트를 주도하고 관리할 책임이 있다. 독립된 지속가능성 전담부서는 진척도를 모니터링하고 보고서를 준비한다. 예를 들면 지속가능성 전담부서의 중요한 활동은 매년 외부 이해관계자와 대중들이 회사의 지속가능성 추진 상황에 대해 알 수 있도록 보고서를 준비하는 것이다.

7.4b 외부 이해관계자 참여시키기

전통적인 비즈니스 방식들은 때로는 다른 이해관계자의 이익이 희생되더라도 주주 가치 창조에 우선하여 왔다. 전통적 비즈니스 방식에서는 다른 기업들과 협력이 어려울 수 있다. 경쟁적 사리사욕, 공유된 목표의 결여, 불충분한 신뢰 등이 협력적으로 일하려는 기업의 노력을 무력화시킨다.[65] 이와 대조적으로 지속가능 관점의 비즈니스 방식은 구성원, 고객, 주주, 공급자, 지역사회, 지구 등 모든 이해관계자들을 위한 가치를 창조하는 방향으로 기업 생태계(ecosystem)를 재정립하고 있다. 예를 들면, 어떤 단일 기업도 혼자만의 힘으로는 중요한 사회적, 환경적 문제들을 해결할 수 없다. 산림 황폐화, 기후변화, 희귀 자원의 고갈과 같은 복잡한 공급망 이슈들을 해결하기 위해서는 산업적 협력이 필요하다. 개별 기업은 정부, 사회적 기업, NGO, 글로벌기업들과 협력에 의해서 자신과 다른 이해관계자들을 잘 돌볼 수 있다. 이러한 협력은 이따금 사리사욕을 넘어 공동의 이익 추구로 신뢰를 구축하는 소규모 핵심 기업들과의 협력으로부터 시작된다.[66]

기업이 효과적으로 의사소통하지 않는다면 회사가 지속가능성 성과를 높이기 위해 어떤 혁신 노력을 했는지를 이해관계자가 이해할 수 없다. 많은 회사들이 매년 지속가능성 과제에 관한 목표와 추진 성과를 기술한 보고서를 발간한다. 지속가능성 성과의 상당 부분은 핵심 이해관계자들과 지속적인 대화로부터 나온다. 지속가능성 과제를 가진 기업은 이해관계자들과 정기적인 대화를 함으로써 경제적, 사회적, 환경적, 그리고 규제적 변화에 대한 예측과 대응을 더 잘 할 수 있다. 이해관계자들과 좋지 않은 관계는 갈등을 증가시키고 이해관계자 협력을 저해한다. 금광산업에서는 이해관계자와의 관계가 토지거래허가, 세금, 환경규제와 같은 경영의 핵심 요인에 중대한 영향을 미칠 수 있으며, 이는 기업의 성패를 좌우할 수 있다.

이해관계자와 의사소통을 할 때 이해관계자 집단에 말하는 것 만큼이나 이해관계자들의 말을 잘 듣는 것이 중요하다. 듣는 것은 이해관계자의 참여를 위한 핵심 메커니즘이다. 그 핵심은 지속가능성을 포함한 총체적인 성과를 고려하고, 어려운 상쇄적 선택관계 문제를 해결하며, 아이디어와 혁신 사례를 공유하는 대화를 확고히 하는 것이다. 의사소통은 기업이 이해관계자의 기대를 얼마나 잘 충족시키지는 지에 대한 피드백을 받을 수 있는 중심 수단이기도 하다. 또한 의사소통은 이해관계자와 협력관계를 개선하기 위해 기업이 할 수 있는 일에 대한 아이디어를 얻는 중심 수단이다.[67] 예를 들면, 브라질의 미용 및 위생용품 업체인 나투라(Natura)는 나투라 커넥타(Natura Conecta)라는 가상 사회적 네트워크를 개발하고, 여기에 대중들을 초대하여 회사의 책임, 지속가능성, 나투라에 거는 사람들의 기대 등에 대한 토론에 참여토록 하였다. 첫해에만 8,000명 이상의 사람들이 가입하였고, 이들은 회사의 대 국민 커뮤니케이션 활동에 기여하였다.[68]

7.4c 목표 설정, 평가, 그리고 보상

지속가능성 프로그램의 실행은 임직원들의 마음(hearts)뿐만 아니라 머리(heads)에도 호소할 수 있다. 머리는 목표 설정, 성과 측정 지표의 개발, 보상과 인센티브 제공과 같은 합리적 의사결정 요인들을 구상한다. 대부분의 조직에서 계획과 통제 사이클은 이러한 세 가지 기본 수단들로 구성되어 있다.

지속가능성 계획은 그것이 조직의 전략 계획 수립 과정과 별개의 것이 아닌 그 일부로 존재할 때 더욱 더 효과적이다. 지속가능성 또는 CSR 계획이 회사의 연간 전략 계획으로 통합될 경우 경영진의 마음 속에 더 중요하게 자리를 잡게 되고, 그 성공 가능성이 높아진다. 실행을 관리하기 위해서는 리더들이 주요 가시적 목표와 연계된 핵심성과지표(key performance indicator: KPI)를 설정하여 명확한 책임을 부여할 필요가 있다. 측정 가능한 목표와 책임이 없다면, 지속가능성 실행 노력이 제대로 이루어지지 않을 것이다.

로열 더치 쉘(Royal Dutch Shell)은 임원 연봉 인상과 탄소 배출량을 연계시킨 최초의 에너지 회사가 되었다. 쉘은 과거의 성과 측정 지표에 비하여 좀 더 구체적이고 단기적인 지표로 바꾸었다. 쉘은 투자자들로부터, 목표가 지나치게 장기적이라는 비난을 받아 왔었다. 예컨대 2050년까지 이산화탄소 배출을 절반으로 줄이겠다는 목표와 같은 것이다. 이로 인해 목표가 단기적 실행과 연계되어 있지 못했다. 2020년부터 쉘은 매년 3년 또는 5년 단위 목표를 세우고, 그 성과와 임원 보상을 연계시킬 계획이다. 경쟁사인 BP사와 토탈(Total)은 이미 이산화탄소 배출량 감소에 대한 단기 목표를 수립하였다.[69]

세계에서 가장 큰 광산 회사인 BHP 빌리톤(Billiton)은 환경 관리 잘못에 따른 위험을 잘 알고 대처하고 있다. 알루미늄, 구리, 철, 석탄과 같은 주요 보통재를 생산할 수 있는 자격증 유지와 연계한 임원 보상 제도를 설계하였다. 이 회사는 ESG(환경, 사회, 지배구조) 지표 관점의 균형성과평가 시스템을 개발하였다. 여기에는 사망율, 환경 사고, 인권 영향, 환경 및 노동 위생 등이 평가 지표에 포함된다. 임원 단기 인센티브의 15%는 이와 관련된 목표 달성도에 근거하여 제공된다. 회사 경영진에 따르면 보상과 ESG 성과의 연동은 상당한 효과를 거두었다고 한다. 예를 들면 에너지 소비가 6년간 16% 감소했고, 10년 이상 기간 동안에 가장 낮은 상해율(injury rate)을 기록했다.[70]

2016년 UN은 빈곤 퇴치, 지구 보호, 모든 사람이 평화와 번영을 누리도록 하는 행동을 바라는 범세계적 요구로서 지속가능발전목표 17(17 Sustainable Development Goals)을 채택하였다. 이러한 17개의 목표들은 〈도표 7.6〉에 나열되어 있다. 목표 8, 9, 10, 12는 경제에 관한 것이고, 목표 1, 2, 3, 4, 5, 7, 11, 16은 사회에 관한 것이며, 목표 6, 13, 14, 15는 지구생물권(biosphere)에 관한 것이다. 경영자들은 자신의 조직 목표를 기속가능한 개발 목표에 연계시킴으로써 회사가 지속가능성 이슈들을 효과적으로 처리하게 할 수 있다. 예를 들면, 최근 잉거솔랜드는 제로헝기(zero hunger), 양성평등, 깨끗한 물, 휴내 가능한 청정 에너지, 지속가능한 도시와 지역사회, 기후변화대응(climate action) 등을 추구하고 있는데, 이는 17개 지속가능한 개발 목표들 중에서 11번 목표에 연계되어 있다. 또한 이 회사의 전 세계 그린팀(green team) 네트워크는 이러한 목표를 마음에 새기고 적극 실천하여, 240만 파운드의 쓰레기를 줄이고 220만 갤런 이상의 물을 절약하는 큰 성과를 거두었다. 이와 더불어 잉거솔랜드는 지속가능성 컨설팅 회사인 씽크스텝(Thinkstep)과 협력하여, 전기로부터 배출된 온실가스를 포함한 제품 관련 온실가스 배출량을 추적하는 제품 배출 온실가스 측정기를 개발하였다. 지역과 글로벌 차원의 개선을 나타내 주는 이러한 성과 측정(tracking metrics)은 중요한 진전이다. 또한 잉거솔랜드의 경영자들은 지속가능성 목표를 달성하는 데 기여한 직원들을 인정하고 보상한다. 회사 차원의 인정, 팀 중심 보상 프로그램 등 어떤 형태의 인정과 보상이라 하더라도, 팀 구성원들의 공헌을 인정하는 것은 지속가능성 실천에 임직원들의 참여와 몰입을 이끌어내는 데 큰 도움이 된다.[71]

도표 7.6 UN의 지속가능 발전 목표

목표	목표의 기술
1. 빈곤 퇴치	모든 곳에서 어떤 형태의 빈곤이라도 종식시키자.
2. 제로 헝거	기아를 종식시키고, 식품의 안전과 영양 개선을 이루며, 지속가능한 농업을 육성하자.
3. 웰빙	건강한 삶을 보장하고 모든 연령대의 모든 사람을 위한 복지를 증진시키자.
4. 양질의 교육	모든 사람을 위하여 공평한 양질의 교육을 보장하고, 평생학습 기회를 증진하자.
5. 양성 평등	양성평등과 모든 여성을 위한 권리 부여를 이루자.
6. 깨끗한 물과 위생시설	모든 사람을 위한 물과 위생시설의 가용성과 지속가능한 관리를 보장하자.
7. 가용한 청정 에너지	모든 사람을 위하여 가용하고, 안정적이며, 지속가능한 현대식 에너지에 접근성을 확보하자.
8. 좋은 일자리와 경제 성장	모든 사람을 위한 포괄적이고 지속적인 경제 성장, 완전하고 생산적 고용, 그리고 좋은 일자리를 촉진시키자.
9. 산업, 혁신, 인프라스트럭처	포괄적이고 지속가능한 산업화를 촉진하고, 재생가능한 인프라스트럭처를 건설하고, 혁신을 육성하자.
10. 불평등 감소	국가 간 및 국가 내 불평등을 줄이자.
11. 지속가능한 도시와 공동체	도시와 주거지를 안전하고 지속가능하게 만들자.
12. 책임 있는 소비와 생산	지속가능한 소비와 생산 패턴을 확보하자.
13. 기후 행동	기후 변화와 그 파장에 대처하는 긴급한 조치를 취하자.
14. 수중 생물	지속가능한 발전을 위해 바다와 해양 자원을 보존하고 지속가능한 방식으로 사용하자.
15. 육지 생물	삼림을 보호하고, 사막화와 토양 오염을 방지하며, 생물 다양성 감소를 저지하자.
16. 평화, 정의, 강력한 제도	정의롭고 평화로운, 그리고 포용력 있는 사회를 만들자.
17. 목표 달성을 위한 파트너십	지속가능한 발전을 위한 글로벌 파트너십을 활성화하자.

지속가능성의 합리성과 가치가 계속해서 높아지면서, 그 가치가 너무 커져서 더 이상 운이나 비공식적 프로세스에만 맡길 수 없게 되었다. 다우케미컬(Dow Chemical)은 사업담당 관리자가 연간 사업 계획 수립 과정에 지속가능성 계획을 포함하도록 하고 있다. 이렇게 각 사업부가 사업 계획과 지속가능성 계획을 같이 개발하기 때문에 지속가능성과 사업 목표의 연계가 잘 이루어지고 있다. GE는 공식적으로 매년 모든 사업부의 환경 성과를 검토한다. GE는 모든 공장관리자들로 하여금 환경과 관련한 최근 자료를 제출하게 하고, 이를 검토하여 관리자들이 지속적 개선(continuous improvement)에 책임감을 갖도록 한다.[72]

적합성 평가

당신의 지속가능성 평가

다음의 연습 문제들은 여러분들이 개인의 지속가능성 역할과 그것이 여러분에게 어떤 의미를 갖는지를 이해하는 데 도움이 될 것이다. 여러분의 지속가능성을 이해하기 위해 다음 항목에 대해 '대체로 그렇다' 또는 '대체로 그렇지 않다'로 답해보자.

	대체로 그렇다	대체로 그렇지 않다
1. 나는 내가 할 수 있는 한 의도적으로 쓰레기를 재활용하고 줄인다.	____	____
2. 나는 물을 절약하려 노력한다(예: 샤워시간 단축, 양치질하는 동한 물 잠그기, 옷을 가득 채우고 세탁기 돌리기).	____	____
3. 나는 플라스틱 물병의 물을 마시지 않는다.	____	____
4. 나는 회사나 일터에서 자발적으로 지속가능성 프로젝트에 참여하려 한다.	____	____
5. 나는 사람들이 협력하면 기후변화에 대응할 수 있다고 믿는다.	____	____
6. 나는 내가 속한 공동체에서 환경을 보호하기 위한 조치들을 더 많이 보고 싶다.	____	____
7. 나는 지난 5년 동안 지속가능성 프로젝트에 참여해 왔다.	____	____
8. 나는 나 자신이 환경운동가라고 생각한다.	____	____
9. 나는 환경적 피해를 줄이기 위하여 나의 생활 스타일을 바꾸려 노력하고 있다.	____	____
10. 나는 포장재가 친환경적이라면 좀 비싸더라도 구매할 것이다.	____	____

해석: 위의 각 설문들은 당신의 지속가능성 관점에 대한 것이다. 점수가 높을수록 환경 보호를 위한 지속가능성 조치를 취하는 것에 관심이 높다는 것을 의미한다. 또한 높은 점수일수록 당신의 정신적 로직은 상업적 삶의 목적보다 사회적 복리를 선호하는 것으로 해석할 수 있다. 반면, 점수가 낮을수록 지속가능성 환경을 촉진하는 것에 관심이 덜하고, 당신의 정신적 로직이 상업적 이익 추구 쪽으로 기울어 있다고 해석할 수 있다. 당신의 점수와 다른 학생들과 비교해 보고, 여러분 각자가 상업적 로직 대비 사회적 복리를 어느 정도 소유하고 있는지를 논의해보자.

환경 경영 성과 평가는 의사결정 활동을 검토하고 개선시킬 수 있다. 가구제조회사인 허먼밀러(Herman Miller)에서는 디자이너가 다양한 원재료들의 환경적 영향 관련 자료들을 분류한 데이터베이스에 접근할 수 있다. 이는 회사 전반에 걸쳐 현명한 의사결정이 이루어질 수 있게 한다. 또한 원가절감 또는 수익 성장과 같은 사업 성과 지표와 환경 보호 노력을 연계시키고, 이를 구성원들에게 알림으로써 지속가능성 프로세스의 개선을 촉진할 수 있다.[73]

핵심정리

- 지속가능성 또는 CSR프로그램의 성공을 위해서는, 독립된 별도 부서에 책임을 전담시키기보다는 모든 구성원들이 참여해야 한다.
- 연구에 의하면, 강력한 지속가능성 프로그램을 가진 기업들에서 그렇지 않은 기업에 비하여 직원들의 사기가 55%, 조직에 대한 충성도가 38% 더 높은 것으로 나타났다.
- 현장 근무자들이 환경에 미치는 조직의 영향을 개선할 수 있는 최고의 아이디어를 가지고 있다.
- 지속가능한 기업은 직원, 고객, 주주, 공급망, 그리고 지역 사회를 포함한 여러 이해관계자들과 소통하고 좋은 관계를 형성한다.
- 이해관계자들과 소통의 핵심은 경청이다. 나투라커넥타는 가상 사회적 네트워크를 구축하고 기업의 사회적 책임에 대한 토론에 대중들을 참여시켰다.
- 최고경영자들이 명확한 목표를 세우고 직원들에게 지속가능성 책임을 부여할 수 있도록, 지속가능성 계획은 조직의 전략 계획 수립 과정에 포함되어야 한다.

7.5 윤리적 가치 실천을 위한 조직설계

미국 윤리자원센터(Ethics Resource Center)의 조사에 의하면, 조사대상자 6,400명의 미국 근로자 중 41%가 업무 수행중 비윤리적인 행동을 보았다고 말했다. 이 수치는 높은 것처럼 보이지만, 2011년의 45%, 2007년의 55%보다는 낮은 것이다. 하지만 나쁜 소식은 윤리적 위반의 60%가 경영자들이 했다는 것이다. 또한 비윤리적 행동을 제보한 것에 대해 보복을 받았다고 하는 근로자의 비율은 초창기 조사에서 나타난 수치와 동일하게 나타났다.[74] 이러한 문제는 미국 기업에만 국한된 것은 아니다. 최근 독일과 일본에서도 국가와 기업의 지도층에서 윤리와 관련된 스캔들이 헤드라인을 장식하고 있다.[75] 폭스바겐(Volkswagen)은 디젤 엔진의 소프트웨어를 조작하여 미국 배기가스 테스트를 속인 사건으로 분출된 스캔들로부터 아직 회복중이다. 최근 일본의 고베철강(Kobe Steel)은 회사가 수십년 동안 편법으로 제품의 품질 사양을 조작하여 왔음을 인정하였다. 2018년 초반에는 CEO 히로야 가와사키는 그 사기 사건에 책임을 지고 사임하였고, 회사는 새로운 최고경영팀을 꾸려 사태를 수습하여 노력하고 있다.[76] 기업의 최고경영자들은 대중의 감시를 전에 없이 많이 받고 있으며, 중소기업조차도 고객과 지역사회로부터 신뢰를 회복하기 위해서는 윤리를 더 중요시해야 할 필요성을 느끼고 있다.

7.5a 개인 윤리 원칙의 원천

윤리(ethics)는 옳고 그름과 관련하여 개인이나 집단의 행동을 이끌어 가는 도덕적 원칙과 가치이다. 윤리적 가치는 행동과 의사결정의 좋고 나쁨을 판단하는 기준을 설정한다.[77] 어떤 집단, 조직 또는 사회에서 무엇이 윤리적인 행동이냐에 대해서는 공감대가 많이 형성되어 있기는 하지만, 윤리는 개인적이며, 각 개인의 고유한 특성을 드러내는 것이다.[78] 사람들은 자신이 살고 있는 시간과 장소에 의해 영향을 받는다. 국가 문화, 종교적 유산, 역사적 배경 등은 사람들의 사회적 도덕관이나 옳고 그름에 대한 사회적 관점 형성에 영향을 미친다. 사회적 도덕성은 안정된 사회를 위하여 바람직한 것이 무엇인지를 판단하는 가치관과 행동 규범과 가치관 속에 반영된다. 이런 것들의 일부는 음주운전, 도둑질 또는 살인 금지법과 같이 법과 규제로 명문화되기도 한다.

이러한 법은 사회규범이나 가치와 함께 개인들이 행동하는 주변 환경(동호회, 가족, 직장과 같은)을 형성시킨다. 개인들은 어떤 것은 버리고 어떤 것은 자신의 윤리 기준 속으로 받아들이면서 가족, 공동체, 문화, 사회, 종교적 공동체, 지역환경의 신념과 가치를 흡수한다. 따라서 개인의 윤리적 입장은 개인이 속한 역사적, 문화적, 사회적, 그리고 가족적 배경 등이 복합적으로 작용하여 만들어진다.

윤리적 행동은 항상 개인행동과 관련되기 때문에 개인의 윤리를 살펴보는 것이 중요하다. 조직에서 개인의 윤리적 입장은 동료, 부하직원, 상사 그리고 조직문화에 의해 영향을 받는다. 조직문화는 이따금 개인의 선택에 지대한 영향을 미치며, 윤리적 행동을 지원하고 장려할 수도 있고, 반대로 비윤리적이고 사회적으로 무책임한 행동을 조장할 수도 있다.

7.5b 조직 윤리

뉴스에서 다뤄지는 최근의 많은 스캔들은 법이나 규칙을 위반한 사람과 기업들의 이야기이다. 예를 들면, 페이스북, 구글은 사용자 개인정보를 제대로 보호하지 못함에 따른 문제로 국제적으로 곤란을 겪었다. 어린이 옹호, 건강, 공익 집단이 연합하여 맥도날드(McDonald)의 해피밀닷컴(HappyMeal.com), 서브웨이키즈닷컴(SubwayKids.com), 그리고 기타 여러 온라인 사이트들이 어린이 개인정보 보호법을 위반했다고 주장하면서 미 연방거래위원회(Federal Trade Commission)에 소송을 제기하였다. 이메일 주소를 수집하고, 어린이들에게 직접 마케팅 자료를 보내는 것은 불법이기 때문에, 이 회사들은 웹사이트 이용자들에게 게임을 하게 하고, 친구들과 그것을 공유하게 하는 방법을 사용한다. 그러면 이 사이트는 그들의 친구들에게 마케팅 메시지를 보낼 수 있다.[79] 많은 기업들은 외국에서 뇌물을 제공했다는 이유로 비난을 받았다. 그것은 미국법을 위반한 것이다.[80] 그러나 윤리는 법을 준수하는 행동 이상의 것이다.[81] **법규**(rule of law)란 사람들이 어떻게 행동해야 하는지에 대해서 명시화된 원칙과 규칙들로부터 나온 것으로, 사회에서 일반적으로 받아들여지는 행동이며, 법원에서 강제로 시행할 수 있는 것이다.[82]

예를 들어 연방 검사는 자녀들을 명문대에 입학시키기 위하여 뇌물을 주고 시험 점수와 스포츠 활동을 위조한 대학 입시 부정 혐의로, 인기 여배우 펠리시티 허프먼(Felicity

Huffman)과 로리 러프린(Lori Loughlin) 등을 비롯한 50명을 기소하였다. 그 입시 부정 행위 사건의 주모자이자 컨설턴트인 윌리엄 싱어(William Singer)는 사기, 돈 세탁, 탈세 등의 혐의로 유죄를 선고받았다. 그리고 이에 연루된 일부 학부모와 관계자들도 재판을 받고 있다.[83] 이것은 명백히 법을 위반한 사건이다. 그러나 미 사우스캐롤라이나주 찰스턴(Charleston)에 있는 미군 원자로 훈련센터에서 일어난 해군 교관들의 부정 행위 사건은 법 위반 여부가 명확하지 않았다. 사건 조사 후 해군 관계자는 최소 34명의 수병들을 사기 혐의로 해고하였다. 미 해군제독 조나단 그리너트(Janathan Greenert)는 비록 법을 위반하지는 않았지만 "이것은 핵심가치에 반하는 행동이다. 우리 해군 전반에 걸쳐 행동의 기초는 진실성(integrity)이다"라고 하였다.[84]

도표 7.7 법과 윤리의 관계

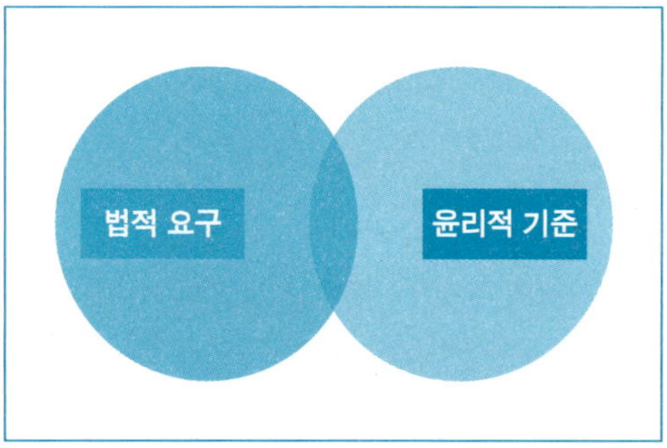

출처: LaRue Tone Hosmer, *The Ethics of Management*, 2nd ed. (Homewood, IL: Irwin, 1991).

윤리적 기준과 법 기준의 관계는 〈도표 7.7〉에 제시되어 있다. 윤리적 기준은 대부분 법에서 다루어지지 않는 행동에 적용되며, 법규는 윤리적 기준만으로는 해결되지 않는 행동들에 적용된다. 현재 법은 이따금 도덕적 판단을 반영하지만, 도덕적 판단 모두가 법으로 명시되는 것은 아니다. 예를 들어 물에 빠져 있는 사람을 돕는 도덕성은 법으로 일일이 명기하지 않는다. 차도의 오른쪽에서 운전해야 한다는 것은 도덕에 기반을 둔 것이 아니다. 그러나 도둑질이나 살인과 같은 행동에 대해서는 법과 도덕적 기준이 같이 적용된다. 많은 사람들은 법을 위반하지 않으면 윤리적으로 행동하고 있는 것으로 믿지만 항상 그런 것은 아니다. 많은 행동은 성문화되지 않는다. 그래서 경영자는 그러한 이슈들에 대해 새롭게 대두되는 규범과 가치에 민감해야 한다.

경영자 윤리(managerial ethics)는 도덕적 관점에서 무엇이 옳고 그른 것인지에 대해 경영자들이 의사결정하고 행동할 때 판단 기준이 되는 원칙들이다. 다음은 경영자 윤리의 필요성을 제시하는 사례들이다.[85]

- 한 최고경영자는 매년 7천만 달러의 매출을 지속적으로 달성하고, 브라질, 터키 등의 국가에서 새로운 시장을 개척하여 세계적인 회사로 성장하는 데 기여한 어떤 판매관리자의 승진을 검토하고 있다. 하지만 주위의 여직원들은 이 관리자가 자신들에게 욕을 하거나 성적인 농담을 하고 자신이 지시한 대로 수행하지 않으면 화를 내는 등 문제가 있다고 불평을 하고 있다.
- 어떤 미용제품 판매점 관리자는 자신과 영업사원이 일정한 수량의 신제품을 팔면 그에 대한 많은 인센티브를 받을 수 있다고 들었다. 이 신제품은 파마상태를 오래 지속시

켜주기는 하나 기존의 다른 제품보다 2배나 비쌌다. 이 관리자는 영업사원들에게 기존의 제품을 창고에 집어넣도록 하였고, 고객들에게는 기존 제품의 배달이 늦어지고 있다는 거짓말을 하게 하였다.

- 해외시장에서 활동하고 있는 한 제조업체는 정부 관료들로부터 뇌물을 요구받았다. 또한 이 나라에서는 관례적으로 행해오는 것이라고도 들었다. 물론 본국에서는 불법이다.

이러한 사례가 보여주듯이 윤리적인 것은 의사결정과 관련되어 있다. 경영자는 일상적으로 고객과 공급업자에게 정직할 것인지 그들을 속일 것인지, 구성원들을 존중할 것인지 무시할 것인지, 좋은 기업시민이 될 것인지 나쁜 기업시민이 될 것인지를 결정해야 한다. 이슈에 따라서는 해결하기가 매우 어려운 경우도 있다. 이것을 **윤리적 딜레마**(ethical dilemma)라고 한다. 윤리적 딜레마는 가치가 상충되어 상황의 옳고 그름을 판단하기 어려운 상황에서 일어난다.[86] 예를 들면, 미용제품 판매점의 영업사원의 경우, 고객에게 정직한 것과 상사의 기대에 충실히 따르는 것 사이에 가치가 상충될 수 있다. 제조업체 사장은 뇌물에 대해 해외현지국의 관례를 따를 것인지, 본국의 법을 준수할 것인지 사이에서 갈팡질팡할 수 있다. 때로는 선택할 수 있는 대안이나 행동들 모두가 바람직하지 않은 경우도 있다. 윤리적 딜레마는 해결하기 쉽지 않다. 하지만 최고경영자는 도덕적 관점에서 최선의 의사결정 지침을 제공하는 조직의 가치관을 수립하여 그 과정을 도와줄 수 있다.

7.5c 공식구조와 시스템

리더가 문화와 윤리적 가치를 형성하기 위해 사용할 수 있는 또 다른 수단으로는 조직의 공식구조와 시스템을 들 수 있다. 이 시스템은 경영윤리를 확립하는 데 매우 효과적이다. 〈도표 7.8〉은 경영자들이 윤리적 조직을 구축하고 지원하는 몇 가지 방식들을 나열한 것이다.

도표 7.8 윤리적 조직을 구축하기 위한 구조와 시스템

조직구조. 대부분의 전문가는 공식적인 윤리프로그램이 윤리적 문화를 형성하는데, 특히 대기업에 필요하다는 것에 동의한다.[87] 이것은 조직의 시간과 에너지를 윤리 문제에 할당하는 것뿐만 아니라 윤리의 중요성을 모든 사람에게 상징화하는 것이다. 최고경영자는 윤리적 가치관에 대한 책임을 특정의 지위에 부여할 수 있다. 기업윤리를 감독하기 위해 다양한 교차기능 집단(cross-functional group)의 임원들이 모인 **윤리위원회**(ethics committee)가 그 예이다. 윤리위원회는 문제가 되는 윤리적 이슈에

대해 판정을 내리고 비윤리적 행위를 한 사람을 징계하는 책임을 맡는다. 이 위원회를 최고 경영진으로 구성함으로써 조직 차원에서 윤리의 중요성을 부각시켜준다.

오늘날 많은 회사에서 기업의 윤리적 활동을 관리하고 조정하는 윤리부서를 두고 있다. 이 부서는 윤리경영책임자(chief ethics) 또는 **준법감시인**(compliance officer)이 이끌어간다. 이들은 윤리기준을 수립하며, 조직 전체에 전달하고, 윤리교육 프로그램을 실시하며, 윤리 문제를 조사하고, 경영자가 의사결정을 할 때 윤리적 측면에서 조언하는 등 윤리의 모든 측면을 관리하고 감독하는 고위직 임원이다. 이 부서가 효과적으로 활동하기 위해서는 준법감시인이 직접 기업 이사회에 접근할 수 있고, CEO가 해고할 수 없어야 한다.[88]

윤리부서는 때때로 구성원들이 해결하기 어려운 윤리적 딜레마를 처리할 수 있도록 도와주는 상담센터로도 활동한다. 비윤리적 행동을 하는 사람을 징계하는 것만큼 올바른 의사결정을 하도록 도와주는 것에도 초점을 둔다. 대부분의 윤리부서는 구성원들이 의심스러운 행동을 제보하는 것뿐만 아니라 윤리 행동 가이드라인을 얻을 수 있도록 하는 **윤리 문제 핫라인**(ethics hotlines)를 운영하고 있다. 어떤 조직은 비윤리적 행동의 신고 이외에도 윤리적 의사결정을 도와준다는 점을 강조하기 위해 그 핫라인을 '가이드라인(Guide Line)'이라고 부르기도 한다.[89] 윤리자원센터의 대표인 개리 에드워즈(Gary Edwards)에 따르면, 회사에서 운영하는 핫 라인 전화의 65%에서 85%는 윤리적 이슈에 대한 상담이다.[90]

신고제도. 신뢰할만한 핫라인 전화상담 서비스는 구성원들에게 윤리적 행동에 대한 관심을 불러일으키는 중요한 메커니즘이다. 기업이 책임 있는 행동을 지속하려면, 구성원들이 불법적이고, 위험하고, 비윤리적이라고 생각하는 활동을 알게 되었을 때 기꺼이 말할 수 있어야 한다. **내부 고발**(whistle-blowing)이란 회사 안에서 일어나는 불법적, 비도덕적, 비합법적인 일을 구성원이 폭로하는 것을 말한다.[91] 기업에서 윤리적 문제가 증가함에 따라 많은 회사들이 내부고발자(whistle-blower)를 보호하기 위한 방법을 찾고 있다. 또한 불법적이고 비윤리적인 사업 활동을 폭로한 사람을 강력하게 법으로 보호해주어야 한다는 요구도 증가하고 있다.[92] 보호조치가 없을 때 내부고발자는 고통을 받으며, 회사는 계속 비윤리적이거나 불법적인 행동을 할 수 있다. 그래서 새로운 내부고발자 포상 프로그램이 도드-프랭크(Dodd-Frank) 금융개혁법의 일환으로 만들어졌다. 이것은 내부고발자를 보상하고, 리먼 브라더스(Lehman Brothers)의 회계부분의 선임 부사장이었던 매튜 리(Matthew Lee)에게 일어난 일을 방지하기 위해 설계되었다. 리는 대차대조표에서 500억 달러의 위험대출자산을 잠시 숨김으로써 위험을 감추려고 하는 회사의 행동에 대한 우려를 제기하고 나서 일주일 만에 해고당했다. 전에 리먼사의 중개인이었던 로렌스 맥도널드(Lawrence McDonald)는 거대기업의 붕괴에 대한 책을 출판하였는데, 이 책에서 그는 리먼사가 내부고발자를 해고하거나 일을 주지 않음으로써 위험하고, 비윤리적인 행동을 계속 허용해 왔다고 말한다.[93] 매튜 리와 달리 2012년 8월 다른 회사의 수백만 달러 사기를 막는 데 기여한 내부고발자는 50,000달러를

받았다. 이 금액은 이 사건에서 징수한 금액의 1%에 해당한다.[94]

미국과 일본을 포함한 많은 국가의 정부는 내부고발자를 보호하는 법안을 통과시켰다. 그러나 그것만으로는 충분하지 않다. 윤리의 중요성을 인지하고 있는 기업들은 구성원들이 문제를 자유롭게 지적하고, 경영자들이 비윤리적이거나 불법적인 활동을 신속하게 처리할 수 있는 분위기와 문화를 만들기 위하여 노력하고 있다. 내부고발행동은 엔론(Enron), 베어 스턴스(Bear Stearns), 컨트리와이드(Countrywide), 뉴스 코퍼레이션(News Corporation), 리먼 브라더스 등에서 일어난 재앙을 사전에 방지해줌으로써 회사에 이익이 될 수 있다.

도입 질문과 답

3. 기업이 굳건한 윤리적 토양에 머무르게 하는 최선의 방법은 강력한 윤리 규약을 만들고, 모든 구성원들이 그 지침을 숙지하도록 하는 것이다.

답) 동의하지 않는다. 강력한 윤리 규약을 갖는 것은 윤리적 기업을 만드는 데 있어 중요한 부문이다. 그러나 구성원들이 높은 윤리 기준에 부합하는 행동을 하느냐 그렇지 않느냐를 결정하는 데에는 경영자의 행동이 훨씬 더 강한 영향을 미친다. 경영진들이 정직하지 않고, 원칙이 없거나 무례하며, 다른 사람들이 그러한 행동을 하더라도 방임하는 문화를 만든다면, 구성원은 회사의 공식적 윤리 규약을 신뢰하지 않을 것이다.

윤리 규약. 최소한 모든 기업은 이해하기 쉽고, 사례를 제시하고, 회사가 기대하는 행동과 처벌에 대해 설명해 줄 수 있는 윤리 규약을 필요로 한다.[95] **윤리 규약**(code of ethics)이란 윤리와 사회적 책임에 대한 회사의 가치관을 공식적으로 표현한 것이다. 그것은 구성원들에게 회사가 무엇을 중요시하며, 무엇을 기대하는지를 명확히 제시해 준다. 예를 들어 록히드 마틴(Lockheed Martin)은 윤리 규약에서, 회사가 정직, 성실, 존경, 신뢰, 책임, 시민의식이라는 가치에 충실함으로써 "윤리적 행동을 위한 표준을 정립하는 것을 목표로 한다"라고 기술하고 있다. 이 규약은 회사의 가치관을 실현할 수 있는 행동 유형을 구체적으로 제시하고 있으며, 구성원들이 회사 자원을 활용하여 윤리적 선택과 의사결정을 할 수 있도록 장려하고 있다.[96] 윤리 규약은 광범위한 이슈를 다루고 있다. 기업의 핵심가치를 제시하는 것은 물론이고, 작업장의 안전, 특허정보의 보호, 구성원의 사생활, 환경보호, 제품의 안전, 기타 이해관계자와 관련된 지침들을 포함하고 있다. 예를 들어 스위스 은행 UBS AG는 금융범죄, 경쟁, 기밀 사항과 같은 이슈를 다루는 강력한 윤리 규약을 만들었다. 이 규약에는 이를 위반한 직원에 대한 처벌도 제시하고 있다. 은닉된 해외계좌의 사용에 대한 조사에 대응해서 윤리 규약은 직원들이 고객의 탈세를 돕는 것을 명확하게 금지하였다. IRS(The Internal Revenue Service)는 사상 최대의 내부고발자상—1억 400만 달러—을 금융사기를 폭로한 전 UBS 직원에게 주었다.[97] 또한 새로운 윤리 규약에서는 경영자가 불법을 신고한 구성원에게 보복하지 못하도록 규정하였다.[98]

경영 원칙에 대한 기술서를 기업 신조(Corporate Credos)라고 부르는 경우도 있다. 한 가지 좋은 사례가 존슨앤존슨(Johnson & Johnson)의 "크레도(The Credo)"이다. 크레도는 60년 이상 동안 존슨앤존슨의 경영자들이 구성원, 고객, 지역사회, 그리고 주주들에 대한 회사의 책무를 준수하는 방향으로 행동하도록 하는 의사결정의 지침으로 작용하여 왔다. 또 다른 사례는 구글의 행동 규범(Code of Conduct)이다. 구글의 행동 규범에 대한 내용은 다음 사례와 같다.

IN PRACTICE 구글

구글(Google)은 세계에서 가장 유명한 기업의 하나이다. 경영자들은 기술적 우위, 윤리와 사회적 책임 준수로 명성을 얻고 있다. 구글의 행동 규범(code of conduct)은 이런 말로 시작한다. "사악해지지 말자(Don't be evil). 우리 구글인(Googler)들은 우리의 고객에게 봉사하는 방식 전반에 걸쳐 이 말을 적용한다. 그러나 '사악해지지 말자'는 그 이상으로 훨씬 더 중요한 것이다."

구글은 잘 설계된 행동 규약을 정하여 '사악해지지 말자'라는 좌우명을 실천하고 있다. 구글의 행동 규약은 7개 부문으로 구분된다. 각 부분은 다시 가치, 정책, 그리고 기대를 기술하는 하위 영역들로 나누어진다. 이 규약은 구성원들이 윤리 규약 위반과 불법 행위를 제보할 경우, 보호받을 것이라는 점을 명시하고 있다. 다음은 구들의 행동 규범 중 몇몇 발췌한 사항들이다.

고객에게 봉사한다(Serve Our Users)
우리의 고객들이 구글을 가치롭게 여기는 이유는, 우리가 우수한 제품과 서비스를 제공하기 때문만이 아니라 고객을 대우하는 과정에서 통상적인 기대를 뛰어 넘는 높은 기준을 가지고 접근하기 때문이다.

상호 존중한다(Respect Each Other)
우리는 직원들이 잠재력을 최대한 발휘하도록 기회를 주는 후원적 근무 환경을 구축하기 위해 노력한다. 모든 구글인들은 어떠한 종류의 학대와 위협, 편견과 부당한 차별이 없는 인간존중의 작업장 문화를 조성하기 위하여 최선을 다한다.

기밀을 유지한다(Preserve Confidentiality)
우리는 우리의 제품과 문화를 중심으로 언론의 관심을 많이 받고 있다. 통상적으로 이러한 것은 좋은 것이다. 그러나 언론매체나 경쟁사에게 부적절하게 흘러들어간 회사 정보는 우리의 제품 출시에 손해를 끼쳐 대가를 치르게 할 수 있다.

재무적 진실성과 책임을 다한다(Ensure Financial Integrity and Responsibility)
재무적 진실성과 책임은 기업 프로페셔날리즘의 핵심 요인이다. 구글을 위하여 쓰는 돈은 우리 것이 아니다. 그 돈은 회사의 것이며 궁극적으로는 우리의 주주들의 것이다.

법을 준수한다(Obey the Law)
구글은 법과 규칙을 준수하는 책임을 진지하게 받아들인다. 우리 각자는 법적 요건과 규제에 따라야 한다.

결론
구글은 남다른 회사가 되고 싶어 한다. 우리가 직면하는 모든 발생 가능한 윤리적 시나리오를 명확히 기술하는 것은 불가능하다. 대신에 우리는 서로서로의 훌륭한 판단에 의지하여 우리 자신과 우리의 회사를 위한 높은 기준의 진실성을 고수한다.[99]

어떤 기업은 윤리를 기업가치의 일부분으로 간주하고 가치선언문 속에 포함하여 관리한다. 이 선언문에는 기업의 문화뿐만 아니라 윤리적 가치를 포함하여 기업의 책임, 품질, 직원 대우에 관한 내용이 담겨 있다. 공식적인 가치선언문은 조직이 중요하게 여기는 것이 무엇인지를 정의하고 있는 조직의 기본문서이다.[100]

명문화된 윤리 규약과 가치선언문을 만드는 것도 중요하지만 최고경영자가 그것을 준수하면 보상하고, 위반하면 징계하는 등의 행동을 통해 윤리 규약을 지지하고 강화하는 것이 더 중요하다. 그렇지 않으면 윤리 규약은 종이 조각에 불과하다. 한 연구에 의하면 명문화된 윤리 규약을 가지고 있는 조직이라 하더라도 윤리 규약이 없는 기업과 거의 같은 수준으로 불법적 행동을 저지른다고 한다.[101]

7.6 글로벌 환경에서의 기업 윤리

전 세계에서 활동하는 조직은 다양한 문화와 시장요인을 다뤄야 하기 때문에 윤리적 어려움을 겪는 경우가 많다. 환경과 조직 영역이 복잡해질수록 윤리적 문제나 오해가 발생할 가능성이 높아진다.[102]

예를 들어 글로벌 공급망은 윤리적 문제를 계속 발생시키고 있는 원천 중 하나이다. 글로벌 공급망은 너무 넓고 분산되어 있어서 경영자들은 사업을 함께 하는 기업들에 대해 잘 알기가 어렵고, 더구나 그들의 도급업체와 하도급업체에서 일어난 일은 더욱 알기 어렵다. 아마존은 독일에 유통센터가 있는데 독일의 비싼 인건비 때문에, 폴란드, 스페인, 루마니아, 기타 다른 유럽국가에서 온 수천 명의 임시 이민자들을 고용하고 관리하는 제3기업과 함께 일한다. 이것을 통해 아마존은 계절적 수요에 유연하게 대응할 수 있다. HESS(Hensel European Security Services)로부터 온 보안요원이 아마존의 작업자들을 위협하였고, 도난당한 음식을 찾기 위해 그들을 검문하였으며, 미리 알리지도 않고 자신들의 비좁은 숙소를 수색하였다는 다큐멘터리 프로그램을 독일의 공영TV방송국에서 방영한 후 아마존은 윤리적 문제에 휘말리게 되었다. 이 프로그램에 나온 보안요원은 독일의 신나치주의자(neo-Nazi community)에게 인기 있는 패션 상표인 토르 슈타이너(Thor Steiner)의 옷을 입고 있었다. 아마존은 HESS와의 거래를 즉시 중단하였다. HESS의 임원은 그러한 혐의를 부인하였고, "우리는 정치적 급진주의를 멀리 한다"라고 말했지만 독일의 노동부도 이 일을 조사하고 있다.[103]

글로벌 차원에서 사업할 때 나타나는 또 다른 문제는 여러 다른 국가에서 온 구성원들은 각기 다양한 태도와 신념을 가지고 있어서 윤리 문화에 기반한 공동체 의식과 응집력이 형성되기 어렵다는 것이다. 연구에 의하면 국가문화는 기업문화보다 구성원들에게 더 큰 영향을 미치며, 국가문화의 차이는 또한 매우 다양한 윤리적 태도를 생성시킨다.[104] 경영자들은 이따금 강하고 윤리적 기업문화 개발을 위한 아이디어를 복잡한 글로벌 환경에 맞게 전환시키려는 노력을 한다. 경영컨설팅, 기술서비스, 아웃소싱 전문 회사인 액센츄어(Accenture)는 8개국에 14만 명의 직원을 고용하고 있는데, 각 지역에 '지역윤리 담당자(Geographic Ethics Leads)'라 하는 연결 담당자(liaisons)를 두어, 윤리 규약이 현지에 적절한 언어로 쓰여지고 각 지역의 다양한 직원 욕구에 대응하도록 한다. 이 연결 담당자는 각 나라에서 개최되는 포커스 그룹 회의에 참여한 구성원들로부터 의견을 수렴한다. 따라서 전체적으로 공통된 핵심 윤리가치가 있기는 하지만, 회사의 윤리 규약은 액센츄어의 지사가 있는 국가의 특성에 맞게 맞춤화(customized)된다.[105]

핵심정리

- 글로벌하게 운영되는 조직은 다양한 문화적 요인과 시장 요인을 다루어야 하기 때문에 상당히 어려운 윤리적 도전에 직면한다.
- 글로벌 공급망은 경영자들에게 윤리적 문제를 계속 발생시키는 원천 중 하나이다.
- 여러 다른 국가에서 온 직원들이 다양한 태도 신념을 가지고 있기 때문에, 경영자들은 회사의 기업 윤리 문화 발전을 위한 아이디어를 복잡한 글로벌 환경에 맞추어 변환시키는 노력을 한다.

토의문제

1. 혼합 조직이란 무엇인가? 혼합 조직은 전형적인 비영리조직 또는 영리추구 조직과 어떻게 다른가?
2. 혼합 조직에서 조직구성원들이 갖게 되는 두 가지 주요 '로직'을 대비하여 설명해보자.
3. "사명 표류"은 사회적 기업의 성과에 어떻게 피해를 주는가?
4. 당신은 개인적으로 상업적 로직을 받아들인가 아니면 사회적 복리 로직을 받아들이는가? 왜 그러한 관점을 가지는가?
5. 사회적 기업은 다른 비슷한 생각을 가진 조직들과의 협력을 통하여 사회적 목적을 충실하게 지속할 수 있는데 그 이유는 무엇인가?
6. 만일, 혼합 조직이 사회적 목적을 배제하고 이익 목적에 초점을 둔다면 어떤 일이 일어난다고 생각하는가? 그 반대는? 이에 대해 설명해보자.
7. 재무적 성과를 측정하는 것처럼 사회적, 환경적 성과를 정확히 측정할 수 있다고 생각하는가?
8. 한 조사에 의하면 MBA 학생의 69%는 주주가치 극대화를 기업의 주요 책임으로 본다고 한다. 이러한 철학이 혼합 조직에서 어떻게 적응할 수 있는가?
9. 환경적 지속가능성에 기여할 기회가 제공되는 회사에서 일하는 직원들이 더 행복하다는 연구결과가 있다. 이에 대해서 당신은 왜 그렇다고 생각하는가?
10. "깨어 있는 자본주의"의 개념을 설명해보자. 당신은 이러한 공유가치를 가진 기업이나 경영자들은 사회적으로 좀 더 책임 있는 행동을 할 가능성이 크다고 생각하는가?

연습문제: 당신의 윤리적 성숙도 수준은?

이 연습문제는 윤리의 개념과 윤리가 어떤 의미를 주는지를 이해할 수 있도록 도울 것이다. 이들은 당장에 일어나지는 않지만, 조만간 당신은 관리자들로부터 당신의 윤리적 신념이나 정의감 수준을 시험받을 상황에 직면할 것이다. 당신이 학생 또는 회사 근무자의 일원이라고 생각하고 아래 질문에 답해보자. 다음 각 질문들은 당신이 다른 사람들과 함께 일할 때 나타나는 당신의 행동 특성과 어느 정도나 부합하는가를 보는 것이다. 다음 질문에 답해보자.

	대체로 그렇다	대체로 그렇지 않다
1. 나는 내 행동의 지침이 되는 원칙과 가치를 명확히 기술할 수 있다.	_____	_____
2. 나는 나의 실수를 빨리 인정하고, 그에 대한 책임을 진다.	_____	_____
3. 나는 누군가가 나에게 영향을 주는 심각한 실수를 했을 때, 빨리 용서하고 잊어버릴 수 있다.	_____	_____
4. 어려운 결정을 할 경우에는 나는 나의 원칙과 가치관을 심사숙고 한다.	_____	_____
5. 나는 나의 친구들과 직장 동료들 사이에 약속을 잘 지키는 사람으로 정평이 나 있다.	_____	_____
6. 나는 매우 정직하고, 진실을 말하는 사람으로 신뢰 받고 있다.	_____	_____
7. 누군가 나에게 비밀을 지켜달라고 요구한다면, 나는 항상 그렇게 한다.	_____	_____
8. 나는 사람들에게 업무상 윤리적 행동에 대해 책임을 지도록 한다.	_____	_____
9. 나는 상황이 여의치 않더라도 공정하고 윤리적인 것을 하려 한다.	_____	_____
10. 나의 동료들은 나의 행동이 나의 가치관과 매우 일관성이 있다고 말한다.	_____	_____

점수계산: '대체로 그렇다'에 응답한 수를 센 다음, 다음 지침에 따라 진행해보자.

a. 4명을 한 팀으로 하여 팀을 나눈다.
b. 팀의 각 구성원은 '대체로 그렇다'라는 응답의 수와 그 스코어가 의미하는 바를 발표한다.
c. 각 구성원은 성공욕구 또는 인정욕구와 같은 그들의 윤리적 행동과 결정에 영향을 주는 요인에 대해 기술한다.
d. 팀원들의 대답들 중 공통된 주제를 골라 수업에 참가한 반 전체 학생들과 공유하도록 한다. 그 이후, 교수는 조직 내에서 윤리와 그 영향력에 대한 토론을 주제할 수 있다.

해석: 위의 각 설문들은 윤리적 성숙도에 관한 몇 가지 요인들이다. 윤리적 성숙도란 당신이 어떤 주어진 상황에서 무엇이 윤리적인 것인지를 아는 도덕적 인지(moral awareness)를 의미한다. 또한 옳고 그름을 판단하는 능력뿐만 아니라 어려운 환경 속에서도 스스로 윤리적 선택을 하는 자주성을 의미한다. 당신이 '대체로 그렇다' 또는 '대체로 그렇지 않다'로 체크한 질문들에 대하여 생각해봄으로써, 당신의 강약점에 대해서 더 많이 알게 될 것이다.

분석을 위한 사례: 솔로(Solo) — 수백만 명이 시력을 회복하도록 도와주기[106]

제니 아마라네니(Jenny Amaraneni)는 사회적 기업가이며, 솔로아이웨어(SOLO Eyewear)라 불리는 사회적 기업을 설립하였다. 솔로는 대나무를 재료로 하여 수제 선글라스 안경테를 생산한다. 판매에서 나오는 수익금 일부는 시력 회복 수술을 필요로 하는 빈곤층을 위한 눈 건강관리 구호 활동에 기부된다.

대학 재학 시절에 아마라네니는 이익을 창출하고 동시에 사람들에게 도움을 주는 회사를 설립하려는 꿈을 가지고 있었다. 그녀는 전 세계적으로 수많은 사람들이 눈 건강관리 의료 지원의 도움을 필요로 하고 있음을 깨닫고 이에 대한 연구를 지속하기로 결심하였다. 아마라네니는 약 10억 명의 사람들이 눈 건강 관리를 받지 못하고, 전 세계 맹인의 약 80%가 예방할 수 있었다는 사실을 발견하였다. 이러한 전 세계적인 부실한 눈 건강 관리의 실태는 그녀에게 커다란 자극이 되었다. 그녀는 '최소 100만 명의 사람이 시력을 회복하게 한다'라는 목표를 설정하였다.

아마라네니는 광범위한 자료를 찾고 연구한 결과, 세 가지 관점(사람, 지구, 이익)을 추구하는 기업이 재무 성과가 높다는 사실을 발견하였다. 미국 소비자들 성향이 지속가능성(녹색 제품)을 중시하는 쪽으로 기우는 상황에서, 그녀는 저소득층을 위한 눈 관리에 관심을 가진 기업의 무한한 성장 가능성을 보았다.

그러나 아마라네니는 창업의 과정이 매우 어렵다는 사실을 발견하였다. 또한 다른 사람들을 돕기 위해서는 위해서는 글로벌 환경에서 경쟁할 수 있는 비즈니스의 창업을 통해 재원을 조달할 수 있어야 함을 깨달았다. 이를 위해서 그녀는 소비자들이 사고 싶어 하는 가치 있는 제품을 개발하여, 사람과 지구라는 두 가지 측면에서 재정 지원을 할 수 있어야 했다. 많은 연구 끝에, 아마라네니는 대나무로 만든 독특한 제품을 개발하기로 했다. 대나무 소재는 다루기 어려운 재료였으나, 한 제조업체와 계약을 맺고 안경제품을 개발하였다. 대나무를 활용한 제품 생산을 위해서는 서로 이질적인 2개의 재료-대나무와 재활용 플라스틱-를 결합시키는 기술이 필요했다. 처음에 1,000개의 제품을 주문하였다. 약 500개를 팔고나서야 대량의 품질 문제가 있음을 알았다. 대나무와 재활용 플라스틱의 접착부문에서 분리되는 현상이 생겨나서, 고객들의 불만이 제기되었다. 그러한 제품 실패로 브랜드와 회사의 사명이 크게 손상되었기 때문에 아마라네니는 충격을 받고 당혹스러워 했다. 그녀는 즉각 제품 판매를 중지시켰다.

또한 아마라네니는 곧바로 이메일을 통해 모든 고객들에게 제조 과정상의 문제점을 공지하였다. 이는 제품 결점에 주시하게 만드는 것이었기 때문에 회사에게 매우 위험한 결정이었다. 그러나 그녀는 "그것은 올바른 행동이었다"라고 생각하였다. 그녀는 불량 제품을 구매한 모든 고객들에게 환불 또는 제품 교환을 보증해 주었다. 몇주 동안 아마라네니와 그의 스텝진은 소셜미디어를 통하여 고객들에게 회사의 개선 사항에 대하여 거의 매일 알렸다. 또한 판매에서 발생한 수익금을 인도의 눈 수술 기금으로 기부하였으며, 솔로는 그러한 좋은 사례들도 고객들에게 알렸다. 이러한 아마라네니의 투명성 활동은 효과가 있었다. 이러한 그녀의 소통 노력은 고객과 회사 간의 대화의 문을 열었다. 고객들에게 즉각적인 환불과 제품교환 조치를 취함으로써 회사의 TBL(triple bottom line) 원칙을 강화하는 효과를 거두었다. 고객들에게는 6주를 기다려 제품을 교환 받거나 즉각 환불을 받는 선택권이 주어졌다. 놀랍게도 1,000개의 주문 중에서 환불을 요구한 고객은 단 6명에 불과했다. 솔로아이웨어 고객들은 저소득층을 도우려는 회사의 사명을 믿은 것이었다.

아마라네니는 솔로아이웨어가 지역사회와 정직하고 열린 커뮤니케이션을 지속해야함을 깨달았다. 이러한 그녀의 일 처리 방식은 회사에 긍정적인 언론 노출을 가져왔다. 인도에서 최초의 눈 수술 지원 뉴스가 미국에 알려졌을 때, 온라인과 전통적인 뉴스 미디어 모두의 관심을 불러일으켰다. 많은 언론 매체의 인터뷰가 뒤따랐다. 회사의 이해관계자들을 참여시킴으로써 솔로아이웨어는 이해관계자들에게 고품질의 친환경적 제품의 생산과 어려운 사람을 돕는 것이 동시에 이루어질 수 있다는 점을 확인시켜 주었다. 대중들은 이 회사가 다른 사람들을 돕는다는 것에 더 많은 관심을 가졌고, 제품의 불량 문제에 대해서는 관심을 적게 두었다.

아마라네니는 제조업체를 선별하는 데 자신이 전문성이 없음을 깨달았다. 그녀는 적극적인 네트워킹을 통해 제조 전문가를 고용하였다. 그 제조 전문가는 그녀를 설득해 제품설계와 제조 공정에 좀 더 투자하도록 하였고, 제품 소매가격을 3배로 올렸다. 이는 놀라운 가격 인상이었다. 이 새로운 가격 정책으로 최고 품질의 제품을 생산하는 프리미엄제품 회사로 변신하였다. 이 고가 정책이 성공한다면 매출과 이익이 높아지고 어려운 사람을 더욱 더 많이 도울 수 있게 될 것이다.

아마라네니는 회사를 위한 전도사가 되었고, 다른 전도사들을 키우는 씨앗을 뿌리기 시작하였다. 그녀는 뉴스 미디어를 포함하여 그녀가 접촉하는 모든 사람들에게 그녀의 비전을 반복적으로 전파하였다. 이는 설득력이 있었으며 강한 감정적 요소를 동반하였다. 아마라네니는 "우리는 궁극적으로 1백만 명 이상의 사람들에게 시력을 회복시켜 주는 회사를 만들고 있다"라고 표명하였다. 이러한 회사의 비전은 아마라네니의 회사 내부의 일어나는 일에 대한 대외적 투명한 커뮤니케이션 활동과 어우러져 충성스러운 추종자들을 만들어냈다. 회사는 10~12시간 자원하여 일하는 15명의 인턴 사원들을 모집하였다. 그 인턴 사원들은 순전히 솔로의 사명에 대한 헌신을 위하여 자기 시간을 내서 자원 봉사하는 직원들이다. 솔로는 회사 이미지에 중요한 수 많은 입소문을 만들어내고 있었다. 사람들은 자신이 보고, 읽고, 들은 것을 믿는 경우는 14%에 불과하고, 90% 사람들은 친구나 지인들로부터 오는 정보를 믿기 때문이다.

솔로 아이웨어는 지속적으로 성장하고 있다. 아마라네니의 콘도에 회사 사무실을 마련하여 비용을 최소한도로 유지하였다. 마케팅 활동도 판촉 이벤트와 함께, 소셜미디어, 스카이프, 소셜 미팅 등과 같은 클라우드 기반의 홍보 수단을 활용함으로써 저렴한 비용으로 추진되었다. 오늘날, 솔로아이웨어는 29개국에서 온라인 판매를 하고 있고, 새 안경 또는 백내장 수술을 통해서 19개국에서 1만명이 넘은 사람들의 시력을 회복시켜 주었다. 수천명의 사람들이 회사의 제품을 구입하였으며, "우리 모두 함께 하면, 삶을 바꿀 수 있습니다(Together we can change lives)"라는 슬로건에 따라 행동하는 솔로의 전도사가 되었다.

질문

1. 당신은 솔로에서는 사회 복리 로직과 상업적 이익 로직 간에 뚜렷한 갈등이 없다고 생각하는가? 왜 그렇게 생각하는가?
2. 솔로를 도약하게 만드는 데 있어 아마라네니의 행동 중 어떤 측면이 가장 중요하였다고 생각하는가? 왜 그렇게 생각하는가?
3. 만일 아마라네니의 창업 회사가 TBL 관점의 사명을 가지지 않았다면 성공할 수 있었다고 생각하는가? 이에 대해 설명해보자.

분석을 위한 사례: 피들러, 필립스와 윌슨 디자인

자넬 모슬리(Janelle Mosley)는 마송의 레스토랑에서 쉐프 샐러드 요리를 쳐다도 안보고, 피노 그리지오(Pinot Grigio) 와인을 홀짝거리며, "자신의 일에 몰두하고 있는" 그녀의 라이벌 조나단 드래퍼(Jonathan Draper)를 호기심 어린 눈으로 바라보면서 앉아 있었다. 조나단 드래퍼는 룸 건너편에 모든 사람들에게 보이는 곳에 자리를 잡고 앉아, 점심은 거들떠 보지도 않으면서 열심히 신문을 뒤적거리고, 태블릿 PC에 뭔가를 입력하며 휴대폰으로 통화하고 있었다.

그녀는 그의 근처로 자리를 옮겨 은밀히 접근하고 싶은 충동을 억제하고, 화분 뒤에서 들려오는 통화 소리에 귀를 기울이면서, '무슨 일을 꾸미고 있는 건가?'라는 의심의 눈초리로 그를 바라보았다. 그녀는 너무 '비밀스러운' 모습에 살짝 웃음이 나왔다.

이 두 사람은 모두 대형 건축회사에서 인턴십을 하고 있었다. 조나단 드래퍼는 일류 회사인 그레이스와 크레스웰(Grace & Creswell)에서, 자넬 모슬리는 2위 회사인 피들러, 필립스와 윌슨(Fiedler, Philips & Wilson)에서 인턴십을 하고 있었다. 이 두 회사는 시의 새로운 심포니센터 건축 수주를 놓고 피할 수 없는 경쟁을 하고 있었다. 조나단은 대학의 20년 건축학교 역사상 가장 총명하고 혁신적인 학생으로 인정받고 있었다. 그러나 그의 괴짜 기질—특히, 여러 파일 폴더들을 여기저기 들고 다니면서 주변에 종이나 쪽지들을 흘리고 다니는 성향—은 사람들을 웃게 하고 짜증나게도 하였으며, 이로 인해 "드롭시 드래퍼(Dropsy

Draper)"라는 별명을 얻었다. 조나단은 이렇게 물건을 흘리고 다니는 산만함에도 불구하고 그의 뛰어난 계획과 디자인으로 자신을 돋보이게 하고 있다.

자넬은 음식 값을 지불하고 식당을 나서려고 할 때, 드래퍼가 그의 물건들을 가지고 서둘러 문밖으로 나가는 모습을 보았다. 그녀는 건물 밖으로 나오면서, 차도 갓길에 파킹해 있는 드래퍼를 보았다. 그 때, 드래퍼는 볼과 어깨 사이에 밀착시킨 휴대폰으로 큰소리로 통화하면서 한아름의 서류들을 안고 자동차 열쇠를 더듬거리고 있었다.

드래퍼는 쌩하니 소리를 내면서 그 자리를 떠났고, 문서 하나가 차도 갓길에 떨어져 있었다. 자넬이 뛰어가 그 파일을 집어들고 열어보니, 그것은 드래퍼가 심혈을 기울여 작성한 그레이스와 크레스웰의 심포니센터 프로젝트 관련 문서였다.

그녀는 깜짝 놀라 그 문서를 얼른 닫았다. 맙소사! 그 사람은 도대체 무얼 잃어 버린거야? 그녀는 사무실로 급히 돌아와 열쇠와 그 문서를 책상 위에 던져놓고, 전화기에 입력된 그레이스와 크레스웰사의 전화번호를 찾았다. 그러나 그녀는 묘한 감정이 들어 그 서류를 서랍에 넣었다. 그때 마침 클락 윌슨(Clark Wilson)이라는 중간급 책임 파트너가 지나가다 그 장면을 목격하였다.

클락이 물었다. "어디 불이라도 났나?" 자넬은 전화번호를 찾으면서 턱으로 서랍 쪽을 가리켰다. "길거리에 떨어져 있는 문서 하나 주었어요. 조나단이 그걸 떨어뜨리는 것을 보았어요. 그 문서를 보기가 찜찜합니다."

클락은 그녀를 물끄러미 바라보며 "맙소사, 전화 끊게!"라고 말했다. 자넬은 전화를 끊고 당황한 모습으로 앉아 있었다. "이거 정말 좋은 일인 거 같네! 이거 심포니센터에 관한 그레이스와 크레스웰사의 사업계획인가?" 그녀는 고개를 끄덕였다.

클락이 물었다. "조나단은 당신이 그 서류 줍는 것을 못 봤겠지?" 그녀는 고객을 가로 저으면서, "못봤을 겁니다"라고 대답했다.

"아무한테도 전화하지 말게나!" 클락은 갑자기 목소리 톤을 바꾸었다. "이봐. 자네. 그런 걱정스러운 표정 짓지 말게"라고 그녀에게 거슬리는 어투로 말했다. "자네가 아니더라도 누군가가 그 서류를 주었을 거네. 조나단은 그가 서류를 떨어뜨렸다고 생각지도 못할 수 있어." 클락은 서랍을 열고 그 문서를 어루 만지면서, "좋아, 지금 우리 손에 있어! 수고했네!"라고 말했다. 자넬은 간신히 웃음을 참았다.

클락은 "나는 피들러와 미팅이 있네. 약 2시간 쯤 후에 돌아올거네. 그 동안 자네는 그 파일을 읽어보고 우리에게 몇 가지 중요한 포인트를 알려주길 바라네. 그레이스와 크레스웰사의 프로포잘을 뛰어넘는 실마리를 찾을 수 있을 것이네"라고 말했다. 그는 책상에 기대어 서서, "이번 계약은 우리 회사에 말할 수 없이 중요한 것이네"라고 말하였다.

클락은 기분이 들떠서 손가락으로 책상을 톡톡 두드린 다음, 문으로 향했다. "이봐, 이제 그것은 자네 일이야! 자네가 지금 우리를 살렸다고도 할 수 있네!" 라고 하면서 클락이 나갔다.

자넬은 잠시 동안 앉아서 호흡을 가다듬었다. 그녀는 의자에 팔을 걸친채 "OK"라고 중얼거렸다. "OK." 그녀는 자리에서 일어나 급히 사무실 문을 닫았다. 그러나 그러한 행동으로 그녀는 약간 찜찜한 기분을 느꼈다.

"OK. 저기로 가서, 앉아. 그리고 네 일을 해"라고 큰 소리로 중얼거렸다. 그러나 그녀가 일을 하려고 책상 앞에 앉자마자 그녀의 양심이 그녀를 괴롭혔다. "너는 선을 넘고 있어"라는 생각이 들었다. 그녀가 서랍을 열고 그 서류를 보자마자, 클락의 말이 다시 그녀의 뇌리 속에 메아리쳤다. "이봐, 이제 그것은 자네 일이네! 자네가 지금 막 우리를 살렸다고도 할 수 있네!"

그녀는 그 파일에 손을 뻗어, 펼쳐보았다… 그리고 멈추었다…

질문

1. 자넬은 지금 무엇을 생각하고 있는가? 만일 당신이 자넬이라면 무엇을 생각하고 있을 것인가?
2. 당신은 자넬이 무엇을 해야 한다고 생각하는가? 만일 그녀가 그 파일을 열어보고 아이디어를 얻는다면 그녀가 윤리적인 선을 넘은 것인가? 왜 그러한가?
3. 이러한 상황에서 클락 윌슨과 그 건축회사의 윤리적 책임은 무엇인가? 이에 대해 설명해보자.

미주

1 Daniela Sirtori-Cortina, "From Climber To Billionaire: How Yvon Chouinard Built Patagonia into a Powerhouse His Own Way," *Forbes*, May 20, 2017, https://www.forbes.com/sites/danielasirtori/2017/03/20/from-climberto-billionaire-how-yvon-chouinard-built-patagonia-intoa-powerhouse-his-own-way/#73f79d91275c (accessed April 29, 2019); Philip Haid, "How Patagonia Went from Turmoil to Wildly Successful by Making Counter-Intuitive Moves, *Financial Post*, May 5, 2014, https://business.financialpost.com/entrepreneur/how-patagoniawent-from-turmoil-to-wildly-successful-by-makingcounter-intuitive-moves (accessed April 29, 2019); and Simon Parker, "To "B" or Not to B," *Impact* 21, no. 11 (November 2015), https://www.ivey.uwo.ca/research/research/faculty-impact/impact-archive/vol21no11-parker/ (accessed April 29, 2019).

2 Saabira Chaudhuri, "Plastic Water Bottles, Which Enabled a Drinks Boom, Now Threaten a Crisis," *The Wall Street Journal*, December 12, 2018; Hilary Brueck, "The Real Reason Why So Many Cities and Businesses are Banning Plastic Straws Has Nothing to Do with Straws at All," *Business Insider*, October 22 2018, https://www.businessinsider.com/plastic-straw-ban-why-are-there-somany-2018-7 (accessed April 29, 2019); Micah Maidenberg, "Starbucks Unveils New Lids to Cut Out Straws," *The Wall Street Journal*, March 21, 2019.

3 Frederic Cumenal, "Tiffany's CEO on Creating a Sustainable Supply Chain," *Harvard Business Review* (March-April 2017), 41–46.

4 Diane Holt and David Littlewood, "Identifying, Mapping, and Monitoring the Impact of Hybrid Firms, *California Management Review* 57, no. 3 (Spring 2015), 107–125.

5 Alnoor Ebrahim, Julie Battilana, and Johanna Mair, "The Governance of Social Enterprises: Mission Drift and Accountability Challenges in Hybrid Organizations," *Research in Organizational Behavior* 34 (2014), 81–100.

6 Rick Wartzman, "To B or Not to B? That's the Question for Companies Who Seek to 'Balance Profit and Purpose,'" *Fast Company*, November 28, 2018, https://www.fastcompany.com/90273038/to-b-or-not-to-b-thats-the-question-forcompanies-who-seek-to-balance-profit-and-purpose (accessed May 10, 2019).

7 Solange Hai and Richard L. Daft, "When Missions Collide: Lessons from Hybrid Organizations for Sustaining a Strong Social Mission," *Organization Dynamics* 45 (2016), 283–290.

8 B. E. Ashforth and P. H. Reingen, "Functions of Dysfunction: Managing the Dynamics of an Organizational Duality in a Natural Food Cooperative," *Administrative Science Quarterly* 59, no. 3 (2014), 474—516.

9 Filipe Santos, Anne-Claire Pache, and Christoph Birkeholz, "Making Hybrids Work: Aligning Business Models and Organizational Design for Social Enterprises," *California Management Review* 57, no. 3 (Spring 2015), 36–58.

10 This discussion and the examples are from Julie Battilana, Anne-Claire Pache, Metin Sengul, and Marissa Kimsey, "The Dual-Purpose Playbook," *Harvard Business Review* (March-April 2019), 125–133

11 J. Battilana et al., "The Dual-Purpose Playbook."

12 Ibid.

13 J. Battilana and S. Dorado, "Building Sustainable Hybrid Organizations: The Case of Commercial Microfinance Organizations," *Academy of Management Journal* 53, no. 6 (December 2010), 1419–1440.

14 Ibid.

15 J. Battilana et al., "The Dual-Purpose Playbook."

16 Ibid.

17 Akane Otani, "Patagonia Triggers a Market Panic over New Rules on Its Power Vests," *The Wall Street Journal*, April 8, 2019, https://www.wsj.com/articles/patagoniatriggers-a-market-panic-over-new-rules-on-its-powervests-11554736920 (accessed May 10, 2019).

18 S. Hai and R. L. Daft, "When Missions Collide."

19 Based on Susan Berfield, "Will Investors Put the Lid on the Container Store's Generous Wages?" *Bloomberg Business Week* (February 19, 2015), http://www.bloomberg.com/news/articles/2015-02-19/container-store-conscious-capitalism-andthe-perils-of-going-public (accessed October 20, 2015).

20 Steve Piersanti, "Berrett-Koehler Pioneers Again to Become Benefit Corporation," Berrett-Koehler Publishers, https://www.bkconnection.com/blog/posts/berrett-koehler-pioneersagain-to-become-benefit-corporation (accessed May 10, 2019).

21 Nardia Haigh, Elena Dowin Kennedy, and John Walker, "Hybrid Organizations as Shape-Shifters: Altering Legal Structure for Strategic Gain," *California Management Review* 57, no. 3 (Spring 2015), 59–82.

22 N. Craig Smith, "Corporate Social Responsibility: Whether or How?" *California Management Review* 45, no. 4 (Summer 2003), 52–76; and Eugene W. Szwajkowski, "The Myths and Realities of Research on Organizational Misconduct," in James E. Post, ed., *Research in Corporate Social Performance and Policy*, vol. 9 (Greenwich, CT: JAI Press, 1986), 103–122.

23 D. Bright, K. Cameron, and A. Caza, "The Amplifying and Buffering Effects of Virtuousness in Downsized Organizations," *Journal of Business Ethics* 64 (2006), 249–269; as described in Mario Fernando and Shamika Almeida, "The Organizational Virtuousness of Strategic Corporate Social Responsibility: A Case Study of the Sri Lankan Family-Owned Enterprise MAS Holdings," *European Management Journal* 30 (2012), 564–576.

24 "Volunteerism as a Core Competency," *Bloomberg BusinessWeek*, November 12–November 18, 2012, 53–54.

25 "Habitat for Humanity," Whirlpool Corporation website, http://www.whirlpoolcorp.com/responsibility/building_communities/habitat_for_humanity.aspx (accessed September 13, 2011); Bruce Horovitz, "Pepsi Is Dropping Out of Schools Worldwide by 2012," *USA Today*, March 16, 2011, http://www.usatoday.com/money/industries/food/2010-03-16-pepsicutsschoolsoda_N.htm (accessed September 13, 2011); Kate O'Sullivan, "Virtue Rewarded," *CFO*, October 2006, 46–52.

26 Robert G. Eccles and George Serafeim, "The Performance Frontier: Innovating for a Sustainable Strategy," *Harvard Business Review* 91, no. 5 (May 2013), 50–60.

27 This definition is based on David The and Brian Corbitt, "Building

Sustainability Strategy in Business," *Journal of Business Strategy* 36, no. 6 (2015), 39–46; Marc J. Epstein Specifying, Implementing, and Measuring Key Principles," *Journal of General Management* 29, no. 1 (Autumn 2003), 15–31; World Commission on Economic Development, *Our Common Future* (Oxford, UK: Oxford University Press, 1987); and A. W. Savitz and K. Weber, *The Triple Bottom Line: How Today's Best-Run Companies Are Achieving Economic, Social, and Environmental Success* (San Francisco: Jossey-Bass, 2006).

28 Rich Kauffeld, Abhishek Malhotra, and Susan Higgins, "Green Is a Strategy," *Strategy + Business* (December 21, 2009); and "GE Imagination at Work," General Electric Web site, http://www.ge.com/about-us/ecomagination (accessed February 10, 2016).

29 Reported in Dung K. Nguyen and Stanley F. Slater, "Hitting the Sustainability Sweet Spot: Having It All," *Journal of Business Strategy* 31, no. 3 (2010), 5–11.

30 "Top Green Companies in the U.S., 2017," *Newsweek* https://www.newsweek.com/top-10-global-companies-greenrankings-2017-18 (accessed April 3, 2019).

31 This discussion is based on Nguyen and Slater, "Hitting the Sustainability Sweet Spot"; Savitz and Weber, *The Triple Bottom Line*; and "Triple Bottom Line," an article adapted from *The Economist Guide to Management Ideas and Gurus*, by Tim Hindle (London: Profile Books, 2008), *The Economist* (November 17, 2009), www.economist.com/node/14301663 (accessed July 5, 2012). The "people, planet, profit" phrase was first coined in 1994 by John Elkington, founder of a British consulting firm called SustainAbility.

32 Nicholas Kristof, "The $70,000-a-Year Minimum Wage," *The New York Times*, March 30, 2019, SR13; and Paul Davidson "Does a $70,000 Minimum Wage Work?" *USA Today*, May 26, 2016.

33 Definition is based on John Mackey and Raj Sisodia, *Conscious Capitalism: Liberating the Heroic Spirit of Business* (Boston: Harvard Business Review Press, 2013); and Michael E. Porter and Mark R. Kramer, "Creating Shared Value: How to Reinvent Capitalism—and Unleash a Wave of Innovation and Growth," *Harvard Business Review*, January–February 2011, 62–77.

34 Porter and Kramer, "Creating Shared Value."

35 T. Donaldson and L. E. Preston, "The Stakeholder Theory of the Corporation: Concepts, Evidence, and Implications," *Academy of Management Review* 20, (1995), 65–91; Anne S. Tusi, "A Multiple-Constituency Model of Effectiveness: An Empirical Examination at the Human Resource Subunit Level," *Administrative Science Quarterly* 35, (1990), 458–483; Charles Fombrun and Mark Shanley, "What's in a Name? Reputation Building and Corporate Strategy," *Academy of Management Journal* 33, (1990), 233–258; and Terry Connolly, Edward J. Conlon, and Stuart Jay Deutsch, "Organizational Effectiveness: A Multiple-Constituency Approach," *Academy of Management Review* 5, (1980), 211–217.

36 Ray Fisman and Tim Sullivan, "The Most Efficient Office in the World," *Slate*, July 31, 2013, http://www.slate.com/articles/business/the_dismal_science/2013/07/renewing_your_passport_visit_the_incredibly_efficient_new_york_city_passport.html (accessed February 14, 2014).

37 Max B. E. Clarkson, "A Stakeholder Framework for Analyzing and Evaluating Corporate Social Performance," *Academy of Management Review* 20, no. 1 (1995), 92–117.

38 Charles Fishman, "The Wal-Mart You Don't Know—Why Low Prices Have a High Cost," *Fast Company*, December 2003, 68–80.

39 R. Mitchell, B. Agle, and D. J. Wood, "Toward a Theory of Stakeholder Identification and Salience: Defining the Principle of Who or What Really Counts," *Academy of Management Review* 22 (1997), 853–886; Virginie Vial, "Taking a Stakeholders' Approach to Corporate Social Responsibility," *Global Business and Organizational Excellence* (September–October 2011), 37–47; and Martijn Poel, Linda Kool, and Annelieke van der Giessen, "How to Decide on the Priorities and Coordination of Information Society Policy? Analytical Framework and Three Case Studies," *Info: The Journal of Policy, Regulation and Strategy for Telecommunications, Information, and Media* 12, no. 6 (2010), 21–39.

40 N. Craig Smith, Sean Ansett, and Lior Erez, "How Gap Inc. Engaged with Its Stakeholders," *MIT Sloan Management Review* 52, no. 4 (Summer 2011), 69–76.

41 Ibid.

42 Jens Hansegard, Tripti Lahiri, and Chritina Passariello, "Retailers' Dilemma: To Ax or Help Fix Bad Factories," *The Wall Street Journal*, May 28, 2011, http://online.wsj.com/article/SB10001424127887323336104578501143973731324.html (accessed September 5, 2013).

43 This discussion is based on C. K. Prahalad, "The Fortune at the Bottom of the Pyramid," *Fast Company* (April 13, 2011), www.fastcompany.com/1746818/fortune-at-the-bottomof-the-pyramid-ck-prahalad (accessed June 30, 2012); C. K. Prahalad and S. L. Hart, "The Fortune at the Bottom of the Pyramid," *Strategy + Business* 26 (2002), 54–67; Jakki Mohr, Sanjit Sengupta, and Stanley F. Slater, "Serving Baseof-the-Pyramid Markets: Meeting Real Needs Through a Customized Approach," *Journal of Business Strategy* 33, no. 6 (2012), 4–14; Scott Johnson, "SC Johnson Builds Business at the Base of the Pyramid," *Global Business and Organizational Excellence* (September–October, 2007), 6–17; and Jakki J. Mohr, Sanjit Sengupta, and Stanley F. Slater "Serving Base-of-the-Pyramid Markets: Meeting Real Needs through a Customized Approach," *Journal of Business Strategy* 33, no. 6 (2012), 4–14.

44 Based on Bala Chakravarthy and Sophie Coughlan, "Emerging Market Strategy: Innovating Both Products and Delivery Systems," *Strategy & Leadership* 40, 1 (2012), 27–32; T. V. Mahalingam, "Godrej's Rediscovery of India: They Say They Touch More Consumers than Any Other Indian Company," *Business Today* (July 25, 2010), 58–64; and "Godrej Eyes Youth to Expand Portfolio," *Mail Today*, July 12, 2009.

45 These examples are from Erika Fry and Jonathan Chew, et al., "Change the World," *Fortune*, September 15, 2017, 74–88.

46 Rob Walker, "Cleaning Up," *New York Times Magazine* (June 10, 2007), 20.

47 Matthew Boyle, "Unilever: Taking on the World, One Stall at a Time," *Bloomberg Businessweek* (January 7–January 13, 2013), 18–20.

48 Homer H. Johnson, "Does It Pay to Be Good? Social Responsibility and Financial Performance," *Business Horizons*, November–December 2003, 34–40; Jennifer J. Griffin and John F. Mahon, "The Corporate Social Performance and Corporate Financial Performance Debate: Twenty-Five Years of Incomparable Research," *Business and Society* 36, no. 1 (March 1997), 5–31; Beckey Bright, "How More Companies Are Embracing Social Responsibility as Good Business," *The Wall Street Journal*, March 10, 2008, R3; Bernadette M. Ruf et al., "An Empirical Investigation of the Relationship Between Change in Corporate Social Performance and Financial Performance: A Stakeholder Theory Perspective," *Journal of Business Ethics* 32, no. 2 (July 2001), 143ff; and Philip L. Cochran and Robert A. Wood, "Corporate Social Responsibility and Financial Performance," *Academy of Management Journal* 27 (1984), 42–56.

49 Heli Wang, Jaepil Choi, and Jiatao Li, "Too Little or Too Much? Untangling the Relationship Between Corporate Philanthropy and Firm Financial Performance," *Organization Science* 19, no. 1 (January–February 2008), 143–159; Philip L. Cochran, "The Evolution of Corporate Social Responsibility," *Business Horizons* 50 (2007), 449–454; Paul C. Godfrey, "The Relationship Between Corporate Philanthropy and Shareholder Wealth: A Risk Management Perspective," *Academy of Management Review* 30, no. 4 (2005), 777–798; Oliver Falck and Stephan Heblich, "Corporate Social Responsibility: Doing Well by Doing Good," Business Horizons 50 (2007), 247–254; J. A. Pearce II and J. P. Doh, "The High Impact of Collaborative Social Initiatives," *MIT Sloan Management Review*, Spring 2005, 31–39; Curtis C. Verschoor and Elizabeth A. Murphy, "The Financial Performance of Large U.S. Firms and Those with Global Prominence: How Do the Best Corporate Citizens Rate?" *Business and Society Review* 107, no. 3 (Fall 2002), 371–381; Johnson, "Does It Pay to Be Good?"; and Dale Kurschner, "5 Ways Ethical Business Creates Fatter Profits," *Business Ethics*, March–April 1996, 20–23.

50 Rashid Ameer and Radiah Othman, "Sustainability Practices and Corporate Financial Performance: A Study Based on the Top Global Corporations," *Journal of Business Ethics* 108, no. 1 (June 2012), 61–79.

51 Verschoor and Murphy, "The Financial Performance of Large U.S. Firms."

52 Studies reported in Laura Forman, "Happy Employees Yield Happy Investors," *The Wall Street Journal*, April 2, 2019, https://www.wsj.com/articles/happy-employees-yield-happyinvestors-11554232774 (accessed April 30, 2019).

53 Richard McGill Murphy, "Why Doing Good Is Good For Business," *Fortune*, February 8, 2010, 90–95; Jean B. McGuire, Alison Sundgren, and Thomas Schneeweis, "Corporate Social Responsibility and Firm Financial Performance," *Academy of Management Journal* 31 (1988), 854–872; Falck and Heblich, "Corporate Social Responsibility: Doing Well by Doing Good"; and Geoffrey B. Sprinkle and Laureen A. Maines, "The Benefits and Costs of Corporate Social Responsibility," *Business Horizons* 53 (2010), 445–453.

54 Daniel W. Greening and Daniel B. Turban, "Corporate Social Performance as a Competitive Advantage in Attracting a Quality Workforce," *Business and Society* 39, no. 3 (September 2000), 254; and O'Sullivan, "Virtue Rewarded."

55 Sarah E. Needleman, "The Latest Office Perk: Getting Paid to Volunteer," *The Wall Street Journal*, April 29, 2008, D1.

56 Christopher Marquis, "Doing Well and Doing Good," *The New York Times*, July 13, 2003, Section 3, 2; and Joseph Pereira, "Career Journal: Doing Good and Doing Well at Timberland," *The Wall Street Journal*, September 9, 2003, B1.

57 Reported in Needleman, "The Latest Office Perk."

58 "The Socially Correct Corporate Business," in Leslie Holstrom and Simon Brady, "The Changing Face of Global Business," a special advertising section, *Fortune*, July 24, 2000, S1–S38.

59 CB Bhattacharya, "How to Make Sustainability Every Employee's Responsibility," *Harvard Business Review*, February 23, 2018, https://hbr.org/2018/02/how-to-makesustainability-every-employees-responsibility (accessed April 30, 2019).

60 Michael W. Lamach, "3 Ways to Incorporate Sustainability into Everyday Work," *Harvard Business Review*, October 1, 2015, https://hbr.org/2015/10/3-ways-to-incorporatesustainability-into-everyday-work (accessed April 30, 2019).

61 Tensie Whelan and Carly Fink, "The Comprehensive Business Case for Sustainability," *Harvard Business Review*, October 21, 2016, https://hbr.org/2016/10/the-comprehensivebusiness-case-for-sustainability (accessed April 30, 2019).

62 CB Bhattacharya, "How to Make Sustainability Every Employee's Responsibility."

63 Amy Gallo, "The CEO of Kimberly-Clark on Building a Sustainable Company," *Harvard Business Review*, March 6, 2014, https://hbr.org/2014/03/the-ceo-of-kimberly-clark-onbuilding-a-sustainable-company (accessed April 30, 2019).

64 Michael W. Lamach, "How Our Company Connected Our Strategy to Sustainability Goals," *Harvard Business Review*, October 27, 2017, https://hbr.org/2017/10/how-our-companyconnected-our-strategy-to-sustainability-goals (accessed April 30, 2019).

65 Ram Nidumolu, Jib Ellison, John Whalen, and Erin Billman, "The Collaboration Imperative," *Harvard Business Review* (April, 2014), 76–84, 132.

66 Ibid.

67 Whelan and Fink, "The Comprehensive Business Case for Sustainability"; and Eccles and Serafeim, "The Performance Frontier.

68 Eccles and Serafeim, "The Performance Frontier."

69 Ivana Kottasova and Daniel Shane, "Shell Is First Energy Company to Link Executive Pay and Carbon Emissions," *CNN.com*, December 3, 2018, https://www.cnn.com/2018/12/03/business/shell-climate-change-executive-pay/index.html (accessed April 30, 2019).

70 Eccles and Serafeim, "The Performance Frontier."

71 Lamach, "How Our Company Connected Our Strategy to Sustainability Goals."

72 Daniel C. Esty, "Making Sustainability Part of Everyone's Job," *People & Strategy* 33, no. 1 (2010), 12–13.

73 Ibid.

74 Jena McGregor, "Ethical Misconduct, by the Numbers," *The Washington Post*, February 4, 2014, http://www.washingtonpost.com/blogs/on-leadership/wp/2014/02/04/ethical-misconduct-by-the-numbers/ (accessed May 8, 2014).

75 Mike Esterl, "Executive Decision: In Germany, Scandals Tarnish Business Elite," *The Wall Street Journal*, March 4, 2008, A1; and Martin Fackler, "The Salaryman Accuses," *The New York Times*, June 7, 2008, C1.

76 Ben DiPietro, "Crisis of the Week: Kobe Steel Owns Up to Half-Century of Deceit," *The Wall Street Journal*, March 19, 2018,

https://blogs.wsj.com/riskandcompliance/2018/03/19/crisis-of-the-week-kobe-steels-owns-up-to-half-century-ofdeceit/ (accessed May 3, 2019).

77 Gordon F. Shea, *Practical Ethics* (New York: American Management Association, 1988); Linda K. Trevino, "Ethical Decision Making in Organizations: A Person–Situation Interactionist Model," *Academy of Management Review* 11 (1986), 601–617; and Linda Klebe Trevino and Katherine A. Nelson, *Managing Business Ethics: Straight Talk about How to Do It Right*, 2nd ed. (New York: John Wiley & Sons Inc., 1999).

78 This discussion of the sources of individual ethics is based on Susan H. Taft and Judith White, "Ethics Education: Using Inductive Reasoning to Develop Individual, Group, Organizational, and Global Perspectives," *Journal of Management Education* 31, no. 5 (October 2007), 614–646.

79 Natasha Singer, "Web Sites Accused of Collecting Data on Children," *The New York Times*, August 22, 2012, B1.

80 Samuel Rubenfeld, "Survey Finds 25% of People Paid Bribes in Last Year," *The Wall Street Journal*, July 9, 2013, http://blogs.wsj.com/riskandcompliance/2013/07/09/survey-findsone-fourth-of-people-paid-bribes-in-last-year/ (accessed May 9, 2014); and James B. Stewart, "Bribery, But Nobody Was Charged," *The New York Times*, June 25, 2011, B1.

81 Dawn-Marie Driscoll, "Don't Confuse Legal and Ethical Standards," *Business Ethics*, July–August 1996, 44.

82 LaRue Tone Hosmer, *The Ethics of Management*, 2nd ed. (Homewood, IL: Irwin, 1991).

83 "College Admissions Scandal: Your Questions Answered," *The New York Times*, March 14, 2019, https://www.nytimes.com/2019/03/14/us/college-admissions-scandal-questions.html (accessed May 8, 2019).

84 Julian E. Barnes, "Navy Probes Allegation of Instructors' Cheating," *The Wall Street Journal*, February 4, 2014, http://online.wsj.com/news/articles/SB10001424052702304851104579363402001370472 (accessed May 9, 2014); and Robert Burns, "Navy Kicks Out 34 for Cheating at Nuclear Training Site," *Navy Times*, August 20, 2014, https://www.navytimes.com/education-transition/jobs/2014/08/20/navy-kicks-out-34-for-cheating-at-nuclear-training-site/ (accessed May 10, 2019).

85 Some of these incidents are from Hosmer, *The Ethics of Management*.

86 Linda K. Trevino and Katherine A. Nelson, *Managing Business Ethics: Straight Talk About How to Do It Right* (New York: John Wiley & Sons, Inc., 1995), 4.

87 Mark S. Schwartz, "Developing and Sustaining an Ethical Corporate Culture: The Core Elements," *Business Horizons* 56 (2013), 39–50.

88 Ibid.; and Gregory J. Millman and Ben DiPietro, "More Compliance Chiefs Get Direct Line to Boss," *The Wall Street Journal*, January 15, 2014, http://online.wsj.com/news/articles/SB10001424052702303330204579250723925965180 (accessed May 9, 2014).

89 Trevino and Nelson, *Managing Business Ethics*, 212.

90 Beverly Geber, "The Right and Wrong of Ethics Offices," *Training*, October 1995, 102–118.

91 Janet P. Near and Marcia P. Miceli, "Effective Whistle-Blowing," *Academy of Management Review* 20, no. 3 (1995), 679–708.

92 Jene G. James, "Whistle-Blowing: Its Moral Justification," in Peter Madsen and Jay M. Shafritz, eds., *Essentials of Business Ethics* (New York: Meridian Books, 1990), 160–190; and Janet P. Near, Terry Morehead Dworkin, and Marcia P. Miceli, "Explaining the Whistle-Blowing Process: Suggestions from Power Theory and Justice Theory," *Organization Science* 4 (1993), 393–411.

93 Christine Seib and Alexandra Frean, "Lehman Whistleblower Lost Job Month After Speaking Out," *The Times*, March 17, 2010.

94 Christian Berthelsen, "Whistleblower to Get Big Payment in Bank of New York–Virginia Deal," *The Wall Street Journal*, November 9, 2012, C1.

95 Schwartz, "Developing and Sustaining an Ethical Corporate Culture."

96 "Setting the Standard," Lockheed Martin's website, http://www.lockheedmartin.com/exeth/html/code/code.html (accessed August 7, 2001).

97 Schwartz, "Developing and Sustaining an Ethical Corporate Culture."

98 Katharina Bart, "UBS Lays Out Employee Ethics Code," *The Wall Street Journal*, January 12, 2010, http://online.wsj.com/article/SB10001440527487045865045746539018650500062.html?KEYWORDS=%22Ubs+lays+out+employee+ethics+code%22 (accessed January 15, 2010).

99 "Code of Conduct," Google Investor Relations, April 25, 2012, http://investor.google.com/corporate/code-of-conduct.html (accessed September 28, 2012).

100 Carl Anderson, "Values-Based Management," *Academy of Management Executive* 11, no. 4 (1997), 25–46.

101 Ronald E. Berenbeim, *Corporate Ethics Practices* (New York: The Conference Board, 1992).

102 Jerry G. Kreuze, Zahida Luqmani, and Mushtaq Luqmani, "Shades of Gray," *Internal Auditor*, April 2001, 48.

103 Vanessa Fuhrmans, "Amazon Acts on German Controversy; Online Retailer Cuts Ties with Security Firm After a Television Documentary on Working Conditions," *The Wall Street Journal*, February 19, 2013, B3.

104 S. C. Schneider, "National vs. Corporate Culture: Implications for Human Resource Management," *Human Resource Management*, Summer 1988, 239; and Terence Jackson, "Cultural Values and Management Ethics: A 10-Nation Study," *Human Relations* 54, no. 10 (2001), 1267–1302.

105 K. Matthew Gilley, Christopher J. Robertson, and Tim C. Mazur, "The Bottom-Line Benefits of Ethics Code Commitment," *Business Horizons* 53 (2010), 31–37.

106 Adapted from Bernhard Schroeder and Alex DeNoble, "How to Design a Triple Bottom Line Organization: A Start-Up Case Study," *Journal of Organization Design* 3, no. 2 (2014), 48-57. The SOLO tagline comes from the company's website, https://www.soloeyewear.com/ (accessed May 11, 2019).

PART 4

내부 설계 요소

8장 제조 및 서비스기술을 위한 설계

9장 디지털 조직설계 및 빅데이터

10장 조직의 규모, 수명주기 및 쇠퇴

PART 4

내부 설계 요소

CHAPTER 8

제조 및 서비스 기술을 위한 설계

학습목표

이 장을 공부하면,

1. 조직의 핵심기술과 이것이 조직설계에 미치는 영향을 정의할 수 있다.
2. 우드워드의 기술 복잡성, 구조, 성과 모델을 설명할 수 있다.
3. 조직이 매우 복잡한 기술을 성공적으로 운영하기 위해 조직설계의 독특한 특성을 활용하는 방법을 이해할 수 있다.
4. 조직설계에 영향을 미치는 서비스기술과 제조기술의 차이를 비교할 수 있다.
5. 부서의 기술을 이해하고, 부서의 설계와의 관계를 파악할 수 있다.
6. 세 가지 유형의 상호의존성과 각각의 구조상 우선순위를 파악할 수 있다.

도입질문

이 장을 읽기 전 다음 질문에 답해보자.

1. 높은 신뢰성을 갖는 조직이 항공모함과 같은 매우 복잡한 기술을 다룰 수 있는 이유는 직원이 실패보다는 성공에 몰두하기 때문이다.

   1) 동의함 ________________ 2) 동의하지 않음 ________________

2. 좋은 서비스를 제공하기 위해 회사가 할 최고의 방법은 세밀하고 명확한 규칙과 절차를 갖는 것이며 모든 사람이 이를 잘 따르도록 해야 한다.

   1) 동의함 ________________ 2) 동의하지 않음 ________________

3. TV 방송국의 판매부서에 효과적인 조직설계의 특성과 관리방식은 뉴스부서에는 잘 맞지 않는다.

   1) 동의함 ________________ 2) 동의하지 않음 ________________

연료를 가득 채운 비행기는 이제 출발을 앞두고 있다. 조종사와 승무원도 모두 일정대로 준비를 마쳤다. 하지만 당신은 "우리에게는 기술적인 문제가 있습니다"라는 반복되는 변명을 듣고 좌절하고 있는 승객들과 함께 여전히 공항 터미널에 앉아 있다. 승객들은 공항 터미널 곳곳에서 아메리칸 항공, 제트블루 항공, 알래스카 항공 등의 직원들에게 항의하고 있다. 어떻게 이런 많은 항공사들이 동시에 기술적 문제를 겪고 있는가? 여러 항공사에게 예매, 승무원 일정, 예약 확인 및 수하물 무게 계산을 포함하여 기본적인 지원 기능을 제공하는 최첨단 소프트웨어 시스템에 뜻하지 않은 장애가 발생했기 때문이다. 사브레(Sabre)나 아마데우스(Amadeus)와 같은 여행 전문 기술회사들의 컴퓨터 시스템은 수억 건의 데이터를 항시 추적하고 있다. 이 시스템은 항공사를 운영하는 데 필요한 대부분의 업무에 영향을 미치며, 일반적으로 항공사가 원활하고 효율적으로 운영할 수 있도록 도움을 준다. 하지만 시스템의 일부가 단 몇 분 동안이라도 다운되면 복구하는 데 몇 시간 또는 며칠이 걸릴 수 있는 백로그(backlog), 즉 해결해야 하는 문제를 만들게 된다. "100% 완벽한 기술은 100% 완벽하지 않은 것이다." 애트모스피어 리서치 그룹(Atmosphere Research Group)의 설립자인 헨리 하트벨트(Henry Harteveldt)가 한 말이다. 하트벨트는 또한 사브레와 같은 회사들은 고객들이 "우리에게 기술적 문제가 있습니다"는 말을 듣는 것에 지치고 피곤하다는 사실을 알기 때문에 늘 자신들의 제품을 개선하기 위해 노력하고 있다고 말한다.[1]

하트벨트의 인용문은 항공사 임원과 사브레, 아마데우스 및 기타 여행 전문 기술회사의 최고경영자뿐만 아니라 대형 소매점에서 맞춤형 의류를 제조하는 소규모 회사에 이르기까지 모든 유형의 조직에 있는 관리자들과 관련이 있다. 인터넷 연결, 자동화 및 인공지능과 같은 새로운 기술들이 조직의 모든 측면과 닿아 있기 때문에 오늘날 모든 기업들은 기술회사이다.[2] 최고경영자들을 대상으로 한 설문조사에서 기술은 경영진들이 향후 몇 년 동안 조직에 큰 영향을 미칠 것으로 예상하는 외부요인 리스트에 상위를 차지하였다.[3]

이 장에서는 서비스기술과 제조기술을 모두 살펴본다. **기술**(technology)이란 조직의 투입물(소재, 정보, 아이디어)을 산출물(제품 및 서비스)로 변환하는 데 사용되는 업무 프로세스, 기술, 기계 및 행동을 의미한다.[4] 기술은 조직의 생산 프로세스이며, 기계뿐만 아니라 업무 절차도 포함한다.

이 장에서 중요한 주제는 핵심기술이 조직의 구조에 어떻게 영향을 미치는가에 있다. 핵심기술에 대한 이해는 조직이 효율적 성과를 위해 어떻게 구조화될 수 있는가에 대한 통찰력을 제공한다.[5] 한 조직의 **핵심기술**(core technology)은 조직의 미션, 예를 들어 고등학교의 교육, 병원에서 하는 의료 서비스, 또한 AAM(American Axle & Manufacturing)사에서 자동차 생산 등과 직접적으로 연결된 작업 프로세스이다. AAM사에서 핵심기술은 원료(예: 철, 알루미늄, 기타 소재)로부터 시작된다. 종업원들은 원료를 갖고 이를 변환(소재를 자르고 형태를 만들고, 부품을 조립한다)시키며, 원료를 조직의 생산물로 바꾼다(예: 차축, 운전대, 크랭크 축, 변속기 부품 등). UPS와 같은 택배 서비스 회사에서 핵심기술은 생산설비(예: 분류기계, 포장기, 트럭, 비행기)와 포장하

도표 8.1 제조기업의 핵심변환 과정

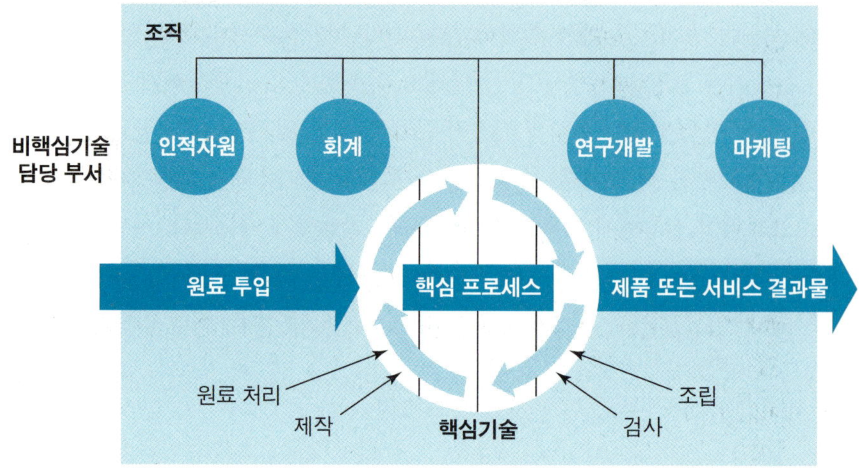

여 밤새 우편을 배달하는 프로세스에 있다. 또한 UPS나 AAM사와 같은 회사에서 컴퓨터와 신정보기술은 제조업과 서비스업에서 작업과정을 혁명적으로 바꾸어 놓았다. 정보기술이 조직에 미치는 영향은 9장에서 자세히 다룰 것이다.

〈도표 8.1〉은 제조기업에서 본 핵심기술의 한 예이다. 핵심기술은 원료 투입물이 변환 작업절차(제작, 검사, 조립)를 거치면서 원료에 부가가치를 제공하여, 고객에게 판매될 제품과 서비스를 산출한다. 오늘날 대규모의 복잡한 조직에서 핵심업무절차는 매우 폭넓고, 때로는 한마디로 설명하기 어려운 과제이다. 핵심기술에 대한 이해는 조직에 흘러가는 원료들을 조사하고,[6] 작업 활동들이 얼마나 다양한지,[7] 생산 프로세스가 어느 정도 기계화되어 있는지,[8] 작업흐름 속에 특정 과업이 다른 과업과 어떤 의존관계가 있는지,[9] 또 신제품이나 서비스의 산출물의 수는 어느 정도인지를 파악함으로써 가능하다.[10]

조직은 다양한 부서들로 구성되며, 각 부서는 서로 다른 작업 프로세스(기술)를 사용하여 조직 내에 제품과 서비스를 제공한다. 여기서 비핵심기술(non-core technology)은 조직 내부에서는 중요한 기능을 담당하지만 주요 미션 수행과는 직접적으로 관련이 없는 작업 프로세스(기술)을 말한다. 〈도표 8.1〉에서 비핵심업무 프로세스는 인적자원(HR)부서, 회계부서, 연구개발(R&D)부서, 마케팅부서 등이다. 연구개발은 아이디어를 신제품으로 변환시키고, 마케팅은 재고로 쌓인 물건을 판매로 변환시키는 것처럼 어느 정도 다른 작업 프로세스를 사용한다. 또한 인적자원부서의 결과물은 조직 내 활동하는 사람들이며, 회계부서는 조직의 재무상태에 관한 정확한 보고서를 만들어낸다.

이 장의 목표

8장에서는 핵심업무 프로세스와 비핵심업무 프로세스를 살펴보고, 이들이 조직구조 설계에 어떤 영향을 미치는가를 공부할 것이다. 최대한 효율적이고 효과적인 조직을 설계하기 위해서는 조직의 업무 프로세스를 고려해야 한다. 최상의 조직을 만들려면 다양한 요인들을 고려해 설계해야 한다. 〈도표 8.2〉는 조직설계에 영향을 미치는 요인들이 조직 내부와 외부로부터 나오는 것을 설명한다. 외부의 전략적 요구들, 예를 들어 환경조건, 전략적 방향, 조직의 목표 등은 조직을 하향식(top down)으로 설계하여 조직이 외부환경에 적합하게 하여 목표를 성취하도록 만든다. 이런 조직설계에 대한 압력들은 앞 장에서 다룬 바 있다. 하지만 조직설계에 대한 결정은 상향식(bottom up)의 압력들도 고려해야 한다. 즉 조직의 제품과 서비스를 만들어내는 데 효과적인 작업 프로세스를 고려해야 한다는 것이다. 작업 프로세스들은 조직의 설계에 영향을 미치는데 이는 핵심기술 및 비핵심기술과 관련이 있다. 그러므로 이 장에서 다룰 주제는 '조직의 운영에 필요한 기술을 받아들이고 쉽게 사용하기 위해 어떻게 조직을 설계할 것인가?'에 있다.

이 장에서는 다음의 내용을 다룬다. 첫째, 전체 조직으로서 기술이 어떻게 조직구조와 설계에 영향을 미치는가? 여기에는 제조기술과 서비스기술이 모두 포함된다. 둘째, 부서기술들의 차이를 살피고, 어떻게 부서의 기술들이 조직의 하부단위를 설계하고 관리하는 데 영향을 미치는가를 살핀다. 셋째, 부서 간에 원료와 정보의 흐름인 상호의존성이 어떻게 조직설계에 영향을 미치는가를 탐구한다.

도표 8.2 조직설계에 영향을 미치는 요인들

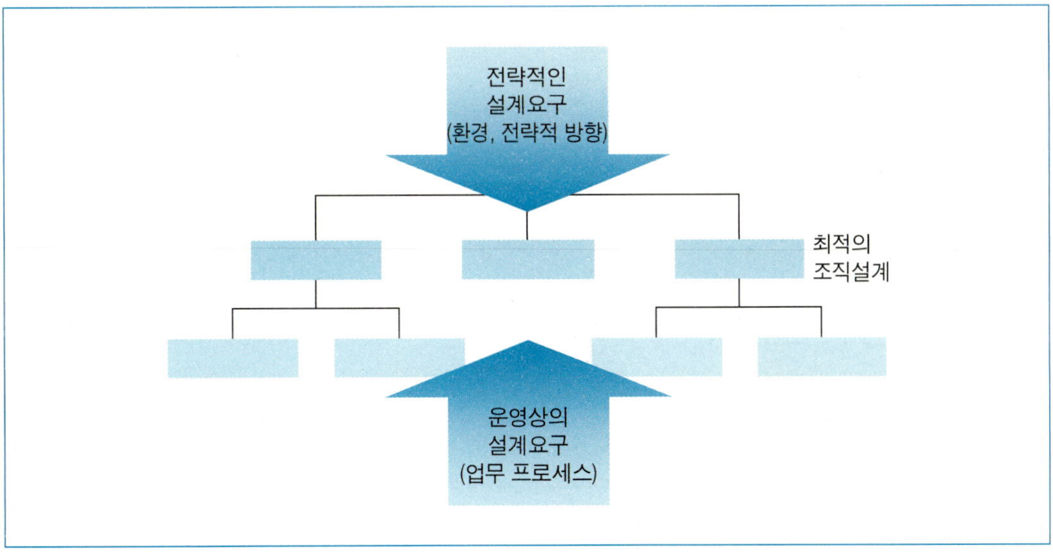

출처: Based on David A. Nadler and Michael L. Tushman, with Mark B. Nadler, *Competing by Design: The Power of Organizational Architecture* (New York: Oxford University Press, 1997), 54.

8.1 핵심 제조기술

제조기술에는 전통적인 제조과정과 새로운 형태인 스마트 공장 및 대량맞춤생산이 있다.

8.1a 제조(생산)기업

제조기술에 대하여 가장 영향력 있는 최초의 연구는 영국의 산업사회학자인 조앤 우드워드(Joan Woodward)에 의해 이루어졌다. 그녀의 연구는 남부 에식스(Essex) 지방에서 현장연구를 통해 시작되었다. 1950년대까지 유행했던 경영기법은 보편적인 경영 원칙이었다. 즉 '유일 최선의 원칙(one best way)'으로 효과적인 조직은 모두 이를 사용해야 한다는 생각이었다. 우드워드는 100개의 제조기업이 어떻게 조직되어 있는지를 조사하였다.[11] 그녀와 연구팀은 각 기업을 방문하여 관리자와 인터뷰하고 회사의 기록을 조사하고, 생산과정을 관찰하였다. 그 자료에는 조직구조의 특성(예: 통제의 폭, 관리의 계층), 관리 스타일의 차원(예: 문서 대 구두 의사소통, 보상 방법), 그리고 제조 프로세스의 유형들이 포함되었다. 또한 기업의 상업적 성과에 대한 데이터도 조사되었다.

우드워드는 제조과정의 기술적 복잡성에 따라 기업을 유형화하였다. 여기서 **기술 복잡성(technical complexity)**이란 제조과정이 기계화(mechanization)된 정도를 의미한다. 기술 복잡성이 높다는 것은 대부분의 작업이 기계에 의해 이루어진다는 뜻이다. 반면 기술 복잡성이 낮다는 것은 사람들이 생산과정에서 더 큰 역할을 수행함을 뜻한다. 우드워드의 기술 복잡성이란 척도는 〈도표 8.3〉에 나타나 있듯이 10개 유형으로 구분되어 있다. 이 유형은 다시 세 가지 기술군으로 정리할 수 있다.

- 집단 1: 소량단위생산기술(small-batch and unit production). 이들 기업은 고객의 특수한 욕구를 충족시키기 위해 소량의 주문을 받아 생산하고 조립하는 공작소(shop) 중심으로 운영해 나간다. **소량생산(small-batch production)**은 주문작업이 기본이므로 사람들의 수작업에 대한 의존도가 매우 높다. 이는 고도로 기계화되지 않음을 뜻한다. 한 예로 에르메스(Hermes International)의 켈리(Kelly) 핸드백은 고인이 된 영화배우 그레이스 켈리(Grace Kelley)의 이름을 따서 만든 것이다. 7천 달러나 하는 이 핸드백을 장인들은 한땀한땀 손으로 만들고 마칠 때 직접 사인을 한다.[12] 또 다른 사례로 아마존(Amazon)의 전통적인 배송센터는 단위 소량의 서비스 방식을 택한다. 근로자들은 고객의 주문에 맞게 1개씩 골라서 포장을 한다.
- 집단 2: 대량생산기술(large-batch and mass production). **대량생산(large-batch production)**은 표준화된 제품을 연속적으로 대량생산하는 제조과정이다. 산출물은 창고로 들어가 주문을 기다린다. 그 이유는 고객들이 특별한 욕구를 가지고 주문하지 않아도 보편적으로 사용될 수 있는 제품이기 때문이다. 자동차 조립라인이 이에 해당된다.

도표 8.3 우드워드의 생산시스템에 따른 100개 영국 기업의 분류

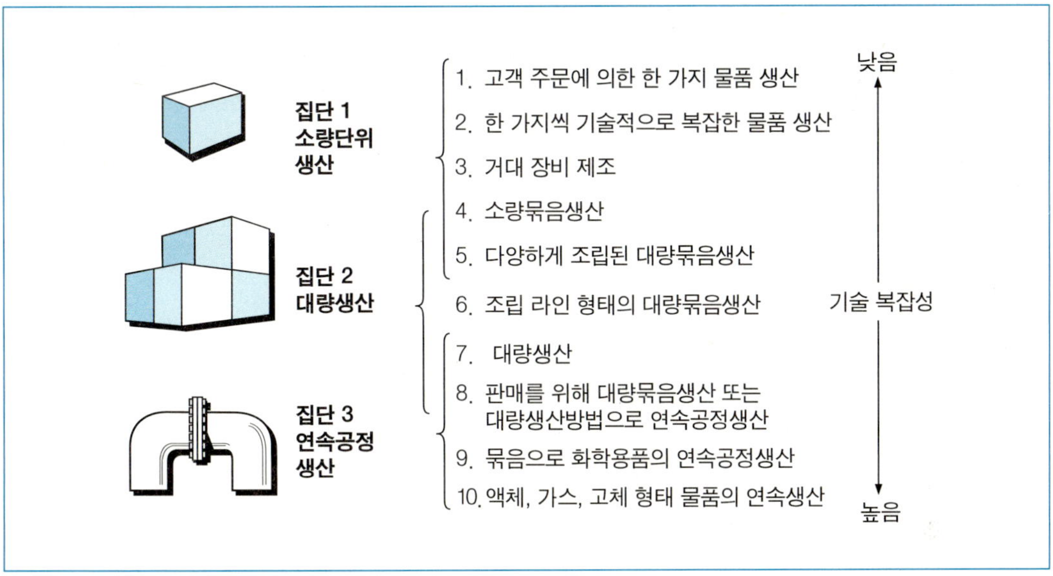

출처: Adapted from Joan Woodward, *Management and Technology* (London: Her Majesty's Stationery Office, 1958). Used with permission of Her Britannic Majesty's Stationery Office.

- 집단 3: 연속공정생산기술(continuous process production). **연속공정생산(continuous process production)**에서는 모든 과정이 기계화된다. 여기서는 시작점과 멈춤이 없다. 이는 조립 라인 이상으로 기계화와 표준화가 이루어졌기 때문이다. 자동화된 기계가 연속공정을 통제하고, 결과에 대한 예측가능성이 매우 높다. 아마존은 최근 키바 시스템(Kiva System)을 도입했는데, 고객의 주문에 따라 필요 아이템을 작업자에게 가져오는 일에 로봇이 사용된다. 다른 로봇은 박스를 채우고 이를 배송문까지 보낸다.[13] 다른 예로 화학 공장, 석유 정제, 술 제조, 제약, 원자력 발전소 등이 있다. 카타르에 있는 로열 더치 쉘의 새로운 'Pearl GTL(가스를 액체로 바꾸는, gas to liquid)' 공장이 좋은 사례이다. 새로운 처리시설에서 천연가스는 많은 파이프, 저장 탱크, 기화 장치, 정제, 반응기 및 기타 장치를 통해 흘러간다. 이때 고도의 기능을 갖춘 근로자들이 중앙통제실로부터 작업들을 모니터링한다. GTL은 화학 공정을 사용하여 가스분자의 구성형태를 물리적으로 변환시켜 디젤과 비슷하게 색깔이 없고, 냄새가 없으며, 디젤과 달리 오염 없는 연료를 만든다.[14]

우드워드의 기술의 분류 자료는 매우 도움이 되었다. 핵심연구결과는 〈도표 8.4〉에 잘 나타나 있다. 예를 들어 경영진 계층의 수와 전체인력 중 관리자의 비율은 기술의 복잡성이 커지면서, 즉 단위생산에서 연속생산으로 가면서 증가한다. 이는 복잡한 기술을 다루기 위해서는 경영의 요구사항들이 더욱 많아지기 때문이다. 직접인력 대 간접인력의 비율은 기술의 복잡성이 커지면서 줄어든다. 왜냐하면 간접인력들이 복잡한 기계를 지원하고 유지하는

도표 8.4 기술 복잡성과 구조특성 간의 관계

구조상의 특징	기술		
	소량단위생산	대량생산	연속공정
관리자의 계층 수	3	4	6
감독자의 통제범위	23	48	15
직/간접 노동 비율	9:1	4:1	1:1
경영자/총 직원 비율	낮음	중간	높음
직원의 기술 수준	높음	낮음	높음
공식화된 절차	낮음	높음	낮음
집권화	낮음	높음	낮음
구두 커뮤니케이션 정도	높음	낮음	높음
서류 커뮤니케이션 정도	낮음	높음	낮음
전반적 구조	유기적	기계적	유기적

출처: Based on *Management and Technology* by Joan Woodward (London: Her Majesty's Stationery Office, 1958).

데 더욱 필요하지만, 자동화된 설비에 의하여 생산 직접 인력은 줄어들기 때문이다. 그밖에 통제의 폭, 공식화된 절차, 집권화 등의 특성들은 대량생산기술의 경우 더욱 높은데 그 이유는 작업이 표준화되었기 때문이다. 단위생산과 연속공정생산기술은 고도로 숙련된 작업자들이 필요로 하며, 기계를 잘 다루고 변화하는 조건에 적응하기 위해 구두 의사소통을 활용한다. 대량생산기술은 표준화되고 일상적이므로 예외적인 일은 상대적으로 적게 나타나고, 구두 의사소통의 필요성도 낮으며, 종업원들의 숙련도는 낮은 편이다.

전반적으로 단위생산과 연속공정생산기술의 경영시스템은 1장과 4장에서 다룬 것처럼 유기적(organic)이어야 한다. 이들은 자유롭게 흘러가야 하며, 적응력이 높아야 하고, 적은 수의 표준화, 규정 및 절차가 요구된다. 그러나 대량생산기술은 표준화된 직무와 공식화된 절차라는 기계적(mechanistic)인 구조를 갖는다. 우드워드의 기술에 대한 이 같은 발견은 조직구조를 만들 때 새로운 시각을 제공해주었다. 그녀의 말을 빌면, "서로 다른 기술들은 개인과 조직들에게 다른 종류의 요구를 한다. 그래서 이런 요구는 적절한 구조를 통해 충족되어야만 한다."[15]

8.1b 전략, 기술, 그리고 성과

이어서 우드워드는 수익, 시장점유율, 주식가격, 명성 등을 통해 기업의 성과를 조사하였다. 2장에서 언급한 대로 효과성 측정은 쉬운 일도 정확한 것도 아니다. 그러나 우드워드는 상업적 성공의 척도를 가지고 회사들의 순위를 정했다. 즉 전략적 목표를 중심으로 평균 이상, 평균, 평균 이하로 성과를 평가하였다.

우드워드는 구조-기술의 관계에 따른 상업적 성공 여부를 비교하였고 성공적인 기업이 상호 보완적인 기술과 구조를 가지고 있음을 발견하였다. 성공한 기업의 조직특성 중 대부분은 〈도표 8.4〉의 기술범주의 평균과 유사했다. 평균 이하의 기업은 자신의 기술 유형에 대한 구조적 특성과 거리가 먼 모습을 보였다. 또 다른 결론은 구조적 특성이 1장과 4장의 설명처럼 유기적 경영시스템과 기계적 경영시스템으로 집단화해서 해석될 수 있다는 점이다. 성공한 소량 생산기업과 연속공정 생산기업은 유기적 조직구조를 가지고 있었고, 성공한 대량 생산기업은 기계적 구조를 지니고 있었다. 이후 계속된 다른 연구에서도 그녀의 주장이 지지된 바 있다.[16]

오늘날 이 결과가 주는 시사점은 무엇인가? 전략, 구조, 기술이 잘 연계되어야 하며, 특히 경쟁적 조건이 변화할 때는 더욱 그렇다는 점이다.[17] 예를 들어 변화가 많은 침대사업을 하는 셀리(Sealy)사의 경우 유기적인 조직설계에 적응할 필요가 높았다. 셀리사의 경영진은 주택시장이 침체되면서 '슬립 넘버(Sleep Number)'와 '템퍼-페딕(Tempur-Pedic)'과 같은 저렴한 매트리스의 인기는 높아지고, 고가인 '스턴스 앤 포스터(Stearns & Foster)' 제품 라인의 판매는 크게 하락하는 것을 알게 되었다. 이를 극복하기 위하여 조직구조를 개편하여 통합기능팀을 만들고 IDEO의 디자인 팀을 참여시켜 기존의 스턴스앤포스터와 달리 더 예쁜 침대를 설계하여 고객들이 자신이 진정한 프리미엄급 제품을 소유했다는 생각을 갖게 만들었다.[18] 이 기업은 또한 새로운 환경에서 경쟁력을 키우기 위해 디지털 제조기술을 도입하였다.

전략을 지원할 적합한 신기술을 채택하지 못하거나 기술에 맞는 전략을 만들지 못하면, 성과는 떨어진다. 오늘날 숨 가쁜 경쟁으로 시장은 더욱 출렁이고, 제품수명주기는 단축되었을 뿐만 아니라, 소비자들은 더욱 까다롭고 많은 지식을 보유하게 되었다. 이런 요구를 맞추기 위해 유연성은 기업들에게 전략적으로 중시해야 할 요인이 되었다.[19] 제조기업은 새로운 기술을 채택하여 유연성 전략을 지원하고 있다. 그러나 높은 기계적 구조는 유연성을 해치며, 신기술의 이점을 활용하는 것을 방해하기 때문에 조직구조 설계와 관리 프로세스 또한 잘 연계되어야 한다.[20]

8.1c 스마트 공장

대부분 오늘날 공장은 다양한 신제조기술, 즉 로봇, 수치제어기술도구, RFID, 무선기술, 컴퓨터 소프트웨어를 통한 제품설계, 공학분석, 원격제어 등이 사용된다. 한 조사에서는 미국의 제조업체들이 20년 전보다 정보처리장비(컴퓨터 등)를 6배나 더 사용하는 것으로 나타났다.[21] 이는 제조사들이 처한 불확실성이 커짐과 격심한 도전을 반영한 것으로 생산의 글로벌화, 경쟁의 심화, 제품 복잡성 증대, 대량의 비즈니스 파트너와의 조정 필요성을 나타난다.[22] 자동화된 공장이란 궁극적으로 스마트 공장이라고 볼 수 있다.[23] **스마트 공장**(smart factory)은 컴퓨터로 작동하는 기계들이 대부분의 일상적인 업무를 처리하고 공장설비는 디지털 공급망 네트워크에서 공급업체와 고객들이 상호 디지털로 연결된 곳이다.[24]

스마트 공장은 다음의 여러 하위 요소들을 포함하고 있다.

- CAD(컴퓨터에 의한 디자인): 컴퓨터는 새로운 부문을 초안하고, 설계하고 엔지니어링 하는 일을 도와준다. 디자이너들은 자신의 컴퓨터를 사용하여 스크린에 세부 모습을 그린다. 여기에는 여러 차원들과 요소들이 구체화된다. 수백 개의 다른 디자인들이 만들어지고 원본의 크기도 확대하거나 축소해볼 수 있다.[25]
- CAM(컴퓨터에 의한 생산): 컴퓨터 통제 하에 기계들은 원료처리, 조립, 생산 등을 매우 빠른 속도로 해낸다. CAM은 1개의 생산라인에서 컴퓨터 내 소프트웨어의 변경을 통해 하나의 제품으로부터 다양한 여러 제품을 만들어낼 수 있다. CAM은 제품라인이 제품 설계와 제품 믹스에서 고객의 요구사항을 손쉽게 변화시켜준다.[26]
- 로봇: 자동차 제조사들은 수년간 조립라인에서 대형 로봇을 사용해오고 있지만, 새로운 세대의 작고 간단한 로봇으로 중소형 규모의 제조사들이 이점을 보고 있다. 이러한 새 로봇들은 종업원들과 의사소통과 협력을 하면서 부품, 조립, 창고업무, 포장 및 배송까지 전 제조과정을 제공하고 있다.[27] 새로운 이미징과 인적 상호작용 소프트웨어 및 객관적 검사와 센서기술의 발전에 힘입어, 이 로봇들은 모든 규모의 제조사들에 의해 사용된다. 로봇은 공동작업자들을 인지할 수 있고, 반응할 수 있으며 안전내장장치를 보유하고 있어 반복작업을 수행하는 동안 일상적인 의사결정을 수행할 능력을 보유하고 있다.[28]
- 3D 프린팅: 적층제조(additive manufacturing)라고도 알려진 3D 프린팅은 특정 물질을 한 층씩 쌓아 올려 입체물을 제조하는 것이다. 3D 프린팅은 처음에는 CAD 파일로 설계한 플라스틱 모형을 만드는 데 사용되어 빠른 프로토타이핑으로 불렸다.[29] 이후 20년 동안 이 기술은 프로토타이핑에서 생산으로 진화하였다. 기술자들은 컴퓨터에서 입체물을 모델링하여 금형에서 물체를 자르거나 뚫지 않고 플라스틱, 금속 또는 복합재료로 물체를 출력할 수 있게 되었다. 이로 인해 자재 낭비가 줄어들고, 제조업체들은 고객에게 더욱 신속하게 제품을 제공할 수 있게 되었으며, 멀리 떨어져 있는 석유 굴착 장치에 필요한 부품을 현장에서 생산할 수 있게 되었다. 예를 들어, 해군 선박은 3D 프린팅을 사용하여 필요한 부품 일부를 기내에서 생산한다.[30]

스마트 공장에서 신제품은 컴퓨터로 설계되고, 프로토타입은 사람의 손을 빌리지 않고도 만들어질 수 있다. 포르쉐(Porsche)는 3D 프린팅 기술을 사용하여 '본래 사양에 대한 완벽한 충실도'를 갖춘 클래식 자동차 모델의 구형 부품을 재현하고 있다.[31] 이상적인 공장은 하나의 제품으로부터 다른 제품으로 신속히 변환할 수 있고, 정확하고 빠르게 작업을 수행한다. 이때 서류작업이나 기록관리도 필요 없고 시스템을 중단할 필요도 없다.[32] 또한 새로운 소프트웨어는 여러 부서와 조직으로부터 정보를 조정할 수 있으며 가상의 설계로서 전체 새로운 공장을 포함할 수 있다.

독일 암버그에 위치한 지멘스사의 전기작업 시설들은 스마트공장의 좋은 사례이다. 이곳은 통합된 스마트기기들이 통제기기들의 생산과 배송을 조정하는데 세관, 주문과정 등 16억 개의 요소들이 250개의 공급자로부터 들어와 있고, 950개의 다른 제품들을 만들며 연간 5만 개의 다양한 제품변화를 가져온다. 이들은 99%의 신뢰성을 보이며 불량은 100만 개당 15개에 불과하다.[33] 자동차 제조사들은 스마트 공장의 장점을 잘 살린 좋은 사례들이다. 오하이오주에 공장을 보유한 혼다 자동차는 놀랄만한 유연성의 성과를 거두었다. 북미에서 가장 유연한 자동차공장으로 꼽히는 혼다는 소형차 시빅(Civic) 생산으로부터 길고 큰 CRV 퓨전차량을 만들기 위해 변환시키는 데 걸리는 시간이 5분밖에 안 된다. 조립라인을 다른 유형의 차량으로 변환시키는 데 사용되는 것은 다양한 종류의 현장 로봇들이다. 여러 유형의 자동차에 대해 신속히 재고 수준을 조정하는 능력이야 말로 가솔린가격이 급변하고 인기 자동차가 수시로 바뀌는 상황에서도 혼다가 핵심 경쟁우위를 지키는 요인이 되고 있다.[34]

8.1d 대량맞춤생산

스마트 공장은 **대량맞춤생산**(mass customization)을 위한 토대를 제공한다. 개별고객의 요구에 맞게 독특한 디자인을 한 제품을 대량생산기술을 사용하여 신속하고 저렴한 비용으로 만들 수 있었기 때문이다. 목표는 고객이 원하는 시기에 원하는 것을 정확히 제공하는 것이다.[35] 고객은 델(Dell)의 노트북을 여러 가지 하드 드라이브 용량, 칩의 처리 속도, 소프트웨어 패키지 등을 넣어 주문할 수 있다. BMW 자동차 또한 원하는 사양과 부품으로 주문할 수 있다. 대량주문생산은 농기계, 온수기, 의류, 컴퓨터, 산업용 세제, 보청기 등 다양한 제품에 적용되었다.[36] 보청기의 경우 고객의 청력 상실 및 수준 측정과 같은 청력 손실을 치료하는 지역의 청각 전문의 및 기타 전문가의 고객 데이터가 맞춤형 대량생산 라인에 공급된다. 조립라인이 계속 작동하도록 하려면 충분한 주문이 필요하다. 그렇지 않으면 생산은 소량생산 프로세스와 비슷해진다. 인비절라인(Invisalign)은 맞춤형 치과 교정기를 위해 대량맞춤생산을 활용하고, 테일러드 피츠(Tailored Fits)는 대량맞춤생산을 통해 운동화 및 스키부츠를 위한 맞춤 보조기를 제작한다.[37] 오시코시(Oshkosh) 트럭회사의 경우 업계가 매출액 감소로 고생하는 동안에도 맞춤식 트럭 — 시멘트 트럭, 쓰레기 차, 소방차, 군용트럭 등 — 을 제공하여 성공하였다. 소방수들은 자신의 새 차가 어떤 모양이어야 하는지, 자신들이 원하는 색상은 무엇인지 요청하기 위해 공장을 방문하곤 하였다.[38]

스마트 공장의 놀랄만한 이점은 다른 크기, 유형, 고객의 요구도가 조립라인에 자유롭게 섞여 있으며, 대규모 공장들도 광범위한 고객의 맞춤 제품을 낮은 원가로 제공한다는 점이다.[39] 컴퓨터화된 기계들이 즉시 변화를 가져와 커다란 추진기가 다른 장소로 이동하기도 하는데, 이는 생산라인이 느려지지 않고도 가능하다. 제조사들은 무제한의 다양한 제품들을 〈도표 8.5〉에 보듯 소량생산의 크기로 생산해 낼 수 있다. 우드워드가 연구한 전통적인 제조시스템에서는 그림의 대각선으로 선택이 제약되어 있다. 소량주문생산은 높은 제품의 유연성과 고객의 주문에 대응하는데 이는 장인정신(craftsmanship)이 포함되어 고객이 만드는 제품, 생산 규모는 소량일 수밖에 없다. 대량생산은 대규모로 제품생산의 유연성이 제약될 수밖에 없다. 연속공정은 단일 표준제품을 무한한 양으로 생산해낼 수 있다. 스마트 공장은 이런 대각선의 모습을 무너뜨리면서 동시에 생산의 크기와 제품의 유연성을 증대시킬 수 있다. 이같이 궁극적인 수준에 이르게 되면, 스마트 공장은 대량주문 맞춤 생산이 가능하며 각각의 구체적 제품은 고객의 요구사양에 맞추어 생산된다. 이런 고도의 스마트 시스템을 사용하는 것을 '컴퓨터 기반의 장인정신(computer-aided craftsmanship)'이라고 부른다.[40]

도표 8.5 스마트 제조기술과 전통기술의 관계

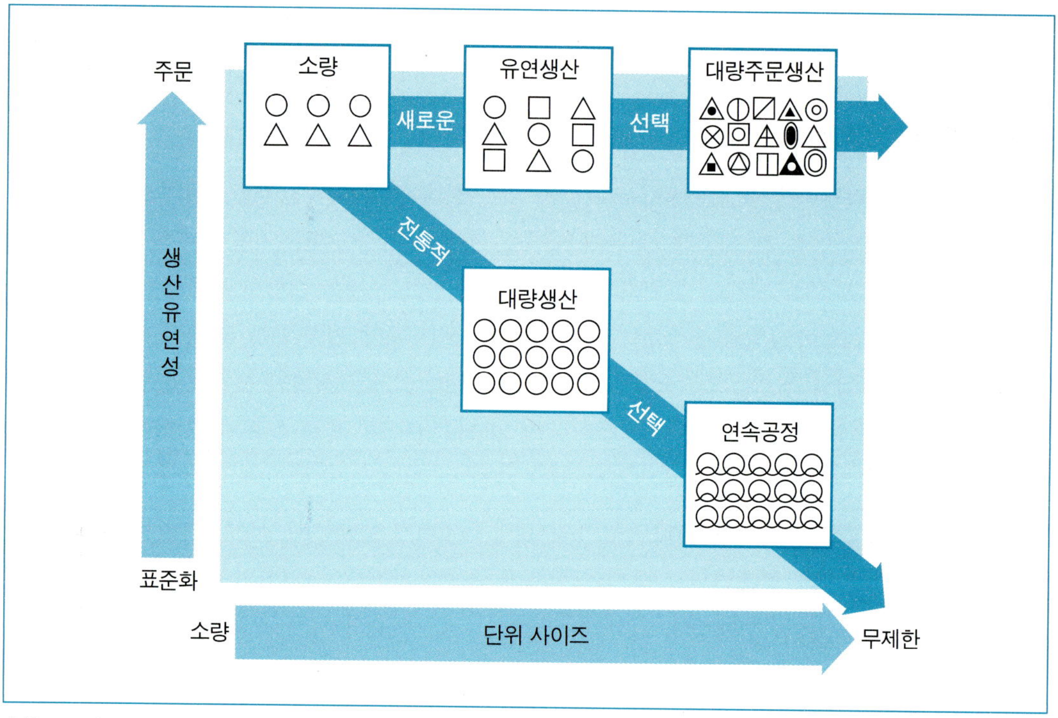

출처: Based on Jack Meredith, "The Strategic Advantages of New Manufacturing Technologies for Small Firms," *Strategic Management Journal* 8 (1987), 249–258; Paul Adler, "Managing Flexible Automation," *California Management Review* (Spring 1988), 34–56; and Otis Port, "Custom-made Direct from the Plant," *BusinessWeek/21st Century Capitalism*, November 18, 1994, 158–159.

8.1e 성과 및 구조상의 시사점

연구결과에 따르면 스마트 공장에서 기계 효율은 높아졌고, 노동생산성은 증가했으며, 불량률은 감소했고, 제품다양성과 고객만족은 증대하였다.[41] 많은 선진 제조업체들은 디지털 시스템과 린 생산방식을 통해 재창조되고 있으며 생산성 또한 높아지고 있다.

〈도표 8.6〉에서 보듯이 스마트 공장과 조직 간의 특성에 대한 연구가 많아지고 있다. 전통적 대량생산기술과 비교해보면, 스마트 공장은 좁은 통제의 범위를 갖는다. 또한 적은 수의 계층, 적응적 과업들, 낮은 전문화, 그리고 분권화된 특성이 있고, 전반적 환경은 유기적이면서 자기 통제적(self-regulative)이다. 종업원들은 여러 팀에 참여할 기술이 필요하기에 훈련은 광범위하고(그래서 종업원들은 지나치게 전문화되지는 않음), 빈번하다(그래서 근로자들은 최근의 지식을 배운다). 전문가인 근로자들은 인지력이 높아지고 추상적인 아이디어를 처리할 수 있으며 문제해결 능력이 높다. 스마트 공장에서 한 조직과 다른 조직 간의 관계는 고객으로부터 요구사항이 바뀌면서 특징을 갖는다. 즉 신기술로 이를 쉽게 처리할 수 있고, 최고 품질의 원료를 제공하는 소수의 공급업자와 밀접한 관계를 갖게 된다.[42]

기술만으로 조직이 유연성, 품질, 생산성 증대, 고객 만족을 가져오는 것은 결코 아니

도표 8.6 대량생산과 스마트 공장의 조직특성 비교

특징	대량생산	스마트 공장
구조		
통제범위	넓다	좁다
계층 수	많다	적다
직무	일상적, 반복적인 일	적응적인, 숙련된 장인과 같은
전문화	높음	낮음
의사결정	집권	분권
종합적인	관료적인, 기계적인	자기 통제적인, 유기적인
인적자원		
상호작용	독립형의	팀워크
훈련	좁음, 일회성	폭넓은, 빈번
전문성	육체적, 기술적인	인지적, 사회적, 문제해결
조직 간		
고객 수요	안정적	변화하는
공급자	많음, 거리가 멀다	적음, 밀접한 관계

출처: Based on Patricia L. Nemetz and Louis W. Fry, "Flexible Manufacturing Organizations: Implications for Strategy Formulation and Organization Design," *Academy of Management Review* 13 (1988), 627–638; Paul S. Adler, "Managing Flexible Automation," *California Management Review*, Spring 1988, 34–56; and Jeremy Main, "Manufacturing the Right Way," *Fortune*, May 21, 1990, 54–64.

다. 조직구조와 관리 절차가 신기술을 잘 이용하도록 설계되어야 한다.[43] 최고경영진이 새로운 구조와 프로세스를 실천하도록 몰입하고 근로자에게 권한을 위양하고 학습과 지식창출의 환경을 만들어줄 때, 스마트 공장은 회사를 더 경쟁력 있는 곳으로 만들어 준다.[44]

핵심정리

- 조직의 핵심기술은 조직의 사명과 직접적으로 연관된 업무 프로세스이다. 비핵심기술은 조직에서 중요하지만 미션과는 직접적으로 관련이 없는 부서 업무 프로세스이다.
- 우드워드는 제조기술과 소량생산, 대량생산, 연속공정생산으로 분류된 회사를 대상으로 연구를 수행하였다. 일반적으로 소량생산과 연속공정생산의 구조 및 관리 프로세스는 유기적 특성을 갖는다. 대량생산은 일반적으로 기계적인 특성을 갖는다.
- 우드워드는 기술과 구조 간의 적합성이 높을수록 성과가 높은 것을 발견했다. 관리자는 이러한 결과를 활용하여 동일한 차원의 기술 및 구조에 따라 자신의 조직을 분석할 수 있다. 또한, 기술 및 구조를 조직전략과 연계하여 변화하는 환경에 대응하고 새로운 경쟁우위를 확보할 수 있다.
- 스마트 공장과 대량맞춤생산은 조직들에게 선택받고 있으며, 이는 조직설계에 영향을 미친다. 대부분의 경우 이 영향력은 긍정적이며, 생산 현장과 관리층 모두에서 더 유기적인 설계로 전환된다. 이러한 기술은 일상적인 업무를 대체하고, 직원들에게 더 많은 자율권을 부여하며, 더 도전적인 일자리를 창출하고, 팀워크를 장려하며, 조직의 유연성과 반응성을 향상시킨다.

8.2 매우 복잡한 기술의 생존

오늘날의 공장은 우드워드가 연구하던 1950년대 산업시대의 공장과는 많이 다르다. 특히 컴퓨터는 모든 생산형태(소량생산, 대량생산, 연속생산)를 바꾸었다. 노스캐롤라이나에 소재한 매리언(Marion)사 록웰 오토메이션(Rockwell Automation)의 파워시스템 사업부에서는 고도의 숙련된 인력이 컴퓨터, 무선기술, RFID시스템을 이용하여 신속히 고객 주문을 처리하고 있다. 한 예로 매리언사의 공장은 고객 주문 후 15시간 만에 텍사스 내 산업공조기에 사용할 대체용 베어링을 제작, 포장, 배달까지 끝마친다.[45] 이 장의 도입사례에서 알 수 있듯이 기술은 서비스 산업도 변화시켜왔다. 점점 더 복잡해지는 기술에는 긍정적인 면과 부정적인 면이 있다.

8.2a 극도의 기술복잡성

우리가 점점 복잡하고 상호 연결된 세상에 살고 있다는 것을 인식하지 못한다면 은둔자가 되어야 한다. 인터넷과 소셜미디어만 보아도 개인 생활, 재정 및 직업이 상호 연결된 거대한 글로벌 네트워크의 일부라는 것을 쉽게 알 수 있다. 기술의 발전으로 이점이 많은 매우 복잡한 시스템을 만들 수 있지만 때로는 이 시스템이 우리의 효과적이고 안전한 관리능력을 초월하는 경우가 생긴다.

여러 산업 분야에서 조직들은 기술발전으로 인한 극도의 복잡성에 대응하고 있다. 복잡한 핵기술(nuclear technology)을 안전하게 관리할 수 없었기 때문에 일본 후쿠시마 원자력 발전소에서는 대규모 지진과 쓰나미로 위험한 방사선 누출이 발생하였다. 월스트리트에서는 나이트 캐피탈(Knight Capital)사의 소프트웨어 업데이트 중에 수십억 달러의 의도치 않은 자동거래가 발생하여 거래 시작 후 30분 동안 약 4억 5천만 달러 이상의 손실이 발생하기도 했다. 초단타 거래(high-frequency trading) 알고리즘은 나이트 캐피탈사을 2012년 초 미국 주식시장에서 가장 큰 주식거래회사로 만들었지만 결함이 있는 소프트웨어가 회사의 안전기능을 압도했을 때 이 복잡한 기술은 결코 회복할 수 없는 손실을 안겨 주었다.[46] 의료 산업에서 기술융합은 더욱 치명적일 수 있다. 최첨단 처방 시스템을 통해 의사의 의도와는 다른 38개의 약을 처방받은 16세 소년이 세계 최고의 병원 중 한 곳에서 사망하는 일도 벌어졌다.[47]

제조업계에서는 보잉(Boeing)사가 만든 737 Max 8이 2018년과 2019년에 인도네시아와 에티오피아에서 충돌사고가 발생하면서 모든 탑승자가 사망한 사건이 있었다. 세계 각국은 조종사가 대응할 수 없는 소프트웨어 결함이 있는 이 비행기의 운행을 중단하였다. 후속 조사 결과, 잠재적으로 결함이 있는 센서와 소프트웨어 문제를 포함하여 보잉사가 에어버스(Airbus)사와의 경쟁으로 인해 성급한 비행기 생산을 무리하게 추진한 사실이 밝혀졌다. 또한 Max 8에는 센서가 오작동할 때 조종사에게 알려주는 경고등을 포함한 다수의 기능들이 선택적 옵션으로 제공되었는데, 인도네시아 및 에티오피아 항공사는 이를 구매하지 않았다.[48] 각각의 이슈에 대해 독립적으로 내려진 결정은 추락한 승객과 승무원에게 재앙으로 이어졌다. 유람선과 같은 서비스회사들도 새로운 기술의 경계를 넓히는 데에 어려움을 겪고 있다.

IN PRACTICE 카니발 크루즈라인

카니발 크루즈 라인(Carnival Cruise Lines)에서 발생한 사고로 일부 고객들은 절대로 다시는 카니발을 타고 유람선 여행을 하지 않겠다고 맹세하기도 했다. 최악의 사고로 엔진룸에 불이 나서 선상에서 4,200명의 승객들은 멕시코만에서 전력없이 오도가도 못하게 되었다. 4일간의 여행이 8일로 늘어났고, 음식과 물이 부족한 채 승객들은 에어콘도 없이 지냈으며, 보도에 따르면 화장실이 차고 넘쳤으며 이 상황을 '지옥'에 비유하기도 했다. 카니발 경영진들은 너무 복잡하여 위기발생 시 대처하기 힘든 이 큰 배를 건립하는 전략을 재평가 중이다.

tassilo111/Pixabay.com

이런 전략의 위험성이 극명하게 나타난 사례는 크루즈 유람선 코스타 콘코디아(Costa Concordia)가 좌초된 것으로 32명이 사망하였다. 이 사고로 유람선의 안전과 응급대처에 치명적 결함을 드러냈다. 쉐티노 선장은 많은 실수를 저질렀는데, 한 선원이 배가 물이 차고, 모터가 꺼졌다고 보고한 이후 45분간 대처에 실패함으로써 위기를 불러왔다. 그러나 위험의 일부는 거대한 규모의 배로부터 기인하며 산업계의 감시소홀도 있다. 오늘날의 대규모 크루즈는 지난 1985년보다 크기 면에서 거의 5배가 커졌다.[49]

최근 유람선 산업에서 발생하는 사고는 안전전문가와 규제 담당자들에게 더 큰 책임을 느끼게 하면서 초대형 선박을 건설하는 전략에 위험이 있음을 보여준다. 스티븐스 공과대학의 공대학장인 마이클 브루노는 "오늘날의 배의 크기는 어떠한 문제도 즉시 아주 큰 문제로 만들 수 있다"고 지적했다.[50]

8.2b 높은 신뢰성 구성

사고 없이 필요한 기능을 수행하는 것으로 보이는 매우 복잡하고 위험한 기술에 대한 연구는 오늘날 조직이 극도의 복잡성을 관리할 수 있는 방법에 대한 통찰력을 제공하였다. **높은 신뢰성 조직**(high reliability organization: HRO)은 복잡하고 잠재적으로 위험한 기술을 안전하고 신뢰할 수 있는 방식으로 관리하는 기술을 개발한 조직을 의미한다. HRO에 대한 최초의 연구는 잠재적으로 위험한 기술(미국 해군 항공모함 운송회사 운영, 미국 항공교통관제시스템 및 원자력 발전소)을 다루고 있음에도 불구하고 사고 없이 운영되는 미국의 3개 조직을 기반으로 한다.[51] 연구자는 이러한 조직이 재난의 가능성이 높을 때 신뢰성과 안전성을 제공하는 프로세스와 시스템을 공식화한 것을 발견했다.

주요 산업재해는, 드물지만 재난이 발생할 경우 대부분의 HRO가 얼마나 성공적으로 운영되는지를 상기시키는 역할을 한다. 예를 들어, 인도 보팔(Bhopal)에서 유니언 카바이드(Union Carbide) 살충제 폭발로 인해 15,000명이 넘는 사망자와 10만 명에 이르는 부상자가 발생하였고, 우크라이나의 체르노빌 원자력 발전소 폭발은 약 4,000명의 사망을 초래하였다.[52] 최근의 재앙으로는, 2005년 허리케인 카트리나에 대한 연방 대응책, 2010년 멕시코만에서 발생한 BP사 딥워터 호라이즌(Deepwater Horizon) 시추 장비 폭발 및 그에 따른 석유 유출, 2011년 쓰나미로 인한 일본 후쿠시마 원전 사고를 볼 수 있다. 일부 조직은 어떻게 유사한 재앙이나 작은 사고를 경험하지 않고 매우 복잡한 환경에서 장기간 운영할 수 있는가? 그 답은 높은 신뢰성 구성에 있다.

HRO의 사고방식은 "실패는 선택할 수 있는 옵션이 아니다"이다. NASA의 달 탐사 로켓이 성공적으로 발사되었을 때 100만 건의 위험이 기다리고 있었음에도 사고가 일어나지 않은 그때의 작은 기적을 떠올려보라. 심각한 사고가 발생하지 않은 이유에 대한 연구는 조

도표 8.7 높은 신뢰성 조직의 다섯 가지 특성

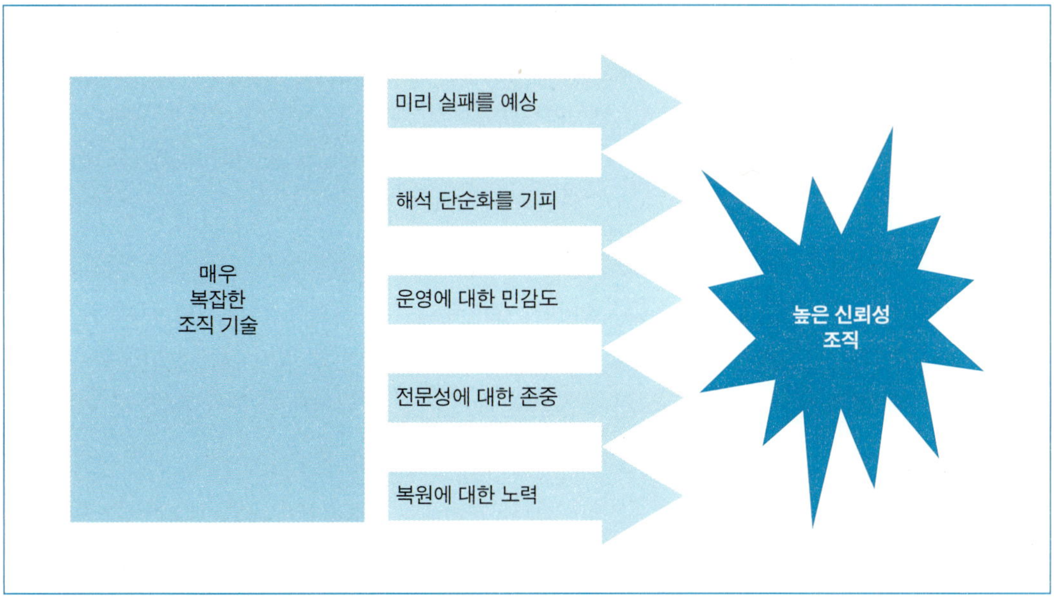

출처: Adapted from Figure 1, State of Mindfulness, in Paul Chivers, "Why More Businesses Need to Emulate High Reliability Organizations," *Governance Directions* (February 2014), 16–20.

직이 탁월한 성능을 유지하기 위해 예기치 않은 상황에 대응하여 특정 업무를 감지, 확인 및 재구성할 수 있는 방법을 제시한다.[53]

높은 신뢰성 조직인 결국 재난으로 이어질 수 있는 작은 실수를 제거하기 위한 노력으로 이루어진다. 신뢰성이 높은 조직은 모든 사람들이 작은 문제나 안전하지 않은 조건들을 탐색하고 보고하여 실질적인 위험에 처하기 전에 이를 해결할 수 있는 상황을 만든다. HRO는 이러한 사건들에서 얻은 교훈으로 인해 실수나 위기일발 상황을 식별하는 것에 자부심을 갖는다. 〈도표 8.7〉에서 설명하고 있는 다섯 가지 소양은 높은 신뢰성 조직의 특징이며, 각각의 세부내용을 다음에서 살펴보자.[54]

미리 실패를 예상. HRO는 재난에 대비하기보다는 이를 예방하고 제거하는 데에 중점을 둔다. 작은 실수나 오류를 찾아서 수정하는 것이 가장 중요하다. 사람들은 실패의 위험을 증가시킬 수 있는 것들에 대해 끊임없이 고민하도록 훈련받는다. "사고로 연결될만한 실수"는 사건을 요약하고 약점을 결정하여 이를 해결하기 위한 자원을 투입하는데 필요한 시간을 할애하는 기회로 간주된다. 몇 달 또는 몇 년 동안 사고가 없었다는 이유로 사람들은 결코 만족하지 않는다. 문화적 규범은 항상 안전에 대한 새로운 위협이 발생하고 있음을 의미하는 아주 작은 신호에 주의를 기울여야 한다. 관리 관행은 직원들이 운영 편차에 대해 질문하고 오류 및 실수를 보고한 사람들에게 보상하도록 권장한다.

단순한 해석을 기피. 인간의 마음은 종종 최소한의 데이터로 결론을 추론하여 해석을 단순화한다. 단순화는 미래의 오류가 간과되고 비용을 유발할 가능성을 높인다. 심층 조사가 없는 단순화는 이상 항목들을 누적시킬 수 있다. 위협 간의 미묘한 차이를 식별할 수 있으면 조기 대응과 늦은 대응 간 차이가 생긴다. HRO는 작은 어려움이나 발생하는 문제에 대한 심도있는 검사를 단순화하지 않는다. 이 조직의 구성원들은 자신의 업무가 복잡하고 단순한 해결책으로 보일 수 있지만 이러한 단순한 해결책을 받아들이지 않는다. 그들은 그들의 시스템이 전에는 볼 수 없었던 방식으로 작동하지 않을 수 있으며, 앞으로 고장이 발생할 수 있는 모든 경우를 식별하는 것은 불가능하다는 사실을 알고 있다. HRO의 구성원들은 실패가 여러 가지로 인해 발생될 수 있다는 사실을 알고 있기 때문에 단순한 한 가지 원인에 대한 가정이나 추론을 하지 않는다. HRO에서의 규칙은 다음과 같다. 단순화와 일반화를 하지 마라. 회의론과 의견의 차이를 장려하라.

현장의 운영에 대한 민감도. HRO에서 사람들은 매뉴얼과 정책이 업무 시스템의 복잡성과 함께 변한다는 것을 인식하여 예상되는 일상적 업무에 머무르기보다는 경고상태를 유지한다. 조직의 성과에 대한 위협의 초기 지표가 일반적으로 조직의 운영에 작은 변화로 나타나기 때문에 상황에 대한 인식은 필수적이다. HRO의 민감도는 오류 발생 가능성을 줄이고, 실수가 가속화되고 누적되기 전에 더 빨리 식별하고 수정할 수 있게 한다. HRO의 구성원들은 감독, 보고, 안전절차, 안전교육 및 브리핑에서 허점이나 모호성을 찾는다. 민감한 인식은 조기 발견을 의미한다. 무관심한 반복보다는 현장의 운영에 관심을 갖고 주의를 기울이는 것이 높은 신뢰성 조직의 핵심이다.

전문성에 대한 존중. 새로운 위협에 직면할 때 HRO는 사건 처리와 관련하여 최고의 전문지식을 갖춘 개인을 식별하고 의사결정 권한을 해당 개인이나 그룹에 위임하는 메커니즘을 갖추고 있다. 팀원과 조직 리더는 당면한 문제와 관련하여 가장 많은 지식을 가진 사람에게 결정을 맡기는 것을 학습한다. 일상적 업무를 수행하는 동안에는 계층적 권한에 결정을 맡긴다. 그러나 주요 위협지표를 알고 있는 사람들은 최전선에 있을 가능성이 높으며 종종 계층에서의 순위는 낮은 편이다. 순위가 낮은 직원의 전문지식이 높으면 위협에 대한 해석 및 발언권이 순위가 높은 사람보다 우선하게 된다. HRO는 작업 속도가 변경될 때 신속하고 정확하게 결정을 내리려고 노력한다. HRO는 또한 복잡성을 다루기 위해 다양한 사람들과 관점을 양성하고 의사결정을 최전선으로 내리고, 순위에 관계없이 가장 전문적 지식을 가진 사람에게 상황에 따라 권한을 부여한다.

도입 질문과 답

1. 높은 신뢰성 조직이 재난 없이 항공모함과 같은 매우 복잡한 기술을 운영할 수 있는 이유는 직원들이 실패보다는 성공에 몰두하기 때문이다.

답) 동의하지 않는다. 신뢰성이 높은 조직의 문화 규범은 실패에 몰두해야 한다. HRO의 구성원들은 끊임없이 실패에 대해 생각하고 재앙의 위험을 증가시킬 수 있는 작은 실수나 오류를 찾아내는데에 집중한다. 실패에 대한 선입관은 HRO의 구성원들이 재난이 발생한 후 대응하기보다는 이를 예방하는 데에 도움이 된다.

복원에 대한 노력. 탄력성의 가치는 일이 잘못되는 것을 막음으로써 일을 올바르기 진행되도록 하는 것이다. HRO 직원들은 작은 실수에 대해 끊임없이 경고한다. 오류를 포함하여 상황에 대해 신속하게 평가하고, 문제가 발생할 경우 개선된 솔루션으로 대응한다. 시스템 장애에도 불구하고 시스템은 계속 운영된다. 사람들은 비상사태에 대비하여 미리 준비하고 훈련받는다. HRO는 문제가 발생한 경우에도 정상적인 운영을 유지하는 것에 대한 중요성을 인식하고 있다. 리더는 유연성을 장려하고 예기치 않은 사건을 통해 관리하는 방법을 교육을 통해 알려 준다. 또한 사람들은 회의론이나 거부로 인해 오류가 발생하는 것을 두려워하는 경우 안전하지 않은 상황을 보고하지 않는다. 관리자는 일선 직원들에게 오류 및 안전하지 않은 상황을 보고하도록 권장하고 이를 보상한다. 사람들은 리더가 무엇이 작동하지 않고 있는지를 알고 싶어한다고 믿어야 한다. 신뢰성이 높은 조직은 개선이 필요한 시스템을 식별하여 많은 소규모의 사건들과 위기일발 상황에 대해 긍정적인 대응을 만든다.

많은 병원과 의료기관에서 HRO 개념을 채택하고 있다. 복잡한 기술을 보유하고 있거나 치명적인 장애 가능성에 대처하거나 거의 완벽한 성과를 달성하려는 모든 조직들은 HRO 모델을 모방할 수 있다. 모든 조직은 HRO의 특성을 통합하여 목표 달성에 대한 새로운 수준의 신뢰를 얻을 수 있을 뿐만 아니라 실수 후 복원력을 높여 조직의 장기 생존성을 강화할 수 있다.

핵심정리

- 컴퓨터와 디지털기술은 제조 및 서비스조직 모두에 혁명을 일으켰다.
- 기술의 발전으로 많은 이점을 갖는 매우 복잡한 시스템을 만들 수 있었지만 이러한 시스템은 효과적이고 안전하게 관리할 수 있는 인간의 능력에 압박을 가한다.
- 높은 신뢰성 조직(HRO)은 매우 복잡하고 위험한 기술을 안전하고 신뢰할 수 있는 방식으로 관리하는 기술을 개발한다.
- HRO의 다섯 가지 특성은 미리 실패를 예상함, 해석을 단순화하는 것에 대한 기피, 현장의 운영에 대한 민감도, 전문성에 대한 존중 및 복원에 대한 노력이다.

8.3 핵심 서비스기술

조직의 기술에서 가장 큰 변화 중 하나는 서비스 분야의 급성장이다. 미국 내 사업의 절반 이상은 서비스조직이며, 한 조사에 따르면 미국 근로자의 90%는 병원, 호텔, 패키지 배달, 온라인 서비스, 통신 회사와 같은 서비스 부문에 종사하고 있다.[55]

8.3a 서비스기업

서비스기술은 생산기술과 다르며 따라서 상이한 조직구조를 필요로 한다. 서비스기술에는 다른 접근방식이 필요하기 때문에 전통적인 제조회사에서는 효과적인 아이디어, 가정 및 관리 사고방식이 서비스조직에는 피해를 줄 수 있다.[56]

정의. 제조기업이 제품생산을 통해 목적을 이룬다면, 서비스기업은 서비스의 생산과 공급을 통해 목적을 달성한다. 예를 들면 교육, 보건, 교통, 은행, 관광 등의 업무가 그것이다. 서비스조직의 연구들은 서비스기술의 독특한 차원에 초점을 둔다. **서비스기술**(service technology)은 〈도표 8.8〉처럼 생산기술의 특성과 다른 모습을 보인다.

가장 큰 차이는 서비스기술이 무형의 산출물을 만들어내는 것으로 냉장고를 만드는 것처럼 손에 잡히는 것이 아니라 페이스북(Facebook)의 사회적 네트워킹과 같이 손에 잡히지 않는 것이다(intangible). 이처럼 서비스란 추상적이며, 물리적 제품과 달리 서비스는 지식과 아이디어로 구성된다. 따라서 생산업자의 제품이 차후에 판매를 위해 재고로 쌓아둘 수 있지만, 서비스는 생산과 동시에 소비된다는 특성이 있다. 고객은 의사나 변호사와 만난다. 그리고 학생과 교사는 강의실이나 인터넷에서 함께 있다. 서비스란 무형의 제품으로 고객요구가 있기 전까지는 존재하지 않는다. 저장할 수 없고, 최종제품으로 볼 수도 없다. 만일 서비스가 생산되면서 바로 소비되지 못하면, 이는 사라지고 만다.[57] 그래서 서비스기업은 노동집약적이며 지식집약적이다. 반면 제조업은 자본집약적이고 대량생산, 연속공정, 그리고 스마트 생산기술에 대한 의존도가 높다.[58]

서비스 분야에서 고객과 종업원의 직접적인 상호작용은 매우 높다. 반면 제조업의 핵심기술에서 고객과 종업원 간의 직접적인 접촉은 거의 없다. 이런 직접 상호작용의 의미란 인적 요소(종업원)가 서비스기업에서 매우 중요하다는 것이다. 대부분 사람들이 자기 차를 만든 사람을 직접 만나지 못하지만, 새로운 트럭을 판매한 세일즈맨이나 휴가 동안 차를 렌트한 에이비스(Avis) 관계자는 직접 만난다. 세일즈맨으로부터 받는 서비스, 또는 의사나 변호사, 미용사로부터 받는 서비스는 고객의 만족 수준을 결정하게 된다. 서비스의 품질은 느껴지는 것이지 유형의 제품처럼 직접 측정되고 비교되는 것이 아니다. 또 다른 고객 만족과 품질서비스의 지각에 영향을 미치는 요인은 빠른 반응시간이다. 서비스는 반드시 고객

도표 8.8 제조기술과 서비스기술의 차이점

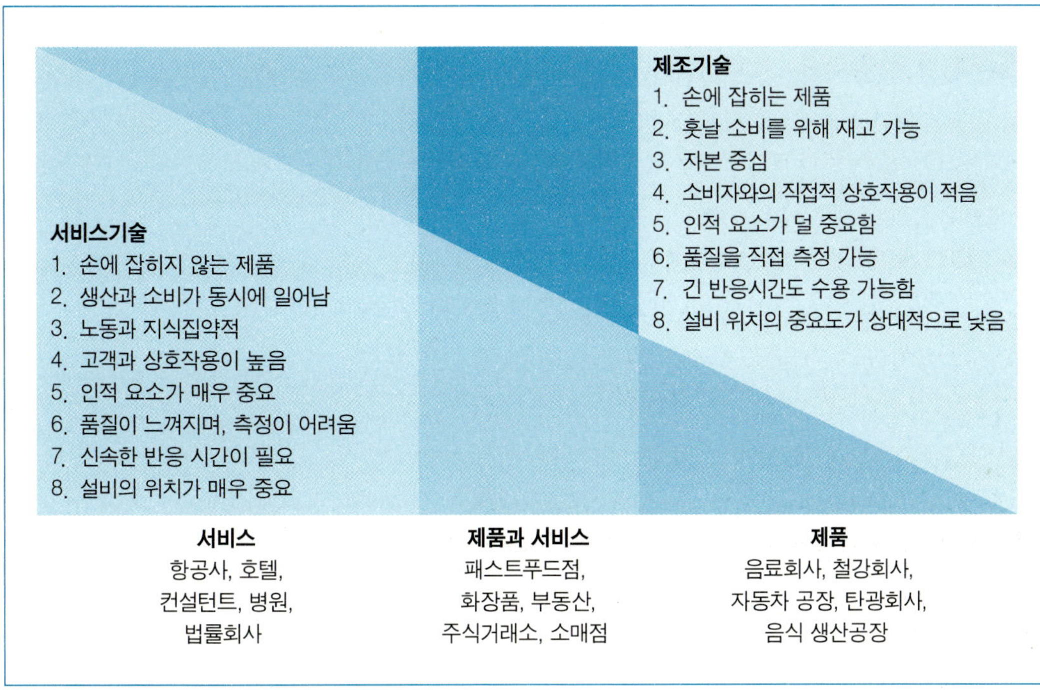

출처: Based on F. F. Reichheld and W. E. Sasser, Jr., "Zero Defections: Quality Comes to Services," *Harvard Business Review* 68 (September–October 1990), 105–111; and David E. Bowen, Caren Siehl, and Benjamin Schneider, "A Framework for Analyzing Customer Service Orientations in Manufacturing," *Academy of Management Review* 14 (1989), 75–95.

이 원하고 필요로 할 때 제공되어야 한다. 친구와 저녁식사를 할 때, 좋은 서비스로 대우받기를 원하는데, 만일 주인이나 매니저가 "당신을 모실 좌석의 여유가 없으니 내일 다시 오세요"라고 한다면 만족할 리 없다.

서비스기술의 마지막 특성은 입지 선정(site selection)이 제조업보다 훨씬 중요하다는 점이다. 눈에 보이지 않는 서비스는 고객이 받고자 하는 위치에서 제공되어야 한다. 서비스는 널리 퍼져 있고 지리적으로 고객에게 근접해 있다. 예를 들어 패스트푸드점은 각 지역별로 흩어져 고객과 가까운 곳에 자리 잡는다. 중간 규모의 도시에서 맥도날드 레스토랑은 큰 규모로 어느 한 곳에만 위치하기보다는 작더라도 2개 이상씩 있는데, 이는 고객이 원하는 곳에서 서비스를 제공해주기 위함이다.

사실 100% 서비스나 100% 생산 특성만을 반영한 조직을 찾기란 불가능하다. 서비스기업은 일부 제조업의 특성을 갖기도 하고, 또는 반대인 경우도 있다. 제조업체들은 고객 서비스를 차별화와 경쟁력 강화의 목적으로 강조하고 있다. 그 밖에 제조기업들은 구매, 인적자원, 마케팅과 같은 서비스기술에 바탕을 둔 부서들을 갖고 있다. 한편 주유소, 주식거래소, 소매점, 패스트푸드 등의 조직은 서비스 분야에 속하지만, 제품의 공급이 거래에 매우 중요한 부분을 차지한다. 따라서 대부분의 조직은 제품과 서비스의 일정 부분을 모두 갖고

적합성 평가

제조업 대 서비스업

다음 질문은 여러분의 행동을 묘사한 것이다. 각 질문에 대해 자신을 가장 잘 설명한 것에 체크 해보자.

1. 보통 수업이나 다른 약속에 늦게 오는 편이다.
   a. 예
   b. 아니오

2. 시험을 볼 때, 선호하는 것은
   a. 주관적인 질문(토론이나 에세이)
   b. 객관적 질문(4지선다형)

3. 의사결정을 할 때는 주로
   a. 나의 느낌을 중시한다.
   b. 각 의견의 비중을 신중히 평가한다.

4. 문제를 해결할 때는 주로
   a. 걸으며, 곰곰이 생각하고, 그리고 토의한다.
   b. 대안을 적어 내려가고, 우선순위를 정하고, 최적을 선택한다.

5. 즐거운 상상을 하며 시간을 보내는 것을
   a. 내 미래를 설계하는 도구로 생각한다.
   b. 시간 낭비로 생각한다.

6. 방향을 기억하기 위해 주로
   a. 정보를 도형화한다.
   b. 적는다.

7. 나의 업무 스타일은 보통
   a. 한 번에 여러 일을 수행한다.
   b. 완성될 때까지 한 번에 하나씩 과업에 집중한다.

8. 내 책상, 업무영역 또는 세탁기 주변 등은 보통
   a. 흩어져 있다.
   b. 깔끔히 정리되어 있다.

점수계산: a와 b 항목에 체크한 수를 계산해보자. a 항목은 우뇌성향, b항목은 좌뇌성향 처리를 나타낸다. 합계에서 a나 b 어느 항목이 6개 이상 나왔다면 뚜렷이 구분된 특성을 갖고 있으며, 5개 미만이 나왔다면 균형 잡힌 스타일을 나타내는 것이다.

해석: 사람들은 두 가지 사고처리체계를 갖고 있다. 하나는 도식적이고 직관적인 우뇌의 영역이고, 다른 하나는 언어적, 분석적인 좌뇌의 영역이다. 여러분이 선호하는 사고체계는 어떤 지식과 정보의 유형을 선호하는가에 달려 있다. 즉 기술보고서, 분석정보, 수량적 자료는 좌뇌 영역이고, 사람들과 이야기 나누고, 감동을 주며, 개인적 직관은 우뇌 영역이다. 제조기업은 보통 좌뇌 처리를 하기에 물리적 측정 가능한 기술에 기반을 둔 데이터를 다룬다. 서비스조직은 보통 우뇌처리를 하기에 무형의 상황을 해석하고 직접적인 방식으로 사람들에게 봉사한다. 좌뇌 처리는 논리에 기반을 둔 것으로 요약되고, 우뇌 처리는 사랑에 바탕을 둔 것으로 요약된다.

출처: Adapted from Carolyn Hopper, *Practicing Management Skills* (Houghton Mifflin, 2003); and Jacquelyn Wonder and Priscilla Donovan, "Mind Openers," *Self* (March 1984).

있다. 중요한 점은 모든 조직이 제조와 서비스의 특성을 포함한 단일 연속선 상에 분류될 수 있고, 이는 〈도표 8.8〉에 잘 나타나 있다. 이 장의 '적합성 평가'의 설문은 바로 서비스조직 혹은 제조기업의 관리자 중 어디에 더 적합한가를 찾는 것이다.

맞춤형 서비스의 트렌드. 서비스기업은 언제나 개별고객이 원하고 필요로 하는 것을 정확히 제공해주는 맞춤식이어야 한다. 여자들이 미장원에 갈 때, 앞의 3명의 손님과 같은 스타일로 요구하지 않는다. 미용사들은 손님마다 각자 원하는 대로 손질해 준다. 판도라닷컴

(Pandora.com)은 여러분이 좋아하는 음악만 틀어준다는 미션을 갖고 있으며, 2.5억 명 또는 등록된 고객들에게 맞춤형 라디오 채널을 제공하고 고객들의 선호에 맞는 음악을 제공한다.[59]

고객들은 좋은 서비스의 내용에 대해 그 기대감이 커지고 있다. 자포스닷컴(Zappos.com)은 주문과 반품에 대해 모두 무료 배송을 하고 있다. 아마존(Amazon.com)의 목적은 저가와 신속배송만이 아니라 외부의 소매상들을 도와 이들의 고객 서비스가 정상상태가 되도록 도우며, 소매상들이 갖지 못한 부족한 서비스를 해소하도록 한다. 금융과 금융서비스의 대기업인 USSA는 에이전트와 콜센터 직원들을 다양하게 교육시켜 고객들의 어떤 제품이나 서비스에도 답변할 수 있도록 함으로써 과거 다른 부서로 전화를 돌리던 행태를 예방하고 있다.[60] 뉴욕시 브론스에 있는 몽티피오르 메디컬센터는 전문화된 의료, 수술, 흉부심장마취, 뇌신경외과 등 진료부서를 분산배치하기보다는 이들을 한 곳에 결합하여 핵심진료(critical-care medicine)부서를 보유함으로써 효율을 높이고 환자치료를 개선하고 있다. 블라디미드 베탄 박사는 핵심진료 책임자로서 더 나은 진료를 효율적으로 할 수 있는 방법을 지속적으로 고민하고 있다. 이는 다른 많은 대형 병원들이 경험하고 있는 환자 진료상의 결점을 겪지 않도록 하기 위함이다.[61]

더 나은 서비스를 기대하므로 음식업 서비스부터 포장배달에 이르는 서비스기업들은 제조업으로부터 교훈을 얻고 있다.[62] 일본 우정국(Japan Post)은 운영상 1억 9,100만 달러를 절감할 요구를 받았는데, 도요타(Toyota)의 타카하시를 스카우트하여 도요타 생산시스템(TPS)을 적용해 우편물의 수집, 분류, 배송에 적용하였다. 그 결과 타카하시 팀은 370건의 개선과 인당 근무시간 20%를 줄였고, 1년간 약 3억 5천만 달러의 비용 절감효과를 보았다.[63] 미국과 다른 국가의 수많은 서비스 회사들도 최근 몇 년 동안 제조업으로부터 얻은 아이디어를 적용하고 있다. UPS사는 매년 추수감사절과 크리스마스 사이에 약 8억 개 이상의 패키지를 관리하기 위해 시간당 35만 개 이상의 패키지를 처리할 수 있는 더 크고 자동화된 네트워크를 구축했다.[64] 판네라(Panera) 제빵회사는 고객 서비스를 개선하기 위해 새로운 기술을 적용했다.

IN PRACTICE 판네라 제빵회사

판네라(Panera) 제빵회사의 관리자는 판매 및 수익 감소를 조사했을 때 문제의 원인이 식품의 품질이 아니라는 것을 알게 되었다. 사람들은 너무 오랫동안 줄을 서서 기다려야 했다. 또한 주문 중 약 10%가 잘못 처리되었다. 공동 창립자이자 전 CEO인 론 사이치(Ron Shaich)는 "고객이 주문을 하기 위해 최대 8분 동안 군중들 사이에서 서서 기다려야 한다"고 말했다.

판네라의 리더는 서비스모델을 다시 검토하기로 결정하고 온라인 주문 프로세스를 완성하는데 6년이라는 시간을 보냈다. 현재 디지털 주문은 판네라 매출의 약 4분의 1 이상을 차지한다. 많은 판네라 카페는 매장 내부에 셀프 주문 장비인 키오스크를 추가했다. 고객이 주문을 위해 대기하는 평균 시간이 8분에서 1분으로 줄었다. 그러나 이러한 전환이 완전히 매끄럽진 않았다. 디지털 주문량 증가와 주문의 개인화 수준이 증가함에 따라 주방 및 기타 직원들의 몰입을 유지하는 것에 어려움을 겪었다. 업무 흐름 절차를 수정하고 주방 디스플레이를 단순화하는 것이 이 문제를 해결하는 데에 도움이 되었다. 최근 CEO로 은퇴한 블레인 허스트(Blaine Hurst)는 "우리가 한 일은 문자 그대로 수백 가지였다"고 말했다. 캐서린 라인하트(Catherine Rinehart)와 같은 고객들은 이러한 변화가 반가웠고, 한 마케팅 임원은 "내 점심시간의 절반이 절약되었다"고 말했다.[65]

또 다른 좋은 예로 효율성을 높이고 환자치료를 개선하기 위해 제조 프로세스를 적용한 시애틀 아동병원의 사례가 있다. 관리자는 '지속적인 성과 개선(CPI)'이라는 프로그램을 구현했다. CPI는 환자가 주차장에 도착한 시점부터 퇴원할 때까지 환자의 증상에 대한 모든 측면을 검사한다. 공장 관리자가 제조공장의 자재 흐름을 연구하고 프로세스 개선 방법을 찾으려고 시도하는 것과 동일한 방식으로 관리자는 모든 병원 직원들이 의약품, 환자 및 정보의 흐름을 연구하는 데 참여시켰다. 환자들은 종종 한 달 동안 비응급 MRI를 기다려야 했는데 효율적인 일정관리 덕분에 대기시간이 하루나 이틀로 단축되었다. 특정 유형의 수술에 대해 장비 카트를 표준화하면 재고 비용이 절감되고 장비를 준비할 때 발생할 수 있는 실수가 줄어든다. 전체적으로 CPI 프로그램은 환자당 비용을 3.7% 절감하여 약 2,300만 달러를 절감하는 효과를 보였다. 병원은 또한 병상을 확장하거나 추가하지 않고도 수천 명의 환자에게 동일한 서비스를 제공할 수 있었다.[66]

의료비용이 급등하면서 다른 병원조직들도 지속적인 개선을 통하여 진료의 질을 떨어뜨리지 않으면서 비용 절감을 추진하고 있다. 인도에서 미국 치료비의 10% 비용으로 개심술을 실행하고 있는 데비 쉐티 박사는 "의료분야에서 단 한 가지의 개선만으로는 의료비용을 낮출 수는 없다"고 언급한 바 있다.[67]

8.3b 서비스조직설계

서비스기술이 조직구조와 통제시스템에 어떤 영향을 미치는가라는 측면에서 고객과 가까이서 일하는 핵심기술이 있는 종업원들이 매우 중요하다.[68] 고객접촉이란 측면에서 서비스와 제품조직의 차이는 〈도표 8.9〉과 같다.

조직설계 시 고객 접점은 경계 역할과 조직구조의 분리에 영향을 준다.[69] 경계 역할(boundary role)은 핵심기술 부분에 미치는 영향을 최소화하기 위해 제조업에서 주로 사용되는 기법이다. 그러나 서비스업에서는 서비스가 눈에 보이지 않고 경계 역할자가 고객 서비스를 직접 담당하지 못하기 때문에 고객이 의사나 중개인 같은 내부 기술 담당자를 직접 접촉해야 한다. 따라서 서비스업에서는 경계 역할이 제조업보다 덜 선호되는 경향이 있다.

도표 8.9 서비스조직과 제품조직 간 형태와 구조적 특성의 차이점

	서비스구조	제품구조
구조의 특징		
1. 분리된 경계 역할	적음	많음
2. 지리적 분산	많음	적음
3. 의사결정	분권화	집권화
4. 공식화	낮음	높음
인적자원		
1. 종업원의 기능 수준	높음	낮음
2. 스킬의 강조점	인간관계	기술적

서비스기업은 정보와 무형의 산출물을 다루기 때문에 규모가 클 필요가 없다. 가장 큰 경제적 효과는 고객들 가까이 위치해 가능한 작은 단위로 쪼개는 것(분리)이다. 주식거래소, 병원, 컨설팅회사, 은행 등이 시설을 분산시켜 각 지역이나 지방에 사무실을 두는 것도 이런 이유 때문이다. 한편 제조기업은 단일 지역에 집중하여 운영하는데, 이는 원료와 인력을 활용하기 좋기 때문이다. 대규모 제조기업은 경제적 이점을 값비싼 기계와 오랜 기간 생산을 함으로써 얻는다.

서비스기술은 조직을 지시하고 통제하는 데 사용되는 내부 조직특성에도 영향을 미친다. 예를 들어 핵심기술 종업원의 기능은 더욱 높아질 필요가 있다. 그래서 이들 종업원은 충분한 지식으로 기계적 업무를 다루는 것 이상으로 고객의 문제를 잘 다룰 줄 알아야 한다. 또한 사회적, 인간관계의 스킬과 기술적 스킬을 동시에 갖추어야 한다.[70] 고도의 스킬과 구조적 분산으로 인해, 서비스기업에서 의사결정은 분권화되어 있고, 공식화는 낮아진다. 비록 어떤 서비스조직(예: 패스트푸드점)은 고객 서비스를 위한 규정과 절차를 두기도 하지만, 대체로 서비스업 종업원들은 관련 업무에서 많은 자율과 재량권을 갖는다. 사례의 홈디포(Home Depot)의 매니저들은 어떻게 종업원을 관리하는 것이 서비스조직의 성공에 큰 영향을 미치는지를 잘 알고 있다.

IN PRACTICE 홈디포

홈디포(Home Depot)는 종업원의 장점을 통해 세계에서 가장 큰 주택개량 소매점으로 성장하였다. 매장에 고용된 많은 사람들은 전직 수선공, 목수, 또는 제품을 잘 이해하는 무역상 등으로 '스스로 일을 해내야 하는 고객들(do-it-yourself)'이 올바른 연장과 도구들을 찾도록 도와주는 데 자부심을 갖고 있다.

그러나 최근 비용 절감을 위해 회사는 파트

타임을 고용했고 임금 상한제를 두어 경험 많은 사람들에게는 별로 매력적인 직업이 되지 못했다. 비용을 추가로 줄이기 위해 관리자들은 매장의 생산성(제품을 올리고 내려 싣고, 매주 판매한 제품의 보증기간) 등 모든 분야에서 성과를 측정하기 시작하였다. 그러나 여기서 간과된 것은 종업원들이 얼마나 서비스를 잘하고 있는가였다. 고객들은 불평하기 시작했고 자신들을 도와줄 사람을 찾지 못했으며, 심지어 종업원들도 고객들을 도와줄 충분한 지식과 경험이 부족하였다. 어떤 고객들은 자기 사업을 다른 곳에 열기도 하였고, 일부 고객들은 고가격이지만 질 높은 서비스를 받을 수 있는 사업을 직접 추진하기도 한다.

이제 홈디포 관리자들은 다시 원위치에서 열심히 일하고 있다. 매장들은 다시 풀타임 종업원을 고용하였고, 새로운 교육 프로그램을 만들고 종업원들이 더 많은 지식을 갖고 고객에게 도움을 줄 수 있는 방법을 찾기 시작했다.[71]

홈디포의 매니저들은 서비스기술의 본질을 잘 이해하고 전략, 구조, 관리 절차의 조화를 추구하며, 매장을 더욱 효과적으로 만들고 있다. 서비스기술은 전통적인 제조기술과는 완전히 다른 구조와 시스템을 필요로 한다. 한 예로 작은 단위의 일로 과업을 세분화하고, 규모의 경제를 활용하는 개념이 전통적 제조업의 핵심이지만, 이를 서비스조직에 적용하면 잘 맞지 않는다는 사실이 연구결과 밝혀졌다.[72] 어떤 서비스기업은 직무를 재설계하여 낮은 고객접촉과 높은 고객접촉 활동으로 구분하였다. 낮은 고객접촉 활동에는 더 많은 규칙과 표준화를, 그리고 홈디포와 같은 매장의 높은 고객접촉에서는 더 많은 자유와 적은 통제로 고객을 만족시켜 나가야 한다.

도입 질문과 답

2. 좋은 서비스를 제공하기 위해 회사가 할 최고의 방법은 많고 명확한 규칙과 절차를 갖는 것이며 모든 사람이 이를 잘 따르도록 해야 한다.

답) 동의하지 않는다. 서비스 근로자들은 좋은 대인관계 스킬과 자율성을 가져야 개별고객의 구체적 니즈를 충족시킬 수 있다. 많은 서비스조직들이 고객을 위해 표준절차를 갖고 있지만 서비스기업은 집권화와 공식화에서는 낮은 편이다. 많은 규칙은 개인의 자율성과 개인의 접촉을 가로막는 결과를 가져오기 때문이다.

핵심정리

- 서비스기술은 제조기술과 체계적으로 다르기 때문에 조직설계를 위한 다른 접근방식이 필요하다.
- 서비스기술은 무형의 결과, 동시적 생산과 소비, 고객과 직원 간의 직접적인 상호작용을 특징으로 하며, 이는 조직(직원)의 인적 요소가 매우 중요하다는 것을 의미한다.
- 대부분의 조직은 제품과 서비스의 조합을 포함하며 제조 및 서비스 특성을 모두 갖는 연속체로 분류될 수 있다.

8.4 비핵심부서의 기술

이 절에서는 분석의 단위를 핵심기술에 포함되지 않는 부서 수준으로 이동한다. 이들 부서는 종종 서비스기술과 유사한 특성을 가지며, 조직 내의 다른 부서에 서비스를 제공한다. 예를 들어, 핵심기술이 아닌 인적자원, 회계, 연구개발 및 마케팅 부서를 설명하고 있는 〈도표 8.1〉을 다시 참고하면 좋다. 조직의 각(및 다른 비핵심) 부서에는 고유한 기술로 구성된 자체 생산 프로세스가 있다. 자동차 부품제조업체인 테네코(Tenneco)에는 엔지니어링, 연구개발, 인적자원, 마케팅, 품질관리, 재무, 기타 여러 기능으로 된 부서들이 있다. 이 절에서는 부서 기술의 본질을 분석하고 부서기술과 부서의 구조설계와의 관계를 살펴본다.

부서 기술을 이해하는 데는 찰스 페로우(Charles Perrow)가 개발한 모형이 도움이 된다.[73] 페로우의 모형은 다양한 범위의 기술에 유용하며 부서들의 활동을 연구하는 데 적합하다.

8.4a 다양성

페로우는 부서의 활동을 2개의 차원으로 나누고 2개 차원이 조직구조 및 프로세스와 관계가 있다고 하였다. 첫째, 작업에서 예외(exception)의 수이다. 이는 과업의 **다양성(variety)**이라 불리는데, 변환과정에서 나타나는 예상하지 못한 새로운 일들의 빈도를 말한다. 과업 다양성은 사람들이 조직의 투입물을 산출물로 변환시킬 때 작업절차가 매번 같은 방식으로 수행되는지 아니면 다른 방식으로 수행되는지를 말한다.[74] 개인들이 수많은 예상하지 못한 상황에서 여러 가지 다양한 문제에 직면할 경우, 다양성은 매우 높다. 반대로 문제가 거의 없고, 매일 매일의 직무가 반복적일 때 기술은 거의 다양성을 갖지 않는다. 부서에서 다양성의 범위는 한 가지 행동을 반복하는 것(예: 전통적 조립라인)으로부터 관련 없는 문제가 연속해서 발생(예: 병원 응급실)하는 것에 이르기까지 여러 가지가 있다.

8.4b 분석 가능성

둘째, 기술 차원은 작업 활동들이 **분석 가능(analyzability)**한지 여부이다. 변환과정이 분석 가능하다는 것은 곧 작업이 기계적 단계로 나누어질 수 있고, 문제를 해결하는 절차가 객관적이고 계산이 가능하다는 의미이다. 이때 문제해결을 위해서 교과서와 같이 규정이나 지침서, 기술적 지식이 잘 정리된 표준절차를 활용한다. 한편 어떤 작업은 분석하기가 어려워, 문제가 생길 때 정확한 해결책을 찾기 어렵다. 어떻게 무엇을 할지 사람들에게 말할 수 있는 기법이나 절차가 거의 없다. 문제의 원인이나 해결책이 분명하지 않아, 종업원들은 자신들의 축적한 경험이나 직관, 판단에 의존해야 한다. 문제에 대한 마지막 해결책은 지혜나 경험에서 나오지, 표준절차의 결과가 아니다. 한 예로 피아노 회사인 스테인웨이(Steinway &

Sons)에서 고유의 음색을 내는 전문가인 필리포스 풀로스(Philippos Poulos)는 분석하기 어려운 기술을 갖고 있다. 피아노 음색 전문가(tone regulator)들은 개별 피아노 속에 있는 나무망치들을 체크하여 이들이 올바른 'Steinway Sound'를 내는가를 확인한다.[75] 이 같은 품질관리 작업은 고도의 숙련을 요구한다. 그래서 표준절차로는 이 같은 작업을 어떻게 달성되는지를 다른 사람에게 설명할 수 없다.

8.4c 분석의 틀

기술의 두 가지 차원을 통해 부서 활동의 사례를 설명한 것이 페로우의 분석 틀로 〈도표 8.10〉와 같다. 즉 다양성과 분석가능성이라는 두 차원을 통해 2×2 매트릭스를 그리면 일상적 기술, 장인(craft) 기술, 엔지니어링 기술, 비일상적(nonroutine) 기술 등 네 가지 유형이 나온다.

부서 기술의 유형화. 첫째, **일상적 기술**(routine technologies)이란 과업의 다양성이 거의 없고, 객관적이고 계산 가능한 절차를 사용할 수 있는 경우이다. 과업은 공식화가 잘 되어 있고 표준화가 가능하다. 이 같은 사례로 자동차 조립 라인, 은행의 입·출금부서를 들 수 있다.

둘째, **장인 기술**(craft technologies)은 매우 안정된 활동으로 되어 있지만, 변환과정은 분석 가능성이 낮고, 잘 이해되지 않는 경우이다. 과업은 폭넓은 훈련과 경험을 요구하는데, 이는 종업원들이 지혜, 직관, 경험과 같이 눈에 보이지 않는 요인들에 반응해야 하기 때문이다. 기계 기술의 발전으로 조직 내 장인 기술의 수를 줄이고 있지만, 소수의 장인 기술은 여전히 중요하다. 예를 들어 철강 용광로 엔지니어들은 직관과 경험을 토대로 철을 혼합하고 있다. 루이비통(Louis Vuitton), 자라(Zara), H&M과 같은 패션회사의 패턴 메이커들은 디자이너가 대략적으로 스케치한 것을 판매 가능한 옷으로 바꾸고 있다. 그리고 TV 시리즈인 글리(Glee) 또는 멘탈리스트(The Mentalist) 등의 작가 팀들은 아이디어를 스토리라인으로 바꾸고 있다.

셋째, **엔지니어링 기술**(engineering technologies)은 복잡한데, 이는 수행해야 할 과업들의 실제 다양성이 높기 때문이다. 하지만 다양한 활동은 이미 알려진 공식, 절차, 기법대로 다룰 수 있다. 종업원들은 문제를 해결하기 위해 잘 갖춰진 지식체계를 갖고 있다. 엔지니어링과 회계업무는 보통 이런 유형에 해당된다.

넷째, **비일상적 기술**(nonroutine technologies)은 매우 높은 과업의 다양성을 갖고 있으며, 그 변환 절차는 분석 가능하지도 않고, 잘 이해되지도 않는다. 비일상적 기술에서 많은 노력은 문제와 활동들을 분석하는 데 사용된다. 여러 가지 비슷한 조건의 대안들이 나타난다. 경험과 기술적 지식이 사용되어 문제를 풀고, 작업성과를 낸다. 기초연구, 전략계획, 기타 신규 프로젝트와 예상치 않은 문제를 해결해야 하는 작업들이 비일상적 기술이다. 활발

도표 8.10 부서 기술의 분석 틀

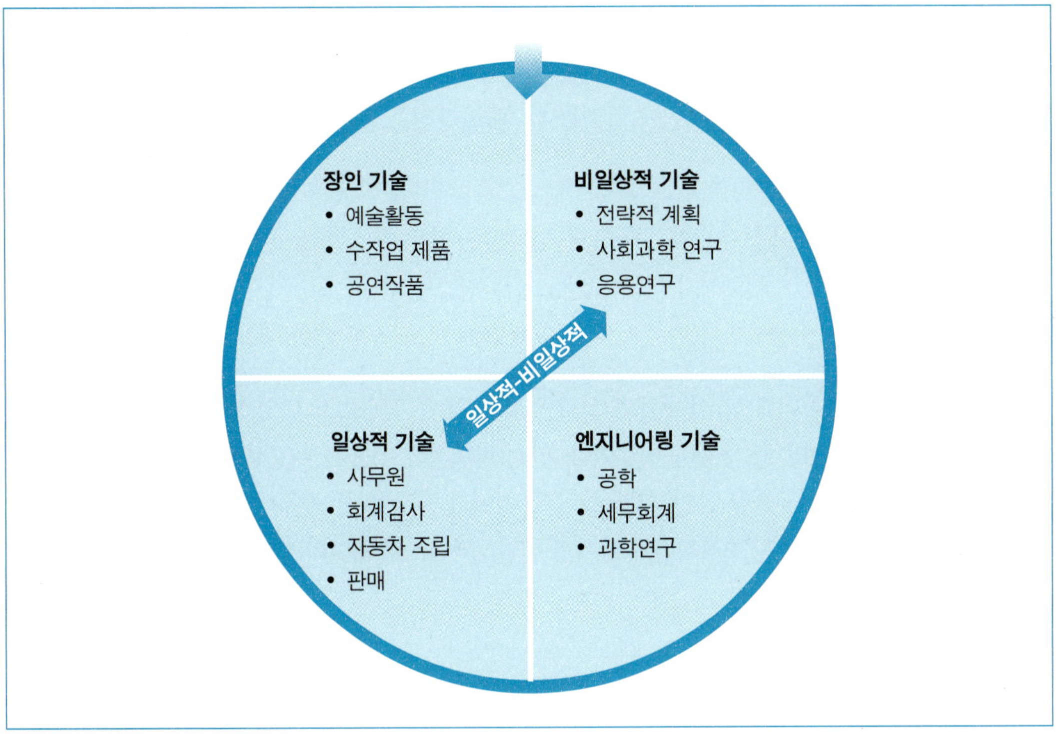

출처: Based on R. L. Daft and N. Macintosh, "A New Approach to the Design and Use of Management Information," *California Management Review* 20 (August 1978), 82–92; R. L. Daft and N. Macintosh, "The Technology of User Departments and Information Design," *Information and Management* (April 1978), 122–131; and R. L. Daft and N. Macintosh, "A Tentative Exploration into the Amount and Equivocality of Information Processing in Organizational Work Units," *Administrative Science Quarterly* 26 (June 1981), 207–224.

히 연구되는 바이오기술 분야는 비일상 기술의 대표적 사례이다. 세포 수준에서 신진대사와 생리현상을 이해하는 것을 뛰어넘는 결과를 가져오려면 고도의 훈련된 연구자가 필요하다. 이들은 과학적 지식만이 아니라 많은 경험과 직관을 활용하는 사람이다. 과학자들이 DNA구조에서 화학식을 만드는 것은 음악가가 작곡 시 변주곡을 만드는 것에 비유된다.[76]

일상적 기술 대 비일상적 기술. 〈도표 8.10〉는 다양성과 분석가능성이 결합되어 단일 차원의 기술을 보여주는 그림이다. 이 차원을 소위 일상 대 비일상 기술이라고 부른다. 분석가능성과 다양성 차원이 부서에서 서로 관련성이 높다. 그 의미는 다양성이 높은 기술은 대개 분석가능성이 낮고, 다양성이 낮은 기술은 분석가능성이 높다는 것이다. 부서들은 단일 차원으로 분석가능성과 다양성을 종합해 일상적 기술 대 비일상적 기술로 평가된다.[77]

다음 질문은 부서 기술이 어떻게 분석될지를 페로우의 프레임워크에서 살펴볼 수 있다.[78] 종업원들은 다음 질문에 대해 7점 척도로 답을 해볼 수 있다.

다양성

1. 귀하의 업무가 어느 정도 일상적이라고 말할 수 있는가?
2. 부서 사람들은 대부분 동일한 업무를 매번 같은 방식으로 수행하는가?
3. 부서 사람들은 자신의 업무를 할 때 반복적으로 수행하는가?

분석 가능성

1. 귀하가 보통 부딪쳐 수행하는 업무의 유형은 어느 정도 명확히 알려져 있는가?
2. 작업을 수행하면서 다음 단계로 이어지는 순서들은 어느 정도나 이해 가능한가?
3. 일을 수행하면서 기존의 절차나 관습에 어느 정도 의존하고 있는가?

위 질문에 대해 그 답에서 분석 가능성이 높은 점수이고 다양성이 낮은 점수라면, 부서는 일상적 기술을 사용하는 것이다. 만일 반대라면 기술은 비일상적이다. 다양성이 낮고, 분석 가능성이 낮으면 장인 기술이고, 두 가지가 모두 높은 경우 엔지니어링 기술이다. 실제 현장에서 부서는 일상적인가 아니면 비일상적인가로 대별되는 것이 보통이다.

8.4d 부서설계

부서 기술의 속성이 밝혀지고 나면, 적절한 구조가 결정될 수 있다. 부서 기술은 부서의 특성인 종업원의 숙련정도, 공식화, 의사소통 방법 등과 관련이 깊다. 분명한 유형은 작업단위 기술과 구조의 특성 간의 관계 속에서 나타나며, 이는 부서의 성과와도 관계가 깊다.[79] 기술과 부서 내 여러 차원들과의 핵심적인 관계는 여기서 다루며 〈도표 8.11〉에 잘 요약되어 있다.

전반적으로 부서의 구조는 기계적 또는 유기적 구조로 표현된다. 일상적 기술은 기계적 구조 및 프로세스와 관계가 깊고, 공식적 규칙과 엄격한 관리 프로세스와 연결된다. 한편 비일상적 기술은 유기적 구조와 관계되며, 부서관리는 유연하고 자유롭다. 이처럼 공식화, 집권화, 작업자의 숙련 정도, 통제의 폭, 의사소통과 조정 등 세부 설계 특성은 작업단위의 기술에 따라 달라진다. 예를 들어 사례에 나타난 것처럼 병원 내 환자에게 음식을 제공하는 부서의 조직구조를 생각해보자.

IN PRACTICE 메모리얼 슬로언 케터링 암센터

수년간 병원의 식품서비스부서는 일상적 기술부서로 여겨졌다. 근로자들은 표준메뉴를 표준조리법에 따라 준비하고 표준 규정과 절차를 따랐다. 최근에 일부 병원은 비일상적인 접근법으로 변환하고 있다.

메모리얼 암센터의 최고주방장인 펠레드는 최근 레몬향의 피자를 처음으로 만들었다. 그녀는 항상 환자들이 먹을 새로운 음식을 생각한다. 청소년 환자는 피자를 원하기에 그녀는 레몬 알프레도 소스를 곁들인 피자를 만들었다. 이 병원에서

도표 8.11 부서 기술과 구조 및 관리적 특성의 관계

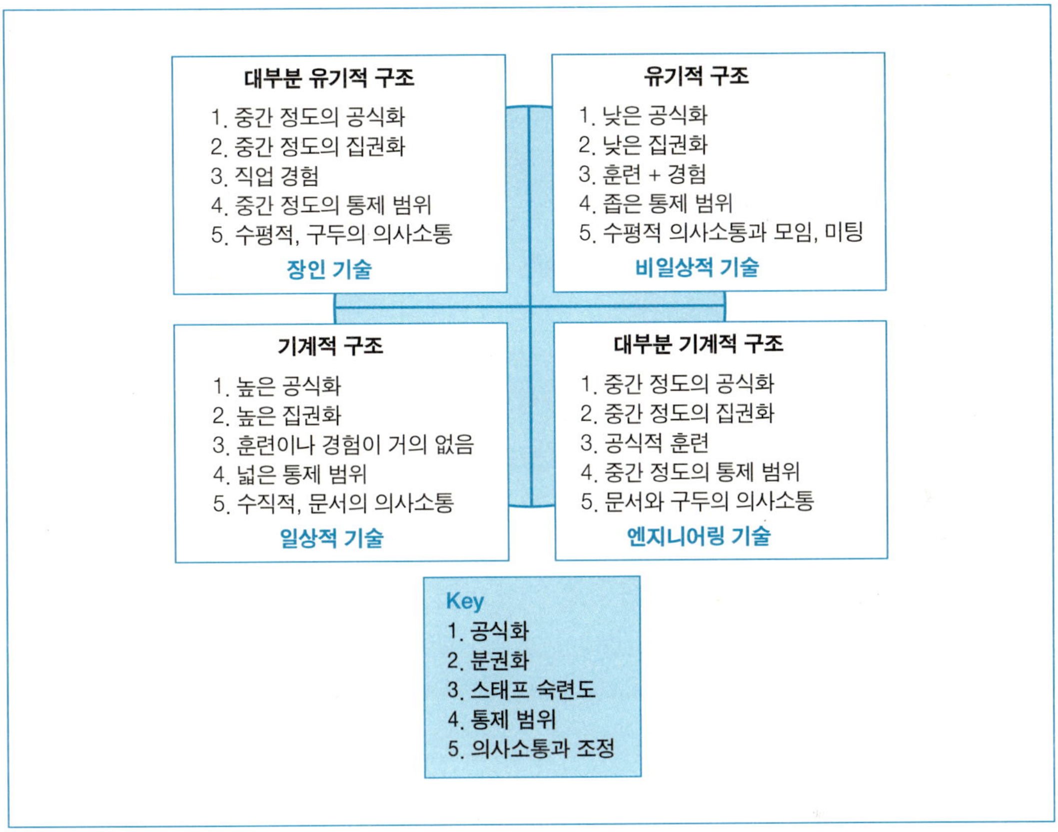

환자들은 먹고 싶은 음식을 주문하고, 식품서비스 부서는 언제 이 음식을 먹을 수 있을지 알도록 해 준다. 이는 음식의 낭비를 줄일 수 있고, 주방 직원들이 더 잘 훈련받아야 하며 더 많은 경험과 유연성을 확보해야 함을 의미한다. 따라서 직원들은 맞춤형 식품 서비스를 제공하기 위해 더 많은 자율권을 갖게 된다. 메모리얼 슬로언 케터링병원과 노스케롤라이나 랄리에 소재한 렉스 헬스케어, 휴스톤의 엔더슨암센터, 보스톤의 여성병원 등은 모두 주방직원을 재교육하고 있으며 이들이 비일상적 기술을 갖고 현장에서 유연성을 발휘하도록 하고 있다.[80]

공식화, 집중화, 직원 숙련도, 통제범위, 의사소통 및 조정의 특성은 〈도표 8.11〉에 나와 있는 것처럼 작업단위기술에 따라 다르다.

1. 공식화(formalization): 일상적 기술은 표준화와 분업의 특성을 갖고 있으며, 공식적 규칙과 절차에 의해 지배되는 작업 과업들을 만든다. 한편 비일상적 기술의 경우 구조는 공식화가 낮고, 표준화 또한 낮다. 다양성이 높을 때, 예를 들어 연구부서의 경우 공식적 절차에 의해 이루어지는 활동들은 매우 적다.[81]

2. 분권화(decentralization): 일상적 기술에서 대부분의 과업활동에 대한 의사결정은 경영진에게 집중된다.[82] 엔지니어링 기술에서 기술적 훈련을 받은 종업원들은 중간 정도의 의사결정 권한을 갖는다. 왜냐하면 기술지식이 과업수행에 중요하기 때문이다. 오랜 경험을 가진 생산직 종업원은 장인기술에서 결정권한을 지닌다. 왜냐하면 문제에 어떻게 대응할지를 잘 알고 있기 때문이다. 종업원들에 대한 분권화가 매우 큰 것은 비일상적 기술의 상황에서이다. 여기서 많은 결정은 종업원들에 의해 이루어진다.
3. 작업자 숙련도: 일상적 기술을 사용하는 작업 스태프들에게 교육이나 경험은 별로 필요 없다. 이는 반복적인 작업 활동을 하기 때문이다. 폭넓은 다양성이 요구되는 작업단위인 경우 스태프들은 보다 더 많은 숙련과 공식적 훈련을 받아야 한다. 분석가능성이 낮은 장인 기술의 경우 훈련이 직무경험을 통해 이루어지는 경우가 많다. 비일상적 활동은 많은 공식 교육과 직무경험을 필요로 한다.[83]
4. 통제범위: 통제범위(span of control)란 한 사람의 관리자나 감독에게 보고할 종업원의 수를 말한다. 이런 특징은 부서 기술에 의해 결정된다. 즉 기술이 더욱 복잡하고 비일상적일 때, 감독이 관여해야 할 문제가 많아진다. 통제의 폭은 종업원의 숙련 정도 등 다른 요인에 의해서도 영향을 받지만, 복잡한 과업일수록 더욱 작아진다. 왜냐하면 감독자와 부하들이 자주 상호작용을 해야만 하는 일들이 많아지기 때문이다.[84]
5. 의사소통과 조정: 의사소통 활동과 빈도는 과업의 다양성이 커지면서 늘어난다.[85] 자주 발생하는 문제로 문제해결을 위한 정보공유가 더욱 필요하며, 이는 활동들이 잘 완결되도록 만든다. 의사소통의 방향은 비일상적 작업에서 보통 수평적이지만, 일상적 작업에서는 수직적이 된다.[86] 의사소통의 형태도 과업의 분석가능성에 따라 달리 나타난다.[87] 과업의 분석가능성이 높으면 통계적이고 서면 형태의 의사소통(메모, 보고서, 규정, 절차)이 많다. 반면 과업의 분석가능성이 낮은 경우 정보는 서로 얼굴을 맞대어 전달되거나 전화나 그룹 미팅 등을 통해 전달된다.

두 가지 중요한 점이 〈도표 8.11〉에 잘 나타나 있다. 첫째, 부서는 서로 다른 모습을 보이며 이는 부서가 사용하는 작업의 기술에 따라 유형화된다.[88] 둘째, 구조와 관리의 프로세스도 부서의 기술에 따라 다르다. 따라서 관리자들은 자신의 부서를 설계할 때 기술에 맞는 조건들을 고려해야 한다. 설계상 가장 큰 문제점은 그 설계가 기술과 일치하지 않을 때 나타난다. 연구결과에 따르면 구조와 의사소통의 특성들이 기술을 반영하지 못할 때, 부서의 효과성은 떨어지고 만다.[89] 종업원들은 문제를 해결하기 위해 필요한 만큼의 의사소통을 하지 못한다.

3. **TV 방송국의 영업부서에 효과적인 조직설계의 특성과 관리 방식은 뉴스부서에는 잘 맞지 않는다.**

답) 동의한다. 뉴스부서는 영업부서와 비교하여 비일상 기술을 갖고 있다. 누구도 그날 동안 뉴스가 될 만한 사건이 무엇인지, 언제 그리고 어디서 이 사건들이 일어날지, 어떻게 사건들이 보도될지 아무도 모른다. 영업부서 특히 전화판매는 고객들에게 반복해서 표준화된 광고를 하며, 표준화된 절차가 있는 반면, 뉴스가 될 사건들의 수집과 보고는 표준화될 수 없다. 영업부서는 일상적이라고 특징지을 수 있는데 그 이유는 다양성이 적고 과업이 잘 이해되기 때문이다.

도입 질문과 답

핵심정리

- 부서기술에 적합한 설계를 설명하는 데 도움이 되는 분석 틀은 찰스 페로우가 개발하였다.
- 관리자는 부서기술의 다양성과 분석 가능성에 대한 이해를 통해 부서를 특성화해야 하는 관리 스타일, 구조 및 프로세스를 식별할 수 있다.
- 일상적인 기술은 공식적인 규칙과 엄격한 관리 프로세스를 갖춘 기계적 설계와 관련이 있다. 비일상기술은 유기적 설계와 관련이 있으며 부서관리가 유연하다.
- 부서에 잘못된 구조 및 관리 시스템을 적용하면 직원 불만족과 효율성 및 효과성 저하가 발생한다.

8.5 부서 간 업무 흐름의 상호의존성

구조에 영향을 미치는 기술의 마지막 특성으로는 상호의존성이 있다. **상호의존성**(interdependence)이란 부서가 자신의 과업들을 완수하기 위해 자원이나 원료 등의 필요를 이유로 서로에게 의존하는 정도를 일컫는다. 낮은 상호의존성은 부서들이 자신의 일을 독립적으로 수행할 수 있으며, 따라서 상호작용, 상담, 또는 원료의 교환 등의 필요성이 거의 없는 경우이다. 반대로 높은 상호의존성은 부서들이 서로 자원들을 지속적으로 교환해야 하는 것을 말한다.

8.5a 유형

제임스 톰슨(James Thompson)은 조직구조에 영향을 미치는 상호작용을 세 가지 유형으로 정의하였다.[90] 이는 〈도표 8.12〉에 나타나 있으며, 집합적 상호의존성, 순차적 상호의존성, 교호적 상호의존성 등 세 가지이다.

집합적. **집합적 상호의존성**(pooled interdependence)은 부서들 간에 상호의존성이 가장 낮은

도표 8.12 톰슨의 상호의존성과 관리적 시사점

상호의존성의 형태	수평적 의사소통과 의사결정의 요구	조정의 형태	부서화 우선순위
집합적(은행)  고객	낮은 의사소통	표준화, 규정, 절차 **사업부 구조**	낮음
순차적(조립 라인) 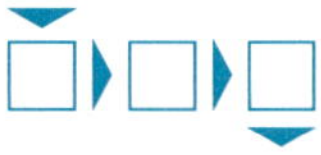 고객	중간 정도 의사소통	계획, 스케줄, 피드백 **태스크포스**	중간
교호적(병원) 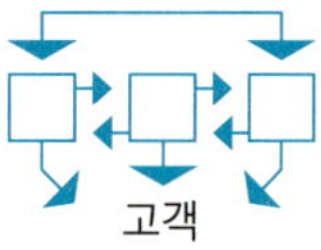 고객	높은 의사소통	상호 조정, 부서 간 횡단 미팅, 팀워크 **수평적 구조**	높음

경우이다. 여기서는 어떠한 작업을 위하여 여러 단위 부서나 조직을 거쳐야 할 필요가 없는 경우이다. 각 부서는 조직의 부문으로서 조직의 공통된 목표에 기여한다. 하지만 작업은 독립적으로 수행된다. 레스토랑 서브웨이(Subway)나 뱅크오브아메리카(Bank of America) 은행지점들은 집합적 상호의존성의 사례이다. 시카고에 있는 아웃렛 백화점은 다른 지역에 있는 백화점과 상호작용할 필요가 거의 없다. 집합적 상호의존성은 3장에서 다룬 사업부 구조 내의 관계와도 유사하다. 사업부나 지점들은 금융자산을 공통된 집합 개념으로 공유하고 있으며, 각 사업부의 성공이 전체 조직의 성공에 기여하는 형태이다.

톰슨은 집합적 상호의존성이 소위 중개 기술을 하는 기업들 내에 존재한다고 하였다. **중개기술**(mediating technology)은 외부환경으로부터 고객에게 중개하거나 연결해주는 재화나 서비스를 제공한다. 따라서 각 부서는 서로 독립적으로 일을 한다. 은행, 중개회사, 부동산 사무실들은 모두 사는 사람과 파는 사람을 중개해준다. 하지만 사무실은 조직 내에서 독립적으로 활동한다.

집합적 상호의존성이 갖는 관리적 의미는 간단하다. 톰슨은 관리자가 규정과 절차를 사용함으로써 부서 간에 이루어지는 활동들을 표준화시킨다고 한다. 각 부서는 동일한 절차와 재무제표를 사용하므로 모든 부서결과는 측정할 수 있고 각 부문을 집합하여 전체의 성과를 합산할 수 있다. 부서 간에 매일 조정할 필요가 거의 없다.

순차적. 상호의존성이 연속적인 형태로 일어날 때, 즉 한 부서에서 만든 부품이 다음 부서의 투입물이 되는 경우를 **순차적 상호의존성**(sequential interdependence)이라고 부른다. 선행 부서는 반드시 다음 부서를 위해 올바로 일을 수행해야만 한다. 이는 집합적 상호의존성보

다 상호의존성의 수준이 더 높다. 왜냐하면 부서들이 자원을 교환하고 서로 일을 잘 수행하도록 의존하기 때문이다. 순차적 상호의존성은 통합자나 태스크포스와 같은 수평적 메커니즘에 대한 요구가 매우 높다.

순차적 상호의존성은 톰슨이 말한 **연속형 기술**(long-linked technology)에서 나타난다. 연속형 기술이란 생산의 한 단계가 다음 단계의 투입 활동이 되는 것을 말한다.[91] 조선회사의 사례는 순차적 상호의존성을 잘 보여준다. 최근까지 선박 디자이너들은 패턴을 만들고 종이와 나무로 모형을 뜨고 이를 조립라인으로 보낸다. 절단을 맡은 부서는 디자이너로부터 정확한 측정치에 의존하고 있다. 이런 순차적 상호의존성은 측정이나 패턴 혼합의 실수가 절단과 조립과정에서 실수로 연결되고, 납기지연 및 비용추가로 연결된다. 조선공학자인 필립포 칼리(Filippo Cali)는 패턴과 몰드의 과정을 컴퓨터화한 소프트웨어 프로그램을 개발하여 디자인과 조립부서의 문제를 제거할 수 있었다.[92] 또 다른 사례로 자동차 회사 조립생산라인은 필요한 모든 부품들(엔진, 타이어, 스티어링 등)을 순차적으로 조립하게 된다.

경영진의 요구사항은 집합적 상호의존성보다 순차적 상호의존성에서 더 많아진다. 왜냐하면 연결된 공장이나 부서들 간에 더 많은 조정이 필요하기 때문이다. 상호의존성은 일방향의 원료의 흐름을 의미하기 때문에 폭넓은 계획과 스케줄이 필요하다. 부서 B는 부서 A로부터 기대하는 바를 알 필요가 있기에 양자는 효과적으로 일을 수행할 수 있다. 공장들 간 또는 부서들 간에 매일 매일 의사소통이 필요한 것은 예상하지 못한 문제와 예외적으로 발생하는 문제를 처리하기 위해서이다.

교호적. 최고 수준의 상호의존성이 **교호적 상호의존성**(reciprocal interdependence)이다. 이는 작업 A의 결과가 작업 B의 투입이며, 작업 B의 결과가 다시 작업 A의 투입이 되는 경우이다. 부서들의 결과가 서로에게 영향을 미치는 경우를 말한다.

교호적 상호의존성은 **집약형 기술**(intensive technology)을 사용하는 경우에 나타난다. 집약형 기술이란 고객에게 다양한 제품과 서비스를 제공할 때 모든 업무 담당자가 협력하여 동시에 제공하는 것을 말한다. 병원은 좋은 사례인데, 왜냐하면 병원이 환자들에게 종합적인 서비스를 제공하기 때문이다. 환자는 엑스레이, 수술, 물리치료 등을 오가며 필요한 치료를 받는다. 신제품을 개발하는 회사도 마찬가지이다. 설계, 엔지니어링, 제조, 마케팅 부서 간에 긴밀한 조정이 필요하며 이 자원들이 종합적으로 고객의 제품 욕구를 충족시킨다. 한 예로 캘러웨이 골프는 매년 7~8개의 신제품을 선보이는데 이는 업계의 가장 혁신적 제조업체로서 경쟁력을 유지하기 위해서이다. 이런 속도를 유지하려면 디자인 팀, 엔지니어들, 마케팅부서, 심지어 변호사들과도 긴밀한 조정이 필요하다. 팀들은 한국, 일본, 중국, 멕시코, 대만의 제조파트너들과 CAD와 CAM 소프트웨어로 만든 정보를 공유하고 신속히 의사소통해야 한다. 협력적으로 소프트웨어를 사용하면서, 모두는 프로젝트의 속도를 맞추기 위해 하루 언제든지 파일들에 접근하는 절차를 갖고 있다. 200명의 다른 사용자들이 자료에 접근하고 서로 협력하고 있다.[93] 병원은 또한 환자들에게 조정된 서비스를 제공하기 때문에 교호적 상호의존성의 좋은 예이다.

교호적 상호의존성은 부서들이 매우 긴밀히 작업을 하며 긴밀하게 조정해 나가야 한다. 최근의 최고경영진 팀에 대한 연구에서 고도의 상호의존성을 갖는 팀의 효과적 성과는 양호한 의사소통과 긴밀한 조정에 달려 있다고 한다.[94] 교호적 상호의존성은 부서들이 함께 밀접하게 일하고 조정되기를 요구하기 때문에 다기능팀(cross-functional team)이나 수평적인 구조가 가장 적합하다. 이때 폭넓은 계획이 필요하지만 계획으로 모든 문제를 예상하거나 풀 수는 없다. 매일 상호작용과 서로 간의 조정이 부서마다 필요하다. 여러 부서들로부터 사람들은 서로 얼굴을 맞대고 조정하고, 팀워크를 맞추며 의사결정을 해 나가야 한다. 이 같은 이유로 조직 내 관리자들은 상호의존성을 중심으로 작업을 조직하고 '관계적 조정(relational coordination)'을 적극 지원해나간다. 즉, 직원들이 직장 생활 속에 부서 간 정보공유와 협력적인 업무처리를 하도록 관리한다. 조정과 정보공유는 조직의 구조에 스며들어 있다.[95] 3장에서 소개한 다음의 사우스웨스트 항공사의 사례는 이를 잘 보여준다.

IN PRACTICE 사우스웨스트 항공

모든 항공사들에게 항공기 출발은 매우 복잡한 절차로서 많은 직원들이 다양한 부서에서 불확실성과 지속적인 변화 가운데 여러 과업을 수행하고 있다. <도표 8.13>에서 보듯 항공기가 출발하는 것은 매우 높은 상호의존성을 보여주는데, 발권 업무 담당자, 조종사, 승무원, 수하물 관리자, 탑승구 담당자, 운영 담당자, 기계 분야, 항공기 내 청소, 항공기유도 직원, 연료 담당, 식음료 담당, 화물 담당 등 다양한 사람들이 참여하고 있다. 이 그룹들 간에 철저한 조정이 성공적인 정시출발의 필수조건이다.

Carlos E. Santa Maria/Shutterstock.com

3장에서 보듯 사우스웨스트 항공사는 항공업계에서 가장 단기간의 정비시간을 갖고 있다. 어떻게 이것이 가능한가? 사우스웨스트는 이러한 모든 상호의존적인 팀들 간에 관계적 조정을 촉진하여 정시에 운행하는 성과를 거두고 높은 수준의 고객 만족을 이룰 수 있었다. 경영진들은 소위 팀 지연(team delay)이라는 용어를 만들었는데, 이는 어떤 문제가 발생 시 누가 잘못했는가를 찾기보다는 여러 팀들 간에 조정에서 문제를 찾도록 돕는 데 초점을 두는 말이다. 이같이 팀에 대한 강조는 모두가 안전, 정시출발, 정확한 짐 관리, 고객 만족이란 공유된 목표에 초점을 두는 것이다. 직원들은 동기부여가 되어 비난을 피하거나 남에게 돌리기보다는 자신들의 활동을 조정하고 함께 협력하고자 한다. 감독관들은 직원들과 긴밀하게 작업하며

도표 8.13 항공기 출발 절차에서 부서의 상호의존성

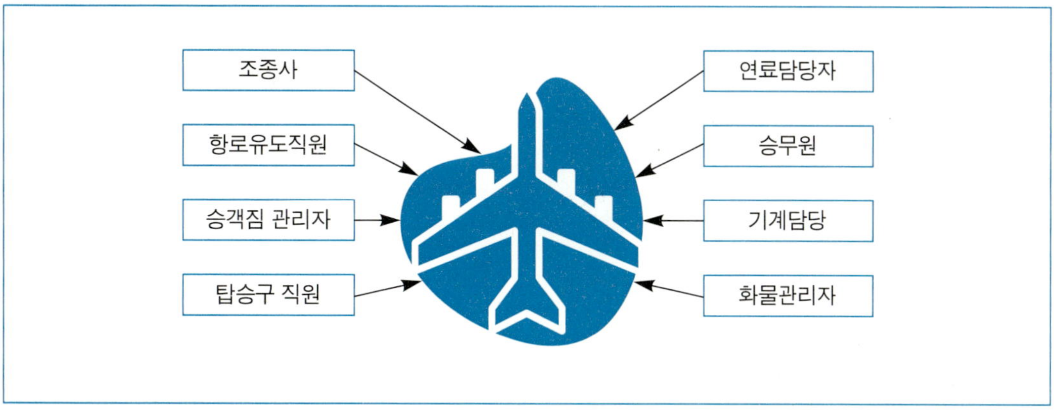

출처: Based on Jody Hoffer Gittell, "Organizing Work to Support Relational Coordination," *International Journal of Human Resource Management* 11, no. 3 (June 2000), 517–539.

학습을 촉진하고 직원들이 자신의 과업을 완수하도록 돕는다.

사우스웨스트는 협력적인 태도를 갖는 직원을 선발하는 데 가장 큰 강조점을 둔다. 그래서 기술적인 스킬에 초점을 두기보다, 팀워크 지향적인 인재를 선발한다. 훈련과 개발 활동 및 조직의 스토리 또한 팀워크를 강화하며 상호신뢰를 강조한다. 전해오는 이야기 중에 조종사가 인터뷰에 참석 시 행정보조 인력을 경시한 것을 보고 그는 채용되지 않았다. "우리 모두가 함께 성공하고 우리 모두가 실패하자"는 철학이 사우스웨스트에서는 존재한다.[96]

사우스 웨스트는 팀워크, 공유목표, 상호 존중 및 책임과 이를 지원하는 관행을 활용함에 따라 관계 조정을 촉진하여 상호 의존적인 부서가 긴밀하게 조정된다. 교호적 상호의존성은 조직이 처리할 수 있는 가장 복잡한 상호의존이며 관리자가 조직을 설계할 때 가장 어려운 문제로 다루어진다.

8.5b 구조를 만들 때 우선순위

〈도표 8.12〉에서 지적한 바와 같이 의사결정, 의사소통, 조정의 문제들은 교호적 상호의존성에서 가장 크게 나타나므로, 교호적 상호의존성은 조직구조에서 최우선적으로 다루어져야 한다. 교호적 상호의존성을 지닌 활동들은 조직 내에서 가장 가깝게 그룹핑되어야 하며 그래야 상호조정을 위해 서로 접근이 용이해진다. 이 단위들은 조직도에 같은 사람에게 보고하며, 물리적으로 가까이 있어 조정에 따른 비용과 노력을 최소화시켜야 한다. 수평적 구조, 즉 핵심 프로세스에서 팀들이 함께 일하며 연결되어 있는 경우 교호적 상호의존성을 지원할 수 있게 가까이에서 조정을 해 나가야 한다. 조정이 잘못되면 조직의 성과는 떨어지고 말 것이다. 만일 교호적으로 의존되어 있는 단위들이 가까이 있지 못한 경우 조직은 조

정을 위한 도구를 사용해야 한다. 예를 들어 부서 간에 매일 미팅이나 인트라넷을 통해 의사소통을 원활히 해야 하는 것이다. 그다음 우선순위는 순차적 상호의존성이고, 마지막으로 집합적 상호의존성이 사용된다. 이 같은 조직화의 전략은 조정이 조직의 성공에 가장 중요한 의사소통 통로를 짧게 만들어준다.

8.5c 구조를 만들 때 시사점

대부분의 조직들은 다양한 형태의 상호의존성을 경험한다. 그리고 구조는 〈도표 8.14〉에서처럼 이런 욕구에 맞게 설계될 수 있다.[97] 제조회사의 신제품 개발에서 설계, 엔지니어링, 구매, 제조, 판매 등 여러 부서들 간에 교호적 상호의존성이 필요하다. 수평적 구조나 기능횡단팀은 정보나 자원의 흐름이 자유롭게 흘러가는 것을 잘 다루어야 한다. 한 제품이 설계되면, 실제 생산은 순차적 상호의존성을 갖게 되어 한 부서에서 다른 부서로 부품이 흘러가게 된다. 예를 들어 구매, 재고, 생산통제, 제조, 조립 등을 거친다. 실제 주문과 제품 배달은 집합적 상호의존성을 갖고 있어, 창고작업과는 별개로 이루어진다. 고객들은 가장 가까운 곳에 주문을 하게 되며, 창고들 간에 조정이 거의 필요가 없다(재고가 부족한 경우를 제외하고).

세 가지 형태의 상호의존성은 운동 팀의 연구에서 잘 설명된다. 야구, 미식축구, 농구 팀마다 선수들 간에 상호의존성이 다름을 알 수 있다.

도표 8.14 제조업에서 과업의 상호의존성이 다른 경우 조정을 이루는 방법

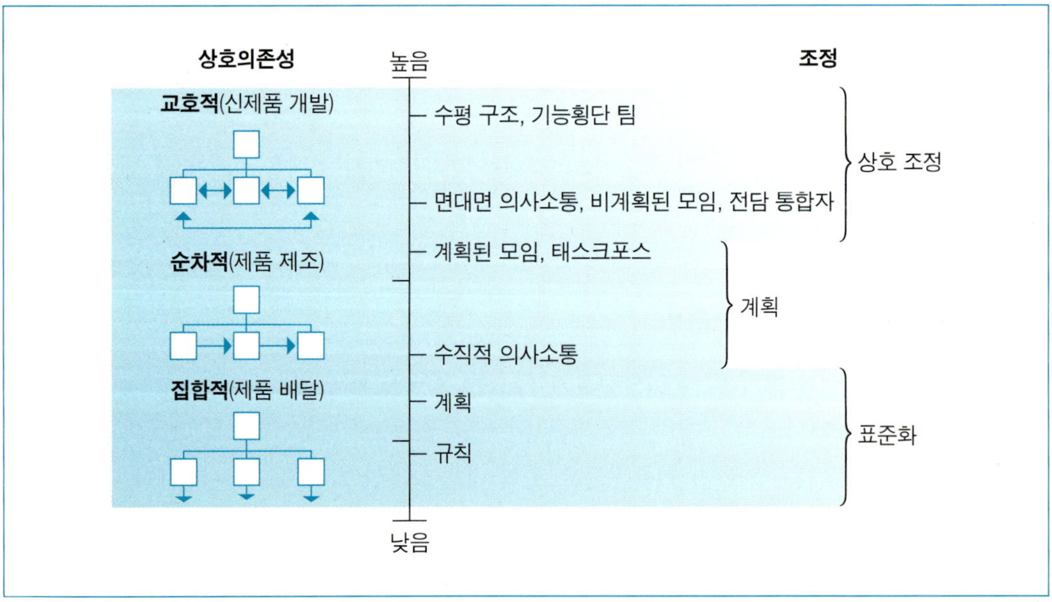

출처: Adapted from Andrew H. Van de Ven, Andre Delbecq, and Richard Koenig, "Determinants of Communication Modes within Organizations," *American Sociological Review* 41 (1976), 330.

IN PRACTICE 스포츠 팀들의 상호의존성

야구, 미식축구, 농구의 큰 차이는 선수들 간에 상호의존성이다. 순서로 보면 야구는 상호의존성이 가장 낮고, 그 다음이 미식축구, 그리고 농구가 가장 높다. 이 관계를 정리하면 <도표 8.15>와 같다.

피트 로즈(Pete Rose)는 다음과 같이 말한다. "야구는 팀 게임이지만, 자신의 개인 목표를 달성하려는 9명의 선수들이 모여 좋은 팀을 만든다." 야구에서 선수들 간의 상호의존성은 낮기에 집합적 상호의존성이라고 볼 수 있다. 각 구성원은 독립적으로 행동하며, 자신의 포지션에서 활동하고 타격을 한다. 상호작용이 발생할 때는 두세 선수 간에 일어난다. 선수들은 물리적으로 떨어져 있고, 게임의 규칙도 선수들을 조정하는 수단으로서 존재한다. 선수들은 개별적으로 자신의 기술을 연마한다. 관리자의 업무는 좋은 선수를 선발하는 것이다. 개별 선수들이 각자 성공하면 그 팀은 승리할 수 있다.

미식축구에서 선수들 간의 상호의존성은 높고, 이는 순차적인 특성을 지닌다. 1차 라인은 상대방을 막고 후방의 선수들이 뛰거나 패스할 수 있게 만든다. 첫 번째 다운에서부터 4번째 다운에 이르기까지 순차적으로 수행한다. 물리적으로 떨어진 정도는 중간이며 이는 조정된 단위로서 선수들이 활동하게 만든다. 1차 조정 메커니즘은 팀원들의 행동을 지배할 규칙에 따라 게임 계획을 개발하는 것이다. 각 선수들은 다른 임무와 함께 자신에 적합한 임무를 부여받고, 관리자는 그 게임 계획이 성공하도록 설계한다.

농구에서의 상호의존성은 매우 교호적이다. 게임은 자유롭게 움직이며, 분업의 정도는 다른 경기보다 적은 편이다. 각 선수들은 공격과 수비에 모두 가담하며 볼을 다투고, 골을 넣는다. 공은 선수들 사이에 앞뒤로 오간다. 팀원들은 이기기 위해 역동적인 움직임을 한다. 관리자의 기능은 선수를 교체하거나 볼을 특정 지역으로 보냄으로써 역동적인 프로세스에 영향을 줄 수 있는 능력이다. 선수들은 게임의 흐름에 적응하는 법을 배워야 하고 서로 경기가 잘 풀리도록 해야 한다.

선수들 사이의 상호의존성은 세 운동경기의 차이를 가장 잘 설명하는 요소이다. 야구는 자율적인 개인을 중심으로 조직되고, 미식축구는 순차적 상호의존성을 중심으로 묶이며, 농구는 교호적으로 선수들 간에 자유로운 흐름을 중심으로 조직된다.[98]

도표 8.15 상호의존성과 서로 다른 팀 플레이 특성 간 관계

	야구	미식축구	농구
상호의존성	집합적	순차적	교호적
물리적 선수들의 분산	높음	중간	낮음
조정	스포츠를 지배하는 규칙	게임 계획과 각 포지션의 역할	상호조정과 공유된 책임감
핵심관리 업무	선수 선발과 스킬 개발	게임의 준비와 실행	게임의 흐름에 영향력 행사

출처: Based on William Pasmore, Carol E. Francis, and Jeffrey Haldeman, "Sociotechnical Systems: A North American Reflection on the Empirical Studies of the 70s," *Human Relations* 35 (1982), 1179–1204.

핵심정리

- 부서 간 상호의존성은 부서가 자료, 정보 또는 기타 자원에 대해 서로 의존하는 정도를 나타낸다. 상호의존성은 부서 간 필요한 조정 수준을 결정한다.
- 상호의존성의 세 가지 유형은 집합적, 순차적, 그리고 교호적이다.
- 상호의존성이 증가함에 따라 조직의 조정에 대한 요구 역시 증가한다. 효과적인 조직설계를 위해서는 부서 간의 상호의존성을 처리할 수 있는 정확한 의사소통 및 조정이 필요하다.

토론문제

1. 페로우의 기술 프레임워크에서 당신의 대학 또는 대학 부서는 어디에 위치하는가? 강의 중심 부서와 연구 중심 부서는 다른 사분면에 있는가?
2. 신뢰성이 높은 조직에서 "단순화를 기피"하는 것과 "운영에 대한 민감성"의 차이는 무엇인가?
3. 경영학과 부서(금융, 마케팅 등) 간 상호의존성 수준은 어느 정도인가? 그러한 상호의존성을 처리하기 위해 어떤 종류의 조정 메커니즘을 활용할 수 있는가?
4. 우드워드가 기술 복잡성이 증가함에 따라 통제 범위를 줄여야 한다고 제안하는 이유는 무엇인가? 이 관계를 바꿀 수 있는 상황을 생각해보자.
5. 스마트 공장은 다른 제조기술과 어떻게 다른가? 스마트 공장으로 전환하면 제조업 분야의 조직이 직원을 고용하고 교육하는 방법을 어떻게 바꿔야 하는가?
6. 서비스기술이란 무엇인가? 다른 유형의 서비스기술이 다른 조직설계와 연관될 가능성이 있는가?
7. 이 장에서 소개한 시애틀 어린이 병원과 같이 관리자가 관계 조정을 원할 수 있는 이유는 무엇인가?
8. 최고경영자는 최고수준의 경영이 장인기술이라고 주장했다. 업무에 인력문제 처리, 모호한 환경 분석, 비정상적인 상황에 대처하는 것과 같은 무형의 작업이 포함되어 있기 때문이다. 당신은 이에 대해 동의하는가? 최상위 관리자에게 적합한 구조 또는 관리 프로세스 유형은 무엇인가?
9. 높은 신뢰성 조직의 특성이 비 HRO 조직에 적용될 수 있다고 생각하는가?
10. 신기술 개발은 직원들의 업무를 어느 정도 단순화하고 일상화할 수 있게 하는가? 예를 들어 볼 수 있는가? 새로운 기술이 다양성과 복잡성이 더 높은 직무 또는 직업을 이끌 수 있는가? 논의해보자.

연습문제: 소기업 업무 흐름[99]

이 워크숍을 통해 두 가지 소기업(지역 청소업체와 지역 패밀리 레스토랑)에서 사용되는 업무 기술을 분석하게 된다. 강의를 맡은 교수가 이 과제를 개인으로 할지 또는 그룹으로 할지를 결정한다.

다음 기준에 따라 2개의 조직을 방문하고 업무 수행방식을 유추해야 한다. 직원과의 인터뷰는 허용되지 않는 대신 관찰자가 될 수 있다. 현장에 있을 때 많은 메모가 필요하다.

구분	청소업체	패밀리 레스토랑
조직목표: 속도, 서비스, 분위기 등.		
우드워드의 모델을 활용하는 기술 유형.		

구분	청소업체	패밀리 레스토랑
조직구조: 기계적인가 유기적인가?		
팀 대 개인: 사람들이 함께 일하는가 아니면 혼자 일하는가?		
상호의존성: 직원들은 서로 어떻게 의존하는가?		
작업: 일상적 대 비일상적 – 작업은 얼마나 다양한가?		

질문

1. 위 표의 분석을 고려했을 때 사용된 기술이 각 조직에 가장 적합한 기술이라고 생각하는가?
2. 표의 데이터에서 구조 및 기타 조직특성이 업무 흐름 기술에 적합한지 판별해보자.
3. 당신이 각 조직의 운영을 개선하기 위해 지정된 컨설팅 팀의 일원이라면 어떤 권장 사항을 제시하겠는가?

분석을 위한 사례: 아세테이트 부서[100]

아세테이트(Acetate) 부서의 제품은 순수한 상태이거나 사진유제(photographic emulsion) 또는 산화철로 코팅되는 투명 필름을 제조하기 위해 다른 부서에서 사용되는 약 20가지 종류의 점성 액체의 아세테이트로 구성되어 있다.

변화가 있기 전: 이 부서는 <그림 8.16>과 같이 낡은 4층짜리 건물에 있었으며, 업무 흐름은 다음과 같다.

1. 매일 20가지 분말이 들어 있는 약 50파운드(약 23Kg) 무게의 종이로 된 가방들이 도착하고, 액체 저장 탱크는 트럭을 통해 매주 채워진다.
2. 2~3명의 아세테이트 인부들이 리프트 트럭을 사용하여 이 물건들을 저장고로 옮겨서 내려놓는다.

도표 8.16 변화가 있기 전 아세테이트 부서의 입면도

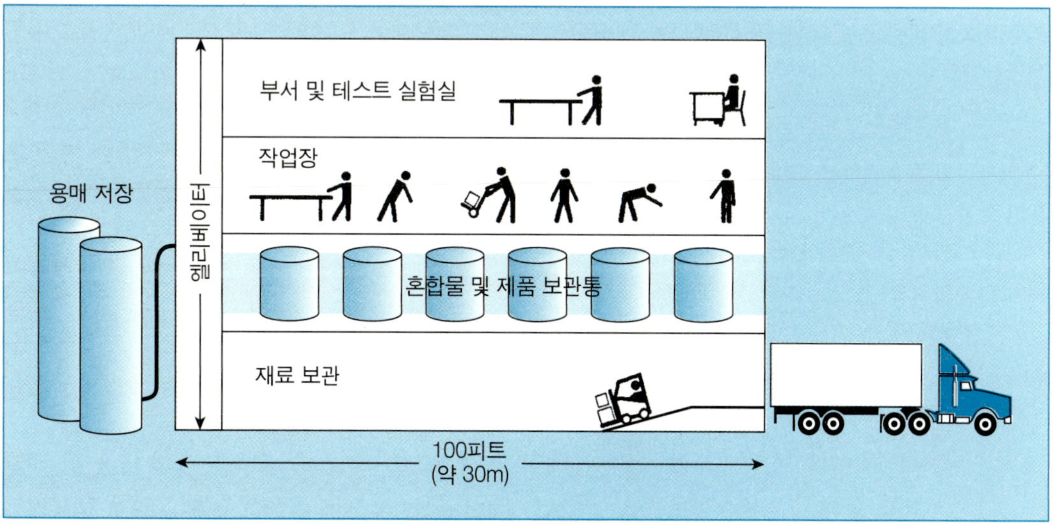

출처: *Hampton, Organizational Behavior Practice Management*, 4th Edition, Copyright 1982. pp. 751–755. Reprinted by permission of Pearson Education, Inc., Upper Saddle River, NJ.

도표 8.17 변화가 있기 전 아세테이트 부서의 조직도

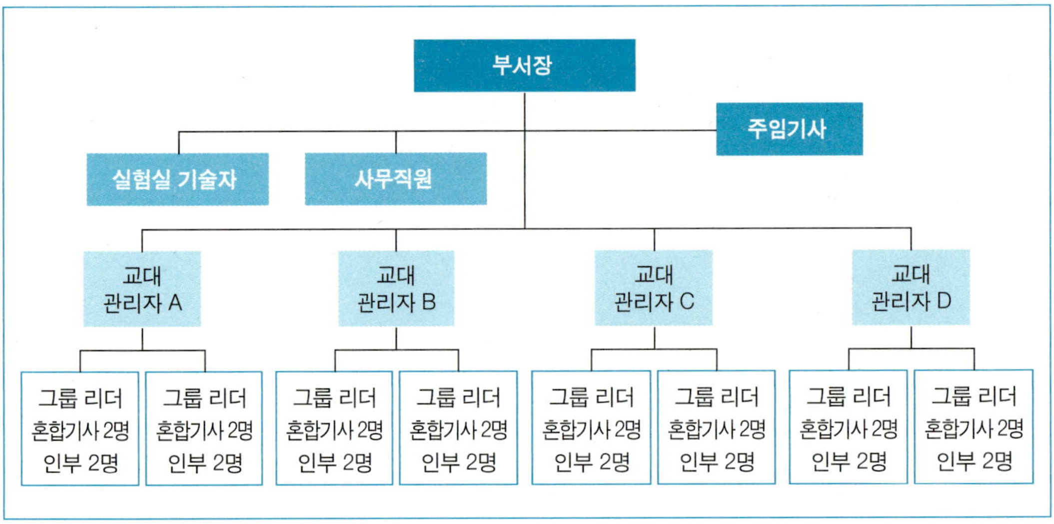

3. 교대할 때까지 인부들은 수차례 이 포장된 재료들을 엘리베이터를 통해 3층으로 가져와 벽을 따라 임시로 보관한다.
4. 그룹 리더의 지시에 따라 묶음들이 섞이게 되고, 이는 빵을 굽는 것과 비슷하다. 규정된 공식에 따라 그룹 리더, 혼합기사와 인부들은 밸브를 작동하여 적절한 용매를 공급하고 적절한 중량 및 고체 물질의 혼합물을 수동으로 내보낸다. 액체방울은 거대한 교반기(egg beaters)에 의해 혼합되고, 가공법에 따라 가열된다.
5. 묶음이 완성된 후 완제품 저장 탱크로 주입된다.
6. 각 묶음이 완성된 후 직원들은 완성된 제품의 청결이 매우 중요하기 때문에 먼지와 빈 포장 가방들을 치워서 작업영역을 깨끗하게 청소한다.

이 작업을 수행하기 위해 부서는 <그림 8.17>과 같이 구성된다.

인부들은 보통 18세에서 25세 사이의 젊은 사람들이고, 혼합기사는 25~40세, 그리고 그룹 지도자와 관리자는 40~60세이다. 그룹리더, 혼합기사 및 인부들은 시간당 급여를 받는다.

연 2천 파운드의 제품을 생산하기 위해 이 부서는 주 7일, 하루 24시간동안 내내 운영되었다. 예를 들어, 교대 관리자 A와 2명의 그룹 리더 및 직원들은 주간 교대(오전 8시부터 오후 4시)시간의 근무를 2주 동안, 그리고 저녁 교대(오후 4시부터 자정) 시간에 2주 동안 근무했다. 그리고 야간 근무(자정부터 오전 8시)를 2주간 하였다. 교대를 변경할 때 2일씩 쉬었다.

교대하는 동안, 그룹 리더와 직원들은 2개에서 3개의 묶음을 완료했다. 묶음은 종종 하나의 교대조에서 시작되어 다음 교대 직원이 완료한다. 운송이 되지 않아서 저녁과 밤 교대 작업이 조금 줄어들긴 했지만 직원들은 그 시간에 청소를 더 했다. 교대 관리자는 각 교대가 시작될 때 2명의 그룹 리더에게 묶음의 상태를 확인하고, 묶음이 잘 혼합되었는지, 운송 일정은 차질이 없는지와 청소를 지시한다. 교대관리자는 교대 근무시간 동안 정기적으로 작은 병에 샘플을 수집하여 실험실 기술자가 테스트할 수 있도록 준비해야 했다. 경영 및 사무실 직원(부서 책임자, 주임기사, 실험실 기술자 및 사무직원)은 주간에만 근무했지만 다른 근무시간에 비상상황이 발생하면 공장장이 연락을 취할 수 있다.

대체로 이 부서는 일하기 좋은 곳이었다. 작업장은 약간 따뜻했지만 밝고 조용하며 깨끗했다. 직원들이 묶음들을 적재하지 않을 때, 특히 저녁과 야간 교대를 하면서 재미있는 농담을 나누곤 했다. 남자들은 작업장에 있는 다트판으로 게임을 즐기기도 했다.

이 커뮤니티의 통로가 하루 24시간 열려 있었기 때문에 일과 이후에, 심지어 새벽 1시에도 볼링을 함께 즐기는 경우가 많았다. 부서 회전율과 결근율은 낮

도표 8.18 변화가 있기 전 아세테이트 부서의 입면도

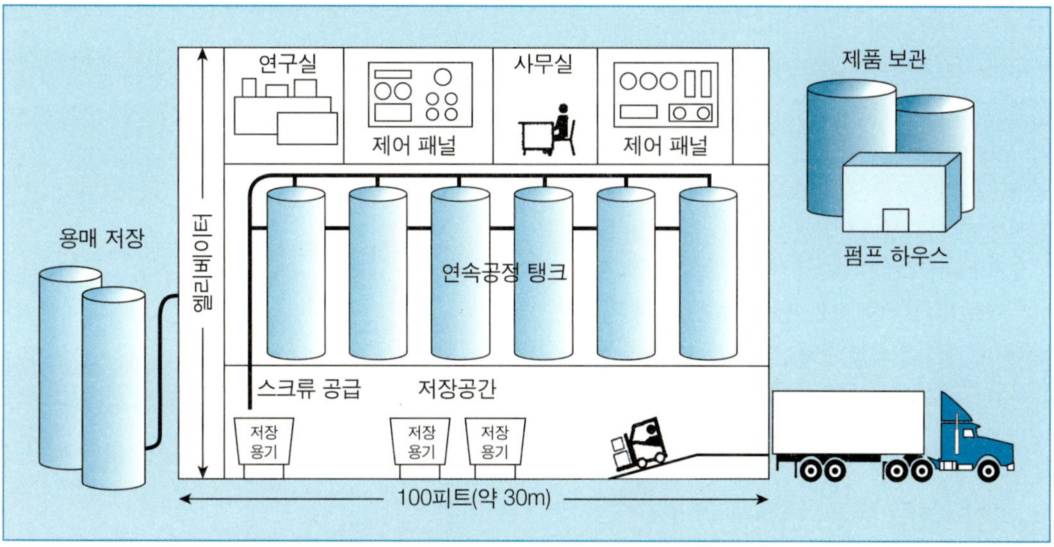

았다. 대부분의 직원들은 한 부서에서 많은 시간을 함께 보냈다. 이 회사는 규모가 크면서 친근하고 보수가 많았으며, 모두에게 자동으로 높은 보너스를 포함한 매력적인 혜택을 제공했다. 그런데 변화가 찾아왔다.

새로운 시스템: 생산성 향상을 위해 아세테이트 부서가 완전히 재설계되었다. 이 공정기술은 묶음을 연속으로 처리하였다. 기존 건물은 그대로 유지되었지만 <그림 8.18>과 같이 크게 수정되었다. 수정된 업무 흐름은 다음과 같다.

1. 대부분의 고체 원료는 500파운드를 담을 수 있는 큰 알루미늄 용기에 넣어 트럭으로 배달된다.
2. 원재료를 받고 반자동 스크류 공급기에 원재료를 넣기 위해 1층에서 1명의 담당자(이전의 인부)가 근무하고 있다.
3. 운영부장(이전 그룹 리더)은 부서 사무실을 가로질러 벽을 따라 위치한 4층의 제어 패널에서 혼합 작업을 지시한다. 일단 고체 원료가 스크류 공급기로 보내지면 혼합은 사실상 자동으로 이루어진다. 운영부장은 제어 패널 앞 테이블에 앉아서

도표 8.19 변화 후 아세테이트 부서의 조직도

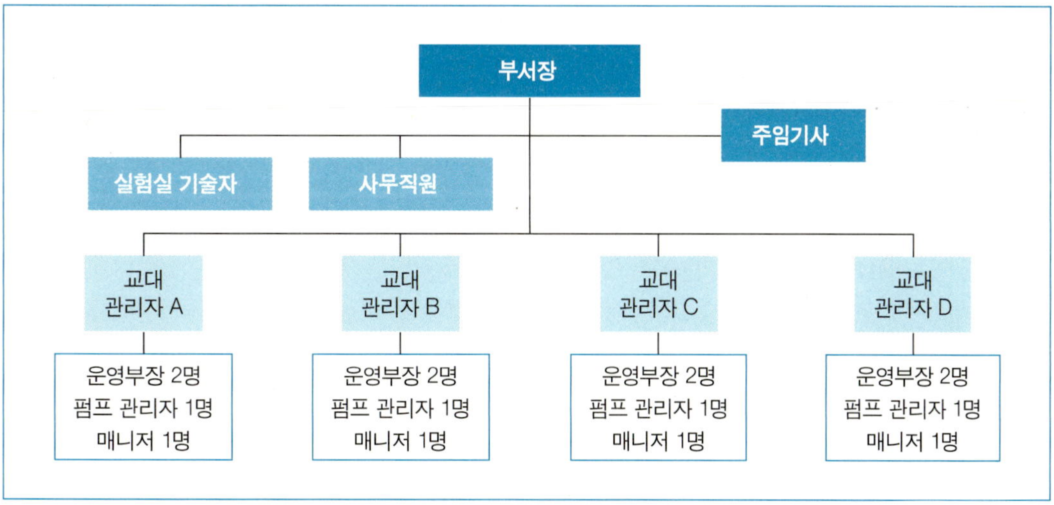

온도와 압력 등을 체크하고 프로세스가 문제없이 작동하는지 확인한다.

이러한 기술적 변화로 인해 부서는 인력을 크게 줄일 수 있었다. 새로운 구조는 <그림 8.19>에 설명되어 있다. 펌프 작업자는 새로운 공간인 메인 건물에서 약 300피트 떨어진 작은 오두막집에 있다. 그는 많은 저장 탱크 사이에서 완제품을 이동시키는 펌프와 밸브를 작동시킨다.

새로운 시스템으로 인해 생산 역량은 연간 2,500만 파운드로 증가했고, 나머지 모든 직원들의 임금도 15% 증가했다. 아세테이트 부서에서 감축된 인원들은 다른 부서로 이전되었으며, 아무도 해고되지 않았다.

하지만 불행하게도 새로운 시스템을 구축공사와 기술 교육이 완료된 후 몇 달간 실제 생산량은 생산능력보다 현저히 낮은 수준에 머물렀다. 실제 생산은 기존의 기술 하에서와 거의 동일했다. 결근이 현저하게 증가했으며, 운영자에 의한 여러 가지 판단 오류가 상당한 손실을 초래했다.

질문

1. <도표 8.4>에서 설명하고 있는 우드워드가 제안한 구조적 특성의 차이를 아세테이트 부서의 기술이 소량단위생산에서 연속공정으로 변화된 것에 어떻게 반영할 수 있는가?
2. 아세테이트 부서에서 업무 다양성과 분석 가능성이 어떻게 변화했다고 생각하는가?
3. 이 새로운 기술로 인해 생산이 지연될 수 있다고 생각하는 이유는 무엇인가? 생산을 개선하기 위해 어떤 제안을 할 수 있는가?

분석을 위한 사례: 제조 분야의 디지털화: 전환 기술[101]

50세의 폴 샌드버그(Paul Sandberg)는 CNC(컴퓨터 수치 제어) 터닝 머신에서 작업장의 2층에 있는 컴퓨터 제어 사무실로 올라갔다. 아침에 새로운 프로그램이 시작되었고, 초기 테스트에도 불구하고 무언가가 제대로 작동하지 않았기 때문이다. 그는 27세의 컴퓨터 기술자인 조나스 홀름(Jonas Holm)이 이 문제를 해결하기를 기다리고 있었다.

샌드버그는 수십년 동안 기계 운영자로 부품을 제조해 왔다. 그는 가공 실습을 배웠고, 부품이 잘 만들어졌을 때의 감을 익혔으며, 가공과정에서 문제가 발생했을 때 수동으로 이를 해결하는 방법을 습득했다. 그러나 이 모든 것은 약 15년 전에 회사에서 3D CAD/CAM 및 CNC 머시닝을 포함한 새로운 기술이 도입되면서 변화가 일어났다.

전체 설계 및 제조 프로세스가 점검을 받았다. 이제 3D 제조지침을 통해 가공이 아닌 조립의 관점에서 설계가 이루어졌다. 홀름과 같은 기술자는 CNC 기계용 3D 명령어를 통해 컴퓨터 프로그램을 개발했다. 테스트 후 기술자들은 2층에 있는 컴퓨터를 1층에 있는 CNC 기계에 연결하고 프로그램을 설치했다. 기술자들은 장비들이 작업자와 협력하여 예상대로 작동하는지를 확인해야 했다. 또한 작업자에게 간단한 페이퍼 작업을 지시했다. 전반적으로, 증가된 디지털화는 기술자의 기술개발에 유리한 것으로 보였다.

홀름이 언급한 말이다:

> "디지털화는 우리의 역량을 발전시켰습니다. 복잡한 업무처리 등과 같이 회사가 필요로 하는 것이기 때문에 이러한 변화는 긍정적인 일입니다."

반면, 운영자는 제조기술자의 기계 프로그래밍으로 인해 자율성과 직무 재량의 감소를 받아들여야 했다. 노련함을 갖춘 또 다른 운영자인 샌드버그는 3D 도면의 기초가 되는 프로세스와 CNC 기계의 작업에 대한 이해에 회의적이었다. 그는 이렇게 주장했다:

> "회사는 더 많은 경험을 갖고 있는 사람들을 더 많이 고용하기 위해 노력해야 합니다. 나와 같은 나이의 사람이나 50세 이상의 사람들, 그들에게는 매우 훌륭한 역량이 있습니다."

CNC 기계가 처음 도입되었을 때, 작업자는 기계 자체를 프로그래밍하도록 교육을 받았다. 이제 3D CAD/CAM을 사용하여 기술자는 새로운 프로그래밍 및 기존 프로그램 수정을 담당한다. 홀름의 동료 중 1명이 다음과 같이 말했다:

"우리는 2013-2014년에 많은 새로운 기계들을 수용했습니다. 우리는 운영자를 훈련시키기 위해 광범위하게 업무를 시작했습니다. 더 많은 것을 배우고, 시험하고, 책임을 다해야 했습니다."

샌드버그가 언급했듯이 운영직무는 단순히 CNC 기계를 설정하고 제어하기 위한 수작업 범위에서 벗어났다. 숙련된 운영자에 따르면, 이 직무는 가공기술에 대한 지식이 사라지면서 "비숙련 업무"로 변했다. 한편, 고령의 직원들은 어렵게 얻은 경험과 지식이 더 이상 중요하지 않고 가치도 없어졌다고 생각했으며, 다른 한편으로는 새로운 기계를 운영하는 사람은 직무에 대해 더 쉽고 빠르게 훈련받을 수 있다.

컴퓨터 프로그램은 이제 이러한 프로세스를 제어했다. 샌드버그는 이렇게 표현했다:

"제 나이의 다른 운영자들과 마찬가지로 저 역시 변화의 경험을 갖고 있습니다. 저는 직접 손을 써서 경력을 쌓아왔습니다. 당시도 당신이 하는 일에 대한 느낌을 발전시켜 왔습니다. 당신은 무엇이 좋고 무엇이 좋지 않은지를 알 수 있을 만큼의 경지에 이르렀습니다. 조종받는 기계들만 사용하는 젊은이들은 그런 느낌을 갖지 못합니다. 저보다도 나이가 많은 사람들이 수동으로 작업하는 모습은 경이로울 정도입니다. 이런 역량들이 사라지고 있습니다."

직무재량권 상실과 잠재적 권태감과 같은 단점을 초래했다.

"문제를 해결하는 경우는 많지 않습니다. 문제가 발생하게 되면 이를 해결할 수 있는 수리공을 호출하니까요."

그러나 이것은 스트레스의 감소를 낳았다:

"문제를 해결하는 일은 피하는 것이 좋습니다. 더 많은 것을 생산하기 위해 서두르게 되었을 때 스트레스가 생기게 됩니다. 내가 만약 현장에서 문제를 고치려고 한다면 아무 일도 일어나지 않겠죠."

샌드버그에게는 몇몇 업무가 있었다. 회사가 성장함에 따라 운영자는 다양한 부품을 제조해야 하기 때문에 CNC 기계를 더 자주 조정해야 했다.

샌드버그의 젊은 동료인 홀름은 컴퓨터 기술자로 승진하기 전에는 7년 간 운영자로 근무했다. 그러나 그는 새로운 기술을 도입한 후부터 경력을 쌓기 시작했기 때문에 부품을 직접 가공할 필요가 없었다. 그가 샌드버그나 이전 운영자와 "동일한 언어로 소통하기"를 시도할 때마다 늘 공유된 경험과 지식은 없었다. 여전히 그를 위한 디지털 기술은 밝은 미래를 의미했다. Flying Parts에서 제조하는 부품의 다양성이 증가함에 따라 그는 프로그래밍을 위한 3D 도면 제조 지침을 운영자를 위한 2D 지침으로 변환하는 것에 대한 지식과 경험을 얻게 되었다. 그러나 그것은 또한 더 많은 스트레스를 받는 업무를 의미했다.

"때로는 스트레스가 심할 수 있습니다. 사회 심리적 환경은 매우 어려운 문제라고 생각합니다."

질문

1. 이러한 경우, "숙련되지 직무"란 무엇인가? 오래된 기술을 기반으로 한 지식과 능력은 회사를 위해 조정되어야 한다고 생각하는가? 설명해보자.
2. 컴퓨터 기술자를 학교로부터 직접 고용하거나 기존 운영자 중에서 고용한 뒤 새로운 직무로서 재교육을 해야 한다고 생각하는가? 왜 그렇게 생각하는가?
3. 회사는 어떻게 하면 직원들과 함께 오래된 제조기술에서 새로운 제조기술로의 전환을 효과적으로 달성할 수 있는가? 논의해보자.

미주

1 Zach Wichter, "Air Software Stumbles. Delays Rise for Fliers," *The New York Times*, April 29, 2019, B7.

2 Christopher Mims, "Every Company Is Now a Tech Company," *The Wall Street Journal*, December 4, 2018, https://www.wsj.com/articles/every-company-is-now-a-techcompany-1543901207 (accessed May 7, 2019).

3 Saul Berman and Peter Korsten, "Embracing Connectedness: Insights from the IBM 2012 CEO Study," *Strategy & Leadership* 41, no. 2 (2013), 46–57.

4 Charles Perrow, "A Framework for the Comparative Analysis of Organizations," *American Sociological Review* 32 (1967), 194–208; and R. J. Schonberger, *World Class-Manufacturing: The Next Decade* (New York: The Free Press, 1996).

5 Wanda J. Orlikowski, "The Duality of Technology: Rethinking the Concept of Technology in Organizations," *Organization Science* 3 (1992), 398–427.

6 Linda Argote, "Input Uncertainty and Organizational Coordination in Hospital Emergency Units," *Administrative Science Quarterly* 27 (1982), 420–434; Charles Perrow, *Organizational Analysis: A Sociological Approach* (Belmont, CA: Wadsworth, 1970); and William Rushing, "Hardness of Material as Related to the Division of Labor in Manufacturing Industries," *Administrative Science Quarterly* 13 (1968), 229–245.

7 Lawrence B. Mohr, "Organizational Technology and Organization Structure," *Administrative Science Quarterly* 16 (1971), 444–459; and David Hickson, Derek Pugh, and Diana Pheysey, "Operations Technology and Organization Structure: An Empirical Reappraisal," *Administrative Science Quarterly* 14 (1969), 378–397.

8 Joan Woodward, *Industrial Organization: Theory and Practice* (London: Oxford University Press, 1965); and Joan Woodward, *Management and Technology* (London: Her Majesty's Stationery Office, 1958).

9 Hickson, Pugh, and Pheysey, "Operations Technology and Organization Structure"; and James D. Thompson, *Organizations in Action* (New York: McGraw-Hill, 1967).

10 Edward Harvey, "Technology and the Structure of Organizations," *American Sociological Review* 33 (1968), 241–259.

11 Based on Woodward, *Industrial Organization* and *Management and Technology*.

12 Christina Passariello, "Brand-New Bag: Louis Vuitton Tried Modern Methods on Factory Lines—For Craftsmen, Multitasking Replaces Specialization," *The Wall Street Journal*, October 9, 2006, A1.

13 Guy Chazan, "Clean-Fuels Refinery Rises in Desert," *The Wall Street Journal*, April 16, 2010, B8; and "Renewed Optimism for the Future of GTL, CTL, and BTL," *Oil and Gas News*, July 11, 2011.

14 John Letzing, "Amazon Adds That Robotic Touch," *The Wall Street Journal*, March 20, 2012, B1.

15 Woodward, *Industrial Organization*, vi.

16 William L. Zwerman, *New Perspectives on Organizational Theory* (Westport, CT: Greenwood, 1970); and Harvey, "Technology and the Structure of Organizations."

17 Dean M. Schroeder, Steven W. Congden, and C. Gopinath, "Linking Competitive Strategy and Manufacturing Process Technology," *Journal of Management Studies* 32, no. 2 (March 1995), 163–189.

18 Daniel Roberts, "Going to the Mattresses," *Fortune*, September 24, 2012, 28–29; and Jake Stiles, "Lean Initiatives Help Sealy Prepare for Market Rebound," *IndustryWeek*, May 6, 2009, http://www.industryweek.com/articles/lean_initiatives_help_sealy_-prepare_for_market_rebound _19073.aspx?ShowAll=1 (accessed August 17, 2011).

19 Fernando F. Suarez, Michael A. Cusumano, and Charles H. Fine, "An Empirical Study of Flexibility in Manufacturing," *Sloan Management Review* (Fall 1995), 25–32.

20 Raymond F. Zammuto and Edward J. O'Connor, "Gaining Advanced Manufacturing Technologies' Benefits: The Roles of Organization Design and Culture," *Academy of Management Review* 17, no. 4 (1992), 701–728; and Schroeder, Congden, and Gopinath, "Linking Competitive Strategy and Manufacturing Process Technology."

21 Heritage Foundation statistic, based on data from the U.S. Department of Labor, Bureau of Labor Statistics, "Multifactor Productivity, 1987–2007," and reported in James Sherk, "Technology Explains Drop in Manufacturing Jobs," *Backgrounder*, October 12, 2010, 1–8.

22 John Teresko, "Winning with Digital Manufacturing," *Industry Week*, July 2008, 45–47.

23 Travis Hessman, "The Dawn of the Smart Factory," *Industry Week*, February 2013, 14–19.

24 Based on Hessman, "The Dawn of the Smart Factory"; Jim Brown, "Leveraging the Digital Factory," *Industrial Management*, July–August 2009, 26–30; Teresko, "Winning with Digital Manufacturing"; Jack R. Meredith, "The Strategic Advantages of the Factory of the Future," *California Management Review* 29 (Spring 1987), 27–41; and Althea Jones and Terry Webb, "Introducing Computer Integrated Manufacturing," *Journal of General Management* 12 (Summer 1987), 60–74.

25 Paul S. Adler, "Managing Flexible Automation," *California Management Review* (Spring 1988), 34–56.

26 Bela Gold, "Computerization in Domestic and International Manufacturing," *California Management Review* (Winter 1989), 129–143.

27 Travis Hessman, "The New Age of Robotics," *Industry Week*, August 2013, 22–25.

28 Brown, "Leveraging the Digital Factory."

29 John M. Jordan, "Additive Manufacturing ("3D Printing") and the Future of Organizational Design: Some Early Notes from the Field," *Journal of Organization Design* 8, no. 5 (2019), https://doi.org/10.1186/s41469-019-0044-y.

30 Jordan, "Additive Manufacturing"; and Clint Boulton, "Barbies, Auto Parts Hot Off the Press," *The Wall Street Journal*, June 6, 2013, B1.

31 "Porsche Classic Supplies Classic Parts from a 3-D Printer,"

Porsche News, February 12, 2018, https://newsroom.porsche.com/fallback/en/company/porsche-classic-3d-printer-spareparts-sls-printer-production-cars-innovative-14816.html (accessed May 7, 2019).

32 Graham Dudley and John Hassard, "Design Issues in the Development of Computer Integrated Manufacturing (CIM)," *Journal of General Management* 16 (1990), 43–53.

33 Hessman, "The Dawn of the Smart Factory."

34 Nick Carey, "Japanese Carmakers' Weapon of Choice in Trump Trade War: Flexible Factories," *Automotive News*, November 1, 2018, https://www.autonews.com/article/20181101/OEM01/181109993/japanese-carmakers-weaponof-choice-in-trump-trade-war-flexible-factories (accessed May 7, 2019); and Kate Linebaugh, "Honda's Flexible Plants Provide Edge; Company Can Rejigger Vehicle Output to Match Consumer Demand Faster Than Its Rivals," *The Wall Street Journal*, September 23, 2008, B1.

35 B. Joseph Pine II, *Mass Customization: The New Frontier in Business Competition* (Boston: Harvard Business School Press, 1999); and Fabrizio Salvador, Pablo Martin De Holan, and Frank Piller, "Cracking the Code of Mass Customization," *Sloan Management Review* (Spring 2009), 71–78.

36 Barry Berman, "Should Your Firm Adopt a Mass Customization Strategy?" *Business Horizons* (July–August 2002), 51–60.

37 Jordan, "Additive Manufacturing."

38 Mark Tatge, "Red Bodies, Black Ink," *Forbes*, September 18, 2000, 114–115.

39 Zammuto and O'Connor, "Gaining Advanced Manufacturing Technologies' Benefits."

40 Joel D. Goldhar and David Lei, "Variety Is Free: Manufacturing in the Twenty-First Century," *Academy of Management Executive* 9, no. 4 (1995), 73–86.

41 Meredith, "The Strategic Advantages of the Factory of the Future."

42 Patricia L. Nemetz and Louis W. Fry, "Flexible Manufacturing Organizations: Implementations for Strategy Formulation and Organization Design," *Academy of Management Review* 13 (1988), 627–638; Paul S. Adler, "Managing Flexible Automation," *California Management Review* (Spring 1988), 34–56; Jeremy Main, "Manufacturing the Right Way," *Fortune*, May 21, 1990, 54–64; and Frank M. Hull and Paul D. Collins, "High-Technology Batch Production Systems: Woodward's Missing Type," *Academy of Management Journal* 30 (1987), 786–797.

43 Goldhar and Lei, "Variety Is Free: Manufacturing in the Twenty-First Century"; P. Robert Duimering, Frank Safayeni, and Lyn Purdy, "Integrated Manufacturing: Redesign the Organization before Implementing Flexible Technology," *Sloan Management Review* (Summer 1993), 47–56; and Zammuto and O'Connor, "Gaining Advanced Manufacturing Technologies' Benefits."

44 Goldhar and Lei, "Variety Is Free: Manufacturing in the Twenty-First Century."

45 John S. McClenahen, "Bearing Necessities," *Industry Week*, October 2004, 63–65.

46 Nathaniel Popper, "Knight Capital Says Trading Glitch Cost it $440 Million," *The New York Times*, August 2, 2012, https://dealbook.nytimes.com/2012/08/02/knightcapital-says-trading-mishap-cost-it-440-million (accessed May 13, 2019); Bishr Tabbaa, "The Rise and Fall of Knight Capital—Buy High, Sell Low. Rinse and Repeat." *Medium.com*, August 5, 2018, https://medium.com/@bishr_tabbaa/the-rise-and-fall-of-knight-capital-buy-high-sell-low-rinse-and-repeat-ae17fae780f6 (accessed May 13, 2019); and Chris Clearfield and Andras Tilcsik, *Meltdown: Why Our Systems Fail and What We Can Do About It* (New York: Penguin Press, 2018)

47 Clearfield and Tilcsik, *Meltdown*.

48 Matthew Yglesias, "The Emerging 737 Max Scandal, Explained," *Vox*, March 29, 2019, https://www.vox.com/business-and-finance/2019/3/29/18281270/737-max-faascandal-explained (accessed May 20, 2019).

49 Dov Gardin, "Carnival Cruise Lines: What They Should Have Done," *Risk Management Monitor*, February 22, 2013, http://www.riskmanagementmonitor.com/carnival-cruise-lineswhat-they-should-have-done/ (accessed October 25, 2013); Lateef Mungin and Mark Morgenstein, "Carnival Cruise Line in More Troubled Waters," *CNN*, March 16, 2013, http://www.cnn.com/2013/03/15/travel/carnival-problems (accessed October 25, 2013); and Jad Mouawad, "Too Big to Sail?" *The New York Times*, October 28, 2013, B1.

50 Quoted in Mouawad, "Too Big to Sail?"

51 K. H. Roberts and D. M. Rousseau, "Research in Nearly Failure Free, High Reliability Organizations: Having the Bubble," *IEEE Transactions on Engineering Management* 36, no. 2 (1989), 132–139.

52 K. H. Roberts, "Managing High Reliability Organizations," *California Management Review* 32, no. 4 (1990), 101–113.

53 Timothy J. Vogus and Claus Rerup, "Sweating the 'Small Stuff': High Reliability Organizing as a Foundation for Sustained Superior Performance," *Strategic Organization* 16, no. 2 (2018), 227–238.

54 The discussion of characteristics of high reliability organizations is based on Paul Chivers, "Why More Businesses Need to Emulate High Reliability Organizations," *Governance Directions* 66, no. 1 (February 2014), 16–20; Karl E. Weick and Kathleen M. Sutcliffe, *Managing the Unexpected: Resilient Performance in an Age of Uncertainty*, 3rd ed. (Jossey Bass, 2015); and The Joint Commission, "High Reliability: The Path to Zero Harm," *Healthcare Executive* (January–February 2016), 66–69.

55 Estimate reported in "Services Firms Expand at Slowest Pace in 17 Months," *MoneyNews.com*, August 3, 2011, http://www.moneynews.com/Economy/ism-economy-Service-Sector/2011/08/03/id/405915 (accessed August 15, 2011).

56 Charles R. Greer, Robert F. Lusch, and Stephen L. Vargo, "A Service Perspective: Key Managerial Insights from Service-Dominant (S-D) Logic," *Organizational Dynamics* 45 (2016), 28–38.

57 Byron J. Finch and Richard L. Luebbe, *Operations Management: Competing in a Changing Environment* (Fort Worth, TX: The Dryden Press, 1995), 51.

58 This discussion is based on David E. Bowen, Caren Siehl, and Benjamin Schneider, "A Framework for Analyzing Customer Service Orientations in Manufacturing," *Academy of Management Review* 14 (1989), 79–95; Peter K. Mills and Newton Margulies, "Toward a Core Typology of Service Organizations," *Academy of*

Management Review 5 (1980), 255–265; and Peter K. Mills and Dennis J. Moberg, "Perspectives on the Technology of Service Operations," *Academy of Management Review* 7 (1982), 467–478.

59 "Pandora Announces Listener Milestone," Pandora Press Release (July 12, 2011), http://blog.pandora.com/archives/press/2011/07/pandora_announc_1.html (accessed August 17, 2011).

60 Jena McGregor, "When Service Means Survival," *BusinessWeek*, March 2, 2009, 26–30; and Heather Green, "How Amazon Aims to Keep You Clicking," *BusinessWeek*, March 2, 2009, 37–40.

61 Melinda Beck, "Critical (Re)thinking: How ICUs Are Getting a Much-Needed Makeover," *The Wall Street Journal*, March 28, 2011, http://online.wsj.com/article/SB10001424052748704132204576190632996146752.html (accessed October 5, 2012).

62 Jeffrey K. Liker and James M. Morgan, "The Toyota Way in Services: The Case of Lean Product Development," *Academy of Management Perspectives* (May 2006), 5–20.

63 Paul Migliorato, "Toyota Retools Japan," *Business 2.0*, August 2004, 39–41.

64 Paul Ziobro, "UPS's Christmas Wish: A Delivery Surge It Can Handle," *The Wall Street Journal*, November 26, 2018, https://www.wsj.com/articles/upss-christmas-wish-a-deliverysurge-it-can-handle-1543233601 (accessed May 14, 2019).

65 Julie Jargon, "Panera Says It Can't Handle Crush," *The Wall Street Journal*, October 23, 2013, http://online.wsj.com/news/articles/SB10001424052702303615304579153450909661702 (accessed March 28, 2014); and Julie Jargon, "How Panera Solved Its 'Mosh Pit' Problem," *The Wall Street Journal*, June 2, 2017, https://www.wsj.com/articles/howpanera-solved-its-mosh-pit-problem-1496395801 (accessed May 14, 2019).

66 Julie Weed, "Factory Efficiency Comes to the Hospital," *The New York Times*, July 9, 2010.

67 Geeta Anand, "The Henry Ford of Heart Surgery," *The Wall Street Journal*, November 25, 2009, A16.

68 Richard B. Chase and David A. Tansik, "The Customer Contact Model for Organization Design," *Management Science* 29 (1983), 1037–1050.

69 Ibid.

70 David E. Bowen and Edward E. Lawler III, "The Empowerment of Service Workers: What, Why, How, and When," *Sloan Management Review* (Spring 1992), 31–39; Gregory B. Northcraft and Richard B. Chase, "Managing Service Demand at the Point of Delivery," *Academy of Management Review* 10 (1985), 66–75; and Roger W. Schmenner, "How Can Service Businesses Survive and Prosper?" *Sloan Management Review* 27 (Spring 1986), 21–32.

71 Ann Zimmerman, "Home Depot Tries to Make Nice to Customers," *The Wall Street Journal*, February 20, 2007, D1.

72 Richard Metters and Vincente Vargas, "Organizing Work in Service Firms," *Business Horizons*, July–August 2000, 23–32.

73 Perrow, "A Framework for the Comparative Analysis of Organizations" and *Organizational Analysis*.

74 Brian T. Pentland, "Sequential Variety in Work Processes," *Organization Science* 14, no. 5 (September–October 2003), 528–540.

75 Jim Morrison, "Grand Tour. Making Music: The Craft of the Steinway Piano," *Spirit*, February 1997, 42–49, 100.

76 Stuart F. Brown, "Biotech Gets Productive," *Fortune*, special section, "Industrial Management and Technology," January 20, 2003, 170[A]–170[H].

77 Nelson P. Repenning, Don Kiefer, and James Repenning, "A New Approach to Designing Work," *MIT Sloan Management Review* (Winter 2018), 28–38.

78 Michael Withey, Richard L. Daft, and William C. Cooper, "Measures of Perrow's Work Unit Technology: An Empirical Assessment and a New Scale," *Academy of Management Journal* 25 (1983), 45–63.

79 Christopher Gresov, "Exploring Fit and Misfit with Multiple Contingencies," *Administrative Science Quarterly* 34 (1989), 431–453; and Dale L. Goodhue and Ronald L. Thompson, "Task-Technology Fit and Individual Performance," *MIS Quarterly*, June 1995, 213–236.

80 Dawn Fallik, "New Hospital Cuisine: Dishes Made to Order," *The Wall Street Journal*, February 21, 2012, http://online.wsj.com/news/articles/SB10001424052970204642604577213390021632180 (accessed February 24, 2012).

81 Gresov, "Exploring Fit and Misfit with Multiple Contingencies"; Charles A. Glisson, "Dependence of Technological Routinization on Structural Variables in Human Service Organizations," *Administrative Science Quarterly* 23 (1978), 383–395; and Jerald Hage and Michael Aiken, "Routine Technology, Social Structure and Organizational Goals," *Administrative Science Quarterly* 14 (1969), 368–379.

82 Gresov, "Exploring Fit and Misfit with Multiple Contingencies"; A. J. Grimes and S. M. Kline, "The Technological Imperative: The Relative Impact of Task Unit, Modal Technology, and Hierarchy on Structure," *Academy of Management Journal* 16 (1973), 583–597; Lawrence G. Hrebiniak, "Job Technologies, Supervision and Work Group Structure," *Administrative Science Quarterly* 19 (1974), 395–410; and Jeffrey Pfeffer, *Organizational Design* (Arlington Heights, IL: AHM, 1978), chapter 1.

83 Patrick E. Connor, *Organizations: Theory and Design* (Chicago: Science Research Associates, 1980); and Richard L. Daft and Norman B. Macintosh, "A Tentative Exploration into Amount and Equivocality of Information Processing in Organizational Work Units," *Administrative Science Quarterly* 26 (1981), 207–224.

84 Paul D. Collins and Frank Hull, "Technology and Span of Control: Woodward Revisited," *Journal of Management Studies* 23 (1986), 143–164; Gerald D. Bell, "The Influence of Technological Components of Work upon Management Control," *Academy of Management Journal* 8 (1965), 127–132; and Peter M. Blau and Richard A. Schoenherr, *The Structure of Organizations* (New York: Basic Books, 1971).

85 W. Alan Randolph, "Matching Technology and the Design of Organization Units," *California Management Review* 22–23 (1980–81), 39–48; Daft and Macintosh, "A Tentative Exploration into Amount and Equivocality of Information Processing"; and Michael L. Tushman, "Work Characteristics and Subunit Communication Structure: A Contingency Analysis," *Administrative Science Quarterly* 24 (1979), 82–98.

86 Andrew H. Van de Ven and Diane L. Ferry, *Measuring and*

Assessing Organizations (New York: Wiley, 1980); and Randolph, "Matching Technology and the Design of Organization Units."

87 Richard L. Daft and Robert H. Lengel, "Information Richness: A New Approach to Managerial Behavior and Organization Design," in Barry Staw and Larry L. Cummings, eds., *Research in Organizational Behavior*, 6 (Greenwich, CT: JAI Press, 1984), 191–233; Richard L. Daft and Norman B. Macintosh, "A New Approach into Design and Use of Management Information," *California Management Review* 21 (1978), 82–92; Daft and Macintosh, "A Tentative Exploration into Amount and Equivocality of Information Processing"; W. Alan Randolph, "Organizational Technology and the Media and Purpose Dimensions of Organizational Communication," *Journal of Business Research* 6 (1978), 237–259; Linda Argote, "Input Uncertainty and Organizational Coordination in Hospital Emergency Units," *Administrative Science Quarterly* 27 (1982), 420–434; and Andrew H. Van de Ven and Andre Delbecq, "A Task Contingent Model of Work Unit Structure," *Administrative Science Quarterly* 19 (1974), 183–197.

88 Peggy Leatt and Rodney Schneck, "Criteria for Grouping Nursing Subunits in Hospitals," *Academy of Management Journal* 27 (1984), 150–165; and Robert T. Keller, "Technology-Information Processing," *Academy of Management Journal* 37, no. 1 (1994), 167–179.

89 Gresov, "Exploring Fit and Misfit with Multiple Contingencies;" Michael L. Tushman, "Technological Communication in R&D Laboratories: The Impact of Project Work Characteristics," *Academy of Management Journal* 21 (1978), 624–645; and Robert T. Keller, "Technology-Information Processing Fit and the Performance of R&D Project Groups: A Test of Contingency Theory," *Academy of Management Journal* 37, no. 1 (1994), 167–179.

90 James Thompson, *Organizations in Action* (New York: McGraw-Hill, 1967).

91 Ibid., 40.

92 Gene Bylinsky, "Shipmaking Gets Modern," *Fortune*, special section, "Industrial Management and Technology," January 20, 2003, 170[K]–170[L].

93 Brad Kenney, "Callaway Improves Long Game with Collaborative Tech," *Industry Week*, June 2008, 72.

94 Murray R. Barrick, Bret H. Bradley, Amy L. Kristof-Brown, and Amy E. Colbert, "The Moderating Role of Top Management Team Interdependence: Implications for Real Teams and Working Groups," *Academy of Management Journal* 50, no. 3 (2007), 544–557.

95 Jody Hoffer Gittell, "Organizing Work to Support Relational Coordination," *The International Journal of Human Resource Management* 11, no. 3 (June 2000), 517–539.

96 Jody Hoffer Gittell, "Paradox of Coordination and Control," *California Management Review* 42, no. 3 (Spring 2000), 101–117.

97 This discussion is based on Christopher Gresov, "Effects of Dependence and Tasks on Unit Design and Efficiency," *Organization Studies* 11 (1990), 503–529; Andrew H. Van de Ven, Andre Delbecq, and Richard Koenig, "Determinants of Coordination Modes within Organizations," *American Sociological Review* 41 (1976), 322–338; Argote, "Input Uncertainty and Organizational Coordination in Hospital Emergency Units"; Jack K. Ito and Richard B. Peterson, "Effects of Task Difficulty and Interdependence on Information Processing Systems," *Academy of Management Journal* 29 (1986), 139–149; and Joseph L. C. Cheng, "Interdependence and Coordination in Organizations: A Role-System Analysis," *Academy of Management Journal* 26 (1983), 156–162.

98 Robert W. Keidel, "Team Sports Models as a Generic Organizational Framework," *Human Relations* 40 (1987), 591–612; Robert W. Keidel, "Baseball, Football, and Basketball: Models for Business," *Organizational Dynamics* (Winter 1984), 5–18; and Nancy Katz, "Sports Teams as a Model for Workplace Teams: Lessons and Liabilities," *Academy of Management Executive* 15, no. 3 (2001), 56–67.

99 Adapted loosely by Dorothy Marcic from "Hamburger Technology," in Douglas T. Hall et al., *Experiences in Management and Organizational Behavior*, 2nd ed. (New York: Wiley, 1982), 244–247, as well as "Behavior, Technology, and Work Design" in A. B. Shani and James B. Lau, *Behavior in Organizations* (Chicago: Irwin, 1996), M16–23 to M16–26.

100 Richard L. Daft and Mark P. Sharfman, *Organization Theory: Cases and Applications*, 3rd ed. (St. Paul, MN: West Publishing, 1990), 119-122, from "Redesigning the Acetate Department," by David R. Hampton, Charles E. Summer, and Ross A. Webber, *Organizational Behavior and the Practice of Management* (Glenview, IL: Scott Foresman and Company, 1982), 751–755. Used with permission.

101 Niela Kleinsmith, Bas Koene, and Roland Ahlstrand, "Digitalization in the Manufacturing Sector: Skills in Transition," March 2018, Quality of Jobs and Innovation Generated Employment Outcomes (QuInnE.eu). The Case Centre, https://www.thecasecentre.org/educators/products/view?id=162163, as published by RSM Case Development Centre, March 2018, Reference no. 419-0052-8. Used with permission.

CHAPTER 9

디지털 조직설계 및 빅데이터

학습목표

이 장을 공부하면,

1. 메인프레임 컴퓨터로부터 사물인터넷으로 디지털 기술이 진화하면서 조직에 미친 영향을 설명할 수 있다.
2. 전통적인 '파이프'형 조직과 새로운 '플랫폼'형 조직의 차이들을 서술할 수 있다.
3. 조직 내부에서 이전의 데이터 분석 활동과 빅데이터 분석이 어떻게 구별되는지 명확하게 제시할 수 있고, 특정 조직 내에서 빅데이터 과학자들을 조직하는 다양한 접근 방식들을 명확하게 제시할 수 있다.
4. 인공지능이 조직에서 효율성과 의사결정을 어떻게 향상시키는지 설명할 수 있고, 그 부작용에 대해서 논의할 수 있다.
5. IT가 조직에서 소셜 네트워크 분석(SNA) 및 지식경영에 활용되는 방법을 설명할 수 있다.
6. 인공지능 분야의 발전으로 조직설계가 어떻게 변화하고 있는지 서술할 수 있다.

도입질문

이 장을 읽기 전 다음 질문에 답해보자.

1. 플랫폼 기반 조직은 새운 조직형태이기는 하지만 근본적인 가정은 전통적인 산업조직과 동일하다.

   1) 동의함 ________________ 2) 동의하지 않음 ________________

2. 인공지능은 인간 의사결정에 비해서 객관적이고 편견이 없다.

   1) 동의함 ________________ 2) 동의하지 않음 ________________

3. 빅데이터 분석은 신중하게 선정된 자료 샘플들을 사용함으로써 좋은 의사결정 결과를 낳는다.

   1) 동의함 ________________ 2) 동의하지 않음 ________________

H1N1 독감 바이러스가 헤드라인을 장식하기 수주일 전에 구글(Google)의 엔지니어들이 과학 저널 네이처(Nature)에 놀라운 논문을 발표했다. 그 논문에서는 구글이 어떻게 미국에서의 울 독감이 특정 지역, 심지어 주 단위까지 번질 것인가를 예측할 수 있는지를 설명했다. 구글은 매일 30억 개 이상의 탐색 질의어를 수집해서 저장했다. 엔지니어들은 5천만 개의 가장 흔한 검색 용어들을 택해서 2003년부터 2008년까지의 계절적 독감 만연에 대한 질병통제센터(Centers for Diseases Control: CDC)의 자료와 그 목록을 비교하여 특정 검색어와 독감 만연의 빈도 간의 상관관계를 찾아보았다. 그들은 4억 5천만 개의 상이한 수학적 모델을 사용하여 그 조건들을 테스트해보고, 그들의 예측과 실제 독감 사례들을 비교해보았다. 구글 팀은 대박을 터트렸다. 그 소프트웨어를 활용해서 그들의 예측과 공식적 수치들 사이에 강한 상관관계가 있는 검색어 45개를 찾아낸 것이다. 네이처지에 실린 그 논문은 대체로 컴퓨터 과학자들 이외에는 별다른 관심을 불러일으키지 않았지만, 보건 담당 공무원들 사이에게는 큰 반향을 불러 일으켰다. 새로운 바이러스가 나타나 급속히 퍼져갈 때 보건 담당 공무원들의 유일한 희망은 그 질병의 만연을 늦추는 것이지만, 그러기 위해서는 지금 현재 어디까지 번졌는가를 알아야 한다. CDC는 의사들과 의원 및 병원에서 정보를 받기는 하지만 그것은 이미 수주 전의 데이터일 뿐이다. 급속하게 퍼져가는 질병에서 2주는 상당히 긴 기간인 것이다. '빅데이터'의 힘에 기반을 둔 구글의 방법에 의하면 1~2주가 지난 후가 아니라 실제로 번진지 얼마 지나지 않아 독감이 어디에 번졌는가를 알 수 있게 되었다.[1]

빅데이터는 정보통신기술(IT) 분야에서 최근에 매우 발전된 부문들 중의 하나이며, 기업들과 전 산업계를 변화시키고 있다. 아마존(Amazon.com)은 소비자들이 구입한 책의 종류, 그들이 관심을 보인 다른 사항들, 웹사이트에서의 동선, 판촉이나 후기들에 얼마나 영향을 받았는지 등등에 관한 엄청난 데이터를 수집한다. 아마존은 특정 소비자가 다음에 읽고 싶을 만한 책을 예측해서 제안하는 알고리즘을 사용한다. 넷플릭스(Netflix)는 소비자가 보기 원하는 쇼 유형을 예측하기 위하여 빅데이터 분석을 활용한다. 더욱이 소비자가 반응하거나 혹은 그 제안을 무시할 때마다 그 예측력은 더 좋아지게 된다.[2]

오늘날 IT 발전으로 인하여 진정 디지털 조직인 페이스북(Facebook), 에어비앤비(Airbnb), 우버(Uber) 등과 같은 소위 플랫폼 기반이라는 새로운 조직형태들이 나타나고 있다. 전통적 대기업 내에서는 빅데이타 해석으로 인하여 새로운 사업기회를 만들어가고 있다. 더욱이 대기업들은 핵심프로젝트와 구성원들을 연결시키기 위해 나름대로의 디지털 플랫폼을 만들 수도 있다. 새로운 형태의 IT 플랫폼들은 모든 산업에서 점차 증가하는 글로벌 경쟁과 스피드, 편의성, 품질 및 가치 등에 대한 소비자들의 욕구에 직면하여 경쟁력을 유지하기 위해 조직을 디지털화하는 것이다. 디지털기술은 내부뿐 아니라 외부 파트너들 및 소비자들과의 통제·효율성·조정 등을 제고시킬 뿐만 아니라 의사결정을 향상시킬 수 있는 잠재력 등의 혜택을 기업들에게 주고 있다. 일부 조직이론가들은 디지털기술의 발전이 점차적으로 IT가 조직활동의 조정 및 통제에서 전통적인 계층을 대체할 것이라고 믿는다.[3]

이 장의 목적

정보는 조직의 혈액이다. 경영자들은 시간의 80% 이상을 적극적으로 정보를 교환하는 데 사용한다. 경영자들은 조직을 유지하기 위해서 이러한 정보를 필요로 한다. 3장에서 설명한 수직적 및 수평적 정보 연결수단들은 경영자들에게 의사결정·조정·평가 및 통제를 위한 정보를 제공하기 위해 설계된 장치들이다. 조직의 성공은 설비·장비 또는 제품이나 서비스뿐 아니라 오히려 경영자들이 가지고 있는 정보와 그 정보를 활용하는 방법에 따라서 결정된다. 오늘날 성공적인 조직들은 디지털 기술의 발전사항들을 가장 효과적으로 적용한 기업들이다.

경영자들이 정보를 수집하고 활용하는 방법은 수년 사이에 극적으로 변화되었다. 이 장에서는 메인프레임 컴퓨터로부터 디지털 조직까지 IT의 진화과정을 검토해본다. 이 장은 우선 조직계에서의 폭발적인 디지털 정보를 살펴본 후 플랫폼 기반 조직이라고 불리는 새로운 형태를 살펴보고 현존하는 조직에서의 빅데이터 및 인공지능의 적용에 대해 살펴볼 것이다. 새로운 정보기술과 관련된 이 장의 나머지 부분은 지식경영에 대한 논의와 기업들이 어떻게 내부 네트워크 분석을 통해서 전략적 가치를 증대시켰는가를 살펴 볼 것이다. 최근의 디지털 혁신은 초기 어플리케이션들의 자연스러운 결과물이며, 비약적인 새로운 사업기회, 극적인 사업 디지털화로의 이행, 조직 내·외 관계의 강화 및 전략적 성공으로 이어졌다. 이 장의 마지막 부분에서는 디지털 혁신이 조직설계에 어떻게 영향을 미치는가를 개략적으로 설명할 것이다.

9.1 디지털 정보의 폭발

전통적 정보 미디어는 인간을 포함하고 있다. 전화, 텔레비전, 라디오 미디어는 인간 참여자에 초점이 맞추어져 있다. 컴퓨터 초창기에는 핵심적 의사소통이 여전히 컴퓨터와 인간 사이에서 이루어졌다. 그러한 것이 디지털 미디어가 출현함으로써 바뀌었다. **디지털 미디어**(digital media)는 기계에 의해서 창출되거나 소비되는 정보나 데이터를 말하며, 당연히 디지털 기기 상에서 만들어지고 수정되고 유통된다.

〈도표 9.1〉은 IT의 진화과정을 보여준다. 애초에는 조직에 있는 메인프레임 컴퓨터 시스템을 운영에 활용했다. 이런 초기 기기들은 머신-룸 효율성의 개념에 바탕을 두었다. 즉 컴퓨터기술을 활용하면 더 효율적으로 운영할 수 있다는 것이었다. 이러한 시스템은 **거래처리시스템**(transaction processing system: TPS)으로 알려져 있으며, 일상적이고 반복적인 사업거래를 자동화하는 것이었다. 이러한 거래처리시스템은 매출, 구매, 재고 변화 등의 거래로부터 데이터를 획득하여 그 데이터들을 데이터베이스에 저장한다. 예컨대 엔터프라이즈 렌

도표 9.1 정보기술(IT)의 진화

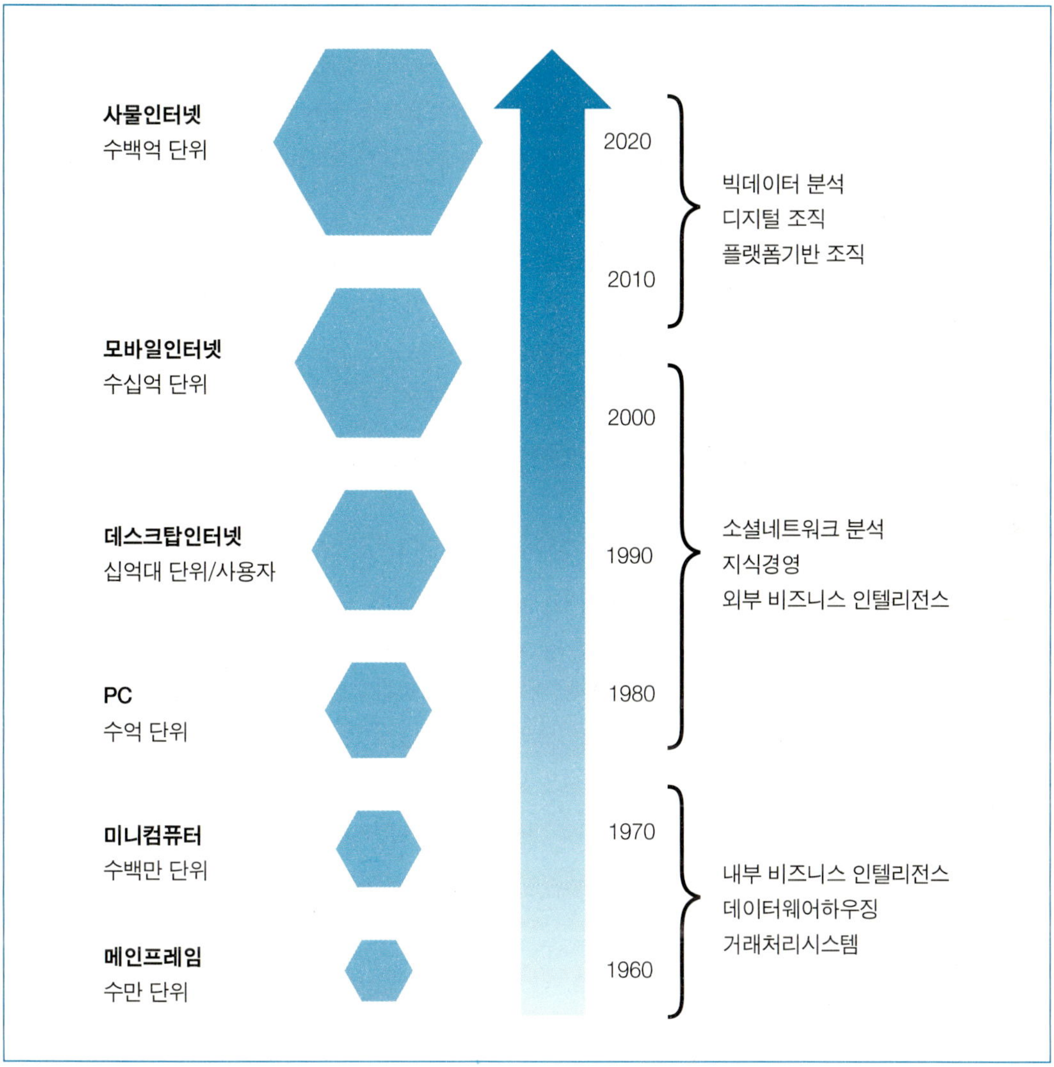

트어카(Enterprise Rent-a-Car)에서는 컴퓨터시스템이 그 회사에서 매시간 접속하는 140만 건의 거래를 추적한다. 그 시스템으로 인하여 엔터프라이즈 렌트어카의 일선 직원들은 렌트가 가능한 자동차 및 여타 데이터들을 분 단위로 파악하여 이례적일 정도로 우수한 서비스를 고객들에게 제공한다.[4]

메인프레임으로 인하여 또한 그 이후 데이터웨어하우징과 내부 인텔리전스 소프트웨어 활용이 가능해지면서 이렇게 축적된 데이터들의 유용성이 확대되었다. **데이터웨어하우징**(data warehousing)이란 한 기업의 모든 데이터를 결합한 거대한 데이터베이스를 활용하는 것으로서 사용자들이 데이터에 직접 접근하고, 보고서를 만들며, 조건별 질문에 대한 답변을 얻을 수 있도록 해준다. **내부 비즈니스 인텔리전스**(internal business intelligence)는 더 나은 전략적 의사결정을 위하여 한 회사의 데이터를 첨단기술로 분석하는 것을 말한다.[5] 데이터마이닝이라고도 불리는 비즈니스 인텔리전스는 회사 여러 곳 다양한 원천에서(점차적으로 외부 원천까지도 포함하여) 데이터를 탐색하고 분석하여 의미가 있음직한 패턴과 관계를 파악하는 것을 말한다. 비즈니스 인텔리전스 소프트웨어를 많이 활용하는 사용자들 중 일부가 소매업자들이다. 주로 10대 소녀들에게 특별한 의류들을 판매하는 웨트씰(Wet Seal)과 디자이너 의류 제조업체인 엘리 타하리(Elie Tahari)의 경영자들은 변화하는 트렌드를 빨리 파악해야 했기 때문에 지속적으로 판매데이터들을 마이닝했다. 웨트씰은 사용자들이 나름대로 옷 한 벌을 온라인에서 만들어볼 수 있는 'Outfitter'라는 웹 형상시현기(web feature)를 만들었고, 30만 개의 사용자 창출 디자인들을 마이닝하여 캐주얼 바지와 청바지 위에 정장용 상의를 입는 트렌드를 초기에 선도할 수 있었다.[6]

미니컴퓨터는 집중화된 메인프레임에서 떨어져 있는 조직의 일부분에서 사용할 수 있는 좀 더 작고 싼 메인프레임 버전으로서 중소형 거래처리시스템이었다. 데스크톱 컴퓨터의 발전은 다른 사람과 소통하고 나름대로 일을 하며 더 규모가 큰 데이터 베이스에 접속할 수 있는 개별 컴퓨터를 각 개인이 가진다는 것을 의미했다. 이는 미니컴퓨터보다 더 분권화 과정으로 이어졌는데 접속된 데스크 탑들로 인해서 사람들이 지식경영시스템을 통해서 정보를 공유할 수 있었으며, 네트워크 분석도 가능해졌다. 지식경영과 네트워크 분석에 대해서는 이 장 후반부에 다시 언급할 것이다.

유선 인터넷의 출현은 정보 기술의 대 분수령이었다. 갑자기 직원들이 전 세계적으로 거대한 정보의 바다에 대한 접근권을 갖게 된 것이다.[7] 모바일 인터넷으로 인하여 **빅데이터 분석**(big data analytics)이 출현하게 되었다. 빅데이터 분석은 가장 최신의 사업기술로서 새로운 감지 기술 및 전통적 응용프로그램들에서는 다룰 수 없었던 거대하고 복잡한 데이터 세트들을 검색하고 검토하여 숨겨진 패턴들과 상관관계를 찾아내는 기술, 기능 및 과정들을 말한다.[8] 월마트(Wal-Mart)는 매 시간 2.5페타바이트(백만 기가바이트 또는 문서 데이터 2천만 파일 캐비닛 분량과 동일)의 데이터를 고객의 거래에서 획득하며, 이 데이터들을 더 나은 의사결정에 활용한다.[9] 페이스북은 사람들이 페이지, 트랙등에 남긴 개인적 데이터를 활용하고 온라인 행동을 모니터한 데이터들을 탐색하여 잠재적 '친구들(fridends)'을 찾아내어 제안하고 그들에게 광고를 집중한다. 이 장에서의 대부분은 IT 진화 단계중 상위의 두 가지 수준에 초점을 맞추고자 한다.

가장 최근에 정보의 폭발을 가져온 것은 사물인터넷이다. '사물인터넷(Internet of Things)'라는 용어는 영국의 기술 개척가인 케빈 애스톤(Kevin Aston)이 1999년에 명명한 것이다. 이전에는 인터넷이 정보를 공급하는 사람들에게 의존했다. 그러나 이제는 '사물'이 스스로 데이터를 창출하고 수신하며 사물이 서로 연결되고 소통할 수 있다. 랩탑, PC, 특히 스마트폰 등 수많은 기기들이 엄청난 양의 데이터를 창출해낸다. 기기들을 분석시스템에 연결시키면 인간의 개입없이 데이터를 수집·분석하고 특정한 반응을 할 수도 있는 것이다.

이제는 모든 '사물'에 다른 기기와 소통할 수 있는 칩이 삽입될 수 있다. '사물'은 머리빗, 가정의 온도조절장치, 셔츠나 옷, 토스터, 냉장고, 애완견 목줄, 아기 체온계 등 무엇이든 될 수 있다. 사물이 제트 엔진이나 기관차 만큼 큰 것일 수 있다. 이러한 각각의 의사소통 능력이 없는 아이템들이 스마트해지고 쌍방향 의사소통이 가능한 잠재력을 지닌 채 인터넷에 연결되는 것이다. 예컨대 가정용 '스마트' 무열쇠 도어락은 활성화되면 문자메시지를 발송할 수 있고, 방에서 움직임이 있으면 전등이 켜지거나 꺼질 수도 있으며, 에어컨이나 난방기기, 냉장고나 커피 머신 등이 사람들의 선호나 위치에 따라 커지거나 꺼질 수도 있다.[10]

또한 사물인터넷은 디지털 조직화의 최신 단계, 새로운 플랫폼 기반 조직형태를 가능하게 했다. 플랫폼 기반 조직은 생산자와 소비자를 디지털적으로 연결시키는 기술에 의존한 바가 크며, 그에 따라 필요로 하는 사람이나 건물이나 인프라스트럭처는 많이 줄어들게 된다.

핵심정리

- 1960년대의 메인프레임 컴퓨터로 인하여 거래처리시스템, 데이터웨어하우징, 내부 비즈니스 인텔리젼스 등이 가능하게 되었다.
- 퍼스널 컴퓨터의 발전과 인터넷에서의 발전으로 인하여 지식경영, 소셜 네트워크 분석 및 외부 비즈니스 인텔리젼스 등이 가능하게 되었다.
- 인터넷과 모바일 기기 등으로 인하여 플랫폼 기반 디지털 조직이 가능하게 되었다.
- 사물 인터넷으로 인하여 수많은 정보수집 단위와 빅데이터 분석이 점차 더 많은 조직에서 현저해지게 되었다.

9.2 파이프형 대 플랫폼형: 새로운 조직형태

오랜 세월동안 전통적 조직은 '파이프'형이라고 불렸다. 이 형태는 성공적 기업조직의 지배적 형태였다. 파이프형 회사들은 선형적 지시에 따라 일했으며, 파이프의 한쪽 끝에서 자원을 획득하고 파이프를 가득 채워서 파이프의 다른 한 쪽 끝으로 결과물을 밀어 내보내 소비자에게 판매한다. 파이프는 재화나 서비스를 생산하기 위한 순차적 과정을 나타낸다. 과거에 사람들이 사용했던 모든 소비재는 본질적으로 파이프형 조직을 통해서 우리에게 공급되었으며, 모든 제조업은 파이프 모델로 운영되었다. 텔레비전과 라디오 역시 우리들에게 콘텐트를 내보내는 파이프들이었다. 교육시스템도 교사들이 학교 파이프를 통해서 지식을 밀어 내보내는 파이프였다. 인터넷 이전에는 모든 서비스 산업도 역시 파이프 모델에 따라 운영되었다.[11]

인터넷과 모바일 디지털기기가 없었다면 플랫폼 기반 사업들은 가능하지 않았을 것이다. 플랫폼에서는 채워서 소비자들에게 밀어 내지 않는다. **플랫폼 기반 조직들**(platform-based organizations)은 사용자들을 연결하여 함께 가치있는 무엇인가를 창출하고 소비할 수 있도록 한다. 사업의 관점에서 보면 특정 플랫폼은 사용자들이 그 플랫폼에서 가치를 창출하여 다른 사용자들이 소비할 수 있게 한다. 이러한 형태는 산업화 시대 동안 우리가 알고 있었던 조직 형태에서 엄청나게 변이된 것이다. 플랫폼 기반 조직에서는 생산자와 소비자들이 디지털 기술(컴퓨터, 스마트폰 등)을 통하여 연결된다. 예컨대 유튜브(YouTube)나 에어비엔비는 수많은 독립적 생산자들(비디오그래퍼, 자가·룸·임대용 아파트 등 소유자들)을 수많은 소비자(비디어 시청자, 행락객)들을 연결시키는 디지털 연결기구이다. 플랫폼 기반 사업주는 자신이 창출한 에코시스템(5장)에 다른 사람들을 연결할 소프트웨어와 중앙처리 컴퓨터를 제공한다. 사용자들은 어떠한 제품 또는 서비스를 생산하고 소비한다.[12] 소유주들은 거래의 대가로 수수료를 징수하거나 사용자들을 광고에 노출시킴으로써 수익을 창출한다.

〈도표 9.2〉에 예시한 바와 같이 특정 플랫폼은 보통 소비자와 생산자들인 둘 이상의 상호의존적 집단들 사이의 교환(연결)을 촉진시킴으로써 가치를 창출하는 비즈니스 모델이다. 페이스북과 같은 대규모의 플랫폼 조직에서는 앱 개발자 같은 여타 그룹이 참여하기도 한다. 교환을 증진시키기 위하여 플랫폼에서는 수요에 따라 평가받을 수 있는 큰 규모의 사용자 및 자원들(생산자들) 네트워크들을 묶거나 창출하기도 한다. 플랫폼 기반 조직들은 사용자들이 디지털 미디어 기기들을 통해서 직접 상호작용할 수 있는 커뮤니티들을 만들기도 한다. 페이스북, 우버, 알리바바(Alibaba) 등의 플랫폼 조직에서는 선형적 조직들의 공급사슬을 통해서 물품목록을 창출하거나 통제하지 않는다. 성공적 플랫폼들은 생산자와 소비자 사이의 교환비용을 극적으로 감소시킴으로써 연결을 촉진시킨다.[13]

플랫폼 기반 사업은 기술의 한 부분이 아니라 완벽한 조직체이며, 특정 웹사이트나 소프트웨어의 한 부분이 아니다. 플랫폼 기반 사업은 생산자와 소비자를 함께 묶음으로써 가치를 창출하는 온전한 조직체이다. 이 점이 공급사슬과 운영공정을 활용해서 유형재를 생산하여 판매하는 전통적 사업과의 엄청난 변화인 것이다. 회사가 연결시킬 수 있는 자원보다 회사가 보유하고 있는 자산이 덜 중요하다는 것이 극적인 사고의 변혁인 것이다.

9.2a 두 가지 유형

대부분의 플랫폼 기반 조직은 두 가지 유형 중 하나이다. **교환형 플랫폼**(exchange platforms)은 멤버들 사이의 1:1 상호작용을 촉진시킨다. **메이커형 플랫폼**(maker platforms)은 멤버들 사이의 1: 수천여 명 간의 상호작용을 촉진시킨다. 리프트(Lyft)와 같은 승차이용서비스 호출업은 1:1 상호작용의 예이다(교환형). 1명의 사람(소비자)이 1명의 운전자(생산자)를 예약하는 것이다. 그 운전자는 승차서비스 동안에 플랫폼에서 다른 승객과 연결될 수 없다. 소비자와 생

도표 9.2 플랫폼 기반 디지털 조직 에코시스템

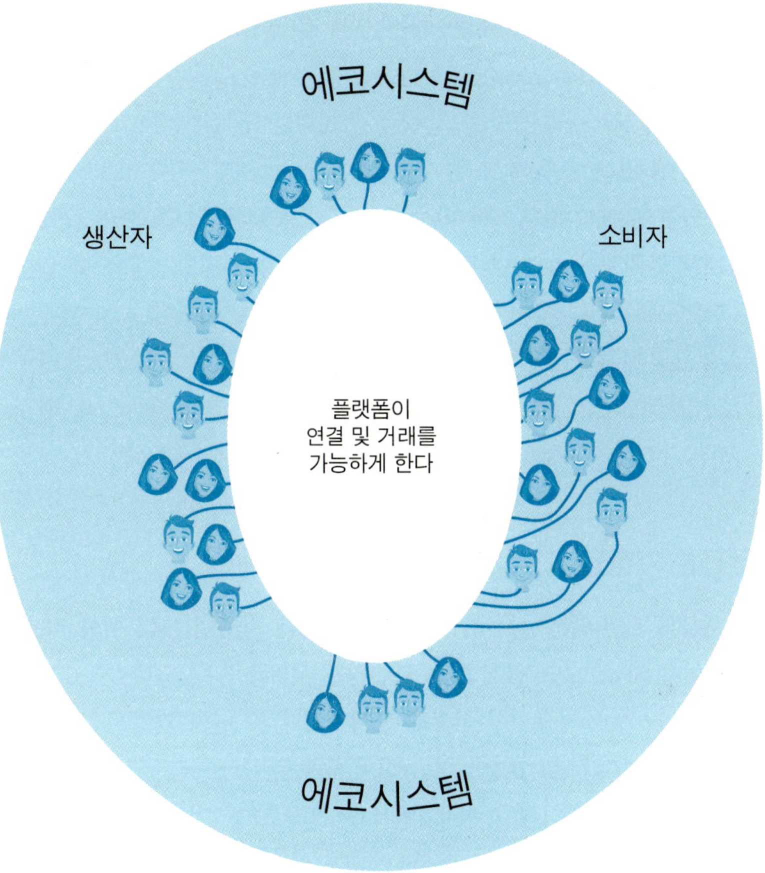

출처: Based on Alex Moazed, "Platform Business Model—Definition; What Is It? Explanation," Applicoinc.com, Platform Innovation Blog, May 1, 2016, https://www.applicoinc.com/blog/what-is-a-platform-business-model/(accessed May 20, 2019).

산자가 하나의 거래에 참여하고 있는 것이다. 반면에 메이커형 플랫폼에서는 유튜브 비디오 같이 생산자가 수많은 소비자가 동시에 이용할 수 있는 무엇인가를 창조해낸다. 다른 사용자들이 비디오게임을 하는 것을 많은 사람들이 지켜볼 수 있는 트위치(Twitch)에서의 라이브스트림도 마찬가지이다. 생산자는 그 방송을 되도록 다수가 소비하도록 방송을 하는 것이다. 두 가지 유형의 플랫폼 기반 조직은 모두가 생산자와 소비자 사이에 디지털 연결책을 제공하고 있으며, 빌딩이나 설비 등에 바탕을 둔 물질적 제품이나 서비스 등을 교환하기보다 디지털 거래에 뿌리를 두고 있다는 의미에서 본질적으로 동일하다.[14]

아마존(Amazon)은 급격하게 많아지는 소비자들이 서적 구입을 가능하도록 하는 메이커형 플랫폼으로서 출발했다. 아마존의 에코시스템은 상대적으로 작았으며, 그 플랫폼은 소비자(서적 구매자)들을 서적 공급자들과 연결시키는 것이었다. 아마존이 다른 사업체들이 자

신의 웹사이트에서 물건들을 파는 것을 허용하기 시작하면서 아마존은 교환형 플랫폼 이상으로 진화했다. 그 사이트에서 판매하는 업체들은 생산자이며, 구매자들은 소비자들이다. 아마존은 소규모 자영업의 경우에는 어떤 제품도 공급하지 않는다. 아마존은 생산자와 소비자들의 디지털 연결을 용이하게 해주는 디지털 플랫폼과 소프트웨어를 제공한다.

지금까지 가장 성공적인 두 플랫폼 사업체는 구글과 페이스북이다. 세계 경제의 최상위층 수준에 있는 플랫폼 조직 수는 빠르게 증가하고 있다. 2016년에는 포브스(Forbes)지의 가치있는 브랜드 최고 5개 회사 중 4개가 플랫폼 업체였으며, 최고 20개 회사 중에서는 11개를 차지했다. 2017년에는 미국에서 시가총액 최고 5개의 회사가 모두 플랫폼 업체였다. 여러분이 알만한 플랫폼 업체로서는 아마존, 이베이(eBay), 질로우(Zillow), 인스타그램(Instagram), 유튜브, 트이치(Twitch), 왓츠앱(WhatsApp), 웨이즈(Waze), 리프트, 핀터레스트(Pinterest), 스퀘어(Square), 킥스타터(Kickstarter) 등이 있다. 알리바바, 텐센트(Tencent), 바이두(Baidu) 등은 중국 및 아시아 지역에서 유명한 플랫폼 업체들이다.[15]

9.2b 근본 가정들

전통적 회사의 근본 가정들은 새로운 플랫폼 기반 회사에는 더 이상 적용되지 않는다. 이러한 가정들은 자산, 계층, 통제 등과 관련되는 것이다.[16]

파이프형 가정 1. 전통적인 선형적 산업조직의 첫 번째 가정은 빌딩, 제조설비, 관리기능부서 및 지원조직 등을 포함하여 자산의 규모를 증대시킴으로써 경쟁적 우위를 창출하는 것이다. 파이프형 조직에서는 시장점유율, 가격 결정력 및 글로벌 판매력을 획득하기 위하여 인수합병을 통해서 규모와 영향력을 확보한다.

플랫폼형 가정 1. 자산은 플랫폼의 생산자와 소비자들을 연결시킴으로써 획득될 수 있다. 플랫폼은 자산을 증가시키기보다 최소화할 수 있다. 소비자들은 신문기사보다는 자신의 컴퓨터나 스마트폰에서 뉴스를 파악할 수 있다. 호텔업체(파이프형 조직)은 고객들을 수용할 대형 건물을 건축하거나 소유하는데 반해 고객들이 투숙하는 에어비엔비 건물은 분산된 주인들이 소유하고 자신들 소유의 아파트나 집을 에어비엔비 플랫폼 이용 소비자들에게 임대하는 것이다. 리프트와 우버도 승차호출서비스에 사용되는 자동차를 소유하거나 운전기사를 고용하지 않는다. 운송용 자산(자동차)은 회사의 직원이라기보다는 독립적 계약자들이라고 판단되는 운전기사들이 소유하고 제공하는 것이다.

파이프형 가정 2. 조직은 정보처리구조 또는 계층(3장)으로 행동하며, 영국 육군, 맥도날드, 로마카토릭교회, 사우스웨스트 항공 등이 그 예들이다. 의사결정을 위해서 중요한 정보들은 그 조직의 중심 또는 상층부로 이동한다.

플랫폼형 가정 2. 디지털 시대의 정보는 극히 빠르고 광범위하게 이동한다. 예를 들면 트위터가 미 동부해안관리국에 버지니아 남부에서 비롯한 지진을 알렸다. 응급구조대, 지역사회, 그밖의 이해관계자들은 특정 민간업체에서 제공하는 것보다 빨리 그 정보를 받았다. 소셜미디어와 디지털 기술은 구식 공식조직시스템보다 정보를 훨씬 나은 방법으로 이동시킨다. 그래서 빛의 속도로 변하는 상황에서는 공식조직계층은 정보처리에 효과적이지 않다.

파이프형 가정 3. 경험많고 회사를 위한 큰 의사결정을 해본 경영자들이 더 큰 책임을 지는 직위로 승진한다.

플랫폼형 가정 3. 인간보다는 플랫폼 소프트웨어에 내재된 알고리즘 시스템이 의사결정에서 일관성 있고 공정하며 빠르다. **알고리즘**(algorithm)은 많은 부문에서 원하는 결과를 달성할 수 있도록 일련의 체계적인 규칙들을 플랫폼 소프트웨어에 내재화한 것이다. 예컨대 구글은 알고리즘을 활용하여 매일 웹사이트상 수백만 검색결과들에 대한 순위를 매긴다. 그 의사결정이 사람들의 의사결정보다 빠르고 더 낫다. 알고리즘이 대부분의 의사결정을 더 빠르고 더 낫게 할 수 있는데 굳뜬 지휘계통을 통해 의사결정을 할 필요가 있는가?

전통적 조직은 새로운 플랫폼 조직에 비하면 어설프고 느려 보인다. 새로운 형태는 인적 계층보다도 자산을 적게 사용하면서도 의사소통은 더 빠르고 의사결정도 더 빠르고 객관적이다. 그러나 플랫폼 조직이라 할지라도 사업의 핵심부분 중 일부에서는 계층적 구조가 필요하다. 플랫폼 조직의 인적 계층이 집중해야 하는 한 가지는 정보처리보다 문화적 처리에 관한 것이다.[17] 문화는 인적 활동인데 디지털 플랫폼은 문화를 형성하지 못하기 때문이다. 리더의 방향제시와 계층이 없다면 문화는 엉망이 된다. 우버의 예를 들어보자. 우버는 플랫폼 모델의 가정에 부합하다. 우버의 운전기사들은 직원이 아니라 계약자들이고 자신의 차량에 의해 보상을 받으므로 우버의 자본투자는 많지 않다. 비슷한 시장 가치를 가진 전통적 회사들과 비교하면 우버는 직원 수나 물질적 자산이 더 적다. 우버에는 배차담당 직원이나 면담자, 대규모의 마케팅 조직, 운전기사나 직원들을 관리할 인적자원관리 부서 등이 필요하지 않으므로 회사 수준에서는 직원들이 적은 편이다. 이용자와 운전기사 사이에서는 소프트웨어 앱으로 인하여 회사수준의 노력이 거의 없어도 매끄럽게 거래가 이루어진다. 생산자와 소비자 사이에서는 그 플랫폼을 통해서 연결된 디지털 기기를 통해서 거의 동시에 의사소통이 이루어진다.

IN PRACTICE 우버

우버(Uber)는 많이 알려진 플랫폼 기반 회사 중 하나이며 전통적 조직형태와는 달리 운영된다. 회사와의 상호작용은 오로지 디지털적이다. 우버를 이용하려면 앱을 다운로드 받아 계정을 개설해야 한다. 앱을 오픈할 때 위치는 GPS를 통해서 확인된다. 또한 그 앱에서는 가까이 있는 운전기사를 지도 상에 보여준다. 추정요금에 동의하면 이용 요청을 받아들인 우버 운전기사에게 수초 내로 연결된다. 운전기사는 그 신청자의 이전 우버 경험에 관한 데이터를 받아보고 수용할지 거절할지 결정한다. 우버는 좋지 않은 이용자와 운전기사를 배제하기 위하여 양방향 평가시스템을 활용하고 있어 좋지 않은 이용자와 운전기사들은 사용이 정지될 수도 있다. 신청자는 요청한 자동차가 접근해오는 상황을 스크린 상으로 파악할 수 있다. 운전기사는 내장형 GPS에 신청자의 목적지를 파악하고 있다. 목적지에 도착하면 요금은 그 앱을 통해서 자동적으로 지불된다.

우버는 떠오르는 플랫폼 기반 승차서비스 산업을 지배하기 위해 설계된 공격적 성장 목표와 관련하여 성장통을 겪었다. 우버의 문화는 경영진들이 별로 관심을 두지 않은 상황에서 나름대로 진화했다. 2017년에 반복적인 성폭력 경험과 인적자원 임원들이 제대로 대처하지 않은 것에 관해 두 전직 직원들이 장문의 블로그에서 상세하게 서술했다. 더욱이 우버가 고의적 승차서비스 규제를 무시한 것에 관해 많은 시 당국들은 부정적으로 반응했다. 런던의 경우 우버가 승차서비스 규제를 준수하는 회사가 될 때까지 영업을 정지시켰다. 우버의 공동 창업자이면서 CEO인 트라비스 칼라니크(Travis Kalanick)가 운전기사에 대한 보상에 대해 불만을 제기한 우버의 한 운전기사를 질책하는 장면이 비디오로 촬영되었으며, 그 비디오는 곧 번져나갔다.[18]

우버는 무엇이 잘못되었는가? 우버의 경영진들은 긍정적인 조직문화와 가치관을 형성하고 강화하는 것에 관심을 두지 않았다. 내부 직원뿐 아니라 많은 이용자 및 운전기사들에게도 불만족스러운 테크 브로(tech-bro;기술 산업에 종사하는 부유한 청년) 문화가 형성되었다. 우버의 초기 단계에서 모든 것을 희생하고 성장에 초점을 맞춘 것이 반발을 불러 일으킨 것이다. 우버에 대해 보이콧을 하면서 다른 사용자들에게도 보이콧을 요구하는 사람들도 나타났다. 우버의 운전기사 및 이용자들은 소프트웨어 알고리즘에 의해 규제와 지시를 받고 평가되었다. 운전기사의 채용, 유지, 평가, 가격 폭등, 광고 등 우버의 거의 모든 사항을 알고리즘이 운영했다.[19] 회사 운영 알고리즘에 관한 근본적 신뢰 때문에 회사의 문화는 통제불능이 된 것이다. 조직의 문화 및 가치관에 영향을 미치기에는 조직의 계층이 더 나은 메커니즘이다. 플랫폼 회사의 상위 리더들은 자신을 정보처리자보다는 문화 처리자로 생각해야 한다. 트라비스 칼라니크(Travis Kalanick)는 CEO에서 해임되고 우버의 문화 가치 및 명성을 향상시키기 위하여 새로운 CEO 다라 코스로샤히(Dara Khosrowshahi)가 임명되었다. 알고리즘이 문화적 규범을 형성하거나 충성심을 고양시킬 수는 없다. 현재의 CEO와 다른 최고경영진들이 우버에서의 온전한 건전 문화를 확립하기 위하여 노력하고 있다.[20]

도입 질문과 답

1. 플랫폼 기반 조직들은 새로운 조직 형태이지만 근본적인 가정은 전통적 산업조직과 동일하다.

답) 동의하지 않는다. 전통적 회사의 기본 가정들은 새로운 플랫폼 기반 회사들에게는 더 이상 적용되지 않는다. 플랫폼 기반 회사들은 전통적 회사들보다 자산이 적으며, 정보는 보다 빠르고 광범위하게 이동하고 계층의 필요성이 더 적다.

9.2c 플랫폼 설계 추천 사항들

플랫폼 기반 조직은 아직까지 상대적으로 새로운 조직이다. 플랫폼이 조직설계에 미치는 영향에 관해서는 연구가 거의 없다. 어떤 경우에도 변치 않을 플랫폼 기반 회사를 위한 규칙이 있는 것은 아니지만 이 새로운 조직형태에 관해 알려진 바에 근거하여 여러 가지의 추천 사항들은 제시되고 있다. 플랫폼 기반 조직을 효과적으로 설계하기 위해서는 리더들이 긍정적 조직문화에 영향을 미치고 직원들의 재능에 투자하며 직원들의 소프트한 스킬을 발전시켜야 한다.

건설적 문화에 대한 비전을 제시하라. CEO 및 여타 최고 지도자들은 그들 회사의 디지털 및 문화적 차원 양쪽 모두에 대한 비전을 의사소통할 수 있어야 한다. 특정 플랫폼 사업체에서의 기술적/디지털 사고방식이 조직문화를 압도하거나 우선시되어서는 안 된다. 어떤 조사에 의하면 그들이 효과적으로 디지털 변형을 한다고 생각하는 직원들은 민첩함, 의사소통, 배분된 리더십, 협동 및 데이터 주도적 의사소통을 가치있게 생각하는 문화를 가지고 있다고 한다.[21] 이러한 문화는 우연히 만들어지는 것이 아니다. 리더들이 그들이 바라는 문화적 규범과 가치관들을 적극적으로 확립해야 한다. 기술-집중적 직원들은 그 나름대로의 문화가 나타나도록 방관하기도 하는데 그런 경우에는 핵심적 가치관이 형성될 가능성은 저하된다. 변화관리 컨설턴트는 문화가 가장 중요한 디지털 변형과정 부분이라고 제시한다. 기술이 문화를 추진하기보다는 반대의 경우가 되어야 한다. 지도자들이 문화적 규범을 먼저 설정한 후 새로운 기술적 플랫폼과 인프라스트럭처를 만들어 가야 한다.

문화에 대해 간과한 한 가지 실제 사례를 들어보면 앞에서 서술한 바와 같이 창업자 CEO 및 여타 경영진의 성장에 대한 강력한 집중 때문에 긍정적 문화적 가치관의 확립을 배제시켜버릴 정도로 우버의 문화는 전혀 건설적이지 못했다. 다행스럽게도 우버의 새로운 CEO 및 최고경영진들은 우버의 '모든 희생을 감수한 성장' 가치관을 무너뜨리고 더 협동적 문화를 형성하면서 "악동"이라는 우버의 평판을 바꾸고 있다.[22]

디지털 인재에 투자하라. 많은 회사들에게는 올바른 디지털 스킬 및 사고방식과 더불어 올바른 인재를 획득하는 것이 중요한 과제가 되고 있다. 디지털 인재는 희소하다. 노동력이 부족할 때는 새로운 인재를 발견하는 것만큼 현재의 인재를 계속 보유하는 것이 중요하다. 구성원들에게 실험을 하도록 하고 실수를 용인하는 문화는 직원들에게 매력적이다. 회사가 디지털 조직으로 이행할 때 강력한 디지털 스킬을 가지지 못한 현재의 직원들은 다른 회사로 옮기기보다 그 조직안에서 훈련받는 것을 더 선호한다. MIT 슬론경영대학원(Sloan School of Management)의 한 연구에 의하면 디지털 이행기 초기 단계에서는 절반 이상의 직원들이 향후 3년 이내에 그 회사를 떠나려 했다고 한다. 경영진들도 디지털 역량 개발기회가 부족하기 때문에 마찬가지였다. 디지털적으로 성숙한 조직들은 직원들의 감각을 개발시키기 위하여 5배나 더 많은 자원과 기회를 제공했다.[23] 맥킨지(Mckinsey) 보고서에서는 항상 외부에서 기술전문가들을 채용하는 것보다 많은 인재들이 내부에서 육성될 수 있다고 제시한다. 기본적인 디지털 역량이 심층적 기술지식보다 더 나을 수도 있다.[24]

플랫폼 회사는 인재를 끌어들이는 자석이 되는 것이 현명하다. 직원들이나 경영진들이 디지털 스킬을 개발할 기회를 가지지 못한다고 느끼면 이직할 가능성이 굉장히 크다. 충분한 디지털 기회를 갖지 못한 부사장 수준 경영진들은 디지털 도전을 만족시킨 경영진들에 비해서 1년 안에 회사를 떠날 가능성이 15배라는 점을 감안해야 한다. 성공적인 디지털 조직에서는 인재 관리 개발노력이 전통적 훈련을 훨씬 넘어선다. 이러한 사업체들은 디지털 스킬 및 경험을 획득하면서 경력 성장 욕구를 달성시키는 강력한 문화적 규범들을 만들고, 이러한 것들이 직원들이 회사에 남도록 하는 데 일조를 하는 것이다.[25]

소프트 스킬과 팀 빌딩을 촉진시켜라. 디지털 세계에서는 기술 도구들이 아주 빠르게 변화하기 때문에 기술적 스킬이 일시적인 것처럼 보인다. 디지털 변형을 다루도록 가장 잘 준비된 회사들은 직원들의 인적 스킬 개발에 집중하는 경향이 있다. 연구결과에 의하면 효과적 21세기형 조직에 필요한 스킬 목록 중에서 의사소통 및 네트워크 개발 등의 소프트 스킬들은 기술적 스킬만큼 중요하다. 개방형 설문에 따르면 응답자의 38%는 기술적 노우하우 대신에 유연성과 적응성 및 호기심 등을 포함한 변화지향적 사고방식이 디지털 작업장에서 가장 중추적인 성공 요인이었다고 응답했다. 월마트(Walmart)는 플랫폼 조직은 아니지만 직원들의 디지털 스킬을 발전시키는 한편 직원들이 조직의 경계를 넘어서서 협동하도록 고무시키고 있다. 월마트는 이전 같았으면 함께 일하지 않았을 동료들을 함께 프로젝트에서 일하게 하면서 서로 간에 '충돌(clliisions)'이 일어나도록 의도적으로 활동들을 조직화한다. 상이한 배경과 상이한 지역 출신들이 함께 공통 문제를 해결하기 위하여 일하고 있는 것이 월마트에서 결과들을 가속화시키는 한 가지 요인이다.[26]

기능별 탑(사일로)을 무너뜨리고 기능 간(cross-functional) 협동작업에 집중하는 것이 디지털 환경에서 핵심적 성공요인이라고 생각된다. 디지털적으로 성숙한 조직의 70% 이상이 작업을 조직화하기 위해 기능 간 팀을 활용하고 있고, 이러한 팀들에게 디지털 사업에서의 우선순위 과제들을 수행하도록 한다. 소프트 스킬이 필요한 것은 디지털 직원들이 별개로는 작동하지 않기 때문에 기능 간 팀을 추진해야 할 필요성에 근거한다. 플랫폼 기반 조직의 과정들은 밀접하게 통합되어 있기 때문에 효과적인 협업은 조직의 유효성을 한층 증가시킨다. 기능 간 팀들로 인하여 소비자들은 엄청난 경험이 가능해진다. 기능 간 팀은 직원들이 다른 관점에서 보다 폭넓게 생각하도록 만들기도 한다. 기능 간 팀에 참여하면 사업의 작은 부분적 시각에서 벗어나 더 큰 그림을 보게 해준다. 기능 간 작업은 너무 중요하기 때문에 신입직원이 업무를 완수할 수 있는 필요한 소프트 스킬과 기능 간 팀 능력을 가지고 있

는지 확인하기 위해 특별한 면접 도구를 활용하기도 하는 회사들도 있다.[27]

사람들은 계속적으로 학습하고 성장하며 새로운 디지털 경험을 획득하도록 고무시키는 문화에서 일하고 싶어 한다. 직원들이 학습할 수 있도록 고무시키는 조직에서 사용하는 방법 한 가지는 직원들이 일상 업무에서 벗어나 디지털 플랫폼 및 커뮤니티에서 활동하도록 하는 것이다. 직원들은 다른 조직의 전문가들과 아이디어를 공유할 수 있고 새로운 스킬을 배울 수도 있다. 직원들이 자신들의 업무에 대해 비밀을 지키도록 요구하는 대신에 최첨단의 기술적 도구 개발에 협업할 수 있는 깃허브(GitHub)와 같은 플랫폼에서 적극적으로 활동하도록 권장하는 사업체들도 있다. 이런 전략은 최신의 기술을 학습하기 원하는 직원들을 끌어들이고 유지하는 데 도움이 될 수 있으며, 다른 협업적 프로젝트에서 같이 일하면서 사회적 스킬을 향상시키는 데도 도움이 된다. 직원들의 재능을 개발시키지 않는 조직들은 직원이나 경영진들이 재능을 개발시키는 경쟁기업으로 이직하는 것을 보게 될 가능성도 있다.[28]

핵심정리

- '파이프'형은 원자재를 제품 또는 서비스로 변환시키는 전통적 조직형태이다.
- '플랫폼'형은 판매용 자체 제품이나 서비스를 생산하기보다는 생산자와 소비자를 디지털적으로 연결시키는 새로운 조직형태이다.
- 플랫폼 기반 디지털 조직은 두 가지 형태이다. 교환형 플랫폼은 멤버들 간에 1:1 생산자-소비자 상호작용을 촉진시킨다(우버). 메이커 플랫폼은 1: 수 천 이상의 생산자-소비자 연결을 촉진시킨다(유튜브).
- 플랫폼 기반 디지털 조직의 기반 가정은 훨씬 적은 자산을 사용하고 정보흐름이 더 빠르며 계층이 더 적다는 점에서 파이프형 조직의 기반 가정과 다르다.
- 플랫폼 기반 디지털 조직은 조직문화에 대한 통제를 상실할 수 있으며, 경영자들은 건설적 문화에 영향을 미치도록 노력해야 한다.
- 플랫폼 기반 디지털 조직은 사람들이 일하기 원하는 문화를 만들기 위해서는 디지털 인재에 투자하고 소프트 스킬과 팀 빌딩을 촉진시켜야 한다.

9.3 빅데이터 분석

IT에서 관심을 끄는 용어 중 하나가 **빅데이터**(big data)이다. 빅데이터는 경계를 넘어서고 IT의 관례적인 처리용량을 능가하는 대규모 데이터 세트를 말한다. 빅데이터는 비전통적인 접근방식을 필요로 하며, 경영자들은 구식 사고방식을 던져 버리고 완전히 새로운 접근방식을 취해야 한다. 〈도표 9.3〉는 빅데이터가 일반 데이터와 어떻게 다른지를 보여주고 있다.

빅데이터는 주어진 시간 내에 관리하고 처리할 수 있는 전통적 소프트웨어 역량을 넘

도표 9.3 빅데이터의 엄청난 규모

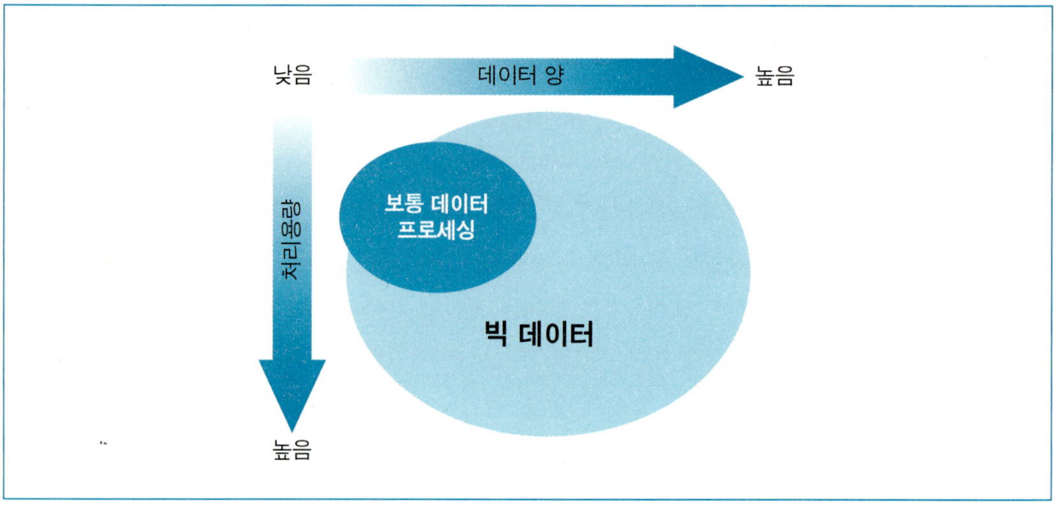

출처: Based on Steve Duplessie, "Big Data: A Better Definition," *Enterprise Strategy Group blog*, January 6, 2012, http://www.esg-global.com/blogs/big-data-a-better-definition/ (accessed December 20, 2014).

어서는 규모의 데이터 세트를 포함한다. 전술한 바와 같이 빅데이터 분석은 이러한 대규모 데이터 세트를 검토하여 숨겨져 있는 패턴, 상관관계 및 기타 유용한 정보들을 찾아내어 보다 나은 결정을 하도록 처리하는 과정을 말한다. 데이터 세트의 규모가 거대하므로 빅데이터 분석에서는 현존하는 첨단 분석 도구들로 처리되지 않는 경우가 자주 생겨 새로운 빅데이터 기술이 나타났다.

디지털 미디어 시대에는 사업체나 그 사업체의 고객들이 빅데이터에서 더 많은 것을 기대하고 있다. 빅데이터는 고객들이 대가를 지불할 가치가 있으며, 탁월한 사업상의 제안인 것이다. 사람들 및 회사들은 이전에는 측정되지 않았던 사물들에 센서를 부착하고 있다. 개개인의 수준에서 핏비트(Fitbit)를 사용하면 어떤 일이 생기는지 생각해보자. 그 기기의 센서는 올라간 계단의 수, 걷거나 뛴 거리, 소비된 칼로리, 태워진 칼로리, 수면 패턴, 걸음수 등을 포함하여 이동이나 활동에서 발생한 데이터들을 수집한다. 대부분의 사용자들은 그들이 핏비트 내의 센서를 몸에 장착할 때까지는 이러한 데이터의 상당 부분에 대해 알지 못한다. 핏비트의 사용자들은 스마트폰 또는 컴퓨터에 연동되어 있는 자신들의 습관에 관한 데이터에 접근할 수 있다. 계기판을 보면 진전 상황도 알 수 있다. 더욱이 건강에 관한 이러한 데이터들은 합산될 수 있으며, 건강습관에 관한 정보는 건강 전문가, 또는 건강분석 소프트웨어 프로그램 등 다른 관계자들과 공유될 수 있다. 의사는 그 합산 정보를 활용하여 특정 환자의 전반적 건강 및 습관에 관한 보다 완전한 그림을 그릴 수 있게 된다.[29]

산업 비즈니스에서는 '산업 사물인터넷(Industrial Internet of Things)'이 상상할 수 없었던 유용한 데이터를 생산해내고 있다. 지멘스(Siemens) 풍력에너지 비즈니스가 그 예이다.

IN PRACTICE 지멘스 가메자

재생에너지산업의 선두 주자 지멘스 가메자(Siemens Gamesa)는 그 산업에서 가장 많은 양의 역사적 데이터들을 데이터베이스에 유지하고 있으며, 그 데이터들은 전 세계 1만 대 이상의 풍력터빈에서 수집되고 있으며 매일 증가한다. 각각의 스마트 터빈에서는 수백 개의 센서들이 계속해서 매일 200기가 바이트 이상의 데이터들을 덴마크에 있는 첨단 진단센터에 송출하고 있다. 이 센터에서는 첨단 분석과 1년 내내(24/7) 인적 모니터링에 의해 원 데이터들에서 가치있는 결과들을 뽑아내고 있다.

지멘스 가메자는 풍력 터빈 내부에서 무슨 일이 발생하고 있는지 '보고' 왜 그런 일이 발생하는지 이해하기 위하여 데이터 분석 기법과 경험 많은 직원들을 활용한다.이러한 데이터로 인해서 지멘스 요원들은 예기치 않은 고장을 막을 수 있다. 대략 130명의 분석 전문가들이 잠재적 피해 지표인 진동 진단, 바람의 방향, 기후, 서비스 리포트, 유사모델의 성과 등의 요인에 관한 데이터를 검토한다. 그리고 특정 터빈을 언제 어떻게 정비할 것인가를 수일, 수주, 또는 수개월 이전에 결정한다. 그러한 예측 역량으로 인해서 비계획적 유지보수 및 비가동시간을 줄일 수 있으며, 수익성있는 생산기간을 수 주일 늘릴 수있고, 터빈의 수명을 수 개월 늘릴 수 있다.[30]

9.3a 빅데이터 요구사항들

〈도표 9.4〉는 빅데이터의 다섯 가지 요소들을 보여 주고 있으며, 각각에 대해서는 다음 부분에서 논의할 것이다.

양. 빅데이터는 정말 거대하며, 너무 커서 이해하기 힘들다. 매일 수백 경 바이트의 데이터들이 생성되며, IBM의 추산으로는 오늘날 존재하고 있는 데이터의 90%는 최근 2년 이내에 생성된 것이다.[31] 2020년까지는 디지털 데이터의 양이 40제타바이트를 넘어설 것으로 예상된다. 1제타바이트는 지구의 해변에 있는 모든 모래 알갱이의 50% 이상으로서 천문학적 정보 양이다. 데이터는 손쉽게 수집될 수 있으며, 대상자인 개개인이 수집되는 것을 모르는 경우도 많다. 많은 자동차들이 항상 데이터들을 기록하고 있으며, 우리들의 물리적 위치도 데이터가 된다. 스마트폰에서 구글 맵(Google map)을 구동시키면 바로 위치가 확인된다. 사람들 간의 상호작용도 데이터가 되며, 빅데이터에 관한 책의 저자인 빅토어 마이어-쇤베르거(Viktor Mayer-Schönberger)와 케네스 쿠키어(Kenneth Cukier) 등은 이러한 새로운 현상을 "모든 것에 대한 데이터화"라고 했다.[32]

오늘날 활용가능한 데이터들을 책으로 만들어낸다면 그 책들이 미국 전역을 52겹으로 뒤덮을 수 있을 것이라고 그들은 말한다. 시디롬(CD-ROM)에 담아 그 시디롬들을 쌓으면 그 두께가 지구에서 달까지 거리의 5배가 될 정도이다.[33] 우리들은 데이터의 홍수에 빠져 있지만 그 데이터들을 의미있는 무엇인가로 만드는 것이 과제이다. 예컨대 델(Dell)은 웹사이트에서 델 제품의 가능한 조합이 7셉틸리온(7×1024)이 넘는다는 것을 알게 되었다. 새로운 '최

도표 9.4 빅데이터 기능 요소들

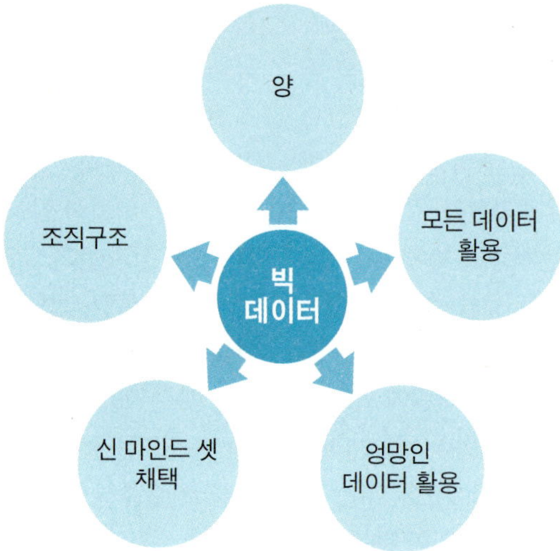

출처: Based on Figure 1.1 Cracking the Big Data Nut, in David Loshin, *Big Data Analytics: From Strategic Planning to Enterprise Integration with Tools, Techniques, NoSQL, and Graph* (Morton Kaufmann, 2009), 3.

적화 조합' 시스템을 만들기 위하여 분석팀들이 사람들이 선택하는 가장 공통 조합을 찾아서 200만 개로 줄였고, 더 나아가 사전 조합목록에 담을 수 있는 소수의 모델을 파악하여 델 및 고객들의 시간과 비용을 절감했다.[34] 분석 솔루션 제공업체인 엠시엔(Emcien)의 CEO인 라디카수 브라마니안(Radhika Subramanian)는 "오늘날 데이터를 저장하고 기록하는 것은 저렴하다. 데이터는 어디에나 존재하며 모든 사람이 데이터를 가지고 있어 마치 먼지와 같다"라고 말한다.[35]

모든 데이터 활용. 빅데이터를 활용하면 사람들과 기업들이 적은 규모의 데이터로서는 할 수 없는 일들을 할 수 있다. 자체 데이터만을 활용하기보다 오늘날 회사들은 운영에서의 데이터 모두를 포착하여 저장하는 힘을 갖게 되고, 그 결과 의미있는 상관관계를 찾을 수 있다. 예컨대 어떤 회사는 목재 바닥을 보호하기 위하여 의자 다리 밑바닥에 붙이는 조그마한 패드를 사는 사람들이 전형적으로 신용도가 좋다는 것을 발견했다. 중고차 분석에서는 오렌지 색 차량이 다른 차량보다 흠이 절반 정도 밖에 안 된다는 것을 발견했다.[36] 빅데이터 마인드셋이 있는 경영자들은 당장 기저에 깔려있는 이유나 목적을 파악하지 못한다고 하더라도 이러한 상관관계들을 받아들인다. 아주 가치 있는 상관관계들도 있다. 에릭 시걸(Eric Siegel)은 예측 해석(Predictive Analytics)에서 어떤 특정 소비자가 부도를 낼 가능성이나 더 높은 수준의 케이블 서비스로 업그레이드할 가능성이나 다른 직업을 구할 가능성 등을 계량화하는 데 빅데이터를 활용하는 회사들에 대해 언급한다. 시티즌 뱅크(Citizens Bank)는 더 나은 데이터 분석으로 인해 수표 사기에 따른 손실을 20% 감소시켰다. 페덱스(Fedex)는 고객들이 경쟁업체로 옮겨갈 가능성을 65~90%의 정확성으로 파악할 수 있는 것으로 알려졌으며, 이에 따라 회사에서는 옮겨가지 않을 경우에 인센티브를 제안할 수 있었다.[37]

뒤섞이고 얽혀져 있는 데이터의 활용. 데이터 규모가 커지면 정확성은 떨어진다. 작은 야채가게에서는 매일 저녁 현금등록기에 있는 돈을 페니 단위까지 계산할 수 있지만 한 국가의 GDP는 그럴 수 없다. 빅데이터 세계에서는 엄격한 정확성은 포기하고, 경영자들은 전반적 방향에 만족해한다. 빅데이터는 뒤섞이고 얽혀져 있거나 질이 다양하고 상이한 원천으로부터 나오는 경우가 많다. 그러나 표본추출 데이터보다는 에러가 적기 때문에 경영자들이 이러한 부정확성을 감내하는 것이다. 아마존에서 직원이 추천한 책과 데이터 기반 컴퓨터 분석에 의한 책 추천 중 어느 방식에서 책 매출이 많은가를 보기 위한 테스트를 시행한 결과 컴퓨터 분석 방법이 승리했다. 웹사이트에서는 고객들에 대한 방대한 규모의 뒤섞이고 얽혀져 있는 데이터들을 수집한다. 아마존, 넷플릭스, e하모니(eHarmony), 페이스북 등의 회사들은 이러한 데이터들을 활용하여 상관관계를 찾아서 왜 사람들이 그러한 것들에 대해 흥미를 느끼는 가는 모르지만 서적, 제품, 친구, 데이트, 집단 등을 추천한다.[38]

새로운 마인드셋의 채택. 빅데이터 접근방식은 새로운 마인드셋을 요구한다. 빅데이터 접근방식은 데이터에 권리를 내줄 것을 요구한다. 아마존의 그레그 린든(Greg Linden)은 "나는 편집 팀이 패배해서 매우 슬펐다. 그러나 데이터는 거짓말을 하지 않는다. 그리고 그 대가는 매우 크다"라고 말했다.[39] 많은 사람들이 빅데이터 마인드셋과 마주쳤던 초기 사례들 중 하나는 브래드 피트(Brad Pitt)가 오클랜드 애슬레틱스(Oakland Athletics) 야구 팀의 전설적인 단장 빌리 빈(Billy Beane)으로 연기한 2011년 영화 "머니볼(Moneyball)"이다. 빌리 빈은 2002년 가장 적은 예산으로 메이저 리그에서 가장 많이 승리한 팀을 구축해냈다. 빈은 가끔 "메이저 리거처럼 보이지 않았다"는 이유로 특정 선수를 배제했던 스카우터들의 직관에 의지하기보다는 데이터와 통계분석에 상당히 많이 의존했다. 누구도 드래프트 1순위 지정을 원하지 않은 과체중 포수를 그 분석 결과가 1순위로 지정했다면 빈은 그를 따랐다. 그 영화는 직관 및 수년 동안의 경험에 기반을 둔 의사결정이라는 아이디어를 배척함으로써 힘든 시기를 보냈던 분석 전문가와 대표 스카우터 및 경영자 사이의 충돌들에 초점을 맞추었다. 그 이후 대부분의 다른 스포츠 팀들은 의사결정에서 어느 정도는 빅데이터 통계분석기법들을 채택했다. "아직도 (스톱워치나 예감에 따른 사람들이) 활동할 수 있는 영역이 있다. 그러나 기술이 야구(게임)를 영원히 바꿔버렸다"라고 메이저리그 부위원장이었던 스티브 그린버그(Steve Greenberg)가 말했다.[40]

그런 충돌들은 전 세계의 여러 회사들에서 발생하고 있다. 빅데이터 마인드셋을 가지고 있는 경영자들과 역사적 정보 및 경영자의 경험에 기반을 두고 의사결정을 해야 한다는 경영자들이 부딪히기 때문이다. 구글의 래리 페이지(Larry Page)와 세르게이 브린(Sergey Brin), 아마존의 제프 베조스(Jeff Bezos), 이베이의 피에르 오드미야르(Pierre Omidyar), 플라이트캐스터닷컴(FlightCaster.com)의 브래드포드 크로스(Bradford Cross) 등 빅데이터 지지자들이 새로운 기업을 창업한 것은 이런 이유 때문일 수도 있다. 크로스와 몇 명의 친구들은 지난 10년 동안의 모든 비행편을 과거 및 현재의 기상 데이터에 매치시켜 분석해서 미국에서 어떤 비행편이 지체될 것인가를 예측하였다. 플라이트캐스터닷컴은 더 규모가 큰 플라이온타임닷컴(FlyOnTime.com)이라는 회사가 동일한 사업을 시작하자 시장선도자로서의 우위를 상실했고, 크로스는 빅데이터 기법을 활용하여 기업 할인프로그램을 관리하는 회사인 넥스트 점프(Next Jump)에 자신의 회사를 팔아버렸다.[41]

도입 질문과 답

2. 빅데이터 분석은 신중하게 선정된 자료 샘플들을 사용함으로써 의사결정에 유익한 결과를 얻는다.

답) 동의하지 않는다. 전통적 데이터분석에서 표본만을 활용하는 것과는 달리 빅데이터 분석은 모든 데이터를 활용한다. 모든 데이터를 활용함으로써 결과물이 전체 모집단에 대해 더욱 정확해질 것이다. 이것이 작은 표본에 바탕을 둔 전통적 데이터 수집과 주요한 차이점이다.

9.3b 빅데이터와 조직구조

한 가지 중요한 질문은 빅데이터 활동을 어떻게 기업 내에서 조직화할 것인가이다. 그 기능을 집권화해야 할 것인가? 아니면 분권화해야 할 것인가? 데이터 전문가들은 중앙에서 공동 관리해야 할 것인가? 아니면 사업단위나 기능부서에 배치되어야 할 것인가? 기존의 어떤 단위나 부서에 보고해야 할 것인가? 조직 내에서의 다른 활동들처럼 '최선의 방법'은 없다. 〈도표 9.5〉는 빅데이터 운영을 위한 네 가지 구조 선택안을 제시하고 있다. 조직의 규모와 형태에 따라 최적으로 작동할 수 있는 구조의 형태는 달라질 수 있다.

외주(아웃 소싱). 첫 번째 선택은 분석 활동을 외주화하는 것이다. 분석팀을 운영할 지식이나 경험이 없는 조직들이 많기 때문에 가장 인기가 있는 이 선택안이다. 더욱이 빅데이터 과학자들이나 분석가들을 찾는 것도 쉽지 않다. 빅데이터 분석이 뜨거운 관심사이기 때문에 숙련된 분석가들이 부족한 실정이다. 수많은 비즈니스 프로세스 조직들(business process organizations: BPOs)에서 콜센터 운영, 컴퓨터 프로그래밍, 법무 검색, 회계 및 여타 서비스들을 다루고 있으며, 이러한 회사들이 제공하는 가장 최신의 서비스가 비즈니스 해석학이다. 예컨대 인도의 BPOs들은 고도로 숙련된 해석학 팀들을 보유하고 있다.

외주의 장점 중 하나는 고정비를 변동비화하여 유연성을 증가시킨다는 것이다. 내부 역량이 없는 회사들은 외주를 주면 적은 비용으로 해석 프로젝트를 수행하여 중요한 통찰

도표 9.5 빅데이터 분석가 조직화를 위한 구조들의 대안

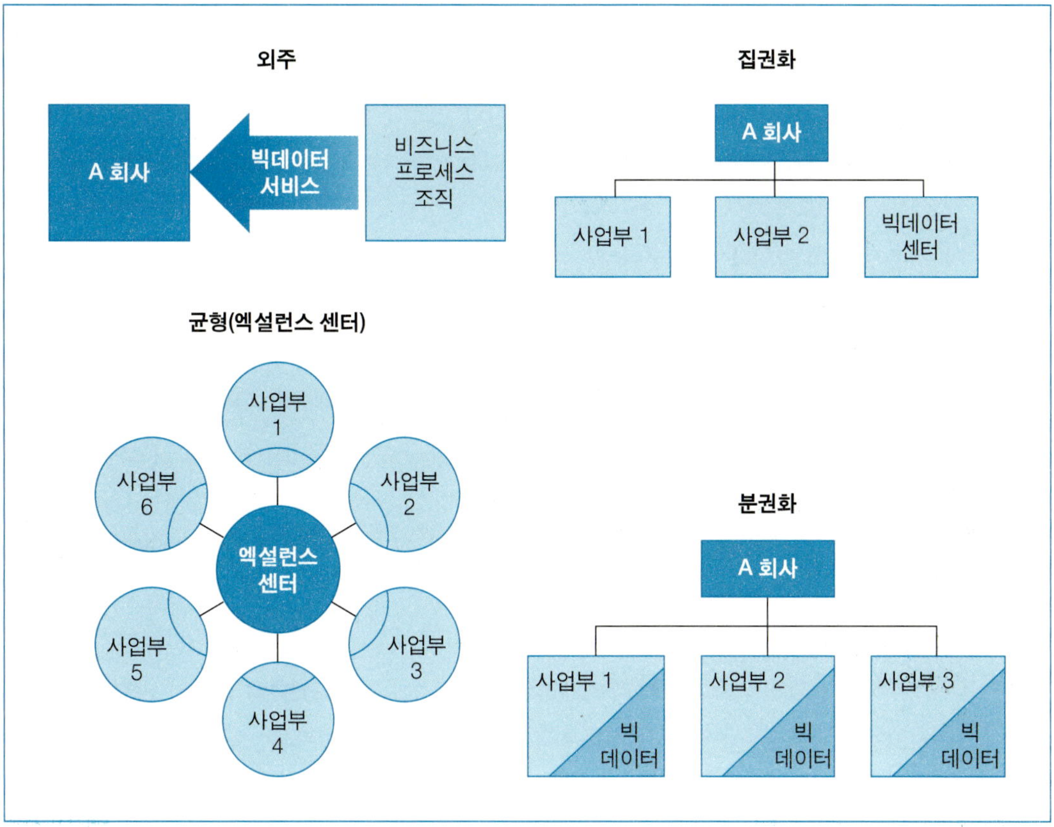

력을 얻을 수 있는 자원들을 신속하게 확보할 수 있다. 해석 기술을 가진 사람들을 발견하기 어려운 시장에서는 외주가 경쟁업체에 대해 우위를 가질 수 있는 유일한 방법이다. 외주업체에서는 발주 회사 직원들을 위한 자원과 교육을 제공하는 경우가 많다.[42]

외주의 다른 형태는 여러 조직으로부터 데이터를 수집하여 그 회사들을 위해 결합된 데이터를 분석해주는 **데이터 중개업체들**(data intermediaries)을 활용하는 것이다.[43] 예를 들면 비자마스터카드(Visa MasterCard)는 210개 국가의 카드 보유자들에 대해 수십억의 거래를 분석하여 소비자 및 비즈니스 트렌드를 예측하고 그 데이터를 다른 업체에 팔았다. 마스터카드 어드바이저(MasterCard Advisors)라고 불리는 사업부에서는 사람들이 오후 4시쯤 자동차에 기름을 넣었을 경우 5시까지 식료품 잡화상이나 식당에서 35~50달러를 사용한다는 것을 발견했다.[44]

집권화. 해석을 위한 내부 부서를 만들기 원하는 회사들에게는 집권화를 할 것인가 또는 분권화를 할 것인가가 큰 문제이다. 〈도표 9.5〉의 내부화 첫 번째 모델에서는 빅데이터 전문가들을 한 부서에 배치함으로써 집권화했다.[45] 이것의 장점은 핵심 분석가들을 모을

수 있다는 것과 그 부서가 필요한 데이터를 획득할 수 있고 다양한 통계적 모델, 데이터 마이닝 모델, 예측 모델들을 효율적으로 시험하고 활용하여 필요한 전문기술을 개발하는 것을 확실하게 해줄 가장 용이한 방법이라는 것이다. 경영자들은 이 부서가 재무 또는 마케팅 등의 부서 어느 하나에 보고해야 할 것인지, 그렇지 않으면 CEO에게 직접 보고하는 데이터 담당 임원(chief data offier: CDO)에게 보고해야 할 것인지를 결정해주어야 한다. 중앙 해석 그룹이 재무부서와 같은 한 기능부서에만 보고한다면 그 기능부서 이외에의 적용에는 관심을 가지지 않거나 도입이 안 될 수도 있다는 문제점이 있다.[46] P&G는 1992년부터 해석 그룹을 도입했고 그 결과 대부분의 회사들보다 빅데이터 분석에서 앞서 있다. P&G에서는 CIO가 새로운 해석적 접근방식을 도입하는 작업을 사업단위들과 함께 진행함으로써 CDO 임무를 수행하고 있으며, 이 회사가 해석을 도입한 것이 오래되었다는 점을 고려하면 이러한 접근방식이 잘 작동하는 것으로 보인다. 인텔(Intel)은 빅데이터 분석을 선도하기 위하여 CIO와 마케팅 담당 임원이 공동으로 진행하는 방식을 활용하고 있고, IBM은 CEO에게 직접 보고하는 전사적 변혁 담당을 활용하고 있는데, 그 직위는 CDO와 상응한다.[47]

균형적 설계. 내부화의 다른 접근방식은 균형적 또는 변형적 설계를 활용하는 것이다. 이 방법은 CDO가 이끄는 '엑셀런스센터(center of excellence)'에 소수의 데이터 과학자들을 배치하고, 다른 전문가들은 여러 기능부서나 사업단위에서 근무하는 것이다.[48] 엑셀런스센터는 조정 역할, 욕구에 대한 평가, 프로젝트의 우선순위 정하기 등을 맡는다. 이런 형태는 허브 앤드 스포크(hub and spoke) 설계라고 생각되는데 중앙단위의 전문가 팀은 데이터 해석과 관련하여 조정하고 질문에 답변하며 다양한 부서 및 사업단위들을 도와주는 역할을 하게 된다. 이런 방식은 마케팅에서는 판촉 강화, 생산운영에서는 재고수준의 최적화 등 단위별로 나름대로의 해석 우선사항들이 있다는 것을 인정하는 것이다. 그러나 또한 조직 수준에 적용될 수 있는 해석 전문기술의 구축과 데이터 해석학 조정 필요성도 역시 중시한다. 엑셀런스센터 전문가가 어떤 특정 프로젝트를 위하여 특정 단위에 배치될 수도 있으며, 그럼으로써 그 단위의 전문기술 구축에 도움이 되기도 한다.[49] 모건 스탠리(Morgan Stanley)는 최근에 그 회사가 다루는 데이터의 양과 복잡성이 증가하여 이를 관리하기 위하여 엑셀런스센터를 설치했다.

엑셀런스센터를 활용하는 또 다른 대규모 조직은 GE(General Electric)이다. GE는 산업인터넷(Industrial Internet)이라고 부르는 빅데이터 기구를 2009년에 발족시켰다. 2011년 5월까지 GE는 발전소, 제트 엔진, 공공사업체, 원유 시굴기, 의료시스템 등에 수천개의 센서를 내장시켰다. 정교한 수십만개의 센서들을 서로 연결시킴으로써 GE는 이러한 새로운 역량에서 나오는 전략적 우위를 가지게 되었다. 그러나 2011년 이전에는 GE의 디지털 기술 노력은 분산되어 있었다. 다양한 사업들에서 수천명의 소프트웨어 전문가들을 채용했지만 그들의 기술적 선택과 상업적 제안의 지침이 될만한 총괄적 전략이 없었고 각 사업단위마다 자신

IN PRACTICE 모건 스탠리

대부분의 다른 금융기관들처럼 모건 스탠리(Morgan Stanley)는 몇 년 동안 어마어마한 데이터를 축적했으며, 지금은 매월 1페타바이트(약 100만 기가바이트에 상당한) 이상의 데이터들이 은행 시스템에 입력되고 있다.

데이터 폭주에 대처하면서 가치를 얻기 위해 모건 스탠리는 최근에 30명의 데이터 아키텍쳐, 인프라스트럭처 및 가버넌스 전문가들로 구성된 엑셀런스데이터센터(Data Center of Excellence)를 설립했다. 이 전문가들은 조직 내의 상이한 사업 및 기술 사업부문에 데이터 어드바이저로 활동하면서 데이터 컬리티 및 보안을 둘러 싼 통제 및 최상의 실무를 확립하는 데 도움을 주고 있다. 예를 들면 그 팀은 상업적 부동산 대출분석이나 사기 탐지 등의 영역에서 알고리즘이 정확하고 최신의 완전한 데이터를 사용하고 있는가를 확실히 하기 위해 모건 스탠리의 AI팀과도 밀접하게 작업하고 있다. 그 팀은 수동으로 심층적 분석을 하지 않고도 대출담당자들이 대출자의 위험을 분석할 수 있는 앱을 개발하는 것을 돕고 있다. 또 다른 시스템은 사기적 행위를 나타내는 거래를 분석한다. "과거에는 이 정도 통찰력을 갖기 위해 필요한 속도로 데이터를 소비할 수 없었다"고 모건 스탠리의 국제 CIO이면서 액설런스데이타센터 팀을 이끌고 있는 캐서린 웨트뭐(Catherine Wetmur)가 말했다. 웨트뭐 및 모건 스탠리의 리더들은 엑설런스데이터센터의 접근방식이 데이터를 더 효과적으로 관리하고 전략적 자산으로서 활용하는 데 도움이 될 것이라고 믿고 있다.[50]

Marieke Feenstra/Shutterstock.com

들의 상황에 따라 선택하고 상이한 기술을 사용했다. 최고경영층에서 사업체 전체에 결쳐 파악해본 결과 136개의 데이터 제품 중 수익성이 있는 것은 17개에 불과했다. 그래서 GE의 경영자들은 데이터 과학자들을 글로벌 엑셀런스센터에 모으고 글로벌 엑셀런스센터는 모든 사업체에 동등하게 서비스를 제공하도록 했다.[51]

분권화. 이 접근방식에서는 데이터 해석을 완전히 분권화하여 데이터 과학자들을 각 부서 또는 사업단위별 소규모 분석가 집단으로 조직 전체에 분산시킨다. 완전 분권적 접근방식은 분석가들이 개별 부서나 사업단위들과 협업하고 각 사업단위들의 요구사항에 맞춤형 모델을 제공할 수 있는 가장 쉬운 방법이기는 하지만 단위 경계를 넘어서 혁신적 솔루션을 공유하거나 조직 전체 문제 및 기회에 대해 바라는 결과를 달성하기 어렵게 한다. 예컨대 지멘스 그룹은 물리적 및 디지털 세계를 결합하는 데서 세계적 선두 주자가 되기 위해서 지멘스 디지털 프로그램(Siemens Digitalization Program)을 만들었다. 지멘스는 그 그룹의 전략이 사업단위들로부터의 구체적 제안들에 바탕을 두고 있다는 추론에 바탕을 두고 GE와는 정반대 방향을 택했다. 지멘스의 경영자들은 만약 집권적 디지털 접근방식을 택하면 지멘스의 사업단위들이 고객들에 대한 영향력을 상실할 것을 두려워했다. 그래서 지멘스의 사업단위들은 하향식 지시보다는 나름대로의 디지털화 아이디어를 추진하라고 권유받았다. 그러나 지멘스의 경영자들은 각 사업단위들이 유사한 데이터 해석자 그룹들을 보유한 상황에서 각 그룹들이 필요한 데이터를 획득할 수 있는 전문성과 적절한 분석 모델을 효율적으로 활용할 수 있는가에 대한 의문이 있을 수 있다는 것을 이해했다.[52]

시저스 엔터테인먼트(Caesars Entertainment)는 이러한 문제를 고민했고, 빅데이터 분석 기능의 효율성과 효과성을 증대시키기 위하여 분권적 해석을 집권적 해석으로 변경했다. 7만 명 이상의 직원과 4개 대륙에서 카지노 리조트를 가지고 있는 시저스 엔터테인먼트는 고객들을 이해하고 각 리조트에서 풍성한 고객들의 경험을 창출하는 데 빅데이터 분석을 활용할 뿐 아니라 음료 분석부터 인적자원 분석에 이르기까지 모든 영역에서 운영을 향상시키기 위해서도 빅데이터 분석을 활용한다. 한 때는 각 시저스 건물마다 3~4명의 해석 팀들을 두었지만 담당 임원들은 데이터 해석의 이점을 더 많이 누리기 위해서는 집권화하는 것이 필요하다고 믿었다. 시저스는 분석 집권화에 따라 모든 운영상황을 그들 비즈니스의 통일된 시각에서 바라보고 조직 전체적으로 공통 언어를 사용할 수 있게 되었다. 분석 기능의 집권화로 인해 그 팀은 그 회사 각각의 사업들에 대해 세계적 수준의 분석적 지원을 개발하고 제공할 수 있었고, 조직의 상이한 영역들을 아우르고 조직 외부와의 파트너십을 통하여 혁신을 촉진시킬 수 있었다.[53]

핵심정리

- 이전 지능 어플리케이션에서 직접적으로 성장해나온 빅데이터 분석은 숨은 패턴 상관관계, 여타의 유용한 정보를 찾아내고 더 나은 의사결정을 하기 위해서 엄청난 데이터 세트를 검사하는데 디지털 기술을 활용하고 있다.
- 빅데이터의 구성 요소들은 엄청난 양, 샘플만이 아닌 모든 데이터 활용의 잠재력, '뒤섞이고 얽혀져 있는' 데이터의 활용, 새로운 사고방식 필요성 등이다.
- 빅데이터 역량을 내부에 구축하는 것이 쉽지 않기 때문에 빅데이터 활동들을 비즈니스 프로세스 조직들에 외주를 주거나 데이터 중개업체들을 활용하는 회사들도 있다. 그러나 더 많은 직원들이 필요한 스킬을 획득하면 나름대로 자체적인 빅데이터 분석부서를 만드는 회사들이 더 많아진다.
- 회사들은 빅데이터 활동들을 집권화할 수도 있고, 빅데이터를 부서나 사업부로 분권화할 수도 있고, 엑셀런스센터를 활용할 수도 있다.

9.4 인공지능

스마트 팩토리, 플랫폼 기반 조직, 빅데이터 등의 기저에 있는 힘의 상당부분은 **인공지능**(**artificial intelligence: AI**)이라고 알려진 소프트웨어이다. 인간만큼 또는 인간보다 더 나은 의사결정을 할 수 있는 컴퓨터 기반 인공지능(AI)은 조직의 핵심제조기술로 신속하게 채택되었다. 〈도표 9.6〉에서는 AI와 오늘날 조직에서 활용되는 기술들을 정의했다. AI는 또한 조직관리의 여러 측면에 스며들고 있다. 예를 들면 AI는 회계, 청구, 지급, 고객 서비스 등 운영에서의 사무업무를 자동화하고 있다. AI 프로그램은 또한 문서를 살피고, 고객 기록의 정확성을 확인하며, 계산서에 숫자를 기입하고 지급 처리를 할 수 있다. 다른 어플리케이션은 허위 비용도 확인할 수 있다. 컴퓨터가 점심식사에서의 와인, 골프 등 의심스러운 지출을 제거하게 됨에 따라 사람이 비용을 감사하는 일은 앞으로는 없어질 수도 있다. 이러한 사무직 어플리케이션은 시작에 불과하며 AI 시스템은 앞으로도 학습을 계속할 것이다. 현재는 대부분의 사무 어플리케이션은 힘들고 단조로운 직무들을 담당하는 비정규직들의 하찮고 일상적인 과업에 집중하고 있다.[54]

인적자원관리 모집 및 선발분야에서도 AI 진전이 있었다. 예를 들면 IBM은 왓슨(Watson Candidate Assistant)라는 자체 AI 프로그램을 활용하여 지원자들의 이력서에서 특정 스킬 세트를 추론하고 있다. 이력서에 작년도에 광고 캠페인에서 일했다는 목록이 있으면 왓슨은 그 일이 디지털 마케팅 스킬을 포함하고 있다고 추측한다. 그리고 파악된 스킬에 근거해서 그 지원자는 여러 직무 기회를 부여받는다. 지원자들은 이전에는 생각도 해보지 않았던 직무들에 지원할 기회를 얻게 되는 것이다. 왓슨은 매년 IBM이 받는 3백만 지원서에서 계속적으로 학습한다. 왓슨은 170개국 IBM 직무들의 자격요건을 알고 각각의 직무에 필요한 스킬을 이해하고 있어 그러한 지식과 지원자들의 데이터를 매칭시킨다. 또다른 AI 도구인 왓슨으로 인하여 IBM은 연령이나 성별 등의 개인적 세부사항을 고려하지 않고도 모집담당자에게 이력서의 우선순위를 정해줄 수 있다.[55]

유니레버(Unilever)도 인적자원분야에서 AI를 활용하고 있다. 유니레버는 개인 이력서를 대체하는 알고리즘을 활용하고 있다. 지원자들의 처음 세 단계의 인터뷰와 평가—지원서 작성, 일련의 온라인 게임, 질문에 대한 셀프 답변 비디어 제출—에는 유니레버의 직원들이 관여하지 않는다. 지원자는 알고리즘이 지원자를 추천할 경우에만 채용 매니저를 만나게 된다. AI 소프트웨어와 알고리즘이 채용의 대부분 업무를 하는 것이다. 골드만삭스(Goldman Sachs)와 월마트 젯(Walmart's jet.Com)도 유사한 디지털 채용 도구를 테스트하고 있다.

유니레버는 페이스북과 여타의 웹 사이트에 채용 광고를 게재하고 있다. 지원자들은 클릭 몇 번만 하면 지원할 수 있다. 알고리즘이 적절한 지원자를 파악하기 위해 지원서를 살펴보고 지원자 풀의 과반수 이상을 탈락시킨다. 그리고 나서 지원자들은 집중력, 단기 기억력 등의 스킬을 평가하는 12개의 온라인 게임을 한다. 이 단계에서 지원자의 60~80%가

도표 9.6 조직에서 활용되고 있는 정보기술들

인공지능

- 컴퓨터시스템에 학습 · 판단 · 지각 · 추론 · 의사소통 등을 가르치는 기법들과 인간보다 나은 의사결정을 하는 기법들을 망라함. 예를 들면 클라이미트 베이직(Climate Basic)이라는 스마트 폰 앱은 지역의 기온, 침식 기록, 강수량, 토양 성질 및 여타 농업 데이터 등을 제시하여 농부들이 10평방미터당 최대 수확을 거둘 수 있도록 하고 있다.

알고리즘

- 특정 목표를 달성하기 위해 컴퓨터 소프트웨어에 내장시킨 일련의 규칙에 기반을 둔 문제해결 절차를 말함. 예를 들면 탐색 알고리즘에서는 규칙들이 대규모 데이터에서 추출된 정보의 종류를 결정한다.

로봇

- 살아있는 생명체처럼 독립적으로 움직일 수 있고 외부 대상에 대해 복잡한 작용을 할 수 있는 기계. 예를 들면 월마트는 진열대 재고를 파악하고 바닥을 닦고 트럭에서 물건을 내려서 분류하기 위해 상점에서 로봇을 활용한다.

출처: Based on Jackie Snow, "An A. I. Glossary," *The New York Times*, October 18, 2018, F3; John McCormick, "Test Your Knowledge of Artificial Intelligence," *The Wall Street Journal*, April 1, 2019, https://www.wsj.com/articles/test-your-knowledge-ofartificial-intelligence-11554136673; and Anand Rao, "A Strategist's Guide to Artificial Intelligence," *Strategy+Business*, May 10, 2017, https://www.strategy-business.com/article/A-Strategists-Guide-to-Artificial-Intelligence?gko=d2e2b.

탈락된다. AI는 또한 지원자들이 질문에 대한 응답의 신속성, 얼굴 표정, 어휘력 등을 평가한다. 그리고 마지막 단계는 인적자원 관리자와의 면접이다. 유니레버는 AI를 활용함으로써 최종 단계까지 간 지원자 중 80%가 채용제안을 받았으며, 그중 80%가 수락했기 때문에 채용이 더 신속하고 정확해졌다고 말한다.[56]

9.4a 인공지능(AI)은 객관적 의사결정자인가

토론토대학의 연구자 3명이 수천 장의 사진을 분석하고 매일 꽃인지 카드인지 개인지 대상들을 인식하도록 스스로 가르치는 시스템을 개발했다. 그 시스템이 아주 효과적이어서 구글이 그 작은 스마트업을 인수했다. 그 시스템이 기술적 혁명의 불꽃 역할을 했다. 기계가 갑자기 그 이전에는 가능하지 않았던 방식으로 "보게" 된 것이다. 이러한 것으로 인해 무인자동차 및 인간 이상으로 보기 위해 필요한 로봇들의 급격한 진전이 이루어졌다. 또한 페이스북 등의 소셜 네트워크나 법 집행기관 등에서 필요로 하는 안면인식서비스의 정확성이 높아졌다.[57]

사실에 포커스를 맞추기 때문에 AI는 전형적인 상사의 선입견을 넘어선 것처럼 보인다. 그러나 AI도 그 소프트웨어가 이전에 특징과 유사한 지원자들을 우호적으로 판단하는 등

나름대로 편향성이 있을 수 있다. 곧 연구자들은 안면인식서비스가 여성이나 유색인종들에게는 정확도가 떨어진다는 것을 알게 되었다. 마이크로소프트, 구글, 유명 대학 및 여타 조직의 저명한 AI 연구자들은 그 소프트웨어가 여성 및 유색인종에 불리한 편향성을 지닐 수 있으므로 아마존이 안면인식기술을 법 집행기관에 판매하지 않을 것을 촉구하는 편지에 서명했다. 안면인식 소프트웨어를 테스트한 한 학술지에 의하면 그 소프트웨어는 여성을 남성으로 오판하는 경우가 19%, 검은 피부의 여성을 남성으로 오판하는 경우는 31%에 달했다. 또 다른 예를 들자면 어떤 주요 회사의 지원자 검출시스템에서는 자동적으로 대부분의 여성 이력서들을 탈락시켰다. 또 다른 회사의 안면인식 알고리즘은 많은 흑인 여성들을 남성으로 오판했다. 편향성에 대한 증거는 법 집행기관에서 범죄 용의자들이나 실종 어린이를 찾기 위해 활용한 3차원 안면인식도구에 관한 2018년 연구에서 광범위하게 나타났다. 그 프로그램은 1,270명의 다양한 표본 중에서 피부색이 검은 여성들을 남성으로 오판한 경우가 35%에 달한 반면 백인 남성에 대한 오판 비율은 0.8%에 불과했다.[58]

이런 편향성은 제품을 시험하는 개발자들이 자주 소수 집단이나 여성들을 적절하게 반영하지 못하는 데이터 세트에 의존하기 때문일 수 있다. 예를 들면 광범위하게 활용되는 한 데이터 세트는 74%가 남성이며 83%가 백인이다. 엔지니어들이 주로 자신들과 같은 사람들을 포함하고 있는 데이터 세트를 이용하여 알고리즘을 테스트하면 결과가 더 정확해질 것이다. 더욱이 비록 회사에서는 여성들과 소수 집단들을 채용하려고 더 노력하더라도 AI 프로그램을 만드는 컴퓨터와 소프트웨어 전문가들은 여전히 백인과 남성들이 많다. 개발자들이 의식적으로 성별 및 인종의 차이점들을 생각하지 않는다면 출발점부터 AI 알고리즘에 미묘한 무의식적 편향성이 들어갈 수 있다.[59]

한 가지 해결책은 개발자들이 그들 개발팀에 인종 및 성별 다양성을 증가시키는 것이다. 마이크로 소프트는 팀 다양성의 가치를 예시한 바 있다. 그 팀에서는 인간과 상호작용하는 프로그램을 만들기 위해 다양한 창의적 스킬과 예술적 스킬을 가지고 있는 직원들을 모집한다. 팀의 구성원은 극작가, 희극 작가, 작곡가, 에세이 작가, 소설가 철학 전공자 등이다. 그런 다양성과 전문적 스킬로 인해서 그 팀은 적절한 언어를 사용하여 다양한 사용자 반응을 기대할 있게 구성된 것이다.[60]

도입 질문과 답

3. 인공지능은 조직에서 인적 의사결정에 비해 객관적이고 편향성이 없다.

답) 동의하지 않는다. AI는 전형적인 상사의 선입견을 넘어선 것처럼 보인다. 그러나 AI도 의사결정 소프트웨어에 내장되어 있는 나름대로의 편향성을 지닐 수 있다. 개발자들이 제품을 테스트할 때 소수 집단이나 여성들을 적절하게 반영하지 못하는 데이터 세트에 의존하는 경우가 자주 있다. 개발자들이 의식적으로 성별 및 인종의 차이점들을 생각하지 않는다면 출발점부터 AI 알고리즘에 미묘한 무의식적 편향성이 들어갈 수 있다.

9.4b 넛지 경영이 코치가 될 것인가

당신이 모닝 커피를 마시면서 매니지먼트 코치나 멘토와 함께 앉아 있다고 상상해보자. 당신은 관리자로서의 새로운 직무 목표를 검토하고 시간을 현명하게 사용하고 있는가 의구심이 든다. 그 코치는 당신의 스마트폰에 근무일 여유시간에 보는 5~10분 정도의 비디오로 정보들을 제공한다.

이 상황에서의 당신의 코치는 IBM의 왓슨에 내장된 인공지능에 의해 구동되는 관리자 훈련용 웹 로봇이고, 그 코치의 이름은 아만다(Amanda)이다. 코칭의 미니 임무 한 가지는 동료에게 무엇을 할 것인가를 말해주기보다는 더 많은 질문을 하도록 하는 것이다. "하루 종일 나가서 질문만으로 관리할 수 있는가를 보는 것이 지시 사항일 수 있다. 당신이 비밀게임을 하는 것과 같다고 생각하라. 어떤 아이디어를 주는 대신에 질문을 통해서 당신이 어떻게 영향을 미칠 수 있겠는가? 어떤 사람이 당신의 의견을 묻는다면 '당신의 생각은?'이라고 맞질문을 던져라. 어떤 사람이 그들을 위해서 당신이 의사결정해주기를 원한다면 '당신이 나라면 어떻게 할 것인가'라고 질문해라".[61] 최근에 어떤 관리자가 동료 성과를 점검하는 능력에 대해 의구심이 든다고 문자를 보내자 그 관리자가 너무 양심적이라는 성격성향점수에 근거해서 웹 로봇 코치는 관리자가 스스로를 지나치게 힘들게 한다고 책망했다. 코치 아만다는 더 많이 질문하라고 제안함으로써 다른 관리자가 브레인스토밍세션을 잘 이끌도록 도움을 줬다. 공식적 강의보다는 그들이 필요로 하는 현장에서의 직무상 훈련을 좋아하는 관리자들이 많다. 피델리티 투자(Fidelity Investment)에서는 이런 종류의 코칭 AI 소프트웨어가 직원 및 관리자들이 피드백을 쉽게 받을 수 있도록 도움을 주었다. 만약 AI 소프트웨어가 관리자의 의사결정이 지나치게 비밀스럽다고 직원들이 느낀다는 등 사기 문제를 파악해냈다면 코칭 AI는 그 관리자에게 의사결정을 더 명확하게 설명하라고 제안할 수도 있다. 또한 코칭 AI는 관리자와의 신뢰를 회복하는 것을 목표로 직원들에게도 관리자가 선의로 그렇게 했다거나 너무 바빠 그랬다는 내용의 메시지를 보낼 수 있다.[62]

AI 코칭 프로그램은 **넛지 경영**(nudge management)이라는 개념을 활용한다. 넛지 경영은 행동과학의 연구성과들을 적용하여 특정인이 바라던 행동을 하는 방향으로 관심을 끌거나 행동을 촉구하는 등 부드럽게 조언 또는 환기하는 것이다.[63] 넛지 경영은 건강, 부, 행복 및 목표달성 등에 관해서 개인의 의사결정을 향상시키고 있다. 넛지 경영 이론은 경제학자 리처드 테일러(Richard Thaler)의 노벨상 수상 연구인 사람들의 의사결정에 관한 연구에 기반을 두고 있다. 그에 따르면 사람들은 최상의 이익보다는 더 용이한가에 기반한 의사결정을 한다고 한다. 최적 타이밍의 넛지(부드러운 조언이나 환기)는 사람들의 나은 의사결정을 촉진시킬 수 있다. 예를 들면 넛지 경영을 채택하면 끊임없이 이메일을 확인한다거나 웹서칭을 한다거나 소셜미디어를 한다거나 등등의 자신들의 산만하고 무의식적 행동들을 직원들이 인지하도록 만들 수 있을 것이다. 소프트웨어가 이러한 패턴들을 탐지해서 한 시간에 받는 이메일 통지음이 울리지 않게 하거나 한 번씩만 이메일 편지함에 접근할 수 있도록 이메일 소프트웨어의 초기 셋팅을 바꿀 수도있다.[64]

구글은 직원들이 행복해질 수 있도록 부드럽게 조언하거나 환기시키고자 한다. 예를 들면 구글의 넛지 시스템은 직원들이 자신들이 원하는 사람이 되도록 조언하고 환기해준다. 어떤 관리자는 구글의 바이트 규모 넛지시스템이 그가 의사결정을 내리기 전에 팀원들에게 의견을 듣도록 상기시키면 그는 곧바로 팀원들에게 의견을 요청한다고 한다. 넛지시스템이 스태프 직원들과 1:1로 개발목표를 논의하도록 상기시켜줬다는 관리자도 있다.[65]

9.4c 알고리즘적 통제시스템이 새로운 상사가 될 수도 있다

인공지능은 자동차 사고 사망 감소, 의사의 질병 진단 지원 등 전 세계의 가장 해결하기 힘든 문제들 중 일부를 해결할 잠재력을 가지고 있다. 데이터 및 알고리즘은 객관적이고 중립적이며 호의적인 조력자로 제시되고 있다. 알고리즘으로 인하여 우리는 편안하게 음식배달 서비스, 개인 최적화된 영화 추천을 누리고 있으며, 페이스북에서 볼 뉴스까지도 결정되어 제시된다. 더욱이 AI는 일상적인 과업들을 수행할 잠재력이 있으며, 그에 따라 비일상적인 일들은 더 많은 책임감이 주어지고 만족스러운 업무로 사람들에게 분권화된다.

그러나 다른 면도 존재한다. 직원들이 측정가능하고 다소 일상적인 업무를 할 때는 AI가 사소한 세부적인 사항에 대해서까지 정밀한 수준의 통제를 할 수도 있다. **알고리즘 통제**(algorithmic control)은 목표설정, 성과 측정, 피드백 제공, 직원들의 보상을 결정하는 데 소프트웨어 알고리즘을 활용하는 것이다. 직원들이 알고리즘 통제에서 숨을 수 있는 곳은 없는 것처럼 보인다. UPS는 손에 들고 다니는 기기와 트럭에 장착된 200개 이상의 센서로 안전벨트 착용, 후진 속도, 정차 시간 등 배송트럭 운전기사의 모든 업무들을 통제한다. 이러한 정보의 상당부분은 상사에게 실시간으로 보내진다.[66] 우버와 여타 승차 호출 앱은 운전기사의 모든 것을 관찰하는 알고리즘을 사용한다. 개인 통계수치는 승차수락율, 취소율, 접속 소요시간, 가속의 부드러움, 완수한 승차서비스, 승객의 평가 등을 포함해서 광범위하다. 운전기사들에게는 동기유발을 위해서 "당신은 상위 10% 이내의 파트너입니다" 등의 메시지를 보여주는 등 일부 통계를 선택적으로 보여준다. 5점 만점의 평가에서 4.6점 이하로 떨어지는 운전기사들은 정지될 수 있다.[67] 직원들에게 장착할 수 있는 신분증(ID) 뱃지를 주는 회사들도 있다. 그 뱃지는 직원들이 사무실 내에서의 이동과 대화 상대 및 대화시간 등을 추적한다. 미국경영협회(American Management Association)의 조사에 의하면 고용주 43%가 직원들의 이메일을 모니터하고, 45%가 직원들의 키 입력을 추적하며, 66%가 인터넷 사용을 추적한다.[68]

최악의 경우 AI가 인적 접촉없이 평가 및 해고에 사용될 수도 있다. 버지(The Verge)에서 획득한 문서에 의하면 아마존은 생산성 할당치 달성에 실패한 고객주문처리센터 수백 명의 직원들을 자동적으로 추적하여 해고하는 컴퓨터시스템을 활용했다고 한다. AI가 당신의 상사인 미래의 암울한 단면 중 하나가 아니겠는가? 그 문서에 의하면 아마존의 시스템은 상사가 개입하지 않아도 각 직원의 생산성 비율을 추적하고 자동으로 질 또는 생산성에 관한 경고를 발하거나 해고할 수 있었다. 아마존이 여전히 이러한 시스템을 활용하고 있는지는 명확하지 않다. 아마존의 대변인은 아마존은 먼저 향상을 위한 지원 및 코칭을 받게 하지 않고 해고한 직원은 단 1명도 없을 것이며, 아마존의 목표는 장기적 경력개발을 제공하는 것이라고 강조했다. 익명의 아마존 직원은 과디아(The Guardia)에 기고한 글에서 아마존에서 근무한 기간은 2류로 관리되었다고 주장했다. 이러한 자동화된 시스템 내에서 디지털 추적기와 지표에 의해 광범위하게 측정되어서 직원들은 로봇들처럼 대우받는다고 느꼈다고 한다.[69]

왜 조직들은 그러한 강력한 통제를 위한 알고리즘을 사용하는가? 그렇게 함으로써 직원들의 변동성 및 여유를 감소시켜 재무적으로 이익을 얻기 때문이다. UPS는 운전기사 근무일에 10개의 방문지를 추가시켰다. 우버는 표준 이하의 기사들을 파악해서 정지시킬 수 있다. 새로운 알고리즘 통제시스템으로 인하여 이익구조는 인상적인 결과를 보였다. 대규모 도매업자인 유나이티드 그로서스(United Grocers)가 전자과업시스템을 근로자들에게 도입한 이후 매출은 36% 증가한 반면 비용은 25% 감소시켰다. 체인음식점 연구 결과에 의하면 전자모니터링은 직원의 절도를 감소시켰고 시간당 매출을 증가시켰다고 한다.[70]

9.4d 조직설계를 위한 AI 시사점

조직에서 인공지능 어플리케이션의 급속한 발전은 조직설계에서 두 가지 적응 사항을 시사한다. (1) 새로운 상위 AI 직위를 신설하고, (2) 비일상적 업무를 하는 직원들에게 권한을 분권화하는 것이다.

인공지능 최고경영자 직위를 신설하라. 조직계층에 상위 AI 전문가를 위한 직위를 신설하는 것이 조직이 그 기술을 효과적으로 배치하는 데 도움이 될 것이다. 진화하고 있는 이 기술을 초기 단계 이상으로 끌어올리기 위해 새로운 인공지능 최고경영자(Chief Artificial Intelligence Officier: CAIO) 역할을 도입한 회사들이 일부 있다. AI 최고경영자를 채용한 토론토 도미니온 은행그룹(Toronto-Dominion Bank Group) 등의 회사들은 그러한 경영자가 조직경계를 넘나들면서 일하고 있으며, AI가 그 그룹의 사업을 발전시킬 새로운 영역에 관심을 집중하고 있다고 말한다. 인공지능 최고경영자들은 전략을 수립하고 프로젝트를 조정하며 희소한 데이터 과학자 및 AI 전문가들을 채용하고 있다. 전향적으로 사고하는 회사에서는 인공지능 최고경영자가 미래에 대해 논의하는 자리에 참석하기를 바란다. "모든 사람이 AI가 우리 세대에서 가장 변혁적인 기술이 될 것이라고 기대한다. AI는 현재의 사업 운영방식을 완전히 바꾸려고 한다. 나의 역할은 그러한 파괴를 관리하는 것이다"[71]라고 한 인공지능 최고경영자가 설명했다.

권한을 분권화하라. 조직계층의 관점에서는 AI가 많은 일상적 업무들을 떠맡을 것으로 기대할 수 있지만 나머지 비일상적 업무의 상당 부분은 어떠한 문제가 발생하면 필요한 스킬 조합을 갖추고 있는 사람들의 느슨하게 통제되고 있는 분권적 집단이 담당하게 될 것 같다. 예를 들면 자동화 공장에서는 이전에 사람들이 담당했던 일상적 물리적 작업의 상당 부분은 이미 로봇이 담당하고 있다. 멀지않은 미래에는 로봇이 모든 일상적 업무를 담당하

적합성 평가

당신은 분권화 및 자율성에 어떻게 대처할 것인가?

기계가 일상적인 업무들을 대신하고 디지털화 된 조직에서 비일상적 업무들마저 분권화시키기 때문에 당신은 업무 습관에 나름대로 계획을 수립하고 목표를 설정하는 일을 포함할 것인가? 다음의 질문들을 당신의 업무 또는 학습행동에 적용하여 대답해보라. 각 항목에 대해서 당신의 경우에 비추어 '대체로 그렇다' 또는 '대체로 그렇지 않다' 중 선택하면 된다.

	대체로 그렇다	대체로 그렇지 않다
1. 나는 내 일과 인생의 한 영역 이상에서 명확하고 구체적 목표를 설정한다.	____	____
2. 나는 인생에서 달성하기를 원하는 분명한 결과물이 있다.	____	____
3. 나는 일반적인 목표보다 구체적 목표를 더 선호한다.	____	____
4. 구체적 마감시한이 없으면 나는 업무를 더 잘 한다.	____	____
5. 나는 매일 또는 매주 내 업무계획에 필요한 시간을 확보해둔다.	____	____
6. 나는 어떤 목표를 달성했는지를 나타내주는 척도에 대해 확실히 알고 있다.	____	____
7. 나는 스스로 더욱 도전적인 과제를 설정했을 때 업무를 더 잘한다.	____	____
8. 나는 다른 사람들이 그들의 목표를 명확히 설정하도록 도움을 준다.	____	____
9. 구체적 목표를 달성하려고 노력하는 것이 목표가 없는 것보다 재미가 있다.	____	____

점수계산: 3번과 4번 문항을 제외하고 당신이 '대체로 그렇다'라고 표시한 항목마다 1점을 준다. 3번과 4번 문항은 당신이 '대체로 그렇지 않다'고 표시한 항목마다 1점을 준다. 만약 당신의 점수가 4점 이하라면 당신에게는 목표설정 행동이 맞지 않을 수 있다. 6점 이상이라면 목표설정에 적극적 수준이며, 디지털 조직에서의 분권적 역할에 잘 준비되었다는 것을 시사하는 것이다.

해석: 목표설정, 결과 측정, 당신 및 다른 사람들의 진전에 대한 검토 등은 디지털화 조직생활의 중요한 부분이다. 앞서의 질문들은 당신이 생활 및 업무에서 목표를 잘 활용하고 있는 정도를 나타내는 것이다. 연구결과에 의하면 핵심적 영역에서 명확하고 구체적이며 도전적 목표를 설정하는 것이 더 나은 성과를 낳게 한다. 모든 사람이 분권화된 조직에서 잘 할 수는 없지만 조직의 직원 또는 관리자로서 목표를 설정하고 결과를 평가하며 당신 또는 다른 사람들이 책임감을 가지게 한다면 당신의 영향력이 커질 것이다. 목표설정은 학습될 수 있다.

게 될 것이다. 새로운 운송수단 및 생산공정을 설계하고 기계를 수선하며, 일상의 운영에서 발상하는 여타 비일상적 문제들을 해결하는 것이 인간의 업무가 된다. 비일상적인 업무를 담당하는 사람들을 전통적 공장 근로자들처럼 관리할 필요는 없다. 컨설팅 회사나 연구조직의 직원들처럼 비일상적 직무담당 직원들은 상사보다 해야 할 일과 방법에 대해서 더 잘 알고 있는 경우가 꽤 있다. 비일상적 직무 담당 직원들을 가장 잘 관리하는 방법은 업무수행에 대한 자유를 부여하는 것이다. 당신의 업무 습관을 더 많은 분권화 및 자율성에 맞추어 어떻게 조정할 것인가를 알아보기 위해서는 '적합성 평가'의 설문 문항들에 답을 해보면 된다. 비일상적 업무를 수행하는 사람들은 전통적인 조직계층보다는 팀 홀라크라시(관리자 직급을 없애 상하 위계질서에 의한 의사 전달이 아닌 구성원 모두가 동등한 위치에서 업무를 수행하는 제도) 와 유사하게 조직화될 것이다.[72]

핵심정리

- 인공지능은 컴퓨터시스템에 학습·판단·지각·추론·의사소통 등을 가르치는 기법들과 인간보다 나은 의사결정을 하는 기법들을 망라한다.
- AI는 스프레드시트, 고객 기록 및 직원 비용계좌의 검토, 지급 처리 등 조직관리과정에 큰 영향을 미치고 있다.
- 인적자원관리 모집 및 선발분야에서도 AI 진전이 있었다. IBM과 유니레버 등의 회사에서는 지원자들의 처음 몇 단계의 인터뷰에 알고리즘을 활용한다.
- AI는 생각보다 객관적이지 않다. 소수 그룹에 대한 편향성에 대해 관리자들은 경각심을 가져야 한다.
- AI는 넛지 경영을 통해서 관리자 및 직원들에게 훌륭한 코칭 잠재력을 가지고 있다.
- 알고리즘 통제시스템은 일상적 업무의 모든 측면을 측정하여 직원들의 자율성을 박탈하고 보다 많은 일을 하도록 할 수 있다.

9.5 조직에서의 다른 디지털 어플리케이션

조직은 조정, 협업 및 직원들 간의 지식공유 등을 향상시키고 효율성과 효과성을 증진시키며 전략적 가치를 더하기 위해 다양한 디지털 기술을 활용하고 있다. 소셜 네트워크 분석 및 지식경영은 조직 디지털화 주요 요소들이다.

9.5a 소셜 네트워크 분석

소셜 네트워크 분석(social network analysis: SNA)은 IT로 인해 가능해진 가치있는 기술이며, 경영자들은 이를 통하여 조직 내의 정보 관계 및 네트워크 구조를 알 수 있게 된다. SNA를 통하여 경영자들은 누가 영향력이 있고 없는지, 사람들이 해답을 찾을 수 있는 사람이 누구인지, 혁신을 위한 지식과 기술적 역량이 있는 사람이 누구인지, 잠재적 리더십이 있는 사람이 누구인지를 알 수 있다. SNA는 공식적 계층과는 다른 사람들 사이의 관계를 그려보려는 사회적 이론으로 과학자들이 개발한 것이다. SNA로 석유대기업을 분석해보니 계층적 보고관계로 규정된 공식구조와 조직에서 실제로 정보가 흐르는 방식과는 현격한 차이가 발견되었다.

IN PRACTICE 탐사 및 생산본부

심해채굴산업은 고도의 자본집약적인 경쟁이 심한 산업이다. 경영자들은 각 플랫폼이 회사 최고로 신속하고 원가효율적으로 채굴할 수 있다면 엄청난 원가절감을 이룰 수 있다는 것을 알고 있었다. 문제는 직원들이 지식 및 최고의 방법들을 공유할 것인가 하는 것이다. 소셜 네트워크 분석의 첫 단계는 탐사 및 생산본부의 최고경영층 20명의 상호작용을 도표화하는 것이었다. 그 결과는 놀라웠다.

SNA가 밝혀낸 바에 따르면 비공식적 정보에서는 생산부서와 채굴부서는 완전히 분리되어 있어 두 부서 사이에는 사이에 의사소통이 전혀 없었고, 정보흐름에서 생산부서와 탐사부서를 연결해주는 관리자만 단 1명 있었다. 다른 말로 하자면 실제 정보흐름은 조정 필요성을 충족하기에 충분하지 않았던 것이다. 그 도표화에 의해 알게 된 또 다른 사실은 고위 경영자인 부사장이 정보흐름에서 상대적으로 주변에 위치해 있다는 것이어었다. 관리자들과의 인터뷰 및 추가 조사를 통해서 탐사 및 생산본부가 효과적으로 정보흐름 및 지식공유를 관리할 수 있는 방법에 대한 통찰력을 얻게 되었다.[73]

이 사례에서 보듯이 비공식적 정보흐름에 의해 규정된 구조는 계층에 의해 규정된 공식적 조직구조와는 다를 수 있다. 소셜 네트워크는 같은 작업집단이든 아니든 사람들이 도움이나 조언, 정보나 지지 등을 서로 해줄 수 있는 사람들을 포함한다. 조직의 많은 일들이 이러한 네트워크 내에서 수행된다.[74] 기업인류학자인 카렌 스티븐슨(Karen Stephenson)은 "모든 조직에는 성공 또는 실패로 가는 비밀 구조들이 존재한다. 조직도나 재무제표상 현금흐름 등에서는 이것을 파악할 수 없다. 그러나 이러한 (비공식적) 구조 내에서는 엘리베이터로부터 세 번째 칸막이 좁은 방에 있는 조력자가 멋진 코너 사무실에 있는 정장을 입은 사람보다 더 핵심적일 수 있다"라고 말한다.[75]

사람들이 소셜 네트워크 내에서 하는 역할은 다르다. 조직에서 반복적으로 관찰되는 세 가지 역할은 허브(hub), 브로커(broker), 주변 플레이어(peripheral player)이다. 허브란 정보 네트워크의 중심에 있는 자들을 말하며, 그들이 가진 지식 및 정보 때문에 다른 사람들이 찾는 사람들이다. 허브들은 다른 직원들보다 영향력이 더 많은 경향이 있다. 그들은 기술적 전문지식과 조직에 대한 내용들을 알고 있을 수 있으며, 다른 사람들이 필요로 하는 정보를 얻을 수 있는 일련의 관계도 구축하고 있다. 허브는 조직 내 사람들에게는 '청신호'이며, 해답을 모를지라도 해답이 있는 곳은 알고 있다. 오랜 기간 근무한 영업직원들은 다른 영업 직원들은 물론 고객, 경영자, 다른 부서 사람들과 조직이 작동하는 것에 대한 수년간의 지식이 있기 때문에 허브일 수 있다. 주변 플레이어는 연결 관계가 가장 적으며, 네트워크 경계의 주변에 있는 사람들로서 한계 플레이어이기는 하지만 그들도 좁은 영역에서의 전문지식이 있으며 가치 있는 외부의 연결망들을 가지고 있을 수도 있으므로 여전히 중요하다. 이러한 것들이 일상적인 상황에서 필요하지 않을 수 있지만 위기나 아주 전문적인 프로젝트에서는 유용할 수 있다. 특히 중요한 사람들이 브로커인데, 이들은 경계간, 그리고 하위 집단과 사람들을 연결시켜줄 재능을 가지고 있다.[76] 브로커들은 전문화된 지식 집단들을 연결시키고 조직 내에서 더 큰 네트워크와 통합시켜준다. 예컨대 유명한 투자은행은 브로커 역할을 한 경영자 데이비드 호킨스(David Hawkins) 덕분에 경쟁은행으로부터 주거래 사업체를 빼앗았다. 그 거래처는 수년간 경쟁은행의 고객이었지만 호킨스가 본인이 속한 은행의 다른 제품 및 서비스 그룹과 연결망을 가지고 있었던 반면 경쟁은행의 임원은 그러지 못했고, 호킨스는 본인이 속한 은행내 그룹간의 연결책이었으므로 그 고객을 본인이 속한 은행 그룹에 소개해서 그 고객의 독특한 욕구에 부합하는 고객 지향적이고 맞춤형 재무 솔루션을 제공할 수 있었던 것이다.[77]

〈도표 9.7〉은 가상 조직에서의 세 역할을 제시한 것으로서 브로커가 더 큰 네트워크의

도표 9.7 소셜 네트워크에서의 역할

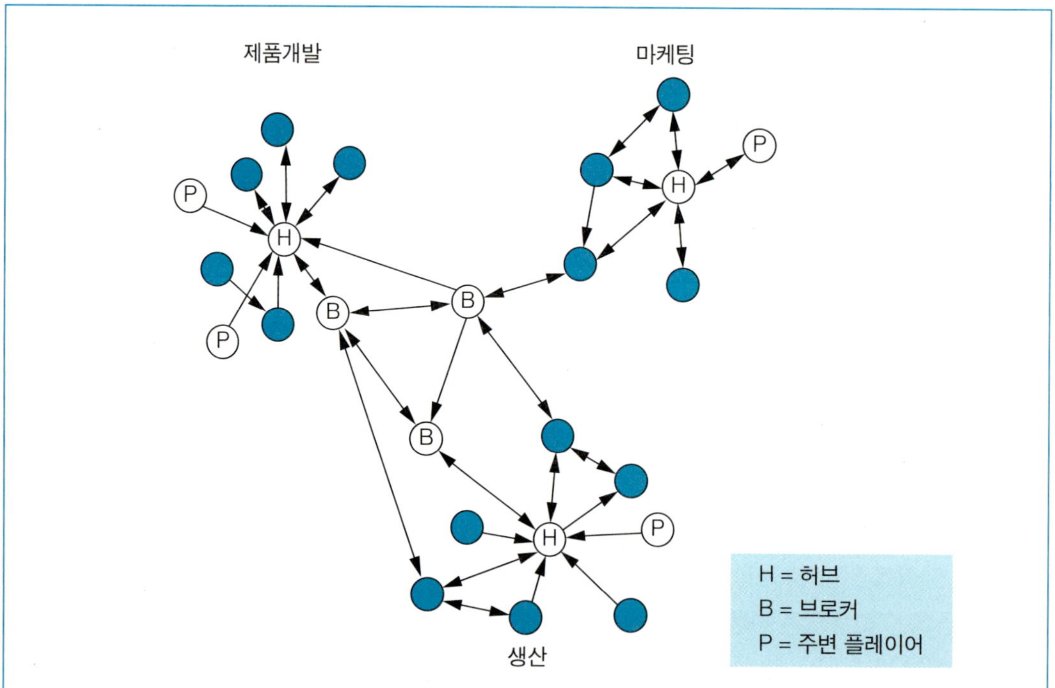

다른 부분들에 어떻게 연결시키는가를 보여주고 있다. 이러한 비공식적 네트워크를 이해하는 것이 회사에 경쟁우위를 가져다 준다. 누가 다른 사람들의 고성과를 촉진시키는지, 누가 협력하는지, 누가 개인적 연결망을 가지고 있는지를 앎으로써 경영자들은 회사의 향상, 혁신, 확장 및 성장을 위한 도구를 가지는 것이다.[78] IBM은 SNA를 수년간 활용해오고 있으며, SNA 전문가들은 직원들에게 다음과 같은 간단한 질문을 함으로써 숨겨져 있는 네트워크를 찾으려 한다.

"신속한 의사결정을 위해서는 누구에게 가는가?"
"사회적으로 누구를 자주 만나는가?"
"충고가 필요하면 누구에게 가는가?"
"좋은 아이디어를 함께 하는 사람은 누구인가?"
"경력에 관한 충고를 원할 때 누구에게 가는가?"[79]

SNA는 직원들 사이의 이 메일 메시지들을 추적함으로써 또는 직원들에 대한 전자조사 형태로 이루어질 수 있다. 다음에 정교한 네트워크 추적시스템이 제공할 수 있는 정보의 몇 가지 사례들이 제시되어 있다.

- 누가 회사의 사회적 네트워크에서 누구와 일하고 있는가?
- 누가 비공식 리더인가? 누가 잠재적 리더십을 가지고 있는가?
- 지식과 정보가 어떻게 조직에서 흘러 다니는가?
- 과다 활용되고 있는 사람은 누구이고 과소 활용되고 있는 사람은 누구인가?
- 은퇴하기 전에 지식이 저장 또는 이전될 수 있는 전문가들은 누구인가?[80]

SNA는 숨겨져 있는 현장에서의 관계들을 드러나게 하며, 소문이나 빈정거림에 의존하기보다는 데이터, 사실, 통계 등을 통해 명확하게 관계들을 설명해준다. 이러한 데이터들이 조직을 변화시키는 데 활용된다. 예건대 SNA의 결과를 검토한 후에 거대 포장음식업체인 마스(Mars)사는 뉴저지의 스낵사업부가 로스앤젤레스의 식료품사업부 동료들과 충분히 의견을 교환하지 않으며 업무의 중복과 묵시적 지식의 공유기회를 놓치고 있다는 사실을 발견했다. 현재 마스사는 양 쪽의 동료들이 서로 연결될 수 있는 방안을 마련하고, 그들의 성과는 부분적으로 비공식적 네트워크를 기반으로 평가한다.[81]

때로는 네트워킹 패턴을 바꾸기 위하여 강력한 개입이 필요한 경우도 있다. 한 글로벌 컨설팅 회사는 기술과 비기술 스킬에 기반을 둔 2개의 그룹이 형성되었다는 것을 알게 되었다. 고객들이 필요로 한 것은 '소프트' 전략과 '더 하드적' 기술적 지식과 결합된 조직설계 지능의 조합이었다. 두 그룹은 공통적인 업무관련성과 전문적 관심사항과 동일한 회의에의 참석, 함께 보낸 작업시간 등으로 인하여 자연스럽게 개개인들이 각각 다른 방향으로 이끌리게 되었기 때문에 분화된 것이었다. 각 그룹이 고객들에게 제안한 것들을 서로에게 알려주고 그 상황을 논의하기 위하여 경영진들이 두 집단들을 함께 모은 결과 두 그룹이 운영되는 방식에 변화가 생겼다. 이러한 변화로 인하여 지식공유와 협업이 촉진되었으며, 이러한 협력적 그룹들은 최종적으로 그 회사의 매출액과 고객들의 만족도를 증진시킴으로써 회사에 뚜렷한 이익을 가져다주는 결과를 낳았다.[82] 경영진들이 SNA에 기반하여 체계적으로 개입한 것이 개별적 역작용 관계를 대체하고 건강한 비공식관계를 구축하는 데 도움이 된 것이다.[83]

9.5.b 지식경영

SNA로 시작할 수 있는 주요 결과물이 조직의 지식경영을 향상시키는 것이다. **지식경영**(knowledge management)은 조직의 지적 자원과 창의적 자원을 어떻게 조직화하고 공유할 것인지를 제시하는 새로운 방식이다. 지식경영은 체계적으로 한 회사의 지적 자본을 찾아내서 조직화하고 활용할 수 있도록 하는 노력과 그러한 활동들이 기존 지식에 축적되도록 지속적인 학습과 지식공유의 문화를 조성하는 노력을 말한다.[84] 그 회사의 **지적 자본**(intellectual capital)은 그 회사의 지식, 경험, 이해, 관계, 과정, 혁신 및 발견물들의 총합이다.

지식경영은 사람들이 정보 및 아이디어를 공유할 수 있는 방법이 있고 그렇게 함으로써 보상을 받게 되면 잘 유지된다. 회사 정보를 공유하는 한 가지 흔한 형태는 인트라넷이다. **인트라넷**(intranet)은 인터넷과 월드와이드웹의 의사소통 프로토콜과 표준을 사용하지만 그 회사의 직원들만 접근할 수 있는 사적인 회사 차원의 정보시스템이다. 파일들과 정보를 보기 위해서는 표준 웹브라우저로 그 사이트를 돌아다니면서 링크들을 클릭하기만 하면 된다. 인트라넷은 내부의 의사소통을 증진시키고 감춰진 정보들이 공개될 수 있게 했다. 인트라넷으로 인하여 직원들은 조직에서 진행되는 일들에 대해 알 수 있게 되고, 그들이 필요로 하는 정보를 신속하고 쉽게 찾고 아이디어를 공유하며 프로젝트를 협업하여 진행할 수 있게 되었다.

기업들은 명시적 지식과 암묵적 지식 모두를 조직 전체에 전파할 방법이 필요하다.[85] **명시적 지식**(codified knowledge)은 명문화될 수 있고 기록되어 다른 사람들에게 문서나 일반적 지시에 의해 전달될 수 있는 공식적이고 체계적인 것이다. 반면에 **암묵적 지식**(tacit knowledge)은 글이나 말로 표현하기가 어려운 경우가 많다. 암묵적 지식은 다른 사람들에게 전달하거나 의사소통하기 어려운 개인적 경험, 경험에 근거한 규칙, 직관 및 판단에 근거한다. 암묵적 지식에는 전문적가의 노하우나 전문지식, 개인의 통찰 및 경험, 창의적 해결책 등이 포함된다. 명시적 지식은 쉽게 포착하여 문서와 IT을 통해 공유될 수 있지만 가치있는 조직 지식의 80% 정도는 쉽게 포착하기 힘들고 전파되기 어려운 암묵적 지식일 것이다.[86] 매일 1만 명의 베이비 부머들이 은퇴연령에 도달하는 것과 관련하여 그들이 퇴직함으로써 "그들이 함께 지니고 가버릴 그들의 지식"의 상실을 저지할 수 있는 방법들을 찾는 회사들이 있다.[87]

IN PRACTICE BAE 시스템

Chris Ison/PA Images/Getty Images

BAE의 관리자가 최근에 스스로 직위를 강등시켰다. 은퇴를 앞두고 그는 미 해군에서 그 회사에 본인의 직위로 입사한 젊은 직원의 보조자로 일한다. 두 사람은 정기적으로 만나서 다양한 프로젝트에 대해 이야기하고 조언을 주고받으며 정보를 공유한다. 그들은 미 해군의 수륙양용선 유지 및 수선 입찰을 공동으로 작업한다. 나이먹은 관리자는 그 계약을 11년 동안 관리해왔지만 이번에 그는 그 프로젝트를 새로운 직원에게 넘기고 자신은 보조자로 강등시켰다.

그러한 것은 다국적 방산 및 항공회사인 BAE가 수천명의 퇴직자들 머리에 있는 암묵적 지식을 잃어버리지 않으려는 계획의 일부이다. BAE가 심층적 조직지식을 가진 직원 한 사람이 은퇴하는 것을 알게 되면 그 회사는 동일 분야의 다양한 연령대 직원들로 지식 전수 팀을 구성한다. 신구 직원들 간의 관계를 형성하는 것은 묵시적 지식을 획득하고 밀레니얼 세대에게 리더십을 이전하도록 관리하는 효과적 방법이라고 BAE의 고위 학습관리자인 앤드류 무라스는 말한다. 은퇴 멘토와 함께 일했던 딜로이트 컨설팅 회사 컨설턴트 29세의 비크람 라빈더는 "밀레니얼들은 데이터와 분석에 강하다. 그러나 베이비 부머들은 데이터가 충분하지 않을 때 의존할 수 있는 경험을 가지고 있다"라고 동의한다.[88]

다른 회사에서도 역시 직원들이 은퇴하거나 이직하면서 묵시적 지식의 손실을 방지할 수 있는 방법들을 찾으려고 노력하고 있다. 조직에서는 역시 지속적 지식공유를 부추길 수 있는 지식관리관례들을 만들기 원한다. 지식경영에 관한 두 가지 접근방식이 〈도표 9.8〉에 간략하게 정리되어 제시되어 있다.[89] 첫 번째 접근방식은 주로 명시적 지식의 수집과 공유

도표 9.8 지식경영에 관한 두 가지 접근방식

명시적 성문화된 재사용 가능 지식 접근을 위한 고품질의 신뢰성있고 빠른 시스템 제공		**암묵적** 전략적 문제에 대해 창의적으로 조언하기 위하여 개별 전문지식을 전달
사람에서 문서 접근방식 성문화하여 저장하고 전파하고 지식재사용 가능한 전자문서 시스템 개발	**지식관리 전략**	**사람에서 사람 접근방식** 암묵적 지식의 공유가 가능하도록 사람들을 연결하는 네트워크 개발
사람과 재사용가능한 성문화된 지식의 연결을 목표로 한 정보기술에 많은 투자	**정보기술 접근**	암묵적 지식에 대한 대화와 개인적 교류를 목표로 정보기술에 많지 않은 투자

출처: Based on Morten T. Hansen, Nitin Nohria, and Thomas Tierney, "What's Your Strategy for Managing Knowledge?" *Harvard Business Review*, March–April 1999, 106–116.

를 다루고 있는데, 이는 대부분 정교한 IT시스템을 활용하여 이루어진다. 명시적 지식에는 특허 및 라이센스 등의 지적 재산, 정책 및 절차 등의 업무 과정과 경쟁력을 확보하기 위한 정보 리포트, 벤치마크 데이터 등 고객, 시장, 공급자 또는 경쟁자들에 관한 구체적 정보가 포함된다. 두 번째 접근방식은 사람들을 직접 대면하여 또는 상호작용적 소셜미디어를 통해 연결함으로써 개별적 전문지식과 노하우(암묵적 지식)들의 영향을 확대할 수 있도록 하는 것에 초점을 맞춘다. 암묵적 지식에는 전문적 노하우, 개인적 통찰력 및 창의성, 개인적 경험 및 직관 등이 포함된다. 이러한 접근방식에서 경영자들이 집중하는 것은 암묵적 지식을 공유할 수 있도록 사람들을 연결시키는 개인적 네트워크를 발전시키는 것이다. IT시스템은 사람들 간에 대화와 경험, 통찰력, 아이디어 등의 공유가 용이하게 이루어질 수 있도록 주로 활용된다. 어떤 회사에서는 신속하게 활용할 수 있는 지식을 가지고 있는 전문가를 사람들이 찾아볼 수 있도록 전문가들을 파악하여 검색가능한 데이터베이스에 포함시켜두는 **전문가 검색시스템**(expert locator system)을 활용한다.[90]

암묵적 지식의 공유를 장려하고 촉진시키는 것은 쉬운 일이 아니다. 지식경영을 위한 소프트웨어와 기타 기술에 엄청난 비용을 투자하고 있지만 일부 지표에 의하면 지식경영은 경영자들의 목표에 미치지 못한다. 예컨대 해리스 폴(Harris poll)의 한 조사에 의하면 조사대상자의 60%는 회사 내에서 다른 사람들의 업무를 모르기 때문에 업무가 중복되어 있는 경우가 상당히 많다고 응답했다. 54%는 자신들의 회사가 협업과 정보공유가 잘 안 되어서 혁신의 기회를 놓쳤다고 했으며, 51%는 직원들의 지식이 효과적으로 공유되지 않기 때문에 경영자들의 미흡한 의사결정이 일상적으로 나타난다고 응답했다.[91] 예를 들자면 영업직원들은 대화와 지속적인 상호작용을 통해서 거래처 회사의 최고경영자가 어떤 제품이나 서비스에 대해 원하는 바를 알게 되는 경우가 많은데, 이러한 암묵적 지식을 가지고 있는 영업직원들은 거래처 고객회사를 위해 더 나은 해결책을 모색하고 자기 회사의 마케팅 메시지를 수정하여 수익을 증대시킬 수 있다. 그러나 대부분의 조직에서는 이러한 암묵적 지식을 표출할 수 있는 내부 정보 공유 네트워크가 결핍되어 있다. 그러므로 영업직원들은 회사 내 사람들보다 고객이나 잠재적 소비자들과의 네트워크를 형성하는 데 집중하게 된다.[92] 경영자들은 암묵적 지식이 쉽게 공유될 수 있는 내부 정보 공유 네트워크를 이해하고 관리해야 한다.

핵심정리

- 소셜 네트워크 분석 및 지식경영은 조직 디지털화의 두 가지 주요 요소들이다.
- 관리자들은 조정 및 협업을 증가시키기 위해 소셜 네트워크 분석을 활용한다. 소셜 네트워크 분석은 관리자들이 조직 내에서 비공식적 정보를 교환하는 허브들을 파악하고 조직의 경계를 넘나들면서 사람들과 집단들을 연결하는 역할을 하는 비공식적 리더들을 파악하는 데 도움을 준다.
- 관리자들은 또한 암묵적 및 명시적 지식 모두의 공유를 촉진시키기 위해 인트라넷 및 여타 IT시스템을 활용한다.

9.6 조직설계에 대한 디지털 영향

경영자와 조직이론가들은 반세기 이상을 기술과 조직설계 및 기능에 대해 연구해오고 있다. 8장에서 언급한 바와 같이 IBM CEO's Study에서는 향후 수년동안 그들 조직에 의미 있는 영향을 미칠 것으로 임원들이 예상하는 외부 힘들 중에서 기술이 첫 번째를 차지했다.[93] 최근 대부분의 조직에 가장 영향을 많이 미쳐온 것은 디지털 IT에서의 발전이다.[94] 이러한 발전이 조직설계에 주는 구체적 시사점들은 조직규모의 축소, 분권화 구조, 내부 및 외부 조정의 향상 및 새로운 네트워크 조직구조 등이다.

1. 규모의 축소: 앞에서 언급한 플랫폼 기반 조직 형태 등 일부 인터넷 기반 사업들 중에는 거의 사이버공간에만 존재하는 사업들도 있다. 사무실과 집기, 빌딩 등 공식적 조직이 존재하지 않는 것이다. 1명 또는 소수의 사람들이 자신의 집에서 또는 임대한 공간에서 그 사이트를 유지할 수도 있다. 전통적인 사업에서도 디지털 IT로 인하여 훨씬 적은 사람으로 더 많은 일을 할 수 있게 되었다. 고객들은 보험, 의류, 공구 및 장비, 심지어는 자동차까지 거의 모든 것을 에이전트나 영업직원에게 말하지 않고도 인터넷에서 구매할 수 있다. 더욱이 디지털 IT 시스템으로 인하여 조직 내의 많은 관리적 업무들이 자동적으로 처리되어 사무직원의 필요성을 감소시키고 있다. MDOT(Michigan Department of Transportation)은 계약자들의 업무를 검증하기 위하여 수많은 직원들을 필요로 했고 대규모 프로젝트의 경우 수천 가지의 작업 사항들을 파악하기 위해 20명의 검사자들이 매일 현장에서 근무해야 하는 경우가 많았다. 오늘날에는 한 사이트에 현장 기술자를 1명 이상 보내는 경우가 드물다. 그 직원이 본부와 연결되어 있는 도로건설관리 소프트웨어를 활용하여 랩탑 컴퓨터 또는 디지털기기로 데이터를 입력하면 그 시스템에서 자동적으로 지불 추정액을 산출해내고, 예전에는 수 시간이 걸렸던 다른 관리 과정들도 자동으로 처리한다.[95] 또한 오늘날 회사들은 IT 덕분에 많은 기능들을 외주 처리하고 내부 자원은 적게 사용할 수 있게 되었다.
2. 조직구조의 분권화: IT가 정보와 권한을 분권화하였는지 또는 집권화된 권한구조를 강화시켰는지에 대해서는 경영철학과 기업문화에 따라 달라지겠지만,[96] 오늘날 대부분의 조직에서는 더 많은 분권화를 위하여 IT를 활용하고 있다. 과거에는 본부의 최고경영자들만 접할 수 있었던 정보들은 디지털 IT를 활용하면 지역적으로 멀리 떨어져 있다고 할지라도 그 조직 전체에 신속하고 용이하게 공유된다.[97] 앞에서 언급한 IBM 연구에서 CEO들은 기술이 개방, 협업 및 덜 엄격한 계층 등을 가능하게 한 것으로 보고 있다.[98] 여러 사업부 또는 사무실에 있는 경영자들도 본부에서의 결정을 기다리지 않더라도 중요한 의사결정에 필요한 정보를 신속하게 확보할 수 있게 된다. 온 라인으로 사람들이 만나고 조정하고 협동할 수 있게 소셜 비즈니스 기술이 해줌에 따라서 가상팀

등과 같이 분산되어 있고 자율적으로 행동하는 집단들과의 의사소통과 의사결정이 촉진되었다.

3. 수평적 조정 및 협업의 향상: 디지털 IT 결과물 중 가장 커다란 것은 바로 회사 내 조정과 의사소통을 향상시킬 수 있는 잠재력이다. 사무실, 공장, 상점들이 세계 각 곳에 흩어져 있더라도 IT 어플리케이션들로 인하여 사람들은 연결될 수 있으며, 젊은 직원들에게는 회사에서 활용하는 전통적 도구의 상당수가 구식으로 보인다. IBM 연구에 참석한 아르헨티나의 한 은행 임원은 "우리는 이메일 세대이지만 젊은 직원들은 소셜 네트워크 세대이다"라고 말했다. IBM은 가상팀들을 많이 활용하며, 그 팀들의 구성원들은 손쉽게 의사소통하고 공동 작업을 하기 위해 굉장히 다양한 소셜 비즈니스 도구들을 활용한다. 미국, 독일, 영국에 있는 멤버들로 구성되어 있는 어떤 팀은 공동작업 소프트웨어를 가상 회의실로 활용해서 고객의 어려운 기술적 문제를 불과 며칠내로 해결하였다.[99] 지멘스는 전 세계에 있는 4만 5천 명의 직원들이 지식을 공유하고 프로젝트들을 공동으로 수행할 수 있도록 연결하는 글로벌 인트라넷을 활용한다.[100] 컨설팅 및 연구개발 서비스를 제공하고 국방성이나 연방항공관리기구 등 미국정부가 주 고객인 미트레(MITRE Corporation)사는 소셜 네트워킹을 활용하여 회사에서의 정보공유와 협업을 제한했던 근속연수, 지역, 기능별 연대와 같은 전통적 장애물들을 극복했다.[101]
4. 네트워크 구조의 고양: 3장에서 언급한 가상 조직구조에서 필요한 가장 높은 수준의 조직 간 협업은 디지털 IT의 활용없이는 가능하지 않았을 것이며, 비즈니스 세계에서는 가끔 모듈라 구조 또는 가상 조직이라고도 불린다. 기업들을 매끈한 정보 흐름으로 함께 묶어주는 디지털 기술 덕분에 외주는 주요한 트렌드가 되고 있다. 예컨대 홍콩의 리앤펑(Li & Fung)은 아베크롬비앤피치(Abercrombie & Fitch), 게스(Guess), 앤 테일러(Ann Taylor), 리미티드(Limited), 디즈니(Disney)사 등 판매 회사들에게 의류를 공급하는 큰 회사 중의 하나이지만 자체 공장이나 기계, 원단 등은 하나도 가지고 있지 않다. 리앤펑은 정보를 관리하는 전문 기업이며, 원자재를 공급해주고 봉제를 해주는 37개국 7,500개 파트너들과 전자적으로 연결된 웹에 의존한다. 리앤펑은 IT로 인하여 전 세계의 파트너들과 접촉을 유지하고 있으며 공장에서 유통 회사들에게 신속하게 제품을 이동시킬 수 있다. 또한 유통 회사들은 생산 진행과정을 따라서 주문을 추적할 수 있고 주문을 최종 변경하거나 추가할 수 있다.[102] 가상 네트워크 구조에서는 대부분의 활동들이 외주 처리되기 때문에 그 조직이 필요로 하는 다양한 기능들을 여러 상이한 회사들이 수행하는 것이다. 디지털 의사소통의 신속성과 용이성 때문에 그러한 네트워크 구조는 원가를 낮게 유지하면서도 신규시장에 진입하거나 사업영역을 확대하고 싶은 기업들에는 실행 가능한 대안이 되는 것이다.

핵심정리

- 디지털 IT에서의 발전은 조직설계에 상당한 영향을 미쳤다. 이러한 발전이 조직설계에 주는 구체적 시사점들은 조직규모의 축소, 분권화 구조, 내부 및 외부 조정의 향상 등이다.
- 디지털 기술은 가상 네트워크 조직구조를 가능하게 했고, 그 가상 조직에서는 한 회사가 대부분의 주요 기능을 별개의 회사들에게 외주화하고 있다.

토의문제

1. 사물인터넷은 어떻게 조직에서 분석가능한 데이터들을 폭발적으로 증가시킨 원인이 되었는가?
2. 전통적인 '파이프'형 조직과 새로운 플랫폼 기반 디지털 조직의 기저에 깔려있는 가정은 어떻게 다른가?
3. 인공지능은 의사결정에 어떻게 편향성을 내포하게 되는가? 설명해보자.
4. 아마존은 교환형 플랫폼인가 메이커형 플랫폼인가? 설명해보자.
5. 기능 간 팀들을 실행하려고 노력하는 병원관리자는 간호사, 의사, 의료기사 및 다른 직원들과의 의사소통과 협업을 향상시키기 위하여 소셜 네트워크 분석을 어떻게 활용할 것인가?
6. 올스테이트, 프로그레시브, 스테이트팜과 같은 대규모 보험회사들이 마이크로 블로그나 소셜 네트워킹 등 소셜미디어 툴을 활용하는 방식들을 논의해보자. 이러한 도구들이 제조업체보다 서비스업체에 더 적용가능하다고 생각하는가? 논의해보자.
7. 기말 보고서를 쓸 때 명시적 지식을 어떻게 활용하는지 서술해보자. 그런 활동에 암묵적 지식도 활용하는가? 논의해보자.
8. 안정적 상태에서 운영하기보다 학습하고 계속적으로 변화하려는 회사에 지식 경영이 특별히 더 중요한 이유가 무엇인가?
9. 시저스 엔터테인먼트는 빅데이터 분석 기능이 보다 효율적일 수 있도록 집권화했다. 특정 회사가 집권적 빅데이터 기능을 다양한 단위들에 분권화하도록 만드는 다른 요인들을 생각해볼 수 있는가?
10. 디지털 기술의 적용이 보통 분권화를 유도하는 이유가 무엇이라고 생각하는가? 다른 조직에서는 디지털 기술이 집권화를 위해 사용될 수 있을 것인가? 설명해보자.

연습문제: 제조와 빅데이터: 프로젝트 조직화[103]

빅데이터 시대가 도달했다. 수년 전만 하더라도 슈퍼컴퓨터 설비에 해당되던 테라바이트나 페타바이트 등에 관한 논의는 오늘날 보통이 되었다. 회사들은 들들이 창조하는 엄청난 데이터의 가치를 인식하고 있고 그 가치를 자본화하고 싶어한다. 제조업체들이 공장시스템, 설비 및 센서 등으로부터 데이터를 최대 규모로 생산해내는 업체들이기 때문에 그러한 방식을 선도하고 있다.

그러나 빅데이터 기술을 둘러싼 대대적인 홍보와 더불어 빅데이터 기술의 급속한 진화 때문에 "분석장애"를 겪는 회사들도 일부 있다. 빅데이터 기술을 어디에서 시작할 것이며 어떻게 실행할 것인가는 다음의 연습을 통해서 답을 찾을 수 있다.

1단계: 제조공장에서 빅데이터 분석을 실행하는 데 가장 효과적인 방법이 될 것이라고 믿는데로 아래 8단계의 순위를 정해보자. 첫째 단계는 "1"점, 마지막 단계는 "8"점을 획득할 것이고 당신의 순위는 각 항목의 "당신의 순위" 칸 아래에 써보자.

	당신의 순위	팀 순위	전문가 순위
요구되는 데이터 소스 결정	________	________	________
새 데이터에 대한 신뢰	________	________	________
운영관리자를 프로젝트 책임자로 지정	________	________	________
내부 데이터/프로세스 전문가 파악	________	________	________
치유 행위 준비	________	________	________
구체적 도전과제 설정	________	________	________
요구되는 분석 정의	________	________	________
배치 및 기원	________	________	________

2단계: 3~4명 소규모 팀으로 나누어서 제조공장에서 빅데이터 분석을 실행하는 데 8단계의 올바른 순위를 집단으로서 정해보자. 단계들에 대한 팀 순위는 두 번째 칸에 "1"부터 "8"까지 적어보자.

3단계: 당신 인스트럭터가 3번째 칸에 들어갈 전문가 순위를 당신에게 줄 것이다. 또한 당신의 인스트럭터는 프로젝트 순위 각 단계별 근거를 읽어볼 것이다.

4단계: 당신의 점수와 전문가 점수 사이의 절대값(마이너스 값 없음) 차이를 계산해보자. 당신의 총점은 그 차이값들의 합이다. 팀 점수에도 대해서도 동일하게 계산해보자. 어느 점수가 더 낮은가? 점수가 낮을수록 좋은 것이다. 당신 팀의 집단 지식이 점수를 더 낮게 했는가? 당신 팀 점수를 설명할 수 있는 팀 내부의 다이나믹에 대해서 논의해보자.

분석을 위한 사례: 허미티지 에스커레이터 컴퍼니[104]

허미티지 에스컬레이터 컴퍼니(Hermitage Escalator Company)는 엘리베이터와 에스컬레이터를 판매 및 유지보수하는 국제대기업의 독립적인 사업부이다. 허미티지는 테네시주 허미티지에 살고 있던 기업가가 "매직 계단"에 대한 수요가 뜨기 시작한 1954년 창업했다. 허미티지는 1989년 승강기 풀라인을 원했던 엘리베이터 회사에 인수되었지만 별개의 분리된 사업부로 실질적인 자율성을 유지할 수 있었고 브랜드 명도 유지했다.

허미티지는 연간 2천대 이상의 에스컬레이터를 판매한다. 에스컬레이터 판매의 주된 영역은 백화점, 쇼핑 몰, 공항, 환승 시스템, 컨벤션 센터, 호텔, 수영장, 스타디움, 사무용 건물, 정부 건물 등이다. 극단적으로 한 에스컬레이터가 몇 층 위로 사람들을 실어 나르거나 공항 탑승구처럼 수평으로 수백 피트를 실어 나른다.

에스컬레이터 작동 방식

에스컬레이터는 가장 단순화하면 각 면에 체인이 하나씩 있고 체인의 끝부분은 기어를 중심으로 고리로 연결되어 있는 긴 체인 한 쌍으로 된 컨베이어 벨트와 같다. 전기 모터가 구동기어를 톱으로 올리고 그 기어가 체인 고리들을 끌어내 회전시키며, 이는 자전거의 체인 메커니즘과 유사하다. 전형적인 에스컬레이터는 기어를 회전시키기 위해 100마력의 모터를 사용하며, 모터와 체인시스템은 두 층 사이에 걸쳐져 있는 철 구조물 안에 내장되어 있다.

체인 루프는 일련의 계단들을 움직인다. 체인들이 이동하면 계단은 수평을 유지한다. 에스컬레이터의 톱과 바닥에서는 계단들이 서로 내려앉으며 평평한 플랫폼을 만들어서 탑승자들이 에스컬레이터를 타거나 내리기 쉽게 만들어 준다.

에스컬레이터의 각 계단에는 2개의 별개 트랙 위를 구르는 두 세트의 바퀴들이 있다. 각 계단의 탑 부분 근처의 바퀴들 세트는 회전 체인과 연결되어 구동기어가 에스컬레이터 톱으로부터 끌어 올린다. 또다른 바퀴들 세트는 계단의 바닥에서 트랙을 따라 미끄러진다. 각 계단이 수평을 이루도록 트랙이 위치되어 있다. 에스컬레이터의 톱과 바닥에서는 트랙들이 수평으로 떨어져 계단을 평평하게 만든다. 평평하게 하는 동안 각 계단에는 일련의 홈들이 있어 앞뒤에 있는 계단과 맞물려진다.

에스컬레이터의 전기모터도 난간을 움직이게 한다. 난간은 일련의 바퀴들 주위에 고리로 연결되어 있는 고무 컨베이어 벨트에 불과하다. 이 벨트는 탑승자들이 계단에서 안정감을 느낄 수 있도록 동일한 속도로 움직이도록 정확히 설정되어 있다.

에스컬레이터는 높은 탑승률 때문에 사람들을 단거리 이동시키는 데 엘리베이터보다 더 낫다. 에스컬레이터의 속도는 분당 90피트에서 180피트까지 변한다. 분당 145피트 속도의 에스컬레이터는 한 시간당 1만명 이상의 사람들을 운송할 수 있으며, 이는 표준 엘리베이터보다 더 많은 사람을 운송할 수 있는 것이다.

유지보수의 필요성

에스컬레이터가 개념은 단순하지만 모든 기계와 마찬가지로 언제든지 망가질 수 있는 많은 부품들로 구성되어 있다. 안전 메커니즘은 흡입 가드, 개방 패널, 안전 스위치, 계단 스위치 등을 포함한다. 톱과 바닥 운전 유니트에는 콘트롤 패널, 구동 유니트, 메인 기어, 구동 체인, 스포로켓, 안전 스위치 등이 포함된다. 층간 트러스에는 메인 트랙, 트레일링 트랙, 이동 난간 구동 유니트, 인테리어 패널, 스포로켓, 이동난간 구동 체인, 흡입 가드 등이 포함된다. 다른 요소들에는 이동 난간, 인테리어 패널, 데크 보드, 스커트 보드 등이 포함된다. 계단에는 트레드. 라이서, 계단장식라인, 구동 롤러, 계단 체인 등이 포함된다.

에스컬레이터 유지보수는 어느 누구도 망가진 에스컬레이터를 걸어 올라가기 원치 않으므로 고객만족을 위해 중요하다. 유지보수는 또한 심각한 이슈이기도 하다. 사람들이 계단에 올랐을 때 열려 있는 고장난 에스컬레이터 속으로 사람들이 넘어졌다는 끔찍한 이야기들이 있다. 더욱이 에스컬레이터가 무너져 사람들을 바닥까지 굴러 떨어지는 경우도 있다. 에스컬레이터는 불이 난 경우도 있다. 1987년 런던의 지하철역의 에스컬레이터에서 화재가 발생하여 매표소까지 화염이 퍼져 37명이 죽었다. 그 원인은 에스컬레이터 언더캐리지와 내부 워킹에 쌓인 종이 및 린트의 작은 조각 수 파운드가 축적되었기 때문이다.

사물인터넷(IoT)

미국에서는 대략 매년 2만 8천 대의 새 에스컬레이터가 설치된다. 다른 제조업체와 마찬가지로 허미티지도 디지털경제, 특히 빅데이터 수집시스템 및 분석에 수렴되고 있는 제조업처럼 산업4.0 또는 산업사물인터넷이라는 산업혁명에 직면하고 있었다. 빅데이터 분석을 활용하여 수익성높은 비즈니스 모델을 어떻게 창출할 것인가에 대해서는 많은 논의가 있었다. 그 중 최선의 방식은 병목현상 및 여타 문제점들을 파악하고 그 문제점을 극복하기 위해 필요한 실시간 데이터를 결정해서 이 데이터를 수집·전송·분석하기 위한 적절한 센서와 무선 연결장치 및 분석을 활용하는 것이다. 허미티지는 또한 문제발생시 대응 조치, 예를 들면 의사결정자에게 어떻게 데이터를 제공 또는 시각화할 것인가나 특정 문제 발생시 취해야 할 대응조치를 자동적으로 결정하는 의사결정 알고리즘을 어떻게 만들것인가 등에 대해 결정해야 한다.

허미티지의 관심사항

허미티지의 유지보수 관리자인 마델 앤더슨(Mardell Anderson)은 산업사물인터넷의 부분으로서 새로운 에스컬레이터를 디지털화하는 데 관심이 많았다. 앤더슨은 다음과 같이 말했다. "에스컬레이터를 첫 번째 수리하는 것이나 매번 수리하는 것은 고객을 유지하고 인건비를 감소시키는 데 매우 중요하다. 나는 문제가 발생하기 전에 해결하는 우리의 능력을 정말 보고 싶다. 반응이 아닌 예측과 예방이 우리 산업이 지향하는 바이다. 우리는 필요상 예방적 및 예측적 유지보수를 추구한다. 우리가 센서 및 사물인터넷 부품들을 설치하면 적시에 적합한 문제를 해결하기 위한 적합한 사람을 파견할 수 있을 것이다. 또는 더욱이 문제 발생을 원천적으로 예방할 수 있을 것이다."

저층 에스컬레이터 장비는 유능한 기술적 노우하우를 가져야 유지보수할 수 있다. 유능한 유지보수 인력은 시간당 50달러, 연장근로수당 포함하여 연간 10만 달러 이상을 번다. 사물인터넷 패키지는 새 에스컬레이터 비용 절감에는 효과적이지만 구형 에스컬레이터에 장착하기에는 비용이 많이 든다. "구형 에스컬레이터를 대체하는 데는 몇 년이 걸릴 것이다. 그 동안에 우리는 우리 에스컬레이터 시스템상의 약점들과 센서들을 부착했을 때 가장 이익을 볼 수 있는 것들에 대해 배우고 있다. 우리가 어떤 기사를 언제 보내야 할지에 대해 그 장비로부터 나오는 정보를 가질 수 있다면 대단히 좋을 것이지만 우리의 기존 유지보수 기반을 감안해보면 수년 후의 일일 것이다. 우리가 설치한 에스컬레이터들이 의미있는 정보를 제공하고 의사소통할 수 있기까지는 10년이 걸릴 것이다"라고 앤더슨은 말했다.

앤더슨은 그 10년 동안 창의적으로 유지보수방식에 접근하기를 원했다. "예측적 유지보수를 할 수 있는 또 다른 방법을 찾을 수 있는가? 우리는 에스컬레이터에 센서를 부착하거나 사물인터넷에 연결하기 전이라도 빅데이터 유형의 노력에 활용할 수 있는 유지보수 및 수리요청 기록들을 가지고 있다. 예를 들면 전기모터와 체인과 관련된 수리 요청이 높은 비율을 차지하고 있음을 알고 있다는 것이 중요하다. 나는 우리가 빅데이터 분석 방향으로 나가면서 우리가 이미 가지고 있는 그런 데이터를 잘 활용하기를 바란다."

앤더슨은 "정말 좋은 기사는 전화상으로 질문을 하기만 해도 에스컬레이터의 문제점을 해결할 수있다"라고 이야기 한다. "잘못 될 수 있는 사유는 수백만 가지에 달한다. 모든 에스컬레이터를 올바른 경로로 이끌 수 있는 질문은 한정되어 있다. 그런 종류의 지식이 우리의 예측적 유지보수시스템의 부분이 될 필요가 있다."

앤더슨의 이야기는 계속된다. "우리의 과제는 유니트들 내부에 센서와 카메라들을 선정해서 위치시키고 예측적 역량에 도달하기 위해 측정해야 할 적절한 사항들을 선정하는 것이다. 명확한 규칙이 없다면 잘 위치시킨 하드웨어를 활용하여 적절한 사항들을 측정해서 클라우드에 연결시킨다고 우리의 목표가 달성되는 것은 아니다. 그 유지보수의 규칙은 규정집에서 나오는 것이 아니고 수십 년간의 서비스를 제공해온 유지보수 기사 수백 명의 축적된 지식과 전문성에서 나오는 것이다. 원격모니터링 프로그램의 부분으로서 데이터 수집 및 원격모니터링에 관한 우리의 규칙들로 인해서 적절한 문제에 적절한 기사를 배치하는 데 도움이 될 1세대 규칙들을 작성할 수 있을 것이다."

"이제 이러한 지식들을 예측적 해석을 할 수 있는 다음 단계로 끌어올리려고 한다. 우리는 가장 뛰어난 기사들의 지식을 파악하여 우리 미래 서비스 모델을 이끌고 갈 다음 세대에게 이전하기를 원한다. 센서 기술로부터 떠올라서 무한정해 보이는 사물인터넷 데이터를 가지고 유지보수 요청 서비스에 어떤 사람을 보낼 것인가 하는 방법에 관한 규칙을 재정립하는데 이 정보를 활용하고자 한다."

"예측적 유지보수 분석을 실행하기는 쉽지 않을 것이다. 예를 들면 새로운 데이터가 들어오면 잘못된 것이 아무 것도 없음에도 불구하고 무엇인가 잘못되었다는 지표들, 즉 '잘못된 긍정(false positives)' 현상이 나타날 수 있다. 어떻게 기사가 안전 및 만족에 관한 문제에서 그 경고가 잘못된 경고라는 것을 알 수 있겠는가? 잘못된 긍정은 비용을 절감시키지 못하고 증가시킬 잠재성이 있다. 그렇게 되면 우리 운전 장비의 자연적 변동성 이슈가 대두된다. 어떻게 우리가 소위 '노이즈'라고 부르는 현상과 실제 조치를 필요로 하는 문제를 구별할 수 있도록 파라미터를 설정할 수 있을 것인가? 더욱이 어떤 조치를 취해야 한다고 결정이 내려진다면 그 조치는 어떤 조치가 되어야 하는가? 어떤 유지보수 조치를 다른 유지보수 항목들과 묶어서 다음 정기 유지보수 서비스의 부분으로 도입할 수 있을 것인가?"

"예측적 모델로 들어서면 비용은 쉽게 상승할 수 있다. 만약 감지된 모든 사항을 체크하기 위하여 자동적으로 기사를 보내게 된다면 수익 없이 비용만 나가게 되고, 많은 비용이 들 것이다. 만약 안전상의 문제나 셧 다운을 야기할만한 에러라면 기사를 당장 파견해야 한다. 그러나 우리가 영리하다면 감지된 이슈 일부에 대해서는 다음 유지보수 방문 시 함께 묶어서 처리할 수도 있다."

"그러므로 내 생각은 우리가 유지보수 및 유지보수 요청에 대한 규칙을 정할 때 우리가 가지고 있는 유지보수 요청 및 수리요청에 대한 기록들을 분석하는 것에서 시작해야 한다는 것이다. 그것이 우리가 비용 및 결과에 영향을 미칠 수 있는 경우이기 때문이다. 기존의 데이터로는 우리에게 엄청난 도움을 줄 수 있을 것이다. 우리는 어떤 유형의 장비에서 각각의 유지보수 요청이나 수리를 했는지에 대한 것을 확실히 알고 있다."

허미티지에서는 모든 새로운 설치물에 사물인터넷 센서 패키지가 부착할 예정이다. 문제는 더 나은 고객서비스를 제공하면서 비용을 증가시키기보다는 수익을 증가시키고 비용을 감소시키도록 어떻게 사물인터넷을 활용할 것인가 하는 점이다. 허미티지는 고객 및 자신에게도 더 많은 가치를 갖도록 사물인터넷의 좋은 점들을 확보할 수 있는가?

질문

1. 허미티지는 사물인터넷으로부터 비롯된 빅데이터의 폭주 하에서 어떻게 경험많은 유지보수 기사들의 지식을 명시화하고 관리하여 유지보수 대응을 위한 새로운 규칙으로 만들 수 있을 것인가? 설명해보자.
2. 어떻게 빅데이터 분석이 에스컬레이터 유지보수에서 비용을 절감하기보다 실제적으로 비용을 증가시키는가?
3. 과거의 유지보수 요청에 관한 데이터를 분석하면 생기는 구체적 가치는 무엇인가? 어떤 구체적 데이터가 가치있다고 생각하는가? 그 이유는?

미주

1 Based on Viktor Mayer-Schonberger and Kenneth Cukier, *Big Data: A Revolution That Will Transform How We Live, Work, and Think* (Boston: Houghton Mifflin Harcourt, 2013), 1–2.

2 Andrew McAfee and Erik Brynjolfsson, "Big Data: The Management Revolution," *Harvard Business Review*, October 2012, 61–68.

3 Raymond F. Zammuto, Terri L. Griffith, Ann Majchrzak, Deborah J. Dougherty, and Samer Faraj, "Information Technology and the Changing Fabric of Organization," *Organization Science* 18, no. 5 (September–October 2007), 749–762.

4 Erik Berkman, "How to Stay Ahead of the Curve," *CIO*, February 1, 2002, 72–80; and Heather Harreld, "Pick-Up Artists," *CIO*, November 1, 2000, 148–154.

5 "Business Intelligence," special advertising section, *Business 2.0*, February 2003, S1–S4; Alice Dragoon, "Business Intelligence Gets Smart," *CIO*, September 15, 2003, 84–91; and Steve Lohr, "A Data Explosion Remakes Retailing," *The New York Times*, January 3, 2010, BU3.

6 Lohr, "A Data Explosion Remakes Retailing."

7 Jacques Bughin, Michael Chui, and James Manyika, "Capturing Business Value with Social Technologies," *McKinsey Quarterly*, November 2012, http://www.mckinsey.com/insights/high_tech_telecoms_internet/capturing_business_value_with_social_technologies (accessed September 27, 2013); and Roland Deiser and Sylvain Newton, "Six Social-Media Skills Every Leader Needs," *McKinsey Quarterly*, Issue 1, February 2013, http://www.mckinsey.com/insights/high_tech_telecoms_internet/six_social-media_skills_every_leader_needs (accessed August 21, 2013).

8 Darrell K. Rigby, *Management Tools 2013: An Executive's Guide* (Boston, MA: Bain & Company, 2013), http://www.bain.com/Images/MANAGEMENT_TOOLS_2013_An_Executives_guide.pdf (accessed August 27, 2013); Margaret Rouse, "Big Data Analytics," *TechTarget.com*, January 10, 2012, http://searchbusinessanalytics.techtarget.com/definition/big-data-analytics (accessed August 27, 2013); and David Kiron, Renee Boucher Ferguson, and Pamela Kirk Prentice, "From Value to Vision: Reimagining the Possible with Data Analytics," *MIT Sloan Management Review Special Report*, March 5, 2013, http://sloanreview.mit.edu/reports/analyticsinnovation/ (accessed August 27, 2013).

9 McAfee and Brynjolfsson, "Big Data: The Management Revolution."

10 Sangeet Paul Choudary, "Why Business Models Fail: Pipes vs. Platforms," *Wired*, https://www.wired.com/insights/2013/10/why-business-models-fail-pipes-vs-platforms/ (accessed May 20, 2019).

11 Ibid.

12 Choudary, "Why Business Models Fail"; and Alex Moazed, "Platform Business Model—Definition; What Is It? Explanation," Applicoinc.com, Platform Innovation Blog, May 1, 2016, https://www.applicoinc.com/blog/what-is-aplatform-business-model/ (accessed May 20, 2019).

13 Moazed, "Platform Business Model—Definition."

14 Alex Moazed, "Platform Types: Explained and Defined," Applicoinc.com, Platform Innovation Blog, October 20, 2017, https://www.applicoinc.com/blog/what-makes-uber-differentfrom-android-how-to-make-sense-of-platform-businesses/ (accessed May 20, 2019).

15 Moazed, "Platform Business Model—Definition."

16 This discussion is based on John M. Jordan, "Challenges to Large-Scale Digital Organizations: The Case of Uber," *Journal of Organization Design* 6, no. 11 (October 2017), https://jorgdesign.springeropen.com/articles/10.1186/s41469-017-0021-2 (accessed May 20, 2019).

17 J. Jordan, "Challenges to Large-Scale Digital Organizations."

18 Gigi Teo and Sia Siew Kien, "The Quest for Legitimacy in Digital Disruption: The Case of Uber (A)," Asia Case.com, Nanyang Business School, Nanyang Technological University, HBSP: NTU111, May 22, 2017; and Jordan, "Challenges to Large-Scale Digital Organizations: The Case of Uber."

19 Jordan, "Challenges to Large-Scale Digital Organizations."

20 Ibid.

21 This discussion is based on Alex Moore, "Digitizing the Organization," *TD Magazine*, June 2017, https://www.td.org/magazines/td-magazine/digitizing-the-organization https://www.td.org/magazines/td-magazine/digitizing-theorganization (accessed May 21, 2019).

22 Adam Satariano, "Uber Regains Its License to Operate in London, a Win for Its New CEO," *The New York Times*, June 26, 2018.

23 Moore, "Digitizing the Organization."

24 Reported in Julian Villanueva and Luis Ferrandiz, "3 Steps to Market-Drip Digital Transformation," *IESE Insight Review* 32 (First Quarter, 2017), 15–22.

25 Gerald C. Kane, Doug Palmer, Anh Nguyen Phillips, David Kiron, and Natasha Buckley, "Achieving Digital Maturity," *MIT Sloan Management Review Research Report*, in collaboration with Deloitte University Press, Summer 2017, 2–16.

26 Kane et al., "Achieving Digital Maturity"; and Villanueva and Ferrandiz, "3 Steps to Market-Drip Digital Transformation."

27 Kane et al., "Achieving Digital Maturity."

28 Ibid.

29 Bernard Marr, "Fitbit: Big Data in the Health and Fitness Arena," Bernard Marr & Company, https://www.bernardmarr.com/default.asp?contentID=714 (accessed May 21, 2019).

30 "The Power of Big Data," Siemens Gamesa Website, https://www.siemensgamesa.com/explore/innovations/digitalization (accessed May 21, 2019).

31 Travis Hessman, "Putting Big Data to Work," *Industry Week*, April 2013, 14–18.

32 Alden M. Hayashi, "Thriving in a Big Data World," *MIT Sloan Management Review*, Winter 2014, 35–39; and Mayer-Schonberger and Cukier, *Big Data*.

33 Mayer-Schonberger and Cukier, *Big Data*.

34 Hessman, "Putting Big Data to Work."

35 Quoted in Hessman, "Putting Big Data to Work."

36 Reported in Hayashi, "Thriving in a Big Data World"; and Mayer-Schonberger and Cukier, *Big Data*.

37 Reported in Hayashi, "Thriving in a Big Data World."

38 Mayer-Schonberger and Cukier, *Big Data*, 51–52.

39 Quoted in Mayer-Schonberger and Cukier, *Big Data*, 52.

40 Matthew Futterman, "Friday Journal—Baseball After Moneyball," *The Wall Street Journal*, September 23, 2011, D1.

41 Mayer-Schonberger and Cukier, *Big Data*, 129–130.

42 This discussion is based on David Fogarty and Peter C. Bell, "Should You Outsource Analytics?" *MIT Sloan Management Review*, Winter 2014, 41–45.

43 Mayer-Schonberger and Cukier, *Big Data*, 134–135.

44 Mayer-Schonberger and Cukier, *Big Data*, 127.

45 This discussion is based on Robert L. Grossman and Kevin P. Siegel, "Organization Models for Big Data and Analytics," *Journal of Organization Design* 3, no. 1 (2014), 20–25; and Jay R. Galbraith, "Organization Design Challenges Resulting from Big Data," *Journal of Organization Design* 3, no. 1 (2014), 2–13.

46 Thomas H. Davenport, "Five Ways to Organize Your Data Scientists," *The Wall Street Journal*, August 22, 2013, http://blogs.wsj.com/cio/2013/08/22/five-ways-to-organize-yourdata-scientists/ (accessed April 25, 2014).

47 Galbraith, "Organization Design Challenges Resulting from Big Data."

48 Davenport, "Five Ways to Organize Your Data Scientists"; and Grossman and Siegel, "Organization Models for Big Data and Analytics."

49 Based on Brad Brown, David Court, and Paul Wilmott, "Mobilizing Your C-Suite for Big-Data Analytics," *McKinsey Quarterly*, November 2013, 14–21.

50 Sara Castellanos, "Morgan Stanley Center of Excellence Readies Bank for AI's Data Demands," *The Wall Street Journal*, April 22, 2019, https://www.wsj.com/articles/morgan-stanley-center-of-excellence-readies-bank-for-aisdata-demands-11555923601 (accessed May 22, 2019).

51 Stewart Black and Anne-Marie Carrick, "Digitization of an Industrial Giant: GE Takes on the Industrial Analytics," Insead, copyright 2017, Case Center Reference No.317-0237-1.

52 David J. Collis and Tonia Junker, "Digitalization at Siemens," Harvard Business School, case 9-717-428, August 22, 2018. Copyright 2017, 2018 by the President and Fellows of Harvard College; Davenport, "Five Ways to Organize Your Data Scientists"; and Grossman and Siegel, "Organization Models for Big Data and Analytics."

53 Ruben Sigala, interviewed by Renee Boucher Ferguson, "A Process of Continuous Innovation: Centralizing Analytics at Caesars," *MIT Sloan Management Review*, Fall 2013, 1–6.

54 Steve Lohr, "'The Beginning of a Wave': A. I. Tiptoes Into the Workplace," *The New York Times*, August 5, 2018, B1; and Angus Loten, "AI Tool Helps Companies Detect Expense Account Fraud, *The Wall Street Journal*," February 26, 2019, https://www.wsj.com/articles/ai-tool-helps-companies-detectexpense-account-fraud-11551175200 (accessed May 21, 2019).

55 Sara Castellanos, "HR Departments Turn to AI-Enabled Recruiting in Race for Talent," *The Wall Street Journal*, March 14, 2019, https://www.wsj.com/articles/hr-departments-turn-to-ai-enabled-recruiting-in-race-fortalent-11552600459. (accessed May 21, 2019).

56 Kelsey Gee, "In Unilever's Radical Hiring Experiment, Resumes Are Out, Algorithms Are In," *The Wall Street Journal*, June 26, 2017, https://www.wsj.com/articles/in-unilevers-radical-hiring-experiment-resumes-are-outalgorithms-are-in-1498478400 (accessed May 21, 2019).

57 Cade Metz, "Seeking Ground Rules for A.I.," *The New York Times*, March 1, 2019, https://www.nytimes.com/2019/03/01/business/ethical-ai-recommendations.html (accessed May 21, 2019).

58 Cade Metz and Natasha Singer, "A.I. Experts Question Amazon's Facial-Recognition Technology," *The New York Times*, April 3, 2019, B3; Sue Shellenbarger, "A Crucial Step for Averting AI Disasters," *The Wall Street Journal*, February 13, 2019, https://www.wsj.com/articles/a-crucial-step-for-avoiding-aidisasters-11550069865; and Ted Greenwald, "How AI Is Transforming the Workplace," *The Wall Street Journal*, March 10, 2017, https://www.wsj.com/articles/how-ai-istransforming-the-workplace-1489371060 (accessed May 28, 2019).

59 Ibid.

60 Sue Shellenbarger, "A Crucial Step for Averting AI Disasters," *The Wall Street Journal*, February 13, 2019, https://www.wsj.com/articles/a-crucial-step-for-avoiding-ai-disasters-11550069865.

61 Sue Shellenbarger, "The Robots That Manage the Managers," *The Wall Street Journal*, April 15, 2019, https://www.wsj.com/articles/the-robots-that-manage-the-managers-11555336904.

62 Ibid.

63 The definition and discussion of nudge management is based on Philip Ebert and Wolfgang Freibichler, "Nudge Management: Applying Behavioural Science to Increase Knowledge Worker Productivity," *Journal of Organization Design* 6, no. 4 (2017), https://jorgdesign.springeropen.com/articles/10.1186/s41469-017-0014-1 (accessed May 22, 2019).

64 Ebert and Freibichler, "Nudge Management."

65 Daisuke Wakabayashi, "Firm Led by Google Veterans Uses A.I. To 'Nudge' Workers Toward Happiness," *The New York Times*, December 31, 2018, B1.

66 Esther Kaplan, "The Spy Who Fired Me," *Harper's Magazine*, March 2015, 31–40.

67 Alex Rosenblatt, "When Your Boss Is an Algorithm," *The New York Times*, October 12, 2018, SR2.

68 Kaplan, "The Spy Who Fired Me."

69 Victor Tangermann, "Amazon Used An AI to Automatically Fire Low-Productivity Workers," April 26, 2019, *Futurism.com*, https://futurism.com/amazon-ai-fire-workers (accessed May 22, 2019).

70 Kaplan, "The Spy Who Fired Me"; Kelsey Gee, "The Not-So-Creepy Reason More Bosses Are Tracking Employees," *The Wall Street Journal*, March 21, 2017, https://www.wsj.com/articles/the-not-so-creepy-reason-more-bosses-aretracking-employees-1490101200 (accessed May 28, 2019); and Alex Rosenblat, "When Your Boss Is an Algorithm," *The New York Times*, October 12, 2018, https://www.nytimes.com/2018/10/12/opinion/sunday/uber-driver-life.html (accessed May 28, 2019).

71 John McCormick, "Chief Artificial Intelligence Officers Enter the C-Suite," *The Wall Street Journal*, February 5, 2019, https://www.wsj.com/articles/chief-artificial-intelligenceofficers-enter-the-c-suite-11548756000 (accessed May 22, 2019).

72 Thomas W. Malone, "What AI Will Do to Corporate Hierarchies," *The Wall Street Journal*, April 1, 2019, https://www.wsj.com/articles/what-ai-will-do-to-corporatehierarchies-11554158120; and John M. Jordan, "Additive Manufacturing ("3D Printing") and the Future of Organizational Design: Some Early Notes from the Field," *Journal of Organization Design* 8, no. 5 (2019), https://doi.org/10.1186/s41469-019-0044-y (accessed May 22, 2019).

73 Based on the social network analysis case of a petroleum organization conducted by Rob Cross, Andrew Parker, Laurence Prusak, and Stephen P. Borgatti and described in R. Cross et al., "Knowing What We Know: Supporting Knowledge Creation and Sharing in Social Networks," *Organizational Dynamics* 30, no. 2 (2001), 100–120; and in Starling David Hunter III, "Combining Theoretical Perspectives on the Organizational Structure-Performance Relationship," *Journal of Organization Design* 4, no. 2 (2015), 24–37.

74 Phyllis Korkki, "The Leaders Who Aren't Always Followed," *The New York Times*, April 13, 2014, BU3.

75 Karen Stephenson, quoted in Ethan Watters, "The Organization Woman," *Business 2.0*, April 2006, 106–110.

76 Korkki, "The Leaders Who Aren't Always Followed."

77 This example is from Rob Cross and Robert J. Thomas, "How Top Talent Uses Networks and Where Rising Stars Get Trapped," *Organizational Dynamics* 37, no. 2 (2008), 165–180.

78 Jennifer Reingold and Jia Lynn Yang, "The Hidden Workplace: There's the Organization Chart—and Then There's the Way Things Really Work," *Fortune*, July 23, 2007, 98–106.

79 Ethan Watters, "The Organization Woman."

80 Susannah Patton, "Who Knows Whom and Who Knows What?" *CIO Magazine*, June 15, 2005, 51–56.

81 Ibid.

82 Rob Cross, Stephen P. Borgatti, and Andrew Parker, "Making Invisible Work Visible: Using Social Network Analysis to Support Strategic Collaboration," *California Management Review* 44, no. 2 (Winter 2002), 25–46.

83 Lowell L. Bryan, Eric Matson, and Leigh M. Weiss, "Harnessing the Power of Informal Employee Networks," *McKinsey Quarterly*, November 2007, http://www.mckinsey.com/insights/organization/harnessing_the_power_of_informal_employee_networks (accessed April 23, 2014).

84 Based on Andrew Mayo, "Memory Bankers," *People Management*, January 22, 1998, 34–38; William Miller, "Building the Ultimate Resource," *Management Review*, January 1999, 42–45; and Todd Datz, "How to Speak Geek," *CIO Enterprise*, Section 2, April 15, 1999, 46–52.

85 This discussion is based in part on Gustavo Guzman and Luiz F. Trivelato, "Transferring Codified Knowledge: Socio-Technical Versus Top-Down Approaches," *The Learning Organization* 15, no. 3 (2008), 251–276; Ikujiro Nonaka and Hirotaka Takeuchi, *The Knowledge-Creating Company: How Japanese Companies Create the Dynamics of Innovation* (New York: Oxford University Press, 1995), 8–9; Robert M. Grant, "Toward a Knowledge-Based Theory of the Firm," *Strategic Management Journal* 17 (Winter 1996), 109–122; and Martin Schulz, "The Uncertain Relevance of Newness: Organizational Learning and Knowledge Flows," *Academy of Management Journal* 44, no. 4 (2001), 661–681.

86 The description of tacit knowledge is based on Matt Palmquist, "(Tacit) Knowledge Is Power," *Strategy + Business*, April 9, 2014, http://www.strategy-business.com/blog/Tacit-Knowledge-Is-Power (accessed April 22, 2014); and C. Jackson Grayson, Jr., and Carla S. O'Dell, "Mining Your Hidden Resources," *Across the Board*, April 1998, 23–28.

87 The quote is from Dorothy Leonard, Harvard Business School, quoted in Jeff Green, "As Boomers Retire, Companies Prepare Millennials for Leadership Roles," *Bloomberg Businessweek*, January 25–January 31, 2016, https://www.bloomberg.com/news/articles/2016-01-21/as-boomers-retirecompanies-prepare-millennials-for-leadership-roles (accessed May 24, 2019).

88 Jeff Green, "As Boomers Retire, Companies Prepare Millennials for Leadership Roles," *Bloomberg Businessweek*, January 25–January 31, 2016, https://www.bloomberg.com/news/articles/2016-01-21/as-boomers-retire-companiesprepare-millennials-for-leadership-roles (accessed May 24, 2019).

89 Based on Morten T. Hansen, Nitin Nohria, and Thomas Tierney, "What's Your Strategy for Managing Knowledge?" *Harvard*

Business Review, March–April 1999, 106–116.

90 Dorit Nevo, Izak Benbasat, and Yair Wand, "Knowledge Management; Who Knows What?" *The Wall Street Journal*, October 26, 2009.

91 David Gilmore, "How to Fix Knowledge Management," *Harvard Business Review*, October 2003, 16–17.

92 Palmquist, "(Tacit) Knowledge Is Power."

93 Saul Berman and Peter Korsten, "Embracing Connectedness: Insights from the IBM 2012 CEO Study," *Strategy & Leadership* 41, no. 2 (2013), 46–57.

94 Zammuto et al., "Information Technology and the Changing Fabric of Organization."

95 Stephanie Overby, "Paving over Paperwork," *CIO*, February 1, 2002, 82–86.

96 Siobhan O'Mahony and Stephen R. Barley, "Do Digital Telecommunications Affect Work and Organization? The State of Our Knowledge," *Research in Organizational Behavior* 21 (1999), 125–161.

97 Michela Arnaboldi and Jean-Francois Coget, "Social Media and Business: We've Been Asking the Wrong Question," *Organizational Dynamics* 45 (2016), 47–54.

98 Berman and Korsten, "Embracing Connectedness."

99 "Big and No Longer Blue," *The Economist*, January 21–27, 2006, http://www.economist.com/node/5380442 (accessed October 18, 2011).

100 "Mandate 2003: Be Agile and Efficient," *Microsoft Executive Circle*, Spring 2003, 46–48.

101 Salvatore Parise, Bala Iyer, Donna Cuomo, and Bill Donaldson, "MITRE Corporation: Using Social Technologies to Get Connected," *Ivey Business Journal*, January–February 2011, http://www.iveybusinessjournal.com/topics/strategy/mitre-corporation-using-socialtechnologies-to-get-connected (accessed August 25, 2011).

102 Joanne Lee-Young and Megan Barnett, "Furiously Fast Fashions," *The Industry Standard*, June 11, 2001, 72–79.

103 Adapted from, "7 Steps for Launching a Successful Manufacturing Big Data Project," Sight Machine, available at https://info.sightmachine.com/lp-wp-sm-7-steps-launching-manufacturing-bigdata-project?utm_source=Google&utm_medium=cpc&utm_campaign=utm_term=big_data_analytics&gclid=Cj0KCQjwla7nBRDxARIsADll0kDtLp68cQbo4G6-Ge1ISoMkSuWoaZfJ7Vp9nJbLWhlj5erfHhaJw3EaAsLWEALw_wcB (accessed May 29, 2019).

104 Based on Tom Harris, "How Escalators Work," Howstuffworks.com, https://science.howstuffworks.com/transport/engines-equipment/escalator1.htm (accessed May 27, 2019); Rebecca Goldberg and Elliot Weiss, "Schindler Elevator Corporation," Case UVA-OM-1593, July 30, 2018. Copyright 2018 by the University of Virginia Darden School Foundation, Charlottesville, VA; Ryan Bradley, "FYI: Why Are Escalators So Dangerous?" *Popular Science*, September 17, 2013, https://www.popsci.com/science/article/2011-04/fyi-why-are-escalators-so-dangerous (accessed May 27, 2019); and Klaus Meyer and Alexandra Han, "Bossard AG: Enabling Industry 4.0 Logistics, Worldwide," Case 9B17M149, Ivey Publishing, September 29, 2017. Copyright 2017 Ivey Publishing, Ivey Business School, Western University, London, Ontario, Canada.

CHAPTER 10

조직의 규모, 수명주기 및 쇠퇴

학습목표

이 장을 공부하면,

1. 대규모 조직의 장단점을 설명할 수 있다.
2. 조직의 수명주기를 규명하고 네 가지 단계별 주요 특징을 설명할 수 있다.
3. 관료주의의 특성을 명확히 이해할 수 있다.
4. 대규모 조직과 소규모 조직을 공식화, 집중화, 인사부서의 비율 측면에서 비교할 수 있다.
5. 대규모 조직의 관료주의에서 나타나는 병폐를 감소시킬 수 있는 다양한 접근방법을 이해할 수 있다.
6. 관료적 통제와 시장 및 문화 통제를 비교 설명할 수 있다.
7. 조직의 쇠퇴 단계 모형을 설명할 수 있다.

도입질문

이 장을 읽기 전 다음 질문에 답해보자.

1. 새로운 회사를 창업한 기업가가 회사가 성장하는 단계에서 직접 통제하고 관리하는 것은 바람직한 일이다.

    1) 동의함 ________________　　2) 동의하지 않음 ________________

2. 경영자는 조직구성원의 행동을 통제하기 위한 주요 수단으로 공유가치, 신뢰, 조직사명에 대한 몰입을 강조해야 한다.

    1) 동의함 ________________　　2) 동의하지 않음 ________________

3. 조직이 쇠퇴하기 시작하면 회복하는 것은 불가능한 일이다.

    1) 동의함 ________________　　2) 동의하지 않음 ________________

"사우스웨스트(Southwest) 항공은 회사 창립한 이후 지금 가장 좋은 위치에 있다"고 최고경영자이자 회장인 개리 켈리(Gary Kelly)는 말하였다. 하지만 켈리는 회사가 점차로 노쇠화 징조를 보이기 시작한 것을 알고 있었다. 그는 전반적인 항공산업뿐만 아니라, 사우스웨스트 항공의 위상 또한 바뀌기 시작했다는 것을 인정하지 않을 수 없었다. 회사의 성장은 멈추었다. 오랜 기간 이 회사의 매출 동인이 되어온 저가의 운임은 더 이상 낮은 가격이 아니었다. 미국의 다른 항공사들은 비즈니스 여행자들을 포섭하기 위해 다양한 서비스와 프로그램을 제공하였다. 그리고 초특가 할인정책을 통하여 이미 사우스웨스트 항공 요금보다 낮은 가격을 책정하였다. 사우스웨스트는 악천후로 인해 수천 건의 항공편이 취소되는 상황이 발생했을 뿐만 아니라 정비직원노조의 노사분규로 인해 비행기의 유지 보수업무가 마비되어 어려움을 겪었다. 게다가, 사우스웨스트사는 다른 항공사에 비해 보잉 737 Max 기종을 많이 보유하고 있는데, 이 기종은 2019년 3월 두 번의 큰 사고로 인해 비행을 하지 못하고 있다. 2019년 1/4분기에만 보잉 737 Max 기종의 비행 중지, 악천후, 그리고 정비공들의 노사분규로 인해 취소된 항공편만 9,000편이 넘는다. 상당수의 종업원들은 이 회사의 공동설립자이며 전임 최고경영자인 허브 켈러허(Herb Kelleher) 시대를 동경하였다. 그는 이국적인 의상을 즐겨 입으며, 할리 데이비슨을 타고 다니는 괴짜 경영자로 잘 알려져 있다. "아마 그런 시절은 다시 돌아오지 않을 겁니다. 더 이상 가족이라기보다는 회사처럼 바뀌어 가는 걸요." 노조위원장인 랜디 반스(Randy Barnes)는 말하였다.[1]

사우스웨스트 항공과 같이 기업이 성장하여 규모가 커지고 복잡해지면 조직을 통제하고 이끌어가기 위해 더욱 복잡한 시스템과 업무절차가 필요해진다. 많은 기업가들이 기업 성장에 수반되는 고통스러운 문제들을 안고 있다. 복잡한 시스템과 업무절차가 도입되면 비효율성, 경직성 또는 고객약속 지연 등 여러 가지 문제들을 수반하게 된다. 이는 회사가 더 이상 혁신을 하지 못하거나 고객요구에 맞추어 환경변화에 민첩하게 대응하지 못하게 됨을 의미한다.

사우스웨스트 항공은 기존의 어떤 기업보다도 혁신적이고 유연한 창업정신을 유지하면서 상당기간 '젊은 기업'의 이미지를 구축해 왔다. 하지만 지방의 작은 레스토랑이나 정비업체, 거대한 국제조직, 비영리조직, 사법기관에 이르기까지 모든 조직들은 결국에는 조직규모, 관료주의 그리고 통제로부터 발생되는 제반 문제에 골머리를 앓고 있다. 20세기를 지나는 동안 대규모 조직의 수는 크게 증가하였으며 관료주의는 조직이론 연구에서 가장 중요한 주제가 되었다.[2] 대규모 조직들은 대부분 관료제 특성을 지니고 있는데 그 이유는 관료주의가 매우 효과적이기 때문이다. 관료제 특성을 지닌 조직들은 방대한 종류의 상품과 서비스를 제공하고, 화성탐사, 하룻밤 사이에 전 세계에 소포를 배송하거나 하루에 수천대의 비행기 스케줄을 짜고 조정하는 등 놀라운 일을 수행할 수 있다. 이처럼 관료제는 매우 효과적이다. 그럼에도 불구하고 관료제는 비효율, 경직성, 종업원과 고객을 멀어지게 만드는 엄청난 절차와 같은 부정적인 측면 때문에 비판을 받고 있다.

이 장의 목표

이 장에서는 대규모 조직과 소규모 조직의 장단점을 비교하고 조직의 규모가 구조와 통제에 어떤 영향을 미치는지 연구할 것이다. 이전 장에서 거론된 기술, 환경, 목표와 같은 상황 요소와 동일하게 조직의 규모도 조직구조와 기능에 영향을 미친다. 이 장의 앞부분에서는 대규모 조직과 소규모 조직의 이점을 자세히 연구할 것이다. 그리고 조직의 수명주기란 무엇인지, 각 수명주기의 단계별로 나타나는 구조적 특징은 어떠한지 살펴볼 것이다. 그 다음에는 큰 조직을 통제하기 위한 수단으로서 관료주의가 등장하게 된 배경을 정리하고, 관료주의적 통제를 다른 통제 전략과 비교할 것이다. 마지막으로 조직쇠퇴의 원인과 각 단계별 특성에 대해 살펴볼 것이다. 이 장을 마치면 관료주의적 통제가 조직을 효과적으로 만드는 때는 언제인지, 그리고 다른 통제방법이 더 적절한 때는 언제인지 알 수 있을 것이다.

10.1 조직의 규모: 조직은 클수록 더 좋은가

어떤 규모의 기업이 더 좋은가 하는 질문에 답하기 위해 기업은 성장해야 한다는 당위성과 왜 그렇게 많은 조직들이 성장의 필요성을 느끼는가 하는 의문에서 논의를 시작하자.

10.1a 성장에 대한 압박

당신은 스스로 사업을 시작하는 꿈을 꾸어 본 적이 있는가? 많은 사람들이 그럴 것이며, 그렇게 시작하는 신생 기업들이 국가 경제에 활력을 불어 넣는다. 신생 기업들은 빠르게 성장하여 대규모 기업이 되고자 하는 희망을 가지고 있으며, 결국에는 포춘(Fortune)의 500대 기업 리스트에 자신의 이름을 올리고 싶어 한다.[3] 아마존(Amazon)을 한 번 생각해보자. 아마존은 1994년 150명 정도의 종업원이 인터넷을 통해 책을 팔던 작은 회사로 시작했다. 2018년, 아마존은 미국 8대 기업에 올랐으며, 64만 7,500명이 넘는 종업원이 전 세계에서 30억 가지 이상의 제품을 공급하고 있다. 또한 클라우드 컴퓨팅 분야의 글로벌 리더이자, 자체 항공단 설립을 추진 중에 있다. 이제 온라인 판매는 아마존의 전체 사업 중 극히 작은 부분일 뿐이다. 회사의 판매와 수익은 계속 증가하고 있다.[4]

기업들은 지난 수십 년 동안 산업의 합병, 글로벌 확장 및 다각화 등으로 인해 상당한 규모로 성장해 왔다. 신생의 소규모 기업들의 확장에도 불구하고, 애플(Apple), 도요타(Toyota), JP 모건 체이스(JP Morgan Chase), 월마트(Walmart)는 계속해서 성장해 왔다. 2018년, 애플의 시장가치는 1조 달러를 돌파하였는데, 이는 몇 몇 초대기업들이 미국 경제를 지배하게 된 것을 반영한다. 1975년 당시만 해도, 미국 내 모든 상장기업에 의해 발생한 수익의 절반을 109개의 기업이 올렸는데, 2018년에는 30개 기업이 같은 비율의 수익을 올리고 있다.[5]

소매업, 항공 산업, 언론에 이르기까지 모든 산업에서, 조직들은 글로벌 경쟁력을 갖고 신기술 투자, 유통 지배력 확보, 신시장 진출에 충분한 만큼의 자원을 확보하고 기업 규모를 키우기 위해서 노력하고 있다.[6] 이외에도 조직의 성장을 요구하는 다른 압박이 존재한다. 많은 경영자들은 회사가 경제적으로 탄탄한 기반을 유지하려면 성장해야 한다는 사실을 알고 있다. 시장에서 성장의 정지는 곧 쇠퇴를 의미한다. 회사가 고객의 요구를 제대로 충족시키지 못하기 때문에 경쟁회사들에게 회사의 점유율을 잠식당했다는 의미가 되기 때문이다. 월마트의 경영자들에게 성장의 중단은 곧 정체로, 회사가 망하는 것이라는 생각이 깊이 새겨져 있다. 월마트의 전 최고재무관리자(CFO)인 톰 쇼위(Tom Schoewe)는 "투자수익률이 조금 줄어든다 할지라도 더 빠르게 성장할 수만 있다면, 그것이 맞는 정책이다"라고 말했다.[7]

기업의 규모가 커지면 작은 회사라면 망할 수 있는 큰 위험을 감수하고 사업을 추진할 수 있다. 산업에 따라서는 규모가 경제적 건전성의 가장 중요한 요소로 여겨지기도 한다. 미국의 병원, 의료기관, 보험업자 등 헬스케어 산업에는 건강관리 비용을 통제하고 새로운 도전에 대응하기 위한 합병의 물결이 일고 있다. 한 사례로 미국에서 가장 큰 제약 체인회사 중의 하나인 CVS헬스가 애트나(Aetna)를 합병한 경우를 들 수 있다.[8] 화물요금의 인하는 해운산업의 합병 바람을 부추겨 왔다. 덴마크의 거대회사인 묄러-머스크(Moeller-Maersk)는 여객사업부와 물류사업부로 나누고, 석유관련 사업은 두 분야 모두에 할당했는데, 이는 인수합병을 통해 성장 가능한 고도의 유연성을 갖게 하기 위함이었다. 머스크 그룹의 CEO인 소렌 스코우(Soren Skou)는 회사는 "기회가 왔을 때 큰 일을 할 수 있는 화력"을 확실하게 가지고 싶어 한다고 말했다.[9] 코카콜라(Coca-Cola), P&G(Procter & Gamble)와 같이 마케팅에 치중한 회사들은 규모의 증대를 통해서 시장지배력을 확보하고, 나아가서 수익을 증가시킬 수 있다.[10] 일련의 인수합병을 통해 산업 내 막대한 힘을 회사에 제공함으로써 벨기에의 주류회사인 인터브루(Interbrew)(현재는 안호이저-부시(Anheuser-Busch InBev))는 세계에서 가장 큰 맥주 양조 및 유통업체가 되었다. 또한 성장하는 조직은 활력이 넘쳐서 흥미로운 직장으로 인식되기 때문에, 유능한 종업원들을 확보하고 몰입하게 만들 수 있다. 규모가 증대되어 종업원의 수가 드러나면, 도전적인 일과 발전의 기회도 많아진다.

10.1b 대규모의 딜레마

조직은 성장해야 한다. 그러나 어느 정도의 규모로 성장해야 할 것인가? 어느 규모의 조직이 빠르게 변화하는 글로벌 환경에서 더 유리한가? 이러한 논쟁들을 〈도표 10.1〉로 요약하였다.

대규모. 기업이 세계적으로 경쟁하기 위해서는 막대한 자원과 규모의 경제가 요구된다. 대규모 조직만이 서부 캐나다에서 미국에 걸쳐 가동되는 거대한 키스톤 파이프라인(Keystone Pipeline)을 건설할 수 있고, GE와 같은 대기업만이 8,000개의 부품이 들어가는 200만 달러짜리 초효율 풍력 터빈을 만들 수 있다.[11] 존슨앤존슨(Johnson & Johnson)만이 다중초점 콘택트렌즈나 피부에 붙이는 피임약 같은 신제품을 위해 수백만 달러를 투자할 수 있다. 99개 개발도상국을 분석한 최근 한 연구에서 대기업은 소기업에 비해 상당히 높은 생산성을 보이는 것으로 나타났다. 이러한 규모와 생산성의 연결은 규모 및 범위의 경제로 인해 특히 미국에서 강하게 나타난다.[12] 미국의 셰일가스 붐(shale boom)은 EOG 리소스(EOG Resources)와 컨티넨탈 리소스(Continetal Resources)와 같은 작고 민첩한 회사에 의해 일어났다. 그러나 규모의 경제와 범위의 경제는 쉐브론(Chevron)과 엑손모빌(Exxon Mobil)과 같은 대기업에 이득을 가져다 주었다. ADI 애널리틱(ADI Analytics)의 CEO인 유데이 투랑가(Uday Turanga)는 규모가 대기업들로 하여금 비용을 절감할 수 있게 해주고, 파이프라인 접근이 신속하게 가능케 해주고, 더 나은 노동력 확보 및 기타 계약들이 체결되게 해준다고 말한다. 쉐브론사의 노스아메리카(North America) 시추·생산 부문 사장인 제프 쉘레버거(Jeff Shellebarger)도 이 점에 대해 동의하고 있다. "당신은 일단 개발 모드에 도달한 후에는 당신이 가진 여력에서 성공할 수 있도록 규모(scale)가 필요하다"고 쉘레버거는 말한다. 2018년 3/4분기 동안에 이첨기 분지(Permian Basin)에서 쉐브론의 석유와 가스 생산량은 전년도 대비 80% 증가한 30

도표 10.1 대규모 조직과 중소규모 조직의 차이

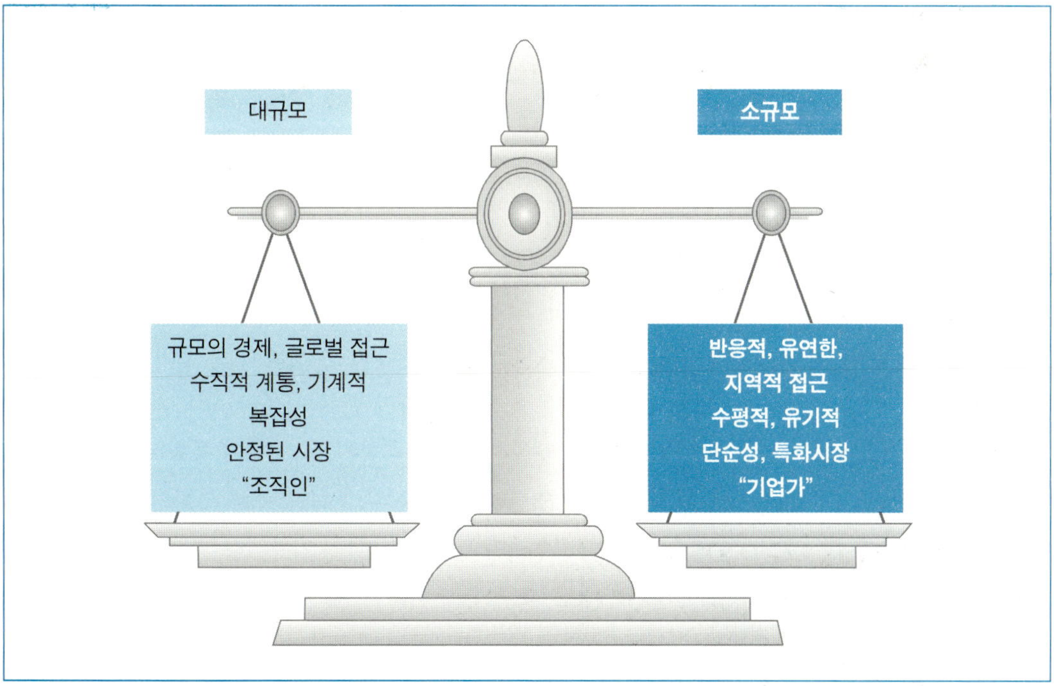

출처: Based on John A. Byrne, "Is Your Company Too Big?" *Businessweek*, March 27, 1989, 84–94.

만 배럴 이상으로 치솟았다. 그에 비해, 한 작은 회사가 생산량을 1만 배럴에서 10만 배럴로 늘리는 데 4년이 걸렸다.[13]

대규모 기업은 소규모 기업이라면 파산 할 수도 있는 경기불황에서도 무사히 해쳐나갈 수 있으며, 그들과 함께 하는 지역사회에 더 많은 사회적 지원을 제공할 수도 있다.[14] 2011년 지진, 쓰나미, 방사능으로 재앙을 겪은 일본에서, 상당한 수익을 거두는 보험회사 애플랙(Aflac)은 고객에게 보험료 지불에 대해 6개월의 유예기간을 제공했다. 게다가 애플랙은 구호 노력의 일환으로 수백만 달러를 기부했다.[15] 대규모 조직들은 어려운 시기에도 신속하게 회복할 수 있기 때문에 직원들에게 안정감과 소속감을 불러일으킬 수 있다.

큰 회사는 복잡하며 표준화되어 있고 종종 기계적으로 운영된다. 대기업 안에는 수백 개의 전문영역에 속한 사람들이 다양한 과업을 수행하여 여러 복잡한 제품을 생산한다. 또한 대기업들은 수년 간 시장을 안정시킬 수 있다. 대기업에 취직한 종업원들은 안정적인 근무생활, 봉급인상, 승진을 기대할 수 있다.

소규모. 글로벌 경제에서 성공하는 주요 요인은 변화하는 시장에 대한 민감한 대응과 유연성이기 때문에 작은 것이 아름답다는 말이 설득력을 얻고 있다. 규모가 작은 기업은 고객 니즈와 시장 및 외부환경 변화에 신속하게 대응할 수 있다는 장점을 지닌다.[16] 게다가 작은 조직에서는 종업원들이 자신을 한 공동체에 속한 구성원으로 느끼기 때문에 몰입도가 더 높아진다. 종업원들은 좁은 범위에서 한정된 업무만 수행하는 것이 아니라 다양한 과업을 수행하게 된다. 많은 이들에게 소규모 회사에서 근무하는 것은 더 흥미롭고 만족감을 준다. 당신이 관리자라면 어떤 규모에서 더 행복하겠는가? 이해를 위해 이 장의 '적합성 평가' 설문을 완성해보자.

많은 대기업이 최근 수년 간 인수·합병을 통해 더욱 크게 성장하였지만, 오직 소수의 합병만이 기대했던 성과를 달성했다. 맥켄지앤컴퍼니(Mckinsey & Company), 헤이 그룹(Hay Group) 등의 컨설팅회사가 조사한 바에 의하면 합병 후 기업의 성과는 약 20% 감소한 것으로 나타났다. 대략 90%의 합병 기업이 기대에 미치지 못하였다. 많은 연구자와 분석가들은 단지 크기만으로는 더 나은 성과가 만들어지지 않는다는 것에 대개 동의한다.[17] 2009년에 센텍스(Centex)를 인수하고, 주택 건설 시장에서 가장 큰 회사 중의 하나가 된 풀트 그룹(Pulte Group)을 살펴보자. 주택 시장을 약화시켜가며 결합된 두 회사의 통합에 대한 도전은 결국 풀트 그룹의 수익성에 큰 피해를 입혔다. 인수 이후 2011년 중반 사이의 기간 동안 풀트 그룹은 한 분기만 수익을 거두었고 수백만 달러의 손실을 기록했다.[18]

많은 기업들의 규모가 증가함에도 불구하고, 미국 경제와 대부분 선진국 경제의 활력은 중소기업들에 의해서 결정된다. 미국 중소기업청에 따르면 소규모 기업들은 미국 내 기업의 99%에 해당한다. 미국 약 3,020만 개의 소규모 기업들은 약 5,900만 명을 고용하고 있다. 게다가 확인할 수 있는 가장 최근 데이터로 볼 때, 2015년에는 190만 개의 순수 일자리

적합성 평가

당신에게 적합한 조직의 규모는?

당신은 어떤 규모의 조직을 선호하는가? 다음의 질문에 당신이 선호하는 응답을 체크해보자. 각 문항의 '그렇다'나 '그렇지 않다'에 체크해보자.

	그렇다	그렇지 않다
1. 내가 근무하는 조직의 안정성과 예측 가능성을 중요하게 생각한다.	____	____
2. 규칙은 때에 따라 못 지킬 수도 있다.	____	____
3. 근무기간이 임금과 승진에 중요한 결정 요소여야 한다.	____	____
4. 소수의 업무만을 집중해서 하는 것보다, 여러 업무를 다양하게 할 수 있는 곳을 선호한다.	____	____
5. 직업 선택 전, 직장의 복지 혜택이 좋은지 확인하고 싶다.	____	____
6. 관리자가 한 사람인 부서보다는 관리 책임이 분산된 팀에서 일하고 싶다.	____	____
7. 잘 알려진 대규모 조직에서 일하고 싶다.	____	____
8. 대규모 조직에서 중간관리자로 일하면서 10만 달러의 연봉을 받는 것보다 소규모 회사에서 부사장으로 일하면서 9만 달러의 연봉을 받고 싶다.	____	____

점수계산: 홀수 번호의 문항에 '그렇다'로 응답했을 시 1점을 부여하고, 짝수 번호 문항에 '그렇지 않다'로 응답했을 시 1점을 부여한다.

해석: 대규모 조직에서 근무하는 것은 소규모 조직에서 근무하는 것과 매우 다른 경험이다. 대규모 조직은 좋은 복지혜택을 제공하고, 안정되어 있으며, 규칙과 잘 정의된 직무, 그리고 분명한 권한계층이 잘 확립되어 있다. 소규모 조직에서는 조직이 생존하기 위해 투쟁해야 하며, 흥미롭지만 다양한 업무를 하고, 위험하지만 책임이 분화되어 있다. 당신의 점수가 6점 이상이라면 당신은 대규모 조직을 선호하는 사람이고, 3점 이하라면 작고 덜 구조화되어 있는 조직에서 일하는 것을 선호하는 사람이다.

출처: From Don Hellriegel, Susan E. Jackson, and John W. Slocum. *Managing: A Competency-Based Approach*, 11th ed. (Mason, OH: South-Western, a part of Cengage Learning, Inc., 2008). Reproduced by permission. http://www.cengage.com/permissions.

를 소규모 기업에서 만들어냈다.[19] 또한 수출업체의 대부분은 소규모 기업이다. 인터넷과 디지털테크놀로지의 성장은 소규모 기업이 대규모 기업과 경쟁하는 것을 용이하게 만들었다. 또한 많은 서비스기업들이 고객에게 더 나은 서비스 제공을 위해 작은 규모를 유지하듯이 서비스 부문의 성장은 평균적인 조직 규모의 축소를 불러왔다.

작은 조직들은 단순한 구조를 가지고 유기적이며 자유로운 경영 스타일로 기업가정신과 혁신을 촉진한다. 오늘날 손꼽히는 생명공학 의약품 개발은 화이자(Pfizer) 같은 거대 제약회사가 아닌 HIV치료제를 개발한 길리어드 사이언스(Gilead Sciences)와 같은 작은 회사에서 이루어지기도 한다.[20] 게다가 작은 조직의 구성원들은 기업 사명에 더 쉽게 동화되며,

회사에 개인적인 애착을 갖게 되어 동기부여와 책임감이 높아진다. 인류학자인 로빈 둔바(Robin Dunbar)는 원시사회, 종교의 종파, 군대 조직, 일부 기업에 대한 연구를 통해 목표 달성을 위한 최적의 조직 구성원 수는 150명이라 주장한다. 그는 그 이상의 규모가 되면 지나치게 많은 규칙과 절차 그리고 불필요한 요식행위에 의해 조직의 윤리, 열의, 몰입이 약화되어 조직의 효과성이 줄어든다고 주장한다.[21]

대기업/소기업의 혼합. 작은 기업이 소규모의 장점을 이용하여 성공하고 나면 규모가 커진다는 사실은 역설적이다. 소기업이 크게 성공하면 스스로 성공의 희생자가 된다. 기계적인 구조로 전환하여 수직적인 계층을 강조하고 기업가 대신 '조직인'을 만들어내는 것이다. 거대 기업은 '혁신이 아닌 최적화에 맞는 구조'이다.[22] 대기업이 되면 현재의 제품과 기술에 전념하게 되어 미래를 위한 혁신의 지원에 어려움을 겪는다.

GE의 전 회장인 잭 웰치(Jack Welch)는 '대기업/소기업 혼합'이라 불리는 방법을 해결책으로 제시했다. 이는 대규모 조직의 자원 활용 능력과 소기업의 간소함, 유연성을 결합한 형태이다. 이러한 회사들은 유연성과 효율성을 동시에 가능케 하는 구조와 프로세스를 만들어낸다. 즉, 혁신의 활용을 위해서 소기업의 창의성과 대기업의 시스템 양쪽 모두에 적합한 구조와 프로세스를 만드는 양손잡이 접근법을 사용한다. 예를 들어 느슨하고 유연한 구조와 종업원의 큰 자유는 새로운 아이디어의 창조나 기획에는 유리하지만, 직원들이 조직에 덜 순응하기 때문에 종종 어떤 변화를 시행하는 데에는 어려움이 따른다. 양손잡이 접근법에서 관리자는 특정 부서에는 혁신과 함께 새로운 아이디어를 제안하도록 유연성 및 그들의 자유를 북돋우지만, 조직 전반적으로는 혁신의 실행을 위해 엄격하고 중앙 집권적이며 표준화된 접근을 한다.[23] 예를 들어, 마이크 라리에(Mike Lawrie)가 런던 소재 소프트웨어 기업인 미시스(Misys, 지금은 피나스트라(Finastra)의 일부임)의 CEO로 재직하고 있었을 때, 그는 헬스케어 산업에서 잠재적 혁신 기술을 만들 벤처인 미시스 오픈 소스 솔루션(Misys Open Source Solutions)을 위한 독립된 부서를 만들었다. 라리에는 창의적인 사람들이 병원, 의사, 보험업자, 그 외 헬스케어 시스템과 관련된 다른 사람들 간 'seamless data'의 교류가 가능한 새로운 소프트웨어 작업에 필요한 시간과 자원을 가지길 원했다. 루틴과 정확성이 중요한 곳에서 새로운 아이디어의 실행은 정규(regular) 조직 안에서 나타난다.[24] 3장에 서술되어 있는 사업부 구조는 대기업/소기업 혼합을 이룰 수 있는 한 방법이다. 거대한 기업 안에 독립적으로 운영되는 작은 사업단위를 편성함으로써 소규모 기업의 정신자세와 장점을 유지할 수 있는 형태를 지니게 된다. 존슨앤존슨은 57개국 250개의 사업부가 독립적으로 운영되는 체제를 갖고 있다.[25] 마이클 델(Michael Dell)은 스타트업 기업과 같은 행동을 위한 자율사업부를 만들며 조직의 영광을 되찾으려 노력하고 있다.

다른 기업들 또한 대규모와 소규모를 함께 추구할 방식을 찾고 있다. 대형 할인점 로우스(Lowe's)는 광고, 구매, 자금 조달과 같은 부문에서는 규모의 경제 효과를 추구하면서, 개

IN PRACTICE 델

델(Dell)은 한때 세계 최고의 PC 생산기업이었다. 그러나 PC사업은 오랫동안 쇠퇴해 오고 있다. PC 생산기업에서 '솔루션 기업'으로 변화하면서, 창업가인 마이클 델(Michael Dell)은 델을 창업가적 뿌리를 가진 때로 돌리기 위해 노력을 하고 있다.

델은 사이버 보안과 데이터센터 설계 및 관리와 같은 새로운 영역으로 진입하면서, 그들의 새로운 부서들이 점차 알아서 구동할 수 있도록 하고 있다. 데이터센터 설계 부서를 운영하는 포레스트 노르도(Forrest Norrod)는 본부의 '도움'에 대해 일정 부분 무시할 수 있는 권한을 가지고 있다고 말한다. 마이클 델은 사업단위들이 점차 창의적이고 덜 관료화된 형태로 행동하길 원하기 때문에 이러한 손을 떼는(hands-off) 접근을 하고 있다고 말하였다. 노르도의 부서는 델의 파머 사우스(Parmer South) 캠퍼스에 본사와 8마일 가량 떨어진 곳에 위치하고 있다. 종업원들이 서버 받침대를 측정하기 위한 자를 찾을 수 없을 때, 달러 지폐를 사용하기도 하였다. 한 종업원은 자신의 차고에서 특수한 차대를 만들기도 하였다. 강력 접착테이프를 전력을 공급하기 위해 사용하기도 하였다. 이것들은 거대 컴퓨팅 장치를 구동하는 데 옳지 않은 것처럼 보이지만, 노르도와 마이클 델은 이것이 빠르고, 유연하며, 창업가적인 스타트업을 움직이는 방식이라는 점에 동의하였다. 델에게 거대한 첨단 경쟁자들이 있다는 것은 어쩌면 매우 중요한 기회일지도 모른다.[26]

별 점포에게 해당지역의 특성에 맞춰 고객 서비스를 제공할 수 있는 자율권을 부여한다. 뮤추얼 펀드를 관리하는 뱅가드(Vanguard)사는 고객과의 관계가 단절되지 않도록 CEO를 비롯하며 모든 구성원들이 매달 고객과 직접 전화로 대화하는 시간을 갖는다.[27] 성장하는 소기업들은 유연성과 고객중심 유지를 위해서 이와 같은 아이디어를 활용할 수 있으며 기업 성장의 바탕으로 삼을 수 있다.

핵심정리

- 조직은 성장에 대한 압력을 많이 경험하며, 대규모 조직의 경우 어떤 산업에서는 건강한 경제를 위해 매우 중요하다.
- 조직의 크기는 규모의 경제 및 종업원들을 위한 다양한 기회를 제공하며, 위험하고 금액이 높은 프로젝트에 투자할 수 있게 해준다. 그러나, 급격하게 변화하는 환경에 적응하는 데 어려움을 겪는다.
- 대규모 조직은 일반적으로 표준화되었고, 기계적으로 운영되며 복잡하다.
- 소규모 조직은 일반적으로 수평적 구조 가지고, 유기적이며 자유로운 경영스타일을 보인다.
- 소규모 조직은 환경의 변화에 더욱 빠르게 반응할 수 있고, 혁신과 기업가정신을 장려하는데 더 적합하다.
- 대규모 기업 또는 성장하는 기업의 관리자들은 조직은 더욱 유연하고 반응적으로 만들어 줄 수 있는 메커니즘을 찾기 위해 노력한다.

10.2 조직수명주기

조직수명주기(life cycle)는 조직의 탄생, 성장, 사멸 등의 과정에서 어떻게 성장하고 변화하는지를 알게 해주는 유용한 개념이다.[28] 조직수명주기의 단계별로 조직구조, 리더십, 관리스타일은 일정한 패턴을 갖고 변화한다. 단계들은 연속적으로 발생되며 자연적인 성장과정을 따른다.

10.2a 수명주기의 발달 단계

조직수명주기는 4단계로 구분된다.[29] 이러한 단계들은 〈도표 10.2〉에 제시되어 있고 단계마다 조직이 직면하는 문제는 각기 다르다.

정의. 성장은 쉽지 않다. 수명주기의 새로운 단계로 진입할 때마다, 조직 내부 기능과 외부환경의 대응에 대해서 새로운 규칙이 적용되는 새로운 게임이 등장한다.[30]

도표 10.2 조직수명주기

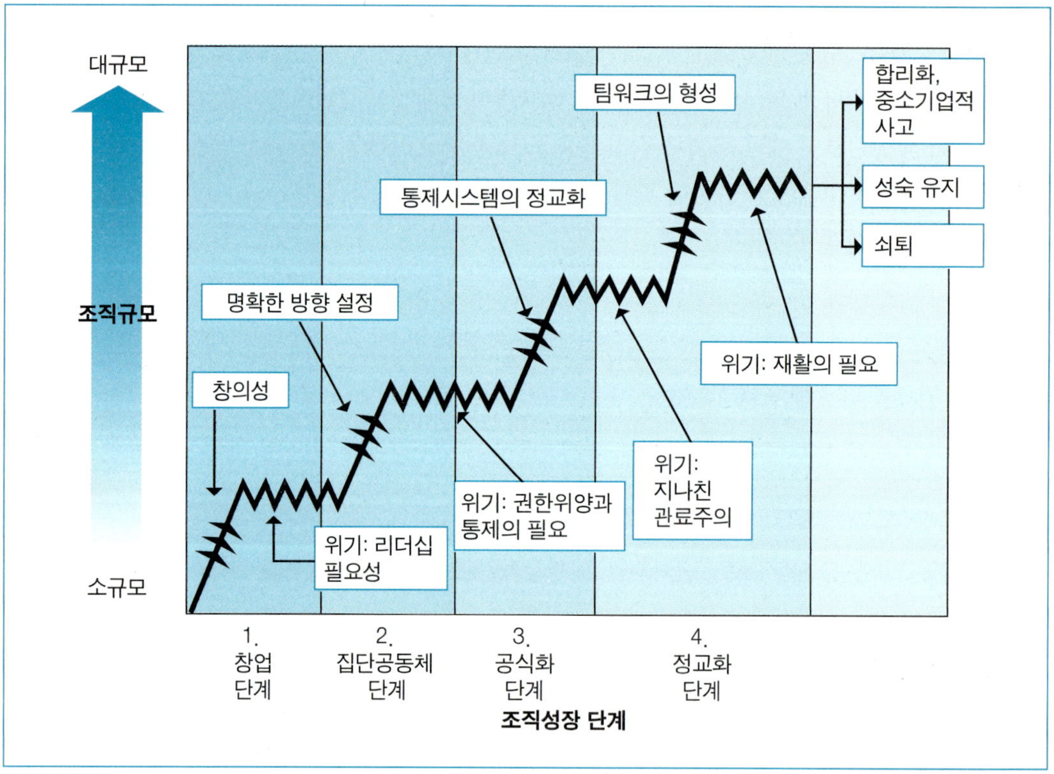

출처: Adapted from Robert E. Quinn and Kim Cameron, "Organizational Life Cycles and Shifting Criteria of Effectiveness: Some Preliminary Evidence," *Management Science* 29 (1983), 33–51; and Larry E. Greiner, "Evolution and Revolution as Organizations Grow," *Harvard Business Review* 50 (July–August 1972), 37–46.

1. 창업 단계: 기업이 탄생하면 새로운 제품이나 서비스를 개발하여 시장에서 살아남는 것이 무엇보다 중요하다. 혁신적 성향을 지닌 창업자들은 기술적 측면에서 생산과 마케팅 활동에 총력을 기울인다. 조직구조는 비공식적이며 비관료적이다. 업무시간은 매우 길다. 통제는 기업가의 개인적 감독으로 이루어진다. 기업은 창조적인 제품과 서비스를 동력으로 삼아 성장한다. 예를 들어 데니스 크로리(Dennis Crowley)와 나빈 셀바두라이(Naveen Selvadurai)는 포스퀘어(Foursquare: 사용자들이 그들이 방문하길 원하는 장소에 관한 북마크 정보나 경험, 팁 등을 친구와 공유할 수 있게 하는 모바일 네트워킹 서비스)의 첫 번째 버전을 뉴욕 이스트 빌리지(Newyork East Village)에 있는 크로리의 부엌 테이블에서 만들었다. 그들은 이 서비스를 2009년 텍사스 오스틴에서 출시했고, 몇년 내에 4,500만 명의 이용자를 확보하였다. 크로리는 회사 설립 초반에 최고경영자로 활동하였다.[31] 포스퀘어의 설립은 애플(Apple, 초기의 애플컴퓨터)이 1976년 워즈니악(Wozniak)의 부모님 차고에서 스티브 잡스(Steve Jobs)와 스티븐 워즈니악(Stephen Wozniak)에 의해 설립되었을 당시의 **창업단계(entrepreneurial stage)**를 떠올리게 한다.

위기: 리더십의 요구. 조직이 성장하면 종업원의 수가 늘어나는데, 종업원 수가 증가하면 관리적인 문제가 나타난다. 그러나 창의적이고 기술지향적인 기업가들은 관리적 문제보다 신제품이나 새로운 서비스를 개발하고 판매하는 데 더 많은 에너지를 사용한다. 이 위기를 극복하고 지속적인 성장을 도모하기 위해서는 조직을 체계화해야 할 뿐 아니라 이를 수행할 수 있는 역량 있는 경영자를 영입해야 한다. 예를 들어, 데니스 크로리는 견고한 관리팀을 구축하기 위해 몇 년을 보내고 2016년 CEO직을 그만두었지만, 여전히 포스퀘어에서 활발하게 자신의 역할을 수행하고 있다. "나는 내 자신이 상당히 많이 알고 있다고 생각합니다. 특히 건축 자재와 같은 것들에 대해서는요. 하지만 관리는 거기에 해당되지 않습니다"라고 크로리가 말했다.[32] 1998년 앤드류 메이슨(Andrew Mason)과 친구들이 매일 거래되는 전자상거래 시장인 그루폰(Groupon)을 설립하였다. 그루폰은 대단한 성장을 경험했지만 창업자인 앤드류 맨슨은 대규모 회사를 관리하는 데는 흥미가 있는 것처럼 보이지 않았고 결국 2013년 초에 자리에서 밀려났다. 어떤 분석가는 "나는 맨슨을 비전을 제시하는 아이디어 창출가로 본다"고 말했다. "이처럼 성장한 그루폰 조직에 대해 몇몇 사람들은 이 조직이 얼마나 인상적인지 주장하기도 한다. 그러나 어느 순간, 이것은 성인이 될 적절한 준비도 없이 너무 커져 버린 아이가 되었다."[33]

2. 집단공동체 단계: 리더십 위기가 해결되면, 강력한 리더십이 형성되고 조직은 분명한 목표와 방향을 가지게 된다. 권한계층, 직무할당, 역할 분화를 통해서 부서 구분이 이루어진다. **집단공동체 단계(collectivity stage)**는 종업원들이 개인의 목표와 회사의 사명과 목표를 동일시하고 기업의 성공을 위하여 헌신하는 시기이다. 종업원들은 자신을 집단공동체의 한 부분으로 생각한다. 몇몇 공식적 시스템이 나타나기 시작하지만 대

부분 비공식 커뮤니케이션과 통제에 의해 운영된다. 애플 컴퓨터가 1978년부터 1981년까지 급속도로 성장하던 시기가 바로 집단공동체 단계이다. 잡스는 CEO로서 또는 미래를 주도하는 지도자로서 남아 있기는 했지만 대부분의 경영에 대한 책임은 마쿨라(Markkula)와 다른 간부들이 수행하였다. 조직구성원들은 사업에 매진하였고, 주요 제품 라인이 구축되고 2,000명 이상의 딜러와 제품판매 계약을 맺었다.

위기: 권한위양의 필요. 새로운 방식의 경영이 성공하면서, 하위 관리자들은 자신들의 생각이나 의견이 강력한 최고경영진의 하향적 리더십에 의해 무시된다고 느낀다. 자신의 직무분야에서 확신을 얻기 시작한 하위 관리자들은 더 많은 결정권을 원한다. 강력한 리더십과 비전에 의해 성공한 상위 경영자들은 자신들의 권한을 포기하지 않으려 하기 때문에 권한위양에 대한 위기가 발생한다. 상위 경영자들은 각 부문의 조직들이 서로 협력하고 사명을 완수하기를 바란다. 이제 조직에는 최고경영층의 직접 감독 없이도 각 부서의 조정과 통제가 이루어질 수 있는 메커니즘이 필요하다. 예를 들어 다이아몬드 와이프스(Diamond Wipes International)사가 어느 지점에 도달하고 부서 간 소통의 문제로 값비싼 실수가 나타났을 때, 타이완 기업가인 이브 옌(Eve Yen)은 총괄관리자를 고용하고 그에게 모든 부서의 협업에 대한 책임을 부여했다.[34]

도입 질문과 답

1. 새로운 회사를 창업한 기업가가 회사가 성장하는 단계에서 직접 통제하고 관리하는 것은 바람직한 일이다.

답) 동의하지 않는다. 일반적으로 창업 기업가는 새로운 제품이나 서비스를 만들고 판매하는데 자신의 창의성을 활용한다. 회사가 성장하면 시스템과 절차도 마련해야 하고 직원 관리의 필요도 증가한다. 그러나 창업 기업가들은 이러한 활동에 어려움을 겪는다. 대부분의 경우에 성공한 기업의 경우 회사를 맡아 경영할 수 있는 유능한 관리자를 영입하고 나서야 수명주기의 다음 단계로 넘어가게 된다.

3. 공식화 단계: **공식화 단계**(formalization stage)는 제도와 규칙, 절차, 그리고 통제시스템을 구축하여 활용하는 단계이다. 의사소통은 줄어들고 공식적인 방식으로 이루어진다. 엔지니어, 인적자원관리 전문가, 그 밖의 스태프가 추가로 영입된다. 최고경영층은 전략과 계획 문제에 관심을 가지며, 중간 경영자에게 기업의 일상적인 운영활동에 대한 관리를 위임한다. 기능부문 간의 조정을 용이하게 하기 위해 제품별 사업팀 또는 다른 형태의 분권화된 조직을 만든다. 경영자들은 회사의 전사적 이익을 극대화하기 위해 수익 기반의 인센티브시스템을 도입한다. 우버(Uber)는 현재 공식화 단계의 초기에 있다. 앞의 9장에서 설명한 공동설립자 트라비스 칼라닉(Travis Kalanick)은 스캔들로 인한 부정적인 언론으로 인해 몇 달 뒤 그만 두었다. 이사회는 우버의 성차별과 성희롱 혐의가 따라다니는 문화에 대한 조사를 실시하였고, 새로운 CEO인 다라 코로샤히(Dara

Khosrowshahi)는 관리감독을 철저히 할 수 있도로고 회사를 안내하는 공식적인 규정과 절차를 마련하고 있다.[35] 이러한 시스템이 효과적일 경우 새로운 통제시스템과 조정방식을 도입하여 최고경영층과 현장부서를 효과적으로 연결시키며 기업은 지속적인 성장을 추구할 수 있다. 점점 증가하는 운영의 복잡성을 관리하기 위한 새로운 시스템을 고안하는 관리자들이 존재하는 이베이(eBay)나 아마존(Amazon)과 같은 기업은 현재 공식화 단계의 후반에 있다.

위기: 과다한 관료주의. 조직이 성장하여 새로운 시스템과 프로그램들이 확산되면 중간관리계층은 압박을 느낀다. 조직은 관료주의로 흐르고, 중간관리계층은 지원부서들의 간섭에 분노를 느낀다. 혁신이 이루어지지 않으며, 기업은 너무 거대하고 복잡해서 공식적인 프로그램들을 통해 관리하기가 힘들어진다.

4. 정교화 단계: 관료주의 위기에 대한 해결방안은 협동과 팀워크이다. 경영자들은 조직 전반에 걸쳐 조직 구성원들이 함께 문제를 해결하고 일하는 기술들을 개발한다. 관료주의는 한계에 도달하였다. 사회적 통제와 자기 통제는 공식적 통제의 필요성을 줄일 수 있다. 경영자들은 현재의 관료주의 속에서 더 이상 새로운 제도를 추가하지 않고 효과적으로 일하는 방법을 배운다. 공식 시스템은 단순해지고 팀제나 태스크포스에 의해 대체된다. 여러 기능이나 부서에서 온 사람들로 구성된 팀을 통해 협력이 증진된다. 기업은 작은 조직의 철학을 반영하는 다양한 사업부문으로 분할된다. 애플은 현재 **정교화 단계**(elaboration stage)에 있다. 1장의 오프닝 사례에서 언급된 도요타, GE, 이 장의 초반부에 언급된 캐터필러(Caterpillar), 사우스웨스트 항공과 같은 대기업들도 마찬가지이다.

위기: 재활력화의 필요. 조직이 정교화기에 도달한 후에는 일시적인 쇠퇴 기간을 맞게 된다.[36] 소생의 필요성은 10년에서 20년 주기로 일어난다. 관료주의의 팽배로 대응능력이 떨어져 환경 변화와 적절하게 조화를 이루지 못하도록 퇴보한 조직은, 혁신이나 구조조정을 하지 않으면 안 될 시기에 직면하게 된다. 이 기간에는 최고경영자의 잦은 교체가 이루어진다. 애플은 이 시기에 최고영영자를 여러 번 교체하였다. 이에 해당되는 최고경영자들은 존 스컬리(John Sculley), 마이클 스핀들러(Michael Spindler), 길버트 아멜리오(Gilbert Amelio)로 이들은 모두 애플의 문제가 심각해지면서 주주총회에서 쫓겨났다. 1997년 스티브 잡스는 자신이 25년 전에 설립했던 회사를 재건하기 위해 복귀했다. 잡스는 신속하게 회사를 재조직하여 비능률을 제거하고 고객이 원하는 혁신적인 제품을 만드는 것에 집중했다. 더욱 중요한 것은 잡스가 사업방향을 아이팟(iPod) 음악시스템과 아이폰(iPhone)으로 전환시키면서 애플에 기업가정신이 다시 도입되었다는 사실이다. 판매와 수익이 급증하며 애플은 장기간의 성공시대로 진입했다.[37] 1998년 잡스가 고용한 팀 쿡(Tim Cook)은 2011년 잡스가 사망하고 난 후 CEO

자리를 맡게 되었는데, 잡스가 비전형 리더십(visionary leadership)으로 회사를 운영한데 반해, 쿡은 대부분의 일상업무를 처리하는 데 매진했다.[38] 애플은 현재 최고의 상황에 있지만 모든 성숙기 조직이 안고 있는 문제에 다시 직면했다. 모든 성숙기 조직들은 〈도표 10.2〉의 마지막 단계가 보여주듯이 재활력화 단계를 거치지 않으면 쇠퇴할 수밖에 없다.

요약. 창업하여 1년 동안 생존한 기업 중 84%가 5년 이내에 실패한다. 창업 단계에서 다음 단계로 제대로 전환하지 못하기 때문이다. 수명주기의 단계가 높아질수록 다음 단계로 전환하는 것은 더욱 어렵다.[39] 성공적으로 전환하지 못한 기업들은 더 이상 성장을 못하거나 시장에서 도태된다. 기술 기업과 플랫폼 기반 조직들의 수명주기는 갈수록 짧아지고 있

IN PRACTICE 에어비앤비

브라이언 체스키(Brian Chesky)와 조 게비아(Joe Gebbia)는 샌프란시스코에 있는 아파트를 빌릴 여유가 없었을 때, 자신의 로프트(경사진 천장이 있는 건물의 맨 꼭대기층)를 지역 디자인 컨퍼런스를 위한 단기 렌탈 숙소로 개조할 결심을 하였다. 그 결심으로 말미암아 훗날 체스키, 게비아, 그리고 한때 룸메이트였던 나단 블레카크지크(Nathan Blecharczyk)가 설립한 에어비앤비(원래는 에어베드앤브렉퍼스트)가 2008년 탄생하게 된다. 에어비앤비는 엄청나게 짧은 기간에 누구나 아는 회사가 되었으며, 10년도 되지 않아 회사가치는 300억 달러로 치솟았다. 세계 도처에 있는 200만 명의 '집주인'들은 자신들이 보유한 여분의 방과 집을 렌트해 주기로 계약하였다. 많은 손님들은 집주인이 쓰던 반밖에 안 남은 샴푸를 쓰는 샤워실을 이용하고, 주인집 식구들과 식사도 하고 TV도 함께 보는 등 격식 없는 '집에 묵기'를 좋아했다.

하지만, 현재 에어비앤비는 성장통을 겪고 있다. 새로운 환대(hospitality) 형태가 널리 퍼지면서, 많은 사람들이 전통적인 호텔에서 받았던 서비스를 기대하기 시작했다. 고객들에게 신뢰할 만한 경험을 제공하기 위해서 에어비앤비는 여행자의 실시간 예약을 위한 웹사이트 운영 신기술 활용 및 체크인 타임과 예약취소에 대한 회사 정책을 준수, 호텔의 데스크 직원들처럼 행동하도록 집주인들을 독려하기 시작하였다. CEO인 체스키는 청결, 커뮤니케이션, 안전 관련사항 그리고 기타 환대 이슈들에 대한 기준을 만들기 위한 글로벌 환대 및 전략 본부를 만들어 조이 드 비브레 호텔(Joie de Vivre Hotels)의 창업자를 영입하였다. 호스트들은 헤어드라이어와 와이파이 같은 호텔 표준 편의시설을 포함하는 '비즈니스 친화적인' 목록을 가진 것에 대한 배지를 얻을 수 있다.

자신의 스키 콘도를 이용해 렌트 사업을 하는 소프트웨어 엔지니어인 마크 쉴(Mark Scheel)은 에어비앤비가 실시하는 변화에 대해 환영한다. 쉴은 "더욱 엄격해진 변화는 고객 경험에 좋은 영향을 주며, 결과적으로 고객들은 행복해하고 나에게도 도움이 됩니다"라고 말한다. 2008년 자신의 남는 방을 렌트 사업에 내 놓은 질 비숍(Jill Bishop) 같은 사람은 에어비앤비가 그 방을 힐튼이나 하얏트처럼 만들기를 바라는 것을 그다지 좋아하지 않는다. "이제 에어비앤비는 까다로운 규정 때문에 즐거움보다는 귀찮음을 더 많이 접하게 되었습니다"라고 그녀는 말한다. 체스키와 매니저들은 회사가 지속성장 하는 데 도움이 될 수 있는 규정, 절차 그리고 통제시스템을 계속해서 추가할 것이다.[40]

다. 페이스북, 넷플릭스, 구글(Google)과 같은 기업처럼 경쟁력을 유지하기 위해서는 전통적인 산업조직들 보다 더 빠른 수명주기 단계를 뚫고 나아가야 한다. 수명주기마다 발생하는 위기는 실제로 존재한다. 에어비앤비(Airbnb)가 수명주기 상 개발의 공식화 단계에서 맞은 위기에 어떻게 직면하고 있는지 살펴보자.

10.2b 수명주기별 조직의 특성

조직이 수명주기 4단계를 거치며 서서히 발전함에 따라 조직구조, 통제시스템, 혁신, 목표에서 변화가 나타난다. 각 단계별 조직 특성이 〈도표 10.3〉에 요약되어 있다.

창업 단계. 창업 초기의 조직은 규모가 작고 비관료적이며 최고경영자에 의해 모든 경영활동과 통제가 이루어진다. 조직은 시장요구에 부합된 한 가지 제품이나 서비스를 생산하는 데 에너지를 집중한다.

집단공동체 단계. 이 시기는 조직의 청년기 단계라고 할 수 있다. 조직은 빠르게 성장하며 직원들은 의욕적으로 임무에 전념한다. 몇 가지 절차가 나타나기는 하지만 대체로 조직구조는 여전히 비공식적이다. 강한 카리스마적 리더가 조직의 방향과 목표를 제시한다. 지속적인 성장이 이 시기의 주된 목표이다.

도표 10.3 수명주기 단계별 조직 특성

특징	1. 창업 단계	2. 집단공동체 단계	3. 공식화 단계	4. 정교화 단계
	비관료적	준관료적	관료적	초관료적
구조	비공식적, 1인 체제	대체로 비공식적, 부분적 절차	공식적 절차, 분업화, 전문가 영입	관료제 내의 팀 운영, 소규모 기업식 사고
제품 또는 서비스	단일 제품 또는 서비스	소수의 주요 제품 또는 서비스	제품라인 또는 서비스라인	복수의 제품라인, 또는 서비스 라인
보상과 통제시스템	개인적, 온정적	개인적, 성공에 대한 공헌	비개인적, 공식화된 시스템	포괄적, 제품과 부서의 목적에 맞춤
혁신의 주체	창업주	종업원과 관리자	독립적인 혁신집단	제도화된 R&D
목표	생존	성장	내부 안정, 시장 확대	명성, 완전한 조직
최고경영자 관리 스타일	개인주의적, 기업가적	카리스마적, 방향 제시	통제를 바탕으로 한 위임	팀 접근적, 관료화 타파

출처: Adapted from Larry E. Greiner, "Evolution and Revolution as Organizations Grow," *Harvard Business Review* 50 (July–August 1972), 37–46; G. L. Lippitt and W. H. Schmidt, "Crises in a Developing Organization," *Harvard Business Review* 45 (November–December 1967), 102–112; B. R. Scott, "The Industrial State: Old Myths and New Realities," *Harvard Business Review* 51 (March–April 1973), 133–148; and Robert E. Quinn and Kim Cameron, "Organizational Life Cycles and Shifting Criteria of Effectiveness," *Management Science* 29 (1983), 33–51.

공식화 단계. 이 시기의 조직은 중년기에 진입하고 있으며, 서서히 관료주의적 특징이 나타나기 시작한다. 스태프 부문을 강화하고, 절차를 공식화하며, 계층 조직이 출현하고, 업무 분담이 명확하게 이루어진다. 제품 라인을 완성하기 위해 보완 제품을 개발한다. 독립적인 연구개발부서를 설치함으로써 혁신을 이루기도 한다. 이 시기의 주된 목표는 내부 안정화와 시장 확대이다. 공식적 통제시스템을 갖추고 나면 최고경영진은 상당한 권한을 위임한다.

정교화 단계. 이 단계에 도달한 조직은 방대한 통제시스템과 규칙, 절차를 가지고 있는 대규모 관료제 조직이 된다. 조직 경영자는 관료화가 더 심해지는 것을 막기 위해 조직 내에 팀을 만든다. 최고경영자의 관심은 완벽한 조직을 만드는 데 있다. 조직의 지위와 명성이 매우 중요한 부분으로 여겨진다. 혁신은 R&D 부서를 통해서 제도화된다. 경영진이 관료제를 견제하고 간소화하려 할 수도 있다.

요약. 조직은 성장하며 수명주기단계를 거친다. 각 단계별로 구조, 통제시스템, 목표, 혁신 등의 구체적인 특징이 다르게 나타난다. 수명주기 현상은 경영자들로 하여금 조직이 다음 단계로 성장함에 따라 나타나는 문제점을 이해하고 해결할 수 있도록 도와주는 유용한 개념이다.

핵심정리

- 조직은 성장하면서 각 단계별로 구별되는 수명주기를 통해 진화한다. 조직구조, 내부 시스템, 그리고 관리 이슈들은 각 단 개발 단계별로 다르다. 규모가 커지면서 위기와 변혁을 겪어가면서 조직은 성장한다.
- 관리자들의 주요 과업은 조직 발전을 위한 창업단계, 집단공동체 단계, 공식화 단계 그리고 정교화단계를 거치는 과정에서 회사를 잘 안내하는 것이다.
- 기술 기업과 플랫폼 기반 조직들의 수명주기는 갈수록 짧아지고 있다. 에어비앤비의 관리자들은 발전단계 중 공식화 단계에서 도전에 직면하고 있다. 이 단계에서는 고객들에게 신뢰할 만한 경험을 제공하는 데 도움이 되는 새로운 절차와 통제시스템이 만들어진다.

10.3 조직규모, 관료주의, 통제

수명주기를 거치며 발전하는 동안 조직은 복잡해지고 규모가 커지면서 대부분 관료주의적 특성을 갖게 된다. 관료제의 기본적 틀은 유럽의 정부조직을 연구하여 대규모 조직을 합리적이고 효율적으로 만들기 위한 관리 요소를 고안한 사회학자 막스 베버(Max Weber)에 의해 제시되었다.[40] 베버는 더 큰 사회에서 조직이 긍정적인 역할을 수행할 수 있도록 하기 위해서는 조직을 어떻게 설계해야 하는지에 대해 이해하고자 했다.

10.3a 관료주의란 무엇인가

베버는 **관료주의**(bureaucracy)가 개인의 기본적인 자유를 위협할 수는 있지만 그것이 가장 효율적인 조직화 시스템이라고 생각하였다. 그는 정부와 기업에서 관료주의가 조직 효율을 높일 수 있는 능력을 보유하고 있다는 점을 알고 관료주의의 확산을 예견했다. 베버는 관료주의 조직의 특징을 〈도표 10.4〉에 제시하였다. 이러한 특징은 성공적인 관료주의 조직에서 발견된다.

규칙과 표준화된 절차는 조직 활동이 예측 가능하고 일상적인 방식으로 수행될 수 있도록 해주었다. 세분화된 직무는 각 구성원이 수행해야 하는 명확한 업무를 가지고 있다는 것을 의미하며, 권한계층은 감독과 통제를 하는 효과적인 메커니즘을 제공하고, 기술적 요건은 종업원을 고용할 때 친분, 혈연, 연고주의를 배제할 수 있게 하여 효과적인 채용 기준이 되었다. 직위를 가지고 있는 사람과 직위를 분리시킨다는 것은 특정한 개인이 업무에 대한 고유의 권한을 소유하거나 가질 수 없는 것을 의미하며(속인적 속성의 배제), 이를 통해 효율성을 높일 수 있다. 문서화된 기록은 오랜 기간 동안 조직에서 기억될 수 있어 조직의 지속성을 높여주었다.

비록 극단적인 관료주의가 오늘날 많은 비난을 받고 있기는 하지만, 베버가 소개한 합리적인 통제시스템은 매우 의미 있는 아이디어였고 새로운 형태의 조직이었다. 관료주의는 개인적인 친분관계, 사회적 지위, 가족 관계나 부정이득을 바탕으로 한 조직 형태보다 많은 장점을 가진다. 친척을 정부 관료로 등용하는 중국의 전통은 공산주의 체제에서도 널리 퍼져 있다. 그러나 오늘날 새로운 교육을 받은 중국의 신흥계층들은 공무원의 자녀나 친인척이 좋은 직업을 차지하는 것을 보고 싶어하지 않는다.[42] 미국에서도 마찬가지로 오바마 대

도표 10.4 베버의 관료주의 여섯 가지 차원

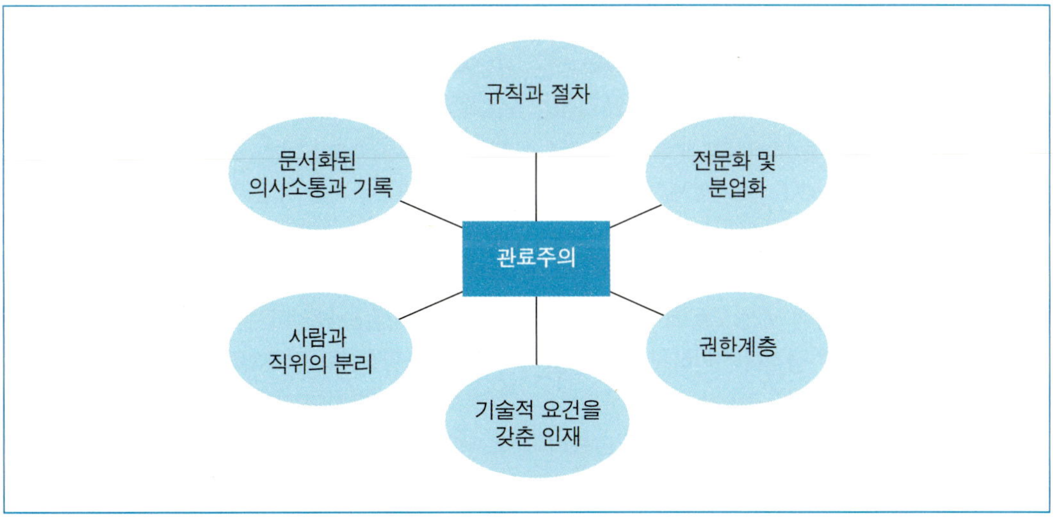

통령이 비운 상원의원 자리를 돈을 받고 넘기려 한 일리노이 주지사 로드 블라고예비치(Rod Blagojevich)의 사건을 포함한 부패 사례를 접할 수 있다.[43] 이러한 사례에 비추어 볼 때, 베버가 설명하는 논리적이고 합리적인 관료주의 조직을 통해 확고한 규칙이 적용된다면, 공정하고 효율적으로 업무가 수행될 것으로 기대할 수 있다.

최근 40년 동안 조직에 대한 실증연구에 따르면 〈도표 10.4〉에 제시된 전문화, 형식화, 표준화 요인이 상호 밀접하게 관련되어 있다는 것을 보여주고 있다. 이는 베버 모형의 타당성을 뒷받침 해주는 결과이다.[44] 관료주의의 특징은 대규모 조직에 긍정적인 영향을 끼칠 수 있다. 오늘날 가장 효율적인 대규모 조직 중의 하나인 UPS를 살펴보자.

IN PRACTICE UPS

UPS는 종업원의 유니폼과 화물수송 트럭의 색깔 때문에 빅 브라운(Big Brown)이라고 불리곤 한다. 이 회사는 하루 배송량이 1,600만 건이 넘고 공급체인, 물류, 정보서비스 분야의 선두주자로서 세계에서 가장 큰 화물운송회사이다. UPS는 세계적으로 200개 이상의 국가에서 활동하고 있다.

그렇다면 UPS가 이와 같이 성공한 이유는 무엇인가? 관료주의 모형을 채택하여 조직의 효율을 증가시켰기 때문이다. UPS는 상당히 많은 규칙과 규제에 따라 조직을 운영한다. UPS는 정확하게 화물을 운송하기 위해 340단계의 치밀한 내용을 운송기사들에게 교육시키고 있다. 화물을 적재하는 방법(벽돌을 쌓는 것처럼 반듯하게), 안전벨트를 착용하는 방법(벨트는 왼손으로 착용하고 동시에 오른손은 시동키를 넣는다), 트럭에서 내리는 방법, 걷는 법(활기차게 걸어야 하며, 달려서는 안 된다), 키를 운반하는 방법(새끼손가락에 키 링을 착용하면 주머니를 뒤질 필요가 없다) 등이 상세하게 규정되어 있다. 소프트웨어프로그램을 이용해 각 트럭들의 가장 효율적인 동선을 설계한다. 미국과 같은 나라에서처럼 우측통행 운전 도로에서 교통흐름에 불리한 좌회전을 가급적이면 피하는 동선을 설계하여 UPS는 연간 1천만 갤런(gallon)을 절약하였다. 그리고 UPS의 직원들은 브라운이라고 불리는 유니폼을 항상 단정하게 착용해야 하고, 바닥이

Rick Lewis/Alamy Stock Photo

미끄럽지 않은 검정색이나 갈색 광택의 신발을 신어야 한다. 또한 첫 번째 단추 이외의 단추가 풀려서는 안 되고, 머리카락이 셔츠 깃 밑으로 내려오거나, 면도를 하지 않거나, 배달 중에 문신이 보여서도 안 된다. 차량을 움직이기 전에는 매번 'Z-scan'이라 불리는 차량의 앞과 옆면의 검사를 실시해야 한다. 안전 규칙은 운송기사뿐만 아니라 하역자, 사원, 관리자에게도 적용된다. 종업원들은 다음날 아침을 쾌적하게 시작하기 위해 일과를 마칠 때는 항상 책상을 깨끗하게 정리해야 한다. 관리자에게는 회사의 정책을 기록한 책을 주는데, 이 책에는 오랫동안 사용되어 온 회사의 규정 및 다양한 정책과 규칙이 들어 있다.

엄격한 규칙과 수많은 방침에도 불구하고, 직원들은 만족하고 있어서 UPS는 매우 높은 근속률을 유지하고 있다. 직원들은 비교적 좋은 대우와 봉급을 받고 있다. 그리고 회사도 평등성과 공정성을 유지하고 있다. 모든 직원이 서로 이름을 부른다. 회사 정책에 대한 책자에는 다음과 같이 제시되어 있다. "리더는 직위를 이용하여 부하 직원에게 자신의 권위를 상기시켜서는 안 된다. 지식, 성과, 능력만이 자신의 리더십과 직위를 인정받는 정당한 증거가 된다." 고용과 승진 기준에는 연고주의를 지양하고 기술적 자격을 중시한다. 현 CEO인 데이비드 아브니(David Abney)도 처음에는 파트타임 소포 상차원으로 시작하였다. 평등, 공정성, 내부승진에 대한 이 회사의 기업정신은 전 직급에 걸쳐 종업원들의 높은 충성심과 열정을 불러일으킨다.[45]

UPS 사례는 대규모 조직이 어떻게 관료적 특징을 채택하였는지 보여준다. UPS는 높은 생산성과 기업 신뢰도를 바탕으로 빠른 포장운송 시장을 석권했다. UPS가 지식 기반의 글로벌 유통시장으로 진입한 후 경영진은 관료주의를 줄이기 위한 효과적인 방법을 찾고 있다. 새로운 기술과 서비스는 작업자에게 지금보다 더 많은 것을 요구한다. 새로운 환경에서 작업자의 업무수행을 향상하기 위해서는 더 많은 유연성과 자율성이 필요하다. 조직규모가 조직의 구조와 통제에 어떻게 영향을 미치는지 구체적으로 살펴보자.

10.3b 조직의 규모와 구조적 통제

조직규모는 조직설계와 통제 방법에 영향을 미치는 중요한 변수이다. 조직이 크게 성장하면 관료적이어야만 하는가? 어느 정도 규모의 조직이 관료적 특성에 가장 적절한가? 이러한 질문에 대한 답을 찾기 위해서 100개 이상의 많은 연구들이 이루어졌다.[46] 이 연구 중 대부분에서 대규모 조직과 중소규모 조직 사이에 관료적 구조의 각 차원인 공식화, 집권화, 관리직 비율에서 차이가 있다고 보고하였다.

조직의 공식화와 집권화. 1장에서 설명된 **공식화**(formalization)는 종업원의 권리와 의무가 규정되어 있는 규정집과 직무 기술서와 같은 문서화된 서류와 관련이 있다.[47] UPS의 사례는 조직의 규모가 클수록 공식화가 높다는 사실을 잘 보여준다. 이러한 이유는 대규모 조직이 많은 수의 종업원과 부서들을 표준화하고 통제하기 위해 규칙과 절차, 문서 등에 의존하는 데 비해 소규모 조직은 최고경영자의 개인적 관리를 통해 조직을 통제하기 때문이다.[48] 예를 들면, 작은 규모의 동네 커피숍에서는 스타벅스(Starbucks)가 전 세계적으로 조직을 관리하기 위해서 활용하는 통제 및 표준화 방법과 같은 세부적인 매뉴얼이 필요하지 않다.

집권화(centralization)는 의사결정 권한이 상층부에 집중된 정도를 의미한다. 집권화된 조직에서 의사결정은 조직의 최고위층에서 결정되는 반면, 분권화된 조직에서는 유사한 의사결정이 하위부서에서 이루어진다.

분권화는 역설적인 표현이다. 왜냐하면 관료주의 체제에서는 최고위층에서 모든 의사결정이 이루어지고 완벽하게 조직이 통제되기 때문이다. 그렇지만 조직이 커지고 직원과 부서의 수가 많아지면 최고위층에 모든 의사결정을 떠넘길 수 없게 된다. 경영자들이 지나치게 과도하게 업무를 수행하게 되기 때문이다. 그렇기 때문에 조직의 규모에 관한 연구들은 조직의 규모가 커지면 더 많은 분권화를 해야 한다는 것을 보여준다.[49] 반면 소규모 창업조직은 창업자나 최고경영자가 크고 작은 의사결정을 모두 효율적으로 해결할 수 있다.

인원 구성비. 관료주의 조직의 또 다른 특징은 경영에 필요한 관리직, 사무직과 지원 부문의 **인원 구성비**(personnel ratios)와 관련된다. 가장 빈번하게 연구되는 비율은 관리직의 비율이다.[50] 여기에는 두 가지 패턴이 있다. 첫 번째 패턴은 조직의 규모가 커지면서 총 직원에 대한 고위 관리직의 비율이 낮아진다는 것이다.[51] 이는 조직의 규모가 커짐에 따라 관리 경제성이 있다는 점을 가리킨다. 두 번째 패턴은 사무직과 전문 지원 직원 비율과 관련이 있다.[52] 이들은 조직 규모에 비례해 증가하는 경향이 있다. 그러나 규모가 큰 대학들에 대한 최근 연구들에서는 관리직의 수가 지난 10년 간 8~10배 늘어나 교수진의 수에 이르렀음이 드러났다. 미국 교육부에 따르면 2001년에서 2011년 사이에 사람, 프로그램, 규정들을 관리하기 위해 고등교육기관에서 고용한 직원의 수는 같은 기간 강사의 수에 비해 50% 빠르게 증가했다.[53] 조직이 크게 성장하면 의사소통과 보고의 필요성이 높아지고, 그에 따라 사무직의 비율이 증가한다. 조직이 커지고 복잡해지면 직무는 더욱 세분화되고 전문직 직원의 비율도 증가한다.

〈도표 10.5〉는 조직규모에 따른 행정지원 인력의 비율을 나타낸다. 조직 규모가 커질수록 현장 근로자의 비율은 감소하고 다른 지원부서의 비율은 증가한다.[54] 그 결과 직접 인원이 총 직원에서 차지하는 비율은 감소한다. 요약하면, 대규모 조직에서는 불균형적인 직원의 수를 구성하지는 않지만, 비례적으로 더 많은 간접비가 필요하다는 입장에는 공감한다. 관리직, 사무직, 전문 지원인력 등의 비중을 낮은 수준으로 유지하는 것은 대규모 조직에서 반복적으로 나타나는 도전이다.

핵심정리

- 수명주기를 거치며 발전하는 동안 조직은 복잡해지고 규모가 커지면서 대부분 규칙, 노동의 분업, 문서화된 기록, 권한의 위계, 그리고 비인격적 절차 등의 관료주의적 특성을 갖게 된다.
- 관료주의는 조직이 자원을 효율적으로 이용할 수 있게 하는 조직화의 논리적인 형태이다.
- 대규모 조직은 작은 조직보다 더 공식화되어 있어 규칙과 절차 및 통제와 표준화를 이루기 위한 문서화 작업에 의존한다.
- 조직이 성장하면서 인력의 비율이 바뀌게 되는데, 사무직과 전문직원은 증가하는 반면 현장 종업원과 최고경영층은 감소한다.

도표 10.5 행정지원 인력 비율

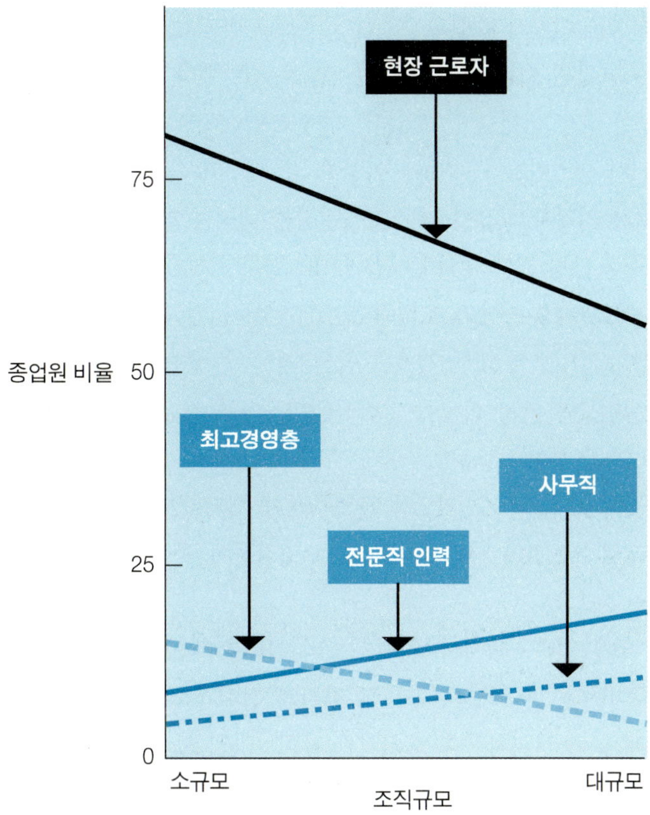

10.4 변화하는 세계 속의 관료주의

관료주의의 승리에 대한 베버의 예견은 적중했다. 관료주의의 특성은 많은 이점을 갖고 있었고, 산업화 시대의 요구에 잘 부합되었다.[55] 권한계층구조, 세부적 규칙과 절차의 확립으로 관료주의는 큰 규모의 조직에서 질서를 유지하고 권력 남용을 최소화하는 효과적인 방법이 되었다. 관료주의는 너무 복잡해서 소수의 개인으로는 이해할 수도 없고 다룰 수도 없던 업무를 조직하고 관리하는 체계적이고 합리적인 방법을 제공했다. 그 결과 관료주의를 활용한 대규모 조직의 효과성과 효율성은 크게 향상되었다. 사람보다 역할에 근거한 비개인적인 관계는 많은 산업화 이전의 조직 특성인 친분주의와 연고주의를 줄였다.

그러나 끊임없이 변화하여 조직이 새로운 도전에 재빠른 대응을 해야 할 필요가 큰 오늘날의 세계에는 산업화 시대의 기계적 관료주의 체제는 더 이상 효과적으로 작용하지 않는다. 예를 들어 바티칸의 관료주의는 구성원들에 대한 반응과 섬김 등에 대한 가톨릭 교회의 무능함을 이유로 비난을 받아왔다. 프란치스코(Francis) 교황은 비록 지금까지는 실패했으나 바티칸의 변화를 위해 수십 년간 노력한 가장 최근의 교황이다. 그러나 전 로마 가톨릭 수도회장은 이렇게 말했다. "당신이 구조를 바꾸는 대신, 구조가 당신을 바꿀 것이다." 다양한 부서들 간의 소통은 아주 느린 속도로 진행된다.[56]

기업 또한 같은 문제를 안고 있다. 개리 하멜(Gary Hamel)과 마이클 자니니(Michele Zanini)는 관료주의가 종업원들의 직무에 어떻게 영향을 미치는지 확인하기 위해 7,000명을 조사했다. 그 결과 기업이 성장할수록 의사결정을 내리는 데 며칠씩 늘어나는 것을 확인하였다. 예산지출과 관련 없는 의사결정일 때 100명에서 1,000명의 조직에서는 평균적으로 15일이 필요하며, 5,000명 이상의 조직에서는 20일이나 걸린다.[57] 마이크로소프트의 직원들은 심지어 일상적인 업무에 대해 결재를 받는 데도 수 주가 걸린다고 말한다. 한 직원은 어마한 양의 서류업무에 지쳐 회사를 그만두었다. "아주 작은 이슈들도 수천 통의 이메일 악몽으로 부풀려지곤 한다"고 그는 말한다.[58] 관리자들은 경쟁력을 유지하기 위해 직원들이 더 효과적인 업무처리를 할 수 있도록 관료주의를 제거할 수 있는 방법을 찾으려고 노력하고 있다. 마이크로소프트와 마찬가지로 많은 조직들이 공식화와 관리간접 인력의 증가에 대처할 방법을 찾고 있다.

미국의 일부 정부조직에서 나타나는 비효율은 과다 관료주의 체제로 인한 문제점을 적나라하게 보여준다. 한 연구는 농무부 장관과 산림감시원 또는 국무 장관과 석유 굴착 장치 조사관과 같이 상위기관과 하위기관 사이 평균 18개의 관리 계층이 있음을 밝혔다.[59] 어떤 기관의 경우 사무직원의 수가 과도하게 많고 담당 업무가 매우 혼동되어 누가 무엇을 하는지 어느 누구도 확실하게 알 수 없을 정도이다. 한때 지미 카터(Jimmy Cater) 대통령의 보좌관이었던 리처드 카바나(Richard Cavanagh)는 자신이 가장 선호하는 연방정부 직책의 이름을 '총무청(GSA) 행정을 수행하는 행정 보좌관을 도와주는 행정 보좌관'이라고 비아냥댔다.[60] 일부 비판가들은 2001년 테러리스트들에 의한 공격, 콜롬비아 우주 비행선의 참사, 아부 그라이브(Abu Ghraib) 감옥의 학대와 2010년 걸프만 기름 유출, 2012년 허리케인 샌디 재난에 대한 늦은 대응에 대해 정부의 관료주의를 지적하고 의사소통, 책임감 등 전반적 문제를 비판했다. 미 연방 재판관인 리차드 포스너(Richard A. Posner)는 "지성의 재구성"이란 책에서 "당신들은 언제나 관료 계층을 늘리려 하고, 지휘계통을 통하여 정보가 위로 올라가는 것을 지체시킨다. 그리고 당신들은 지나치게 세세한 정보까지 획득하려 하기 때문에 오히려 중요한 정보를 놓친다"라고 지적하였다.[61] 많은 기업 조직 역시 공식화와 관료주의를 줄여야 할 필요가 있다. 지나치게 세분화된 직무기술서와 과도한 규칙들은 오늘날 지식을 바탕으로 한 조직에 필요한 창의성, 유동성, 빠른 반응성을 제한하는 경향이 있기 때문이다.

10.4a 임시 시스템 조직화

어떻게 하면 빠르게 변화하는 환경 속에서 관료주의의 문제점을 극복할 수 있는가? 혁신적인 조직구조를 도입하여 문제를 해결하는 것이 한 방법이다. 긴급한 위기상황에 대응하기 위한 임시 시스템이나 조직을 이용하는 것은 대표적인 방법이다. 이 방법은 효율성이라는 관료조직의 장점을 그대로 유지하면서 동시에 관료주의에서 발생하는 느린 대응의 문제를 해결할 수 있는 방법으로, 경찰서, 소방서, 나아가 긴급 상황을 관리해야 하는 다른 조직에서도 활용할 수 있다.[62] 이는 새로운 기회, 예상치 못한 경쟁적 위협이나 위기에 빠르게 대응하기를 원하는 조직들도 적용할 수 있는 접근방식이다.

이 조직의 기본 개념은 안정적 시기에는 효율적인 관료주의적 조직 형태를 활용하고, 예상하지 못한 재난이나 위기에는 유연하고 느슨한 구조를 활용하여 대처하는 것이다. 이해하기 쉬운 문제나 예측 가능한 상황에는 수년간 검증절차를 걸쳐 개발된 일련의 규칙들과 통제시스템인 규칙, 절차, 명령체계를 갖춘 계층구조를 활용한다. 그렇지만 복잡하고 불확실성이 높은 시기에는 명령의 경계를 느슨하게 하는 구조가 필요하다. 명확한 임무와 지침을 벗어나 예상치 못한 문제점을 예상하고 해결하기 위해서는 부서와 계층의 경계를 넘나들 수 있는 유연한 구조가 요구되기 때문이다. 이러한 조직운영의 사례를 '세계에서 가장 효과적인 조직'이라 일컬어지는 구세군(Salvation Army)을 통해서 살펴보자.

IN PRACTICE 구세군

구세군은 집이 없고 경제적으로 어려운 사람에게 매일 도움을 제공한다. 게다가 이 조직은 중요한 재난(토네이도, 홍수, 허리케인, 비행기 추락 또는 테러가 발생한 곳)이 있는 곳이면 재난 구조를 제공하기 위하여 다른 조직과 네트워크를 형성하여 어디든지 달려간다. 구세군 관리자는 긴급 상황에서 높은 융통성을 요구한다는 것을 알고 있다. 동시에 이 조직은 일상적인 책임을 다하기 위해서는 높은 수준의 통제와 책임이 요구된다는 것도 알고 있다. 어느 전직 미국 지휘관은 "우리는 두 가지 경영방식을 동시에 갖추어야만 한다. 유연하고 도전적인 경영방식을 택할 것인가 아니면 책임있게 대응하는 방식을 택할 것인가를 결정할 수 없다. 그때그때의 상황에 맞는 다른 종류의 조직들을 가지고 있어야 한다"라고 말했다.

긴급한 위기가 초래된 순간 초기에 구세군은 명령체계를 갖춘 임시조직을 사용한다. 사람들은 혼돈 재발을 방지할 수 있도록 신속하게 응답할 수 있고 분명한 감각을 가진 지휘자를 필요로 한다. 예를 들어 2019년 중서부에서 발생한 홍수와 토네이도와 같은 재난에 대응할 때, 매뉴얼은 누가 미디어에 말할 책임이 있으며, 누가 물품 공급에 대한 책임을 질 것이며, 누가 다른 조직과 연락할 의무가 있는지 등에 관한 것을 분명하게 상술하였다. 임시조직을 위한 모형은 구세군이 즉각 대응하고 안정적으로 유지할 수 있도록 해준다. 하지만 위기의 국면에 대한 복원과 재건 후에 감독관은 일반적인 지침만 사람들에게 제공하고 그들 스스로가 최상의 해결책을 찾을 수 있게끔 해준다. 왜냐하면 감독관들에게는 가족과 사회를 재건하는 데 필요한 모든 결정을 재검토하고 사인할 시간이 없기 때문이다.

따라서 구세군은 사실상 다른 유형의 조직구조에서 동시에 일할 수 있는 사람을 보유한다. 즉, 전통적인 수직적 명령체계부터 다른 기관과의 협동에 의지하는 네트워크 형태의 수평적인 팀 체계까지 동시에 일할 수 있는 사람을 보유한다. 유동적인 방법의 운영은 조직이 놀라운 결과를 성취하도록 해준다. 구세군은 미국에서 연간 230만 명 이상의 이재민을 돕는다. 게다가 매일 매일 상당수의 일상적인 프로그램을 운영하고 있다. 구세군은 가장 효과적인 방법으로 기부금을 사용하는 조직으로 인식되었다. 이것은 구세군이 언제나 책임 있게 행동하며 융통성 있고 혁신적으로 인간의 필요에 부합하는 활동을 한다는 것을 믿고 있기 때문에 사람들이 기꺼이 기부한다는 것을 의미한다.[63]

10.4b 관료주의 타파를 위한 다른 접근방법

오늘날의 큰 조직들은 관료주의를 줄이기 위해서 흔히 최고 지도자에 의한 여러 가지의 다소 온건한 접근방법을 사용한다. 많은 조직들이 계층을 없애고, 본사 직원 수를 줄이고, 직책이 낮은 직원들에게 과도한 규칙과 규율로 부담을 주기보다는 자유로운 의사결정을 할 수 있도록 한다. 조직이 관료주의를 완화하고 보다 유연하며, 상황에 보다 민첩하게 대처해야 할 필요가 있을 때 최고지도자층의 몰입은 필수이다.[64] 다음의 사례를 살펴보자.

- 1장 첫 머리에서 기술한 바와 같이 잭 웰치(Jack Welch)가 GE(General Electric)에 처음 엔지니어로 채용되었을 때, 그는 회사의 관료주의를 너무나 싫어하여, 겨우 6개월 만에 사직서를 제출했다. 나중에 그가 CEO가 되었을 때 웰치는 경영진의 계층을 줄이고 경영자의 통제 범위를 확대하여 더 많은 위임과 자율성을 조직 하부로 내려 주는 방식으로 관료주의를 개선했다. 그는 공식적인 회의나 관료적인 서류작업보다는 경영자 간 개방적이고 솔직한 직접적인 대화와 직접 보고를 바탕으로 기업문화를 조성하기 위해 워크아웃이라는 팀 연습 등 다양한 관행을 실천했다. 웰치는 GE에서 일하는 동안 내내 관료주의와 계속 싸웠다.
- 구글의 공동 창업자 래리 페이지(Larry Page)는 2001년 CEO에서 물러난 지 10년 만에 복귀하여 구글이 대기업이 되면서 쌓아온 관료주의를 타개하려고 노력했다. 3장에서 설명한 것처럼 그는 회사를 분할하여 모기업 알파벳 아래 소기업들로 재편하는 극적인 구조조정을 이끌었다. 페이지의 구조조정은 각 기업에 더 많은 자율성, 유연성 그리고 자유로움을 주기 위함이었다. 그는 또한 의사결정의 속도를 높이고 스타트업의 감각을 회복하기 위해 다양한 메커니즘을 실행했다. 현재 알파벳(Alphabet)의 CEO로 재직 중인 페이지는 사무실 곳곳을 돌아다니며 사람들에게 어떻게 일을 하는지 많은 질문을 던진다고 한다. 직원들은 페이지가 "다른 직원들과 같은 눈높이에서 행동하고", 그가 그들의 아이디어와 일에 대해 관심 있어 하는 것을 좋아한다. 구글에 대한 책을 쓴 스티븐 레비(Steven Levy)는 "더 많은 이들이 작은 기업들처럼 행동하는 큰 회사를 가질 수 없다고 말할 때마다, (래리 페이지는) 그렇게 할 수 있는 방법을 찾으려고 한다"라고 말하였다.[65]

- 런던에 기반을 둔 제약회사인 글락소스미스클라인(GlaxoSmithKline PLC)의 최고 임원진들은 관리자 혹은 개발부서가 아닌 일선의 과학자들에게 약품 개발에 필요한 자원들의 우선순위 설정과 배분에 대한 권한을 주었다. 어떤 약품 개발 프로젝트에 투자를 할지 결정하는 권한이 바뀌면서 이 거대한 기업에 작은 제약기술 회사가 가지고 있던 창업가적 정신을 불러일으키게 되었다.[66]

관료주의를 막는 또 다른 방법은 직원들에게 전문가정신을 고취시키는 것이다. **전문가정신**(professionalism)은 정규교육을 받은 기간과 경력 기간에 의해 규정된다. 구글, 취히리 인슈어런스 그룹(Zurich Insurance Group), 글락소스미스클라인에서 근무하기 위해서는 대학이나 MBA 학위를 비롯하여 변호사, 연구원, 의사 등의 전문 자격증이 필요하다. 또한 인터넷 관련 회사의 경우 대부분의 직원들은 교양과 학식이 있는 사람들이다. 전문직에 관한 연구에서 전문가 교육은 관료체제를 대신하여 직원들에게 높은 수준의 행위를 할 수 있도록 해주기 때문에 공식화는 필요하지 않다고 밝히고 있다.[67] 본사 사무실부터 대리점의 모든 직원들이 지속적으로 교육을 받게 되면 관료주의는 대체될 수 있다. 관료적 규칙과 절차를 대체하는 교육의 증가는 창의적 문제해결능력을 길러줄 뿐만 아니라 개인과 조직의 역량을 높여준다.

전문가로만 구성된 전문가 파트너십(professional partnership)이라 불리는 조직 형태가 출현하였다.[68] 이러한 조직에는 회계법인, 병원, 법무법인, 컨설팅회사 등이 포함된다. 관련된 연구결과를 살펴보면 각 지사들은 상당한 정도의 자율성을 보유하고 있으며, 필요한 의사결정을 위해서 분권화된 조직 형태를 갖는다. 직원들은 전통적인 회사나 정부조직에서 흔히 볼 수 있는 상의하달식 의사결정체제가 아닌 합의를 통한 문제해결을 지향한다. 그래서 환경이 빠르게 변화하면서 늘어나는 전문가중심 조직은 미국기업의 관료주의를 줄이는 데 앞장서고 있다.

핵심정리

- 많은 대규모 기업과 정부조직에서는 권한의 분권화, 수평적 조직구조화, 규정과 문서 절차의 축소 그리고 소규모 기업 마인드의 부활 등의 시도를 통해 관료주의를 개선하고 있다. 이러한 기업들은 보다 민첩하며 유연한 조직을 구현하기 위해 규모의 경제를 기꺼이 포기할 의향이 있다.
- 한 연구에서 예산지출과 관련 없는 의사결정일 때 100명에서 1,000명의 조직에서는 평균적으로 15일이 더 필요하며, 5,000명 이상의 조직에서는 20일까지 더 필요하다는 사실이 확인되었다.
- 많은 기업들이 소규모 기업의 장점을 취하기 위해 조직을 더 작게 나눈다. 관료주의의 문제를 극복하기 위한 또 다른 방법으로는 안정기에는 고도로 공식화되고 위계적인 스타일을 유지하고, 환경이 불확실할 경우에는 유연하고, 느슨한 구조를 취하는 방식을 도입하는 임시 시스템을 활용하는 것이다.

- 관료주의의 한계를 타파하는 방법 중의 하나로 종업원들에게 공식적인 교육과 경험을 통하여 전문성을 증가시키는 것이 있다. 전문성에 대한 여러 연구에서는 전문성 훈련은 종업원에게 업무수행에서 요구되는 고도화된 기준을 내재화하여 규칙성을 높이기 때문에 공식화는 필요치 않다고 한다. 따라서 공식화된 업무수행 방법이나 규칙들을 이미 내재화한 전문가들을 통하여 이들에게 자유재량권을 부여함으로써 관료주의를 타파할 수 있다.

10.5 관료주의와 기타 통제형태

많은 조직이 관료주의적 요소를 줄이고, 종업원들을 속박하는 각종 규정과 절차를 간소화하려고 노력하지만, 어떤 조직에서든 조직을 이끌고 통제하는 체계는 필요하다. 오늘날 기업의 구성원들은 이전보다 많은 자유를 누리고 있지만, 조직 통제는 여전히 경영에서 중요한 부분을 차지한다.

조직의 최고 및 중간 경영진이 택할 수 있는 조직 통제 전략은 대체로 세 가지 방안으로 제시된다. 이러한 전략은 UCLA의 윌리엄 오우치(William Ouchi) 교수가 제안한 조직 통제 전략을 골자로 한다. 윌리엄 오우치는 실제 조직이 수행 가능한 세 가지 조직 통제 전략으로 관료적 통제, 시장 통제, 문화 통제를 제시하고 있다.[69] 각각의 통제 전략은 서로 다른 유형의 정보에 기반을 두고 있지만, 한 조직 내에서 세 가지 전략이 동시에 시행될 수도 있다. 각각의 전략을 수행하는 데 필요한 정보는 〈도표 10.6〉에 요약되어 있다.

10.5a 관료적 통제

관료적 통제(bureaucratic control) 전략은 행동을 양식화하고 관료적인 업무를 평가하기 위해서 규정, 정책, 계층적 권한, 서류화된 문서, 표준화와 그 밖의 다른 관료주의적 메커니즘을 활용한다. 관료적 통제는 베버에 의해 정의되고 UPS 사례에서 제시되었던 관료적 특징들을 사용한다. 관료적 규칙과 절차의 첫 번째 목적은 직원 행동을 표준화하고 통제하는 것이다.

도표 10.6 조직 통제의 세 가지 전략

유형	요구사항
관료적 통제	규칙, 표준, 위계, 합법적 권한
시장 통제	가격, 경쟁, 교환 관계
문화 통제	전통, 공유가치와 신념, 믿음

출처: Based on William G. Ouchi, "A Conceptual Framework for the Design of Organizational Control Mechanisms," *Management Science* 25 (1979), 833–848.

도표 10.7 요트 클럽 규정 예시

노스이스트 하버(Northeast Harbor) 요트 클럽 규정
• 일하는 장소에서 청결과 단정한 몸가짐을 유지해야 한다. • 여름 유니폼은 하의는 녹색 반바지에 검정색 또는 갈색 벨트, 그리고 상의는 흰 셔츠를 넣어 입고 보트 슈즈를 신는다. 해진 옷을 입어서는 안 된다. • 정해진 시간 혹은 그 전에 도착해야 한다. • 클럽 내에서 음주와 흡연을 해선 안 된다. • 멤버들에게 언제나 공손해야 하고 도움을 줄 준비가 되어 있어야 한다. • 멤버들에게 존중을 위한 적당한 거리를 유지하고 사교와 관련한 초대는 받지 않는다. • 일을 하는 중이 아닐 때는 클럽 내에 있어선 안 된다. • 개인적인 목적으로 클럽의 전화를 사용해선 안 된다. • 강사는 매뉴얼과 무전기를 제공해야 한다. • 유지보수 직원들은 개인 장비를 사용해야 한다.

수명주기이론에 입각하면 기업이 더 크게 성장하면서 조직은 더 공식화되고 표준화된다. 수천 가지의 업무 행동들과 정보 교환들이 수직적, 수평적으로 발생한다. 규칙과 정책은 이런 행동들을 규제하기 위해 시행착오 과정을 거치며 발전한다. 어느 정도의 관료적 통제는 실질적으로 모든 조직에서 사용된다. 규칙, 규제, 명령은 행동 범주에 대한 정보를 포함한다. 하나의 예로 한 요트 클럽에서 통제를 위해 관리자들이 추구하는 다양한 행동들을 나열한 〈도표 10.7〉을 참고해보자.

관료적 통제가 작동하게 하려면, 경영자들이 조직에 대한 통제를 유지하는 권한을 가져야 한다. 베버는 경영자들에게 부여된 합법적이고, 합리적인 권한이 다른 종류의 통제(예: 개인 친분이나 뇌물)보다 조직의 결정과 활동에서 훨씬 더 선호된다고 주장하였다. 그러나 더 큰 사회 속에서 베버는 대규모 조직의 창출과 통제를 설명할 수 있는 세 가지 유형의 권한을 찾아냈다.[70]

합리적-법적 권한(rational-legal authority)은 규율의 합법성과 명령을 내릴 수 있는 위치에 있는 사람들의 권리를 인정하는 것에 기반을 둔다. 합리적-법적 권한은 대부분의 정부 기구를 구성하고 통제하는 것과 관련된 것이며, 전 세계 모든 조직에서 가장 흔히 사용되는 통제 기반이다. **전통적 권한**(traditional authority)은 전통에 대한 믿음과 그런 전통을 통해 권한을 행사하는 사람들의 지위에 대한 합법성에 관한 것이다. 전통적인 권한은 군주와 교회 그리고 라틴아메리카와 페르시아만의 몇몇 조직에서 통제 기반으로 사용된다. **카리스마적 권한**(charismatic authority)은 모범적인 인물 혹은 개개인의 영웅주의와 그런 사람들로부터 규정된 질서에 대한 헌신에 기초한다. 혁명적인 군대 조직은 리더의 카리스마에 기초한다. 엘론 머스크(Elon Musk), 테슬라 자동차(Tesla Motors)와 스페이스엑스(SpaceX)의 배후의 기업가 그리고 성공적인 매거진과 TV 네트워크를 운영하는 미디어 기업가 오프라 윈프리(Oprah Winfrey)와 같은 카리스마적 인물에 의해 운영되는 북미의 조직들 또한 마찬가지이다.

오래된 전통이나 리더의 특별한 카리스마와 같은 한 가지 이상의 권한이 조직에 존재할 수도 있다. 그러나 대규모 조직에서는 합리적-법적 권한이 내부 운영 활동을 관리하고 의사결정하는 데 가장 널리 사용되고 있다. 관료주의적 통제는 매우 효과적일 수 있고 안전이 위협받는 상황에서 규정과 표준화는 중요하다. "규정과 규제, 그리고 그것들을 강제하는 관료들의 존재는 재앙을 초래할 수 있는 계획들을 확인하도록 한다."[71] 예를 들어 생활용품 제조회사인 뉴웰 러버메이드(Newell Rubbermaid)는 자동차 시트와 유모차를 만들고 테스트하는 데 있어 표준화된 절차들을 신중히 따랐다. 또한 천연가스를 포함한 거대 지하 암반층인 마셀러스 셰일(Marcellus Shale)을 시추할 때는 환경안전을 고려한다.

IN PRACTICE 이스트 리소스사와 로열 더치 쉘

이스트 리소스(East Resource Inc.)사는 2008년 설립된 마셀러스 셰일(Marcellus Shale)을 시추하는 기업 중 최고인 기업이었고, 규제 기관은 이 기업을 유출과 다른 환경 규제 위반을 끊임없이 하는 기업으로 인용하였다. 따라서 로열 더치 쉘(Royal Dutch Shell)은 이스트 리소스사를 사들였고, 그들의 관료제 방식을 실행에 옮겼다.

처음 쉘사가 시도한 것은 담합을 중단하고 모든 근로자에 대한 재교육을 실시한 것이었다. 그렇게 한 이후, 쉘사는 평균적으로 4개의 유전 중 한 건 미만의 위반을 하였다. 마셀러스 셰일에서도 동일한 결과가 보고되었다. 표준화된 절차를 따르는 거대한 기업이 규모가 작은 회사를 사들임에 따라, 환경과 안전에 대한 기록이 점차 나아지고 있다. 더 큰 회사일수록 더욱 철저한 접근방식을 개발하는데 그러한 이유는 아주 작은 실수라도 전 분야에 걸쳐 있는 그들의 비즈니스를 영위하는 데 영향을 줄 수 있다는 점을 알고 있기 때문이다. 이러한 기업들의 대부분은 BP사 딥워터 호라이즌 기름유출 재앙(BP Deepwater Horizon oil spill disaster)으로부터 사후 사과보다 안전이 더욱 낫다는 사실을 배웠다. 일반적으로 작은 회사일수록 위험성이 큰 절차들을 사용한다. 규제 감독의 기록에 따르면, 쉘사, 엑손(Exxon) 그리고 쉐브론(Chevron)과 같은 거대한 기업들은 그들이 100개의 마셀러스 유전을 팔 때마다 평균적으로 38건의 위반을 보인다. 중간 규모의 기업들은 100개의 유전에 평균적으로 69건의 위반을 하고, 작은 규모의 기업들에서는 평균적으로 100개의 유전에 139건의 규율 위반이 보고되었다.[72]

물론 일부 회사는 지나친 규제가 고객 접대를 방해한다는 사실을 안다. 1987년에 6개의 매장에서 시작해 전 세계에 수 천개의 매장을 가진 거대 기업으로 급속히 성장한 스타벅스를 성장하도록 만든 예측 가능한 성과를 촉진하는 규정과 절차가 그렇듯이 어느 회사에나 일관성은 중요하다. 그러나 규정들을 융통성 없이 맹목적으로 적용한다면 머지않아 문제가 나타날 것이다. 소프트웨어 기업가이면서 'Inc.' 잡지의 기고자가 고객이 카운터에서 자신이 주문한 샌드위치를 직접 받아가려고 하는데 주문받는 직원이 계속해서 고함을 질러대던 경험을 소개하였다. "스타벅스 직원들은 고객에게 샌드위치를 직접 건네는 것이 허용되지 않는다!" 오직 불쾌하고 당황해하는 고객에게 계속해서 고함을 쳐야만 한다.[73] 관리자들은 고객 서비스의 목표를 달성하기 위해 규정과 융통성의 가장 적절한 통합을 추구해야 한다.

10.5b 시장 통제

시장 통제(market control)는 가격경쟁을 통해 한 조직 혹은 주요 부서나 사업부의 산출물 또는 생산성을 평가하고자 할 때 발생한다. 시장 통제에 대한 개념은 경제학에서 시작되었다.[74] 경영자들은 가격과 수익을 비교해서 기업의 효율성을 평가하기 때문에, 가격은 효율적인 통제 수단이 된다. 최고경영자들은 기업의 성과를 측정하기 위해 항상 가격 메커니즘을 사용한다. 기업의 매출과 비용은 전년도 성과 또는 다른 기업들의 성과와 비교할 수 있는 손익계산서로 요약된다.

시장 통제가 가능하려면, 생산성이 가격할당을 위해 충분히 명확할 것과 경쟁이 존재해야 한다. 경쟁이 없다면 가격은 내부의 효율성을 정확하게 반영하지 못한다. 몇몇 정부와 전통적으로 비영리조직이었던 곳에서조차 시장 통제를 사용하고 있다. 예를 들어, 미 연방항공청은 급료 지불 컴퓨터를 운영하기 위한 입찰을 실시했다. 농업국은 IBM과 다른 2개의 민간기업을 물리치고 입찰을 따냈다.[75] 인디애나폴리스시는 민간기업과 맞서 입찰하도록 모든 부서에 요구한다. 도로의 구멍을 메우는 계약에서 민간 기업이 교통국보다 낮게 입찰하자, 시의 노동조합원들은 비용절감을 위해 부서의 중간관리직 대부분을 없애는 것과 노동조합의 직무에 대한 리엔지니어링을 제안했다. 그 결과, 18명의 관리자들이 자리를 떠나 비용은 25% 절감되었으며, 교통국은 입찰도 따낼 수 있었다.[76]

한때 시장 통제는 주로 전체조직 차원에서 사용되었다. 그러나 현재는 제품사업부나 개별부서에서 점점 더 많이 이용된다. 이익책임단위(profit center)는 3장에서 언급되었던 독립된 제품사업부이다. 각 부서는 제품 생산을 위해 필요한 자원의 투입을 포함한다. 각각의 사업부는 다른 사업부와 비교된 수익 또는 비용으로 평가된다. 다국적 전기도급업자이며 전기장비의 제조업자인 ABB(Asea Boveri Beveri)사는 3개의 다른 형태의 이익책임단위를 가지고 있는데, 이들은 모두 각자의 수익성을 추구하며, 구매와 판매를 직접 수행함으로써 이익책임단위끼리, 그리고 외부고객과 상호작용한다.[77] 3장에서 설명했던 네트워크 조직(network organization) 또한 시장 통제를 설명해준다. 서로 다른 회사들이 중심조직에서 필요한 기능과 서비스를 제공하기 위해 가격을 기반으로 경쟁한다. 조직은 일반적으로 최상의 가격과 가치를 제시하는 회사와 계약을 한다.

10.5c 문화 통제

문화 통제(clan control)란 행동을 통제하기 위해 기업문화, 공유된 가치와 약속, 전통, 믿음과 같은 사회적 특성을 사용하는 것이다. 문화 통제를 이용하는 조직은 종업원들에게 공유된 가치와 신뢰를 중시하게 하는 강한 문화가 필요하다.[78] 문화 통제는 불확실성과 모호성이 높을 때 더욱 중요하다. 높은 불확실성은 조직이 자신의 서비스에 대해 가격을 정할 수 없음을 의미하며 환경이 너무나 빠르게 변하기 때문에 규칙과 규제가 모든 행동을 명확히 설명할 수 없음을 의미한다. 종교 집단이나 사회적 사명을 중시하는 조직처럼, 문화 통제에서는 조직목표에 대해 헌신적인 사람들이 고용될 것이다. 새로운 종업원들은 동료들과 동화되기까지 긴 시간의 사회화 과정이 필요하다. 집단의 규범을 따라야 한다는 강한 압력이 존재하며, 그러한 규범이 조직구성원의 행동을 통제한다. 경영자는 주로 멘토나 역할 모델 또는 가치전달자로서의 역할을 한다.[79]

도입 질문과 답

2. 경영자는 조직구성원의 행동을 통제하기 위한 주요 수단으로 공유가치, 신뢰, 조직사명에 대한 몰입을 강조해야 한다.

답) 부분적으로 동의한다. 문화, 신뢰, 몰입과 공유가치에 근거한 문화 통제는 매우 효과적일 수 있다. 매우 불확실하고 격동적인 환경에 처해 있는 조직 또는 부서에서 특히 유용하다. 그러나 기업이 처해 있는 환경에 따라 관료적 통제나 시장 통제와 같은 다른 형태의 통제 방법이 더 효과적이고 적절한 방법이 될 수 있다.

엄격한 규칙과 철저한 감독에 기초한 전통적인 통제 메커니즘은 높은 불확실성과 빠른 변화 상황에서 행동을 통제하는 데 효과적이지 못하다.[80] 또한 조직에 정보를 확산시키는 인터넷과 컴퓨터 네트워크는 많은 회사들이 관료적 통제에 의존하는 것을 줄여 주고, 구성원의 행동을 이끌어가는 공유된 가치관에 더욱 의존하게 한다.[81]

유사한 개념으로 자기 통제가 있다. 문화 통제는 개인이 집단에 사회화되어가는 과정에서 이루어지는 반면, 자기 통제는 개인의 가치관과 목표, 기준에 의해 이루어진다. 조직은 종업원 개인의 내적 가치나 업무선호도를 조직의 가치관 및 목표와 일치시키기 위해 변화를 유도한다.[82] 자기 통제 하에서 종업원들은 자신의 목표를 설정하고 성과를 관찰할 수 있다. 그러나 자기 통제에 의존하는 기업들은 종업원이 자신의 지식과 판단력을 사용할 수 있는 영역을 명확히 해줄 강력한 리더가 필요하다.

문화 또는 자기 통제는 전략기획과 같이 불확실성이 높으며 성과를 측정하기 곤란한 몇몇 부서에서 사용될 수 있을 것이다. 이러한 비공식적인 통제 메커니즘에 의존하는 부서의 관리자들은 문서에 의한 관료적 통제의 부재가 통제 자체의 부재를 의미한다고 가정해서는 안 된다. 문화 통제는 보이지 않지만 영향력은 지대하다. 한 연구에서는 종업원들의 행동이 관료적 위계구조보다 문화 통제에서 훨씬 강력하고 완벽하게 관리된다는 점을 발견했다.[83] 1장에서 학습한 '상사 없는' 회사의 관리자와 같이 문화 통제가 이루어질 때 관료적 통제는 필요하지 않다. 문화 통제와 자기 통제가 어떻게 작용하는지 밸브 코퍼레이션(Valve Corporation)을 살펴보자.

IN PRACTICE 밸브 코퍼레이션 및 파비(FABI)

밸브 코퍼레이션(Valve Corporation)의 공동 설립자인 게이브 뉴웰(Gabe Newell)과 마이크 해링턴(Mike Harrington)은 직원들이 혁신적인 비디오 게임을 만들 수 있도록 최대한의 유연성을 발휘할 수 있는 조직을 만들기를 원했다. 한 직원이 블로그에서 설명했듯이, "밸브(Valve)는 초기 창조적 단계를 밟을 수 있는 사람들을 끌어들이고, 자유롭게 창조적인 일을 할 수 있게 배려하며, 그들이 머물고 싶게 만들 수 있는 회사로 설계되었다."

밸브에서는 사람들이 어떤 프로젝트를 수행할지를 선택한다. 정해진 관리자나 상사가 없으며, 각 프로젝트 내에서 비공식적인 협의를 통해 팀 '리드(leads)'를 선정한다. 팀원들은 또한 얼마나 자주 만나야 하는지, 어떻게 제품을 테스트해야 하는지, 그리고 목표를 달성하기 위한 최선의 방법을 결정하기 위해 함께 노력한다. 팀 내에서 해결할 수 없는 의견 불일치가 있을 때는, "그러면 그것을 지적하고 그들을 정상 궤도에 다시 올려놓는 것은 동료들에게 달려 있다." 또한 밸브에서는 동료검토(peer-review) 성과 시스템을 사용한다. 직원들은 서로의 성과를 평가하고 순위를 매긴다. 최고 성과자는 보너스와 임금 인상을 후하게 받는다.

소규모 기술 기반 회사인 밸브에서는 자기 통제와 집단 통제가 잘 작동되고 있다. 이러한 형태의 통제는 다른 유형의 조직에서도 작동할 수 있다. 전통적인 관료주의적 통제 방식에서 문화 통제(clan control)에 기반을 둔 시스템으로 전환한 한 대기업은 파비(FAVI)이다. 장 프랑수아 조브리스트(Jean-Fran ois Zobrist) 최고경영자(CEO)가 자동차 부품을 설계하고 제조하는 600명의 종업원을 가진 프랑스 기업인 파비를 인수하면서 전통적인 위계질서를 폐지하였다. 인사부와 중간관리자도 없고, 시계와 직원 핸드북도 없다. 그는 직원들에게 "당신이 내일 출근하게 된다면, 나나 상사를 위해 일하지 않을 것이다. 당신의 고객을 위하여 일할 것이다. 당신에게 월급을 주는 것은 고객이지 내가 아니다"라고 직원들에게 말했다. 파비(FAVI)는 10년 동안 고객 주문에 늦어 본 적이 없다.[84]

효과적인 문화 통제의 핵심은 직원 행동을 가이드하는 강한 문화적 가치의 형성이다. 관리자의 통제에 대한 접근방식은 많은 조직에서 변화하고 있다. 상사가 없는 형태로 가는 트렌드와 협동적 작업 방식으로의 이동과 관련되어 많은 회사들은 관료적 통제와 연관된 위계적 프로세스보다는 문화 통제와 유사한 분권화 방식을 채택하고 있다. 위계적 통제와 분권적 통제 방식은 11장에서 자세히 다룰 것이다.

핵심정리

- 대규모 조직과 소규모 조직할 것 없이 모든 조직은 통제시스템이 필요하다. 관리자들은 관료주의 통제, 시장 통제 그리고 문화 통제의 세 가지 통제 전략 중에 하나를 선택할 수 있다.
- 관료주의 통제는 표준화된 규칙과 관리자의 합리적-법적 권한에 기반을 둔다.

- 시장 통제는 제품 또는 서비스 산출물의 가격이 책정되고 경쟁이 존재하는 곳에서 사용된다.
- 문화 통제와 자기 통제는 불확실하고 급격히 변화하는 조직 프로세스와 연관되어 있다. 이는 헌신, 전통 그리고 통제에 대한 공유된 가치에 기반을 둔다.
- 관리자들은 조직의 요구를 충족시키기 위한 통제를 위한 접근방법들을 결합하여 사용할 수 있다. 일반적으로, 오늘날의 기업들은 통제를 위한 접근방법으로 위계적 통제보다는 분권적 통제로 옮겨가고 있다.

10.6 조직의 쇠퇴

이 장의 앞에서 조직이 생성되어 성장하며 결국에 소멸하는 조직의 수명주기를 논의했다. 이번 절에서는 조직 쇠퇴의 단계와 그 원인에 대해 알아볼 것이다. GM(Genaral Motors)은 조직 스스로의 규모를 감당하지 못하고 무너졌다. GM은 막대한 연금에 대한 재정 부담과 의료보험 의무로 고통을 겪고 있었고, 조직의 거대한 관료주의는 고객의 소리를 듣지 못하게 만들었다. 각 지역의 관리자들은 제품변화를 위한 아이디어를 제안하고 광고 전략을 새롭게 짜야 한다고 주장했지만, 의사결정자들은 그들의 이야기를 듣지 못했다.[85] 거의 모든 조직은 일시적인 쇠퇴 기간을 겪는다. 게다가 오늘날 기업 환경에서 기업이 지속적으로 성장하고 확장한다는 것은 아마 불가능할 것이다.

우리는 몇몇 조직이 성장을 멈췄고, 많은 수의 조직이 쇠퇴하고 있다는 증거를 모든 분야에서 목격하고 있다. 리먼 브라더스(Lehman Brothers)와 베어 스턴스(Bear Stearns)와 같은 거대 금융 서비스기업의 일부도 규제 없는 성장과 비효과적인 통제 때문에 무너졌다. 시티그룹(Citigroup), 바클레이즈(Barclays), 크레딧 수이시 그룹(Credit Suisse Group), 그리고 도이치뱅크(Deutsche Bank)와 같은 글로벌 금융기업들은 수십년 간의 글로벌 확장 이후 최근에는 규모를 축소하고 있다. 시티그룹은 소액 은행업무를 최소 20개 국가에서 철수하고 있다. 브리티시 뱅킹과 금융서비스를 제공하는 거대 HSBC의 홀딩사인 PLC는 2011년부터 전 세계적으로 최소 83개 사업을 철수하고 있다.[86] 대기업인 유나이티드 테크놀로지(United Technologies)는 각각의 핵심 사업에 집중할 수 있도록 3개의 작은 조직으로 분리하기로 결정하였다. 작은 조직에는 엘리베이터와 에스컬레이터를 제조하는 오티스(Otis), 냉난방 장치를 생산하는 캐리어(Carrier), 그리고 우주항공 산업에 집중하는 유나이티드 테크놀로지(United Technologies)가 포함된다. 최고경영자인 그레고리 헤이즈(Gregory Hayes)는 그 결정에 대해 "집중하면 반드시 성공할 것이라고 생각한다"고 말했다.[87]

10.6a 정의와 원인

조직 쇠퇴(organizational decline)라는 용어는 오랜 기간에 걸쳐 나타나는 절대적이고 상당한 조직 자원 기반의 감소를 의미한다.[88] 조직의 쇠퇴는 환경적 쇠퇴, 즉 조직 크기의 감소(소비자 수요 축소나 과세 기반 약화 등)나 형태의 변화(소비자 수요의 변화)와 관련이 있다. 일반적으로 조직 쇠퇴의 원인으로 세 가지를 들 수 있다.

1. 조직 퇴화: 퇴화(atrophy)는 조직이 오래되고 비효율적이며 과도하게 관료화되고 긴장감을 잃게 될 때 발생한다. 조직은 환경에 적응하는 능력이 떨어지게 된다. 종종 퇴화는 오랜 기간의 성공 후에 나타나게 된다. 왜냐하면 조직은 과거에 적용되었던 관습과 구조에 젖어 있고 환경 변화에 적응하는 데 실패하였기 때문이다.[89] 대표적인 예로 스마트폰 혁명의 선구자였으나 시장에서의 경쟁과 변화를 준비하는 데 실패한 블랙베리(BlackBerry)가 있다. 조직 퇴화의 신호에는 과도한 간부의 수나 지나치게 많은 절차, 효과적인 의사소통과 협조의 부재, 그리고 시대에 부적합한 조직구조 등이 있다.[90]
2. 취약성: 취약성은 주어진 환경에서 번성하지 못하는 조직의 전략적 무능력을 반영한다. 이것은 완전히 정착하지 못한 작은 조직에서 종종 일어난다. 이러한 조직들은 소비자의 기호가 변하거나 보다 큰 공동체의 재무 건전성이 약화될 때 취약하다. 아직 자리를 잡지 못한 작은 전자상거래 회사들은 전자상거래 기술부문이 쇠퇴하기 시작했을 때 제일 먼저 시장에서 퇴출되었다. 몇몇 조직들은 환경에 맞는 정확한 전략을 수립할 능력이 없기 때문에 취약하다. 취약한 조직들이 새로운 시장이나 산업에 진입하기 위해서는 그들의 환경영역에 대한 정의를 새롭게 할 필요가 있다.
3. 환경의 쇠퇴와 경쟁: 환경의 쇠퇴는 조직을 뒷받침해줄 에너지와 자원이 감소됨을 의미한다. 새로운 환경 변화가 조직을 뒷받침해줄만한 충분한 자원을 확보하기 어렵게 만들 때, 조직은 영업을 축소하거나 다른 사업 분야로 이동 해야만 한다.[91] 예를 들어, 경기가 어려운 시기에 미국 적십자사의 관리자들은 지출 부담을 위한 모금액 증진에 힘쓰고 있다.[92] 새로운 경쟁과 빠르게 변하는 산업 또한 문제가 될 수 있다. 루스 솔로몬(Russ Solomon)은 1961년 아버지의 사크라멘토(Sacramento) 약국 뒷편에서 타워 레코드(Tower Records)를 시작하였다. 음악 감상실을 갖춘 그 가게에는 레코드의 거의 모든 종류를 갖추어 놓았고 박식한 스태프들 덕분에 1970년대와 1980년대 음악애호가들의 메카가 되었다. 타워(Tower)는 세계적인 음악 소매상으로 성장했으나, 2000년대 디지털 음악이 도래했을 때에는 취약점을 드러냈다. 화려한 성장의 원동력으로 작용한 많은 채무가 쇠퇴의 원인이 되었다. 타워는 2013년 파산을 신청하고 매각되었다.[93]

이 세 가지 요인은 한때 미국 사진 산업의 아이콘이었던 이스트만 코닥(Eastman Kodak)의 쇠퇴와 관련이 있다.

IN PRACTICE 이스트만 코닥

1880년에 설립된 이스트만 코닥은 카메라 필름 산업의 탄생을 이끌고 수십 년 간 그곳을 지배하며 미국에서 가장 유명한 회사 중 하나가 되었다. 정점에 있을 당시 코닥은 전 세계에 14만 5,000명의 직원을 거느렸다. 하지만 몇 가지 요인들이 코닥을 길고도 험한 길로 끌어내렸고 결국 파산에 이르렀다. 2012년 1월, 회사는 법정관리 신청을 했고 예전의 명성은 사라졌다. 2018년 코닥의 직원 수는 6,000명 아래로 떨어졌다.

쇠퇴의 주요 원인은 경쟁과 산업의 변화지만 퇴화와 취약성 또한 관련이 된다. 코닥은 실제로 초기에 디지털 카메라를 만든 회사 중 하나이고 디지털 기술 개발을 위해 수억 달러를 투자했다. 하지만 경영자들은 수익성 좋은 그들의 필름 사업의 매출 감소를 우려해 그 기술을 가지고 시장으로 나아가지 않았다. 후지필름(Fujifilm)은 수년 간 전통적인 필름 시장에서 저가 정책을 통해 코닥과 공격적으로 경쟁해 왔다. 그리고 후지는 디지털로 빠르게 넘어갔다.

Lenscap Photography/ Shutterstock.com

코닥은 반격하기 시작했지만, 경영자들은 점점 증가하는 디지털 세상에서 경쟁하기 위한 옳은 전략을 찾지 못했다. 결국 2003년 회사는 단골 고객과 멀어지며 전통적인 필름 사업에 대한 투자를 중단했다. 이미 디지털 기술로 후지나 다른 주요 업체들과 경쟁하기엔 늦었다. 잉크젯 프린터에 대한 투자 결정도 효과가 없었다. 2004년 이래로 코닥은 고작 1년의 수익만을 기록했다. 비록 코닥이 2013년 파산으로부터 벗어나 환경친화적 사진 인화 팔레트 사업과 같은 몇몇 분야에서 회복하고 있으나, 전체적인 수익은 아직도 쇠퇴하고 있다.[94]

코닥처럼 경영자들이 세 가지 쇠퇴 원인들로 타격을 받게 되면 생존하기란 매우 어렵다. 어떤 경우에는 질서 정연하게 문을 닫는 것이 유일한 선택일 수 있다. 다음 절에서 조직 쇠퇴 단계와 경영자들이 범할 수 있는 조직을 해체로 이끌 수 있는 일반적인 실수들을 살펴볼 것이다.

10.6b 쇠퇴 단계 모형

조직 쇠퇴의 광범위한 연구에 기초한 쇠퇴 단계 모형이 〈도표 10.8〉에 요약 제시되었다. 이 모형은 적절한 조직관리가 이루어지지 않는다면 종국에는 조직 해체에 이르는 다섯 단계를 보여준다.[95]

1. 무지 단계(blinded stage): 쇠퇴의 첫 번째 단계는 조직의 장기적 생존을 위협하는 내·외부 변화가 있고 조직은 여기에 신중하게 접근할 필요가 있다. 과도하게 많은 임원이나 번잡한 절차 또는 고객과의 잦은 충돌과 같은 문제들이 이 시기에 상존한다. 경영자는

도표 10.8 쇠퇴 단계와 성과의 차이 증가

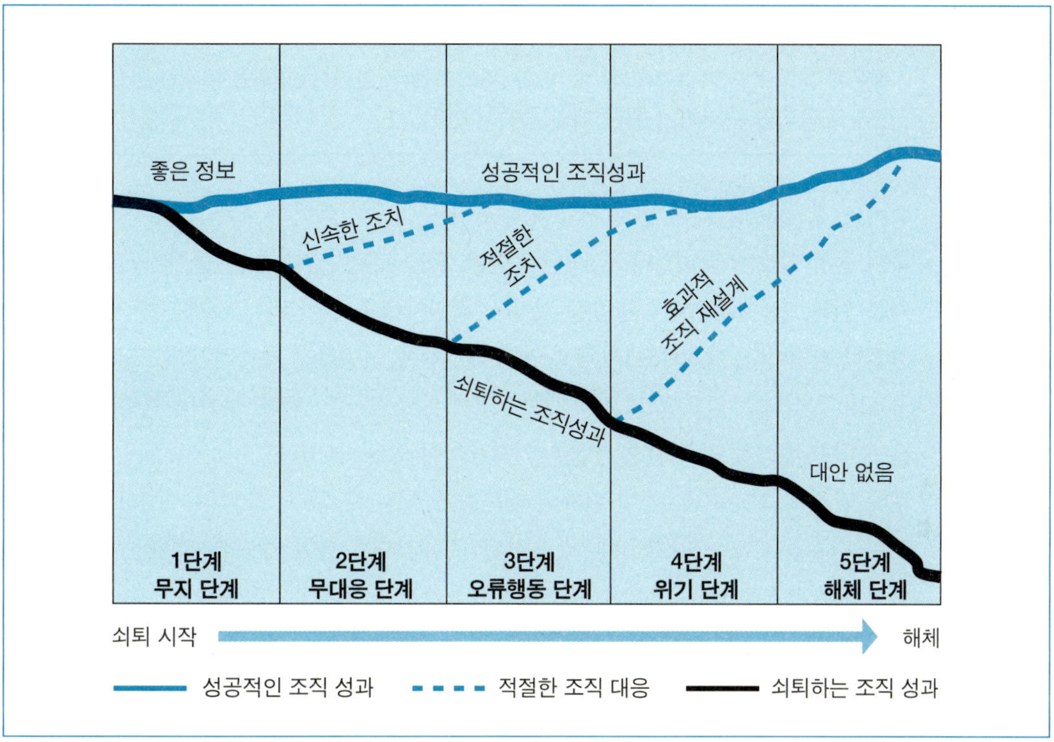

출처: William Weitzel and Ellen Jonsson, "Decline in Organizations: A Literature Integration and Extension," *Administrative Science Quarterly* 34 (March 1989), 99–109. Reprinted by permission of SAGE Publications.

이 시기에 나타나는 쇠퇴 신호를 놓치는 경향이 있다. 이에 대한 해결책은 조기경보 체제를 구축하는 것이다. 시기적절한 조기경보와 이에 대한 조치로 조직을 다시 본 궤도에 올려놓을 수 있는 시기이기도 하다.

2. 무대응 단계(inaction stage): 쇠퇴의 두 번째 단계는 각종 성과 악화라는 경고에도 이를 부인하며 나타나는 무대응 단계이다. 경영자는 직원과 주주들에게 모든 것이 잘 되고 있다고 설득하려 한다. 어떤 경우에는 분식 회계로 성과 문제를 은폐하기도 한다. 이 단계의 해결책은 쇠퇴 가능성을 인정하고 조직을 재활성화하기 위한 신속한 조치를 취하는 것이다. 새로운 문제해결 접근법, 참여 의사결정의 확대, 무엇이 잘못되었는지 파악하려는 노력을 확산시킬 수 있는 리더십이 필요한 시기이다.
3. 오류행동 단계(faulty action stage): 세 번째 단계에서는 조직이 심각한 문제를 겪게 되고 저조한 성과지표들을 무시할 수 없게 된다. 이 단계에서 쇠퇴의 소용돌이를 조절하지 못하면 조직의 실패로 이어진다. 이러한 심각한 상황으로 인해 리더들은 중대한 변화를 고려하게 된다. 사원 감축을 포함한 긴축 조치가 취해질 수 있다. 리더들은 가치를 명확히 하고 정보를 제공함으로써 구성원들의 불확실성을 줄여나가야 한다. 이 단계에서의 중대한 실수는 조직의 회생 기회를 감소시킨다.

도입 질문과 답

3. 조직이 쇠퇴 상태로 진입하게 된다면 회복은 불가능하다.

답) 동의하지 않는다. 어떠한 조직도 자원의 감소 또는 환경의 다른 변화와 같은 요인들 때문에 쇠퇴의 시기를 경험할 수 있다. 관리자들은 그러한 상황을 인지하고 너무 늦기 전에 효과적인 준비하기 위한 책임을 져야 한다.

4. 위기 단계(crisis stage): 네 번째 단계에서 조직은 여전히 쇠퇴에 효과적으로 대처하지 못하며 공황 상태에 놓여있다. 조직은 혼란을 겪을 것이며 기본으로 돌아가려는 노력, 급격한 변화, 그리고 분노를 경험할 것이다. 경영자에게는 이 위기 단계를 방지하는 것이 최선의 방법이다. 이 단계에서의 유일한 해결책은 전면적인 재조직이다. 조직의 사회적 구조가 침식되고 있으며 최고경영자의 교체나 조직구조, 전략, 문화의 혁명적 변화 같은 중대한 변화가 필요하다. 극심한 인력감축이 있을 수 있다.
5. 해체 단계(dissolution stage): 이 단계의 쇠퇴는 돌이킬 수 없다. 조직은 시장의 명성과 최고의 직원들을 모두 잃고 자본이 고갈된다. 유일하게 실현 가능한 전략은 질서정연한 방법으로 조직을 닫는 것이며 직원들의 직장상실로 인한 충격을 줄이는 것이다.

만일 조직이 해체를 피할 수 없는 상황이라면 쇠퇴에 대한 적절한 관리가 필요하다. 관리자들은 쇠퇴 신호를 감지하고 그것을 인정하고 필요한 조치를 취해 상황을 바꿔야 할 책임이 있다. 예를 들면, 베드 배쓰앤비욘드(Bed Bath & Beyond)는 상품들로 가득찬 1,500개의 매장을 가진 성공한 가전용품점이었다. 27년간의 흑자를 내 이후 2018년 갑작스럽게 137만 달러의 손실을 기록했다. 주된 이유는 온라인 기술에 대한 투자에 있어 돈을 아끼는 보수적인 경영 접근 때문이었다. 요즘은 고객들이 온라인에서 수천 가지 상품들을 만나 볼 수 있기 때문에 천장에 아이템이 걸려 있을 정도로 상품들로 꽉 찬 상점을 방문하지 않아도 된다. 베드 배쓰앤비욘드는 관리자들이 시정 조치의 필요성을 깨달아야 하기 때문에 쇠퇴 단계 모형의 2단계라고 볼 수 있다. 관리자들은 소매점의 새로운 비전을 수립하고 실천한다면 여전히 체인회사를 살릴 수 있다.[96]

핵심정리

- 많은 조직들은 성장을 멈추었고, 어떤 기업들은 쇠퇴하고 있다. 조직의 쇠퇴는 무지 단계, 무대응 단계, 오류행동 단계, 위기 단계, 해체 단계 등을 포함하는 쇠퇴 단계모형을 통해 진행한다.
- 쇠퇴의 징후를 알아차리고 필요한 조치를 취하여 조직을 되살리는 것은 관리자들의 책임이다.

토의문제

1. 왜 대규모 조직은 사무직과 일선 관리자의 비율이 높은 경향을 보이는가? 왜 대규모 조직은 소규모 조직에 비해 더 공식화되어 있는가?
2. 조직 수명주기 개념을 지역 기업과 같이 친숙한 조직에 적용해보자. 그 조직은 현재 어떤 단계에 있고 어떻게 대처해야 하는가?
3. 왜 조직은 성장에 대한 압박을 느끼고 있다고 생각하는가?
4. 베버가 제시한 세 가지 권한에 대해 설명해보자. 세 가지 권한이 한 조직 내에서 동시에 작용할 수 있는가에 대해 논의해보자.
5. 포춘, 비즈니스위크, 패스트 컴퍼니 등의 경영 잡지에서 최신 이슈들을 살펴보고, 관료주의 타파를 시도하고 있는 2개의 기업 사례를 찾아보고, 이러한 회사들이 적용하고 있는 방법을 논의해보자.
6. 통제형태에 관해 기술하면서, 윌리엄 오우치는 "시장 통제는 송어와 같고, 문화 통제는 연어와 같다. 위의 물고기들은 매우 아름답고 특별한 종으로서 생존을 위한 독특한 환경을 필요로 한다. 이와 비교해서 관료주의 통제방법은 까다롭고 볼품없는 메기와 같다. 그러나 어떠한 환경에서도 살아남을 수 있으며, 가장 우수한 종으로서 살아남을 수 있다"고 말했다. 오우치가 사용한 비유의 의미에 대해 논의해보자.
7. 정부조직은 영리조직보다 더 관료주의적인 경향이 있다. 이러한 결과가 정부조직에서 활용하는 통제형태 때문이라고 볼 수 있는지에 대해 설명해보자.
8. 어떻게 구세군은 여러 조직의 형태를 동시에 운영할 수 있는가? 관료주의를 줄이고 싶어 하는 컴캐스트(Comcast)나 디즈니(Disney)사와 같은 거대 미디어기업들이 구세군의 방법을 활용할 수 있는가?
9. 최근에 리먼 브라더스와 메릴 린치와 같은 수많은 거대 금융기업이 조직 쇠퇴나 파산을 경험하였다. 이 장에서 설명한 조직 쇠퇴의 세 가지 원인들 중 이러한 기업에 가장 잘 적용되는 것은 무엇인지 답해보자.
10. '성장하지 않는 기업'이라는 경영철학을 경영대학에서 교육해야 하는가? 논의해보자.

연습문제: 교실에서의 통제

학교에서 가장 좋아했던 과목과 가장 좋아하지 않았던 과목에 대해 돌이켜 생각해보자. 그 과목들에서 교사가 당신과 다른 학생들을 어떻게 통제했는가? 다음의 비교를 위해 당신의 답을 작성해보자.

학생의 행동에 영향을 미치기 위해 규칙과 규범, 합법적 권한들이 어떻게 사용되었는가?

가장 좋아하는 과목:

가장 좋아하지 않는 과목:

학생의 행동에 영향을 미치기 위해 경쟁과 성과측정이 어떻게 사용되었는가?

가장 좋아하는 과목:

가장 좋아하지 않는 과목:

학생의 행동에 영향을 미치기 위해 공유가치, 규범, 기대, 자기통제가 어떻게 사용되었는가?

가장 좋아하는 과목:

가장 좋아하지 않는 과목:

질문

1. 통제 유형에 따른 차이가 당신이 각 과목을 얼마나 좋아하는지에 대하여 어떻게 영향을 미칠 것인가?
2. 학생에게 요구되는 통제의 양이 당신이 각 과목을 얼마나 좋아하는지에 대하여 어떻게 영향을 미칠 것인가?
3. 각 반의 규모가 교사가 실시하는 통제의 유형이나 양에 어떻게 영향을 미칠 것인가?

분석을 위한 사례: 야후 — "Get to Work!"

기업 환경에서 첨단 기술은 원격으로 의사소통과 업무를 할 수 있도록 하고, 통근 시간을 줄임으로써 직원당 탄소 배출량을 줄이고, 업무 환경의 유연성을 확보하여 시간을 절약하기 위한 전략과 편리성을 기반으로 발전하였다.

유연 근무제(flex time)는 특히 기술 산업 군에 종사하는 구직자에게 매력적인 해결책이었다. 미래에나 가능할 것 같은 방식으로 근무하면서 이상적인 근무 모델을 만들어가고 있었다. 그런데, 갑자기 변화가 찾아왔다. 갑자기 제동이 걸린 것이었다.

"나가서 일을 해라"는 당신의 어머니가, 당신의 코치가, 당신의 선생님이 말씀하셨던 것이다. 갑자기 야후(Yahoo) 임직원들에게 이 말은 새로 부임한 최고경영자 마리사 메이어(Marissa Mayer)로부터 놀라운 메모를 받은 상사가 하게 되는 말이 되었다. 앙트르프러너(Entrepreneur)지는 이러한 지시에 대해 메이어의 "가장 멍청한 행동"이라고 불렀고, 이는 직무 환경의 관료성과 유연성에 대한 개념에 대한 전국적인 토론의 불을 지폈다.

스탠포드 대학원생인 제리 양(Jerry Yang)과 데이비드 필로(David Filo)가 설립하고, 야후라는 이름으로 1994년 출범한 이 회사는 닷컴 버블 기간 동안 첨단 산업 주가에서 사상 최고가와 사상 최저가를 기록하였고, 마이크로소프트의 인수 제의를 거절하였으며, 2012년 역사상 최대 규모라는 2,000여 명의 직원을 해고하는 아픔을 겪으면서 집중 조명을 받았다. 2009년에서 2014년까지 5년 동안 야후는 6명의 최고경영자를 영입하기를 반복하면서 끊임없이 비전과 임직원이 바뀌었다.

2013년 5월, 구글에서 온 마리사 메이어는 즉각적으로 전 직원은 출근을 해야 함을 알리는 폭풍과도 같은 메모와 함께 야후의 자택 근무 정책은 완전히 뒤집혔다고 발표하였다. 그로 인하여 비어 있던 주차장, 사무실, 작은 방들은 종업원들로 가득하게 되었다.

메이어와 사기진작 팀원들은 이러한 조치를 이 회사 내 직원들과 산업 내 다른 사람들로부터 유연성과 원격근무 생산성을 무시하는 행동이라는 비판의 대상이 되고 있다는 것을 알게 되었다.

이러한 새로운 사내 정책에 대한 일반적인 대상은 아무도 보지 않을 때 자신만의 사업을 하는 등의 행동을 함으로써 자택 근무의 특권을 끊임없이 오용하던 200여 명 이상의 직원들에게 적용되는 것이었다. 하지만 다른 이들이 지적한 것처럼 만약 원격 생산성과 협업이 첨단 기술 산업 내에서 작동하지 않는다면, 다른 산업에게 상징하는 바는 무엇인가? 첨단 기업이 자기 무덤을 파는 행동이었음을 드러낸 예가 될 것인가?

이러한 변화를 지지하는 이들은 사기가 낮아지고, 경쟁자들의 혁신에 대응하기 위해 필요한 협업과 직원 간 대면하는 시간이 부족한 야후처럼 끊임없이 지시적인 변화를 기반으로 하는 기업들에서 통제를 위한 방법으로써 필요한 행동이라고 옹호하였다. 전 야후 임원 중 1명은 뉴욕타임즈를 통하여 "첨단 산업 쪽에서 당신이 야후에서 일을 했다는 점 자체가 말하기 부끄러운 점"이라고 밝혔다. 상황이 그만큼 나빠진 것이다.

메이어의 이러한 변화 전략은 사무실로 직원들을 불러야 한다는 점에서 직원들이 하기에 달렸다. 야후는 변화에 대한 여러 비판에 대해 "이것은 전반적인 산업의 자택 근무에 대한 관점이 아니라, 바로 지금 오직 야후에 대한 것일 뿐이라는" 성명으로 대응하였다.

메이어가 보기에 이전의 상황들은 문화적으로 자신의 목을 조르는 것들뿐이었다. 회사에 아무도 없자, 최고경영자를 찾는 이들도 없어 프로젝트는 느려지거나, 혹은 완전히 중단되었다. 반면에 페이스북과 같은 다른 경쟁자들은 야후가 주춤하고 있는 동안 앞으로 치고 나가고, 혁신을 쏟아내고, 광고주들의 관심을 이끌어내고, 소셜미디어 시장을 장악해나갔다.

메이어는 인스타그램이라는 경쟁자로 인하여 사진 공유 서비스계의 잠재적인 주도 역할을 거의 상실하게 된 플리커(Flickr)를 최근 인수하고 이것을 발판 삼아 소셜미디어 시장에 참여하였다. 플리커에 대한 업데이트와 전반적인 디자인 수정과 새로운 직원들을 고용하였는데, 앙트르프러너지는 이러한 변화를 메이어의 가장 똑똑한 행동이 될 것이라고 예측하였다. 게다가 이 새로운 최고경영자는 종업원들의 블랙베리폰의 월간 사용 비용을 기업이 부담하는 형태로 안드로이드(Android)와 아이폰(iPhone)으로 빠르게 교체하였다. 현장에서 직접 일을 하고, 미팅과 협업의 분위기를 만들어내려고 노력하기 위해서, 메이어는 카페테리아에 공짜 음식을 제공하고 금요일 내내 고위 임원과 모든 직원 간의 질문/답변/계획 미팅을 하는 것을 고집했다.

야후는 산업 내에서 빠르게 다시 일어설 수 있도록 시간을 보충해야 한다. 경쟁자들은 기다려주지 않으며, 어떤 새로운 이들은 의심할 여지없이 어둠 속으로 숨어버린다. 어떤 이들은 메이어의 정책이 종업원을 아기 취급하고 종업원들에 대해 현장에서 양육하듯 통제하는 것이라고 비판하지만, 다른 이들은 천천히 시간을 가지며, 야후 내부의 반응뿐만 아니라 전국적으로 원격근무 문화의 미래에 무게를 두는 회사들의 태도들을 지켜볼 필요가 있다고 주장한다.

질문

1. 야후의 마리사 메이어는 왜 회사로 모든 직원을 불러들여 더욱 중심화된 방식과 관료주의적 접근방식을 택했는가?
2. 왜 많은 직원들이 이러한 변화에 대해 저항하였는가?
3. 재택근무보다 회사에서 근무하는 것이 직원들에게 어떠한 영향을 줄 것이라고 생각하는가?

분석을 위한 사례: 바흐마이어 푸드[97]

바흐마이어 푸드(Bachmeyer Foods, Inc.)는 종업원 5,000여 명, 총매출 9억 달러(2017년)가 넘는 대규모 유통회사이다. 이 회사는 짭잘한 맛의 스낵이나 주류를 구입해 미국과 캐나다 전역의 소매점에 유통한다. 짭잘한 맛의 스낵으로는 옥수수 칩, 감자 칩, 치즈컬, 토르티야 칩, 프레첼, 땅콩 등이 있다. 미국과 캐나다를 22개 지역으로 나누고, 중앙창고, 영업사원, 재무부, 구매부를 두고 있다. 이 회사는 국가 브랜드와 지역 브랜드로 유통하고, 일부 품목은 프라이빗 상표로 포장한다. 이 산업의 경쟁은 치열하다. 주류 수요는 감소하고 있으며, P&G(Procter & Gamble)나 프리토레이(Frito-Lay) 같은 스낵류 경쟁업체들은 바흐마이어와 같은 소규모 업체들로부터 시장점유율을 더 빼앗기 위해 신제품과 저탄수화물 옵션들을 개발했다.

본사는 지역마다 다른 취향과 관습 때문에 각 지역이 자율적으로 운영할 것을 권장하고 있다. 예를 들어, 미국 북동부의 사람들은 캐나다산 위스키와 아메리칸 버번을 더 많이 소비하는 반면, 서부 지역에서는 보드카, 진, 럼과 같은 가벼운 술을 더 많이 소비한다. 남서부에서는 멕시코인들의 취향을 반영하기 위해 스낵에 양념을 하는 경우도 있고, 북동부 지역의 고객들은 프레첼을 더 많이 구입한다. 2003년 초, 바흐마이어는 회사의 각 지역에 걸쳐 매출, 비용, 이익을 비교하는 재무 보고 시스템을 사용하기 시작했다. 각 지역은 개별 이익관리단위였는데, 최고경영진은 지역별로 수익이 매우 다르다는 것을 알고 깜짝 놀랐다. 2006년에 이르러 지역 간 차이가 너무 커서 경영진은 표준화가 필요하다고 판단했다. 경영자들은 수익성이 높은 지역에서 때로는 수익률을 높이기 위해 낮은 품질의 아이템을 사용하고 있다고 믿었다. 이 관행은 바흐마이어의 이미지를 손상시킬 수 있었다. 대부분의 지역이 시장점유율을 차지하기 위해 치열한 가격 경쟁에 직면해 있었다. 이글스낵(Eagle Snacks)의 가격 인하로 인해 프리토 레이, 보든(Borden), 나비스코(Nabisco), P&G(프링글스(Pringles)), 크래프트푸드(Kraft Foods)(플래터스 피너츠(Planters Peanuts)) 등 전국 유통업체들은 가격 인하와 신제품 출시를 통해 점유율을 유지하거나 높이는 방안을 추진하고 있었다. 독립적인 스낵 유통업체들은 경쟁하는 데 점점 더 어려움을 겪었고, 많은 업체들은 사업을 접을 수 밖에 없었다.

이러한 문제들이 계속 늘어나자 바흐마이어의 조 퀄리(Joe Qualley) 사장은 가격과 구매 관행을 감시할 수 있는 새로운 자리를 만들기로 했다. 회사는 경쟁 조직의 재무부에서 일하던 클레어 클레먼스(Claire Clemmons)를 고용하였다. 그녀의 새로운 직함은 가격 책정 및 구매 담당 이사였고, 그녀는 재무 담당 부사장인 피터 워싱턴(Peter Washington)에게 보고했다. 워싱턴은 클레먼스에게 그녀의 직무를 구성하는 데 큰 자율성을 주었고, 그녀가 필요한 규칙과 절차를 만들 수 있도록 격려해 줬다. 그녀 또한 각 지역의 정보를 수집하는 데 고무되었다. 각 지역은 22명의 지역 이사들에게 보낸 공식 메모를 통해 그녀의 임명 사실을 통보받았다. 각 유통센터 게시판에는 메모를 복사하여 붙여 놓았다. 또한 회사 신문에도 발표가 되었다.

3주간의 근무 후, 클레먼스는 두 가지 문제에 주의를 기울여야 한다고 생각했다. 장기적으로 바흐마이어는 정보기술을 더 잘 활용해야 한다. 클레먼스는 정보기술이 본사의 의사결정에 필요한 더 많은 정보를 제공할 수 있다고 믿었다. 각 부문의 상위 관리자들은 인트라넷으로 본사와 연결되어 있지만, 하위직 직원들과 영업사원들은 연결되어 있지 않았다. 그 중 절반 정도의 부서에서 소수의 관리자들만 이 시스템을 정기적으로 사용했다.

단기적으로, 클레먼스는 단편적인 가격 책정과 구매 결정이 문제였으며 이러한 결정은 지역 전체에 걸쳐 표준화되어야 한다고 판단했다. 이 전략은 즉시 실행되어야 했다. 첫 번째 단계로, 그녀는 각 지역의 재무 담당 임원이 해당 지역의 가격이 3%이상 변동할 경우 보고하라고 하였다. 그녀는 또한 5천 달러 이상의 지방 구매에 대한 모든 신규 계약은 그녀를 통해서 절차를 마무리하도록 결정했다(지역 내 유통되는 품목의 약 60%는 본사에서 대량으로 구입하여 지역으로 분배하였고, 나머지 40%는 지역 내에서 구입해 유통했다). 클레먼스는 운영을 표준화할 수 있는 유일한 방법은 각 지역마다 가격이나 구매가 변동될 경우 사전에 본사에 통보하는 것이라고 믿었다. 그녀는 자신의 제안을 피터 워싱턴과 논의했다. 그는 그 제안에 동의하여 대표이사와 이사회에 공식적으로 제안했고, 이사회는 그 계획을 승인했다. 그것은 정책과정의 복잡한 변화에 해당하였고, 시기는 휴가철 성수기로 접어들고 있었기 때문에 클레먼스는 새로운 절차를 즉시 시행하기를 원했다. 그녀는 새로운 절차를 알리는 팩스를 보낸 후 각 지역의 금융 및 구매 임원들에게 이메일을 보내기로 결정했다. 이 변경 사항은 4개월 이내에 바흐마이어의 모든 정책 및 절차 매뉴얼에 포함되었다.

클레먼스는 워싱턴에게 메시지 초안을 보여주었고 그의 의견을 듣고 싶어 했다. 워싱턴은 그 메시지에 대해 좋게 생각했지만, 그것으로 충분한지 의아했다. 지역에서는 수백 개의 아이템들을 다루었고 분산된 의사결정에 익숙해 있었다. 워싱턴은 클레먼스가 그 지역을 방문하여 구매 및 가격 정책에 대해 경영진들과 의논 했으면 했다. 하지만 클레먼스는 그런 여행은 비용이 많이 들고, 시간 낭비라며 거절했다. 본사에서 해야 할 일이 너무 많아서 출장 일정을 잡는 것이 불가능하다고 말했다. 또한 워싱턴은 3개월 후에 열리는 연례회의에서 클레먼스가 지역 이사들을 직접 만난 후에 이 절차를 시행할 것을 제안했다. 클레먼스는 그 기간이 너무나 길어서 성수기가 지나서까지는 효과가 나타나지 않을 것이라고 말했다. 그녀는 당장 절차가 진행되어야 한다고 생각했고, 다음날 메시지를 보냈다.

그 후 며칠 동안 7개 지역에서 이메일 응답이 들어왔다. 매니저들은 동의했고 기꺼이 협력하겠다고 말했다.

8주가 지나자, 클레먼스는 어떤 지역에서도 가격이나 구매 변경에 대한 통보를 받지 못했다. 지역 창고를 방문한 다른 간부들은 그녀에게 그 지역들이 평소처럼 바쁘다고 말했다. 지역 간부들은 통상적인 절차를 따르고 있는 것 같았다. 그녀는 지역 매니저 중 1명에게 전화를 걸었는데, 자신이 누구인지도 모르고 그녀의 직위도 들어본 적도 없다는 것을 알게 되었다. 게다가 "본사의 추가적인 절차가 없더라도 이익 목표 달성에 대한 충분히 고민하고 있다"고 말했다. 클레먼스는 그녀의 직위와 절차 변화에 대한 제안이 아무런 소용이 없다는 것에 대해 분개했다. 그녀는 현장 관리자들이 말을 안 듣는 것인지, 아니면 또 다른 소통 전략을 활용 했어야 하는 것인지 궁금했다.

질문

1. 클레먼스는 바흐마이어에서 어떤 유형의 통제방식을 사용하였는가? 이 공장에서 직원들을 통제하는 것에 대한 그녀의 가정은 무엇이었는가?
2. 왜 그녀의 변화과정에 대한 커뮤니테이션 시도는 좋은 반응을 얻지 못했는가?
3. 당신은 클레먼스에게 구매 절차에 대한 미래 변화의 소통에 관해 어떤 조언을 해 줄 수 있는가?

미주

1 Jack Nicas and Susan Carey, "Southwest Airlines, Once a Brassy Upstart, Is Showing Its Age," *The Wall Street Journal Online*, April 1, 2014, http://online.wsj.com/news/articles/SB10001424052702303949704579459643375588678 (accessed April 14, 2014); and Chris Isidore, "Southwest Airlines Says Boeing's 737 Max Groundings are Hurting Sales," *CNN*, March 27, 2019, https://www.cnn.com/2019/03/27/investing/southwest-airlinesgrowth/index.html (accessed March 27, 2019).

2 James Q. Wilson, *Bureaucracy* (New York: Basic Books, 1989); and Charles Perrow, *Complex Organizations: A Critical Essay* (Glenview, IL: Scott, Foresman, 1979), 4.

3 Tom Peters, "Rethinking Scale," *California Management Review* (Fall 1992), 7–29.

4 Christopher Mims, "Amazon's Size Is Becoming a Problem—for Amazon," *The Wall Street Journal*, May 11, 2019, https://www.wsj.com/articles/amazons-size-is-becoming-aproblemfor-amazon-11557547211 (accessed May 28, 2019).

5 Research and statistics reported in Matt Phillips, "Apple's $1 Trillion Milestone Reflects Rise of Powerful Megacompanies," *The New York Times*, August 2, 2018, https://www.nytimes.com/2018/08/02/business/apple-trillion.html (accessed May 28, 2019).

6 Donald V. Potter, "Scale Matters," *Across the Board*, July–August 2000, 36–39.

7 Kris Hudson, "Wal-Mart Sticks with Fast Pace of Expansion Despite Toll on Sales," *The Wall Street Journal*, April 13, 2006, A1.

8 Jeff Lagasse, "Healthcare Mergers and Acquisitions Had Record Year in 2018, Up 14.4 Percent," *Healthcare Finance*, January 28, 2019, https://www.healthcarefinancenews.com/news/healthcare-mergers-and-acquisitions-hadrecord-year-2018-144-percent (accessed May 28, 2019); and Shelby Livingston, "CVS Health and Aetna Close $70 Billion Merger," *Modern Healthcare*, November 28, 2018, https://www.modernhealthcare.com/article/20181128/NEWS/181129943/cvs-health-and-aetna-close-70-billionmerger (accessed May 28, 2019).

9 Costas Paris and Dominic Chopping, "Shipping Giant Maersk to Split Into Two Divisions," *The Wall Street Journal*, September 22, 2016, https://www.wsj.com/articles/maersk-tosplit-into-two-units-1474529401 (accessed May 28, 2019).

10 James B. Treece, "Sometimes, You Still Gotta Have Size," *Businessweek*, October 22, 1993, 200–201.

11 Nelson D. Schwartz, "Is G.E. Too Big for Its Own Good?" *The New York Times*, July 22, 2007, Section 3, 1.

12 James Surowiecki, "Big Is Beautiful," *The New Yorker*, October 31, 2011, 38.

13 Bradley Olson and Rebecca Elliott, "Oil Giants Start to Dominate U.S. Shale Boom," *The Wall Street Journal*, November 15, 2018, https://www.wsj.com/articles/oil-giants-start-to-dominate-u-s-shale-boom-1542286801 (accessed May 28, 2019).

14 Scott Thurm, "For Big Companies, Life Is Good," *The Wall Street Journal*, April 9, 2012, B1.

15 Ken Belson, "After the Disasters in Japan, a Stoic Response from Aflac," *The New York Times*, April 16, 2011, B4.

16 Frits K. Pil and Matthias Holweg, "Exploring Scale: The Advantages of Thinking Small," *MIT Sloan Management Review*, Winter 2003, 33–39; and David Sadtler, "The Problem with Size," *Management Today*, November 2007, 52–55.

17 See Keith H. Hammonds, "Size Is Not a Strategy," *Fast Company*, September 2002, 78–86; David Henry, "Mergers: Why Most Big Deals Don't Pay Off," *Businessweek*, October 14, 2002, 60–70; and Tom Brown, "How Big Is Too Big?" *Across the Board*, July–August 1999, 15–20, for a discussion.

18 Chip Jarnagan and John W. Slocum, Jr., "Creating Corporate Cultures Through Mythopoetic Leadership," *Organizational Dynamics* 36, no. 3 (2007), 288–302; and Robbie Whelan and Dawn Wotapka, "Corporate News: Home Builder Pulte to Lay Off Executives," *The Wall Street Journal*, May 13, 2011, B2.

19 "2018 Small Business Profile," U.S. Small Business Administration Office of Advocacy, https://www.sba.gov/sites/default/files/advocacy/2018-Small-Business-Profiles-US.pdf (accessed May 28, 2019); and Ahmad El-Najjar, "Small Business in the US by the Numbers," *TownSquared Resources*, May 14, 2017, https://townsquared.com/ts/resources/small-business-united-states-numbers/ (accessed May 28, 2019).

20 "The Hot 100," *Fortune*, September 5, 2005, 75–80.

21 Reported in Sadtler, "The Problem with Size."

22 Gary Hamel, quoted in Hammonds, "Size Is Not a Strategy."

23 For more information on the ambidextrous approach, see Charles A. O'Reilly III and Michael L. Tushman, "Organizational Ambidexterity in Action: How Managers Explore and Exploit," *California Management Review* 53, no. 4 (Summer 2011), 5–22; and S. Raisch et al., "Organizational Ambidexterity: Balancing Exploitation and Exploration for Sustained Performance," *Organization Science* 20, no. 4 (July–August 2009), 685–695.

24 Michael L. Tushman, Wendy K. Smith, and Andy Binns, "The Ambidextrous CEO," *Harvard Business Review*, June 2011, 74–80.

25 Erica Fry, "Can Big Still Be Beautiful?" *Fortune*, August 1, 2016, 81–84; and "Our Company," Johnson & Johnson website, http://www.jnj.com/connect/about-jnj/ (accessed August 31, 2011).

26 Anne VanderMey, "Dell Gets in Touch with Its Inner Entrepreneur," *Fortune*, December 12, 2011, 58.

27 Reported in Jerry Useem, "The Big...Get Bigger," *Fortune*, April 30, 2007, 81–84.

28 John R. Kimberly, Robert H. Miles, and associates, *The Organizational Life Cycle* (San Francisco: Jossey-Bass, 1980); Ichak Adices, "Organizational Passages—Diagnosing and Treating Lifecycle Problems of Organizations," *Organizational Dynamics*, Summer 1979, 3–25; Danny Miller and Peter H. Friesen, "A Longitudinal Study of the Corporate Life Cycle," *Management Science* 30 (October 1984), 1161–1183; and Neil C. Churchill and Virginia L. Lewis, "The Five Stages of Small Business Growth," *Harvard Business Review* 61 (May–June 1983), 30–50.

29 Larry E. Greiner, "Evolution and Revolution as Organizations Grow," *Harvard Business Review* 50 (July–August 1972), 37–46;

and Robert E. Quinn and Kim Cameron, "Organizational Life Cycles and Shifting Criteria of Effectiveness: Some Preliminary Evidence," *Management Science* 29 (1983), 33–51; and Matthew A. Josefy, Joseph S. Harrison, David G. Sirmon, and Christina Carnes, "Living and Dying: Synthesizing the Literature on Firm Survival across Stages of Development," *Academy of Management Annals*, 11, no. 2 (2017), 770–799.

30 George Land and Beth Jarman, "Moving Beyond Breakpoint," in Michael Ray and Alan Rinzler, eds., *The New Paradigm* (New York: Jeremy P. Tarcher/Perigee Books, 1993), 250–266; and Michael L. Tushman, William H. Newman, and Elaine Romanelli, "Convergence and Upheaval: Managing the Unsteady Pace of Organizational Evolution," *California Management Review* 29 (1987), 1–16.

31 Sam Gustin, "The Next Tech Titan? 10 Hottest Technology Start-Ups of 2010," DailyFinance.com, August 12, 2010, http://www.dailyfinance.com/2010/08/12/the-next-tech-tian-10-hottest-technology-start-ups-of-2010/ (accessed September 1, 2011); and "About Foursquare," https://foursquare.com/about (accessed April 16, 2014).

32 Dennis Crowley, as told to Polina Marinova, "Learning Not to Lead," *Fortune*, August 1, 2017, 38.

33 Claire Cain Miller, "Yes, Silicon Valley, Sometimes You Need More Bureaucracy," *The New York Times*, May 1, 2014, B3; and David Streitfeld, "Groupon Dismisses Chief After a Dismal Quarter," *The New York Times*, February 28, 2013, http://www.nytimes.com/2013/03/01/technology/groupondismisses-its-chief-andrew-mason.html?_r=0 (accessed April 17, 2014).

34 Eve Yen, "Delegate Smart," *Fortune Small Business*, April 2009, 33–34.

35 Sheelah Kolhatkar, "At Uber, a New CEO Shifts Gears," *The New Yorker*, April 9, 2018, https://www.newyorker.com/magazine/2018/04/09/at-uber-a-new-ceo-shifts-gears (accessed May 30, 2019).

36 David A. Whetten, "Sources, Responses, and Effects of Organizational Decline," in Kimberly, Miles, and Associates, *The Organizational Life Cycle*, 342–374.

37 Matt Phillips, "Apple's $1 Trillion Milestone Reflects Rise of Powerful Megacompanies," *The New York Times*, August 2, 2018, https://www.nytimes.com/2018/08/02/business/apple-trillion.html (accessed May 28, 2019); Peter Burrows, "Opening Remarks: The Essence of Apple," *Bloomberg Businessweek*, January 24–January 30, 2011, 6–8; Brent Schlender, "How Big Can Apple Get?" *Fortune* (February 21, 2005), 67–76; and Josh Quittner with Rebecca Winters, "Apple's New Core—Exclusive: How Steve Jobs Made a Sleek Machine That Could Be the Home-Digital Hub of the Future," *Time*, January 14, 2002, 46.

38 Nick Wingfield, "Apple's No. 2 Has Low Profile, High Impact," *The Wall Street Journal*, October 16, 2006, B1, B9; and Garrett Sloane, "Apple Gets Cored; End of an Era as Legend Steve Jobs Resigns," *The New York Post*, August 25, 2011, 27.

39 Land and Jarman, "Moving Beyond Breakpoint."

40 Katie Benner, "Airbnb Tries to Behave More Like a Hotel," *The New York Times*, June 18, 2017, BU1; Burt Helm, "Airbnb: Company of the Year," Inc. (December 2014–January 2015), 64–70, 130; and Morgan Brown, "Airbnb: The Growth Story You Didn't Know," GrowthHackers.com https://growthhackers.com/growth-studies/airbnb (accessed February 19, 2016).

41 Max Weber, *The Theory of Social and Economic Organizations*, translated by A. M. Henderson and T. Parsons (New York: Free Press, 1947).

42 Barry Kramer, "Chinese Officials Still Give Preference to Kin, Despite Peking Policies," *The Wall Street Journal*, October 29, 1985, 1, 21.

43 John Chase, "Delay Requested for Indictment; 3 More Months Sought in Case Against Governor," *The Chicago Tribune*, January 1, 2009, 4.

44 Eric J. Walton, "The Persistence of Bureaucracy: A Meta-Analysis of Weber's Model of Bureaucratic Control," *Organization Studies* 26, no. 4 (2005), 569–600.

45 Nadira A. Hira, "The Making of a UPS Driver," *Fortune*, November 12, 2007, 118–129; Devin Leonard, "UPS's Holiday Shipping Master: They Call Him Mr. Peak," *Bloomberg Businessweek*, December 19, 2013, http://www.businessweek.com/articles/2013-12-18/upss-holidayshipping-master-scott-abell-they-call-him-mr-dot-peak#p4 (accessed April 17, 2014); "Logistics: Squeezing More Green Out of Brown," *Bloomberg Businessweek*, September 20–September 26, 2010, 43; Kelly Barron, "Logistics in Brown," *Forbes*, January 10, 2000, 78–83; Scott Kirsner, "Venture Verite: United Parcel Service," *Wired*, September 1999, 83–96; Kathy Goode, Betty Hahn, and Cindy Seibert, *United Parcel Service: The Brown Giant* (unpublished manuscript, Texas A&M University, 1981); and Jacopo Prisco, "Why UPS Trucks (Almost) Never Turn Left," *CNN*, February 16, 2017, https://www.cnn.com/2017/02/16/world/ups-trucks-no-leftturns/index.html (accessed May 30, 2019)).

46 See Allen C. Bluedorn, "Pilgrim's Progress: Trends and Convergence in Research on Organizational Size and Environment," *Journal of Management Studies* 19 (Summer 1993), 163–191; John R. Kimberly, "Organizational Size and the Structuralist Perspective: A Review, Critique, and Proposal," *Administrative Science Quarterly* (1976), 571–597; and Richard L. Daft and Selwyn W. Becker, "Managerial, Institutional, and Technical Influences on Administration: A Longitudinal Analysis," *Social Forces* 59 (1980), 392–413.

47 James P. Walsh and Robert D. Dewar, "Formalization and the Organizational Life Cycle," *Journal of Management Studies* 24 (May 1987), 215–231.

48 Nancy M. Carter and Thomas L. Keon, "Specialization as a Multidimensional Construct," *Journal of Management Studies* 26 (1989), 11–28; Cheng-Kuang Hsu, Robert M. March, and Hiroshi Mannari, "An Examination of the Determinants of Organizational Structure," *American Journal of Sociology* 88 (1983), 975–996; Guy Geeraerts, "The Effect of Ownership on the Organization Structure in Small Firms," *Administrative Science Quarterly* 29 (1984), 232–237; Bernard Reimann, "On the Dimensions of Bureaucratic Structure: An Empirical Reappraisal," *Administrative Science Quarterly* 18 (1973), 462–476; Richard H. Hall, "The Concept of Bureaucracy: An Empirical Assessment," *American Journal of Sociology* 69 (1963), 32–40; and William A. Rushing, "Organizational Rules and Surveillance: A Proposition in Comparative Organizational Analysis," *Administrative Science Quarterly* 10 (1966), 423–443.

49 Jerald Hage and Michael Aiken, "Relationship of Centralization to Other Structural Properties," *Administrative Science Quarterly* 12 (1967), 72–91.

50 Peter Brimelow, "How Do You Cure Injelitance?" *Forbes*, August 7, 1989, 42–44; Jeffrey D. Ford and John W. Slocum, Jr., "Size, Technology, Environment and the Structure of Organizations," *Academy of Management Review* 2 (1977), 561–575; and John D. Kasarda, "The Structural Implications of Social System Size: A Three-Level Analysis," *American Sociological Review* 39 (1974), 19–28.

51 Graham Astley, "Organizational Size and Bureaucratic Structure," *Organization Studies* 6 (1985), 201–228; Spyros K. Lioukas and Demitris A. Xerokostas, "Size and Administrative Intensity in Organizational Divisions," *Management Science* 28 (1982), 854–868; Peter M. Blau, "Interdependence and Hierarchy in Organizations," *Social Science Research* 1 (1972), 1–24; Peter M. Blau and R. A. Schoenherr, *The Structure of Organizations* (New York: Basic Books, 1971); A. Hawley, W. Boland, and M. Boland, "Population Size and Administration in Institutions of Higher Education," *American Sociological Review* 30 (1965), 252–255; Richard L. Daft, "System Influence on Organization Decision-Making: The Case of Resource Allocation," *Academy of Management Journal* 21 (1978), 6–22; and B. P. Indik, "The Relationship Between Organization Size and the Supervisory Ratio," *Administrative Science Quarterly* 9 (1964), 301–312.

52 T. F. James, "The Administrative Component in Complex Organizations," *Sociological Quarterly* 13 (1972), 533–539; Daft, "System Influence on Organization Decision-Making: The Case of Resource Allocation"; E. A. Holdaway and E. A. Blowers, "Administrative Ratios and Organization Size: A Longitudinal Examination," *American Sociological Review* 36 (1971), 278–286; and John Child, "Parkinson's Progress: Accounting for the Number of Specialists in Organizations," *Administrative Science Quarterly* 18 (1973), 328–348.

53 John Hechinger, "The Troubling Dean-to-Professor Ratio," *Bloomberg Businessweek*, November 26–December 2, 2012, 40–42; and Douglas Belkin and Scott Thurm, "Deans List: Hiring Spree Fattens College Bureaucracy—And Tuition," *The Wall Street Journal*, December 29, 2012, A1.

54 Richard L. Daft and Selwyn Becker, "School District Size and the Development of Personnel Resources," *Alberta Journal of Educational Research* 24 (1978), 173–187.

55 Based on Gifford and Elizabeth Pinchot, *The End of Bureaucracy and the Rise of the Intelligent Organization* (San Francisco: Berrett-Koehler Publishers, 1993), 21–29.

56 Rachel Donadio and Jim Yardley, "Vatican's Bureaucracy Tests Even the Infallible," *The New York Times*, March 19, 2013, A1.

57 Gary Hamel and Michele Zanini, research reported in "Organizations: The Costs of Bureaucracy," *Harvard Business Review*, November-December 2017, 30.

58 Victoria Murphy, "Microsoft's Midlife Crisis," *Forbes*, October 3, 2005, 88.

59 Study by Paul C. Light, reported in Paul C. Light, "The Easy Way Washington Could Save $1 Trillion; How an Independent Agency Could Squeeze $1 Trillion in Savings from the Bureaucracy," *The Wall Street Journal*, July 7, 2011, http://online.wsj.com/article/SB10001424052702304760604576428262419935394.html (accessed September 6, 2011).

60 Jack Rosenthal, "Entitled: A Chief for Every Occasion, and Even a Chief Chief," *New York Times Magazine*, August 26, 2001, 16.

61 Scott Shane, "The Beast That Feeds on Boxes: Bureaucracy," *The New York Times*, April 10, 2005, Section 4, 3.

62 Gregory A. Bigley and Karlene H. Roberts, "The Incident Command System: High-Reliability Organizing for Complex and Volatile Task Environments," *Academy of Management Journal* 44, no. 6 (2001), 1281–1299.

63 Robert A. Watson and Ben Brown, *The Most Effective Organization in the U.S.: Leadership Secrets of the Salvation Army* (New York: Crown Business, 2001), 159–181.

64 Julian Birkinshaw and Suzanne Heywood, "Putting Organizational Complexity in Its Place," *McKinsey Quarterly*, Issue 3 (2010), 122–127.

65 Shana Lebowitz, "Google's Larry Page Uses an Unusual Management Trick to Inspire His Employees" *Business Insider*, January 26, 2016; Amir Efrati, "At Google, Page Aims to Clear Red Tape," *The Wall Street Journal*, March 26, 2011, B1; and Jessica Guynn, "New CEO Stirs Up Google Ranks; Larry Page Promotes Seven Execs to Run the Company's Most Important Divisions," *Los Angeles Times*, April 9, 2011, B1.

66 Jeanne Whalen, "Bureaucracy Buster? Glaxo Lets Scientists Choose Its New Drugs," *The Wall Street Journal*, March 27, 2006, B1.

67 Philip M. Padsakoff, Larry J. Claire, and William D. Todor, "Effects of Organizational Formalization on Alienation among Professionals and Nonprofessionals," *Academy of Management Journal* 29 (1986), 820–831.

68 Royston Greenwood, C. R. Hinings, and John Brown, "'P2-Form' Strategic Management: Corporate Practices in Professional Partnerships," *Academy of Management Journal* 33 (1990), 725–755; and Royston Greenwood and C. R. Hinings, "Understanding Strategic Change: The Contribution of Archetypes," *Academy of Management Journal* 36 (1993), 1052–1081.

69 William G. Ouchi, "Markets, Bureaucracies, and Clans," *Administrative Science Quarterly* 25 (1980), 129–141; idem, "A Conceptual Framework for the Design of Organizational Control Mechanisms," *Management Science* 25 (1979), 833–848; and Jay B. Barney, "An Interview with William Ouchi," *Academy of Management Executive* 18, no. 4 (November 2004), 108–116.

70 Weber, *The Theory of Social and Economic Organizations*, 328–340.

71 Raymond Fisman and Tim Sullivan, "The Unsung Beauty of Bureaucracy," *The Wall Street Journal*, March 15, 2013, http://online.wsj.com/news/articles/SB10001424127887324077704578360243017096714 (accessed April 17, 2014).

72 Daniel Gilbert and Russell Gold, "As Big Drillers Move In, Safety Goes Up," *The Wall Street Journal*, April 2, 2013, A1.

73 Joel Spolsky, "Good System, Bad System; Starbucks' Meticulous Policy Manual Shows Employees How to Optimize Profits. Too Bad It Undercuts Basic Customer Service," *Inc.* (August 2008), 67.

74 Oliver A. Claireon, *Markets and Hierarchies: Analyses and*

Antitrust Implications (New York: Free Press, 1975).

75 David Wessel and John Harwood, "Capitalism Is Giddy with Triumph: Is It Possible to Overdo It?" *The Wall Street Journal*, May 14, 1998, A1, A10.

76 Anita Micossi, "Creating Internal Markets," *Enterprise*, April 1994, 43–44.

77 Raymond E. Miles, Henry J. Coleman, Jr., and W. E. Douglas Creed, "Keys to Success in Corporate Redesign," *California Management Review* 37, no. 3 (Spring 1995), 128–145.

78 Ouchi, "Markets, Bureaucracies, and Clans."

79 Jeffrey Kerr and John W. Slocum, Jr., "Managing Corporate Culture Through Reward Systems," *Academy of Management Executive* 19, no. 4 (2005), 130–138.

80 Richard Leifer and Peter K. Mills, "An Information Processing Approach for Deciding upon Control Strategies and Reducing Control Loss in Emerging Organizations," *Journal of Management* 22, no. 1 (1996), 113–137.

81 Stratford Sherman, "The New Computer Revolution," *Fortune*, June 14, 1993, 56–80.

82 Leifer and Mills, "An Information Processing Approach for Deciding upon Control Strategies"; and Laurie J. Kirsch, "The Management of Complex Tasks in Organizations: Controlling the Systems Development Process," *Organization Science* 7, no. 1 (January–February 1996), 1–21.

83 James R. Barker, "Tightening the Iron Cage: Concertive Control in Self-Managing Teams," *Administrative Science Quarterly* 38 (1993), 408–437.

84 Phanish Puranam and Døjbak Hakonsson, "Valve's Way," *Journal of Organization Design* 4, no. 2 (2015), 2–4; Jacob Morgan, "The 5 Types of Organizational Structures: Part 3, Flat Organizations, *Forbes*, July 13, 2015, https://www.forbes.com/sites/jacobmorgan/2015/07/13/the-5-types-of-organizational-structures-part-3-flatorganizations/#34f9a5c76caa (accessed March 23, 2019); Matthew Shaer, "The Boss Stops Here," *New York Magazine*, June 24–July 1, 2013, 26–34; and Matthew E. May, "Mastering the Art of Bosslessness," *Fast Company*, September 26, 2012, http://www.fastcompany.com/3001574/mastering-art-bosslessness (accessed August 20, 2013).

85 Lee Hawkins Jr., "Lost in Transmission—Behind GM's Slide: Bosses Misjudged New Urban Tastes; Local Dealers, Managers Tried Alerting Staid Bureaucracy," *The Wall Street Journal*, March 8, 2006, A1.

86 Justin Baer and Max Colchester, "When Bigger Isn't Better: Banks Retreat from Global Ambitions," *The Wall Street Journal*, May 30, 2016, https://www.wsj.com/articles/when-bigger-isnt-better-banks-retreat-from-globalambitions-1464628433 (accessed May 30, 2019).

87 Dana Mattioli and Thomas Gryta, "United Technologies to Split Into Three Companies, Each with a Sharper Focus" *The Wall Street Journal*, November 26, 2018, https://www.nytimes.com/2018/11/26/business/united-technologies-split.html (accessed May 30, 2019).

88 Kim S. Cameron, Myung Kim, and David A. Whetten, "Organizational Effects of Decline and Turbulence," *Administrative Science Quarterly* 32 (1987), 222–240.

89 Danny Miller, "What Happens after Success: The Perils of Excellence," *Journal of Management Studies* 31, no. 3 (May 1994), 325–358.

90 Leonard Greenhalgh, "Organizational Decline," in Samuel B. Bacharach, ed., *Research in the Sociology of Organizations* 2 (Greenwich, CT: JAI Press, 1983), 231–276; and Peter Lorange and Robert T. Nelson, "How to Recognize—and Avoid—Organizational Decline," *Sloan Management Review* (Spring 1987), 41–48.

91 Kim S. Cameron and Raymond Zammuto, "Matching Managerial Strategies to Conditions of Decline," *Human Resources Management* 22 (1983), 359–375; and Leonard Greenhalgh, Anne T. Lawrence, and Robert I. Sutton, "Determinants of Workforce Reduction Strategies in Organizations," *Academy of Management Review* 13 (1988), 241–254.

92 Stephanie Strom, "Short on Fund-Raising, Red Cross Will Cut Jobs," *The New York Times*, January 16, 2008, A15.

93 Scott D. Hayward and Timothy A. Walker, "All Things Must Pass: The Rise and Fall of Tower Records," *Management Teaching Review* 1, no. 4 (2016), 271–277.

94 Dana Mattioli, Joann S. Lublin, and Ellen Byron, "Kodak Struggles to Find Its Moment," *The Wall Street Journal* August 11, 2011; Michael J. De La Merced, "Eastman Kodak Files for Bankruptcy," *The New York Times*, January 19, 2012, http://dealbook.nytimes.com/2012/01/19/eastman-kodak-files-for-bankruptcy/?_php=true&_type=blogs&_r=0 (accessed January 19, 2012); and Mike Spector, Dana Mattioli, and Katy Stech, "Kodak Files for Bankruptcy Protection," *The Wall Street Journal*, January 19, 2012, http://online.wsj.com/news/articles/SB30001424052970204555904577169920031456052 (accessed January 19, 2012).

95 William Weitzel and Ellen Jonsson, "Reversing the Downward Spiral: Lessons from W. T. Grant and Sears Roebuck," *Academy of Management Executive* 5 (1991), 7–21; and William Weitzel and Ellen Jonsson, "Decline in Organizations: A Literature Integration and Extension," *Administrative Science Quarterly* 34 (1989), 91–109.

96 Suzanne Kapner, "Amazon Didn't Cripple Bed, Bath & Beyond. Its Own Leaders Did," *The Wall Street Journal*, June 2, 2019, https://www.wsj.com/articles/amazon-didnt-cripplebed-bath-beyond-its-own-leaders-did-11559467800 (accessed June 3, 2019).

97 This case was inspired by "Frito-Lay May Find Itself in a Competition Crunch," *Businessweek*, July 19, 1982, 186; Jim Bohman, "Mike-Sells Works to Remain on Snack Map," *Dayton Daily News*, February 27, 2005, D1; "Dashman Company" in Paul R. Lawrence and John A. Seiler, *Organizational Behavior and Administration: Cases, Concepts, and Research Findings* (Homewood, IL: Irwin and Dorsey, 1965), 16–17; and Laurie M. Grossman, "Price Wars Bring Flavor to Once Quiet Snack Market," *The Wall Street Journal*, May 23, 1991, B1, B3.

PART 5

조직 과정 관리

CHAPTER 11

조직문화와 통제

학습목표

이 장을 공부하면,

1. 조직문화를 정의하고, 조직의 문화적 가치를 전달하는 상징, 의례의식, 이야기, 기타 관찰가능한 요소들을 식별할 수 있다.
2. 조직문화의 네 가지 유형을 설명할 수 있다.
3. 조직문화, 기업가치 및 성과의 관계를 설명할 수 있다.
4 분권적 통제문화와 계층적 통제문화를 비교할 수 있다.
5. 피드백 통제 모형을 설명할 수 있다.
6. 조직통제에 대한 균형성과지표의 가치를 설명할 수 있다.

도입질문

이 장을 읽기 전 다음 질문에 답해보자.

1. 최고경영자는 일반적으로 기업문화보다는 전략을 수립하고 조직구조를 설계하는 데 더 많은 에너지를 쏟아야 한다.

   1) 동의함 ________________ 2) 동의하지 않음 ________________

2. 부서 직원들이 좋은 결과를 내는 한, 그들이 언제, 어떻게 그들의 업무를 수행하는지는 부서장에게 별로 중요하지 않다.

   1) 동의함 ________________ 2) 동의하지 않음 ________________

3. 고위 경영자에게는 높은 성과를 달성하기 위해 성과지표를 강조하는 것보다 문화적 가치를 강조하는 것이 더 중요하다.

   1) 동의함 ________________ 2) 동의하지 않음 ________________

아마존은 거대 다국적 기업으로 성장하여 자포스(Zappos), 트위치(Twitch), 홀푸드마켓(Whole foods Market) 등 40개 이상의 자회사를 소유하고 있다. 아마존에는 창업자인 제프 베조스와 다른 초창기 경영자가 형성한 스타트업 문화 요소들이 많이 내재되어 있다. 아마존 전직 직원은 아마존의 내부환경을 검투사 문화로 표현한다. 그곳에는 직원들끼리 치열하게 경쟁한다. 홀푸드 인수 후, 아마존이 추진하고 있는 변화로 인해 고통받는 직원들의 이야기가 퍼져나가기 시작했다. 예를 들어, 홀푸드는 직원들이 새로운 재고 관리 시스템을 얼마나 잘 준수하는지 측정하기 위해 평가표(scorecards)를 사용하기 시작했으며, 평가점수는 근로자를 처벌하고 때로는 해고하는 데 사용되었다. 아마존에서는 성과의 모든 측면이 지속적으로 측정되고 평가를 받는다. 엄격한 규칙, 공격적인 목표 및 감시(surveillance)가 행동을 엄격하게 통제한다. 또한 사람들은 다양한 내부 시스템을 통해 동료에 대해 보고하게 한다. 아마존을 퇴직한 사람 중 일부는 그곳으로 돌아가고 싶지 않다고 말한다. 그렇지만 어떤 사람은 그런 대립적인 문화의 속도감과 도전을 좋아하며, 다른 회사에서는 효과적으로 일할 수 없다고 생각한다.[1]

아마존은 매우 성공적인 기업이고, 그 기업에는 자신의 일을 즐기고 회사의 업무수행 방식을 좋아하는 직원과 경영자가 있다. 또한 문화적 가치와 일하는 방법이 직원의 행복과 회사의 장기적 생존에 해가 된다고 생각하는 직원과 경영자도 있다. 아마존과 같이, 모든 조직은 직원들이 어떻게 행동해야 하고, 조직이 사업을 어떻게 수행해야 하는지를 설명하는 특별한 가치관을 가지고 있다. 조직 리더의 일 중에 가장 중요한 일은 회사가 번성하는 데 필요한 가치관을 심어주고 유지하는 것이다. 라쿠텐(Rakuten)의 공동 창업자 겸 CEO인 미키타니 히로시(Hiroshi Mikitani)는 "리더들은 종종 문화를 운좋게 만들어지는 좋은 것이라고 생각한다. 그건 엄청난 실수다. 문화는 성공의 중요한 구성 요소"라고 말한 적이 있다.

강한 문화는 회사에 커다란 영향을 미치며, 그 영향은 긍정적일 수도 부정적일 수도 있다. 구글(Google)은 직원들을 소중하게 대하고, 느긋하고 즐거운 근무 환경에서 수많은 특혜를 제공하는 독특한 회사 문화로 유명하다. 공동 창업자인 래리 페이지(Larry Page)는 다음과 같이 말한다. "회사는 가족이어야 하고, 사람들은 회사의 일원이라 생각하고, 회사가 그들에게 가족 같은 존재라는 것이 중요하다. 이렇게 사람을 대하면 생산성이 좋아진다." 사람들이 구글에서 일하고 싶어하기 때문에 이 회사는 가장 훌륭하고 똑똑한 사람들을 고용할 수 있다.[2] 그러나 부정적인 문화 규범은 긍정적인 문화 규범만큼이나 강력한 손해를 회사에 입힐 수 있다. CBS의 문화는 20여 명의 여성이 레슬리 문브스(Leslie Moonves) 회장 겸 CEO를 성추행으로 고발한 후 공격을 받았다. 그는 수십 년 동안 할리우드에서 가장 유명한 엔터테인먼트 경영자 중 1명이었다. 2018년 말에 문브스와 다른 고위 임원 2명이 회사를 그만두었다. 미국 음악잡지 빌보드(Billboard)의 경영자들도 데일리 비스트(The Daily Beast)가 발표한 기사에서 성희롱과 편집 결정에 대한 경영 간섭 의혹이 드러난 후, 윤리적인 문화를 구축하기 위해 노력하고 있다. 최고경영자 존 아마토(John Amato)는 내부 조사를 받고 회사를 떠났지만, 그가 심어놓은 문화가 편집 결정에 대한 회사의 지속적인 간섭과 함께 희롱, 부적절한 발언, 임원들의 괴롭힘을 일으켰다고 전현직 직원들은 말한다.[3]

규범과 가치관이 직원들이 함께 일하는 방법, 동료나 고객을 대하는 방법 등에 미치는 영향은 사회적 자본이라는 개념에서도 다루어지고 있다. **사회적 자본**(social capital)은 직원들 간의 상호작용의 질과 공통된 관점의 공유 여부를 나타내는 개념이다. 높은 수준의 사회적 자본을 가지고 있는 조직에는 신뢰, 상호이해, 규범과 가치관의 공유를 바탕으로 한 관계가 형성되어 있다. 따라서 조직의 목표달성을 위해 서로 협력하고 각자의 활동을 조정하는 기제가 자연스럽게 작동하고 있다.[4] 조직에 형성되어 있는 사회적 자본의 수준은 높을 수도 있고 낮을 수도 있다. 사회적 자본은 신용(goodwill)으로도 이해할 수 있다. 조직의 구성원이나 고객, 공급업자, 파트너와의 관계가 정직, 신뢰, 존중에 토대를 두고 있을 때, 신용이 존재하고, 사람들은 상호이익을 얻기 위해 기꺼이 협력하게 된다. 높은 수준의 사회적 자본이 사회적 상호작용과 교환을 가능하게 함으로써 원활한 조직활동을 촉진하는 것이다. 치열한 경쟁, 사리사욕, 속임수에 의해 형성된 관계는 회사를 파멸시킨다.

이 장의 목표

이 장은 조직문화와 가치, 그리고 문화적 관점의 조직통제에 대해 알아본다. 1절에서는 조직문화의 성격, 원천, 목적 및 의례의식, 이야기와 속담, 상징, 조직구조, 권력관계, 통제시스템을 통해 문화를 확인하고 해석하는 방법에 대해 설명한다. 다음으로는 조직이 환경에 효과적으로 대응하는 데 필요한 전략과 조직설계에 조직문화가 어떻게 영향을 미치는지를 알아보고, 경영자가 고성과 문화를 형성하는 방법에 대해 논의한다. 이 장에서는 계층적 통제와 분권적 통제 사이의 차이점을 설명하면서 문화적 관점의 조직통제시스템을 알아본다. 또한 피드백 통제 모형의 주요 단계를 설명하고, 통합적 통제시스템으로서 균형성과지표에 대해 논의하며, 행동통제와 결과통제의 차이점을 살펴본다.

11.1 조직문화

기업 문화에 대한 관심이 많아지면서 질문도 여러 가지 제기되고 있다. 우리는 문화를 식별할 수 있는가? 문화가 전략에 맞게 정렬될 수 있는가? 문화는 어떻게 관리하고 변화시킬 수 있는가? 이러한 논의를 위해서는 문화에 대한 정의를 이해할 필요가 있으며 이것이 조직에 어떻게 녹아들어 가는지를 설명할 필요가 있다.

11.1a 조직문화의 정의

조직문화(culture)란 조직구성원이 공유하고 있고, 올바른 사고방식과 행동방식으로 신입직원에게 전수되는 가치, 신념, 규범을 말한다.[5] 이것은 느낌으로 존재하는 것이지 기록될 수 있는 것은 아니다. 조직문화는 조직의 비공식적인 측면을 나타낸다. 모든 조직은 두 가지 측면—공식조직과 시스템, 기업문화의 비공식적인 가치·규범·믿음—을 가지고 있다.[6] 모든 사람이 문화 속에 있지만 의식하지는 못한다. 조직의 문화적 규범과 가치에 반하는 전략이나 프로그램이 실행되려고 할 때, 그제서야 문화를 인식하게 된다.

조직문화는 〈도표 11.1〉에서 보는 바와 같이 2개의 계층으로 형성된다. 표층에는 인공물(artifacts)과 관찰 가능한 행동—사람들이 옷을 입고 행동하는 방법, 기업이 사용하는 통제시스템과 권력구조의 형태, 조직구성원이 공유하는 상징, 이야기, 의식—이 있다. 이것들은 조직구성원의 마음속에 자리 잡고 있는 가치가 반영된 것이다. 가치와 믿음, 신념, 사고과정은 무의식적인 것이지만 조직문화를 형성시키는 핵심요인이다.[7] 예를 들어, 테크코(TechCo)의 리더들은 자신들의 사무실을 따로 마련하지 않고 정보 공유를 장려하기 위해 다른 직원들과 함께 공동 사무실에서 일한다. 독일의 팀뱅크(Teambank)의 최고경영자들은 독일 직장에서 일반적으로 사용하는 '당신(Sie)'이라는 공식적인 호칭보다는 '너(Du)'라는 비공식적 호칭을 사용한다. 이것들은 관찰할 수 있는 상징이다. 그 기저에 깔려 있는 가치는 개방성, 협력, 평등주의, 팀워크다.[8] 문화의 특성은 다양한 방법으로 나타나지만 궁극적으로는 사회적 상호작용을 통해 패턴화된 활동으로 나타난다.[9] 이런 패턴이 문화를 해석하는 데 사용될 수 있다.

도표 11.1 조직문화의 계층

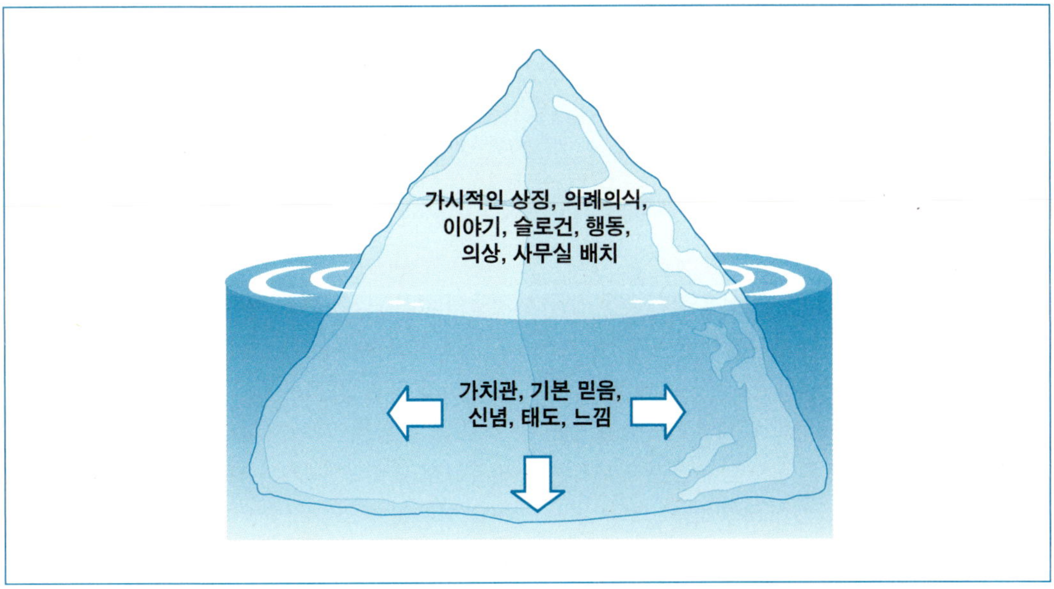

11.1b 문화의 형성과 기능

조직문화는 구성원들에게 조직의 정체성을 제공하고, 조직의 신념과 가치에 몰입하게 한다.[10] 조직문화의 형성은 일반적으로 비전, 철학, 또는 사업전략 등을 수립하고 실행했던 창업자 또는 초창기 리더에 의해 많은 영향을 받는다.

리더의 생각과 가치관이 조직에 성공을 가져오면, 이것들이 제도화되고 조직문화로 발전한다. 예를 들면, 앞에서 제시한 아마존의 문화는 창립자인 제프 베조스(Jeff Bezos)의 가치관을 반영한다. 그는 의견충돌과 도전을 즐긴다. 베조스는 아무리 마음에 들지 않더라도 리더는 자신이 반대하는 도전적인 결정이나 의견에 대해서도 책임을 져야 한다고 믿는다. 리더는 용기를 가져야 하고, 자신의 확신을 고수해야 한다. 그들은 집요하고, 사회적 응집성을 위해 타협하지 않는다. 그러나 일단 의사결정을 하고 나면, 그것에 전적으로 몰입한다. 베조스가 아마존 문화에 심어놓은 다른 가치는 절약, 고객중시, 혁신, 행동지향이다. 전체 직원회의에서 회사는 언제쯤 직원들을 위해 일-삶의 균형을 실천할 것인지를 질문한 직원에게 그는 직설적으로 이렇게 말했다. "우리가 여기에 있는 이유는 일하기 위해서이다. 그것이 최우선 순위다. 그것이 아마존의 DNA이다."[11]

문화는 조직에서 두 가지 기능을 한다. (1) 문화는 구성원들을 통합하여 서로 사이좋게 지내는 방법을 알게 해준다. (2) 문화는 조직이 외부환경에 적응할 수 있도록 도와준다. **내부 통합**(internal integration)이란 구성원들이 집단 정체성을 개발하고 효과적으로 함께 일하는 방법을 아는 것을 의미한다. 문화는 일상적인 작업관계를 이끌어나가고 사람들이 조직에서 어떻게 소통해야 하고, 해야 할 행동과 하지 말아야 할 행동은 무엇인지, 권력과 지위가 어떻게 주어지는지를 결정한다. **외부 적응**(external adaptation)은 조직이 어떻게 목표를 달성하고 환경을 다룰 것인지에 관한 것이다. 문화는 특정 목표를 달성하도록 구성원의 일상적인 활동을 지도한다. 문화는 조직이 고객의 요구나 경쟁자의 움직임에 신속하게 반응할 수 있도록 도와준다. 구글의 문화가 어떻게 내부통합을 촉진하고 회사가 외부환경에 적응할 수 있게 했는지를 살펴보자.

IN PRACTICE 구글

구글이 포춘지가 선정하는 가장 일하기 좋은 기업 명단에 6년 연속 1위를 차지한 이유는 무엇인가? 이 회사는 무료 음식, 낮잠 포드, 탁구대와 같은 재미있는 특전으로 유명하다. 하지만 이러한 요소들은 구글을 일하기 좋은 곳으로 만들고 일자리를 얻기 어렵게 만드는 문화의 아주 작은 일부분이다. 구글의 전 인간관계 담당 수석 부사장은 "그 모든 것들이 없어진다고 해도, 회사는 여전히 같을 것이고, 창조성과 혁신에 대한 추진력도 동일하게 유지될 것이다"라고 말했다.

구글 직원은 "사악해지지 말자"라는 회사의 비공식적 모토와 "세계의 정보를 정리하여 널리 이용 가능하게 하고 유용하게 만드는 것"이라는 공식 사명에 의욕을 느낀다. 구글의 설립자들은 회사가 불과 몇 년 되지 않았을 때 다음과 같은 핵심가치 목록을 만들었다.

- 사용자에게 초점을 맞추면 나머지는 모두 따라온다.
- 한 가지 일을 정말, 정말로 잘 하는 것이 가장 좋다.
- 정장을 입지 않아도 진지해질 수 있다.
- 단지 훌륭하다는 것만으로는 충분하지 않다.

명확한 가치 목록은 구글이 문화에 맞는 사람들을 고용하고, 유연성, 협업, 재미, 신뢰와 같은 바람직한 행동과 태도를 강화하는 데 도움을 주었다. 직원들은 일하고 싶을 때, 하고 싶은 방법으로 일할 수 있고, 원한다면 애완동물을 직장에 데려올 수 있으며, 서로에게서 배우도록 격려받는다. 협업이 매우 중시되어 경영자들은 사람들이 "구글러 투 구글러(Googler to Googler)" 프로그램에서 서로 코치하도록 장려한다. 여기에는 공개 연설과 같은 비즈니스 기술뿐만 아니라 킥복싱이나 개 훈련과 같은 외부 활동도 포함될 수 있다. 경영자는 매주 열리는 Q&A 세션에서 직원과 솔직하고 개방적으로 이야기하며 신뢰를 쌓고 강화한다. 구글에서 실패는 처벌이 아니라 배우고 성장하기 위한 방법으로 박수를 받는다. 구글은 직원들이 자유롭게 실험하고 실패하며 자기 자신과 타인의 실수로부터 배우기 때문에 끊임없이 혁신할 수 있다.[12]

조직문화는 명시적 규정이나 정책 없이도 구성원이 어떻게 의사결정을 해야 하는지도 알려준다.[13] 이 두 가지 기능은 조직구성원들 간에, 그리고 조직과 외부환경 간에 긍정적 또는 부정적인 관계를 형성함으로써 조직의 사회적 자본 형성에 영향을 미친다.

11.1c 문화의 해석

조직문화는 관찰 가능한 인공물을 통해 확인할 수 있으며 이것을 통해 문화의 특징을 해석할 수 있다. 인공물은 문화를 형성하기 위해 사용될 수 있으며, 문화를 해석할 수 있는 대상이 되기도 한다. 그러나 인공물은 외부인이 정확하게 해독하기 어려울 수 있다. 우수사원 시상식은 인공물의 하나이지만 기업마다 상이한 의미를 가질 수 있다. 한 조직의 실제적인 문화를 관찰하기 위해서는 구체적인 탐색활동과 내부인으로서의 경험이 필요하다. 〈도표 11.2〉는 문화를 관찰할 수 있는 몇 가지 요소를 보여주고 있다.[14] 경영자는 이 요소들을 사용하거나 변화시켜 문화를 형성하고 영향을 미칠 수 있다. 이 요소에는 의례의식, 이야기와 속담, 상징, 조직구조, 권력관계, 통제시스템이 포함된다.[15]

의례의식. 문화를 구성하는 중요한 인공물 중의 하나가 **의례의식**(rites and ceremonies)이다. 조직 내에서 이루어지는 정교하게 계획된 이벤트 활동이다. 경영자는 기업이 어디에 가치를 두고 있는지를 보여주기 위하여 의례의식을 활용한다. 특별한 가치를 강화하고 싶거나 사람들 사이에 강한 유대감을 창출하고 싶은 경우에 행해진다. 또는 조직의 신념과 활동을 상징할 수 있는 영웅을 만들어 축하해줌으로 조직이 어디에 가치를 두고 있는지를 보여주기도 한다.[16]

도표 11.2 관찰가능한 조직문화 요소

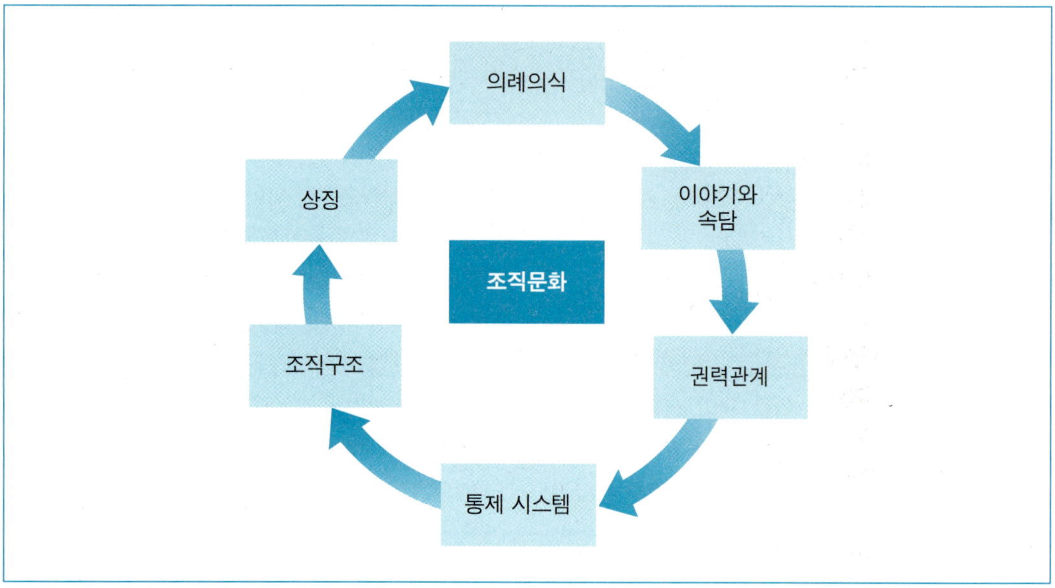

출처: Based on Gerry Johnson, "Managing Strategic Change—Strategy, Culture, and Action," *Long Range Planning* 25, no. 1 (1992), 28–36, and Gerry Johnson, "Rethinking Incrementalism," *Strategic Management Journal* 9, no. 1 (1988), 75–91.

의례의식에는 통과의례와 통합의례가 있다. 통과의례는 새로운 사원이 조직에 입사할 때 이루어지는 사회화과정이다. 종교단체, 여학생 클럽, 남학생 클럽, 기업, 군대와 같은 다양한 조직에서 새로운 구성원을 받아들이고, 중요한 가치를 전달하기 위해 의식을 사용한다. 통합의례는 구성원 간의 유대강화와 조직 몰입을 유도하기 위한 목적으로 시행된다. 다음의 예를 살펴보자.

- 이삿짐 운송회사인 젠틀 자이언트(Gentle Giant)의 통과의례는 스타디움을 달리는 것이다. 최고경영자인 래리 오툴(Larry O'Toole)은 회사의 직원이 되면 열심히 일하고, 스스로에게 도전하고, 상황이 나빠지더라도 그만두지 않고 끝까지 해내야 한다는 것을 알려주기 위해 신입직원에게 하버드 대학교의 스타디움을 뛰게 하였다. 달리기를 한 후에, 오툴은 따뜻한 아침을 제공하고, 오리엔테이션 축사를 한다. "스타디움을 뛰고 나서야 비로소 젠틀 자이언트의 구성원이 된다"고 직원 카일 그린(Kyle Green)은 말했다.[17]
- 스캔들로 가득 찬 조직을 이끌게 된 교황 프란치스코(Francis)는 실망하고 있는 전 세계 가톨릭 신자들의 관심을 붙들고 활력을 불어넣어주기 위해 의식을 사용했다. 예를 들어, 겸손과 포용의 가치를 상징하기 위해, 그는 그리스도 승천일에 사제의 발을 닦아주던 전통의식을 변경하여 소년원에 있는 수감자들의 발을 닦아주었다. 그 의식에는 처음으로 2명의 여성과 2명의 이슬람교도도 포함되었다. 이것은 통합의례로 볼 수 있다.[18]

이야기와 속담. **이야기**(stories)는 조직의 실제 사건에 기반을 둔 경험담으로, 조직구성원들이 신입직원이나 외부인에게 조직을 설명할 때 자주 사용된다. 많은 이야기들이 조직의 영웅에 관한 것이다. **영웅**(heroes)은 조직의 문화적 규범과 가치관이 무엇인지를 잘 나타내주는 일종의 역할 모델이다. 어떤 것들은 역사적 사건이거나 허구적으로 미화되어 **전설**(legends)처럼 전해지기도 한다. 이야기는 조직의 가치관을 유지시키고 모든 구성원들이 공유할 수 있게 한다.[19] **속담**(sayings)은 월마트(Walmart)의 "돈을 절약하여 삶을 더 풍요롭게 하자(Save Money, Live Better)", 구글의 "사악해지지 말자"와 같이 핵심적인 문화 가치를 요약하는 좌우명이나 경구(mantras)를 말한다. 다음 사례들은 이야기와 속담이 어떻게 문화를 형성하는지를 보여준다.

- 브린커 캐피탈(Brinker Capital)의 경영자들은 사람들에게 책임을 묻는 문화를 원했지만, 최고경영자인 노린 비먼(Noreen Beaman)은 때때로 사람들이 실수를 한다는 것을 알았다. 그녀도 직장생활 초기에 커다란 실수를 한 적이 있다. 중요한 것은 그 문제를 해결하고, 같은 실수를 반복하지 않는 것이다. 그 회사 사훈의 하나가 "찾아라, 고쳐라, 예방하라"이다. 루시 코스메틱(Lush Cosmetics)은 "우리는 실수를 할 권리를 가지고 있다"라는 모토를 사용한다. 또 어떤 회사는 경쟁, 위험추구, 결과에 대한 주인의식을 강조하기 위해 "목표를 정하라, 점수를 기록하라, 이겨라"라는 슬로건을 사용한다.[20]
- 레고(LEGO)의 "오직 최고의 품질만이 통한다"와 같이, 좌우명은 때때로 이야기로부터 만들어진다. 이야기는 회사가 목제완구를 만들고 있을 때로 거슬러 올라간다. 목제완구는 보통 3번 코팅을 하는데, 창업주 올레 키르크(Ole Kirk)의 아들 고트프레드(Godtfred)가 그 날 선적한 장난감 오리를 2번만 코팅 처리하여 비용을 줄였다고 자랑했다. 올레는 이 속임수에 화를 내고 고트프레드에게 기차역으로 가서 선적한 장난감오리를 가져와 밤새 다시 코팅작업을 하게 하였다. 12살 때부터 회사에서 일하고, 후에 최고경영자가 된 고트프레드는 그 좌우명을 나무판에 새겨서 부친의 이상이 영원히 전해지도록 하였다. 이 나무판을 찍은 사진이 현재 레고 본사의 카페테리아 입구에 걸려 있다.[21]

상징. 문화를 해석할 수 있는 또 다른 방법은 **상징**(symbol)이다. 어떤 면에서 의식, 이야기, 슬로건, 의례는 모두 상징이다. 이것들을 통해 조직 속에 깊이 자리잡고 있는 가치가 상징화되는 것이다. 조직의 물리적 창작물도 상징이 될 수 있다. 물리적 상징은 특정 아이템에 주의를 집중시키기 때문에 강력한 영향을 미친다. 물리적 상징에 대한 예는 다음과 같다.

- 아마존 본부 회의실에 있는 회의용 탁자는 6개의 문짝을 나란히 붙여서 만든 것이다. 검소는 아마존이 추구하는 핵심가치 중 하나이다. 이 회사는 고객응대와 상관없는 회의실 탁자나 경영자 책상을 사는데 돈을 지출하는 것은 옳지 않다고 생각한다. 창립자

인 제프 베조스는 20여 년 전 차고에서 아마존을 창업할 때 문짝으로 만든 책상이 '나에게 충분히 좋은 것이었다면, 지금 아마존에서 일하는 사람들에게도 충분히 좋을 것'이라고 믿는다. 이 회사는 고객에게 저렴한 가격으로 제품을 파는 데 도움이 되는 아이디어를 제안한 직원에게 '문짝책상상(door-desk award)'을 수여한다.[22]

- 마이크 하얏트(Mike Hyatt)가 토마스 넥슨 출판사(Thomas Nelson Publishers)의 CEO를 맡았을 때, 계층 문화를 평등주의 문화로 바꾸기 위해 취한 첫 번째 행동 중 하나는 이사회 회의실 테이블을 바꾸는 것이었다. 회의실은 거의 사용되지 않았으며, 가장 중요한 사람이 테이블의 맨 앞에 앉게 하여 위계구조를 드러내는, 길고 좁은 직사각형 모양의 테이블이 놓여 있었다. 하얏트는 그 긴 테이블을 큰 원형 테이블로 교체하여 새로운 평등주의 문화를 보여주었다. 또한 하얏트는 이사회실을 직원이 자주 사용하는 회의실로 바꿨다. 하얏트는 그 회의실에서 열리는 회의에 참석할 때마다 다른 자리에 앉아 직원들과 평등함을 알렸다.[23]

조직구조. 조직이 어떻게 설계되어 있는가를 보면 그 조직의 문화를 알 수 있다. 기계적 구조로 설계되어 있는가, 아니면 유기적 구조로 설계되어 있는가? 수직적 구조인가, 아니면 수평적인 구조인가? 구성원과 부서를 배치하는 방법과 구성원이 유연성과 자율성을 가지고 있는 정도를 보면 조직이 어떤 문화적 가치를 강조하고 있는지를 알 수 있다. 아래에 두 가지 사례가 있다.

- 노드스트롬(Nordstrom)의 조직구조를 보면. 이 백화점이 하급 직원에게 권한을 위양하고 지원하는 것을 얼마나 중요시하는지를 알 수 있다. 노르드스트롬은 특별한 고객 서비스로 유명하다. 〈도표 11.3〉에서 보는 바와 같이, 이 회사의 조직도는 경영자가 직원들을 통제하기 위해 존재하는 것이 아니라 고객에게 서비스를 제공하는 직원들을 지원하기 위해 존재하는 사람이라는 것을 상징적으로 나타낸다.[24]
- 회사 구조조정 직후 어려움을 겪고 있는 크라이슬러(Chrysler)를 되살리기 위해, 최고경영자인 세르지오 마르치오네(Sergio Marchionne)는 조직계층을 축소하여 조직구조를 평평하게 만들고 최고경영진을 자동차 생산과 판매 사업부서 가까이에서 일하게 하였다. 또한 마르치오네도 꼭대기층에 있는 중역실에서 일하지 않고 기술센터가 있는 4층에 사무실을 마련하였다. 이것은 최고경영진이 일상적인 의사결정을 하는 엔지니어와 감독자들 가까이에 있는 것이 중요하다는 것을 상징하기 위한 것이다.[25]

권력관계. 권력관계를 살펴보면 누가 영향력을 행사하고 누가 그런 능력을 가졌는지를 알 수 있다. 조직의 핵심 권력자는 누구인가? 어떤 기업에서는 재무 담당자가 막강한 권력을 가지고 있는 반면, 다른 기업에서는 기술자와 설계사들이 권력을 가지고 있다. 권력관계

도표 11.3 노드스트롬의 조직도

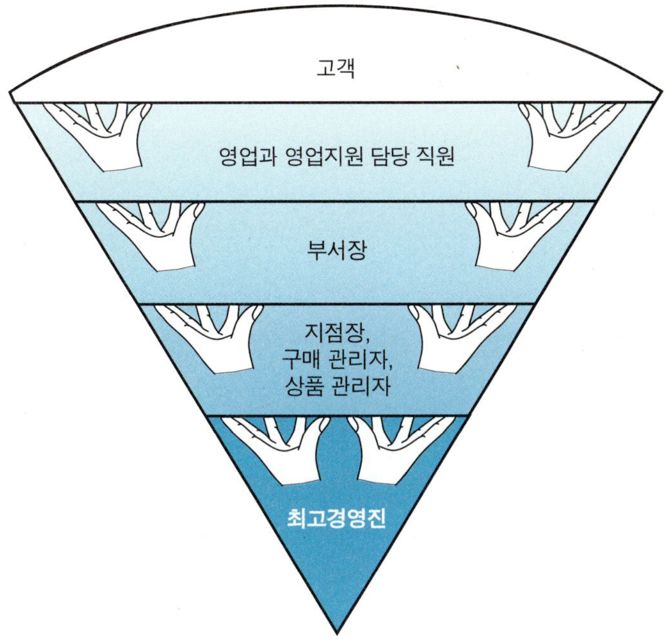

출처: Used with permission of Nordstrom, Inc.

가 공식적인지 아니면 비공식적인지의 여부를 통해서도 문화 특성을 알 수 있다. 어떤 기업은 권력 기반을 계층상의 직위에 두고 있으며, 또 어떤 기업은 지식이나 뛰어난 자질과 능력에 두고 있다. 다음의 예를 살펴보자.

- 애틀랜타에 있는 투자회사 조지아(Georgia)에는 '성스러운 내실(inner sanctum)'이 있다. 이곳은 임원들을 위한 특실, 화장실, 식당이 있는 공간이다. 출입문에는 임원들만이 접근할 수 있는 전자 잠금장치가 설치되어 있다. 중간계층의 경영자는 '이사(director)'라는 직책을 가지고 있으며, 별도의 식당에서 식사를 한다. 하위계층의 감독자와 직원들은 일반 카페테리아에서 식사를 한다. 식사장소와 직책은 누가 조직의 수직적 위계구조에서 더 많은 권력을 가지고 있는지를 보여준다.
- 고어(Gore)사에서는 직책을 가진 사람이 거의 없으며, 상사도 없다. 권력은 직위에 의해 생기지 않으며, 좋은 아이디어를 가진 사람이 리더가 된다. 이 사람이 자신의 아이디어를 실행할 사람을 모집할 수 있다.[26]

통제시스템. 〈도표 11.2〉에 제시된 마지막 요소는 조직이 구성원과 조직운영을 통제하는 시스템이나 내부활동과 관련된 것이다. 여기에는 정보처리방식, 품질통제시스템, 재무통제

방식, 보상시스템, 의사결정방식, 경영자의 직원통제방식(행동통제 또는 결과통제) 등이 포함된다. 행동통제와 결과통제, 그리고 기타 다른 통제방법은 이 장 후반에서 상세하게 논의될 것이다. 통제시스템이 문화를 반영하는 사례는 다음과 같다.

- 미국 안호이저-부시 인베브(Anheuser-Busch InBev)사에서는 유통센터 경영자들이 그날의 판매목표를 점검하고 직원들에게 더 많은 맥주를 팔도록 격려하는 사기진작모임으로 하루를 시작한다. 인센티브 기반 보상시스템과 지속적인 비용절감과 매출증대에 대한 강조는 이 회사가 매우 경쟁적인 문화를 가지고 있다는 것을 알려준다.[27]
- JP 모건 체이스(JP Morgan Chase)가 '런던고래(London Whale)'의 투자실패 등으로 인해 발생한 수십억 달러의 손실에 대한 법적 문제에 직면했을 때, 최고경영자 제이미 다이먼(Jamie Dimon)은 "우리의 통제시스템을 고치는 것이 최우선 과제"라고 말했다. 다이먼은 모건사의 최고 준법감시인이 법무 자문위원이 아니라, 은행의 최고운영책임자에게 직접 보고하도록 보고라인을 변경하였다. 감시인과 위험관리자에게 독자적인 권한을 더 많이 주는 것 외에도, 다이먼은 수천 명의 직원들에게 법적인 문제해결을 지원하도록 하였다. 이러한 변화는 모건사가 수익을 내는 것만큼 통제를 유지하는 것에도 최선을 다하고 있음을 상징한다고 다이먼은 말했다.[28]

문화는 2개의 계층, 즉 기본 가치와 믿음, 가시적인 인공물과 관찰 가능한 행동에 존재한다. 앞서 설명한 의례의식, 이야기, 상징, 조직구조, 권력관계, 통제시스템은 기업의 기본 가치를 반영한 인공물이다. 이것들이 단순히 문화를 해석하는 데만 사용되는 것은 아니다. 경영자들은 이것을 기업 가치를 형성하고 문화를 강화하는 용도로도 사용한다. 따라서 〈도표 11.2〉에 제시되어 있는 문화적 창작물은 경영자가 조직문화를 변화시키거나 강화할 필요가 있을 때 해석메커니즘과 행동지침으로 사용할 수 있다.[29]

핵심정리

- 문화적 가치는 조직의 사회적 자본을 결정하고, 올바른 가치는 조직 성공에 기여할 수 있다.
- 문화는 조직구성원이 공유하는 핵심가치, 신념 및 규범의 집합이다.
- 조직문화는 두 가지 기능을 수행한다. 조직문화는 구성원들을 통합하여 서로 사이좋게 지내는 방법을 알게 해주며, 조직이 외부환경에 적응할 수 있도록 도와준다.
- 문화는 조직의 의례의식, 이야기와 속담. 상징, 조직구조, 통제시스템 및 권력 관계에 의해 해석되고 형성될 수 있다. 또한 경영자는 조직문화를 바꾸기 위해 이 요소들을 사용할 수 있다.

11.2 문화와 조직설계

경영환경에 효과적으로 대응하기 위해서는 이에 적합한 전략 및 조직설계와 이를 뒷받침해 주는 문화가 필요하다. 예를 들면, 트위터(Twitter), 판도라(Pandora), 넷플릭스(Netflix)와 같은 인터넷 기반 회사들의 환경처럼, 외부환경이 유연성과 민첩성을 요구하는 경우 적응력을 장려하는 조직문화가 필요하다. 문화적 가치, 전략과 구조 및 환경이 적합한 관계를 형성할 때 조직성과가 강화될 수 있다.[30]

문화는 개인과 부서들이 협력적인지 아니면 독립적인지, 통제가 얼마나 중요시되고 누구에게 집중되어 있는지, 또는 조직의 시간성향이 단기적인지 장기적인지 등과 같은 여러 가지 차원으로 평가될 수 있다.[31] 이 장에서는 2개의 차원을 사용한다. (1) 경쟁적 환경이 조직의 유연성을 요구하는지 아니면 안정성을 요구하는지 (2) 조직의 전략적 초점이 내부지향적인지, 아니면 외부지향적인지. 〈도표 11.4〉와 같이 두 차원의 차이에 따라 4개의 문화 유형, 적응문화, 성취문화, 동족문화, 관료문화가 도출될 수 있다.[32] 네 가지 유형은 문화적 가치, 전략, 구조 및 환경 사이의 적합성과 관련이 있다. 각각의 유형은 외부환경의 요구와 조직의 전략적 초점에 따라 그 효과성이 달라진다.

도표 11.4 조직문화의 네 가지 유형

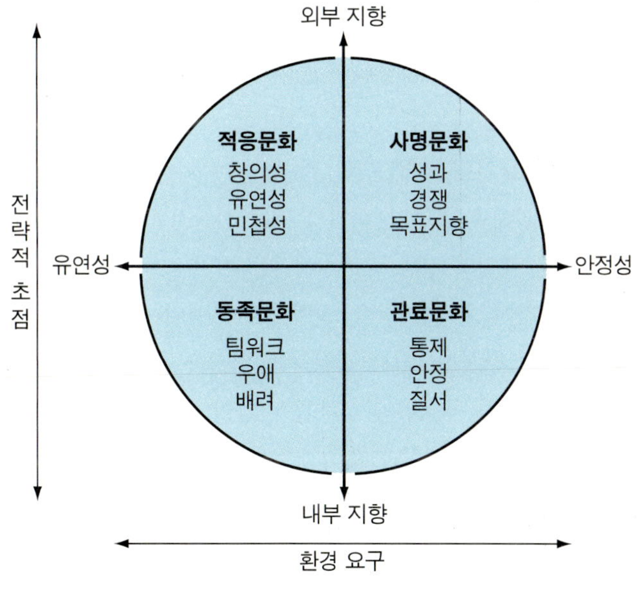

출처: Based on Daniel R. Denison and Aneil K. Mishra, "Toward a Theory of Organizational Culture and Effectiveness," *Organization Science* 6, no. 2 (March–April 1995), 204–223; Robert E. Quinn, *Beyond Rational Management: Mastering the Paradoxes and Competing Demands of High Performance* (San Francisco: Jossey-Bass,1988); and Mohamed Hafar, Wafi Al-Karaghouli, and Ahmad Ghoneim, "An Empirical Investigation of the Influence of Organizational Culture on Individual Readiness for Change in Syrian Manufacturing Organizations," *Journal of Organizational Change Management* 27, no. 1 (2014), 5–22.

도입 질문과 답

1. 최고경영자는 일반적으로 기업문화보다는 전략을 수립하고 조직구조를 설계하는데 더 많은 에너지를 쏟아야 한다.

답) 동의하지 않는다. 현명한 최고경영자는 조직이 성공하려면, 올바른 문화가 전략과 조직구조를 지원하고 강화하여 환경에 효과적으로 대응하도록 해야 한다는 것을 안다. 이런 말을 한 사람이 있다. "문화는 점심으로 전략을 먹는다." 경영자는 자신이 가진 모든 시간과 자원을 뛰어난 전략을 수립하는 데 투자할 수 있다. 그러나 전략이 문화적 가치관과 맞지 않는다면 전략을 실행하는 것은 불가능하다.

11.2a 적응문화

적응문화(adaptability culture)는 전략적 초점이 외부 지향적이고 유연성과 변화를 통해 고객의 요구를 충족시키고자 할 때 적합한 문화이다. 환경이 주는 신호를 탐색하고 해석하여 새로운 대응책을 개발할 수 있는 기업가적인 가치, 규범 및 신념을 강조한다. 그렇지만 이러한 유형의 회사들이 환경변화에 신속하게 대응만 하는 것은 아니다. 그들은 적극적으로 필요한 변화를 창출한다. 그들은 혁신, 창조성 그리고 위험추구성향을 중요시하고 보상한다.

마케팅, 전자, 화장품 산업에 있는 많은 회사들과 같이, 대부분의 인터넷 기반 회사는 적응문화를 가지고 있다. 왜냐하면 그들은 고객을 만족시키기 위해 신속하게 움직여야 하기 때문이다.

11.2b 성취문화

외부환경에 있는 특정 고객의 요구를 충족시켜야 하지만 빠른 변화가 필요하지 않는 조직에서는 성취문화가 적합하다. **성취문화**(achievement culture)는 조직의 목적을 명확하게 하고, 그 목적을 달성하기 위해 매출증가, 수익성 또는 시장점유율과 같은 목표 달성을 강조한다. 구성원들은 구체화된 개인의 성과목표에 책임을 지며, 조직은 그 성과에 대해 보상한다. 경영자는 조직이 나아가야 할 미래상을 정립하고 구성원에게 전달함으로써 행동에 영향을 미친다. 환경은 비교적 안정적이어서 경영자는 비전을 측정가능한 목표로 전환할 수 있으며, 그 목표 달성에 기여한 구성원의 성과를 평가할 수 있다. 성취문화가 형성되어 있는 기업들 중에는 높은 수준의 경쟁력과 수익창출을 지향하는 기업도 있다. 앞에서 제시한 바와 같이, 아마존은 경쟁, 공격성, 매출과 시장점유율 확대를 강조하는 성취문화를 가지고 있다. 중국의 기술업체 화웨이(Huawei)도 성취문화의 특성을 보여준다.

안호이저-부시 인베브사도 성취문화를 가지고 있다. 경영자는 구성원들에게 높은 수준의 매출과 수익을 달성하도록 요구하며, 목표를 달성한 사람들에게는 상응하는 보상을 제공한다. 안호이저-부시 인베브사에서 보너스와 승진은 성과를 기반으로 하며, 최고경영진은 고성과자를 특별 대우한다.[34]

IN PRACTICE 화웨이

그들은 자신의 문화를 '늑대 문화'라고 부른다. 이 회사에는 뭄바이에서 테러가 발생했음에도 불구하고 통신 서비스를 계속 운영하기 위해 일했던 직원들과 에베레스트 산의 등반가들에게 이동통신 서비스를 제공하기 위해 강추위, 산소 부족, 불면증과 싸운 직원들의 영웅담이 전해진다. 집념, 추진력, 결단력, 공격성은 전 세계에서 급성장하고 있는 중국의 거대 정보통신 및 가전 업체인 화웨이의 핵심가치이다.

직원들은 오랜 시간 일하고, 새로운 사업을 따내기 위해 위험한 상황을 견뎌내고, 심지어 회사에 이익이 된다면 회사의 규정을 어기도록 권장된다. 신입 사원들은 아침 조깅, 회사 문화 수업, 전쟁 지역이나 기타 어려운 환경에서 고객에게 서비스를 제공하는 방법을 보여주는 상황극을 만들어 공연하는 등 신병 훈련 방식의 교육을 받는다.

이런 화웨이 문화는 회사의 성장을 도왔지만, 곤경에 빠뜨리기도 했다. 직원들은 공무원들에게 뇌물을 주고, 경쟁자의 소스 코드를 베끼고, 은행 사기를 저지른 혐의를 받고 있다. 이전에 화웨이는 직원이 얼마나 많은 사업을 따냈는지에 대해서만 평가했었다. 창업자 겸 CEO인 렌 젱페이(Ren Zhengfie)는 화웨이가 직원들의 위법행위를 방지하기 위해 내부 규정과 통제에 더 관심을 기울이고 있다고 말하지만, 직원들에게 보내는 이메일에서 그는 규정과 기준을 적용하는 것이 장애가 되지 않아야 한다는 점을 분명히 했다: "그것이 곡물 생산을 막는다면 우리 모두는 굶어 죽는다"라고 렌이 말했다.[33]

Sergiy Palamarchuk/ Shutterstock.com

11.2c 동족문화

동족문화(clan culture)는 조직구성원의 몰입과 참여를 통해 외부환경에 빠르게 대응하는 문화이다. 이 문화에서는 높은 성과를 달성하기 위해 구성원들의 요구에 귀를 기울인다. 이를 통해 구성원들의 자연스러운 몰입과 참여, 책임감과 주인의식 그리고 조직에 대한 헌신을 이끌어낸다.

동족문화의 중요한 가치는 구성원을 배려하고, 생산적이고 만족스럽게 일하는 데 필요한 모든 것을 제공한다는 것이다. 워크포스(Workforce) 잡지가 2019년 선정한 인사관리분야 우수 100대 기업명단에서 1위를 차지한 사우스웨스트항공(Southwest Airlines)사는 동족문화를 보여준다. "우리는 창업 당시부터 직원들을 우선시했다"라고 부사장 겸 최고 인사 담당 책임자인 줄리 웨버(Julie Weber)가 말했다. "행복한 직원들이 행복한 고객을 만들고, 행복한 고객이 행복한 주주를 만든다는 것이 우리의 신념이다."[35] 소프트웨어 회사인 세일즈포스닷컴(Salesforce.com)에서 마크 베니오프(Marc Benioff)가 채택한 문화 접근법도 동족문화의 요소를 반영하고 있다. 베니오프는 "사람들이 매일 출근하는 것을 신나하고, 이곳에 오면 기분이 좋아지는 회사, 그들에게서 받기보다는 주는 회사, 남에게 베푸는 회사가 되길 원한다"고 말했다. 세일즈포스닷컴에서는 신입직원이 첫날 출근하면 사무실을 돌아다니면서 인사시키고 동료를 소개하면서 오전을 보낸다. "그러고 나면 그들을 데리고 나가 봉사활동을 하면서 오후를 보낸다"고 베니오프가 말했다. "그들은 노숙자 쉼터에 가거나 병원에 가거나 공립학교에 간다. 이것은 우리 문화의 매우 핵심적인 부분이다."[36]

11.2d 관료문화

관료문화(bureaucratic culture)는 전략적 초점이 내부지향적이며, 안정된 환경에서 요구하는 일관성을 지향한다. 관료문화는 사업 수행에 대한 체계적인 접근을 지원한다. 상징, 영웅, 의식은 목표를 달성하는 방법으로 협력, 전통, 정책과 관행 준수를 강조한다. 개인의 몰입 정도는 다른 문화에 비해 낮지만, 일관성, 순응, 구성원 간의 협력은 상대적으로 높게 형성된다. 이러한 조직은 높은 통합과 효율을 이끌어낸다.

오늘날 대부분의 경영자는 더 많은 유연성이 필요해지면서 관료문화를 바꾸려고 있다. 그렇지만, SAS 연구소와 퍼시픽 엣지(Pacific Edge) 소프트웨어(현재는 세레나(Serena) 소프트웨어)는 관료문화적 요소를 성공적으로 활용하여 프로젝트를 시간과 예산에 기초하여 관리하고 직원들이 더 정상적인 삶을 살 수 있게 하였다. 예를 들어, SAS에서 질서와 규율을 강조한다는 것은 공식적인 일주일 근무시간이 35시간이라는 것을 의미한다. 때때로 조심스럽게 일하는 것이 천천히 일하는 것을 의미할지라도, 퍼시픽 엣지와 SAS는 외부환경의 요구에 성공적으로 대응하고 있다.[37]

어떤 사람은 관료문화의 질서와 예측가능성을 좋아하는 반면에, 어떤 사람은 너무 많은 규율에 의해 숨이 막히고 제약을 받는다고 느끼며, 다른 문화에서 일하는 것을 더 좋아하기도 한다. 여러분은 적응, 성취, 동족, 관료 문화 중 어떤 유형의 문화에서 일하고 싶은가? 당신이 가장 편하고 성공적으로 일할 수 있는 문화 유형을 '적합성 평가'에서 찾아보자.

핵심정리

- 조직문화는 조직이 환경에 성공적으로 대응하는 데 필요한 전략과 구조를 강화해야 한다.
- 조직에 존재하는 문화유형에는 적응문화, 성취문화, 동족문화, 관료문화가 있다.

11.3 문화 강도와 하위문화

문화 강도(culture strength)란 조직구성원이 조직 가치의 중요성에 동의하는 정도를 말한다. 조직 가치의 중요성에 대한 광범위한 합의가 이루어졌다면 그 문화는 응집력이 있고 강하다고 말할 수 있다. 그렇지 않으면 약한 문화이다.[38] 강한 문화는 명확한 가치관과 사회적

적합성 평가

기업문화 선호도

조직구성원과 기업문화 간의 적합도는 개인의 성공과 만족을 결정할 수 있다. 여러분의 문화선호도를 이해하기 위해 다음 항목에 대해 1에서부터 8의 점수를 매겨보자(1=가장 선호함; 8=가장 선호하지 않음).

1. 조직이 매우 인간적이어서 마치 가족과 같다. ____
2. 조직이 역동적이고 변하고 있으며, 직원들은 위험을 추구한다. ____
3. 조직이 성취지향적이고, 경쟁과 임무완수를 중요하게 여긴다. ____
4. 조직이 안정적이고 구조화되어 있어서 명확성과 확정된 절차가 있다. ____
5. 관리스타일은 팀워크와 참여를 강조한다. ____
6. 관리스타일은 혁신과 위험추구를 강조한다. ____
7. 관리스타일은 높은 성과를 요구하고 목표달성을 강조한다. ____
8. 관리스타일은 안정성과 예측성을 강조한다. ____

점수계산: 각 문화유형의 선호도를 계산하기 위해 다음 두 질문의 점수를 합한다.

동족문화 - 질문 1과 5의 합계: ________
적응문화 - 질문 2와 6의 합계: ________
성취문화 - 질문 3과 7의 합계: ________
관료문화 - 질문 4와 8의 합계: ________

해석: 앞의 질문들은 <도표 11.4>에 제시된 네 가지 문화유형과 관련된 것이다. 당신은 개인적 선호도와 일치하는 기업문화에서 더 편안하게 일하고 효과적인 경영자가 될 수 있을 것이다. 점수가 높을수록 그 기업문화가 당신의 기대에 적합하지 않다는 것을 의미하며, 효과적인 사람이 되기 위해서는 당신의 스타일을 변화시켜야 할 것이다. 네 가지 문화유형에 대한 설명을 다시 보자. 당신의 문화선호도 점수가 당신에게 맞는 것 같은가? 당신의 문화선호도에 적합한 기업에 대해 생각해보자.

출처: Adapted from Kim S. Cameron and Robert E. Quinn, *Diagnosing and Changing Organizational Culture* (Reading, MA: Addison-Wesley, 1999).

규범을 가지고 있다는 것을 나타낸다. 다시 말하면, 구성원들이 회사가 자신들에게 기대하는 것이 무엇인지를 알고 있다. 일반적으로 강한 문화에서는 구성원들 사이에 차이가 별로 없고, 규범으로부터의 이탈을 거의 허용하지 않는다. 사람들은 자신들의 문화를 좋아하고, 현재의 문화가 계속 유지되기를 원하기 때문에 변화에 대한 저항이 강하다.[39]

강한 문화를 가진 조직일수록 앞서 언급한 의례의식, 상징, 이야기를 자주 사용한다. 경영자 역시 문화적 가치를 증진시키기 위한 구조와 프로세스를 만든다. 이렇게 함으로서 조직의 가치와 전략에 대한 구성원의 몰입을 증가시킬 수 있다. 그렇지만 조직전체가 동일한 문화를 갖는 것은 아니다. 조직 내에는 다양한 하위문화가 있다. **하위문화**(subcultures)는 팀이나 부서의 구성원들이 공통문제, 목표, 경험을 공유하면서 형성된다. 기업의 지점은 본사와 물리적으로 분리되어 독특한 하위문화를 만들 수 있다.

예를 들어, 조직의 지배적인 문화가 성취문화일지라도, 부서에서는 적응문화, 동족문화, 또는 관료문화의 특성이 나타날 수 있다. 대기업의 생산부서는 질서, 효율, 규칙 준수를 강조하지만, 연구개발부서는 임파워먼트, 유연성, 고객중심이 문화적 특성으로 나타난다. 이것은 4장에서 설명하는 차별화 개념과 유사하다. 로렌스(Paul Lawrence)와 로시(Jay Lorsch)[40]에 의하면, 생산, 영업, 연구개발부서에서 근무하는 구성원들은 각 부서의 업무를 가장 효과적으로 수행하기 위해 시간성향, 대인관계, 공식화 측면에서 각기 다른 가치를 가지고 있었다. 우편요금계기, 복사기, 기타 사무실 설비를 생산하는 피트니 보우스(Pitney Bowes)사의 신용판매부서는 혁신과 위험 추구를 장려하는 독특한 하위문화를 만들어냈다.

하위문화는 일반적으로 조직의 기본 가치와 함께 하위문화 구성원들에게만 있는 독특한 가치를 만들어낸다. 한편, 하위문화의 차이는 부서 간 갈등의 원인이 되기도 한다. 이런 현상은 강한 조직문화를 가지고 있지 못한 조직에서 더 잘 나타난다. 하위문화의 가치가 너무 강하여 조직 전체의 가치보다 우세해지면 갈등이 생기고 조직성과가 떨어진다. 갈등에 대해서는 14장에서 상세하게 논의할 것이다. 문화적 갈등은 특히 인수합병의 경우에 더 문

IN PRACTICE 피트니 보우스사의 신용판매부서

우편요금 계기와 사무실 설비를 제조하는 피트니 보우스사는 오랫동안 질서와 예측가능성이 있는 환경에서 성장해 왔다. 회사 본부에 있는 단조로운 벽과 재미없게 깔아놓은 융단은 전형적인 회사 환경과 질서정연한 문화를 잘 보여준다. 그러나 피트니 보우스사의 3층에 가면 마치 다른 회사에 와 있다는 생각이 든다. 피트니 보우스사의 신용판매부서(Pitney Bowes Credit Corporation: PBCC)가 있는 3층에는 자갈 모양의 카펫이 깔려 있고, 인조 가스등이 설치되어 있으며, 화려한 도시 광장 모양의 시계가 있어 실내 테마공원 같은 분위기를 연출하고 있다. 또한 프랑스식 카페, 1950년대식 식사, 해골 모양의 휴게실이 있다. 이곳에서 직원들은 편안하게 앉아 인터넷을 하거나 교육용 비디오를 본다. 복도는 사람들이 즉석에서 대화할 수 있도록 편하게 만들어져 있다. 이곳에서 직원들은 정보를 교환하고 아이디어를 공유할 수 있다.

PBCC는 고객들에게 피트니 보우사와 거래하는 데 필요한 자금을 융통해준다. 그렇지만, PBCC의 최고경영자인 매튜 키스너(Matthew Kisner)는 이 사업부를 서비스의 제공부서가 아닌 서비스 창출부서로 재정의하였다. 자금을 대출해주고 제품을 리스해주는 것 외에도, PBCC는 구매고객에게 새로운 서비스를 시작하였다. 예를 들면, '구매대금계정(purchase power)'은 고객기업이 우편요금을 융통받을 수 있게 도와주는 회전신용계정이다. 이것은 9개월이 채 되지 않았는 데도 수익을 창출하였으며, 40만 명 이상의 고객을 확보하였다. PBCC는 회사 업무를 재정의할 때, 팀워크, 위험추구, 창의성을 강조함으로써 문화의 변화를 시도하였다. "우리는 문화가 체화되어 있는 재미있는 공간을 원했다"고 키스너는 말한다. "우리는 선형적으로 생각하지 않는다. 우리는 금융서비스회사이기 때문에 아이디어의 질이 매우 중요하다." 그래서 PBCC는 항상 새로운 접근방법을 시도하고 있다. 최근에 피트니 보우스사의 한 부서가 기업 전체 순이익의 36%를 창출했는데, 이 부서에는 전체 구성원의 2%밖에 안 되는 600명의 직원이 근무하고 있다.[41]

David J. Green/Alamy Stock Photo

제가 될 수 있다. 헤이 그룹(Hay Group)과 맥킨지(McKinsey & Company)와 같은 컨설팅 회사의 연구에 따르면, 인수 후 약 20%의 피인수기업에서 실적이 감소한 것으로 나타났다. 일부 전문가들은 합병의 90%가 기대에 부응하지 못한다고 추정한다.[42] 한 가지 이유는 상이한 기업 문화를 통합하는 것이 어렵기 때문이다. 예를 들어, 페이스북(Facebook)이 인기 있는 메시징 서비스인 왓츠앱(WhatsApp)을 인수한 후, 사용자의 사생활 보호에 대한 왓츠앱 경영자와 직원의 강한 문화적 신념이 사용자 활동에 대한 페이스북의 광범위한 데이터 수집과 충돌하면서 의견 불일치가 나타났다. 왓츠앱의 설립자들이 결국 회사를 떠났고, 페이스북이 페이스북 문화와 왓츠앱 문화를 효과적으로 융합할 수 있을지는 두고 봐야 할 것이다.[43]

핵심정리

- 특정 가치의 중요성에 대한 광범위한 공감대가 존재할 때, 조직문화는 강하고 응집력이 있다.
- 강한 문화를 가진 조직에서도, 특히 대규모 조직에서 여러 하위 문화가 나타날 수 있다.
- 인수합병 후, 최고경영자에게 가장 힘든 일 중 하나는 상이한 기업 문화를 통합하는 것이다.

11.4 조직문화와 성과

경영자의 가장 중요한 일 중 하나는 전략적 목표를 달성할 수 있는 조직문화를 형성하는 것이다. 그것은 조직문화가 성과에 상당한 영향을 미치기 때문이다. '기업문화와 성과'라는 책에서, 존 코터(John Kotter)와 제임스 헤스켓(James Heskett)은 문화적 가치를 의도적으로 관리하는 기업이 그렇지 않은 기업보다 우수한 성과를 낸다는 증거를 보여주었다. 다른 연구도 기업문화의 요소가 높은 재무 성과와 정의 관계를 갖는다는 것을 입증하였다.[44] 적응성과 변화를 장려하는 강한 문화는 직원들에게 활력을 불어넣고 동기유발을 시켜며, 공동목표와 사명으로 일체감을 갖게 하고, 직원들의 행동이 전략적 목표와 일치하는 행동을 하게함으로써 조직성과를 강화시킨다. 올바른 문화는 높은 성과를 이끌어낼 수 있다.

성공적인 기업은 경영자가 문화적 가치와 기업 성과 모두에 세심한 주의를 기울이는지를 평가하고 이에 대해 보상한다. 〈도표 11.5〉는 경영자가 문화적 가치와 기업성과에 보이는 관심 정도에 따라 4개 유형으로 구분한 것이다.[45] 예를 들면, C상한에 있는 경영자는 문화적 가치와 기업성과 모두에 관심을 기울이지 않으며, 이런 기업은 오래 생존하지 못하는 경향이 있다. D상한의 경영자는 응집력이 높은 문화를 창출하는 데 집중하지만, 조직 가치를 전략적 목표와 성과목표에 연결시키지 못한다.

문화적 가치가 기업성과로 연결되지 않으면, 어려운 시기에 조직을 도와주지 못한다. 예를 들면, 레고 그룹의 기업문화는 1990년대 어린이의 놀이가 전통적인 장난감에서 비디

도표 11.5 조직문화와 성과

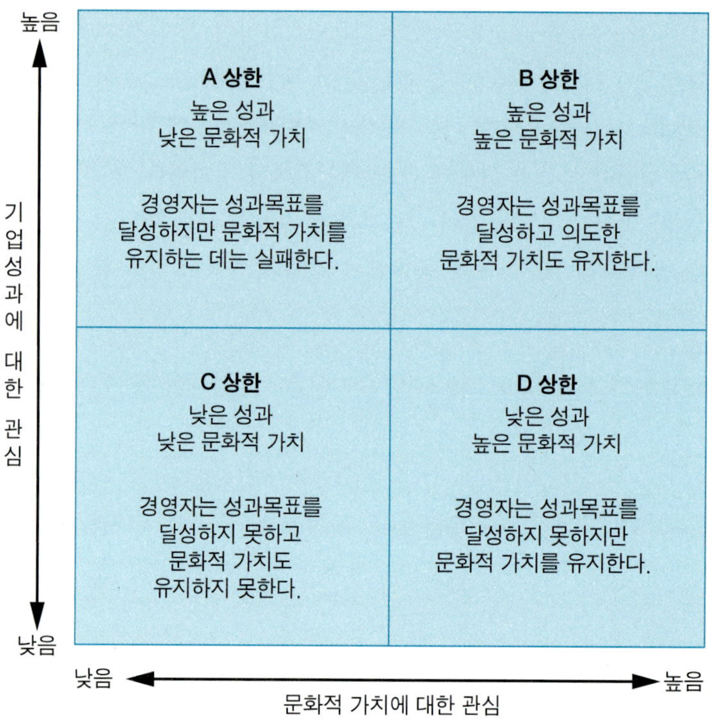

출처: Adapted from Jeff Rosenthal and Mary Ann Masarech, "High-Performance Cultures: How Values Can Drive Business Results," *Journal of Organizational Excellence* (Spring 2003), 3–18; and Dave Ulrich, Steve Kerr, and Ron Ashkenas, Figure 11-2, GE Leadership Decision Matrix, *The GE Work-Out: How to Implement GE's Revolutionary Method for Busting Bureaucracy and Attacking Organizational Problems—Fast!* (New York: McGraw-Hill, 2002), 230.

오 게임으로 전환되어 판매가 급감했을 때 그 회사를 거의 파멸시켰다. 당시 레고는 〈도표 11.5〉의 D상한의 특성을 가지고 있었다. 기업성과가 아닌, 상상력과 창의성이 그 회사를 이끌어나갔다. 경영자들은 아이들을 위해 훌륭한 일을 하고 있으니 재정적인 목표로 자신들을 방해하지 말라는 태도를 가지고 있었다. 2004년 예르겐 비그 크누스토르프(Jørgen Vig Knudstorp)가 CEO가 되었을 때 그는 새로운 직원 모토를 만들어 그러한 기업문화를 개혁하였다. "나는 회사를 위해 돈을 벌려고 여기에 왔다." 이러한 변화는 커다란 영향을 미쳤으며 레고는 장난감 업계에서 가장 성공적인 회사 중 하나가 되었다.[46]

A상한의 경영자는 기업 성과에 주로 집중하고 조직 가치에 대해서는 관심을 갖지 않는다. 이런 접근방법은 단기적으로는 성과를 내지만, 그 성공은 오래가지 못한다. 왜냐하면 조직을 하나로 묶어주는 '접착제', 즉 공유된 문화적 가치가 없기 때문이다. 리더가 성과만을 강조하면 독성 문화가 만들어질 수 있다. 앞 장에서 논의한 바와 같이 우버(Uber)의 전 최고경영자인 트라비스 칼라닉(Travis Kalanick)은 차량공유서비스(ride-hailing)를 가지고 세계

적인 스타트업을 설립했지만 빠른 성장에만 집중하고 긍정적인 조직 가치에는 별로 관심을 갖지 않아 회사 명성이 손상되고 지속적인 확장이 위협받았다. 칼라닉은 쫓겨났고 이사회는 새로운 리더와 함께 문화를 정비하기 시작했다. 아리아나 허핑톤(Arianna Huffington) 이사는 다음과 같이 말했다. "훌륭한 문화를 창조하는 것이 미래 성공의 열쇠가 될 것이다. 앞으로 우버에는 똑똑한 멍청이를 위한 자리는 없으며, 완전히 존경할만한 행동 외에는 어떠한 것에도 관용을 베풀지 않는다."[47]

> **2. 최고경영진의 경우, 높은 성과를 달성하기 위해 문화적 가치를 강조하는 것이 성과지표를 강조하는 것보다 더 중요하다.**
>
> **답)** 동의하지 않는다. 긍정적인 문화 가치를 강조하는 것도 중요하지만, 경영자는 조직을 성공시키기 위해 성과지표에도 강한 관심을 기울여야 한다. 높은 성과는 문화적 가치와 기업성과 모두에 관심을 기울여야 달성할 수 있다.

도입 질문과 답

마지막으로 B상한에 있는 경영자는 조직성공의 동력으로 문화와 기업성과를 동시에 강조한다. 이런 조직의 경영자는 조직 가치를 기업의 일상적인 업무—고용관행, 성과관리, 예산, 승진과 보상 기준 등—와 연결시킨다. 잭 웰치(Jack Welch)가 GE의 최고경영자였을 때 사용한 책임과 성과 관리방법에 대해 생각해보자. 웰치는 위험을 보상하고 책임과 측정가능한 목표가 개인 성공과 회사 수익성에 중요한 요인으로 작용하는 문화를 창출하여 GE를 세계에서 가장 성공적이고 존경받는 기업 중 하나로 만들었다.[48] GE의 전통적인 접근 방식은 뛰어난 재무 성과를 달성해왔지만, 경영자는 주로 통제와 협박을 사용하고 소수의 참모진에 의존하여 직원들의 성과를 이끌어냈다. 웰치는 재무 성과 이상의 것에 관심을 가졌다. 그는 "실적을 늘리는 것"외에도 경영자가 다음과 같은 문화적 가치를 보여주기를 원했다.[49]

- 탁월함을 열정적으로 추구하고 관료주의를 미워하라.
- 어디서나 아이디어에 개방적인 자세를 가져라.
- 경쟁우위를 위해 품질을 높이고, 비용과 속도를 향상시켜라.

웰치는 급변하는 세계에서 기업이 성공하기 위해서는 경영자가 문화적 가치와 기업성과에 모두 관심을 기울일 필요가 있다는 것을 알았다. B상한의 조직은 **고성과 문화(high-performance culture)**를 나타낸다. 이 문화는 (1) 확고한 조직 사명이나 목적에 기반하고 있으며, (2) 적응적 가치가 내재되어 의사결정과 사업관행을 이끌고 있으며, (3) 직원들이 기업성과와 조직문화의 근간에 대해 책임감을 갖도록 한다.[50]

핵심정리

- 문화적 가치를 의도적으로 관리하는 기업이 그렇지 않은 기업보다 성과가 더 우수하다는 증거가 있다.
- 경영자는 고성과 문화를 창출하기 위해 문화적 가치와 기업성과를 동시에 강조한다.
- 올바른 문화는 동기가 부여된 직원들과 회사의 사명, 목표를 한 방향으로 정렬시킴으로써 탄탄한 기업 성과를 가능하게 한다.

11.5 문화적 관점의 통제시스템

앞에서 우리는 통제시스템을 조직의 문화적 규범과 가치를 반영하는 하나의 요소로 기술하였다. 경영자가 구성원과 업무를 통제하는 방식은 기업문화에 따라 다르다. 예를 들어, 세일즈포스닷컴과 같은 동족문화를 가진 회사는 성취문화를 가진 안호이저-부시 인베브사와는 다른 통제방식을 사용한다. 경영자는 조직 전체에 대한 통제와 부서, 팀, 개인에 대한 통제를 동시에 고려한다. 어떤 통제 전략은 조직 전체 또는 주요 부서를 총괄하는 최고경영진에게 적용된다. 통제는 부서 관리자와 감독자가 팀과 직원 개개인의 성과를 관리하는 하위 실무 계층에서도 필요하다.

11.5a 통제 철학의 변화

많은 조직에서 경영자의 통제방식이 변화하고 있다. 구성원의 참여와 권한위임이 중요해지면서 많은 회사들이 계층적 통제방식 대신 분권적 통제방식을 채택하고 있다. 계층적 통제와 분권적 통제는 기업문화의 다른 철학을 나타낸다. 대부분의 조직은 계층적 통제와 분권적 통제 요소를 동시에 사용하고 있지만, 경영자는 일반적으로 조직문화와 통제에 대한 자신의 신념에 따라 둘 중 하나만을 강조한다.

계층적 통제(hierarchical control)는 규칙, 정책, 권한 계층, 문서, 보상시스템 및 기타 공식적인 메커니즘을 사용하여 직원의 행동을 모니터링하고 영향을 미친다.[51] 반면에 분권적 통제는 문화적 가치, 전통, 공유된 신념 및 신뢰를 바탕으로 조직목표 달성을 촉진한다. 경영자는 직원이 신뢰할만하고 규칙과 철저한 감독이 없이도 업무를 효과적으로 수행할 것이라는 믿음을 가지고 있다.

〈도표 11.6〉는 계층적 통제방식과 분권적 통제방식을 비교한 것이다. 계층적 통제방식은 직원 행동에 대한 명시적 규칙, 정책, 절차를 만드는 것이다. 통제는 집권화된 권한, 공식적 위계, 철저한 개인 감독에 의존한다. 품질관리에 대한 책임은 생산 담당자가 아닌 품질관리 검사관과 감독자에게 있다. 직무기술서는 일반적으로 구체적이고 과업과 관련된 것이며, 경영자는 수용가능한 직원 성과의 최소 기준을 정한다. 기준을 충족하는 대가로, 직원

도표 11.6 계층적 통제와 분권적 통제 방법

	계층적 통제	분권적 통제
기본 가정	• 사람들은 자기 관리를 할 수 없으며 신뢰할 수 없다. 사람들은 밀접하게 모니터하고 통제되어야 한다.	• 사람들은 조직에 완전히 몰입할 때 가장 일을 잘 한다.
정책	• 세부적인 규칙, 절차 및 공식적 통제시스템을 활용한다. • 하향식 권위, 공식 계층, 직위 권력, 감독, 품질통제 검사관 등을 활용한다. • 과업 관련 직무기술서를 활용한다. • 외적 보상(임금, 복지, 지위)을 강조한다. • 경직된 조직문화를 보이며, 통제수단으로서 조직문화를 믿지 않는다.	• 규칙을 한정적으로 활용한다. 공유가치, 집단 및 자기 통제, 선발 및 사회화에 의존한다. • 유연한 권위, 소계층 구조 및 전문가 권력에 의존한다. 모두가 품질을 모니터한다. • 결과 기반 직무기술서에 의존한다. 달성해야 할 목표를 강조한다. • 외적 보상과 내적 보상(의미있는 일, 성장기회 등) 모두를 강조한다. • 적응적 문화를 보인다. 문화는 개인, 팀 및 조직목표를 통합시키는 전반적 통제로 여겨진다.
결과	• 직원들은 지시에 따르며, 지시받은대로 행동한다. • 직원들은 업무에 대해 무관심하다. • 직원들의 근무태만과 이직이 많다.	• 직원들이 진취적이며 책임감을 추구한다. • 직원들은 자신의 일에 적극적으로 개입하고 헌신한다. • 직원들의 이직이 적다.

출처: Based on Naresh Khatri et al., "Medical Errors and Quality of Care: From Control to Commitment," *California Management Review* 48, no. 3 (Spring, 2006), 118; Richard E. Walton, "From Control to Commitment in the Workplace," *Harvard Business Review*, March–April 1985, 76–84; and Don Hellriegel, Susan E. Jackson, and John W. Slocum, Jr., *Management*, 8th ed. (Cincinnati, OH: South-Western, 1999), 663.

에게는 임금, 복리후생 및 승진과 같은 외재적 보상이 제공된다. 직원은 통제 과정에 거의 참여하지 않으며, 고충처리절차와 같은 메커니즘을 통해 공식적으로 참여할 수 있다. 계층적 통제가 이루어지는 조직문화는 다소 엄격하고, 경영자는 문화를 직원과 조직을 통제하는 유용한 수단으로 간주하지 않는다. 직원이 전화 통화에 시간을 얼마나 사용했는지 또는 컴퓨터에서 얼마나 많은 키를 눌렀는지를 측정하여 작업 흐름과 속도를 통제하거나 직원을 모니터링한다.

계층적 통제방식은 일본 기업에서 많이 사용된다. 일본 문화는 혼돈을 질서로 바꾸는 데 탁월한 규칙을 중요시한다. 예를 들어, 2011년 대지진과 쓰나미가 발생한 후 일본은 재난으로 집을 잃은 가족을 위한 대피 센터를 효율적으로 조직했다. 자치위원회가 임시 대피소를 관리했고 주민들이 매일 해야 할 일들을 상세하게 정리하였다. 쓰레기 분류, 화장실 청소 및 물탱크 청소 등의 구체적인 업무가 거주자들에게 할당되었다. 임시 대피소를 관리하는 위계적 방법은 생존자들이 루틴과 책임을 깨닫는 데 도움이 되었으며, 이 자연 재해에 수반되는 장기적인 심리적, 신체적 피해를 줄이는 데 큰 역할을 하였다.[52]

분권적 통제(decentralized control)는 계층적 통제와 거의 반대되는 가치와 믿음을 기반으로 한다. 규칙과 절차는 필요한 경우에만 사용한다. 대신에 경영자는 구성원의 행동을 통제하기 위해 공유 목표와 가치에 의존한다. 이런 조직은 직원 채용과 사회화에 중점을 두어 구성원이 회사 목표 달성에 필요한 가치관을 갖도록 한다. 어떤 조직도 직원을 100% 통제할 수 없다. 자기 규율과 자기 통제는 표준에 부합한 업무성과를 이끌어낼 수 있다. 직원의 권한 강화, 효과적인 사회화 및 교육훈련은 모두 자기통제를 제공하는 내부 기준 설정에 기여할 수 있다. 일리노이에 있는 닉스 피자 & 펍(Nick's Pizza & Pub)을 소유하고 있는 닉 사릴로(Nick Sarillo)는 자신의 경영스타일이 '신뢰 및 결과 추적'이라고 말한다. 이것은 구성원이 필요로 하는 도구와 정보를 제공하고 그들이 달성해야 할 결과를 제시하며, 그러고 나서 그 결과를 달성하는 과정은 구성원들에게 맡긴다는 것을 의미한다. 그리고 사릴로는 결과를 추적하여 회사가 탄탄한 성과 기반을 확보할 수 있도록 한다.[53]

분권적 통제에서는 권력이 더 분산되어 있고 공식 지위 못지않게 지식과 경험이 중요한 권력 기반으로 작용한다. 조직구조는 수평적이고 유연한 권한과 팀을 사용하여 문제를 해결하고 개선한다. 모든 사람이 지속적으로 품질 관리에 관여한다. 직무기술서는 일반적으로 결과에 기반하여 수행할 특정 과업보다는 달성해야 할 결과를 더 강조한다. 경영자는 임금과 같은 외재적인 보상뿐만 아니라 의미있는 업무, 학습과 성장기회와 같은 내재적 보상을 사용한다. 기술은 직원들이 효과적인 의사결정, 공동 작업 및 문제 해결에 필요한 정보를 제공함으로써 직원의 역량을 강화하는 데 사용된다. 직원들은 개인의 성과뿐만 아니라 팀 및 조직의 성과에 대해서도 보상을 받고, 직원들 간의 공정성이 강조된다. 직원은 목표 설정, 성과기준 결정, 품질 관리 및 통제시스템 설계 등 광범위한 영역에 참여한다.

분권적 통제에서는 문화가 적응적이고, 경영자는 개인, 팀 및 조직 목표를 통합하는 통제수단으로 조직문화가 중요한 역할을 한다는 것을 인식하고 있다. 이상적으로 말하면 분권적 통제에서는 직원들이 전문지식 영역을 한데 모아서 경영자가 혼자 만드는 것보다 더 나은 절차를 만든다. 캠벨 수프(Campbell 's Soup)는 직원들이 공장에서 효율적으로 일할 수 있도록 분권적 통제방식을 사용하고 있다. 노스 캐롤라이나(North Carolina)의 맥스톤(Maxton) 공장에서는 공장 근로자들이 매일 아침 경영자와 함께 회사 비용을 절감할 수 있는 방법을 찾는다. 이 근로자들이 경영자와 직원이 회사의 목표를 공유하고 효율성을 향상시키는 방법에 대해 협력하는 분권적 문화의 일부분을 형성한다. 매일 근로자와 경영자가 화두로 삼는 것은 "모든 사람을 참여시키는 것"이며, "무엇을 해야 하는지 알려주는 대신 사람들에게 우리의 문제에 대해 이야기하도록 한다"라고 공장에서 28년 근속한 경력자 필모어(Filmore)는 말했다.[54]

11.5b 피드백 통제 모형

효과적인 통제시스템은 조직성과가 설정된 기준을 충족하여 조직목표 달성에 도움이 되었는지 평가하는 피드백을 활용한다. 경영자는 〈도표 11.7〉에 제시된 **피드백 통제 모형**(feedback control model)의 4단계로 구성된 조직통제시스템을 구축한다.

통제 사이클에는 부서 또는 조직 전체의 전략적 목표 수립, 성과지표와 기준 설정, 실적과 기준 비교, 수정 조치가 포함된다. 예를 들어, 허쉬 컴퍼니(Hershey Company)의 목표는 허쉬의 키세스(Kisses)를 "맛만큼 모양도 훌륭하게 보이도록"하는 것이라고 제프 베크만(Jeff Beckman) 대변인은 말했다. 고객의 피드백은 허쉬에게 키세스가 표준과 다르다는 것을 경고했다. 명절 쿠키를 장식하기 위해 키세스 초콜릿을 사용하던 제빵사들은 초콜릿마다 끝이 깨져있는 것을 발견하고 격분했다. 한 고객은 블로그 게시판에 다음과 같이 적었다. "그것들은 괜찮게 구워졌지만 허쉬에게 익숙하거나 기대되는 뾰족한 끝부분이 없다. 화가 난다!" 허쉬의 임원들은 이 문제를 심각하게 받아들여 무엇이 잘못되었는지를 조사하였으며 허쉬의 모든 키세스가 원래 모양대로 나오게 하는 방법을 탐구하고 있다고 베크만은 말했다.[55] 피드백 통제는 경영자가 조직 성공을 위해 필요한 업무 활동, 성과 기준 또는 목표를 조정할 수 있도록 도와준다.

경영자는 무엇을 측정하고 어떻게 정의할지를 신중하게 검토한다. 스프린트 코퍼레이션(Sprint Corporation)의 신임 CEO는 경영자들이 잘못된 것을 측정하고 있기 때문에 회사가 어려움을 겪고 있다는 것을 발견했다. 예를 들어, 고객관리부서의 관리자는 비용을 통제하지만 고객 문제를 해결하지 못하는 지표를 사용하고 있다. 결과적으로 스프린트는 고객서비스 명성이 형편없이 떨어지고, 고객을 잃었으며, 재무 목표를 달성하지 못했다. 신임 CEO

도표 11.7 단순화된 피드백 통제 모형

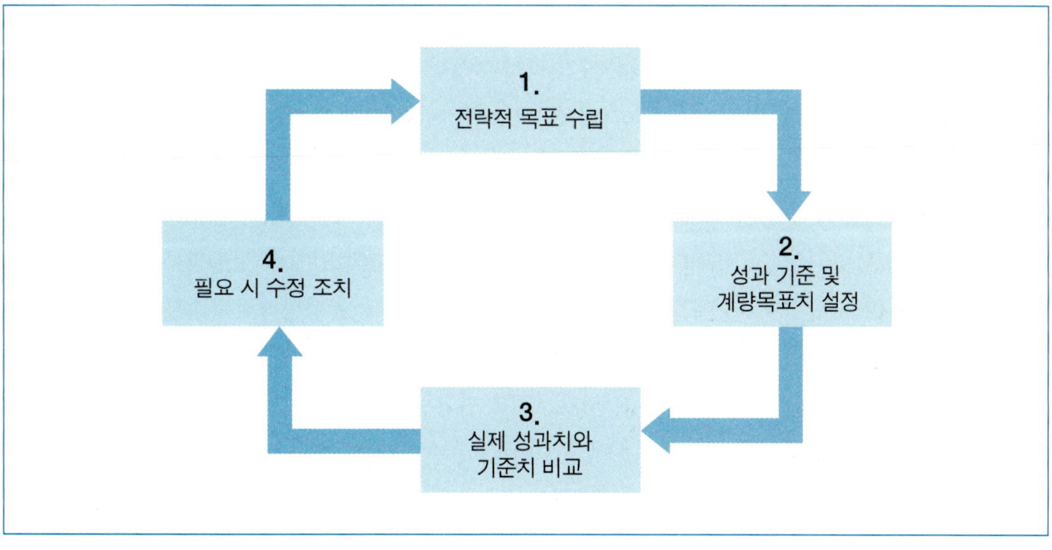

는 관리자에게 상담원이 고객전화를 처리하는 데 걸리는 시간에 대해 걱정하지 말고 상담원이 고객 문제를 얼마나 효과적으로 해결하는지에 초점을 맞추라고 말했다. 얼마 지나지 않아 스프린트사는 소비자 만족도 평가가 높아졌고, 새로운 고객이 늘어났다.[56] 스프린트사와 같이, 대부분의 기업 경영자는 성과를 추적하고 조직을 통제하기 위해 재무지표에만 의존하지 않고 신중하게 선정한 여러 가지 운영지표를 사용한다. 구글, 인텔, 게이츠 재단 등과 같이, 성공한 많은 기업의 경영자들은 OKR(objectives and key results)에 기반한 시스템을 사용한다. OKR은 조직이 달성하고자 하는 목표와 그 목표를 달성하는 방법을 벤치마킹하고 모니터링하는 데 도움이 되는 결과를 설정한다.[57] OKR은 비즈니스의 모든 주요 영역에 대해 설정되며 경영자는 재무성과, 고객 만족, 제품 품질, 직원 몰입과 이직, 운영 성과, 혁신 및 기업의 사회적 책임 등의 영역에서 성과지표의 결과를 추적한다.

11.5c 조직 수준: 균형성과지표

최근 통제시스템에서 일어난 혁신은 재무적인 성과지표뿐만 아니라 시장, 고객 및 직원의 관점에서도 성과지표를 개발하여 다양한 관점에서 성과를 평가할 수 있게 했다는 것이다. **균형성과지표**(balanced scorecard: BSC)는 회사의 핵심성공요인들과 관련된 운영지표들과 전통적 재무지표들 사이에서 균형을 유지하도록 만든 포괄적 경영통제시스템이다.[58] 균형성과지표는 〈도표 11.8〉에서 보는 바와 같이 재무성과, 고객 서비스, 내부 비즈니스 프로세스, 조직의 학습 및 성장 역량이라는 네 가지 관점을 포함하고 있다.[59]

이 네 가지 관점을 사용하여 경영자는 조직이 추적할 핵심성과지표(KPIs)를 파악한다. 재무적 관점은 조직 활동들이 단기 및 장기 재무성과를 향상시키는 데 공헌해야 한다는 관심을 반영한다. 순이익률, 투자수익률 등 전통적 지표가 여기에 포함된다. 고객 서비스 지표는 고객 유지 및 만족뿐만 아니라 고객이 조직을 보는 관점 등의 지표도 측정한다. 비즈니스 프로세스 지표는 주문 이행률, 주문당 원가 등의 생산 및 운영 통계치 등에 초점을 맞춘다. 마지막 부분은 자원 및 인적 자본이 회사의 미래를 위해 얼마나 잘 관리되고 있는가에 초점을 맞추어 조직의 학습 및 성장 잠재력을 보는 것이다. 직원 유지율, 비즈니스 프로세스 향상도, 신제품 도입 등이 그러한 지표들이다. 균형성과지표의 각 요소들은 〈도표 11.8〉에 제시된 바와 같이 통합적으로 설계되어 있다. 즉 각 관점에서 이루어지는 단기적 행동들이 서로 연결되고, 더 나아가 조직의 사명, 전략, 목표와도 연결되어 있어서 서로를 강화시킨다. 경영자들은 목표설정, 자원 배분, 예산 수립 및 보상 결정 등에 균형성과지표를 활용할 수 있다.

균형성과지표 요소들이 대부분 제조업체에 가장 잘 적용되는 것처럼 보이지만, 영리 또는 비영리 서비스조직에서도 균형성과지표를 사용할 수 있다. 예컨대 대규모 기술서비스 업체는 자본이익율(재무), 전년도 실행된 아이디어 수(학습 및 성장), 정확성 및 반응성(내부과정), 고객충성도 및 유지율(고객 서비스)을 핵심성과지표로 제시했다.[60] 힐튼호텔(Hilton Hotel), 올스

도표 11.8 균형성과지표의 주요 관점

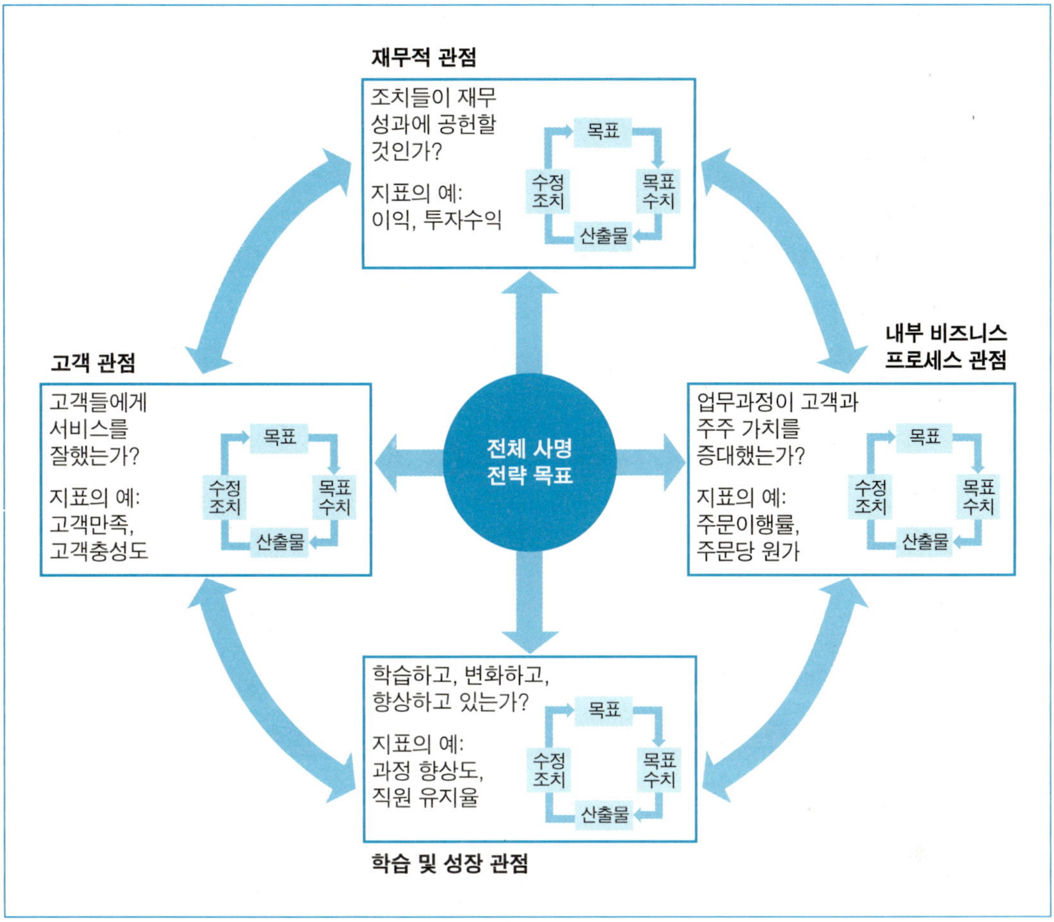

출처: Based on Robert S. Kaplan and David P. Norton, "Using the Balanced Scorecard as a Strategic Management System," *Harvard Business Review*, January–February 1996, 75–85; Chee W. Chow, Kamal M. Haddad, and James E. Williamson, "Applying the Balanced Scorecard to Small Companies," *Management Accounting* 79, no. 2 (August 1997), 21–27; and Cathy Lazere, "All Together Now," *CFO*, February 1998, 28–36.

테이트(Allstate), 브리티시 항공(British Airways), 시그나 보험회사(Cigna Insurance) 등을 포함한 많은 조직에서도 균형성과지표시스템이 경영통제시스템의 핵심이 되었다. 브리시티 항공은 균형성과지표를 〈도표 11.7〉에서 제시한 피드백 통제 모형과 연결시켜 활용한다. 균형성과지표가 경영진의 월례회의 의제가 되어 그 회의에서 경영자들이 성과를 평가하고, 필요한 수정 조치를 논의하며, 각 지표에 대한 목표를 새롭게 설정한다.[61]

최근 균형성과지표는 네 가지 영역들 사이에 존재하는 인과관계로부터 조직성과가 어떻게 만들어지는지를 경영자가 파악할 수 있도록 지원하는 시스템으로 발전했다. 조직의 효과성은 네 가지 영역의 요소들이 얼마나 잘 조화를 이루고 있느냐에 의해 결정된다. 그래서 개인, 팀 및 부서는 우수한 조직성과를 이끌어내는 세부 목표들을 달성할 수 있도록 협력하고 있다.[62]

인과관계(cause-effect) 통제기법으로 전략 지도가 있다. **전략 지도(strategy map)**는 어떤 조직의 핵심적 성공요인들을 시각적으로 표현하여 각 영역에서의 구체적 산출물들이 어떻게 연결되어 있는지를 보여준다.[63] 전략 지도는 경영자들이 여러 가지 다양한 성과 수치들 사이의 인과관계를 보여줄 수 있는 강력한 방법이다. 〈도표 11.9〉에 제시된 단순화된 전략 지도를 보면, 어떤 회사의 장기적 성공에 공헌하는 학습 및 성장, 내부 프로세스, 고객 서비스 및 재무 성과라는 네 가지 핵심영역들이 나타나 있으며, 한 영역에서의 다양한 산출물들이 다른 영역에서의 성과와 직접적으로 연결됨을 알 수 있다. 즉 학습 및 성장에서의 효과적 성과가 우수한 내부 비즈니스 프로세스를 형성하는 기반이 된다는 것이다. 우수한 내부 비즈니스 프로세스를 통해 조직은 높은 고객 서비스와 만족도를 달성할 수 있고, 그로 인해 재무목표에 도달하고 모든 이해관계자들에 대한 가치를 최적화시킬 수 있다.

〈도표 11.9〉에 제시된 전략 지도에는 직원 훈련 및 개발, 지속적 학습 및 지식 공유, 혁신 문화 구축 등 학습 및 성장 목표가 나타나 있다. 이러한 목표들을 달성하게 되면 효율적 내부 비즈니스 프로세스가 구축되어 공급자, 파트너들과의 관계를 개선할 수 있으며, 운

도표 11.9 성과관리를 위한 전략 지도

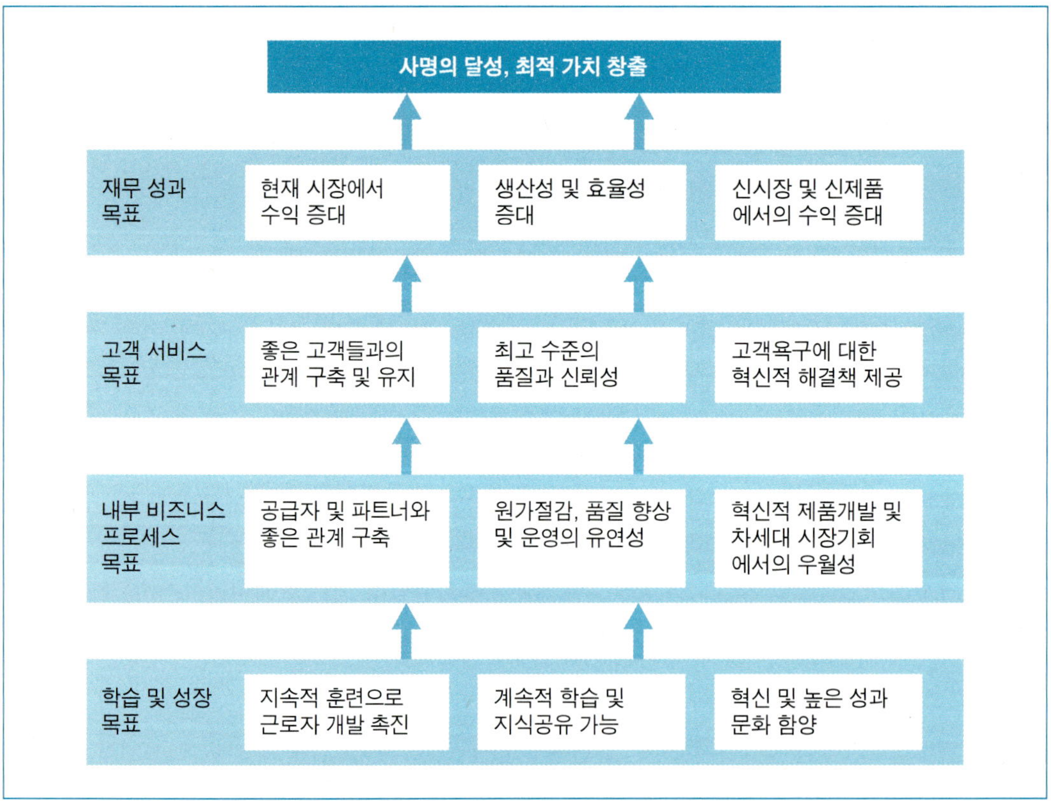

출처: Based on Robert S. Kaplan and David P. Norton, "Mastering the Management System," *Harvard Business Review*, January 2008, 63–77; and Robert S. Kaplan and David P. Norton, "Having Trouble with Your Strategy? Then Map It," *Harvard Business Review*, September–October 2000, 167–176.

영의 질과 유연성이 향상되고, 혁신적 제품 및 서비스 개발 면에서 우월성을 갖게 된다. 내부 비즈니스 프로세스 목표를 달성하게 되면 조직은 고객과 강력한 관계를 유지할 수 있으며, 최고의 품질과 신뢰성을 확보할 수 있고, 고객들의 요구에 혁신적 해결책을 제공할 수 있게 된다. 이러한 하위 수준의 목표들을 달성하게 되면 기존시장에서 수익을 증대시키고, 생산성과 효율성을 통하여 비용을 절감할 수 있으며, 신시장에서 새로운 제품과 서비스를 판매함으로써 성장할 수 있다는 것이 전략 지도의 맨 윗부분에 제시되어 있다.

실제 조직 현실에서는 전략 지도가 훨씬 더 복잡하며, 특정 사업에 적합한 세부적이고 구체적 목표, 의도한 결과 및 지표들이 제시된다. 그렇지만 〈도표 11.9〉에 제시된 일반적 전략 지도는 경영자들이 목표를 설정하고, 지표를 파악하고, 성과를 평가하고, 필요에 따라 수정하기 위해 전략지도를 어떻게 사용할 수 있는지를 보여준다.

11.5d 부서 수준: 행동 통제 대 결과 통제

균형성과지표와 전략 지도는 최고경영층 및 상위계층 경영자들이 활용하는 기법들이다. 하위계층 경영자들은 부서 수준의 구성원 성과에 초점을 맞춘다. 조직 전체의 목표를 달성하기 위해서는 부서 구성원이 반드시 부서의 목표와 기준을 충족해주어야 하기 때문이다.

감독자 계층에서 관심을 가장 많이 보이는 시스템은 보상시스템이다. 팀 또는 개인 성과를 평가, 통제하고 보상하는 방식에는 두 가지 접근방식이 있다. 하나는 업무수행방식에 초점을 맞추는 것이고, 다른 하나는 산출하는 결과에 초점을 맞추는 것이다.[64] **행동 통제(behavior control)**는 구성원이 조직이 바라는 절차를 따르고 지시된 대로 과업을 수행하는가를 파악하기 위하여 경영자가 구성원의 행동을 직접 관찰하고 감독하는 것에 기반을 두고 있다. 지각을 하지 않는가? 과업에 집중하는가? 또는 동료와의 사회화에 많은 시간을 보내는가? 직무에 적합한 옷차림인가? 정해진 방법 또는 감독자의 지시에 따라 직무를 수행하는가? 행동 통제에서는 경영자가 엄격하게 감독하고 모니터링하며, 직원의 직무수행방법에 관심을 기울이고, 출석, 시간엄수, 숙련기술, 활동 등의 구체적 기준에 따라 구성원을 평가하고 보상한다. 치포틀(Chipotle)의 경영자는 몇 년 전 일련의 질병이 멕시코 식당 체인에서 발생한 이후에 행동통제를 강화했다. 이 회사의 신임 식품안전 담당 임원은 음식을 준비하는 직원들에게 하던 일을 멈추고 손을 씻도록 30분마다 재설정되는 주방 타이머를 설치했다.[65]

디지털 기술은 경영자들이 행동 통제를 사용할 가능성을 증가시켰다. 예를 들어, 아큐리드 페스트 솔루션(Accurid Pest Solutions)의 소유주인 데니스 그레이(Dennis Gray)는 직원 중 일부가 근무시간 중에 개인 용무로 너무 많은 시간을 보낸다고 의심했다. 그는 회사에서 지급한 휴대폰에 GPS 추적 소프트웨어를 설치했고, 한 직원이 일주일에 몇 번씩 같은 주소를 방문하고 있다는 것을 알아냈다. 그 직원은 근무를 하지 않고 친구를 만났다는 것을 인정했다. 한 조사에 의하면 고객의 서비스 요청으로 직원들을 외근시키는 회사의 37%가 직원의 휴대기기나 차량을 통해 실시간 위치를 추적하는 것으로 나타났다.[66] 경영자들이 직원의 이메일이나 다른 온라인 활동을 모니터하는 회사도 많다.[67]

통제에 대한 두 번째 접근방식은 구성원이 해야 하는 것보다 달성해야 하는 것에 더 많은 관심을 기울이는 것이다. **결과 통제**(outcome cotrol)는 결과를 모니터하고 보상하는 것으로, 경영자는 그 결과를 달성하는 과정에 대해서는 별로 관심을 두지 않아도 된다. 결과에 대한 통제에서는 경영자가 전통적 의미에서 구성원을 감독하지 않는다. 구성원은 조직에서 원하는 결과를 달성할 수 있는 한 직무 수행 방법에 대해서는 상당한 자율권을 가지며, 직무 수행 장소나 시기에 대해서 자율성을 가지는 경우도 있다. 예를 들어, 경영자는 직원의 근무시간을 모니터링하기보다는 얼마나 많은 일을 완수했는지에 초점을 맞춘다.

베스트바이(Best Buy)에서 시행하고 있는 결과 중시 업무환경(results-only work environment: ROWE) 프로그램은 바로 극단적인 결과 통제의 예이다. 베스트바이의 경영자들은 본부 직원의 이직이 걱정스러울 만큼 높다는 것을 인식하자 그러한 추세를 역전시킬 방안을 찾기 시작했다. 경영자들은 장시간 근로, 의무적 절차를 강조하는 베스트바이의 문화와 경영자의 '매장 감시자와 같은 행동들'은 더 이상 효과가 없음을 인정했다. 직원들이 목표를 달성하는 한 직원들이 원하는 대로 근무 장소와 시기를 결정할 수 있는 시스템을 도입하였다. 이 실험적 조치는 엄청나게 사기가 낮았던 한 부서에서 시작되었다. 결과 중시 업무환경시스템에서는 고객 불만 담당자와 데이터 입력 사무직원의 경우 한 건을 처리하는 데 매일 몇 시간을 투자해야 하는지 또는 몇 번의 키보드를 쳐야 하는지보다 일주일에 얼마나 많은 건수를 처리할 수 있느냐에 초점을 맞추면 된다. 이 프로그램의 효과가 너무 좋아서 곧 다른 부서들로 퍼져 나갔다. 그 결과 2005년부터 2007년 사이에 결과 중시 업무환경 프로그램을 활용한 부서의 이직률은 90% 정도 감소하였고 생산성은 41% 상승했다. 이제 본부에서도 결과 중시 업무 환경프로그램을 시행하고 있다. 일정한 근무시간도 정하지 않고, 의무적인 회의도 없으며 경영자들이 직원들의 활동을 파악하지도 않는다. 처음에는 결과 중시 업무환경프로그램에 회의적이었던 부사장 존 톰슨(John Thompson)은 결과를 보고 강력한 지지자가 되었다. 존 톰슨은 "직원들이 한 일의 결과를 확인했으면 되었는데, 과거에는 직원들이 자리를 지키고 있는지를 확인하려고 했다"라고 말한다.[68]

도입 질문과 답

3. 구성원이 좋은 결과를 내는 한, 그들이 언제, 어떻게 일하는지는 부서장에게 별로 중요하지 않다.

답) 동의한다. 많은 조직에서 결과에 초점을 맞추는 것이 부서 수준 통제에서 아주 효과적인 방법이 될 수 있다. 직원들은 세밀한 부분까지 관리되는 것에 대해서 불쾌하게 생각하며, 아이들처럼 취급되는 것을 좋아하지 않는다. 대부분의 경영자는 올바른 행동에 대해서 어느 정도의 합리적 경계를 설정하는 것은 필요하지만 최고의 성과를 달성하기 위해서는 결과 통제를 더 많이 강조하는 것이 필요하다는 것을 안다.

효과적인 결과통제에서는 디지털 기술이 구성원 행동을 모니터하고 통제하기보다는 성과결과를 평가하는 데 활용된다. 예를 들어, 베스트바이 온라인 주문부서의 경영자는 팀원 중 1명은 매장에서 일하고 있고 다른 1명은 집에서 일하며 또 다른 1명은 비번이어서 오후 근무를 하지 않고 다른 1명은 400마일 밖 휴가지에서 일하고 있는 어떤 팀이 시간당 얼마나 많은 주문을 처리하는지를 측정하기 위하여 IT를 활용할 수 있다.[69] 결과 통제시스템이 효과적으로 작용하기 위한 핵심은 좋은 성과지표이다.

그러나 결과 통제가 모든 상황에서 최선의 해결책인 것은 아니다. 행동 통제가 더 적절하고 효과적인 경우도 있지만, 일반적으로 성공적인 조직의 경영자는 행동을 철저하게 모니터링하고 통제하기보다는 구성원에게 업무수행방법에 대해 더 많은 재량권과 자율성을 허용하는 방향으로 가고 있다. 대부분의 조직에서는 행동 통제와 결과 통제 모두를 활용하고 있다.

핵심정리

- 많은 조직들이 엄격한 규칙과 철저한 감독에 기반한 계층적 통제에서 공유된 문화적 가치에 기반한 분권적 통제로 전환하고 있다.
- 효과적인 통제시스템은 피드백을 사용한다. 피드백 통제 모형은 전략적 목표수립, 성과지표와 기준 설정, 실제 성과와 기준 비교, 수정 조치 등이 포함된다.
- 조직 수준의 통제에서는 균형성과지표라는 혁신적 시스템이 전통적 재무 기준과 통계보고서를 시장, 고객 및 직원들에 대한 관심과 통합시킴으로써 경영자에게 조직에 대한 균형적인 시각을 제공해준다. 또한 경영자는 전략 지도를 활용하여 핵심성공요인 사이의 인과관계를 파악한다.
- 부서 수준에서 경영자는 행동 통제 또는 결과 통제를 활용한다. 행동 통제에는 구성원 활동에 대한 철저한 모니터링이 수반되는 반면, 결과 통제는 결과를 측정하고 보상한다.
- 대부분의 경영자는 행동 통제와 결과 통제를 혼합하여 사용하지만, 결과 통제가 더 우수한 성과와 더 높은 동기유발로 이어지기 때문에 결과 통제를 더 강조한다.

토의문제

1. 수년 동안 조직에서 일해 온 내부인과 비교하여, 조직 외부인이 상징, 의례의식, 의상 또는 다른 관찰가능한 문화측면을 분석하여 조직의 문화적 가치를 식별하는 것이 얼마나 가능하다고 생각하는가? 퍼센트(예를 들어, 10%, 70%)를 제시하고, 그 이유를 설명해보자.
2. 포춘지의 가장 존경받는 기업명단에 있는 회사들은 가장 수익성이 높은 기업명단에도 들어가 있다. 어떤 사람은 이것이 높은 사회적 자본이 이익으로 전환된다는 것을 입증한다고 말한다. 하지만 다른 사람은 높은 수익성이 좋은 문화를 가지게 하고 존경도 받게 한다고 주장한다. 이 두 가지 다른 해석에 대한 여러분의 생각을 토론해보자.
3. 피드백 통제 모형의 네 가지 요소를 설명해보자. 이 요소들 중 어느 것이 행동 통제와 유사한가? 결과 통제와 유사한 것은 무엇인가?
4. <도표 11.4>에 제시된 네 가지 문화 유형 중 어느 문화에서 일하고 싶은가? 왜 그런가?
5. 경영대학의 상징과 사회복지대학의 상징이 어떻게 다른가? 2개 대학에 모두 접근할 수 있다면, 그곳에 가서 그 차이를 보고 기록해보자.
6. 강한 하위문화가 조직에 좋은 것이라고 생각하는가? 왜 그런가?
7. 리더의 발언과 행동이 조직의 문화적 가치 형성에 얼마나 중요한가? 이에 대해 설명해보자.
8. 엄격한 문화와 느슨한 문화 중에서 어느 문화를 가진 조직에서 일하고 싶은가? 왜 그런지를 설명해보자.
9. 왜 학습과 성장 목표가 <도표 11.9> 전략 지도의 맨 아래에 있다고 생각하는가?
10. 계층적 통제 철학과 분권적 통제 철학의 주요 차이점은 무엇인가? 경영자가 구현하기 쉬운 통제 철학은 무엇인가?

연습문제: 균형성과지표 실습

1. 다음 기업의 측정항목 및 목표를 읽고, 각 목표/측정항목이 균형성과지표의 네 영역 중 어디에 해당하는지를 체크해보자. 만약 각 항목이 균형성과지표의 두 영역에 해당된다고 생각하면 우선순위를 정해서 1, 2로 표시해보자.
2. 3~4명의 학생으로 구성된 소그룹에서 각 목표/측정 항목에 대해 선택한 영역을 비교하고 올바른 영역인지에 대한 합의에 도달해보자.
3. 소그룹에서 긍정적인 기업문화 구축에 가장 중요하다고 생각하는 목표/측정 항목을 5개 선택하고 토론해보자.

	재무	고객	비즈니스 프로세스	학습 및 성장
영리 기업				
투하자본수익율	____	____	____	____
2020년 12월까지 직원 레크레이션장 건설	____	____	____	____
신제품 8개월 이내 개발	____	____	____	____
2019년 7월까지 리더 훈련프로그램	____	____	____	____
2019년 12월까지 고객만족율 98% 달성	____	____	____	____
월별 고객 불만제기 건수	____	____	____	____
단위당 매출 원가 10% 절감	____	____	____	____
고객 유지율 15% 증가	____	____	____	____
직원만족도 20% 향상	____	____	____	____

	재무	고객	비즈니스 프로세스	학습 및 성장
2020년까지 고객 배송 속도 업계 1위	____	____	____	____
2020년까지 업계 최저 원가	____	____	____	____
이익률 전년 대비 12% 향상	____	____	____	____
예산 예측 정확성	____	____	____	____
2020년 12월까지 신제품 3개 도입	____	____	____	____
직원 교육훈련 비율	____	____	____	____
승진 대상 리더 수	____	____	____	____
승계 계획 완료	____	____	____	____
파트 타임 근로자 비율	____	____	____	____
월별 매출성장율 1% 증대	____	____	____	____
근로자 고충처리 수	____	____	____	____
직원 몰입 지수	____	____	____	____
직원 퇴직자 수	____	____	____	____
정책 집행 지연 시차	____	____	____	____
협력업체 정시 배송율	____	____	____	____
총 연간 수익	____	____	____	____
수도·전기·가스 지출비용	____	____	____	____
직원들의 보상에 대한 이의 제기	____	____	____	____
EBITDA	____	____	____	____

분석을 위한 사례: Midwest Controls, Inc.[70]

커티스 심슨(Curtis Simpson)은 사무실 창문 밖을 응시하며 앉아 있다. 오후에 톰 로렌스(Tom Lawrence)를 만나면 뭐라고 말할까? 로렌스는 1년 전 미드웨스트 컨트롤사(Midwest Controls: MC)의 최고경영자로 부임할 때 심슨이 제시한 목표를 성공적으로 달성했다. 그러나 회사의 상황은 더욱 악화되는 것 같다. MC사를 몇 년 전에 인수한 심슨 인더스트리(Simpson Industries)의 최고경영자인 심슨은 이 문제를 로렌스에게 이해시키고 자신의 생각과 신념을 정확하게 전달해야 하는 과제를 안고 있다.

MC사는 자동봉함장치, 펌프, 기타 공급통제장치를 생산하는 중소 제조업체이다. 심슨 인더스트리사가 그 회사를 인수했을 때, 짐 카펜터(Jim Carpenter)가 최고경영자로 있었다. 그는 거의 30년 동안 최고경영자로 일하였으며, MC사의 직원들이 매우 좋아했다. 카펜터는 직원들을 항상 가족처럼 대했다. 그는 직원 대부분의 이름을 알고 있으며, 그들이 아프면 집으로 병문안을 가고, 시간을 내어 작업현장에 가서 직원들과 이야기를 나눴다.

MC사는 직원들을 위해 1년에 한 번씩 축제를 열고, 소풍이나 이벤트를 여러 차례 실시하고 카펜터도 항상 참석했다. 그는 이러한 활동이 고객을 방문하거나 공급업체와 협상을 하는 것만큼 중요하다고 생각했다. 카펜터는 직원들이 회사에 충성하게 하려면 그들을 올바르게 대우해야 한다고 생각했다. 사업이 잘 안 되면, 그는 직원들을 해고시키기보다는 주차장을 청소하는 일일지라도 직원들이 할 수 있는 다른 일들을 찾았다. 그는 대체하기 어려운 숙련근로자를 잃어서는 안 된다고 생각했다. "당신이 사람들을 올바르게 대하면, 당신이 그들에게 강제로 시키지 않아도 그들은 당신을 위해 좋은 일을 할 것이다"라고 그는 말했다.

카펜터는 결코 각 부서가 달성할 성과목표와 기

준을 설정한 적이 없으며, 경영자가 담당부서를 잘 관리해나갈 것이라고 믿었다. 그는 경영자와 팀 리더에게 의사소통과 인간관계에 대한 교육프로그램을 매년 실시한다. 카펜터의 방법은 MC사가 성장해오는 동안 조직을 성공적으로 움직여나갔다. 직원들은 카펜터와 회사에 충성하였으며, 주어진 의무 이상의 것을 수행하였다. 예를 들어, 미국 해군함에 물을 공급하는 2개의 펌프가 토요일 밤에 고장이 났다. 그 펌프는 MC사에서 만든 것이다. 해군함은 그 다음날 출발할 예정이었다. 그래서 2명의 직원은 펌프수리에 사용할 새로운 봉함장치를 밤새 새로 만들어 그 배가 항구를 떠나기 전에 다시 설치할 수 있도록 전달하였다. MC사의 경영자와 직원 대부분은 수년 동안 그 기업에서 함께 일하였으며, MC사가 그 산업에서 이직률이 가장 낮은 것을 자랑했다.

그렇지만 최근에 산업이 변하기 시작하면서 MC사의 경쟁력이 약화되었다. MC사와 경쟁하는 4개의 회사가 최근에 고객의 요구 충족을 더 잘 하기 위해 2개의 대기업에 흡수 합병되었다. 같은 이유로 MC사도 심슨 인더스트리사에 합병되었다. 합병 후에도 MC사의 매출과 이익이 계속 하락하였으며, 비용은 증가하였다. 심슨사의 최고경영진들은 MC사의 낮은 생산성을 걱정하였다. 그들은 카펜터가 과도기 동안 회사를 운영하게 하였지만, 1년도 안 되어 조기 은퇴하도록 압력을 가했다. 최고경영진의 일부는 우호적인 분위기를 유지하기 위해 카펜터가 저조한 성과와 낮은 생산성을 관대하게 받아들였다고 생각했다. 어떤 사람은 "이제는 더 이상 당신의 방법대로 할 수 없다. 우리는 변화를 실행하고 회사를 빠르게 변혁할 수 있는 사람을 데려와야 한다. 그렇지 않으면 MC사는 망하게 될 것이다"라고 말했다. 그래서 톰 로렌스가 비용을 줄이고 생산성과 이익을 개선하라는 명령을 받고 최고경영자로 오게 되었다.

로렌스는 젊고 활동적이어서 일을 빠르게 진행할 수 있는 사람으로 평판이 나 있었다. 그는 빠르게 MC사를 변화시키기 시작하였다. 먼저, 그는 비용을 줄이기 위해 회사가 지원하는 사회적 활동을 중단하고, 조직 생활의 일상적 부분이었던 즉석 생일축하도 허용하지 않았다. 그는 시간과 돈의 낭비라고 주장하면서 의사소통과 인간관계 교육프로그램도 없앴다. "우리는 사람들이 좋은 느낌을 갖게 할 필요가 없다. 사람들이 일하기를 원하지 않으면, 그들을 해고하고 다른 사람을 구하면 된다." 그는 MC사의 변화에 대해 불평하는 직원을 '울보'라고 했다.

로렌스는 부사장과 부서관리자들에게 엄격한 성과기준을 수립해주고 그들의 부하직원들에게도 같은 기준을 적용하도록 지시했다. 그는 부서의 성과를 파악하고 문제를 논의하기 위해 각 관리자와 매주 회의를 하였다. 모든 직원들은 정기적으로 성과를 평가받는다. 표준성과를 달성하지 못한 직원에게는 한 번의 경고가 주어지고, 2주 내에 성과를 개선하지 않으면, 해고된다. 그리고 예전에는 경영자와 판매 담당 임원들이 단일임금기준에 의해 월급을 받았고 연공서열에 의해 승진을 하였지만, 로렌스는 생산성, 매출액, 이익목표를 충족하는 사람에게 보상해주는 시스템으로 변경하였다.

회사가 정한 기준을 달성한 사람에게는 많은 보너스와 회사차가 제공되고 회의참석을 위해 장거리 출장을 가면 일등석을 이용할 수 있는 특전이 제공되는 등 후한 보상이 주어진다. 목표를 달성하지 못하는 사람은 동료들 앞에서 비난을 받았으며, 그들의 성과가 곧 개선되지 않으면, 로렌스는 주저하지 않고 그들을 해고하였다.

로렌스가 MC사의 최고경영자로 온 1년 동안, 생산비가 약 20% 감소하였으며, 산출량은 10% 증대하고 매출액도 거의 10% 증가하였다. 그렇지만 경험이 많고 존경받았던 3명의 MC사 경영자는 회사를 그만두고 경쟁회사로 자리를 옮겼으며, 생산직 근로자의 이직률도 놀랄 정도도 증가하였다. 그러나 노동시장에서 여유인력이 없어 필요인력을 조달하기가 쉽지 않았다. 심슨을 가장 혼란스럽게 한 것은 외부 컨설턴트에게 의뢰하여 실시한 조사결과였는데, 그 조사 결과는 MC사의 사기가 매우 낮다는 것이었다. 근로자는 감독자를 적대감과 두려움을 가지고 바라보고, 경영자는 이익과 목표에만 집착하고 근로자의 요구나 느낌에는 전혀 관심이 없으며, MC사를 일하기 좋은 곳으로 만들었던 협력적이고 우호적인 분위기가 공격적인 내부경쟁과 불신이 가득한 환경으로 바뀌었다고 그들은 지적했다.

심슨은 로렌스가 MC사의 이익과 생산성을 심슨

인더스트리사가 기대한 기준 이상으로 올려놓은 것에는 만족한다. 그렇지만 낮은 사기와 높은 이직률은 장기적으로 회사에 심각한 손해를 입힐 것이라고 걱정하였다. 로렌스가 MC사의 많은 직원들을 '울보'라고 한 것이 옳았는가? 그들은 정말로 카펜터에게 소중한 대접을 받는 데 익숙하여 오늘날 환경에서 경쟁적인 기업이 되는 데 필요한 변화에 기꺼이 참여하지 않았던 것인가? 마지막으로 심슨은 회사의 경쟁력이 카펜터가 조성한 협력적 분위기 속에 존재하는 것이 아닐까하고 생각했다.

질문

1. <도표 11.4>의 네 가지 문화 유형 중 카펜터 재임 시절의 MC사 문화를 가장 잘 설명하는 것은 무엇인가? 로렌스의 재임 시절은? MC사에는 어떤 문화가 더 적합한가?
2. 로렌스가 형성한 문화 속에서 높은 사기와 낮은 이직률로 돌아가는 것이 가능한가? 로렌스는 어떻게 할 수 있는가?
3. 로렌스는 <도표 11.5>의 어느 사분면에 해당되는가? 당신이 심슨이라면, 로렌스와의 미팅에서 무슨 말을 하겠는가?

미주

1 Brad Stone, *The Everything Store: Jeff Bezos and the Age of Amazon* (New York: Little, Brown and Company 2013), 327–328; and Michele Gelfand, Sarah Gordon, Chengguang Li, Virginia Choi, and Piotr Prokopowicz, "One Reason Mergers Fail: The Two Cultures Aren't Compatible," *Harvard Business Review*, https://hbr.org/2018/10/one-reason-mergers-fail-the-two-cultures-arent-compatible (accessed June 3, 2019).

2 Mary Blackiston, "What Every Company Can Learn from Google's Company Culture," *Success Agency*, January 19, 2017, https://www.successagency.com/growth/2017/01/19/google-company-culture/ (accessed June 3, 2019).

3 John Koblin "The Year of Reckoning at CBS: Sexual Harassment Allegations and Attempts to Cover Them Up," *The New York Times*, December 17, 2018, https://www.nytimes.com/2018/12/14/business/media/cbs-sexual-harassment-timeline.html (accessed June 3, 2019); and Ben Sisario, "After Top Executive Leaves, Billboard Confronts Its Internal Culture," *The New York Times*, July 31, 2018, https://www.nytimes.com/2018/07/31/business/media/billboard-john-amato.html (accessed June 3, 2019).

4 Mark C. Bolino, William H. Turnley, and James M. Bloodgood, "Citizenship Behavior and the Creation of Social Capital in Organizations," *Academy of Management Review* 27, no. 4 (2002), 505–522; and Don Cohen and Laurence Prusak, In *Good Company: How Social Capital Makes Organizations Work* (Boston: Harvard Business School Press, 2001), 3–4.

5 W. Jack Duncan, "Organizational Culture: 'Getting a Fix' on an Elusive Concept," *Academy of Management Executive* 3 (1989), 229–236; Linda Smircich, "Concepts of Culture and Organizational Analysis," *Administrative Science Quarterly* 28 (1983), 339–358; and Andrew D. Brown and Ken Starkey, "The Effect of Organizational Culture on Communication and Information," *Journal of Management Studies* 31, no. 6 (November 1994), 807–828.

6 See Jon Katzenbach and Zia Khan, "Leading Outside the Lines," *Strategy + Business*, April 26, 2010, http://www.strategy-business.com/article/10204?gko=788c9 (accessed September 9, 2010) for the idea of the formal versus the informal organization.

7 Edgar H. Schein, "Organizational Culture," *American Psychologist* 45, February 1990, 109–119.

8 Christoph H. Loch, Fabian J. Sting, Arnd Huchzermeier, and Christiane Decker, "Finding the Profit in Fairness," *Harvard Business Review*, September 2012, 111–115.

9 Harrison M. Trice and Janice M. Beyer, "Studying Organizational Cultures Through Rites and Ceremonials," *Academy of Management Review* 9 (1984), 653–669; Janice M. Beyer and Harrison M. Trice, "How an Organization's Rites Reveal Its Culture," *Organizational Dynamics* 15 (Spring 1987), 5–24; Steven P. Feldman, "Management in Context: An Essay on the Relevance of Culture to the Understanding of Organizational Change," *Journal of Management Studies* 23 (1986), 589–607; and Mary Jo Hatch, "The Dynamics of Organizational Culture," *Academy of Management Review* 18 (1993), 657–693.

10 This discussion is based on Edgar H. Schein, *Organizational Culture and Leadership*, 2nd ed. (Homewood, IL: Richard D. Irwin, 1992); and John P. Kotter and James L. Heskett, *Corporate Culture and Performance* (New York: Free Press, 1992).

11 Stone, *The Everything Store*, 328 and 88–90.

12 Ross Brooks, "Workplace Spotlight: What Google Gets Right About Company Culture," *Peakon*, June 28, 2018, https://peakon.com/us/blog/workplace-culture/google-company-culture/ (accessed June 5, 2019).

13 Larry Mallak, "Understanding and Changing Your Organization's Culture," *Industrial Management* (March–April 2001), 18–24.

14 Based on Gerry Johnson, "Managing Strategic Change—Strategy, Culture, and Action," *Long Range Planning* 25, no. 1 (1992), 28–36.

15 For an expanded list of various elements that can be used to assess or interpret corporate culture, see "10 Key Cultural Elements," sidebar in Micah R. Kee, "Corporate Culture Makes a Fiscal Difference," *Industrial Management* (November–December 2003), 16–20.

16 Gazi Islam and Michael J. Zyphur, "Rituals in Organizations: A Review and Expansion of Current Theory," *Group & Organization Management* 34, no. 1 (2009), 114–139; Trice and Beyer, "Studying Organizational Cultures Through Rites and Ceremonials"; and Terrence E. Deal and Allan A. Kennedy, "Culture: A New Look

Through Old Lenses," *Journal of Applied Behavioral Science* 19 (1983), 498–505.

17 Leigh Buchanan, "Managing: Welcome Aboard. Now, Run!" *Inc.*, March 2010, 95–96.

18 Susan Cramm, "Leadership Gone Viral," *Strategy + Business*, January 17, 2014, http://www.strategy-business.com/blog/Leadership-Gone-Viral (accessed May 6, 2014); and Claudio Lavanga, "Pope Washes Feet of Young Detainees in Holy Thursday Ritual," NBCNews.com, March 28, 2013, http://worldnews.nbcnews.com/_news/2013/03/28/17502522-pope-washes-feet-of-young-detainees-in-holy-thursday-ritual?lite (accessed May 6, 2014).

19 Trice and Beyer, "Studying Organizational Cultures Through Rites and Ceremonials."

20 Adam Bryant, "Noreen Beaman of Brinker Capital, on Accountability". (Corner Office column), *The New York Times*, January 25, 2014, http://www.nytimes.com/2014/01/26/business/noreen-beaman-of-brinker-capital-on-accountability.html?_r=0 (accessed May 6, 2014); Lucas Conley, "Rinse and Repeat," *Fast Company*, July 2005, 76–77; and Robert Bruce Shaw and Mark Ronald, "Changing Culture—Patience Is Not a Virtue," *Leader to Leader*, Fall 2012, 50–55.

21 David C. Robertson with Bill Breen, *Brick by Brick: How LEGO Rewrote the Rules of Innovation and Conquered the Global Toy Industry* (New York: Crown Business, 2013), 17.

22 Stone, *The Everything Store*, 300 and 174; and Ali Montag, "Jeff Bezos's First Desk at Amazon Was a Door with Four-by-Fours for Legs. Here's Why It Still Is Today," *CNBC*, January 23, 2018, https://www.cnbc.com/2018/01/23/jeff-bezos-first-desk-at-amazon-was-made-of-a-wooden-door.html (accessed June 4, 2019).

23 This example is based on the author's personal experience with Thomas Nelson Publishers.

24 "FYI: Organization Chart of the Month," *Inc.*, April 1991, 14.

25 Neal E. Boudette, "Fiat CEO Sets New Tone at Chrysler," *The Wall Street Journal Online*, June 19, 2009, http://online.wsj.com/article/SB124537403628329989.html?utm_source=feedburner&utm_medium=feed&utm_campaign=Feed%3A+wsj%2Fxml%2Frss%2F3_7011+%28WSJ.com%3A+What%27s+News+US%29#mod=rss_whats_news_us (accessed September 12, 2011).

26 Gary Hamel with Bill Breen, *The Future of Management* (Boston: Harvard Business School Press, 2007).

27 Matt Moffett, "At InBev, a Gung-Ho Culture Rules; American Icon Anheuser, A Potential Target, Faces Prospect of Big Changes," *The Wall Street Journal*, May 28, 2008, B1; and Matt Moffett, "InBev's Chief Built Competitive Culture," The Wall Street Journal, June 13, 2008, B6.

28 Monica Langley and Dan Fitzpatrick, "Embattled J.P. Morgan Bulks Up Overnight," *The Wall Street Journal*, September 12, 2013, http://online.wsj.com/news/articles/SB10001424127887324755104579071304170686532 (accessed May 7, 2014).

29 Johnson, "Managing Strategic Change—Strategy, Culture, and Action."

30 Jennifer A. Chatman and Sandra Eunyoung Cha, "Leading by Leveraging Culture," *California Management Review* 45, no. 4 (Summer 2003), 20–34; and Abby Ghobadian and Nicholas O'Regan, "The Link Between Culture, Strategy, and Performance in Manufacturing SMEs," *Journal of General Management* 28, no. 1 (Autumn 2002), 16–34.

31 James R. Detert, Roger G. Schroeder, and John J. Mauriel, "A Framework for Linking Culture and Improvement Initiatives in Organizations," *Academy of Management Review* 25, no. 4 (2000), 850–863.

32 Based on Daniel R. Denison, *Corporate Culture and Organizational Effectiveness* (New York: Wiley, 1990), 11–15; Daniel R. Denison and Aneil K. Mishra, "Toward a Theory of Organizational Culture and Effectiveness," *Organization Science* 6, no. 2 (March–April 1995), 204–223; Robert Hooijberg and Frank Petrock, "On Cultural Change: Using the Competing Values Framework to Help Leaders Execute a Transformational Strategy," *Human Resource Management* 32 (1993), 29–50; and Robert E. Quinn, *Beyond Rational Management: Mastering the Paradoxes and Competing Demands of High Performance* (San Francisco: Jossey-Bass, 1988).

33 Raymond Zhong, "Huawei's 'Wolf Culture' Helped It Grow, and Got It Into Trouble," *The New York Times*, December 18, 2018, https://www.nytimes.com/2018/12/18/technology/huawei-workers-iran-sanctions.html (accessed June 5, 2019).

34 Moffett, "InBev's Chief Built Competitive Culture."

35 Bethany Tomasian, "Flying to the Top; Southwest Ascends the *Workforce* 100," *Workforce*, May–June 2019, 28–31, 48.

36 David Gelles, "Marc Benioff of Salesforce: 'Are We Not All Connected?'" *The New York Times*, June 15, 2018, https://www.nytimes.com/2018/06/15/business/marc-benioff-salesforce-corner-office.html (accessed June 5, 2019).

37 Gerald D. Klein, "Creating Cultures That Lead to Success: Lincoln Electric, Southwest Airlines, and SAS Institute," *Organizational Dynamics* 41 (2012), 32–43; and Rekha Balu, "Pacific Edge Projects Itself," *Fast Company*, October 2000, 371–381.

38 Bernard Arogyaswamy and Charles M. Byles, "Organizational Culture: Internal and External Fits," *Journal of Management* 13 (1987), 647–659.

39 Based on Table 1, Tightness-Looseness of Cultures, in Michael Harvey et al., "Corralling the 'Horses' to Staff the Global Organization of 21st Century," *Organizational Dynamics* 39, no. 3 (2010), 258–268.

40 Paul R. Lawrence and Jay W. Lorsch, *Organization and Environment* (Homewood, IL: Irwin, 1969).

41 Scott Kirsner, "Designed for Innovation," *Fast Company*, November 1998, 54, 56.

42 Reported in Chip Jarnagan and John W. Slocum, Jr., "Creating Corporate Cultures through Mythopoetic Leadership," *Organizational Dynamics* 36, no. 3 (2007), 288–302.

43 Kirsten Grind and Deepa Seetharaman, "Behind the Messy, Expensive Split Between Facebook and WhatsApp's Founders," *The Wall Street Journal*, June 5, 2018, https://www.wsj.com/articles/behind-the-messy-expensive-split-between-facebook-and-whatsapps-founders-1528208641 (accessed June 5, 2019).

44 John P. Kotter and James L. Heskett, *Corporate Culture and Performance* (New York: The Free Press, 1992); Charles A. O'Reilly III, David F. Caldwell, Jennifer A. Chatman, and Bernadette Doerr, "The Promise and Problems of Organizational Culture: CEO Personality, Culture, and Firm Performance," *Group and Organization*

Management 39, no. 6 (2014), 595–625; and Eric Flamholtz and Rangapriya Kannan Narasimhan, "Differential Impact of Cultural Elements on Financial Performance," *European Management Journal* 23, no. 1 (2005), 50–64. Also see James M. Kouzes and Barry Z. Posner, *The Leadership Challenge: How to Keep Getting Extraordinary Things Done in Organizations,* 3rd ed. (San Francisco: Jossey-Bass, 2002).

45 This section is based on Jeff Rosenthal and Mary Ann Masarech, "High-Performance Cultures: How Values Can Drive Business Results," *Journal of Organizational Excellence* (Spring 2003), 3–18.

46 Nelson D. Schwartz, "One Brick at a Time," *Fortune* (June 12, 2006), 45–46; and Nelson D. Schwartz, "Lego's Rebuilds Legacy," *International Herald Tribune* (September 5, 2009).

47 Greg Bensinger, "Embattled Uber Promises Changes in Corporate Culture," *The Wall Street Journal*, March 22, 2017.

48 This example is based on Dave Ulrich, Steve Kerr, and Ron Ashkenas, *The GE Work-Out* (New York: McGraw-Hill, 2002), 238–230.

49 From Ulrich, Kerr, and Ashkenas, "GE Values," in *The GE Work-Out*, Figure 11-2.

50 Rosenthal and Masarech, "High-Performance Cultures."

51 William G. Ouchi, "Markets, Bureaucracies, and Clans," *Administrative Science Quarterly* 25 (1980), 129–141; and B. R. Baligia and Alfred M. Jaeger, "Multinational Corporations: Control Systems and Delegation Issues," *Journal of International Business Studies* (Fall 1984), 25–40.

52 Daisuke Wakabayashi and Toko Sekiguchi, "Disaster in Japan: Evacuees Set Rules to Create Sense of Normalcy," *The Wall Street Journal*, http://online.wsj.com/article/SB100014240527487037840045762203829911 12672.html (accessed October 3, 2012).

53 Ian Mount, "A Pizzeria Owner Learns the Value of Watching the Books," *The New York Times*, October 25, 2012, B8.

54 Craig Torres and Anthony Feld, "Campbell's Quest for Productivity," *Bloomberg BusinessWeek*, November 29–December 5, 2010, 15–16.

55 Cristina Caron, "Tempest Sealed in Tinfoil: Anger Over Broken Kisses," *The New York Times*, December 22, 2018, A27.

56 Shayndi Raice, "Sprint Tackles Subscriber Losses; Carrier Stems Defections as Customer-Service Gains Take Root," *The Wall Street Journal Online*, December 17, 2010, http://online.wsj.com/article/SB10001424052748704073804576023572789952028.html (accessed December 17, 2010).

57 For a current description of how companies use OKRs, see John Doerr, *Measure What Matters: How Google, Bono, and the Gates Foundation Rock the World with OKRs* (New York: Portfolio/Penguin, 2018).

58 Robert Kaplan and David Norton, "The Balanced Scorecard: Measures That Drive Performance," *Harvard Business Review*, January–February 1992, 71–79; "On Balance," a CFO Interview with Robert Kaplan and David Norton, *CFO*, February 2001, 73–78; Chee W. Chow, Kamal M. Haddad, and James E. Williamson, "Applying the Balanced Scorecard to Small Companies," *Management Accounting* 79, no. 2 (August 1997), 21–27; and Meena Chavan, "The Balanced Scorecard: A New Challenge," *Journal of Management Development* 28, no. 5 (2009), 393–406.

59 Based on Kaplan and Norton, "The Balanced Scorecard"; Chow, Haddad, and Williamson, "Applying the Balanced Scorecard"; and C. A. Latshaw and Y. Choi, "The Balanced Scorecard and the Accountant as a Valued Strategic Partner," *Review of Business* 23, no. 1 (2002), 27–29.

60 Rajesh Tyagi and Praveen Gupta, "Gauging Performance in the Service Industry," *Journal of Business Strategy* 34, no. 3 (2013), 4–15.

61 Nils–Goran Olve, Carl-Johan Petri, Jan Roy, and Sofie Roy, "Twelve Years Later: Understanding and Realizing the Value of Balanced Scorecards," *Ivey Business Journal*, May–June 2004, 1–7.

62 Geary A. Rummler and Kimberly Morrill, "The Results Chain," *TD*, February 2005, 27–35; Chavan, "The Balanced Scorecard: A New Challenge"; and John C. Crotts, Duncan R. Dickson, and Robert C. Ford, "Aligning Organizational Processes with Mission: The Case of Service Excellence," *Academy of Management Executive* 19, no. 3 (August 2005), 54–68.

63 This discussion is based on Robert S. Kaplan and David P. Norton, "Mastering the Management System," *Harvard Business Review*, January 2008, 63–77; and Robert S. Kaplan and David P. Norton, "Having Trouble with Your Strategy? Then Map It," *Harvard Business Review*, September–October 2000, 167–176.

64 This discussion of behavior versus outcome control is based in part on Erin Anderson and Vincent Onyemah, "How Right Should the Customer Be?" *Harvard Business Review*, July–August 2006, 59–67; and Bruno S. Frey, Fabian Homberg, and Margit Osterloh, "Organizational Control Systems and Pay-for-Performance in the Public Service," *Organization Studies* 34, no. 7 (2013), 949–972.

65 Stephanie Strom "Every Day's a Safety Drill as Chipotle Woos Customers Back," *The New York Times*, September 21, 2016, https://www.nytimes.com/2016/09/22/business/every-days-a-safety-drill-as-chipotle-woos-customers-back.html (accessed June 6, 2019).

66 Spencer E. Ante and Lauren Weber, "Memo to Workers: The Boss Is Watching; Tracking Technology Shakes Up the Workplace," *The Wall Street Journal*, October 22, 2013, http://online.wsj.com/news/articles/SB10001424052702303672404579151440488919138 (accessed April 22, 2014).

67 Pui-Wing Tam, Erin White, Nick Wingfield, and Kris Maher, "Snooping E-Mail by Software Is Now a Workplace Norm," *The Wall Street Journal*, March 9, 2005, B1; and Ante and Weber, "Memo to Workers."

68 Bill Ward, "Power to the People: Thanks to a Revolutionary Program Called ROWE, Best Buy Employees Can Lead Lives—Professional and Personal—On Their Own Terms," *Star Tribune*, June 1, 2008, E1; Michelle Conlin, "Smashing the Clock," *BusinessWeek*, December 11, 2006, 60ff; and Jyoti Thottam, "Reworking Work," *Time*, July 25, 2005, 50–55.

69 Conlin, "Smashing the Clock."

70 Based on Gary Yukl, "Consolidated Products," in *Leadership in Organizations*, 4th ed. (Englewood Cliffs, NJ: Prentice-Hall, 1998), 66–67; John M. Champion and John H. James, "Implementing Strategic Change," in *Critical Incidents in Management: Decision and Policy Issues*, 6th ed. (Homewood, IL: Irwin, 1989), 138–140; and William C. Symonds, "Where Paternalism Equals Good Business," *BusinessWeek*, July 20, 1998, 16E4, 16E6.

CHAPTER

12 혁신과 변화

학습목표

이 장을 공부하면,

1. 전략적 변화의 유형을 기술할 수 있다.
2. 성공적인 조직변화를 위한 필요 요소를 설명할 수 있다.
3. 제품과 서비스 혁신을 촉진하는 기술변화를 독려하는 기법들을 비교하고 대조할 수 있다.
4. 혁신속도가 어떻게 경쟁적 우위를 제공하는지 증명할 수 있다.
5. 조직변화의 이중모형을 기술할 수 있다.
6. 대규모 그룹 개입이 어떻게 조직 내 문화 변화를 가져올 수 있는지 설명할 수 있다.
7. 변화에 대한 저항을 극복하는 기법을 나열할 수 있다.

도입질문

이 장을 읽기 전 다음 질문에 답해보자.

1. 혁신적인 기업을 만들기 위해 가장 중요한 것은 구성원들이 새로운 아이디어를 내도록 하는 것이다.

   1) 동의함 ________________ 2) 동의하지 않음 ________________

2. 시장에서 성공하는 신제품을 만드는 가장 좋은 방법은 소비자들에게 원하는 것을 묻는 것이다.

   1) 동의함 ________________ 2) 동의하지 않음 ________________

3. 관리자가 겪을 수 있는 가장 힘든 일은 기업의 문화를 바꾸는 일이다.

   1) 동의함 ________________ 2) 동의하지 않음 ________________

러시아에서는 오이를 듬뿍 넣은 스프라이트를 구입할 수 있다. 호주에서는 코카콜라에 커피를 조금 추가하는 것도 가능하다. 코카콜라는 최근 1년간 전 세계적으로 500여 개의 새로운 음료와 스프라이트, 콜라를 선보였다. 예를 들면 인도에서는 망고가 씹히는 주스, 브라질에서는 단백질과 지방을 뺀 셰이크, 중국에서는 참깨와 호두 음료와 같은 특이한 것들이 출시되었다. 또한 인도법인에서는 신선한 망고 과육을 빨아먹는 경험을 고안해 냈다. "현지의 요구에 더 잘 부합하는 상품과 사업을 만드는 데 필요한 권한을 각 현지 법인은 가지고 있습니다"라고 인도의 임원인 셰너즈 길(Shehnaz Gill)이 말했다. 인도법인은 매운 쿠민 맛의 소다와 씹히는 맛의 구아바 음료도 개발했다. 코카콜라의 CEO인 제임스 퀸시(James Quincey)는 전 세계에 있는 자회사들에게 더 많은 지역 음료를 만들어내고, 그것들을 빨리 시장에 출시하되 판매가 잘 되지 않는 음료들을 빨리 회수하도록 하고 있다. "우리는 어느 정도의 영향력을 가지고 있다는 것이 증명되기 전까지는 하나의 아이디어에 회사의 명운을 걸지는 않습니다"하고 퀸시는 말했다. 인도에서는 그동안 신제품이 출시되기까지 약 1년이 걸렸는데, 이제는 약 4개월 만에 새로운 음료가 아이디어에서 매장 선반으로 옮겨갈 수 있게 되었다.[1]

기업과 기업의 관리자들은 가능한 모든 혁신의 정점을 찾기 위해 부단히 노력한다. 모든 기업은 외부환경이 변화함에 따라 변화해야 하는 어려움에 직면하고 있다. 새로운 발견과 발명, 그리고 접근방법들이 그 동안 진행해오던 표준 방식을 재빠르게 대체하기 때문이다. 기술의 비약적인 발전은 우리의 삶에 대변혁을 가져왔다. 대부분의 사람들을 직접 대면하는 대신 문자를 보내고, 트윗을 하며, 온라인으로 '친구 추가'를 한다. 지금 대학생들의 부모는 아이패드, 소셜 네트워킹, 글로벌 포지셔닝 시스템, 스트리밍 비디오, 심지어 인터넷이 없는 환경에서 자랐다. 이를 떠올려 보면 변화의 속도가 얼마나 빠른지 체감할 수 있다. 전 세계 사람들과 즉각적으로 소통하고, 좋아하는 음악을 장소에 구애 받지 않고 전송하거나, 두꺼운 책을 노트만한 작은 기계에 담는 일을 할 수 없었던 삶을 지금의 청소년들은 상상하지 못할 것이다. 첨단 산업은 매 10억분의 1초마다 변화하고 있으며, 애플(Apple), 구글(Google), 시스코(Cisco), 페이스북(Facebook), 인텔(Intel), 트위터 등의 기업은 살아남기 위해 스스로를 혁신시키고 있다. 하지만 또 다른 분야의 기업들은 이러한 혁신에 대해 더 큰 압박에 시달리고 있다. 사우스웨스트(Southwest) 항공사의 기술전략부서 대표인 밥 조던(Bob Jordon)은 전 세계 경영자들에게 "살아남기 위해서는 혁신해야 한다"고 강하게 주장했다.[2]

이 장의 목표

이 장은 조직이 어떻게 변화하고, 경영자가 혁신과 변화과정을 어떻게 관리해야 하는가를 설명한다. 이를 위해 먼저 혁신이 얼마나 어려울 수 있는지 살펴보고 파괴적 혁신의 과제를 논의한다. 그리고 기업에서 일어나는 네 가지 형태의 변화—기술, 제품, 구조, 사람—에 대해 살펴보고 어떻게 변화를 성공적으로 이끌어낼 수 있을지 살펴본다. 그 다음으로 각 형태의 변화를 활성화시키기에 적합한 조직구조와 관리에 대해서 다룬다. 변화 창조와 실행에 모두 영향을 줄 수 있는 경영기법에 대해서 다루며, 이 장의 마지막 부분에서는 변화와 혁신을 성공적으로 실행하는 데 활용할 수 있는 기법에 대해서 살펴본다.

12.1 혁신의 전략적 역할

앞 장에서는 주변에서 일어나는 변화에 적응하려면 조직이 빠르게 움직여야 한다는 교훈을 찾을 수 있었다. 대기업은 작고 유연한 조직처럼 행동하는 방법을 찾아야 한다. 제조업체들은 새로운 생산기술을 도입하고, 서비스기업들은 새로운 정보기술(IT)을 도입하는 것이 필요하다. 오늘날의 조직들은 성장하기 위해서 뿐만 아니라, 경쟁이 더욱 심화되고 파괴적 변화가 만연해 있는 환경에서 생존하기 위해서는 지속적인 혁신에 스스로를 계속 열어 놓아야 한다.

12.1a 혁신할 것이냐 파괴될 것이냐

기업 환경의 많은 요인들이 조직변화의 필요성을 증가시킨다.[3] 기술발전, 시장변화, 증가하는 정부규제, 전자 상업과 모바일 커머스, 사회 규범의 변화, 격변하는 세계 경제, 소셜미디어와 정보 혁명, 그리고 아랍 국가들과 BRIC 국가들(브라질, 러시아, 인도, 중국)의 영향력 확대 등이 위협과 기회를 동시에 부여하며 규모에 상관없이 모든 사업에 영향을 미치는 불확실한 세계 경제를 초래해 왔다.

기업은 이러한 환경 변화에 대해 세 가지 변화와 혁신으로 대응할 수 있다.[4] 단편적인 변화(episodic change)는 많은 경영자들이 겪고 있다. 이러한 변화는 비교적 예측 가능하게 때때로 발생하며, 경영자들은 이러한 변화에 기술적, 제품적, 또는 구조적 혁신을 단행함으로써 적절히 대응할 수 있다. 그러나 요즘의 기업들은 급격히 변화하는 환경에 따른 지속적인 변화(continuous change)를 겪고있다. 이러한 변화는 예측하기 힘든 주기를 가지고 자주 발생한다. 경영자들은 이러한 변화를 지속적인 조직적 변화로 받아들이며, 꾸준한 R&D를 통해 새로운 제품과 혁신을 통해서 니즈를 따라잡고 있다. 환경이 급격히 변화하는 오늘날에는 경영자들은 파괴적 변화와 혁신을 해야만 하는 상황에 처하게 되었다.

〈도표 12.1〉에서 보는 것과 같이, **파괴적 혁신**(disruptive innovation)은 비즈니스 모델이 작은 제품과 서비스에서 시작되었으며 기존시장을 대체하게 된 경우를 말한다. 이러한 파괴적 혁신을 일으킨 회사들은 대부분 대성하게 된다. 그리고 파괴적 혁신을 마주한 회사들은 시장에서 밀려나게 될 수 있다. 기존의 기업들은 자사의 비즈니스 모델을 유지하고자 하

도표 12.1 파괴적 혁신의 단계

1단계	• 새로운 또는 예기치 못한 기술, 제품, 또는 서비스가 기존 기업들에게 아주 미미한 수준의 잠재적인 위협이 됨. • 예시: 첫 번째 증기기관 - 기존의 상업선박들과 경쟁하지 못해 잊혀짐. 일본산 자동차 - 굉장히 작고 미국 시장을 개척하기에 미약하여 잊혀짐. 온라인 서점 - 사람들이 직접 서점에 가는 것을 선호하여 실패함. MOOCs - 학생들은 캠퍼스 생활을 그리워하게 될 것임.
2단계	• 기존 기업들은 이러한 작은 위협을 떨쳐내고 기존의 비즈니스 모델을 유지하기를 원함. • 예시: 선원들과 대양 간 무역 선박 회사들은 증기기관을 자사의 선박에 추가했으나 기존의 증기기관선 모델을 수용하지 아니함. GM와 다른 미국계 자동차 생산업체들은 결국 작은 자동차를 만들기 시작했으나 일제 자동차 회사들과 경쟁하기에는 이미 너무 늦음. 아마존은 서점경쟁에서 이미 주도적으로 온라인 서점의 지위를 확실히 함. 대부분의 대학들은 온라인 코스들을 제공하기 시작했으나 본래의 대학 모델에서 크게 벗어나지 못함. 학생들이 가격 경쟁력이 있는 옵션들을 선택함으로써 경쟁력을 잃음.
3단계	• 이전에 인지하지 못한 기업, 제품, 그리고 서비스들이 기존 기업들의 사업모델을 파괴할 만한 영향력을 갖게 됨. • 예시: 20세기 초까지 모든 대양 간 무역 선박 회사들은 증기기관선이 독자적 대양 간 항해가 가능하게 되자 시장에서 밀려남. 일본산 자동차 생산업체들은 소형자동차 시장에서 승리함. 전통적인 오프라인 서점은 얼마 남지 않게 됨. 대부분의 대학들은 재정적자를 마주하게 됨.

출처: Based on Clayton M. Christensen and Michael B. Horn, "Innovation Imperative: Change Everything," *The New York Times*, November 1, 2013, http://www.nytimes.com/2013/11/03/education/edlife/online-education-as-an-agent-of-transformation.html?_r=0 (accessed May 15, 2014); and Melissa A. Korn, "Coursera Defends MOOCs as Road to Learning," *The Wall Street Journal*, May 15, 2013, B5.

기에 이러한 작은 혁신들을 무시한다. 대부분의 학생들은 GM과 포드(Ford)사 등의 미국 자동차 기업들이 처음에 일본 자동차를 비웃었다가 결국 도요타(Toyota)와 스바루(Subaru)에 자동차 시장을 내어주었다는 사실을 잘 모를 것이다. 넷플릭스 등 스트리밍 서비스에서도 전통적 미디어 기업이 비슷한 차질을 빚고 있다.

IN PRACTICE 넷플릭스

"넷플릭스는 공공의 적 1호입니다"라고 폭스21 TV 스튜디오 대표인 버트 살케(Bert Salke)는 말했다. 회사 초창기부터 변화를 하다니 넷플릭스는 참으로 놀라운 기업이다. 소프트웨어 엔지니어인 리드 헤이스팅스(Reed Hastings)와 마크 루돌프(Marc Rudolph)는 1997년 인터넷 을 통해 DVD를 대여하기 위해 넷플릭스를 시작하였으며, 2007년에는 스트리밍 비디오로 서비스를 변경했다. 헤이스팅스는 2000년에 손해를 감수하고 블록버스터에 5,000만 달러에 팔겠다고 제안했지만 거대 비디오 대여 회사인 블록버스터는 그의 제안을 거절했다. 그랬던 블록버스터 는 이후 몇 년 지나지 않아 바로 어려움에 직면하게 되었다. 결국 2019년에 블록버스터는 파산했고 넷플릭스는 성공 가도를 달리게 되었다.

아마도 여러분은 대형 미디어 기업들은 관심을

가졌을 것이라고 생각하겠지만 그렇지 않았다. 넷플릭스가 2013년에 직접 제작한 작품인 "House of Cards"와 "Orange Is the New Black"을 시도했을 때 전통적인 미디어 기업의 경영진은 넷플릭스를 비웃었다. 이런 넷플릭스의 시도에 대해 텔레비전 네트워크와 영화 스튜디오는 수명을 연장하는 수단 정도로 생각했다. 그리고 이들은 넷플릭스에 프로그램을 비싸게 라이센싱함으로써 더 많은 돈을 요구했다. 그런데 2018년 넷플릭스에서 제작한 영화 "Roma"는 최고 외국어 영화상을 포함하여 3개의 아카데미 상을 수상하게 되었다. 그리고 넷플릭스는 '부상하는 기업'으로서 상황이 유리하게 전환되었다. 드디어 2018년 말까지 넷플릭스는 약 1,000개의 독창적인 TV 프로그램과 영화를 제작했으며 스트리밍 서비스 가입자 수가 1억 3천만 명 이상이 되었다.[5]

혁신적 기업들이 주도하는 기술의 빠른 변화 때문에 많은 산업이 파괴적인 혁신에 직면하고 있다. 예를 들어, 디지털 카메라는 사진 필름 산업을 사실상 없앴고 스마트폰은 소형 디지털 카메라에도 똑같이 하고 있다.

혁신, 특히 파괴적 혁신에 대응하기란 쉽지 않다. 한때 기술 리더로 불리던 마이크로소프트(Microsoft)는 페이스북, 애플, 그리고 구글과 온라인 서적, 온라인 음악, 검색엔진, 그리고 소셜 네트워킹 등에서 경쟁하는 데 어려움을 겪어왔다. 더욱이 마이크로소프트는 모바일 시장에서 대중들의 관심을 끌지 못하고 있다.[6] 사티아 나델라 최고경영자(CEO)는 실수에서 교훈을 얻으면서 조용히 마이크로소프트를 변화시키고 있지만 신기술이 등장하면서 항상 파괴가 우려된다.[7] 알리바바 그룹(Alibaba Group), 도미노(Domino's), 펠로톤(Peloton), 애플, 유니버셜 뮤직 그룹(Universal Music Group), 타겟(Target)과 같은 기업의 핵심 성공 요소는 변화를 받아들이고, 변화를 만들어 나가고자 하는 열정에 있다. 매해 패스트 컴퍼니(Fast Company)는 가장 혁신적인 50개 기업들의 순위를 발표하는데, 위의 회사들은 2019년에 모두 이름을 올렸었다. 다음은 혁신적인 기업 상위 10개기업의 리스트이다.[8]

1. Metiuan Dianping
2. Grab
3. NBA
4. The Walt Disney company
5. Stitch Fix
6. Sweetgreen
7. Apeel Sciences
8. Square
9. Oatly
10. Twitch

12.1b 혁신의 전략적 유형

전략적 우위를 달성하기 위해 경영자가 추진하는 변화유형에는 크게 네 가지가 있다. 네 가지 변화 유형은 〈도표 12.2〉에 제시된 바와 같이 기술, 제품과 서비스, 전략과 구조, 문화이다. 이 네 가지는 상호의존적이어서 한 분야에서의 변화는 다른 분야의 변화를 필요로 한다. 즉, 새로운 제품은 제품 기술의 변화를 요구할 수 있으며, 구조의 변화는 새로운 기술을 요구할 수도 있다.[9] 예를 들어 셰넌도어 생명 보험회사(Shenandoah Life Insurance Company)가 클레임 처리를 위해 새로운 컴퓨터 기술을 도입했을 때, 그 기술에 맞출 수 있도록 직원을 5~7명으로 재배치할 때까지 새로운 기술은 완벽히 사용될 수 없었다. 구조적 변화는 기술적 변화에서부터 파생되어 나온 것이었다. 조직은 이처럼 상호의존적인 시스템으로 되어 있으며, 조직 내 일부의 변화는 다른 부분에 영향을 주게 된다.

기술 혁신(technology innovation)은 지식이나 기술을 포함한 조직의 생산 과정을 변화시키는 것으로 차별적인 경쟁력을 가질 수 있게 한다. 기술변화는 제품을 더 효율적으로 생산하고, 더 많이 생산하도록 한다. 즉, 기술변화는 제품이나 서비스의 생산기법과 관련되어 있다. 따라서 기술변화는 작업방법, 설비, 작업흐름의 변화를 포함한다. 예를 들어, 패스트 패션 기업인 자라(Zara)는 수천 개의 오프라인 상점에서 자동화된 클릭 앤드 콜렉트 시스템(click-and-collect system)을 구현하여 고객들의 구매를 온라인으로 빠르게 처리할 수 있도록 했다. 온라인으로 주문한 다음 상점에서 코드를 스캔하거나 입력하여 로봇이 고객의 패키지를 검색하여 드롭 박스로 신속하게 전달할 수 있도록 한 것이다. 이러한 새로운 기술은 고객 서비스를 개선하고 더 많은 고객을 매장으로 유치하여 추가적으로 또 다른 제품을 구입할 수 있게 한다.[10]

제품과 서비스 혁신(product and service innovation)은 기업이 생산하는 제품 및 서비스와 관련된 변화를 말한다. 기업에서 생산하는 새로운 제품이란 기존 제품을 일부 변경하거나

도표 12.2 변화의 네 가지 유형

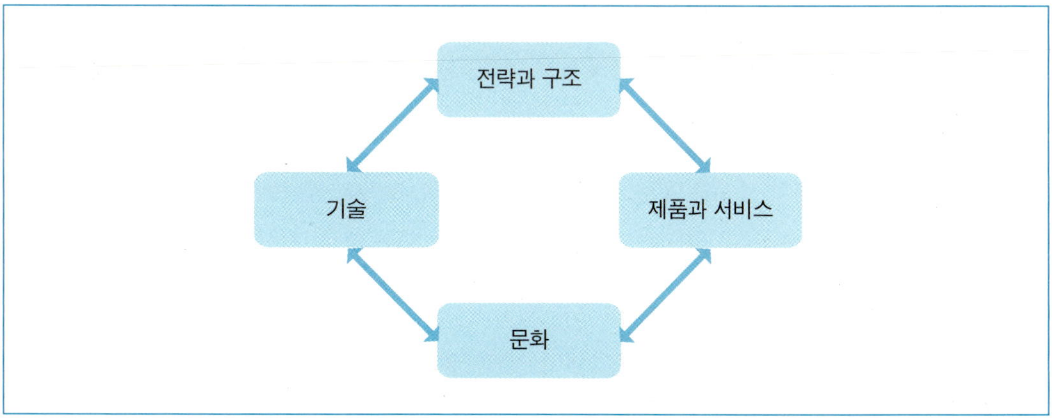

완전히 새로운 제품라인을 도입하는 경우를 모두 일컫는다.[11] 이 장을 시작할 때 제시한 코카콜라(Coca-Cola) 사례에서 새로운 제품 라인과 기존 제품을 어떻게 변경하는지 그 방법에 대해 설명했다. 새로운 제품과 서비스는 일반적으로 시장점유율을 높이거나 새로운 시장이나 고객을 개발하도록 기획된다.

전략과 구조 혁신(strategy and structure innovation)은 기업의 경영과 관련하여 변화를 추진하는 경우를 말한다. 기업경영은 조직을 감독하고 관리하는 것이다. 전략과 구조의 변화에는 경영전략, 조직구조, 정책, 보상시스템, 노사관계, 통합장치, 경영정보통제시스템, 회계예산시스템 등이 포함된다. 구조와 시스템의 변화는 일반적으로 최고경영자에 의해 주도적으로 진행되는 반면에, 제품과 기술의 변화는 하위계층에서 유발된다. 예를 들어 애플의 최고경영진은 최근 애플 카드를 출시함으로써 금융 서비스, 애플 TV+를 사용한 비디오 스트리밍, 애플 아케이드(Arcade)를 통한 온라인 게임을 포함한 새로운 산업으로 전략을 확장했다.[12] ICU 의학센터의 변화주도팀에 의한 변화 역시 최고경영진에 의해 진행된 사례이다. 창립자이자 최고경영자인 조지 로페즈(George Lopez)는 시행 초기 직원들의 반발이 있었음에도 불구하고 변화를 추진했고 그 변화는 장기적인 관점에서 성공적이었음이 입증되었다.[13]

문화의 혁신(culture innovation)은 구성원이 가지고 있는 가치관, 태도, 기대, 신념, 능력, 행동 등의 변화를 말한다. 따라서 문화의 혁신은 구조, 제품, 또는 기술의 변화보다는 구성원 사고방식의 변화와 관련된다. 전 워싱턴 D.C. 경찰청장인 카티 라니어(Cathy Lanier)는 범죄를 막는 것이 범죄와 싸우는 것만큼 중요하다는 인식을 부서에 심는 문화적 변화를 감행했다. "우리는 사람들과 겨루고, 때리고, 수갑을 채웠던 것으로부터 '어떻게 하면 범죄 발생 자체를 막을 수 있을까?'라는 것으로 발전했다"고 라니어와 함께 일했던 부청장이 말했다. 라니어의 재임 기간동안 워싱턴 D.C.의 범죄율이 23% 감소되었다.[14]

문화 변화는 사람들이 그들의 태도나 신념을 쉽게 바꾸지 않기 때문에 다른 변화들보다 특별히 더 어려울 수 있다. 문화는 이미 이전 장에서 다루어졌고, 어떻게 문화를 바꾸는지에 대해 이 장의 뒤에서 다루게 될 것이다.

핵심정리

- 대부분의 관리자들은 일상 활동을 예측 가능하고 일상적인 방식으로 조직하는 것을 선호한다. 그러나 안정성이 아닌 변화는 오늘날의 지구 환경에서 자연스러운 일이다. 따라서, 조직은 혁신뿐만 아니라 효율성을 촉진하기 위해 안정만이 아니라 변화를 추구해야 한다.
- 오늘날의 환경은 세 가지 유형의 변화, 즉 단편적인 변화, 지속적인 변화, 파괴적인 변화를 요구하고 있다.
- 파괴적인 혁신은 일반적으로 소규모로 시작하여 기존 제품 또는 서비스 기술을 완전히 대체하는 제품 및 서비스의 혁신을 말한다.
- 네 가지 범주의 혁신, 즉 기술, 제품 및 서비스, 전략 및 구조, 문화는 조직에 경쟁 우위를 제공할 수 있다.

12.2 성공적인 변화를 위한 요소

변화의 유형과 범위에 상관없이 혁신에는 단계가 있으며, 이 단계들은 서로 중복될 수도 있다.[15] 혁신에 대한 연구에서는 **조직변화**(organization change)를 조직이 새로운 아이디어나 행동을 받아들이는 것을 말한다.[16] 반면에 **조직혁신**(organization innovation)은 조직이 산업, 시장 또는 일반 환경에서 새로운 아이디어나 행동을 채택하는 것을 말한다.[17] 새로운 제품을 도입한 최초의 조직은 혁신 조직이고, 그 제품을 모방한 회사는 변화를 도입한 조직이 되는 것이다. 그렇지만 이 장에서 논의되는 변화관리에서는 혁신과 변화를 같은 의미로 사용할 것이다. 왜냐하면 동일 산업에서 활동하는 다른 조직보다 먼저 시도하거나 나중에 시도하거나 상관 없이, 조직 내 **변화과정**(change process)은 동일하기 때문이다. 단지 혁신은 일련의 단계나 요소를 통해 조직에서 실현된다. 따라서 조직구성원들은 우선 가능한 혁신을 인지하고 그것의 적용가능성(appropriateness)을 분석한 다음에, 그 아이디어를 평가하고 선택하게 된다.[18] 성공적 변화에 필요한 요소들은 〈도표 12.3〉에 요약되어 있다. 변화를 성공적으로 실행하기 위해 경영자들은 모든 요소들이 조직에서 일어날 수 있도록 해야 한다. 왜냐하면 그 요소들 중 하나라도 놓치게 되면, 변화과정은 실패할 것이기 때문이다.

1. 아이디어(ideas): 새로운 아이디어가 없으면 어느 기업도 경쟁적으로 활동할 수 없다. 변화는 새로운 아이디어의 외적 표현이다.[19] 아이디어는 새로운 행동방식이라고 할 수 있으며, 새로운 제품과 서비스, 새로운 관리개념 또는 새로운 작업절차일 수도 있다. 아이디어는 조직 내부에서 창출될 수도 있고, 조직외부에서 가져올 수도 있다. 내부의 창조

도표 12.3 변화과정과 성공 요소

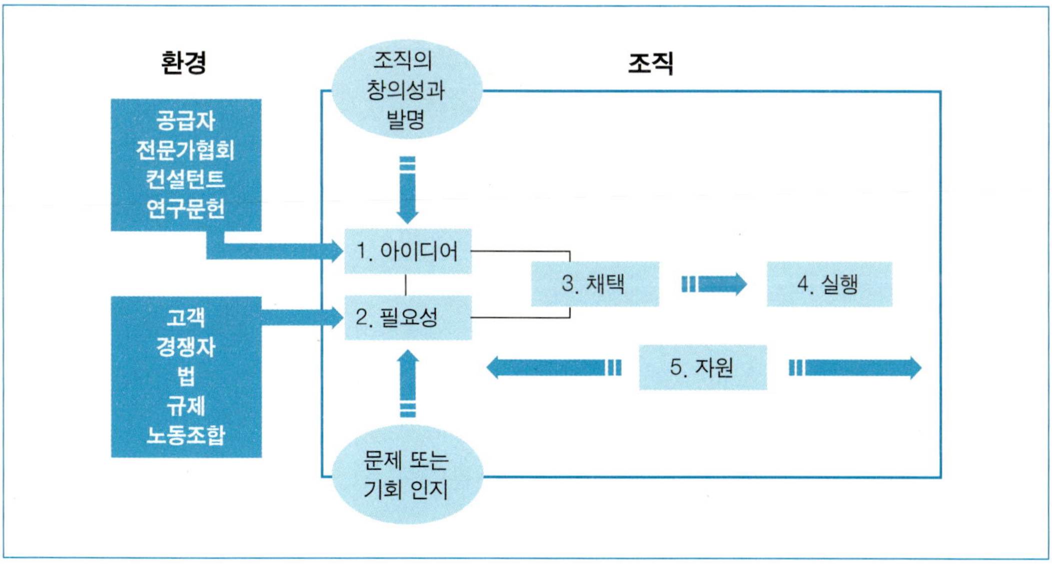

성은 조직변화의 매우 중요한 요소이다. 왜냐하면 **창조성**(creativity)은 환경의 요구를 충족하거나 기회를 활용할 수 있는 새로운 아이디어를 창출해내기 때문이다. 바바라 자타(Barbara Jatta)의 리더십으로 바티칸 박물관의 전문가들은 유명한 미켈란젤로 벽화와 라파엘, 지오토(Giotto) 등의 예술품을 가진 시스티나 성당(Sistine Chapel)과 같은 귀중한 유물을 관리하는 새로운 아이디어를 지속적으로 실험하고 있다. 예를 들면 독성 합성 화학 물질 대신 에센셜 오일을 사용하여 조각품과 석재를 생물학적 분해로부터 보호한다. 또한 바티칸 정원이 석재 조각품을 청소하고 유지하는 데 테니스 코트 청소에 사용되는 이끼 제거 제품을 개조하는 아이디어를 연구하고 있다.[20] 내부에서의 창의성을 증진시키는 기법은 조직 내 다양성을 증진시키는 것, 직원들에게 다른 사람들과 상호작용하는 많은 기회들이 있다는 것을 확신하도록 하는 것, 실험할 수 있는 시간과 자유가 주어진다는 것, 위험을 감수하고 학습을 지원하는 것을 포함한다.[21] 제약회사인 일라이릴리(Eli Lilly & Co.)는 연구 내용이 훌륭하고 과학적이었음에도 불구하고 실패한 연구를 위해 '실패 파티(Failure Party)'를 개최한다. 덕분에 일라이릴리사의 과학자들은 위험을 두려워하지 않으며 그 대신 실패한 약을 활용할 수 있는 대체 용도를 찾는다. 일라이릴리사의 골다공증 치료약 에비스타(Evista)는 바로 실패한 피임약을 활용한 것이었다. 주의력 결핍/과잉행동 장애를 치료하는 스트라테라(Strattera)는 항우울제로는 성공하지 못한 의약품이었다. 발기부전치료제 비아그라(Viagra)도 원래는 심각한 심장통증을 치료하기 위해 개발한 것이었음을 우리 모두 잘 알고 있다.[22]

2. 필요성: 변화의 필요성을 인지하지 않으면, 아이디어가 있어도 아이디어를 진지하게 생각하지 않는 것이 일반적이다. 실제성과와 목표성과 사이에 차이가 존재하게 되면 경영자들은 변화의 필요성을 지각한다. 그리고 구성원들에게 변화의 필요성을 이해시키기 위해 긴박감을 조성한다. 조직이 위기에 처해 있을 때 긴박감이 조성되는 경우가 때때로 발생한다. 전통적인(brick-and-mortor) 유통업체들은 아마존과 소셜미디어를 중심으로 한 다수의 신생 브랜드에 맞서 사활을 걸고 있다. 고객들을 물리적인 매장으로 끌어들이 위해 다각도로 아이디어를 모색하고 있다. 예를 들어, 오하이오주 콜럼버스에 있는 에디 바우어 매장에서는 고객들이 영하 10도에서 제품이 어떻게 실제로 작동하는지 테스트하기 위해 EB 아이스박스를 설치해 두었다.[23] 일반 직원들은 대체적으로 위기를 인지하지 못하기 때문에 경영자 자신이 필요성을 인지하여 다른 구성원들에게 전달해야 한다.[24] 기업 혁신성 연구에 의하면, 구성원들이 고객과 시장상황에 깊은 관심을 갖도록 할 뿐 아니라 기업가적 활동을 지지하는 조직은 더 많은 아이디어를 창출하고 혁신적으로 행동하는 것으로 나타났다.[25]

3. 채택 결정(decision to adopt): 관리자나 의사결정권을 가진 사람이 제안된 아이디어를 다음으로 발전시킬 수 있도록 하는 것을 말한다. 변화를 실행하기 위해서는 핵심관리자들과 직원들이 변화하는 것에 대해 지원할 것을 동의해야 한다. 대규모 변화의 경우 이

사회 서명이 법적으로 필요할 수도 있다. 하지만 소규모 변화는 중간관리자들의 비공식적인 승인으로도 채택할 수 있다.

4. 실행(implementation): 실행은 조직구성원이 새로운 아이디어, 기법, 또는 행동을 실제로 활용할 때에 발생한다. 새로운 아이디어를 실행하기 위해서는 원재료와 설비를 구입하고, 구성원들을 훈련시켜야 하는 경우도 있다. 실행은 매우 중요한 단계이다. 왜냐하면 이 단계가 없다면 이전 단계는 소용이 없기 때문이다. 실행은 보통 변화과정 중에 가장 어려운 단계이다. 사람들이 새로운 아이디어를 실제로 사용하지 않으면 변화는 일어나지 않기 때문이다.
5. 자원(resources): 변화를 추진하는 데는 사람들의 에너지와 활동이 필요하다. 변화는 혼자서 일어나지 않는다. 새로운 아이디어를 창출하고 실행하기 위해서는 시간과 자원이 필요하다. 구성원들은 변화의 필요성을 인지하고, 변화를 시도하는 데 필요한 아이디어를 개발하기 위해 많은 에너지를 쏟아 부어야 한다. 또한 제안서를 작성하고, 그것을 실행하기 위해 시간과 노력을 제공해야 한다. 대부분의 혁신은 일상적인 예산을 초과하는 특별 자금을 필요로 한다. 3장에서 다룬 바와 같이 몇몇 기업들은 변화에 자원을 집중하기 위해 태스크포스를 구성하기도 한다. 또 다른 경우는 종잣돈, 혹은 벤처펀드를 통해 유망한 아이디어를 가진 구성원들이 연구할 수 있도록 해준다. 일라이릴리사에서는 'Blue Sky Fund'를 도입하여 즉시 상업화할 수 없는 프로젝트를 수행하는 연구원들을 지원해주고 있다.[26]

〈도표 12.3〉을 자세히 보면 유념하여 살펴보아야 할 부분이 있다. 바로 필요성과 아이디어가 변화 초기에 동시에 제시되어 있다는 것이다. 이는 둘 중 어느 것이든 먼저 시작될 수 있음을 뜻한다. 예를 들면, 많은 조직들이 컴퓨터를 도입하는 이유는 업무효율을 개선할 수 있는 유용한 방법이라고 생각했기 때문이다. 반면에 오늘날 HIV 바이러스를 퇴치할 수 있는 백신에 대한 연구는 필요성이 심각하게 대두되어 이루어지고 있다. 필요성과 아이디어 중 어느 것이 먼저 일어나든지 간에, 변화를 성공적으로 달성하려면, 〈도표 12.3〉에 제시되어 있는 각 단계를 성공적으로 완수해야 한다.

핵심정리

- 조직의 변화는 새로운 생각이나 행동을 채택하는 것이다.
- 성공적인 변화의 다섯 가지 필수 요소는 아이디어, 욕구, 채택의 결정, 실행, 그리고 자원이다.
- 변화가 완성되기 위해서는 리더들은 각각의 필요 요소들이 모두 있는지를 확인해야 한다.
- 모든 기업들은 새로운 아이디어가 필요하다. 참신한 아이디어가 생겨날 수 있도록 다양성을 증진시키고, 직원들이 사람들과 상호작용할 수 있는 기회를 제공하고, 실험할 수 있는 시간을 허락하고, 위험을 감수하고 학습할 수 있도록 지원해야 한다.

12.3 기술 혁신

현대 기업 세계에서 새로운 기술을 지속적으로 개발하지 않고, 획득하지 않거나 채택하지 않는 기업은 생존하기 어렵다. 따라서 경영자들은 기술 변화를 장려하는 환경을 조성해주어야 한다. 하지만 조직이 기술변화를 시도할 때 어려움에 직면하게 되는데 그 이유는 새로운 아이디어를 촉진하는 환경이 일반적으로는 일상적인 조직 운영이나 업무 수행에는 최선이 아닐 수 있기 때문이다. 혁신조직의 특성은 유연하고, 권한이 하부 직원들에게 이양되어 있으며, 엄격한 작업 규칙이 없다.[27] 이 책의 앞 부분에서 언급되었던 것처럼 유기적이고 자유로운 조직이 대체적으로 변화를 유발하며, 혼란스러운 환경에 적합한 것으로 알려져 있다. 이 장의 질문지인 '적합성 평가'는 혁신 관련 특징을 얼마나 가지고 있는지 확인하는 데 도움이 될 것이다.

유기적 조직의 유연성은 구성원들이 창조적으로 생각하고새로운 아이디어를 소개하는 요인이 된다. 유기적 조직은 상향식 혁신 프로세스를 장려한다. 중간과 하위계층의 구성원들은 아이디어를 자유롭게 제안하고, 도출된 아이디어를 실험하는 것도 자유를 가지고 있기 때문에 그들은 새로운 아이디어를 계속적으로 창출한다. 반대로 기계적 조직은 규칙과 규정을 강조하기 때문에 혁신이 쉽지 않다. 그러나 제품을 효율적으로 생산하는 데는 기계적 조직이 적합하다. 따라서 어떻게 하면 혁신과 효율을 동시에 달성할 수 있도록 유기적 조직과 기계적 조직을 설계하고 운영할 것인가가 기업의 과제가 되고 있다. 따라서 기술변화의 두 가지 측면을 동시에 달성하기 위해 많은 조직은 양손잡이 접근방법을 사용한다.

12.3a 양손잡이 접근방법

혁신과 관련하여 유기적 조직과 기계적 조직에 대한 생각들이 최근에 변화되고 있다. 분권화와 자율성 같은 유기적 조직의 특성은 새로운 아이디어를 도출하고 실험하는 데 효과적이다. 그러나 이와 같은 조직에서는 변화를 실행하기가 어렵다. 이유는 바로 직원들이 변화에 순응하려 하지 않기 때문이다. 분권화와 느슨한 구조가 오히려 혁신을 무시하여 방해가 될 수 있다.

그럼 이러한 딜레마를 어떻게 해결할 것인가? 방법은 바로 **양손잡이 접근방법**(ambidextrous approach)을 활용하는 것이다. 혁신 창출과 실행에 적절한 조직구조와 관리프로세스를 모두 갖추는 것이다.[28] 이러한 양손잡이 접근방법은 조직연구분야에서 최근 몇 년 동안 주목을 받아왔다.[29] 바로 새로운 아이디어를 탐색하고 실험하는 데 중요한 조직설계 요소와 현재의 능력을 활용하는 데 가장 적절한 설계 요소를 모두 고려하는 것이다.[30] 탐험은 창의성을 발휘하고 새로운 아이디어를 개발하는 것을 의미하는 반면에, 활용은 제품을 생산하기 위해 그들의 아이디어를 실행해나가는 것을 의미한다. 〈도표 12.4〉에서 보는 바와 같이

적합성 평가

당신은 혁신적인가?

당신의 현재 삶을 생각해보고, 다음의 질문들에 대해 그렇다와 그렇지 않다 중 어디에 더 근접한지 표시해 보자.

	그렇다	그렇지 않다
1. 항상 새로운 방식을 찾는다.	_____	_____
2. 나는 사고하고 행동하는 데 창의적이라고 생각한다.	_____	_____
3. 새로운 장비가 주변사람들을 통해 사용되는 걸 직접 보기 전까지는 거의 믿지 않는다.	_____	_____
4. 그룹 내 또는 직장에서 새로운 아이디어에 대해 자주 의심한다.	_____	_____
5. 새로 나온 음식, 기기, 그리고 혁신적인 것들을 다른 사람들 보다 먼저 구입하는 편이다.	_____	_____
6. 새로운 것을 시도하는 데 시간을 투자하고 즐긴다.	_____	_____
7. 다른 사람들이 새로운 것을 시도하는 데 영향을 미친다.	_____	_____
8. 내 동료들 중에, 새로운 아이디어나 방법을 가장 처음 시도해보는 사람은 나일 것이다.	_____	_____

점수계산: 개인 혁신성 지수(personal innovativeness scale)를 계산하기 위해 1, 2, 5, 6, 7, 8번 문항에 '그렇다'고 답한 개수와 3, 4번 문항에 '그렇지 않다'고 답한 개수를 더해보자.

해석: 개인 혁신성은 혁신의 필요성과 새로운 것을 시도하려는 마음가짐에 대한 인식이 어느 정도인가를 반영한다. 혁신성은 또한 개인이 동료 그룹 속에서 다른 사람에 비해 얼마나 먼저 혁신을 받아들이는지를 나타낸다. 혁신성은 창조적인 기업, 창조적인 부서, 벤처 팀, 기업가정신에 긍정적인 요소로 받아들여진다. 6~8점을 받았다면 당신은 매우 혁신적이며 가장 먼저 변화를 받아들이는 사람일 가능성이 높다. 4~5점을 받은 당신은 평균 혹은 평균보다 조금 더 혁신성을 가진 사람이다. 0~3점은 당신이 기존에 시도되었거나 사실로 받아들여진 것들을 선호하며 새로운 아이디어나 혁신에는 무관심함을 의미한다. 당신이 높은 점수를 받았다면, 혁신과 변화를 강조하는 관리자일 것이다.

출처: Based on H. Thomas Hurt, Katherine Joseph, and Chester D. Cook, "Scales for the Measurement of Innovativeness," *Human Communication Research* 4, no. 1 (1977), 58–65; and John E. Ettlie and Robert D. O'Keefe, "Innovative Attitudes, Values, and Intentions in Organizations," *Journal of Management Studies* 19, no. 2 (1982), 163–182.

양손잡이 접근방법은 새로운 아이디어를 탐색하고 개발하는 부서를 유기적인 구조로 설계하고, 혁신을 실행하는 부서는 기계적인 구조로 설계하는 것이다. 연구에 의하면, 탐험과 활용을 위한 조직설계를 통해 양손잡이 접근방법을 사용하는 조직이 혁신적인 신제품이나 서비스를 훨씬 더 성공적으로 출시하는 것으로 나타났다.[31]

획기적인 혁신에 성공했던 혼다(Honda)와 캐논(Canon) 등의 일본 기업은 양손잡이 조직 형태를 활용하고 있다.[32] 새로운 기술과 관련된 아이디어를 개발하기 위해 이 기업들은 젊은 직원들로 구성된 팀을 만들었다. 이 팀원들은 기존의 행동방식에 젖어 있지 않은 사람들

도표 12.4 양손잡이 조직의 업무분장

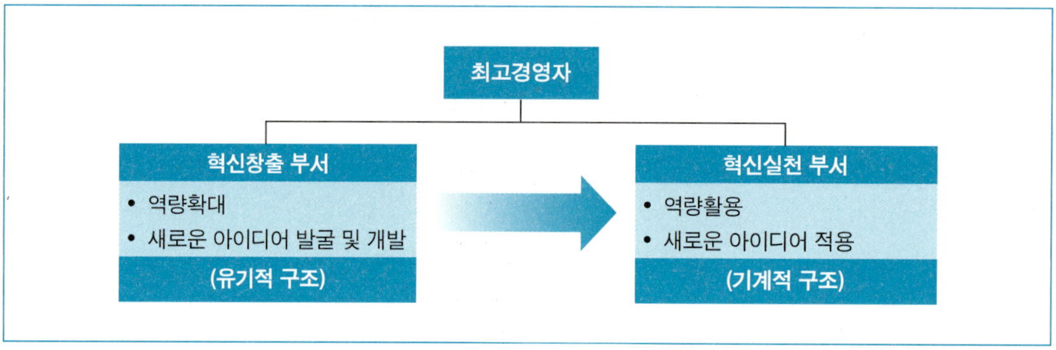

이다. 이 팀은 팀원들 중에서 나이가 많고 존경받는 사람을 리더로 정하고, 새로운 아이디어를 시도하는 과정에서 회사의 중요한 규정을 위반해야 하는 상황이 발생할지라도 새로운 아이디어와 제품을 개발하는 데 필요한 것이면 무엇이든 할 수 있다.[33]

12.3b 상향식 접근방법

혁신적인 기업은 유용한 아이디어들이 매일 업무를 수행하고, 고객들을 만나며, 경쟁속에 있고, 업무에서 최선을 다 하는 사람들로부터 나온다는 사실을 알고 있다. 그러하기에 혁신을 지지하는 회사들은 다양한 기술적, 시스템적 접근을 통해 직원들로부터 경영진으로 이어지는 상향식(bottom-up) 접근방법을 독려한다.[34] 예를 들어, 구글의 70/20/10 규칙은 직원들에게 업무 시간의 70%를 부여받은 본연의 업무에 쓰도록 하고, 20%는 주요 프로젝트와 주변적으로 연관될 수 있는 새로운 아이디어에 쓰도록 하며, 10%는 자신들이 추구하고자 하는 아이디어에 쓰도록 한다. 이 제도로 인해 구글 직원들은 수백 개의 작은 실험을 하고 있다.[35] 성공적인 혁신의 대부분은 아이디어가 대단한 것이라기보다 작은 실험들을 시도했던 것이 더 중요한 역할을 하였다. 보레고 솔라 시스템(Borrego Solar Systems)의 최고경영자인 아론 홀(Aaron Hall)은 사내 '혁신 과제' 경연을 개최함으로써 평소 소극적이고 부끄러움을 많이 타는 엔지니어들에게 그들의 아이디어를 뽐낼 수 있는 자리를 마련해주었다. 경연대회 우승자는 직원들이 생각하는 제일 잘한 사람에게 투표를 하게 해서 선정했으며, 우승자에게는 부상으로 현금을 주었다. 세일즈와 기술팀들이 밀접하게 협력할 수 있게 한 소프트웨어가 바로 이 경연을 통해 즉각적으로 실행되었던 사례이다.[36]

'혁신 공동체'라고 일컫어지는 접근방식을 활용하기도 한다. 인튜이트(Intuit)에서는 경영자들이 1천 명 이상이 참석하는 D4D(Design for Delight) 포럼을 개최하고 있다. 입사한지 얼마 되지 않은 2명의 직원이 D4D를 위한 온라인 소셜 네트워크 서비스에 관한 아이디어를 제안했다. 첫 해에 32개의 아이디어가 이 네트워크를 통해서 상업화되었다.[37] 일본 제약회사 에자이(Eisai Company)사는 400회 이상의 다양한 건강관련 혁신 공동체 포럼을 개최해 왔다. 현재 일본 제약시장에 나와있는 알츠하이머 환자들이 쉽게 삼킬 수 있는 젤리 형태의 약이 바로 이를 통해 개발되었다.[38]

아이디어를 도출해내는 것만큼 중요한 것은 그것을 실행으로 옮기는 것이다. 기업을 연구하는 래리 버넷(Larry Bennett) 교수는 "직원들이 자신의 아이디어가 공중 분해될 때 가장 좌절한다"고 했다. 보레고 솔라 시스템에서는 최고경영자가 각각의 아이디어들을 검토하고 지원할 만한 것들을 선택하고, 직원들은 내부 조직망을 통해 각자의 아이디어들이 어떻게 실현되는지를 추적할 수 있게 되어 있다.[39]

12.3c 기술변화 촉진기법

양손잡이 접근방법을 지속적으로 활용하기 위해서 구조를 전환하고, 창조적인 활동을 하는 부서를 분리하여 벤처 팀, 기업가정신, 협동 팀 등을 채택하고 있다.

구조전환. **구조전환**(switching structures)은 새로운 아이디어의 시도를 필요로 할 때 효과적인 유기적 구조를 창조하는 것을 말한다.[40] 조직구조 전환을 통하여 기업이 양손잡이 접근방법을 달성하기 위한 사례들은 다음과 같다.

- 알파벳(Alphabet)은 양손잡이를 달성하기 위해 다양한 메커니즘을 사용한다. 알파벳의 사업체 직원들은 그들 자신이 선택한 아이디어에 자신들의 시간의 10%를 할애할 수 있으며, 그 결과 많은 아이디어들이 결국 성공적인 벤처기업으로 전환되었다. 알파벳은 또한 달에 도달하는 것과 같은 특별한 '문샷' 아이디어를 탐구하기 위해서 별도의 조직인 엑스개발(X Development)를 만들었다.[41]
- 퀴큰 론즈(Quicken Loan)에서는 매주 4시간의 집중적인 "Bullet Time"이 주어지는데, 이 시간은 일상적인 책임 이외의 새로운 아이디어와 기술을 탐구하는 데 사용할 수 있는 시간이다. 만약 직원이 새로운 아이디어를 생각해 내면 기존 사업에 통합될 수 있고, 아이디어의 실행은 기계적이고 정기적인 조직 내에서 이루어진다. 새로운 아이디어를 실행에 옮기려면 일상화와 정확성이 중요하다. 어떤 직원은 앱 구축 기술을 배우기 위해 이 "Bullet Time"을 활용하여 자신의 시간을 사용했으며, 이 아이디어는 퀴큰 론즈의 온라인 대출 플랫폼인 로켓 모빌리티(Rocket Mobility)의 알렉사 기반 앱을 개발하는 데 도움을 주었다.[42]
- 1984년부터 2010년까지 가동되었던 캘리포니아에 위치한 도요타의 자회사인 NUMMI 공장은 새로 개발된 자동차와 트럭 모델의 생산 프로세스를 설계하기 위해 파일럿 팀(Pilot Team)이라 불리는 팀을 만들었다. 이것은 기존의 조직과 별도로 운영되고, 유기적으로 조직된 교차기능(cross-functional) 팀이다. 개발된 모델이 생산에 들어갈 준비가 끝났을 때, 팀의 구성원들은 작업현장으로 돌아가 원래의 직무를 수행하도록 하였다.[43]

위에서 제시한 기업들은 모두 아이디어의 실행에 적합한 기계적 구조 속에 새로운 아이디어를 개발하기 위한 유기적 구조를 설치하는, 양손잡이 조직구조를 설계하여 시행했다.

창조적인 부서. 대기업에서의 혁신 시도는 대부분 별도의 **창조적인 부서**(creative departments)에서 이루어진다.[44] 연구개발, 엔지니어링, 설계, 시스템 분석과 같은 부서들은 다른 부서에서 채택할 혁신적인 내용을 도출해낸다. 변화를 시도하는 부서가 새로운 아이디어와 기법을 창출하기 위해서는 유기적 구조가 필요하다. 혁신을 실행하는 부서는 효율적인 생산에 적합한 기계적 구조를 가지는 경향이 있다.

크리에이티브부서의 한 예로 로이스 이노베이션 랩(Lowe's Innovation Lab)이 있다. 연구 직원은 구글 및 마이크로소프트와 같은 외부 조직과 협력하여 로이스의 매장에서 운영 및 고객 서비스를 개선하기 위해 기술 혁신을 수행한다. 예를 들어 스스로 안내하는 로봇인 이 회사의 로위봇(LoweBots)은 회사의 재고를 확인하거나 고객들이 찾고 있는 제품으로 안내한다. 또 다른 혁신으로는 직원들에게 무거운 물건을 들 수 있는 초인간적인 힘을 주는 로봇 슈트와 고객들을 위한 가상현실 도구인 홀로룸 하우투(Holoroom How-to)를 들 수 있는데, 이러한 아이디어는 바로 로이스의 매장에서 시험되고 있다. 오츠카 제약회사(Oksuka Pharmaceutical Company)의 타츠오 히구치(Tatsuo Higuchi) 회장은 새로운 일을 시도하고 생각하지 못했던 일을 찾아내려고 하는 창의적인 정신을 심어주기 위해 "유별난 사람에게 높은 가치를 부여하라"고 말한다.[45] 반면 의약품을 생산하는 부서에서는 관례와 정확성이 중요하기 때문에 규칙과 표준절차를 잘 따르는 사람들을 채용한다.

창조적인 부서의 또 다른 형태로는 **아이디어 인큐베이터**(idea incubator)가 있다. 이것은 조직에서 새로운 아이디어의 개발을 촉진하기 위해 흔히 사용하는 방법이다. 아이디어 인큐베이터는 조직구성원들의 아이디어가 회사의 관료적 성향이나 정책에 의해 방해를 받지 않고 개발될 수 있는 안전한 장소를 제공한다.[46] 보잉(Boeing), 어도비 시스템(Adobe Systems), 야후(Yahoo!), 지프-데이비스(Ziff-Davis), UPS와 같은 기업들은 창의적 아이디어의 개발을 지원하기 위해 아이디어 인큐베이터 제도를 활용하고 있다.

벤처팀. 조직 내의 창의성을 자유롭게 통제하기 위해 **벤처팀**(venture teams)을 활용한다. 벤처팀은 별도의 장소와 시설을 제공받는 경우가 많아 조직적 절차에 제약받지 않는다. 벤처팀은 대기업 내부의 작은 기업과 같다. 따라서 수많은 조직들이 창조적인 사람들을 대기업의 관료주의로부터 해방시키기 위해 벤처팀 개념을 사용해왔다.[47] 필립 호노비치(Phillip Honovich)는 대학을 졸업한 후 생긴지 얼마 안 되는 작은 회사에서 일할 계획이었지만, 50년 된 거대 기업 마스터카드(Master Card)를 선택했다. 이곳에서 그는 벤처팀에 서 일하는 것과 같은 자유와 흥분을 느꼈고, 디지털 샵 개발을 지원하는 업무를 담당했다. 이 디지털 샵은 고객들이 디지털 매거진 페이지에서 직접 제품을 구매할 수 있는 플랫폼이다. 마스터카드에는 수십 개의 벤처 팀에 약 1만 명의 직원이 근무하고 있다. 호노비치는 "오래된 기업이지만 마치 스타트업에서 근무하는 것과 같다"고 말했다. GE, 코카콜라, 몬델레즈(Mondelez) 등 다른 대기업들도 최근 몇 년간 사내 벤처팀을 만들어 혁신을 독려하고 있다.[48]

벤처팀의 한 형태로 스컹크팀을 들 수 있다.[49] **스컹크팀**(skunkworks)은 사업을 위한 획기적인 아이디어를 개발하기 위해 기존 조직과 별도로 만들어진, 작고 비공식적이며, 매우 자율적이고, 비밀스러운 집단이다. 원래의 스컹크팀은 50여 년 전 록히드 마틴(Lookheed Martin)사에 의해 만들어졌으며, 현재 여전히 활동하고 있다. 스컹크팀의 핵심은 유능한 인재들에게 창조적 활동을 할 수 있는 시간과 자유를 주는 것이다. 구글의 엑스개발은 2010년에 설립되었으며 현재는 알파벳에 소속된 부서로 운영되는 준비밀연구소이다. 구글의 자율주행 자동차 개발이 이 조직에서 시작되었는데 지금은 엔지니어들이 밝혀지지 않은 장소에서 '달에 가는 것과 같은 거대한 문제'를 해결하는 아이디어를 도출하고 있다. 척박한 시골에 인터넷을 전달하는 방법을 탐구하는 룬 프로젝트(Project Loon)와 연을 사용하여 재생가능 에너지를 생산하는 데 초점을 둔 마카니(Makani)도 이들이 해결하고 있는 프로젝트이다. 이러한 스컹크팀의 활동은 비밀스럽게 진행되어 뉴욕타임즈(New York Times)에서 관련 기사를 쓰기 전까지 구글 내에서도 모르는 사람이 많았다.[50]

신벤처기금(new-venture fund)은 벤처 팀의 변형된 형태이다. 신벤처기금은 새로운 아이디어, 제품 또는 사업을 개발하려는 직원에게 자금을 제공해주는 것이다. 로열 더치 쉘(Royal Dutch Shell)에서는 그들의 R&D 예산 중 10% 가량을 급진적이고 열정적인 혁신 프로젝트에 종잣돈을 제공하는 '게임체인저(GameChanger)' 프로그램에 투자하기도 하였다. 타이슨 푸드(Tyson Foods)는 최근에 식물성 육류 대체품 개발 또는 식품 부패를 줄이는 데 도움이 되는 포장법과 같은 프로젝트를 지원하기 위해 새로운 벤처 기금을 설립했다.[51]

사내기업가정신. 사내기업가정신(corporate Intrapreneurship)은 조직 내부에 기업가적인 태도, 철학, 구조를 형성하여 평균 이상의 혁신을 창출하려고 한다. 기업가정신을 가진 조직은 창조적 부서와 벤처팀을 활용할 뿐 아니라 모든 조직구성원들에게서 창조적 에너지를 끌어내려고 한다. 장기적으로 가장 성공한 기업들은 혁신을 단발성의 이벤트가 아닌 매일매일의 과제로 삼고 있다.[52]

사내기업가정신의 가장 중요한 성과는 **아이디어 챔피언**(idea champions)의 출연을 촉진한다는 것이다. 아이디어 챔피언은 옹호자(advocate), 사내기업가(intrapreneur), 변화대리인(change agent) 등의 다양한 이름으로 불린다. 아이디어 챔피언은 어떤 일을 실현시키기 위해 자신의 시간과 에너지를 사용한다. 변화에 수반되는 저항을 극복하고 새로운 아이디어의 장점을 다른 사람에게 확신시키려고 노력한다.[53] 일부 기업들은 9장에서 설명한 것과 같이 소셜 네트워킹 분석 결과를 이용하여 직원 들 중에 새로운 아이디어를 실행시킬 수 있는 사람을 선발한다. 건강관련 서비스를 제공하는 헬스 피트니스(Health Fitness Corporation)사의 경우 30

만 달러를 새로운 기술 플랫폼에 투자하였다. 이에 대해 고객의 기대치는 높았지만 내부 직원의 경우 그렇지 않았다. 이를 해결하기 위해 경영진에서는 30명 가량의 영향력 있는 직원들을 골라 이 프로젝트에 투입시켰다. 결국 이들의 활동으로 새로운 아이디어에 대한 반응이 긍정적으로 바뀌었으며 더욱 유연하게 실행될 수 있었다.[54]

아이디어 챔피언의 중요성은 텍사스 인스트루먼트(Texas Instruments: TI)사에서도 확인할 수 있다. 성공했거나 그렇지 못했던 50개의 기술 프로젝트에 대해 모두 검토해보니 실패한 프로젝트에는 자발적인 챔피언이 없었던 것으로 나타났다. 도출된 아이디어를 장애물을 넘어서서 실현시킬 열정적인 사람이 없었던 것이다. 이후 TI사에서는 기술 프로젝트 승인 절차에서 열정적인 챔피언의 존재를 가장 중요한 기준으로 삼고 있다.[55] 계약연구 및 개발 회사인 SRI 인터내셔널(SRI International)사의 경우도 비슷하다. "챔피언 없이는 제품도 없으며, 예외는 없다(no champion, no product, no exception)"라는 문장을 교훈으로 삼고 있다.[56] 아이디어를 제품이나 서비스로 실현한 많은 기업들은 아이디어 챔피언의 중요성을 지침화하고 있다. 신제품 성공에 아이디어 챔피언의 역할이 중요하다는 사실은 연구결과로도 많이 증명이 되고 있다.[57]

혁신적인 기업들은 직원들로 하여금 회사의 승인없이 새로운 기술을 개발할 수 있게 허용하고 있다. 밀조(bootlegging)라고 불리는 자발적인 연구에 많은 배당금을 지불하고 있다. 예를 들어, 혁신 기업의 대명사인 3M은 매주 평균 20개의 신제품을 출시하며 그 중 일부는 직원들의 밀조에 의해 개발된 것이다.[58]

도입 질문과 답

1. 혁신적인 기업을 만들기 위해 가장 중요한 것은 구성원들이 새로운 아이디어를 내도록 하는 것이다.

답) 동의하지 않는다. 새로운 아이디어가 혁신에 꼭 필요한 것은 사실이지만 단순히 구성원들에게 새로운 아이디어를 내라고 명령해서는 안 된다. 경영진은 새로운 아이디어를 내고 또 그것을 실행에 옮길 수 있도록 적합한 환경을 만들어주어야 한다. 혁신을 지지할 수 있도록 조직을 구성하는 것은 창의력을 자극하는 것만큼이나 중요하다.

핵심정리

- 대부분의 조직이 기술혁신에 관심을 가지고 있다. 이를 실현하기 위해 구성원의 아이디어를 효율적으로 실험을 용이하게 하는 양손잡이 디자인으로 실행되는데, 이는 새로운 아이디어의 흐름을 유지하고 실천하는 데 효과적으로 작용하기 때문이다.
- 또 다른 접근법은 새로운 기술 아이디어 창출을 담당하는 별도의 부서와 벤처팀 또는 아이디어 인큐베이터를 설립하여 상향식 아이디어 흐름을 장려하는 것인데, 이 경우 최고경영진이 아이디어를 듣고 격려하는 다양한 메커니즘, 시스템 및 프로세스에 적용해야 한다.

12.4 새로운 제품과 서비스

앞에서 논의한 내용은 기술변화뿐만 아니라 제품과 서비스 변화에도 중요하게 작용한다. 그러나 제품과 서비스의 변화에 기술변화와는 달리 고려해야 할 요인이 또 있다. 제품과 서비스의 변화는 다른 혁신과 비교해볼 때 조직 외부에 있는 고객에 의해 사용된다는 특별한 점이 있기 때문이다. 특히 신제품의 경우는 어떤 혁신이 고객의 요구에 적합하고 시장에서 성공할 수 있을지 매우 불확실하다. 엘케이 매뉴팩처링(Elkay Manufacturing Company)사는 고객의 관찰의 결과를 기존 제품에 적용하여 신제품을 개발하였다.

IN PRACTICE 엘케이 매뉴팩처링사

여러분이 학창시절을 떠올려 보면 학교의 어딘가에 식수대가 있었다. 그리고 수십 년간 식수대는 그 모습 그대로였을 것이다. 엘케이 매뉴팩처링(Elkay Manufacturing)사의 경영자들은 이런 모습을 보고 '에어포트 댄스'라는 현상을 발견하였다. 사람들이 빈 병을 기울여 물을 받을 때 튀는 물을 피하기 위해 이리저리 피하는 모습을 본 것이다.

엘케이사는 기존의 식수대를 새로이 디자인하여 "Bottle Filling Station", 즉 병을 채우기 위한 식수대를 고안해냈다. 식수대를 포함하여 사람들이 소비하는 물의 절반은 수돗물이다. 엘케이사의 경영자들은 직접 손을 대지 않아도 되는, 즉 접촉으로 인한 세균을 걱정하지 않아도 되는 식수대를 만들기 원했다. 또한 추가적으로 500ml의 빈 병을 10초 이내에 채울 수 있어야 한다고 생각했다. 이러한 아이디어에 대해 개발이 불가능하다고 하는 기술자도 있었다. 그렇지만 물의 유속을 빠르게 할 수 있는 기술을 고안하여 아이디어를 현실로 만든 기술자가 있었다. 500ml의 병을 냉각되지 않은 물로 5초 이내에 채울 수 있었고, 몇 초를 더 할애함으로써 냉각까지도 가능하게 하였다. 예전의 식수대로는 20초나 걸릴 것을 단축시킨 것이다.

Charles Stirling/Alamy Stock Photo

엘케이사의 첫 EZH 20 식수대의 효용성과 우수성 덕분에 이 디지털 스테이션은 "바이러스처럼 퍼져" 나갔고, 이 식수대를 사용하는 학생들은 얼마 만큼의 병이 재사용되는지를 조사하였다. 그리고 학교 내에서 누가 가장 많은 빈 병을 재활용하는지 시합도 하였다. 교내에 49개의 EZH 20가 설치된 펜실베니아 앨런타운의 뮬런버그대학(Muhlenberg College)의 신입생들은 학교로부터 스테인리스 병을 1개씩 제공받았고, 그 결과 물병 판매량은 90%나 감소되었다. 학생들은 적어도 140만 개의 플라스틱 병이 매립되지 않아도 된다고 발표했다.[59]

다른 기업들도 물병을 채우기 위해 설계된 새로운 유형의 분수형 수도를 도입했다. 엘케이사는 새로운 식수대가 수백 개의 단과대학과 시카고의 오헤어 및 뉴욕의 라과디아를 포함한 최소 15개의 공항에 설치되었다고 말했다.

12.4a 신제품 성공률

신제품을 개발하고 판매하는 것은 불확실성이 높다는 것이 연구결과로 나타나고 있다.[60] 이러한 불확실성이 조직에 의미하는 것이 무엇인지를 이해하기 위해서는 마이크로소프트의 사례를 살펴보면 된다. 마이크로소프트에서는 새로운 스마트폰 제품 라인인 'Kin 1'과 'Kin 2'를 개발하는 데 2년이라는 시간과 천문학적인 비용을 투자하였음에도 불구하고 판매실적이 전무하여 두 달만에 철수해야 했다. 구글과 지주회사인 알파벳의 경우조차도 새로운 제품을 개발하는 데 곤란을 겪었던 사례가 있다. 교체가능한 부품으로 맞춤형 스마트폰을 개발하였는데, 여러 해를 보냈지만 프로토 타입을 넘어서기가 어렵다는 것이 증명되어 2016년 말에 해당 프로젝트를 중단했다. 비디오와 음악을 스트리밍하는 제품인 넥서스 큐(Nexus Q)의 경우는 성능에 제품가격을 비교했을 때 터무니 없이 높게 책정되어 출시가 지연되었고, 이로 인하여 미리 주문을 한 고객에 대해서는 무료로 배송할 수밖에 없었다. CNN은 이 제품을 2012년 '실패한 기술' 상위 10위에 올리기도 하였다.[61] 마이크로소프트에서 아이팟(iPod)에 대항하기 위해 출시했던 준(Zune)을 기억하는가? 만약 기억하지 못한다 해도 괜찮다. 아무도 준을 기억하지 못하기 때문이다.[62]

다른 산업에서도 비슷한 현상들이 발생했다. 코카콜라는 겨냥한 저칼로리 콜라 C2를 광고하는 데 50만 달러를 투자했지만 시장에서 두각을 나타내지 못했다. P&G에서는 센트스토리즈(Scentstories)라고 CD플레이어처럼 생기고 30분마다 방향제를 뿜는 제품을 출시했다. 고객들은 모양새와 음악과 향기를 동시에 어필하는 마케팅에 혼란스러워했다.[63] 맥도날드(McDonald)의 아치 디럭스(Arch Deluxe) 버거는 수많은 투자와 개발, 그리고 100만 달러 이상의 광고를 하여 '어른의 맛'을 어필하며 출시했지만 성공하지 못했다.[64] 이처럼 신제품의 실패는 모든 산업에서 일어난다. 장난감 회사들은 수천 가지의 새로운 제품을 매년 출시하지만, 대부분의 제품이 실패한다. 미국 식품회사는 매년 슈퍼마켓에 대략 5,000개의 신제품을 선보이지만 이 새로운 식품의 실패 비율은 70~80%나 된다.[65] 그러나 제품 혁신은 기업이 시장, 기술, 경쟁의 변화에 적응하는 가장 중요한 방법이기 때문에 기업들은 계속적으로 이러한 위험을 감수한다.[66]

신제품의 성공을 측정하는 것은 매우 어렵다. PDMA(Product Development and Management Association)에서 실시한 설문은 다양한 산업 분야에서 신제품의 상업화 성공 비율에 대한 정보를 제공해준다.[67] 이 설문은 다양한 산업의 신제품 개발 분야에서 일하는 PDMA 회원 400명을 대상으로 실시하였다. 〈도표 12.5〉에서 보는 바와 같이 평균적으로 시험단계를 통

도표 12.5 신제품 성공비율

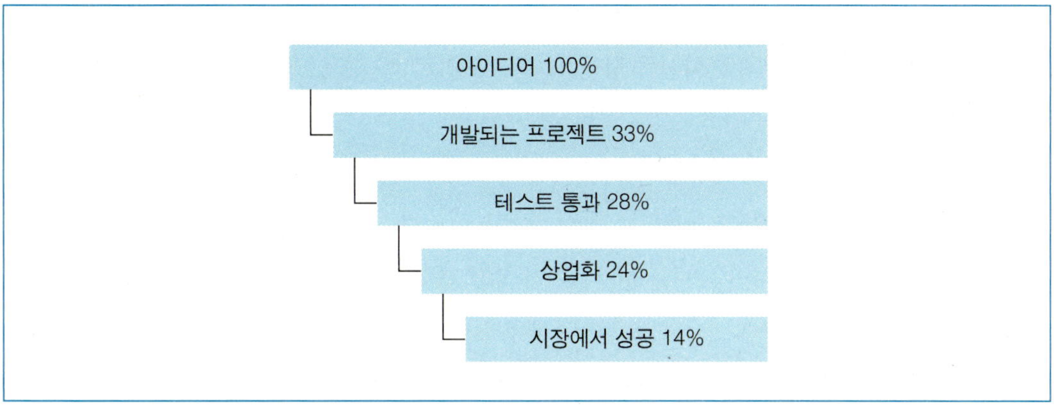

출처: Based on Marjorie Adams and the Product Development and Management Association, "Comparative Performance Assessment Study 2004," available for purchase at http://www.pdma.org (search on CPAS). Results reported in Jeff Cope, "Lessons Learned—Commercialization Success Rates: A Brief Review," *RTI Tech Ventures* newsletter 4, no. 4 (December 2007).

과하여 실험실에서 수행되는 프로젝트는, 다시 말해, 기술적 문제가 모두 해결되어 생산 단계로 넘어가게 되는 것은 단지 28%에 불과하다. 또한 전체 아이디어의 1/4이 채 안 되는 24%만이 시장에 진출해 상업화된다. 그리고 14%만이 경제적인 성공을 거둔다.[68]

12.4b 신제품이 성공하는 이유

그런데 한 제품이 다른 제품보다 더 성공적인 결과를 가져오는 이유는 무엇인가? MIT는 제품 연구와 제조를 긴밀하게 유지하는 것이 기업을 더욱 혁신적이게 하고, 혁신도 성공적으로 만들 것이라고 제안했다. 뉴욕시 북부에 위치한 GE의 주문제작 공장의 경우, 그 위치가 새로운 배터리의 연구를 담당하는 리서치 캠프 가까이에 있다. 이는 디자인과 시제품, 제작과 시연, 그리고 새로운 배터리 기술의 접목을 긴밀이 연관시키려는 의도이다.[69] 다른 연구결과에 의하면 혁신이 성공하는 것은 기술부서와 마케팅부서 간에 협력이 얼마나 잘 이루어지느냐에 달려 있다고 한다. 결국 성공적인 신제품과 서비스는 기술적으로 우수할 뿐 아니라, 고객의 요구에 맞추어 정성스럽게 만들어지는 것이다.[70] SAPPHO 프로젝트는 특정 제품에 대한 개발이 성공한 경우와 실패한 경우를 하나의 쌍으로 묶어 17개 쌍의 신제품 혁신에 대해 조사하였으며, 다음과 같은 결과를 도출하였다.

1. 혁신을 성공적으로 실행하는 기업은 고객의 요구를 잘 이해하고 마케팅에 많은 관심을 기울이며,
2. 회사 내부에서 잘하고 있음에도 불구하고 외부 기술과 외부 조언을 효과적으로 사용하고,
3. 최고경영팀의 지원은 더 나이가 많고 더 큰 권한을 가진 사람들로부터 비롯되었다.

즉 혁신을 성공적으로 수행하는 기업은 혁신을 고객의 요구에 맞추고, 기술을 효과적으로 사용하고, 영향력 있는 최고경영진의 지원을 받는다는 특징을 가지고 있다. 이러한 관점에서 볼 때, 신제품 혁신이 성공하려면, 부서들이 수평적으로 연결될 수 있도록 조직을 설계하는 것이 필요하다.

12.4c 수평적 조정 모델

신제품 혁신을 위한 조직설계에는 부서의 전문성 확보, 경계 역할 수행, 수평적 조정 등 세 가지 요소가 필요하다. 이 요소들은 3장에서 다룬 수평적 조정 메커니즘과 유사하며, 4장에서 다룬 팀, 태스크포스, 프로젝트 매니저, 차별화와 통합의 개념과 일맥상통한다. **수평적 조정 모델**(horizontal coordination model)의 요소들은 〈도표 12.6〉에 나타나 있다.

전문성. 신제품을 개발하는 핵심부서는 연구개발, 마케팅, 생산 부서이다. **전문성**(specialization)이란 세 부서의 구성원들이 모두 담당 과업을 수행하는 데 있어 그 역량이 매우 우수함을 의미한다. 세 부서는 서로 차별화되어 있고, 각각의 전문화된 기능에 적절한 기술, 목표, 태도를 가지고 있다.

경계 역할. 경계 역할(boundary spanning)은 신제품 개발과 관련된 각각의 부서가 외부환경과 연계되어 있음을 의미한다. 연구개발부서 사람들은 다른 연구개발부서의 동료나 전문가 협회와 연계되어 최근의 과학적 발전 추세를 잘 알고 있다. 마케팅부서 사람들은 고객의 요구와 긴밀하게 연결되어 있다. 고객이 말하는 것을 듣고, 경쟁제품을 분석하고, 유통업자의 제안을 검토한다. 제품개발의 기록을 추적하는 회사와 그렇지 않은 회사들을 고려한 보고서에 따르면 최상의 결과를 나타낸 회사는 제품개발 단계에서부터 고객이 원하는 바를 세심히 살핀 것으로 드러났다.[71] 예를 들면, 킴벌리-클라크(Kimberly-Clark)는 하기스 풀-업스(Huggies Pull-Ups)로 엄청난 성공을 거두었다. 마케팅 조사를 담당한 직원은 고객의 집에서 함께 있으면서 유아용 기저귀에 대한 감정적인 움직임까지 파악하였다. 그 결과 킴벌리-클라크는 매년 4억 달러의 하기스 기저귀를 판매할 수 있었다.[72] P&G의 제품개발팀은 적은 양의 새로운 제품을 온라인과 마켓 키오스크 그리고 공원 등에서 판매하여 대중들의 관심을 끌고 제품을 평가하는 거래학습실험(transaction learning experiments)을 실시하여 그들의 신제품의 역량을 판단한다.[73]

수평적 조정. 수평적 조정(horizontal coordination)은 연구개발부서, 마케팅부서, 생산부서의 구성원들이 아이디어와 정보를 공유 하는 것을 의미한다. 연구원은 새로 개발된 기술이 고객에게 적절한가를 알기 위해 마케팅부서에 그 기술에 대해 알려준다. 마케팅부서는 고객

도표 12.6 신제품 혁신의 수평적 조정 모델

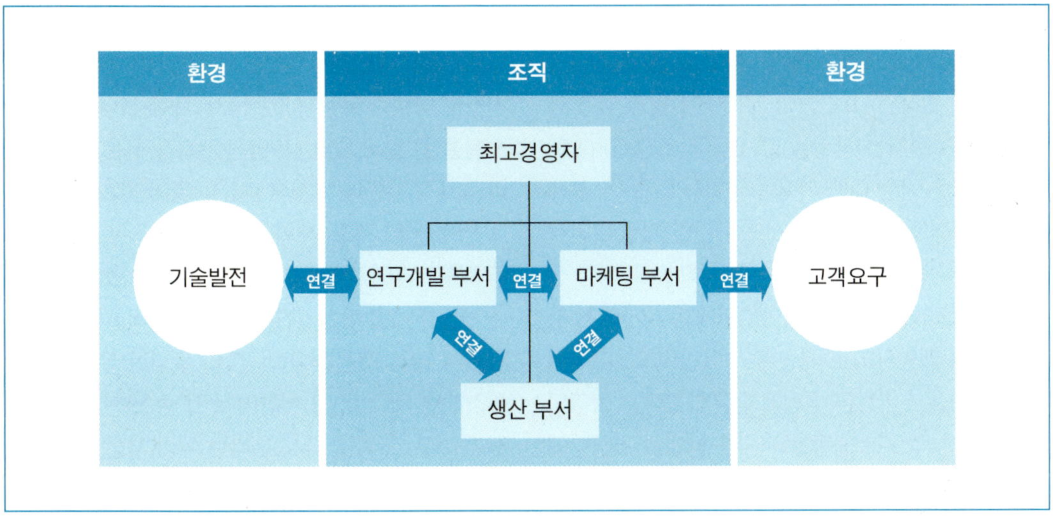

의 불평과 정보를 연구개발부서에 전달하여 신제품 개발에 적용할 수 있게 한다. 연구개발과 마케팅 부서 사람들은 생산부서 직원과도 조정을 한다. 왜냐하면 과대한 비용이 발생되지 않도록 신제품을 생산능력 범위 내에서 생산할 수 있도록 조절해야 하기 때문이다. 즉, 신제품 출시에 대한 결정은 궁극적으로 3개 부서의 공동결정인 것이다. 정보기술 매니지먼트 회사인 아보센트(Avocent)에서는 경영자들이 제품개발의 과정을 새로이 디자인하여 프로그래머, 시험원, 그리고 고객, 이 세 그룹이 하나의 팀으로 프로젝트의 전 과정에 참여할 수 있도록 하였다. 도요타는 품질과 안전상의 문제가 표면적으로 드러나 수백만 대의 리콜이 있은 뒤에야 신차 개발과정에서 부서 간 커뮤니케이션이 원활히 이루어질 수 있도록 재조정하였다. GM 역시 안전성에 대한 이슈가 대두된 후에 비슷한 조치를 했다. 2014년 자동차의 점화장치 이상으로 80만 대 가량 리콜조치되었고 5월까지 200만 대 이상으로 늘어난 일례가 있다. 최고경영자 메리 바라(Mary Barra)는 안전팀의 조직을 발표했으며 이는 부서 간의 협동와 커뮤니케이션을 늘려 품질과 안전성을 늘리기 위함으로 풀이된다.[74] 교차기능팀(cross-function team)과 같은 메커니즘을 활용하여 수평적 조정을 하게 되면 신제품 개발과 관련된 정보의 양과 다양성을 증가시킬 수 있다. 증가된 다양한 정보로 고객의 요구를 충족할 수 있는 제품을 설계하고 생산과 마케팅의 문제를 사전에 해결할 수 있게 된다.[75] 코닝(Corning)사는 이러한 수평적 조정 모델을 이용하여 모바일 시장에 신제품을 내놓고 있다.

수평적 조정 모델을 사용함으로써 코닝사는 단순한 아이디어에서 제품화 과정을 무난히 거쳐 신제품을 성공적으로 시장에 내놓을 수 있었다. 뉴 코크(New Coke), 켈로그(Kellogg)의 브렉퍼스트 메이츠(Breakfast Mates), 수잔 B. 앤서니 달러(Susan B. Anthony Dollar)와 같은 혁신 실패 사례들은 수평 조정 모델을 시행하지 않았기 때문이다. 직원들이 고객의 요구를 시장의 힘과 연결시키지 못했거나, 내부 부서들끼리 요구를 공유하고 조정하는 데 실패한

IN PRACTICE 코닝사

스마트폰의 스크린이 플라스틱으로 된 것을 사용한 적이 있다면, 표면에 스크래치가 쉽게 나고 깨지기까지 한다는 사실을 알 것이다. 코닝(Corning)사의 작은 팀은 이런 기회를 놓치지 않았 다. 휴대폰 액정이 강도가 높으면서도 유연한 재질로 만들어질 수 있는 방법을 고민하기 시작했다. 이런 성질을 가진 유리는 이미 1960년대에 자사에서 자동 차용 전면유리로 시판된 적이 있었다. 따라서 이 유리를 스카트폰 액정에 활용하겠다는 아이디어는 내부적으로 굉장한 지지를 받았고 경영진에서는 30만 달러라는 비용을 들여 고객 들의 반응을 실험하는 리스크를 감당하도록 지원했다.

신제품의 시험이 끝나고, 잠재고객들의 반응이 굉장했을 때 다음 단계를 빠르게 실행했다. 결국 컨셉 단계에서부터 제품적 성공을 거두었다. 코닝의 계열사와 모든 부서들은 경영진이 적극적인 지원뿐 아니라 유망한 신제품에 대해 보상한다는 사실을 잘 알고 있다. 몇 명의 개발자 혹은 팀들이 아닌 조직 전반에 걸쳐서 혁신이 일어난다. 그렇기에 연구개발, 제조, 세일즈의 직원들은 새로운 액정 제품개발에 대해 빠른 결정을 내렸던 것이다.

코닝은 2018년 고릴라 글라스6 버전을 출시하면서 제품 개선을 이어갔다. "우리가 무언가를 생각해낼 때마다, 그 시점에서 할 수 있는 최선이 될 것이고, 그리고 나서 우리는 우리 자신을 최고의 자리에 두게 될 겁니다"라고 제품의 초기 버전을 연구한 존 마우로(John Mauro)는 말했다. 2018년까지 코닝의 고릴라 글라스는 아이폰과 안드로이드 플래그십폰 판매량을 포함해 전 세계 60억 대 이상의 소비자의 제품에 탑재됐다.[76]

것이다. 연구결과에 의하면 효과적인 경계 확장, 부서 간의 부드러운 조정이 시장에 대한 감각을 가질 수 있도록 하여 제품개발을 성공적으로 할 수 있는 것으로 나타났다.[77]

12.4d 개방적 혁신과 크라우드소싱

오늘날 성공을 이룬 많은 기업들은 고객, 전략적 파트너, 공급자, 외부인을 제품과 서비 스 개발 과정에 직접적으로 참여시키는 등 개방적 혁신을 실행하고 있다.[78]

과거에는 대부분의 사업이 내부에서 아이디어를 내고, 발전시키고, 생산하고, 시장에 내놓고, 유통하여 혁신을 마무리했다. 하지만 미래지향적이고 선견지명이 있는 기업들은 다른 방식을 선택한다. **개방적 혁신**(open innovation)이란 신제품을 상업화함에 있어 내부 조직의 경계를 넘어서, 더 나아가 산업의 경계를 넘어서 실시하는 것이다.[79] 예를 들어, P&G는 성공적인 스낵푸드인 프링글스의 새로운 버전을 소개하기를 원했는데, 새로운 버전은 칩 하나 하나에 질문, 사실, 그리고 유머를 인쇄했다. P&G는 구성원뿐 아니라 글로벌 네트워크에도 공모를 하였다. 그 결과 케이크와 쿠키에 먹을 수 있는 이미지를 인쇄하는 잉크젯 공정을 개발한 이탈리아 볼로냐의 한 작은 빵집 주인을 찾았다. P&G는 프링글스에 사용할 수 있도록 프로세스를 빠르게 수정했고, 이러한 혁신은 북미 프링글스 사업의 두 자릿수 성장을 가능하게 했다.[80] 게임 제작사인 로비오(Rovio)사는 자사의 앵그리버드(Angry Birds) 브랜드를 게임에 그치지 않고 서적으로, 영화로, 그리고 장난감으로 확대시키며 게임 어플리케이션의 상업화를 이뤄냈다.[81] 타 기업과의 협업은 개발 비용의 감소, 시장으로의 빠른 진출, 품질의 향상, 제품과 소비자의 요구 충족들을 포함한 여러 가지 이득을 안겨주었다. 또한 이런 시도는 내부 부서 간의 협동을 강력히 자극하기도 한다. 왜냐하면 개방적 혁신은 내부에서도 다양한 부서들 간의 소통을 요구하고 경영자에게 강력한 유대관계 및 지식의 공유를 하도록 하기 때문이다.[82]

한 연구 프로젝트는 강력한 개방형 혁신 능력을 가진 기업들이 그렇지 않은 기업들보다 연구개발 투자에 대한 수익 창출이 7배 더 효과적이라는 것을 발견했다.[83] 거대 소비재 기업인 P&G는 개방적 혁신을 가장 잘 활용하고 있다. 진공청소 기능과 바닥 먼지 닦는 기능을 동시에 수행하는 스위퍼 스위퍼백(Swiffer SweeperVac), 화장품 올레이 리제너리스트(Olay Regenerist), 찌든 때를 닦는 미스터 클린 매직 이레이저(Mr. Clean Magic Eraser)을 포함한 이 회사의 베스트셀러 제품들의 개발은 일부 혹은 심지어 전부 외부에서 진행되었다. 이처럼 P&G는 혁신의 50% 이상을 개방형 혁신을 통해서 이루어내고 있다.[84]

인터넷은 P&G, 일라이릴리, IBM, GE 등의 기업으로 하여금 전 세계의 아이디어를 활용하고 수많은 사람들을 혁신 과정에 기여하게 하는 데 역할을 했다. 기존의 직원들이 아니라 온라인을 통해 외부인들의 정보와 서비스와 아이디어를 개방적 혁신에 활용하는 것을 **크라우드소싱**(crowdsourcing)이라고 한다.[85] 대중들의 참여를 유도하는 대표적인 방법으로는 콘테스트 등의 이벤트를 여는 것이다.[86] 일리노이주 카미(Carmi)에 거점을 둔 일라스텍/아메리칸 마린(Elastec/American Marine)은 기존 업계의 4배인 4,600갤론의 해상에 유출된 기름을 1분내로 회수할 수 있는 새로운 원유 회수 시스템으로 100만 달러의 상금을 받기도 했다.[87] 캐나다 광물그룹인 골드코프(Goldcorp)의 회장 롭 맥이웬(Rob McEwen)은 골드코프 챌린지(Goldcorp Challenge)를 통해 57만 5천 달러를 상금으로 걸고 레드 호수(Red Lake)의 지질학적 데이터를 공개해서 이를 바탕으로 풍부한 광맥을 찾도록 하였다. 50개국, 1,400명 이상의 기술 전문가들이 대안을 가져다 주었고, 그 중 호주에서 함께 일하던 2개의 팀이 정확한 위치를 찾아 레드 호수를 세계에서 가장 풍부한 금광맥으로 발돋움할 수 있도록 해주었다.[88] 최근 몇 년 간 인터넷에 기반을 둔 혁신 콘테스트가 굉장히 주목을 받았고, 이는 기업들로 하여금 외부와 내부의 자원을 적절히 활용하여 제품개발에 사용할 수 있도록 하였다.[89]

도입 질문과 답

2. 고객에게 원하는 것이 무엇인지를 묻는 것이 시장에서 성공할 새로운 제품을 만드는 가장 좋은 방법이다.

답) 동의하기도 하고 동의하지 않기도 한다. 고객을 제품개발 과정에 참여시키는 것은 무척 유익하다. 하지만 고객이 원해서 만든 제품들 중 다수가 성공하지 못했다. 또, 애플과 같은 혁신적인 기업들은 고객에게 너무 의존하는 것은 혁신적인 제품을 만드는 데 필요한 새로운 시장에 대한 생각을 제한한다고 믿고 있다.

12.4e 속도의 필요성

새로운 제품과 서비스의 급속한 발전은 끊임없이 변화하는 글로벌 시장에서 전략적 무기가 될 수 있다.[90] 일반적으로, 기업들이 신제품 개발을 더 빨리 하게 되면 시장에서 유리한 위치에 놓이게 되며, 변화하는 환경에 더 쉽게 적응할 수 있고, 변화하는 소비자 수요를 빠르게 해결할 수 있기 때문에 개발 비용을 절감하게 될 뿐 아니라 더 큰 성공을 이루게 된다.[91]

마텔(Mattel)과 하스브로(Hasbro) 같은 대형 완구기업들은 변화하는 트렌드에 빠르게 대응할 수 있는 소규모 기업들과 경쟁하기 위해 개발 및 생산 시간을 단축하려고 노력하고 있다. 왜냐하면 징(Zing)의 판매부사장인 조쉬 로에르젤(Josh Loerzel)이 말하듯 소형업체들은 "정말 빠르고 환하게 불사르기" 때문이다. 하스브로는 소셜미디어 트렌드를 신제품으로 바꾸기 위해 퀵 스트라이크(Quick Strike)라는 소규모 팀을 꾸렸다. 이러한 노력의 결과 중 하나는 "Speak Out"이라는 게임의 개발이다. 이 게임은 온라인 비디오에서 사람들이 치아 보호대를 입에 물고 발음하려고 시도하는 모습을 보고 영감을 받았는데, 단 11주만에 개발했다.[92] 패션 유통업계에서 로드앤테일러(Lord& Taylor)는 빠르게 팔리는 아이템을 매장에서 더 빨리 진열하기 위해 공급망 관계를 조정했다. 아이작 미즈라히의 상의(top)는 매장에 진열된지 며칠 만에 완판되었는데 재고 회전이 예전에는 9개월이었지만 6주 안에 다시 재고가 확보됐다. J. C. 페니, 갭(GAP)과 같은 다른 기업들도 자라(Zara)의 빠른 패션 접근법을 모방하기 위해 노력하고 있다. 자라는 일주일에 두 번 새로운 스타일을 매장에 진열하고, 새로운 아이템이 스페인에 있는 디자인 워크숍에서 맨하탄의 매장에 전달되는 데는 한 달도 안 걸린다.[93]

핵심정리

- 신제품과 서비스는 일반적으로 여러 부서 간의 협력이 필요하므로 기업들은 신제품 혁신을 위해 수평적 조정 모델을 사용한다.
- 수평적 조정 모델에는 부서별 전문화, 경계 확장, 수평적 연결의 세 가지 요소가 포함된다.
- 최근 트렌드는 개방적 혁신이며, 이는 고객, 공급업체 및 기타 외부인이 신제품 검색 및 개발에 직접 참여하는 것을 말한다.
- 크라우드소싱은 개방형 혁신 트렌드 중 성장하고 있는 분야이다.
- 새로운 제품과 서비스의 신속한 개발은 오늘날 환경에서 전략 무기가 될 수 있으며, 특히 트렌드가 빠르게 변화하는 완구, 패션과 같은 산업의 기업들에서는 더욱 그러하다.

12.5 전략과 구조의 변화

앞에서는 조직 기술에 기반을 두고 있는 생산 프로세스와 제품 혁신을 설명하였다. 혁신에 필요한 지식은 기술핵심부서와 연구와 엔지니어링을 담당하는 전문 스태프들이 보유하고 있다. 이 절에서는 조직구조와 전략의 혁신에 대해서 논의한다.

모든 조직은 때때로 전략, 조직구조, 관리절차를 변화시킬 필요가 있다. 과거 환경이 안정적이었을 때는 대부분의 조직이 당면 과제를 해결하거나 새로운 기회를 이용하기 위해 소규모의 변화를 점진적으로 추진하였다. 그렇지만 지난 10년간 전 세계의 기업들은 새로운 경쟁적 환경에 적응하기 위해 전략, 구조, 관리프로세스를 모두 바꾸어야 하는 상황에 직면해 있다.[94]

대부분의 조직들은 경영 계층을 축소하고 의사결정을 분권화시키고 있다. 레고(LEGO)의 '닌자고: 마스터 오브 스핀짓주(Ninjago: Masters of Spinjitzu)' 장난감 시리즈는 혁신과 의사결정에서 분권화를 어떻게 하고 있는지를 보여주는 좋은 사례이다. 2004년 레고는 "큰 개가 피라미드 꼭대기에 앉아 있는" 것과 같이 굉장히 수직적으로 위계가 강한 회사였다. 이는 생사가 달린 문제였기에 최고경영진은 새로운 접근방식이 필요함을 인지했다. 경영자로부터 전달되던 방식에서 팀에 완전한 자유를 주는 것으로 변경함으로써 목표를 설정하고 혁신에 관한 의사결정을 팀이 스스로 내릴 수 있도록 하였다. '닌자고: 마스터 오브 스핀짓주'가 출시되었을 때 2011년 새로운 매출 기록을 달성함으로서 분권화의 성공적인 모델이 되었다.[95] 레고의 분권화는 레고 무비(The Lego Movie), 레고 배트맨 무비(The Lego Batman Movie), 그리고 10억 벽돌 경주(The Billion Brick Race) 등 지속적으로 성공 사례를 만들어냈다.

수평적 조직 모형으로 구조를 변화하려는 강한 움직임이 기업들에서 나타나고 있으며, 일선에서 업무를 보는 직원들에게 의사결정 권한을 더 부여하며 문제를 바로 해결할 수 있도록 하였다. 어떤 기업은 전통적인 조직 형태를 완전히 해체하고, 모듈 방식의 전략과 구조로 전환하였다. e비즈니스의 확장으로 인해 경영규칙이 변화되면서 많은 기업들이 조직구조와 전략을 변경하였다. 이러한 변화는 조직의 최고경영자에 의해 주도되기 때문에 전반적인 변화과정은 기술이나 제품의 혁신 과정과는 다르다.

12.5a 이중모형으로의 접근

조직변화의 **이중모형적 접근**(dual-core approach)은 관리부문의 변화와 기술부문의 변화를 비교한다. **관리부분의 혁신**(management innovation)은 조직에 새로운 경영관행, 프로세스, 구조, 전략 또는 기법을 채택하고 실행하는 것이다.[96] 이러한 변화는 조직 자체의 설계 및 구조와 관련된 것으로, 리스트럭처링, 인력감축, 팀, 통제시스템, 정보시스템, 부서의 그룹화 등을 포함한다. 균형성과지표(balanced scorecard)의 실행은 11장에서 다루어졌던 관리 혁신, 6장에서 다루어진 세계화를 위한 합작기업의 설립, 혹은 3장에서 다루어졌던 가상 조직망으로의 변화일 수도 있다.

관리변화에 대한 연구는 두 가지로 요약된다. 첫째, 관리변화는 기술변화보다 빈번하게 일어나지 않는다. 둘째, 관리변화는 환경의 변화에 대응하여 일어나며, 기술변화와는 다른 내부 프로세스를 따른다.[97] 조직변화의 이중모형은 관리변화와 관련된 독특한 프로세스를 제시한다.[98] 학교, 병원, 정부 관료, 복지기관, 정부기관, 기업체와 같은 조직은 2개의 핵심부문을 가지고 있다. 하나는 기술핵심이고, 다른 하나는 관리핵심이다. 각각의 핵심부문은 자체적인 구성원, 과업, 환경 영역이 있다. 혁신은 이들 각각의 핵심부분에서 일어날 수 있다.

관리핵심 부문은 계층상 기술핵심 부문 위에 놓여 있다. 관리핵심 부문은 조직의 구조, 통제, 조정을 담당하며, 정부, 재무자원, 경제상황, 인적자원, 경쟁자 환경에 관심을 갖는다. 기술핵심 부문은 원재료를 조직의 제품과 서비스로 변환하는 과업을 수행하며, 고객과 기술 환경에 관심을 갖는다.[99]

이중모형적 접근의 핵심은 경쟁우위를 달성하기 위해 많은 조직들—특히 비영리조직과 정부조직—이 빈번하게 관리변화를 시도해야 하며, 기술과 제품을 혁신하는 조직과는 다르게 구조화되어야 한다는 것이다.

12.5b 새로운 관리 과정 실행을 위한 조직설계

관리변화와 기술변화를 비교하는 연구 결과는 구조, 통제 시스템, 인적자원을 포함한 빈번한 관리변화에는 기계적 조직구조가 적절하다고 제시한다.[100] 관리변화를 성공적으로 추진한 조직은 기술변화를 추진한 조직보다 관리자 비율이 높고, 규모가 크며, 집권화되고, 공식화되어 있다.[101] 그 이유는 조직이 정부환경, 재무환경, 법적환경의 변화에 대응하여 하향적으로 변화를 추진하기 때문이다. 어떤 조직이 유기적 구조를 가졌다면, 하위계층의 구성원들은 더 많은 자유와 자율성을 가지고 있기 때문에 하향적으로 추진되는 변화에 저항할 수도 있다.

관리부문과 기술부문에서의 혁신방법이 〈도표 12.7〉에 요약되어 있다. 제품 기술의 변화 및 신제품을 위한 혁신적인 기술 변화 등의 변화는 유기적 구조에 의해 촉진된다. 유기적 구조는 하위계층과 중간계층에 있는 구성원들로 하여금 아이디어를 끊임없이 창출할 수 있게 한다. 반대로 관리변화를 채택한 조직은 하향적 프로세스와 기계적 구조를 사용한다. 예를 들어, 식스시그마, 균형성과지표, 의사결정의 분권화, 다운사이징, 리스트럭처링과 같은 변화들은 하향적인 방법으로 이루어진다.

행정서비스 개혁에 대한 연구는 유기적 구조를 가진 조직에서는 관리혁신을 실행하기가 매우 어렵다는 것을 발견하였다. 분권화된 기관에서 근무하는 전문직 직원은 행정서비스 혁신에 저항하였다. 반대로, 공식적이고 중앙집권적이라는 측면에서 관료적이고 기계적인 조직은 관리혁신을 쉽게 실행하였다.[102]

주로 상향적인 방법으로 기술적인 혁신이 이루어지던 기업이 위기를 맞이하여 재조직화가 필요하면 어떻게 해야 하는가? 혹은 기술적으로 혁신을 이룩한 하이테크 기업이 제품 기술이나 환경에 직면하여 빈번하게 리스트럭처링을 해야 하면 어떻게 해야 하는가? 기

도표 12.7 조직변화의 이중모형적 접근

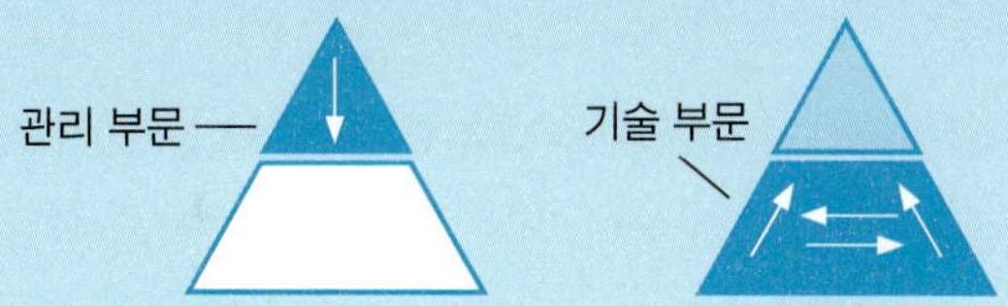

	혁신 유형	
	관리혁신	기술혁신
변화의 방향:	하향적	상향적
변화의 예:	전략 인력감축 구조	생산기법 작업흐름 제품 아이디어
변화에 적합한 조직 형태:	기계적 구조	유기적 구조

술 혁신적 기업은 구조조정을 하고, 직원의 수를 줄이고, 임금체계를 바꾸고, 팀을 없애고, 또는 새로운 사업부문을 만들어야 할 것이다.[103] 하향식 변화프로세스를 실행하는 것이 방법이다. 전략과 조직구조를 변화할 수 있는 권한은 최고경영자에게 있다. 최고경영자는 환경 변화에 맞춰 새로운 전략과 구조를 시도하고 실행할 수 있다. FMC 테크놀로지스(FMC Technologies; 현재의 TechnipFMC) 사례를 보자. 사업부 중 하나인 FMC 서브씨(FMC Subsea)의 최고 리더는 석유 및 가스 기술 산업의 증가하는 복잡성을 해결하고자 2011년과 2016년 사이에 글로벌 단위 간 수평적 조정을 증가시키는 두 가지 구조변경을 구현했다. 또한 제이크루(J. Crew)에서는 새로운 CEO가 가격을 낮추고, 여성 사이즈를 24까지 확장하기 시작했고, 더 많은 장인적 제품과 빈티지한 디자인을 통합하기 시작했다.[104] 이와 같은 조직구조와 전략의 변화는 구성원들에게 의견을 구할 수 있지만 최고경영진이 변화를 지시할 책임을 가지고 있다. 제약회사 글락소스미스클라인의 최고경영자들은 약물 발견을 개선하기 위해 하향식 변화를 시행했다.

IN PRACTICE 글락소스미스클라인

화이자(Pfizer), 아스트라제니카(AstraZeneca), 글락소스미스클라인과 같은 대형 제약회사들은 인수합병을 통해 지난 10년간 빠르게 성장해 왔다. 그룹 규모의 성장은 시장에서의 실적과 권력을 보장해주었지만, 비대해진 조직은 연구개발을 저해하였다. 대기업들의 신약연구개발에 투자된 비용은 지난 15년간 3배나 뛰었음에도 불구하고, 출시된 신약의 개수는 오히려 줄어들었고, 그마저도 소규모 스타트업 제약회사에서 출시한 것이었다.

글락소스미스클라인의 최고경영자는 회사의 연구개발 과학자들이 스타트업의 직원들처럼 사고하고 움직일 수 있도록 실험적 접근을 실시하였다. 그는 우선 연구개발 유닛을 20~60명 규모로 작게 쪼개고 DPUs(Discovery Performance Units)

라고 불렀다. 각각의 그룹은 다양한 분야의 과학자들을 포함하고 있었고, 암과 자가면역질환 등을 위한 신약개발에 함께 힘을 썼다. 화학자 데이비드 윌슨(David Wilson)은 오늘날에는 다양한 과학자들이 함께 일함으로써 의사결정과 업무효율이 증가한다고 말했다.[105]

글락소사의 연구자들 대부분은 DPUs의 조직화를 반겼다. 새로운 연구개발 접근방식을 실행함으로써 각각의 팀과 직원들은 특정한 목표에 온전히 힘을 쏟을 수 있었다. 만약 회사가 첨단 의약품을 발견하는 데 필요한 만큼 수행하지 않는다면, 최고경영자들은 직원을 해고하고, 대신 더 많은 연구개발 업무를 아웃소싱함하는 등 심각한 하향식 변화를 실행할 수도 있다.

구조조정과 축소와 관련된 하향식 변화는 직원들에게 고통스러울 수 있기 때문에 최고경영자들은 이를 최대한 신속하게 권위있게 진행하되 가능한 만큼 인간적인 요소를 고려해야 한다.[106] 고통스러운 변화를 수반하는 변혁을 성공적으로 이룬 기업에 대해 연구를 한 결과 이들 기업의 경영자들은 변화의 수행을 빨리 그리고 집중적으로 수행한 것으로 나타났다. 조직을 다운사이징하는 것과 같은 어려운 변화를 장기간 수행하게 되면 직원들의 사기는 떨어지고 변화의 긍정적인 결과를 얻기는 힘들어진다.[107]

하향식 변화는 아이디어의 시작이 상위 수준에서 발생하며 하향식으로 구현된다는 것을 의미한다는 것을 최고경영진은 기억해야 한다. 하지만 하위계층의 구성원들에게 변화를 설명하지 않거나 구성원들을 변화에 참여시키지 않는다는 것을 의미하는 것이 아니다.

핵심정리

- 이중모형적 접근은 관리혁신과 기술혁신을 대조한다. 관리변화는 기술변화보다 덜 빈번하게 일어나고, 환경변화에 대응하여 발생하며, 기술변화와는 다른 내부 프로세스를 따른다.
- 전략과 조직구조 혁신은 구조조정, 다운사이징, 정책·목표·통제체계의 변경 등을 책임지는 최고경영자의 영역에 있다.
- 기계적 조직구조는 빈번한 관리 변화에 적합한 반면, 유기적 구조는 빈번한 기술변화를 촉진한다.

12.6 문화 변화

조직은 사람들과 사람 간의 관계로 구성된다. 전략, 구조, 기술, 제품의 변화는 각각 독립적으로 이루어지는 것이 아니며, 이것들의 변화는 사람의 변화를 수반한다. 구성원들은 글락소스미스클라인처럼 새로운 기술을 사용하고, 새로운 제품을 출시하고, 팀 기반 조직구조에서 효과적으로 일하는 방법을 배워야 한다. 새로운 사고방식의 형성은 때때로 조직의 문화적 가치관과 규범의 변화를 필요로 한다. 기업문화의 변화는 기본적으로 조직에서의 업무수행방식을 변화시키고, 구성원들의 몰입과 임파워먼트를 이끌어내고, 기업과 고객 간의 강한 유대감을 형성할 수 있을 것이다.[108]

그러나 문화를 바꾸는 것은 무척 어렵다. 왜냐하면 사람들의 핵심가치관과 이미 갖추어진 사고와 행동 방식을 위협하기 때문이다. 합병이나 인수 사례는 종종 문화를 바꾸는 것이 얼마나 어려운지를 보여준다. 11장을 시작하는 사례인 홀푸드의 경우 아마존에 인수되었을 때 조직문화를 변화하는 데 어려움이 있었다. 또 다른 사례로 일본 기업인 미즈호 파이낸셜 그룹을 보자. 다이이치(Dai-Ichi)와 후지뱅크(Fuji Bank)가 합병되어 출범한 미즈호 파이낸셜(Mizuho Financial) 그룹과 인더스트리얼 뱅크 오브 재팬(Industrial Bank of Japan)의 경영자들은 인수된 기업 간의 문화 차이가 두 그룹을 합치는 데 가장 큰 장애물이 되었다고 말했다. 미즈호의 구조, 문화, 관리 시스템은 이 은행이 2001년 3월 11일 일본을 강타한 지진 이후 장기화된 컴퓨터 시스템 장애를 겪었을 때 정밀조사를 받았다. 은행 경영자들은 단일화된 기업문화를 통해 비슷한 문제의 재발과 미즈호 그룹의 재정상태를 개선하기로 맹세했다.[109] 문화적 이슈는 때때로 기업의 합병을 좌지우지하지만, 경영자들은 문화적 차이를 인수합병의 계획에 넣지 않는다고 머서 M&A(Merser's M&A)사의 시니어 파트너 척 모리트(Chuck Moritt)는 말했다.[110]

12.6a 문화 변화의 압력

최근에 일어나는 많은 변화는 기업들에게 문화 변화를 요구하고 있다. 예를 들면, 3장에서 논의된 리엔지니어링과 수평적 조직 형태로의 전환은 직원 자율화, 제휴, 정보 공유, 고객요구 등의 충족을 요구한다. 즉, 경영진과 직원은 새로운 마인드를 가져야 한다. 왜냐하면 수평적 조직에서는 상호 신뢰, 위험 감수, 실수에 대한 감내가 핵심적인 가치이기 때문이다.

문화 변화의 또 다른 힘은 노동인구의 다양성이다. 다양성은 오늘날 조직의 현실이다. 많은 조직이 새로운 인력 채용, 멘토링, 홍보 방법, 다양성 교육 프로그램, 성희롱이나 인종 차별, 더 다양한 노동인구에 효용을 주는 프로그램 등을 운영하고 있다. 화이자(Pfizer), BAE, 다우 케미컬(Dow Chemical), 구글과 같은 기업들은 직원들과 경영자들이 그들의 내재적 편견을 인지하고 해소할 수 있도록 교육을 한다. 이것은 채용, 승진을 포함한 굉장히 많은 부분에서 무의식적으로 작용한다. 다우 케미컬에서 수백 명의 직원에게 이 교육을 한 이후 여성 임원의 수가 늘어났다. 최고경영진은 이러한 교육이 사람들의 다양성을 인정하는 데 도움을 준다고 믿는다.[111] 그러나 기저에 깔려 있는 문화가 바뀌지 않는다면, 다른 노력은 모두 물거품이 된다.

마지막으로 학습과 적응을 강조하는 것이 늘어나는 현상은 새로운 문화적 가치를 불러온다. 1장에서 본 바와 같이 학습 조직으로의 변화는 많은 영역의 변화를 필요로 한다. 예를 들어 학습조직은 수평적인 구조로 설계되고, 팀이 고객을 상대로 직접 일할 수 있는 권한을 가진다. 과업수행규칙이나 절차는 거의 없고, 직원이 직접 자신의 과업을 통제한다. 정보는 최고경영자에게 집중되어 있지 않고 구성원 전체가 공유한다. 또는 직원, 고객, 공급업체, 협력업체 모두가 조직의 전략적 방향을 결정하는 데 참여한다. 이러한 변화들은 새로운 가치관, 태도, 사고와 행동방식을 요구한다. 학습조직은 개방성, 평등성, 적응성, 구성원 참여를 지지하는 문화 없이는 존재할 수 없다.

타코 벨(Taco Bell)의 최고경영자들은 더욱 적응력이 뛰어난 학습 문화를 형성하여 체인점을 외식업계의 최고 혁신자들 중 하나로 만들었다.

IN PRACTICE 타코 벨

타코 벨(Taco Bell)의 문화 변화는 2012년에 도입한 도리토스 로코스 타코(Doritos Locos Taco: DLT)로 거슬러 올라갈 수 있다. DLT는 홈디포(Home Depot)를 방문하면서 시작되었다. 직원들은 도리토스의 맛을 타코 껍질에 튀기기 위해 페인트 프라이 총을 구입해야 했다. 그러나 프로토타입 개발 후 소비자 취향 테스트는 실망스러웠다. 타코 벨과 프리토 레이(Frito Lay)의 직원들로 구성된 팀들은 껍질이 부서지지 않으면서도 딱딱하고 바삭할 수 있게 해주는 정확한 공식과 기술을 얻기 위해 몇 달을 보냈다. 밤낮으로 2년 넘게 일했고, 이후 40여 가지 레시피가 전국으로 확산됐다. 그것은 첫 주에만 수백만 개의 타코가 팔리는 엄청난 히트를 쳤다.

이후 타코벨의 혁신 중심 문화는 계속 진화하고 있다. 최근 치포틀(Chipotle)의 신임 CEO로 영입된 브라이언 니콜(Brian Niccol) 전 CEO는 엉뚱한 아이디어가 어디서든 거품이 일도록 독려했다. "우리에게 근사한 아이디어를 내는 사람이 1명이라도 있었으면 좋겠다"고 타코 벨 최고혁신책임자는 말했다. "하지만 근사한 아이디어를 내는 한 사람으로는 작동하지는 않는다. 서로 다른 사람들을 모아놓고 음식을 먹으며 대화를 나누어야 한다." 타코 벨 직원, 고객, 주요 공급업체의 사 람들이 포함된 팀은 나초 프라이(Nacho Fries), 퀘살루파(Quesalupa), 네이키드 치킨 찰루파(Naked Chicken Chalupa) 또는 캡앤 크런치 딜라이트(Cap'n Crunch Delights) 같은 제품으로 변하는 아 이디어를 함께 테스트한다.

Cassiohabib/Shutterstock.com

혁신은 제품에만 국한되지 않는다. 운영의 모든 부분이 지속적인 재발명과 연결되어 있다. 고객과의 소통방식도 소셜미디어를 집중적으로 활용하도록 탈바꿈시켰다. 매년 열리는 프렌즈 기브닝 행사는 특별한 메뉴를 테스트하고 인스타그램과 다른 플랫폼에 파티를 게시하는 인터넷 인플루언서를 활용한다. 타코벨은 고객들이 음식의 모양을 볼 수 있는 오픈 키친 컨셉과 사람들이 주문을 거의 무제한 조합으로 주문할 수 있는 터치스크린 주문 키오스크를 포함한 새로운 방법을 실험하고 있다.

최근 몇 년간 진행된 문화 변화의 대부분은 니콜이 주도했다. 이제 그가 치폴레에 활력을 불어넣기 위해 옮겨간 이상, 문화가 번창시키는 것은 새로운 최고경영진의 몫이 되었다.[112]

> **3. 기업의 문화를 변화시키는 것은 경영자의 가장 힘든 일 중 하나이다.**
>
> **답)** 동의한다. 사람과 문화를 변화시키는 것은 조직의 다른 어떤 측면을 변화시키는 것보다 힘든 일이다. 경영자는 종종 문화를 변화시키는 것을 과소평가하여 그것이 오랜 기간 동안 결연하고 주의 깊게 기획된 노력을 필요로 한다는 것을 간과하곤 한다.

도입 질문과 답

12.6b 문화 변화 개입

경영자는 기업문화를 변화시키기 위해 다양한 방법을 사용한다. 그 중 일부는 11장에서 논의되었다. 조직개발은 문화를 빠르게 변화시킬 수 있는 방법으로 많이 활용된다. 환경에 적응하고 문제를 해결할 수 있도록 인간적 측면과 사회적 측면을 변화시키켜 조직의 능력을 향상시키는 것이다. **조직개발**(organizational development)은 인적자원개발, 공정성, 개방성, 강압으로부터의 자유, 구성원들의 판단에 따라 업무를 수행할 수 있는 개인적 자율성을 강조한다.[113] 1970년대 조직개발은 조직의 효과성을 향상시키려는 목적으로 계획된 조직변화의 과정에 행동과학을 응용하였다. 현재 조직개발은 격동하는 복잡한 환경에 필요한 학습조직문화의 구축에도 적용되고 있다. 조직개발은 조직의 문제를 하나씩 차례차례로 해결하는 것이 아니라 조직의 인간 시스템과 사회 시스템을 근본적으로 변화시키는 과정이다.[114]

신뢰를 형성하고 문제를 개방적으로 논의하고, 구성원들에게 권한을 위임하여 적극적으로 행동할 수 있게 하고, 지식과 정보를 공유하고, 의미 있는 작업을 설계하고, 집단이 서로 협력하고, 인적자원의 잠재력을 최대한 발휘할 수 있는 학습 환경을 창출하기 위해 행동과학의 지식과 기법을 활용한다.

조직개발의 개입활동은 특정집단이나 조직구성원 전체를 훈련시키는 것이다. 조직개발 활동이 성공하려면, 최고경영자들이 조직개발의 필요성을 인지하고 조직변화를 열정적으로 지지해야 한다. 조직개발을 통해 구성원의 스킬을 개선하기 위해 사용할 수 있는 기법들은 다음과 같다.

대집단 개입활동. 예전에는 대부분의 조직개발활동이 소집단을 대상으로 하고, 점진적인 변화에 초점을 두었다. 그러나 최근에는 조직개발기법을 대집단 상황에도 적용하고 있다. 이는 조직개발기법을 응용하여 복잡한 환경에서 활동하는 조직을 급진적이거나 변혁적으로 변화시키려는 것이다.[115] '방 안의 총체적인 시스템(whole system in the room)'이라고도 불리는 **대집단 개입활동**(large group intervention)[116]은 조직 외부에 있는 주요 이해관계자들은 물론이고, 조직과 관련이 있는 모든 사람들을 별도의 공간에 모아 놓고 문제나 기회를 논의하고 변화에 대한 계획을 수립한다. 대집단 활동은 며칠 동안 계속되며, 50명에서 500명까지 참여할 수 있다. 일례로 가구 판매업체인 이케아(IKEA)는 최근 대집단 개입 방식을 통해 기업의 운영 방안을 새롭게 개념화했다. 18시간 진행된 이 활동에 52명의 이해관계자가 참여하여 제품 디자인, 생산, 유통에 이르는 새로운 시스템을 마련하였으며, 상위구조의 단순화, 조직의 분권화 등도 함께 진행되었다.[117] 정보, 자원, 디자인 결과물에 관심이 있는 모든 부서가 새로운 시스템을 만들고 실행하기 위하여 함께 참여하였다.

회사에서 떨어져 있는 별도의 공간은 외부로부터 방해를 받지 않아 참여자들이 새로운 행동방식에 집중할 수 있다. GE가 문제를 해결하고, 학습하고, 개선하기 위해 지속적으로 실행하고 있는, 1장의 시작에서 설명하였던 '워크아웃(Work Out)' 프로그램은 회사 밖에서 다양한 기능부서, 계층, 외부인과 만나 이야기를 나누는 대단위 모임으로 시작하였다. 다양한 부서에서 온 직원들이 고객과 공급업자와 함께 특별한 문제를 논의하고 해결하였다.[118] 이러한 과정은 아이디어를 신속하게 분석하고, 해결책을 창출하고, 그것을 실행하기 위한 계획을 개발하였다. 시간이 지나면서 워크아웃은 아이디어가 신속하게 행동으로 전환되고 긍정적인 사업결과를 가져오는 문화를 창출하였다.[119]

팀 빌딩. **팀 빌딩**(team building)은 함께 일하는 구성원들이 팀으로 일할 수 있도록 훈련하는 것이다. 작업팀은 함께 모여 갈등, 목표, 의사결정 과정, 의사소통, 창조성, 리더십에 대해 논의한다. 그러고 나서 문제를 극복하고 결과를 개선하기 위한 계획을 수립한다. 많은 기업에서는 태스크포스, 위원회, 신제품 개발팀을 훈련하기 위해 팀 구축 활동을 사용한다. 이 활동은 의사소통과 협력을 강화하고 조직 내 집단과 팀의 응집력을 강화한다.

부서 간 교류활동. 부서 간 교류활동(interdepartmental activities)은 서로 다른 부서의 대표들이 공통의 장소에서 만나 갈등을 표출하고, 그 원인을 진단하고, 의사소통과 조정을 촉진할 수 있는 방안을 강구하는 것을 말한다. 이런 형태의 개입활동은 노사 간의 갈등, 본부와 현장의 갈등, 부서 간 갈등, 합병에 활용할 수 있다.[120] 다른 회사의 기록 서류를 보관하는 사업을 하는 한 기업은 부서 간의 모임이 팀 정신과 고객 집중에 근거한 문화를 구축하는 주요 수단이라는 것을 알았다. 상이한 부서의 구성원들은 2주에 한 번씩 한 시간 동안 회의를 하여 문제를 공유하고 성공담을 이야기하며 회사에서 본 일들에 대해 이야기한다. 이 모임은 구성원들이 다른 부서에서 직면한 문제를 이해하고, 사람들이 성공적으로 직무를 수행하기 위해 서로에게 어떻게 의지했는지를 알게 해주었다.[121]

미국 최대 의료보험사이자 헬스케어 산업에서 가장 영향력 있는 회사 중 하나인 유나이티드헬스 그룹(UnitedHealth Group)은 더 인간적이고 협력적인 환경을 구축하기 위해 조직개발 개입을 이용했다.

IN PRACTICE 유나이티드헬스 그룹

"우리는 너무 불필요할 정도로 자기 중심적이었어요"라고 유나이티드 헬스그룹(UnitedHealth Group)의 최고경영자인 스테판 헴즐리(Stephen Helmsley)는 말했다. 헴즐리가 CEO가 되었을 때 회사 분위기는 감성보다 이성이 지배적으로 작용하는 치명적인 상황이었다. 기업 시민적이고, 감성과 함께하는 지성, 협동적인 행동을 장려하기 위해 헴즐리는 8천 명의 관리자를 자신들이 어떤 문제점이 있는지 인식할 수 있도록 3일 과정의 감수성 훈련 프로그램에 보냈다. "우리가 변하지 않으면 안 된다는 사실이 자랑스럽지 않았지만 결국 우리는 변화되었다"라고 자랑스럽게 이야기한다.

재미난 것은 헴즐리가 숫자를 보는 회계사 출신이기 때문에 CEO로 선정되었지, 사람관리역량 때문에 CEO로 선정된 것이 아니었다는 사실이다. 하지만 그는 사람 중심의 문화를 만들었다. 현재 이 회사의 직원들은 그들이 가장 중요하고 세심하게 신경 쓰는 영역이 사람에 대한 노력이며, 이를 존중하게 되었다. "긍정적인 의도라고 생각하라"라는 것이 그들의 근무할 때 중심이 되는 가이드라인 중 하나이다. 이 회사에서 시행하고 있는 핵심 팀 빌딩 활동은 미네소타에 있는 본사에서 개최되는 블룸볼 토너먼트 연례 경기이다. 2010년에 시작된 이 토너먼트 경기는 이제 매년 겨울 개최되고 회사 모든 부서를 대표하여 90팀이 출전을 한다.[122]

조직 문화를 변화하고자 하는 헴즐리의 목표 중 하나는 '숫자 중심으로 움직이던 탐욕스러운 거물'이란 자신의 이미지를 떨어버리는 것이었다. 의료혁명을 이끄는 것은 어려운 일이고, 특히 특히 "분석적인 것과 감정적인 것 사이에 균형을 유지한다는 것"은 끝이 보이지 않는 도전이라고 언급했다.[123]

핵심정리

- 문화 변화는 일반적으로 최고경영진의 책임이다.
- 조직에서 광범위한 문화 변화의 필요성을 야기할 수 있는 최근의 동향은 분산적이거나 수평적인 형태의 조직으로의 전환, 조직의 다양성 증가, 학습과 적응에 대한 더 큰 필요성이다. 이러한 모든 변화에는 구성원과 관리자의 태도와 함께 일하는 방법도 크게 변화해야 한다.
- 문화 변화를 가져오는 한 가지 방법은 조직개발(OD)이다. OD는 조직의 인간적, 사회적 측면에 초점을 맞추고 행동 과학 지식을 사용하여 태도와 관계에 변화를 가져 온다.
- OD 기법에는 대집단 개입, 팀 빌딩, 부서 간 교류활동이 포함된다.

12.7 변화실행 전술

조직원들은 조직이 사용하는 기술의 개선에 관한 독특한 아이디어, 새로운 제품과 서비스 개발에 관한 창의적인 아이디어, 전략이나 조직구조에 대한 참신한 아이디어, 적응력이 강한 조직문화를 만들기 위한 아이디어 등을 생각해낼 수 있다. 그렇지만 이러한 좋은 아이디어들이 실행되지 않으면, 이 아이디어들은 쓸모가 없다. 따라서 변화실행은 매우 중요하다. 하지만 변화실행은 구성원들에게 불안과 혼란을 초래하고, 복잡하면서도 역동적이고 불편한 과정이기 때문에 성공적인 변화실행을 위해서는 강력하고 일관된 리더십이 필요하다. 이 장의 마지막에서는 변화를 위한 리더십의 역할, 변화에 저항하는 이유, 저항을 극복하고 변화를 추진하기 위한 기법 등에 대해 설명하고자 한다.

12.7a 변화를 위한 리더십

최근 실시된 설문조사에 의하면 혁신에 성공한 기업의 80%에는 혁신의 가치와 중요성에 대해 지속적으로 언급한 리더가 있었다. 이러한 리더들은 혁신에 대해 생각하고 그 중요성을 행동을 통해 보여주고, 직원들이 혁신 이슈에 시간과 자원을 투자할 수 있도록 지원해 준다.[124]

최고경영자의 리더십 스타일은 조직이 지속적으로 환경변화에 적응하고 혁신을 하는 데 매우 중요하다. 변화를 추진하는 데 특히 적합한 리더십 스타일은 변혁적 리더십(transformational leadership)이다. 변혁적 리더십 스타일을 사용하는 리더는 호소력 있는 비전을 창출하고 탐험, 실험, 위험추구, 아이디어 공유를 지원하는 환경을 조성함으로써 조직혁신을 강화한다.[125]

성공적인 변화는 구성원들이 새로운 목표를 달성하기 위해 기꺼이 자신의 시간과 에너지를 집중하고 스트레스와 고충을 참고 견뎌내려고 할 때 가능하다. 또한 일어날 가능성이 있는 스트레스와 어려움을 참아낼 수 있는 대응기술이 필요하다. 변화곡선에 대해 이해하고 인정하는 것은 변화의 어려움을 통해 관리자들이 성공적으로 직원들을 잘 가이드하게 한다. 변화곡선은 〈도표 12.8〉에 표현되어 있으며 중요한 변화를 하는 동안 구성원들이 경험하게 될 심리적인 과정을 묘사하고 있다.

예를 들면 관리자들은 본인들의 부서 내에서 업무를 수행하는 절차에 변화의 필요성을 보게 되고 원활한 실행과 긍정적인 결과에 대한 높은 기대를 가지고 변화를 시도하게 된다. 시간이 흘러가면 구성원들은 자신들의 태도와 행동을 바꾸기가 힘들어진다. 직원들은 왜 새로운 방법으로 일을 해야 하는지 의문을 가질 수 있으며, 감독하는 사람들은 지치거나 좌절의 감정을 느끼기 시작할 수도 있고 모든 사람들이 변화가 진정으로 가능한지에 대해 절망을 하게 되는 시점에 다다를 수도 있다. 새로운 방식의 업무수행 방식으로 이동하는 데 저항하게 되고 새로운 절차와 씨름하게 됨으로써 성과가 급격하게 쇠퇴할 수도 있다. 훌륭한 리더들은 변화의 효과에 반기를 드는 것을 허락하기보다 이러한 좌절의 기간을 잘 헤쳐나가도록 몰아간다. 결국 효과적인 변화 리더십으로 변화가 잘 진행되어 더 나은 성과를 향해 장악하고 리드할 수 있다. P&G는 새로운 업무 수행과정을 겪어야 하는 사람들로 '60일 저항 기간'을 준비한다. 저항을 극복하고, 새로운 과정 상에 발생할 수 있는 문제

도표 12.8 변화곡선

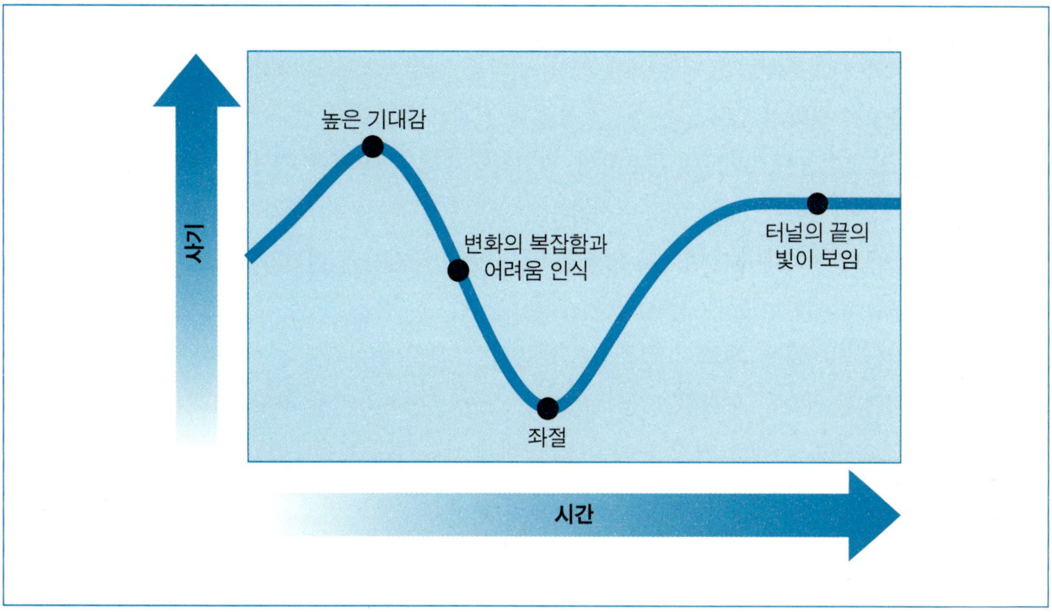

출처: Based on "Gartner Hype Cycle: Interpreting Technology Hype," Gartner Research, http://www.gartner.com/technology/research/methodologies/hype-cycle.jsp (accessed May 20, 2011); "The Change Equation and Curve," *21st Century Leader*, http://www.21stcenturyleader.co.uk/change_equation (accessed May 20, 2011); David M. Schneider and Charles Goldwasser, "Be a Model Leader of Change," *Management Review*, March 1998, 41–45; and Daryl R. Conner, *Managing at the Speed of Change* (New York: Villard Books, 1992).

를 해결하고 터널의 끝을 통과하여 모든 사람들이 변화에 대한 긍정적인 결과를 보기 시작하는데 60일이 필요하다고 생각한다.[126] 변화를 추구하는 조직이 우선적으로 갖추어야 할 것은 새로운 아이디어, 방법, 스타일에 대한 유연성과 개방성을 포함한 명확한 비전을 제시하는 것이다. 이러한 명확한 비전의 제시는 구성원들이 변화로 인해 유발되는 혼란과 긴장을 슬기롭게 처리할 수 있게 한다.

12.7b 실행기법

최고경영자는 비전을 수립하고 변화정도를 결정하지만, 조직의 경영자와 구성원들은 변화를 직접 실행한다. 변화를 성공적으로 실행하기 위해 사용할 수 있는 기법들은 다음과 같다.[127]

1. 위기감 조성(establish a sense of urgency for change): 경영자들은 변화의 필요성을 확인하면, 변화가 실제로 필요하다고 인지할 수 있는 위기감을 조성하여 저항을 완화시켜야 한다. 조직의 위기가 구성원들의 마음을 열고, 새로운 기법이나 절차를 도입하는 데 필요한 시간과 에너지를 기꺼이 제공할 수 있도록 도와준다. 조직의 위기가 겉으로 드러나지 않을 때에는 경영자가 구성원들에게 변화의 필요성을 인지시킬 수 있는 창의적인 방법을 찾아야 한다.

2. 변화를 이끌어갈 지도부 구성(establish a coalition to guide the change): 변화관리자는 조직 내에서 변화과정을 이끌어갈 수 있는 권력과 영향력을 충분히 가지고 있는 사람들을 모아 변화추진팀을 만들어야 한다. 변화를 성공적으로 실행하기 위해서는 조직구성원 모두가 변화의 필요성과 성공가능성을 인지하고 있어야 한다. 최고경영자의 지원은 대규모 변화 프로젝트에 중요하며, 최고경영자의 지원 부족은 변화 실패의 원인으로 자주 언급된다.[128] 또한 변화추진팀은 하위계층의 감독자와 중간관리자를 포함해야 한다. 소규모 변화에서는 변화의 영향을 받는 부서 책임자의 지지가 중요하다.
3. 변화를 위한 비전과 전략 창출(create a vision and strategy for change): 조직을 성공적으로 변혁한 리더들은 한 가지 공통점을 갖는다. 그들은 변화과정을 이끌어 나갈 호소력 있는 비전과 전략을 수립하고 공식화한다. 소규모 변화의 경우라도, 미래가 얼마나 좋아지고 그러한 미래로 가기 위해 어떻게 해야 하는가를 보여주는 비전은 구성원들의 적극적인 참여를 유발한다.
4. 변화요구에 적합한 아이디어 발굴(find an idea that fits the need): 적합한 아이디어를 발굴하기 위해 조직은 일반적으로 다른 경영자와 이야기하고, 조직 문제를 조사할 임무를 태스크포스에 부여하고, 공급업자에게 질의서를 보내고, 조직의 창의적인 구성원에게 문제해결을 요청하는 등의 탐색절차를 거치게 된다. 이는 구성원들이 새로운 대안에 대해 생각하고 탐구할 수 있는 자유를 제공해주어 구성원들의 참여를 이끌어낼 수 있다.[129]
5. 변화 담당 팀 구축(create change teams): 이 장에서는 변화를 유발하기 위해서는 자원과 에너지가 필요함을 계속 제시하였다. 별도의 창의적 부서, 벤처팀, 특별팀, 또는 태스크포스는 변화의 창출과 실행에 에너지를 집중시킬 수 있다. 별도의 부서들은 필요한 새로운 기술을 창출할 수 있는 자유를 가진다. 변화의 실행을 책임지고 이끌어나갈 태스크포스를 별도로 만들기도 한다. 태스크 포스는 소통, 사용자의 참여, 교육, 변화에 필요한 다른 활동들을 담당한다.
6. 아이디어 챔피언 양성(foster idea champions): 변화의 전쟁터에서 가장 중요한 무기는 아이디어 챔피언이다. 가장 효과적인 챔피언은 새로운 아이디어에 깊이 몰입하는 자발적인 챔피언이다. 아이디어 챔피언은 모든 기술 활동이 올바르고 완성되었는지 확인한다. 관리자를 후원하는 역할과 같은 또 다른 챔피언은 변화의 실행에 대해 사람들을 설득하기 위해 필요하다.

12.7c 저항을 극복하는 기술

경영자들이 고객, 구성원, 다른 경영자의 저항을 예상하지 못하거나 이에 대한 준비를 하지 않기 때문에 훌륭한 많은 아이디어가 실행되지 못하고 사장된다. 혁신으로부터 얻게 되는 성과가 많을지라도, 변화의 실행은 어떤 이해관계자와의 갈등을 유발할 수 있으며, 조직 내에 형성된 협력관계를 위협할 수 있다. 성공가능성을 증가시키기 위해서 경영자는 갈등과 위협이 발생할 수 있고, 구성원이 지각하는 잠재적 손실이 있음을 인정해야 한다. 저항의 문제를 극복하기 위해 경영자가 사용할 수 있는 전략들은 다음과 같다.

1. 최고경영층의 지원(top management support): 최고경영층의 가시적인 지원은 구성원들이 변화의 중요성을 인식하게 한다. 예를 들어 신규 벤처사업의 가장 중요한 성공요인은 프로젝트에 정당성을 부여하는 최고경영층의 강력한 지원이다.[130] 특히 다양한 부서들이 관계되어 있거나 자원을 부서 간에 재배정해야 할 경우 최고경영층의 지원은 더욱 중요하다. 최고경영층의 지원이 없으면 하층관리자들로부터 잘못된 순서, 혹은 부서 간에 옥신각신하게 되어 변화는 수렁에 빠질 수 있다.
2. 참여와 몰입(participation and involvement): 변화를 실행하려면 조직구성원이 변화를 시작하는 단계에서부터 광범위하게 참여해야 한다. 구성원들은 변화에 참여함으로써 변화활동을 통제할 수 있다고 느끼고, 변화활동을 잘 이해하고, 성공적인 실행에 몰입해야 한다.[131] 도미노피자(Domino's Pizza)의 경우 몇몇 프랜차이즈 주인들이 새로운 POS(point-of-sale) 시스템으로 전환하는 데 저항하였다. 이 새로운 시스템은 본부관리자들이 정확성과 효율성으로 높이고 이익을 증가하는 데 중요한 것이었다. 프랜차이즈 주인들은 새로운 시스템을 설계하고 도식화하는 데 포함되지 못했고, 따라서 자신들에게 익숙한 시스템을 고수하기를 원했다. "대부분 새로운 시스템을 도입하기를 어려워했다." 앨러버마주 헌츠빌(Huntsville)시에 16개의 점포를 소유하고 있는 토니 오사니(Tony Osani)의 말이다.[132] 팀 구축과 대집단 개입활동이 구성원들을 변화과정에 몰입시키는 데 효과적인 방법이 될 수 있다.
3. 사용자 욕구와 목적의 일치(alignment with needs and goals of users): 저항을 극복하는 최선의 전략은 변화를 통해 욕구를 충족시켜주는 것이다. 연구개발부서의 구성원들은 흔히 존재하지도 않는 문제를 해결하는 아이디어를 많이 제안한다. 이러한 일은 아이디어 창출자가 실제 사용자나 실행자와 협의하지 않기 때문에 발생한다. 저항은 경영자를 좌절시키기도 한다. 그러나 변화에 대해 어느 정도 저항하는 것은 조직에 유익하다. 저항은 경솔하게 변화를 추진하지 못하게 하며, 변화를 위한 변화가 되지 않게 한다. 저항을 극복하기 위해서는 변화가 조직구성원이나 고객에게 이로운 결과를 초래할 수 있어야 한다. 주허리(Zugheri)가 퍼스트 휴스톤 모기지(First Huston Mortgage)에서 최초로 종이를 없애는 시스템으로 바꾸려고 했을 때, 그는 구성원들에게 고객의 정보를 전자로 저장한다는 것은 아이가 아플 때 재택근무를 할 수 있으며 휴가 중에도 중요한 계좌의 정보를 확인할 수 있다는 것을 의미한다고 강조했다. 주허리는 다음과 같이 회상한다. "나는 직원들의 몸짓이나 표정을 통해서 말 그대로 그들의 태도가 바뀌는 것을 볼 수 있었어요."[133]

4. 의사소통과 훈련(communication and training): 의사소통은 변화의 필요성과 제안한 변화의 결과를 조직구성원이나 고객에게 알려주는 것을 말한다. 조직은 의사소통을 통해 소문, 오해, 분노가 발생하는 것을 사전에 방지할 수 있다. 한 변화관리에 관한 연구는 조직구성원이 조직변화사실을 외부인에게 들어 알게 되는 것을 변화의 실패 원인으로 가장 많이 제시한다. 최고경영자들은 대중과 주주에게 회사 상황에 대한 정보를 전달하는 데 관심을 갖지만 변화와 가장 밀접하게 관련되고 가장 많은 영향을 받는 조직구성원에게는 아무런 이야기를 하지 않는다.[134] 개방적 의사소통은 변화가 조직구성원에게 불리한 결과를 초래하지 않도록 조직이 어떤 조치를 취할 것이라는 사실을 설명할 수 있는 기회를 경영자에게 제공한다. 교육도 또한 조직구성원이 변화를 이해하고 그 과정에서 자신의 역할을 조정하도록 도와줄 수 있다.
5. 심리적인 안전을 제공하는 환경(environment that affords psychological safety): 심리적 안정감은 어떤 사람이 조직에 있는 다른 사람들에 의해 당황해 하거나 거부되지 않을 것이라고 확신하는 것을 말한다. 사람들은 그들에게 요청되는 변화를 편안한 마음을 가지고 실행할 수 있기를 바란다.[135] 변화는 사람들에게 위험을 추구하고, 어떤 일을 예전과 다르게 할 것을 요구하지만, 실수나 실패했을 경우 곤란해질 것이라고 생각하면 사람들은 새로운 일을 두려워한다. 경영자들은 신뢰와 상호존경의 분위기를 조직에 형성하여 심리적 안정감을 제공해야 한다. "어떤 사람이 자신을 비웃지 않을 것이라는 확신은 사람들에게 진정한 위험을 추구하게 한다"고 런던에 있는 광고회사 세인트루크(St. Luke)의 창업자인 앤디 로(Andy Law)는 말했다.[136]

특히 조직의 상층에서 변화가 필요할 때 효과적으로 변화를 수행하기 위해서는 변화곡선을 이해하는 것뿐 아니라 저항을 극복하는 방법을 아는 것이 핵심이다. 저항을 인지하고 극복하지 못하는 것은 기업의 경쟁력을 지속하는 새로운 전략을 실행하는 데 실패하는 주된 이유 중 하나이다.[137] 현명한 관리자는 변화에 대한 저항과 실행을 잘 준비하고 변화의 과정을 사려 깊고 일관성 있게 접근한다.

핵심정리

- 변화를 실행하는 것은 어렵다. 난기류와 불확실성 속에서 직원들을 안내하고 조직 차원의 변화 의지를 다지기 위해서는 강력한 리더십이 필요하다.
- 변화곡선을 이해하는 것은 리더들이 종종 주요한 변화와 관련된 절망과 좌절감을 헤쳐 나가는 데 도움을 줄 수 있다.
- 관리자는 어떻게 저항을 다룰 것인가를 신중하게 계획함으로써 성공 가능성을 높일 수 있다.
- 실행 기법으로는 변화가 필요하다는 절박감 확립, 변화를 지도할 수 있는 강력한 연합체 구성, 변화를 달성하기 위한 비전과 전략 수립, 변화 팀 및 아이디어 챔피언 육성 등이다.
- 관리자는 저항을 극복하기 위해 최고경영진의 지원을 얻고, 변화 과정에 사용자를 포함하며, 사용자의 요구와 목표에 따라 변화를 조정하며, 심리적 안전성을 제공할 수 있다.

토의문제

1. 최근에 와서 크라우드소싱이 왜 일반화되어 가고 있다고 생각하는가? 무엇이 크라우드소싱을 불리하게 할 수 있는가? 어떤 때에 이것이 개방적 혁신보다 더 제한적이게 하는가?
2. 조직변화의 이중모형에 대해 기술해보자. 관리혁신이 기술혁신과 어떻게 다른지 논해보자.
3. 경영자가 탐험(exploration)과 활용(exploitation)을 모두 조직화해야 한다는 것은 어떤 의미인가?
4. 공장 직원들이 제품 생산방식, 구조, 문화의 변화에 대해 더 심하게 저항하는가? 왜 그러한가? 이러한 저항을 극복하기 위해 경영자는 어떤 단계를 거쳐야 하는가?
5. "변화는 일반적인 조직 업무 성과보다 더 많은 조정을 필요로 한다. 무언가를 바꾸려고 하면 조직의 다른 부분과 연결되어 있음을 발견하게 되고 그 부분 역시 바뀌어야 한다." 이에 대해 동의 여부와 근거를 밝혀보자.
6. 유명한 조직이론가가 말하기를 "변화의 압력은 환경으로부터 오고, 안정에 대한 압력은 조직 내부에서 온다"고 하였다. 당신은 이 말에 동의하는가? 근거를 들고 논해보자.
7. <도표 12.3>에서 설명하는 성공적 변화에 필요한 다섯 가지 요소 중에서 경영자들이 가장 많이 간과하고 있는 요소는 무엇인지 논의해보자.
8. 조직개발의 기저에 깔려 있는 가치는 조직변화의 기저에 깔려 있는 가치와 어떻게 다른가? 왜 OD의 기본 가치관은 11장의 <도표 11.5>에 표현되어 있는 건설적인 문화로 전환하는 데 특별히 유용한가?
9. 제약회사의 연구개발 경영자는 그 회사가 개발한 신제품 중 단지 5%만이 시장에서 성공한다고 말한다. 또한 산업평균은 10% 정도 된다고 말했으며, 회사가 성공률을 증가시키기 위해 어떻게 해야 하는지를 알고 싶어했다. 당신이 컨설턴트라면, 그 사람에게 회사의 구조에 대해 어떤 조언을 해주겠는가?
10. <도표 12.8>에 설명되어 있는 조직변화 곡선과 변화에 대한 저항을 극복하기 위한 다섯 가지 기술에 대해 토론해보자. 그리고 변화를 성공적으로 실행하기 위해 이 다섯 가지 기술을 조직변화 곡선에 각각 어떻게 활용할 것인지 설명해보자.

연습문제: 혁신 분위기[138]

조직 혁신성의 차이를 조사하기 위해, 당신은 2개 회사를 평가해야 한다. 먼저 당신이 다니고 있는 회사나 대학을 평가해보자. 그 다음에는 가족이나 친구가 일하고 있는 회사를 평가해보자. 다음에 제시되어 있는 질문으로 인터뷰를 해야 한다. A칸에는 당신 회사에 대해 평가한 내용을 적어보자. B칸에는 당신이 인터뷰한 사람의 응답을 기록해보자. C칸에는 당신이 이상적이라고 생각하는 것을 기록해보자.

측정항목	**A (당신의 회사)**	**B (다른 회사)**	**C (이상적인 회사)**
문항 5번까지 1점에서 5점까지의 점수를 매기십시오. 1=전혀 동의하지 않는다. 5=완전히 동의한다. 1. 여기에서는 창조성이 장려된다. 2. 사람들은 같은 문제를 다른 방식으로 해결할 수 있다. 3. 나는 창의적인 아이디어를 추구한다. 4. 회사는 공개적으로 혁신적인 사람을 인정하고 또한 보상한다. 5. 우리 회사는 유연하게 행동하고, 변화에 개방적이다.			

측정항목	A (당신의 회사)	B (다른 회사)	C (이상적인 회사)
문항 6부터 10번까지는 위와 반대되는 척도를 이용하여 점수를 매기십시오. 1=완전히 동의한다. 5=전혀 동의하지 않는다.			
6. 사람들의 기본업무는 최고경영자의 지시를 따르는 것이다.			
7. 이 회사에서 가장 잘 지내는 방법은 다른 사람과 똑같이 생각하고 행동하는 것이다.			
8. 이 회사는 변화보다는 현상유지에 더 많은 관심을 갖는다.			
9. 이 회사는 문제를 일으키지 않는 사람을 선호한다.			
10. 새로운 아이디어는 우수하지만 그것을 실행할 사람이나 자금이 충분하지 않다.			

질문

1. 혁신적 분위기의 관점에서 두 회사를 비교해보자.
2. 혁신을 지지하는 분위기와 혁신을 지지하지 않는 분위기 간에 생산성의 차이가 어떻게 나타나는가?
3. 당신은 어디에서 일하고 싶은가? 그리고 그 이유는 무엇인가?

분석을 위한 사례: 파뷸러스 풋웨어사[139]

파뷸러스 풋웨어(Fabulous Footwear: FF)사는 여성용 신발을 한 켤레당 27.99달러에서 29.99달러의 가격으로 저렴하게 생산, 판매한다. 판매이익은 10년 전에는 켤레당 평균 30~50센트였지만, 그동안 인건비와 원자재 값이 오르면서 현재 판매이익은 켤레당 25~30센트이다.

두 공장에서 생산되는 신발은 하루에 총 12,500켤레이다. 두 공장은 시카고에서 60마일 떨어진 곳에 있다. 센터빌(Centerville)에 있는 공장에서는 하루에 4,500켤레가 생산되고, 메도베일(Meadowvale)에 있는 공장에서는 하루에 8,000켤레가 생산된다. 회사 본부는 센터빌 공장 근처에 있다.

회사에서 생산하는 제품의 수를 정확하게 말하기가 어렵다. 신발 스타일의 변화는 의류보다 더 빠르게 변화한다. 신발산업에서는 생산프로세스를 빨리 변화시키는 것이 가능하고, 또 경쟁회사보다 앞서기 위해 계속적으로 신발 스타일을 변화시키고 있기 때문이다. FF사는 현재 크고 작은 스타일 변화를 모두 포함하여 매년 100~120개의 다른 제품들을 고객에게 판매하고 있다.

<도표 12.9>은 사례와 관련된 부서들이 부분적으로 제시되어 있는 조직도이다.

산업의 경쟁 구조

인터내셔널(International)사나 브라운(Brown)사와 같은 대규모 신발회사들은 여성용 신발을 생산하고 있으며, FF사의 판매가격보다 저렴하게 판매한다. 그들은 단순한 펌프스(끈이 없고 굽이 낮은 여자 구두)나 간편화와 같은 '변함이 없는' 신발을 대량으로 생산하는 정책을 사용하고 있다. 그들은 스타일의 변화를 중소규모의 경쟁회사만큼 빠르게 변화시키려고 하지 않는다. 생산프로세스나 판매방법을 자주 변화시키기 않기 때문에 실질적으로 더 낮은 비용을 유지할 수 있다.

FF사의 회장인 찰스 앨리슨(Charles F. Allison)은 중소기업이 경쟁에서 이길 수 있는 방법은 고객이 사고 싶어 하는 디자인을 빠르게 개발할 수 있는 유연성

도표 12.9 FF사의 부문 조직도

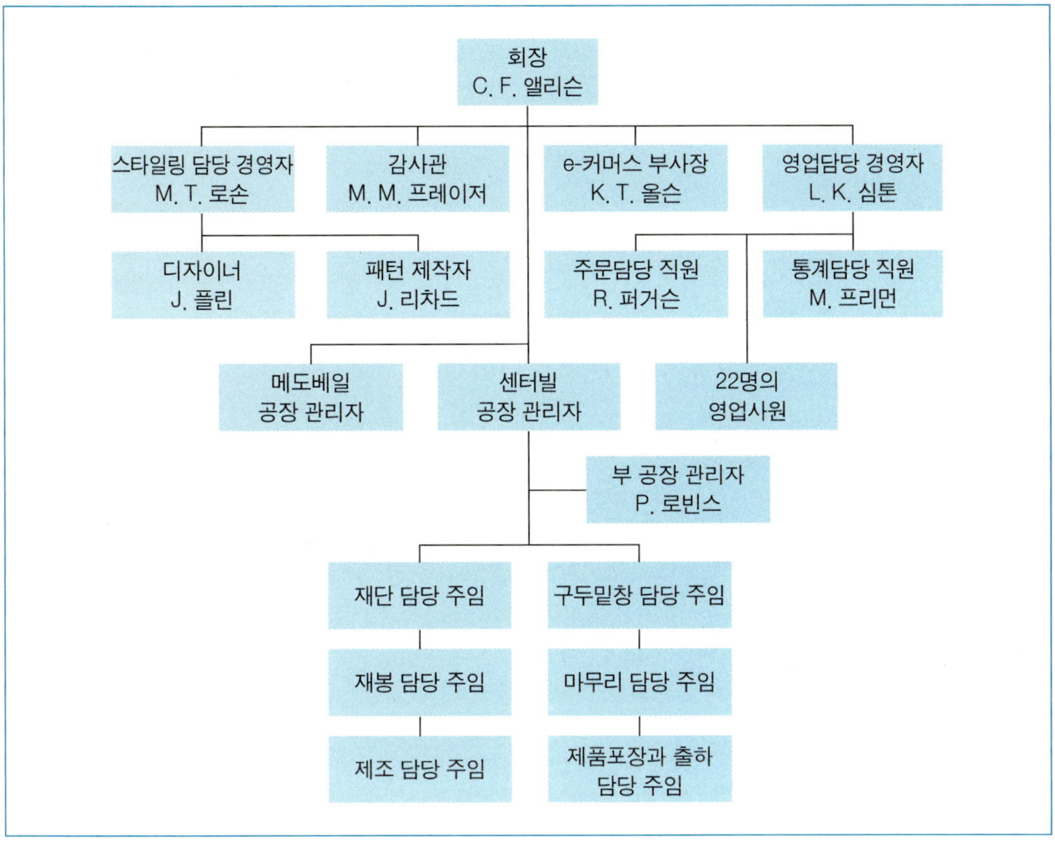

을 이용하여 신발 스타일을 자주 변경하는 것이라고 생각한다. 그렇게 해서 고객의 수요를 창출할 수 있고 가격을 높게 유지하여 이익을 얻을 수 있다는 것이다. 앨리슨은 스타일에 대한 예술적인 감각을 가지고 있고, 최근 몇 년 동안 그는 시장에서 성공할 수 있는 스타일을 선택하는 데 탁월한 능력을 발휘하였다. SCI 사가 대규모 경쟁회사와 어떻게 다른지를 설명하면서 앨리슨은 다음과 같이 말하였다.

> 알다시피 브라운사와 인터내셔널사는 같은 신발을 수십만 켤레 생산하고 있다. 그 신발들은 그들 공장에 재고로 쌓여있다. 고객, 대규모 도매업자와 소매업자의 관계가 안정적으로 구축되어 있다. 그들은 우리만큼 자주 스타일을 바꾸지 않는다. 나도 때때로 그들처럼 하고 싶다. 그것은 더 안정되고 규칙적인 시스템을 만든다. 그렇게 되면 조직구성원 간의 마찰을 줄일 수 있다. 영업사원은 항상 그들의 제품에 대해 잘 알 수 있다. 생산근로자는 그들이 무엇을 해야 하는지를 잘 알게 된다. 공장관리자들은 아침에 생산라인과 계획을 변경하여 생기는 혼란을 자주 경험하지 않아도 된다. 스타일 개발 담당자는 "우리는 당신이 개발한 새로운 스타일을 당신이 원하는 방식으로 생산할 수 없다"고 말하는 생산현장의 이야기를 듣지 않아도 된다.

FF사를 대기업과 경쟁할 수 있게 하기 위해 앨리슨은 최근에 e커머스부서를 새로 만들었다. 그의 주요 관심은 인터넷을 통해 마케팅을 하는 것이지만, 그는 새로운 기술이 구성원들 간의 의사소통을 쉽게 만들어 내부 마찰을 줄이는 데도 도움이 되기를 원했다. 그는 복잡한 컴퓨터 시스템을 새로 도입하였으며 기업의 인트라넷을 설치하고 중상위계층에 있는 관리자들을 교육시키기 위해 컨설턴트를 고용했다.

캐서린 올슨(Katherine Olsen)은 e커머스 담당 임원으로 영입되어 인터넷 마케팅과 판매를 관리하는 일을 맡았다. 그녀가 그 일을 하고 있을 때 다양한 신발사양을 고객에게 전달하려는 비전을 가지고 있었다. 그렇지만 올슨은 대부분의 구성원들이 인트라넷을 사용하고 싶어 하지 않았다는 것을 알고 놀랐다. FF사에서는 새로운 스타일을 결정하는 프로세스가 1980년대부터 지금까지 변한 적이 없었다.

스타일의 변화

어떤 신발스타일을 생산할 것인지를 결정하기 위해서는 다양한 사람들의 의견을 들어야 한다. 이 회사에서 의사결정이 이루어지는 과정은 다음과 같다. 조직도를 따라 그 절차를 추적하는 것이 도움이 될 것이다(도표 12.9).

스타일링 경영자인 M. T. 로손(M. T. Lawson)과 디자이너인 존 플린(John Flynn)은 모양, 장식, 구두 굽의 크기, 평평한 밑창을 사용할 것인가 하이힐을 사용할 것인가에 대한 대부분의 아이디어를 내놓는다. 그들은 스타일과 관련된 잡지를 읽거나 일류디자이너의 작품을 보고 아이디어를 얻는다. 로손은 가장 최근에 발표된 혁신적 스타일에 대한 그림과 샘플을 얻기 위해 뉴욕, 로마, 파리에 있는 출판사와 친구들에게 편지를 쓴다. 가끔 이메일을 사용하긴 하지만 로손은 대부분 전화를 사용하여 그들과 연락을 취하며, 한밤중에 우편으로 그림이나 샘플 사진을 받는다. 그러고 나서 그와 플린은 다양한 아이디어를 논의하여 디자인 사양을 결정한다.

로손이 어떤 디자인을 결정하면, 앨리슨에게 그것을 가져간다. 앨리슨이 그 디자인을 생산할 것인지 말 것인지를 결정한다. 앨리슨이 승인하면, 그는 그 디자인을 판매 담당 경영자인 L. K. 십톤(L. K. Shipton)에게 넘겨 어떤 구두 골이 적합한지를 찾게 한다. 다시 십톤은 그 디자인을 영업부서의 통계 담당자인 마틴 프리먼(Martin Freeman)에게 보낸다. 그는 색깔과 구두 골에 대해 고객이 무엇을 요구하는지에 대한 정보를 가지고 있다.

프리먼은 이러한 정보를 수집하기 위해 1년에 두 차례 영업사원을 방문한다. 가장 잘 팔리고 있는 색깔과 구두 골에 대한 의견을 그들에게 듣는다. 그는 색상과 구두 골별로 출하기록을 가지고 있다. 그는 두 공장에 있는 출하 담당주임이 그에게 보낸 자료를 단순히 종합한다.

프리먼이 구두 골과 색상을 결정하면, 앨리슨에게 신발 색상과 구두 골 리스트를 적은 문서를 보낸다. 앨리슨이 그 리스트를 승인하면, 로손에게 그 정보를 보내고, 그는 다시 그것을 패턴제작 전문가인 제나 리차드(Jenna Richards)에게 보낸다. 리차드는 종이 패턴을 만들고 가죽과 종이로 원형을 만든다. 그녀는 이것을 로손에게 보내어 승인을 받는다. 로손이 그 원형을 승인하면, 그것을 앨리슨에게 보낸다. 앨리슨이 승인하면, 로손에게 알리고, 로손은 그것을 센터빌 부공장장인 폴 로빈스(Paul Robbins)에게 보낸다. 이 공장에서는 새로운 스타일의 시제품을 소량 생산한다. 공장에서는 이것을 '시험생산'이라고 한다.

로빈스는 다시 그 원형을 공장의 6개 생산부서—절단에서부터 마무리작업까지—로 가지고 가서 각 부서의 주임들과 논의한다. 완성된 시제품이 마무리작업 담당 주임으로부터 출하 담당 주임에게 넘어가면(스타일의 중요성 때문에 앨리슨은 각 주임들에게 그 제품을 다음 부서의 주임에게 넘길 때 직접 전달하게 지시했다), 출하 담당 주임은 창고에 보관하고 한 켤레씩 앨리슨과 로손에게 보낸다. 완성된 제품이 승인되면, 앨리슨은 출하 담당 주임에게 전국 각지에 있는 22명의 영업사원에게 샘플을 보내도록 지시한다. 올슨은 샘플, 사진과 그림을 받아 웹 페이지에 올려놓고 고객의 관심을 알아본다.

영업사원은 그 샘플을 즉시(1주일 내에) 10명 정도의 고객에게 보낸다. 시제품에 대한 주문은 일반적으로 십톤의 부하직원인 랄프 퍼거슨(Ralph Ferguson)에게 한다. 그는 주문을 받아 생산공장 관리자에게 보낸다. 그렇지만 영업사원들은 마틴 프리먼이 새로 개발한 '시제품'의 성공에 대해 많은 관심을 가지고 있다는 것을 경험을 통해 알고 있다. 그래서 이 주문내역을 야간우편을 이용해 서둘러 그에게 보낸다. 그러면 그는 신제품에 대한 첫 주문을 부서 간 우편을 이용하여 공장 관리자에게 보낸다. 그러고 나서 회사가 받은 모든 주문이 기록되어야 하기 때문에 영업사원이 우편으로 보낸 주문의 사본을 퍼거슨에게 전송한다.

영업사원이 샘플을 받은 3주 후 앨리슨은 랄프 퍼거슨에게 주문 기록을 가져오게 한다. 그것을 보고 나서 그는 영업사원에게 적극적으로 그 제품을 판매하게 할 것인지, 공장 관리자에게 대량으로 생산하도록 지시할 것인지, 아니면 주문을 처리한 후 신발의 생산을 중단할 것인지를 결정한다.

앨리슨에 따르면, 여기에서 제시한 절차는

> … 잘 움직여나갔다. 로손이 디자인을 결정하고 난 후 센터빌 공장에 시제품 생산을 지시할 때까지 평균 6주 정도 걸린다. 물론, 이것보다 더 빨리 할 수 있다면, 대기업과 더 확실하게 경쟁할 수 있을 것이며, 경쟁기업의 고객을 빼앗아 올 수도 있을 것이다. 제품의 스타일을 설계하는 과정에 관계되는 사람들 사이에 언쟁이 그치지 않는 것 같다. 그것은 제품스타일을 빠르게 변화시킬 경우에 발생할 것이라고 예상했던 일이다. 사회적인 예의 모두를 지키기에는 시간이 많지 않다. 우리 회사의 조직도가 훌륭하다고 생각하지는 않지만, 우리는 잘 움직이는 전통적인 시스템에 따라 일을 하고 있다.

스타일링 경영자인 로손은 자신의 부서에서는 모든 일이 빠르게 진행된다고 말한다. 또한 그는 플린과 리차드가 훌륭한 직원이고 유능하다고 말했다. 그가 말하기를, 플린은 회사에서의 자신의 미래를 알아보기 위해 지난 해 두 차례 찾아왔다.

그는 33살이고 3명의 자녀가 있다. 그가 돈을 벌고 싶어 한다는 것을 알고 있어서, 그에게 앞으로 몇 년 동안 현재의 60,000달러에서 계속 연봉을 올려줄 수 있을 것이라고 이야기했다. 실제로 6년 전 직물회사의 디자인부서에서 그를 데려온 이후, 그는 신발 스타일에 대해 많은 것을 배웠다.

플린은 다음의 사실을 이야기했다.

> 나는 실제로 이 일에 불만을 느낀다. 모든 신발회사가 스타일을 서로 베끼고 있고, 그것은 신발산업에서 일반적으로 용인되고 있는 관행이다. 나는 독창적인 스타일로 신발을 만들어야 한다고 회사에 여러 번 제안하였다. 우리는 FF사를 스타일의 리더로 만들 수 있고, 판매량을 증가시킬 수도 있다. 이것을 로손에게 요청했을 때 그는 디자이너들이 독창적인 제품을 만들기에는 너무 많은 시간이 걸린다고 이야기했다. 그는 우리의 스타일이 시장에서 좋은 호응을 얻고 있다고 말한다.

프로젝트 X와 Y

플린은 자신과 프리먼이 스타일 문제로 자주 이야기한다고 말했다. 그들에 의하면

> 앨리슨은 실제로 훌륭한 회장이다. 그가 없으면 회사가 무너질 것이다. 그렇지만, 그가 스타일에 대한 판단을 잘못해 손해를 본 적이 여러 번 있었다. 많지는 않지만 지난 18개월 동안 6~7번 정도 그랬다. 그는 너무 바쁘다. 은행에서 자금조달 받는 것부터 노동조합과의 협상에 이르기까지 모든 일을 다 관여한다. 그 결과 스타일에 대한 승인을 며칠 동안, 길게는 2주까지 받지 못한 적이 있다. 신발사업에서 이렇게 의사결정이 지연되면 비용이 증가할 수 있다. 그것은 또한 그를 신경질적으로 만든다. 그가 해야 할 일이 많을 경우 그는 우리가 제안한 스타일, 리차드가 만든 원형, 또는 출하 담당 주임이 승인을 요청한 완성품까지도 대충 살펴보는 경향이 있다. 때때로 그가 두 가지 종류의 실수를 하는 것 같아 걱정이다. 그는 우리가 한 일을 꼼꼼히 따져보지도 않고 승인한다. 이럴 경우 어떤 일들을 그에게 보내는 것은 시간만 낭비하는 것이다. 다른 경우에는 그는 자신의 판단을 고집하여 신발을 만들기 위해 많은 시간과 지식을 사용한 우리의 판단을 묵살한다. 우리는 그가 훌륭한 판단을 한다고 생각한다. 그러나 그 스스로도 말했지만 스타일 결정, 원형과 완제품에 대한 승인에 집중할 수 있는 시간을 더 많이 갖기를 바란다.

플린은 두 사람이 2개의 계획을 수행하였다고 설명했다. 그들은 그것을 프로젝트 X와 프로젝트 Y로 이야기했다. 첫 번째 프로젝트에서 플린은 기존의 스타일을 전혀 모방하지 않은 독창적인 디자인을 개발했다. 프리먼은 이 신발의 색상과 구두골 연구에 특별한 관심을 기울였으며 과거 고객의 구매기록에 정확히 맞는 것은 아니지만 자신과 플린은 '소비자의 흥미를 끌 것'이라고 생각한 색상을 제안하였다. 이 디자인과 색상은 로손과 앨리슨에게 승인을 받았다. 신발은 생산에 들어갔고, 그 해 최고 판매를 기록한 3개의 신발 중 하나가 되었다. 로손과 앨리슨은 신발이 일반적인 절차와 다른 방식으로 개발되었다는 것을 알지 못한다.

두 번째, 비슷한 프로젝트 Y는 다음 해에 생산에 들어갔지만, 3주 후에 판매가 중단되었다.

로손과 로빈스의 문제

일년에 10~12번 정도 스타일링 경영자 로손과 센터빌 부공장장인 로빈스 간에 불협화음이 발생한다. 로빈스가 말하길,

> 스타일링 담당자들은 신발을 만들고, 생산과정을 변화시키는 것이 무엇을 의미하는지를 잘 모른다. 그들은 어떤 스타일을 아주 빨리, 그리고 느닷없이 만들어서 가지고 온다. 그들은 조절해야 하는 기계들이 많고, 그들이 개발한 신발이 어떤 기계에서는 오랜 시간이 걸려 생산라인의 병목현상이 생긴다는 것을 알지 못한다. 그들이 신발에 곡선을 집어넣거나 가죽끈을 달 경우, 이 복잡한 조그만 일을 하기 위해 일거리가 재봉틀에 수북이 쌓이게 되지만, 그 뒤의 기계에서 일하는 사람은 놀게 된다. 이것은 생산비용을 증가시킨다. 더구나 그들이 원형을 늦게 가지고 오는 경우, 현장주임과 나는 시간외 근무를 해야 하고, 새로운 스타일에 맞추어 새로운 생산 프로세스를 가동하기 전에 시험가동을 해보지 못한다. 기존 제품의 생산이 중단되고 공장의 생산 능력은 유리된다. 로손은 생산과 판매 그리고 기업 전반에 대해 잘 모른다. 그가 하는 일은 우편배달부처럼 단지 신발을 공장에 가져오는 것이라고 생각한다. 왜 그와는 잘 지내기가 어려울까? 그는 나보다 월급을 많이 받지도 않으며, 공장에서의 나의 위치는 그의 위치만큼 중요하다.

로손도 로빈스와 지내기 어려웠던 때가 있었다고 이야기 한다.

> 로빈스는 이성적이지 않을 때가 많다. 나는 그에게 한 달에 5~6번쯤 원형을 가지고 가고, 한 달에 6~8번쯤 스타일을 약간 변화시키기 위해 간다. 나는 원형이 만들어질 때까지 여러 가지 문제가 발생한다는 사실을 그에게 매번 이야기해도, 그는 이해하지 못한다. 그는 단지 공장에 대해서만 안다. 그에게 어떤 말을 한다는 것은 별로 유익한 일이 아닌 것 같다. 그가 처음 이 회사에 왔을 때는 잘 지냈는데 점점 지내기가 어려워진다.

기타 문제

영업부서의 직원인 퍼거슨은 영업사원으로부터 주문을 받고 그것을 종합하여 공장 관리자들에게 생산 계획을 보낸다. 그는 시제품 주문이 프리먼에게 보내지는 과정에서 영업사원과 프리먼이 자신을 배제한다는 불만을 제기했다. 그는 자신의 직무기술서(회사에 있는 오직 2개의 기술서 중 하나인)가 그에게 회사의 모든 주문을 받아 출하에 대한 통계자료를 보유해야 할 책임을 부여하고 있다고 주장했다.

반면에 영업사원과 프리먼은 새로운 작업이 시작되기 전(즉 퍼거슨이 시제품 주문을 받고 있을 때)에는 주문이 퍼거슨의 책상에서 1~3일 정도 지연되는 경우가 적어도 1년에 8~10번 정도 있었다고 말한다. 영업사원들은 퍼거슨이 새로운 스타일에 관심이 없는 것 같아서 시제품 주문을 프리먼에게 보내기 시작했다고 말했다. 퍼거슨은 약간 지연될 때가 있었다고 인정했지만, 그럴만한 이유가 있었다고 한다.

> 영업사원과 프리먼은 새로운 디자인, 색상, 구두 골에 관심을 가지고 있어서 신제품과 기존제품 모두를 포함한 전체 주문의 체계적인 처리가 얼마나 중요한지를 이해하지 못한다. 정확성이 있어야 한다. 물론, 나도 시제품주문에 우선권을 두지만, 때때로 기존제품에 대한 주문이 밀릴 경우, 센터빌과 메도베일에 생산을 할당해야 할 많은 계획이 있을 경우, 나는 시제품을 먼저 만들 것인가, 기존제품을 먼저 만들 것인가를 결정한다. 심톤은 나의 상사이지만 영업사원과 프리먼은 그렇지 않다. 나는 회사의 주문은 나에게 보고되어야 한다고 주장할 것이다.

신기술의 사용압력

올슨은 이러한 문제의 대부분은 정보기술을 사용하여 해결할 수 있다고 믿는다. 그녀는 앨리슨에게 여러 번 그녀가 설치한 컴퓨터 정보시스템을 더 많이 활용하는 것이 필요함을 주장하였다. 앨리슨은 항상 그녀의 의견에 동의했지만, 그 문제를 해결하기 위해서 지금까지 아무 것도 하지 않았다. 올슨은 정보기술이 FF사의 부서 간 조정문제를 극적으로 개선할 수 있을 것이라고 생각하였다.

> 모든 사람이 동시에 같은 자료를 가지고 일하는 것이 필요하다. 로손과 플린이 새로운 디자인을 개발하자마자 인트라넷에 올리면 우리 모두가 다 알 수 있다. 모든 사람이 매출과 주문정보, 생산계획, 출하완료일을 알 필요가 있다. 모든 사람 — 앨리슨에서부터 생산 공장에 있는 사람까지 — 이 주어진 시간

을 지킨다면, 우리에게는 혼란이나 다툼이 발생하지 않을 것이다. 우리 회사에서는 아무도 자신의 통제력을 포기하려 하지 않는다. 회사 사람들은 각자의 담당 업무가 따로 정해져 있으며, 업무에 관한 정보를 다른 사람과 공유하려고 하지 않는다. 예를 들어 나는 때때로 샘플이 만들어지고 사진이 나올 때까지 회사에서 개발하고 있는 새로운 스타일이 무엇인지를 알지 못한다. 인터넷을 이용하면, 스타일의 변화를 미리 알 수 있다는 것을 아무도 인지하지 못하는 것 같다. 플린이 디자인에 대해 뛰어난 감각을 가지고 있다는 것을 안다. 우리는 그의 능력을 이용하지 못하고 있다. 그러나 나는 이 회사가 환경 변화에 적절히 대응하고 뛰어난 회사가 되는 데 도움이 될 수 있는 정보와 아이디어를 가지고 있다. 이 회사가 이렇게 서툴고 느리게 움직이는 프로세스를 사용하고 또 이미 유행이 지난 제품을 생산하면서 얼마나 오래 경쟁력을 유지할 수 있을지 모르겠다.

질문

1. FF사의 구조는 어떤 특징을 지니고 있는가? 설명해보자.
2. 구두 스타일의 잦은 변화를 위해서 어떤 면에서 적절하거나 부적절한 구조인가? 어떤 구조적 변화를 추천하겠는가?
3. 만약 당신이 CEO라면, 어떻게 직원들이 FF사에 있는 새로운 정보 기술을 사용할 수 있도록 하겠는가?

분석을 위한 사례: 램프레이사[140]

짐 마일스코스키(Jim Malesckowski)는 마치 수화기를 막 내려놓은 것처럼 생생하게 2주 전의 전화를 기억한다. "방금 보고서를 읽었고, 지금 즉시 멕시코로 가게." 그의 상사이자 최고경영자인 잭 리폰(Jack Ripon)이 불쑥 말했다. "오코노모(Oconomo) 공장을 계속 운영하는 건 자네도 알다시피 어려울 것 같네. 비용이 너무 높아. 멕시코에 가서 그 쪽으로 옮겼을 때 비용을 알아보고 일주일 내로 보고하게."

램프레이(Lamprey)사의 위스콘신 스페셜리티 프로덕츠(Wisconsin Speciality Products) 부문장인 짐은 제3세계의 노동조합에 가입된 생산 공장의 임금과 관련된 문제는 다루기가 어렵다는 것을 잘 알고 있었다. 상사의 판에 박힌 듯한 반응이 자신의 분석으로부터 비롯한 것이었지만 전화로 전달된 지시 내용은 그를 멍하게 만들었다. 램프레이사의 오코노모 공장에는 520명의 직원이 있었고, 만약 공장이 문을 닫는다면 인구 9,900명인 도시에서 이들이 다른 직업을 찾기란 거의 불가능해 보였다.

오코노모 공장의 시간당 임금이 16달러인 것에 비해 멕시코 일꾼들—위생시설도 없고 산업화로 인한 오염으로 믿을 수 없을 만큼 독성이 강한 폐수가 흐르는 지역에 살고 있는—에게 지급되는 임금액은 시간당 평균 1.6달러 밖에 안 되었다. 교육, 운송, 다른 문제들로 조금 감소하기는 하겠지만 램프레이는 연간 1,500만 달러를 절약할 수 있을 것이다.

멕시코 정부 대표, 도시 내의 다른 기업 경영자들과 회담 2주 후, 짐은 생산과 배 운송비용에 대한 대략적인 수치를 계산하기에 충분한 정보를 얻었다. 집으로 돌아오는 길에 그는 보고서의 개요를 잡기 시작했다. 기적이 일어나지 않는다면 폭풍우가 몰아치리라는 사실을 잘 알고 있었다.

오코노모의 공장은 1921년부터 가동되어 상해나 다른 의학 조건으로 고통받는 사람들을 위한 특별한 의복을 만들어 왔다. 짐은 직원들이 그의 아버지, 할아버지 역시 도시에 남은 마지막 제조 공장인 이곳에서 일해 왔다는 이야기를 종종 듣곤 했다.

하지만 이런 우호적인 감정을 떼 놓고 생각해보면 경쟁자들은 벌써 가격 측면에서 과거의 램프레이사를 위협하고 있고, 제품의 질 역시 램프레이사에 근접해 오고 있었다. 짐과 공장 경영진이 노조를 설득해 임금을 낮추더라도 조합의 대표들은 반발할 것이다. 사실 짐과 공장 경영진이 직원들을 세 가지 다른 직무에서 번갈아 일하게 하는 셀 제조방식에 대해서 언급하려 했을 때도 조합 대표들은 분노를 참지 못하는 듯했다. 짐은 밑바닥에 있는 분노를 느낄 수 있었다. 대표들은 문제가 있다는 것은 적어도 알고 있었지만, 문제를 확실하게 인식하게 하고 개방된 논의를 이끌어내는 것은 무리였다.

일주일이 지났고, 짐은 보고서를 제출했다. 그가 비록 명확하게 집지는 않았지만, 램프레이사가 투자액을 은행에 넣어 둔다면 현재 오코노모 공장에서 얻는 수익보다는 높은 수익을 거둘 수 있으리라는 건 확실했다.

다음날, 그는 최고경영자와 보고서에 대해 논의했다. 짐은 비용을 낮출 기회가 있는 한 공장 폐쇄는 잘못된 결정이라고 생각하기에 공장을 폐쇄하는 역할을 담당하고 싶지는 않았다. "그렇지만 리폰이 옳아." 그는 스스로에게 말했다. "비용이 너무 높아. 노조는 협조하지 않을 테고 회사는 투자 대비 높은 수익을 얻고 싶어 하지. 옳은 일인 것 같지만 마음이 편하지는 않아. 어떻게 해야 하지?"

질문

1. 멕시코로의 이전을 강행해야 하는가, 아니면 오코노모 시설에서 일을 해결하기 위해 한 번 더 노력해야 하는가? 배경도 설명해보자.
2. 만일 짐이 오코노모에 일자리를 유지하기 위해 공장을 돌리려고 한다면, 변화를 어떻게 실천해야 하는가? 그는 어떤 조치를 취해야 하는가?
3. 노조 간부들이 변화에 그토록 강하게 저항하는 이유가 뭐라고 생각하는가? 짐은 변화에 대한 9개 노조 지도부의 저항을 어떻게 극복할 수 있는가?

미주

1 Eric Bellman and Jennifer Maloney, "Coca-Cola Launched 500 Drinks Last Year. Most Taste Nothing Like Coke," *The Wall Street Journal*, August 23, 2018, https://www.wsj.com/articles/coca-cola-launched-500-drinks-last-year-most-taste-nothing-like-coke-1535025601 (accessed June 10, 2019).

2 Quoted in Anne Fisher, "America's Most Admired Companies," *Fortune*, March 17, 2008, 65–67.

3 Based on John P. Kotter, *The New Rules: How to Succeed in Today's Post-Corporate World* (New York: The Free Press, 1995); Steve Lohr, "How Crisis Shapes the Corporate Model," *The New York Times*, March 29, 2009, BU4; David K. Carr, Kelvin J. Hard, and William J. Trahant, *Managing the Change Process: A Field Book for Change Agents, Consultants, Team Leaders, and Reengineering Managers* (New York: McGraw-Hill, 1996).

4 This discussion of three types of change is based in part on Joseph McCann, "Organizational Effectiveness: Changing Concepts for Changing Environments," *Human Resource Planning* 27, no. 1 (2004), 42–50.

5 "A Brief History of Netflix," *CNN*, July 21, 2014 https://www.cnn.com/2014/07/21/showbiz/gallery/netflix-history/index.html (accessed June 10, 2019); William L. Hosch, "Netflix," April 24, 2019, Encyclopædia Britannica, April 24, 2019, https://www.britannica.com/topic/Netflix-Inc (accessed June 10, 2019); and Joe Flint and Shalini Ramachandran, "Netflix: The Monster That's Eating Hollywood," The Wall Street Journal, March 24, 2017, https://www.wsj.com/articles/netflix-the-monster-thats-eating-hollywood-1490370059 (accessed June 10, 2019).

6 Kurt Eichenwald, "Microsoft's Lost Decade," *Vanity Fair*, August 2012, 108–135; and Don Clark, "Microsoft, Intel Brave a Mobile World," *The Wall Street Journal*, April 15, 2013, B2.

7 Nick Wingfield, "Microsoft, Long Seen as a Villain, Tries on Role as Moral Leader," *The New York Times*, May 7, 2018, B3.

8 "The World's 50 Most Innovative Companies, 2019," *Fast Company*, https://www.fastcompany.com/most-innovative-companies/2019 (accessed June 10, 2019).

9 Joseph E. McCann, "Design Principles for an Innovating Company," *Academy of Management Executive* 5, no. 2 (May 1991), 76–93; and Kenneth B. Kahn, "Understanding Innovation," *Business Horizons* 61 (2018), 453–460.

10 Jeannette Neumann, "Zara Turns to Robots as In-Store Pickups Surge," *The Wall Street Journal*, March 5, 2018, https://www.wsj.com/articles/zara-turns-to-robots-as-in-store-pickups-surge-1520254800 (accessed June 10, 2019).

11 Kahn, "Understanding Innovation.

12 Tripp Mickle and Joe Flint, "Apple Pushes Beyond iPhone with Launch of TV, Finance, Gaming, News Services," *The Wall Street Journal*, March 25, 2019.

13 Erin White, "How a Company Made Everyone a Team Player," *The Wall Street Journal*, August 13, 2007, B1, B7.

14 Judy Oppenheimer, "A Top Cop Who Gets It," *More*, June 2009, 86–91, 144; and Ahiza Garcia, "NFL Picks Washington D.C. Police Chief to Head Security," *CNN*, August 16, 2016, https://money.cnn.com/2016/08/16/news/nfl-cathy-lanier-dc-police-chief/index.html (accessed June 10, 2019).

15 Richard A. Wolfe, "Organizational Innovation: Review, Critique and Suggested Research Directions," *Journal of Management Studies* 31, no. 3 (May 1994), 405–431.

16 John L. Pierce and Andre L. Delbecq, "Organization Structure, Individual Attitudes and Innovation," *Academy of Management Review* 2 (1977), 27–37; and Michael Aiken and Jerald Hage, "The Organic Organization and Innovation," *Sociology* 5 (1971), 63–82.

17 Richard L. Daft, "Bureaucratic Versus Non-bureaucratic Structure in the Process of Innovation and Change," in Samuel B. Bacharach, ed., *Perspectives in Organizational Sociology: Theory and Research* (Greenwich, CT: JAI Press, 1982), 129–166.

18 Alan D. Meyer and James B. Goes, "Organizational Assimilation of Innovations: A Multilevel Contextual Analysis," *Academy of Management Journal* 31 (1988), 897–923.

19 Richard W. Woodman, John E. Sawyer, and Ricky W. Griffin, "Toward a Theory of Organizational Creativity," *Academy of Management Review* 18 (1993), 293–321.

20 Francis X. Rocca, "An Innovator at the Vatican," *The Wall Street Journal*, January 31, 2017, https://www.wsj.com/articles/an-innovator-at-the-vatican-1485886295 (accessed June 12, 2019).

21 Robert I. Sutton, "Weird Ideas That Spark Innovation," *MIT Sloan Management Review* (Winter 2002), 83–87; Robert Barker, "The Art of Brainstorming," *BusinessWeek*, August 26, 2002, 168–169; Gary A. Steiner, ed., *The Creative Organization* (Chicago: University of Chicago Press, 1965), 16–18; and James Brian Quinn, "Managing Innovation: Controlled Chaos," *Harvard Business Review*, May–June 1985, 73–84.

22 Thomas M. Burton, "Flop Factor: By Learning from Failures, Lilly Keeps Drug Pipeline Full," *The Wall Street Journal*, April 21, 2004, A1, A12.

23 David Gelles, "An Alternate Universe of Shopping, in Ohio," *The New York Times*, October 14, 2017, https://www.nytimes.com/2017/10/14/business/an-alternate-universe-of-shopping-in-ohio.html (accessed June 12, 2019).

24 John P. Kotter, *Leading Change* (Boston: Harvard Business School Press, 1996), 20–25; and John P. Kotter, "Leading Change," *Harvard Business Review*, March–April 1995, 59–67.

25 G. Tomas M. Hult, Robert F. Hurley, and Gary A. Knight, "Innovativeness: Its Antecedents and Impact on Business Performance," *Industrial Marketing Management* 33 (2004), 429–438.

26 Burton, "Flop Factor."

27 D. Bruce Merrifield, "Intrapreneurial Corporate Renewal," *Journal of Business Venturing* 8 (September 1993), 383–389; Linsu Kim, "Organizational Innovation and Structure," *Journal of Business Research* 8 (1980), 225–245; and Tom Burns and G. M. Stalker, *The Management of Innovation* (London: Tavistock Publications, 1961).

28 Robert B. Duncan, "The Ambidextrous Organization: Designing Dual Structures for Innovation," in Ralph H. Killman, Louis R. Pondy and Dennis Slevin, eds., *The Management of Organization* 1 (New York: North-Holland, 1976), 167–188; Michael L. Tushman and Charles A. O'Reilly III, "Building Ambidextrous Organizations: Forming Your Own 'Skunk Works,'" *Health Forum Journal* 42, no. 2 (March–April 1999), 20–23; and J. C. Spender and Eric H. Kessler, "Managing the Uncertainties of Innovation: Extending Thompson (1967)," *Human Relations* 48, no. 1 (1995), 35–56.

29 Yan Chen, "Dynamic Ambidexterity: How Innovators Manage Exploration and Exploitation," *Business Horizons* 60 (2017), 385–394; Julian Birkinshaw and Kamini Gupta, "Clarifying the Distinctive Contribution of Ambidexterity to the Field of Organization Studies," *The Academy of Management Perspectives* 27, no. 4 (2013), 287–298; Constantine Andriopoulos and Marianne W. Lewis, "Managing Innovation Paradoxes: Ambidexterity Lessons from Leading Product Design Companies," *Long Range Planning* 43 (2010), 104–122; Charles A. O'Reilly III and Michael L. Tushman, "The Ambidextrous Organization," *Harvard Business Review*, April 2004, 74–81; Sebastian Raisch and Julian Birkinshaw, "Organizational Ambidexterity: Antecedents, Outcomes, and Moderators," *Journal of Management* 34, no 3 (June 2008), 375–409.

30 Chen, "Dynamic Ambidexterity: How Innovators Manage Exploration and Exploitation"; J. G. March, "Exploration and Exploitation in Organizational Learning," *Organization Science* 2 (1991), 71–87; and R. Duane Ireland and Justin W. Webb, "Crossing the Great Divide of Strategic Entrepreneurship: Transitioning Between Exploration and Exploitation," *Business Horizons* 52 (2009), 469–479. For a review of the research on exploration and exploitation, see Anil K. Gupta, Ken G. Smith and Christina E. Shalley, "The Interplay Between Exploration and Exploitation," *Academy of Management Journal* 49, no. 4 (2006), 693–706.

31 Michael H. Lubatkin, Zeki Simsek, Yan Ling, and John F. Veiga, "Ambidexterity and Performance in Small- to Medium-Sized Firms: The Pivotal Role of Top Management Team Behavioral Integration," *Journal of Management* 32, no. 5 (October 2006), 646–672; and O'Reilly and Tushman, "The Ambidextrous Organization."

32 Tushman and O'Reilly, "Building Ambidextrous Organizations."

33 Barry Jaruzelski, John Loehr, and Richard Holman, "Making Ideas Work," *Strategy + Business* (Winter 2012), 2–14.

34 J. C. Spender and Bruce Strong, "Who Has Innovative Ideas? Employees," *The Wall Street Journal*, August 23, 2010, R5; and Rachel Emma Silverman, "How to Be Like Apple," *The Wall Street Journal*, August 29, 2011, http://online.wsj.com/article/SB10001424053111904009304576532842667854706.html (accessed September 16, 2011).

35 Michele Gelfand, *Rule Makers, Rule Breakers: How Tight and Loose Cultures Wire Our World* (New York: Scribner, 2018); Erik Brynjolfsson and Michael Schrage, "The New, Faster Face of Innovation; Thanks to Technology, Change Has Never Been So Easy or So Cheap," *The Wall Street Journal*, August 17, 2009; and Vindu Goel, "Why Google Pulls the Plug," *The New York Times*, February 15, 2009.

36 Darren Dahl, "Technology: Pipe Up, People! Rounding Up Staff Ideas," *Inc.*, February 2010, 80–81.

37 Roger L. Martin, "The Innovation Catalysts," *Harvard Business Review*, June 2011, 82–87.

38 Spender and Strong, "Who Has Innovative Ideas?"

39 Dahl, "Technology: Pipe Up, People!"

40 Edward F. McDonough III and Richard Leifer, "Using Simultaneous Structures to Cope with Uncertainty," *Academy of Management Journal* 26 (1983), 727–735.

41 Chen, "Dynamic Ambidexterity."

42 Janaki Chadha, "Why Innovation Is a Team Sport," *The Wall Street Journal*, August 9, 2018, https://www.wsj.com/articles/why-innovation-is-a-team-sport-1533732288 (accessed June 12, 2019); and Michael L. Tushman, Wendy K. Smith, and Andy Binns, "The Ambidextrous CEO," *Harvard Business Review*, June 2011, 74–80.

43 Paul S. Adler, Barbara Goldoftas, and David I. Levine, "Ergonomics, Employee Involvement, and the Toyota Production System: A Case Study of NUMMI's 1993 Model Introduction," *Industrial and Labor Relations Review* 50, no. 3 (April 1997), 416–437.

44 Judith R. Blau and William McKinley, "Ideas, Complexity, and Innovation," *Administrative Science Quarterly* 24 (1979), 200–219.

45 Phil Wahba, "Lowe's Goes High on Innovation," *Fortune*, July 1, 2017, 29–30; and Peter Landers, "Back to Basics; With Dry Pipelines, Big Drug Makers Stock Up in Japan," *The Wall Street Journal*, November 24, 2003, A1, A7.

46 Sherri Eng, "Hatching Schemes," *The Industry Standard*, November 27–December 4, 2000, 174–175.

47 Donald F. Kuratko, Jeffrey G. Covin, and Robert P. Garrett, "Corporate Venturing: Insights from Actual Performance," *Business Horizons* 52 (2009), 459–467.

48 Jennifer Alsever, "Startups . . . Inside Giant Companies," *Fortune*, May 1, 2015, 33–36.

49 Christopher Hoenig, "Skunk Works Secrets," *CIO*, July 1, 2000, 74–76.

50 Claire Cain Miller and Nick Bilton, "Google's Lab of Wildest Dreams," *The New York Times*, November 13, 2011, www.nytimes.com/2011/11/14/technology/at-google-x-a-top-secret-lab-dreaming-up-the-future.html?pagewanted=all (accessed November 14, 2011); and X Development Website, https://x.company/ (accessed June 13, 2019).

51 James I. Cash, Jr., Michael J. Earl, and Robert Morison, "Teaming Up to Crack Innovation and Enterprise Integration," *Harvard Business Review*, November 2008, 90–100; and Jacob Bunge, "Tyson Launches Venture-Capital Fund," *The Wall Street Journal*, December 5, 2016, https://www.wsj.com/articles/tyson-launches-venturecapital-fund-1480939204 (accessed June 13, 2019).

52 Jana Deprez, Hannes Leroy, and Martin Euwema, "Three Chronological Steps Toward Encouraging Intrapreneurship: Lessons from the Wehkamp Case," *Business Horizons* 61 (2018), 135–145.

53 Jane M. Howell and Christopher A. Higgins, "Champions of Technology Innovation," *Administrative Science Quarterly* 35 (1990), 317–341; and Jane M. Howell and Christopher A. Higgins, "Champions of Change: Identifying, Understanding, and Supporting Champions of Technology Innovations," *Organizational Dynamics* (Summer 1990), 40–55.

54 Rachel Feintzeig, "Office 'Influencers' Are in High Demand," *The Wall Street Journal*, February 12, 2014, http://online.wsj.com/news/articles/SB1000142405270230387450457937531368029 0816 (accessed May 20, 2014).

55 Thomas J. Peters and Robert H. Waterman, Jr., *In Search of Excellence* (New York: Harper & Row, 1982).

56 Curtis R. Carlson and William W. Wilmot, *Innovation: The Five Disciplines for Creating What Customers Want* (New York: Crown Business, 2006).

57 Robert I. Sutton, "The Weird Rules of Creativity," *Harvard Business Review*, September 2001, 94–103; and Julian Birkinshaw and Michael Mol, "How Management Innovation Happens," *MIT Sloan Management Review* (Summer 2006), 81–88. See Lionel Roure, "Product Champion Characteristics in France and Germany," *Human Relations* 54, no. 5 (2001), 663–682, for a review of the literature related to product champions.

58 Andrew Winston, "3M's Sustainability Innovation Machine," *Harvard Business Review*, May 15, 2012; and Peter Lewis, "Texas Instruments' Lunatic Fringe," *Fortune*, September 4, 2006, 120–128.

59 James R. Hagerty, "With Bottle-Fillers in Mind, the Water Fountain Evolves," *The Wall Street Journal*, March 24, 2013, B1.

60 Joan Schneider and Julie Hall, "Why Most Product Launches Fail," *Harvard Business Review*, April 2011, 21–23; G. A. Stevens and J. Burley, "3,000 Raw Ideas = 1 Commercial Success!" *Research Technology Management* 40, no. 3 (May–June 1997), 16–27; Robert P. Morgan, Carlos Kruytbosch, and Nirmala Kannankutty, "Patenting and Invention Activity of U.S. Scientists and Engineers in the Academic Sector: Comparisons with Industry," *Journal of Technology Transfer* 26 (2001), 173–183; Edwin Mansfield, John Rapoport, Jerome Schnee, Samuel Wagner, and Michael Hamburger, *Research and Innovation in Modern Corporations* (New York: Norton, 1971); Christopher Power with Kathleen Kerwin, Ronald Grover, Keith Alexander, and Robert D. Hof, "Flops," *BusinessWeek*, August 16, 1993, 76–82; and Modesto A. Maidique and Billie Jo Zirger, "A Study of Success and Failure in Product Innovation: The Case of the U.S. Electronics Industry," *IEEE Transactions in Engineering Management* 31 (November 1984), 192–203.

61 Daisuke Wakabayashi, "Alphabet Ends Effort to Create Modular Smartphone," *The New York Times*, September 2, 2016; Claire Cain Miller, "Back to the Drawing Board for Nexus Q," *The New York Times*, August 9, 2012, B1; and Doug Gross, "The Top 10 Tech Fails of 2012," CNN Tech Website, December 28, 2012, http://www.cnn.com/2012/12/28/tech/web/tech-fails-2012/index.html?hpt=hp_bn5 (accessed May 20, 2014).

62 Holman W. Jenkins, Jr., "The Microsoft Solution," *The Wall Street Journal Europe*, July 29, 2010, 13.

63 Schneider and Hall, "Why Most Product Launches Fail."

64 Andrew Bordeaux, "10 Famous Product Failures and the Advertisements That Did Not Sell Them," *Growthink.com*, December 17, 2007, http://www.growthink.com/content/10-famous-product-failures-and-advertisements-did-not-sell-them (accessed September 16, 2011); and Jane McGrath, "Five Failed McDonald's Menu Items," HowStuffWorks.com, http://money.howstuffworks.com/5-failed-mcdonalds-menu-items3.htm (accessed September 16, 2011).

65 Linton, Matysiak & Wilkes Inc. study results reported in "Market Study Results Released: New Product Introduction Success, Failure Rates Analyzed," *Frozen Food Digest*, July 1, 1997.

66 Deborah Dougherty and Cynthia Hardy, "Sustained Product Innovation in Large, Mature Organizations: Overcoming Innovation-to-Organization Problems," *Academy of Management Journal* 39, no. 5 (1996), 1120–1153.

67 Marjorie Adams and the Product Development and Management Association, "Comparative Performance Assessment Study 2004," available for purchase at http://www.pdma.org. Results reported in Jeff Cope, "Lessons Learned—Commercialization Success Rates: A Brief Review," *RTI Tech Ventures* newsletter 4, no. 4 (December 2007).

68 Ibid.

69 Annie Lowrey, "Ideas on an Assembly Line," *The New York Times*, December 14, 2012, B1.

70 Shona L. Brown and Kathleen M. Eisenhardt, "Product Development: Past Research, Present Findings, and Future Directions," *Academy of Management Review* 20, no. 2 (1995),

343–378; F. Axel Johne and Patricia A. Snelson, "Success Factors in Product Innovation: A Selective Review of the Literature," *Journal of Product Innovation Management* 5 (1988), 114–128; Antonio Bailetti and Paul F. Litva, "Integrating Customer Requirements into Product Designs," *Journal of Product Innovation Management* 12 (1995), 3–15; Jay W. Lorsch and Paul R. Lawrence, "Organizing for Product Innovation," *Harvard Business Review*, January–February 1965, 109–122; and Science Policy Research Unit, University of Sussex, *Success and Failure in Industrial Innovation* (London: Centre for the Study of Industrial Innovation, 1972).

71 Study reported in Mike Gordon, Chris Musso, Eric Rebentisch, and Nisheeth Gupta, "Business Insight (A Special Report): Innovation—The Path to Developing Successful New Products," *The Wall Street Journal*, November 30, 2009, R5.

72 Dorothy Leonard and Jeffrey F. Rayport, "Spark Innovation Through Empathic Design," *Harvard Business Review*, November–December 1997, 102–113.

73 Bruce Brown and Scott D. Anthony, "How P&G Tripled Its Innovation Success Rate," *Harvard Business Review*, June 2011, 64–72.

74 Janet Rae-Dupree, "Even the Giants Can Learn to Think Small," *The New York Times*, August 3, 2008, BU4; and Mike Ramsey and Norihiko Shirouzu, "Toyota Is Changing How It Develops Cars," *The Wall Street Journal*, July 5, 2010, http://www.in.com/news/business/fullstory-toyota-is-changing-how-it-develops-cars-14559691-in-1.html (accessed September 16, 2011).

75 Brown and Eisenhardt, "Product Development"; and Dan Dimancescu and Kemp Dwenger, "Smoothing the Product Development Path," *Management Review*, January 1996, 36–41.

76 William J. Holstein, "Five Gates to Innovation," *Strategy + Business*, March 1, 2010, www.strategy-business.com/article/00021?gko=0bd39 (accessed September 16, 2011); "Corning: For Becoming the 800-Pound Gorilla of the Touch Screen Business," segment of "The World's 50 Most Innovative Companies," *Fast Company*, March 2013, 86–156; and Brian Barrett, "Your Next Smartphone's Display Will Be Much Tougher to Crack," *Wired*, July 19, 2018, https://www.wired.com/story/gorilla-glass-6-built-for-the-future/ (accessed June 13, 2019).

77 Kenneth B. Kahn, "Market Orientation, Interdepartmental Integration, and Product Development Performance," *The Journal of Product Innovation Management* 18 (2001), 314–323; and Ali E. Akgun, Gary S. Lynn, and John C. Byrne, "Taking the Guesswork Out of New Product Development: How Successful High-Tech Companies Get That Way," *Journal of Business Strategy* 25, no. 4 (2004), 41–46.

78 The discussion of open innovation is based on Henry Chesbrough, *Open Innovation* (Boston, MA: Harvard Business School Press, 2003); Henry Chesbrough, "The Era of Open Innovation," *MIT Sloan Management Review* (Spring 2003), 35–41; Julian Birkinshaw and Susan A. Hill, "Corporate Venturing Units: Vehicles for Strategic Success in the New Europe," *Organizational Dynamics* 34, no. 3 (2005), 247–257; Amy Muller and Liisa Valikangas, "Extending the Boundary of Corporate Innovation," *Strategy & Leadership* 30, no. 3 (2002), 4–9; and Navi Radjou, "Networked Innovation Drives Profits," *Industrial Management*, January–February 2005, 14–21.

79 Chesbrough, *Open Innovation*; and Marcel Bogers, Henry Chesbrough, and Carlos Moedas, "Open Innovation: Research, Practices, and Policies," *California Management Review* 60, no. 2 (2018), 5–16.

80 The Pringles example is discussed in Nitin Pangarkar, "The Formula for Successful Innovation at SAS: Integrating Internal and External Knowledge," *Global Business and Organizational Excellence* 37, no. 2 (2018), 24–31.

81 Amy Muller, Nate Hutchins, and Miguel Cardoso Pinto, "Applying Open Innovation Where Your Company Needs It Most," *Strategy & Leadership* 40, no. 2 (2012), 35–42.

82 Martin W. Wallin and Georg von Krogh, "Organizing for Open Innovation: Focus on the Integration of Knowledge," *Organizational Dynamics* 39, no. 2 (2010), 145–154; Bettina von Stamm, "Collaboration with Other Firms and Customers: Innovation's Secret Weapon," *Strategy & Leadership* 32, no. 3 (2004), 16–20; and Bas Hillebrand and Wim G. Biemans, "Links Between Internal and External Cooperation in Product Development: An Exploratory Study," *The Journal of Product Innovation Management* 21 (2004), 110–122.

83 Booz & Company research reported in Barry Jaruzelski and Richard Holman, "Casting a Wide Net: Building the Capabilities for Open Innovation," *Ivey Business Journal* March–April 2011, http://www.iveybusinessjournal.com/topics/innovation/casting-a-wide-net—building-the-capabilities-for-open-innovation (accessed September 19, 2011).

84 Alan G. Lafley and Ram Charan, *The Game Changer: How You Can Drive Revenue and Profit Growth with Innovation* (New York: Crown Business, 2008); Larry Huston and Nabil Sakkab, "Connect and Develop; Inside Procter & Gamble's New Model for Innovation," *Harvard Business Review*, March 2006, 58–66; and G. Gil Cloyd, "P&G's Secret: Innovating Innovation," *Industry Week*, December 2004, 26–34.

85 David Lerman and Liz Smith, "Wanted: Big Ideas from Small Fry," *Bloomberg BusinessWeek*, August 30–September 5, 2010, 49–51; Steve Lohr, "The Crowd Is Wise (When It's Focused)," *The New York Times*, July 19, 2009, BU4; and S. Lohr, "The Corporate Lab As Ringmaster," *The New York Times*, August 16, 2009, BU3.

86 Kevin J. Boudreau and Karim R. Lakhani, "Using the Crowd as an Innovation Partner," *Harvard Business Review*, April 2013, 61–67; Andy Meek "May the Best Business Win; Innovation Contests Can Spur New Products—and Boost Worker Morale," *Inc.*, February 2012, 86–87.

87 Meek "May the Best Business Win."

88 Olivier Leclerc and Mihnea Moldoveanu, "Five Routes to More Innovative Problem Solving," *McKinsey Quarterly*, April 2013, http://www.mckinsey.com/insights/strategy/five_routes_to_more_innovative_problem_solving (accessed May 14, 2013).

89 Sabrina Adamczyk, Angelika C. Bullinger, and Kathrin M. Moslein, "Innovation Contests: A Review, Classification and Outlook," *Creativity and Innovation Management* 21, no. 4 (2012), 335–355.

90 John A. Pearce II, "Speed Merchants," *Organizational Dynamics* 30, no. 3 (2002), 191–205; Kathleen M. Eisenhardt and Behnam N. Tabrizi, "Accelerating Adaptive Processes: Product Innovation in the Global Computer Industry," *Administrative Science Quarterly* 40 (1995), 84–110; Dougherty and Hardy, "Sustained

Product Innovation in Large, Mature Organizations"; and Karne Bronikowski, "Speeding New Products to Market," *Journal of Business Strategy*, September–October 1990, 34–37; and Jill Jusko, "A Team Effort," *Industry Week*, January 2007, 42, 45.

91 Pinar Cankurtaran, Fred Langerak, and Abbie Griffin, "Consequences of New Product Development Speed: A Meta-Analysis," *Journal of Product Innovation Management* 30, no. 3 (2013), 465–486.

92 Paul Ziobro, "In Cutting Time to Market, Toy Companies Try on Fast Fashion," *The Wall Street Journal*, February 18, 2018, https://www.wsj.com/articles/in-cutting-time-to-market-toy-companies-try-on-fast-fashion-1518958800 (accessed June 13, 2019).

93 Suzanne Kapner, "Fast-Fashion Tricks Are on Display at Department-Store Chains," *The Wall Street Journal*, September 29, 2016, https://www.wsj.com/articles/fast-fashion-tricks-are-on-display-at-department-store-chains-1475155688 (accessed June 13, 2019); Patricia Kowsmann, "Fast Fashion: How a Zara Coat Went from Design to Fifth Avenue in 25 Days," *The Wall Street Journal*, December 6, 2016, https://www.wsj.com/articles/fast-fashion-how-a-zara-coat-went-from-design-to-fifth-avenue-in-25-days-1481020203 (accessed June 13, 2019); and Susan Berfield and Manuel Baigorri, "Zara's Fast Fashion Edge," *Bloomberg BusinessWeek*, November 13, 2013, http://www.businessweek.com/articles/2013-11-14/2014-outlook-zaras-fashion-supply-chain-edge (accessed May 20, 2014).

94 Raymond E. Miles, Henry J. Coleman, Jr., and W. E. Douglas Creed, "Keys to Success in Corporate Redesign," *California Management Review* 37, no. 3 (Spring 1995), 128–145.

95 David C. Robertson with Bill Breen, *Brick by Brick: How LEGO Rewrote the Rules of Innovation and Conquered the Global Toy Industry* (New York: Crown Business, 2013), 265–266.

96 Julian Birkinshaw, Gary Hamel, and Michael J. Mol, "Management Innovation," *Academy of Management Review* 33, no. 4 (2008), 825–845.

97 Fariborz Damanpour and William M. Evan, "Organizational Innovation and Performance: The Problem of 'Organizational Lag,'" *Administrative Science Quarterly* 29 (1984), 392–409; David J. Teece, "The Diffusion of an Administrative Innovation," *Management Science* 26 (1980), 464–470; John R. Kimberly and Michael J. Evaniski, "Organizational Innovation: The Influence of Individual, Organizational and Contextual Factors on Hospital Adoption of Technological and Administrative Innovation," *Academy of Management Journal* 24 (1981), 689–713; Michael K. Moch and Edward V. Morse, "Size, Centralization, and Organizational Adoption of Innovations," *American Sociological Review* 42 (1977), 716–725; and Mary L. Fennell, "Synergy, Influence, and Information in the Adoption of Administrative Innovation," *Academy of Management Journal* 27 (1984), 113–129.

98 Richard L. Daft, "A Dual-Core Model of Organizational Innovation," *Academy of Management Journal* 21 (1978), 193–210.

99 Daft, "Bureaucratic Versus Nonbureaucratic Structure"; and Robert W. Zmud, "Diffusion of Modern Software Practices: Influence of Centralization and Formalization," *Management Science* 28 (1982), 1421–1431.

100 Daft, "A Dual-Core Model of Organizational Innovation"; and Zmud, "Diffusion of Modern Software Practices."

101 Fariborz Damanpour, "The Adoption of Technological, Administrative, and Ancillary Innovations: Impact of Organizational Factors," *Journal of Management* 13 (1987), 675–688.

102 Gregory H. Gaertner, Karen N. Gaertner, and David M. Akinnusi, "Environment, Strategy, and the Implementation of Administrative Change: The Case of Civil Service Reform," *Academy of Management Journal* 27 (1984), 525–543.

103 Claudia Bird Schoonhoven and Mariann Jelinek, "Dynamic Tension in Innovative, High Technology Firms: Managing Rapid Technology Change Through Organization Structure," in Mary Ann Von Glinow and Susan Albers Mohrman, eds., *Managing Complexity in High Technology Organizations* (New York: Oxford University Press, 1990), 90–118.

104 Nicolay Worren, "The Matrix as a Transitory Form: The Evolution of FMC Technologies 2001-2016," *Journal of Organization Design* 6, no. 13 (2017) https://doi.org/10.1186/s41469-017-0023-0 (accessed June 14, 2019); and Khadeeja Safdar, "New J. Crew CEO's Strategy: Lower Prices, More Sizes," *The Wall Street Journal*, August 27, 2018, https://www.wsj.com/articles/new-j-crew-ceos-strategy-lower-prices-more-sizes-1535374801 (accessed June 14, 2019).

105 Jeanne Whalen, "Glaxo Tries Biotech Model to Spur Drug Innovations," *The Wall Street Journal*, July 1, 2010, A1.

106 David Ulm and James K. Hickel, "What Happens After Restructuring?" *Journal of Business Strategy*, July–August 1990, 37–41; and John L. Sprague, "Restructuring and Corporate Renewal: A Manager's Guide," *Management Review*, March 1989, 34–36.

107 Stan Pace, "Rip the Band-Aid Off Quickly," *Strategy & Leadership* 30, no. 1 (2002), 4–9.

108 Benson L. Porter and Warrington S. Parker, Jr., "Culture Change," *Human Resource Management* 31 (Spring–Summer 1992), 45–67.

109 Atsuko Fukase, "New CEO, New Mizuho Culture," *The Asian Wall Street Journal*, June 23, 2011, 22; and Glassdoor, https://www.glassdoor.com/Reviews/Mizuho-Financial-Group-Reviews-E42320.htm (accessed June 14, 2019).

110 Reported in "Mergers Don't Consider Cultures," *ISHN*, September 2011, 14.

111 Joann S. Lublin, "Bringing Hidden Biases into the Light," *The Wall Street Journal Online*, January 9, 2014, http://online.wsj.com/news/articles/SB10001424052702303754404579308562690896896 (accessed May 30, 2014).

112 Austin Carr, "The Hard Sell at Taco Bell," *Fast Company*, July–August 2013, 36–38; Jonathan Ringin, "Taco Bell: For Combining Corn, Beans, Meat, and Cheese into Genius," *Fast Company*, March 2016, 46–49, 116; and Nancy Luna, "Nacho Fries Become Bestselling Taco Bell Product Launch in Chain History," *Nation's Restaurant News*, March 13, 2018, https://www.nrn.com/food-trends/nacho-fries-become-bestselling-taco-bell-product-launch-chain-history (accessed June 14, 2019).

113 W. Warner Burke, "The New Agenda for Organization Development," in Wendell L. French, Cecil H. Bell, Jr., and Robert A. Zawacki, *Organization Development and Transformation: Managing Effective Change* (Burr Ridge, IL: Irwin McGraw-Hill, 2000), 523–535.

114 W. Warner Burke, *Organization Development: A Process of Learning and Changing*, 2nd ed. (Reading, MA: Addison-Wesley, 1994); and Wendell L. French and Cecil H. Bell, Jr., "A History of Organization Development," in French, Bell, and Zawacki, *Organization Development and Transformation*, 20–42.

115 French and Bell, "A History of Organization Development."

116 The information on large group intervention is based on Kathleen D. Dannemiller and Robert W. Jacobs, "Changing the Way Organizations Change: A Revolution of Common Sense," *The Journal of Applied Behavioral Science* 28, no. 4 (December 1992), 480–498; Barbara B. Bunker and Billie T. Alban, "Conclusion: What Makes Large Group Interventions Effective?" *The Journal of Applied Behavioral Science* 28, no. 4 (December 1992), 570–591; and Marvin R. Weisbord, "Inventing the Future: Search Strategies for Whole System Improvements," in French, Bell, and Zawacki, *Organization Development and Transformation*, 242–250.

117 Marvin Weisbord and Sandra Janoff, "Faster, Shorter, Cheaper May Be Simple; It's Never Easy," *The Journal of Applied Behavioral Science* 41, no. 1 (March 2005), 70–82.

118 Ray Gagnon, "'GE Workout': Physical Fitness for Your Organization," *The Huffington Post*, January 23, 2014; and Bunker and Alban, "Conclusion: What Makes Large Group Interventions Effective?"

119 Dave Ulrich, Steve Kerr, and Ron Ashkenas, with Debbie Burke and Patrice Murphy, *The GE Work Out: How to Implement GE's Revolutionary Method for Busting Bureaucracy and Attacking Organizational Problems—Fast!* (New York: McGraw-Hill, 2002).

120 Paul F. Buller, "For Successful Strategic Change: Blend OD Practices with Strategic Management," *Organizational Dynamics* (Winter 1988), 42–55.

121 Norm Brodsky, "Everybody Sells," (Street Smarts column), *Inc.*, June 2004, 53–54.

122 Shawn Tully, "Can UnitedHealth Really Fix the System?" *Fortune*, May 29, 2013, 187–194.

123 Ibid.

124 Pierre Loewe and Jennifer Dominiquini, "Overcome the Barriers to Effective Innovation," *Strategy & Leadership* 34, no. 1 (2006), 24–31.

125 Bernard M. Bass, "Theory of Transformational Leadership Redux," *Leadership Quarterly* 6, no. 4 (1995), 463–478; and Dong I. Jung, Chee Chow, and Anne Wu, "The Role of Transformational Leadership in Enhancing Organizational Innovation: Hypotheses and Some Preliminary Findings," *The Leadership Quarterly* 14 (2003), 525–544.

126 Todd Datz, "No Small Change," *CIO*, February 15, 2004, 66–72.

127 These techniques are based on John P. Kotter's eight-stage model of planned organizational change, Kotter, *Leading Change*, 20–25.

128 Everett M. Rogers and Floyd Shoemaker, *Communication of Innovations: A Cross Cultural Approach*, 2nd ed. (New York: Free Press, 1971); and Stratford P. Sherman, "Eight Big Masters of Innovation," *Fortune*, October 15, 1984, 66–84.

129 Richard L. Daft and Selwyn W. Becker, *Innovation in Organizations* (New York: Elsevier, 1978); and John P. Kotter and Leonard A. Schlesinger, "Choosing Strategies for Change," *Harvard Business Review* 57 (1979), 106–114.

130 Donald F. Kuratko, Jeffrey G. Covin, and Robert P. Garrett, "Corporate Venturing: Insights from Actual Performance," *Business Horizons* 52 (2009), 459–467.

131 Philip H. Mirvis, Amy L. Sales, and Edward J. Hackett, "The Implementation and Adoption of New Technology in Organizations: The Impact on Work, People, and Culture," *Human Resource Management* 30 (Spring 1991), 113–139; Arthur E. Wallach, "System Changes Begin in the Training Department," *Personnel Journal* 58 (1979), 846–848, 872; and Paul R. Lawrence, "How to Deal with Resistance to Change," *Harvard Business Review* 47 (January–February 1969), 4–12, 166–176.

132 Julie Jargon, "Business Technology: Domino's IT Staff Delivers Slick Site, Ordering System," *The Wall Street Journal*, November 24, 2009, B5.

133 Darren Dahl, "Trust Me: You're Gonna Love This; Getting Employees to Embrace New Technology," *Inc.*, November 2008, 41.

134 Peter Richardson and D. Keith Denton, "Communicating Change," *Human Resource Management* 35, no. 2 (Summer 1996), 203–216.

135 Edgar H. Schein and Warren Bennis, *Personal and Organizational Change via Group Methods* (New York: Wiley, 1965); and Amy Edmondson, "Psychological Safety and Learning Behavior in Work Teams," *Administrative Science Quarterly* 44 (1999), 350–383.

136 Diane L. Coutu, "Creating the Most Frightening Company on Earth; An Interview with Andy Law of St. Luke's," *Harvard Business Review*, September–October 2000, 143–150.

137 Lawrence G. Hrebiniak, "Obstacles to Effective Strategy Implementation," *Organizational Dynamics* 35, no. 1 (2006), 12–31.

138 Adapted by Dorothy Marcic from Susanne G. Scott and Reginald A. Bruce, "Determinants of Innovative Behavior: A Path Model of Individual Innovation in the Workplace," *Academy of Management Journal* 37, no. 3 (1994), 580–607.

139 Written by Charles E. Summer. Copyright 1978.

140 Doug Wallace, "What Would You Do?" *Business Ethics*, March/April 1996, 52–53. Reprinted with permission from *Business Ethics*, PO Box 8439, Minneapolis, MN 55408; phone: 612-879-0695.

CHAPTER 13

의사결정 과정

학습목표

이 장을 공부하면,

1. 조직 의사결정을 정의할 수 있다.
2. 프로그램화된 의사결정과 프로그램화되지 않은 의사결정을 기술할 수 있다.
3. 인지적 편향이 어떻게 의사결정 실수를 유발하는지 설명할 수 있다.
4. 의사결정에서 경영과학 모형을 설명할 수 있다.
5. 카네기 모형과 점진적 의사결정 모형을 이해할 수 있다.
6. 의사결정의 쓰레기통 모형 구성요소를 식별할 수 있다.
7. 상황 적합적 의사결정체계를 활용하여 어떻게 최적의 의사결정을 내릴 수 있는지 설명할 수 있다.
8. 의사결정에서 급변하는 환경, 실수, 인지적 편향의 역할을 설명할 수 있다.

도입질문

이 장을 읽기 전 다음 질문에 답해보자.

1. 의사결정을 할 때 경영자들은 가장 객관적이고 합리적인 과정을 따라야 한다.

   1) 동의함 ________________ 2) 동의하지 않음 ________________

2. 경영자가 조직의 중요한 문제에 대한 가장 좋은 해결책을 알고 있고 이를 실행할 수 있는 권한이 충분히 있다면 의사결정과 집행 과정에 다른 경영자를 참여시키는 것보다 혼자 처리하는 것이 최고의 방법이다.

   1) 동의함 ________________ 2) 동의하지 않음 ________________

3. 부적절한 의사결정은 경영자와 조직이 학습하거나 강해지는 데 도움이 된다.

   1) 동의함 ________________ 2) 동의하지 않음 ________________

조직 상의 계층, 종사하고 있는 산업, 그리고 조직의 규모와 유형에 관계없이 모든 경영자가 수행하는 활동이 무엇일까? 바로 의사결정이다. 그래서 때로는 경영자를 '의사결정자'라고 부르기도 하며, 조직이 성장하고 발전하며 실패하는 것은 경영자의 선택의 결과이기도 하다. 그러나 수많은 의사결정들은 위험하거나 불확실하고 성공을 보장하지도 않는다. 이전에 타겟(Target)에서 공식적으로는 성공적인 경영자였고, 애플(Apple)의 소매부문 핵심인재였던 론 존슨(Ron Johnson)은 J.C. 페니(J.C. Penney) 백화점이 위기에서 탈출할 수 있는 성공방식을 생각해냈다. 존슨은 J.C. 페니가 더 크면서도 젊은 층 지향적인 소매전략을 구사하도록 결정했으나 결과적으로 실패했다. 존슨은 불과 16개월 후에 물러났고, J.C. 페니는 그가 CEO로 재직한 1년 동안 10억 달러의 손실을 기록했다.[1] 자동차의 품질과 안전 문제의 조사결과, 생명에 지장을 줄 수 있는 의사결정을 경영자들이 미룬 것이 알려지고, 그로 인해 GM(General Motors)이 명성에서 입은 손상을 한 번 생각해보자. GM의 최고경영자들은 260만 대의 리콜로 이어진 자동차의 파손과 사망 사건이 드러나기 전에 점화스위치에 결함이 있음을 지난 10여 년 동안 알고 있었다고 인정했다. 2014년 5월까지 스위치 결함과 관련한 47건의 사고가 발생하고 13명이 사망했지만, 조사관들은 이보다 더 많은 문제가 있을 것으로 믿고 있다.[2] 지금 돌아 보면 리콜 결정에 이르게 된 것은 머리가 빈 것처럼 보인다. 하지만 의사결정의 상황은 분명한 것이 별로 없다. 의사결정은 지속적으로 변화하는 요소들, 불확실한 정보, 그리고 갈등을 드러내는 다양한 관점들 속에서 이루어지는 것이기에 가장 성공적인 기업의 탁월한 경영자들도 어마어마한 실수를 저지르기도 한다.

하지만 경영자들이 매일 결정하는 사안들이 성공적인 경우도 무수히 많다. 1990년대 중반에 사형선고를 받은 것 같았던 애플은 12년 연속 포춘이 선정하는 '세계에서 가장 존경받는 기업'의 최상위 그룹에 위치하게 되었다. 만약 이사회가 공동창업자인 스티브 잡스(Steve Jobs: 수년전에 자신이 세운 회사에서 해고된)를 재영입하기로 결정하지 않았다면 지금의 애플은 아마 존재하지 않을 지도 모른다. 애플은 1996년 매출액 98억 달러에 8억 1,600만 달러의 손실을 보았다. 하지만 잡스(그는 1997년부터 사망한 2011년까지 회사를 이끌었다)와 다른 최고경영진이 내린 의사결정으로 말미암아 애플은 오늘날까지 승승장구하고 있다. 지난 20여 년을 거치면서 애플은 거의 파산 지경에서 2018년 말에는 (일시적이기는 하지만) 1조 달러의 시장가치를 달성했다. 잡스를 복귀시키는 의사결정은 역사 이래 가장 위대한 결정이었다. 애플의 경영자는 상당한 수의 사업 분야에서 2019년 포춘지의 상위권에 위치하도록 이끄는 훌륭한 의사결정을 내리고 있다. 여기에는 사람관리, 혁신, 그리고 제품과 서비스의 질에 관한 것들이 포함된다.[3] 애플과는 아주 다른 산업에서 다양한 사례를 찾아 볼 수 있다. 델타 항공(Delta Airline)의 최고경영자인 리차드 앤더슨(Richard Anderson)을 비롯한 경영팀에서 이루어진 의사결정은 항공산업에서 높은 수익성을 안겨 주었다. 델타는 2019년 Airline Quality Rating에서 1위를 차지하였다. 이 랭킹평가는 미국 내의 9개의 대형항공사에 대해 정시이착 비율, 수하물 오류, 탑승객 불만 등을 반영하여 이루어진다. 미국 내 4

개 대형항공사 중에 델타만이 2건의 대형 추락사고가 났던 보잉(Boeing) 737 Max를 운영하지 않고 있다. 그 결과 유나이티드(United), 아메리칸(American), 사우스웨스트(Southwest) 등은 수천 건의 비행을 취소하고 있지만 델타만은 비행을 계속하고 돈을 버는 순위도 오르고 있다.[4]

이 장의 목표

조직에서는 항상 수백 개의 의사결정을 내리기 위해 문제를 확인하고 해결책을 제시하곤 한다. 경영자들과 조직은 이러한 의사결정 과정에서 갈피를 못 잡는 경향이 있다.[5] 이 장의 목적은 의사결정 과정을 분석함으로써 실제 조직 상황에서 의사결정이 어떻게 이루어져야 하는지를 학습하는 데 있다. 의사결정 과정은 조직의 뇌와 신경체계로 생각할 수 있다. 이처럼 의사결정은 9장과 11장에서 살펴 본 정보와 통제 체계의 최종 산출물이 된다.

먼저 의사결정에 대한 정의와 경영자가 내리는 다양한 의사결정의 유형을 살펴보기로 한다. 다음으로는 의사결정의 이상적인 모형을 알아보고, 경영자 개개인이 어떻게 의사결정을 하는지 알아 보기로 한다. 여기에는 직관의 역할, 인지적 편향이 어떻게 의사결정에 영향을 미치는 방법 등이 포함된다. 또한 조직 의사결정의 몇 가지 모형들에 대하여 검토할 것이다. 각각의 모형은 조직이 처한 상황의 차이에 따라 적절히 활용된다. 그 다음 의사결정에 관한 다양한 접근법이 언제 어떻게 사용될 수 있는지를 하나의 틀로 통합할 것이다. 마지막 부분에서는 의사결정과 관련된 몇몇의 특별한 주제를 다루게 되는데, 급변하는 환경과 의사결정 그리고 의사결정과 학습과의 관계 등을 논의할 것이다.

13.1 의사결정의 유형

조직의 의사결정(organizational decision making)은 문제를 확인하고 해결하는 과정으로 정의된다. 즉 의사결정 과정은 크게 두 단계로 이루어져 있다. **문제확인**(problem identification) 단계에서는 경영환경과 조직의 상황에 관한 정보를 수집하고 조직의 성과가 만족할 만한 것인지를 판단하고 문제의 원인을 진단한다. 그리고 **문제해결**(problem solution) 단계에서는 문제해결에 대한 방안들을 설정하여 하나의 대안을 선택하고 실행하는 것이다.

조직의 의사결정은 복잡성의 정도에 따라 프로그램화된 의사결정과 프로그램화되지 않은 의사결정으로 구분한다.[6] **프로그램화된 의사결정**(programmed decisions)은 반복적으로 발생하는 문제에 대하여 문제의 정의가 명확하고 문제해결을 위한 절차가 정해져 있을 때 사용된다. 성과에 대한 판단 기준이 뚜렷하고, 현재의 성과에 관한 정보가 충분하며, 대안 설정이 구체화되기 용이하며, 선택된 대안을 실행할 경우 성공가능성이 비교적 확실하다고 볼 수 있기 때문에 프로그램화된 의사결정은 체계적으로 이루어진다. 사무실의 복사기를 교체하거나, 직원들의 여행비용을 정산하거나, 또한 조립공정에 지원한 사람들의 자격을 평가할 때는 의사결정의 근거가 되는 정해진 규칙에 의하게 되며 이와 같은 경우들이 프로그램화된 의사결정의 예가 된다. 따라서 많은 회사들은 기존의 경험을 바탕으로 프로그램화된 의사결정에 필요한 규칙을 마련해 두고 있다. 예를 들면, 큰 호텔에서 연회 담당 직원을 배정할 때는 테이블에 앉은 손님은 30명 기준으로, 뷔페식에서는 40명의 손님을 기준으로 직원 1명씩을 할당하는 규칙을 정하고 있다.[7] 오늘날 이와 같은 루틴(routine)이나 프로그램화된 의사결정은 9장에서 살펴본 인공지능(AI)에 의해 다루어지기도 한다. 예를 들어, 로열 데치 쉘(Royal Dutch Shell)은 다양한 프로젝트에 적절한 기술과 경험을 보유한 인력을 해당 사업 분야에 할당하는 인공지능 알고리즘을 사용하기 시작했다. 이 알고리즘은 작업일정을 효율화하고, 관리자로 하여금 더 복잡하고 프로그램화되지 않은 의사결정에 집중할 수 있도록 시간의 여유를 줄 수 있다.[8]

프로그램화되지 않은 의사결정(nonprogrammed decisions)은 문제가 독특하면서도 명확하게 정의되지 않고 문제해결을 위한 절차도 정해져 있지 않다. 또한 전에는 문제로 여겨지지 않았거나 어떻게 대응해야 할지도 잘 모르는 경우에 사용된다. 따라서 명확한 의사결정 기준이 없으며, 대안들도 불분명하여 제시된 대안이 문제를 해결할 수 있을지 여부도 불확실하다. 보통 프로그램화되지 않은 의사결정에서는 대안이 별로 제시되지 않으며, 사안별로 그 문제에만 특화된 하나의 해결책을 찾아 간다. 프로그램화되지 않은 의사결정은 불확실성이 높고 의사결정이 복잡한 전략계획을 포함한다.

대부분 회사의 경영자들처럼 맥도날드와 같은 패스트 푸드 체인점의 경영자들은 프로그램화된 것과 프로그램화되지 않은 의사결정 모두에 직면한다. 미국에서 신규 매장을 개설할 때에는 지역의 인구분포, 교통 흐름, 부동산의 위치와 가격 그리고 경쟁점포의 위치 등을 분석할 수 있다. 점포의 수익-비용 모델에다가 이들 자료를 결합하면 경영자는 새 지역에 합리적이고도 훌륭한 의사결정을 내릴 수 있다. 이는 프로그램화된 의사결정의 보기이다. 그러나 저개발국가에 처음으로 점포를 개설하는 결정은 그리 쉬운 것은 아니다. 경영자는 정보도 많지 않을뿐더러 지역 시장에 대한 이해도 낮다. 그 지역에서 회사의 제품은 전혀 새로운 것일뿐더러, 알 수 없는 경쟁자와 직면할 수도 있다. 공급자도 낯설고, 직원을 고용하여 훈련시키는 것도 처음부터 시작해야 한다. 이는 진정한 프로그램화되지 않은 의사결정이다. 그리고 만약 일부의 경영자가 새로운 점포를 어디에 어떻게 개설할지에 대해 동의하지 않는다면 때대로 위험하고 골치 아픈 의사결정이 되기도 한다.[9]

트위터가 사이트에서 금지해야 할 것에 대한 투쟁은 '위험하고 골치 아픈' 문제를 보여준다. 위험하고 골치 아픈 문제는 목표와 대안들에 대한 경영자들 간의 의견충돌이나 급격히 변화하는 경영여건 그리고 의사결정 요소들 간의 불명확한 연계관계와 깊은 관련이 있다. 이러한 문제에 접해 본 경영자들은 나중에 가서야 비로소 처음부터 문제를 정확하게

IN PRACTICE 트위터

"나와 함께 참아 주세요" 팀원 중의 하나가 말했다. 트위터(Twitter)의 최고경영자 잭 도시(Jack Dorsey)는 이용자가 더 안전하게 소셜미디어를 사용할 있도록 하는 방법에 관해 토론하기 위해 18명의 팀원을 불러 모았다. 이 토론에서 가장 뜨거운 주제는 트위터의 룰은 깨뜨리지 않으면서도 '비인간적 트윗'을 제거하는 방법이었다. 트위터의 서비스는 직접적인 위해를 가하는 것과 차별성 트윗을 금하고 있었지만, 속임수나 잘못된 정보는 금하는 규칙이 없었다.

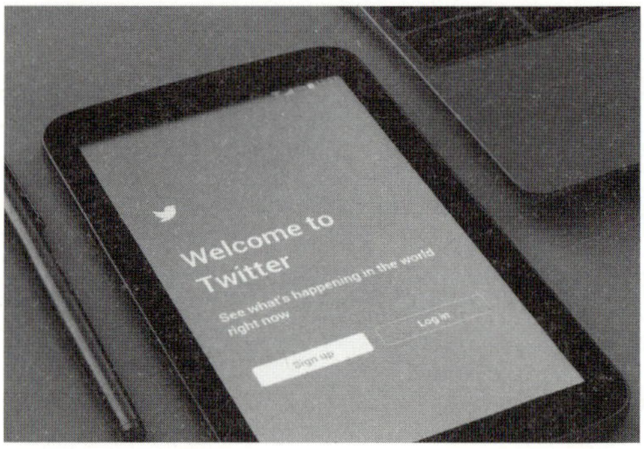

PhotoMIX-Company/Pixabay

며칠간의 사전 회의 동안 트위터의 경영자와 직원들은 트위터에 무엇은 올릴 수 있고 올릴 수 없는지에 관한 회사의 정책을 어떻게 수용하고 설명한 것인가에 대해 치열하게 논쟁하였다. 트위터는 샌디 후크(Sandy Hook) 총격사건이 사기라는 게시물을 포함하여 극우의 음모 사이트 인포워즈(Infowars)와 그 작성자 알렉스 조네스(Alex Jones)의 게시물을 허용한 것에 대해 이용자와 언론으로부터 크게 비난을 받았다. 페이스북, 애플 그리고 유투브는 인포워즈와 조네스의 영상이나 팟캐스트를 내렸지만 트위터는 자신의 규칙에 어긋나는 것이 없다는 이유로 이것들을 자신의 사이트에 내버려 두었다.

정책 회의는 1시간 이상 진행되었으며, 참가자들은 단순히 '비인간적 트윗'의 구성 요소에 대한 정의를 정하는 데 어려움을 겪었다.

어느 시점에, 도시가 기술적 해결책은 있을 것이라 요청했지만, 답변으로서 합의는 없었다. 팀은 비인간적 트윗에 관한 초안을 마련하고 의견수렴과 토론을 위해 대중에게 이를 공개하기로 결정했다. 소셜미디어를 통해 언론의 자유 문제를 다루는 것은 아주 도전적이다. 국제관계 위원회에서 디지털 정책을 다루는 수석위원인 카렌 콘블러(Karen Kornbluh)는 "정당한 절차도 없고, 투명성도 없으며, 판례도 없으며, 이러한 결정의 배후에 있는 매우 복잡한 법적, 사회적 질문에 대한 경험도 없다"고 트위터의 골치 아픈 결정 문제를 지적했다.[10]

정의하지 못했다는 사실을 깨닫기도 한다.[11] 조직학자인 러셀 애코프(Russel Ackoff)가 말하기를, "경영자는 단순하고 개별화된 문제를 해결하는 것이 아니다. 경영자는 혼합된 덩어리(messes)를 경영한다." 애코프의 설명에 의하면 혼합된 덩어리는, 고도로 상호연관된 문제들 그리고 지속적으로 변화하면서 상호의존적인 상황을 포함한다.[12] 달리 말하면, 혼합된 덩어리는 위험하고 골치 아픈 문제이다. 이처럼 극히 불확실한 상황 하에서는 설령 좋은 선택이 이루어져도 나쁜 결과가 나올 수도 있다.[13]

빠르게 변화하는 비즈니스 환경 때문에 경영자들과 조직들은 더 많은 비율의 프로그램화되지 않은 의사결정과 위험하고 골치 아픈 의사결정을 다루고 있다. 〈도표 13.1〉에 제시한 것 같이, 오늘날의 경영환경의 빠른 변화 속도, 더 큰 복잡성, 그리고 불확실성은 의사

도표 13.1 오늘날의 환경에서의 의사결정

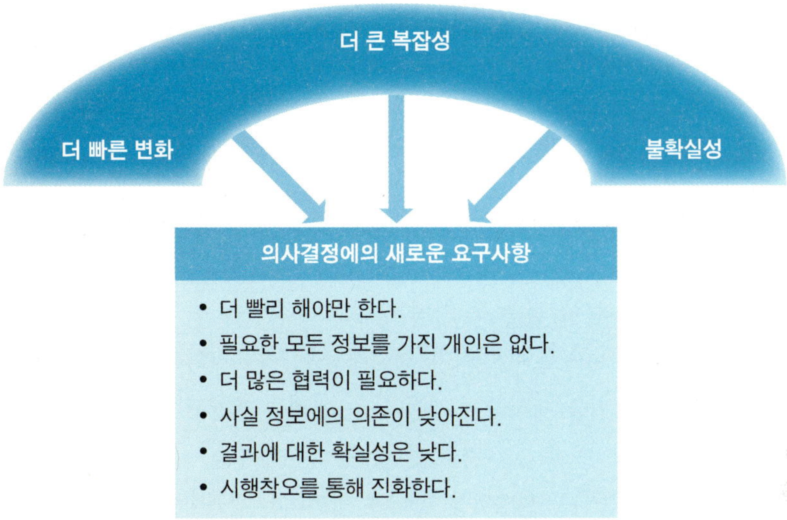

출처: Based on John P. Kotter, *Leading Change* (Boston, MA: Harvard Business School Press, 1996), 56.

결정자에게 새로운 수요를 창출하고 있다. 예를 들면, 과거 안정적인 경영환경에서 보다 더 빠른 의사결정을 내려야 한다.

모든 주요 의사결정에 필요한 정보를 다 가지고 있는 개인 경영자는 없다. 이는 좋은 의사결정이란 이제 협력과 정보 공유에 의존해야 함을 의미한다. 의사결정은 이제 확실한 사실 정보(hard data)에 의존하기도 어려워졌을 뿐만 아니라 그 결과에 대한 확실성도 더 낮다. 많은 의사결정이 시행착오를 통해 진화한다. 예를 들어, 월마트(Walmart)의 경영진은 고부가 상품의 매출을 늘리고자 대형 진열 상품을 정리하여 단순화하는 노력을 통해 진열 상품의 거의 10%를 줄였다. 하지만 이 결정은 매출에 상처를 입혔다. 월마트는 10년 만에 처음으로 시장점유율을 잃었다. 경영진은 최근 상품 진열대에 8,500개의 품목을 다시 진열하고 "It's Back"이라는 캠페인을 선언했다. 그리고 "Low prices, Every day. On everything"이라는 새로운 모토를 채택했다.[14]

핵심정리

- 경영자는 매일 의사결정을 내린다. 의사결정은 문제를 식별하는 단계와 문제를 해결하는 단계를 거친다.
- 의사결정은 매우 복잡하다. 프로그램화된 의사결정은 반복적이며 잘 정의되어 있고 문제 해결을 위한 절차가 있다. 프로그램화되지 않은 의사결정은 아주 독특하며 잘 정의되어 있지 않고, 문제해결을 위한 명확한 절차도 빈약하다.

- 극단적으로 프로그램화되지 않은 의사결정은 때때로 사악한(혹은 위험하면서도 짓궂은) 의사결정이다. 사악한 의사결정은 목표와 대안들에 대한 경영자들 간의 의견충돌이나 급격히 변화하는 경영여건 그리고 의사결정 요소들 간의 불명확한 연계관계와 깊은 관련이 있다.

13.2 개인 의사결정

경영자의 개인적인 의사결정은 두 가지 방법으로 설명될 수 있다. 첫 번째는 **합리적인 접근방법**(rational approach)으로, 경영자가 의사결정을 하기 위하여 어떻게 노력해야만 하는가에 대한 이상적인 방법을 제시하는 것이다. 두 번째는 **제한된 합리성 관점**(bounded rationality perspective)으로, 현실적으로 시간과 자원 상 엄청난 제약을 받는 상황에서 의사결정이 어떻게 이루어져야만 하는지를 설명하는 것이다. 합리적인 접근방법은 경영자가 추구하는 이상적인 방법이지만 실제로 거의 불가능한 것이다.

13.2a 합리적인 접근방법

개인 의사결정에서의 합리적 접근방법은 문제를 체계적으로 분석하고, 그 다음에 해결안을 선택하고 실행하는 단계들을 논리적이고 순차적으로 진행할 필요성을 강조한다. 예를 들면 18세기 정치가요 외교관인 벤자민 프랭클린(Benjamin Franklin)이 어려운 문제에 봉착했을 때, 해당 의사결정을 하기 위해 종이 한 장을 양분하여 한 쪽에는 '찬성', 다른 쪽에는 '반대'라 쓰고 해당 칸에 여러 가지 이유를 적었다. 이렇게 며칠을 진행한 후 프랭클린은 최고의 의사결정을 내릴 수 있는 결정기준에 이르기까지 찬성과 반대의 이유들이 가진 가치에 가중치를 부여하는 시스템을 적용하여 해당 이유들을 좁혀갔다.[15] 찰스 다윈(Charles Darwin)도 그가 결혼을 할지 여부에 대해 결정할 때 같은 과정을 사용해보고자 시도했다. '비결혼'에 관해 그는 '클럽에서 영리한 남성의 대화'를 즐기는 것과 같은 총각의 이점을 적었다. '결혼'에 관해서는 '(신의 축복이 있다면) 아이, 매력적인 음악과 여성과의 담소'를 포함하였다.[16] 만약 프랭클린이 그랬던 것처럼 다윈도 이런 합리적 접근법을 사용하고자 했다면, '대담한 결단'을 내리기 어려웠을 것이다.[17] 이와 마찬가지로 경영자들에게 합리적 접근방법이 개인 의사결정에 제시되었는데 그 이유는 많은 경영자들이 조직에서 의사결정을 하는 데 비체계적이고 임의적으로 대응하는 경우가 있기 때문에 올바른 방향을 보여 주기 위해서다.

물론 합리적인 의사결정 모형이 이상적인 것이며 〈도표 13.1〉에서 제시한 바와 같이 불확실하고 복잡하며 변화가 급격한 실제 현실에서는 그대로 이루어질 수 없겠지만, 경영자들이 의사결정 문제를 명확하고 합리적으로 생각하는 데는 도움이 될 것이다. 즉 경영자들은 언제든지 가능한 한 체계적인 절차에 따라 의사결정을 하도록 해야 한다. 따라서 합리적인 의사결정 과정을 충분히 이해한다면, 확실한 정보가 부족한 경우에도 더 나은 결정을 내릴 수 있을 것이다. 최근에 발간된 의사결정에 관한 책에서는 복잡한 문제들을 빠르고 확고하게 다루는 데 정평이 난 예로 미 해병대를 들고 있다. 해병대는 상황분석과 행동개시를 신속하게 할 수 있도록 지속적으로 훈련을 받고 있다.[18]

합리적인 접근방법에 의하면, 의사결정은 〈도표 13.2〉에서 제시한 것 같이 8단계로 나눌 수 있으며, 각 단계별 세부내용은 다음의 백화점 총지배인인 린다 코슬로(Linda Koslow)의 사례에서 볼 수 있다.[19] 코슬로는 일리노이 오크브룩(Oakbrook)에 있는 마샬 필즈(Marshall Field's) 백화점의 총지배인이었으며, 이 백화점은 후에 메이시(Macy's)에 인수되었다.[20]

1. 환경에 대한 탐지: 첫 번째 단계로, 계획되지 않았거나 수용하기 어려운 행동을 나타내는 조직의 내·외부 정보를 탐지한다. 이러한 정보는 주로 다른 경영자들과의 대화, 재무제표 검토, 업적 평가, 산업지수, 경쟁사의 활동 등으로 판단한다. 예를 들면 연말 특수 기간인 크리스마스 전 5주 동안에, 린다 코슬로는 자기 상점 주변의 경쟁점포들을 둘러보면서 상품이 제대로 구색을 갖추고 있는지 점검한다. 또한 자기 매장에서 어떤 상품들이 나가고 있는지 알아보기 위해서 전날의 매출 항목들의 명세표도 꼼꼼히 살펴본다.
2. 문제의 정의: 문제를 세부적으로 확인하고, 언제, 어디서, 누가, 무엇이 문제인지를 찾아내고 대응할 방안을 찾는다. 코슬로의 경우, 백화점의 이익이 줄었는지 확인하고 그 이유가 전반적인 매출이 예상보다 낮았는지 아니면 특정 상품이 기대한 만큼 팔리지 않

도표 13.2 합리적인 의사결정 모형의 단계

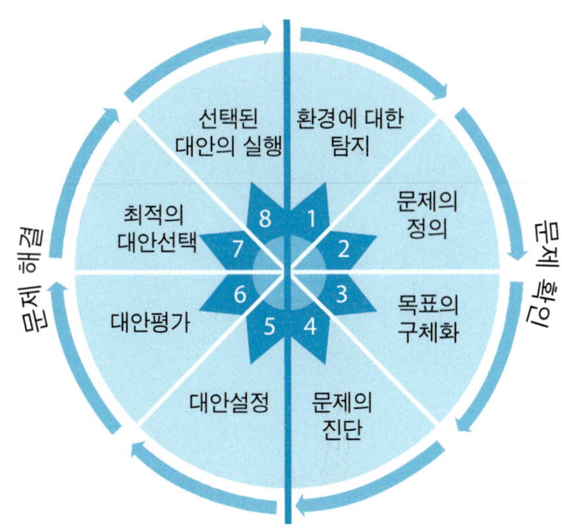

았기 때문인지를 따져보는 것이 예가 된다.

3. 목표의 구체화: 의사결정에 따라 달성해야 하는 성과 결과가 무엇인지를 정한다.
4. 문제의 진단: 이 단계에서는 문제의 원인을 분석하기 위하여 심층적으로 접근한다. 당연히 추가적인 자료수집이 필요하며, 원인을 파악하면 적절한 대응이 가능해진다. 마샬 필즈사의 예에서 판매부진의 이유는 경쟁사들의 상품 가격인하 때문일 수도 있고 마샬 필즈에서 잘 나가는 상품들이 잘 보이도록 하는 디스플레이에서 잘못을 했기 때문일 수도 있다.
5. 대안설정: 문제해결을 위한 행동을 결정하기에 앞서서, 원하는 목표를 이루기 위한 다양한 옵션들을 분명히 이해하고 있어야 한다. 따라서 다른 사람들로부터 여러 가지 아이디어 및 의견을 수렴해야 한다. 학자이자 연구자인 폴 넛(Paul Nutt)은 의사결정을 심층적으로 연구하였는데, 그 연구로부터 얻은 중요한 시사점은 성공적인 의사결정의 성과를 얻기 위해서는 다양한 대안은 모으는 것이 중요하다는 것이다.[21] 활용가능한 하나의 대안을 정하는 것은 쉽지만 때대로 효과적이지 않을 때가 더 많다. 코슬로가 이익을 늘리기 위해 취할 수 있는 방안들은 새로운 상품을 갖추거나, 판매를 촉진시키거나, 종업원 수를 줄이는 것 등을 고려할 수 있다.
6. 대안평가: 이 단계에서는 각 대안들의 성공가능성을 따지기 위해서 통계적인 방법이나 개인적인 경험을 활용한다. 대안의 장점과 함께 원하는 목표 달성의 확률을 평가한다.
7. 최적의 대안선택: 지금까지의 분석 자료와 설정한 목표 및 제시된 대안 등을 총체적으로 감안하여, 성공 가능성이 가장 높은 대안 하나를 선택하는 것이다. 마샬 필즈사의 코슬로는 이익 목표를 달성하기 위해 광고와 가격인하 대신 종업원 수를 줄이는 방법을 선택하였다.
8. 선택된 대안의 실행: 마지막으로, 조직의 제도, 관리절차 및 설득력 등을 활용하여 정해진 방안이 실행에 옮겨지도록 하는 것이다. 이 단계가 의사결정의 핵심 단계라 할 수 있는데, 그 이유는 아무리 내용상으로 훌륭하더라도 실행에 성공하지 못한 의사결정은 결국 실패한 결정이라 할 수 있기 때문이다.[22] 경영자는 의사결정이 실행에 옮겨지도록 사람과 자원을 동원해야만 한다. 그렇기에 실행이 의사결정에서 가장 어려운 단계이다. 해결방안이 실행에 옮겨지면 즉시 1단계의 탐지 활동을 다시 시작한다. 대대수의 경영자에게 의사결정은 연속적인 순환과정으로, 문제점과 기회 파악을 위한 환경 분석을 토대로 매일 새로운 결정을 내린다.

〈도표 13.2〉에서 예시한 것처럼 첫 번째 4단계는 문제확인 단계이고, 다음 4단계는 문제해결 단계이다. 그리고 개별 단계는 별개의 요소가 아니며 정상적인 의사결정에서는 위의 8단계를 모두 거친다. 하지만 경영자가 경험에 의해 어떤 상황에서 무엇을 해야 할지를

IN PRACTICE 베라크루즈 컨설팅

1. 환경에 대한 탐지: 월요일 아침 베라크르즈 컨설팅(Veracruz Consulting)의 회계 주임 조 마르티네즈(Joe Martineze)가 또 결근을 했다.
2. 문제의 정의: 마르티네즈가 월요일마다 결근하는 것이 오늘로 연달아 네 번째이다. 무단결근은 회사 정책적으로 금지되어 있으며 마르티네즈는 이미 주의를 받았고, 때를 보아서 최후의 경고조치를 하려고 한다.
3. 목표의 구체화: 마르티네즈는 업무에 정상적으로 임해서 자신이 해결해야 할 청구서 처리 문제를 2주일 안에 끝내야만 한다.
4. 문제의 진단: 마르티네즈의 동료들로부터 의견을 청취해 본 결과 마르티네즈의 문제는 술 때문으로 나타났다. 주말에 과도한 음주가 월요일 결근의 원인이었다. 업무와 관련이 있는 다른 기업의 직원들에게서도 마르티네즈가 술 때문에 문제가 있다는 이야기를 들었다.
5. 대안설정: (1) 마르티네즈를 해고한다. (2) 무조건 최후 경고를 한다. (3) 경고를 하되 그 원인이 음주 문제 때문이라는 것을 알려주어 마르티네즈가 자신의 문제를 깨닫게 한다. (4) 마르티네즈와 음주 문제에 대해 의논을 하고 자신의 문제를 인정한다면, 경고를 유보하고 회사에서 운영하는 사원 지원 프로그램에 참여시켜 음주문제를 치유할 수 있게 한다. (5) 마르티네즈와 음주 문제에 대해 의논을 하고 자신의 문제를 인정하지 않으면, 다음에 한 번 더 무단결근할 때에는 해고될 것이라고 통보한다.
6. 대안평가: 각각의 대안에 발생하는 비용을 고려한다. 첫 번째 대안은 비용을 전혀 고려하지 않았다. 두 번째 및 세 번째 대안은 문제 직원에게는 적절한 카운슬링을 해야 한다는 회사의 정책에 어긋나는 것이다. 네 번째 대안은 마르티네즈와 회사 모두에게 도움이 될 수 있다. 즉 마르티네즈가 이를 기꺼이 수용해서 문제가 해결된다면 기존의 유능한 직원을 바꾸지 않아도 될 것이다. 다섯 번째 대안은 회사의 입장에서는 유용한 것이다. 최후 경고를 통해서 마르티네즈가 음주 문제가 있다는 것을 받아들이지 않을 수 없게 함으로써, 해고는 면하게 한다. 하지만 무단결근이 계속되는 것은 용납이 안 된다.
7. 최적의 대안선택: 마르티네즈가 자신의 음주 문제를 인정하지 않아서 다섯 번째 대안을 선택하였다.
8. 선택된 대안의 실행: 사안을 정리하고 최후 경고를 내렸다.[23]

정확하게 알고 있을 경우에는 몇 단계를 줄일 수 있다. 다음의 사례는 합리적인 의사결정 방법이 인사문제를 다루는 경우에 적용되는 예를 제시한다.

앞의 사례에서, 조 마르티네즈에게 최종 경고를 내린 것은 프로그램화된 의사결정의 한 예이다. 즉 원하는 행동의 기준이 명확히 정의되어 있고, 마르티네즈의 결근 횟수와 원인에 대한 정보가 이미 나와 있으며, 조건에 맞는 대안들과 의사결정 절차가 정해져 있다. 이러한 경우에는 의사결정자가 차분하고 사려깊이 문제를 다룰 수 있는 시간도 충분하므로 합리적인 접근방법이 가장 적합하다. 또한, 베라크루즈 컨설팅회사는 한 번 결정된 사안을 실행할 제도도 갖추고 있었다.

하지만 의사결정이 프로그램화되지 않았고, 문제의 정의도 서로 정확하지 않은 상황에서 합리적인 의사결정방법에 따라 각 단계별 절차를 따라갈 때에는 직관력과 경험에 의존하면서 몇 단계를 생략하게 된다. 즉 전형적인 합리적 접근방법에서 벗어난 의사결정방법들은 제한된 합리성 관점에서 설명할 수 있다.

13.2b 제한된 합리성 관점

합리적 의사결정의 요지는 의사결정을 잘 하기 위해서는 체계적인 절차에 따라야 한다는 것이다. 경영자들이 잘 알고 있는 이슈들을 다룰 때는 합리적인 의사결정 방법을 활용한다.[24] 하지만 의사결정에 관한 연구에 의하면 경영자들이 이상적인 절차를 따를 수 없는 경우가 흔하다는 것을 보여준다. 즉 의사결정이 신속하게 이루어져야 하고, 시간이 부족하며, 조직 내·외부적으로 고려해야 할 요인이 너무 많으며, 또한 문제를 제대로 정의하기가 어렵기 때문에 체계적인 분석은 사실상 불가능하게 된다. 경영자는 시간과 정신적인 여유가 충분하지 못하기 때문에, 모든 목표와 문제 그리고 대안을 평가할 수는 없다. 엄청나게 복잡한 많은 문제들을 합리적으로 해결하는 데는 제한적일 수밖에 없다.

제한된 합리성이 언제나 사용되어야만 하는 것은 아니다. 하지만 특정한 상황에서는 매우 유용하다. 제한된 합리성은 조직학자인 허버트 사이먼(Herbert Simon)에 의해 주창되었다. 사이먼은 문제에 대한 완벽한 해결책이 있지만, 사람의 제한된 사고력으로 인해 완벽한 해결책에 이르는 데 요구되는 인지적 단계를 거칠 수 없다고 믿었다.[25] 제한된 합리성 관점을 이해하기 위해서 대학 졸업자들이 어떻게 직업을 선택하는지 생각해보자. 외견상으로는 간단한 결정문제인 듯하지만 실제로는 곧바로 복잡한 문제로 바뀌어 제한된 합리성 모형이 사용된다. 졸업을 앞 둔 학생들이 직장을 구하려 노력할 때, 두세 군데의 직장에서 가능성을 발견하면 더 이상 직장을 찾으려는 노력은 급격히 줄어든다. 완벽한 합리적인 기준에 따르려면 수백 개의 기업을 대상으로 원하는 직장을 선택해야 하겠지만, 실제로는 그 수에 훨씬 못 미치는 2~3개의 기업 중에서 직장을 선택하는 것이다.

제약조건들과 상쇄적 선택관계. 의사결정에 제약을 주는 요소들은 〈도표 13.3〉에서 제시된 것처럼 문제의 복잡성 이외에도 여러 가지가 있다. 의사결정의 많은 경우에 애매모호한 상황, 필요한 사회적 지원, 문제에 대한 접근 시각의 일치성 여부 및 구성원의 합의 등이 이러한 요소에 해당된다. 조직구조나 설계 외에도 의사결정의 제약 요소로서 기업문화와 윤리적 가치 또한 의사결정에 영향을 미친다는 것을 〈도표 13.3〉에 확인할 수 있으며, 이에 대해서는 7장과 11장에서 논의한 것처럼 조직구조와 설계도 영향을 미친다. 예를 들어 BP사의 기업문화는 멕시코 걸프 지역 기름 유출 사고나 재앙에 가까운 딥워터 호라이즌(Deepwater Horizon)의 폭발을 야기한 의사결정에 제약요인으로 작용했다. 위험하더라도 지름길을 택하는 것이 BP사의 기업문화에 깊이 새겨 있었다. BP사는 역사상 기

도표 13.3 프로그램화되지 않은 의사결정 시의 제약조건들과 상쇄적 선택 관계

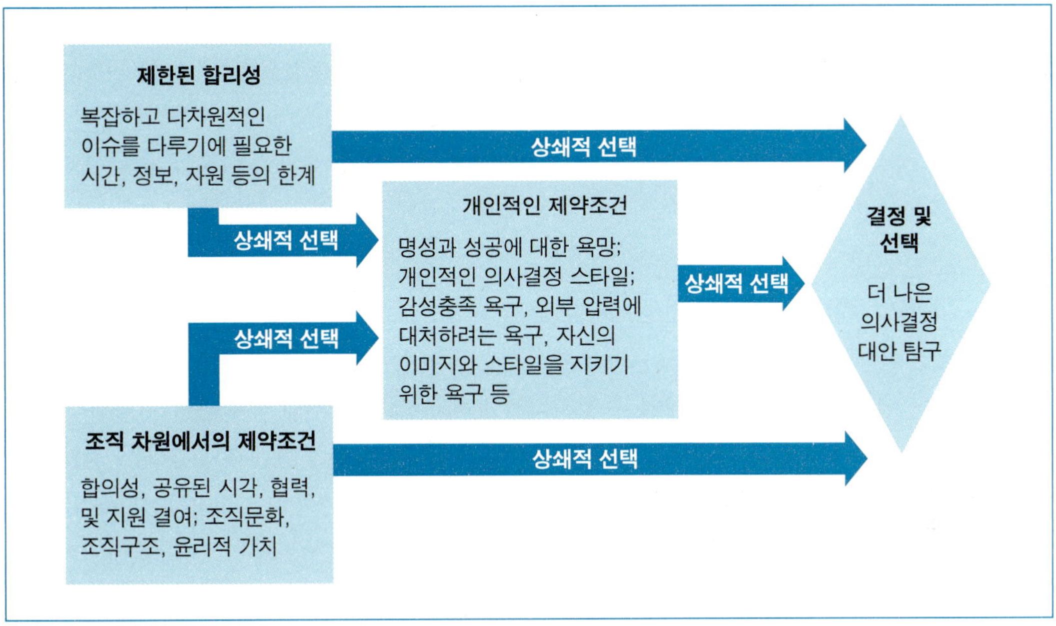

출처: Adapted from Irving L. Janis, Crucial Decisions (New York: Free Press, 1989); and Alexander L. George, *Presidential Decision Making in Foreign Policy: The Effective Use of Information and Advice* (Boulder, CO: Westview Press, 1980).

름 관정을 가장 깊이 뚫는 회사 중의 하나였다. 그럼에도 불구하고 경영자들은 여러 개의 연결 쇠줄보다는 단지 한 줄만 사용하도록 결정했다. BP사의 경영자들은 구멍을 파는 드릴이 깊이 들어갈수록 방향이 틀어지는 것을 방지하는 중심추(centralizer)도 21개를 사용하기보다 6개만 사용하도록 결정했다. 또한 바다 바닥에서 관정을 지지해주는 시멘트의 점성을 검증하는 중요한 시험도 생략하고, 안전조치를 가스분출방지기에만 의지하도록 결정했다. 대부분의 정유회사들은 가스분출방지기를 사용할 상황이 발생하기 전에 문제를 해결할 수 있도록 추가적인 안전장치를 구축하지만 BP사의 공격적인 위험감수적인 문화가 경영자로 하여금 사려 깊으면서도 시간을 투여하는 접근법을 사용하는 데 제약이 된 것이다.[26]

이러한 제약 요인은 개인 수준의 결정에서도 존재한다. 의사결정 스타일, 업무의 강박감, 명성을 얻고 싶은 욕망, 또한 단순한 불안감 등의 개인적인 제약요인들이 대안들을 찾거나 어떤 대안을 받아들이는 데에 제한을 주기도 한다. 이러한 여러 요인이 확실하고도 이상적인 아이디어를 선택해야만 하는 합리적인 의사결정 방법에 제약을 주는 것이다.[27] 예를 들어 갭(Gap Inc.)의 최고경영자 아트 펙(Art Peck)은 보고에 의하면, 분석적 의사결정 유형을 가지고 있으며 창의적 의사결정에도 자료와 분석을 좋아한다. 일부 사람들은 창의적인 경영진 대신 운영 임원에게 더 많은 권한을 부여하기로 한 결정이 패션 소매 산업의 변화에 적응하는 갭의 능력을 방해했다고 생각한다. 그러나 펙은 "거기에는 지금 과학과 예술이

있습니다. 그리도 이 둘은 함께 할 수 있습니다"라고 말한다.[28] 일부의 관리자들이 조직 내에서 권력을 가지고 있는 자기 상급자 또는 여러 사람이 존경하고 흠모하는 사람들이 좋아할만한 수준에서 노력을 시도하자는 태도로 여러 가지 의사결정을 할 수도 있다.[29] 다른 경영자들은 덜 수용적인 의사결정 유형에 제약을 받기도 한다.

게다가, 많은 경영자들은 의사결정 시 제약요인이 될 수 있는 판단이나 행동 상의 편향을 가지고 있다. 다음 절에서는 인지적 편향에 대해서 자세히 논의할 것이다.

직관의 역할. 제한된 합리성 관점은 종종 직관적인 의사결정과정과 관련되어 있다. **직관적인 의사결정**(intuitive decision making)에서는 논리적인 과정이나 명백한 추론보다 경험과 판단이 활용된다.[30] 많은 연구들은 합리적인 분석과 직관을 결합하여 같이 사용하는 것이 시간의 압박을 받는 복잡한 의사결정에 효과적이라는 결과를 제시하고 있다.[31] '적합성 평가'를 점검해보면 당신이 합리적 의사결정자인지 직관에 의존한 의사결정자인지를 알아 볼 수 있다.

적합성 평가

중요한 의사결정 내리기

당신은 중요한 의사결정을 어떻게 내리는가? 당신이 인생의 중요한 직업 선택을 할 때라든가, 중요한 구매 결정이나 투자 결정을 내릴 때 어떻게 하고 있는지 생각해보면 답을 얻을 수 있다. 최종 의사결정을 내릴 때까지 아래에 제시된 10개의 단어들에 얼마나 해당되는지 확인해보자. 당신이 어떻게 최종 선택을 내리는 지 가장 잘 설명하고 있는 다섯 가지를 체크하면 된다.

1. 논리(logic) _____
2. 내 안의 지식(inner knowing) _____
3. 자료(data) _____
4. 느낌 상(felt sense) _____
5. 사실(facts) _____
6. 본능(instincts) _____
7. 개념(concepts) _____
8. 예감(hunch) _____
9. 논거(reason) _____
10. 느낌(feeling) _____

점수계산: 홀수번호로 제시된 단어를 선택했으면 1점을 주고, 짝수번호로 제시된 단어를 선택했으면 1점을 감한다. 따라서 최고 높은 점수는 +5점이고 가장 낮은 점수는 -5점이 된다.

해석: 홀수의 단어들은 선형 의사결정 유형을 그리고 짝수의 단어들은 비선형 의사결정의 접근법을 담고 있다. 선형의 의사결정이란 <도표 12.2>에서 살펴 본 것과 유사한 논리적인 합리성에 근거한 의사결정 유형이며, 비선형 의사결정이란 직관을 이용한 의사결정 유형을 의미한다. 만약 당신의 점수가 -3에서 -5점 사이라면 직관적면서 대체적으로 만족을 추구하는 것이 당신의 의사결정 유형이라 할 수 있다. 합리적인 접근법을 경영대학에서 가르치고 있으나, 평가할만한 가시적인 자료가 부족한 경영자, 특히 최고경영자들은 경험에 근거한 직관을 활용하고 있다.

출처: Adapted from Charles M. Vance, Kevin S. Groves, Yongsun Paik, and Herb Kindler, "Understanding and Measuring Linear–Nonlinear Thinking Style for Enhanced Management Education and Professional Practice," *Academy of Management Learning & Education* 6, no. 2 (2007), 167–185.

직관은 '의식적인 추론없이 무언가를 이해할 수 있는 우리의 정신의 능력(mind's ability)'라 정의되어 왔다.[32] 직관은 잠재의식 속에 쌓여 있는 오래된 실제 경험에서 비롯되는 것이기 때문에 독단적이거나 불합리적인 것은 아니다. 따라서 경영자들이 조직에서 제기된 사안에 대해 오랜 경험을 바탕으로 직관을 활용하면 오히려 문제를 더 빠르게 감지하고 이해할 수 있을 뿐만 아니라 본능적인 느낌과 예감으로 대안을 설정하여 의사결정 과정을 빠르게 한다.[33] 효과적인 의사결정에서 직관이 가치가 있다는 것은 심리학, 조직 과학, 그리고 많은 학문 영역에서 점점 더 연구가 이루어지면서 지지를 얻고 있다.[34]

만약 특정 분야에 대한 깊은 경험과 지식을 보유하고 있다면, 빠른 시간 내에 비교적 노력을 덜 들이고도 올바른 의사결정을 할 수 있다. 그 이유는 의식 속에 숨겨진 정보에 기반을 둔 패턴을 인지하고 있기 때문이다. 이런 능력은 인지 패턴에 의해 길거리 폭탄 공격을 저지하는 책임을 진 이라크 파병 군인들에게서 발견할 수 있다. 그들의 머릿속에서 위험을 감지하고 이에 대응하는 능력에 비하면 개선된 폭발장치나 IEDs를 탐지하기 위해 고안된 고성능 기어는 그저 보완 수단일 뿐이다. 이라크 전쟁에 경험이 있는 군인들은 무의식적으로 무엇이 잘못되어 있는지를 감지했다. 어제 없던 바위가 있다든지, 너무 대칭적인 콘크리트 덩어리가 있다든지, 행동패턴이 특이하든지, 분위기 상 뭔가 다른 긴장감이 느껴진다든지 하는 것들이다.[35] 유사하게 영리 사업에서도 경영자들이 무의식 중에 감지할 수 있는 정보를 인지하거나 처리하곤 한다. 그리고 그들의 지식과 경험 기반이 불확실하고 모호한 특징을 지닌 의사결정에 도움이 된다.

매우 복잡하고 애매모한 상황에서는 문제확인 단계 및 문제해결 단계 모두에서 막연한 요소들을 통합하기 위하여 이전의 경험과 판단을 필요로 한다.[36] 조직 내의 문제 발견에 관련된 한 연구에 의하면 33개의 문제들에서 30개의 문제들이 불분명하고 정의를 잘못한 것으로 나타났다.[37] 비공식적인 정보 출처에서 얻어진 부분적인 부스러기 정보들이 의사결정을 내려야 하는 경영자의 사고의 틀을 형성하도록 한 것이었다. 문제가 존재한다는 것을 증명할 수는 없었지만 특정 부문에 주의가 필요하다는 것은 직관적으로 알고 있었다. 복잡한 문제를 너무 단순하게 검토하는 것 역시 종종 의사결정의 실패 원인이 되므로,[38] 경영자들은 모든 것이 확인되었으니 안전하다는 생각보다는 직관에 귀를 기울이는 법을 배워야 한다.

직관은 또한 문제의 해결 단계에서도 사용된다. 경영자들은 이익이나 측정 가능한 결과들에 뚜렷한 영향을 미친다는 근거를 찾을 수 없을 경우에도 의사결정을 내려야 할 때가 많다.[39] 〈도표 13.3〉에서 본 바와 같이 다른 경영자들의 지지 여부에 대한 개인적인 우려, 실패의 두려움 및 사회적인 태도 등과 같은 여러 가지의 눈에 보이지 않는 요인들이 가장 좋은 대안을 선택하는 데에 영향을 주고 있다. 이러한 요인들은 체계적으로 계량화될 수 없기 때문에 해결방안을 선택할 때 직관에 따르게 된다. 경영자는 자료가 기록된 문서에 의하기보다는 자기가 옳다고 생각하는 감각에 따라 결정한다.

도입 질문과 답

1. 의사결정을 할 때 경영자들은 가장 객관적이고 합리적인 과정을 따라야 한다.

답) 동의하지 않는다. 의사결정에서 완벽한 합리성을 추구하는 것은 현실적인 것이 아니라 이상적인 것이다. 대다수의 복잡한 의사결정은 그 자체가 단계를 밟아 나가는 분석적 과정을 따르지 않는다. 그리고 의사결정자들에게도 다양한 제약 요소가 존재한다. 프로그램화되지 않은 의사결정을 내릴 때에는 경영자가 합리적인 의사결정을 내리기 위해 합리적인 단계를 밟아 가려고 노력하지만 동시에 직관과 경험에 의존하기도 한다.

제한된 합리성 관점과 직관의 활용이 대부분의 프로그램화되지 않은 의사결정에 어떻게 적용되는지를 기억하자. 프로그램화되지 않은 의사결정의 독특하고, 불확실하며, 복잡한 측면은 사실 정보나 논리적 과정이 사용될 수 없음을 의미한다. 논란이 있을 수 있는 신약 시장에 진입할 것인지, 복잡한 신규 프로젝트에 참여할 것인지, 지방자치 단체에서 ERP(enterprise resource planning) 시스템을 도입할 것인가를 결정하는 것과 같은 프로그램화되지 않은 전략적 의사결정의 상황에서 단순하게 합리적인 의사결정 방법을 쓸 수 없었다는 것을 보여주는 연구결과가 있다.[40] 이와 같은 경우에 의사결정자들은 시간과 자원에 제한을 받고 있고, 어떤 요인들은 단순하게 측정되거나 분석될 수가 없기 때문이다. 또한 직관은 리더들이 좋은 결정을 할 수 있도록 합리적인 의사결정방법을 보완하거나 균형을 잡아 줄 수 있다. 그래서 의사결정의 이 새로운 경향을 **반합리성**(quasirationality)이라 이르고 있다. 이는 직관과 분석적 사고를 결합함을 의미한다.[41] 훌륭한 의사결정을 하기에는 분석으로도 안 되고 직관으로도 안 되는 상황이 있다. 그래서 경영자는 이 과정을 결합하여 사용한다.

핵심정리

- 합리적인 접근방법은 경영자가 어떻게 의사결정을 해야 하는 지에 대한 이상적인 방법을 서술하고 있다. 합리적 접근방법은, 의사결정 환경의 탐지, 문제의 정의, 목표의 구체화, 문제의 진단, 대안설정, 대안평가, 최적의 대안선택, 선택된 대안의 실행 단계를 포함한다.
- 조직 내 대부분의 의사결정은 논리적이고 합리적인 방법으로 이루어지지 않는다. 대부분의 의사결정은 신중한 문제 분석에서 시작하지 않으며 대안의 체계적 분석을 따르지 않고 대안의 실행이 마지막을 이루지도 않는다. 이와는 반대로 의사결정 과정은 갈등과 합의 구축, 시행착오(trial & error), 속도 그리고 실수의 특징을 가진다.
- 경영자들은 또한 수많은 제약과 제한된 합리성 하에서 일한다. 그래서 그들은 의사결정에서 합리적 분석과 아울러 '만족할 만한 수준'과 직관을 사용한다.

13.3 인지적 편향

글로벌 금융 서비스 회사의 고객이 실수로 동일한 신청서를 두 사무실에 제출했다. 각 사무실의 직원들은 회사가 발행 한 지침과 동일하게 따라야 하므로 비슷한 결과에 도달해야 했다. 그러나 그런 일은 일어나지 않았다. 서로 다른 사무실의 직원들은 동일한 데이터와 지침을 사용하더라도 매우 다른 견적을 제출했다. 고객 회사의 관리자는 비즈니스에 경쟁을 가져다 준 근본적으로 다른 두 가지 견적을 받아 매우 난처했다.[42] 의사결정은 사람에 이해 이루어진다. 그리고 인적인 요소가 문제를 어떻게 정의하고 해결하는 지에 크게 영향을 미친다.

누군가가 문제를 고려하고 풀어가는 방법에 영향을 미치는 요소는 아주 많다. 인지적 편향은 문제해결에서 경영자가 인지해야 하는 의미있는 요소이다. 모든 사람이 편향을 가지고 있지만, 대부분은 자신의 편향을 알아채는 데 어려움이 있다. 이 책의 다음 부분을 읽어 보기 전에 당신의 결정에 편향이 작용하는 지 여부를 알아보기 위해 〈도표 13.4〉의 질문들에 답해보자.

13.3a 의사결정에 영향을 미치는 구체적인 편향

인지적 편향(cognitive biases)이란 일반적인 사람들이 잘못된 선택을 하도록 유도하거나 그런 경향으로 판단하도록 하는 중대한 실수를 말한다.[43] 다음의 오류들을 깨닫는 것은 경영자로는 물론이고 개인 수준의 의사결정이 더 나아지도록 도움을 줄 것이다.[44]

1. 첫인상에 영향을 받는 것: 의사결정을 할 때, 우리의 사고구조는 맨 처음 받은 정보에 대해 불균형적인 가중치를 부여한다. 이들 초기 인상이나 통계, 추정 등은 후속의 판단이나 사고의 기준으로 작용한다. 친구의 통상적인 의견이나 신문에서 본 통계, 예전의 사건, 그리고 트렌드 등도 기준이 된다. 예를 들면, 사업에서 경영자들은 앞으로의 매출을 추정하면서 과거의 매출 현황을 자주 들여다 본다. 예전의 매출에 너무 많이 집중하는 것은 예측을 부실하게 하거나 잘못된 결정으로 유도할 수 있다.
2. 자기가 보고 싶은 것만 보기: 사람들은 자주 자신의 관점이나 본능을 지지해주는 정보를 갈망하는 반면에 이에 반하는 정보는 회피한다. 이러한 오류는 경영자가 합당한 정보를 탐색하는 데 영향을 미치는 것은 물론 찾은 정보를 해석하는 데도 영향을 미친다. 사람들은 지지적인 정보에는 과다하게 가중치를 부여하는 반면에 자신이 가지고 있는 관점과 갈등을 일으키는 정보는 과소평가한다.
3. 감정에 영향받기: 당신이 화가 나 있거나, 흥분 상태, 아니면 지나치게 행복한 상태에서 의사결정을 한다면 당신은 이미 감정에 영향을 받을 위험에 빠져 있다는 것을 알아야 한다. 런던 투자은행의 중개인(trader)들을 분석한 최근의 연구에 의하면 효과적으로 감정

도표 13.4 편향이 당신의 의사결정에 영향을 미치는가?

이 장의 나머지 부분을 보기 전에 아래의 질문들에 답을 해보자.

1. 종이 한 장을 집어 들고 반으로 접어 보자. 그리고 또 반을 또 반을 그렇게 계속 100번을 접는다면 과연 그 두께는 얼마인가? 당신이 최선을 다해 추측한 값은 ________. 내가 보기에 적절한 답은 ________과 ________ 사이에 놓일 것이라 90% 확신한다.
2. 강박적인 흡연자가 새벽 2시에 깨어나서는 담배가 떨어진 것을 알았다. 열려있는 가게는 없었다. 그는 휴지통과 재떨이를 이용해 꽁초 5개로 1개비의 담배를 말아낼 수 있다는 것을 알아냈다. 그는 25개의 꽁초를 찾아냈고, 한 시간에 담배 한 개비를 피우면 충분했다. 그의 담배는 얼마나 오래 지속될까? 지속될 시간은 ________.
3. 다음의 그림 중에 어느 것이 서로 가장 다른가?

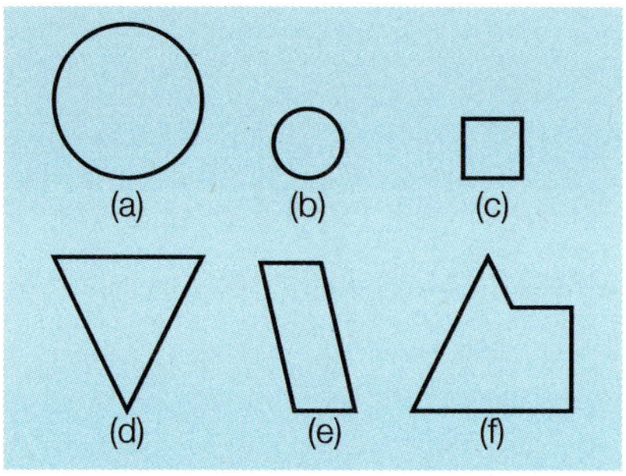

4. 기업의 소유 경영자로서 당신은 적의 레이더에 감지되지 않는 무인 드론(drone) 개발에 1억 달러를 투자하기로 했다. 그 프로젝트가 90% 정도 진행되었는데 경쟁기업이 레이더에 잡히지 않는 드론을 완성하고 마케팅을 시작했다. 게다가 경쟁사의 드론은 당신 회사가 개발하고 있는 것보다 더 빠르고 작으며 값도 싸고 정교하기까지 하다. 질문이다. 당신은 드론 프로젝트를 완성하기 위해 나머지 10%의 투자금을 투자할 것인가? 아래의 답 중에 체크해보자.
   ______ 안한다. 이 프로젝트에 더 이상의 돈을 쓸 이유가 없다.
   ______ 투자한다. 이미 9천만 달러나 투자했는데 이 프로젝트를 잘 마무리해야 한다.
5. 아래의 계산식을 실제로 계산해보지 말고 5초 내로 추정하여 답을 해보자.
   $8 \times 7 \times 6 \times 5 \times 4 \times 3 \times 2 \times 1 =$ ______
6. 아래의 문장에서 몇 개의 f가 발견되는가?
   Theses finished files have been developed after years of scientific investigation of administrative phenomena, combined with the fruit of long experience on the part of the two investigators who have come forward with them for our meeting today. 'f'는 과연 몇 개인가? ________개.
7. 로버트는 완고하고, 비판적이며, 충동적이고, 근면하며, 지적이다. 일반적으로 볼 때 당신은 로버트가 얼마나 감정적이라고 생각하는가? (생각하는 숫자에 ○표 해보자.)
   전혀 감정적이지 않다. 1 2 3 4 5 6 7 8 9 아주 감정적이다.
8. 아래의 두 대안 중에 당신은 어떤 것을 선택할 것인가?
   ______ 대안 A: 1,000달러를 획득할 50%의 기회
   ______ 대안 B: 500달러를 획득할 100%의 기회

   그렇다면 아래의 두 대안 중에 어떤 것을 선택할 것인가?
   ______ 대안 C: 1,000달러를 잃을 50%의 기회
   ______ 대안 D: 500달러를 잃을 100%의 기회

각각의 질문에 답을 한 후, 이 장의 마지막에서에서 정답 그리고 관련된 잠재적 편향에 대한 서술을 확인할 수 있다.

출처: Questions 1 and 4–8 are from research studies reviewed in Scott Plous, *The Psychology of Judgment and Decision Making* (Philadelphia: Temple University Press, 1993). Question 2 is adapted from Eugene Raudsepp with George P. Hough, Jr, *Creative Growth Games* (New York: Perigee Books, 1977). Question 3 is based on an item in the Creativity in Action Newsletter as reported in Arthur B. VanGundy, *Idea Power: Techniques & Resources to Unleash the Creativity in Your Organization* (New York: Amacon, 1992).

을 조절하는 것이 고성과 중개인의 특징으로 드러났다. 저성과 중개인들은 그들의 감정적 반응을 관리하거나 조절하는 데 덜 효과적인 것으로 나타났다.[45] 의사들의 경우에도 환자를 좋아하거나 싫어하는 또 다른 감정을 느낄 때 의사결정이 덜 효과적인 것으로 나타났다. 만약 의사가 환자를 좋아하는 경우에는 고통스러운 치료과정에 대해 덜 설명해주는 반면, 환자를 싫어하면 그런 상황에 이른 환자를 오히려 비난하거나 치료조치도 덜 하는 것으로 나타났다.[46] 환자를 돌보고 치료할 때 감정의 영향을 덜 받기 위해서 의사들은 실제 유효한 것과 유효하지 않은 처치에 대한 실제 자료를 바탕으로 하는 처방 의사결정시스템을 환자건강관리체계와 연동하여 사용하고 있다.[47] 가능하다면 경영자들은 자신의 의사결정과정에서 감정을 배제할 때 더 나은 의사결정을 내릴 수 있다.

4. 과도한 확신하기: 대부분의 사람들은 불확실한 결과를 예상하는 자신의 능력을 과도하게 확신한다. 패스트푸드 체인점의 관리자는 종업원의 낮은 이직이 고객 만족과 매장의 수익성을 제고하는 핵심 요소라고 확신했다. 그래서 그는 종업원의 행복을 유지하는 프로그램에 투자하기로 결정했다. 그러나 경영진에서 매장의 자료를 분석했을 때, 일부에서는 높은 이직률에도 고수익이 나타나는 반면 다른 일부에서는 낮은 이직률에서 수익성이 낮은 것을 알게 되었다.[48] 과도한 확신은 의사결정 시 부분적으로 위험을 초래할 수 있다.

5. 점진적 몰입: 잘 알려진 인지적 편향에는 **점진적 몰입**(escalating commitment)이 있다. 연구들에 의하면 잘못된 결정이라는 것을 보여주는 강력한 증거가 있음에도 불구하고 시간과 돈을 계속해서 투자하는 일이 조직에서 흔히 일어나고 있다고 한다. 경영자가 실패한 결정에 점점 더 몰입하게 되는 이유를 여러 가지로 설명할 수 있다.[49] 많은 경우 경영자들은 그들의 손실을 회복할 수 있다는 단순한 희망을 품는다. 예를 들어, 지진으로 일본의 후쿠시마 다이이치(Fukushima Daiichi)의 원전이 파괴된 후에, 도쿄전기(Tokyo Electric Power)사의 경영진은 손상된 원자로를 식히는 작업에 바닷물 사용을 뒤로 미루었다. 그 이유는 그들의 투자자를 보호하는 한편 한 번 바닷물을 사용하면 원자로를 영구히 가동할 수 없다는 것을 알고 있기 때문이었다. 결국 회사는 의사결정을 번복했고 원전시설에서 폭발이 일어나고 일본 수상이 명령을 내린 후에야 바닷물을 사용하기 시작했다.[50] 또 다른 설명은 현대 사회에서 일관성과 지속성이 중요하다는 것이다. 일관성 있는 경영자는 행동계획을 바꾸는 경영자보다 더 나은 리더라고 인정된다. 그 결과 경영자들은 의사결정이 잘못되었다는 증거에도 불구하고 일을 질질 끌게 된다.

6. 실패와 손실에 대한 두려움: 대부분의 사람들은 선천적으로 손실을 더 싫어 한다. 이를 손실 혐오(loss aversion)라 한다. 그래서 의사결정을 할 때 실패에 대한 두려움이 성공의 기회보다는 더 강력하게 작용한다.[51] 10달러를 잃음으로써 느끼는 고통은 20달러를 얻었을 때의 기쁨보다 훨씬 더 강력하게 느껴진다. **전망이론**(prospect theory)이란 심리학자인 대니얼 카너먼(Daniel Kahneman)과 아모스 트버스키(Amos Tversky)에 의해 발전된 이

론인데, 의사결정 시 손실에 대한 위협이 동일 규모의 긍정적 유익에 비해 더 큰 영향을 발휘한다는 내용이다.[52] 따라서 대부분의 경영자들은 얻을 수 있는 유익보다 손실로 인한 두려움 관점에서 문제를 분석하는 경향이 있다. 아주 구체적인 의사결정 상황에서 이들은 잠재적인 유익보다 잠재적 손실에 대해 더 가중치를 두게 된다. 또한 좋은 기회를 놓친 것보다 손실을 입은 결정에 대해 더 후회하는 경향이 있다고 연구자들은 이야기하고 있다. 그로 인해 경영자들은 아주 훌륭한 기회를 놓치고 결국 좋지 않은 성과를 얻게 된다. 이러 경향이 조직에서 만성적인 저성과를 유발하는 과다주의형(overly-cautious) 의사결정 패턴을 창출할 수 있다.[53] 전망이론은 이런 면에서 조금 전에 살펴 본 점진적 몰입 현상도 설명할 수 있다. 경영자는 손실을 원치 않고 망해가는 프로젝트에 연관되는 것도 좋아 하지 않는다. 그 결과 좋지 않은 결정에 돈을 쏟아 붓게 된다.

7. 집단사고: 조직 의사결정의 대부분은 집단 내의 그룹에 의해서 이루어진다. 그 결과 집단의 뜻을 따르려는 욕망이 생기고 이것이 편향된 의사결정을 가져 올 수 있다. 많은 경우 특히 집단 구성원들의 친밀도가 높을 때 집단에 순응해야 한다는 압박을 받고 조화를 해칠 수도 있는 것은 되도록 피하려는 경향이 있다. 집단사고는 집단 내에서 집단의 뜻에 반대되는 의견을 억제하려는 사람들의 경향을 뜻한다.[54] 사람들이 **집단사고(groupthink)**에 빠져들면 의사결정의 질에 관심을 두기보다는 조화를 이루려는 욕구에 더 관심을 두게 된다. 집단 구성원들은 직면한 도전적인 문제와 대안에 초점을 두기보다는 단일성을 유지하는 데 노력을 기울인다. 사람들은 다른 사람의 의견에 촉각을 세우고 다른 의견에 대해서 비판하는 것을 꺼린다.

13.3b 인지적 편향을 극복하는 방법

경영자들은 어떻게 인지적 편향을 극복할 수 있는가? 의사결정할 때 사용할 수 있는 실질적이고 객관적인 여러 가지 방법들이 제시되어 왔다. 그 중 가장 효과적인 두 가지가 증거 기반 경영과 의견 차이 및 다양성의 촉진이다.

증거 기반 경영. **증거 기반 경영(evidence-based management)**이란 최대한 사실과 증거에 기초하여 좀 더 정보 집약적이고 지능적인 의사결정을 내리고자 노력하는 것을 의미한다.[55] 어느 특정인의 편향을 감지하면 엄격하고 확실한 증거를 찾아 확인하는 것이다. 경영자는 의사결정을 내릴 때 단순히 가정이나 과거의 경험, 추정치, 직관에 의지하기보다는 신중하고 사려 깊게 의사결정을 내림으로써 증거 기반 경영을 실현할 수 있다. 예를 들어 다운 지어(Dawn Zier)가 회사를 정상화하기 위해 뉴트리시스템(Nutrisystem)의 CEO로 선임되었을 때, 직원들에게 여러 질문을 하였다. 그러나 “그들은 사안에 대해 생각하지도 않은 채 순식간에 거의 몇 마디 하지 않았다"고 그녀는 이야기한다. 지어가 더 파고 들어가 보자 '드러나는 사실이 늘 사실은 아니더라'라는 점을 알게 되었다. 그래서 그녀는 환상과 기대에 근거하기보다는 손에 잡히는 증거에 사람들이 집중하도록 조직문화 변화 프로그램을 도입하였다. 그 회사의 현재 모토는 "Just the Facts"인데, 'Facts'란 단순히 증거만을 지칭하는 것이 아니라 중점가치, 책무성, 소비자 지향성, 팀 그리고 성공을 상징한다.[56]

맥킨지앤컴퍼니(McKinsey & Company)가 수행한 국제적인 조사에 따르면, 경영자가 사려 깊게 분석하고 의사결정을 할 때 그 결과도 더 좋아진다고 한다. 2,000명이 넘는 임원진을 대상으로 그 회사가 특정한 상황에서 어떻게 의사결정하는지를 조사한 결과 맥킨지사는 상세한 분석, 위험평가, 재정 모형, 유사한 상황과의 비교 등의 기법을 사용하는 것이 전형적으로 더 나은 재무 성과나 운영 성과에 기여한다고 결론지었다.[57] 그러나 최근 39명의 고참 경영자들의 의사결정을 살펴본 결과, 그들은 대부분의 의사결정 시 자주 아주 제한적인 증거 원천만 사용하는 것으로 드러났다. 경영자들이 더 많은 증거 원천을 사용함으로써 의사결정의 효과성을 증진할 수 있다.[58] 증거 기반 경영을 하면 경영자는 점진적 몰입의 문제나 손실에 대한 두려움을 피할 수 있다. 증거 기반 경영을 하기 위해서는 의사결정에 활용할 수 있는 최대한의 자료와 사실을 활용한다. 경영자가 직면하는 많은 문제들은 불확실성이 높고 활용할 만한 사실과 자료가 부족하기는 하지만 항상 증거를 취함으로써 경영자들이 잘못된 가정에 의지하는 것을 피할 수 있다. 의사결정자들은 증거 기반 경영을 추구함으로써 의사결정을 내린 후에도 무엇이 제대로 되고 안 되었는지, 어떻게 하면 더 잘 할 수 있는지 사후 평가도 가능하다. 최상의 의사결정자는 자신이 모르는 것을 환영하는 사람이다. 이들은 항상 자신의 지식과 가정에 대해 의문을 제기하고 다른 무언가를 추구하는 사람이다. 이로 인해 조직 내 탐색과 관찰, 실험의 문화가 꽃 피우게 된다.

의견 차이와 다양성의 촉진. 의사결정 시 사람들의 인지적 편향을 방지하는 우선의 방법은 사람들로 하여금 자유롭게 말하고, 반대를 표하며 아이디어와 결정에 도전할 수 있는 조직 환경을 창출하는 것이다.[59] 의견 차이와 다양성(dissent and diversity) 촉진은 특히 상황이 복잡할 때 유용하다. 그 이유는 개인적 편향이나 집단사고에 갇혀 있을 때보다 폭넓은 아이디어와 대안에 대해 개방적이기 때문이다.[60] 의견차이와 다양성을 촉진하는 한 방법은 집단을 연령, 성별, 전문성, 조직 계층, 사업경영 경험 등이 다른 사람들로 구성하는 것이다. 사회 심리학자는 배심원이 형사 사건에서 증거를 토론하고 평가하는 일련의 모의재판을 수행했으며, 거의 항상 인종에 따른 다양한 배심원이 증거에 대한 더 많은 해석을 고려하고, 사건의 세부 사항을 더 정확하게 기억하며, 더 엄격한 토론과 심의를 진행하는 등 더 나은 성과를 보인 것을 발견했다.[61] 이들 중에 일부에게는 '**악마의 대변자**(devil's avocate)' 역할을 맡기는데, 이들은 집단이 가지고 있는 가정이나 주장에 대해 반론을 제기하는 역할을 한다.[62] 악마의 대변자는 문제에 접근하는 방법을 달리 생각하게 하여 미성숙한 결정이 내려지는 것을 막아 준다. 잘못된 결정이 바로 죽음을 부르는 이라크나 아프가니스탄의 험악한 전쟁에 참전하고 있는 군인들의 상황을 한 번 살펴보자. 미 육군은 포트 레번워쓰(Fort Leavenworth) 대학에서 군인 그룹에게 악마의 대변자 훈련을 시행한다. 졸업생들이 'Red Team'이라 부르는 팀의 멤버는 현재의 가정에 의문을 제기하고 내려진 의사결정이 다른 관점에서 고려되어야 하는 다양한 지점에 배치되었다. 이는 "내부자 중에 어떤 누군가가 '이건 너무 빠른데요'라는 말을 하게 하는 것이다"라고 이 프로그램의 진행자인 그렉 폰테놋(Greg Fontenot)은 말한다. 그가 말하기를 "최종의 목적은 고착화된 사고에서 벗어나는 것이다"라고 한다.[63]

또 다른 방법의 하나는 '상호 반대의견 제시(ritual dissent)'이다. 이것은 큰 그룹을 여러 개의 작은 팀으로 나누어 동일한 문제를 풀도록 하는 것이다. 각 팀은 대변인을 정하고 자기 팀의 아이디어를 다른 팀에 설명하도록 한다. 이 때 다른 팀은 끝까지 경청해야만 한다. 그 후 대변인은 반대의 입장이 되어 설명을 들은 팀이 제기하는 이야기를 듣는다. 물론 이것도 끝까지 경청해야 한다. 각 팀의 대변인은 나머지 모든 팀에 가서 이 과정을 반복한다. 그 결과 미팅이 종료되는 시점에는 모든 팀의 아이디어가 토론되고 훌륭한 반대 논리를 듣게 된다. 또한 앞서 소개한 대결집단 방법도 반대의견을 촉진한다.[64] 어떤 방법을 활용하던지 훌륭한 경영자는 복잡한 의사결정시 다양한 아이디어와 대안을 얻기 위한 방법을 모색한다.

핵심정리

- 집단 의사결정에서 인지적 편향을 허락하는 것은 조직에 심각한 부정적 영향을 미칠 수 있다.
- 대항해야 할 가장 일반적인 편견 중 일부는 초기 인상, 감정적인 과다 확신, 보고 싶은 것만 보기, 점진적 몰입, 집단사고, 실패와 상실의 회피에 영향을 받는 것이다.
- 경영자는 증거 기반 경영을 하고 의사결정 과정에서 다양성과 의견차이를 촉진함으로써 인지적 편향을 피하거나 극복할 수 있다.

13.4 조직에서의 의사결정

조직은 합리적인 의사결정 방법과 직관적인 방법을 사용하는 경영자들이 함께 하고 있다. 그러나 조직차원에서의 의사결정은 한 경영자에 의해 결정되는 것이 아니다. 대부분의 의사결정에는 여러 명의 경영자들이 포함된다. 문제확인과 문제해결을 위해 여러 부서가 관여하고, 다양한 견해가 필요하고, 심지어는 다른 외부의 조직까지 관련되기도 한다.

조직에서의 의사결정 과정에 영향을 미치는 요인들은 무수히 많으며, 특히 외부환경의 안정성 또는 불안정성의 정도뿐만 아니라 조직 내부의 구조 또한 영향요인에 포함된다.[65]

조직 수준에서의 의사결정에 관한 연구에 의하면 조직의 의사결정 모형은, 경영과학 모형, 카네기 모형, 점진적 의사결정 과정 모형, 쓰레기통 모형 등의 네 가지 유형으로 제시할 수 있다.

13.4a 경영과학 모형

조직에서의 의사결정에서 **경영과학 모형**(management science approach)은 개인 의사결정에서의 합리적인 의사결정 모형과 흡사하다. 경영과학은 제2차 세계대전 기간 중에 등장했다.[66] 전쟁 중에 개인적인 의사결정 능력을 넘어선 대규모의 긴급한 군사적인 문제를 해결하기 위해 수학과 통계 기법이 활용되었다.

수학자들과 물리학자들 및 운용과학자들이 시스템 분석을 활용하여, 포탄의 탄도, 대잠수함 대응 전략, 집중 투하 같은 폭격전략을 개발했다. 전함이 몇 마일 떨어진 곳의 적함을 침몰시키려고 하는 문제를 예를 들어보자. 전함의 함포를 조준하기 위한 계산에 고려해야 할 요소들은 거리, 풍속, 탄두 크기, 두 전함의 속도와 방향, 발포하는 전함의 앞뒤 흔들림과 좌우 흔들림, 그리고 지구의 굴곡 등이다. 이런 경우에 시행착오와 직관을 사용한 계산방법은 정확하지 않을 뿐만 아니라, 너무 오래 걸리며, 절대로 성공하지도 못할 것이다.

이러한 분야에 경영과학이 등장하게 된 것이다. 분석가들은 전함의 함포 조준에 관련된 변수들을 정의했고 수학 방정식을 사용하는 모형을 설계할 수 있었다. 거리, 속도, 배의 흔들림(앞뒤와 좌우), 탄두 크기 등을 계산할 수 있었고 이를 방정식에 포함시켰다. 해답은 즉각적이었고 함포는 발포될 수 있었다. 배의 앞뒤 흔들림과 좌우 흔들림과 같은 요인들은 기계적으로 바로 측정되었고 조준 작동 시스템에 바로 입력되었다. 오늘날은 조준 과정에 사람이 개입되는 요소는 완전히 배제되었다. 레이더가 목표물을 인식하고, 전체적인 연속동작은 자동으로 계산된다.

경영과학은 많은 군사적 문제에 놀랄 만큼 성공적이었다. 이러한 의사결정 모형은 기업과 경영대학에 확산되어 응용방법이 개발되고 다듬어졌다. Operations Research 부서에서는 수리적 모형을 활용하여 관련 변수들을 계량화하고, 계량화할 수 있는 대안 및 각 해결안의 확률을 제시한다. 이러한 부서에서는 선형계획법, 베이지안(Bayesian) 통계학, PERT 차트 및 컴퓨터 시뮬레이션 등의 기법을 사용한다.

경영과학은 문제가 분석가능하고 변수 정의와 측정이 가능할 때 조직의 의사결정을 하기에 훌륭한 방법이다. 수리적 모형에서는 최종 결과에 어떻게든 관련이 있는 변수들을 천 개 이상 다룰 수 있다. 경영과학 기법은 교회 캠프의 올바른 위치 선정, 신상품군의 첫 제품에 대한 테스트 마케팅, 유전 굴착 및 무선통신 서비스의 급격한 분배 변경문제 등 다양한 문제들을 정확하게 해결하기 위해 사용된다.[67] 그리고 항공사 직원, 앰뷸런스 운전자, 전화 교환원, 고속도로 통행료 징수원 등의 근무 일정계획 수립에도 경영과학 기법을 활용할 수 있다.[68] 이 장의 앞부분에서 설명했듯이, 로열 더치 쉘에서는 프로젝트 멤버를 배정하는 일에 인공지능이 사용되고 있다.

경영과학, 특히 아주 정교한 컴퓨터 기술이나 소프트웨어는 사람이 다루기에는 너무 많은 변수를 가진 문제를 정확하고 빠르게 해결하게 해준다. 예를 들자면, 알래스카 항공(Alaska Airlines)은 1980년부터 운항 관련 의사결정에서 경영과학 기법을 활용해 왔다. 당시는 항공기 기지에서 가까운 세인트헬레나산(Mount St. Helens)이 용암을 분출하고 회사에는 매일같이 손상을 주던 시기였다. 운항팀과 기상전문가들이 함께 화산재가 분출하는 경로를 예측하는 컴퓨터 모형을 개발했고, 이를 바탕으로 우회경로를 개발했다.[69] 다른 사례로 스쿨버스 운행 노선을 살펴보자. 이는 모든 학생들이 픽업 할 때까지 가장 가까운 픽업으로 이동 한 다음 가장 가까운 픽업으로 이동하는 직관적인 효율적인 접근 방식을 종종 사용한다. 보스턴 공립학교 연합이 버스시스템의 효율성 제고에 시상하는 컨테스트를 진행한 후에 MIT의 연구팀은 버스 운행을 최적화하고 75개에 이르는 운행루트를 절감하는 알고리즘을 창조하였다. 이를 통해 학교버스 운행체계는 연간 500만 달러를 절감할 수 있었고, 2만 파운드의 탄소를 절감하였으며, 운행거리를 100만 마일을 감축할 수 있었다고 한다.[70]

다른 유형의 조직에서도 의사결정을 위해 경영과학기법을 적용하고 있다. 올랜도에 있는 월트디즈니 월드(Walt Disney world)에서는 데이터 분석을 위해 아주 정교한 컴퓨터 시스템을 사용하여 방문자의 대기 시간을 최소화하고, 탑승 인원을 최대화하며, 직원의 역량발휘를 최적화함을 물론 기념품 판매까지도 확대하고 있다.[71] 심지어는 의사들도 그들의 환자관리를 더 효율적으로 하기 위해 경영과학기법을 사용하고 있는데, 시술을 요하는 환자의 수나 예약 취소 숫자 등에 기반을 두고 수요를 예측하고 있다.[72]

경영과학적인 접근방법에서의 한 가지 문제점은 9장에서 살펴 본대로 계량적 데이터가 충분하지 않고 암묵적인 지식을 다루지 못한다는 것이다. 즉 문제가 있다고 암시되는 비공식적인 정황들은 경영자의 개인적인 판단근거에 의해 더 잘 감지되기 때문이다.[73] 중요한 요인이 계량화될 수 없어서 모형에 포함되지 못한다면 아무리 정교한 수리적 분석일지라도 전혀 의미가 없는 것이다. 경쟁자의 반응, 소비자의 기호, 상품의 인기도와 같은 요인들이 계량화될 수 없는 질적인 차원에 해당된다. 그렇다면 경영과학의 역할은 경영자의 의사결정을 보완하는 것이어야 한다. 따라서 계량적인 분석결과는 경영자의 비공식인 견해와 판단 및 직관을 검토하고 판별하는 데 활용될 수 있는 것이며, 결국 최종 의사결정에는 수리적인 계산 결과와 질적인 요인에 대한 판단이 함께 고려되어야 한다.

13.4b 카네기 모형

조직에서의 의사결정 방법 중 **카네기 모형**(Carnegie model)은 카네기-멜론(Carnegie-Mellon) 대학의 리차드 사이어트(Richard Cyert), 제임스 마치(James March), 허버트 사이먼(Herbert Simon)의 연

구에 기초하고 있다.[74] 그들의 연구는 조직 의사결정에 관한 새로운 통찰을 제공하는 한편 개인 의사결정에 제한된 합리성 접근방법을 설정하는 데 도움이 되었다.

그들의 연구 이전까지는, 경제학 연구에서 기업의 모든 관련된 정보는 최고 의사결정자가 선택하는 데 충분하게 집중된다고 생각하여 기업에서의 의사결정 주체는 하나인 것으로 가정했다. 카네기 그룹의 연구에서는 조직 수준에서의 의사결정에는 많은 경영자들이 관여하며 최종선택은 이 경영자들의 연합인 **세력집단**(coalition)에 의해 결정되는 것이라고 제시하였다. 세력집단은 조직목표와 문제의 우선순위(priority)에 대해 동의하는 몇몇 경영자들의 동맹이다.[75] 예를 들면 P&G(Proctor & Gamble)의 최고경영진은 팸퍼스(Pampers) 기저귀 및 바운티(Bounty) 종이 타월과 같은 회사의 가장 큰 브랜드 중 일부의 가격을 인상하기로 함께 결정했다.[76] 결정해야 할 문제에 따라 다르기는 하나, 세력집단에는 현업부서 관리자, 지원부서의 전문가 및 심지어는 힘 있는 고객, 은행, 또는 상급노조 대표 같은 조직의 외부 집단도 포함될 수 있다.

의사결정 기간 동안 경영자의 세력집단은 두 가지 이유로 필요하다. 첫째, 조직목표는 종종 애매할 수도 있고 부서의 활동 목표가 종종 일관성이 없을 수도 있다. 목표가 애매하고 일관성이 없을 때 관리자들은 문제의 우선순위에 합의하지 않는다. 따라서 그들은 문제 해결에 대해 교섭해야만 하고 해결하고자 하는 문제를 중심으로 세력집단을 형성한다. 예를 들면 KPCB(Kleiner Perkins Caufield & Byer)의 파트너인 랜디 코미사(Randy Komisar)는 기업이 새로운 기회에 투자할 것인가 말 것인가를 결정하거나 또는 풀어야 할 문제가 드러나 의사결정 상황에 직면했을 때 이른바 균형표(balance sheet)를 사용할 것을 충고한다. 여러 관련 부서에서 모인 경영자들이 회의실에 둘러 앉아 특정 기회에 대해 찬성하는 관점과 반대하는 관점을 종이에 적어 낸다. 이는 마치 앞서 벤자민 프랭클린이 개인적으로 의사결정을 내릴 때 찬성(Pro)과 반대(Con) 목록을 적었던 것과 유사하다. 이 회의에서 경영자 그룹이 서로의 생각과 아이디어를 공유하고 공유된 관심사를 찾는다. 코미사는 이 과정을 '사람들이 자신의 사례를 지지하는 요인을 주장하는 반면 지지하지 않은 요인은 무시하려 할 때 전형적으로 발생하는 마찰을 완화시키는 것'이라 했다.[77]

두 번째 이유는 개개의 경영자들은 합리적이고자 하지만 앞서 논의했던 개인적인 인식의 한계와 다른 제약조건들이 작용한다. 즉 시간과 자원 및 능력의 한계 때문에 의사결정과 관련된 모든 변수와 정보를 다룰 수가 없다. 이러한 한계성으로 인해 세력집단을 형성하는 행동이 유발된다. 경영자들은 정보를 수집하거나 모호함을 줄이기 위해 서로 대화를 하고 견해를 나눈다. 적절한 정보를 가지고 있거나 의사결정의 결과에 이해관계가 걸려 있는 사람들이 의논 상대가 된다. 세력집단을 형성하는 것이 이해관계가 걸려 있는 사람들이 지지하는 쪽으로 의사결정을 이끌 수 있게 된다. 신문사의 웹 사이트에서 기사를 유료화한 뉴욕타임즈(New York Times)의 계획은 세력집단 형성을 통해 의사결정이 이루어진 것이다.

IN PRACTICE 뉴욕타임즈

온라인상의 기사 접근에 대해 독자로 하여금 비용을 지불하도록 요청하는 뉴욕타임즈의 결정은 가볍게 이루어진 것은 아니다. 사실, 최고경영층과 고위편집자들은 새로운 발행 계획을 다루기 위해 다양한 대안을 분석하고, 합의점을 찾고, 실행에 이르는 데 1년 여의 시간을 투여했다.

회사의 회장인 아서 설츠버거 주니어(Arther Sulzberger Jr.)와 최고경영자들은 유료화 모델에 상당히 고무되었다. 그러나 다른 고위 경영자들과 편집자들은 그 계획에 대해 격렬하게 반대했다. 이 경영자와 편집자들은 지난 수년 간의 노력으로 NYTimes.com을 세계에서 가장 많은 구독자가 방문하는 사이트로 만들었다. 그들은 유료화 정책이 신문사 온라인 접근에 위험을 초래할 것이며, 디지털 시대의 발전단계에서 어긋나는 것이라 주장했다. 일부 광고 담당 임원은 이제 겨우 적자를 면하기 시작한 디지털 광고 수익이 위험에 처할 것이라며 걱정했다. 또 다른 일부는 신문사가 수익 창출을 위한 다른 원천이 필요하다거나 해고가 더 필요하다고 주장했다.

논쟁과 토론이 공식적으로 비공식적으로 계속되었다. 결국에는 여러 가지 가격대 중에서 독자가 3개의 유료 모델 중 하나를 택하도록 요청받기 전에 웹사이트에서 월 일정수의 기사를 무료로 읽을 수 있는 기회를 보장하는 유료서비스 정책에 공감하는 집단이 형성되었다. 사람들이 페이스북이나 트위터와 같은 SNS를 통해 접근하거나 구글 등의 탐색사이트를 통해 접근하는 기사는 월간 제한 수에서 제외하였다. 컨텐츠가 비교적 쉽게 '공유되거나 트윗되고, 블로그에 담고' 할 수 있다는 사실이 디지털 경영자의 관심을 누그러뜨렸고, 이 사회에서 이 정책을 지지하도록 도움도 되었다.[78]

기사의 유료화는 타임즈(The Times)의 수익에 큰 도움으로 작용하였다.[79] 조직의 의사결정을 지지하는 세력집단을 성공적으로 형성함으로써 경영자들은 성공을 위한 기회를 개선하였다. 뉴욕타임즈에서 성공적인 세력집단을 형성한 것과 유니비전 커뮤니케이션(Univision Communication)에서 일어난 일을 비교해보자. 이곳에서는 최고경영진과 이사회 멤버들이 회사의 미래 방향을 결정하는 거의 모든 측면에서 지속적으로 충돌하였다. 유니비전의 이사회에서 이사회 의장과 최고경영자가 내는 큰 소리는 아래층의 직원을 들을 수 있을 정도로 큰 적이 있었다. 최고경영자는 결국 이사들에게 "나는 동의할 수 없습니다… 그만 두겠다! 그만 두겠다!"라고 괴성을 질러댔다. 미국에서 스페인어로 방송하는 가장 큰 회사인 유니비전은 부분의 다른 미디어 회사들처럼 거친 도전에 직면했다. 갈등과 불화가 진행되는 동안 경영진은 회사를 긍정적인 방향으로 이끌 수 있는 연합을 구축하는 데 어려움을 겪었다.[80]

세력집단 형성과정은 조직의 의사결정 행위에 몇 가지 의미를 가지고 있다. 첫째 의사결정은 문제해결을 최적화하는 것보다 만족화를 택한다. **만족화**(satisficing)란 조직이 성과수준을 최대치보다는 여러 개의 목표를 동시에 성취시킬 수 있는 만족치를 받아들이는 것을 의미한다. 즉 의사결정에서 마치 뉴욕타임즈처럼 세력집단은 모든 집단 구성원들이 만족스럽다고 생각되는 해결책을 수락하는 것이다.

둘째 관리자들은 당면한 문제와 단기적 해결책에 관심이 있다. 즉 사이어트와 마치가 당면과제 검토라고 부르는 방식을 취한다.[81] **당면과제 검토 방식**(problemistic search)은 문제를 빨리 해결하기 위해 당면한 환경을 검토하는 것을 의미한다. 타임즈의 경영진이 다른 기업에서 사용하는 다양한 대안을 검토했을 지라도, 온라인상의 유료화 정책에서 사용할 수 있는 모든 대안을 고려한 것은 아니다. 경영자들은 상황이 분명치 않고, 이해관계가 충돌할 때는 완벽한 해결책을 기대하지 않는다. 이러한 스타일은 분석 과정에서 모든 합당한 대안을 찾을 수 있다고 가정하는 경영과학적인 접근방법과는 대조적이다. 카네기 모형에 의하면 해결안을 찾는 행동은 만족할 만한 해결안을 제시하는 것으로 충분하고, 관리자들은 전형적으로 첫 번째 나타난 만족할만한 해결안을 받아들인다고 설명한다.

셋째, 토의와 교섭이 의사결정의 문제확인 단계에서 특히 중요하다. 왜냐하면 세력집단의 구성원들이 문제를 인식하지 못한다면 어떤 행동도 취하지 않기 때문이다. 하지만 핵심 경영자들의 세력집단 형성은 의사결정을 무리없이 실행하는 데 매우 중요하다. 예를 들어 NPLI(National Preparedness Leadership Initiative)의 연구 이사인 에릭 맥널티(Eric McNulty)는 법 집행관의 관찰이 중요한 범죄 수사 과정에서 중요한 결정을 내린다고 설명했다. 집행관은 스스로 결정을 내릴 권한이 있었지만 조사에 참여한 모든 기관의 지도자들 사이에서 합의를 향해 일하기로 결정했다. 세력집단을 구축하는 접근 방식을 사용함으로써 집행관은 있을 수 있는 사각 지대와 편견을 피할 뿐 아니라 궁극적인 결정이 성공적으로 이루어지도록 보장했다.[82] 최고경영자가 문제를 인식하거나 주요한 의사결정을 내릴 때는 그 결정을 지원하는 다른 경영자의 동의를 이끌어낼 필요가 있다.[83]

카네기 모형에 의한 의사결정 과정은 〈도표 13.5〉에 요약되어 있다. 카네기 모형에서는 관리자들이 세력집단을 형성하여 합의를 형성하는 것이 조직에서의 의사결정에 매우 중요한 부분이라고 지적한다. 이 점은 특히 상위 경영층에서 더 중요한 사실이다. 토의와 교섭에는 시간이 걸리기 때문에, 검토 과정은 항상 단순해야 하며 따라서 최적해를 찾기보다는 만족할 만한 대안을 선택하게 된다. 문제가 명백하고 이전에 경험한 적이 있을 때에는 문제

도표 13.5 카네기 모형에서의 선택 과정

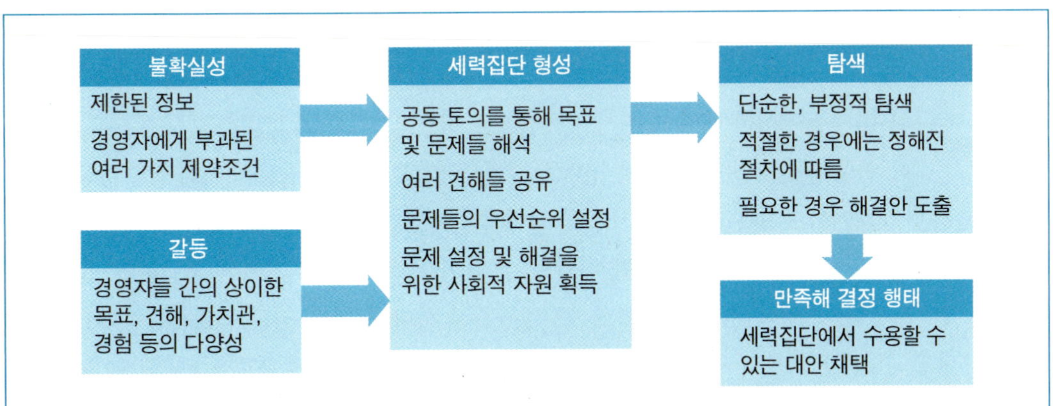

해결을 선례 및 관례에 따른다. 조직에서의 규정과 절차는 새로운 세력집단 형성이나 정치적 거래의 필요성을 무산시킨다. 그러나 프로그램화되지 않은 의사결정에서는 거래와 갈등해결이 필요하다.

도입 질문과 답

2. 경영자가 조직의 중요한 문제에 대한 가장 좋은 해결책을 알고 있고, 이를 실행할 수 있는 권한이 충분히 있다면 의사결정과 집행 과정에 다른 경영자를 참여시키는 것보다 혼자 처리하는 것이 최고의 방법이다.

답) 동의하지 않는다. 대부분의 경우 단일 경영자가 조직의 의사결정을 내리는 경우는 거의 없다. 조직의 의사결정은 다양한 시각을 조합해 가는 사회적 과정이다. 경영자들은 문제의 우선순위에 대해 의견을 제시하고 합의에 이르기 위한 대안이나 견해들을 서로 교환한다. 만약 경영자들이 세력 집단을 형성하지 못하면 중요한 문제가 해결되지 않은 채 진행되거나 좋은 의견이 채택되지 못할 수도 있다. 왜냐하면 다른 경영자들이 의사결정 내용을 수용하지도 않을뿐더러 효과적으로 실행하지도 않을 수 있기 때문이다.

13.4c 점진적 의사결정 과정 모형

헨리 민츠버그(Henry Mintzberg)와 몬트리올의 맥길(McGill) 대학의 동료들은 다른 시각으로 조직의 의사결정에 접근했다. 먼저 25개의 의사결정 사례를 정한 다음, 이 의사결정 사례들의 시작단계에서부터 끝날 때까지 관련된 모든 활동사항들을 추적하여 조사했다.[84] **점진적 의사결정 과정 모형**(incremental decision process model)이라고 불리는 이 접근방법은 카네기 모형에서 설명한 정치적이고 사회적인 요인보다는, 문제 발견에서부터 해결안 제시까지 수행된 활동들의 구조화된 행동 순서를 밝히고 있다.[85]

민츠버그의 연구에 사용된 의사결정 사례로는, 지역항공사에서 구매해야 할 제트 항공기 기종의 선택문제, 신규 사교클럽 개점 문제, 항구에 새로운 컨테이너 터미널 설치 문제, 방향제의 신시장 개발 문제, 병원에 논란이 되는 새로운 의약품을 배급하는 문제, 스타 라디오 아나운서의 해고문제 등이 포함되어 있다.[86] 사례에 나타난 의사결정 문제들의 범위와 중요성은 결정을 완료하는 데 걸린 시간의 길이로 알 수 있는데, 대부분의 문제는 1년 이상이 걸렸고 1/3 정도는 2년 이상이 걸렸다. 또한 사례의 대부분 문제들은 프로그램화되지 않은 의사결정 문제이며 개별 맞춤식의 해결안을 필요로 하는 것이었다.

이 연구에서 발견한 한 가지 중요한 사실은 조직에서의 중요한 선택과정은 항상 그 결정을 내리기까지 일련의 작은 선택의 연속적인 조합으로 이루어진다는 것이다. 그러므로 수많은 조직의 의사결정은 단 한 번의 큰 결단이라기보다는 조그마한 판단들의 연속이라 할 수 있다. 그러나 경영자는 아주 큰 의사결정 하나에 대해 점진적 의사결정 모형을 활용할 수 있다. NFL의 역사 상 가장 젊은 수석 코치를 고용하는 결정을 LA 램즈(Los Angeles Rams)의 최고 리더들이 어떻게 내렸는지 살펴보자.

IN PRACTICE LA 램즈

새로운 수석코치를 고용하는 것은 그것이 더 나은 것이 되든 나쁜 것이 되든 LA 램즈(Los Angeles Rams) 미식축구 프랜차이즈의 미래를 바꾸는 결정이었다. 램즈의 소유주인 스탄 크로엔크(Stan Kroenke)와 프랜차이즈 임원들은 팀에게 신선한 에너지를 불어넣을 필요가 있다는 점을 알았다.

크로엔크 그리고 최고운영책임자 케빈 데모프(Kevin Demoff)와 운영총괄 레스 스니드(Les Snead)를 포함한 리더들은 우선 코치시장 환경을 탐색한 후 최대한의 바람직한 후보군을 식별하였다. 그 결과 30여 명의 명단을 확보할 수 있었다. 그 명단에는 션 맥베이(Sean McVay)가 있었다. '나는 우리가 이 친구를 좋아 한다는 데 베팅한다. 하지만 그에게 시즌 경험(seasoning)이 필요할 것이라 생각하게 될 것이다'라고 스니드는 생각했다. 다른 리더들도 역시 대안으로 겨우 30살의 수석코치를 고용하는 것에 우려를 가지고 있었다. 맥베이는 팀의 수비코디네이터에 비해 38살이나 어렸다. "우리는 뭔가 신선한 것을 고대하고 있었다"라고 크로엔크는 말했다. "어떤 면에서는 그것이 젊은 남자의 게임인 것 같은 느낌이 들었다. 아마도."

리더들은 맥베이를 포함하여 후보들을 연구하기 시작했다. 그에 대해 연구하면 할수록 그에 대한 호기심은 커져갔다. 그들은 적절한 사람을 찾는 데 성공한 공식이 있는지 알아보기 위해 수석 코치 채용 결정에 대한 광범위한 연구를 수행했다. 그런 건 없었다. 그러나 팀은 아주 어린 코치 중 일부가 가장 성공한 것을 밝혀냈다. 일부는 가장 성공하지 못한 것으로 밝혀졌지만. 맥베이가 스타인지 멍청이인지 결정하기 위해 그들은 선수와 매니저, 심지어 스포츠 중계자 등 할 수 있는 모든 사람들과 대화를 시작했다.

맥베이와의 인터뷰는 8일 이상 진행되었다. 맥베이는 램즈의 스타 수비수인 아론 도날드(Aaron Donald)와도 만났고 다른 선수들도 만났다. 그는 훈련 스태프나 운영 스태프와도 미팅을 가졌다. 최고경영자는 전혀 다른 상황에서 그의 개성이 통할지 판단하기 위해서 그와 4번이나 저녁식사를 했다(한번은 부부동반으로). 마지막 저녁식사 인터뷰에서 리더들은 명예의 전당에 입성한 러닝백(running back) 마샬 폴크(Marshall Faulk)의 동석을 요청하였다. 데모프가 말하길 "마샬은 거친 청중입니다. 추위에 관해서 그를 이길 수 있다면, 그것은 션의 재능을 이야기한 것입니다."

션 맥베이를 고용하는 결정은 아주 잘 된 것으로 판명되었다. 2년이 지난 후 맥베이는 램즈를 수퍼볼(Super Bowl)에 올려 놓았다. 그는 수퍼볼 게임에 오른 가장 젊은 수석 코치가 되었으며, 상대팀 쿼터백인 톰 브래디(Tom Brady)보다도 8살이나 어린 나이였다.[87]

LA 램즈의 수석코치로 션 맥베이를 고용하는 의사결정은 작으면서도 연속적인 의사결정들과 하나의 거대한 의사결정에 들어가는 시간소모적인 과정을 보여준다.

경영자는 이와 같이 거대한 단일 의사결정을 내릴 때에도 점진적 의사결정 과정을 사용한다. 조직은 여러 개의 의사결정 포인트들을 통과하면서 거기에 놓여 있는 장애물에 부딪히게 될 것이다. 민츠버그는 이 장애물을 의사결정 차단(decision interrupts)이라고 불렀다. 의사결정이 차단된다는 것은 의사결정의 이전 사안으로 되돌아가서 뭔가 새로운 시도를 다시 해야만 하는 것을 의미한다. 의사결정 과정이 순환되는 것은 실행 가능한 대안을 찾기 위한 한 가지 방법이 된다. 그리고 이렇게 구해진 최후의 해결안은 초기에 예상했던 것과는 매우 다를 수도 있을 것이다.

민츠버그와 그의 동료들이 발견한 의사결정 단계의 패턴은 〈도표 13.6〉과 같다. 각각의 박스는 의사결정 순서상의 가능한 실행조치들을 가리키며, 이들은 다시 크게 확인, 개발, 선택의 3단계로 구분한다.

확인 단계. 확인 단계는 '인식'에서 시작된다. 인식이란 한 사람 혹은 여러 사람의 경영자가 문제와 의사결정의 필요성을 깨닫기 시작하는 것을 의미한다. 인식은 보통 문제나 기회에 의해 유발된다. 외부환경 요소가 변화하거나 내부 성과가 기준치에 도달하지 못했을 때 문제는 존재한다. 라디오 아나운서를 해고시키는 사례에서는, 아나운서에 대한 문제는 청취자, 다른 아나운서, 그리고 광고사 등에서 제기되었다. 경영자들은 이러한 정황들을 해석

도표 13.6 점진적 의사결정 과정 모형

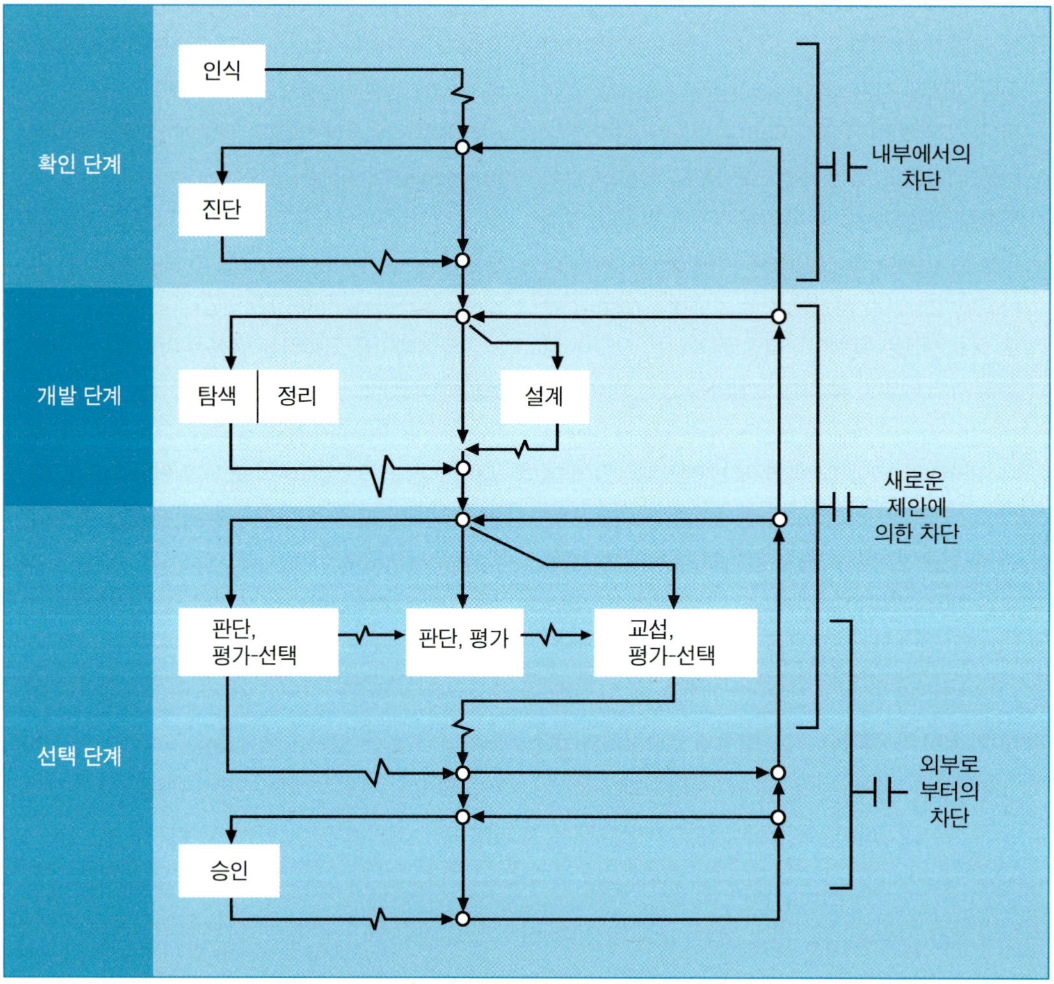

출처: Based on Henry Mintzberg, Duru Raisinghani, and André Théorêt, "Structure of Unstructured Decision Processes," *Administrative Science Quarterly* vol. 21(June 1976), 246–275. SAGE Publications.

하여 문제로 다루어야 할 패턴이 나타나는지를 검토한다. LA 램즈의 사례에서 그들은 팀의 승률에 대해 불만족이 커졌고 이는 이전 수석코치의 문제라고 확인하였다.

두 번째 조치는 '진단'인데, 문제 상황을 정의하고자 하려면 더 많은 정보를 얻어야 한다. 진단은 문제의 심각성에 따라 체계적으로 이루어지거나 비공식적으로 이루어질 수도 있다. 문제가 심각할 경우에는 진단을 깊이 있게 계속할 시간이 없으며, 즉각적인 대응이 이루어지게 해야만 한다. 문제의 심각성이 미미한 경우에는 보통 좀 더 체계적인 방법으로 진단이 이루어진다. 램즈의 경우에는 임원진들이 30명의 수석코치 후보 명단을 작성한다.

개발 단계. 개발 단계에서는 확인 단계에서 정의된 문제를 해결하기 위한 방안을 찾는다. 해결안을 찾는 방법은 다음의 두 가지 방향 중에서 하나를 택한다. 첫째 '탐색' 과정은 해결안을 조직 내의 기존의 해결 방법들 중에서 찾는다. 스타 아나운서를 해고해야 하는 사례에서 예를 들면, 라디오 방송국에서 이전에 아나운서를 해고했을 때 어떻게 했는가를 알아보는 것이다. 탐색 과정에서는 조직 내의 관련자들의 기억을 되살리거나, 다른 관리자들과의 대화 및 공식적인 업무처리 절차 등을 검토하게 된다.

두 번째 방향은 문제에 대한 개별적인 해결안을 '설계'하는 것이다. 이러한 상황은 문제가 전혀 새로운 것이어서 이전의 경험이 가치가 없을 때 발생한다. 민츠버그는 이러한 상황에서는 핵심 의사결정자들이 이상적인 해결방법에 대해 단지 모호한 아이디어만을 갖고 있을 뿐이라는 것을 발견했다. 그리고 이러한 모호한 아이디어들이 점차적으로 시행착오적 과정을 거치면서 문제에 적합한 해결방안이 나타나게 된다. 즉 해결방안을 찾는 과정은 모호한 아이디어를 조금씩 구체화시켜 가면서 차근차근 조금씩 해결안을 쌓아가는 것이다.

선택 단계. 이 단계는 해결안이 선택되는 단계이다. 이 단계에서 고려되어야 하는 것은 대안의 선택이 항상 여러 개의 대안들 중에서 가장 확실한 것을 선택하는 것은 아니라는 것이다. 개별 사안에 적합한 해결방안을 찾아야 하는 경우에는, 실행 가능한 한 가지 대안을 두고서 여러 가지의 평가를 하는 것이다.

평가와 선택은 세 가지 방법으로 완성된다. 먼저 판단(judgement)에 의한 선택방식은 최종결정이 한 사람의 의사결정자에 달려 있으며 선택기준이 경험에 의한 '판단'에 따를 경우에 사용된다. 둘째, 분석(analysis)에 의한 선택방식은 경영과학 기법과 같은 체계적인 근거에 의해 평가된다. 민츠버그는 대부분의 의사결정에서 체계적인 분석과 대안 평가가 이루어지고 있지 않다는 것을 발견했다. 셋째, 교섭(bargainning)에 의한 선택방식은 선택이 의사결정자들의 집단에서 이루어질 경우에 사용된다. 의사결정자들은 제각기 결과에 대해 서로 다른 이해관계를 가질 것이고 그래서 갈등이 발생한다. 따라서 앞서 카네기 모형에서 설명했듯이 토의와 교섭을 통해 세력집단을 형성하게 된다.

조직에서 결정사항이 공식적으로 수락하면 '승인(authorization)'이 되는 것이다. 즉 의사결정은 책임을 질 수 있는 상위계층으로 넘겨지는 것이다. 승인은 종종 일상적인 절차에 따르게 되는데, 이미 문제를 확인하고 해결안을 설정한 하위관리자들이 충분한 전문지식을 가지고 있다고 보기 때문이다. 간혹 하위관리자들이 결정사안을 실행하는 측면에서 충분히 검토하지 못한 경우에 승인이 거절될 때도 있다.

동태적 요인들. 〈도표 13.6〉에 제시된 그림의 밑 부분에 표시된 선은 의사결정이 처음으로 다시 되돌아가는 과정을 나타낸다. 이 선들은 의사결정에서 순환과정이 발생하는 것을 보여준다. 즉 조직의 의사결정이 인지로부터 승인에 이르는 정해진 과정을 따라 진행되는 것이 아니다. 문제에 변화가 발생하면 다시 의사결정의 이전 단계로 되돌아가야 하며, 이것이 의사결정 차단이다. 만약 문제에 적합한 해결안이 불만족스럽다고 인지되면, 의사결정의 첫 시작 단계로 돌아가서 그 문제가 정말 해결해야 할 가치가 있는 것인지에 대해 다시 검토할 것이다. 이러한 피드백 순환과정이 일어나는 원인으로는 의사결정의 타이밍, 조직 내의 정치적 행위, 경영자들 간의 의견 불일치, 실행 가능한 해결방안을 설정할 능력 부재, 경영자의 이직, 또는 새로운 대안의 갑작스러운 출현 등을 들 수 있다. 예를 들면, 작은 캐나다 항공사에서 제트 항공기를 구매하기로 결정하고, 이사회의 승인도 받았다. 그러나 승인 직후에 새로운 사장이 부임하여 구매계약을 파기시킴으로써, 의사결정은 문제확인 단계로 되돌아가서 다시 검토해야 했다. 사장은 문제 진단 결과는 인정했지만 새로운 대안 설정을 주장했다. 바로 그때 한 외국 항공사가 사업을 포기하면서 두 대의 중고 항공기가 매물로 나왔다. 이것은 예측할 수 없었던 새로운 대안이 되었고, 사장은 자신의 판단에 의해 그 항공기 구매를 승인했다.[88]

대부분의 의사결정에는 오랫동안의 시간이 걸리기 때문에 그 사이에 여러 가지 상황이 변한다. 따라서 의사결정은 문제가 해결되기까지 수많은 반복 순환을 요구하는 동태적인 과정으로 이해해야 할 것이다.

핵심정리

- 개별 경영자가 의사결정을 하지만, 조직의 의사결정은 한 개인의 결정에 의해 이루어지지 않는다. 조직 의사결정에의 접근법들에는 경영과학 모형, 카네기 모형 그리고 점진적 의사결정 과정 모형이 있다.
- 아주 희귀한 상황에서만 경영자는 스스로 문제를 분석하고 해결책을 구한다. 대다수의 문제들은 분명하지가 않기 때문에 광범위한 토론과 세력집단 형성이 발생한다.
- 가장 큰 갈등과 세력집단 형성은 문제들에 대한 동의가 이루어지지 않을 때 발생한다. 어떤 목적이 중요하고 어떤 문제가 우선적으로 해결되어야 하는 지에 대한 우선순위가 정해져야만 한다. 만약 경영자가 동의를 하지 않은 다른 누군가를 비난하거나 한다면 그 경영자는 그 해결책을 실행할 때에 지지를 잃게 될 것이다. 그러므로 의사결정을 위한 문제 식별단계에서 세력집단 형성을 위한 시간과 활동에 투자를 해야 한다.

- 목적과 우선순위가 한 번 정해지면 이 목적을 달성하기 위한 대안들을 시도해 볼 수 있다. 때때로 해결책은 점차적으로 전체 솔루션으로 이어지는 일련의 점진적 시험으로 펼쳐진다. 경영자가 개인적으로 의사결정을 할 때, 이는 때대로 더 큰 결정 과정의 작은 부분이 된다. 조직은 연속되는 작은 단계를 통해서 큰 문제를 해결한다. 한 사람의 경영자가 한 단계를 주도할 수는 있으나 이것이 더 큰 의사결정 과정에 속한다는 것을 알아야 한다.

13.5 조직 의사결정과 변화

이 장의 첫머리에서는 빠르게 변화하는 사업 환경 때문에 의사결정자들이 엄청나게 불확실한 상황에 놓이게 되는 것에 대해 논의했다. 조직들이 당면하는 특징은 문제확인과 문제해결 단계 모두에서 엄청나게 많은 불확실성에 대처해야 한다는 것이다. 이런 경우에 도움이 되는 의사결정 방법으로 두 가지 접근방법이 제시되는데, 하나는 카네기 모형과 점진적 의사결정 과정 모형을 결합시키는 것이며 두 번째는 쓰레기통 모형이다.

13.5a 카네기 모형과 점진적 의사결정 과정 모형의 결합

먼저 문제확인 단계에서는 카네기 모형에서 설명한 세력집단 형성이 필연적이다. 문제가 애매모호하거나 경영자들이 문제의 심각성에 대해 이견을 표출할 때는, 토론과 협상 및 세력집단 형성이 불가피하다. 점진적 의사결정 모형은 해결책에 도달하는 과정에 중점을 두는 경향이 있다. 일단은 당면한 문제에 대해 의견 일치가 된 후, 어떤 해결책이 적절할 것인지 판단하기 위해 다양한 해결책을 검증하는 단계가 순서에 따라 진행된다. 만약에 문제에 대한 해결책이 확실하지 않을 때에는 시행착오를 통해 해결책을 찾는다.

의사결정 과정에서 카네기 모형과 점진적 의사결정 과정 모형이 사용되는 단계들은 〈도표 13.7〉에서 찾아 볼 수 있다. 두 모형은 서로 배타적인 것이 아니다. 이 두 모형은 문제의 확인 단계 또는 문제의 해결 단계별로 불확실성이 있을 때 서로 다르게 적용된다. 의사결정의 두 단계에서 동시에 불확실성이 높으면 조직은 상당히 어려운 상황에 처한 것이다. 이러한 상황에서의 의사결정은 카네기 모형과 점진적 모형을 조합하는 것이 되며, 이 조합은 쓰레기통 모형에서 기술하고 있는 상황으로 진화한다.

13.5b 쓰레기통 모형

쓰레기통 모형(garbage can model)은 조직의 의사결정 과정을 설명하는 모형들 중에서 가장 최근에 등장하면서 관심을 끄는 것 중 하나이다. 이 모형은 이전의 모형들과 직접적으로 비교할 수는 없다. 왜냐하면 점진적 의사결정 과정 및 카네기 모형은 단 하나의 의사결정

도표 13.7 문제 확인과 해결이 불확실할 경우의 학습조직형 의사결정 과정

문제 확인		문제 해결
문제 확인이 불확실할 경우에는 카네기 모형 적용 정치적 및 사회적 과정 요구 세력집단 형성, 합의 도출 노력 및 목표들과 문제 우선순위에 관한 갈등 해결	→	문제 해결이 불확실할 경우에는 점진적 과정 모형 적용 점진적이고, 시행착오적인 과정 요구 중대한 문제는 작은 단계들로 나누어서 해결 난관에 부딪힐 경우에는 처음부터 다시 반복하여 시행

이 내려지는 과정을 다루는 것이지만, 쓰레기통 모형에서는 다수의 사안들에 대한 조직 내의 의사결정 패턴 또는 과정을 다루는 것이기 때문이다. 쓰레기통 모형은 조직을 전반적인 관점에서 이해하고 모든 부문의 경영자들이 내리는 수많은 의사결정 과정을 이해하는데 도움이 될 것이다. 언제든지 조직의 모든 경영자들은 다양한 의사결정과 행동을 고려하고 있다. 신입직원의 고용, 신제품의 개발, 합자회사에의 투자 등과 같은 것들이다. 때때로 개인 수준에서 경영자가 대안들을 평가하고 최고경영자가 자신의 의견을 통합하여 최종적으로 의사결정을 제안하기도 한다.[89] 하지만 가끔 조직의 의사결정은 더욱 엉망진창인 경우도 있다.

조직화된 무질서. 쓰레기통 모형은 성장과 변화가 지속적으로 요구되는 학습조직과 같이 극단적으로 불확실한 상황에 놓여 있는 조직에서의 의사결정의 패턴을 설명하기 위해 제시되었다. 쓰레기통 모형을 처음 제시한 마이클 코헨(Michael Cohen), 제임스 마치(James March), 조안 올슨(Johan Olsen)은 매우 불확실한 상황을 **조직화된 무질서(organized anarchy)**라고 불렀으며, 이는 극단적으로 유기적인 조직을 뜻하는 것이다.[90] 조직화된 무질서 상황에서는 의사결정이 통상적인 권한의 수직적 계층 단계나 관료주의적인 의사결정 규정에 따르지 않으며, 다음과 같은 세 가지 특성에 의해 의사결정의 결과가 달려 있다.

1. 우선순위의 혼란: 목표, 문제, 대안 및 해결방안 등이 분명하지 않다. 따라서 의사결정 과정의 각 단계는 애매모호함의 정도에 의해 결정된다.
2. 기술의 모호성과 난해성: 문제의 인과관계를 밝히기 어렵다. 그리고 의사결정에 활용할 명시적인 데이터베이스를 얻을 수 없다.
3. 직무 변경: 직무 담당자의 직무가 바뀌게 된다. 아울러 직원들이 바빠서 어떤 한 문제에만 매달리기에는 시간이 부족하다. 따라서 어떤 주어진 문제를 결정하는데 책임져야 할 사람이 정해져 있지도 않고 제한적이다.

조직화된 무질서는 빠른 변화와 조직 간의 연계성 강화, 일관된 원칙의 유지가 불가능해진 환경 특성에 맞추어진 것이다. 따라서 학습조직이나 최근의 인터넷상의 가상조직 등이 이러한 환경에 대응하려고 하는 것이지만, 극단적으로 유기적인 환경상황에 항상 적합한 조직은 있을 수 없을 것이다. 하지만 많은 조직들이 때로는 불확실하고 문제해결이 어려운 상황에서도 결정을 내려야만 하는 경우에 처하게 된다. 쓰레기통 모형은 이러한 종류의 의사결정에 대한 접근방법을 이해하는 데 유용할 것이다.

사건들의 흐름. 쓰레기통 모형의 독특한 특성은 의사결정 과정이 문제발생에서 시작해서 문제해결로 끝나는 연속적인 단계라고 보지 않는 것이다. 실제로 문제확인과 문제해결은 서로 연결되어 있지 않을 수도 있다. 예를 들어 아무런 문제가 제기되지 않은 경우에도 어떤 아이디어가 하나의 해결방안으로서 제시될 수 있으며, 어떤 문제는 상존하고 있지만 결코 해결방안을 제시하지 못하는 경우도 있다. 따라서 의사결정들은 조직 내의 여러 가지 사건들의 독립적 흐름들의 결과물이다. 조직의 의사결정에 관련된 네 가지 흐름은 다음과 같다.

1. 문제들: 문제들은 현재 활동들과 성과에 대해 불만족한 것들이다. 주로 원하는 성과와 현재 활동들 사이의 격차로 표출된다. 문제들은 주목을 받고 있다고 인식되는 것이지만, 해결책들이나 선택된 대안들과 구별된다. 어떤 문제에는 해결책이 제시될 수도 있고 해결책이 제시되지 않을 수도 있다. 해결방안을 실행해도 문제가 해결되지 못할 수도 있다.
2. 잠재적 해결책들: 해결책은 누군가가 채택되기를 원하여 제안한 아이디어들이다. 그러한 아이디어들은 조직의 도처에서 해결책 대안으로 흘러 다니며, 새로운 직원에 의해서 조직에 들어올 수도 있고 기존의 직원에 의해서 창안될 수도 있다. 참여자들은 어떤 아이디어에 단순히 이끌리어 문제와는 무관하게 논리적인 대안으로서 밀고 나갈 수도 있다. 아이디어에 이끌려서 그 아이디어를 적용시킬 문제를 찾아서 문제에 대한 해결안으로서 정당화시키기도 할 수 있다. 중요한 것은 문제와는 상관없이 해결책들이 존재한다는 것이다.
3. 참여자들: 조직의 참여자들은 조직 전체에 왕래하는 직원들 즉, 고용되거나, 직무를 다시 맡거나, 해고된 사람들이다. 참여자들은 자신들의 아이디어, 문제에 대한 인식정도, 경험도, 가치관, 교육훈련 정도 등에서 판이하게 다르다. 어떤 경영자에 의해 인식된 문제와 해결책들은 또 다른 경영자에 의해 인식된 것과는 다를 것이다.
4. 선택 기회들: 선택 기회들은 조직에서 일상적으로 의사결정을 해야 할 때 우연히 발생하는 것이다. 즉 계약이 체결될 때, 사람들이 고용될 때 또는 신제품이 승인될 때 발생한다. 또는 참여자와 해결책들 및 문제들이 적절하게 배합되었을 때도 발생한다. 그래서 좋은 아이디어를 우연히 얻게 된 경영자는 갑자기 그 아이디어를 적용할 문제를 깨

닫게 되어 선택 기회를 조직에 제공할 수 있다. 문제들과 해결책들을 적절히 연결함으로써 의사결정이 되는 경우가 흔히 있다.

이러한 네 가지 흐름의 개념에 의하면, 조직에서 의사결정의 전반적인 패턴은 무작위적인 특성을 지닌다. 즉 문제들, 해결책들, 참여자들 및 선택 기회들이 모두 조직 안에서 흘러다니고 있는 것이다. 어떤 의미에서는 조직은 〈도표 13.8〉에서 보는 것처럼 이러한 흐름이 뒤섞여 있는 커다란 쓰레기통이라 할 수 있다. 문제, 해결책 그리고 참여자가 우연히 한 점에서 연결될 때, 어떤 결정이 이루어지고 문제가 해결되는 것이다. 하지만 해결방안이 문제와 적합하지 않을 경우에는 문제가 해결되지 않을 수도 있다.

그러므로 조직을 전체적인 관점에서 검토하고 불확실성이 높은 상황을 고려하면, 문제가 발생했지만 해결되지 않으며, 해결책을 제시했지만 효과가 없다는 것을 알게 된다. 조직에서의 의사결정들은 무질서하게 나타나는 것이지 논리적인 순서에 의해 결론나는 것이 아니다. 상황이 너무 불명확하고 복잡하기 때문에 의사결정, 문제, 그리고 해결책은 독립적인 사건들로서 행동한다. 그것들이 연결될 때 어떤 문제들은 풀리게 되지만, 대다수는 그렇지 못하다.[91]

도표 13.8 의사결정의 쓰레기통 모형에서 문제 발생이 독립적으로 진행되는 흐름의 예

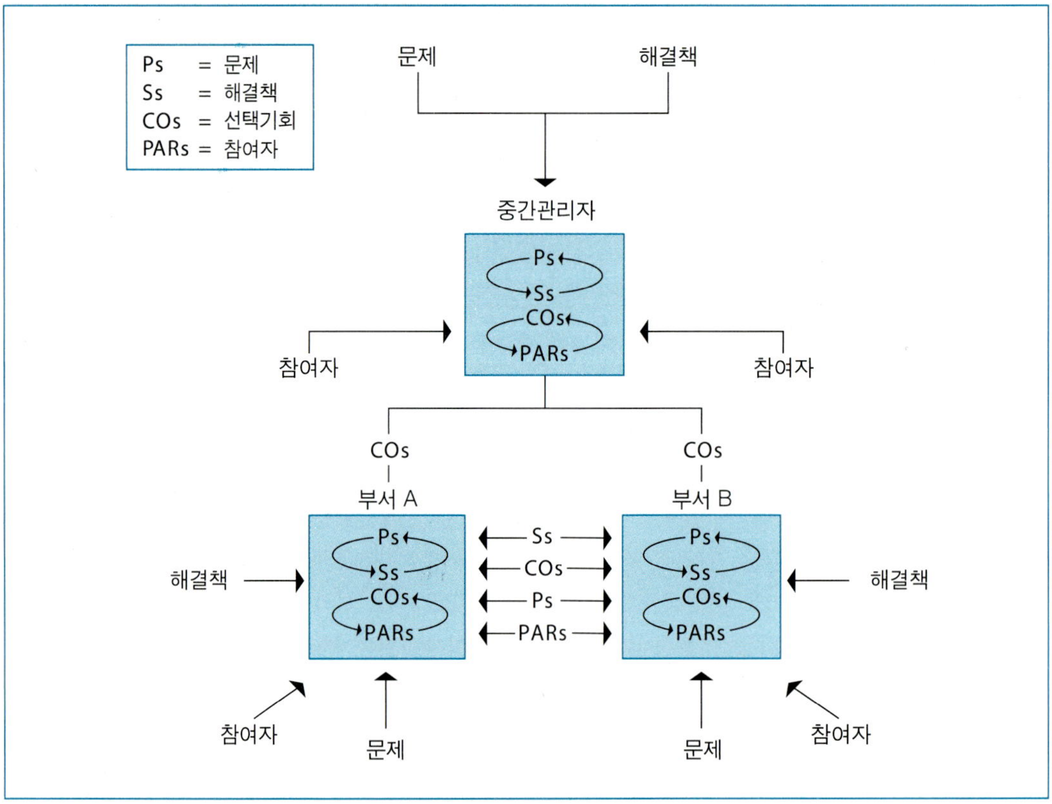

시사점. 조직 의사결정에서 쓰레기통 모형이 제시하는 네 가지의 특별한 시사점은 다음과 같다.

1. 문제가 존재하지 않는 경우에도 해결책이 제안될 수 있다. 어떤 직원이 아이디어를 얻게 되면 전체 조직에 이를 확산시키려고 노력할 것이다. 1970년대에 많은 조직들에서 컴퓨터를 도입한 것을 이러한 예로 들 수 있다. 컴퓨터는 고무적인 해결책이었고, 컴퓨터 제조업자들과 조직 내의 시스템 분석가들 모두 컴퓨터를 도입하도록 종용했다. 하지만 도입 초기에 컴퓨터는 어떤 문제도 해결하지 못했으며, 사실은 어떤 컴퓨터들은 문제를 해결했던 것보다 더 많은 문제들을 야기했다.
2. 문제를 해결하지 못하는 방안이 채택되기도 한다. 예를 들어 새로운 부서를 만드는 것과 같은 방안을 선택하는 것은 문제를 해결하려는 의도 하에서 결정된 것이지만, 불확실성이 극심한 상황에서는 잘못된 선택일 수 있다. 더구나 그냥 우연히 선택하는 해결방안도 적지 않게 나타나고 있다. 사람을 줄이거나 조직의 예산을 감축하거나 새로운 정책 문서를 발간하는 등의 선택방안들은 문제를 염두에 두고 결정한 것이지만, 문제를 반드시 해결하지는 못한다.
3. 문제가 해결되지 않은 채로 지속될 수 있다. 조직의 참여자들이 어떤 문제를 잘 알고도 해결하기를 포기하거나, 혹은 어떤 문제는 기술이 확실하지 못해서 해결방법을 알지 못할 수도 있다. 캐나다의 한 대학에서는 정당한 절차에 따르지 않고 어떤 교수의 정년보장을 거부했다는 이유로 미국대학교수협회에 의해 심의를 받았다. 학교 행정을 담당하는 사람들에게 그 심의는 벗어나고 싶은 귀찮은 것이었다. 15년 후에 정년을 받지 못했던 그 교수가 죽었다. 그렇지만 심의는 끝난 게 아니었다. 왜냐하면 그 사안을 재평가하기 위한 협회의 요구사항들을 대학에서 받아들이지 않았기 때문이다. 대학에서는 문제를 해결하고 싶었지만, 행정직원들은 그 문제를 어떻게 해결할지에 대한 확신이 없었다. 이 문제는 해결되지 않은 채로 계속 남아있다.
4. 몇몇 소수의 문제가 풀리는 것이다. 의사결정 과정은 집합적으로 일어난다. 쓰레기통 모형을 컴퓨터 시뮬레이션 모형으로 풀어보면 중요한 문제들은 종종 해결된다. 최근 연구자들이 과연 인간이 컴퓨터 시뮬레이션이 예측한 행동을 실제 하는가에 관한 실험실 연구를 진행하였다. 그들이 알아 낸 것은 실제 인간과 컴퓨터 시뮬레이션은 일부의 사안에 대해 유사한 결과를 만들어낸다는 것을 발견하였다. 예를 들면 만들어 낸 선택의 수 그리고 풀어 낸 문제의 수 등이다.[92] 물론, 해결방안이 결정되어도 모든 문제가 해결되는 것은 아니다. 그러나 조직의 문제를 줄여가는 방향으로는 가고 있는 것이다.

쓰레기통 모형에서 제시한 사건 발생들이 독립적으로 흘러가는 것의 효과와 다소 무질서한 의사결정 과정에 대한 예를 폭스바겐(Volkswagen)의 사례에서 살펴볼 수 있다. 의사결

IN PRACTICE 폭스바겐

웨스트 버지니아 대학의 대학원생들(참여자들)은 폭스바겐 제타(Jetta diesel)의 배기가스 실험을 진행했고 폭스바겐 디젤에서 이상한 행동(문제)을 발견했다. 학생과 교수들은 드러난 문제에 대해 보고서를 작성했다. 폭스바겐의 안전 담당 책임자(참여자) 연구를 검토한 후 웨스트 버지니아 대학의 발견 사항에 대한 한 페이지 보고서로 대응했다. '제타는 질소산화물의 허용치를 15~30배 초과했다(문제).' 그러나 동일한 차량이 실험실에서 진행된 테스트는 무난하게 통과할 수 있었다. 안전 담당 책임자는 당국자에게 이를 제대로 설명할 수 없을 거라 결론을 내렸다(선택 기회).

폭스바겐의 경영자들(참여자)은 다양한 옵션(선택 기회들)을 검토했다. (1) 인지된 문제를 모른 척한다. (2) 엔진 소프트웨어의 개선을 제공한다. (3) 문제가 있다는 것을 인정하고 미국에서 팔린 디젤들을 다시 사 들인다.

CARB(California Air Resource Board)의 알베르토 아얄라(Alberto Ayala, 참여자)는 강력한 조사를 시작하기로 결정했다(선택 기회). CARB의 엔지니어들(참여자들)이 시험을 진행하고 메모들을 비교하기 위해 폭스바겐의 엔지니어들(참여자들)을 만나는 과정이 진행되었다. 해결책이 나오지 않고 그 과정이 반복되었다. 폭스바겐은 CARB의 시험이 잘못되었다고 불평했다. 회의를 반복하면서 폭스바겐의 대표자들(참여자들)은 엔진 소프트웨어를 개선하기 위한 디젤 리콜(선택 기회, 잠재적 해결책)에 애를 먹었다. 그러나 이것은 폭스바겐의 시

PA Images/Alamy Stock Photo

간지연 전술이라는 것이 밝혀졌다(문제). 자동차들이 이전보다 공해를 덜 배출하도록 폭스바겐은 자동차 28만 대의 소프트웨어를 개선했지만(잠재적 해결책), 불법적인 소프트웨어 코드는 제거하지 않았다(선택 기회, 폭스바겐의 잠재적 해결책).

CARB는 폭스바겐에 더 큰 압박을 가했다. 그리고 폭스바겐의 경영자들은 빠져나갈 수 없다는 것을 깨달았다(선택 기회). CRAB와의 다음 회의에서, 폭스바겐의 대표자들(참여자)은 폭스바겐의 자동차들에 결함이 있는 장비를 장착했음을 인정했다(선택 기회). 2015년 9월 3일 폭스바겐은 미국에 판매된 50만 대의 자동차에 2개의 교정기를 장착했음을 규제당국에 인정했다(선택 기회). 하나는 배출시험용이고 다른 하나는 일반 도로 주행용이라고. 웨스트 버지니아 대학의 대학원생들의 연구가 결국에는 폭스바겐에 220억 달러의 벌금 비용을 발행시키고 법적 합의를 이끌어 냈다.[93]

정에 이르기까지 문제들, 아이디어들 그리고 기회와 사람들이 우연하게 되는 대로 나타나고 결합되는 것처럼 보인다.

폭스바겐이 직면했던 도전은 쓰레기통 모형이 의사결정에 사용된다는 점과 사람과 문제, 잠재적 해결책 그리고 선택기회가 전체 조직 안에 예측불가능하게 흐르고 있음을 보여준다. 문제는 단순하게 논리적으로 단계를 밟아가며 해결되는 것이 아니다. 폭스바겐도 일

부의 문제는 최소로 감소하기도 하고 해결은 되었지만, 이미 조직에서 결정을 내렸어도 그리고 제안된 해결책과 선택안이 있어도 여러 문제는 여전이 남아 있다. 웨스트 버지니아 대학의 연구와 같은 몇 가지 사안들은 우연히 일어나기도 했다. 폭스바겐의 경영자들은 배출가스 문제를 해결하기 위해 여러 노력을 시도했고, 그 일부는 제대로 작동하기도 했다. 다른 사안은 1년이 넘도록 계속되기도 했다. 새로운 선택이 이루어지고 다른 선택 기회가 드러나고 퇴출될 것이며, 다양한 아이디어를 가진 사람들이 들고 날 것이고 변화를 요구하는 외부의 힘도 작용할 것이다.

핵심정리

- 극단적인 불확실성과 복잡성에 대응하기 위해 경영자들은 카네기 모형과 점진적 의사결정 모형을 결합하며, 이주 독특한 접근법인 쓰레기통 모형을 사용하기도 한다.
- 쓰레기통 모형은 고도로 유기적인 조직에서 의사결정 과정이 거의 랜덤에 가깝다는 것을 보여준다.
- 많은 경영자들은 그들이 불명확하고, 문제가 많은 상황에서 의사결정을 하는 자리에 있으며, 쓰레기통 모형이 그런 패턴의 의사결정에 유용하다는 것을 발견한다.
- 의사결정, 문제들, 아이디어, 그리고 사람들이 조직 전반에 흐르고 있으며, 여러 가지 조합을 통해 혼재하고 있다. 이런 과정을 통해서 조직은 점진적으로 학습을 한다. 어떤 문제는 결코 풀리지 않지만, 많은 경우에는 해결되며, 이를 통해 조직은 점점 더 개선되고 더 성과수준을 향해 전진한다.

13.6 상황 적합적 의사결정 체계

이 장에서는 경영과학 모형, 카네기 모형, 점진적 의사결정 과정 모형 및 쓰레기통 모형 등 조직의 의사결정에 관한 몇 가지 접근방법들을 알아보았다. 또한 개인적인 의사결정 방법으로 합리적인 의사결정과 직관적인 의사결정 과정도 논의하였다. 각각의 접근방법들은 실제 의사결정 과정에서 나타나는 특성을 어느 정도씩은 비교적 적절하게 설명하지만 각각의 방법들은 서로 간의 차이가 있다. 예를 들면, 경영과학 모형은 쓰레기통 모형에 비하여 의사결정에서의 가정과 절차 등에서 다른 상황을 반영하고 있다.

여러 가지 접근방법이 있어야 하는 이유는 의사결정을 내려야 하는 조직적인 상황이 다르게 나타나기 때문이다. 즉 어떤 접근방법을 사용할 것인가는 조직이 처한 상황에 적합해야(contingent) 한다. 의사결정방법을 선택하는 데 기준이 될 수 있는 두 가지 특성은 (1) 문제에 대한 합의 여부와 (2) 문제해결의 수단에 관한 기술적인 지식이다.[94] 이 두 가지 차원에서 조직을 분석하면 의사결정에 어떤 접근방법을 사용해야 할지를 판단하는 데 유용할 것이다.

13.6a 문제에 대한 합의

문제에 대한 합의(problem consensus)는 문제 상황 혹은 기회의 본질 및 추구해야 할 목표와 결과에 대한 경영자들 간의 의견 일치성을 말한다. 합의의 정도는 완전한 일치에서 완전한 불일치까지로 구분할 수 있다. 의견 일치가 되는 경우에는 불확실성이 줄어든다. 즉 조직의 문제와 목표 및 성과기준이 명확해지는 것이다. 의견이 불일치하면, 조직의 목표 및 성과기준에 대한 논쟁이 생기고 자연히 불확실이 증가한다. 문제의 불확실성이 발생한 예를 록포드 헬스 시스템(Rockford Health System)의 사례에서 볼 수 있다. 인적자원 담당 임원은 새로운 셀프 서비스(self-service) 복리후생 시스템을 도입하기를 원했다. 이를 도입하면 직원들은 스스로 자신의 복리후생을 선택할 수 있고 인적자원 담당 직원은 남은 시간을 전략적 활동에 더 투입할 수 있으리라 여겼다. 다른 한편 재무 담당 임원은 소프트웨어 사용료가 너무 비싸고 회사의 근간에 영향을 미칠 것이라 주장했다. 다른 부서의 관리자들도 고가의 HR 시스템을 채택하면 혹시 자기 부서의 프로젝트가 부결되는 경우가 발생할까 두려워 시스템의 도입에 동의하지 않았다.[95]

조직이 분화되면 문제에 대한 합의가 이루어지기 어려워지는 경향이 있다는 것을 4장에서 설명하였다. 다시 상기해보면, 환경이 불확실해지면 조직은 이에 대응하기 위하여 세부적으로 전문화되며, 이에 따라 부서 간에 목표나 가치관 등이 그 특정 환경에 따라 달라진다고 하였다. 이러한 차이로 인해 조직의 목표 및 문제의 우선순위에 대해 의견이 일치할 수 없으며, 그래서 경영자는 의사결정을 하는 사이에 이들을 통합시키기 위한 특별한 노력을 기울여야 한다. 예를 들면, 2003년 2월 발생했던 우주왕복선 콜롬비아(Columbia)호의 사고를 미연에 방지할 수도 있었음에도 문제를 확인하지 못한 것에 대해 NASA는 비난을 받아왔다. 사고 원인의 일부분은 안전 담당 관리자들과 일정 담당 관리자들 간의 분화(differentiation)가 심하여 우주선 발사 일정을 맞추는 것과 안전을 고려하는 것 간의 의견 충돌에서 기인한 것이다. 더구나 우주선 발사 직후 수초 사이에 일어난 파편조각이 우주선의 왼쪽 날개를 때려서 손상을 입힌 사고를 알아보기 위해서 사진을 자세히 검토하자고 엔지니어들이 세 차례나 요구한 것이 묵살되었다. 지금까지의 조사에 의하면 파편에 의한 손상이 우주선 폭발의 주요 원인이 될 수도 있었다는 지적이 나오고 있다. 반대의견에 귀를 기울이고 합의를 형성할 수 있는 제도적 장치를 갖추는 것은 NASA에서뿐만 아니라 다른 조직들에서도 복잡한 문제를 다루는 의사결정을 더 나은 수준으로 개선시킬 수 있는 것이다.[96]

문제에 대한 합의를 이루는 것은 의사결정 과정 중 문제확인 단계에서 특히 중요하다. 문제가 명확해지고 문제인식에 합의가 이루어지면, 문제해결에 대한 명확한 기준과 성과 목표가 설정될 수 있기 때문이다. 문제에 대한 합의가 이루어지지 않으면, 문제확인이 불확실하므로 경영자는 목표 및 우선순위 설정에 의견이 일치되도록 하는 데 집중적으로 노력해야만 한다.

13.6b 해결방안에 관한 기술적인 지식

기술적인 지식(technical knowledge)은 문제를 해결하고 조직목표를 달성하는 방법에 대한 이해와 동의를 의미한다. 이 변수는 그 범위가 문제해결에 이르는 인과관계에 대한 완벽한 동의와 확실성에서부터 완벽한 불일치와 불확실함까지 범위가 주어진다. 기술적 지식이 낮은 상황을 보여주는 예는 닥터 페퍼/세븐업(Dr. Pepper/Seven-Up)에서 볼 수 있다. 경영자들은 시장점유율을 6%에서 7%로 올려야 한다는 문제에 대해서는 의견일치를 보았다. 하지만 시장점유율을 증가시키기 위한 수단을 알기가 어려웠고 이에 대한 의견 일치도 이루어지지 않았다. 어떤 관리자들은 일반 상점처럼 가격할인정책을 쓰기를 원했다. 다른 경영자들은 레스토랑과 패스트푸드 체인점들에 소다수 판매대를 늘려야 한다고 믿었다. 또 다른 관리자들은 광고를 늘리는 것이 최고의 방법이라고 주장했다. 모든 관리자들은 시장점유율을 증가시키는 방법을 제대로 알지 못했던 것이다. 결국, 세븐업에 대한 광고를 늘리기로 했지만, 별로 효과를 보지 못했다. 이 사례에서 의사결정이 실패한 이유는 문제해결에 대한 기술적 지식이 별로 없었기 때문이라는 것을 보여준다.

문제해결에 대한 수단을 잘 이해하고 있으면, 적절한 대안을 도출하고 어느 정도 확실하게 문제해결 가능성을 타진할 수 있을 것이다. 하지만 문제해결에 대한 수단을 잘 이해하지 못하면, 적절한 대안설정이 어렵고 문제해결 가능성이 불확실하게 된다. 이때에는 직관과 판단 및 시행착오를 통한 의사결정이 필요하게 된다.

13.6c 적합성 분석체계

문제 합의와 해결방안에 대한 기술적 지식의 두 차원을 활용하여 **의사결정에 적합한 모형**(contingency decision-making framework)을 분석하기 위한 체계가 〈도표 13.9〉에 제시되어 있다. 도표의 각 셀은 이 장에서 논의한 여러 가지 의사결정 접근방법들이 적용될 수 있는 조직의 상황을 나타낸다.

셀 1. 〈도표 13.9〉의 셀 1에서는 문제에 대한 합의가 이루어지고 문제해결방안에 대한 인과관계를 충분히 이해하므로 불확실한 상황이 없기 때문에, 합리적인 의사결정 절차에 따르면 될 것이다. 즉 의사결정은 수리적인 계산을 활용하고, 대안 설정 및 최적해는 분석과 계산에 의해 선택될 수 있다. 문제 및 해결 수단이 명확하게 정의되어 있기 때문에, 이 장의 앞부분에서 논의했던 합리적 의사결정 모형이 개인 의사결정 및 조직 의사결정의 모든 경우에 활용될 수 있다.

셀 2. 셀 2에서는 문제 및 우선순위 설정에서 불확실성이 높기 때문에, 합의에 이르기까지는 교섭과 타협을 해야 한다. 한 문제가 난관에 부딪히면 다른 이슈들도 뒤로 미루어질

도표 13.9 적합한 의사결정 모형을 활용하기 위한 분석체계

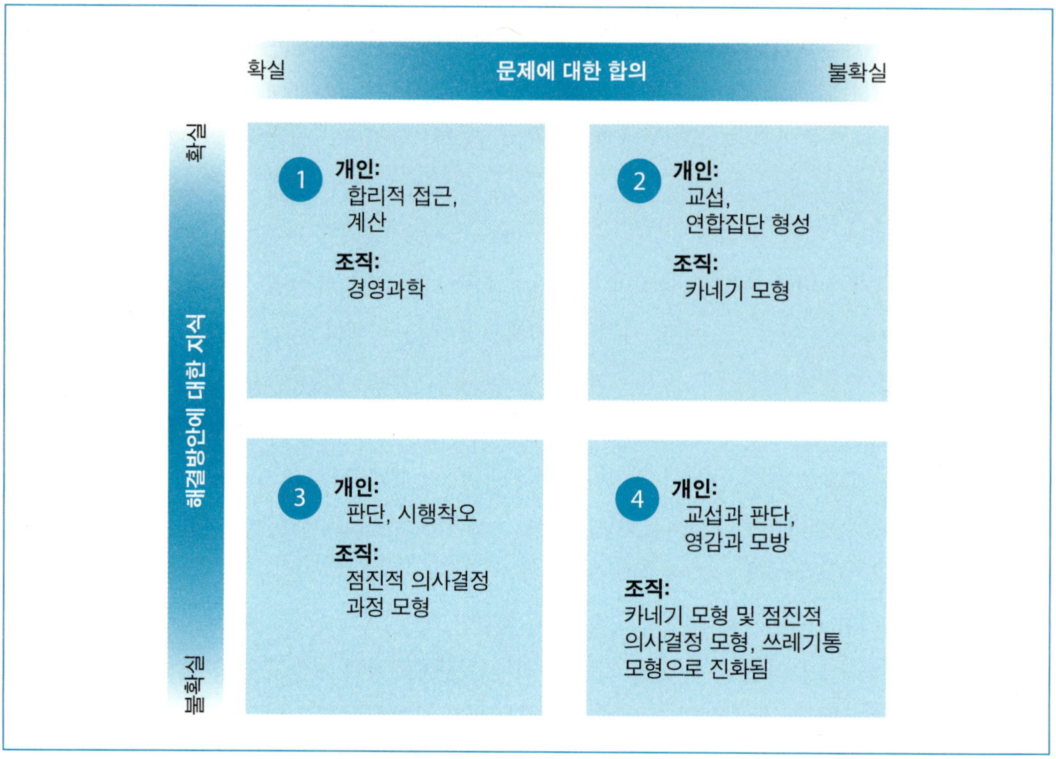

수밖에 없다. 해당 문제별로 결정기준은 토의와 논쟁 및 세력집단 형성을 통해서 정해진다.

이런 상황에서는 경영자가 의사결정 과정에서 합의를 이루어낼 수 있도록 많은 사람들과 접촉해야 한다. 또한 다양한 의견들을 표면화시켜야 하고, 합의를 이룰 때까지 논의를 계속해야만 한다. 그렇지 않고는 조직이 일치하여 움직이지 않을 것이다. 조직의 문제에 대하여 의견 차이가 있을 때는 카네기 모형이 적용된다. 조직 내의 그룹들 간에 의견이 다를 때, 또는 조직이 관련기관들(정부기관, 공급자, 노동조합)과 갈등이 있을 때, 교섭과 협상이 요구된다. 교섭 전략은 의사결정 과정에서 특히 문제의 확인 단계에서 필요하다. 일단 교섭과 협상이 완료되면, 조직은 한 방향으로 나아갈 수 있는 지지를 확보하게 된다.

셀 3. 셀 3의 상황은 문제와 성과기준은 확실하지만, 대안을 제시할 기술적인 지식이 애매하며 불확실하다. 이러한 상황에 직면한 경영자는 개인 의사결정시에 직관에 의존하게 될 것이다. 즉 과거의 경험이나 판단에 의지하여 결정을 내릴 것이다. 대안을 명확하게 설정하고 계산할 수 없기 때문에, 합리적인 분석적인 방법은 효과적이지 않다. 객관적이고 정확한 정보를 이용할 수도 없다.

조직의 의사결정에는 점진적인 의사결정 과정에 따라 시행착오적인 결정을 따라야 한다. 일단 문제가 정의되면, 작은 문제들을 연속적으로 해결해 가면서 해결방안을 찾아갈

수 있게 된다. 새로운 문제가 발생하면 이전 단계로 되돌아가서 다시 과정을 반복한다. 결국, 몇 달 또는 몇 년을 지나면서, 문제를 만족스럽게 해결할 수 있는 충분한 경험을 얻게 될 것이다.

기업에서는 경영진에서 문제에 대한 인식은 같이 하고 있으나 해결방안을 알지 못하는 셀 3의 상황이 자주 발생한다. 이런 경우에 점진적인 의사결정방법을 사용한다면, 목표를 달성하고 문제를 해결할 수 있는 기술적 지식을 얻을 수 있게 될 것이다.

셀 4. 문제확인과 해결방안 설정이 모두 불확실성한 상황인 셀 4에서는 의사결정이 어렵다. 개인 의사결정 시에는 이러한 경우에 직면하면 셀 2와 셀 3 상황에서 사용한 방법을 활용한다. 즉 목표와 우선순위 설정을 위해 세력집단을 형성하고, 문제해결을 위해서는 판단과 시행착오적인 방법을 시도할 수 있다. 영감이나 모방과 같은 부가적 방법을 쓸 수도 있다. **영감**(inspiration)은 논리적인 수단이 적용될 수 없는 혁신적이고, 창조적인 방안을 말한다. 영감은 때때로 직관과 흡사하게 번득이는 통찰력에서 비롯되는 것이지만, 문제에 대해 오랫동안 숙고하면서 무의식적으로 형성된 깊은 이해와 지식에서 나올 수 있는 것이다.[97] **모방**(imitation)은 다른 곳에서 시행했던 해결방안을 현재의 문제해결방안으로 적용하려는 것을 말한다.

예를 들면, 어떤 대학의 회계학과 교수들은 현재의 여건들에 못마땅해 하지만, 과에서 어떤 결정을 해야 할지는 모르는 상황에 처해 있다. 어떤 교수들은 연구중심으로 강화해야 한다고 했고 다른 교수들은 현업에 대한 회계 실무능력을 기르는 것을 더 원했다. 하지만 어느 쪽에서도 목표를 성취하기 위한 확실한 방안을 제시할 수 없었기 때문에 목표에 대한 의견의 차이는 더 깊어졌다. 최종 결정은 학장의 영감에 의해서 이루어졌다. 주요 회계법인들로부터 자금을 조달하여 회계 연구센터를 세웠다. 연구센터의 기금을 활용하여 이론적 연구에 관심이 있는 교수들에게는 연구비를 지원하고, 다른 교수들에게는 기업과의 교류 활동을 지원하도록 하였다. 이 방안은 모두에게 공통의 목표를 설정했고 목표를 향해 과의 모든 교수들이 함께 노력하게 만들었다.

전체 조직이 문제와 해결방안 설정이 매우 불확실한 상황에 직면하면 쓰레기통 모형이 나타난다. 경영자들은 처음에는 셀 2와 셀 3 상황에서 사용한 방법들을 활용할 수 있지만, 문제확인에서 시작하여 해결안 선택으로 끝나는 논리적인 의사결정 단계를 그대로 따라갈 수는 없게 된다. 문제가 제기되고 해결안이 나오는 경우와 잠재적인 해결방안이 먼저 나와서 문제를 풀게 되는 경우가 서로 비슷하게 나타난다. 이러한 상황에서는 해결안을 선택할 기회를 촉진시키기 위해서, 경영자는 문제 제기 및 아이디어 제안이 광범위하게 토의될 수 있게 이끌어야 한다. 결국 시행착오를 통하면서 조직의 어떤 문제들은 해결될 수 있을 것이다.

위에서 설명한 상황 적합한 의사결정 모형에 따라 의사결정을 내린 것이 더 성공적인 결과를 가져왔다고 밝힌 연구도 있다. 그러나 전략적인 의사결정사안 중 열에 여섯 정도는 이러한 체계를 따르지 않았으며, 그 결과 효과적인 정책 대안을 선정하지 못했다는 것도 연구결과로 제시되고 있다.[98] 〈도표 13.9〉에서 제시한 분석체계를 활용하면 경영자들이 조직의 의사결정을 성공적으로 내릴 수 있는 가능성을 높일 수 있게 될 것이다.

핵심정리

- 상황이 다르다면 의사결정에 대한 다른 접근법이 다른 것이 타당하다. 두 특성이 고려되어야 하는데 하나는 문제에 대한 합의이고 다른 하나는 해결방안에 대한 기술적 지식이다.
- 문제에 대한 합의는 의사결정에서 문제 식별 단계에서 특히 중요하다. 문제에 대해 합의가 이루지지 않으면, 문제 식별이 불확실하고 경영자는 목적과 우선순위에 대한 동의를 얻는 데 중점을 두어야 한다.
- 기술적 지식은 문제를 해결하고 조직목표를 달성할 방법에 대한 이해와 합의의 수준을 의미한다.
- 경영자는 적절한 의사결정 접근법을 활동하고자 할 때 상황 적합적 의사결정 체계라는 처방전을 따를 수 있으며, 성공적인 의사결정에 이를 가능성을 높일 수 있다.

13.7 의사결정의 특별한 상황

글로벌 수준에서의 경쟁 심화와 급격한 환경 변화로 야기된 고강도 경쟁 시대에서 전통적인 합리적, 분석적 의사결정은 거의 적합하지 않다. 즉 경영자들은 이전보다 점점 예측하기 어려워지는 환경에서도 중요한 의사결정을 훨씬 더 많이, 더 빠르게 해야 하기 때문이다. 예를 들어, 첨단기술 분야의 CEO들은 합리적인 의사결정과정을 활용하려고 노력하지만 업계의 변화가 불확실하고 변화가 심한 상황에서 그러한 접근방식이 힘든 경우가 많이 있다고 말한다. 이들이 실제적으로 의사결정을 하는 방식은 다른 경영자들이나 부하직원들 및 환경과 조직 내의 여러 상황들과의 복잡한 상호작용을 통해서 이루어지고 있다.[99] 오늘날의 의사결정자들이 특히 감안해야 할 중요한 세 가지 이슈를 제시한다면 급속히 변화하는 상황에서의 의사결정 문제, 의사결정의 실수를 통한 학습, 잘못된 의사결정에의 몰입 문제 등을 들 수 있다.

13.7a 급속히 변화하는 환경

오늘날 어떤 산업에서는 경쟁과 기술변화의 정도가 극심하여 불과 몇 개월 사이에 시장 정보는 이미 무용하거나 진부한 것이 되어버렸고, 전략적인 기회는 발생 즉시 사라져 버려서 의사결정을 잘못하면 회사가 망하는 대가를 치르게 된다. 일련의 연구에서 조직의 의사결정에서 합리적인 접근방법을 포기해야 하는 것인지 아니면 점진적인 의사결정 방법을 실행할 시간적 여유가 있는지를 알아보기 위하여, **급속히 변화하는 환경**(high-velocity environments)에서 성공한 회사들은 의사결정을 어떻게 하고 있는지를 조사했다.[100]

급변하는 환경 하에서 성공한 의사결정과 실패한 의사결정을 비교해본 결과 다음과 같은 패턴이 발견되었다.

- 성공적인 의사결정자들은 사업현황을 심도 있게 직관적으로 파악하기 위해 실시간의 정보를 찾아다녔다. 모든 중요한 실무자들과 주당 2~3번의 열띤 회의를 하는 것이 일상적인 일이었다. 또한 현금 흐름, 폐기된 불량품, 남아있는 원자재, 재고품, 출하량 등의 작업 상황에 관련된 통계치를 놓치지 않고 추적하였고, 현재 발생하고 있는 상황을 항상 인식하려고 노력했다. 실패한 회사에서는 미래의 계획과 예견되는 상황을 파악하기 위한 정보에 대해 더 관심을 기울이면서 현재 발생하는 상황은 제대로 인식하지 못하고 있었다.
- 중요한 결정을 하는 동안에도, 성공적인 회사에서는 즉각적으로 여러 가지 대안들을 만들기 시작했다. 때로는 최종결정이 떨어지기도 전에 결정안에 대한 실행이 거의 같이 이루어졌다. 문제해결방안을 하나만 설정하고, 그 안이 실패한 후에 또 다른 대안을 설정하는 식으로 의사결정이 더디게 진행된 회사들은 실패했다.
- 신속하게 성공적으로 결정을 내리는 사람들은 모든 사람에게 조언을 구하고, 식견이 있으며 신뢰할 만한 1~2명의 동료들을 상담자로서 굳게 의지하고 있었다. 의사결정이 느린 회사에서는 최고의 인재들 간에 신뢰와 인정하는 분위기가 형성되지 못했다.
- 의사결정이 빠른 회사에서는 의사결정에 모든 사람을 포함시키고 의견일치를 구하려고 노력하지만, 의견일치가 어려울 때에는 최고경영자가 결정을 하고 실행에 옮겼다. 모든 사람들의 의견이 올라오기를 기다리는 것은 지나치게 일을 지연시킬 수 있기 때문이다. 반면에 의사결정이 느린 회사에서는 모든 사람의 의견이 일치될 때까지 의사결정이 지연되었다.
- 신속하고 성공적인 선택은 다른 의사결정이나 회사의 전반적 전략적 방향과도 잘 통합되었다. 그렇지 못한 의사결정은 다른 결정들과는 완전히 고립되어 있으며, 결정 내용이 구체적이지 못하다.[101]

시간을 다투어야 하는 경우에는 더딘 의사결정은 잘못된 결정처럼 비효과적일 수 있다. 경영자들은 의사결정을 신속하게 하는 법을 배울 수 있다. 급속한 환경 변화 상황에서 의사결정의 질을 높이기 위해서 어떤 조직에서는 건설적인 갈등을 유발시키는 방법으로 **대결 집단기법**(point-counterpoint)을 활용한다. 즉 의사결정에 관련된 경영자들을 두 집단으로 나누어 서로 상반되는 책임을 부여한다.[102] 각 집단에서는 제각기 해결안을 설정한 다음 이를 서로 교환한 후에 논쟁을 벌여서 공통된 의견에 접근하도록 하는 것이다. 다각적이고 다양한 의견이 고려됨으로써 집단을 통한 의사결정이 더 나은 경우가 많이 있다. 복잡하고 불확실한 경우에 더 많은 사람들이 의사결정에 더 많은 의견을 제시할수록 더 좋은 것이다.

집단의사결정에서는 항상 의견일치에 도달하지 못할 수도 있지만, 이런 과정을 통해서 모든 사람들이 다양한 해결방안들을 모두 검토해보고, 또한 자신의 의견을 피력할 기회를 갖게 되며, 최고경영자의 입장에서는 여러 가지 폭넓은 견해를 이해할 수 있는 기회를 갖게 된다. 대개 여기에 참여한 사람들은 최종 결정사안을 지지하게 된다. 하지만, 정말 급박한 의사결정이 요구될 때는 최고경영자의 의지로 결정을 내리고 곧장 실행에 들어가야 할 것이다.

13.7b 의사결정 실수와 학습

조직의 의사결정은 잘못되는 경우가 많으며 특히, 불확실성이 심한 상태에서 내린 결정은 그럴 가능성이 높다. 왜냐하면 어떤 대안이 문제를 해결해줄지 알 수 없기 때문이다. 이러한 경우에는 시행착오를 거쳐야 한다는 마음가짐으로 일단은 결정을 하고 그에 따른 위험을 받아들여야 한다. 만약 선택한 대안이 실패한다면, 실패의 원인을 터득하고 상황에 더 적합한 다른 대안을 찾도록 노력해야 한다. 하지만 하나씩의 실패를 통해 새로운 정보와 통찰력을 얻게 된다. 경영자에게 중요한 것은 실수의 가능성에도 불구하고 의사결정이 이루어지도록 해야 한다는 것이다. "무질서하게 행동하는 것이 질서정연하게 행동하지 않는 것보다 낫다."[103]

일부의 조직에서는 경영자들이 창의적인 의사결정을 촉진시키기 위하여, 우직스럽게라도 실험정신이 충만한 조직 분위기를 확산시키기를 장려하고 있다. 만약 한 가지 아이디어가 실패하면, 또 다른 아이디어를 시도한다. 실패는 종종 성공의 밑받침이 되는 경우가 많이 있다. 3M의 포스트잇(post-it) 메모지를 개발한 기술자도 실패한 제품인 잘 붙여지지 않는 접착제에서 아이디어를 얻은 것이다. 아주 혁신적인 기업의 경영자들은 회사의 모든 신제품들이 성공하고 있다면, 무언가가 잘못되고 있는 것이라고 판단한다. 다른 말로 표현한다면, 실패로부터 뭔가 새로운 것을 기업이 배울 수 있다면 성공을 위한 기초를 놓았다고 생각한다는 것이다. 코카콜라의 새로운 경영자 제임스 퀸시(James Quincy)는 1985년 회사의 재난적 결정 이후, 신중한 문화를 버리고 재구조화하자는 이른바 "The New Coke Syndrome"을 추진하고 있다. 비록 실패로 이어지더라도 더 많은 위험을 감수하자는 것이다. "만약 우리가 실패하지 않는다면, 그건 열심을 다하지 않은 것이다"라고 퀸시는 말했다. '우리는 끊임없이 시도한다. 비록 모든 것이 다 작동하지 않더라도 말이다. 우리가 실패했다고해서 흥분할 필요는 없다. 우리는 학습과 전진, 혁신이 필요하다'[104]

실수가 있어야만 경영자와 조직은 **의사결정을 통한 학습**(decision learning) 과정을 겪을 수 있으며, 미래에 더 효과적인 성과를 올리기 위한 충분한 경험과 지식을 얻는 수 있는 것이다. 어떤 회사들은 학습을 유도하는 실패에 대해 상을 주기도 한다. 그레이 어드버타이징(Grey Advertising)사는 연례적으로 'Heroic Failure' 트로피를 수여하는데 여기에는 "이 자체로는 한심하나 성공으로 유도한 영광스러운 패배"라 적혀 있다.[105] 인튜이트(Intuit)사의 한 수상자는 젊은 납세자들을 대상으로 공격적인 마케팅 캠페인을 벌인 팀이었다. 인튜이트사는 락유어리펀드닷컴(Rock YourRefund.com)이라는 사이트를 개설한 후, 베스트바이(Best Buy) 등의 기업에게 할인 서비스를 제공하고 환급받은 세금을 힙합 스타나 러셀 시몬스(Russell Simmons)와 같은 연예인에게 발행된 신용카드에 직접 리펀드하도록 하였다. 하지만 사이트를 통해 인튜이트사가 거의 벌어들인 게 없는 빈털터리 캠페인이 되었다. 캠페인이 망해서 남긴 것은 '젊은이들은 광고가 너무 드러나는 사이트에는 관심을 보이지 않는다'라는 미래의 프로젝트에 사용될 수 있는 교훈뿐이었다. "아무 것도 배운 것이 없이 실패하는 것만이 실패이다"라고 인튜이트사의 회장인 스코트 쿡(Scott Cook)은 언급하였다.[106]

지금까지 이 장에서 설명해 온 의사결정에 근거하면, 기업이 해결책을 모색할 때 학습 접근법을 수용함으로써 의사결정에 최종적으로 성공할 수 있다고 기대된다. 때로는 하다 보면 실수할 수도 있지만 시행착오 과정을 거쳐 불확실성의 문제를 해결할 수 있게 된다.

도입 질문과 답

3. 부적절한 의사결정은 경영자와 조직이 학습하거나 강해지는 데 도움이 된다.

답) 동의한다. 경영자들은 의도적으로 빈약한 의사결정을 내리기를 원치 않는다. 그럼에도 불구하고 스마트한 경영자들은 설령 잘못된 의사결정이 될지라도 사람들로 하여금 위험을 감당하고 실험해보기를 권장한다. 실패로부터의 학습은 성장과 개선을 위한 열쇠가 된다. 또한 경영자가 훌륭한 의사결정을 내리기 위해 노력한다 하더라도 때로는 제한된 정보를 바탕으로 신속하게 의사결정해야 할 때도 있고 시행착오가 조직이 학습하고 더 강하게 성장하는 데 중요한 방법이라는 것을 알고 있다.

핵심정리

- 급속히 변화하는 환경에서 대부분의 조직은 스피드있게 의사결정을 해야 한다. 이는 조직 운영이 환경에 즉각적으로 반응하는 것을 의미한다.
- 더 나아가 불확실성이 높은 세계에서 조직은 실수를 할 수 있고, 시행착오를 거쳐 발생하는 실수는 적절히 인정되어야 한다. 시행착오가 늘도록 격려하면 조직의 학습이 촉진된다.

〈도표 13.4〉의 질문의 해답

1. 정답은 믿기 어려울 정도로 큰 값이다. 약 대략 지구와 태양 간 거리의 800,000,000,000,000배이다. 당신의 생각은 종이 한 장의 두께에만 꽂혀 있을 것이다. 그러다 보니 100번을 접을 때마다 제곱이 되는 효과를 극적으로 과소평가할 수 있다. 최소값을 기준으로 할 것인지 아니면 최고값을 기준할 것인지 하는 최초의 생각이 때때로 부적절한 답으로 유도한다. 당신의 답이 얼마나 확실하다는 느낌이 드는가? 이것이 경영자가 실수하는 주요 원인인 과도한 확신(overconfidence)의 한 예이다.
2. 정답은 6시간이다. 25개의 꽁초는 5시간을 지속할 수 있는 5개비의 담배를 만들 수 있다. 이 5개비의 담배가 6번째 시간을 버틸 수 있는 1개비의 담배를 만들 수 있는 꽁초를 만들어낸다. 만약 당신이 문제와 그 해에만 집중했다면 '중요한 정보'를 간과할 수도 있다.
3. 모든 그림이 서로 조금씩 다르다. 그림 (a)는 큰 영역을 차지한다. 그림 (b)는 가장 작은 영역을 차지하고, 그림 (c)는 단순히 네모이다. (d)는 역삼각형이고, (e)는 가장 좁고 한 쪽으로 기울었다. (f)는 비대칭의 5각형이다. 정답이라고 생각하는 것을 하나 고르고 생각을 멈추었는가? 첫 인상을 넘어서는 실패를 해보고 표면 아래를 파보지 않으면 경영자로 하여금 실제 문제가 무엇이고 적절하거나 최고의 해결책을 이해하는 데 어려움이 있다.
4. 만약 "예"라고 대답했다면 이 프로젝트가 실패한다고 하더라도 기존의 의사결정에 계속 투자하고 싶은 욕망을 느낀 것이다. 이를 점진적 몰입이라고 한다. 이는 질문에서의 드론처럼 희망이 없는 것임에도 이왕의 결정에 대해 많은 경영자들이 감정적으로 애착을 보여 부르는 실수이다.
5. 학생들이 내 적어 낸 답의 중간값은 2,250이다. 그런데 제시 순서를 1 × 2 × …으로 바꾸면 추정치는 512가 된다. 정답은 40,320이다. 정보가 제시되는 순서에 따라서 사람들이 내놓는 해결책은 달라진다. 그리고 행동을 빨리하면 할수록 부정확한 답을 만들어낸다.
6. 정답은 11개이다. 많은 사람이 아마 7개라고 답한다. Native Speaker는 'of'라는 단어를 'v'로 발음한다. 그래서 마음속에 'f'가 등록되어 있지 않다. 경영자의 마음 상태가 문제를 해결하는 중요한 정보를 가로막을 수 있다.
7. 사람을 판단할 때, 초기 정보가 나중의 정보에 비해 더 많은 영향을 미친다. 이른바 1차 효과(primary effect)이다. 예를 들어 '지적이다'와 '근면하다'라는 단어가 맨 앞으로 오도록 순서를 바꾼다면 더 호감형의 인상을 줄 것이다. 로버트가 다소 감정적이라는 응답비율은 단어가 제시되는 순서에 따라 변한다. 혹시 당신은 첫 단어에 영향을 받아서 로버트가 감정적이라고 답하고 죄책감을 느끼고 있는 것은 아닌가?
8. 비록 두 대안이 숫자적으로는 동일하다 할지라도 대부분이 사람들은 대안 B와 C를 선택한다. 사람들은 획득을 즐기기보다는 잃는 것을 싫어한다. 그래서 80%의 사람들이 작게 얻을 수 있는 대안 B를 선택하고, 잃는 게 적을 거라고 희망하여 70%의 사람들이 대안 C를 선택한다. 의사결정 과정에서 감정을 배제하면 더 나은 선택을 할 수 있다.

토의문제

1. 당신이 몇 가지 타당성 있는 옵션 중에서 하나를 선택해야만 한다면, 주로 어떻게 결정을 하는가? 경영자들은 여러 가지 옵션 중에서 어떻게 선택한다고 생각하는가? 당신의 의사결정과정과 당신이 생각하는 경영자들의 방식 간의 유사점은 무엇인가?
2. 어떤 경제학 교수가 학생들에게 "개인 의사결정자는 의사결정에 관련된 모든 정보를 검토하고 경제적으로 합리적인 대안을 선택하도록 해야만 한다"고 강의했다. 당신은 여기에 동의하는가? 동의 여부의 이유는 무엇인가?

3. 만약 경영자들이 복잡하고, 프로그램화되지 않은 의사결정을 위해 경험과 직관을 자주 활용한다면, 사실과 자료에 의존하는 증거 기반 경영은 어떻게 적용할 수 있는가?
4. 카네기 모형에서는 의사결정 과정에서 세력집단을 형성할 필요가 있다고 강조한다. 세력집단이 필요한 시기는 언제이며 이유는 무엇인가?
5. 민츠버그의 점진적 의사결정 모형에서 제시한 의사결정의 3단계는 무엇인가? 조직은 왜 이 모형의 한 단계나 여러 단계를 반복해야 하는가?
6. '조직에서는 중대한 과제를 한 번에 결정하지는 않는다. 조그마한 문제를 해결해 나가는 것이 모아져서 결국에는 중대한 결정을 하게 되는 것이다'라고 조직이론 수업에서 강의를 했다면, 어떤 이론적인 근거에서 이러한 내용을 이야기한 것인지 설명해보자.
7. 당신이 필리핀에 새로운 쓰레기 처리 공장을 짓기 위해 장소를 선택해야 한다면 어떻게 하겠는가? 이 복잡한 결정을 어디에서부터 시작하겠는가? 그리고 어떤 단계를 밟을 것인가? 이 장에서 제시한 의사결정 모형 중 어떤 것이 당신의 접근방법을 가장 잘 묘사하는지 설명해보자.
8. 급속한 환경 변화에 직면하여 경영자는 왜 미래보다는 현재에 더 신경을 쓰고 있는가? 이런 환경에서 일하는 경영자는 과연 합리적인 접근법과 직관적인 접근법 중 어느 것을 활용해야 더 성공적인가? 이에 대해 토의해보자.
9. 당신이 개인사, 학업, 직장생활에서 유익을 얻기보다는 손실을 줄이는 경향으로 의사결정하고 있다고 생각하는가? 당신이 아주 오랜 시간 동안 프로젝트나 아이디어에 대해 고민하고 있다면 혹시 실패를 두려워하거나 점진적 몰입에 빠진 건 아닌가? 토의해보자.
10. 조직에서 잘못된 의사결정은 용인이 되면서, 대학 강의나 경영자를 교육하기 위해 설계된 시험에서 틀린 답이 인정되지 않는 이유는 무엇인가?

연습문제: 의사결정 유형

다음의 문항에 대해 학교 또는 직장에서 어려운 문제에 접근할 때 '실제' 당신은 어떻게 하는지 '그렇다', '어느 정도는', 그리고 '그렇지 않다' 중에 응답해보자.

	그렇다	어느 정도는	그렇지 않다
1. 나는 문제를 전체적으로 보려하며, 이 문제가 다른 사람이나 부서에 미칠 영향을 살펴봤다.	____	____	____
2. 나는 여러 다른 영역의 정보를 통합하는 것에서 시작했다.	____	____	____
3. 나는 단순한 문제보다는 복잡한 문제를 즐겼다.	____	____	____
4. 나는 문제에 대해 누가 다른 관점을 가지고 있는 지를 사람들에게 체계적으로 말을 했다.	____	____	____
5. 나는 전체 전략이나 계획과 해결책을 연계하려고 확실히 노력했다.	____	____	____
6. 나는 해결책의 레버리지 포인트를 찾기 위해 문제의 근본 원인을 분석했다.	____	____	____
7. 나의 접근법은 한 번에 문제의 한 단면에 집중한 것이었다.	____	____	____
8. 나는 모든 각도에서의 상황을 고려하려고 시간을 썼다.	____	____	____
9. 나는 관련 조직의 다른 부분이 어떻게 문제에 영향을 미치는지 연구했다.	____	____	____

점수와 해석

자신의 응답에 대해 '그렇다'에는 3점, '어느 정도는'에는 2점, '그렇지 않다'에는 1점을 주고 1번부터 9번까지 항목의 점수를 합산한다. 다만 6번 문제에 대해서는 반대로('그렇다'에는 1점, '어느 정도는'에는 2점, '그렇지 않다'에는 3점) 점수를 준다. 총점: ________

'의사결정 과정에서 체계적인 사고'는 의사 결정자가 문제를 보고 정보를 수집할 때 축소주의 관점보다는 전체론적 관점을 이용한다는 것을 의미한다. 체계적 사고에서 높은 점수를 얻는 것은 큰 그림과 부분을 하나로 통합하는 방법에 중점을 둔다는 것을 의미한다. 체계적 사고에서 낮은 점수를 얻는 것은 전체 그림을 특정의 구체적인 부분으로 나누어 보는 것을 의미한다.

질문

3~4명의 학생으로 그룹을 구성하고 각각의 점수를 비교해보자. 그리고 다음의 질문에 응답해보자.

1. 자신과 서로를 알고 있는 것처럼, 각 그룹 구성원에게 점수가 의사결정의 관점에서 직관적 의미가 있는가?
2. 당신의 사고 유형이 당신의 경력적인 관심을 반영하는가? 예를 들면 전략경영(체계적) vs. 회계/재무(분석적)
3. 당신이 속한 그룹의 점수 범위를 공유하고 그룹 전체의 점수 패턴을 해석을 학습하기 위해 나머지 학급원들과 해석을 나눠보자. 그리고 그룹 간에도 해보자.

분석을 위한 사례: 정부 DTS[107]

하몬 데이비슨(Harmon Davidson)은 제멋대로 행동하고 있는 경영조사팀장을 좌절 가득한 눈으로 응시하고 있었다. 그들의 회의는 제대로 된 것이 없었다. 데이비슨은 조사 사업에 대한 불평을 알 피처(Al Pitcher)에게 전달했었다. 하지만 피처는 단호하게 부정하였고 경멸을 표하였다.

본사 경영본부장인 데이비슨은 다른 사람이 토로하는 울분을 지속적인 조직변화로 인한 '과거에 우리가 하던 방식'이 악화되는 것을 우려하는 비판 정도로 여기고 가벼이 넘어가려고 했었다. 그러나 데이비슨은 산더미 같은 양의 불만을 무시할 수 없었고 그 근본 원인에 대한 관심을 버릴 수 없었다. "내가 처음부터 피처에 대한 위험 신호를 감지하지 못한 건 아닌가?" "아니면 본질적으로 논쟁의 소지가 있는 일에 대해 내가 잘 모르는 친구에게 공정한 기회를 주는 것인가?" 데이비슨은 자문하고 있었다.

지난 해 단행된 기술지원부(DTS) 대량 감축에 따라 데이비슨은 5년 만에 경영본부장으로 복귀할 것을 요청받았다. 전 본부장인 월튼 드러먼드(Walton Drummond)가 갑자기 조기 퇴직을 한 것이다.

그의 새로운 직무에 대해 데이비슨이 가장 먼저 알게 된 것은 본부의 경영 구조와 절차에 대한 통합적인 조사를 6개월에 걸쳐 시행해야 한다는 것이었다. 기술지원부 담당자가 이미 이 조사의 실시를 백악관과 약속하였고, 이것이 기관의 다음 단계인 경영 혁신의 서곡이었다. 드러먼드는 이미 5명의 팀원을 선발해 놓은 상황이였는데, 2명의 경영전문분석가, 촉망받는 젊은 직원, 인턴 그리고 팀장인 피처였다. 피처는 재무부 근무 경험이 없었지만 이미 유사한 조사에 참여한 바가 있었다. 드러먼드가 이미 은퇴하고 아시아로 장기간 산악탐험을 떠나버려 이 조사 계획에 대해서 설명을 들을 수도 없었고 어떻게 피처가 동참하게 되었는지도 알 길이 없었다.

데이비슨은 피처의 열정과 동기부여에 강한 인상을 받았다. 그는 오랜 시간 일을 하였고, 거북할 정도로 많은 문서를 만들었으며 최신의 조직이론에 대해서도 지식이 풍부했다. 그렇지만 피처는 불안증세를 가지고 있었다. 그는 DTS부서의 역사나 문화에 대해 관심이 없는 듯했고, 최고경영진에 대해 가부장적이었으며, 그들이 현대 경영학에 대해 제대로 알지 못하고 관심도 없다고 생각하였다.

본부 임직원을 대상으로 하는 데이비슨과 피처의 사전조사 정보 브리핑은 순조롭게 진행되는 듯 했다. 피처는 철학의 문제에 대해서는 수장의 뜻을 따랐고 일정과 절차에 대한 그의 입장을 확실히 하였다. 그는 "만약 다른 개선의 여지가 있다면 다시 말씀드리도록 하겠습니다"라며 부드럽게 그의 발표를 마무리했다.

하지만 격노한 고객으로부터 경영본부장이 첫 번째 전화를 받은 것은 채 일주일이 지나지 않아서였다. 대민업무 담당관인 에린 도브(Erin Dove)였는데, 그녀의 목소리는 평소와 달리 우호적이지 않았다. "당신네 식구들이 우리 조직과 업무 방법을 바꿔야만 한다고 설명하면서 내가 관장하는 모든 직원의 속을 뒤집어 놓았습니다." "나는 당신들이 사실을 찾아내는 조사를 한다고 생각했습니다. 피처라는 친구는 우리 부서가 당장에 기술지원본부처럼 될 것처럼 말하던데 누가 그 사람에게 그런 생각을 하도록 한건가요?"

데이비슨이 대민업무부서와 무슨 일이 있었냐고 묻자, 피처는 조사에 대한 몇 가지 요약을 '비공식적인 피드백을 촉진'하는 의미에서 관리자들과 공유했는데 그것이 불안감을 주는 결론으로 해석되었다며 곤욕스러워했다. "나는 단지 어떻게 문제를 해결할 지 말한 것 뿐입니다"라고 그를 안심시켰다.

데이비슨은 점잖게 충고하였다. "잘 듣게 알. 그들은 뭔가를 고쳐야만 한다는 말에 익숙하지 않은 아주 뛰어난 관리자들이야. 우리 기관은 몇 년간 잘해왔네. 그리고 아직은 혁신의 필요성이 울려 퍼질 때가 아니네. 우리가 할 일은 정보를 수집하여 분석하고 변화를 위한 사례를 수집하는 거네. 우리가 함께 검토할 때까지 피드백은 미루도록 하세. 그렇지 않으면 우리는 추진력을 잃게 될 테니."

하지만 2주 후, 기술개발 본부장인 필 칸세코(Phil Canseco)가 마치 지난 번 에린 도브의 목소리가 그랬던 것처럼 불행한 표정으로 데이비슨의 문 앞에 서 있었다. 그는 데이비슨의 오래된 절친한 동료였다. "이보게 하몬, 나는 자네가 조사팀을 어느 정도는 통제해야 한다고 생각하네." "조사 인터뷰가 예정되어 있던 여러 명의 관리자들이 있었는데 그 날 예산배정 소위원회의 프로젝트 예산 검토에 24시간 동안이나 작업했다네. 부본부장이 그러는데 피처가 인터뷰 연기에 대해 불쾌해 하며 우리가 새로운 우선순위를 아는지 투덜거렸다고 하네. 그 사람 현실을 아는 사람인가?"

칸세코의 설명을 들은 데이비슨은 조사팀을 다루었던 몇몇의 친한 동료에게 전화를 했다. 정도의 차이는 있었지만, 그들 모두는 팀장 심지어는 팀원에 대해서도 비판을 제기하였다. 태도가 눈에 거슬리며, 현재의 구조와 절차가 제공하는 근거에는 관심도 없다고.

그 후로 데이비슨은 조사팀장과 함께 재검토를 위한 모든 전술을 진행해 나갔다. 하지만 피처는 반성하지도 않았고 자기 행동을 재고하지도 않았다. 그는 지난날 효율성에 대해 전혀 생각해본 적도 없는 특별기관에 대해 백악관이 주도하는 경영개선 운동을 추진하는 선봉장인양 행동했다. 그는 데이비슨에게 그가 비록 다른 관리자들을 인정하기는 하나 그들은 낮은 점수에 때문에 엄한 훈계를 받아야만 한다고 상기시켰다. 피처는 최종 일자를 맞추기 위해 이미 정해진 일정을 결코 타협하지 않았다. 그는 인기없는 실행을 추진하는 외부인에 대해 비협조적인 관리자와 일을 진행하고 있었기에 그는 데이비슨의 역할이 이 조사를 신뢰하지 않는 프리마돈나들로부터의 가당치 않은 비판을 막아주는 것이라고 생각했다.

조사 계획과 그리고 그의 부서가 이 계획을 집행할 능력이 있는지에 대한 많은 질문이 데이비슨의 머리에 떠올랐다. 사소한 문제에 너무 집착하는 건 아닌가? 조사팀에 적절한 사람을 선발한 것인가? 임원진은 조사를 제대로 준비하였는가?

그러나 당장에 급한 문제는 알 피처가 이러한 문제를 푸는 데 도움이 될 것인가 하는 것이었다.

질문

1. 피처는 다른 부서와 함께 일할 때 어떤 유형의 의사결정 과정을 사용한 것으로 보이는가? 이런 상황에서는 어떤 유형의 의사결정 과정을 사용해야 하는가? 설명해보자.
2. 이 시점에서 데이비슨이 피처에 대해 결정의 내릴 때 카네기 모형을 적용하면 어떠한가? 설명해보자.
3. 다른 부서와 일한 때 피처가 사용하는 의사 결정 프로세스 유형이 개인적 제약을 반영하는가(도표 13.3 참조)? 어떤 인지적 편향이 있는가? 설명해보자.

분석을 위한 사례: 뒤브아 프랑스 식당

Hu-go, hu-go.

알리사 맨슨(Alissa Mason)은 비를 뚫고 언덕위로 차를 몰며 마음을 비우기 위해 라디오의 볼륨을 높였다. 그러나 트럭 앞 유리창의 와이퍼에서 들리는 반복적인 리듬은 그녀로 하여금 문제 — Hu-go, Hu-go — 에 마음이 쏠리도록 하였다. 10년 전부터 프랑스 스타일의 식당을 개업하고자 하던 알리사의 꿈이 뒤브아(Dubois)의 개업으로 이제 막 실현되려 하고 있었다. 지금도 알리사는 목장주인과 주민들이 'Doob-WHA 대신에 Doo-boys'라고 이상하게 부르던 것이나, 조그만 동네에서 사랑받는 좋은 사업을 할 수 있었던 것을 생각만 하면 웃음이 나온다.

2002년 목장주였던 아버지는 졸업선물로 알리사가 프랑스 지역을 여행할 수 있는 기회를 주었다. 그녀는 파리의 요리학교 과정을 수료했다. 꿈을 이루기 위해 고향으로 돌아와, MBA 과정을 거치고 요리를 위한 아이디어를 상자로 모은 후, 알리사는 성공할만한 레시피를 갖추었다고 확신했다. 그녀는 옳았다.

고향에서 뒤브아 프랑스 식당을 개업하는 것은 일종의 승리였고, 순식간에 이 식당의 음식이 맛있다는 평판과 소문이 돌며 인기를 끌었다. 소문은 주 전체로 퍼졌고 언론을 타기도 했다. 강력한 지역 기반으로 손님을 유치하는 것은 물론이고 근처의 여러 산에 위치한 리조트로부터 접근성이 좋았던 위치 덕분에 뒤브아는 관광객, 스키애호가, 그리고 자전거 여행자들이 잠시 머물러 가기에 좋은 기회를 제공하였다. 몇 년이 지나자 사업은 놀랍도록 성공하였고, 리조트 근처에 두 번째 매장을 여는 것이 어떠냐는 열화와 같은 요청에 알리사는 사업을 확장하고 싶은 열망이 들었다. 문제는 한 시간 거리나 떨어져 있는 매장에 음식의 질을 보장하고 서비스를 유지하도록 어떻게 관리할 것인가 하는 것이었다.

그녀의 기도에 응답하여 나타난 이가 휴고 마르칸트(Hugo Marchand)였다. 잘 생긴 매력적인 프랑스인 휴고는 가족이 모두 탁월한 셰프였고 그 역시 그 중의 하나였다. 4형제 중 막내였던 휴고는 가족의 패밀리 레스토랑을 물려 받을 기회가 없다고 생각했고 아버지나 형제와 멀리 떨어져 셰프로서 명성을 얻고자 미국으로 이민을 결심했다.

셰프로서 휴고의 경험과 놀라운 재주, 자연스러운 직원 관리, 그리고 손님과의 우아하고 유쾌한 교류는 알리사에게 그가 새로운 식당의 책임자로서 그녀가 찾던 가장 완벽한 사람이라는 확신을 주었다. 돌이켜 보건대, 식당을 확장하려는 그녀의 열망과 대중의 흠모를 고대한 꿈꾸는 듯한 눈을 가진 프랑스인의 열망이 결합되면서, 사업상 판단에서 실수를 저질렀다는 것을 알게 되었다.

새 식당이 화려하게 개업하자 시골구석의 지점에서도 돈이 쏟아져 들어왔다. 그러나 2년이 지난 후 문제가 드러나기 시작했다. 알리사는 리조트 근처의 지점으로 더 자주 여행을 하게 되고, 본점에서 필요로 하는 시간조차도 부족하게 되었다. 지점은 사람들로 가득 찼다. ("우리는 휴고가 좋아요. 당신이 그를 만난 건 정말 행운이에요") 애호가들은 길게 줄을 서서 기다렸다. 그러나 손님에게 음식이 나오는 시간에 문제가 생기고 그로 인해 인기 메뉴를 바꾸게 되었다. 주문서나 영수증에 속임수가 발생하고 게다가 휴고가 식당에 나타나지 않는 태만이 늘어났다. 대립이 일어났다. 그래도 식당에서의 그의 가치를 잘 아는 알리사는 일을 잘 하겠다는 그의 약속을 받아 주었다. 때로는 문제는 다시 되풀이되었고 두 식당에서 직원들의 불만은 늘어만 갔다.

최근에는, 휴고가 그녀와 경쟁하려고 프랑스풍 식당의 개업을 준비하고 있다는 소문이 알리사에게 들려왔다. 알리사는 휴고와 일을 지속해야 하는지 확신할 수 없었다. 그러나 그녀의 유명 셰프가 그의 고객을 이끌고 나가는 것도 또한 원치 않았다. 사업의 근본인 모든 고객들이 휴고를 원했다. 알리사는 유명한 휴고가 그의 재능을 좋아하는 고객을 설득하여 새 사업을 시작할 만한 재정 지원을 이끌어낼 수도 있다고 확신했다. 그녀는 휴고가 일을 저지르기 전에 어떤 조치를 취해야만 함을 깨달았다.

운전을 하면서 알리사는 스트레스가 점점 심해지는 것을 느꼈다. 휴고 때문에 그녀의 인생 전부가 날아가 버릴 것만 같았다. 심각한 논쟁의 시간이 다가왔다. 며칠 동안 그녀는 이런저런 옵션들을 생각해 봤다.

현재의 상황

알리사는 휴고를 좋아했다. 그리고 또 다른 대립을 피하고 싶었다. 그녀의 경영 스타일은 대립하지 않는 것이고, 휴고와 마주 앉아서 식당경영의 세부 사항을 다루는 더 실제적인 경영계획에 대해 토의하고 싶지 않았다. 휴고가 사업을 자세히 챙길 수 있도록 도와 줄 수 있는 누군가를 고용해야 하나 하는 생각이 들었다. 그러나 그건 또 다른 상근 직원을 고용하는 것이었고 이는 이번 단계에서는 취하고 싶지 않은 방법이었다.

휴고를 교화하거나 해고한다.

이전에 발행하여 해결했던 동일한 문제의 관점에서 보자면, 알리사는 교화 단계가 쓸데 없다고 느꼈다. 반면 휴고를 해고하는 것은 문제를 단 번에 해결하는 것이다. 그녀가 피하고 싶은 것이기는 하나 그녀의 최고 셰프가 라이벌이 되는 것이다. 그렇더라도 불안정한 그의 사업 기술을 감안하면 그가 탁월한 사업계획을 세우고 재정지원을 받으며 경쟁력있는 라이벌로 유지되리라는 보장도 없다. 아무리 그가 유명하고 셰프로서 탁월하다고 하더라도 말이다. 이번이 위대한 셰프가 사업가로 실패하는 첫 사례는 아닐 것이다.

뒤브아 분점에 집중한다.

알리사는 모든 사업을 리조트의 분점으로 옮겨가는 것이 더 좋을지 생각해 봤다. 본점은 그녀의 정신적 지주이다. 그러나 좋은 셰프가 있는 분점에는 고객들로 넘쳐 난다. 만약에 그녀가 본점의 문을 닫고 분점에만 집중한다면 사업의 모든 면을 관장할 수 있고, 휴고에게 전혀 어울리지 않은 책임을 덜어 줄 수 있으며, 그가 일하는 습관을 더 잘 통제할 수 있을 것이다.

휴고에게 파트너십을 제안한다.

휴고에게 파트너십을 제공하는 것은 그를 붙잡아 두는 방법이기도 하고 사업가로서 그의 성공과 명성을 위해서라도 그에게 충성심과 자부심을 요구할 수도 있을 것이다. 그러나 그녀가 휴고에게 지분의 일부를 나눠 준다면 사업방향에 대한 통제권을 일부 상실할 것이며 그가 일상의 운영에 대해 간섭하는 것이 늘어날 것이다.

의사결정의 시간이다.

주차장 구역에 차를 세우자 비는 멈추었고 휴고가 문을 열고 나오면서 손을 흔든다. 확실한 답이 없는데 그녀는 휴고와 함께 사무실로 걸어 들어간다.

질문

1. 알리사의 초기 문제는 한 시간 거리에 있는 분점을 관리하고 높은 질과 서비스를 유지하는 것이었다. 지금의 문제는 휴고의 경영 스타일이다. 이 두 문제에 대해서 각각 어느 정도로 프로그램화된 문제이고 프로그램화되지 않은 문제하고 보는가? 설명해보자.
2. 어떤 유형의 의사결정을 통해 알리사는 휴고를 고용했는가?(예: 합리적, 직관적, 만족할만 정도에서, 프로그램화되지 않은, 제한적 합리성, 카네기 모형 등) 어떤 유형의 의사결정 과정을 사용했어야 하는가? 그 이유는 무엇인가?
3. 2년이 지나고 문제가 풀렸다. 단골은 휴고를 좋아하고, 그러나 배달 문제, 청구 지불 연체, 느슨한 비즈니스 태도, 휴고가 경쟁 레스토랑을 열 가능성이 있다. 당신이 컨설턴트라면 알리사에에 어떤 충고를 주겠는가? 그 이유는 무엇인가?

미주

1 Jennifer Reingold, "How to Fail in Business While Really, Really Trying," *Fortune*, April 7, 2014, 80–90.

2 "GM Faulty Ignition Crashes Now 47," *CNN*, May 25, 2014, http://money.cnn.com/2014/05/24/autos/gm-faulty-ignition-crashes/ (accessed May 27, 2014); and Jeff Bennett, "GM Now Says It Detected Ignition Switch Problem Back in 2001," March 12, 2014, http://online.wsj.com/news/articles/SB10001424052702303403604579585891316612268?mod=Business_newsreel_1 (accessed May 27, 2014).

3 Andrew Orr, "For 12 Years Apple Most Admired Company," *The Mac Observer*, January 22, 2019, https://www.macobserver.com/news/apple-most-admired-12-years/ (accessed June 19, 2019); Matt Phillips, "Apple Hits $1 Trillion Threshold. At What Cost?" *The New York Times*, August 2, 2018, A1; Adam Lashinsky, "Apple Brings Back Steve Jobs," *Fortune*, October 8, 2012, 178–184 (adapted from *The Greatest Business Decisions of All Time* by Verne Harnish and the editors of *Fortune*); Betsy Morris, "What Makes Apple Golden?" *Fortune*, March 17, 2008, 68–74; "World's Most Admired

Companies for 2019," *Fortune*, http://fortune.com/worlds-most-admired-companies/ (accessed June 19, 2019).

4 Julia Thompson, "These Are the Nation's Largest U. S. Airlines, Ranked from Worst to Best by New Study," *USA Today*, April 8, 2019, https://www.usatoday.com/story/travel/flights/2019/04/08/delta-top-airline-frontier-worst-new-study/3395557002/ (accessed June 20, 2019); and Chris Matyszczyk, "Delta Air Lines Just Gave an Astonishing Explanation For Why People Pay More to Fly Delta. It Took Just 1 Chart," *Inc.*, September 9, 2018, https://www.inc.com/chris-matyszczyk/delta-air-lines-just-explained-why-people-pay-more-to-fly-delta-it-took-just-1-chart.html (accessed June 20, 2019).

5 Charles Lindblom, "The Science of 'Muddling Through,'" *Public Administration Review* 29 (1954), 79–88.

6 Herbert A. Simon, *The New Science of Management Decision* (Englewood Cliffs, NJ: Prentice-Hall, 1960), 1–8.

7 Paul J. H. Schoemaker and J. Edward Russo, "A Pyramid of Decision Approaches," *California Management Review*, Fall 1993, 9–31.

8 Sam Schechner, "Meet Your New Boss: An Algorithm," *The Wall Street Journal*, December 10, 2017, https://www.wsj.com/articles/meet-your-new-boss-an-algorithm-1512910800 (accessed June 17, 2019).

9 Hugh Courtney, Dan Lovallo, and Carmini Clarke, "Deciding How to Decide," *Harvard Business Review*, November 2013, 62–70.

10 Cecilia Kang and Kate Conger, "Inside Twitter's Struggle Over What Gets Banned," *The New York Times*, August 10, 2018, https://www.nytimes.com/2018/08/10/technology/twitter-free-speech-infowars.html (accessed June 17, 2019).

11 Michael Pacanowsky, "Team Tools for Wicked Problems," *Organizational Dynamics* 23, no. 3 (Winter 1995), 36–51.

12 Russell L. Ackoff, quoted in Ian I. Mitroff, Can M. Alpaslan, and Richard O. Mason, "The Messy Business of Management," *MIT Sloan Management Review, Fall* 2012, 96.

13 The idea of a good choice potentially producing a bad outcome under uncertain conditions is attributed to Robert Rubin, reported in David Leonhardt, "This Fed Chief May Yet Get a Honeymoon," *The New York Times,* August 23, 2006, C1.

14 Ylan Q. Mui, "Wal-Mart to Reinstate Dropped Products, Emphasize Price," *The Washington Post*, April 11, 2011, http://www.washingtonpost.com/business/economy/wal-mart-to-reinstate-products-emphasize-price/2011/04/11/AFrwLWMD_story.html (accessed September 26, 2011).

15 As described in a letter Franklin wrote in 1772, quoted in J. Edward Russo and Paul J. H. Shoemaker, *Decision Traps: Ten Barriers to Brilliant Decision-Making and How to Overcome Them* (New York: Fireside/Simon & Schuster, 1989)

16 Darwin's journal entry is quoted in Steven Johnson, "How to Make a Big Decision," *The New York Times*, September 1, 2018, https://www.nytimes.com/2018/09/01/opinion/sunday/how-make-big-decision.html (accessed June 17, 2019)

17 Benjamin Franklin quote from Russo and Shoemaker, *Decision Traps*.

18 Karen Dillon, "The Perfect Decision" (an interview with John S. Hammond and Ralph L. Keeney), *Inc.*, October 1998, 74–78; and John S. Hammond and Ralph L. Keeney, *Smart Choices: A Practical Guide to Making Better Decisions* (Boston: Harvard Business School Press, 1998).

19 Earnest R. Archer, "How to Make a Business Decision: An Analysis of Theory and Practice," *Management Review* 69 (February 1980), 54–61; Boris Blai, "Eight Steps to Successful Problem Solving," *Supervisory Management*, January 1986, 7–9; and Thomas S. Bateman, "Leading with Competence: Problem-Solving by Leaders and Followers," *Leader to Leader*, Summer 2010, 38–44.

20 Francine Schwadel, "Christmas Sales' Lack of Momentum Tests Store Manager's Mettle," *The Wall Street Journal*, December 16, 1987, 1.

21 Paul Nutt's research is discussed in Johnson, "How to Make a Big Decision."

22 Noel M. Tichy and Warren G. Bennis, "Making Judgment Calls: The Ultimate Act of Leadership," *Harvard Business Review*, October 2007, 94–102.

23 Adapted from Archer, "How to Make a Business Decision," 59–61.

24 James W. Dean, Jr., and Mark P. Sharfman, "Procedural Rationality in the Strategic Decision-Making Process," *Journal of Management Studies* 30 (1993), 587–610.

25 Jorn S. Basel and Rolf Bruhl, "Rationality and Dual Process Models of Reasoning in Managerial Cognition and Decision Making," *European Management Journal* 31 (2013), 745–754.

26 Joe Nocera, "BP Ignored the Omens of Disaster," *The New York Times*, June 19, 2010, B1.

27 Irving L. Janis, *Crucial Decisions: Leadership in Policymaking and Crisis Management* (New York: The Free Press, 1989); and Paul C. Nutt, "Flexible Decision Styles and the Choices of Top Executives," *Journal of Management Studies* 30 (1993), 695–721.

28 Khadeeja Safdar, "As Gap Struggles, Its Analytical CEO Prizes Data Over Design," *The Wall Street Journal*, November 27, 2016, 2011.

29 Art Kleiner, "Core Group Therapy," *Strategy + Business*, Issue 27 (Second Quarter, 2002), 26–31.

30 Herbert A. Simon, "Making Management Decisions: The Role of Intuition and Emotion," *Academy of Management Executive* 1 (February 1987), 57–64; and Daniel J. Eisenberg, "How Senior Managers Think," *Harvard Business Review* 62, November–December 1984, 80–90.

31 Jaana Woiceshyn, "Lessons from 'Good Minds': How CEOs Use Intuition, Analysis, and Guiding Principles to Make Strategic Decisions," *Long Range Planning* 42 (2009), 298–319; and Ann Hensman and Eugene Sadler-Smith, "Intuitive Decision Making in Banking and Finance," *European Management Journal* 29 (2011), 51–66.

32 Elizabeth Bernstein, "Does Your Gut Always Steer You Right?" *The Wall Street Journal*, October 9, 2017, https://www.wsj.com/articles/does-your-gut-always-steer-you-right-1507562769 (accessed June 17, 2019).

33 Eduardo Salas, Michael A. Rosen, and Deborah DiazGranados, "Expertise-Based Decision Making in Organizations," *Journal of Management* 36, no. 4 (July 2010), 941–973; Kurt Matzler, Franz Bailom, and Todd A. Mooradian, "Intuitive Decision Making," *MIT*

Sloan Management Review 49, no. 1 (Fall 2007), 13–15; Stefan Wally and J. Robert Baum, "Personal and Structural Determinants of the Pace of Strategic Decision Making," *Academy of Management Journal* 37, no. 4 (1994), 932–956; and Orlando Behling and Norman L. Eckel, "Making Sense Out of Intuition," *Academy of Management Executive* 5, no. 1 (1991), 46–54.

34 For a recent overview of the research on expertise-based intuition, see Salas et al., "Expertise-Based Decision Making in Organizations." Also see Eric Dane and Michael G. Pratt, "Exploring Intuition and Its Role in Managerial Decision Making," *Academy of Management Review* 32, no. 1 (2007), 33–54; Gary Klein, *Intuition at Work: Why Developing Your Gut Instincts Will Make You Better at What You Do* (New York: Doubleday, 2002); Milorad M. Novicevic, Thomas J. Hench, and Daniel A. Wren, "'Playing By Ear . . . In an Incessant Din of Reasons': Chester Barnard and the History of Intuition in Management Thought," *Management Decision* 40, no. 10 (2002), 992–1002; Alden M. Hayashi, "When to Trust Your Gut," *Harvard Business Review*, February 2001, 59–65; Brian R. Reinwald, "Tactical Intuition," *Military Review* 80, no. 5 (September–October 2000), 78–88; Thomas A. Stewart, "How to Think with Your Gut," *Business 2.0*, November 2002, http://www.business2.com/articles (accessed November 7, 2002); Henry Mintzberg and Frances Westley, "Decision Making: It's Not What You Think," *MIT Sloan Management Review*, Spring 2001, 89–93; and Carlin Flora, "Gut Almighty," *Psychology Today*, May–June 2007, 68–75.

35 Benedict Carey, "Hunches Prove to Be Valuable Assets in Battle," *The New York Times*, July 28, 2009, A1.

36 Thomas F. Issack, "Intuition: An Ignored Dimension of Management," *Academy of Management Review* 3 (1978), 917–922.

37 Marjorie A. Lyles, "Defining Strategic Problems: Subjective Criteria of Executives," *Organizational Studies* 8 (1987), 263–280; and Marjorie A. Lyles and Ian I. Mitroff, "Organizational Problem Formulation: An Empirical Study," *Administrative Science Quarterly* 25 (1980), 102–119.

38 Marjorie A. Lyles and Howard Thomas, "Strategic Problem Formulation: Biases and Assumptions Embedded in Alternative Decision-Making Models," *Journal of Management Studies* 25 (1988), 131–145.

39 Ross Stagner, "Corporate Decision-Making: An Empirical Study," *Journal of Applied Psychology* 53 (1969), 1–13.

40 W. A. Agor, "The Logic of Intuition: How Top Executives Make Important Decisions," *Organizational Dynamics* 14, no. 3 (1986), 5–18; and Paul C. Nutt, "Types of Organizational Decision Processes," *Administrative Science Quarterly* 29 (1984), 414–450.

41 Mandeep K. Dhami and Mary E. Thomson, "On the Relevance of Cognitive Continuum Theory and Quasirationality for Understanding Management Judgment and Decision Making," *European Management Journal* 30 (2012), 316–326.

42 Daniel Kahneman, Andrew M. Rosenfield, Linnea Gandhi, and Tom Blaser, "Noise," *Harvard Business Review* (October 2016), 38–41.

43 For discussions of various cognitive biases, see Daniel Kahneman, Dan Lovallo, and Olivier Sibony, "Before You Make That Big Decision . . .," *Harvard Business Review*, June 2011, 50–60; John S. Hammond, Ralph L. Keeney, and Howard Raiffa, *Smart Choices: A Practical Guide to Making Better Decisions* (Boston: Harvard Business School Press, 1999); Max H. Bazerman and Dolly Chugh, "Decisions Without Blinders," *Harvard Business Review*, January 2006, 88–97; J. S. Hammond, R. L. Keeney, and H. Raiffa, "The Hidden Traps in Decision Making," *Harvard Business Review*, September–October 1998, 47–58; Oren Harari, "The Thomas Lawson Syndrome," *Management Review*, February 1994, 58–61; and Max H. Bazerman, *Judgment in Managerial Decision Making*, 5th ed. (New York: John Wiley & Sons, 2002).

44 The discussion of the first four biases in this section is based on Hammond et al., *Smart Choices*; Bazerman and Chugh, "Decisions Without Blinders"; Hammond et al., "The Hidden Traps in Decision Making"; Harari, "The Thomas Lawson Syndrome"; Dan Ariely, "Q&A: Why Good CIOs Make Bad Decisions," *CIO*, May 1, 2003, 83–87; Leigh Buchanan, "How to Take Risks in a Time of Anxiety," *Inc.*, May 2003, 76–81; and Bazerman, *Judgment in Managerial Decision Making*.

45 Mark Fenton-O'Creevy et al., "Thinking, Feeling, and Deciding: The Influence of Emotions on the Decision Making and Performance of Traders," *Journal of Organizational Behavior* 32 (2011), 1044–1061.

46 Example from Jerome Groopman, *How Doctors Think* (New York: Houghton Mifflin, 2007).

47 Example from Thomas H. Davenport and Brook Manville, "From the Judgment of Leadership to the Leadership of Judgment: The Fallacy of Heroic Decision Making," *Leader to Leader*, Fall 2012, 26–31.

48 David Larcker and Brian Tayan study, reported in Michael J. Mauboussin, "The True Measures of Success," *Harvard Business Review*, October 2012, 46–56.

49 Freek Vermeulen and Niro Sivanathan, "Stop Doubling Down on Your Failing Strategy," *Harvard Business Review*, November-December 2017, 110–117; Helga Drummond, "Too Little Too Late: A Case Study of Escalation in Decision Making," *Organization Studies* 15, no. 4 (1994), 591–607; Joel Brockner, "The Escalation of Commitment to a Failing Course of Action: Toward Theoretical Progress," *Academy of Management Review* 17 (1992), 39–61; Barry M. Staw and Jerry Ross, "Knowing When to Pull the Plug," *Harvard Business Review* 65, March–April 1987, 68–74; and Barry M. Staw, "The Escalation of Commitment to a Course of Action," *Academy of Management Review* 6 (1981), 577–587.

50 Norihiko Shirouzu, Phred Dvorak, Yuka Hayashi, and Andrew Morse, "Bid to 'Protect Assets' Slowed Reactor Fight," *The Wall Street Journal*, March 19, 2011, A1.

51 Alastair Dryburgh, "Everything You Know About Business Is Right; Is Failure More Powerful Than Success?" *Management Today*, February 1, 2013, 16.

52 Daniel Kahneman and Amos Tversky, "Prospect Theory: An Analysis of Decision Under Risk," *Econometrica* 47 (1979), 263–292.

53 Kahneman et al., "Before You Make That Big Decision . . . ."

54 Irving L. Janis, *Groupthink: Psychological Studies of Policy Decisions and Fiascoes*, 2nd ed. (Boston: Houghton Mifflin, 1982).

55 This section is based on Jeffrey Pfeffer and Robert I. Sutton, "Evidence-Based Management," *Harvard Business Review*, January 2006, 62–74; Rosemary Stewart, *Evidence-Based Management: A*

Practical Guide for Health Professionals (Oxford: Radcliffe Publishing, 2002); and Joshua Klayman, Richard P. Larrick, and Chip Heath, "Organizational Repairs," *Across the Board*, February 2000, 26–31.

56 Adam Bryant, "When Your Company Is Adrift, Raise Your Sails" (interview with Dawn Zier), *The New York Times,* January 31, 2014, B2.

57 "How Companies Make Good Decisions: McKinsey Global Survey Results," *The McKinsey Quarterly*, January 2009, http://www.mckinseyquarterly.com/How_companies_make_good_decisions_McKinsey_Global_Survey_Results_2282 (accessed February 3, 2009).

58 Jan Francis-Smythe, Laurie Robinson, and Catharine Ross, "The Role of Evidence in General Managers' Decision-Making," *Journal of General Management* 38, no. 4 (Summer 2013), 3–21.

59 Vermeulen and Sivanathan, "Stop Doubling Down on Your Failing Strategy."

60 Michael A. Roberto, "Making Difficult Decisions in Turbulent Times," *Ivey Business Journal*, May–June 2003, 1–7; Kathleen M. Eisenhardt, "Strategy as Strategic Decision Making," *Sloan Management Review*, Spring 1999, 65–72; and Garvin and Roberto, "What You Don't Know About Making Decisions."

61 Study by Samuel Sommers, discussed in Steven Johnson, "How to Make a Big Decision," *The New York Times*, September 1, 2018, https://www.nytimes.com/2018/09/01/opinion/sunday/how-make-big-decision.html (accessed June 20, 2019).

62 David M. Schweiger and William R. Sandberg, "The Utilization of Individual Capabilities in Group Approaches to Strategic Decision Making," *Strategic Management Journal* 10 (1989), 31–43; and "The Devil's Advocate," *Small Business Report*, December 1987, 38–41.

63 Anna Mulrine, "To Battle Groupthink, the Army Trains a Skeptics Corps," *U.S. News & World Report,* May 26–June 2, 2008, 30–32.

64 "Tools for Managing in a Complex Context," sidebar in David J. Snowden and Mary E. Boone, "A Leader's Framework for Decision Making," *Harvard Business Review*, November 2007, 69–76.

65 Nandini Rajagopalan, Abdul M. A. Rasheed, and Deepak K. Datta, "Strategic Decision Processes: Critical Review and Future Directions," *Journal of Management* 19 (1993), 349–384; Paul J. H. Schoemaker, "Strategic Decisions in Organizations: Rational and Behavioral Views," *Journal of Management Studies* 30 (1993), 107–129; Charles J. McMillan, "Qualitative Models of Organizational Decision Making," *Journal of Management Studies* 5 (1980), 22–39; and Paul C. Nutt, "Models for Decision Making in Organizations and Some Contextual Variables Which Stimulate Optimal Use," *Academy of Management Review* 1 (1976), 84–98.

66 Hugh J. Miser, "Operations Analysis in the Army Air Forces in World War II: Some Reminiscences," *Interfaces* 23 (September–October 1993), 47–49; and Harold J. Leavitt, William R. Dill, and Henry B. Eyring, *The Organizational World* (New York: Harcourt Brace Jovanovich, 1973), chap. 6.

67 Stephen J. Huxley, "Finding the Right Spot for a Church Camp in Spain," *Interfaces* 12 (October 1982), 108–114; and James E. Hodder and Henry E. Riggs, "Pitfalls in Evaluating Risky Projects," *Harvard Business Review*, January–February 1985, 128–135.

68 Edward Baker and Michael Fisher, "Computational Results for Very Large Air Crew Scheduling Problems," *Omega* 9 (1981), 613–618; and Jean Aubin, "Scheduling Ambulances," *Interfaces* 22 (March–April, 1992), 1–10.

69 Scott McCartney, "The Middle Seat: How One Airline Skirts the Ash Cloud," *The Wall Street Journal,* April 22, 2010, D1.

70 Jo Craven McGinty, "How Do You Fix a School-Bus Problem? Call MIT," *The Wall Street Journal*, August 11, 2017, https://www.wsj.com/articles/how-do-you-fix-a-school-bus-problem-call-mit-1502456400 (accessed June 19, 2019).

71 Stephen Baker, "Math Will Rock Your World," *BusinessWeek*, January 23, 2006, 54–60; Julie Schlosser, "Markdown Lowdown," *Fortune*, January 12, 2004, 40; and Brooks Barnes, "Disney Technology Tackles a Theme Park Headache: Lines," *The New York Times*, December 28, 2010, B1.

72 Baker, "Math Will Rock Your World"; and Laura Landro, "The Informed Patient: Cutting Waits at the Doctor's Office—New Programs Reorganize Practices to Be More Efficient," *The Wall Street Journal*, April 19, 2006, D1.

73 Richard L. Daft and John C. Wiginton, "Language and Organization," *Academy of Management Review* (1979), 179–191.

74 Based on Richard M. Cyert and James G. March, *A Behavioral Theory of the Firm* (Englewood Cliffs, NJ: Prentice-Hall, 1963); and James G. March and Herbert A. Simon, *Organizations* (New York: Wiley, 1958).

75 William B. Stevenson, Joan L. Pearce, and Lyman W. Porter, "The Concept of 'Coalition' in Organization Theory and Research," *Academy of Management Review* 10 (1985), 256–268.

76 Sharon Terlep, "Procter & Gamble, in a Strategy Shift, Moves to Raise Prices," *The Wall Street Journal*, July 31, 2018.

77 Anne Mulcahy, Randy Komisar, and Martin Sorrell, "How We Do It: Three Executives Reflect on Strategic Decision Making," *McKinsey Quarterly*, March, 2010, 46–57.

78 Jeremy W. Peters, "The Times's Online Pay Model Was Years in the Making," *The New York Times*, March 20, 2011, http://www.nytimes.com/2011/03/21/business/media/21times.html?pagewanted=all (accessed September 27, 2011); and J. W. Peters, "New York Times is Set to Begin Charging for Web Access; Chairman Concedes Plan is Risky but Says It's an 'Investment in Our Future,'" *International Herald Tribune*, March 18, 2011, 15.

79 Jeremy W. Peters, "Optimism for Digital Plan; but Times Co. Posts Loss," *The New York Times*, July 22, 2011, B3.

80 Shalini Ramachandran and Benjamin Mullin, "'I Quit, I Quit!' Boardroom Turmoil Aggravates Univision's Problems," *The Wall Street Journal*, July 26, 2018, https://www.wsj.com/articles/i-quit-i-quit-management-turmoil-aggravates-univisions-challenges-1532619314 (accessed June 20, 2019).

81 Cyert and March, *A Behavioral Theory of the Firm*, 120–222.

82 Eric J. McNulty, "To Be or Not to Be," *Strategy + Business*, April 4, 2016, https://www.strategy-business.com/blog/To-Be-or-Not-to-Be?gko=f713c (accessed June 20, 2019).

83 Lawrence G. Hrebiniak, "Top-Management Agreement and Organizational Performance," *Human Relations* 35 (1982), 1139–1158; and Richard P. Nielsen, "Toward a Method for Building Consensus During Strategic Planning," *Sloan Management Review*, Summer 1981, 29–40.

84 Based on Henry Mintzberg, Duru Raisinghani, and Andre Theoret, "The Structure of 'Unstructured' Decision Processes," *Administrative Science Quarterly* 21 (1976), 246–275.

85 Lawrence T. Pinfield, "A Field Evaluation of Perspectives on Organizational Decision Making," *Administrative Science Quarterly* 31 (1986), 365–388.

86 Mintzberg et al., "The Structure of 'Unstructured' Decision Processes."

87 Andrew Beaton, "Inside the Rams' Historic Decision to Hire a 30-Year-Old Head Coach," *The Wall Street Journal*, January 28, 2019, https://www.wsj.com/articles/inside-the-rams-historic-decision-to-hire-sean-mcvay-super-bowl-11548687520 (accessed June 20, 2010).

88 Mintzberg et al., "The Structure of 'Unstructured' Decision Processes," 270.

89 Michael Christensen and Thorbjorn Knudsen, "How Decisions Can Be Organized—and Why It Matters," *Journal of Organization Design* 2, no. 3 (2013), 41–50.

90 Michael D. Cohen, James G. March, and Johan P. Olsen, "A Garbage Can Model of Organizational Choice," *Administrative Science Quarterly* 17, March 1972, 1–25; Michael D. Cohen and James G. March, *Leadership and Ambiguity: The American College President* (New York: McGraw-Hill, 1974); and Alessandro Lomi and J. Richard Harrison, eds. *Research in the Sociology of Organizations, vol. 36: The Garbage Can Model of Organizational Choice: Looking Forward at Forty* (Bingley, UK: Emerald Books, 2012).

91 Michael Masuch and Perry LaPotin, "Beyond Garbage Cans: An AI Model of Organizational Choice," *Administrative Science Quarterly* 34 (1989), 38–67.

92 See John F. Padgett, "Book Review Essay: Recycling Garbage Can Theory," *Administrative Science Quarterly* 58, no. 3 (2013), 472–482, for an overview of garbage can theory and various empirical studies and computer simulations. This is a review of Lomi and Harrison, eds. *Research in the Sociology of Organizations, vol. 36: The Garbage Can Model.*

93 Jack Ewing, "Inside VW's Campaign of Trickery," *The New York Times*, May 7, 2017, BU1; and William Boston, "Volkswagen Ex-CEO Faces Fresh Fraud Charges Over Emissions Scandal," *The Wall Street Journal*, April 15, 2019, https://www.wsj.com/articles/volkswagen-ex-ceo-faces-fresh-fraud-charges-over-emissions-scandal-11555336463 (accessed June 21, 2019)

94 Adapted from James D. Thompson, *Organizations in Action* (New York: McGraw-Hill, 1967), chap. 10; McMillan, "Qualitative Models of Organizational Decision Making," 25; and Clayton M. Christensen, Matt Marx, and Howard H. Stevenson, "The Tools of Cooperation and Change," *Harvard Business Review*, October 2006, 73–80.

95 Ben Worthen, "Cost Cutting Versus Innovation: Reconcilable Difference," *CIO*, October 1, 2004, 89–94.

96 Beth Dickey, "NASA's Next Step," *Government Executive*, April 15, 2004, 34–42; and Jena McGregor, "Gospels of Failure," *Fast Company*, February 2005, 61–67.

97 Mintzberg and Westley, "Decision Making: It's Not What You Think."

98 Paul C. Nutt, "Selecting Decision Rules for Crucial Choices: An Investigation of the Thompson Framework," *The Journal of Applied Behavioral Science* 38, no. 1 (March 2002), 99–131; and Paul C. Nutt, "Making Strategic Choices," *Journal of Management Studies* 39, no. 1 (January 2002), 67–95.

99 George T. Doran and Jack Gunn, "Decision Making in High-Tech Firms: Perspectives of Three Executives," *Business Horizons*, November–December 2002, 7–16.

100 L. J. Bourgeois III and Kathleen M. Eisenhardt, "Strategic Decision Processes in High Velocity Environments: Four Cases in the Microcomputer Industry," *Management Science* 34 (1988), 816–835.

101 Kathleen M. Eisenhardt, "Speed and Strategic Choice: How Managers Accelerate Decision Making," *California Management Review*, Spring 1990, 39–54.

102 David A. Garvin and Michael A. Roberto, "What You Don't Know About Making Decisions," *Harvard Business Review*, September 2001, 108–116.

103 Karl Weick, *The Social Psychology of Organizing*, 2nd ed. (Reading, MA: Addison-Wesley, 1979), 243.

104 Jennifer Maloney, "Coke's New CEO James Quincey to Staff: Make Mistakes," *The Wall Street Journal*, May 9, 2017, https://www.wsj.com/articles/cokes-new-ceo-james-quincey-to-staff-make-mistakes-1494356502 (accessed June 20, 2019); and Paul R. La Monica, "Coca-Cola's New CEO: 'We've Got to Experiment'," *CNN*, February 10, 2018, https://money.cnn.com/2018/02/05/investing/coca-colaceo-james-quincey-boss-files/index.html (accessed June 20, 2019).

105 Sue Shellenbarger, "Better Ideas Through Failure," *The Wall Street Journal*, September 27, 2011, D1; and "Culture of Creativity," Grey Advertising Website, http://grey.com/us/culture (accessed May 19, 2014).

106 Jena McGregor, "How Failure Breeds Success," *BusinessWeek*, July 10, 2006, 42–52.

107 This case was prepared by David Hornestay and appeared in *Government Executive*, 30, no. 8 (August 1998), 45–46, as part of a series of case studies examining workplace dilemmas confronting Federal managers. Reprinted by permission of *Government Executive*.

CHAPTER 14

갈등과 권력 및 정치적 행동

학습목표

이 장을 공부하면,

1. 조직에서 발생하는 집단 간 갈등의 원인을 확인할 수 있다.
2. 조직의 합리적 모형과 정치적 모형을 비교 설명할 수 있다.
3. 조직 내 권력의 수직적 원천들에 대해 설명할 수 있다.
4. 조직에서 수평적 권력과 연계된 전략적 컨틴전시에 대해 설명할 수 있다.
5. 정치에 대한 정의와 정치적 행동이 요구되는 이유를 설명할 수 있다.
6. 권력을 키우거나 행사하기 위한 책략을 파악할 수 있다.

도입질문

이 장을 읽기 전 다음 질문에 답해보자.

1. 어느 정도의 갈등은 조직에 이로운 것이다.

   1) 동의함 ________________ 2) 동의하지 않음 ________________

2. 조립라인에서 일하는 근로자는 권력이 낮은 지위에 있기 때문에 주변에서 발생하는 일에 대해 영향을 미칠 수 없다는 것을 수긍해야만 한다.

   1) 동의함 ________________ 2) 동의하지 않음 ________________

3. 경영자들이 정치적 행동을 할 경우 대개 갈등과 불화를 일으키게 되어 조직의 순조로운 기능을 저해할 가능성이 높다.

   1) 동의함 ________________ 2) 동의하지 않음 ________________

2013년 여름 옴니컴 그룹(Omnicom Group Inc.)과 퍼블리시스 그룹(Publicis Groupe SA)의 임원진은 두 회사가 합병함으로써 세계 최대 광고회사가 되었다고 파리에서 성대하게 그 사실을 발표했다. 그러나 4장의 사례에서 본 것처럼, 1년도 지나기 전에 그 합병은 깨지게 되었다. 무슨 일이 일어났던 것인가? 계약이 완료되지 못했던 몇 가지 이유가 있겠지만, 가장 큰 문제는 직위와 권력에 대한 충돌이다. 한 예로, 양측은 어느 회사가 서류 작업을 마무리하는 법적인 인수기업이 되는지에 대해 합의를 하지 못했다. 그뿐만이 아니라 서로가 새 회사의 최고경영자의 자리를 차지하기를 원했다. 그 계약은 '평등한 합병'으로서 격찬받았고, 옴니컴사의 존 렌(John Wren)과 퍼블리시스사의 모리스 레비(Maurice Levy)가 첫 30개월 간 공동 CEO를 맡기로 합의했다. 하지만 두 사람 모두 성격이 강직하여서 출발부터 부딪치기 시작했다. 합병에 관한 세부적인 사항들을 논의할 때 점점 더 복잡하게 되어갔다. 한 경쟁회사의 CEO는 서로 간의 의사소통 상의 충돌문제를 예시하면서 "한 사람은 중국어로 말하고 다른 사람은 일본어를 말하는 형국이다"라고 말했다. 지배권 다툼은 거의 일년 가량 지속되었고, 결국 2014년 5월에 이르러 렌과 레비는 계약이 파기되었다는 공동발표를 하게 되었다. 피보탈 리서치 그룹(Pivotal Research Group)의 경영분석가인 브라이언 비저(Brian Wieser)는 "역할과 업무분장에 대한 이견 때문에 그 합병이 실패한 것은 믿기 어렵지만 사실인 것 같다"고 말했다.[1]

물론 그것은 단지 역할과 업무분장 만의 문제는 아니었다. 실질적인 것은 회사의 지배에 관한 문제였고, 양측 모두가 최고의 권력을 갖고자 했다. 리더 간 권력 충돌은 언제든지 일어날 수 있기 때문에 가장 먼저 정해져야 할 과제였다. RIM(Research in Motion)사는 한때 전 세계시장에서 호평을 받던 모바일 폰인 블랙베리(BlackBerry)를 만들어 왔다. 그러나 경영자들은 재투자를 통해 변화하는 산업에 적응하는 것이 어렵다고 느껴 회사의 장래 방향에 대해 몇 년 동안 논쟁을 했다. 현재는 블랙베리 리미티드(BlackBerry Limited)사로 된 RIM사에서는 더 이상 스마트폰은 제작하지 않고 소프트웨어 개발에만 집중하고 있다. 블랙베리 제품명은 폰 제작사인 TCL에 라이센스를 주었다. TCL사는 2018년 후반기에 2종의 신규 폰을 출시하면서 스마트 폰의 아이콘이었던 제품명을 되살리기 위해 노력하고 있다.[2]

RIM사의 사례와 옴니컴사와 퍼블리시스사의 합병사례에서 보듯이 갈등이란 다양한 의견과 가치관을 가지고, 서로 다른 목적을 추구하며, 조직 내 정보와 자원에 대한 접근에서 차이 나는 사람들이 밀접하게 상호작용하게 되면서 나타나는 자연스러운 결과이다. 개인과 집단들은 서로의 차이를 다루고 필연적으로 제기되는 갈등을 관리하기 위해 권력이나 정치적 행동을 한다.[3] 지나친 갈등은 조직에 해롭다. 그러나 갈등은 현 상태에 안주하지 않고 새로운 아이디어나 접근방법을 유발시켜 변화를 유도하는 긍정적 작용을 할 수도 있다.[4] 예를 들어, 팀에 대한 6년에 걸친 연구 결과, 건전한 논쟁과 토론에 참여할 수 있는 능력이 최고의 팀 성과를 달성하는 데 가장 중요한 요인이 되는 것으로 밝혀졌다. 고성과 팀에서는 이견과 갈등이 더 나은 해결책을 이끌어내기 때문에 필수 불가결한 것으로 믿고 있다. 아이디어에 대해 논쟁을 하는 팀이 갈등을 피하기 위해 다른 사람들의 의견에 그냥 따라가기만 하는 팀에 비해 아이디어를 25% 더 많이 창출한다는 연구결과도 있다.[5] 갈등이 부정적으로만 작용하는 것은 아니며, 사람들의 다양한 이해관계가 상호작용하면서 나타나는 정상적인 결과이다. 조직 내부에서는 개인과 집단이 성취하고자 하는 목표와 이해관계가 다른 경우가 흔하다. 관리자들은 갈등을 관리하고, 직원들에게서 최대의 역량을 끌어내고, 직무만족과 팀워크를 제고하고, 중요한 목표를 달성하고, 조직성과를 높이기 위해 권력과 정치적 행동을 효과적으로 쓸 수 있다.

이 장의 목표

이 장에서는 갈등의 본질 및 개인과 집단 간의 갈등을 관리하기 위한 권력과 정치적인 책략의 활용방안을 논의하고자 한다. 이미 앞에서의 여러 장에서 갈등, 권력 및 정치적 행동 등의 개념을 언급한 바 있다. 3장에서는 기능별 부서들 간의 협력을 고취시키기 위한 태스크 포스 및 팀과 같은 수평적 연결방안을 논의하였다. 4장에서는 조직 분화의 개념을 소개하면서 각 부서에서 서로 다른 목표를 추구하고 태도와 가치관에서 차이를 나타낸다는 것을 설명하였다. 5장에서는 조직 간의 갈등과 권력관계를 다루었다. 11장에서는 하위문화가 나타나는 것을 논의하였으며, 13장에서는 세력집단을 형성하는 것을 관리자들과 부서 간 의견 불일치를 해소하기 위한 한 방안으로 제안하였다.

이 장의 첫 절에서는 집단 간 갈등의 본질, 갈등을 야기하는 조직의 특성, 상반된 이해관계를 관리하기 위한 방법으로 정치적인 모형과 합리적 모형의 활용방안 및 갈등을 줄이고 협력을 제고시키기 위한 책략에 대해 알아보기로 하겠다. 그 다음 절에서는 개인과 조직에서의 권력, 관리자와 종업원들이 갖는 권력의 수직적 원천과 수평적 원천 및 조직목표 달성을 위한 권력의 활용방법 등을 알아본다. 또한 하위 계층의 종업원들과 권력을 공유하는 임파워먼트 추세도 검토한다. 이 장의 뒷 절에서는 원하는 결과를 이루기 위해 권력과 권한을 활용하는 정치적 행동을 설명한다. 아울러 관리자들이 권력을 키우기 위한 방안과 다른 사람들에게 영향력을 행사하고 원하는 목표를 달성하기 위해 권력을 활용하는 다양한 정치적 책략에 대해 논의하기로 한다.

14.1 조직 내 부서 간 갈등

집단 간 갈등이라고 불리는, 조직 내 부서 및 집단 간의 갈등은 집단별 소속감, 집단 간의 현저한 차이 및 좌절 등의 세 가지 요소에 의해 발생한다. 첫째, 조직의 구성원은 자신이 집단이나 부서에 소속되어 있다는 정체성을 인지해야만 한다.[6] 둘째, 어떤 형태로든지 집단 간의 뚜렷한 차이가 존재해야만 한다. 즉 건물 내의 위치하는 층이 다르다든지, 집단 구성원 간의 사회적 혹은 교육 배경이 다르다든지, 서로 다른 부서에서 일을 한다는 등의 차이가 있어야 한다. 자신이 어떤 집단에 소속되어 있다고 인지할 수 있는 능력과 다른 집단과 비교해서 차이가 있다는 것을 알게 되는 것이 갈등 발생의 필요조건이 된다.[7]

세 번째 요소는 좌절인데, 이는 한 집단이 목표를 성취하게 되면 다른 집단은 목표를 이룰 수 없게 되는 것이다. 따라서 집단 간 갈등은 한 집단이 다른 집단보다 지위를 더 향상시키고자 할 때 나타나게 된다. 페어팩스 미디어(Fairfax Media)의 임원진에서 호주의 시드니 모닝 해럴드(Sydney Morning Herald)에 디지털 미디어를 위한 뉴스룸과 신문용 뉴스룸의 두 뉴스룸을 만든다고 했을 때, 다음과 같은 일이 벌어졌다. 온라인 부문의 직원들은 유명인사들에 관한 뉴스와 감각적인 범죄 기사 및 야한 잡담성 기사들이 더 많이 다루어져야 한다고 지속적으로 압력을 가했으며, 전통적인 뉴스 부문의 직원들은 국내 경제와 글로벌 정치상황과 같은 심각한 토픽을 다루는 데 초점을 두어야 한다고 주장하여 두 그룹 간에 심각한 갈등이 발생했다.[8] **집단 간 갈등**(intergroup conflict)이란 조직구성원이 자신이 속한 집단을 다른 집단과 명백히 다른 것을 인식하고 다른 집단이 자기 집단의 목표달성에 장애가 된다고 지각할 때 조직 내의 집단들 사이에 발생하는 행동이라고 정의할 수 있다.[9] 갈등이란 집단들이 근본적으로 상반되어서 직접적으로 충돌하는 것이다. 갈등은 경쟁과 유사하지만 훨씬 심각한 것이다. **경쟁**(competition)은 공동의 목표를 두고 집단끼리 대항하는 것을 뜻한다면, 갈등은 목표달성을 직접 차단하는 의미를 갖기 때문이다.

조직 내 집단 간 갈등은 부서 간에 발생하는 수평적 갈등과 계층 간에 발생하는 수직적 갈등으로 구분된다.[10] 7장의 혼합형 조직에서 상업성 추구 논리와 사회복지 추구 논리 간의 잠재적인 갈등에 대해 논의한 것을 상기해보자. 경영자들은 공통의 목표를 위해 직원들을 단합시키기 위해 노력하는 한편, 이익 증진을 위해 제품과 서비스를 판매하는 데 치중하는 부서와 사회복지를 지원하는 데 치중하는 부서 간의 갈등을 관리하는 데도 힘써야 한다. 전통적인 조직에서 품질 개선을 위한 신공정을 도입하는 과정에서 생산 효율성을 떨어뜨리기 때문에 제조업체의 생산부서와 품질관리부서 간에 분쟁이 발생할 수 있다. 재무 담당 관리자의 원가 통제 압박으로 새로운 연구개발 프로젝트의 예산이 줄어들면 연구개발 담당 관리자와 재무 담당 관리자 사이에 갈등이 생기는 경우가 자주 발생한다. 팀원 간에는 업무 수행과 목표 달성을 위한 최선의 방법에 대해 논란이 있을 수 있다. 갈등은 조직 내의 다른 부문 간 혹은 서로 다른 사업부 간에 발생할 수도 있다.

종업원이 새로운 작업 방식이나 업무할당 및 회사방침 등으로 상사와 충돌하는 경우에 수직적 갈등이 발생할 수도 있다. 예를 들어, 구글(Google)과 웨이페어(Wayfair)에서는 사무직 근로자들이 회사가 자신들의 윤리적 가치에 위배되는 행동을 하는 데 대해 항의하기 위해 파업에 나섰다. 또한 기후 변화에 관심을 갖고 있는 약 8,000명 가량의 아마존(Amazon) 직원들은 배기가스 배출을 줄이도록 회사에 압박을 가하기 위한 그룹을 결성했다.[11]

또 다른 전형적인 집단 간의 갈등으로 노조와 경영층 간의 갈등, 프랜차이즈 가맹점 점주와 본사 간의 갈등이 있다. 예를 들어, 맥도날드(McDonald), 타코 벨(Taco Bell), 버거킹(Burger King), KFC 등의 본사가 직영하는 점포가 인근지역에서 늘어나게 되면 경쟁이 심화되기 때문에 이에 대한 마찰이 생기게 되는 것이다.[12]

조직 내의 다른 부문 간이나 사업부 간에도 갈등이 발생할 수 있는데, 이전의 장에서 제시한 페이스북(Facebook)과 왓츠앱(WhatsApp) 간의 갈등이 이러한 예가 된다. 페이스북이 인기있는 메시지 시스템인 왓츠앱을 인수한 후에 왓츠앱의 창업자는 데이터에 대한 개인정보 보호 및 상업적 사용에 대한 이슈를 두고서 페이스북의 경영진과 지속적으로 충돌해왔다. 갈등이 너무 심각해져서 결국은 왓츠앱 창업자가 회사를 떠나게 되었다.[13] 글로벌기업에서는 6장에서 설명한 것처럼 국제화에 따른 복잡성으로 인하여, 지역 담당 관리자와 사업부문 담당 관리자 간의 갈등, 사업부문 간의 갈등 및 사업부문과 본사와의 갈등이 일상적으로 발생한다. 유사한 문제들이 별개의 조직 간에서도 발생한다. 5장에서 간략히 논의한대로, 수많은 기업들이 조직 간의 협력관계를 맺고 있음으로 인해 갈등과 권력관계의 이동이 명백해지고 있다.

14.1a 갈등의 원천

조직의 몇 가지 구체적인 특성이 갈등을 유발시킬 수 있다. **집단 간 갈등의 원천**(sources of intergroup conflict)으로는 목표의 불일치성, 조직 내 분화, 업무 간 상호의존성, 자원의 제약 등이 있다. 이러한 특성은 이전의 장에서 논의한 조직구조 및 환경, 규모, 기술, 전략과 목표 등의 상황변수에 의해 결정된다. 한편으로는 이러한 특징을 이해하면 목표달성을 위해 어느 정도 합리적인 행동모형을 사용해야 하는지 혹은 정치적인 행동모형을 사용해야 하는지 여부를 판단할 수 있다.

목표의 불일치성. 각 부서의 목표는 부서원들이 달성하고자 하는 구체적인 목표로 나타난다. 그런데 한 부서의 목표 달성이 다른 부서의 목표에 상치되는 경우가 종종 발생하여 갈등이 유발된다. 예를 들어, 대학의 구내 경찰의 목표는 캠퍼스의 안전을 지키는 것이다. 따라서 밤중이나 주말에는 모든 건물을 잠그고 열쇠를 잘 관리하려고 한다. 하지만 실험을 위해서 이 시간에 연구실에 가야 하는 이공계 대학에서는 불편을 겪게 된다. 그렇다고 해서 이공계 건물에 사람들이 항상 자유롭게 왕래한다면 안전문제가 등한시되어 안전을 유지해야 하는 경찰의 목표에 문제가 생길 것이다. 이처럼 목표의 불일치성으로 인해 부서 간에 갈등이 유발되는 것이다.

도입 질문과 답

1. 어느 정도의 갈등은 조직에 이로운 것이다.

답) 동의한다. 갈등은 조직 간의 관계를 포함하여 모든 인간관계에서 명백한 것이며, 이로운 경우가 많이 있다. 어떤 갈등은 다양한 사고와 유발하며 변화를 이끌어주기 때문에 건전할 수가 있다. 만약에 아무런 갈등도 없다면 성장과 발전의 가능성도 역시 없는 것이다.

기업에서는 IT부서와 사업부서 간에 목표 불일치성으로 인해 갈등이 빈번하게 야기된다. 사업부서의 관리자들은 새로운 장치나 시스템을 자주 원하게 되는데 CIO가 이러한 요청을 왜 거절하는지 이해가 되지 않는다. 하지만 CIO 입장에서는 어떤 변화가 있더라도 회사 전체의 IT 시스템의 안전성과 보안이 위험해지지 않도록 하는 데 책임이 있다.[14] 다른 어느 부서들보다 부서의 목표가 빈번히 어긋나는 마케팅 부문과 제조 부문 사이는 갈등 발생 가능성이 제일 크다. 〈도표 14.1〉에서 마케팅 부문과 제조 부문 사이에 생기는 전형적인 목표 갈등의 예를 제시하였다. 마케팅 부문에서는 고객들의 다양한 기호를 만족시키기 위해 제품 라인의 종류를 늘리려고 한다. 제품의 종류가 많아지면 제품당 생산량은 줄어들 것이고 이에 따라 제조 부문에서는 생산단가가 증가하게 된다.[15] 제품의 질, 비용 통제 및 신제품 혹은 서비스 개발 등에서 목표 갈등이 발생하는 전형적인 영역이다. 목표의 불일치성은 아마도 조직에서 집단 간의 갈등을 야기하는 가장 큰 요인일 것이다.[16]

조직의 분화. 분화는 4장에서 '기능이 다른 부서의 관리자들 간에 나타나는 인지적인 정서적인 차이'라고 정의하였다. 기능적 전문화에 의해 사람들은 교육, 기술, 태도 및 시간개념 등에서 차이를 갖게 된다. 예를 들어, 영업 업무에 적합한 능력이나 적성을 갖추었기 때문에 영업부서에서 일하게 될 것이다. 그리고 영업부서의 일원이 되고 나면 그 부서의 규범과 가치관에 따르게 되는 것이다.

조직 내의 각 부서나 부문별로 가치관, 태도, 행동 기준 등이 다르고, 이러한 하위문화의 차이가 갈등을 유발하게 된다.[17] 신제품에 관한 문제로 영업부서의 관리자와 연구개발을 담당하는 연구원이 만나는 상황을 가정해보자.

> 영업부서의 관리자는 연구원을 만나면서 친근한 인간관계를 형성하기를 기대했으나, 연구원은 자신이 관심을 가진 문제 이외에는 이야기하지 않으려 해서 당황스러웠다. 또한 일하는 방식을 결정하는 데도 자기 뜻대로 하려는 것이 마음에 들지 않았다. 더구나, 연구원은 약속시간에도 종종 늦었다. 시간을 지키지 않는다는 것은 영업하는 사람의 입장에서 보면 기본자세를 갖추지 못한 것이다. 하지만 연구원의 입장에서는 기술적으로 연구하는 데 오랜 시간이 걸려야 하는 문제에 대해 영업부서의 관리자가 즉각적인 답을 내라고 요구하는 것이 싫어서 만나는 것이 부담스러울 수도 있는 것이다. 서로 느끼는 이러한 불편한 감정들이 두 사람의 업무스타일과 사고스타일에서 상당히 차이가 난다는 것을 보여주는 명백한 사실이다.[18]

도표 14.1 마케팅과 제조 부문 간의 잠재적 목표 갈등 발생 영역

목표갈등	마케팅 부문	제조 부문
	업무목표는 고객만족	업무목표는 생산 효율성
갈등 영역	**전형적인 주장**	**전형적인 주장**
1. 제품 라인의 폭	"고객들은 다양한 제품을 원하고 있다."	"제품 라인이 너무 방대하여 제품별 생산량이 적어 생산운용의 경제성이 떨어진다."
2. 신제품 출하	"신제품이 우리의 생명을 유지시키는 혈액이다."	"불필요한 디자인 변경이 잦아서 지나치게 비용이 높아진다."
3. 생산 일정	"시장 대응이 더 빨라야 한다. 제품생산에 소요되는 시간이 너무 길다."	"수시로 변덕스럽게 굴지 않고 우리 제품에 충실할 수 있는 고객을 확보해야 한다."
4. 제품 유통	"제품별로 충분한 재고가 확보되지 않는다."	"과도한 재고를 유지할 여력이 없다."
5. 품질	"저비용에서도 적절한 품질을 유지해야 한다."	"수익 면에서 불리하고 고객에게 제공하는 효용성에서도 미흡한 제품 생산은 중단해야 한다."

출처: Based on Benson S. Shapiro, "Can Marketing and Manufacturing Coexist?" *Harvard Business Review* 55, September–October 1977, 104–114; and Victoria L. Crittenden, Lorraine R. Gardiner, and Antonie Stam, "Reducing Conflict Between Marketing and Manufacturing," *Industrial Marketing Management* 22 (1993), 299–309.

업무의 상호의존성. 업무의 상호의존성은 한 부서가 다른 부서에 원자재나 자원 및 정보를 의존하는 정도를 의미한다. 8장에서 설명한대로 집합적 상호의존성(pooled interdependence)은 상호작용이 거의 없으며, 순차적 상호의존성(sequential interdependence)은 한 부서의 산출물이 다음 부서의 투입물이 되는 관계이며, 교호적 상호의존성(reciprocal interdependence)은 부서 간에 서로 자재나 정보를 교환하는 경우를 의미한다.[19]

일반적으로 상호의존성이 증가할수록 갈등이 발생할 가능성은 커진다.[20] 집합적 상호의존성의 관계에서는 부서 간에 상호작용할 필요가 거의 없기 때문에 갈등은 최저 수준이 된다. 순차적이거나 교호적 상호의존성의 관계에서는 부서 간에 조정이나 정보공유가 필요하기 때문에, 의사소통이 빈번히 일어나며 목표나 태도의 차이가 표출된다. 따라서 서로 조정이 되지 않아서 합의에 도달하지 못하면 갈등이 발생하게 된다. 상호작용이 더 많다는 것은 한 부서의 업무를 진행하려면 다른 부서의 업무가 끝나기를 기다려야 하기 때문에 일을 빨리 진행하도록 압력을 가하게 되는 경우가 자주 생긴다는 의미도 된다.[21]

자원의 제약. 한정된 자원에 대한 집단 간 경쟁이 갈등 발생의 또 다른 주요한 원천이 된다.[22] 조직에서 부서 간에 나누어야 할 자원은 자금, 설비 및 장비, 지원시설 및 가용 인원

등이다. 각 집단에서는 목표달성을 위해 자원을 더 많이 확보하려고 하며 이로 인해 갈등이 야기되는 것이다. 따라서 경영자들은 원하는 수준의 자원을 얻어내기 위해서 요구하는 예산을 부풀리거나 막후에서 손을 쓰는 것 같은 전략을 구상할 것이다.

자원은 또한 조직에서 권력과 영향력을 상징하기도 한다. 자원을 확보하는 능력은 위세를 높여 준다. 조직에서의 각 부서들은 추가적인 자원을 당연히 요청할 수 있다고 생각한다. 그러나 그러한 요청은 갈등을 유발시킨다. 자원의 제약을 둘러싼 갈등은 정부, 비영리 조직, 동호회 조직에서도 빈번하게 발생한다. 전국단위의 노조를 보면, 근래에는 노조원과 직책을 두고서 회사의 경영자들과 싸우는 것보다도 자기네들 간에 더 많이 싸우고 있다. 전국총기협회에서 벌어진 갈등도 역시 자원의 감소와 목표의 불일치로 인해 야기된 것이다.

IN PRACTICE 전국총기협회

웨인 라피에르(Wayne LaPierre)는 계속해서 전국총기협회 CEO직에 있지만, 자리를 유지하기 위해서 싸워야만 했었다. 1991년부터 조직의 수장을 맡아 온 라피에르는 장기 집권을 하고 있는 CEO를 몰아내려고 집단적으로 맞서고 있는 협회의 회장인 올리버 노쓰(Oliver North)와 충돌하게 되었다. 협회에 대한 기부금이 줄어들고 있고, CEO가 과도하게 돈을 쓴다는 인식되고, 법적 소송이 진행되고 있으며, 총기 통제에 대한 요구가 높아지고 있으며, 비영리 조직으로서의 협회의 위상을 위협하는 재무부정에 대한 주장이 제기되는 등의 여러가지 일들이 벌어지고 있는 복잡한 와중에 이 같은 갈등이 발생했다. 노쓰는 회장에 임명되자마자 바로 라피에르에게 사임하도록 압박하기 시작했고, 두 사람 간에는 격렬한 내부 투쟁이 시작되었다.

결말은, 라피에르를 축출하는 데 필요한 지지를 받지 못한 노쓰가 회장으로서 재임하지 않겠다고 발표했다. 협회의 두 번째 직위에 있던 로비 총괄책임자 크리스 콕스(Chris Cox) 또한 CEO 축출에 가담한 것으로 고발되어 정직 상태에 있다가 2019년 6월에 사임했다. 혼란은 아직도 끝나지 않았다. 협회는 재무 비리와 다른 위법행위들이 제기되면서 계속해서 지원을 잃어가고 있다. 뉴욕 검찰총장인 레티타 제임스(Letita James)로부터 조사를 받고 있으며, 아울러 의회로부터 3개 이상의 위원회에서도 조사가 진행 중이다.[23]

14.1b 합리적 모형과 정치적 모형

집단 간 갈등의 원천은 〈도표 14.2〉에서 정리한 바와 같이 목표의 불일치, 조직의 분화, 업무의 상호의존성, 자원의 제약 등인데, 조직 목표를 달성하기 위해 갈등해결에 합리적 모형을 적용해야 할지 혹은 정치적 모형을 적용해야 할지는 이 네 가지 요소들의 크기에 의해 결정된다.

도표 14.2 갈등의 원천 및 합리적 모형과 정치적 모형이 적용되는 경우

집단 간의 잠재적 갈등 원천

- 목표의 불일치성
- 조직의 분화
- 업무의 상호의존성
- 자원의 제약

갈등이 낮은 수준일 경우에는 합리적 모형 적용		갈등이 높은 수준일 경우에는 정치적 모형 적용
전체적으로 일치	목표	불일치, 다원적
집권화	권력과 통제	분권화, 세력집단 및 이익 집단이 유동적
체계적, 논리적, 합리적	의사결정 과정	비체계적, 이해관계에 따라 교섭 및 절충
효율성의 규범	규칙과 규범	시장 상황에 따름; 갈등발생을 정당한 것으로 수용
세부적, 체계적, 정확함	정보	정보가 모호하여 전략적으로 고려함

목표가 비교적 일치하고 조직의 분화정도가 낮고 부서 간의 업무가 상호 독립적이며 자원이 풍부하다면, 〈도표 14.2〉에 정리한 것처럼 **합리적 모형**(rational model)을 적용할 수 있다. 13장에서 설명한 의사결정에서의 합리적인 접근방법과 마찬가지로, 경영자들이 가능하면 합리적인 과정을 따르려고 하지만 합리적 모형은 실제로는 완전히 달성되기 힘든 이상적인 모형이다. 합리성이 추구되는 조직은 행동이 무작위적이거나 우연에 의하지 않는다. 즉 목표는 명확하고 해결안은 논리적으로 결정된다. 따라서 의사결정을 내릴 때 목표는 확실히 정의되고 대안 설정도 확실하며 자연히 성공확률이 가장 높은 대안을 선택하는 것이다. 그러므로 합리적 모형에서는 조직의 권한 및 통제력이 집중되고, 정보시스템이 체계적이고, 효율성의 원칙을 따르는 특성을 갖게 된다.[24]

이와 반대되는 것이 〈도표 14.2〉에서 설명한 **정치적 모형**(political model)이다. 조직의 집단 간에 차이가 클 때는, 각 집단의 이해관계와 목표 및 가치관은 각기 다르다. 따라서 의견 불일치와 갈등이 나타나는 것이 정상적이며, 이러한 상황에서 결정에 도달하기 위해서는 권력과 영향력을 행사할 필요가 있다. 집단 간에 목표를 정하고 문제를 결정짓기 위해서는 서로 주고받는 논쟁을 거쳐야 할 것이다. 이때는 관련된 정보가 애매모호하며 완전하지 못하다. 정치적 모형은 조직 운영 상에서 많이 일어나게 되는 방식이다. 관리자들이 합리적인 방법을 활용하려고 노력하지만, 개별 집단들이 원하는 이해관계와 달성하고자 하는 목표가 다르기 때문에 정치적 모형이 흔히 나타나게 되는 것이다. 많은 상황에서 순수하게 합리적인 절차만이 활용되는 것은 아니다.

통상적으로 조직에서는 합리적인 과정과 정치적인 과정이 함께 사용된다. 대부분의 조직에서 한 가지 방법만으로는 문제 해결이 어렵고 두 가지 방법이 적절한 때에 맞추어 활용

된다. 경영자들은 합리적인 절차에 따르려고 노력하지만 정치적인 방법도 목표달성에 필요하다는 사실을 깨닫게 된다. 경영자들이 정치적 모형을 효과적으로 활용하지 못하면, 갈등이 심화되고 조직의 중요한 성과를 달성하는 것이 어려워질 수 있게 된다.

프리미오 푸드(Premio Foods)사에서 CEO인 마르크 친퀘(Marc Cinque)와 운영 총괄 부사장인 찰린 그문데(Charlean Gmunder)는 합리적 모형을 활용하려고 하였으나, 정치적 모형이 필요하다는 것을 알게 되었다. 그문데는 새로운 컴퓨터 시스템을 도입하기 위해서 기존의 사내 예측 및 주문 방식을 철저히 정비하고 전체 부서들에 대한 변화를 요구했다. 그녀는 수치를 통해 년간 현금흐름을 50만 달러 증대시키고 낭비되는 자원을 절약함으로써 15만 달러 정도를 아낄 수 있다는 사실을 친퀘에게 제시하였다. 하지만 '수치는 명확한 것'이었지만, 많은 임원들이 강력하게 반발 의사를 드러냈기 때문에 친퀘는 결정을 내리지 못했다. 마침내 친퀘가 시스템을 도입하기로 결정을 하자 갈등은 격화되었다. 그문데에게 필요한 정보를 주지 않는 관리자들도 있었고, 회의에 늦게 참석하거나 참석하지 않는 관리자들도 있었다. 그문데는 새로운 시스템 도입을 위한 지원 세력을 구축하는 데 실패했다. 문제해결을 위해서, 친퀘는 여러 부서의 임원들로서 팀을 구성하고, 새로운 시스템의 작동 방식에 대한 그들의 입장을 토론하고 관여하도록 하였다.[25]

대부분의 조직에서는 부서 간이나 혹은 조직 내의 또 다른 집단들 간에 적어도 어느 정도의 갈등은 내포하고 있다. 갈등이 심화되고 관리자들이 협력을 하지 않게 되면, 갈등으

도표 14.3 과도한 갈등으로 인한 10가지 가장 중요한 문제들

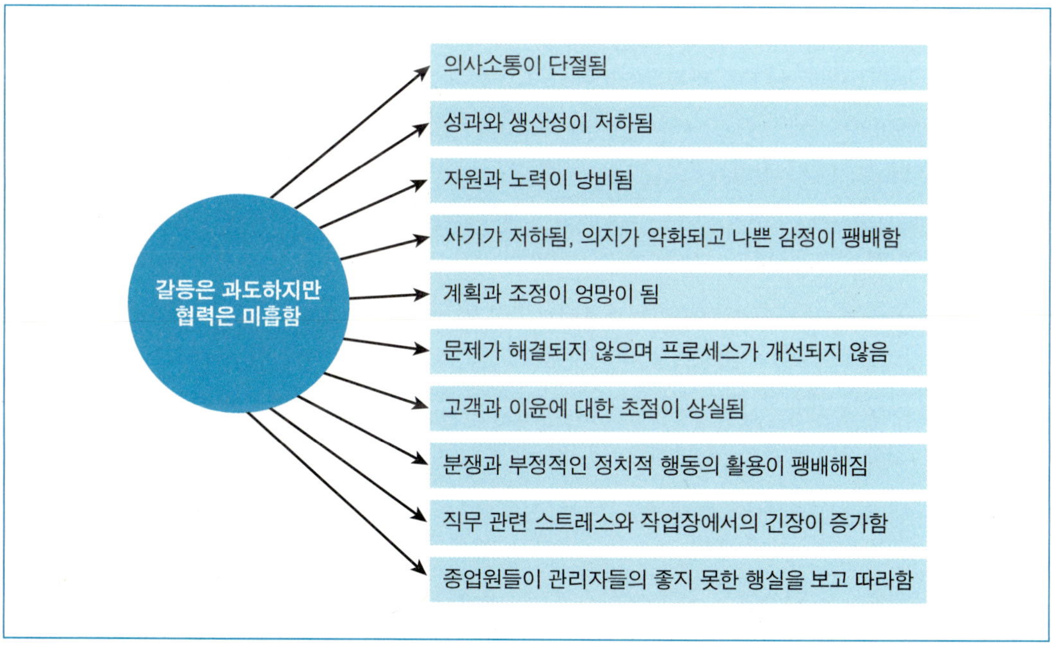

출처: Based on survey results reported in Clinton O. Longenecker and Mitchell Neubert, "Barriers and Gateways to Management Cooperation and Teamwork," *Business Horizons*, November–December 2000, 37–44.

로 인해 조직에 많은 문제들이 야기된다. 〈도표 14.3〉에서 관리자들에 대한 어떤 조사에서 나타난 이러한 문제들 중에서 가장 중요한 10가지의 예를 제시하고 있다.[26]

14.1c 협력증진을 위한 책략

훌륭한 경영자는 갈등을 최소화하고 갈등으로 인해 조직의 성과와 목표달성이 저해되지 않도록 노력한다. 효과적인 갈등관리는 팀과 조직의 성과에 직접적이고 긍정적인 영향을 줄 수 있다.[27] 따라서 경영자들은 조직목표를 달성하기 위해 부서 간의 협동과 협력을 유발시킴으로써 갈등을 극복하기 위한 다양한 기법들을 의식적으로 활용하고 있다. **협력을 증진시키기 위한 책략**(tactics for enhancing collaboration)으로는 다음과 같은 것들이 있다.

1. 통합장치 신설: 3장에서 설명한 것처럼 팀이나 태스크포스 및 부서 간 경계를 확장시키는 프로젝트 관리자 등을 통합장치로 활용할 수가 있다. 또한 갈등이 있는 부서의 대표자들로 공동문제 해결 팀을 구성하는 것도 협력을 증진시키는 효과적인 방법이 된다. 왜냐하면 서로의 견해를 이해할 수 있는 기회가 만들어지기 때문이다.[28] 때로는 개별 부서의 구성원들을 만나서 정보를 교환함으로써 협동과 협력을 이끌어내기 위해서 통합 역할 전담자를 둔다. 통합 역할 전담자는 각 집단의 문제를 이해하고 쌍방 모두가 수용할 수 있는 해결책을 찾기 위해 양 집단 모두와 교류할 수 있어야만 한다.[29]

   팀과 태스크포스를 활용하면 다른 부서에 있는 사람들을 통합시킬 수 있기 때문에 갈등을 줄이고 공동의 노력을 증진시킬 수 있다. 통합장치는 노동자와 사용자 간의 공동노력을 증진시키는 데도 활용될 수 있다. 근로자 참여를 증진시키고 노조와 경영진 간의 문제를 해결하기 위한 협력 모형으로 등장한 **노사협력팀**(labor-management teams)은 굿이어(Goodyear), 포드(Ford) 자동차, 알코아(Alcoa)사와 같은 기업에서 활용도가 증가하고 있다. 켄터키주의 칼버트(Calvert)시에 있는 인터내셔널 스페셜티 프로덕트(International Specialty Products)사의 공장에서는 노사협력으로 품질을 개선하고, 원가를 줄이며, 이익을 증진시킬 수 있게 되었다. 공장을 이끌어가는 팀을 2명의 경영자와 2명의 노조원으로 구성하였으며, 공장의 7개의 작업 구역에서도 각 구역별로 경영자 대표와 노조 대표가 공동으로 관리하게 하였다.[30] 노조에서는 여전히 임금과 같은 전통적인 이슈에 대한 투쟁을 하고 있지만, 이러한 통합장치를 활용함으로써 노사협력을 많은 경영자들이 불과 수년 전에는 기대할 수 없었던 수준으로 증진시키고 있다.
2. 대면과 협상 활용: 갈등상황에 있는 당사자들이 직접 만나서 서로의 차이점을 풀어가도록 하는 것이 **대면**(confrontation)이며, **협상**(negotiation)은 대면하는 동안에 문제를 체계적으로 해결하기 위해 당사자 간에 종종 일어나는 교섭 과정을 말한다. 협상은 특히 글로벌 차원에서의 비즈니스 파트너십, 합작 투자 및 기업 간의 제휴 등에서 빈번하게 사용되는 갈등 중재의 중요한 방식이다. 6장에서 르노(Renault), 닛산(Nissan), 미츠비시

(Mitsubishi)의 경영진은 모두의 이익을 위해서 협상에 임하는 방식에 대해 논의했다.[31] 대면과 협상에서는 각 부문, 부서, 혹은 조직의 대표자를 선임하여 이들이 심각한 분쟁을 함께 해결하도록 하는 것이다. 대면과 협상에는 약간의 위험이 수반된다. 토론이 갈등문제에 한정되지 않을 수도 있고 감정이 완전히 배제되지 않을 수도 있기 때문이다. 그러나 당사자들이 직접 얼굴을 맞대고 논의하면서 갈등을 해결할 수 있다면, 서로를 다시 존중하게 되고 앞으로의 협력이 쉬워지게 된다. 직접적인 협상을 통해서 비교적 오랜 기간 유지될 수 있는 태도 변화를 유발시키는 것도 가능하게 된다.

대면에서 승자-승자 전략으로 임하면 문제 해결이 더 용이하게 된다. 승자-승자란 당사자가 모두 긍정적인 태도로 서로에게 도움이 될 수 있는 방안을 찾으려 노력하는 것을 의미한다.[32] 협상이 승자-패자 전략(한 쪽이 다른 쪽을 굴복시키려고 함)으로 치달으면 대면은 비효과적이 될 것이다. 승자-승자 전략과 승자-패자 전략의 차이는 〈도표 14.4〉에 비교되어 있다. 문제를 쌍방의 것으로 함께 인식하고, 개방적으로 의사를 소통하며, 협박을 하지 않는 승자-승자 전략을 활용하게 되면, 분쟁이 해결되는 동안 서로에 대한 이해도 변화하게 된다.

노동자와 사용자 간의 의견 조정을 위해 사용되는 협상의 한 가지 유형이 **단체교섭**(collective bargaining)이다. 교섭과정은 대개 노조를 통해서 이루어지게 되며, 결과는 향후 2년 내지 3년 간 각각의 당사자들이 수행해야 할 의무를 구체적으로 표시하는 합의서로 작성된다.

3. 집단 간 통합 상담: 갈등이 심하게 오래 지속되어 갈등해결에 의욕이 없어지거나 회의적일 때, 최고경영층에서 갈등해결을 위한 제3자로서 조정역할을 하게 되거나 외부 컨설턴트를 활용할 수 있다.[33] 작업장에서의 조정이라고 하는 이 방식은 대립되는 당사자들을 한자리에 모아서 서로의 견해를 피력하게 함으로써 갈등해소에 강력한 방법이 될

도표 14.4 협상 전략

승자-패자 전략	승자-승자 전략
1. 문제를 승자와 패자를 구분짓는 상황으로 정의함	1. 갈등을 쌍방 간의 문제로 정의함
2. 자신만의 성과를 추구함	2. 공동의 성과를 추구함
3. 상대방을 강압적으로 굴복시킴	3. 쌍방을 만족시키는 창의적인 합의안 모색
4. 요구사항, 목표, 제안사항 등을 속이거나, 부정확하거나, 오해의 요지가 있게 주고받음	4. 요구사항, 목표, 제안사항 등을 진솔하고 정확하게 주고받음
5. 위협적인 방법을 씀(강압적으로 굴복시키기 위해)	5. 위협적인 방법은 쓰지 않음(상대방을 방어적이지 않도록 하기 위해)
6. 직위의 차이를 확실하게 내세움	6. 직위의 차이를 드러내지 않으려 함

출처: Adapted from David W. Johnson and Frank P. Johnson, *Joining Together: Group Theory and Group Skills* (Englewood Cliffs, NJ: Prentice-Hall, 1975), 182–183.

수 있다. 이 기법은 로버트 블레이크(Robert Blake), 제인 모튼(Jane Mouton) 및 리처드 월튼(Richard Walton) 등의 심리학자들에 의해 개발되었다.[34]

우선 해당 부서원들을 일상 업무에서 벗어나게 하여 며칠간의 워크숍에 참석시킨다. 이 방법은 12장에서 설명한 조직개발 접근방법과 유사하다. 그리고 대립하는 집단을 각각 분리시켜 각 집단별로 토의를 해서 자신들의 견해 및 상대 집단의 견해에 대한 리스트를 작성한다. 이 리스트를 집단대표들이 교환하고 서로의 견해를 모두가 알게 한 이후에, 양 집단이 함께 모여 결론을 논의하는 것이다. 집단 간 통합 상담에서는 모든 사람들이 참여하는 것이 반드시 필요하며, 원만하게 활용이 된다면 종업원들 간에 서로 상대방을 깊이 이해하고 앞으로의 업무관계에서 협력적인 태도를 유발시키는 데 큰 도움이 될 수 있다.

4. 구성원의 순환배치: 직무순환이란 한 부서의 직원을 다른 부서로 일시적이거나 영구적으로 보내는 것을 말한다. 이렇게 함으로써 그 직원은 다른 부서의 가치관, 태도, 문제 및 목표를 함께 인식하게 된다. 아울러 새로운 부서의 동료들에게 기존에 있던 부서의 문제 및 목표를 설명할 수 있기 때문에, 부서 간의 견해와 정보를 솔직하고 정확하게 교환할 수 있게 해준다. 직무순환에 의해 갈등을 줄이는 것은 속도는 느리지만 갈등을 유발시키는 근원적인 태도 및 인식상황을 변화시키는 데는 대단히 효과적이다.[35] 벤처 캐피탈 회사인 앤더슨 호르비츠(Andreessen Horowitz)를 공동으로 창립한 벤 호르비츠(Ben Horowitz)는 몇 년 전에 세일즈 엔지니어링부서와 고객지원부서 간의 심각한 갈등을 해결하기 위해 자신이 이름 붙인 '기이한 금요일' 경영 기법을 활용했다.

IN PRACTICE '기이한 금요일' 경영 기법

고객지원 팀과 세일즈 엔지니어링 팀 간의 전쟁이 일어나자 벤 호르비츠(Ben Horowitz)는 어찌할 바를 몰랐다. 양 팀은 모두 최고의 인재들로 짜여 있었고 뛰어난 팀장들이 이끌고 있었다. 세일즈 엔지니어링 팀에서는 고객지원 측에서 문제를 처리해 주지 않고, 긴급하게 대응해 주지 않으며, 통상적으로 고객을 만족시키는 유형의 서비스를 제공하지 못한다고 불평했다. 반면에, 고객지원 팀에서는 세일즈 엔지니어 측에서 문제처리 방식에 대해 귀담아 듣지 않았고 모든 문제마다 최우선순위로 요구하기 때문에 지원팀의 업무를 더 힘들게 한다고 말했다. 두 팀은 함께 논의하는 것 조차 어려워졌다. 그러나 회사가 제대로 돌아가려면, 그들이 서로 원활하게 지속적으로 협력해야만 했다.

호르비츠는 이 시기에 우연히 '기이한 금요일' 영화를 보게 되었고 여기서 아이디어를 얻게 되었다. 영화에서는, 어머니와 딸이 서로 상대방을 이해하지 못하고 인정하지 않아서 심한 좌절감에 빠져서 서로의 위치가 바뀔 수 있기를 간절히 바란다. 영화 속에서는 그것이 기적적으로 이루어진다. 영화의 그 나머지 전 부분에서는 "서로가 다른 사람의 몸에 들어감으로써 그 사람이 부닥치게 되는 문제들을 이해해가게 된다"라고 호르비츠는 기술하고 있다. 그는 영화에서와 같은 일이 회사 내의 세일즈 엔지니어링 팀과 고객지원팀의 팀장들 간에서도 일어날 수 있을 것 같다고 생각했다. 그 다음날, 두 팀장의 자리를 바꾸라고 지시했다. '기이한 금요일'의 주인공들처럼 의식은 그대로 이면서 몸만 새로이 갖게 되었다.

그에게 돌아온 반응은 영화 속에서 제이미 리 커티스(Jamie Lee Curtis)와 린제이 로한(Lindsay Lohan)이 놀라서 비명을 지르는 것과 똑같은 것이었다. 그러나 다른 사람의 업무를 일주일 겪어 본 이후에, 두 팀장은 두 팀 간에 갈등을 유발시키게 하는 핵심적인 이슈들을 찾아냈다. 뿐만 아니라, 분쟁을 해소하고 서로가 화합해서 협력할 수 있는 몇가지 간단한 방안을 즉각적으로 시행했다. "그날 이후로 회사를 처분할 때까지, 그 두 팀은 회사 내에서 중요한 역할을 하는 다른 어떤 집단들보다도 협력을 더 잘했으며, 이는 전적으로 '기이한 금요일' 덕분에 이루어진 것이고, 이제까지 나온 영화중에서 관리자 교육훈련에 가장 통찰력을 준 영화이다" 라고 호르비츠는 말한다.[36]

5. 조직의 미션 공유 및 상위목표 설정: 또 하나의 전략은 최고경영층에서 조직의 미션을 공유하게 하며, 부서 간의 협동을 요구하는 상위 목표를 설정하는 것이다.[37] 11장에서 논의한 대로 조직문화가 강하고 적응적이어서 종업원들이 회사의 비전을 충분히 공유하고 있으면 더 단결되고 협력하게 될 것이다. 최근의 연구에서는 제각기 다른 부서의 종업원들이 서로의 목표가 함께 연결된 것이라는 것을 이해할 때 서로의 자원과 정보를 개방적으로 공유하게 된다는 것을 밝히고 있다.[38] 상위목표를 설정하는 방법이 효과적이 되기 위해서는 설정된 목표가 실질적으로 가치가 있어야 하며, 종업원들도 부서의 하위목표보다는 상위목표를 추구하기 위해 협력하는 데 시간과 노력을 기울이고자 하는 자세가 갖추어져야만 할 것이다.

핵심정리

- 갈등, 권력 및 정치적 행동들은 조직화의 자연적인 결과물이다. 갈등의 원천으로는 목표 불일치, 차별화, 업무 상호의존성 및 자원의 제약 등이 있다.
- 목표와 배경 및 업무의 차이는 조직의 우수한 성과 달성에 필수적인 것이지만, 이러한 차이로 인해 집단 간의 갈등을 유발할 수 있다. 경영자들은 갈등을 관리하고 해결하기 위해 권력을 행사하고 정치적 행동을 하게 된다.
- 조직의 합리적 모형에서는 조직이 구체적인 목표를 갖고 있고 문제는 논리적으로 해결될 수 있는 것으로 가정한다. 또 다른 견해인 조직의 정치적인 모형에서는 조직의 목표는 구체적이지 않으며 의견일치도 이루어지지 않는다고 가정한다. 경영자들과 각 부서별로 가치관과 이해관계가 다르기 때문에 갈등이 유발되는 것이며, 따라서 의사결정이 권력과 정치적인 영향력을 바탕으로 이루어지게 된다. 교섭, 협상, 설득 및 세력집단 형성 등에 의해 결과가 정해진다.
- 갈등과 정치적 행동이 유익한 목적 달성을 위해 활용될 수 있는 것이지만, 경영자들은 협력을 증진시키기 위해서도 노력함으로써 집단 간 갈등이 너무 심화되지 않도록 해야 한다. 협력을 증진시키기 위한 책략으로는 통합장치 활용, 대면과 협상, 집단 간 통합 상담, 구성원의 순환배치 및 조직의 미션 공유와 상위목표 설정 등이 있다.

14.2 권력과 조직

조직에서 권력이란 무형적인 힘이다. 보이지는 않지만 영향을 느낄 수 있는 것이다. 권력이란 한 사람(혹은 부서)이 다른 사람(혹은 부서)에게 명령을 수행하게 하거나[39] 하지 않으려는 것을 하게끔 하는 잠재적인 능력으로 정의된다.[40] 다른 정의로 권력은 그것을 가진 사람이 원하는 목표나 결과를 달성하게 하는 능력이라고도 한다.[41] 이러한 정의를 내리는 데 근간이 되는 것은 원하는 결과의 달성이다. 즉 **권력**(power)은 원하는 결과를 이끌어내기 위해 조직 내의 한 사람이나 부서가 다른 사람에게 영향을 행사하는 힘이다. 예로써, 권력이 강한 관리자는 자기 부서에 예산을 더 많이 끌어올 수 있고, 작업일정을 유리하게 조정할 수 있으며, 조직의 주요 사안에 대한 통제력을 더 강화시킬 수도 있다.[42]

권력은 두 사람 이상의 사람들 사이의 관계에서만 존재하는 것이며, 수직적으로나 수평적으로 행사할 수 있다. 권력의 원천은 종종 한 사람, 한 부서, 혹은 한 조직에서 다른 사람이나 다른 부서, 혹은 다른 조직에서 희소하거나 가치가 있는 자원을 제공하는 교환관계에서 유발된다. 한 쪽이 다른 쪽에게 의존적일 경우에 자원을 가진 쪽이 더 많은 권력을 갖게 되는 권력관계가 나타난다.[43] 권력을 가진 사람은 자신의 요구를 관철시킬 수 있다.

의존성에 의해 권력을 키우게 되는 예로써, 월트 디즈니 스튜디오(Walt Disney Studios)가 히트작인 '스타워즈: 라스트 제다이'를 상영하고자 하는 극장들에 대해 제시한 조건들을 보면 이러한 관계를 알 수 있다. 먼저 영화 상영은 최소한 4주 이상해야 하고, 영화 상영 전에 관객들에게 판매하는 간단한 식음료에는 모두 스타워즈 광고가 부착되어야 하고, 영화 상영 중에는 관객들은 자리를 이탈할 수 없도록 해야 하고, 또한 스타워즈가 상영되는 기간에는 다른 영화는 상영하지 못한다.[44]

14.2a 개인적 권력과 조직에서의 권력

권력은 개인의 속성으로 설명되는 경우가 많으며, 권력과 관련하여 주로 다루어지는 주제는 한 사람이 다른 사람에게 어떻게 영향력을 행사하거나 지배할 수 있느냐 하는 문제이다.[45] 권력에 관한 논의에서 흔히 다섯 가지의 유형을 언급하지만,[46] 이를 강경한 권력과 온유한 권력으로 분류할 수 있다.

개인적 강경한 권력. 강경한 권력은 개인의 직위에서 나오는 권력이며, 여기에는 합법적 권력, 보상적 권력 및 강압적 권력이 있다. 합법적 권력(legitimate power)은 공식적인 직위에 따라 조직에서 부여한 권한이다. 대부분의 직원들은 업무관련 사항들을 상사의 지시에 따라야 한다는 것을 숙지하고 있다. 상사가 갖는 권한이 합법적인 것이며, 따라서 이러한 이유로 부하 직원들은 상사의 지시에 따르게 되는 것이다. 보상적 권력(reward power)은 승진이나 임금 인상 혹은 격려하는 말 등으로써 다른 사람에게 보상을 해줄 수 있는 능력에서 생긴다. 관리자들은 보상을 사용하여 부하들의 행동에 영향을 미칠 수 있다. 보상적 권력의 반대 개념이 강압적 권력(coercive power)이며, 이는 벌을 주거나 징계를 하게 하는 권한이다. 직원을 해고하거나 직급을 낮추거나, 질책하거나, 감봉을 시키는 등의 권한을 갖는다. 직원의 업무 실적이 저하되면, 관리자는 강압적 권력을 사용하여 직원을 견책하거나, 경고를 주거나, 임금을 삭감하거나, 승진에서 탈락시킬 수 있다.

개인적 온유한 권력. 관리자는 전문적 권력과 준거적 권력에 해당하는 온유한 권력을 사용할 수도 있다. 온유한 권력은 직위를 내세우기보다는 개인적인 특성과 대인관계에 기반을 두고 있다. 전문적 권력(expert power)은 업무수행에 관한 기술이나 지식이 월등한 경우에 나타난다. 진정한 전문가 앞에서는 그 사람의 월등한 지식에 의해 사람들이 전문가의 의견에 따르게 된다. 준거적 권력(referent power)은 다른 사람들의 존경심을 받게 하거나 그 사람을 존경하거나 부러워함으로써 그 사람을 좋아하거나 닮고 싶게 만드는 개인적인 특성에서 유발된다. 부하 직원이 상사가 자신을 다루는 방식에 대해 상사를 칭송한다면, 상사는 준거적 권력에 입각한 영향력을 갖게 된다. 직원들이 권위주의적인 관리자들을 점점 더 용납하지 않는 비즈니스 상황에서는 전문적 권력과 준거적 권력과 같은 온유한 권력이 점점 더 중요해지고 있다.[47]

조직에서의 권력. 조직에서 개인적인 권력의 원천이 활용되기는 하지만, 조직의 구조적인 특성의 결과로 나타나는 경우가 일상적이다.[48] 조직은 수백 혹은 수천 명에 이른 사람들로 구성된 거대하고 복잡한 시스템이다. 따라서 이러한 시스템에서는 공식적인 계층이 형성되고, 거기에 따라 누가 업무를 맡느냐와 관계없이 상대적으로 더 중요한 업무가 있게 된다. 또한 더 많은 자원을 획득할 수 있거나 조직에 더 결정적인 역할을 할 수 있는 직위도 있을 것이다. 예를 들면, CEO를 보좌하는 임원은 최고경영자와 직접 접촉하기 때문에 막강한 권력을 가지고, 다른 사람들이 얻지 못하는 정보를 가지며, 최고경영자와 의견을 나눌 기회를 가질 사람을 결정할 수 있다. 테크머(Techmer PM LLC)사의 CEO인 마누크(Mannuck)는 누구를 급히 만나야 하고 누구를 기다리게 해야 하는지를 자신을 보좌하는 니콜 브래닉(Nicole Brannick)에게 물어본다고 했다.[49]

14.2b 권력과 권한

조직에서는 누구라도 원하는 결과를 얻기 위해 권력을 행사할 수 있다. 예를 들면, 1994년 디스커버리 채널(Discovery Channel)에서는 사업범위를 케이블 TV 영역 밖으로 확장하고자 했는데, 톰 힉스(Tom Hicks)는 새로운 시장으로 떠오르고 있는 인터넷에 표적을 맞추었다. CEO는 쌍방향 수신형 TV쪽을 염두에 두고 있었으나 힉스는 일반 직원들을 움직여서 마침내 CEO를 설득하여 웹(web) 출판 사업을 하게 되었으며, 이는 힉스가 조직 내에서 권력을 가졌다는 것을 말해주는 것이다. 마침내 힉스가 디스커버리 채널 온라인을 운영하는 책임을 맡게 되었다.[50]

공식적 권한의 개념은 권력과도 관련이 있지만 범위가 제한되어 있다. **권한**(authority)도 역시 원하는 결과를 얻기 위한 힘이라고 하지만, 공식적인 계층 및 명령체계에 의해 부여된 것뿐이다. 권한의 속성을 다음과 같이 세 가지로 설명할 수 있다.

1. 권한은 조직에서의 직위에 부여된다. 권한을 갖는 것은 개인적인 특성이나 자질 때문이 아니라 맡고 있는 직위 때문이다.
2. 권한은 부하들에 의해 수용된다. 직위를 맡은 사람이 권한을 행사할 합법적인 권리를 가졌다고 생각하기 때문에 부하들은 이에 따른다.[51] 대부분 북미 조직의 종업원들은 상사가 출근 시간, 근무 중 해야 할 일, 퇴근 시간을 지시하는 것을 합법적인 것으로 받아들인다.
3. 권한은 수직적 계층을 따라 아래로 흘러간다.[52] 권한은 공식적인 명령체계를 따라 존재하며, 계층의 하위에 있는 직위보다는 상위에 있는 직위에 더 많은 권한이 부여된다.

공식적 권한은 계층을 따라 하향적으로 행사되는 것인데 반하여, 조직에서의 권력은 상향, 하향 및 수평적으로 행사될 수 있다. 또한 관리자들은 공식적인 권한은 가질 수 있어도 실제적인 권력은 별로 없을 수도 있다. 지금은 하버드 경영대학원에서 경영전략을 가르치고 있는 케빈 셰어러(Kevin Sharer)가 통신회사인 MCI에서 마케팅 담당 부사장으로 지낸 지난 3년간을 되돌아 볼 때, 그 시절들이 왜 그렇게 좌절감을 갖게 했는지를 이제야 알게 되었다고 말하고 있다. 셰어러는 여러 가지 변화를 이끌기 위한 훌륭한 아이디어들을 가졌지만, 새로운 동료들과 신뢰를 구축할 수 없었고, 높은 위치의 직위를 가졌음에도 불구하고 아이디어와 제안들이 무시당했다. 그 후 생명공학회사인 암젠(Amgen)사에서 CEO와 이사회 의장으로서 12년을 지내고 나서, 그는 강경한 권력과 온유한 권력을 효과적으로 활용하는 것을 터득하였다.[53] 다음 절에서는 조직에서의 모든 종업원들이 수직적 및 수평적 권한의 원천을 어떻게 만들어나갈 수 있는지에 대해 알아보기로 한다.

14.2c 권력의 수직적 원천

모든 종업원들은 수직적인 계층을 따라서 권력의 몇몇 원천에 접근하게 된다. 대부분의 권력은 조직구조에 의해 최고경영층에 있는 것이 보통이지만, 디스커버리 채널의 톰 힉스처럼 누구라도 자신의 공식적 직위에 걸맞지 않는 권한을 가질 수 있으며 상향적으로 권한을 행사할 수도 있다. 수직적 권한의 주요한 원천으로는 공식적 지위, 자원, 정보에 대한 통제, 네트워크에서의 중심성 등 네 가지가 있다.[54]

공식적 직위. 어떤 특정한 권리, 책임 및 특권은 최고 직위에 주어진다. 조직의 전 구성원은 최고경영자가 목표를 설정하고 결정을 내리며 행동을 지시하는 것을 합법적인 권리로 받아들인다. 이것이 앞서 정의한 합법적 권한이다. 공식적 직위에 따른 권력을 활용한 좋은 예를 21세기 폭스(Fox)사에서 찾을 수 있는데, 루퍼트 머독(Rupert Murdoch)는 그의 두 아들인 라클란(Lachlan)과 제임스(James)에게 회사 운영을 맡겼다. 두 형제는 공식적 권력을 신속하게 활용하여 몇몇 영화 부문 임원들을 해고하고, 해외 텔레비전 운영부문을 정비하고, 아버지가 고용했던 공화당 로비 담당 임원을 민주당 임원으로 교체하는 등의 변화를 이끌어냈다.[55]

중간관리자 및 하위관리자에게 부여되는 권력의 정도는 조직구조 설계에 의한다. 직원들에게 권력을 부여하면 생산성이 높아진다. 특히 업무가 비일상적인 것이며 자율적인 팀제 및 문제해결형 태스크포스를 운영할 때는, 직원들에게 권한을 줌으로써 유연성과 창의성을 높이고 자유재량에 의한 판단할 수 있게 한다. 직원들이 스스로 결정하도록 하는 것이 직원들의 권력을 강화시켜주는 것이다.

윗사람들과 자주 접촉할 기회를 갖게 되는 직위에 있으면 권력이 강화된다. 권력이 막강한 사람들에게 접근하여 그들과 관계를 개선하는 것이 영향력을 가질 수 있는 강력한 기반을 마련해 주기 때문이다.[56] 예를 들어, NBC 유니버설(NBC Universal)사에서 사장을 보좌하는 안드레 갈라르자(D'Andre Galarza)는 사람들이 자신을 조심스럽게 대하며 항상 그녀를 구슬려서 정보를 얻어내려고 한다고 말한다. "사람들은 내가 모든 것을 안다는 것을 알고 있어요. 부사장을 보좌했을 때는 그러지는 않았는데요" 라고도 말한다.[57]

조직에서 상위계층과 하위계층 간에 배분해야 할 권력의 양이 제한되어 있는 것은 아니라는 가정을 받아들이게 되면, 조직의 직위를 설계할 때 더 많은 권력을 부여할 수 있다는 논리가 형성될 수 있다. 즉 모든 사람들이 영향력을 발휘할 수 있게 조직설계를 할 경우에 조직에서의 권력의 총체적인 합계는 증가할 수 있다. 권력이 최고경영층에만 너무 집중되면 조직의 효과성이 떨어지게 된다는 연구결과도 있다.[58]

자원. 조직에서는 여러 가지의 자원을 할당해야 하며, 해마다 예산책정을 통해 새로운 자원을 할당한다. 자원의 할당과정은 최고경영층에서부터 조직의 하부로 옮겨간다. 대개 최고경영층에서 회사의 지분을 상당히 보유하고 있기 때문에 자원할당을 결정하는 권한을 갖는 경우가 많지만, 최근에는 많은 기업에서 전 직원이 회사의 주식을 보유하는 비중이 높아지고 있으며, 이것이 직원들의 권력을 증가시키는 역할을 하고 있다.

대부분의 경우에는 최고경영층에서 자원을 통제하기 때문에 자원의 분배도 함께 결정하게 된다. 자원은 권력의 원천이 되는 보상과 벌로 사용될 수 있으며 자원할당에 의해 의존성의 관계도 형성된다. 현업부서들에서는 업무수행에 필요한 자금 및 물적 자원들을 최고경영층에 의존할 수밖에 없다. 최고경영층에서는 원하는 결과를 달성하는 데 합당한 쪽으로 급여 및 보너스, 인원 충원, 승진, 시설 설비 등으로 자원을 할당하는 것이다.

정보에 대한 통제. 정보 통제는 권력의 중요한 원천이 될 수 있다. 경영자들은 정보가 주요한 경영자원이며, 어떤 정보를 수집하고 어떻게 해석하며 어떻게 공유하느냐 하는 것을 통제함으로써 의사결정에 영향력을 행사할 수 있다는 것을 알고 있다.[59] 오늘날의 대다수 기업에서는 정보를 공개하고 전반적으로 공유하고 있기 때문에 조직의 모든 사람들이 권력을 더 많이 가지게 된다.

그러나 일반적으로 최고경영층에서 다른 직원들보다 더 많은 정보를 접할 수 있으며, 이러한 정보를 다른 사람들에게 주는 경우에 자신이 원하는 방향으로 의사결정이 되도록 통제할 수가 있다. 보건 진료기관인 클라크(Clark)사에서, 정보기술 담당 임원이 이사회에 올리는 정보를 통제함으로써 이사회에서 사업부서들의 기존 컴퓨터 시스템을 없애고 모든 소프트웨어들을 새로운 IT 플랫폼으로 옮기려는 의사결정을 내리는 데 영향을 미치고 있다. 이렇게 하는 것이 비용을 현업으로 돌리는 유일한 방법이라고 알고 있지만, 사업부서의 관리자들에게는 단기적으로 문제를 야기시켜 저항이 나타날 가능성이 있다.[60] IT 시스템을 통합하는 계획을 수용할지 여부와 새로운 시스템을 구매할 회사를 결정할 공식적인 권한은 이사회에서 가지고 있다. 6개의 회사 중에서 어떤 회사에 주문해야 할지를 관리지원부서에

도표 14.5 클라크사의 컴퓨터 구매결정을 위한 정보 흐름

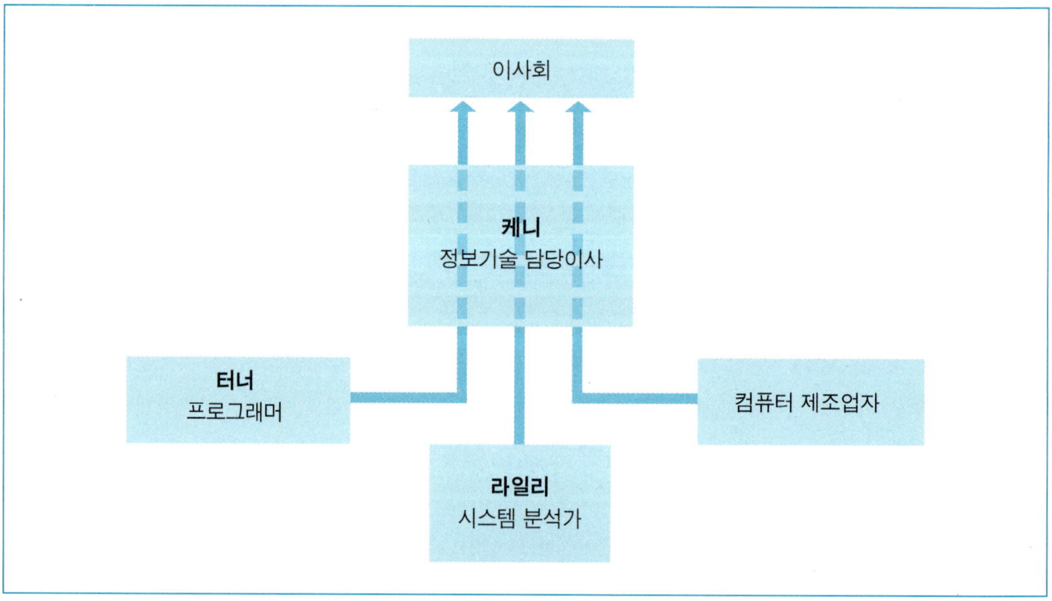

출처: Andrew M. Pettigrew, *The Politics of Organizational Decision-Making* (London: Tavistock, 1973), 235. Reprinted by permission of the author.

서 추천하도록 하였다. 관리지원부서의 책임자는 케이트 케니(Kate Kenny)였고, 그녀는 시스템 구매처에 대해 다른 관리자들과는 의견을 달리했다. 〈도표 14.5〉에서 나타나는 것처럼 다른 관리자들의 의견이 이사회에 전달되기 위해서는 케니를 거치게 되어 있다. 따라서 케니는 이사회에 가는 정보를 통제함으로써 자신이 원하는 시스템을 선택하는 방향으로 이사회가 판단하게 한 것이다.

중간관리자와 하위관리자들도 역시 그들이 접하는 정보를 활용하여 권력을 강화시킬 수 있다. 예로써, 중역실 담당 직원은 다른 직원들이 원하는 정보를 종종 통제할 수 있기 때문에 그들에게 영향력을 행사할 수 있게 된다. 최고경영자들도 조직의 문제와 기회에 대한 정보를 얻기 위해서는 전 조직의 구성원들에게 의존해야 한다. 이런 경우에 중간관리자와 하위관리자들은 의사결정의 결과에 영향을 주기 위해 최고경영층에 올리는 정보를 조작할 수도 있는 것이다.

네트워크에서의 중심성. **네트워크에서의 중심성**(network centrality)은 조직의 중심부에 위치함으로써 회사의 성공에 핵심적일 수 있는 정보와 사람에게 접근할 수 있다는 것을 의미한다. 관리자들 뿐만 아니라 하위직의 종업원들도 회사의 전 부문에 걸쳐서 사람들과 관계를 맺으면서 자신이 의사소통 네트워크의 중심부에 있게 되면 더 효과적이고 영향력을 가지게 된다. 예를 들면, 〈도표 14.6〉에서 라다(Radha)는 커뮤니케이션 네트워크를 잘 구축함으로써 마케팅과 제조 및 엔지니어링 부서에 걸쳐 많은 사람들과 정보를 공유하며 협조관계를 유지하고 있다. 라다의 이런 면은 자스민(Jasmine)이나 키릴(Kirill)과는 대조적이다. 조직에서 자원을 더 많이 획득하고 영향력을 더 발휘하는 면에서 누가 더 나을 것이라 생각하는가? 네트워크 중심성에 대한 실제적인 사례로, 이전에 고용계약 회사인 TYNYPlus의 고

도표 14.6 네트워크에서의 중심성 예시

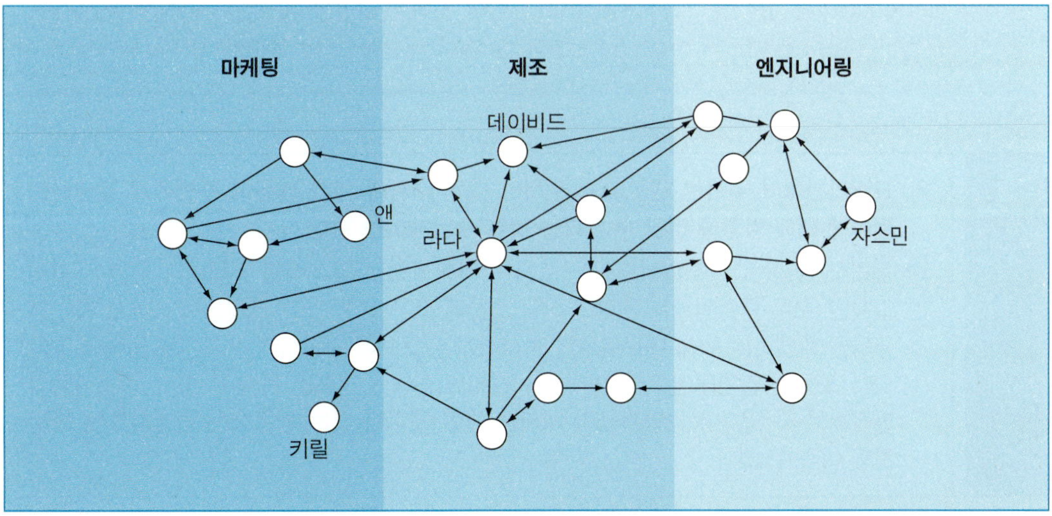

객관계 부문 책임자였다가 최근에 대기업의 최고경영진으로 자기를 옮긴 섀넌(B. J. Shannon)을 들 수 있다. TYNYPlus에서 섀넌의 이전 상사는 섀넌이 사람들에게 관심을 드러내고, 그들이 업무 기술을 개발하고 목표를 달성하도록 도와줌으로써 회사 내의 모든 사람들과 긍정적인 관계를 형성했다고 말한다. 섀넌은 사내 인터넷망을 통하여 일주일에 5번 이상의 격려 메시지를 보내면서, 동료들이 잘한 일에 대해 칭찬하는 것을 잊지 않았다.[61]

모든 계층에 있는 사람들이 목표를 달성하고 성공하기 위해서 네트워크에서의 중심성 개념을 활용할 수 있다. 특정한 업무에 정통해지거나 어려운 작업을 맡아서 그와 관련된 전문지식을 갖춤으로써 경영자에게 반드시 필요한 사람이 되면 네트워크에서의 중심성이 확고해진다. 즉 주도력을 보이거나, 기대 이상의 수준으로 업무를 수행하거나, 어렵지만 중요한 프로젝트를 맡거나, 회사와 업계의 상황을 알고자 열심히 노력하는 사람들은 영향력 있는 인물이 된다. 다음의 예를 살펴보자.

IN PRACTICE 크로스보우 그룹의 제이 보우어

제이 보우어(Jay Bower)는 지금은 마케팅 서비스 회사인 크로스보우 그룹(Crossbow Group)의 사장이지만, 권력과 영향력에 대해서는 몇 년 전에 소매 회사에서 마케팅 분석을 담당하던 시절에 알게 되었다.

업무를 맡은 지 얼마가 되지 않은 때에, 보우어는 CEO가 기대 이상으로 인기를 받고 있는 고객 할인 프로그램에 대한 데이터 분석을 원하는 것을 듣게 되었다. IT부서는 이미 업무가 가중되어 있어서 아무도 그 일을 맡을 수 없었기 때문에, 보우어는 회사의 CIO에게 기본적인 분석 기술을 약간 가르쳐 달라고 하여 자신이 그 일을 하기로 작정했다. 보우어는 정규 업무를 수행하는 사이에 겨우 시간을 내어서 오랜 시간 일을 함으로써 완벽한 분석을 할 수 있었지만, 그 공로를 자신의 상사와 CIO 덕분으로 돌렸다. 그렇지만 그에 따른 보상이 있었다. 보우어는 그 회사에 3년 반 있는 동안에 세 차례 승진하였다.

오늘날, 크로스보우사에 들어온 신입사원들에게 기회를 찾아 나서라고 보우어는 조언한다. 권력과 영향력을 획득하기 위한 방법은 "아무도 모르는 일이나 하지 않으려는 일을 찾아서, 두 발로 뛰어 들어서 그것을 해결하기 위해 전력을 다하라"라고 그는 조언하고 있다.[62]

도입 질문과 답

2. 조립라인에서 일하는 근로자는 권력이 낮은 지위에 있기 때문에 주변에서 발생하는 일들에 대해 영향을 미칠 수 없다는 것을 수긍해야만 한다.

답) 동의하지 않는다. 조립라인의 근로자는 전형적으로 공식적인 권력이나 권한이 거의 없지만, 모든 종업원들은 권력의 어떤 원천에 접근할 수 있다. 그것은 조직에서 자신의 권력을 확대하기 위해 네트워크를 형성하거나 정보를 수집하려는 개인의 노력에 달려 있다. 또한 종업원들이 함께 연대하는 경우에 엄청난 권력을 가질 수 있다. 종업원들이 협력해 주지 않거나 경영자들이 시키는 일을 해주지 않는 경우에는 경영자들은 아무것도 이룰 수 없다.

사람. 최고경영자는 주위에 충성스러운 임원들을 배치하여 권력을 강화시키려 한다.[63] 이들은 최고경영자가 모든 일에 대해 잘 알 수 있도록 정보를 지속적으로 알리며 또한 조직 내에서 일어날 수 있는 불평불만이나 문제점들을 보고해 주는 것이다. 따라서 최고경영자들은 자신들의 결정사안과 행동에 대해 전적으로 지지해 주는 경영진이 있을 때 조직의 중심적인 위치에서 세력집단을 구축하고 강력한 권력을 행사할 수 있게 된다.

조직의 목표를 달성하기 위해 충성스럽게 자기를 지지해주는 임원진을 구축하려고 노력하는 최고경영자들이 많이 있다. 영리한 관리자들은 또한 잠재적인 반대자들과도 연결관계를 구축하여 유리하게 만들기도 한다. 카지노 회사인 하라스(Harrah; 현재의 시저스 엔터테인먼트(Caesars Entertainment))의 최고운영책임자가 되기 위해 하버드 경영대학원 부교수 자리를 떠났던 개리 러브맨(Gary Loveman)이 좋은 예가 된다. 하라스의 임원들 중에는, CFO를 포함해서, 러브맨이 임명된 것을 불만스러워 했으며 그가 세운 계획을 무너뜨릴 수도 있었다. 그의 계획을 이루기 위해서는 CFO의 정보와 지식 및 지원이 있어야만 된다는 것을 알았기 때문에, 러브맨은 CFO와의 긍정적인 관계 형성에 최우선 순위를 두었다. 그의 사무실에 자주 들러서 자신이 하려는 일에 대한 내용과 이유를 계속해서 이야기를 나누었고, 중요한 회의와 결정에 그를 참여시키기 위해 애를 썼다. 긍정적인 관계를 형성함으로써 러브맨은 목표를 달성했고 궁극적으로는 2003년 하라스의 CEO가 되었으며, 계속해서 2015년까지 시저스의 CEO를 맡게 되었다.[64]

이런 아이디어는 하위직에 있는 종업원과 관리자들에게도 적용된다. 직위가 낮은 사람들은 높은 직위에 있는 사람들과 좋은 관계를 맺거나 연결되어 있으면 더 강한 힘을 갖게 되는 것이다. 자신의 상사에게 충성하고 지지함으로써 때로는 더 나은 지위를 얻게 되거나 더 큰 영향력을 행사하게 되는 경우가 있다.

14.2d 임파워먼트의 힘

앞선 생각을 하는 조직에서는 최고경영자들이 하위직의 종업원들이 더 많은 권한을 가져서 자신들의 업무를 더 효과적으로 수행할 수 있기를 바란다. 이러한 경영자들은 의도적으로 권력을 하부로 내려 보내서 종업원들이 권한을 공유함으로써 목표를 달성할 수 있게 한다. **임파워먼트**(empowerment)는 권력을 공유하는 것이며, 조직에서 권력이나 권한을 부하들에게 위임하는 것이다.[65] 종업원들의 권력을 증가시켜줌으로써 사기를 진작하고, 과업완수를 위한 동기를 제고시키며, 다른 사람들과의 옹졸한 경쟁심을 약화시킨다. "사람들이 무기력하다고 느끼면, 졸렬한 행동을 하게 된다. 자신들이 통제할 수 있는 세상의 그 조그마한 부분을 놓치지 않으려고 규정에 얽매이고 지나치게 통제하려고 하는 것이다…" 라고 경영전문가인 로사베스 모스-켄터(Rosabeth Moss-Kanter)는 말한다.[66] 임파워된 종업원들은 업무를 수행하는 방식을 선택하고 창의성을 활용함으로써 스스로의 성과를 높일 수 있게 된다.[67]

종업원들을 임파워링한다는 것은 업무수행에서 더 자유롭게 할 수 있는 세 가지 요소인 정보, 지식 및 권한을 부여하는 것을 뜻한다.[68]

1. 종업원들은 회사의 성과에 대한 정보를 받는다. 종업원들이 완전하게 임파워된 회사에서는 모든 종업원들이 모든 재무적인 정보와 운영에 관한 정보를 알 수 있다.
2. 종업원들은 회사의 목표에 기여하는 지식과 기술을 갖는다. 회사에서는 훈련 프로그램 및 기타 개발 수단들을 활용하여 종업원들이 조직의 성과달성에 필요한 지식과 기술을 습득하게 해준다.
3. 종업원들은 중요한 결정을 내릴 권한을 갖는다. 임파워된 종업원들은 품질관리 분임조나 자율적인 작업팀을 통해서와 같이 작업절차나 조직의 성과에 직접적으로 영향을 미치는 권한을 갖는다.

오늘날 많은 조직에서 임파워먼트 프로그램을 시행하고 있으나, 종업원들이 임파워링된 정도에서는 다양한 차이가 있다. 어떤 회사들에서는 종업원들에게 아이디어는 유발하도록 하지만 결정에 대한 최종적인 권한은 경영자들이 쥐고 있는 것을 임파워먼트라고 하지만, 다른 회사들에서는 종업원들에게 의사결정에 대한 거의 완전한 자유와 권한을 주고서 주도력과 상상력을 펼치게 하는 것을 의미한다.[69] 이와 같이 임파워먼트에 대한 범위는 전통적인 조립라인처럼 현장 종업원이 재량권을 거의 갖지 못하는 상황에서부터 종업원이 조직의 전략수립에도 참여하는 완전한 임파워먼트에까지 포함될 수 있다. 임파워먼트 수준을 극대화하려는 조직들의 사례는 다소 있다. 예를 들면, 고어(W. L. Gore)사에서는 테리 켈리(Terri Kelly)를 CEO로 선정하는 데 전 직원이 이를 지원했다. 멘로 이노베이션(Menlo Innovations)에서는 신입사원 채용 시에 전 직원이 결정에 참여하는 투표권을 갖는다. CEO인 리치 셰리던(Rich Sheridan)은 과거에는 직원 채용에 전권을 행사했으나, 투표방식을 지지하게 되었다고 말하는데, 그 이유는 "실무진에서 채용한 직원들에 대해서는 그들이 책임을 지려고 하기 때문이다."[70] 완벽한 임파워먼트에 관한 또 다른 사례들로는 1장에서 설명했던 토마토 가공회사인 모닝스타(Morning Star)와 3장에서 설명했던 자포스(Zappos)가 있다.

14.2e 권력의 수평적 원천

수평적 권력은 부서 간의 관계에 밀접한 연관이 있는 것이다. 조직기구표 상에서 각 부서 책임자의 직급이 같다고 해서, 모든 부서에서 행사하는 권력의 크기가 같은 것은 아니다. 수평적 권력은 공식적인 계층이나 조직기구표에 의해 정의되지는 않는다. 개별 부서들은 조직의 성공을 위해 나름대로 고유한 부문에서 기여하고 있다. 하지만 어떤 부서는 주장을 강하게 하여 원하는 결과를 얻을 수 있고 어떤 부서는 그렇지 못하다. 찰스 페로우(Charles Perrow)는 여러 산업에 걸쳐 기업들에 대한 조사하면서,[71] 생산, 판매 및 마케팅, 연구개발,

도표 14.7 기술기업에서 부서 간의 권력 수준 비교

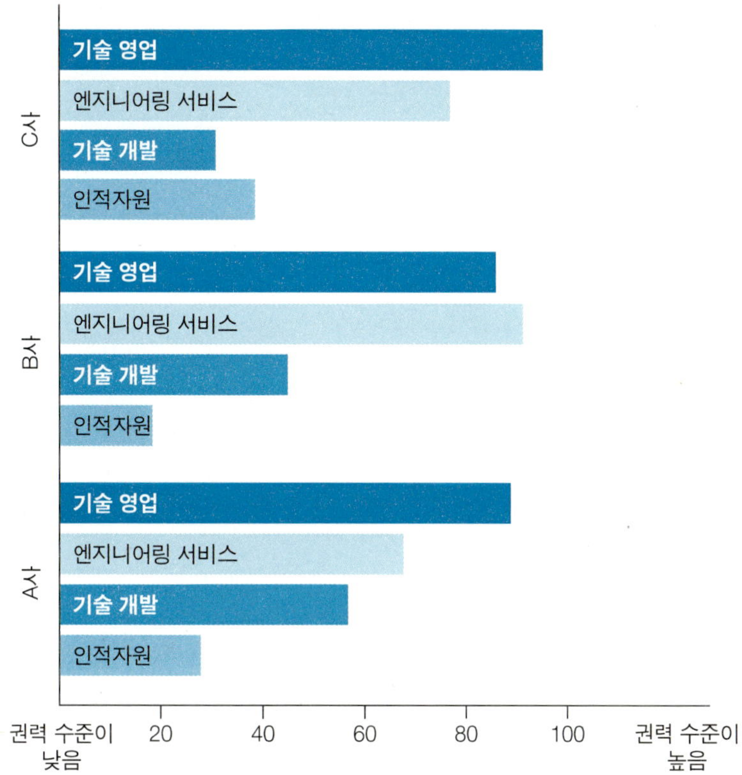

재무 및 회계 등 주요 4개 부서에 대하여 어느 부서가 가장 권력이 강한지를 물어보았다.

대부분의 기업에서는 판매부서의 권력이 가장 강하고, 몇몇 기업에서는 생산부서가 역시 어느 정도 권력이 강한 것으로 나타났다. 전체 평균은 실질적인 차이는 있겠지만 판매 및 생산부서가 연구개발 및 인적자원 관리부서보다 권력이 더 강한 것으로 나타났다. 이 기업들의 예에서 보면 수평적 권력의 차이는 분명히 있는 것을 알 수 있다. 〈도표 14.7〉에서 부서들 간의 권력 차이를 예시하고 있다. 최근의 또 다른 연구에서는 영국의 14개의 조직에서 55개의 전략적인 의사결정을 분석한 결과, 연구개발, 인적자원, 구매보다는 생산, 재무, 마케팅이 의사결정에 가장 영향력이 큰 것으로 나타났다.[72] 부서 간의 권력 이동은 상황에 달려있다. 오늘날 9장에서 논의한대로, 조직의 디지털화로 인해 많은 기업에서 IT부서의 권력이 점점 커지고 있다. 윤리 감시기구들도 비윤리적인 추문들과 재무적인 위법행위에 관하여 최고경영자들이 갖는 불확실성을 줄여주기 때문에 더 많은 권력을 가질 수도 있다.

수평적 권력은 조직기구표에 정의되지 않기 때문에 측정하기가 어렵다. 그러나 〈도표 14.7〉에서 나타난 것처럼 부서 간 권력 차이는 존재하는 것이며, 이러한 상대적인 권력 차이

를 설명하는 이론적인 개념을 전략적 컨틴전시 요인들이라고 한다.[73]

전략적 컨틴전시 요인들. **전략적 컨틴전시**(strategic contingencies) 요인들이란 조직목표 달성에 필수적인 조직 내·외부의 사건이나 활동을 뜻한다. 조직의 전략적 컨틴전시 요인들에 관련이 되는 부서는 더 강한 권력을 갖게 된다. 즉 조직이 직면한 문제 및 위기를 해결함으로써 전략적인 가치를 제공할 경우에 그 부서의 활동은 중요성을 띠게 되기 때문이다. 예를 들면, 조직의 문제와 관련하여 법정 시비가 일어나거나 법적인 제재에 대한 위협이 고조될 때에는, 법무부서가 그러한 상황을 대처해야 하기 때문에 권한을 갖게 되며 조직의 의사결정에도 영향력을 행사하게 된다. 제품 혁신이 주요 전략적 이슈가 되면, 연구개발부서의 권력이 강하게 될 것이다.

권력에 대한 전략적 컨틴전시 접근방법은 4장과 5장에서 설명한 자원 의존 이론 모형에서 조직이 외부환경에 대한 의존성을 줄이려는 노력과 유사하다. 즉 핵심적인 자원에 관한 문제 및 환경에 대한 의존문제를 다루는 데 있어서 가장 책임이 있는 부서가 가장 강력한 힘을 갖게 된다는 논리를 제시하는 것이 권력에 대한 전략적 컨틴전시 접근방법이다. 최근에는 디지털 비즈니스의 새로운 영역에 기업들이 적응해야 하기 때문에 조직에서 CIO와 IT부서가 엄청난 권력을 쥐고 있다. 많은 조직에서 전략과 비즈니스 모델의 핵심에 디지털 기술이 자리잡고 있기 때문에, 불확실성을 줄이고 새로운 기술에 대한 통제력을 갖기 위해서 최고경영진은 CIO에 의존하게 된다. 년간 20억불 이상을 IT에 투자하고 있는 존슨앤존슨(Johnson & Johnson)의 전임 CIO였던 스튜어트 맥기건(Stuart McGuigan)은 매일, 문자나 이메일, 전화로는 6~7회 정도 회장과 연락을 취하였으며, 2회 정도는 직접 만났다고 말했다. 유통기업인 타겟(Target)의 CEO인 브라이언 코넬(Brian Cornell)은, "나는 5~10년 전에 비하여 요즈음에는 기술을 아주 다르게 보고 있다. 기술은 더 이상 밀실에서 작동하는 것이 아니다"라고 말했다. 매장 개조에서부터 고객관리에 이르기까지 모든 과정에서 IT가 관할하기 때문에 코넬과 타겟의 CIO인 마이크 맥나마라(Mike McNamara)는 거의 붙어 다니는 정도이다.[74]

권력의 원천. 제프리 페퍼(Jeffrey Pfeffer)와 제럴드 샐란식(Gerald Salancik)은 전략적 컨틴전시 이론적인 관점에서[75] 수행한 연구의 결과로, 강력한 영향력을 가진 부서는 〈도표 14.8〉에서 제시된 요인들 중 하나 이상을 가지고 있다고 지적한다.[76] 어떤 조직에서는 이러한 다섯 가지 요인들이 겹칠 수도 있겠지만, 아래의 각 요인들을 수평적 **권력의 원천**(power sources)으로 설명하고자 한다.

1. 의존성: 부서 간의 **의존성**(dependency)은 상대적인 권력을 결정짓는 핵심 요소이다. 권력은 누군가가 원하는 무엇인가를 가지고 있는 것에서 유발된다. 공연 무대 담당자들이 갖는 권력을 통해서 의존성이 권력을 증가시키는 방법을 보여주는 훌륭한 사례가 된다.

도표 14.8 부서 간의 수평적 권력구조에 영향을 미치는 전략적 컨틴전시 요인들

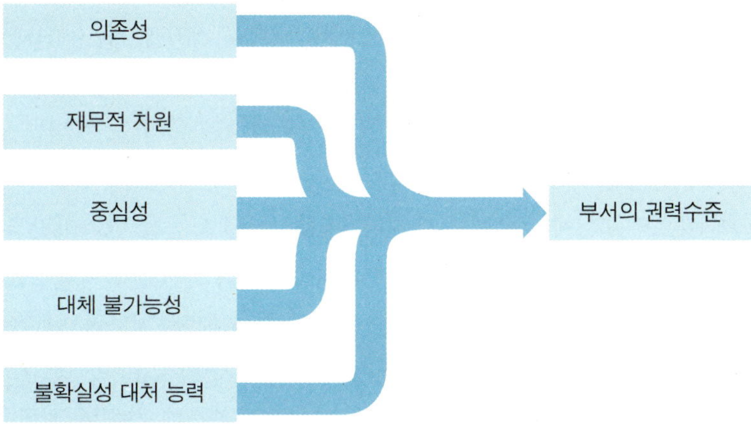

IN PRACTICE 공연 무대 담당 직원들의 국제동맹

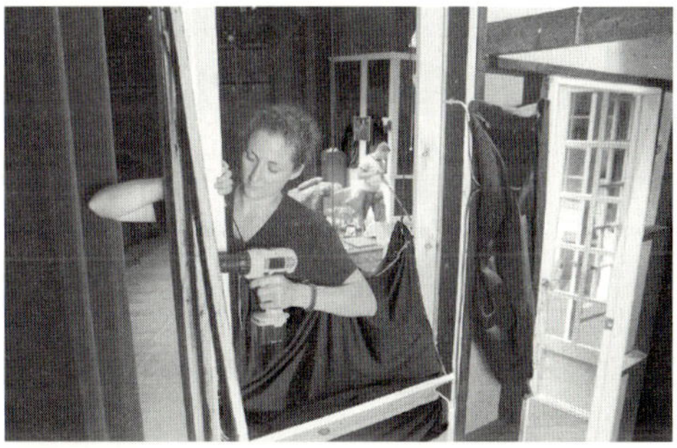

John Burke/Stockbyte/Getty Images

최근 몇 년간 미국 노동조합의 힘이 상당히 약해졌다. 하지만 공연 무대 담당 직원 국제동맹은 오히려 그 영향력이 커지고 있다. 한 예로 'Local 1'에서 현재 활동 중인 2,600명 회원들은 뉴욕시에 있는 카네기 홀에서부터 메트로폴리탄 오페라, 링컨 센터, 뉴욕시 발레단까지 아우르는 가장 호화로운 몇 개 공연장에서 일하는 인재들이다. 공연 무대 담당자들 중 몇몇은 심지어 주연 배우들보다도 수입이 더 많다.

그러한 가장 주요한 이유는 그들에게 전문화되고 대체하기 어려운 기술이 있기 때문이다. 유능한 무대 담당자들을 찾는 일은 쉽지 않다. 그들은 로켓(Rockette)의 "Radio City Christmas Spectacular" 쇼의 화려함을 담당하고, "조지 발란신(George Balanchine)의 호두까기 인형" 무대를 위한 45피트의 크리스마스 트리를 세우며, 메트로폴리탄 오페라의 "박쥐(Die Fledermaus)" 공연을 위한 호화로운 세트 제작을 맡고 있다. 이러한 눈부신 무대 효과를 현실로 만들어내는 일에는 재능, 경험, 그리고 노고가 따른다. 수많은 일들과는 달리, 고난도의 기술을 요하는 이러한 직종은 쉽게 외주에 의존할 수가 없다. 페어필드(Fairfield) 대학교의 연극 교수인 마르타 로모나코(Martha S. LoMonaco)는 "이들의 직업은 엄청나게 복잡하고, 고도로 기술적이며, 대단히 위험하기도 하다"고 말했다.

무대 담당자가 없으면, 공연은 진행될 수가 없다. 그들은 복잡한 무대를 설치하고 부수며, 조명과 음향 장치를 다루고 특수 효과를 관리한다. 때문에 무대 담당자들은 파업에 대한 위협만으로도 'Local 1'에서 만족할만한 계약 조건을 성사시킬 수가 있다. 이 동맹은 127년 역사 중에서 파업은 손에 꼽을 만큼 적다. 극장주와 관리자들처럼, 무대 담당자들도 공연이 있을 시에만 그들에게 일이 들어온다는 것을 알고 있기 때문이다.[77]

같은 형태의 의존성과 권력은 다른 조직에서도 볼 수 있다. B부서에 대한 A부서의 권력은 B부서가 A부서에 의존적일 때 더 커진다.[78] 앞에서 언급한대로, 조직의 모든 부서들이 IT에 의존하기 때문에 CIO의 권력이 커지게 되는 이유가 되는 것이다. 원자재, 정보 및 자원들은 연속적인 상호의존관계의 경우(8장 참조)처럼 부서들 사이에서 한 쪽 방향으로 흘러갈 것이다. 그런 경우에 자원을 받는 부서는 공급하는 부서에 비해 권력이 저하되는 위치에 있게 된다. 또한 의존하는 부서의 수 및 강도도 중요한데, 예로써, 7~8개의 부서가 엔지니어링부서에서 도움을 받아야만 하는 경우에 엔지니어링부서는 강한 권력을 갖는 위치에 설 것이다. 반면에 다른 여러 부서에 의존해야 하는 부서는 약자의 위치에 설 수밖에 없게 된다. 예로써, 만약에 어느 공장에서 기계를 계속 가동시키기 위한 정비 담당 전문가들이 없이는 생산이 불가능한 경우에는 정비부서가 전략적 컨틴전시를 통제하기 때문에 강력한 권력을 갖는 위치에 있게 된다.

2. 재무적 자원: 자원을 통제하는 것이 조직에서의 권력에 중요한 원천이 된다는 것이다. 자금은 다른 부서에서 필요로 하는 다른 종류의 자원들로 전환시킬 수 있는 자원이다. 따라서 자금이 의존성을 야기시키며, 재무적 자원을 공급하는 부서는 다른 부서들이 원하는 무언가를 갖게 되는 것이다. 따라서 조직의 수입을 창출하는 부서는 더 강한 권력을 가진다. 〈도표 14.7〉에 의하면 기술 판매부서가 권력이 가장 강한 것으로 나타나는데, 그 이유는 고객을 찾아서 돈을 가져옴으로써 조직이 직면하는 중요한 문제를 해결하기 때문이다. 또한 자금을 제공하는 능력은 대학과 같은 조직에서도 특정 부서가 더 영향력을 행사하는지에 대한 이유를 설명해준다.

주립대학에서의 예산배정 과정은 각 과의 학부 학생 수, 대학원 학생 수 및 교수 수 등과 같은 기준에 의해 그대로 결정되지 않는다. 대부분의 대학에서, 중요한 자원은 연구비 수입과 학생 및 교수진의 질적인 수준에서 나오고 있다. 따라서 연구비를 많이 끌어 오는 학과는 권력을 많이 가지게 되며, 연구비를 많이 끌어오는 학과에서는 상당한 금액의 간접경비를 학교에 줌으로써 대학 재정에 기여하게 된다. 한편 학과의 대학원생의 수준과 규모 및 전국적인 지명도는 해당 학과에 힘을 더해주고 있는데, 이는 대학의 명성과 위상을 제고시켜주는 자금 외적인 자원이 된다. 대학에서는 학과의 권력을 어떻게 이용하는가? 일반적으로 그들은 대학의 나머지 학과들에 비해 더 많은 자원을 확보하는 데 이를 이용한다. 강력한 권력을 가진 학과는 대학원생의 장학금, 내부 연구 지원금, 여름방학 하기 강좌 강의 수당과 같은 지원금을 받는 데 있어서 학생과 교수의 수를 근거로 한 기준보다는 훨씬 더 많은 혜택을 받게 된다.[79]

이 사례에서 보듯이, 조직에 매우 유용한 자원을 들여오거나 공급하는 부서에 권력이 부여된다. 권력이 있으면 조직 내의 희소자원 할당에서도 그 부서가 더 많은 것을 획득할 수 있게 된다. "자원을 획득함으로써 부여된 권력이 더 많은 자원을 얻는 데 행사되며, 이렇게 확보된 자원은 또 다시 더 많은 권력을 만들어내는 데 활용될 수 있다. 즉, 부익부가 발생한다."[80]

3. 중심성: **중심성**(centrality)은 조직의 주요활동에서 한 부서가 차지하는 역할을 나타낸다.[81] 중심성을 평가하는 한 척도는 그 부서의 업무가 조직의 최종 산출물에 기여하는 정도일 것이다. 예로써, (다른 전략적 컨틴전시가 없다고 가정할 때) 생산부서는 다른 지원부서들보다 더 중심적이어서 보통 권력을 더 많이 갖게 된다. 즉 중심성은 조직에 대한 공헌도를 반영하는 것이기 때문에 권력과 연관된다. 일반적으로 투자은행에서 자금부서는 증권조사부서보다 권력이 크다. 재무부서의 업무가 자금 출납에 관한 장부기록에 한정되어 있을 경우에는 조직의 제품생산에 필요한 핵심적인 자원을 획득하는 일에 책임을 지지 않기 때문에 권력이 약할 수밖에 없을 것이다. 그러나 오늘날 비용을 통제해야 하는 필요성이 더 많이 요구되기 때문에 이로 인해 많은 조직에서 재무부서가 더 강한 권력을 갖고 있다.
4. 대체 불가능성: 앞에서 보았듯이 무대 담당 직원의 경우처럼, 한 부서의 기능이 다른 어떤 가용 자원에 의해서도 수행될 수 없다는 것이 **대체 불가능성**(nonsubstitutability)이며, 권력을 형성하는 또 하나의 원천이 된다. 만약 조직에서 기술이나 정보에 대해 대체할 원천이 없으면, 어떤 부서의 권력은 커지게 된다. 경영자들이 외부 컨설턴트를 활용하는 이유 중의 하나가 이와 관련된 것이며, 즉 컨설턴트는 지원부서의 인력을 대체하기 위해 활용하는 것이며 컨설턴트를 활용하게 되면 지원부서의 권력은 줄어들게 된다.

   대체 가능성이 권력에 대해 미치는 영향을 컴퓨터부서의 프로그래머를 대상으로 한 연구가 있다.[82] 컴퓨터가 처음 도입되었을 때 프로그래밍은 희소하고 전문화된 직종이었다. 그리고 프로그래머들만이 프로그램을 할 수 있는 지식을 가졌기 때문에 조직에서의 컴퓨터 사용을 통제하였다. 하지만 10여 년이 지나자 컴퓨터 프로그래밍은 다소 평범한 일이 되어버렸고, 따라서 프로그래머들은 쉽게 대체할 수 있는 인력이 되면서 프로그래밍부서의 권력도 실추되었다. 대체 불가능성은 조직의 권력에도 역시 영향을 미친다. 이전에는 음악산업에서 음반제작사들이 가수들의 음반발매와 판매에 대해 거의 전적으로 장악하고 있었기 때문에 주요 음반제작사들이 가수들에 대해 엄청난 권력을 가진 적이 있었다. 하지만 오늘날에는 새로 결성되거나 기존에 있던 밴드들은 전통적인 레코드 회사들을 통해 레코드 제작을 하지 않고서 인터넷에서 직접 앨범을 출시한다.
5. 불확실성 대처 능력: 경영환경을 구성하는 요소들은 급속도로 변할 수 있으며 예측이 불가능하고 복잡하다. 따라서 불확실한 상황에서는 경영자가 취할 적절한 행동을 판단하는 데 유용한 정보는 희박하다. 따라서 조직이 직면하는 이러한 불확실성을 줄여주는 부서는 권력을 키울 수 있게 된다.[83] 마케팅 조사 직원이 신제품의 수요변화에 대한 예측을 정확하게 해내면 조직의 핵심적인 불확실성 요인을 줄였기 때문에 권한과

위신을 갖게 된다. 하지만 이러한 예측방법은 한 가지 수단에 지나지 않는 것이며, 경우에 따라서는 예측불허의 상황이 발생했을 때 신속하고 적절한 행동을 취함으로써 불확실성을 줄일 수도 있다.

중요한 불확실성에 대해 부서에서 대처할 수 있는 방법은 (1) 사전 정보 획득, (2) 예방, (3) 흡수 등이 있다.[84] 사전 정보 획득은 예측에 의해 조직의 불확실성을 줄일 수 있는 것을 의미한다. 예방은 조직에 피해가 되는 상황을 예측하여 이를 미리 방지하는 것이며, 흡수는 상황이 발생한 이후에 부정적인 결과를 줄이도록 행동하는 것을 뜻한다. 조직이 직면하는 법적인 문제와 규제가 증가함에 따라 조직 내부의 법무부서가 갖는 권력이 커지고 있다. "때로는 사업부문의 사장보다도 법무 담당 총괄책임자의 급여가 더 많아질 것이다"라고 러셀 레이놀즈 어소시에이츠(Russell Reynolds Associates)사의 수석 컨설턴트인 신시아 다우(Cynthia Dow)는 말한다.[85] 병원을 비롯한 기타 의료기관들은 복잡한 법률과 규제 문제들을 너무 많이 다루어야 하기 때문에, 버지니아주의 로어노크(Roanoke)에 자리잡은 카릴리온 헬스 시스템(Carilion Health System)에서는 법무 담당부서가 권력을 많이 갖는 위치에 있게 된다. 몇 년 전에 법무부서는 미국 법무부와의 반독점에 대한 소송에서 승소하였고 또한 카릴리온과 로어노크 지역의 유일한 다른 병원과의 합병 시에 협상을 이끄는 결정적인 역할을 하였다. 그 이후로 법무부서는 법적인 규제문제뿐만 아니라 의료비용이 너무 많이 청구되어서 이를 지불할 수 없다는 환자들의 의료비 문제를 처리하는 것으로 계속 바쁘게 되었다. 최근의 한 회계 연도 사이에 10,000명의 환자가 고소되었고, 5,000명 이상이 월급 압류를 통보받았으며, 거의 4,000가구에 담보권이 설정되었다. 법무부서는 수입에 관한 불확실성을 줄이는 데 중심이 되고 있다.[86]

전략적 컨틴전시 요인의 변화에 따라 조직에서의 수평적 권력관계는 변화한다. 카릴리온에서 법무부서가 갖는 권력이 지속적으로 강화될 것 같기는 하지만, 병원의 지명도를 높이고 늘어나고 있는 비난에서 벗어나기 위한 필요성으로 인해 홍보 담당부서의 권력이 증가하게 될 것이다. 예방과 흡수와 관련된 활동에 관여함으로써 홍보부서가 권력을 획득할 수 있다. 즉 조직이 직면하는 새로운 전략적 이슈에 대처하는 데 도움이 되는 부서가 더 강력한 권력을 갖게 될 것이다.

핵심정리

- 강경한 권력에는 합법적 권력, 보상적 권력 및 강압적 권력이 있다. 온유한 권력의 두 유형으로는 전문적 권력과 준거적 권력이 있다. 조직에서의 개인들은 이러한 권력의 원천을 각각 활용할 수 있지만, 조직에서 갖게 되는 권력은 구조적인 특성에서 야기되기도 한다.
- 권력의 수직적 원천으로는 공식적 지위, 자원, 정보 통제 및 네트워크에서의 중심성 등이 있다. 일반적으로 조직의 상위계층에 있는 관리자들이 하위계층에 있는 사람들보다 더 많은 권력을 갖는다.

- 중간관리자를 비롯한 일반 종업원들의 권한을 강화시켜 줌으로써 조직이 더 경쟁적이 될 수 있다는 것을 많은 최고경영자들이 신뢰하게 되었다. 임파워먼트는 널리 유행되는 추세다. 종업원을 임파워링시킨다는 것은 정보와 자원, 필요한 지식과 기술 및 중요한 결정을 내리는 권한 등의 세 가지 핵심사항을 부여하는 것을 의미한다.
- 수평적인 권력과정에 대한 연구에서는 특정한 특성에 따라서 어떤 부서가 다른 부서에 비해 더 권력을 갖게 되는 것을 밝히고 있다. 권력의 차이는 전략적 컨틴전시 개념을 활용함으로써 이해될 수 있다. 핵심 자원을 다루며 다른 부서가 의존해야 하는 부서가 더 권력이 강하다. 부서의 권력을 결정짓는 데는 의존성, 자원, 대체 불가능성, 불확실성에 대한 대처 등과 같은 요인들이 영향을 미친다.

14.3 조직에서의 정치적 행동

권력과 마찬가지로 정치적인 행동도 무형적이며 측정하기가 어렵다. 따라서 체계적으로 관찰하기가 힘들다. 정치적인 행동에 대한 경영자들의 반응에 대한 두 연구결과에 의하면 다음과 같은 사실이 밝혀졌다.[87]

1. 대부분의 경영자들은 정치적 행동에 부정적인 견해를 가지며, 조직의 목표달성에 도움이 되기보다는 해가 될 것이라고 믿고 있다.
2. 경영자들은 정치적인 행동이 모든 조직에서 실질적으로 일어나고 있다고 믿는다.
3. 대부분의 경영자들은 정치적인 행동은 조직 상부에서 더 자주 일어나는 것이라고 생각한다.
4. 정치적인 행동은 구조적인 변화와 같은 의사결정 문제에서 나타나는 것이지, 직원들의 고충처리와 같은 문제에서는 나타나지 않는 것이다.

위의 연구결과에 의한다면, 정치적 행동은 조직의 최고경영층에서 더 많이 발생하며 특정한 이슈나 사안에 한정되어 나타나는 것이며, 경영자들은 정치적 행동을 용인하지 않는 것 같다. 이 장의 남은 부분에서는 정치적 행동이 무엇이고, 언제 활용되어야 하며, 어떤 이슈나 사안에 더 관련이 되는지, 그리고 효과적인 책략은 어떤 것이지 등에 대해 보다 상세하게 알아보기로 한다.

14.3a 정의

권력은 원하는 목표를 달성하기 위한 힘이라고 설명하였다. 정치적 행동이란 이러한 결과를 달성하기 위해 권력을 활용하여 의사결정에 영향을 행사하는 것이다. 정치적 행동을 정의하는 데는 두 가지 관점이 있는데, 첫 번째는 정치적 행동은 자신을 위한 것이며 조직에

서 허용하지 않는 행동도 포함한다는 것이다.[88]

이러한 관점에 의하면 정치적 행동에는 개인적인 자신의 이익을 충족시키기 위한 사기나 기만이 포함되며, 따라서 갈등과 불화를 조성하게 된다. 일반인들이 대개 생각하는 것은 이와 같은 정치적 행동의 어두운 측면이다. 최근의 연구들에서는 근로자들이 회사 애에 이러한 정치적 행동이 일어나고 있다고 인식하는 경우에는 불안과 직무 불만족을 느낀다는 것을 밝히고 있다. 또한 정치적 행동을 부적절하게 활용하면 직원들의 사기를 저하시키고, 조직성과를 떨어뜨리며, 의사결정을 잘못하게 된다고 지적하고 있다.[89] 앞에서 제시했던 연구결과에서 경영자들이 정치적 행동을 용인하지 않는다는 것은 이러한 측면을 염두에 둔 것이라 볼 수 있다.

정치적 행동이 부정적이고 자신의 이익을 위해 활용될 수도 있지만, 적절하게 활용될 때는 조직의 목표달성에 도움을 줄 수도 있다.[90] 즉 정치적 행동을 정의하는 두 번째 관점으로서, 정치적 행동이란 조직의 이해집단들 간의 차이를 해결하기 위해 나타나는 자연스러운 과정이라고 간주하는 것이다.[91] 이러한 과정이 교섭과 협상이며, 이는 13장에서 정의했던 세력집단 형성과정과 유사한 개념이다.

조직이론적인 관점에서는 정치적 행동을 두 번째 정의인 정상적인 의사결정의 과정으로 다룬다. 정치적 행동은 갈등과 불확실성을 해결하기 위해 권력을 행사하는 활동일 뿐인 것이다. 정치적 행동은 가치중립적인 것이며 조직에 반드시 해로운 것은 아니다. 따라서 조직에서의 정치적 행동은 공식적으로 다음과 같이 정의한다. **정치적 행동**(organizational politics)은 의사결정에 불확실성과 의견불일치가 있을 때, 다른 사람들에게 영향력을 행사하여 선호하는 결과를 얻기 위해 권력 및 다른 자원을 획득하고, 개발하고, 활용하는 행동이다.[92]

정치적 행동은 긍정적인 힘이 될 수도, 부정적인 힘이 될 수도 있는 것이며, 권력을 활용하여 좋은 일이든 나쁜 일이든 일이 되도록 하는 것이다. 불확실성과 갈등은 자연스럽고 피할 수 없는 것이기 때문에 정치적 행동은 합의에 도달하는 메커니즘인 것이다. 즉 정치적 행동은 비공식적인 토의를 통해서 교착상태에 빠지거나 해결될 수 없는 문제에 대해 구성원들의 합의를 이끌어내서 결정짓게 하는 것이다.

도입 질문과 답

3. 경영자들이 정치적 행동을 활용하는 경우에는 대개 갈등과 불화를 일으키게 되며 조직의 순조로운 기능을 저해할 가능성이 높을 것이다.

답) 동의하지 않는다. 정치적 행동이란 차이를 해결하고 일이 되게끔 하기 위한 조직운영상의 자연스러운 프로세스이다. 정치적 행동이 부정적인 목적이나 자신을 위한 목적으로 활용될 수도 있지만, 또한 경영자들이 좋은 일을 성취하기 위해 함께 활용하는 가장 좋은 방법이다. 정치적이 되는 것은 경영자의 업무 중의 일부이지만, 자신의 이해관계보다는 조직의 이해관계를 위해 정치적 행동을 활용하도록 주의를 기울여야만 한다.

14.3b 정치적 행동이 사용되는 시기

불확실성이 높고 목표와 우선순위에 대한 합의가 이루어지지 않은 경우에 합의에 도달하기 위해 활용하는 메커니즘이 정치적 행동이다. 〈도표 14.2〉에서 합리적 모형과 정치적 모형을 설명했던 것을 다시 살펴보면, 목표가 불일치하고 세력집단 및 이해집단이 유동적이고 정보가 애매모호하며 불확실한 상황에서 정치적 모형이 활용된다고 하였다. 그러므로 13장에서 논의한 프로그램되지 않은 의사결정 문제에서 카네기 모형에 따라 의사결정을 내려야 하는 상황에 경영자가 직면하였을 경우에는 정치적 행동이 가장 뚜렷하게 나타나는 경향이 있다. 또한 이러한 문제는 최고경영층에서 부딪히게 경우가 많기 때문에 최고경영층에서 정치적 행동이 더 많이 나타나게 될 것이다. 더구나, 어떤 이슈들은 원래부터 의견일치를 이루기가 힘든 것들이 있다. 예를 들면, 자원은 모든 부서에서 생존과 목표달성에 필수적인 것이기 때문에 자원할당은 정치적 이슈가 되는 경우가 허다하며, 합리적인 방법으로는 모두를 만족시키지 못하게 된다. 대부분의 조직에서 **정치적 행동이 발생하는 세 가지 영역**(domains of political behavior)은 조직구조 변화, 경영자 승계 및 자원할당이다.

조직의 재구조화는 권력과 권한관계를 근본적으로 건드리게 된다. 3장에서 논의한 바와 같이 조직의 재구조화는 담당업무 및 책임범위를 변화시키고, 이에 따라 전략적 컨틴전시에 근거를 둔 권력의 기반에 영향을 미치게 된다. 이런 이유에서 대규모의 조직 재구조화가 일어나면 정치적 행동이 폭발적으로 발생하게 된다.[93]

관리자들은 기존의 업무영역과 권력을 지키기 위해 적극적으로 교섭과 협상에 나설 것이다. 기업 간의 합병 역시 엄청난 정치적 행동을 유발시킨다. 일본의 닛산 경영진에서 프랑스 자동차 제조업체 르노와의 통합이 심화되는 것을 두려워하여 일어난 정치적인 행동에 대해 알아보기로 하자.

IN PRACTICE 닛산과 르노

카를로스 곤(Carlos Ghosn)은 한때 자동차 업계의 거물이었으나, 이제는 르노 닛산(Renault Nissan)의 전임 총수로서 수감되어 있다. 이렇게 종말을 맞게 된 이유의 일부는 닛산을 프랑스 정부가 15%의 지분을 갖고 있는 르노와 완전히 통합시키려는 계획을 몇몇 닛산 임원들이 무산시키려는 데 있다. 두 회사는 1999년 닛산이 경영난을 겪자 르노가 구제금융을 제공함으로써 처음으로 파트너십을 맺게 되었다.

르노는 닛산의 주식을 43.4% 갖지만, 닛산은 겨우 15%의 의결권이 없는 르노의 주식을 갖게 되었다. 곤은 닛산을 성공적으로 회생시킴으로써 일약 영웅이 되었다. 그리고 10년 이상을 닛산과 르노의 CEO를 동시에 맡아 오면서, 항상 각 기업의 자율성을 유지하도록 운영해왔다. 그러나, 르노의 이사회 의장 및 CEO를 재임하기 위한 계약을 앞두고, 곤은 르노의 신문에 따르면 적절한 연봉 삭감에 동의하며 닛산과 르노의 제휴를 확고하게 만드는 데 박차를 가하겠다고 했다. 프랑스 정부는 언젠가는 두 회사를 완전히 합병하도록 압력을 가해왔으며, 곤은 자신의 임기를 연장하기 위해서는 정부의 지원이 필요했다.

프랑스 정부가 두 회사의 합병 가능성을 발표하고 곤이 이르 신속히 진행하도록 밀어붙이기 시작하자, 닛산의 임원 두 사람이 배후에서 행동을 취하기 시작했다. 그들은 닛산이 유명한 일본 기업으로서 자율권을 잃지 않을 것을 확보하기를 원했다. 그들은 곤을 조사하기 시작했고, 마침내 재무 부정에 대한 증거를 찾아냈고 그것을 일본 검찰에 넘겼다. 곤은 감옥에 구속되고, 르노와 닛산에서의 직위는 박탈당하였으며, 합병에 대한 논의는 원점으로 돌아가게 됨으로써 그들이 바라던 대로 결말을 짓게 되었다.

곤은 어떤 잘못도 없다고 주장하며 합병이 진행되면 그들의 자리가 위태로울 것 같아서 자신을 중상하였다고 하면서, 닛산의 임원들이 "아주 더러운 게임을 하고 있었다"라고 말한다. 그러나, 닛산 측에서는 곤이 구속될만한 일을 저질렀다고 강조한다. "어떠한 법적인 문제를 떠나서라도, 닛산의 내부 조사에서 노골적으로 비윤리적인 행동에 대한 확고한 증거를 찾아냈다"라고 닛산 측의 대변인은 말했다.[94]

이 사례는 극단적인 예라고 할 수 있지만, 기업 간의 인수와 합병이나 대규모 구조조정 등과 같은 이슈와 관련하여서는 빈번하게 벌어지고 있는 정치적인 역동성을 예시해 주고 있다. 새로운 중역을 선임하거나 승진시키거나 전직시키는 문제와 같은 조직의 변화는 중역들 간의 여러 가지 역학관계에 영향을 주기 때문에 정치적인 중요한 의미를 갖게 된다.[95] 이러한 문제를 결정하는 데는 불확실성과 논쟁 및 의견 불일치를 발생시킬 수 있다. 경영자들은 자기 사람을 유망한 직위에 앉힘으로써 연계 관계와 세력집단을 강화하기 위해 사람을 영입하거나 승진시키는 방법을 활용하기 때문이다.

정치적 행동의 세 번째 영역은 자원할당이다. 자원할당은 월급, 운영예산, 인원, 사무실 설비, 장비 등을 포함한 조직성과 달성에 요구되는 모든 자원을 망라하여 배분 문제를 결정하는 것이다. 즉 자원은 생존에 필수적인 것이기 때문에 우선순위 설정에 의견이 일치되지 않으며, 이런 딜레마를 해결하는 데는 정치적 과정이 필요한 것이다.

핵심정리

- 조직에서 정치학이란 의사결정에 대한 불확실성이나 의견 불일치가 있으면, 다른 사람들에게 영향을 행사하기 위해 권력과 다른 자원들을 획득하고, 개발하고, 활용하기 위한 행동들을 의미한다.
- 많은 사람들은 정치적 행동을 불신하는데, 그 이유는 그것이 조직을 위한 것이 아닌 개인적인 이익을 위한 이기적인 목적으로 사용하는 것을 우려하기 때문이다. 그러나 부서 및 조직의 합법적인 목표를 달성하기 위해서 정치적 행동이 필요할 경우가 많이 있다. 정치적 행동은 긍정적인 힘이 될 수도 있고 부정적인 힘이 될 수도 있기 때문에 관리자들은 이를 적절하게 활용하도록 주의를 기울여야만 한다.
- 정치적 행동이 종종 발생하는 세 영역은 조직구조의 변화, 경영자 승계, 자원할당 등인데, 불확실성이 높게 나타나는 상황이기 때문이다.

14.4 온유한 권력과 정치적 행동의 활용

이 장에서 다루고자 하는 테마 중의 하나는 조직에서의 권력이 개인적인 현상만을 주로 다루는 문제가 아니라는 것을 이미 앞부분에서 언급하였다. 권력이란 부서에서 운용하는 자원, 부서에서 수행하는 역할 및 부서에서 대처해야 할 환경요인 등과 관련이 있다는 것이다. 따라서 개인의 성격 특성이나 스타일보다는 직위와 업무상의 책임 등의 요소에 의해 조직의 의사결정 문제에 대한 경영자의 영향력이 결정된다.

그러나 권력은 개인적인 정치적 행동을 통해 활용되는 것이다. 조직에서 권력을 활용하는 방법을 완벽하게 이해하려고 하면 조직구조적인 요소와 개인행위를 함께 살피는 것이 중요하다.[96] 권력이 전반적인 조직의 형태와 관리과정에서 나타나는 것이지만 이러한 권력을 정치적으로 활용하는 것은 개인 차원에서의 행동과 기술에 관련되기 때문이다. 당신의 정치적인 기술능력을 판단해보기 위해서 '적합성 평가'에 있는 설문에 답해보자. 조직을 위해서나 자신의 성공을 위해서나, 정치적인 기술을 갖춘 관리자들은 다른 사람들에게 더 효과적으로 영향을 미치게 되며 따라서 자신들이 원하는 것을 얻게 된다.[97] 이들은 조직에서의 상호작용과 영향에 관한 형태를 관찰하고 이해하는 데 능력을 연마해왔다. 이들은 광범위한 사람들과 네트워크를 형성하기 위한 인간관계를 발전시키는 데 능숙하며 자신들의 행동과 접근방식을 다양한 사람들과 상황에 적응시킬 수 있다. 정치적으로 유능한 관리자는 영향력이 인간관계에 관한 것이라는 점을 이해하고 있다.[98]

관리자들은 정치적인 역량을 개발할 수 있으며 자신의 지위와 구체적인 상황에 따라서 영향력 행사 전술을 아주 다양하게 구사하는 방식을 습득할 수 있다. 어떤 책략은 강경한 권력을 활용하게 되는데, 앞에서 언급한 것처럼 주로 개인의 직위에서 나오는 권력이다. 이런 권력은 상사가 부하들에게 보상과 벌로써 영향력을 행사하게끔 하고, 관리자가 명령을 내리면 부하들은 복종해야 하며, 강력한 CEO가 다른 사람들의 생각은 개의치 않고 자신의 결정대로만 하는 그러한 유형에 해당된다. 그러나, 유능한 관리자는 개인적인 특성과 대인관계 구축을 위주로 하는 온유한 권력'을 더 자주 활용한다.[99] GE의 전 CEO였던 제프리 이멜트(Jeffrey Immelt)는 만약에 그 자신이 GE에서 연간 7~8회 이상 공식적인 권한을 발동하게 되었다면 스스로를 실패한 것으로 간주했다고 말한 바 있다. 나머지 대부분 이멜트는 다른 사람들을 설득하고 영향력을 행사하여 상반되는 아이디어와 의견들을 해결하기 위해서 더 온유한 수단들을 활용했다.[100]

미 군부에서 조차도 무자비한 힘을 쓰기보다는 관계구축의 중요성을 논하고 있다. 미 육군이 제정한 안정화 작업현장 매뉴얼에서도 온유한 권력의 가치에 대하여 공개적으로 거론하고 있다.[101] 세르비아 대통령 슬로보단 밀로셰비치(Slobodan Milosevic)와의 전쟁을 이끌었던 NATO 전임 최고사령관인 웨슬리 클라크(Wesley Clark)는 국가를 이끄는 리더뿐만 아니라 사업을 이끄는 리더도 협박, 위협, 노골적인 권력을 사용하기보다는 공통의 관심사를 지닌

적합성 평가
정치적 기술

당신은 조직에서 사람들에게 영향을 발휘하는 데 얼마나 능숙한가? 자신의 정치적 기술에 대해 알고 싶으면, 아래의 질문에 답해보자. 각 항목들에 대해 그렇다 또는 그렇지 않다로 답해보자

	그렇다	그렇지 않다
1. 나는 다른 사람들과 쉽게 효과적으로 의사소통 할 수 있다.	____	____
2. 일하는 시간 중에 많은 부분을 다른 영역에 있는 사람들과 관계를 개선하는 데 사용한다.	____	____
3. 나는 다른 사람들에게 영향을 주기 위한 적절한 말이나 행동에 대해 본능적으로 알고 있다.	____	____
4. 나는 일 처리를 위해 내 영역 밖에 있는 사람들과의 관계를 잘 활용한다.	____	____
5. 나는 다른 사람들과 의사소통 할 때 내가 말하고 행하는 것에 정말로 진실하다.	____	____
6. 나는 새로운 사람들과 접촉하기가 쉽다.	____	____
7. 내 주위의 낯선 사람들을 편안하고 부담감이 없도록 해준다.	____	____
8. 나는 다른 사람들의 동기요인과 감추어진 논제를 알아차리는 데 능숙하다.	____	____

점수계산: '그렇다'라고 표시한 항목에 1점씩 점수를 매겨 보자.

해석: 기본적인 정치적 기술을 어느 정도 가지고 있음으로써 관리자는 지지와 영향력을 폭넓게 얻을 수 있게 된다. 정치적 기술을 통해서 관리자는 개인적인 관계와 조직에서의 관계를 구축하여 자신의 팀의 성과를 높이게 된다. 점수가 6점 이상이면 정치적 기술이 능숙한 것을 의미하며, 특히 정치적으로 일이 진행되는 조직에서 일을 잘 감당할 수 있을 것이다. 점수가 3점 이하면 일을 해나가는 데 있어서 동료관계와 지원적인 관계를 구축하는 데 초점을 맞추도록 해야 할 것이다. 그렇지 않다면 핵심적인 결속집단들의 지원에 의해 의사결정과 행동이 일어나는 조직보다는 합리적인 절차가 위주로 되는 조직에서 일해야 할 것이다.

출처: Adapted from Gerald R. Ferris, Darren C. Treadway, Robert W. Kolodinsky, Wayne A. Hochwarter, Charles J. Kacmer, Ceasar Douglas, and Dwight D. Frink, "Development and Validation of the Political Skill Inventory," *Journal of Management* 31 (February 2005), 126–152.

일체감을 형성하는 것이 가장 우선적으로 해야만 할 것으로 제시하고 있다.[102] 온유한 권력의 효과성은 49명의 전문적인 협상가들을 9년간 연구한 결과에서 드러나고 있다. 가장 성공적인 협상가들은 자신의 의제만 강압적으로 몰아가기보다는 상호이익과 공동의 관심사를 찾는데 다른 협상가들에 비해 4배 이상의 시간을 들인 것으로 연구결과에서 나타났다.[103]

다음 절에서는 관리자가 자신과 부서의 권력을 키우기 위해 활용할 수 있는 책략과 원하는 결과를 얻기 위해 행사하는 정치적 책략을 간략하게 설명하고자 한다. 〈도표 14.9〉에 정리된 이러한 책략들은 대부분이 강경한 권력보다는 온유한 권력을 활용하고 있다.

도표 14.9 조직에서의 권력 및 정치적인 책략

권력 기반을 키우기 위한 책략	권력행사를 위한 정치적 책략
1. 불확실한 영역으로 끌어들임	1. 세력집단 형성 및 네트워크 확장
2. 의존성을 창출함	2. 충성스러운 사람들을 중요한 지위에 배치함
3. 희소자원 제공	3. 의사결정의 전제조건 통제
4. 전략적 컨틴전시 요인의 충족	4. 합법성과 전문성 제고
	5. 직접적인 항의
	6. 상위 목표를 설정함

14.4a 권력을 키우기 위한 책략

조직에서 **권력을 키우기 위한 책략**(tactics for increasing power)으로 다음과 같은 네 가지 방법을 쓸 수 있다.

1. 불확실한 영역으로 들어감: 개인이나 부서의 권력의 원천이 되는 것 중의 하나는 조직의 핵심적인 불확실성을 정의하고 이를 제거하기 위한 대처를 하는 것이다.[104] 부서의 관리자가 조직이 직면하는 불확실성의 핵심을 정확하게 인지하고 그 불확실성을 없애도록 노력하게 되면, 그 부서의 권력 기반은 강화될 것이다. 불확실성은 생산라인 중단, 신제품에 대한 품질개선 요구, 새로운 서비스에 대한 수요예측의 어려움 등에서 야기될 것이다. 일단 불확실성을 야기하는 원인을 제대로 파악해야만 이에 대처하기 위한 행동을 할 수 있다. 시행착오를 할 수도 있지만, 그 과정에서 그 부서는 경험과 전문성을 쌓게 될 것이며 그로인해 다른 부서에서 쉽게 모방할 수 없는 역량을 갖게 되는 것이다.
2. 의존성을 창출: 의존성은 권력의 또 다른 원천이다.[105] 조직이 어떤 부서나 개인에게 정보, 원자재, 지식, 기술 등에 의존하게 되면 그 부서나 개인은 권력을 가지게 될 것이다. 약간 재미있는 사례를 에반 스타인가르트(Evan Steingart)의 소비재 제조회사에서 찾을 수 있다. 선적부서의 하위직인 재고정리 담당 사무원은 모든 제품의 선적에 대한 결재권을 갖고 있었다. 영업직원들은 이 사무원의 결재를 받아야만 했다. 자신들이 주문받은 제품이 빨리 선적되기 원하는 영업직원은 그 사무원에게 환심을 사야 한다는 것을 알았다. 그를 기분 나쁘게 다룬 거만한 영업직원은 선적에 필요한 수많은 목록들을 그 사무원이 요구하는 대로 준비해야 하며 기다리는 것 이외에 달리 방법이 없기 때문에, 불리하게 되는 것을 알게 되었다.[106] 이러한 견해에서 본다면, 가능하다면 필요한 정보와 기술을 습득함으로써 다른 부서들에 대한 의존성을 줄이는 것이 부서의 권력을 강화시키는 전략이 될 것이다. 예를 들면, 영업부서의 관리자는 재고 담당 사무원과 선적부서에 대한 영업직원들의 의존성을 없애기 위해 결재권을 가지려고 노력할 것이다.

3. 희소자원 제공: 자원은 조직의 생존에 항상 중요한 것이기 때문에, 자금이나 정보 및 설비 등의 자원을 축적하고 이를 조직에 공급하는 부서는 권력이 막강해지게 된다. 이전의 사례에서 보았듯이 외부에서 연구기금을 확보하여 대학에 간접경비를 제공하는 부서가 대학교 내에서 권력이 가장 강력했다. 마찬가지로 제조업체에서는 판매부서가 자금을 가져오기 때문에 권력이 강한 것이다.
4. 전략적 컨틴전시 요인들을 충족시킴: 전략적 컨틴전시 이론에 의하면 조직의 외부환경 및 내부특성 중에서 특정한 요소들이 조직의 성공에 특히 중요하다고 주장한다. 이러한 특정 요소들이 전략적 컨틴전시 요인이 되는 것이며, 조직에서 가장 요긴한 문제나 다른 것으로 대체할 수 없는 업무나 다른 사람들이 상단히 의존해야 하는 중심적인 업무 등이 이에 해당된다. 따라서 조직과 변화하는 환경에 대한 분석을 통해 이러한 전략적 컨틴전시 요인들을 밝힐 수 있을 것이다. 그리고 이러한 요인들이 새로 나타난 것이거나 혹은 아직 충족되지 않은 것이라면 이러한 핵심적인 영역으로 다가갈 수 있는 여지가 남아 있다는 것이며, 그렇게 함으로써 부서의 위상과 권력을 높일 수 있게 될 것이다.

요약하면, 조직에서의 권력의 배분은 무작위적인 것이 아니다. 권력은 조직에서 이해할 수 있고 예측할 수 있는 여러 활동들의 결과에 의한 것이다. 불확실성을 줄이고, 자기 부서에 대한 의존성을 증가시키고, 자원을 획득하고, 전략적 컨틴전시 요인에 대처할 수 있는 능력이 부서의 권력을 키워줄 것이다. 일단 권력을 가지게 되었다면, 그 다음의 과제는 원하는 결과를 얻기 위해 권력을 어떻게 행사하느냐 하는 것이다.

14.4b 권력행사를 위한 정치적 책략

조직에서 권력을 행사하는 데는 능숙함과 의지가 함께 있어야 한다. 다수의 의사결정에는 정치적 과정이 필요한 것이 합리적 의사결정 과정이 적절하지 않기 때문이다. 이러한 경우에 **권력을 행사하기 위한 정치적 책략**(political tactics for using power)으로는 다음과 같은 것들이 있다.

1. 세력집단 형성 및 네트워크 확장: 유능한 관리자들은 조직전반에 걸쳐 긍정적인 인간관계를 맺도록 노력하며, 다른 사람들과 이야기하면서 그들의 견해를 이해하고 서로에게 유익한 협력과 동맹관계를 형성하는 데 많은 시간을 보낸다.[107] 대부분의 중요한 결정은 공식적인 회의장 바깥에서, 서로 간에 이슈를 논의하면서 일대일로 합의에 이르는 과정에서 이루어진다. 즉 유능한 관리자는 2~3명 정도의 인원으로 은밀하게 만나서 핵심 이슈를 해결한다.[108] 아울러 그들은 조직 내의 모든 계층과 기능에 걸쳐서 뿐만 아니라 외부와도 네트워크를 구축한다. 한 연구에서는 네트워크 형성 능력은 부하들에

게 관리자가 유능하다는 인식을 갖게 하고 또한 관리자의 성과달성 능력에도 긍정적인 영향을 준다는 것을 밝히고 있다.[109] 네트워크를 확장할 수 있는 방법은 (1) 새로운 사람과의 접촉을 통하여 지지 기반을 넓히는 것과 (2) 반대하는 사람을 집단 멤버로 가입시키는 것이 있다. 새로운 사람들과 접촉을 확대한다는 것은 호감이나 믿음 그리고 존중심에 기반을 둔 좋은 대인관계를 형성하는 것을 뜻한다. 다른 사람들을 이용해서 착취하려는 것보다는 함께 일하고자 하는 신뢰감과 동기를 부여하는 것이 네트워크와 세력집단을 형성하는 방법의 하나가 될 것이다.[110] 두 번째 방법은 자신의 네트워크에 반대자를 끌어드리는 행동을 취하는 것이다. 예를 들어 대학의 행정에 관한 한 위원회를 구성하는데, 평소 대학행정에 불만을 가진 교수들을 그 위원회에 참여시키는 것이다. 위원회의 멤버로서 활동하다 보면 그 교수들은 행정을 담당하는 사람들의 시각에서 문제를 접근하게 되고, 이러한 과정에서 행정상의 어려운 점을 이해하게 될 것이다. 행정부서의 입장에서 보면, 그 교수들을 효과적으로 행정부서의 네트워크에 끌어들인 것이 된다.[111]

2. 충성스러운 사람들을 중요한 지위에 배치함: 또 다른 정치적인 책략으로는 조직이나 부서 내부의 중요한 지위에 믿음이 가고 충성스러운 사람들을 배치하는 방법이 있다. 예를 들어, 트래비스 칼라닉(Travis Kalanick)은 우버(Uber)의 CEO에서 물러난 후에도 자신이 회사를 운영하는 권력을 다시 쥐도록 해 줄 수 있다고 믿고 있는 사람들을 이사회에 참여시키기 위해 이사 선임권을 행사하였다.[112] 부서장뿐만 아니라 최고경영자들도 채용이나 직무 전환 및 승진 절차 등을 활용해서 조직이나 부서의 목표에 공감하는 사람들을 중요한 지위에 배치시킴으로써 목표 달성에 도움을 받으려는 경우가 흔히 있다.[113] 앞에서 논의한 것처럼 이러한 방법은 최고경영자들이 자주 활용하고 있다. 바티칸에서 프란치스코 교황이 벌이고 있는 일에 대해 살펴보기로 하자.

IN PRACTICE 바티칸

프란치스코 교황의 임기가 시작된지 채 1년도 되지 않았을 무렵, 교황은 성직을 맡은 사람들을 바꿈으로써 가톨릭교회의 운영방식을 상당 부분 재정비했다. 프란치스코는 이 시대를 아우르고 적절한 교회를 구성하리라는 목표를 성취하기 위해, 전부터 꾸준히 자신의 진영에 있는 사람들을 요직에 앉혔다.

바티칸에서 미국 출신 추기경으로는 최고위직에 있는 레이먼드 버크(Raymond L. Burke)나 마우로 피아첸차(Mauro Piacenza)와 같은 보수적인 추기경들은 모두 강등되거나 권력을 빼앗겼다. 버크는 미국에서 새로운 주교를 선발하는 데에 막강한 영향력을 행사했으며, 피아첸차는 성직자들을 위한 거대한 수도회를 운영하던 추기경들이었다. 프란치스코는 기존 전통주의자들을 대신해, 교회를 변혁시키려는 자신과 뜻을 같이하는 더 적절한 지도자들로 그 자리를 교체해 가고 있다. 한때 대주교 자리까지 올라갔으며 베네딕트 교황으로부터 교회 자선단체를 운영하라고 임명받았던, 또 다른 보수주의자인 귀도 포조(Guido Pozzo) 역시 프란치스코 교황에 의해 이전 근무처로 돌려보냈다.

이러한 비슷한 변화들이 다른 곳에서도 일어나고 있다. 베네딕트 교황은 사임하기 직전, 바티칸 은행을 감독하는 기존의 5인 위원회 위원들의 임기를 5년 더 연장해서 승인하였었다. 프란치스코는 이들 중 자신이 임명한 1명을 제외하고 모두를 교체했다. 그는 또한 별도로 특별위원회를 구성하여 은행활동을 조사하고 관리·감독을 강화하였다. 바티칸 재정 전문가 카를로 마로니(Carlo Marroni)는, "이것은 교황재정 관리에 크나큰 변화를 암시하는 것"이라고 말했다.[114]

다른 최고 지도자들과 마찬가지로, 프란치스코 교황은 조직을 위한 자신의 사명과 목표를 성취하는 것을 도와줄 수 있는 직위에 충성스럽고 믿을 수 있는 사람들을 두기 위해서 채용, 승진 및 이전 조치를 취하고 있다.

3. 호혜성 활용: 많은 연구들에서 대부분의 사람들은 다른 사람들이 자기에게 호의를 베풀어 주면 그 대가로 무언가를 되돌려 주어야만 한다는 의무감을 느낀다는 것을 밝히고 있다.[115] 이러한 호혜성의 원칙은 조직에서 영향력 관계에 작용하는 주요한 요인 중의 하나이다. 동료에게 호의를 베풀면 그 사람은 장차 그 호의에 보답해야 한다는 의무감을 지게 된다. 영향력 분야의 주도적인 사회과학자인 로버트 치알디니(Robert Cialdini)는 "누군가가 우리에게 감사를 표하는 즉시 우리는 진정성 있는 설득력을 갖게 된다"고 말한다. 아울러 경영자들이 다른 사람들에게 "물론, 이런 것은 파트너들 간에는 서로에게 해 주는 것이다"라는 것과 같은 말로써 호혜적인 관계를 상기시켜 줌으로써 유리한 상황을 취해야 할 것을 지적한다.[116] '호혜성의 불문율'은 노스럽 그러먼(Northrup Grumman), 크래프트 푸드(Kraft Foods), 화이자(Pfizer)와 같은 기업들이 상원, 하원의원들의 모금 활동에 기부하는 이유 중의 하나이다. 사업에 현저하게 영향을 미칠 수 있는 결정권을 쥔 의원들과 좋은 관계를 유지하려는 것이다.[117] 다른 정치적 책략과 마찬가지로, 때로는 호혜성이 조직과 주주들에게 악영향을 끼칠 수 있는 자신만의 이기적인 목적으로 활용된다. 예를 들면, 후쿠시마 다이이치 원자력 발전소 사고에 원자력 산업부문의 관료들과 발전회사 경영자들, 정치가들과 감시 담당자들 간의 이해관계가 서로 얽매인 '복잡한 관계의 문화'가 한 몫을 차지했을 거라고 조사자들은 의문을 제기한다.[118]

조사에서 밝혀진 일본 원자력 산업에 배여 있는 이러한 관행은 호혜성이 영향을 주고 받는 관계를 형성하는 데 중요한 역할을 하는 것을 보여주고 있다. 어떤 연구자들은, 원하는 것을 얻기 위해 가치 있는 어떤 것과 서로 주고받는, 교환의 개념이 다른 모든 영향력 행사 책략의 기반이 되는 것이라고 주장한다. 예로써, 합리적 설득은 다른 사람들이 볼 때 그 계획에 동참하는 것이 이로울 것이라 생각하기 때문에 효과가 있는 것이며, 사람들이 나를 좋아하게 만드는 것도 다른 사람 역시 호감과 관심을 받게 해 줌으로써 성공적이 되는 것이다.[119]

4. 합법성과 전문성 제고: 관리자들은 자신이 합법성과 전문성에서 인정을 받고 있는 영역에서는 가장 강력한 영향력을 행사할 수 있다. 이 책략은 젊은 세대의 관리자와 종업원들에게 아주 효과적이다. 오늘날의 젊은 직장인들은 직위에서 오는 권위보다는 개인이 갖추고 있는 지식과 기술을 더 인정하고 따르고 있다. 사실, 많은 사람들은 정치적 행동을 심하게 나타내는 것을 달가워하지 않으며 다른 사람들에게 영향력을 행사하기 위해서 자신이 가진 지식과 신뢰감을 보여주기를 원한다.[120] 관리자들이 자기 부서와 관련된 문제나 자기 부서의 관심사에 합당한 요구를 하는 경우에는 다른 부서들이 순순히 따르게 될 것이다. 경우에 따라서는 합법성과 전문성을 확보하기 위해서 외부 컨설턴트 혹은 조직 내의 다른 전문가를 활용하기도 한다.[121]
5. 직접적인 항의: 요구하지 않는 사안은 수용되지 않는다. 직접적인 항의에 대한 예는 드럭스토어닷컴(Drugstore.com)사에서 제시카 모리슨(Jessica Morrison)이 새로운 직위와 월급 인상을 위해 보여준 것을 들 수 있다. 모리슨은 페이스케일닷컴(PayScale.com)에 나와 있는 급여 수준을 조사하여 이와 관련된 정보들을 가지고 상사에게 문제를 제기했다. 그리고 조사결과를 토대로 한 직접적인 항의로 인해 승진을 하게 되었다.[122] 즉 원하는 목표와 요구사항이 명시적일 경우에만 정치적인 행동이 효과를 가질 수 있으며, 조직에서 이에 대한 반응을 보일 수 있다. 제안사항이 단호해야 다른 관리자들이 더 나은 대안을 제시하지 못하기 때문에 그 제안이 수용될 수 있을 것이다. 아울러 그 제안이 애매하거나 정리가 덜 된 다른 안들에 비해서 명확하다면 유리한 입장에 서게 되는 것이 당연한 일이다. 따라서 정치적 행동이 효과적이기 위해서는 최소한 자신이 원하는 결과를 위해서 필요한 것을 요구할 수 있는 충분한 배짱과 담력이 있어야 한다.
6. 상위목표 설정: 이 장의 전반부에서 부서 간의 협력을 이끌어내기 위해서 미션 공유와 상위목표 설정이 중요한 점에 대해 논의한 것을 다시 생각해보자. 상위목표는 서로 상반된 편에 있는 사람들을 한데 모아서 공동의 목적을 달성하도록 함께 일할 수 있게 해주는 더 높은 수준의 목표를 의미한다. 홍수나 태풍과 같은 위기발생 시에는 서로 격렬하게 증오하는 사람들 조차도 생명을 구하고 그들의 지역사회를 복구하는 데 힘을 합치는 경우가 흔하다. 사람들이 더 높은 목적을 위해 일하는 경우에는, 서로의 차이점은 기꺼이 무시하려고 한다. 경영자들은 사람들을 고무시키는 비전이나 미션을 창출함으로써 원하는 결과를 달성하기 위해 상위목표라는 아이디어를 활용할 수 있다. 2008 하계 올림픽을 위해 건설되었고, 2022 동계 올림픽 기간에 컬링 경기장으로 사용될 베이징 국립 아쿠아틱스 센터 빌딩(통상적으로 워터큐브(Water Cube)로 불리는)을 생각해보자. 아쿠아틱스 센터를 설계할 때, 중국과 호주의 두 건축설계 회사가 참여하였고 서로 완전히 다른 설계안을 제시했었다. 이로 인해 두 회사 간에 갈등이 야기되었지만, 전 세계인들을 경탄하게 할 장대한 건물을 탄생시켜야 한다는 보다 거대한 비전으로 인해 자신들의 아이디어를 관철시키려고 계속해서 싸우기보다는 함께 협력하게 되었

다. 두 회사는 마침내 모든 사람들을 놀라게 만드는 전혀 새로운 개념의 건물을 완성하게 되었다.[123]

조직 내에서 영향력을 행사하고 일을 처리하기 위해서는 관리자들이 이러한 책략들을 이해해야 이를 활용할 수 있게 된다. 관리자들이 온유한 권력과 정치적인 책략에 대해 무지한 경우에는 자신들이 실패하는 이유도 모르게 될 수 있다. 예를 들면, 세계은행(World Bank)의 폴 월포위츠(Paul Wolfowitz)는 영향력 행사에 필요한 인간관계를 구축하지도 않은 채 권력을 휘두르려고 했다.

IN PRACTICE 세계은행

Kristi Blokhin/Shutterstock.com

전임 국방부 차관인 폴 월포위츠(Paul Wolfowitz)가 부시 행정부에서 국방부 장관이나 국가안전담당 자문직에 임명받지 못한 후에 세계은행(World Bank)의 새 사장으로 발탁되는 기회를 잡게 되었다. 하지만 월포위츠는 인간관계를 맺지 못하고 친화관계를 형성하지 못함으로써 처음부터 세계은행에서 자리잡기가 어려워 보였다.

월포위츠가 세계은행에 왔을 때 대부분의 간부들은 수년간 그 자리에 있었던 사람들이었고, 이사 중의 한 사람이 말하는 것처럼, 그들은 "서로의 이해관계를 증진시키고 서로에게 도움을 주는 것"에 익숙해져 있었다. 월포위츠가 와서는 다른 사람들의 이해관계나 아이디어 및 목표는 고려하지 않고 자신의 아이디어와 목표 및 공식적인 권한을 주장하려고 했다. 그는 핵심적인 사안에 외골수로 대응하며 대안적인 관점을 고려하려 하지 않음으로써 세계은행의 경영진과 이사회를 곧 바로 소외시켰다. 다른 사람들에게 자신의 사고방식을 설득하려고 하기보다는 월포위츠는 은행의 고위 간부들에게 직접 명령을 내리거나 자신이 뽑은 관리자를 통해 지시하도록 했다. 여러 명의 고위 간부들이 새로 온 사장과 분쟁 끝에 사임했다.

결국에는 이사회에서 월포위츠에게 사임을 요구했다. "Paul은 세계은행 사장직은 본래 권력이 막강한 자리가 아니라는 것을 이해하지 못했다"라고 이전의 동료였던 사람은 말했다. "은행의 사장은 은행에서 세력을 가지고 있는 여러 사람들과 제휴관계를 형성할 수 있어야만 성공하는 것이다. 월포위츠는 이러한 세력가들과 제휴하지 않았고, 그들을 도외시했다."[124]

월포위츠는 자신의 사안을 강압적으로 밀어붙이기보다는 정치적인 접근방법을 활용했어야 할 필요가 있었다는 것을 너무 늦게 깨달았다. 관리자가 엄청난 권력을 가진 경우에라도 권력을 드러나게 행사해서는 안 된다.[125] 만약에 어떤 관리자가 자신의 권력 기반을 공식적으로 이용하기 위해서 회의석상에서 "우리 부서의 권력이 더 강하기 때문에 여러분들은 내 방식대로 해야만 한다"라고 말하면, 그 사람의 권력은 사라지게 된다. 권력은 조용히 행사될 때 효과가 가장 크다. 권력에 이목을 집중시키면 권력을 잃게 된다. 왜냐하면 사람들이 누가 권력을 가지고 있는지를 알고 있기 때문이다. 따라서 권력을 명시적으로 내세우는 것은 불필요하며 오히려 해가 될 수도 있다.

또한 이상에서 제시한 어떤 책략을 쓰는 경우에라도, 자신의 이익을 위주로 행동하게 되면 조직에 도움이 되기보다는 해가 된다는 것도 염두에 두어야 한다. 관리자가 조직의 이익보다는 자신의 이익을 위해서 권력을 휘두르거나 목적을 추구하는 것으로 인식되면, 존경을 받지 못하게 된다. 한편으로 경영자는 인간관계와 정치적인 측면을 인지해야만 한다. 합리적이고 기술적인 역량을 갖춘 것으로 충분하지는 못하다. 정치적인 기술을 개발하고 활용하는 것이 좋은 경영자가 되기 위한 중요한 부분이 된다.

핵심정리

- 관리자들은 강경한 권력뿐만 아니라 온유한 권력을 쓰기 위해서 정치적인 기술을 필요로 한다. 온유한 권력과 정치적인 책략을 무시하는 사람들은 그 이유도 모르고 실패하게 된다.
- 권력을 키우기 위한 책략으로는 불확실한 영역으로 들어가기, 의존성 창출, 희소자원 제공, 전략적 컨틴전시 요인들 충족시키기 등이 있다.
- 권력행사를 위한 정치적 책략에는 세력집단 형성 및 네트워크 확장, 충성스러운 사람들을 중요한 위치에 배치하기, 호혜성 활용, 합법성 제고, 직접적인 항의, 상위목표 설정 등이 있다. 관리자들은 부서의 원하는 목표를 달성하기 위해 이러한 책략들을 활용할 수 있다.

토의문제

1. 업무특성이나 개인적인 배경 및 교육수준 등의 차이가 집단 간의 갈등을 어떻게 유발시키는 지에 대해 간단하게 논해보자. 또한 업무의 상호의존성은 어떻게 집단 간 갈등을 유발시키는가?
2. 스타벅스(Starbucks)와 반스앤노블(Barnes & Noble)사는 B&N 도서 매장에 스타벅스를 입점시키는 협약을 체결했다. 이러한 관계에서 어느 조직이 더 많은 권력을 갖게 될 것인지를 결정하는 조직 요인과 환경 요인으로는 어떤 것들이 있는가?
3. 급격히 변화하는 조직에서의 의사결정이 합리적 모형에 따르는지, 정치적인 모형에 따르는지에 대해 논해보자.
4. 권력과 권한의 차이는 무엇인가? 공식적인 권한은 있으나 실질적인 권력은 없을 수가 있는지에 대해 논해보자.
5. 의료보험회사의 부서에서 카릴리온과 같은 대규모 병원들의 힘이 증가한 것에 회사가 대처하는 것을 지원하기 위해서 사전 정보 획득, 예방, 흡수 등의 방법을 어떻게 활용할 수 있을지 논해보자.
6. 주립 X 대학교는 주 정부로부터 운영자금의 90%를 받고 있으며 등록금도 싸기 때문에 학생들의 지원이 넘쳐나고 있다. 입학처에서는 응시자가 너무 많아서 학생 수를 제한하기 위한 법규를 통과시키려고 노력하고 있다. 사립 Y 대학교는 재정 수입의 90%를 학생 등록금에 의존하며 학교 운영에 필요한 학생 수가 부족하다. 학생처에서는 내년에 적극적으로 학생모집에 나서려고 한다. 권력에 대한 전략적 컨틴전시 요인을 활용해보면, 어느 대학교에서 학생처의 권력이 더 강한가? 교수들과 직원들에게 미치는 의미는 어떤 것들이 있겠는지 논의해보자.

7. 메릴린치(Merrill Lynch)사의 한 재무분석 담당자는 서브프라임 융자에 대한 투자 위험성을 밝히려고 몇 개월간 노력하였으나, 어느 누구에게도 관심을 받을 수 없었다. 이 직원의 권력을 어떻게 평가할 수 있겠는가? 이 직원이 권력을 강화시켜서 회사에 닥칠 문제점들을 알리기 위해서는 어떻게 했어야 하는가?
8. 한 대학교에서 공과대학이 정부 연구기금을 받아온 것이 나머지 전 대학들의 기금 합계에 비해 3배가 된다. 공과대학은 자금이 풍부하고 연구 수행에 적합한 교수도 확보하고 있다. 하지만 공과대학은 이미 외부 연구자금을 충분히 가지고 있음에도 불구하고, 대학교 내의 연구기금을 할당할 때 또 많은 몫을 받게 된다. 이런 일이 발생하게 되는 이유를 설명해보자.
9. 몇몇 연구자들은 상호성의 원칙(원하는 다른 것을 위해 무언가 가치 있는 것과 교환하는 것)에 입각한 교환의 개념이 모든 영향력의 근간이 된다고 주장한다. 여기에 대해 동의하는지를 논의해보자. 당신이 받은 호의에 대해 이를 되갚아야 한다는 부담감은 어느 정도라고 생각하는가?

연습문제: 갈등해결 방법

당신이 팀원, 친구 및 동료들과의 분쟁에 대처하는 전형적인 방법을 생각한 다음, 아래에 제시된 방법들이 당신의 경우에 맞는지 틀리는지를 답해보자. 정답이나 오답은 없으니, 솔직하게 답해보자.

	대부분 맞다	대부분 틀리다
1. 차이점은 논쟁할 가치가 없는 것이라 생각한다.	______	______
2. 불일치한 것에 대해 토의하기를 원하는 사람은 피하려고 한다.	______	______
3. 내 견해를 토로하기보다는 혼자 간직하는 편이다.	______	______
4. 분쟁을 야기하는 자리는 피하는 편이다.	______	______
5. 내 입장을 관철하려고 대단히 애쓰는 편이다.	______	______
6. 이견이 있을 때 나의 의견을 강력히 주장한다.	______	______
7. 다른 사람들이 나의 입장을 받아주도록 목소리를 높인다.	______	______
8. 내 견해를 확고하게 표현한다.	______	______
9. 다른 사람들이 양보하면 나도 어느 정도 같이 양보한다.	______	______
10. 합의에 이르기 위해서 절충하려고 한다.	______	______
11. 해결방안에 도달하기 위해 거래를 제의한다.	______	______
12. 다른 사람과 서로 주고받기 위해서 어떤 것은 포기한다.	______	______
13. 다른 사람들의 감정을 다치게 하고 싶지 않다.	______	______
14. 나와 논쟁을 하는 누군가가 좋은 안을 제시하면 신속하게 동의한다.	______	______
15. 그들의 심각함을 최소화함으로써 의견 불일치를 무마하려한다.	______	______
16. 다른 사람의 감정을 배려하고자 한다.	______	______
17. 다른 사람의 견해를 감안한 해결안을 제시한다.	______	______
18. 분쟁 중에 제기된 아이디어로부터 쟁점을 통합하는 새로운 해결안을 제시한다.	______	______
19. 그들이 수용할 해결안을 만들기 위해 다른 사람의 아이디어를 포함시키려 노력한다.	______	______
20. 다른 견해의 장점도 나의 견해와 함께 동일하게 평가한다.	______	______

점수 및 해석: 위의 20 문항으로 갈등대처 전략의 다섯 가지 유형인 회피, 강압, 타협, 양보 및 협동을 측정하였다. 이러한 다섯 가지 전략은 적극성과 협력에 대한 개인적인 욕구수준의 차이를 반영한 것이다. 각 전략에 대해 점수가 높을수록 그 전략이 자신이 더 선호하는 갈등대처 방법인 것이다. 점수가 낮을 경우에는 그런 접근법은 활용하지 않는 것으로 의미한다.

강압 스타일(나의 방식)은 자기 방식대로 하며 자신의 이해관계를 충족시키기 위해 적극성이 높은 수준이다. 5-8의 문항에서 '대부분 맞다'라고 답을 한 문항의 개수는: _________.

양보 스타일(너의 방식)은 협력이 높은 수준이며 다른 사람을 따르거나 도와주려는 욕구를 가장 중시한다. 13-16 문항에서 '대부분 맞다'라고 답을 한 문항의 개수는: _________.

회피 스타일(누구 방식도 아님)은 적극성도 없고 협력도 하지 않으며, 가능하면 언제든지 갈등을 피하려고 한다. 1-4의 문항에서 '대부분 맞다'라고 답을 한 문항의 개수는: _________.

타협 스타일(서로의 중간 방식)은 적극성과 협력을 적당하게 활용함으로써 절반 정도를 충족시키려는 성향이다. 9-12의 문항에서 '대부분 맞다'라고 답을 한 문항의 개수는: _________.

협동 스타일(우리 방식)은 적극성과 협력 모두를 높여서 양측의 욕구를 만족시키려고 한다. 17-20의 문항에서 '대부분 맞다'라고 답을 한 문항의 개수는: _________.

질문

1. 당신이 활용하기 가장 쉬운 전략과 어려운 전략은 무엇인가?
2. 갈등의 상대방이 친구일 때와 가족일 때 혹은 직장 동료일 때에 따라 당신의 답은 달라지는가?
3. 갈등에 대처하는 당신의 접근법에 대해 어떻게 생각하는가? 어떤 변화를 원하는가?

분석을 위한 사례: 버링톤 공장

버톤 리(Burton Lee)가 거대 제조회사인 버링톤(Burlington) 사업부문의 공장장의 자리를 맡았을 때, 그는 실적이 가장 떨어지는 부서를 변혁시킴으로써 최고경영진의 자리로 승진할 기회를 잡을 수 있다고 생각했다.

버튼은 자신이 회사 내에서 엘리트라는 소문이 자자하다는 것을 알고 있었다. 그는 자신의 높은 지적 능력을 학부생 시절 철학을 부전공으로 한 덕이라고 생각했다. MBA를 취득하고 15년이 지난 뒤, 그는 고전을 읽는 재미에 빠졌다. 호머, 타키투스, 플라톤, 헤로도토스, 키케로와의 작품들을 그리스어나 라틴어 원전으로 읽었다. 토마스 제퍼슨처럼 그는 항상 주머니 크기만 한 그리스 문법책을 지니고 다녔다. 동료들은 그가 자주 쓰는 어구들("이것을 논리적으로 살펴보면…" 혹은 "…한 것은 당연하다")을 곧 감탄 반, 시샘 반으로 따라 쓰게 되었다.

버튼은 버링톤에 변화가 도입되어야 함을 당연하게 여겼다. 회사 내에서 가장 열등하다고 알려진 부서는 과도한 기계 오작동 시간, 작업 지연, 제품 질에 대한 불만 등과 같은 요소 때문에 명성이 악화되었다. 그리고 그러한 소문은 직원들의 사기를 더 강하게 떨어뜨렸다. 경기 침체 속에서 버링톤 공장이 곧 문을 닫을 것이라는 소문이 가끔 돌았다.

"제 학문적 경험을 바탕으로 했을 때, 문제점이 발생했을 때 논리적으로 접근하고 해결할 수 있는 방안은 항상 있어요. 제조업은 항상 그래왔던 대로, 종종 과거방식에 얽매여 있죠. 이 분야에서 종사한 사람들은 오랫동안 꾸준히 경력을 쌓아왔고 엄청난 변화의 조짐이 있음에도 불구하고 변화를 꺼려한다는 것을 알 수 있을 거예요. 그들의 이러한 바꾸기 힘든 사고방식 때문에 새로운 아이디어를 탐색하거나, 제조업의 최신 흐름을 따르거나, 전체적인 그림을 보기를 거부하지요. 제가 보기에는 버링톤의 성공을 위해서는, 생각과 기술, 생산 공정 간소화와 직원들에게 권한위임에서의 혁신이 핵심이라고 생각합니다."

"제가 버링톤을 맡으려고 이곳에 왔을 때, 공장

은 솔직히 말해서 엉망이었어요. 공장은 서류들로 뒤덮였었고, 구식 조립라인에서 벗어나지 못했었죠. 생산라인 감독과 이야기를 나눴을 때 회사가 헨리 포드(Henry Ford)를 따라하고 있다는 느낌을 받았어요. 우린 새로운 패러다임이 필요했죠, 과거에 얽매여 있지 않은 새로운 문화 말이에요. 우선 밀린 업무들을 처리해야 했고, 제품 생산에 속도를 붙이고, 품질도 향상시켜야 했습니다. 하지만 이런 일은 제가 아닌 공장 직원들이 해야 하는 일이에요. 하지만 그들에게 일할 도구들이 필요하죠. 처칠 수상이 제2차 세계대전 당시 프랭클린 루즈벨트 대통령에게 한 이야기는 무엇이었을까요? '우리에게 무기를 제공해라, 그럼 우리가 나머지 일들을 처리하겠다.' 그런 문화가 바로 제가 버링톤에 바라던 것이었어요."

"저는 모든 가능성을 탐색했고, 모든 사람들과 대화를 나눴으며, 다른 산업에서는 어떻게 작업하고 있는지 모든 것을 조사했어요. 우리는 각각의 과제를 가지고 총체적인 장비 효율성을 높일 수 있는 구체적인 타깃과 복잡하진 않지만, 복합적인 상호작용을 조직화할 수 있는 시스템을 구축해야 한다는 것을 알았죠. 문제는, 과연 어떻게 할 것인 가였어요."

"논리적으로 바라보고, 타성에 젖은 안이함에서 벗어나서 다른 산업들에서 하는 방식을 보게 된다면, 수많은 모델들이 있으며 도움이 될 만한 기술과 소프트웨어 자원이 있음을 알 수 있어요. 어쨌던 최고경영층을 간신히 설득해서, 공장의 시설 배치, 물류 흐름, 기계 장치 등을 비롯하여 공장 운영에서의 모든 측면을 살필 수 있는 가상 공장을 만들 수 있게 해주는 소프트웨어 설치 시범 프로젝트에 투자하게 했어요. 초반에는 현장 관리팀에서 관심을 보였죠. 이러한 소프트웨어로 다양한 문제점들을 시뮬레이션 해보고 다양한 경우를 대비해서 분석할 수 있기 때문이지요. 핵심은 회사의 나머지 공장들에게 벤치마크 기준이 될 수 있는 린 생산 클러스터를 형성하는 것이었어요."

"생산 라인에서는 조립라인을 여러 개의 자율관리팀의 셀들로 나누었다. 직원들이 실시간으로 즉각적인 결정을 내릴 수 있도록 권한과 자극을 주기 위해서였죠. 직원들에게 좀 더 직접적인 권한이 부여되니까 열정이 보이기 시작했어요. 이에 대해 감독관들에게서 가장 먼저 꺼리는 모습이 보였죠. 자신들이 점점 권위를 잃는 것 같고 위계질서가 사라지는 것 같아 말이죠. 오랜 기간 감독관으로 일했던 직원은, '생산라인에 10달밖에 근무하지 않은 조 블로우(Joe Blow)가 결정을 내리기 시작했어요'라고 말했죠. 이런 식으로 몇몇 생산 라인의 직원들에게서 불만이 있었어요. 여러분들은 아마 큰 조직의 일개 구성 직원이 역동적이고 자율적으로 관리하는 팀이 될 수 있다는 기회가 모든 이들에게 매력적으로 다가온다고 생각하실 거예요. 하지만 모두가 그렇게 느끼진 않는 것 같아요, 누군가는 스스로 결정을 내리는 것이 두렵고 일정한 가이드를 필요로 하는 것 같더라고요. 몇몇 직원들은 자율관리팀이라는 소리를 듣자마자 패닉 상태에 빠지기도 했죠."

"이런 과정을 거치면 개선이 되는 것은 당연하지만, 전체적인 과정이 제대로 작동하려면 직원들 간의 협력과 경영층의 완벽한 지지가 필요했습니다. 우리는 점차 개선의 여지가 보였고, 생산과 품질에서도 발전이 보이기 시작했을 때, 마치 최고경영진에서 제동을 거는 것 같았어요. 우리는 변화를 위한 자원과 시간이 필요했는데, 다른 공장 매니저들은 버링톤에만 너무 우선권을 주는 대우를 한다고 불만을 늘어놓기 시작했죠. 그리고는 제품을 생산하고 배달해야 할 시간에 우리가 '비디오 게임을 하거나' '일손을 놓고' (제 생각에는, 새 소프트웨어와 자기관리팀을 말하는 것 같아요) 있다고 하더군요. 이에 본사에서는 우리 공장을 21세기형 제조 부문으로 변혁시킬 수 있는 새로운 설비와 교육에 필요한 자금 제공을 여러 차례 연기했어요."

"이 조직의 많은 이들이 우리의 노력을 지지해 주기는 커녕 정당성조차 보지 못했다는 점에서 충격과 실망을 안겨주었음을 부인할 수가 없네요. 눈과 머리가 있는 사람이면 누구나 다 알 텐데 말이죠. 그들에게 버링톤에서 시도한 모든 경우에 대한 데이터도 제시했다. 현명한 리더십을 바랐지만, 돌아오는 것은 틀에 박힌 반응뿐이었다. 크나큰 업적이 사라진 마당에 이젠 다음으로 나아가야 할 단계가 무엇인지 잘 모르겠다. 비공식적이긴 하지만 나는 승진 후보에 오르지 못했다는 소리도 들었다."

질문

1. 버톤이 공장을 개선하기 위해 주도한 노력에서 활용한 가정(합리적 혹은 정치적)은 어떤 것이었는지를 설명해보자.
2. 이 사례에서 갈등을 유발시킨 근본적인 원인은 무엇인가?
3. 근로자들은 버톤의 방안에 대해 어떻게 간주한다고 생각하는가? 근로자들의 협력을 얻기 위해서 버톤이 달리 취해야 할 것은 어떤 것이 있는지에 대해 설명해보자.

미주

1 David Gelles, "At Odds, Omnicom and Publicis End Merger," Dealbook column, *The New York Times*, May 8, 2014, http://dealbook.nytimes.com/2014/05/08/ad-agency-giants-said-to-call-off-35-billion-merger/?_php=true&_type=blogs&_r=0 (accessed June 5, 2014); and Suzanne Vranica and Ruth Bender, "Clashes over Power Threaten $35 Billion Ad Agency Merger," *The Wall Street Journal Online*, April 25, 2014, http://online.wsj.com/news/articles/SB10001424052702304788404579524030560224554 (accessed June 5, 2014).

2 Phred Dvorak, Suzanne Vranica, and Spencer E. Ante, "BlackBerry Maker's Issue: Gadgets for Work or Play?" *The Wall Street Journal Online*, September 30, 2011, http://online.wsj.com/article/SB10001424052970204422404576597061591715344.html (accessed September 30, 2011); and Roger Cheng, "BlackBerry Phones Are Still Surprisingly, Amazingly, Still a Thing," *CNET*, January 9, 2018, https://www.cnet.com/news/blackberry-phones-are-surprisingly-amazingly-still-a-thing/ (accessed June 25, 2019).

3 Lee G. Bolman and Terrence E. Deal, *Reframing Organizations: Artistry, Choice, and Leadership* (San Francisco: Jossey-Bass, 1991).

4 Paul M. Terry, "Conflict Management," *The Journal of Leadership Studies* 3, no. 2 (1996), 3–21; Kathleen M. Eisenhardt, Jean L. Kahwajy, and L. J. Bourgeois III, "How Management Teams Can Have a Good Fight," *Harvard Business Review*, July–August 1997, 77–85; and Patrick Lencioni, "How to Foster Good Conflict," *The Wall Street Journal Online*, November 13, 2008, http://online.wsj.com/article/SB122661642852326187.html (accessed November 18, 2008).

5 Berkeley research discussed in Scott Mautz, "A 6-Year Study Reveals the Surprising Key to Team Performance (and 9 Ways to Enable It)," *Inc.*, October 11, 2017, https://www.inc.com/scott-mautz/a-6-year-study-reveals-surprising-key-to-team-performance-9-ways-to-enable-it.html (accessed June 26, 2019).

6 Clayton T. Alderfer and Ken K. Smith, "Studying Intergroup Relations Imbedded in Organizations," *Administrative Science Quarterly* 27 (1982), 35–65.

7 Muzafer Sherif, "Experiments in Group Conflict," *Scientific American* 195 (1956), 54–58; and Edgar H. Schein, *Organizational Psychology*, 3rd ed. (Englewood Cliffs, NJ: Prentice-Hall, 1980).

8 Keith Bradsher and Michelle Innis, "Sydney Morning Herald Faces Uncertain Print Future in Australia," *The New York Times*, August 17, 2016, https://www.nytimes.com/2016/08/18/business/international/australia-media-fairfax-smh.html (accessed June 26, 2019).

9 M. Afzalur Rahim, "A Strategy for Managing Conflict in Complex Organizations," *Human Relations* 38 (1985), 81–89; Kenneth Thomas, "Conflict and Conflict Management," in Marvin D. Dunnette, ed., *Handbook of Industrial and Organizational Psychology* (Chicago: Rand McNally, 1976); and Stuart M. Schmidt and Thomas A. Kochan, "Conflict: Toward Conceptual Clarity," *Administrative Science Quarterly* 13 (1972), 359–370.

10 L. David Brown, "Managing Conflict Among Groups," in David A. Kolb, Irwin M. Rubin, and James M. McIntyre, eds., *Organizational Psychology: A Book of Readings* (Englewood Cliffs, NJ: Prentice-Hall, 1979), 377–389; and Robert W. Ruekert and Orville C. Walker, Jr., "Interactions Between Marketing and R&D Departments in Implementing Different Business Strategies," *Strategic Management Journal* 8 (1987), 233–248.

11 Nathan Borney, "Employees Speak Up at Wayfair, Google. Have Millennials Killed Being Afraid of the Boss?" *USA Today*, June 28, 2019, https://www.usatoday.com/story/money/2019/06/28/wayfair-protests-corporate-social-activism/1584138001/ (accessed June 29, 2019).

12 Amy Barrett, "Indigestion at Taco Bell," *BusinessWeek*, December 14, 1994, 66–67; and Greg Burns, "Fast-Food Fight," *BusinessWeek*, June 2, 1997, 34–36.

13 Kirsten Grind and Deepa Seetharaman, "Behind the Messy, Expensive Split Between Facebook and WhatsApp's Founders," *The Wall Street Journal*, June 5, 2018, https://www.wsj.com/articles/behind-the-messy-expensive-split-between-facebook-and-whatsapps-founders-1528208641 (accessed June 25, 2019).

14 George Westerman, "IT Is from Venus, Non-IT Is from Mars," *The Wall Street Journal*, April 2, 2012, R2.

15 Victoria L. Crittenden, Lorraine R. Gardiner, and Antonie Stam, "Reducing Conflict Between Marketing and Manufacturing," *Industrial Marketing Management* 22 (1993), 299–309; and Benson S. Shapiro, "Can Marketing and Manufacturing Coexist?" *Harvard Business Review* 55, September–October 1977, 104–114.

16 Thomas A. Kochan, George P. Huber, and L. L. Cummings, "Determinants of Intraorganizational Conflict in Collective Bargaining in the Public Sector," *Administrative Science Quarterly* 20 (1975), 10–23.

17 Eric H. Neilsen, "Understanding and Managing Intergroup Conflict," in Jay W. Lorsch and Paul R. Lawrence, eds., *Managing Group and Intergroup Relations* (Homewood, IL: Irwin and Dorsey, 1972), 329–343; and Richard E. Walton and John M. Dutton, "The

Management of Interdepartmental Conflict: A Model and Review," *Administrative Science Quarterly* 14 (1969), 73–84.

18 Jay W. Lorsch, "Introduction to the Structural Design of Organizations," in Gene W. Dalton, Paul R. Lawrence, and Jay W. Lorsch, eds., *Organization Structure and Design* (Homewood, IL: Irwin and Dorsey, 1970), 5.

19 James D. Thompson, *Organizations in Action* (New York: McGraw-Hill, 1967), 54–56.

20 Walton and Dutton, "The Management of Interdepartmental Conflict."

21 Joseph McCann and Jay R. Galbraith, "Interdepartmental Relations," in Paul C. Nystrom and William H. Starbuck, eds., *Handbook of Organizational Design*, vol. 2 (New York: Oxford University Press, 1981), 60–84.

22 Roderick M. Cramer, "Intergroup Relations and Organizational Dilemmas: The Role of Categorization Processes," in L. L. Cummings and Barry M. Staw, eds., *Research in Organizational Behavior*, vol. 13 (New York: JAI Press, 1991), 191–228; Neilsen, "Understanding and Managing Intergroup Conflict"; and Louis R. Pondy, "Organizational Conflict: Concepts and Models," *Administrative Science Quarterly* 12 (1968), 296–320.

23 Danny Hakim, "N.R.A. President to Step Down, As a Leadership Crisis Deepens," *The New York Times*, April 27, 2019, A23; and Sasha Ingber and Tim Mak, "Turmoil at the NRA: TV Channel Ends, Lobbyist Resigns, A New Hill Probe Begins," *NPR*, June 26, 2019, https://www.npr.org/2019/06/26/736255639/turmoil-at-the-nra-tv-channel-ends-lobbyist-resigns-a-new-hill-probe-begins (accessed June 27, 2019).

24 Jeffrey Pfeffer, *Power in Organizations* (Marshfield, MA: Pitman, 1981).

25 Amy Barrett, "Marc Cinque Hired a Corporate Pro to Upgrade His Sausage Company. Will the Move Pay Off?" *Inc.*, December 2010–January 2011, 74–77.

26 Clinton O. Longenecker and Mitchell Neubert, "Barriers and Gateways to Management Cooperation and Teamwork," *Business Horizons*, November–December 2000, 37–44.

27 Amanuel G. Tekleab, Narda R. Quigley, and Paul E. Tesluk, "A Longitudinal Study of Team Conflict, Conflict Management, Cohesion, and Team Effectiveness," *Group and Organization Management* 34, no. 2, April 2009, 170–205.

28 Robert R. Blake and Jane S. Mouton, "Overcoming Group Warfare," *Harvard Business Review*, November–December 1984, 98–108.

29 Blake and Mouton, "Overcoming Group Warfare"; and Paul R. Lawrence and Jay W. Lorsch, "New Management Job: The Integrator," *Harvard Business Review* 45, November–December 1967, 142–151.

30 Jill Jusko, "Nature vs Nurture," *Industry Week*, July 2003, 40–46.

31 Klaus Heine and Maximilian Kerk, "Conflict Resolution in Meta-Organizations: The Peculiar Role of Arbitration," *Journal of Organization Design* 6, no. 3 (2017), https://link.springer.com/article/10.1186/s41469-017-0013-2 (accessed June 26, 2019); and Ben Dooley and Liz Alderman, "Nissan-Renault Bonds Tested Without Ghosn," *The New York Times*, April 16, 2019, B1.

32 Robert R. Blake, Herbert A. Shepard, and Jane S. Mouton, *Managing Intergroup Conflict in Industry* (Houston: Gulf Publishing, 1964); and Doug Stewart, "Expand the Pie Before You Divvy It Up," *Smithsonian*, November 1997, 78–90.

33 Patrick S. Nugent, "Managing Conflict: Third-Party Interventions for Managers," *Academy of Management Executive* 16, no. 1 (2002), 139–155.

34 Blake and Mouton, "Overcoming Group Warfare"; Schein, *Organizational Psychology*; Blake, Shepard, and Mouton, "Managing Intergroup Conflict in Industry"; and Richard E. Walton, *Interpersonal Peacemaking: Confrontation and Third-Party Consultations* (Reading, MA: Addison-Wesley, 1969).

35 Neilsen, "Understanding and Managing Intergroup Conflict"; and McCann and Galbraith, "Interdepartmental Relations."

36 Ben Horowitz, "The *Freaky Friday* Management Technique," Ben's Blog, Andreessen Horowitz Website, January 19, 2012, http://www.bhorowitz.com/the_freaky_friday_management_technique (accessed June 5, 2014). This story is also told in Horowitz, *The Hard Thing About Hard Things: Building a Business When There Are No Easy Answers* (New York: HarperBusiness, 2014).

37 Neilsen, "Understanding and Managing Intergroup Conflict"; and McCann and Galbraith, "Interdepartmental Relations."

38 Dean Tjosvold, Valerie Dann, and Choy Wong, "Managing Conflict Between Departments to Serve Customers," *Human Relations* 45 (1992), 1035–1054.

39 Robert A. Dahl, "The Concept of Power," *Behavioral Science* 2 (1957), 201–215.

40 W. Graham Astley and Paramijit S. Sachdeva, "Structural Sources of Intraorganizational Power: A Theoretical Synthesis," *Academy of Management Review* 9 (1984), 104–113; and Abraham Kaplan, "Power in Perspective," in Robert L. Kahn and Elise Boulding, eds., *Power and Conflict in Organizations* (London: Tavistock, 1964), 11–32.

41 Gerald R. Salancik and Jeffrey Pfeffer, "The Bases and Use of Power in Organizational Decision-Making: The Case of the University," *Administrative Science Quarterly* 19 (1974), 453–473.

42 Rosabeth Moss Kanter, "Power Failure in Management Circuits," *Harvard Business Review*, July–August 1979, 65–75.

43 Richard M. Emerson, "Power-Dependence Relations," *American Sociological Review* 27 (1962), 31–41.

44 Joe Queenan, "If the Disney Empire Really, Really Strikes Back with 'Jedi'," *The Wall Street Journal*, November 9, 2017.

45 Examples are Robert Greene and Joost Elffers, *The 48 Laws of Power* (New York: Viking, 1999); and Jeffrey J. Fox, *How to Become CEO* (New York: Hyperion, 1999).

46 John R. P. French, Jr., and Bertram Raven, "The Bases of Social Power," in Dorwin Cartwright and Alvin F. Zander, eds., *Group Dynamics* (Evanston, IL: Row Peterson, 1960), 607–623.

47 Jay A. Conger, "The Necessary Art of Persuasion," *Harvard Business Review*, (May–June 1998), 84–95.

48 Ran Lachman, "Power from What? A Reexamination of Its Relationships with Structural Conditions," *Administrative Science Quarterly* 34 (1989), 231–251; and Daniel J. Brass, "Being in the Right Place: A Structural Analysis of Individual Influence in an

Organization," *Administrative Science Quarterly* 29 (1984), 518–539.

49 Rachel Feintzeig, "The Most Powerful Person in the Office: Executive Assistant Jobs May Be Thankless, but They Also Offer Big Impact," *The Wall Street Journal*, October 29, 2013, http://online.wsj.com/news/articles/SB10001424052702304470504579164142663425498 (accessed June 6, 2014).

50 Michael Warshaw, "The Good Guy's Guide to Office Politics," *Fast Company*, April–May 1998, 157–178.

51 A. J. Grimes, "Authority, Power, Influence, and Social Control: A Theoretical Synthesis," *Academy of Management Review* 3 (1978), 724–735.

52 Astley and Sachdeva, "Structural Sources of Intraorganizational Power."

53 Jean-Louis Barsoux and Cyril Bouquet, "How to Overcome a Power Deficit," *MIT Sloan Management Review*, Summer 2013, 45–53.

54 Jeffrey Pfeffer, *Managing with Power: Politics and Influence in Organizations* (Boston: Harvard Business School Press, 1992).

55 Brooks Barnes and Emily Steel, "Murdoch Brothers' Challenge: What Happens Next at Fox News?" *The New York Times*, July 17, 2016, https://www.nytimes.com/2016/07/18/business/media/murdoch-brothers-challenge-what-happens-next-at-fox-news.html (accessed June 26, 2019).

56 Richard S. Blackburn, "Lower Participant Power: Toward a Conceptual Integration," *Academy of Management Review* 6 (1981), 127–131.

57 Feintzeig, "The Most Powerful Person in the Office."

58 Kanter, "Power Failure in Management Circuits," 70.

59 Erik W. Larson and Jonathan B. King, "The Systemic Distortion of Information: An Ongoing Challenge to Management," *Organizational Dynamics* 24, no. 3 (Winter 1996), 49–61; and Thomas H. Davenport, Robert G. Eccles, and Laurence Prusak, "Information Politics," *Sloan Management Review*, Fall 1992, 53–65.

60 Based on Perry Buffett, "Using Influence to Get Things Done," *Strategy + Business*, Spring 2011, http://www.strategy-business.com/article/11104?pg=all (accessed June 9, 2014); and Andrew M. Pettigrew, *The Politics of Organizational Decision-Making* (London: Tavistock, 1973).

61 Sue Shellenbarger, "How to Gain Power at Work When You Have None," *The Wall Street Journal*, March 6, 2018, https://www.wsj.com/articles/how-to-gain-power-at-work-when-you-have-none-1520353800 (accessed June 26, 2019).

62 Shellenbarger, "How to Gain Power at Work When You Have None."

63 Astley and Sachdeva, "Structural Sources of Intraorganizational Power"; and Noel M. Tichy and Charles Fombrun, "Network Analysis in Organizational Settings," *Human Relations* 32 (1979), 923–965.

64 Jeffrey Pfeffer, "Power Play," *Harvard Business Review*, July–August 2010, 84–92.

65 Edwin P. Hollander and Lynn R. Offermann, "Power and Leadership in Organizations," *American Psychologist* 45, February 1990, 179–189.

66 Quoted in D. Keith Denton, "Enhancing Power," *Industrial Management*, July–August 2011, 12–17.

67 Jay A. Conger and Rabindra N. Kanungo, "The Empowerment Process: Integrating Theory and Practice," *Academy of Management Review* 13 (1988), 471–482.

68 David E. Bowen and Edward E. Lawler III, "The Empowerment of Service Workers: What, Why, How, and When," *Sloan Management Review*, Spring 1992, 31–39; and Ray W. Coye and James A. Belohav, "An Exploratory Analysis of Employee Participation," *Group and Organization Management* 20, no. 1 (March 1995), 4–17.

69 Robert C. Ford and Myron D. Fottler, "Empowerment: A Matter of Degree," *Academy of Management Executive* 9, no. 3 (1995), 21–31.

70 Rachel Emma Silverman, "Workplace Democracy Catches On," *The Wall Street Journal*, March 27, 2016, https://www.wsj.com/articles/workplace-democracy-catches-on-1459117910 (accessed June 26, 2019).

71 Charles Perrow, "Departmental Power and Perspective in Industrial Firms," in Mayer N. Zald, ed., *Power in Organizations* (Nashville, TN: Vanderbilt University Press, 1970), 59–89.

72 Susan Miller, David Hickson, and David Wilson, "From Strategy to Action: Involvement and Influence in Top Level Decisions," *Long Range Planning* 41 (2008), 606–628.

73 David J. Hickson, Christopher R. Hinings, Charles A. Lee, Rodney E. Schneck, and Johannes M. Pennings, "A Strategic Contingencies Theory of Intraorganizational Power," *Administrative Science Quarterly* 16 (1971), 216–229; and Gerald R. Salancik and Jeffrey Pfeffer, "Who Gets Power—and How They Hold onto It: A Strategic-Contingency Model of Power," *Organizational Dynamics*, Winter 1977, 3–21.

74 Kim S. Nash, "CIOs Get New Stature in Digital Economy," *The Wall Street Journal*, July 10, 2016, https://www.wsj.com/articles/cios-get-new-stature-in-digital-economy-1468143003 (accessed June 27, 2019).

75 Pfeffer, *Managing with Power*; Salancik and Pfeffer, "Who Gets Power"; Christopher R. Hinings, David J. Hickson, Johannes M. Pennings, and Rodney E. Schneck, "Structural Conditions of Intraorganizational Power," *Administrative Science Quarterly* 19 (1974), 22–44.

76 Also see Carol Stoak Saunders, "The Strategic Contingencies Theory of Power: Multiple Perspectives," *Journal of Management Studies* 27 (1990), 1–18; Warren Boeker, "The Development and Institutionalization of Sub-Unit Power in Organizations," *Administrative Science Quarterly* 34 (1989), 388–510; and Irit Cohen and Ran Lachman, "The Generality of the Strategic Contingencies Approach to Sub-Unit Power," *Organizational Studies* 9 (1988), 371–391.

77 Lorne Manly and Michael Cooper, "Hey Stars, Be Nice to the Stagehands. You Might Need a Loan," *The New York Times*, December 27, 2013, http://www.nytimes.com/2013/12/28/arts/hey-stars-be-nice-to-the-stagehands-you-might-need-a-loan.html?_r=0 (accessed June 5, 2014).

78 Emerson, "Power-Dependence Relations."

79 Jeffrey Pfeffer and Gerald Salancik, "Organizational Decision-Making as a Political Process: The Case of a University Budget," *Administrative Science Quarterly* (1974), 135–151.

80 Salancik and Pfeffer, "Bases and Use of Power in Organizational Decision-Making," 470.

81 Hickson et al., "A Strategic Contingencies Theory."

82 Pettigrew, *The Politics of Organizational Decision-Making.*

83 Hickson et al., "A Strategic Contingencies Theory."

84 Ibid.

85 Jennifer Smith, "Lawyers' In-House Roles Grow with New Regulation," *The Wall Street Journal*, November 5, 2012, http://online.wsj.com/news/articles/SB10001424052970204755404578099100023566338 (accessed June 6, 2014).

86 John Carreyrou, "Nonprofit Hospitals Flex Pricing Power—In Roanoke, Va., Carilion's Fees Exceed Those of Competitors," *The Wall Street Journal*, August 28, 2008, A1.

87 Jeffrey Gantz and Victor V. Murray, "Experience of Workplace Politics," *Academy of Management Journal* 23 (1980), 237–251; and Dan L. Madison, Robert W. Allen, Lyman W. Porter, Patricia A. Renwick, and Bronston T. Mayes, "Organizational Politics: An Exploration of Managers' Perceptions," *Human Relations* 33 (1980), 79–100.

88 Gerald R. Ferris and K. Michele Kacmar, "Perceptions of Organizational Politics," *Journal of Management* 18 (1992), 93–116; Parmod Kumar and Rehana Ghadially, "Organizational Politics and Its Effects on Members of Organizations," *Human Relations* 42 (1989), 305–314; Donald J. Vredenburgh and John G. Maurer, "A Process Framework of Organizational Politics," *Human Relations* 37 (1984), 47–66; and Gerald R. Ferris, Dwight D. Frink, Maria Carmen Galang, Jing Zhou, Michele Kacmar, and Jack L. Howard, "Perceptions of Organizational Politics: Prediction, Stress-Related Implications, and Outcomes," *Human Relations* 49, no. 2 (1996), 233–266.

89 Ferris et al., "Perceptions of Organizational Politics: Prediction, Stress-Related Implications, and Outcomes"; John J. Voyer, "Coercive Organizational Politics and Organizational Outcomes: An Interpretive Study," *Organization Science* 5, no. 1, February 1994, 72–85; and James W. Dean, Jr. and Mark P. Sharfman, "Does Decision Process Matter? A Study of Strategic Decision-Making Effectiveness," *Academy of Management Journal* 39, no. 2 (1996), 368–396.

90 Jeffrey Pfeffer, *Managing with Power: Politics and Influence in Organizations* (Boston: Harvard Business School Press, 1992); and Pfeffer, "Power Play."

91 Amos Drory and Tsilia Romm, "The Definition of Organizational Politics: A Review," *Human Relations* 43 (1990), 1133–1154; Vredenburgh and Maurer, "A Process Framework of Organizational Politics"; and Lafe Low, "It's Politics, As Usual," *CIO*, April 1, 2004, 87–90.

92 Pfeffer, *Power in Organizations*, 70.

93 Madison et al., "Organizational Politics"; and Jay R. Galbraith, *Organizational Design* (Reading, MA: Addison-Wesley, 1977).

94 Nick Kostov and Sean McLain, "Why Carlos Ghosn Fell: Plotters at Nissan Feared a French Takeover," *The Wall Street Journal*, March 28, 2019, https://www.wsj.com/articles/nissans-plot-against-ghosn-was-driven-by-fear-of -french-takeover-11553784232 (accessed June 28, 2019); and Sean McLain, "Carlos Ghosn Assails Nissan Executives for Playing a 'Dirty Game'," *The Wall Street Journal*, April 9, 2019, https://www.wsj.com/articles/carlos-ghosn-says-nissan -executives-played-a-dirty-game-11554795423 (accessed June 28, 2019).

95 Gantz and Murray, "Experience of Workplace Politics"; and Pfeffer, *Power in Organizations.*

96 Daniel J. Brass and Marlene E. Burkhardt, "Potential Power and Power Use: An Investigation of Structure and Behavior," *Academy of Management Journal* 38 (1993), 441–470.

97 Pfeffer, "Power Play."

98 Robyn L. Brouer et al., "Leader Political Skill, Relationship Quality, and Leadership Effectiveness: A Two-Study Model Test and Constructive Replication," *Journal of Leadership and Organizational Studies* 20, no. 2 (2013), 185–198; Gerald R. Ferris et al., "Political Skill in Organizations," *Journal of Management*, June 2007, 290–320; "Questioning Authority; Mario Moussa Wants You to Win Your Next Argument" (Mario Moussa interviewed by Vadim Liberman), *The Conference Board Review* (November–December 2007), 25–26; and Samuel B. Bacharach, "Politically Proactive," *Fast Company*, May 2005, 93.

99 Joseph S. Nye, Jr., *Bound to Lead: The Changing Nature of American Power* (New York: Basic Books, 1990); and Diane Coutu, "Smart Power: A Conversation with Leadership Expert Joseph S. Nye, Jr.," *Harvard Business Review*, November 2008, 55–59.

100 Reported in Liberman, "Questioning Authority; Mario Moussa Wants You to Win Your Next Argument."

101 Anna Mulrine, "Harnessing the Brute Force of Soft Power," *US News & World Report*, December 1–December 8, 2008, 47.

102 Wesley Clark, "The Potency of Persuasion," *Fortune*, November 12, 2007, 48.

103 Study reported in Robert Cialdini, "The Language of Persuasion," *Harvard Management Update*, September 2004, 10–11.

104 Hickson et al., "A Strategic Contingencies Theory."

105 Pfeffer, *Power in Organizations.*

106 Jared Sandberg, "How Office Tyrants in Critical Positions Get Others to Grovel," *The Wall Street Journal*, August 21, 2007, B1.

107 Ferris et al., "Political Skill in Organizations"; and Pfeffer, *Power in Organizations.*

108 V. Dallas Merrell, *Huddling: The Informal Way to Management Success* (New York: AMACON, 1979).

109 Ceasar Douglas and Anthony P. Ammeter, "An Examination of Leader Political Skill and Its Effect on Ratings of Leader Effectiveness," *The Leadership Quarterly* 15 (2004), 537–550.

110 Vredenburgh and Maurer, "A Process Framework of Organizational Politics."

111 Pfeffer, *Power in Organizations.*

112 Katie Benner and Mike Isaac, "In Power Move at Uber, Travis Kalanick Appoints 2 to Board," *The New York Times*, September 29, 2017.

113 Pfeffer, *Power in Organizations*.

114 Jason Horowitz and Jim Yardley, "Pope with the Humble Touch Is Firm in Reshaping the Vatican," *The New York Times*, January 14, 2014, A1; and Jim Yardley and Gaia Pianigiani, "Pope Names Cardinals to Oversee Troubled Vatican Bank," *The New York Times*, January 16, 2014, A7.

115 Robert B. Cialdini, *Influence: Science and Practice*, 4th ed. (Boston: Allyn & Bacon, 2001); R. B. Cialdini, "Harnessing the Science of Persuasion," *Harvard Business Review*, October 2001, 72–79; Allan R. Cohen and David L. Bradford, "The Influence Model: Using Reciprocity and Exchange to Get What You Need," *Journal of Organizational Excellence*, Winter 2005, 57–80; and Jared Sandberg, "People Can't Resist Doing a Big Favor—Or Asking for One" (Cubicle Culture column), *The Wall Street Journal*, December 18, 2007, B1.

116 "The Uses (and Abuses) of Influence" (an interview with Robert Cialdini), *Harvard Business Review*, July–August 2013, 76–81.

117 Raymond Hernandez and David W. Chen, "Keeping Lawmakers Happy Through Gifts to Pet Charities," *The New York Times*, October 19, 2008, A1.

118 Norimitsu Onishi and Ken Belson, "Culture of Complicity Tied to Stricken Nuclear Plant," *The New York Times*, April 27, 2011, A1.

119 Cohen and Bradford, "The Influence Model."

120 Marilyn Moats Kennedy, "The Death of Office Politics," *The Conference Board Review*, September–October 2008, 18–23.

121 Pfeffer, Power in Organizations.

122 Damon Darlin, "Using the Web to Get the Boss to Pay More," *The New York Times*, March 3, 2007, C1.

123 Amy C. Edmondson, "Teamwork on the Fly," *Harvard Business Review* (April 2012), 72–80.

124 Steven R. Weisman, "How Battles at Bank Ended 'Second Chance' at a Career," *The New York Times*, May 18, 2007, A14.

125 Kanter, "Power Failure in Management Circuits"; and Pfeffer, *Power in Organizations*.

찾아보기

가

나

다

라

마

바

사

아

자

C

D

E

Q

R

S

T

U

V

W

역자소개

김광점 kjkim@catholic.ac.kr

서울대학교 경영학과
서울대학교 대학원 경영학과(석사)
고려대학교 대학원 경영학과(박사)
University of Pennsylvania 경영대학원 교환교수
현 가톨릭대학교 의료경영대학원 교수

김명형 myhy@unitel.co.kr

고려대학교 경영학과
고려대학교 대학원 경영학과(석사, 박사)
KPMG Consulting 책임연구원
현 윈스퀘어경영컨설팅(주) 대표

류한호 hhlyu59@naver.com

고려대학교 경영학과
고려대학교 대학원 경영학과 (석사. 박사)
삼성경제연구소 연구조정실장(전무)
현 전북은행 사외이사

박노윤 rypark@sungshin.ac.kr

성신여자대학교 경영학과
고려대학교 대학원 경영학과(석사, 박사)
University of Wisconsin—Madison 교환교수
현 성신여자대학교 경영학과 교수

배보경 bkbae@igm.or.kr

이화여자대학교 국제사무학과
고려대학교 대학원 경영학과(석사, 박사)
한국IBM/이화여대 경력개발원 부원장
KAIST 경영대학 교수
현 IGM 세계경영연구원 부원장

송상호 shsong@khu.ac.kr

고려대학교 경영학과
고려대학교 대학원 경영학과(석사, 박사)
한국능률협회컨설팅 선임컨설턴트
현 경희대학교 대학원 경영컨설팅학과 교수

이원규 wklee@gongyoo.kr

고려대학교 경영학과
고려대학교 대학원 경영학과(석사, 박사)
한국국방연구원 선임연구원
현 ㈜공유 공동대표

이춘근 lckeun@naver.com

고려대학교 경영학과
고려대학교 대학원 경영학과(석사, 박사)
Cornell University 방문연구원
LG경제연구원 상무
현 연암대학교 평생교육원장/교수

이호선 hosnlee@dankook.ac.kr

서울대학교 경영학과
KAIST 경영과학과(석사, 박사)
Purdue University 경영대학원 교환교수
현 단국대학교 경영경제대학 경영학부 교수

이홍 honglee@kw.ac.kr

고려대학교 경영학과
KAIST 경영과학과(석사, 박사)
University of Michigan 경영대학 교환교수
현 광운대학교 경영학과 교수

전상길 sgjeon@hanyang.ac.kr

고려대학교 경영학과
고려대학교 대학원 경영학과(석사, 박사)
University of Victoria 경영대학 교환교수/
제주대 경상대학 방문교수
현 한양대학교 ERICA 캠퍼스 경상대학 경영학부 교수

최종인 jongchoi@hanbat.ac.kr

고려대학교 경영학과(학사, 석사, 박사)
Lehigh University Post Doctoral Fellow
노스캐롤라이나 주립대(NC State) 방문교수
한국인적자원개발학회/혁신클러스터학회 학회장
현 국립한밭대 경영회계학과 교수/산학협력 부총장

최후남 hnchoi@.gwangju.ac.kr

고려대학교 경영학과
고려대학교 대학원 경영학과(석사, 박사)
현 광주대학교 경영학과 교수

허문구 moongoo@knu.ac.kr

고려대학교 경영학과
고려대학교 대학원 경영학과(석사, 박사)
Duke University 교환교수
현 경북대학교 경영학부 교수

조직이론과 설계(13e)

역자	김광점, 김명형, 류한호, 박노윤, 배보경, 송상호, 이원규, 이춘근, 이호선, 이홍, 전상길, 최종인, 최후남, 허문구
발행일	2026년 3월 5일 4쇄
발행처	**한경사**
발행인	이계남
등록사항	제10-1951호 2000년 4월 14일
주소	서울시 마포구 신수로 59-1 3층
전화번호	02_717_7264~5
팩스번호	02_717_7226
홈페이지	hankyungsa.co.kr
전자우편	hankyungsa@hanmail.net
ISBN	978-89-6844-314-5 (93320)
가격	35,000원